Vorwort zur 6. Auflage

Kompaktes Fachbuch für die Erstausbildung in den neugeordneten Berufen Fachinformatiker/-in den vier Fachrichtungen Anwendungsentwicklung und Systemintegration, Digitale Vernetzung, Daten- und Prozessanalyse, IT-System-Elektroniker/in, Kaufleute für IT-Systemmanagement und Digitalisierungsmanagement, Systeminformatiker/in, Elektroniker/in Fachrichtung Informations-technik und Telekommunikationstechnik vermittelt.

Lernfeldgliederung nach IT-Lehrplan; Kaufmännische Inhalte; IT-Systeme; Vernetzung; Betriebs-systeme; Datenbanktechnik auch mit Webdatenbanken (mit MySQL und PHP).

Neue Schwerpunktthemen:
Digitalisierung und Industrie 4.0, IT-Security, IT-Systemtechnik, Mobile Computing, Mobile Devices, Mensch-Maschine-Schnittstelle (HMI), Virtuelle Welten, Produktionsplanung- und Steue-rungssysteme.

Inhalte:
Betrieb, Geschäftsprozesse, Arbeitsmethoden, Markt, Rechnungswesen; Informationsverarbeitung und Elektrotechnik; Computersysteme; **Vernetzte IT-Systeme**; **Technik der IT-Systeme**; **IT-Sicher-heit**; Anwendungssysteme entwickeln; Programmiertechniken mit C#, C++, Java, HTML, Java-Script; **Öffentliche Netze und Dienste**; **Windows-Server 2019**

Die 6. Auflage wurde überarbeitet und um zahlreiche neue Inhalte erweitert:

UEFI, 3D-Drucker, Office-Lösungen, PDF-Versionen, MS Dictate, Distributed-Ledger-Technologie (DLT), PoE, IPv6, LAN-Messtechnik, QoS, SIP-Dialer, BT-Mesh, IT-Sicherheit, Datenrettung, Risiko-analyse, Datenschutz, EU-DSGVO, Streaming, Big Data, Fertigungssteuerung, Robotertechnik, Arduino, Sensorik, Embedded Systems, Remote Control, Virtual Reality.

Hinweise auf verwendete Tabellenbücher werden im Buch abgekürzt verwendet, z.B. **TablGSA** für das Tabellenbuch „Tabellenbuch Informations-, Geräte-, System- und Automatisierungstechnik".

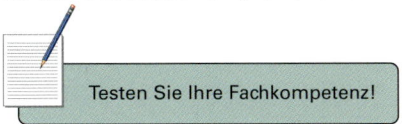

Testen Sie Ihre Fachkompetenz!

Hier finden Sie **Testaufgaben** zu den Prüfungsthemen am Kapitel- oder Abschnittsende.

K **Kompetenzorientierung**: Aufgaben und Projekte zur Selbstkontrolle.

Bilder-Paket mit allen Bildern und Tabellen des Buches sowie den Lösungen der Projektaufgaben. Weitere Hinweise siehe vordere Umschlaginnenseite.

Die Autoren haben sich bemüht, auch schwierige Zusammenhänge in einer verständlichen Spra-che darzustellen. Besonderer Wert wurde darauf gelegt, Funktionszusammenhänge und Funk-tionsabläufe durch mehrfarbige Bilder, Diagramme und Tabellen zu veranschaulichen. Auch für den Unterricht an Informationstechnischen Gymnasien, Fachgymnasien, Fachoberschulen, Berufskollegs und Berufsoberschulen wird das Buch empfohlen. Als grundlegende Einführung in das gesamte Fachgebiet Informatik ist dieses Buch nützlich für Schüler an Berufskollegs und Studierende an Fachschulen, Berufsakademien und Fachhochschulen.

Ihre Meinung zum Buch interessiert uns!

Teilen Sie uns Ihre Verbesserungsvorschläge, Ihre Kritik aber auch Ihre Zustimmung zum Buch mit. Schreiben Sie eine E-Mail an lektorat@europa-lehrmittel.de.

Die Autoren und der Verlag Europa-Lehrmittel.   Sommer 2020

Inhaltsverzeichnis

Betriebswirtschaftslehre

1   Der Betrieb und sein Umfeld

Seite 11

Selbstverständnis der Unternehmen in
Wirtschaft und Gesellschaft

Unternehmensziele

Marktbedingungen

Umsetzung von
Kundenwünschen

Preispolitik

Leistungs-, Geld- und
Informationsflüsse in Unternehmen

Wertschöpfung

Wettbewerbspolitik

Testen Sie Ihre Fachkompetenz!

Seite 21

1 Der Betrieb und sein Umfeld

Unternehmen produzieren, verkaufen und kommunizieren nicht isoliert von ihrer sozialen und ökologischen Umwelt. Sie wissen, dass ihr Verhalten gegenüber Mitarbeitern, Kunden, Anteilseignern und der Gesellschaft den wirtschaftlichen Erfolg beeinflusst **(Bild 1)**.

Durch ihre wirtschaftliche Macht sind Unternehmen Antriebskraft für viele positive und negative Veränderungen in der Gesellschaft. Es liegt in ihrer Verantwortung, so wie in der Verantwortung jedes einzelnen Mitarbeiters, diese Veränderungen gewissenhaft auszuführen.

1.1 Selbstverständnis der Unternehmen

Um den Ansprüchen des Marktes nach einem positiven Bild des Unternehmens in der Öffentlichkeit gerecht zu werden, formulieren Unternehmen „freiwillig" Leitlinien, die ihre Identität, ihr Selbstverständnis nach innen und außen prägen sollen. Dies wird auch als *Corporate Identity* bezeichnet.

> Unternehmensleitlinien stellen einen verbindlichen Rahmen für die Mitarbeiter dar.

Das Corporate Identity beinhaltet Richtlinien über

● die Art und Weise, wie man mit Mitarbeitern und Geschäftspartnern umgeht,

● das Qualitätsverständnis,

● die Kundenorientierung,

● das Umweltverhalten und

● die Bedeutung von Kreativität und Innovation im Unternehmen.

> Ziel des Corporate Identity ist es, die Unternehmensphilosophie im Unternehmen als Motivationsfaktor durchzusetzen und in der Öffentlichkeit ein positives Unternehmensbild aufzubauen.

Zu einem positiven Unternehmensbild gehören

● Achtung und Akzeptanz,

● Vertrauen und Glaubwürdigkeit,

● Zuneigung und

● Unverwechselbarkeit **(Bild 2)**.

Um Erfolg bei der Vermittlung des CI zu erzielen, muss das Unternehmen durch das Zusammenwirken der drei CI-Elemente Corporate Communication, Corporate Behaviour und Corporate Design einheitlich dargestellt und präsentiert werden **(Bild 3)**.

! **CI** Corporate Identity = Selbstverständnis, Unternehmenskultur, Unternehmensphilosophie.
CD Corporate Design = visuelle Gestaltung der Unternehmensmerkmale.
CB Corporate Behavior = Unternehmensverhalten.
CC Corporate Communication = Unternehmenskommunikation.

Bild 1: Beschreibung eines Unternehmens

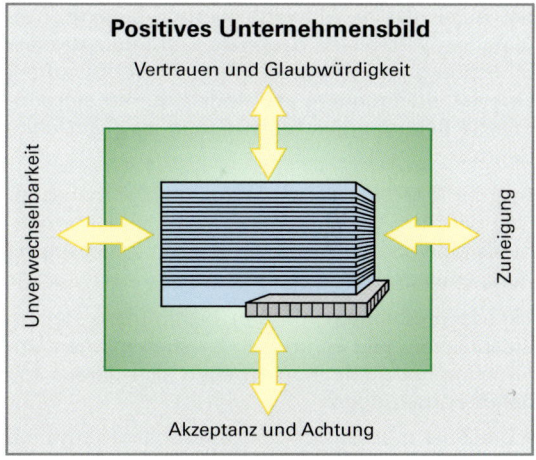

Bild 2: Positives Unternehmensbild

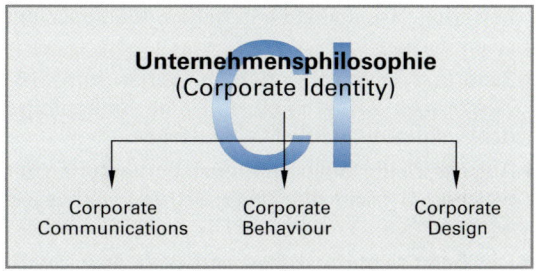

Bild 3: Umsetzung der Unternehmensphilosophie

Zur *Corporate Communication* gehört der Einsatz aller Kommunikationsinstrumente, z. B. Absatz- und Produktwerbung, Imagewerbung und Personalwerbung.

Die schlüssige und widerspruchsfreie Ausrichtung aller Verhaltensweisen vom Generalmanager bis zum Außendienstmitarbeiter ist Bestandteil des *Corporate Behaviour*.

Das Corporate Design beinhaltet z. B. die Unternehmensfarben, das Logo, die Typografie (= Schriftart) und das Signet (= Symbol). Das Signet des Verlags EUROPA-Lehrmittel befindet sich z. B. auf der Umschlagsseite dieses Buches. Es soll ein unverwechselbares äußeres Erscheinungsbild des Unternehmens mit hoher Wiedererkennung liefern.

Das CI eines Unternehmens muss weiterentwickelt und den Bedingungen und Bedürfnissen des Unternehmens und des Marktes angepasst werden.

1.2 Unternehmensziele

Bei der Formulierung der Unternehmensziele **(Bild 1)** gibt es viele Einflussgrößen. Diese beziehen sich z. B. auf Eigentümer, Teilhaber (Shareholder), das CI des Unternehmens, Kunden, Geschäftsführer, Aufsichtsräte, Mitwettbewerber, Lieferer, Kreditgeber, Mitarbeiter, nationale und internationale Einrichtungen und Vorschriften, Gewerkschaften, Umweltbedingungen, astrologische und astronomische Bedingungen (vorwiegend im asiatischen Raum).

Aus der Marktanalyse und der Unternehmensanalyse wird im Managementbereich des Unternehmens eine strategische Planung mit Zielbeschreibung entwickelt **(Bild 2)**.

Zielbeschreibungen müssen bestimmten Regeln entsprechen **(Bild 3)**. Im Fall der strategischen Unternehmenszieldefinition ergeben sich daraus folgende Forderungen:

- Die Ziele müssen für das Unternehmen und die Marktbedingungen realistisch sein.

- Standardziele treffen am Markt auf viele Mitwettbewerber. Kreativität kann helfen, Marktnischen zu entdecken.

- Ziele und Teilziele sind zu bewerten, um z. B. Ressourcen zu verteilen und eine Reihenfolge der Wichtigkeit der Ziele aufzustellen.

- Aus der Zielformulierung muss hervorgehen, an welchen Größen die Zielerreichung gemessen wird.

- Die Zielabsicht muss klar werden (z. B. wir wollen ..., damit wir ...).

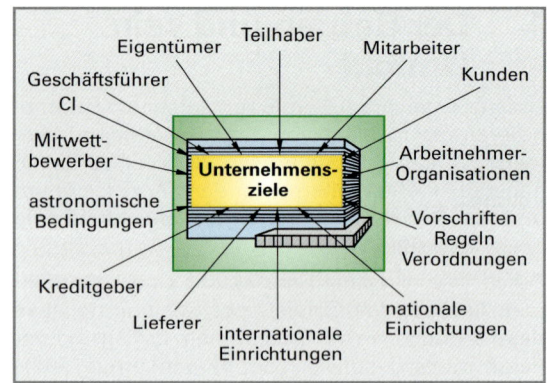

Bild 1: Einflussfaktoren auf die Zieldefinition des Unternehmens

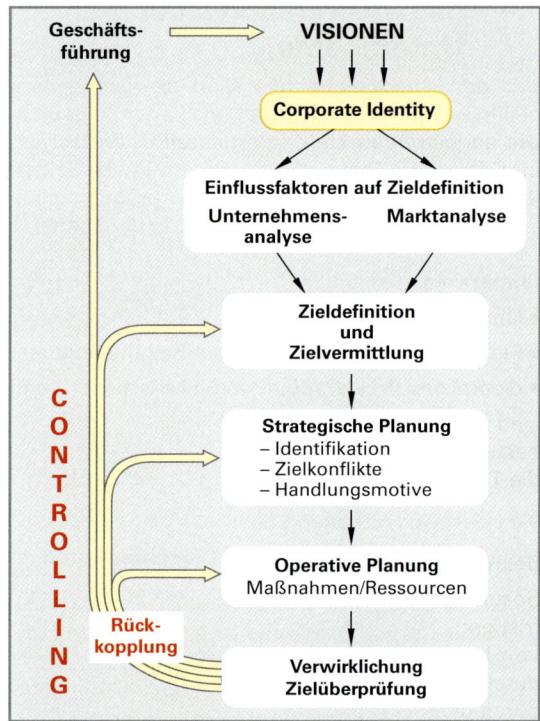

Bild 2: Zielverwirklichung

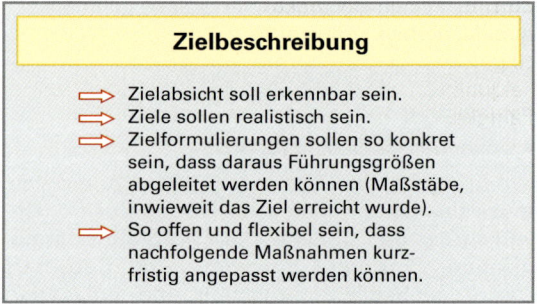

Bild 3: Anforderungen an Zielbeschreibungen

In der operativen Planung werden die Zielbereiche für die Beschäftigten festgelegt. Es wird bestimmt, wer, wann, wo und wie etwas tut und welche Mittel er dafür zur Verfügung hat (**Bild 1**).

> Die operative Planung ist die Umsetzung der strategischen Planung in Einzelmaßnahmen.

Zur Zielverwirklichung sind die formulierten Ziele und Zielaspekte allen Beteiligten so zu vermitteln, dass sie akzeptiert werden und sich die Mitarbeiter damit identifizieren.

> Je besser Mitarbeiter über die Ziele des Unternehmens informiert sind und sich damit identifizieren, desto selbstständiger und zielgerichteter arbeiten sie.

Die angestrebten Unternehmensziele lassen sich in *Primärziele und Sekundärziele* unterscheiden (**Bild 2**).

Primärziele

- Optimierung der Kosten,
- Einhaltung von Terminen und
- Optimierung der Qualität

sind für den wirtschaftlichen Erfolg wesentlich. Sie bestimmen den Shareholder Value (= Gewinn für die Teilhaber) und werden oft vorrangig betrachtet.

Sekundärziele

Sekundäre Ziele sind Voraussetzung für den langfristigen Unternehmenserfolg. Auch die Bewertung von Unternehmen am Aktienmarkt wird weniger durch die aktuelle Gewinnsituation bestimmt als durch die Erwartungen für die mittel- und langfristigen Marktaussichten des Unternehmens.

Zum Erreichen der Sekundärziele sind Schlüsselqualifikationen notwendig (**Bild 3**). In Stellenanzeigen und Bewerbungsverfahren werden Schlüsselqualifikationen, auch als „soft skills" (= sanfte Fähigkeiten) bezeichnet, ausdrücklich verlangt.

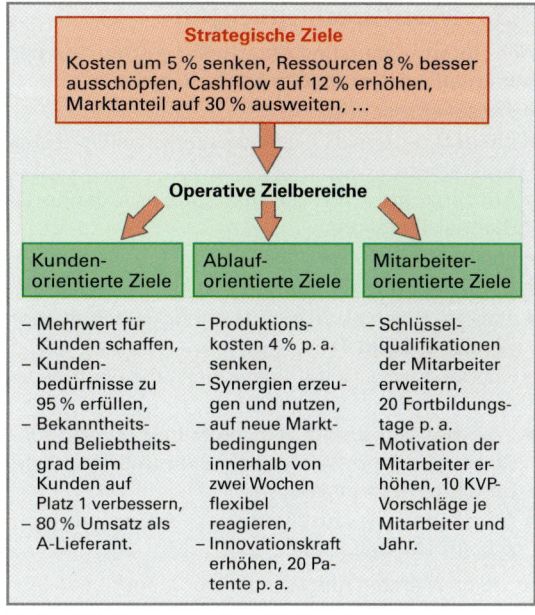

Bild 1: Ableitung operativer Zielbereiche aus den strategischen Zielen

Bild 2: Primärziele und Sekundärziele eines Unternehmens

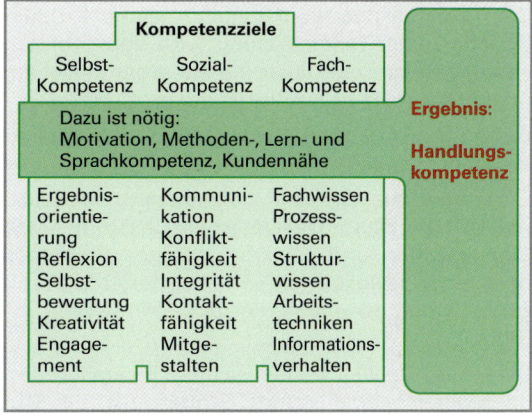

Bild 3: Schlüsselqualifikationen

1.3 Marktbedingungen

Alle Unternehmen und Mitarbeiter werden mit den Merkmalen neuer Märkte konfrontiert:

- Wissensfortschritt,
- Integration von IT-Technologien in allen Tätigkeitsfeldern,
- Auswirkungen von geschäftsprozessorientierter Standardsoftware,
- kurzen Produktlebenszyklen,
- Globalisierung der Märkte,
- starkes Wachstum in informationstechnischen Bereichen **(Bild 1)**,
- Kundenanspruch auf individuelle Problemlösungen,
- Wahrnehmung von Dienstleistungs-, Vertriebs-, Beratungs- und Serviceaufgaben über fachliche Berufsgrenzen hinweg und
- steigenden gesellschaftlichen Anforderungen, z. B. im Umweltschutz.

In vielen Märkten herrscht ein Überangebot an Waren und Dienstleistungen (Käufermarkt). Angebote können in solchen Märkten nicht bestehen, wenn sie außer einem günstigen Preis nur den Grundnutzen erfüllen. Bei einem Smartphone ist der Grundnutzen z. B. das Telefonieren von A nach B. Nur wenn Angebote dem Kunden in möglichst vielen Merkmalen einen Zusatznutzen in Aussicht stellen, ist der Erfolg wahrscheinlich. Bei einem Smartphone kann der Zusatznutzen z. B. erhöhte Aufmerksamkeit der Mitmenschen oder Freude an technischen Besonderheiten sein.

> Produkte und Dienstleistungen, die gegenüber den Mitwettbewerbern einen Zusatznutzen versprechen, können am Markt erfolgreich sein.

Diese kaufentscheidenden Zusatznutzen nennt man *Schlüsselfaktoren* oder *Unique Selling Positions* USP (= Alleinstellungsmerkmale, **Bild 2**).

Die Qualität und Funktionalität eines Produktes oder einer Dienstleistung wird vom Kunden vorausgesetzt. Beide fallen nur auf, wenn sie fehlen oder überraschend die Erwartungen übersteigen.

Bei der Qualität unterscheidet man die äußere und die innere Qualität.

Die äußere Qualität ist z. B. definiert nach DIN 55350 und DIN ISO 8402: „Qualität ist die Gesamtheit von Eigenschaften und Merkmalen eines Produktes oder einer Tätigkeit, die sich auf deren Eignung zur Erfüllung gegebener Forderungen bezieht ..."
(Bild 3).

Die innere Qualität bezieht sich auf herstellerinterne qualitätsbeeinflussende Größen, z. B. die Mitarbeiterqualität.

> **!** **USP** Unique Selling Positions = einmalige Verkaufsmerkmale, Leistungsmerkmale, Alleinstellungsmerkmale

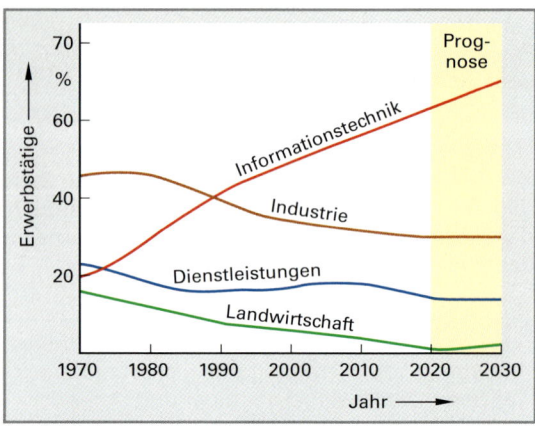

Bild 1: Veränderung der Erwerbstätigenzahlen (Prognose)

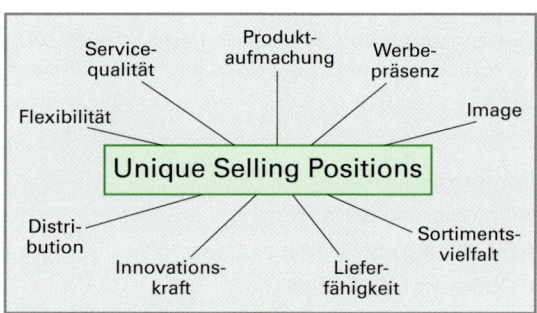

Bild 2: Unique Selling Positions

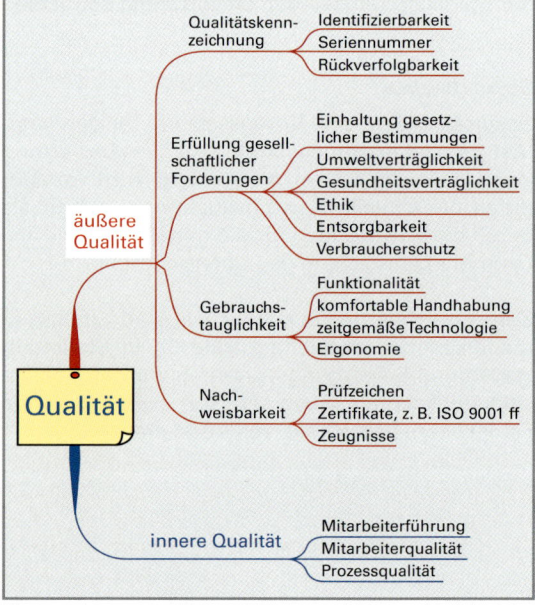

Bild 3: Qualitätselemente

1.4 Umsetzung von Kundenwünschen

Um Kundenwünsche optimal zu erfüllen, setzen viele Unternehmen systematische Methoden zur Planung, Entwicklung und Umsetzung von Kundenforderungen ein.

Eine häufig eingesetzte Methode zur Umsetzung von Kundenforderungen ist QFD (= Quality Function Deployment). Zentrales Werkzeug des QFD ist das *House of Quality* (HoQ, **Bild 1**).

Die Arbeitsschritte zum Erstellen eines HoQ sind:

1. Ermittlung und Bearbeitung der Kundenforderungen.

2. Vergleich mit Mitwettbewerbern.

   Dazu geben Kunden ihre subjektiven Urteile ab.

3. Formulierung der technischen Kriterien. Die Urteile des Kunden müssen in aussagefähige und messbare Kriterien umformuliert werden.

4. Ableiten und Gewichten zusammenhängender Merkmale für die Verbesserung.

5. Analyse der Abhängigkeiten.

6. Gewichtung der Merkmale.

7. Leistung mit Mitwettbewerbern vergleichen und messbare Zielwerte für die Umsetzung festlegen.

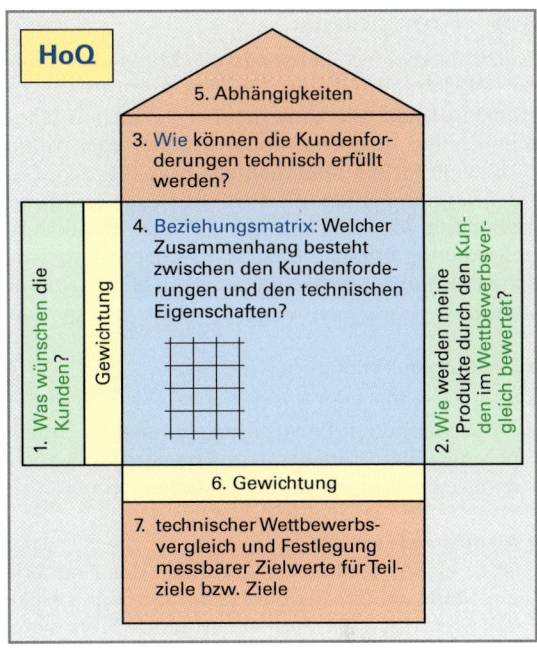

Bild 1: House of Quality

Die Anwendung des HoQ für eine Computermaus ist in **Bild 2** dargestellt.

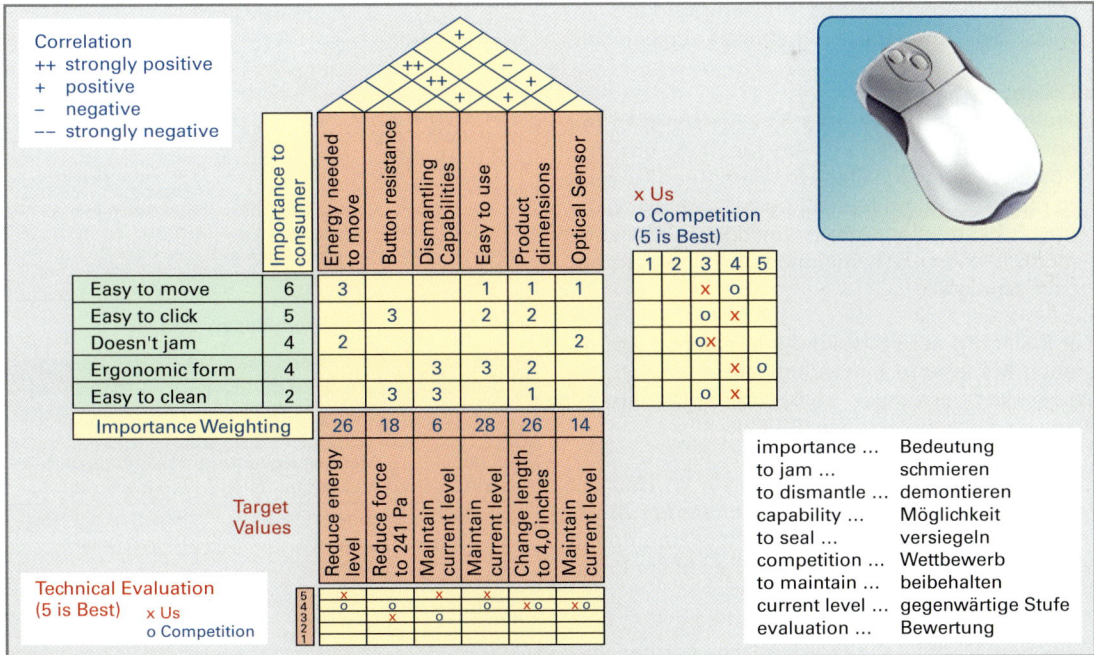

importance ...	Bedeutung
to jam ...	schmieren
to dismantle ...	demontieren
capability ...	Möglichkeit
to seal ...	versiegeln
competition ...	Wettbewerb
to maintain ...	beibehalten
current level ...	gegenwärtige Stufe
evaluation ...	Bewertung

Bild 2: HoQ für die Weiterentwicklung einer Computermaus

1.5 Preispolitik

In der Marktwirtschaft können alle Marktteilnehmer ihre Nachfrage und ihr Angebot frei und selbstständig planen. Die Unternehmer versuchen langfristig einen möglichst hohen *Shareholder Value* (= Gewinn für die Anteilseigner) zu realisieren. Die Nachfrager möchten mit den ihnen zur Verfügung stehenden Mitteln ein Maximum an Bedürfnisbefriedigung erreichen. Bei der Abstimmung zwischen diesen Interessen ist der Preis entscheidend **(Bild 1)**.

● **Lenkungsfunktion:**

Knappe Güter sind am Markt teurer. Um einen möglichst hohen Preis zu erzielen stellen Unternehmer diese Güter bereit und dienen damit auch dem Gesamtinteresse aller Marktteilnehmer.

● **Ausgleichsfunktion:**

Ist zu einem bestimmten Zeitpunkt das Angebot am Markt größer als die Nachfrage, dann sinkt der Preis (Bild 1). Zum niedrigeren Preis wird mehr nachgefragt, aber weniger angeboten. Dieser Anpassungsprozess läuft, bis ein Gleichgewicht zwischen Angebot und Nachfrage (Gleichgewichtsmenge, Gleichgewichtspreis) erreicht wird.

● **Signalfunktion:**

Der Preis signalisiert den Knappheitsgrad eines Gutes. Dabei ist nicht die absolute Preishöhe wichtig, vielmehr zeigen Preisänderungen an, wie sich die Knappheitsverhältnisse verschieben.

● **Erziehungsfunktion:**

Produzenten versuchen, möglichst sparsam mit den Produktionsfaktoren umzugehen, um ihre Kosten niedrig zu halten und damit den Gewinn zu maximieren. Andererseits sind auch die Nachfrager bestrebt, die preisgünstigsten Einkaufsmöglichkeiten wahrzunehmen, um ihren Nutzen zu maximieren.

Zur Erklärung der Preisbildung in einem vollkommenen Markt wird ein vereinfachtes Modell der Wirklichkeit verwendet. Vollkommene Märkte erfüllen die sieben Merkmale **(Bild 2)**.

Einen vollkommenen Markt gibt es in Wirklichkeit nicht. Fehlt eines der in Bild 2 genannten Merkmale, handelt es sich um einen unvollkommenen Markt mit anderen Gesetzmäßigkeiten in der Preisbildung.

In der Realität gibt es unterschiedliche Formen von Oligopolen und Monopolen **(Tabelle 1)**.

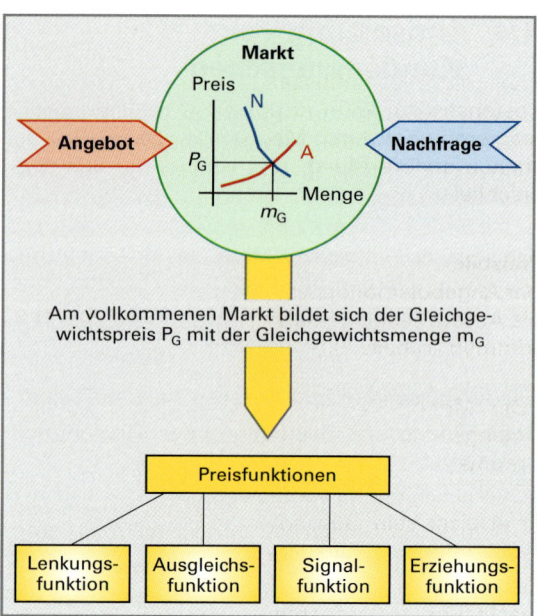

Am vollkommenen Markt bildet sich der Gleichgewichtspreis P_G mit der Gleichgewichtsmenge m_G

Bild 1: Preisbildung und Preisfunktionen am vollkommenen Markt

1. Es sind keine sachlichen, persönlichen, räumlichen und zeitlichen Präferenzen (= Bevorzugungen) vorhanden.

2. Es handelt sich um homogene Güter, d. h. es gibt keine Unterschiede hinsichtlich Nutzen und Zusatznutzen.

7. Der Markt reagiert auf Veränderungen sofort.

Vollkommener Markt

3. Alle Anbieter können jederzeit liefern.

6. Der Markt ist polypolistisch, d. h. es gibt sehr viele Anbieter und sehr viele Nachfrager.

4. Es herrscht vollständige Markttransparenz, d. h. alle Marktteilnehmer verfügen über alle notwendigen Marktinformationen.

5. Alle Marktteilnehmer handeln nach Wirtschaftlichkeitsprinzipien.

Bild 2: Modell eines vollkommenen Marktes

Tabelle 1: Marktformen		
Anbieter-Marktform	Marktverhalten	Preisbestimmung
Polypol viele Anbieter	Mengenanpassung an Marktpreis	Marktpreis und eigene Kosten
Monopol ein Anbieter	Strategie zur Gewinnmaximierung	Reaktion der Nachfrager, Kosten
Oligopol wenige Anbieter	Strategie zur Gewinnmaximierung	Reaktion der Nachfrager, Kosten, Verhalten der anderen Oligopolisten

Preisbildung beim Anbieter-Polypol

Im Polypol kann der einzelne Unternehmer den Preis nicht beeinflussen. Entsprechend seiner Kostenstruktur kann er nur als Mengenanpasser reagieren oder durch Marketingmaßnahmen versuchen andere Markt- und Kundensegmente zu erschließen.

Preisbildung beim Angebotsmonopol

Der Angebotsmonopolist kann über den Preis auch die Absatzmenge gemäß seinen Vorstellungen bestimmen **(Tabelle 1)**.

> Der Monopolist kann Preise und Angebotsmengen zum Erreichen des Gewinnmaximums festlegen.

Er erreicht sein Gewinnmaximum, indem er die Versorgung des Marktes verschlechtert **(Bild 1)**.

Zum Schutz des Verbrauchers ist die Marktmacht von Unternehmen hinsichtlich monopolartiger Stellungen in vielen Ländern eingeschränkt. In Deutschland wird durch das Gesetz gegen Wettbewerbsbeschränkung (Kartellgesetz) die Bildung wettbewerbsgefährdender, marktbeherrschender Unternehmen verhindert. Hiervon sind Kartelle (= vertragliche Zusammenschlüsse rechtlich selbstständiger Unternehmen mit dem Ziel den Markt und den Wettbewerb einzuschränken), Zusammenschlüsse von Unternehmen (Fusionen) und Absprachen zwischen Unternehmen betroffen. Durch z. B. technologische Spitzenleistungen und Patente können jedoch zeitweise monopolistische Stellungen entstehen.

Preisbildung beim Anbieter-Oligopol

Bei einem Angebotsoligopol stehen wenigen großen Anbietern viele Nachfrager gegenüber, z.B. die Ölgesellschaften den Autofahrern. Auf oligopolistischen Märkten kann man oft eine weitgehende Starrheit der Preise feststellen, d.h. die Oligopolisten erhöhen gemeinsam ihre Preise, z.B. durch Bildung eines Kartells, oder sie überlassen einem Marktführer die Preispolitik und ziehen gemeinsam nach. Dabei kann die Preisführerschaft abwechselnd von verschiedenen Oligopolisten übernommen werden.

Für den einzelnen Anbieter kann es bei Vorliegen einer günstigeren Kostenstruktur auch von Vorteil sein, seinen Preis zu senken und damit seinen Marktanteil auf Kosten der anderen zu erhöhen. Er muss aber damit rechnen, dass die anderen Anbieter versuchen, ebenfalls kostengünstiger zu produzieren und auch ihre Preise senken. Dies führt dazu, dass der gemeinsame Gewinn aller sinkt.

Tabelle 1: Monopolpreisbildung

Monopol- preis in €	Absatzmenge in Mio. Stk.	Erlöse in Mio. €	Kosten in Mio. €	Gewinn in Mio. €
80,00	10,0	800	2.900	-2100
160,00	10,0	1.600	2.880	-1280
240,00	9,5	2.280	2.860	-580
320,00	9,0	2.880	2.840	40
400,00	8,3	3.320	2.820	500
480,00	7,5	3.600	2.800	800
560,00	6,7	3.752	2.780	972
640,00	5,5	3.520	2.760	760
720,00	4,0	2.880	2.740	140
800,00	3,2	2.560	2.720	-160
880,00	2,6	2.288	2.700	-412

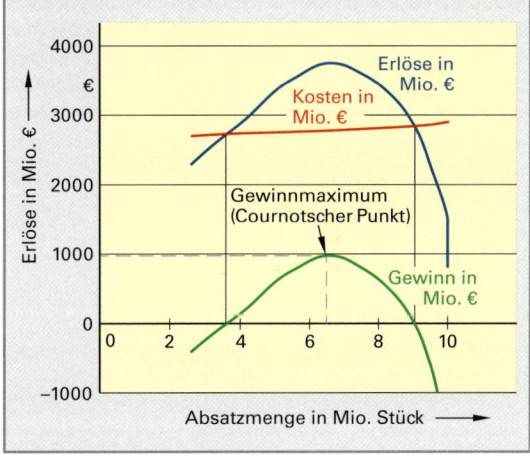

Bild 1: Monopolpreisbildung

Preiselastizität der Nachfrage

Für die Preisgestaltungsmöglichkeiten eines Anbieters ist es wichtig zu wissen, wie die Nachfrager auf Preisänderungen reagieren.

> Die Preiselastizität der Nachfrage beschreibt die Reaktion der Nachfrager auf eine Preisänderung.

$$E = \frac{|\Delta m|}{|\Delta p|}$$

E Preiselastizität der Nachfrage
Δm Mengenänderung (%)
Δp Preisänderung (%)

Je weniger Kunden auf ein Produkt angewiesen sind, je mehr Ersatzprodukte mit vergleichbarem Nutzen und Zusatznutzen vorhanden sind, desto stärker reagieren Kunden auf Preisänderungen. Ist die Elastizität größer als 1, so spricht man von einer elastischen Nachfrage, d.h. bei einer Preiserhöhung sinkt der Umsatz.

1.6 Leistungs-, Geld- und Informationsflüsse in einem Unternehmen

Durch den optimierten Einsatz der Produktionsfaktoren Arbeit, Rohstoffe, Kapital und Know-how versuchen Unternehmen ihren Erfolg zu maximieren. Die betriebliche Abläufe und Schnittstellen **(Bild 1)** zu Märkten müssen hierzu geplant, organisiert, koordiniert und kontrolliert werden.

Aus **technischer Sicht** bedeutet dies z.B., dass der Materialfluss der Roh-, Hilfs- und Betriebsstoffe optimiert werden muss. Aus **umweltorientierter Sicht** bedeutet es die Minimierung von Belästigungen, Umweltschäden und sparsamen Einsatz globaler Ressourcen. **Finanztechnisch** bedeutet es z.B., dass die Kapitalbindung minimiert werden muss. **Informationstechnisch** muss sichergestellt sein, dass Informationen durch entsprechende IT-Dienstleistungen

- in der richtigen Menge,
- in der richtigen Qualität,
- am richtigen Ort,
- zur richtigen Zeit,
- zu günstigen Preisen,
- vollständig und
- verständlich zur Verfügung stehen.

1.7 Wertschöpfung

Je geringer der Aufwand des Unternehmens für die Bereitstellung und den Absatz seiner Leistung am Markt ist, desto höher ist die Wertschöpfung.

> Unter Wertschöpfung versteht man den Wertzuwachs eines Produktes oder einer Dienstleistung zwischen dem Beschaffungspreis und dem Absatzpreis.

Bei allen erfolgreichen Managementmethoden gibt es eine Reihe gemeinsamer Merkmale:

- Präventive (= vorbeugende) Maßnahmen ersetzen nachfolgende Korrekturen. Es werden bei der Produktion Qualitätskontrollen bereits während der Produktion durchgeführt.
- Beachtung von Kundenwünschen, z.B. werden die Kundenwünsche vor der Produktion systematisch erfasst und in die Produktionspläne eingearbeitet.
- Unternehmen fördern hohe Flexibilität, Einsicht und Lernfähigkeit, z.B. wird Mitarbeitern Verantwortung übertragen und Verbesserungsvorschläge werden schnell umgesetzt und belohnt.

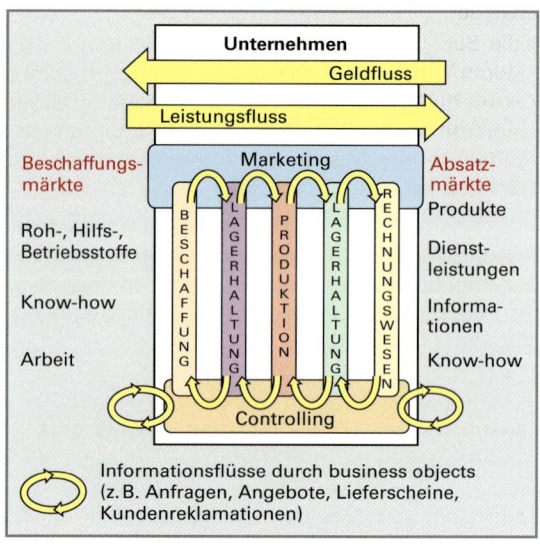

Bild 1: Leistungs-, Geld- und Informationsflüsse

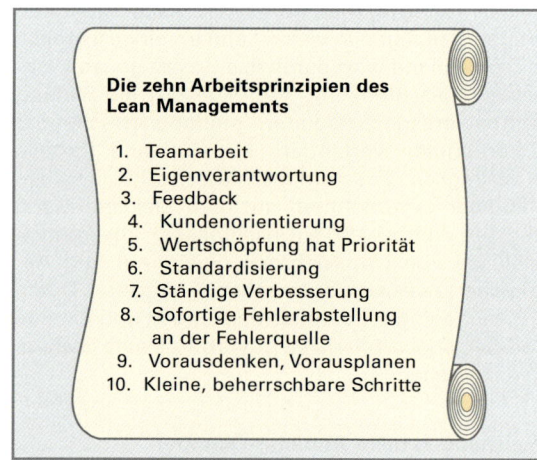

Bild 2: Die zehn Arbeitsprinzipien des Lean Managements

Die direkten Auswirkungen dieser Zielsetzungen zeigen sich in der Aufbau- und Ablauforganisation moderner Unternehmen.

In den flachen Hierarchien moderner Unternehmen werden Führungsaufgaben und Verantwortung für Prozesse an Prozessverantwortliche (Prozessowner) delegiert. Kundenprobleme werden durch schnelle, flexible und kundennahe „case worker" (case = Fall, Prozess, worker = Arbeiter) gelöst.

Lean Management LM (schlankes Management) und *Lean Production LP* (schlanke Produktion) stehen für Produktivitätsfortschritte in der produzierenden Wirtschaft. Die Verhaltensregeln für die Mitarbeiter im LM sind in 10 Arbeitsprinzipien zusammengefasst **(Bild 2)**.

Ziele des LM und LP sind

- die Suche nach Rationalisierungsmöglichkeiten durch Verringern der Fertigungstiefe. Ein Bereich wird ausgelagert (= Outsourcing), wenn andere die Arbeit günstiger und/oder schneller erledigen können.
- kooperatives Vorgehen von Marketingfachleuten, Technikern, Servicemitarbeitern (= Simultaneous Engineering) zur Verringerung des „time to market",
- die Konzentration auf technologisch anspruchsvolle Bereiche mit hochqualifizierten Mitarbeitern,
- Einbeziehung der Zulieferfirmen in die Planung,
- höhere Flexibilität durch Konzentration auf das Wesentliche und eine flache Hierarchie,
- Verzicht auf zu breite Produktpaletten ohne Synergieeffekte.

Total Quality Management TQM
Um am Markt erfolgreich zu sein muss ein Unternehmen kundenorientierte Produkte und Dienstleistungen kundengerechter Qualität zu wettbewerbsfähigen Preisen anbieten.
Durch das Qualitätsmanagement werden alle qualitätsbeeinflussenden Größen während des gesamten Lebenszykluses eines Produktes überwacht und beeinflusst (TQM). Kostentreibendes Overengineering (nicht in Anspruch genommene Qualität) ist ebenso zu vermeiden wie nach Kundenmeinung vorhandene Qualitätsdefizite **(Bild 1)**.

Just-in-Time JIT
JIT bedeutet, dass nachgeschaltete Fertigungsstufen Güter genau dann abrufen und bereitgestellt bekommen, wenn Bedarf besteht. JIT zielt auf eine Minimierung der Lagerhaltungskosten, birgt aber das Risiko einer starken Lieferantenabhängigkeit.

Business Process Reengineering BPR
BPR vereinigt Elemente des Lean Management und des TQM. Es zeichnet sich durch fundamentale und radikale Eingriffe in bestehende Abläufe und Organisationen aus. Ziel ist eine Verbesserung um „Quantensprünge". Hierzu fördert man das Denken in Prozessen statt in Teilaufgaben, das Anbieten von Problemlösungen anstatt Produkten und die Anwendung neuer Kostenrechnungsverfahren durch Prozessverantwortliche (case worker und case manager).

Hygienefaktoren
Hygienefaktoren, z.B. materielle Sicherheit, wirken von außen (extrinsisch) auf den Mitarbeiter. Diese Maßnahmen sind tendenziell nur kurzfristig wirksam, d.h. sie müssen häufig erneuert werden **(Bild 2)**.

! **Time to Market** = Zeit bis Markteinführung.
Synergieeffekt = Übertragung von Wissen auf andere Aufgabenstellungen.
BPR Business Process Reengineering = Umorganisation der Geschäftsprozesse.

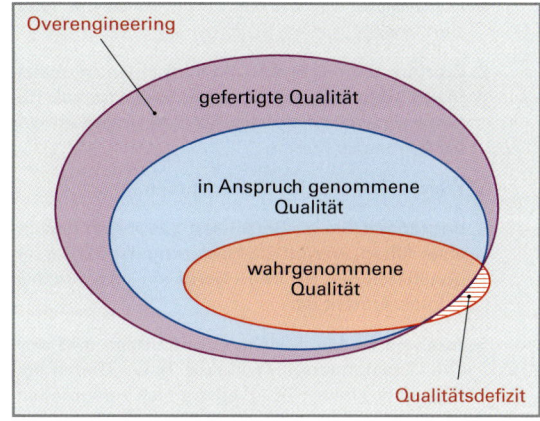

Bild 1: Qualitätsanforderungen

Bild 2: Motivationsmodell

Hygienefaktoren bilden die Rahmenbedingungen, um unter den Mitarbeitern und Kunden Unzufriedenheit zu vermeiden.

Motivatoren
Motivatoren, z.B. Anerkennung und Selbstständigkeit wirken von innen (intrinsisch) und sind eher langfristig wirksam.

Motivatoren erhöhen die Leistungswilligkeit.

K Kompetenzorientierung

1. Analysieren Sie das Corporate Identity eines (Ihres) Unternehmens.

a) Notieren und diskutieren Sie insbesondere die Aussagen zu folgenden Stichworten: Kunde, Mitarbeiter, Innovation, Umwelt und Qualität.

b) Beschreiben Sie, wie das Corporate Design realisiert wurde.

2. Erörtern Sie die Problematik, in einem globalen Markt allgemein anerkannte Bewertungskriterien für gesellschaftliche Anforderungen an Unternehmen zu finden.

3. Welche Ziele hat Ihr Unternehmen?

4. Begründen Sie an Beispielen aus ihrem beruflichen Alltag, warum die Förderung der Schlüsselqualifikationen für Ihren Beruf ein wesentliches Erfolgselement ist.

5. Analysieren Sie, welche Grundnutzen und welche Zusatznutzen Produkte bzw. Dienstleistungen aus Ihrem Tätigkeitsbereich versprechen.

6. Erstellen Sie ein HoQ für ein Smartphone.

Grundgesetz GG:
Art. 12 freie Arbeitsplatzwahl
Art. 14 Privateigentum an Produktionsmitteln
Art. 14 Abs. 2: Sozialverpflichtung des Eigentums: „Eigentum verpflichtet. Sein Gebrauch soll zugleich dem Wohle der Allgemeinheit dienen ..."

Stabilitätsgesetz StWG:
§1 StWG: „Bund und Länder haben bei ihren wirtschafts- und finanzpolitischen Maßnahmen die Erfordernisse des gesamtwirtschaftlichen Gleichgewichts zu beachten. Die Maßnahmen sind so zu treffen, dass sie im Rahmen der marktwirtschaftlichen Ordnung gleichzeitig zur Stabilität des Preisniveaus, zu einem hohen Beschäftigungsstand und außenwirtschaftlichen Gleichgewicht bei stetigem und angemessenem Wirtschaftswachstum beitragen."

Arbeitsförderungsgesetz AFG
Gesetz gegen Wettbewerbsbeschränkungen GWB
Gesetz gegen unlauteren Wettbewerb UWG
Gewerbeordnung GewO §1 Gewerbefreiheit
EWG VO 1836/93, DIN EN ISO 14001

Bild 1: Gesetzesauswahl zur Wettbewerbspolitik

1.8 Wettbewerbspolitik

Das Grundgesetz legt in den Artikeln 20 bis 28 fest, dass die Bundesrepublik Deutschland ein sozialer Rechtsstaat ist, in dem die Ausübung wirtschaftlicher Freiheit soziale Verpflichtungen bedeutet.

Staatliche und überstaatliche Normen, Vorschriften und Gesetze schützen und garantieren individuelle Rechte und Freiheiten (**Bild 1**). Gleichzeitig enthalten sie Vorschriften zur Vermeidung sozialer Härten und Bestimmungen gegen den Missbrauch wirtschaftlicher Macht. Die staatliche Wettbewerbspolitik verfolgt insbesondere volkswirtschaftliche Ziele (**Bild 2**).

Damit die Leistungsfähigkeit eines freien Marktes nicht unnötig eingeschränkt wird, versucht man möglichst mit marktkonformen Methoden regelnd einzugreifen und marktkonträre Maßnahmen zu vermeiden (**Tabelle 1**).

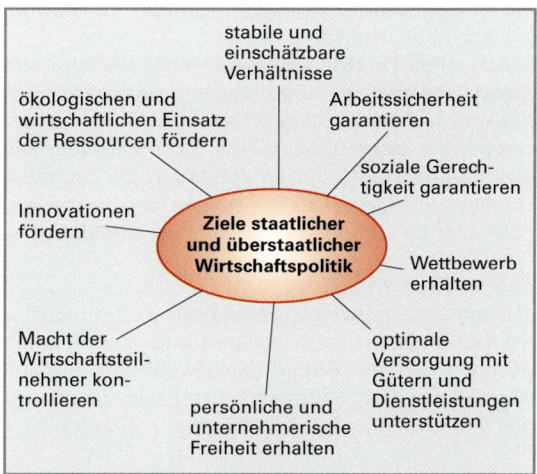

Bild 2: Volkswirtschaftliche Ziele der Wirtschaftspolitik

Tabelle 1: Marktkonforme und marktkonträre Maßnahmen		
Maßnahme	marktkonform	marktkonträr
Kennzeichen	Preisfunktionen des Marktes bleiben erhalten	Preisfunktionen des Marktes werden außer Kraft gesetzt
Beispiele	– unterschiedliche Besteuerung von Energieträgern – Eingriffe der Notenbanken zur Beeinflussung der Geldmenge – staatlich finanzierte Umschulungsmaßnahmen	– Preisfestsetzung für bestimmte Güter – Einfuhr- und Ausfuhrverbote – zeitlich unbegrenzte Subventionen für Unternehmen

! Marktkonforme Maßnahmen erhöhen die Leistungsfähigkeit eines Marktes.
Marktkonträre Maßnahmen verringern die Leistungsfähigkeit des Marktes.

Testen Sie Ihre Fachkompetenz!

Aufgabe 1:
Corporate Identity CI
Das Corporate Identity CI basiert auf dem widerspruchsfreien Zusammenwirken von Corporate Communication, Corporate Behaviour und Corporate Design. Erläutern Sie diese drei Merkmale kurz.

Aufgabe 2:
Formulierung von Unternehmenszielen
Beschreiben Sie vier Forderungen an die Formulierung von strategischen Unternehmenszielen.

Aufgabe 3:
Primärziele
Nennen Sie die drei Primärziele, die den wirtschaftlichen Erfolg eines Unternehmens beeinflussen.

Aufgabe 4:
Sekundärziele
Nennen Sie Beispiele für Sekundärziele.
Erläutern Sie die Bedeutung von Sekundärzielen für den Unternehmenserfolg.

Aufgabe 5:
Qualitätsmerkmale
Ergänzen Sie die Mindmap-Äste mit Qualitätselementen.

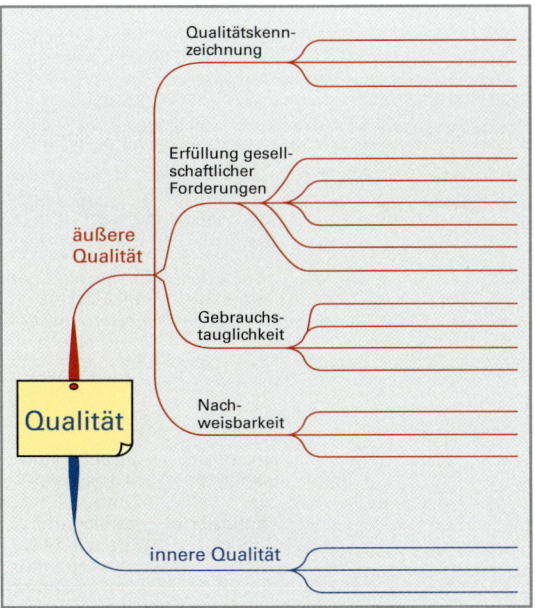

Aufgabe 6:
Preispolitik
Erläutern Sie die Preisfunktionen
● Lenkungsfunktion,
● Ausgleichsfunktion
● Signalfunktion und
● Erziehungsfunktion.

Aufgabe 7:
Qualitätsanforderungen
Interpretieren Sie die Darstellung zu Qualitätsanforderungen aus Herstellersicht.

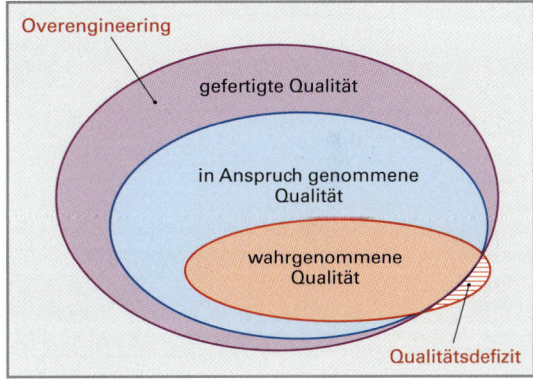

Aufgabe 8:
Motivationsmodell
Ergänzen Sie im Bild, welche Motivatoren und Hygienefaktoren sich aus der Bedürfnispyramide nach Maslow ableiten lassen?

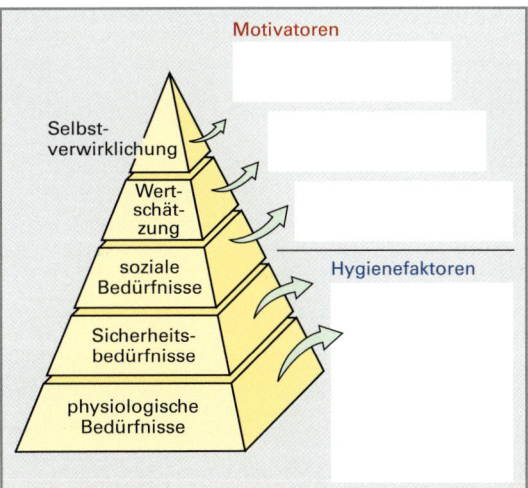

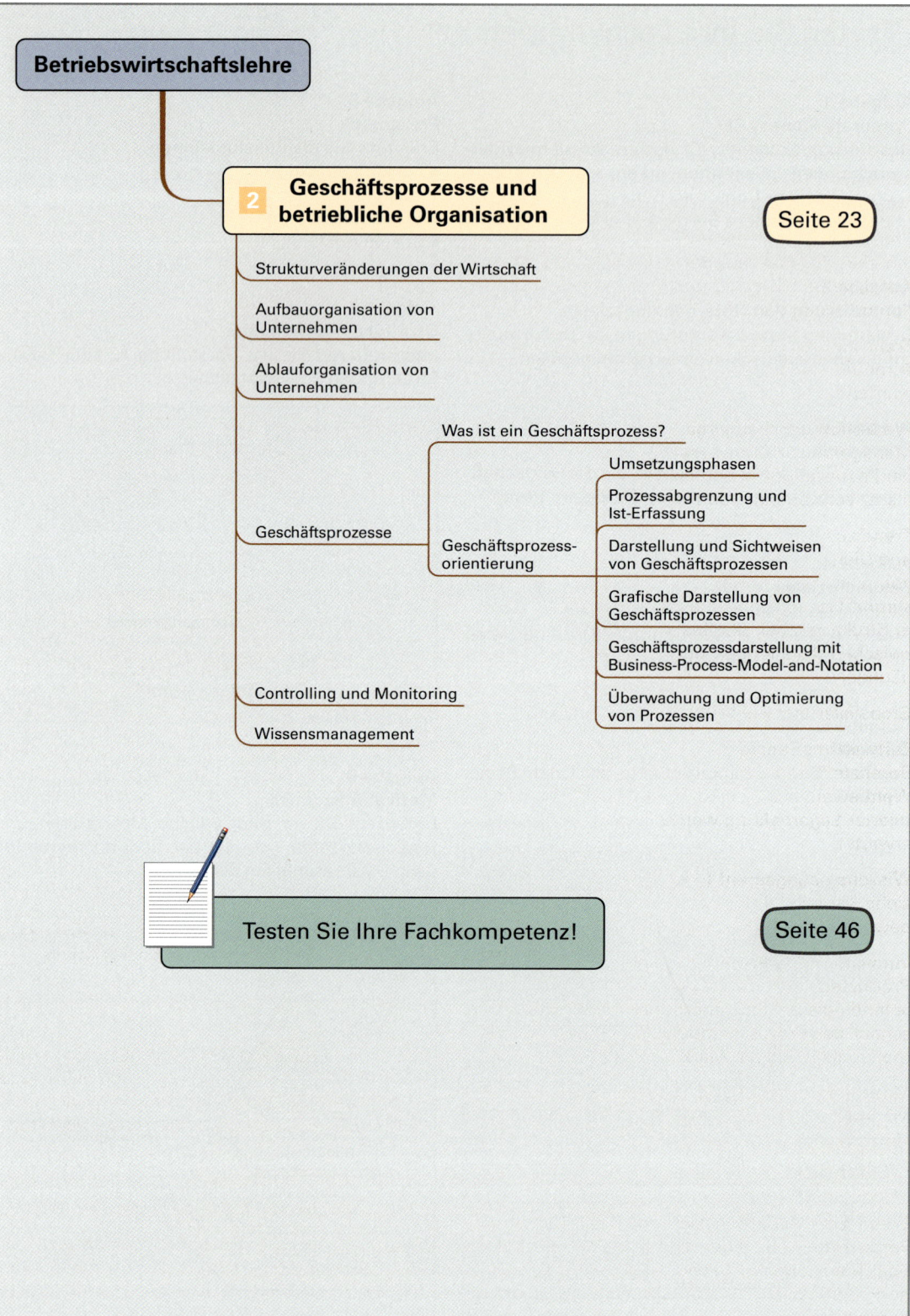

Betriebswirtschaftslehre

2 Geschäftsprozesse und betriebliche Organisation

Seite 23

Strukturveränderungen der Wirtschaft

Aufbauorganisation von Unternehmen

Ablauforganisation von Unternehmen

Geschäftsprozesse

Was ist ein Geschäftsprozess?

Geschäftsprozess-orientierung

Umsetzungsphasen

Prozessabgrenzung und Ist-Erfassung

Darstellung und Sichtweisen von Geschäftsprozessen

Grafische Darstellung von Geschäftsprozessen

Geschäftsprozessdarstellung mit Business-Process-Model-and-Notation

Controlling und Monitoring

Überwachung und Optimierung von Prozessen

Wissensmanagement

Testen Sie Ihre Fachkompetenz!

Seite 46

2 Geschäftsprozesse und betriebliche Organisation

2.1 Strukturveränderungen der Wirtschaft

Der gegenwärtige Umbruch in der Wirtschaft ist betriebswirtschaftlich durch eine Vielzahl von Merkmalen gekennzeichnet (**Bild 1**).

Trend zur Dezentralisierung: Wertschöpfungsketten sind auf mehrere Betriebe, oft sogar international, verteilt. Die Fertigungstiefe einzelner Unternehmen ist gering.

Trend zur Zentralisierung: Verwaltungen, Lager bestimmter Massenzulieferteile, IT-Dienstleistungen werden zentralisiert.

Wertschöpfungskettenmanagement: (Supply Chain Management SCM): systematische Ausdehnung der Prozessorganisation und Prozessüberwachung bis zu Verbrauchern und Lieferanten.

Trend zu individuellen Problemlösungen: Produkte und Dienstleistungen werden in einer großen Zahl von Varianten angeboten. Der Kundenwille bestimmt wesentlich das Angebot. Kundenorientierte Strukturen bei der Gestaltung interner Abläufe zwischen Abteilungen oder Profitcentern werden häufiger.

Globalisierung: Der Wettbewerb ist weltweit.

Zeitwettbewerb: Die Time to Market (= Zeit bis zur Bereitstellung eines Produktes) als wesentlicher Wettbewerbsfaktor wird immer kürzer. Trotz minimierter Lagerhaltung werden kürzeste Lieferzeiten erwartet.

Wissensmanagement (= Knowledgemanagement, siehe Kapitel 2.6) wird zum entscheidenden Wettbewerbsfaktor.

Innovationsgeschwindigkeit: die Lebensdauer von Produkten, die Wettbewerbsvorteilsdauer durch technologische Spitzenprodukte, z. B. den gerade schnellsten Prozessor, oder andere Alleinstellungsmerkmale (USP) am Markt sinkt ständig.

Mitarbeiterorientierung: bessere Beachtung der Mitarbeiterbedürfnisse als Motivationsfaktor. Dies sind z. B. flexible Arbeitszeiten, Formen der Gruppenarbeit mit Möglichkeiten zu größerer Autonomie und Verantwortung.

Trend zur Dematerialisierung: Durch technische Fortschritte, z. B. durch IT-Techniken wie Telearbeit, Teleshopping, Teleausbildung, tritt eine Erhöhung der Ressourcenproduktivität ein, weil der Arbeiter bzw. Kunde viele Fahrwege sparen kann. In

Bild 1: Wirtschaftstrends aus betriebswirtschaftlicher Sicht

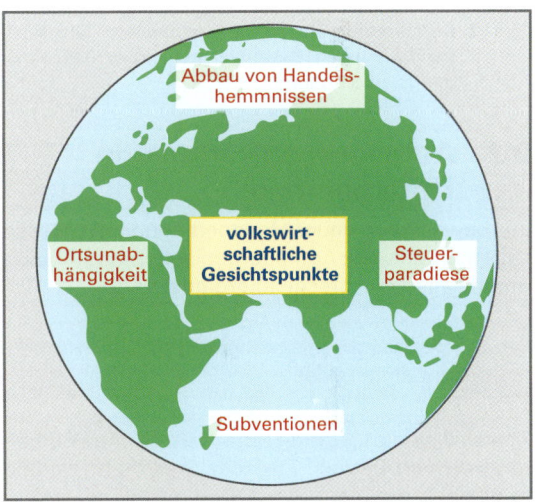

Bild 2: Volkswirtschaftliche Gesichtspunkte der Globalisierung und moderner Informationstechnik

der Praxis gehen diese Ressourcengewinne häufig durch vermehrte Aktivitäten auf anderen Gebieten, z. B. höhere Freizeitnutzung des PKW, wieder verloren (Rebound-Effekt, to rebound = zurückprallen).

Auch aus volkswirtschaftlicher Sicht ergeben sich Veränderungen durch die verflochtene Weltökonomie und moderne Informationstechnik (**Bild 2**).

Durch den Abbau von Handelshemmnissen und eine moderne Transportlogistik sind für Massengüter die Transportkosten in der internationalen Ökonomie oft vernachlässigbar klein.

Folgen der Strukturänderung
Durch die Verlagerung in Steuerparadiese (Länder mit geringen Steuersätzen) können Unternehmen Steuern sparen.
Volkswirtschaftlich gesehen ist die Mitfinanzierung von Umwelt- und Sozialstandards durch die Unternehmen international noch nicht an diese neuen Bedingungen angepasst und vereinheitlicht.

Internationale Unternehmen verlassen deshalb räumlich gebundene Einflussbereiche wie lokale und nationale Wirtschafts- und Sozialpolitik, Gewerkschaften und betriebliche Interessenvertretungen. Schon die bloße Existenz multinationaler Rationalisierungsmöglichkeiten beeinflusst damit das Kräfteverhältnis zwischen Unternehmen und Gesellschaft.

K　Kompetenzorientierung

1. Skizzieren Sie die internationale Wertschöpfungskette bei der PC-Herstellung mit Angabe der Länder.
2. Beschreiben Sie zu den genannten Strukturveränderungen Beispiele aus Ihrem Beschäftigungs- und Erfahrungsbereich.

2.2　Aufbauorganisation von Unternehmen

Zur Bewältigung neuer Marktbedingungen müssen Unternehmen ihre Aufbauorganisation und Ablauforganisation entsprechend organisieren.

> In der Aufbauorganisation werden Stellen und Abteilungen gebildet.

Stellen sind die kleinsten organisatorischen Einheiten in einem Betrieb. Zu jeder Stelle gibt es eine Stellenbeschreibung, die z. B. die Stellenbezeichnung, den Dienstrang, die Zielbeschreibung, Aufgabenbeschreibungen, Kompetenzbeschreibung und ein Anforderungsprofil enthält **(Tabelle 1)**.

> Zur optimalen Anpassung an die Marktbedingungen und einer effektiven Umsetzung der Unternehmensziele soll die Organisation eines Unternehmens eine möglichst optimale „innere Ordnung" haben.

Bei der Gestaltung der Aufbauorganisation orientiert man sich an drei wesentlichen Prinzipien:

Prinzip der Eindeutigkeit und Klarheit
Alle Organisationsgrundsätze, -regeln und -unterlagen müssen auf das Unternehmensziel ausgerichtet sein **(Bild 1)**. Die Unternehmensziele müssen

Tabelle 1: Stellenbeschreibung	
Stellenbezeichnung:	Gruppenleiter Netzwerktechnik
Vorgesetzter:	Abteilungsleiter Netzwerktechnik
Mitarbeiter:	4 bis 6 Fachinformatiker
Stellvertreter:	Abteilungsleiter Netzwerktechnik
Stellenziel:	Der Stelleninhaber hat seine Aufgaben im Bereich Netzwerktechnik so wahrzunehmen, dass die Vorschriften unseres Qualitätshandbuches eingehalten werden.
Stellenaufgaben:	1. Entwurf und Änderung von UNIX-Netzen 2. Installation und Test von UNIX-Netzen 3. Kundenbetreuung und Wartung
Stellenbefugnisse:	1. Auftragsannahme und Materialbestellungen für Aufträge bis 100.000 Euro 2. Bestellungen des Eigenbedarfs bis 500 Euro 3. Personaleinteilung innerhalb der zugeordneten Arbeitnehmer
Stellenverantwortung:	1. Auftragsabwicklung 2. Personalbeurteilung
Eingruppierung:	Tarif T6

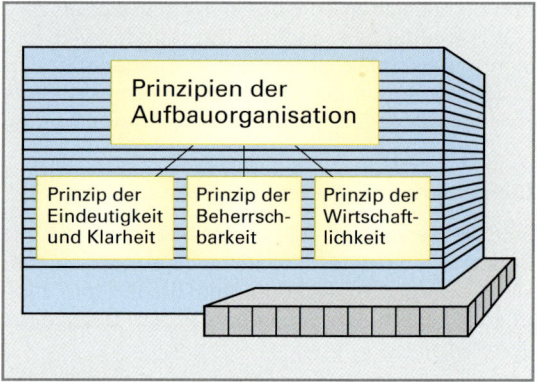

Bild 1: Organisationsgrundsätze

allen bekannt sein und dürfen sich nicht widersprechen. Als Hilfsmittel dienen Organisationspläne, Stellen- bzw. Aufgabenbeschreibungen und Arbeitsanweisungen.

Prinzip der Beherrschbarkeit
Es müssen alle Voraussetzungen zur Erfüllung der übertragenen Aufgaben geschaffen werden. Unverzichtbare Voraussetzungen sind z. B. Kompetenzen, Informationen, Kenntnisse und Fähigkeiten.

Prinzip der Wirtschaftlichkeit
Die Aufbauorganisation muss Erfolgskennzahlen (Benchmarkings) positiv beeinflussen.

In traditionell organisierten Unternehmen werden Stellen mit gleichen Funktionen zu Abteilungen zusammengefasst. So entstehen z. B. die Abteilungen Einkauf, Fertigung, Verkauf und Buchhaltung.

In modern organisierten Unternehmen werden die Stellen oft objektbezogen zusammengefasst. Für einen Kundenauftrag wird z. B. eine Projektgruppe gebildet.

Für die Arbeitsorganisation innerhalb der Aufbauorganisation gelten folgende Regelungen:

- Substitutionsprinzip
  Sich oft wiederholende spezielle Entscheidungen werden durch generelle Entscheidungen ersetzt.

- Dynamisches Optimum
  Zwischen grundsätzlichen Regelungen und fallweiser Bearbeitung ist ein wirtschaftlicher Kompromiss zu finden.

- Eindeutigkeit
  Aufgaben, Kompetenzen und Verantwortungen für Zuständigkeitsbereiche sind eindeutig festzulegen.

Aufbauorganisationen stellen Rangordnungen dar. Es wird geregelt, wie der Instanzenweg ist, Zuordnungs- und Weisungsbefugnisse werden verteilt, Informationswege und Beschwerdewege bestimmt.

Traditionelle Grundformen von Leitungssystemen

Liniensystem

Im Liniensystem erhalten untergeordnete Stellen nur von einer übergeordneten Stelle Anweisungen. Das Liniensystem kann funktionsorientiert **(Bild 1)** oder produktorientiert aufgebaut sein, z. B. in der Netztechnik, Kommunikationstechnik oder Meldetechnik.

Stabliniensystem

Das Stabliniensystem **(Bild 2)** unterscheidet sich vom Liniensystem dadurch, dass die Geschäftsleitung sich mit einem Stab von Beratern, z. B. Juristen, technischen Beratern, Finanzfachleuten, Marketingfachleuten umgibt, die die Geschäftsleitung in der Entscheidungsvorbereitung unterstützen, jedoch meist keine Anweisungsbefugnisse besitzen.

Matrixorganisation

Die Matrixorganisation ist eine Organisation, bei der Funktionsbereiche mit objektorientierten, produktorientierten oder projektorientierten Abteilungen zusammenarbeiten **(Bild 3)**.

Die **Tabelle 1, folgende Seite,** zeigt die wesentlichen Merkmale dieser traditionellen Aufbauorganisationsformen.

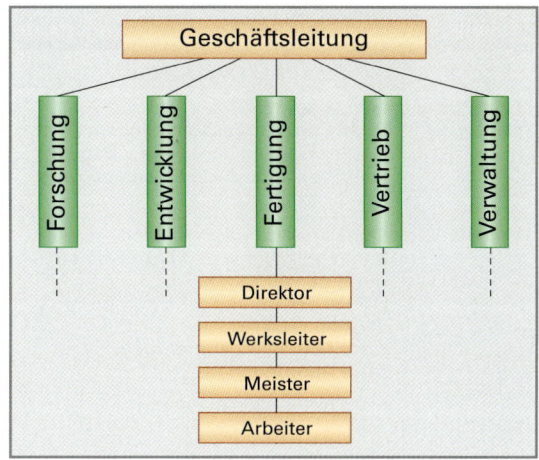

Bild 1: Funktionsorientiertes Liniensystem

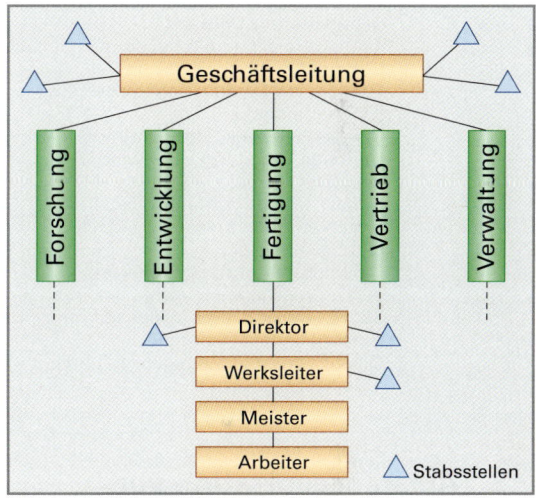

Bild 2: Stabliniensystem

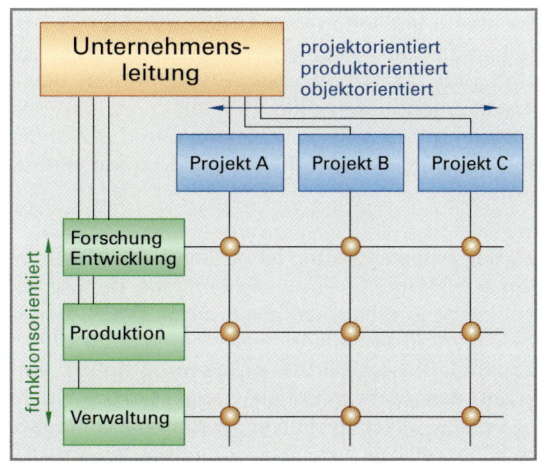

Bild 3: Matrixorganisation

Tabelle 1: Vergleich traditioneller Leitungsmodelle			
	Linien-Organisation	**Stab-Linien-Organisation**	**Matrix-Organisation**
Grundsätze	Einheit der Leitung. Einheit des Auftragsempfangs. Unterscheidung der Linien z. B. nach Funktionen, Produkten, Regionen oder Kundengruppen.	Wie Linien-Organisation. Zusätzlich: Spezialisierung von Stabsstellen auf Leitungsunterstützungsfunktionen, in der Regel ohne Kompetenzen gegenüber der Linie.	Spezialisierung der Leitung und Aufgaben nach den Funktionen.
Vorteile	Einheit der Auftragserteilung reduziert Kommunikations- und Entscheidungsprozesse. Einheit der Leitung, kein Kompromissdenken. Klare Kompetenzabgrenzung. Klare Anordnungen. Klare Kommunikationswege.	Entlastung der Linieninstanzen, erhöhte Kapazität für sorgfältige Entscheidungsvorbereitung, sinnvoller Ausgleich zwischen Spezialistendenken des Stabes und Überblick der Linie (Teamarbeit), fachkundige Entscheidungsvorbereitung unter Einsatz moderner Methoden möglich.	Entlastung der Leitungsspitze, Spezialisierung, aufgabenspezifische Zusammensetzung, gleichwertige Berücksichtigung mehrerer Dimensionen, permanente Teamarbeit.
Nachteile, Gefahren	Lange Dienstwege für Anordnungen, Beschwerden, Informationen, Delegationen, lange Kommunikationswege. Hierarchisches Denken. Keine Spezialisierung bei der Leitungsfunktion. Tendenz zur Bildung von „Passerelen" (Querverbingen). Überlastungsrisiko der Führungskräfte. Unnötige Belastung von Zwischenhierarchiestufen. Gefahr der Vernachlässigung einer systematischen Entscheidungsvorbereitung. Gefahr der Informationsfilterung durch Zwischeninstanzen. Starre und langsame Willensbildung. Gefahr von Insellösungen. Gefahr von Abteilungsdenken und Abteilungsegoismus.	Funktionsaufteilung der Leitung nach Phasen des Willensbildungsprozesses. Entscheidungskompetenz von Fachkompetenz getrennt. Gefahr der Entwicklung einer überdimensionierten Stabstruktur. Gefahr der Vernachlässigung der Leitungsfunktionen (Stab als Vorwand für mangelhafte Delegation). Fülle von Konfliktmöglichkeiten zwischen Linie und Stab. Transparenz der Entscheidungsprozesse geht verloren. Gefahr, dass Stabmitarbeiter Linienvorgesetzte dank fachlicher Überlegenheit manipulieren (Entscheidung ohne Verantwortung). Gefahr, dass Stabsarbeit von Linieninstanzen nicht ausgewertet wird oder nur missbraucht wird.	Regelung der Kompetenzkreuzungen notwendig, großer Bedarf an Leitungskräften, großer Kommunikations- und Abstimmungsbedarf.

2.3　Ablauforganisation von Unternehmen

> **!** In der Ablauforganisation wird der Arbeitsprozess geplant und organisiert.

Probleme entstehen weil Unternehmen aus Abteilungen mit festgelegter Funktion aufgebaut sind und die Arbeitsabläufe quer durch diese Abteilungen laufen (**Bild 1**). Dabei versucht jede Abteilung ihre Ziele umzusetzen und das Ziel die Kundenwünsche zu erfüllen gerät in den Hintergrund.

Zu den Folgen gehören lange Bearbeitungszeiten, hohe Fehlerquoten und die fehlende Kundennähe. Lange Zeit hat man allein durch Detailverbesserungen an bestehenden Systemen, z. B. KVP (= kontinuierliches Verbesserungsprogramm) versucht, den Anforderungen neuer Märkte gerecht zu werden. Wesentliche Verbesserungen sind aber nur über radikale Veränderungen der alten Strukturen erreichbar (**Bild 1**).

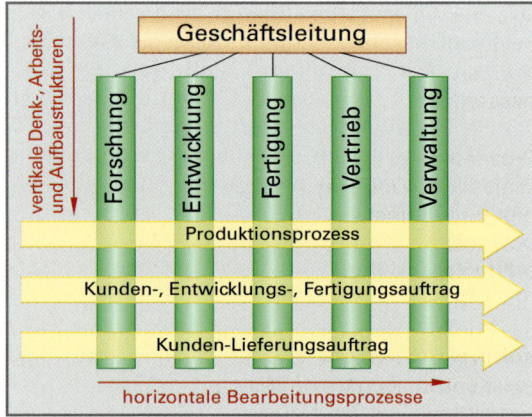

Bild 1: Widerspruch horizontal ablaufender Auftragsbearbeitung und vertikaler Organisationsmerkmale

Ausgangspunkte für Reengineeringmaßnahmen sind:

Die Frage nach der Effektivität:
Tun wir das Richtige zum Erreichen der Unternehmensziele?
Warum tun wir das, was wir tun?

Die Frage nach der Effizienz:
Tun wir es richtig? Weshalb machen wir es auf diese Weise?

Die Frage nach der Kundenfokussierung:
Wo sind Defizite im Kundennutzen?
Erzielen wir für den Kunden einen zusätzlichen Nutzen?
Kann der Kunde den Nutzen erkennen?

Die Frage nach der Informatiknutzung:
Wird der Prozess optimal durch Software unterstützt?

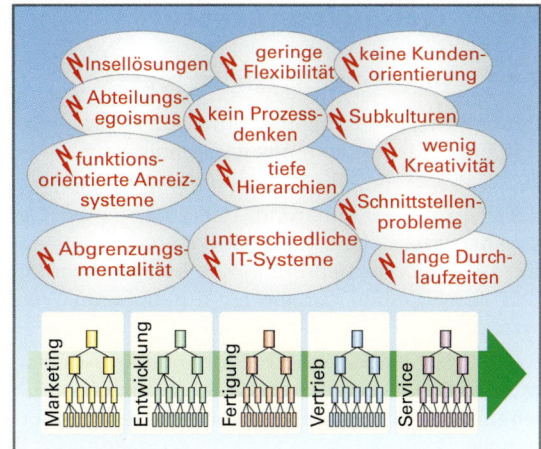

Bild 1: Probleme traditioneller Aufbauorganisationen

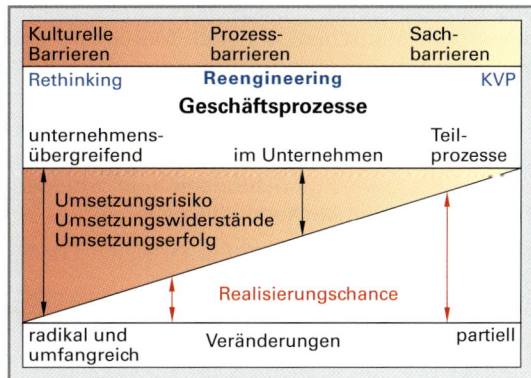

Bild 2: Zusammenhang zwischen Strukturveränderungen und Realisierungschance

Die Erweiterung der Methoden und Vorgehensweisen des Geschäftsprozessmanagements über die Unternehmensgrenzen hinweg auf den gesamten Wertschöpfungsprozess nennt man Wertschöpfungskettenmanagement (Supply Chain Management).

Mit dem Umfang und der Geschwindigkeit der Strukturveränderungen steigt der Umsetzungserfolg. Gleichzeitig steigen das Umsetzungsrisiko und die Umsetzungswiderstände. Es muss ein erfolgsversprechender Kompromiss gefunden werden **(Bild 2)**.

Sachbarrieren, z.B. Softwarefehler, fehlende oder unzureichende Eingabemasken, treten bei Umstrukturierungen häufig auf **(Bild 3)**. Sie lassen sich in der Regel durch Fachspezialisten leicht lösen, bringen aber keine entscheidenden Gesamtverbesserungen.

Prozessbarrieren, z.B. zu viele Vorschriften, unterschiedliche Ziele der Abteilungen, Kapazitätsengpässe und umständliche Genehmigungsverfahren behindern die reibungslose Zusammenarbeit zwischen Kollegen und Abteilungen. Prozessbarrieren müssen durch Prozessteams beseitigt werden.

Kulturelle Barrieren, z.B. Fachdenken statt Prozessdenken, Angst vor Misserfolgen und Abgrenzungsmentalität bei Neuerungen sind in unserem Denken und Handeln verankert und müssen durch entsprechende Lernerfahrung (= Rethinking) beseitigt werden.

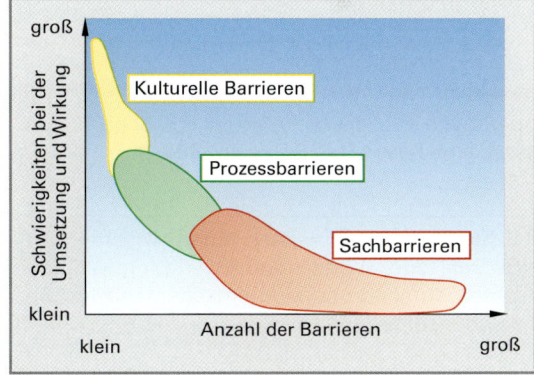

Bild 3: Häufigkeit und Wirkung von Veränderungsbarrieren

Barrieren, die nicht beseitigt werden, führen neben der schlechten Wirtschaftlichkeit zu heimlichen Ersatzprozessen.

2.4   Geschäftsprozesse

2.4.1 Was ist ein Geschäftsprozess?

Der Begriff „Geschäftsprozess" ist ein zentraler Begriff bei der Unternehmensneuorganisation.

Hammer und Champy, die Väter der modernen Geschäftsprozessorientierung, definieren einen Geschäftsprozess als: „... ein Bündel von Aktivitäten, für das ein oder mehrere Inputs benötigt werden und das für einen Kunden ein Ergebnis mit Wert erzeugt...".

Eiff: „... ein am Kerngeschäft orientierter Arbeits-, Informations- und Entscheidungsprozess mit einem für den Unternehmenserfolg relevanten Ergebnis..."

Gausmeier: „... Aktivitäten, die in einem logischen wie zeitlichen Zusammenhang zueinander stehen und inhaltlich abgeschlossen sind, ... der Kombination von Menschen, Material, Maschinen und Methoden wird die Unternehmensleistung erzielt."

DIN EN ISO 8402: „... Satz von in Wechselbeziehungen stehenden Mitteln und Tätigkeiten, die Eingaben in Ergebnisse umgestalten. Zu den Mitteln können Personen, Einrichtungen und Anlagen, Technologien und Methodologie gehören."

Wichtig ist die Unterscheidung zwischen Projekt und Prozess bzw. Geschäftsprozess.

In einem Unternehmen laufen verschiedene Geschäftsprozesse ab **(Bild 1)**.

> **!** Wertschöpfungprozesse erzeugen die Unternehmensleistung, für die der Kunde bereit ist Geld zu bezahlen.

Innerhalb von Wertschöpfungsprozessen oder operativen Prozessen nehmen die Schlüsselprozesse eine besondere Rolle ein **(Bild 2)**.

> **!** Schlüsselprozesse leisten einen wesentlichen Beitrag zur Wertschöpfung des jeweiligen Unternehmens und sind entscheidend für die Kundenzufriedenheit.

Die Optimierung dieser Prozesse unter verschiedenen Gesichtspunkten kann einem Unternehmen entscheidende Wettbewerbsvorteile bringen.

Durch das Einnehmen möglichst vieler Schlüsselfaktoren **(Bild 2)** im Bereich der Kerngeschäfte schaffen Unternehmen die Voraussetzung für das

> **!** Ein Projekt ist eine einmalige, konkrete Aufgabenstellung, die sich u. a. durch die Einmaligkeit der Rahmenbedingungen von anderen Aufgabenstellungen abgrenzt. Insbesondere im IT-Bereich werden viele Aufträge als Projekte abgewickelt.

> **!** Ein Prozess bzw. Geschäftsprozess beschreibt eine allgemeingültige, vielfach wiederholbare Vorgehensweise.

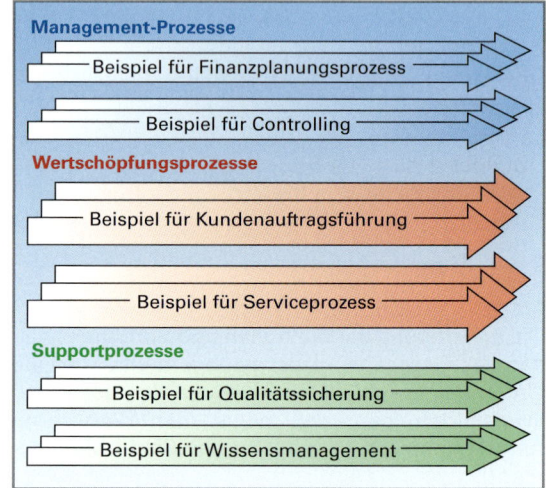

Bild 1: Beispiele für Geschäftsprozesse

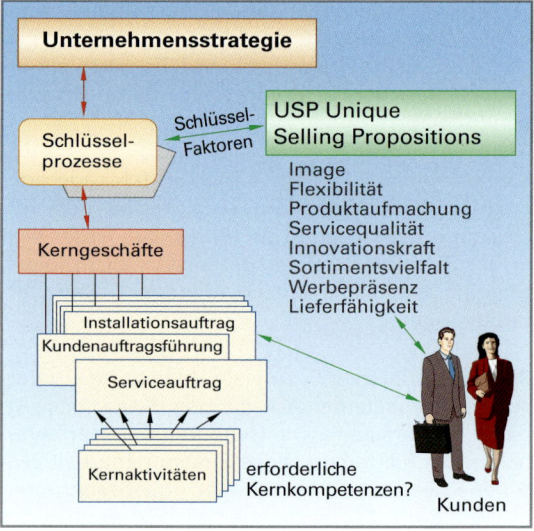

Bild 2: Schlüsselprozesse

Erreichen der Unternehmensziele. Kernkompetenzen und deren Voraussetzungen (Schlüsselprozesse) erhalten deshalb bei Reengineeringmaßnahmen Vorrang.

Zu den Managementprozessen gehören z.B. die Gesamtfinanzierung des Unternehmens, das Entwickeln von Unternehmens- und Marketingstrategien, strategische Zieldefinitionen und die Pflege und Weiterentwicklung der Unternehmensphilosophie.

> Managementprozesse regeln langfristig den Ablauf der Unternehmenstätigkeit und schaffen Voraussetzungen zur erfolgreichen Arbeit eines Unternehmens.

Sie stellen z.B. IT-Systeme zur Verfügung, bereiten Informationen auf, verwalten Informationen und Eigentum, betreuen das Personal und überwachen den Ablauf anderer Prozesse. Eine Auswahl von Geschäftsprozessen zeigt **Tabelle 1**.

> Supportprozesse unterstützen und ermöglichen die anderen Prozesse.

2.4.1 Geschäftsprozessorientierung

2.4.2.1 Umsetzungsphasen

Die Einführung der Geschäftsprozessorientierung erfolgt in fünf Schritten (**Bild 1**).

1. Schritt:
Es werden die für die Unternehmensziele wichtigen Prozesse gewählt.

2. Schritt:
Der Ist-Zustand dieser Prozesse wird ermittelt, analysiert und dokumentiert.

3. Schritt:
Die Prozesse werden unter Beachtung von Unternehmenspotenzialen, Marktbedingungen und Restriktionen zu Sollmodellen ausgearbeitet. Für die Bewertung der Prozesse werden Messgrößen und Indikatoren bestimmt, d.h. die Prozesse werden operationalisiert.

4. Schritt:
Die Organisation und die Informationssysteme werden an die neuen Prozesse angepasst.

5. Schritt:
Ein permanentes Prozessmonitoring und Prozesscontrolling ermöglicht einen Soll-Ist-Vergleich, gibt Auskunft über Schwachstellen und ermöglicht einen kontinuierlichen Lern- und Verbesserungsprozess.

2.4.2.2 Prozessabgrenzung und Ist-Erfassung

Zur Ist-Erfassung der Unternehmensabläufe stehen zwei Informationsquellen zur Verfügung, Mitarbeiter und Dokumentationen. Bevor Prozesse gestaltet bzw. optimiert werden, ist festzulegen, welche Prozesse es im Unternehmen gibt bzw. geben soll (**Tabelle 2**).

1.	2.	3.	4.	5.
Schlüssel-prozesse des Unternehmens definieren	Analyse des Ist-Zustandes	Design, Redesign, Operationalisierung	Implementierung	Monitoring u. Controlling, kontinuierliches Verbessern

Bild 1: Umsetzungsphasen der Geschäftsprozessorientierung

Tabelle 1: Beispiele für Prozesse in einem kleinen EDV-Unternehmen

Prozess	Objekt	Kunde	Start-ereignis	Prozess-ergebnis
Orders and Logistics	Kunden-auftrag	externe Neu- und Stamm-kunden	Kunden-auftrag trifft ein	erfüllter Kunden-auftrag
Sales	Kunden-anfrage		Kunden-anfrage	Angebot
Customer Service	Kunden-probleme		Kunden-anfragen	Support-leistung, Kunden-information
Business Development	Produkt-entwicklung	eigene Abteilungen	Marktent-wicklungen, neue Unternehmensziele, Kundenwünsche	neue Produkte, neue Kompetenzen
Controlling	Prozesse	Geschäftsführung, Prozessowner, Prozessbeteiligte	definierte Messstellen	Prozessverbesserungen, Mitarbeiterbeteiligung am Unternehmenserfolg

Weitere Prozesse: Dokumentation, Personalentwicklung, Buchhaltung.

Tabelle 2: Informationsquellen zur Ist-Erfassung von Abläufen

Mitarbeiter:	Dokumentationen:
	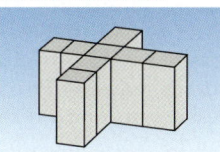
Beteiligte Sachbearbeiter, Abteilungsleiter und die Unternehmensführung liefern verschiedene Sichten. Ihre Erfahrung mit Abläufen und Prozessen wird genutzt. Das Vorschlagswesen kann Verbesserungspotenziale nutzen und Mitarbeiter motivieren.	Handbücher, Programm-dokumentationen, Organisationsrichtlinien, Arbeitsunterlagen, Kundenbriefe, Abnahmeberichte, Ablaufdiagramme.

Bei der Ist-Erfassung der Prozesse erfasst man den Ablauf eines Prozesses von dessen Startereignis, z. B. dem Eingang einer Kundenbestellung, bis zum Prozessergebnis, z. B. der Inbetriebnahme und Rechnungsstellung.

Danach kann man durch Interviews oder Fragebogen zusätzlich das Fachwissen der Mitarbeiter nutzen und auch wichtige Informationen über Gefühle und Einstellungen bzgl. des Arbeitsablaufs von Prozessen gewinnen (**Bild 1**). Aus Wirtschaftlichkeitsgründen wird meist eine Mischung aus beiden Verfahren praktiziert.

> Für jeden Prozess muss festgelegt sein, wodurch er gestartet wird, welches Ergebnis er bringen soll, wer Kunde des Prozessergebnisses ist und welche Schnittstellen zu anderen Prozessen vorhanden sind.

Je nach Ebene der Untersuchung von Gesamtprozess, Teilprozess oder einzelnen Arbeitspaketen, beziehen sich die Fragen auf den Zuständigkeitsbereich der Interviewpartner.

Beispiele für die Prozessebene:
- Welche Ereignisse lösen den Prozess aus?
- Welche Tätigkeiten führen Sie in diesem Prozess aus?
- Welche Inputs (Daten, Teile, ...) benötigen Sie?
- Welche IT-Unterstützung nutzen Sie?
- Was ist der Output des Prozesses?
- Wer ist Kunde (Empfänger) des Outputs?
- Was geschieht im Folgeprozess?
- Wer ist verantwortlich für den Prozess (Process Owner)?

Die Ergebnisse kann man zur Weiterverarbeitung zusammenfassen und anschließend zur besseren Veranschaulichung grafisch darstellen (**Bild 1, folgende Seite**).

2.4.2.3 Darstellung und Sichtweisen von Geschäftsprozessen

Eine differenzierte Darstellung der Geschäftsprozesse und Unternehmensmodelle nach unterschiedlichen Sichtweisen und Sichtebenen für die Prozessanalyse, Prozessmodellierung, Prozessmessungen und Prozessverbesserungen ist eine enorme Vereinfachung. Das ARIS-Modell (Architektur integrierter Informationssysteme nach Prof. Scheer) unterscheidet z. B. zwischen vier verschiedenen Sichtweisen (**Bild 2**).

Zu diesen Sichtweisen gibt es je drei Beschreibungsebenen (**Bild 3**).

Ausgehend von einem Fachkonzept (Requirements definition = Erfordernisse der Fachbereiche) wird ein DV-Grobkonzept (Design specification) und daraus

Bild 1: Mitarbeiterbeteiligung bei der Ist-Erfassung von Unternehmensabläufen

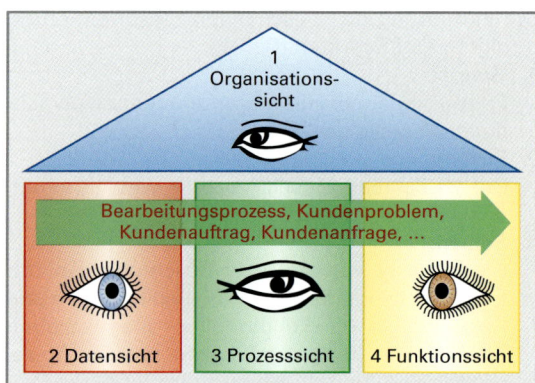

Bild 2: Beispiel für unterschiedliche Sichtweisen von Geschäftsprozessen

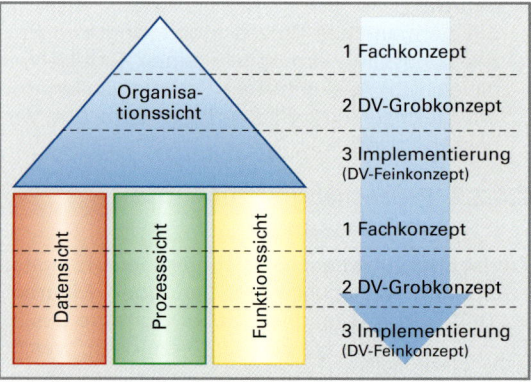

Bild 3: Beschreibungsebenen im ARIS-Modell

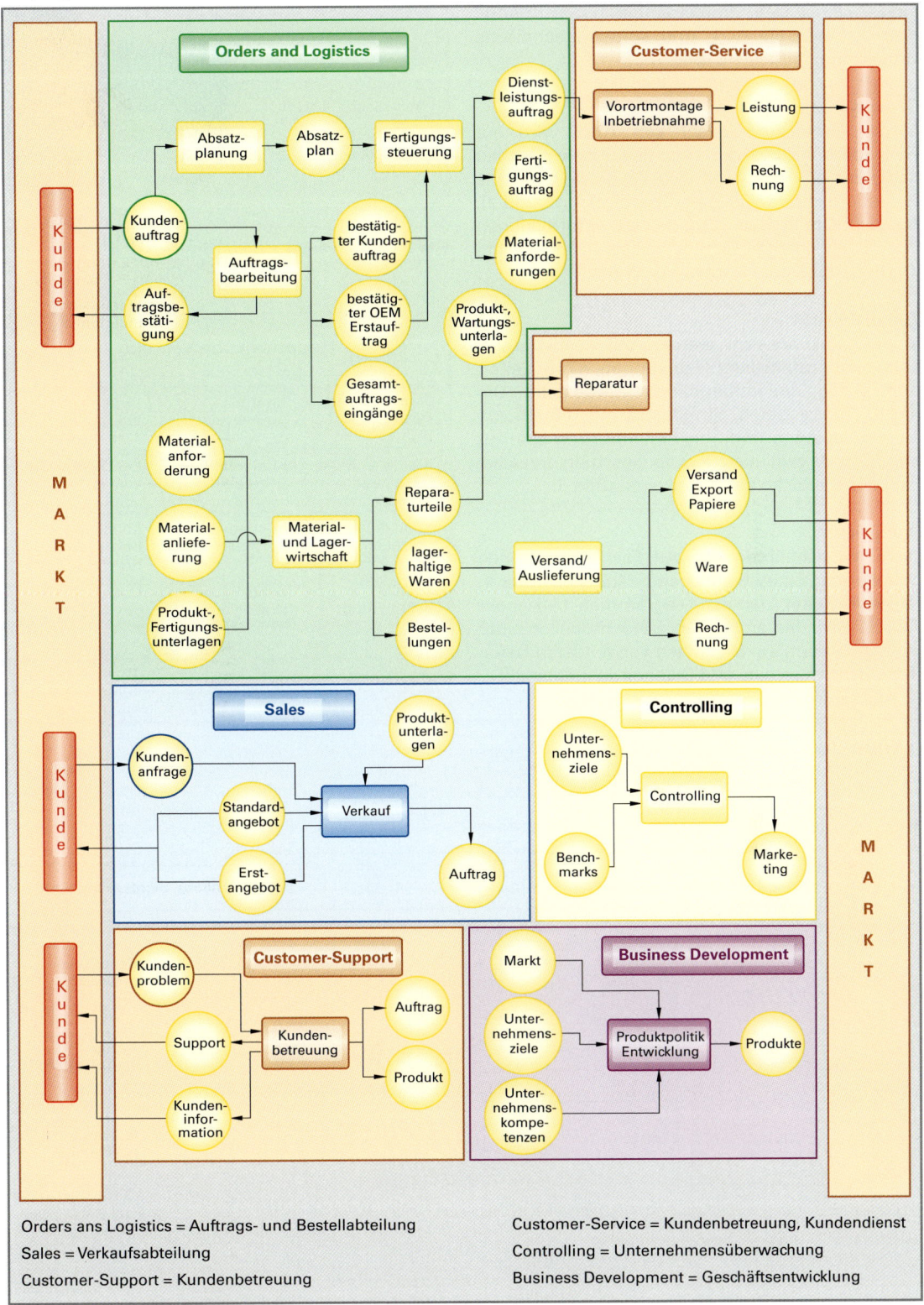

Orders ans Logistics = Auftrags- und Bestellabteilung

Sales = Verkaufsabteilung

Customer-Support = Kundenbetreuung

Customer-Service = Kundenbetreuung, Kundendienst

Controlling = Unternehmensüberwachung

Business Development = Geschäftsentwicklung

Bild 1: Übersicht zu den Schlüsselprozessen in einem kleinen IT-Unternehmen

ein DV-Feinkonzept (Implementation description), also die konkrete hart- und softwaretechnische Umsetzung, dargestellt **(Bild 1)**.

Organisationssicht

In der Organisationssicht von ARIS wird auf Fach-konzeptebene der organisatorische Aufbau des Unternehmens verdeutlicht. Dargestellt wird die Aufbauorganisation z.B. als Organigramm **(Bild 2)**. Aus dem Organigramm können z.B. Informationen über einzurichtende Benutzergruppen und Rechte im DV-Grobkonzept abgeleitet werden.

Funktionssicht

In der Funktionssicht werden auf Fachkonzept-ebene auszuführende Funktionen, Tätigkeiten und deren Zusammenhänge dargestellt. Die hierzu verwendeten Strukturbäume, Funktions-hierarchiebäume und Funktionsmatrizen sind oft hierarchisch gegliedert, z.B. in Geschäftsbereiche, Funktionsbereiche und Tätigkeiten **(Bild 3)**.

Datensicht

Die Datensicht informiert auf Fachkonzeptebene mithilfe von Entity-Relationship-Modellen **(Bild 1, folgende Seite)**, Jackson-Diagrammen (Abschnitt 7.2.4.5) oder hierarchischen Datenmodellen über statische Informationen zu den verwendeten Daten (Daten, Datenformate und Datenbeziehungen).

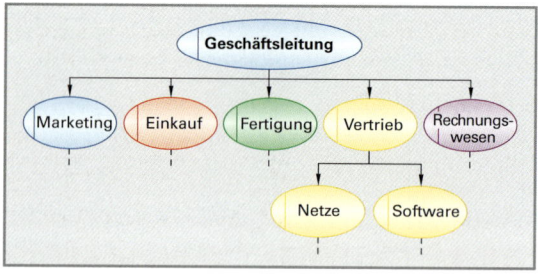

Bild 2: Organigramm

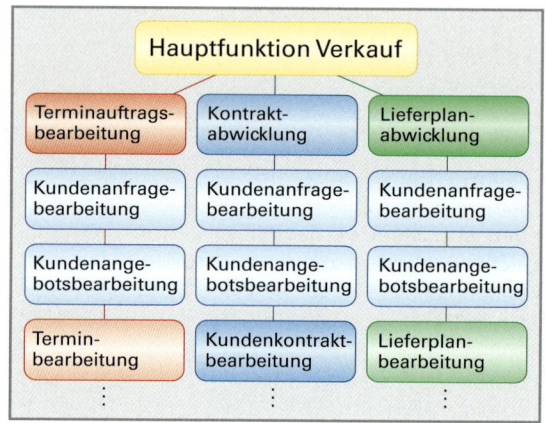

Bild 3: Funktionsmatrix

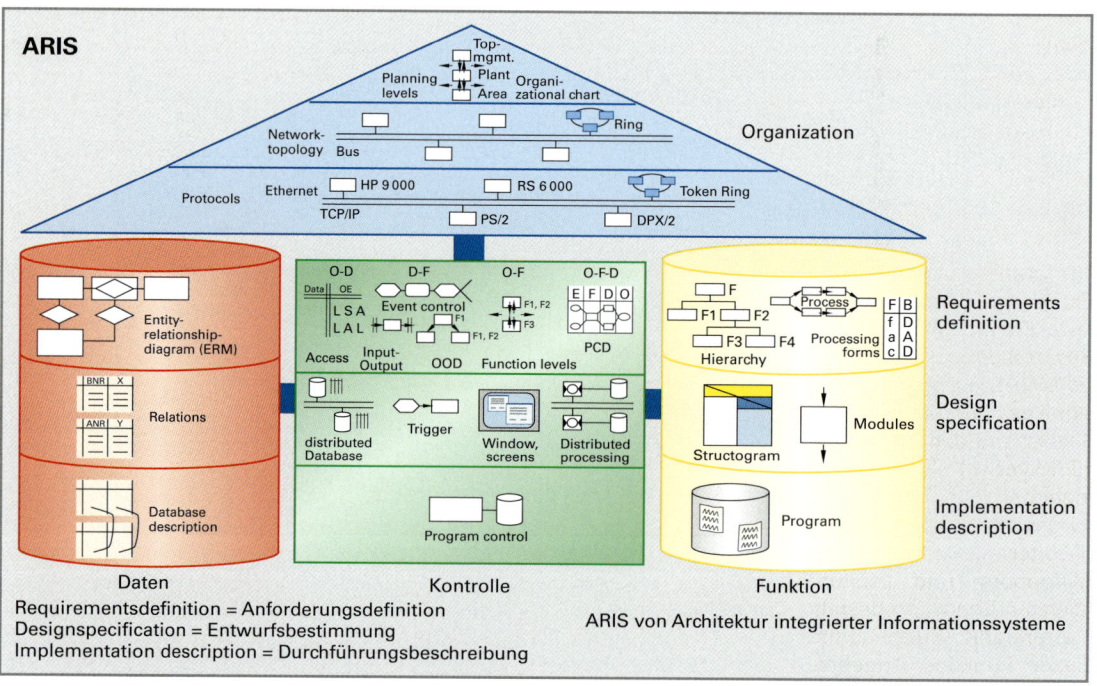

Requirementsdefinition = Anforderungsdefinition
Designspecification = Entwurfsbestimmung
Implementation description = Durchführungsbeschreibung

ARIS von Architektur integrierter Informationssysteme

Bild 1: Sichtweisen, Beschreibungsebenen und Methoden zu ARIS im Zusammenhang mit Geschäftsprozessen (nach Prof. Scheer)

Dynamische Informationen, z. B. der Bearbeitungsweg werden in Datenflussdiagramme (Dataflowdiagrams) und Datenflussplänen erfasst **(Bild 2)**.

Kontroll- oder Prozesssicht
Die Kontrollsicht (Prozesssicht) verbindet verschiedene Sichtweisen. Sie zeigt je nach gewählter Darstellung

- welche Ereignisse einen Prozess auslösen,
- welche Funktionen bei einem Prozess mitwirken,
- wie der sachlogische Ablauf des Prozesses ist,
- welche Informationsobjekte benötigt werden,
- welche Hilfsmittel benötigt werden und
- welche Organisationseinheiten beteiligt sind.

Grafische Darstellungen unterschiedlicher Sichtweisen von Geschäftsprozessen sind vorteilhaft, weil sie

- die komplexe Realität verständlich abbilden, Transparenz schaffen und damit die Kommunikation erleichtern,
- den Ist-Zustand verdeutlichen können,
- sicher stellen, dass alle über das Gleiche reden,
- Lösungsmöglichkeiten aufzeigen können,
- Grundlage für die Zertifizierung nach DIN EN ISO 9001ff. sind,
- bei der Einführung und Auswahl von Standardsoftware und Hardware hilfreich sind,
- die Einführung von IT-Systemen und Workflow-Management-Systemen vereinfachen,
- bei der Entwicklung von Individualsoftware helfen,
- das ganzheitliche Geschäftsprozessmanagement unterstützen und
- in manchen Case-Tools Grundlage der Programmierung sind.

2.4.2.4 Grafische Darstellung von Geschäftsprozessen

Zur grafischen Darstellung verwendet man die *Ereignisgesteuerte Prozesskette (EPK)*, die *erweiterte Ereignisgesteuerte Prozesskette (eEPK) und Business Process Model and Notation Diagramme (BPMN)*. Die Darstellung von Prozessen mit der ereignisgesteuerten Prozesskette wird z. B. von Prof. Scheer und der Firma SAP angewendet. Die beim eEPK verwendeten Symbole und Verknüpfungsregeln sind in **Bild 1 und Bild 2, folgende Seite**, dargestellt und erläutert. Betrachtet man für ein IT-Unternehmen den Schlüsselgeschäftsprozess „Angebots- und Leistungserstellung" auf der obersten Ebene, so besteht er lediglich aus einem Starteereignis (Kundenanfrage trifft ein), der komplexen Funktion Angebots- und Leistungserstellung und dem Ender- eignis Kundenauftrag ist abgewickelt **(Bild 3)**.

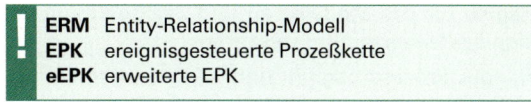

!	**ERM**	Entity-Relationship-Modell
	EPK	ereignisgesteuerte Prozeßkette
	eEPK	erweiterte EPK

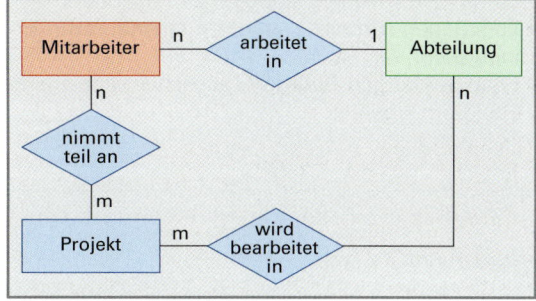

Bild 1: ERM-Modell

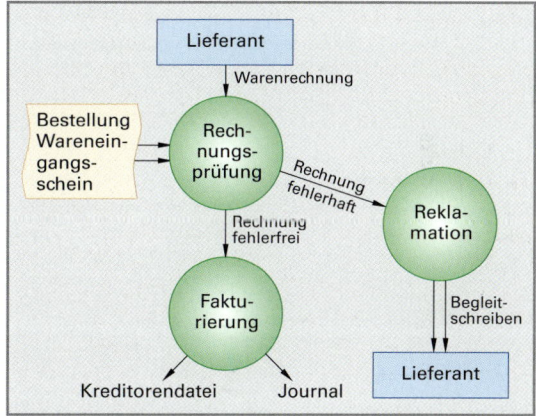

Bild 2: Datenflussdiagramm

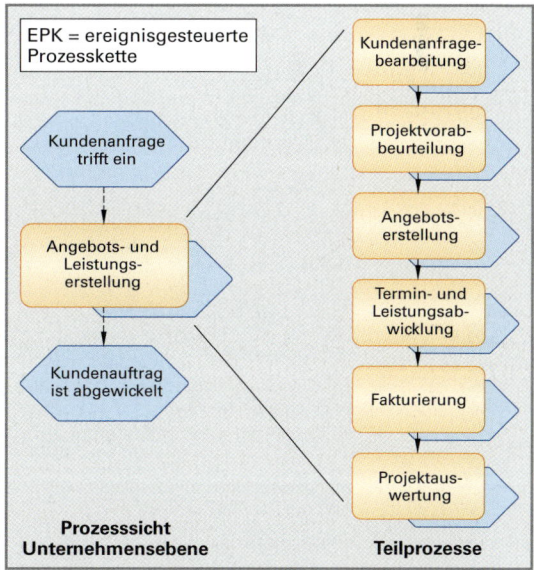

Bild 3: EPK zur Angebotserstellung und Leistungserstellung auf der obersten Ebene und Teilprozesse

Regeln für das Modellieren und Zeichnen von ereignisgesteuerten Prozessketten

- Jeder Prozess beginnt und endet mit einem Ereignis.
- Ereignisse bewirken eindeutige Funktionen.
- Funktionen führen zu einem oder mehreren Ereignissen.
- Entscheidungen werden ausschließlich nach Funktionen gefällt.

Detaillierungsgrad von ereignisgesteuerten Prozessketten

Auf welcher Betrachtungsebene und wie detailliert ein Prozess modelliert wird, hängt von der Zielsetzung ab. Für Gesamtbetrachtungen und Schnittstellenuntersuchungen wählt man höhere Ebenen mit geringer Detaillierung, für Schwachstellenanalysen und Optimierungen tiefere Ebenen mit vielen Details.

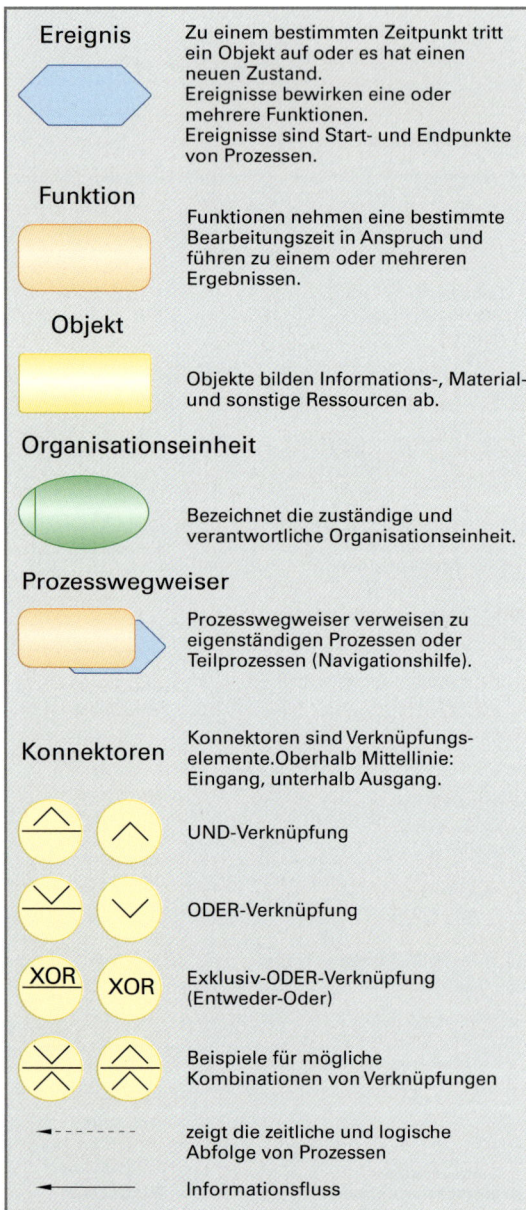

Bild 1: Symbole der erweiterten ereignisgesteuerten Prozesskette

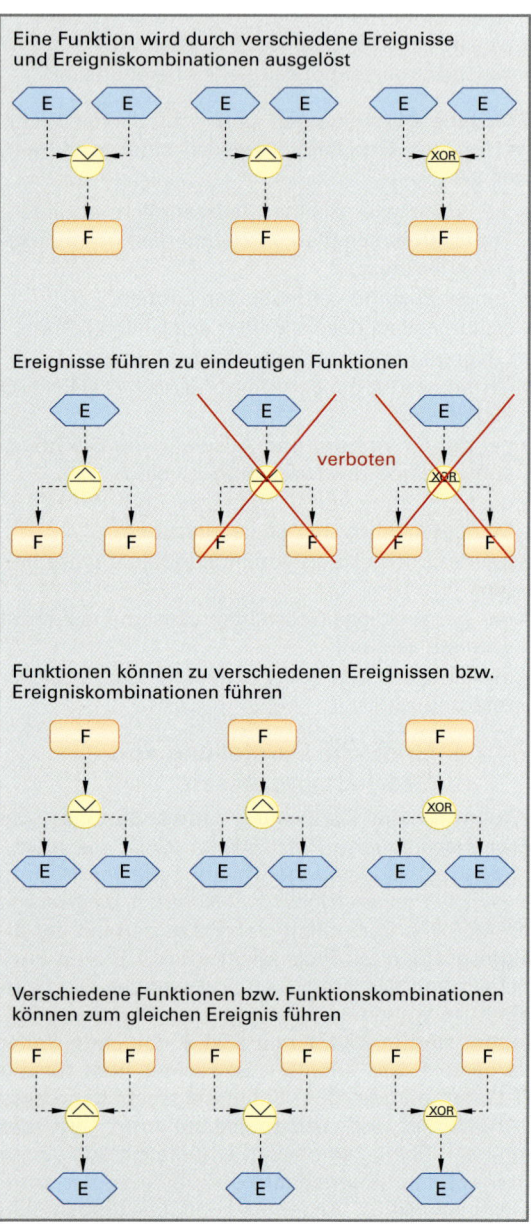

Bild 2: Verknüpfungsregeln zur ereignisgesteuerten Prozesskette

Die **Geschäftsprozessdarstellung** auf der obersten Ebene ist ausreichend, wenn ein Unternehmen auf strategischer Planungsebene Prozesse gegenein-ander abgrenzen möchte.

Für genauere Betrachtungen, Programmierungen, Optimierungen und die Abwicklung von Aufträgen wird diese Darstellung stufenweise erweitert.

Für **Ablaufanalysen** genügt das einfache EPK. Es besteht aus der Darstellung von Ereignissen, Funk-tionen, Verknüpfungselementen und Kontrollflüs-sen **(Bild 1)**.

Die Aussagekraft der eEPK ist wesentlich größer, da man dort zusätzlich Objekte und Organisations-einheiten einzeichnet **(Bild 2)**.

Beim **Vorgangskettendiagramm** (VKD) wird die Darstellung des eEPK in die Spalten Ereignis, Funk-tion, Informationsobjekt, zuständige Organisati-onseinheit und eventuell Anwendungssystem ein-geteilt und durch Angabe der Verarbeitungsarten

● Dialog: Durchführung des Arbeitspaketes im Mensch-Maschinen-Dialog (HMI),

● Batch: Stapelverarbeitung durch IT-Systeme oder

● Manuell: ausschließliche Bearbeitung durch Menschen

weiter präzisiert **(Bild 1, folgende Seite)**.

2.4.2.5 Grafische Prozessdarstellung mit Business Process Model and Notation

Die Business-Process-Model- and Notation (BPMN, Geschäftsprozessmodell und -notation) stellt einen internationalen Standard für

● Symbole zur Darstellung der Prozesslandschaft einer Organisation in einer Prozesslandkarte,

● Funktionen zur Verknüpfung von Geschäftsobjek-ten mit den Aktivitäten und Informationsflüssen,

● die Zuordnung von Aktivitäten zu Organisation und Rollen mithilfe von Pools und Lanes,

● ein standardisiertes XML-basiertes Format zur Verarbeitung, Speicherung und Weitergabe von Daten

zur Verfügung.

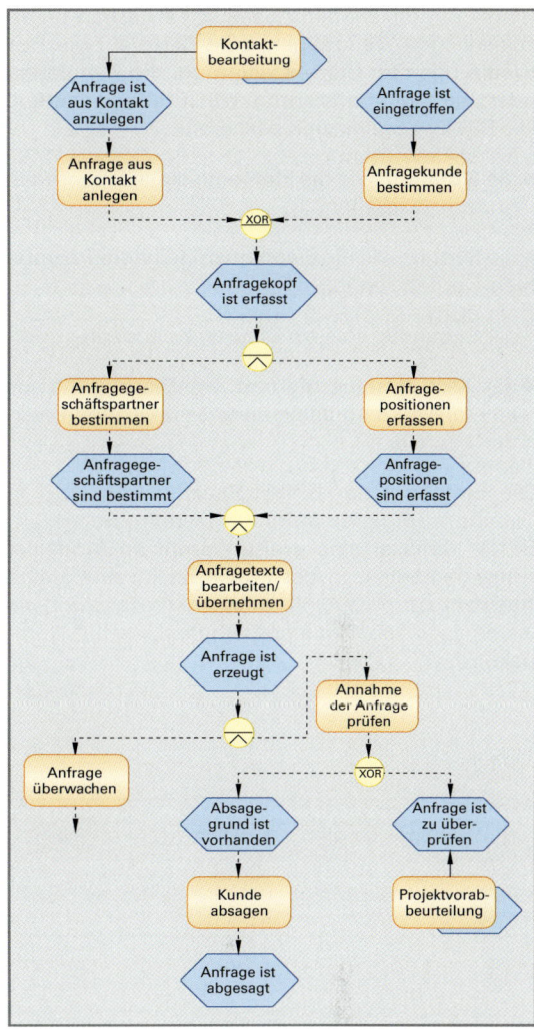

Bild 1: EPK zum Teilprozess Kundenanfragebearbeitung

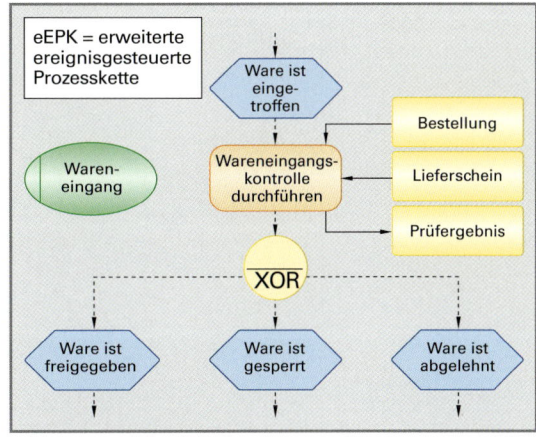

Bild 2: Erweiterte ereignisgesteuerte Prozesskette zur Materiallieferung

BPMN ermöglicht den Austausch zwischen unterschiedlichen Werkzeugen, zum Beispiel zwischen Werkzeugen für die Modellierung, die Simulation oder die Automatisierung von Prozessabläufen. Die BPMN-Spezifikation beschreibt

- die **Notation**: wie die Elemente eines Prozessdiagramms aussehen,

- die **Syntax**: wie die Elemente miteinander kombiniert werden können,

- die **Semantik**: was ein Diagramm bedeutet und

- das **XML-Austauschformat**: wie Diagramme aus einem Werkzeug in ein anderes übertragen werden können.

Die Elemente der BPNM-Spezifikation sind in **Tabelle 1, folgende Seite** dargestellt und erklärt. BPNM umfasst eine große Anzahl an Modellierungselementen. In der Praxis reicht eine kleine Auswahl davon für die meisten Prozessmodelle (siehe auch Tabellenbuch Betriebswirtschaft kompakt).

Für die Prozessmodellierung mit BPNM sind folgende Fragen zu klären:

- Welche Prozessauslöser (Startereignisse) und Prozessergebnisse (Endereignisse) gibt es?

- Welche Arbeitsschritte (Tasks, Subprozesse) sind notwendig?

- Welche Abhängigkeiten bestehen zwischen diesen Schritten (Sequenzfluss)?

- Welche Alternativen gibt es (XOR-Gateways) und wo können Schritte parallel durchgeführt werden (AND-Gateways)?

- Wer ist für die Durchführung von Aktivitäten verantwortlich (Pools, Lanes)?

- Welche Informationen (Datenobjekte) sind innerhalb des Prozesses wichtig?

- Wo sind Interaktionspunkte (Nachrichtenfluss) mit anderen Lanes, externen Lieferanten und Kunden oder mit anderen Prozessen?

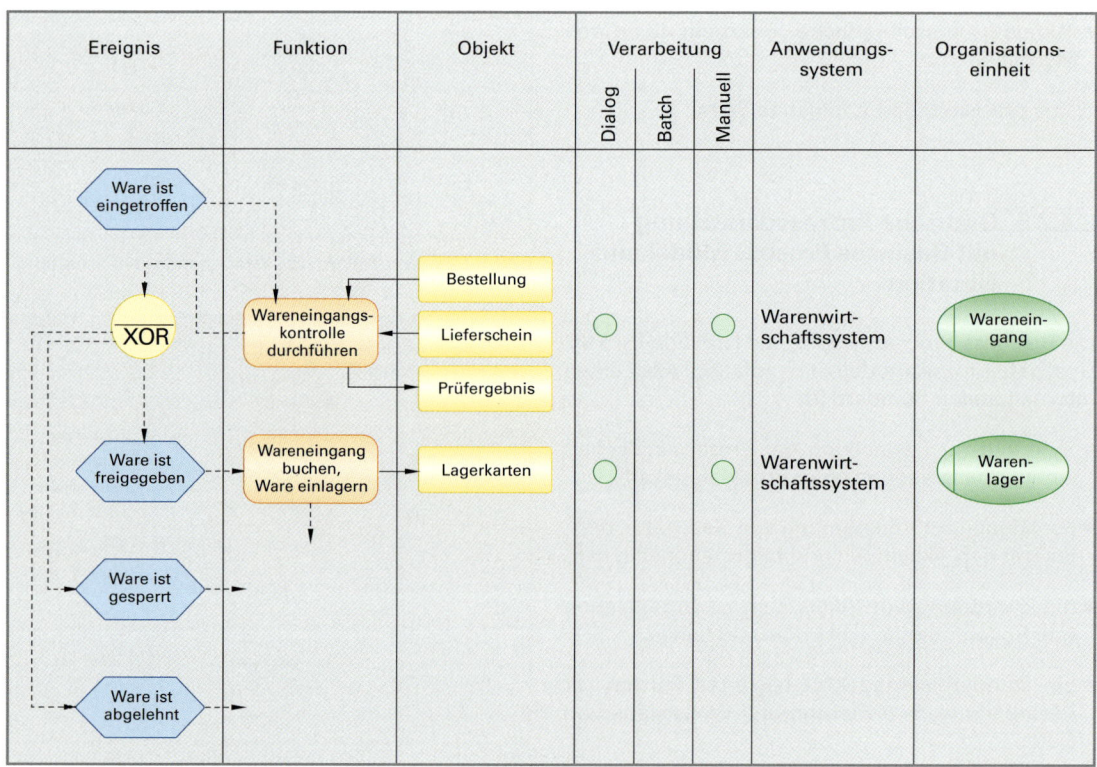

Bild 1: Vorgangskettendiagramm (VKD)

Tabelle 1: Elemente im BPMN (Auswahl)

Element	Bezeichnung	Erklärung
Teilnehmer		
(Pool, Lane 1, Lane 2 Darstellung)	Pool, Lane	• Mit Pools und Lanes (Schwimmbahnen) werden Zuständigkeiten und Verantwortlichkeiten visuell abgegrenzt. • Pools können vertikal oder horizontal angeordnet werden. • Innerhalb einer Lane werden die Aktivitäten dieser Einheit gebildet.
Fluß-Objekte		
(Task-Symbol)	Task (Aktivität)	Eine Task ist eine atomare Arbeitseinheit. Sie repräsentiert die Aufgabe, die zu tun ist. Mit Markierungen kann man das Ausführungsverhalten und den Aufgabencharakter von Tasks präzisieren.

+	Teilprozess	(Briefumschlag)	Nachricht empfangen
↻	Schleife	(gefüllter Briefumschlag)	Nachricht senden
|||	parallele Mehrfachausführung	(Benutzer-Symbol)	Benutzer
=	sequenzielle Mehrfachausführung	(Hand-Symbol)	Manuell
~	Ad-hoc (im Ermessen des Benutzers)	(Datenbank-Symbol)	Datenbank

Element	Bezeichnung	Erklärung
(Task mit + Symbol)	Zugeklappter Unterprozess (Subprozess)	Ein zugeklappter Unterprozess (Collapsed Subprocess) beinhaltet mehrere Tasks. Er kann in Softwareprogrammen z. B. durch einen Doppelklick auf das Symbol geöffnet werden und wird dann detailliert dargestellt.
(Task mit ↻ Symbol)	Task mit Schleifen-Markierung	Eine Aktivität mit einer Schleifen-Markierung (Loop-Marker) wird solange wiederholt ausgeführt, bis eine definierte Bedingung nicht mehr erfüllt ist.

Ereignisse						
(gelber Kreis)	Startereignis	nicht spezifiziert	○	◎	●	Ein Ereignis ist etwas, das sich in einem Prozess zu einem bestimmten Zeitpunkt ereignet. Ereignisse werden nach ihrer Position im Geschäftsprozess in Startereignisse, Zwischenereignisse und Endereignisse unterschieden.
(gelber Doppelkreis)		Nachricht empfangend	◉	◉		
		Nachricht auslösend		◉	◉	
(roter Kreis)	Zwischenereignis	zeitgesteuert	◔	◔		
		mehrfache Reaktion auf ein Signal	△	△	△	
		Auslösen aller Ereignisse	⬠	⬠	⬠	
	Endereignis	Eintreten aller Ereignisse	⊕	⊕		
		Sofortige Beendigung des Prozesses			●	

Element	Bezeichnung	Erklärung
(Kreis → Dokument erstellen)	Unbestimmtes Startereignis	Keine Spezifizierungen zur Art des Startereignisses.
(Uhr → Teilnehmerliste erstellen)	Zeitpunkt als Startereignis	Start wird durch einen Zeitpunkt, beispielsweise den Anmeldeschluss zu einem Seminar oder den Bilanztermin ausgelöst.
(Umschlag → Auftragsbearbeitung)	Empfangene Nachricht als Startereignis	Start wird durch eine empfangene Nachricht, beispielsweise einen Kundenauftrag ausgelöst.

Tabelle 1: Elemente im BPMN (Auswahl)

Element	Bezeichnung	Erklärung
Verbindende Objekte		
(durchgezogener Pfeil)	Sequenzfluss allgemein	Ein Sequenzfluss definiert die Ausführungsreihenfolge von Aktivitäten. Sequenzflusspfeile werden in BPMN auch als Kanten bezeichnet.
(gestrichelte Linie); (gestrichelter Pfeil)	ungerichtete Assoziation, gerichtete Assoziation	Die Zuordnung eines Datenobjektes zu einem Sequenzfluss über eine ungerichtete Assoziation weist auf eine Informationsübergabe zwischen den Aktivitäten hin. Eine gerichtete Assoziation zeigt den Informationsfluss (Schreiben, Lesen bzw. bidirektional schreiben und lesen.
Gateways		
(Raute mit X)	Exklusiv-Oder	Bei Zusammenführung: Es wird auf genau eine eingehende Bedingung gewartet. Bei Verzweigung: Sequenzfluss wird abhängig von Bool'schen Verzweigungsbedingungen (ja-nein) zu genau einem Pfad weitergeleitet.
(Raute mit +)	AND (UND)	Bei Zusammenführung: Es wird auf alle eingehenden Pfade gewartet. Bei Verzweigung: Alle ausgehenden Pfade werden parallel aktiviert.
(Raute mit Fünfeck)	Ereignis-Gateway	Bei Verzweigung: Abhängig von ersten eintretenden Eingangsereignissen wird ein Ausgangspfad aktiviert.
(Raute mit Kreis)	Inklusives Gateway	Bei Zusammenführung: Bei einer Vereinigung wird auf alle eingehenden aktiven Kanten gewartet. Bei Verzweigung: Bei einer Verzweigung werden eine oder mehrere Kanten abhängig von Verzweigungsbedingungen aktiviert.
Artefakte		
(gestricheltes Rechteck)	Gruppierung	Mehrere Objekte, die logisch in Verbindung stehen, können in einer Gruppe zusammengefasst werden.
(Dokument-Symbol)	Datenobjekt	Ein Datenobjekt repräsentiert Informationen, die durch den Prozess fließen, wie z. B. Dokumente, E-Mails oder Briefe.
(Textanmerkung-Symbol)	Textanmerkung	Jedes Objekt kann durch eine Text-Anmerkung kommentiert werden.

Beispiel 1: Lineares BPMN-Diagramm

Erläutern Sie folgendes BPMN Diagramm:

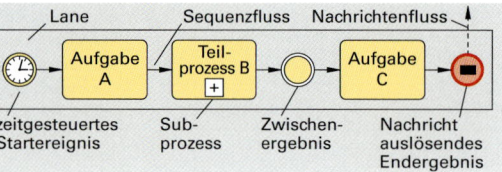

Lane   Sequenzfluss   Nachrichtenfluss

Aufgabe A   Teilprozess B   Aufgabe C

zeitgesteuertes Startereignis   Subprozess   Zwischenergebnis   Nachricht auslösendes Endergebnis

Lösung:

Ein zeitgesteuertes Startereignis, beispielsweise der Termin zur Abgabe der Vorsteuererklärung startet den Task (die Aufgabe) A.

Teilprozess B, beispielsweise das Zusammenfassen von Daten verschiedener Abteilungen besteht aus mehreren Aufgaben. Das „+"-Zeichen drückt aus, dass der Teilprozess zugeklappt (kollabiert) dargestellt ist. Er kann innerhalb des Diagramms oder in einem separaten Fenster auch expandiert dargestellt werden. Als Zwischenergebnis liegt das interne Ergebnis der Vorsteuerermittlung bereit.

In Aufgabe C werden die Daten nach den Vorgaben der Steuerbehörden aufgearbeitet und an das Finanzamt gesendet.

Beispiel 2: Verzweigtes BPMN-Diagramm

Erläutern Sie folgendes BPMN Diagramm:

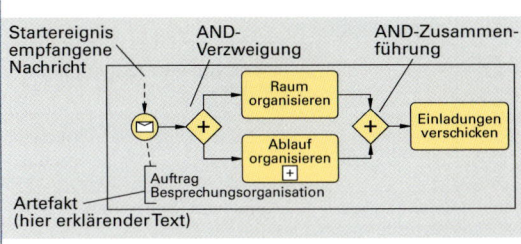

Startereignis empfangene Nachricht

AND-Verzweigung

AND-Zusammenführung

Raum organisieren

Einladungen verschicken

Ablauf organisieren

Auftrag Besprechungsorganisation

Artefakt (hier erklärender Text)

Lösung:

Der Prozess wird durch eine empfangene Nachricht gestartet.

Bei der Verzweigung werden nach dem Und-Gateway alle Pfade ausgeführt. Die Ablauforganisation ist zusammengeklappt dargestellt und besteht aus mehreren Aufgaben.

Bei der Pfadzusammenführung wird der Folgeschritt erst ausgeführt, wenn alle Eingangsvoraussetzungen erfüllt sind.

Beispiel 3: Komplexes BPMN-Diagramm

a) Welche Tasks in **Bild 1** beinhalten Unterprozesse?

b) Welche Pools und Lanes sind in **Bild 1** eingetragen?

c) Welche Vorteile ergeben sich, wenn der Prozessablauf zu Pools und Lanes zugeordnet wird?örden aufgearbeitet und ans Finanzamt gesendet.

Lösung:

a) Kundendaten prüfen, Kunde anlegen.

b) Pools: Kunde und Händler

Lanes: EDV und Auftragsabwicklung im Pool Händler

c) Durch Pools und Lanes (Schwimmbahnen) werden Zuständigkeiten, Verantwortlichkeiten und Informationsaustausch visuell verdeutlicht.

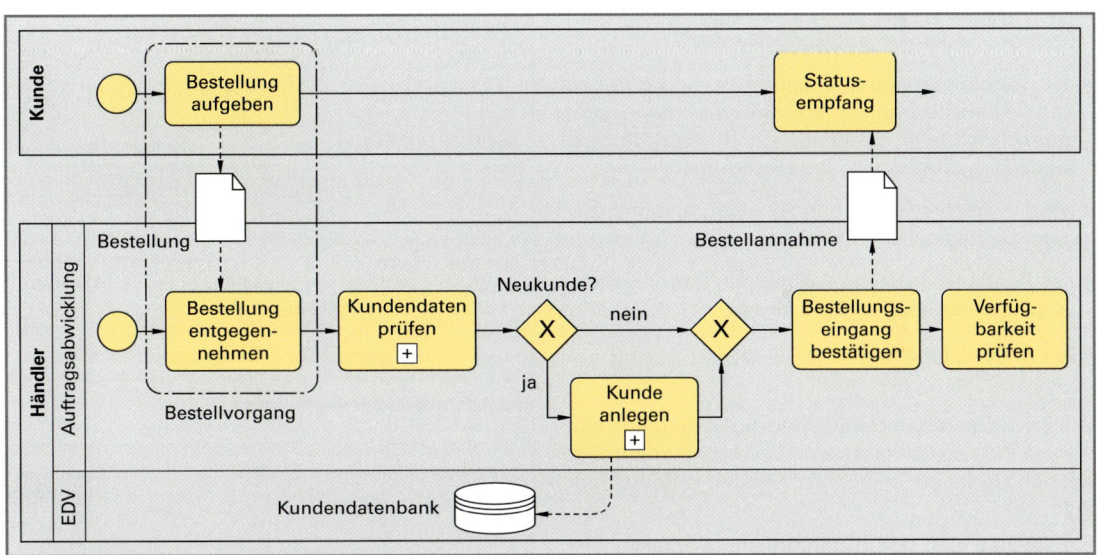

Bild 1: BPMN-Diagramm zur Bestellannahme (Ausschnitt)

Aus wirtschaftlichen Gründen z. B. Schulungsbedarf, Verständlichkeit, Messbarkeit und Kompatibilität sollte man sich für einheitliche Verfahren in der Prozessdarstellung entscheiden. Auswahlkriterien könnten z. B. die Verfügbarkeit des Verfahrens, die Kompatibilität mit im Unternehmen verwendeten Tools und die Anwenderfreundlichkeit (=usability) sein.

Zu allen Prozessen, Funktionen und Arbeitsvorgängen gibt es in Unternehmen genaue Detailbeschreibungen. Sie sollen gewährleisten, dass

- unabhängig vom Betrachter ein bestimmter Standard eingehalten wird.
- für neu eingestellte Mitarbeiter eine zuverlässige Informationsquelle zur Einarbeitung vorhanden ist.
- Kennzahlen die Überwachung erfolgskritischer Prozessmerkmale ermöglichen.

Ein wesentlicher Faktor für den Erfolg oder Misserfolg des Systems ist die Anwenderakzeptanz für die vom Programmierer entwickelten Module, Funktionen und Masken.

Menüstruktur
Diese Sichtweise auf Prozesse hat auch Einfluss auf die Menüstruktur von Software. Funktionshierarchiebäume liefern Informationen über benötigte Vorgänge und deren Zusammenhänge **(Bild 2)**.

2.4.2.6 Überwachung, Qualitätsmanagement und Optimierung von Prozessen

Optimierungsansätze von Prozessen zur Zeitreduzierung, Kostenreduzierung und Qualitätssteigerung betreffen

● Schnittstellen,

● einzelne Arbeitsabläufe, z. B. bessere Eingabemasken, andere Eingabeverfahren (Scanner, Barcodeleser),

● die Änderung der Prozessabfolge, z. B. wenn mehrere Stellen verantwortlich sind,

● das Eliminieren oder Outsourcen (= Vergeben von Tätigkeiten an andere Unternehmen) nicht wertschöpfender Tätigkeiten, z. B. Verwaltungstätigkeiten, Statistiken, Teilelieferungen,

● das Zusammenfassen von Aktivitäten, damit weniger Schnittstellen entstehen,

● das Parallelisieren von Aktivitäten, damit Prozesse schneller ablaufen **(Bild 3)** und

● das Automatisieren von Aktivitäten.

Die Erwartungen und Anforderungen an die Qualität von Prozessen kommen aus verschiedenen Bereichen und sind bei jedem Kunden unterschiedlich.

Sie werden z. B. durch persönliche Kontakte, bisherige persönliche Erfahrungen, Erfahrungen anderer, Leistungen der Wettbewerber, Kostenveränderungen, Erfahrungsberichte, Testergebnisse, Statistiken und gesetzliche Regelungen beeinflusst.

.

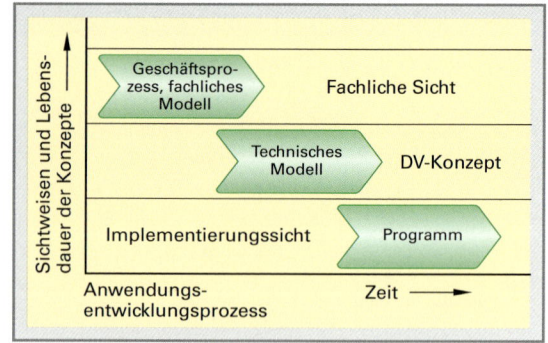

Bild 1: Sichtweisen im Anwendungsentwicklungsprozess

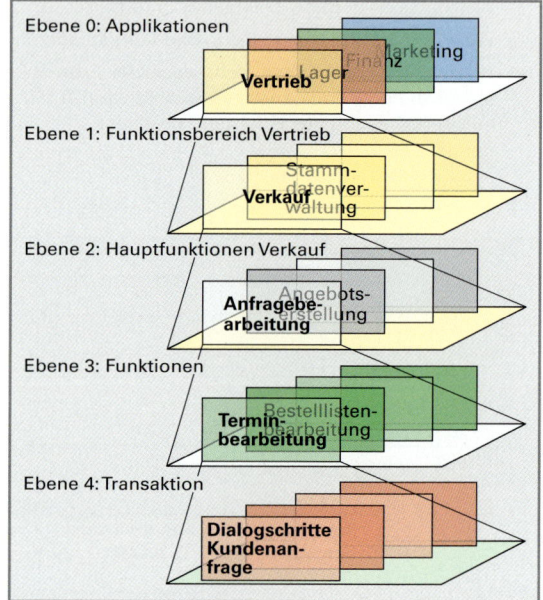

Bild 2: Funktionshierarchiebaum

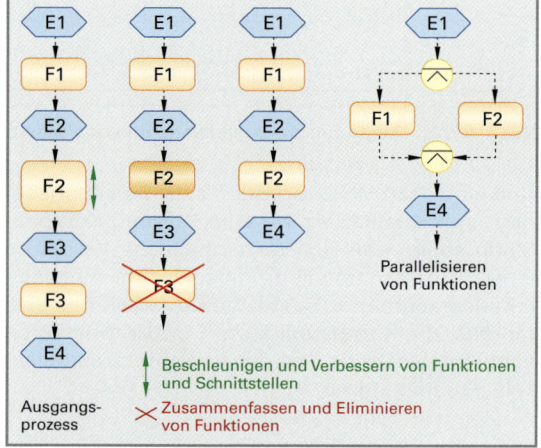

Bild 3: Verbesserungsansätze für Prozesse

Sichtweisen auf die Prozessqualität sind:

- **normbezogene Sicht**
  Sind geltende Normen erfüllt und wird deren Einhaltung überprüft?
- **rechtsbezogene Sicht**
  Werden aktuelle und in Zukunft zu erwartende Rechtsvorschriften erfüllt?
- **produkt-technikbezogene Sicht**
  Entspricht das Produkt bzw. die Technik dem heute technisch möglichen Stand?
- **anwenderbezogene Sicht**
  Subjektive Bewertung des Kunden: Welche meiner individuellen Wünsche und Bedürfnisse werden erfüllt?
- **wertbezogene Sicht**
  Qualität ergibt sich aus einem günstigen Preis-Leistungsverhältnis. Qualität kann auf unterschiedlichem Qualitäts- und Preiniveau definiert werden.
- **mitarbeiterbezogene Sicht**
  Sind die Mitgestaltungsmöglichkeiten, die Arbeitsplätze und Arbeitsbedingungen so gestaltet, dass die Arbeit gleich beim ersten Mal richtig gemacht wird?
- **gesellschaftsbezogene Sicht**
  Welchen Nutzen und welche Schäden hat die Gesellschaft durch dieses Unternehmen? Welchen Beitrag leistet das Unternehmen zur Infrastruktur, zur Schaffung sicherer Arbeitsplätze, zur Förderung gesellschaftlicher, kultureller Einrichtungen?
- **ökologiebezogene Sicht**
  Welche Merkmale hat die Versorgungskette, die Produktion und die Entsorgungskette des Unternehmens (Umweltverträglichkeit, Recyclinganteil, Ressourcenverbrauch)?

Die Anwendung von Qualitätsmanagementsystemen **(Tabelle 1)** soll sicher stellen,

- dass die Qualität der Prozesse geprüft und verbessert wird,
- dass die Qualität bei Kunden und in der Öffentlichkeit wahrgenommen wird und zur Image- und Erfolgsverbesserung beiträgt **(Bild 1)**.

QM-Managementsysteme werden an die operativen Zielsetzungen des Unternehmens angepasst.

Die Normen enthalten nur grundlegende Hinweise und Forderungen an das QM-Managementsystem. Die acht Grundsätze des Qualitätsmanagementsystems ISO 9001 sind

① Kundenorientierung
② Verantwortung der Führung
③ Einbeziehung der beteiligten Personen
④ Prozessorientierter Ansatz
⑤ Systemorientierter Managementansatz
⑥ Stetige Verbesserung
⑦ Sachbezogene Entscheidungsfindung
⑧ Nutzenbringende Lieferantenbeziehungen

> **!** QM-Managementsysteme sollen die Kompetenz für die Qualitätsfähigkeit eines Unternehmens steigern und nach außen glaubwürdig aufzeigen und damit Image und Erfolg verbessern.

Tabelle 1: Qualitätsmanagementsysteme (QM)

Norm	Gültigkeitsbereich	Bemerkung
EN ISO 9000 2008	Branchenübergreifend	grundlegende Definitionen
EN ISO 9001 2008		Mindestforderungen, Grundsätze
ISO / TS 16949	Automobilbau	weltweit anerkannte Norm der Automobilhersteller
ALS 9100	Luftfahrt	
TL 9000	Telekommunikation	

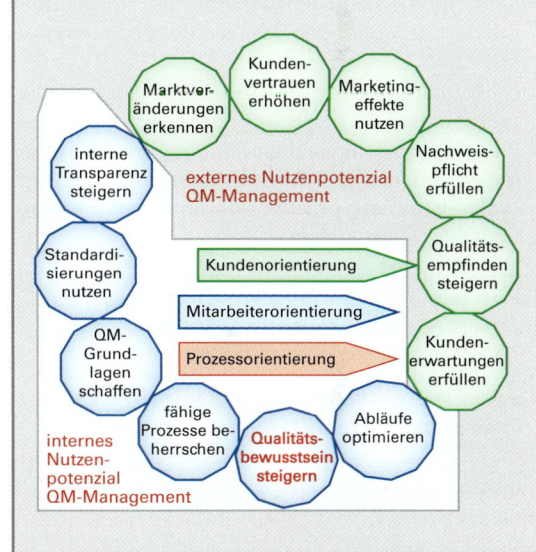

Bild 1: Nutzen von Qualitätsmanagementsystemen

2.5 Controlling und Monitoring

Ursprünglich war Controlling die Kontrolle und Überwachung betrieblicher Abläufe. Heute versteht man Controlling als Informations-, Führungs- und Entscheidungsunterstützungssystem (Abschnitt 14, Rechnungswesen und Controlling)

> Das Controlling im Unternehmen hat die Aufgabe Entscheidungs- und Führungshilfen zur Unternehmenssteuerung zur Verfügung zu stellen.

Controlling Instrumente

Die Instrumente des Controlling (**Bild 1**) dienen der Vollzugsüberwachung und Abweichungsanalyse und liefern z.B. quantitative Kennzahlen für die operativen Bereiche eines Unternehmens. Die Informationen des **operativen Controllings** dienen z.B. zur Budgetierung, zur Wirtschaftlichkeitsanalyse von Prozessen und Teilprozessen und für das Berichtswesen.

Das **strategische Controlling** liefert langfristige und vorausschauende Kennzahlen und zusätzlich Informationen für die strategische Ebene eines Unternehmens.

Die Festlegung und Überwachung zielorientierter, erfolgskritischer Kennzahlen (Benchmarks) und Indikatoren, z.B. Veränderung der Anzahl von Kundenbeschwerden, ermöglicht es dem Unternehmen

- Schwachstellen in Prozessen zu ermitteln,
- Prozessabläufe besser zu steuern,
- eine höhere Auskunftsbereitschaft gegenüber Kunden, z.B. über den Status einer Bestellung, zu erreichen,
- exaktere Prognosen für zukünftige Planungen bereitzustellen,
- die Leistungsfähigkeit des Unternehmens im Vergleich mit direkten Mitwettbewerbern und der Weltspitze (best practice) durch Benchmarkingvergleich festzustellen.

So kann das Unternehmen die Prozesse kontinuierlich wie in einem Regelkreis verbessern (continuous process improvement, **Bild 2**).

> Festlegen und Überwachen zielorientierter, erfolgskritischer Kennzahlen und Indikatoren ermöglichen dem Unternehmen, Prozesse kontinuierlich zu verbessern.

Heute werden Kennzahlen aus verschiedenen erfolgskritischen Bereichen herangezogen (**Tabelle 1, folgende Seite**). In der Praxis sind es 12 bis maximal 20 aussagekräftige Kennzahlen, die je Organisationseinheit (Abteilung, Hauptabteilung, Unternehmen) ausgewertet werden. Ein Beispiel hierzu sind die vier Sichtweisen der **BSC** (von **Balanced Scorecard** = ausgeglichenes Kennzahlensystem, **Bild 3**).

Meistens stehen die aus den Erwartungen der Kapitalgeber (shareholder) abgeleiteten Finanzkennzahlen an oberster Stelle. Größen wie Umsatzwachstum, Projektrentabilität und Cash-Flow geben den Kapitalgebern wichtige Hinweise auf die Wertentwicklung eines Unternehmens. Rein

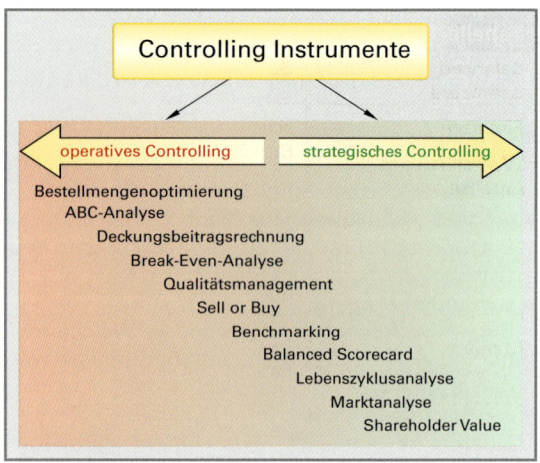

Bild 1: Operative und strategische Controllinginstrumente

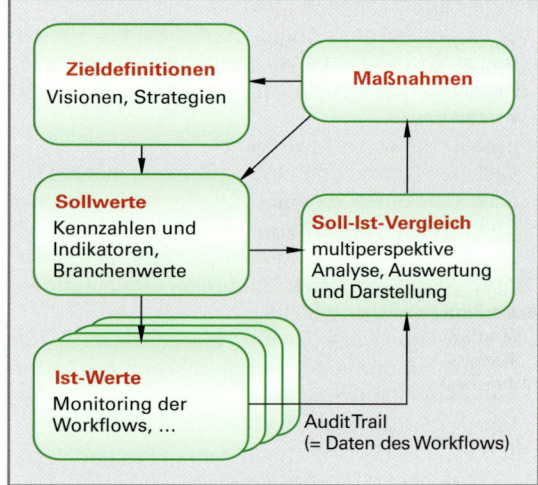

Bild 2: Controlling als Regelkreis

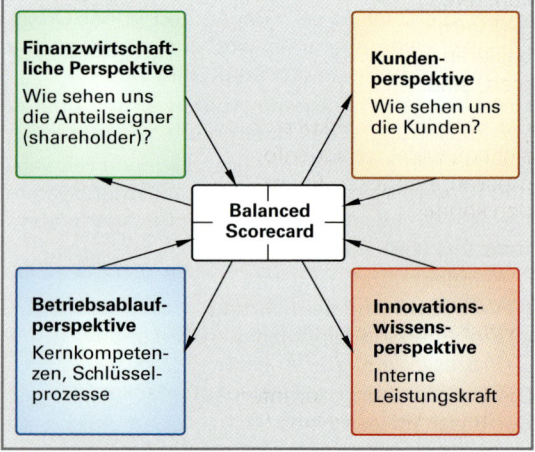

Bild 3: Die vier Sichtweisen der Balanced Scorecard

Tabelle 1: Beispiele für eine Balanced Scorecard für ein Unternehmen der IT-Branche			
Balanced Scorecard	**Strategisches Ziel**	**Messgröße für operative Bereiche**	**Zielwert und Zeithorizont**
Finanzen „Wie sehen uns die Anteilseigner?"	schneller wachsen als der Branchendurchschnitt	Umsatzwachstum	15 % p.a
	Cash-Flow steigern	Discounted Free-Cash-Flow	14 % p.a.
	Marktanteil im Vertriebsgebiet Südwest steigern	Marktanteil	40 % innerhalb 2 Jahre
	ROCE über Branchendurchschnitt	ROCE (Return on Capital Employed)	ROCE über 22 %
Kunden „Wie sollen uns die Kunden sehen?"	Preis-Leistungsverhältnis hervorragend	Kundenbewertung	1. Platz bei mindestens 70 % der Kunden
	Innovator-Image	Umsatzanteil von Produkten, die weniger als 1 Jahr alt sind, am Gesamtumsatz	> 40 %
	A-Lieferant	Umsatzanteil als A-Lieferant	> 80 %
	Bekanntheitsgrad bei potenziellen Kunden	Bekanntheitsgrad im Vertriebsgebiet Südwest	> 90 %
Prozesse „Wie können wir unsere Prozesse optimieren?"	hervorragendes Kunden-Projektmanagement	Anteil der Kundenprojekte ohne Zeitüberschreitung	> 95 %
		Anteil der Kundenprojekte ohne Kostenüberschreitung	> 90 %
	hohe Erfolgsquote bei Anfrage- und Angebotsbearbeitung	Anteil der Bearbeitungen die zu einem Vertragsabschluss führen.	> 50 %
	schnelle Reaktionszeit auf Kundenfragen	Reaktionszeit und Beantwortung	95 % der Fragen innerhalb eines Arbeitstages
Lernfähigkeit, Mitarbeiter „Wie sehen uns die Mitarbeiter?"	KVP-Erfolge	Anzahl umgesetzter Verbesserungsvorschläge pro Mitarbeiter	> 10 % p.a.
	hohe Mitarbeiterzufriedenheit	Mitarbeiterzufriedenheitsindex	> 80 %

finanzielle Kennzahlen kommen aber für die Unternehmenssteuerung oft zu spät und liefern keine konkreten Anhaltspunkte für notwendige langfristige Maßnahmen, da sie auf Vergangenheitswerten basieren und oft zu stark zusammengefasst (aggregiert) sind.

Die Kundenperspektive im Käufermarkt berücksichtigt, welche Kundenforderungen erfüllt werden müssen, damit die finanziellen Ziele erreicht werden können.

> Die Analyse der Soll- und Istabläufe gibt Informationen über den Vollkommenheitsgrad von Kernprozessen.

Die Untersuchung der internen Leistungsfähigkeit der Beschäftigten eines Unternehmens wie Kreativität, Innovationsfähigkeit und Flexibilität liefert Informationen über das Humankapital der Firma und den möglichen langfristigen Unternehmenserfolg.

> Bei der Bewertung von Unternehmen im Hightechbereich und in innovativen Bereichen, wie dem IT-Markt, spielt die Qualität der Mitarbeiter eine wichtige Rolle.

Neben der Bewertung dieser vier Einzelperspektiven ist es wichtig, die Vernetzung und gegenseitige Beeinflussung der Kenngrößen deutlich zu machen und entsprechend zu bewerten.

Monitoring
Monitoring ist im technischen Sinne die Systemüberwachung der Konfigurationsplanung und Systemoptimierung (**Bild 1, folgende Seite**).

Im organisatorischen Monitoring (Prozessmonitoring) geht es um die permanente Überwachung,

Aufzeichnung und Darstellung erfolgskritischer Kennzahlen, Daten und Indikatoren **(Bild 2)**.

> Monitoring ist die Beobachtung und Darstellung des zeitlichen Ablaufgeschehens in einem System.

Es werden die Daten von Workflowsystemen, ERP-Systemen, SCM-Systemen, Kunden-, Mitarbeiter- und Marktdatenbanken und anderen Quellen erfasst. Entsprechend der späteren Verwendung werden die Daten in einem Prozessinformationssystem ausgewertet, dargestellt und mit den Soll-Daten verglichen.

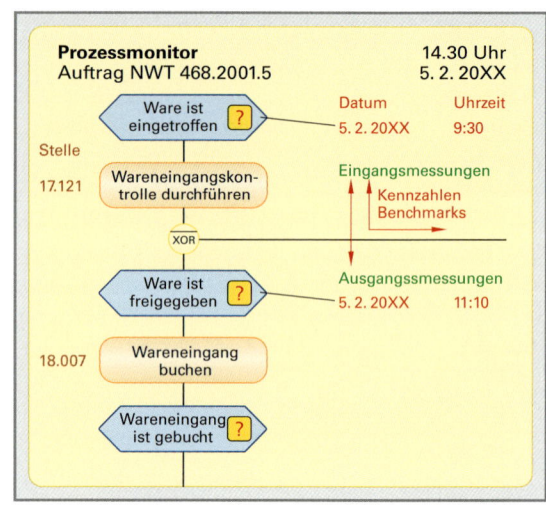

Bild 1: Beispiel zum Prozessmonitoring Wareneingang (Ausschnitt)

2.6   Wissensmanagement

Unternehmen bieten nicht nur Produkte an, sondern Komplettlösungen. Das in aufgezeichneten Daten offen oder versteckt enthaltene Wissen und das bei Fachexperten und Managern angesammelte Wissen sind erfolgsentscheidende Wettbewerbsfaktoren. Wissen muss jederzeit und überall verfügbar, optimal strukturiert, dokumentiert und nach bekannten und neu zu gestaltenden Regeln verknüpfbar sein.

Mit IT-Technologie werden im Wissensmanagement (Knowledge-Management) das verteilte Mitarbeiterfachwissen der Funktionsbereiche (operationales Wissen) mit dem Organisations-, Prozess- und Marktwissen des Managements, dem strategischen Wissen, verknüpft **(Bild 3)**. Durch diese Verknüpfung des „Wie ist etwas zu tun?" mit dem „Was ist zu tun?" entstehen schnell neue, erfolgswirksame Kompetenzen.

Durch die zusätzliche Berücksichtigung von implizitem Wissen über Mitarbeiter und Kunden so wie von deren Gefühlen und Überzeugungen kann das Unternehmen seine Wettbewerbsvorteile gegenüber Mitwettbewerbern erhalten und weiter ausbauen.

> Wissen ist zum erfolgsentscheidenden Produktionsfaktor geworden.

Der Supportprozess Wissensmanagement erfolgt z. B. in einem Data-Mart **(Bild 1, folgende Seite)**. Er ist aufgrund der riesigen Datenmengen, kurzen Halbwertszeiten der Daten und multiperspektiven Aus- wertungsanforderungen nur mit Unterstützung verschiedenster IT-Technologien möglich.

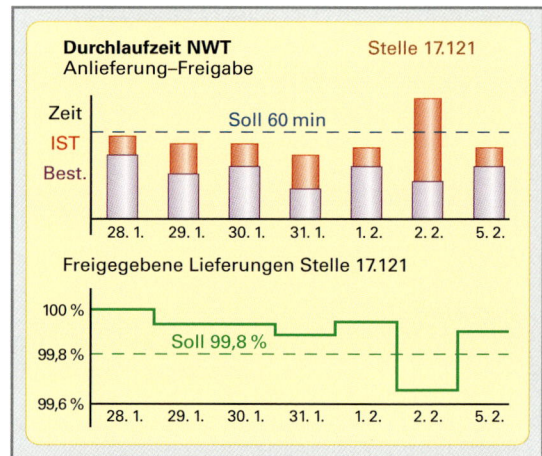

Bild 2: Beispielansicht zum Monitoring der Funktion Wareneingangskontrolle

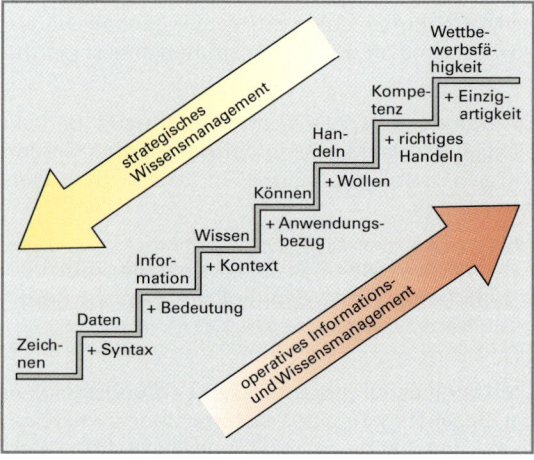

Bild 3: Wissenstreppe nach North

Data-Mart, Data-Warehouse

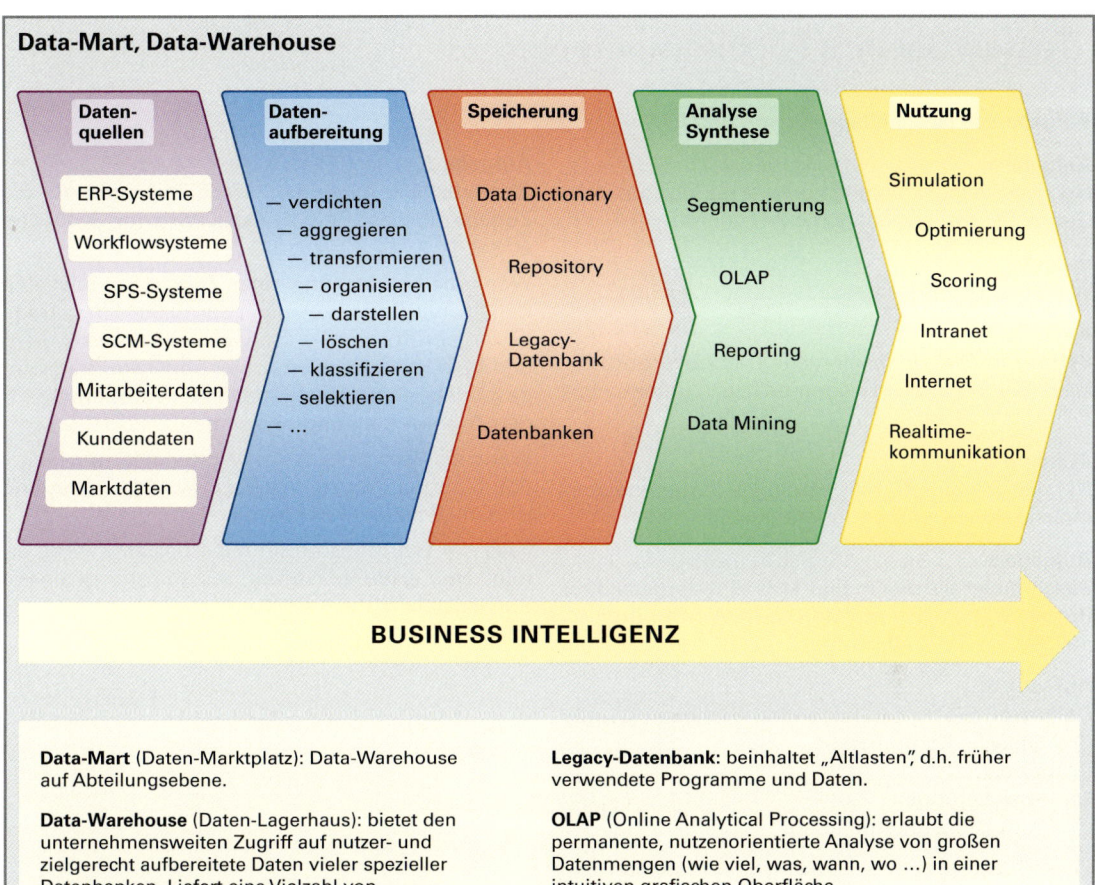

Daten-quellen	Daten-aufbereitung	Speicherung	Analyse Synthese	Nutzung
ERP-Systeme	– verdichten	Data Dictionary	Segmentierung	Simulation
Workflowsysteme	– aggregieren			Optimierung
SPS-Systeme	– transformieren – organisieren	Repository	OLAP	Scoring
SCM-Systeme	– darstellen – löschen	Legacy-Datenbank	Reporting	Intranet
Mitarbeiterdaten	– klassifizieren – selektieren			Internet
Kundendaten	– ...	Datenbanken	Data Mining	Realtime-kommunikation
Marktdaten				

BUSINESS INTELLIGENZ

Data-Mart (Daten-Marktplatz): Data-Warehouse auf Abteilungsebene.

Data-Warehouse (Daten-Lagerhaus): bietet den unternehmensweiten Zugriff auf nutzer- und zielgerecht aufbereitete Daten vieler spezieller Datenbanken. Liefert eine Vielzahl von Informationen für operative und strategische Geschäftsbereiche.

Data Dictionary: Datenbank über Unternehmens-daten (Name, Format, ...).

Repository: Datenbank für alle Arten von Unternehmenswissen (Daten, Prozesse, ...).

Legacy-Datenbank: beinhaltet „Altlasten", d.h. früher verwendete Programme und Daten.

OLAP (Online Analytical Processing): erlaubt die permanente, nutzenorientierte Analyse von großen Datenmengen (wie viel, was, wann, wo ...) in einer intuitiven grafischen Oberfläche.

Reporting: vgl. OLAP.

Data Mining: analysiert Zusammenhänge zwischen Daten (warum ...).

Bild 1: Wissenmanagementprozess

Der IT-unterstützte Transfer von verteiltem Wissen und unverbundenen Daten zu einem überragenden Unternehmenswissen ist in Bild 1 dargestellt. Er erfolgt in den Verarbeitungsschritten:

Daten aus Datenquellen sammeln,
Aufarbeiten der Daten,
Speichern in speziellen Datenbanken,
Analyse und Synthese der aufgearbeiteten Daten und Nutzung der Ergebnisse.

K   Kompetenzorientierung

1. Zeigen Sie, dass der Geschäftsprozess Personal-entwicklung in einem Unternehmen Support-prozess sein kann und in einem anderen Unternehmen Wertschöpfungsprozess.

K   2. Ordnen Sie die Geschäftsprozesse Kundenser-viceabwicklung, Zahlungsabwicklung, Finanzdis-position, Vertriebsabwicklung und Entsorgung den Geschäftsprozessgruppen Managementpro-zesse, Wertschöpfungsprozesse und Supportpro-zesse zu und begründen Sie Ihre Zuordnung.

3. Welche Prozesse sind in Ihrem Unternehmen Schlüsselprozesse?

4. Warum ist es sinnvoll, Geschäftsprozesse aus verschiedenen Sichten darzustellen?

5. Welche Bedeutung haben Ereignisse bei der EPK-Darstellung für das Monitoring und Control-ling?

6. Welche Aufgaben hat das Wissensmanagement in einem Unternehmen?

Testen Sie Ihre Fachkompetenz!

Aufgaben zu Geschäftsprozessen und EPK

Aufgabe 1:
Nennen Sie fünf konkrete Vorteile, die sich aus dem Geschäftsprozessmanagement ergeben.

Aufgabe 2:
Warum sind Kernprozesse besonders wichtig?

Aufgabe 3:
Skizzieren Sie einen einfachen Prozess und beschreiben Sie, was man grundsätzlich unter einem Prozess versteht.

Aufgabe 4:
Nennen Sie fünf Kernprozesse, die in den meisten Industrieunternehmen zu finden sind.

Aufgabe 5:
Beschreiben Sie den in **Bild 1** als EPK dargestellten Prozess für einen Kreditantrag in Worten und ergänzen Sie die Konnektoren.

Aufgabe 6:
Definieren Sie zu den folgenden Branchen jeweils drei typische Kernprozesse.
a) Handel,
b) Versicherungen,
c) Produktionsunternehmen.

Aufgabe 7:
Skizzieren Sie folgenden Geschäftsprozess für die Zugwartung als EPK (Handskizze oder Software-einsatz):

Wenn die Fahrleistung eines Zuges zum nächsten Regelservicetermin weniger als 10.000 km beträgt, wird geprüft, welche Servicestelle günstig liegt und freie Kontingente hat. Der Serviceauftrag wird geschrieben und eine günstige Einsatzplanung für den Zug ermittelt und versendet.

Wenn die Servicestelle den Wartungstermin bestätigt, fährt der Zug zur Wartung, wird gewartet und ist dann wieder einsatzbereit.

Falls der Wartungstermin nicht bestätigt wird, erfolgt eine erneute Prüfung auf günstig gelegene Servicestellen und freie Kontingente.

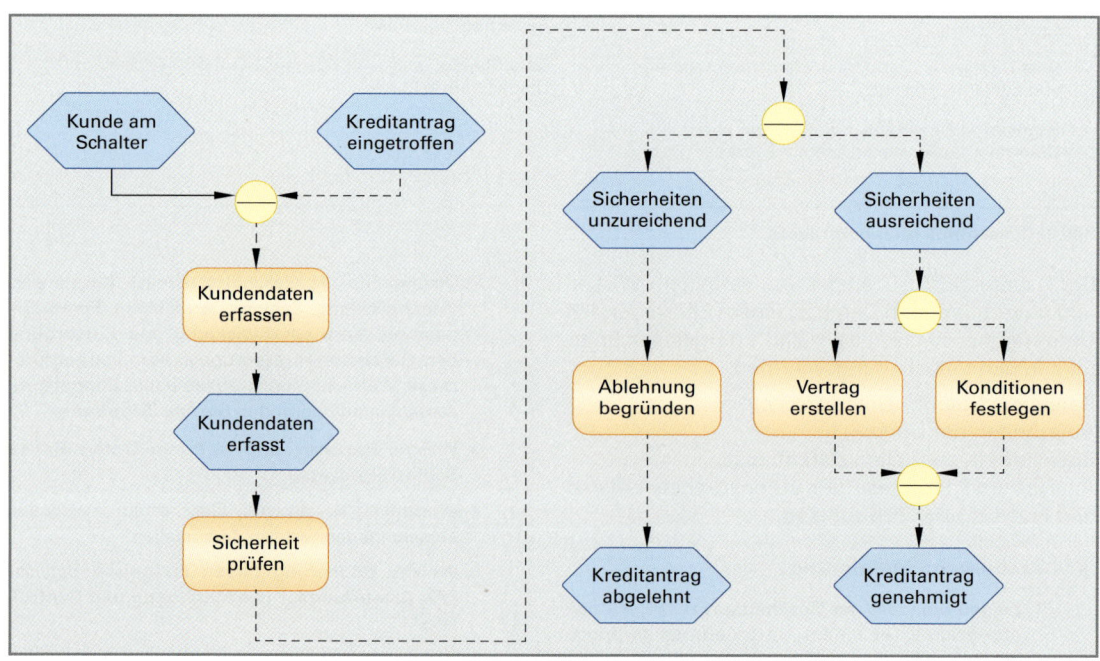

Bild 1: Kreditantrag in Form einer EPK (vereinfacht) zu Aufgabe 5

Aufgabe 8:

Die Lagerhaltung der Marke Heiko AG soll künftig auf zwei nationale Zentrallager konzentriert werden. Ein Mitarbeiter Ihrer Firma hat hierzu einen Geschäftsprozess in Form der ereignisgesteuerten Prozesskette (EPK) erstellt (**Bild 1**).

Sie haben den Auftrag die EPK an der in Bild 1 gekennzeichneten Stelle für die nachfolgend beschriebenen Arbeitsschritte zu ergänzen.

Nachdem alle Auftragsdaten vom Kunden vollständig vorliegen, wird der Lagerbestand der bestellten Artikel geprüft.

Für alle vorhandenen Artikel werden Lieferschein und Rechnung erstellt und zusammen mit der Ware an den Kunden geliefert.

Für bestellte Artikel, die nicht lagerhaltig sind, werden die Lieferzeiten über das zweite Zentrallager geprüft und an den Kunden weitergegeben. Der Kunde entscheidet, ob er die

Artikelbestellung aufrecht erhält oder storniert (Posten werden aus dem Auftrag gelöscht). Ansonsten erfolgt eine Aufnahme der fehlenden Artikel in die Dispositionsliste und es erfolgt eine Bestellung beim zweiten Zentrallager.

Sobald die Bestellung eintrifft, werden Lieferschein und Rechnung erstellt und zusammen mit der Ware an den Kunden geliefert.

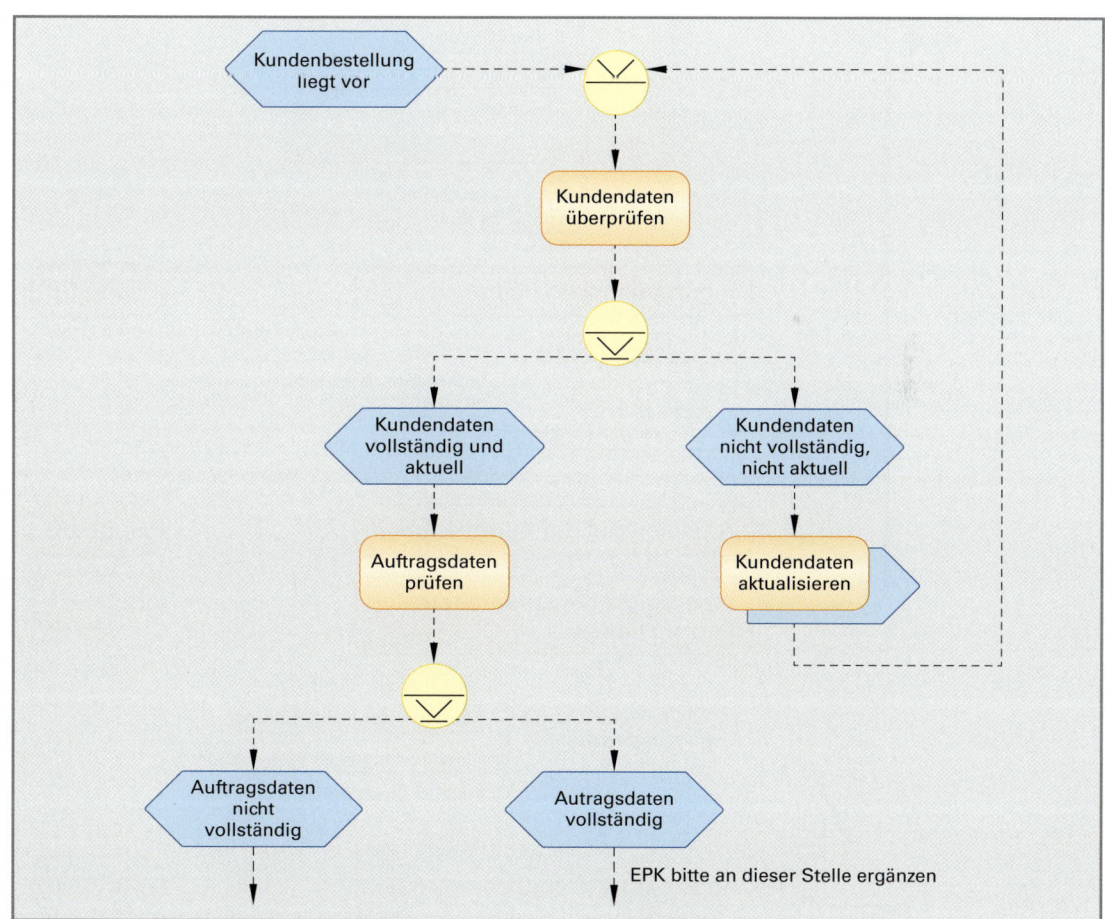

Bild 1: Lagerhaltung der Marke Heiko AG

3 **Arbeitsmethoden und Informationsquellen**

Schlüsselqualifikation Arbeitsmethodik — **Seite 49**

Selbstorganisation der Arbeit

Arbeitsaufträge und Arbeitsplan

Schlüsselqualifikation Kommunikationsfähigkeit — **Seite 52**

Kompetenzen der erfolgreichen Gesprächsführung

Kompetenzen der Teamfähigkeit

Problemlösungstechniken — **Seite 55**

Kreativitätsfördernde Verhaltensweisen

Kreativitätstechniken
- Brainstorming
- Kartenabfrage
- Methode 6-3-5
- Systematische Problemlösung
- Mindmap-Methode
- Umkehrtechnik

Informationsbeschaffung — **Seite 58**

Informationsquellen

Eignung von Informationsquellen
- Informationsbeschaffung aus dem Internet
- Gezielte Suche mit Suchmaschinen

Aufbereitung der Informationen — **Seite 60**

Weitergabe der aufbereiteten Informationen — **Seite 61**

Schlüsselqualifikation Präsentationstechnik
- Planung einer Präsentation
- Bausteine der Visualisierung
- Durchführung einer Präsentation
- Medieneinsatz bei der Präsentation

Testen Sie Ihre Fachkompetenz! — **Seite 68**

3 Arbeitsmethoden und Informationsquellen

Arbeitsmethodik und Informationsbeschaffung sind wichtige Schlüsselqualifikationen. Sie umfassen ein Bündel von Fähigkeiten, Kompetenzen und ein Repertoire an Wissensbeständen und Handlungsmustern, die jeder braucht, der in der modernen Arbeitswelt erfolgreich sein will.

3.1 Schlüsselqualifikation Arbeitsmethodik

3.1.1 Selbstorganisation der Arbeit

Zur Bewältigung der vielfältigen Geschäftsprozesse eines Unternehmens müssen IT-Fachkräfte ihre eigene Arbeit bewusst organisieren und mit den Mitarbeitern kooperativ zusammenarbeiten. Wird die eigene Arbeit sinnvoll organisiert, können die anstehenden Arbeitsaufträge erfolgreich und wirtschaftlich durchgeführt werden. Zwei Regeln bestimmen die Basis für ein erfolgreiches persönliches Arbeiten (**Bild 1**).

> **Regel 1:** Es müssen Prioritäten gesetzt werden.
> **Regel 2:** Die Prioritäten müssen planmäßig in die Tat umgesetzt werden.

Das wichtigste Kriterium für die Bevorzugung einer Tätigkeit gegenüber einer anderen ist die Dringlichkeit (**Bild 2**). Was sich aus der ABC-Analyse ergibt, muss in praktisches Handeln umgesetzt werden.

Zeitmanagement

Ein gutes Zeitmanagement führt immer zu mehr Gewinn. Es verringert Stress und schafft Freiräume. Nur jemand, der klare persönliche und berufliche Ziele hat, weiß mit seiner Zeit umzugehen und ist in der Lage, seine Aufgaben zielorientiert anzugehen. Eine erfolgreiche Ziel- und Zeitplanung kann nur schriftlich geschehen. Teilziele geben Sicherheit und Arbeitsantrieb. Eine einfache Möglichkeit der Planung von Aktivitäten ist die AL-PEN-Methode. Die Anfangsbuchstaben der Schlüsselbegriffe dienen hierbei als Merkhilfe für die Reihenfolge der durchzuführenden Zielplanung:

> **A** → Aufgaben zusammenstellen,
> **L** → Länge der Tätigkeiten abschätzen,
> **P** → Pufferzeiten für Unvorhergesehenes einplanen,
> **E** → Entscheidungen über Prioritäten treffen und
> **N** → Nachkontrollieren, aktualisieren.

Es ist darauf zu achten, dass nicht mehr als 60 % der Arbeitszeit verplant sind. 40 % der Zeit sollte als Zeitpuffer dienen.

! Übersicht Arbeitsmethodik
- Prioritäten setzen
- Zeitmanagement
- 80-zu-20-Regel (Pareto-Prinzip)
- Konzentration bei der Arbeit
- Aufträge abschließen

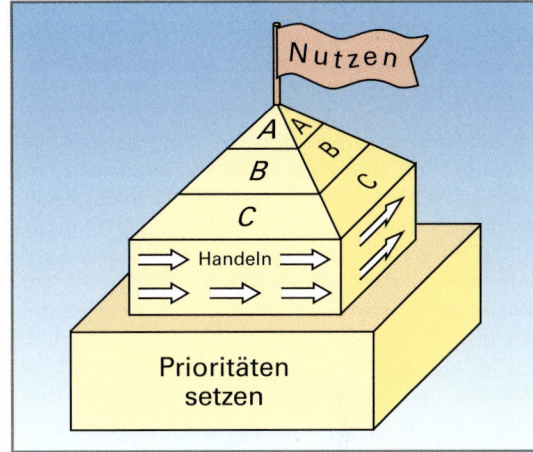

Bild 1: Erfolgreiches Arbeiten

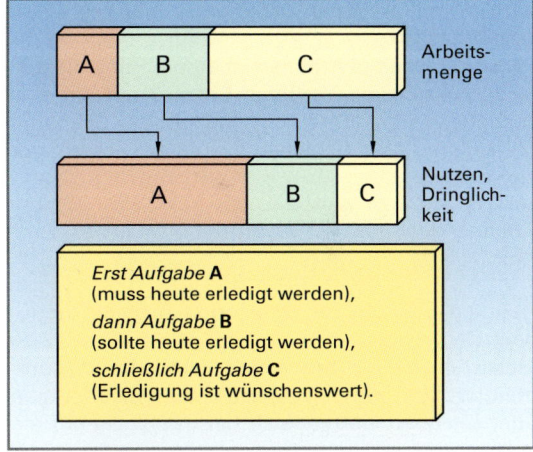

Bild 2: Tagesplanung

Beispiel 1: ABC-Prinzip

Ordnen Sie folgende Tätigkeiten nach dem ABC-Prinzip (Bild 2):
Werbebudget planen, Akte Dr. Meier bearbeiten, Vorbereitung Meeting IHK, Blumen für Monika, M&S Preise kalkulieren.

Lösung:
A: M&S Preise kalkulieren, Blumen für Monika,
B: Vorbereitung Meeting IHK,
C: Akte Dr. Meier bearbeiten, Werbebudget planen.

Für die bessere Nutzung der wertvollen Zeit und um Ihrem Gehirn Erinnerungszeit abzunehmen, ist der Einsatz technischer Hilfsmittel sinnvoll. Nutzen Sie die Weckfunktion Ihres Computers oder Smartphones. Notieren Sie immer alles sofort, wenn Ihnen etwas einfällt. Organizer und Handhelds bieten die Personal-Information-Management-Funktionen (PIM).

> Wer sich nicht alles merken kann, ist menschlich – wer die gleiche Frage dreimal stellt, ist unorganisiert.

Oft verschlingt Unwichtiges die meiste Zeit. Alle Tätigkeiten sind deshalb auf Dringlichkeit und Wichtigkeit hin zu überprüfen (**Bild 1**). In der Praxis resultieren meist 80 % des zählenden Erfolgs aus nur 20 % der Aktivitäten (Pareto-Prinzip). Wenn z. B. auf einer Liste mit zehn Aufgaben die beiden entscheidenden Aktivitäten erfüllt sind, ist der Gesamterfolg häufig bereits zu 80 % gesichert. Beachten Sie deshalb bei Ihren Aktivitäten die 80-zu-20-Regel **(Bild 2)**.

Zielstrebiges und konzentriertes Arbeiten
Damit der Weg frei ist für schwierigere Arbeiten, sollten Sie zu Arbeitsbeginn den Kleinkram erledigen. Alles was an Kleinkram zwischendurch dazukommt, erledigen Sie in einer späteren Kleinkram-Phase.
Für konzentriertes Arbeiten ist innere Ruhe die erste Voraussetzung. Vertiefen Sie sich auf die eine Aufgabe, die vor Ihnen liegt und arbeiten Sie daran bis sie fertig sind. Schieben Sie die Arbeit nicht vor sich her.

> Beherzigen Sie den Ausspruch: Mach es sofort.

Nehmen Sie sich für schwierige Arbeiten genügend Zeit.
Menschen, die mit ihrer Arbeit nicht zu Rande kommen, wollen immer zuviel auf einmal erledigen oder schieben viel vor sich her. Nicht die auf ein Vorhaben verwendete Gesamtzeit ist maßgebend, es kommt vielmehr darauf an, wie systematisch man an einer Aufgabe arbeitet.

> Vermeiden Sie, zuviel auf einmal zu erledigen.

Ordnung am Arbeitsplatz
Unordnung ist der Konzentration abträglich. Ein Chaos am Arbeitsplatz erzeugt Nervosität und das Gefühl von der Arbeit erschlagen zu werden. Befreien Sie Ihre Arbeitsfläche von allem, außer dem Projekt, an dem Sie gerade arbeiten. Die Ordnung auf dem Schreibtisch ist bereits der erste Weg zum effektiven Arbeiten (**Bild 3**).

! 5 Ratschläge für konzentriertes Arbeiten
- Innerlich zur Ruhe kommen.
- Für äußere Ruhe sorgen.
- Sich nicht von der Umgebung ablenken lassen.
- Ein freier Schreibtisch schenkt einen freien Kopf.
- Termine und Erinnerungsaufgaben an technische Hilfsmittel delegieren.

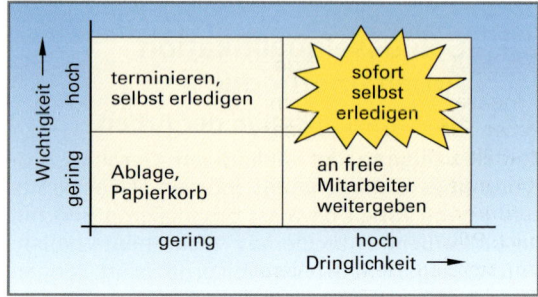

Bild 1: Entscheidungsfindung

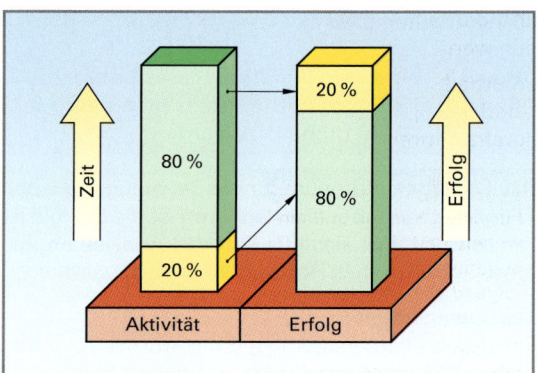

Bild 2: 80-zu-20-Regel

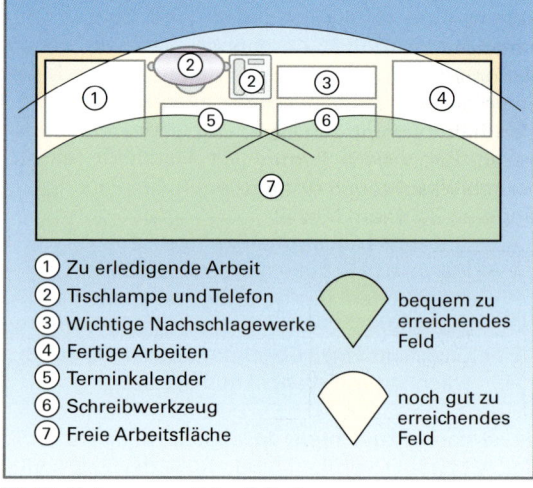

① Zu erledigende Arbeit
② Tischlampe und Telefon
③ Wichtige Nachschlagewerke
④ Fertige Arbeiten
⑤ Terminkalender
⑥ Schreibwerkzeug
⑦ Freie Arbeitsfläche

bequem zu erreichendes Feld

noch gut zu erreichendes Feld

Bild 3: Ordnung am Schreibtisch

Vermeidung von Perfektionismus

Bei allen durchzuführenden Tätigkeiten ist das Prinzip der Wirtschaftlichkeit zu beachten. Perfektion ist nur anzustreben, wenn z. B. aus den letzten 20 % ihrer Aktivitäten 80 % des Gewinns resultieren. Qualität und Perfektion unterscheiden sich erheblich.

> Das Arbeitsergebnis muss die für eine Tätigkeit aufgewendete Zeit auch rechtfertigen.

3.1.2 Arbeitsaufträge und Arbeitsplan

Arbeitsaufträge werden in schriftlicher oder mündlicher Form erteilt. Ein schriftlicher Arbeitsauftrag enthält z. B. die Anschrift des Kunden, den Ausführungsort mit Terminvereinbarung und die auszuführenden Arbeiten mit Leistungsbeschreibung nach Pflichtenheft. Bei Verwendung von Formblättern wird auf dem Arbeitsauftrag auch ein Arbeitsbericht der ausführenden Fachkraft verlangt. Zur Kostenermittlung müssen der Materialverbrauch, der Einsatz von Hard- und Softwarewerkzeugen und die aufgewendeten Arbeitsstunden eingetragen werden.

Innerhalb jeder Phase sind eine Vielzahl von Überlegungen, Entscheidungen und Handlungen durchzuführen.

Beispiel 1: Phasen eines Arbeitsauftrags

Für einen Kunden soll ein bestehendes Netzwerk erweitert und über einen DSL-Router an das Internet angebunden werden (**Bild 1**). Das Pflichtenheft enthält folgende Forderungen von **Bild 2**. Planen Sie die Phasen der Arbeitsabwicklung.

Lösung:
Bild 3: Der Arbeitsauftrag wird in vier Phasen geplant.

Ein *Arbeitsplan* legt die Arbeitsschritte fest, die zur Zielerreichung führen. Er enthält im Maßnahmenplan die durchzuführenden Tätigkeiten und Zuständigkeiten (**Tabelle 1**). Ein darauf aufbauender *Aktionsplan* oder *Arbeitsablaufplan* legt die Reihenfolge der Tätigkeiten fest (**Tabelle 2**). Ein Zeitplan hilft Termine zu überwachen und zu visualisieren. *Zeitpläne* in Form von Netzplänen werden bei Arbeitsaufträgen eingesetzt, die sich über einen längeren Zeitraum hinziehen.

> **! Die 4 Phasen eines Arbeitsauftrages sind:**
> - Auftragsanalyse,
> - Auftragsplanung,
> - Auftragsdurchführung und
> - Auftragsauswertung.

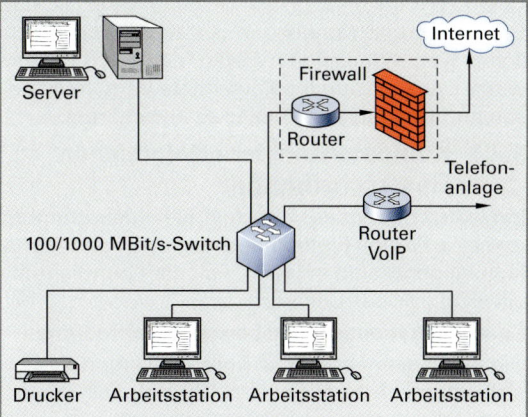

Bild 1: Netzwerk nach Kundenwunsch

- zentrale Datenablage
- zentrale, automatisierte Datensicherung
- zentrale Druckerdienste
- Virenschutz
- Zugriff auf das Internet
- E-Mail/GroupWare-Dienste
- Fernwartung

Bild 2: Forderungen aus dem Pflichtenheft

Tabelle 1: Maßnahmenplan

Nr.	Aufgabe	Verantwortlicher	Termin
1	Projektaufgabe	Abteilungsleiter	14. Mai
2	Hardwarebeschaffung	Sachbearbeiter	2. Juli

Tabelle 2: Arbeitsablaufplan

Reihenfolge	Arbeitsschritte	Verantwortlicher
1	Angebote einholen	H. Meier
2	Bestellungen aufgeben	H. Moser

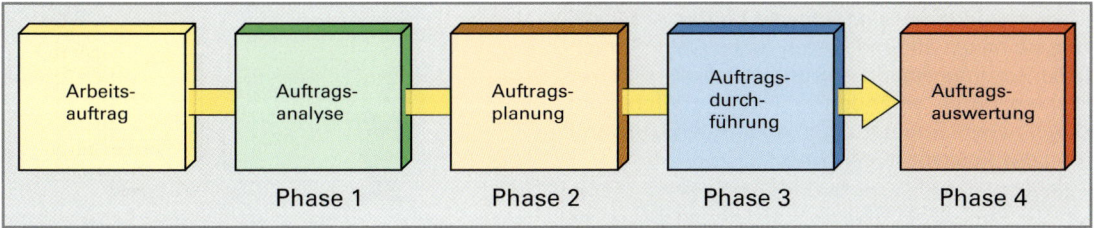

Bild 3: Phasen eines Arbeitsauftrages

3.2 Schlüsselqualifikation Kommunikationsfähigkeit

Im Arbeitsleben der heutigen Informationsgesellschaft sollten eigene Standpunkte und Argumente in Gesprächen und Diskussionen erfolgreich vertreten werden.

Störungen und Konflikte in der zwischenmenschlichen Kommunikation müssen rechtzeitig erkannt werden, um sie durch zielgerichtete Verhaltensweisen und Gesprächstechniken zu entschärfen.

3.2.1 Kompetenzen der erfolgreichen Gesprächsführung

Ein wertschätzendes, vorurteilfreies Menschenbild und eine Portion Einfühlungsvermögen (emotionale Intelligenz) sind in jedem Fall die Grundlage für ein erfolgreiches Gespräch.

Kommunikationsebenen bewusst wahrnehmen

Die zwischenmenschliche Kommunikation bewegt sich immer in zwei Ebenen (**Bild 1**). Die Inhaltsebene dient dem verbalen Austausch der Sachinformationen. Die Beziehungsebene überträgt die Gefühle und Beziehungen zwischen den Gesprächspartnern.

> Die Beziehungsebene beeinflusst die Sachebene.

Nur wenige Entscheidungen werden ausschließlich nach dem Inhalt und der Sache gefällt, vier Fünftel aller Entscheidungen geschehen „aus dem Bauch heraus", also auf der Beziehungsebene. Wenn Störungen auf der Beziehungsebene vorliegen, lassen sich keine optimalen Lösungen auf der Sachebene finden (**Bild 2**).

Die eigene Meinung präzise formulieren

Schon der einfache Satz: „Das Fenster ist offen" kann verschiedene Interpretationen zulassen (**Bild 3**). Als Beispiel sind vier Möglichkeiten aufgeführt:

Der Sprecher stellt nur schlicht einen Sachverhalt dar (Sachaspekt).

Der Sprecher möchte, dass der Zuhörer das Fenster schließt (Appellfunktion).

Der Sprecher will mitteilen, dass er den Zuhörer für rücksichtslos hält (Beziehungsaspekt).

Dem Sprecher gefällt es nicht, dass das Fenster offen ist (Selbstoffenbarung).

Missverständnisse sind schlecht für das Arbeitsklima, sie halten auf und kosten damit Geld. Sprachliche Kommunikationsstörungen lassen sich vermeiden durch veränderten Tonfall (Befehlston), durch nähere Erläuterungen oder durch Umwandlung der Aussage in eine Bitte.

> Jeder Sprecher kann auch durch Mimik und Gestik seiner Aussage Kraft und Klarheit verleihen.

! Eine gute Gesprächstechnik
- unterscheidet Sach- und Beziehungsebene,
- formuliert präzise und deutlich,
- setzt Beziehungsverstärker ein.

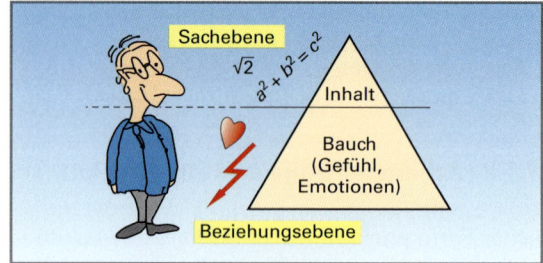

Bild 1: Kommunikationsebenen

Bild 2: Emotionale Störungen

Bild 3: Interpretationsmöglichkeiten

Verbale Beziehungsverstärker einsetzen
WAS und WIE etwas gesagt wird, entscheidet über eine erfolgreiche Kommunikation. Als Hilfe dienen die sechs verbalen Beziehungsverstärker **(Bild 1)**.

1. **Bedürfnisse und Interessen der Hörer ansprechen.**
   Wer nur von sich selbst spricht, langweilt die Anderen; wer von den Interessen seiner Partner spricht, der fasziniert sie.
2. **Verständlichkeit gewinnt.**
   Einfache Sätze, anschauliche Vergleiche und ein dosiertes Sprechtempo sorgen für Verständlichkeit.
3. **Fragen zeigen Wertschätzung.**
   Fragetechnik wertet Gesprächspartner auf.
4. **Die Worte der Partner verwenden.**
   Die Verwendung bereits geäußerter Fachausdrücke ist eine vertrauensbildende Vorgangsweise.
5. **Die Magie des Namens nützen.**
   Alle Menschen lieben es, vor allem vor einer Gruppe, mit dem eigenen Namen angesprochen zu werden.
6. **Wer zitiert wird, ist wichtig.**
   Aussagen von Gesprächspartnern sind wichtige Informationen und bieten die Möglichkeit, mit dem Zitat die Person, von der die Aussage kommt, aufzuwerten.

> Das schönste Wort in jeder Sprache ist der eigene Name.

Kommunikationssperren
Das zwischenmenschliche Gespräch scheitert oft am Zusammenbruch der Kommunikationsbeziehungen. Die so genannten „Killerphrasen" erschweren jedes weitere Gespräch oder blocken es ab **(Tabelle 1)**.

In der Körpersprache eines Menschen drückt sich viel über seine psychische Disposition aus. Negative Signale bestimmter Gebärden (Killerfaces) sollte man vermeiden **(Tabelle 2)**.

Kommunikationssperren sind in Ausnahmefällen angebracht, wenn ein Gespräch wirklich beendet werden muss. Sie sollten aber vermieden werden, wenn das Gespräch in freundlicher Atmosphäre verlaufen soll.

3.2.2 Kompetenzen der Teamfähigkeit

Die erfolgreiche Tätigkeit einer Arbeitsgruppe oder Abteilung ist stark von der Teamfähigkeit ihrer Mitglieder abhängig. Das Arbeiten in Teams ist heute eine der bevorzugten Arbeitsformen. Die Kundenaufträge in der IT-Branche haben einen solchen Komplexitätsgrad erreicht, dass sie in der Regel nur von einem Team als Projektarbeit bearbeitet werden können (siehe Abschnitt 7.2).

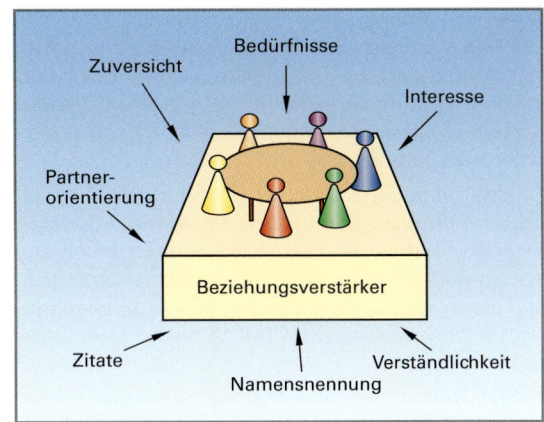

Bild 1: Beziehungsverstärker

Tabelle 1: Killerphrasen

Gesprächshemmer	Beispiele
Befehlen	Ich erwarte von Ihnen, …
Drohen	Das sollten Sie nicht tun!
Moralisieren	Sie sind verpflichtet …
Lösungen liefern	Wenn sie mich fragen …
Vorwürfe machen	Das war falsch …
Verhören	Wie lange sind Sie schon …
Endgültige Bemerkungen	Das ging noch nie!
	Haben wir schon probiert!
	Das ist nicht neu!
	Dafür haben wir kein Geld!
	Haben wir denn bisher alles falsch gemacht?

Tabelle 2: Killerfaces

Gebärde	Erläuterung
	Blick von oben herab, spöttisches Lächeln. Kritisch verengte Augen.
	Blick nach oben, gelangweiltes Aussehen. Ungeduldiges Klopfen mit den Fingern.
	Gerümpfte Nase, spöttisches Lächeln, Mundwinkel leicht herabgezogen.
	Augenlider fast geschlossen, Kopf geneigt und in die Hand gestützt.

Arten von Teams

Die Mitglieder eines Teams liefern Ideen und führen Aufgaben aus. Sie stellen sicher, dass Entscheidungen im Einvernehmen getroffen werden und tragen zum Leistungsprozess bei. Es gibt zwei Arten von Teams:

Cross-functional teams (überfunktionale Teams) führen spezifische Aufgaben an überfunktionalen Projekten durch. Die Teammitglieder kommen aus verschiedenen Fach- und Funktionsbereichen. Diese Teams, die auf eine spezifische Aufgabe ausgerichtet sind, werden gewöhnlich nach Projektende aufgelöst.

Family teams (Familienteams) existieren unbegrenzt, obwohl sich die Teammitglieder durch Zu- und Abgänge ändern können. Familienteams setzen sich aus den Mitarbeitern eines Funktionsbereiches oder einer Abteilung zusammen. Die Führungskraft dieses Bereiches dient meistens als Teamleiter und Moderator.

> Es gibt überfunktionale (cross functional) Teams und Familienteams (family teams).

Regeln für die Teamarbeit

Die Mitarbeiter eines Teams stützen sich gegenseitig. Der Erfolg eines Teams liegt vor allem in der Erschließung der Kreativität der Teammitglieder. Deshalb ist in Teams das Wir-Gefühl stark ausgeprägt. Damit arbeitet jeder hart und hat doch Freude. Die Motivation der Teammitglieder wird durch die gemeinsame Verantwortung für ein Projekt noch gefördert. Idealerweise sollten die Teammitglieder freiwillig an der Teamarbeit teilnehmen und die Ziele des Teams voll unterstützen **(Bild 1)**.

> In einem Team muss offene Kommunikation herrschen.

Teamfähig heißt:
- in Konfliktsituationen ausgleichend eingreifen,
- die persönlichen Eitelkeiten zurückstellen,
- die Gruppenharmonie nicht stören,
- die Teamstrukturen durchschauen und
- die Mission des Teams unterstützen.

> Im Wort „Team" ist kein „Ich" enthalten.

Teamfähigkeit heißt jedoch nicht, die eigenen Ansichten und die eigene Identität völlig der Gruppe anzupassen.

Der Stand der Teamaktivitäten sollte im Unternehmen bekanntgemacht werden, um das Maß der Realisierungen anzuzeigen **(Bild 2)**. Die Fortschritte verschiedener Teams können so miteinander verglichen werden.

> **!** **Teamarbeit bedeutet**
> - Gruppenmitglieder sind gleichberechtigt,
> - Selbstständigkeit in Arbeitsabläufen,
> - gemeinsame Verantwortung,
> - Offenheit für Neues,
> - Termineinhaltung und
> - Ergebnisablieferung an den Auftraggeber.

Bild 1: Teamarbeit

Bild 2: Stand des Teamprojektes

K   Kompetenzorientierung

1. **Nennen Sie die Regeln für ein erfolgreiches persönliches Arbeiten.**
2. **Erläutern Sie die ALPEN-Methode zur Planung von Aktivitäten.**
3. **In welchem Zusammenhang stehen gewöhnlich Aktivitäten und Erfolg?**
4. **Wie unterscheiden sich der Maßnahmeplan und der Arbeitsablaufplan in ihren Zielsetzungen?**
5. **Welche Bedeutung haben die Kommunikationsebenen bei einem Gespräch?**
6. **Nennen Sie die vier Interpretationsmöglichkeiten einer verbalen Aussage.**

3.3 Problemlösungstechniken

Bei Problemen muss zielorientiert nach einer Lösung gesucht werden. Hierbei ist vor allem Kreativität und Flexibilität gefordert. Kreativität bedeutet das Ausbrechen aus verfestigten Denkstrukturen. Dabei ist eine kreative Leistung meistens eine Neukombination von bekanntem Wissen.

Übung 1: Logische Folge

In der folgenden Reihe finden Sie sechs Buchstaben, die in einer bestimmten Logik hintereinandergesetzt sind.
E, Z, D, V, F, S, _, _.
Stellen Sie durch kreatives Denken fest, wie die nächsten beiden Buchstaben in der logischen Folge lauten müssen.

Lösung: Die logische Systematik liegt in den Anfangsbuchstaben der Zahlen. Die fehlenden Buchstaben lauten S(ieben) und A(cht).

3.3.1 Kreativitätsfördernde Verhaltensweisen

Der Glaube an die eigene Kreativität verhilft uns dazu, zielstrebiger zu handeln. Er beinhaltet Wille, Mut und Durchhaltevermögen bei neuen Lösungen. Die Stimme der Kritik (SdK) kann uns hindern, jemals den Mut zu haben, ungewöhnliche Lösungswege zu finden. Deshalb die Forderung nach *Verzicht auf Kritik,* um die SdK zu besiegen.
Je mehr Informationen wir über Vorgänge, Gegebenheiten und Arbeitsabläufe aufnehmen, desto genauer wird das Bild, das wir uns von der Wirklichkeit machen können. Die genaue *Beobachtung der Welt* ist deshalb besonders für Berufseinsteiger wichtig.

Übung 2: Kreativitätsübung

Stellen Sie die Planung eines Webauftritts als Kreisdiagramm mit den folgenden fünf Punkten dar.

1. Analyse der Rahmenbedingungen und Zielgruppe.
2. Entwicklung eines Grobkonzeptes und Layoutrasters.
3. Detailplanung und Designentwicklung.
4. Realisierung und Umsetzung in HTML.
5. Kontrolle, Dokumentation und Erstellung eines Styleguides.

Lösung: **Bild 1**

Aus Angst vor Kritik werden oft keine Fragen gestellt. Wer kreativ sein will, muss lernen, auch anscheinend dumme Fragen zu stellen.

Die einzige dumme Frage ist die, die wir nicht stellen.

! Übersicht Kreativitätstechniken

- Brainstorming
- Kartenabfrage (META-Plan)
- Methode 6-3-5
- Systematische Lösungsversuche
- Mindmap-Methode
- Umkehrtechnik

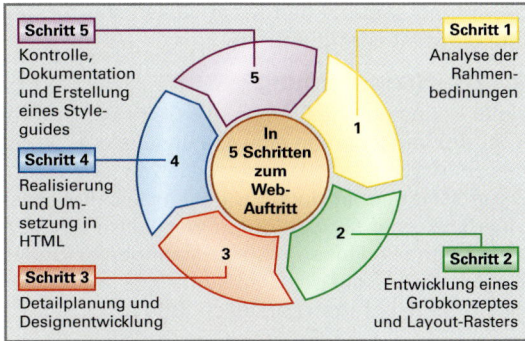

Bild 1: Kreisgrafik mit 5 Abschnitten

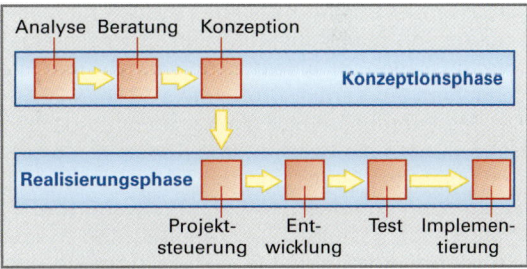

Bild 2: Zweidimensionale Darstellung eines Projektverlaufs

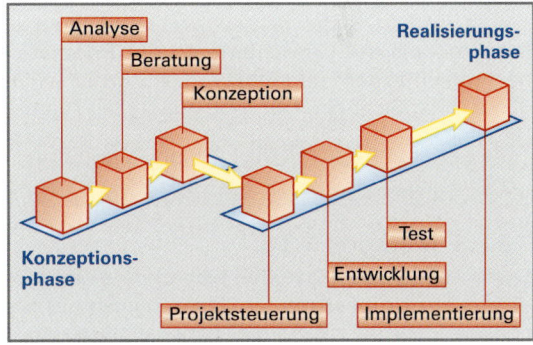

Bild 3: Dreidimensionale Darstellung eines Projektverlaufs

Übung 3: Dreidimensionale Projektdarstellung

Überlegen Sie sich als Kreativitätsübung, den Ablauf eines Projektes nach **Bild 2** grafisch dreidimensional darzustellen.

Lösung: **Bild 3**

3.3.2 Kreativitätstechniken

Viele Grundtechniken der Kreativität basieren auf den Prinzipien der Intuition (Eingebung), dem Prinzip der Analyse (systematische Untersuchung eines Sachverhaltes) und auf den Prinzipien der Analogie (Gleichheit von Verhältnissen).

Ideen sollten grundsätzlich schriftlich festgehalten werden (**Bild 1**). Die Ideenerhebung und die Ideenbewertung sind bei den Kreativitätstechniken immer getrennt durchzuführen.

3.3.2.1 Brainstorming

Unter Brainstorming (von brain = Gehirn und storm = Sturm) versteht man eine Kreativitätstechnik, die das Entwickeln von Lösungsansätzen erleichtert. Diese Methode ist dadurch gekennzeichnet, dass innerhalb einer Gruppe durch wechselseitige Verknüpfungen von Ideen Problemlösungen gefunden werden. Der Ablauf des Brainstormings lässt sich in einem Struktogramm darstellen (**Bild 2**).

3.3.2.2 Kartenabfrage (META-Plan[1])

Die Kartenabfrage oder META-Plan-Technik ist ein umfassendes und formalisiertes System zur Ideenfindung und Bewertung. Die Teilnehmer schreiben ihre Aussagen zu einem Problemkreis mit Filzschreibern auf Karten, Größe etwa 10 cm x 20 cm. Der Moderator sammelt die Karten ein. Anschließend werden die beschrifteten Karten vorgelesen und durch den Moderator ohne Kommentar, aber in Gruppen geordnet, an eine Pinnwand (META-Plan-Wand) gesteckt. Die Oberbegriffe zu den Gruppen werden nun z. B. auf kreisförmige oder ovale Karten geschrieben und zu den Gruppen geheftet. Anschließend erhält jeder Teilnehmer zur Bewertung der Ideen eine Anzahl von Markierungspunken, z. B. drei bis sechs rote Klebepunkte. Das Ergebnis der Gewichtung schafft Prioritäten bei Problemfeldern und führt zu Lösungsvorschlägen aus der Sicht einer Gruppe oder eines Teams.

> Die Kartenabfrage mit META-Plan schafft Prioritäten.

3.3.2.3 Methode 6-3-5

Sechs Teilnehmer (6) treffen sich ohne einen Moderator zur Gruppensitzung. Jeder Teilnehmer notiert drei Ideen (3), z. B. für die Namensfindung eines Waschmittels, auf ein vorbereitetes Papier. Das Blatt wird weitergereicht. Nun hat jeder an den Ideen der anderen Teilnehmer (5) weiterzuarbeiten (**Bild 3**). Es entstehen so in kurzer Zeit 108 Lösungsvorschläge. Sie werden anschließend in der Gruppe auf Machbarkeit überprüft, z. B. mit der META-Plan-Methode.

> Die Methode 6-3-5 dient zur Findung vieler Lösungsvorschläge.

Kurze Beschreibung der Idee	Geplante Aktivitäten	Terminvorstellung
1.		
2.		
3.		

Bild 1: Ideen schriftlich festhalten

Formulierung des Problems	
Teilnehmer-Auswahl	
Bestimmen des Moderators	
Einführung durch den Moderator	
	Ideenfindung
	Aufzeigen der Verbindungen durch den Moderator
	Dokumentation der Ergebnisse
Ergebnisse zufriedenstellend?	
Einteilen der Ideen nach Brauchbarkeit	
Erarbeiten von konkreten Lösungsvorschlägen	
Aktivitätenplan	

Bild 2: Struktogramm des Brainstormings

Turbo-Weiß	Schmutz & weg	Waschwunder
TurboFix	Oha – weg	Wonderweiß
Fix & Fertig	Momo-ex	Riesenweiß
Fertigrein	Bakto-ex	Dr. Weiß
Rein & Sauber	Bakto-Hopp	Dr. Clean
Reinsil	Antipfui	Dr. Dosch

Bild 3: Namensfindung nach der Methode 6-3-5

---

[1] META-Plan-Methode ist ein eingetragenes Warenzeichen (der Firma Metaplan, Quickborn)

3.3.2.4 Systematische Problemlösung

Bei der systematischen Problemlösung wird das Problem genau analysiert, in Teilprobleme zerlegt und durch eine formale Vorgehensweise einer Lösung zugeführt.

Die wesentlichen Schritte bei der systematischen Problemlösung sind die Analyse der Ausgangssituation, die exakte Definition des Problems, das Aufzeigen von Lösungsvorschlägen in Teilbereichen, die Bewertung der Alternativen und die Entscheidung **(Tabelle 1)**.

> Durch die Kombination von Teillösungen erreicht man eine Gesamtlösung.

3.3.2.5 Mindmap-Methode

Die Erstellung einer Gedächtniskarte (Mindmap) ist eine flexible, kreative und gehirngerechte Arbeitstechnik. In der Mitte eines Blattes oder eines Flipcharts (Gestell mit einem großen Papierblock, dessen Blätter umgeschlagen werden können) steht das Thema. Von da aus verzweigen sich alle Gedanken in einem Baumdiagramm **(Bild 1)**.

Im Gegensatz zum Brainstorming, bei dem eine Reihe von unsortierten Begriffen produziert und anschließend mit der META-Plan-Methode sortiert werden, wird bei der Mindmap-Methode eine vernetzte Struktur erzeugt. Der Vorteil der Mindmap-Methode liegt in der Möglichkeit, viele Punkte auf einen Blick einzusehen. Die Darstellung kann jederzeit erweitert werden.

> **!** Die Mindmap-Methode ermöglicht die Dokumentation und Strukturierung komplexer Themen mit Hilfe von Bildern und Texten. Sie unterstützt durch die Visualisierung das Lernen mit beiden Gehirnhälften.

Tabelle 1: Problemlösung durch Systematik	
Schritte	Vorgehensweise
1.	Definition und Eingrenzung des Problems.
2.	Analyse der Ausgangssituation (Randbedingungen, Schwerpunkte und Teilbereiche).
3.	Ordnen und Strukturieren der Einflussfaktoren.
4.	Aufzeigen von Lösungsalternativen für Teilbereiche.
5.	Kombination verschiedener Teillösungen.
6.	Bewertung der Gesamtlösungen (Nutzwertanalyse, Kriterienvergleich).
7.	Auswahl der optimalen Lösung.
8.	Abschätzung der Auswirkungen und Konsequenzen.

Die Vorteile des computergestützten Mindmap-Entwerfens liegen in der einfachen Handhabung. So kann z. B. schnell und präzise strukturiert werden. Computergestützte Mindmaps ermöglichen spezielle Eingaben und Darstellungen, mit denen Verweise auf Dateien oder Internetquellen hergestellt werden können.

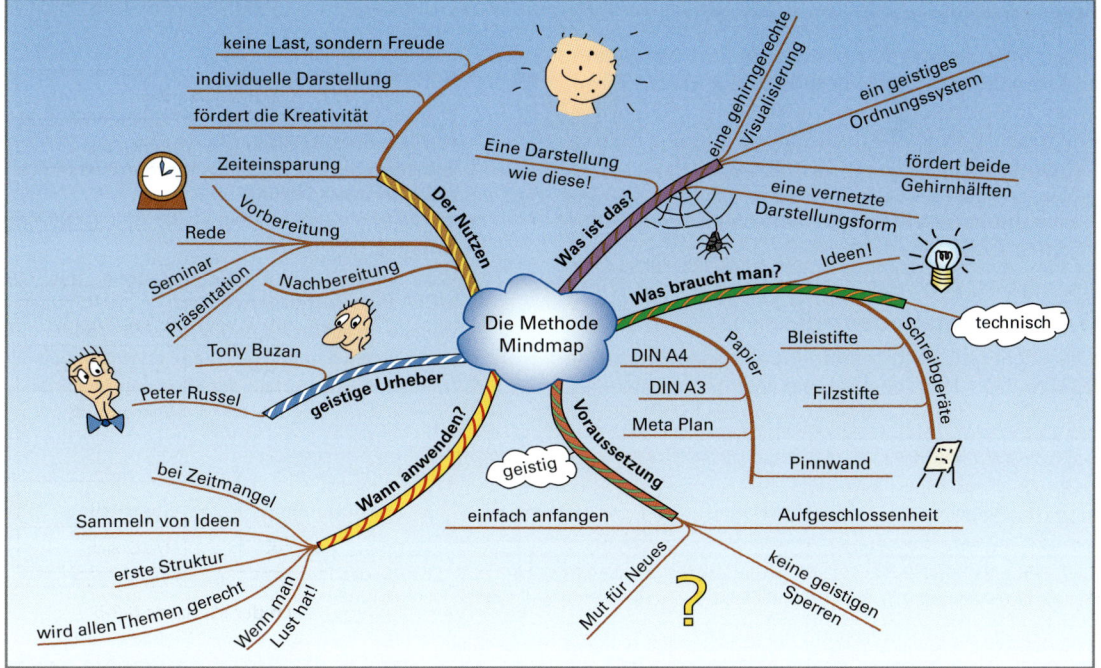

Bild 1: Die Mindmap-Methode

3.3.2.6 Umkehrtechnik

Die Umkehrtechnik oder auch Kopfstandtechnik befreit von eingefahrenen Denkmustern und führt oft zu neuen Aspekten. Die Durchführung erfolgt in fünf Schritten (**Bild 1**).

1. Definition des Problems und Ableitung der Zielfrage.
2. Die Zielfrage wird dem Sinn nach auf den Kopf gestellt (Antifrage).
3. Antworten oder Lösungen zu dieser Anti-Zielfrage werden gesucht.
4. Die gefundenen Lösungen werden wieder umgekehrt, damit die eigentliche Zielfrage gelöst wird.
5. Abschließend werden die Lösungsvorschläge bewertet und ihre Umsetzung geplant.

Das Zulassen von vermeintlich unsinnigen Lösungen in Schritt 3 ist ein wichtiger Bestandteil der Umkehrtechnik. Aus Schwächen werden so Stärken.

! Übung 1: Umkehrtechnik

Wie können Sie Ihren Telefonauftritt optimieren? Führen Sie an diesem Beispiel die Umkehrtechnik durch.

Lösung:

Tabelle 1, linke und rechte Spalte, anschließend eigene abschließende Soll/Ist-Bewertung.

3.4 Informationsbeschaffung

Informationen werden zweckorientiert verwendet, um Handlungen vorzubereiten und durchzuführen. Man unterscheidet Kerninformationen, Randinformationen und Hintergrundinformationen (**Bild 1, folgende Seite**).

> Eine intensive Informationsbeschaffung erspart tagelange Eigenarbeit.

3.4.1 Informationsquellen

Die wichtigste Informationsquelle sind erfahrene Mitarbeiter. Hier besteht die Wahrscheinlichkeit,

---

> **!** Die Umkehrtechnik ist eine Methode, die besonders in festgefahrenen Situationen oder bei überholten Denkmustern durch eine Argumentationsumkehr neue Ideen und Sichtweisen hervorbringt.

Tabelle 1: Problemlösung durch Umkehrtechnik

Wie enttäuschen wir unsere Kunden am Telefon?	Wie können wir unsere Kunden am Telefon zufriedenstellen?
Nicht vorbereitet, genervt und unkonzentriert ans Telefon gehen.	Höflich und freundlich, mit einem Lächeln ans Telefon gehen, Schreibmaterial bereithalten.
Sich nicht mit Namen und Firma melden.	Sich deutlich mit Namen und Firma melden, Abteilung nennen, Kunden mit Namen anreden.
Nicht auf Kundenanfragen eingehen, ständig die gleichen Dinge wiederholen.	Konzentriert zuhören, auf Fragen eingehen, versprochene Rückrufe einhalten, Notizen machen.
Laute Geräusche im Hintergrund zulassen.	Für ruhige Umgebung sorgen, keine lauten Gespräche im Hintergrund zulassen.
Falsch weiterverbinden, falsche Ansprechpartner nennen.	Sinnvoll weiterverbinden, richtigen Ansprechpartner finden, Notizen machen und evtl. zurückrufen.
Arroganter oder gestresster Tonfall, stottern, undeutlich nuscheln.	Klare, deutliche Sprache, ruhiger Tonfall, auch bei Kritik.
Nebenbei etwas anderes machen, nicht zuhören.	Konzentration auf den Kunden, eine Lösung für den Kunden finden.
Schnelles Abfertigen, Kunden vertrösten, Gespräch abwürgen, einfach auflegen.	Für das Telefonat bedanken, freundliche Verabschiedung, sich Zeit nehmen und den eigenen Stress nicht anmerken lassen.

K   Kompetenzorientierung

1. **Welche vier persönlichen Verhaltensweisen fördern die Kreativität?**
2. **Schildern Sie den organisatorischen Ablauf einer Brainstorming-Sitzung.**
3. **Für welche Problemfelder eignet sich die Kartenabfrage?**
4. **Wie lassen sich Problemlösungen mit der META-Plan-Technik erreichen?**
5. **Welche Kreativitätsmethode wird verwendet, wenn viele Lösungsvorschläge erwünscht sind?**
6. **Nennen Sie die Vorteile der Mindmap-Methode.**

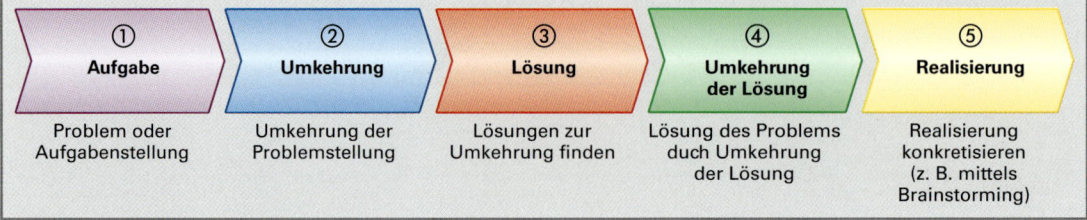

① Aufgabe	② Umkehrung	③ Lösung	④ Umkehrung der Lösung	⑤ Realisierung
Problem oder Aufgabenstellung	Umkehrung der Problemstellung	Lösungen zur Umkehrung finden	Lösung des Problems duch Umkehrung der Lösung	Realisierung konkretisieren (z. B. mittels Brainstorming)

Bild 1: Fünf Schritte der Umkehrtechnik

dass die notwendigen Informationen bereits in aufbereiteter Form vorliegen. Es sollte auch gezielt nach weiteren kompetenten Ansprechpartnern gefragt werden. Betriebsinterne Informationssysteme, wie die abteilungsbezogene Literatur und betriebseigene Stammdaten, z. B. Lieferantendaten und Projektdaten, bieten die schnellste Informationsmöglichkeit. Fachzeitschriften, Bibliotheken, das Internet und Datenbanken führen zeitsparend zu den gesuchten Informationen (**Bild 2**).

3.4.2 Eignung von Informationsquellen

Das Suchen nach geeigneten Informationen ist heute durch das Internet leichter als früher. Bei der Sammlung, Auswahl und Bewertung der Daten ist auf die Aktualität und die Qualität der Informationen zu achten (**Bild 3**).

> Nur die Informationsquellen auswählen, die den größten Nutzen bringen (Pareto-Prinzip) und den Betrieb am wenigsten kosten.

3.4.2.1 Informationsbeschaffung aus dem Internet

Suchmaschinen im World Wide Web

Suchmaschinen erlauben die gezielte Suche im Internet. Es werden folgenden Arten von Suchmaschinen unterschieden:

- Reine Suchmaschinen lesen über so genannte Robots oder Spider (= Spinne) den kompletten Quelltext einzelner Webseiten ein und speichern ihn in einer Datenbank. Diese Datenbank kann dann über ein Suchformular durchsucht werden.
- Webkataloge werden nicht von Maschinen erstellt, sondern von Redakteuren. Sie liefern gefilterte und hochwertige Ergebnisse. Interessenten müssen ihre Seiten bei einem Webkatalog anmel-

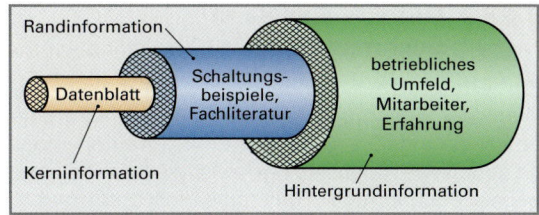

Bild 1: Informationsarten

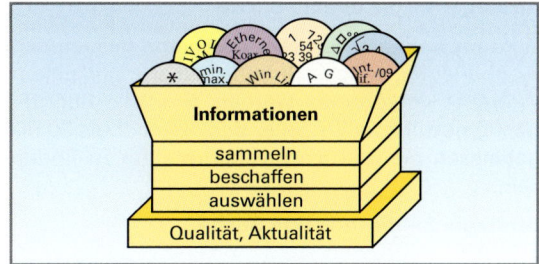

Bild 2: Informationsauswahl nach Qualität

den. Wird eine Seite für würdig befunden, schreibt der Redakteur eine kurze Zusammenfassung und ordnet die Seite in eine passende Kategorie ein.

- Hybrid-Suchmaschinen sind eine Mischung aus reinen Suchmaschinen und Webkatalogen.
- Meta-Suchmaschinen verschicken eine Anfrage parallel an verschiedene Suchmaschinen und Web-Kataloge.

FAQs

Zu vielen Fachgebieten gibt es Einführungen in Form so genannter FAQs (von Frequently Asked Questions = häufig gestellte Fragen). Dies sind Sammlungen von Anfragen zu einem Bereich mit den passenden Antworten. Bei unbetreuten Internetforen ist die Qualität der Antworten meist gering.

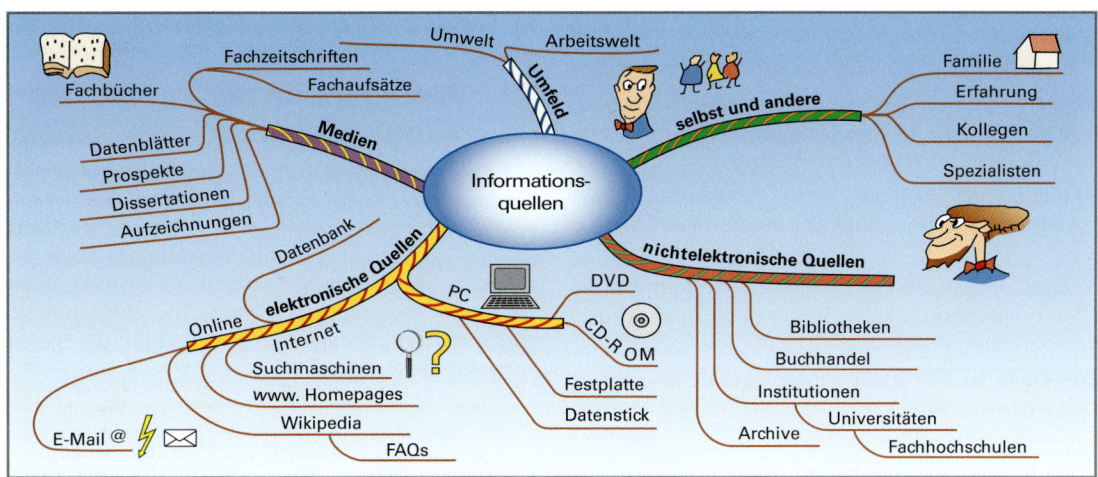

Bild 3: Informationsquellen

3.4.2.2 Gezielte Suche mit Suchmaschinen

Für erfolgreiches Recherchieren ist neben der Wahl der Suchmaschine auch die Suchstrategie entscheidend. Die gewünschte Information muss so genau wie möglich eingekreist werden. So kann bei der Suchanfrage „Golf" eine Meeresströmung, ein Auto oder eine Sportart gemeint sein.

Strategie 1 – die direkte Suche

Wird nach einem bestimmten Thema gesucht, ist zu überlegen, welche Begriffe auf der gesuchten Webscite vorkommen werden. Sind die Begriffe richtig gewählt, sollte unter den ersten 2 bis 30 Ergebnissen die gewünschte Information zu finden sein.

Strategie 2 – die indirekte Suche

Sie wird angewendet, wenn man sich einen Überblick über ein bestimmtes Thema verschaffen will oder wenn die Suche mit Strategie 1 nicht erfolgreich verlaufen war. Man wählt einen Begriff, der als Oberbegriff für die gesuchte Information steht und gibt ihn in einen Webkatalog ein. Zuerst erhält man eine Reihe von Kategorien mit dem entsprechenden Begriff. Wird in eine dieser Kategorien gewechselt, findet der Suchende eine Reihe von Webseiten, die gute Infos zum gesuchten Thema bieten.

Zur Eingrenzung der Suchabfrage gibt es je nach Suchmaschine verschiedene Möglichkeiten, durch Verknüpfung von mehreren Suchbegriffen mit booleschen Operatoren zum Ziel zu kommen:

- Mit den Begriffsverknüpfungen „AND" und „OR" werden alle Seiten aufgeführt, die alle beide oder mindestens einen der beiden verknüpften Begriffe enthalten.

- Mit dem Befehl „NOT" schließt man Worte von der Suche aus. Bei „Golf AND NOT Sport" wird ausgedrückt, dass nicht die Sportart gemeint ist.

- Sucht man nach Namen, Firmen oder Produktbeschreibungen, ist eine Großschreibung des ersten Buchstabens zu empfehlen.

- Onlinedienste wie z. B. Twitter verwenden eigene Kennzeichnungen, um Informationen zu filtern.

- Für jedes zu suchende Wort gibt es Synonyme. Durch die Eingabe eines sinnverwandten Wortes kann eine vergebliche Suche doch noch erfolgreich verlaufen.

Zusätzlich zu den Boole'schen Operatoren gibt es bei Suchmaschinen noch weitere Möglichkeiten, die Suche einzugrenzen **(Tabelle 1)**.

Viele Suchmaschinen bieten in einer Unterrubrik eine Detailsuche oder Profisuche an, um einen

Tabelle 1: Suchmaschinenanleitung	
Verwendung von Operatoren	Erklärung
+Begriff 1 +Begriff 2	Wird vor einem Suchbegriff ein Plus notiert, so muss dieser Begriff auf der Web-Seite vorkommen.
+Begriff 1 –Begriff 2	Ein Minus vor dem Begriff wählt nur die Seiten aus, in denen der entsprechende Begriff **nicht** vorkommt.
„wörtliche Phrase"	Begriffe in Anführungszeichen werden als Phrase interpretiert, d.h. der Text muss buchstäblich auf der Seite vorkommen.
NEAR	Die gesuchten Begriffe sollen nahe beieinander auftauchen.

Bild 1: Erweiterte Suche

Begriff oder Dateiformate in einer erweiterten Suche bequem zu bestimmen **(Bild 1)**. Dort sind schon die Einschränkungen vordefiniert, sodass der Anwender aus den einzelnen Rubriken wählen kann.

3.5 Aufbereitung der Informationen

Mit den vielfältigen und umfangreichen Informationen gilt es fertig zu werden. Dazu muss man zuerst mit dem gesammelten Material vertraut werden, es sich verständlich machen, um es dann auszukämmen und gedanklich zu ordnen. Hier wird vom Bearbeiter verlangt, das Wesentliche vom Unwesentlichen zu unterscheiden, die Spreu vom Weizen zu trennen.

> Das ausgewertete Informationsmaterial muss geordnet und in einer Gliederung zusammengefasst werden.

3.6 Weitergabe von aufbereiteten Informationen

Gute Ideen verkaufen sich selten von allein. Es ist heute deshalb mehr denn je notwendig, sich und seine Leistung zusammen mit den Produkten gut ins Bild zu setzen, d. h. zu präsentieren.

3.6.1 Schlüsselqualifikation Präsentationstechnik

Die persönliche Präsentation ist eine Veranstaltung, bei der ein Referent einem ausgewählten Teilnehmerkreis vorbereitete Inhalte vorstellt. Die Absicht ist hierbei:

- seine Vorgesetzten von der Notwendigkeit zur Fortsetzung eines Projektes zu überzeugen,
- den oder die Kunden vom Nutzen eines Angebotes zu überzeugen oder
- den Zuhörerkreis über neue Entwicklungen zu informieren.

> Das oberste Ziel einer Präsentation ist die verständliche Informationsvermittlung.

Ein Vortrag herkömmlicher Art informiert oder vermittelt Wissen. Dabei stehen Fakten und Sachverhalte im Vordergrund. Präsentationen wollen beeindrucken, beeinflussen und überzeugen.

> Präsentationen leben vom Referenten und vom Produkt, das er anbietet.

Präsentationstechniken stellen große Anforderungen an die Informationskompetenz, das effektive Arbeiten, die Kommunikationsfähigkeit und die Kreativität.

Da eine Präsentation von der konkreten Situation lebt, gibt es keine den Erfolg garantierenden, allgemeingültigen Regeln. Trotzdem ist es wahrscheinlich, dass mit

- einem ausgefeiltem Aufbau,
- einer guten Vorbereitung,
- einer gelungenen Visualisierung und
- einem gekonnten Präsentationsverhalten

eine Präsentation zum Erfolg wird.

3.6.1.1 Die Planung einer Präsentation

Ein gutes Gelingen hängt somit ganz entscheidend von der Vorbereitung ab, denn an keiner Stelle kann der Referent sonst so stark Einfluss auf das Gelingen nehmen. Eine Präsentation ist umfassend vorbereitet, wenn für folgende Teilbereiche die Vorarbeiten geleistet wurden:
Thema, Ziel, Zielgruppe, Inhalt, Ablauf und Organisation **(Bild 1)**.

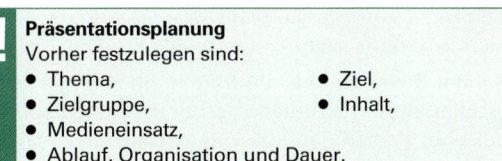

Präsentationsplanung
Vorher festzulegen sind:
- Thema,
- Zielgruppe,
- Medieneinsatz,
- Ablauf, Organisation und Dauer.
- Ziel,
- Inhalt,

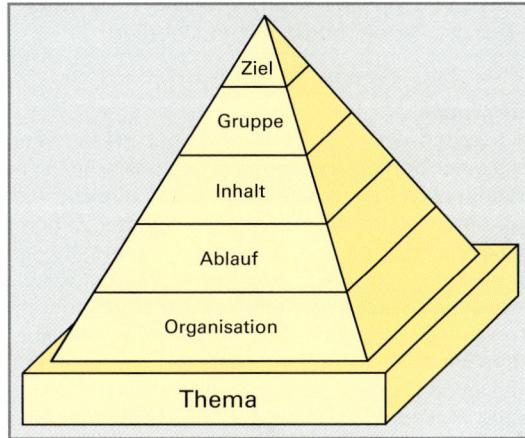

Bild 1: Vorbereitung einer Präsentation

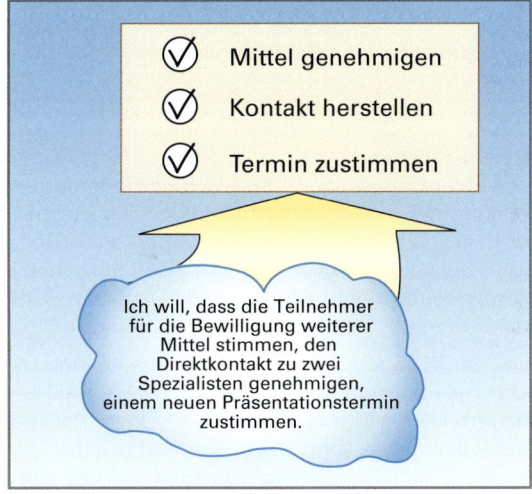

Bild 2: Zielsetzung einer Präsentation

Thema und Ziel
Thema und Ziel einer Präsentation werden oft miteinander verwechselt. Wenn das Thema z. B. die Berichterstattung über ein Projekt ist, so ist damit noch nicht geklärt, ob über Schwierigkeiten bei der Realisierung, über die Kostensituation oder über die Erfolgsaussichten des Projekts berichtet werden soll. Das Ziel einer Präsentation muss so konkret wie möglich formuliert werden **(Bild 2)**.

> Das Ziel einer Präsentation ist genau festzulegen.

Wer nicht ganz genau weiß, was er will, darf sich nicht wundern, wenn er gar nichts erreicht.

Bei der Zielsetzung ist zu fragen, ob das Ziel auch für die Partner akzeptabel ist. Beide Seiten sollten bei einer Präsentation gewinnen **(Bild 1)**.

> Bei der Zielformulierung müssen die Interessen der Partner berücksichtigt werden.

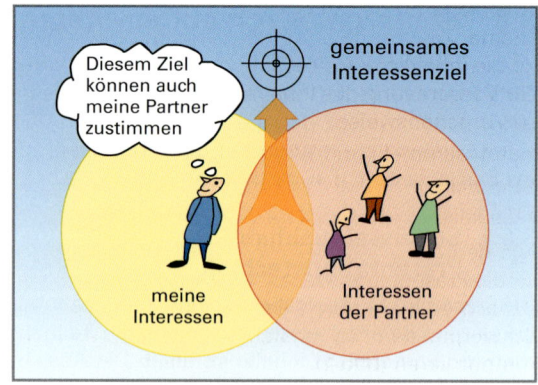

Bild 1: Interessenausgleich

Zielgruppe

Nur selten wird das Publikum einer Präsentation aus einer homogenen Gruppe bestehen. Bei einer Kleingruppe kann ein Referent einen direkten Dialog durchführen. Mit steigender Zahl der Zuhörer steigt jedoch der Anteil, den der Präsentator am Gespräch hat **(Bild 2)**. Auch der Zeitbedarf für die Präsentation wächst. Sind mehr als 20 Zuhörer anwesend, wird eine Abschlussdiskussion kaum sinnvoll sein. Es empfiehlt sich dann, nur noch Fragen an den Referenten zuzulassen. Bei der Planung einer Präsentation sollte deshalb der Teilnehmerkreis analysiert werden.

> Bei einer Präsentation muss die Zusammensetzung des Teilnehmerkreises berücksichtigt werden.

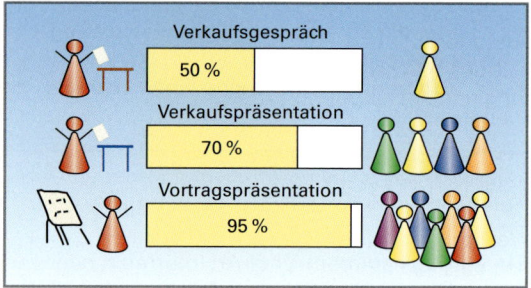

Bild 2: Kommunikationsanteile des Präsentators

Räumlichkeiten

Vor einer Präsentation muss sich der Referent unbedingt mit den Räumlichkeiten vertraut machen, in denen die Präsentation stattfinden soll. Größe und Gestaltung eines Raumes beeinflussen die Medienwahl, deren Einsatz und die Sitzordnung der Zuhörer.

Die am häufigsten gewählte Sitzordnung sind die U-Form und die Kino-Bestuhlung. Der Vorteil bei einer halbkreisförmigen Form liegt darin, dass jeder jeden sehen kann. Damit wird eine aktive Diskussionsteilnahme erleichtert **(Bild 3)**. Bei einer kreisrunden Sitzordnung können wegen der unein-

heitlichen Blickrichtung nicht alle Teilnehmer dem Medieneinsatz problemlos folgen.

> Bei einer kreisförmigen Sitzordnung wird der Medieneinsatz erschwert.

Der Vorteil einer Kinobestuhlung ist darin zu sehen, dass sie platzsparend ist und sich damit gut für Präsentationen vor großen Gruppen eignet (Bild 3). Diskussionen werden aber erschwert.

> An einer schlechten Raumorganisation kann eine Präsentation scheitern.

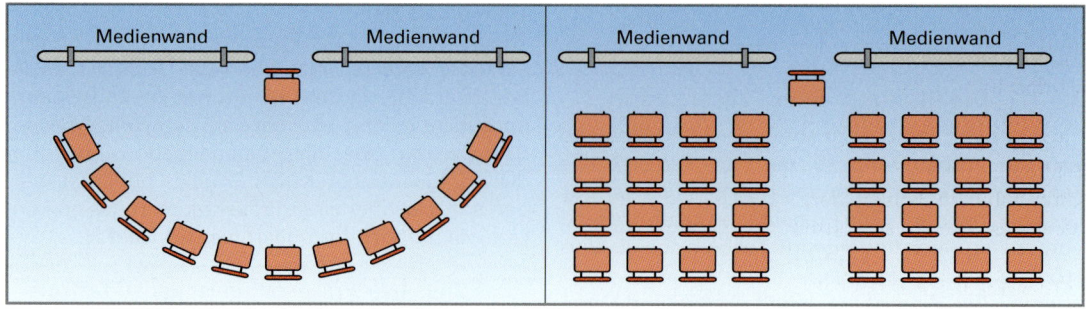

Bild 3: Bestuhlungsarten bei einer Präsentation

Inhaltliche Vorbereitung

Thema, Ziel und Zielgruppe bilden die Grundlage für die inhaltliche Aufbereitung einer Präsentation. Zur Vorbereitung des Inhalts empfiehlt sich folgende Vorgehensweise:

● Stoff sammeln und Wichtiges auswählen,
● Verdichten des Stoffes und
● Visualisieren der ausgewählten Inhalte.

Aus den gesammelten Informationen werden die für die Präsentation wesentlichen Inhalte selektiert. Danach sind die durch Grobauswahl gefundenen Schwerpunkte nach Inhalt, Ziel und Zielgruppe zu komprimieren (**Bild 1**).

Wichtig ist die Formulierung weniger Kernaussagen. Sie müssen alle bedeutsamen Argumente in griffiger, leicht merkbarer Form enthalten. Kernaussagen bündeln die Energie und Aufmerksamkeit des Referenten schon während der Vorbereitung und später beim Vortrag.

> Für eine Präsentation braucht man drei oder vier Kernaussagen.

Werbeslogans sind nicht als Kernaussagen geeignet, da sie nicht authentisch sind und nachgeplappert wirken. Die richtige Kernaussage zielt auf das, was man erreichen will. Sie sollte auch die Interessen der Partner ansprechen und in der eigenen persönlichen Sprache formuliert sein. Die Kernaussagen werden auch in die visuellen Hilfsmittel und in die schriftlichen Unterlagen eingebaut. Damit helfen Kernaussagen automatisch bei der Vorbereitung und vermeiden ein Abschweifen vom Thema. Mithilfe der Kernaussagen einer Präsentation lassen sich alle Argumente und Informationen auf Zielgenauigkeit prüfen (**Bild 2**).

> Klare Kernaussagen bei der Präsentationsvorbereitung helfen Energien zu bündeln.

3.6.1.2 Bausteine der Visualisierung

Wir Menschen nehmen die meisten Informationen über die Augen auf. Ein Bild sagt bekanntlich mehr als tausend Worte, weil bildhafte Darstellungen den dominanten Gesichtssinn ansprechen. Durch Bilder werden Informationen besser im Gedächtnis verankert. Mit einer visuellen Darstellung behalten die Zuhörer bis zu 30 % mehr Wissen im Gedächtnis (**Bild 3**). Einprägsame Bilder helfen auch dabei, Zusammenhänge deutlich darzustellen. Viele Missverständnisse können so vermieden werden (**Bild 4**).

> Präsentationen mit visuellen Hilfsmitteln wirken überzeugend und professionell.

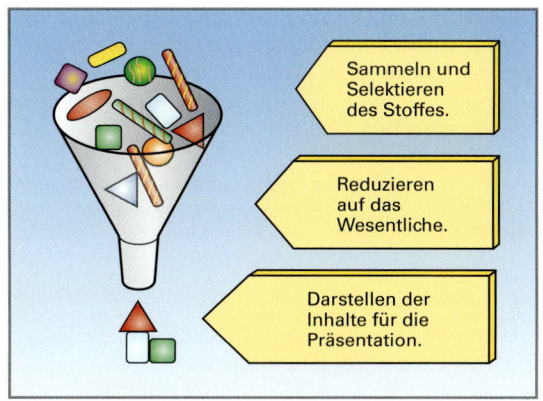

Bild 1: Vorbereitung einer Präsentation

Bild 2: Kernaussagen einer Präsentation

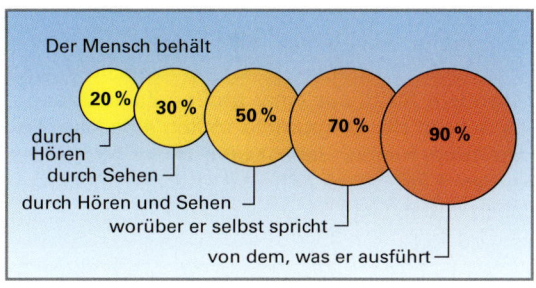

Bild 3: Behaltensquote der Zuhörer

Bild 4: Einprägsame Bilder verankern Informationen im Gedächtnis

Visuelle Hilfsmittel sind mehr als nur eine angenehme Verpackung für Informationen. Sie erleichtern das Verständnis. Zuviel oder falsch eingesetzte Medien können die Teilnehmer verwirren oder vom eigentlichen Inhalt ablenken.

> **Visuelle Hilfsmittel ersetzen nie ein schlechtes Konzept.**

Für eine interessante und abwechslungsreiche Präsentation reichen bereits Textbilder, Tabellen, Diagramme und Strukturbilder aus.

Textbilder oder Bullet-Charts (= Gewehrkugel-Karten) können stichwortartig Inhaltsübersichten, Aufzählungen oder Maßnahmen enthalten.

> **Übung 1: Bullet-Chart**
>
> Erstellen Sie eine Bullet-Chart, in der die Merkmale und Vorteile von Textbildern aufgelistet sind.
>
> *Lösung:* **Bild 1**

Texttabellen ermöglichen durch ihre Struktur, verschiedene Dinge einander gegenüberzustellen. So wird ein Vergleich leichter und das Ganze übersichtlicher **(Bild 2)**.

> **Tabellen strukturieren Informationen.**

Diagramme zeigen das Wesentliche auf einen Blick. Jedes Diagramm ist nur ein Ausschnitt, eine besondere Sicht, aus einer großen Zahlenmenge. Die Achsen der Diagramme sollten eine klare Beschriftung tragen. Jede Kurve muss beschriftet werden. Eine Überschrift und etwaige Quellenangaben dürfen nicht vergessen werden.

> **Diagramme zeigen Entwicklungsverläufe.**

Faktendiagramme geben genaue Zahlenwerte im entsprechenden Maßstab wieder. Symboldiagramme zeigen Größenzusammenhänge im Prinzip. Maßeinheiten an den Achsen sind deshalb hier nicht notwendig **(Bild 3)**.

Mit Office-Softwarepaketen lassen sich komfortabel verschiedene Diagramme erstellen. Es werden neben Linien-, Kreis-, Säulen-, Balken- und Blockdiagrammen auch viele andere Diagrammtypen angeboten. Aufgrund der beabsichtigten Aussagen entscheidet man über den Diagrammtyp **(Bild 4)**.

> **!** Textbilder sind Konzentrate des Inhalts einer Präsentation.

Textbilder

- **einfach**
- **knapp**
- **prägnant**
- **Hilfe für den Zuhörer**
  - sichern den Überblick
  - erleichtern das Mitdenken
- **Hilfe für den Vortragenden**
  - Stichwortgeber
  - Filter für Unwichtiges
  - einfach herzustellen

Bild 1: Textbild (Bullet-Chart)

	Produkt A	Produkt B	Produkt C
Leistung	✓✓	✓	✓✓✓
Preis	✓✓✓	✓✓	✓✓
Garantie	✓✓✓	✓	✓✓
Bewertung	1	3	2

Bild 2: Texttabelle

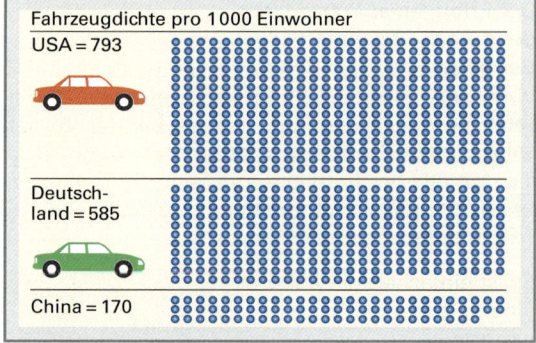

Bild 3: Symboldiagramm

Diagrammtyp		beabsichtigte Aussage		
		Anteil	Kontrast	Trend
Kreis		✓	✓	
Säule			✓	✓
Balken			✓	
Block		✓	✓	✓
Linien			✓	✓

Bild 4: Aussagen der Diagrammtypen

Strukturbilder oder Organigramme dienen zur Darstellung von Abläufen und Zusammenhängen. Diese visuellen Hilfsmittel ermöglichen ein schnelles Verständnis bei geringstem Aufwand (**Bild 1**). Die Kästchen eines Strukturbildes sollten Schlüsselworte enthalten. Über jedes Strukturbild muss eine aussagekräftige Überschrift gesetzt werden. Damit wird die beabsichtigte Botschaft verstärkt.

> Strukturbilder entwickeln durch ihr logisches Aussehen eine hohe Suggestivkraft.

3.6.1.3 Durchführung einer Präsentation

Entscheidend für das Erreichen der Ziele ist die Beherrschung der richtigen Präsentationstechnik. Der Ablauf einer Präsentation muss nicht nur logisch, sondern auch psychologisch gegliedert sein.

Grundsätzlich sind alle Präsentationen in drei Teile gegliedert: Einleitung, Hauptteil und Schluss.

Ähnlich wie in einem Schauspiel wird zuerst eine Ordnung vorgegeben, dann in Frage gestellt und schließlich in neuer Form wieder hergestellt (**Bild 2**).

> Alle guten Präsentationen haben den gleichen einfachen Aufbau: Einleitung, Hauptteil und Schluss.

Der Erfolg einer Präsentation hängt ganz entscheidend vom Präsentierenden ab, also von seinem Vermögen, den Teilnehmerkreis sowohl fachlich zu überzeugen als auch persönlich für sich einzunehmen. Ein Präsentator muss vor allem selbst präsent sein. Er ist sein bestes visuelles Hilfsmittel.

> Präsent sein heißt natürlich, kompetent und zuversichtlich auftreten.

Es ist einfacher, die Zuhörer von Anfang an durch einen Spannungsbogen bei Laune zu halten, als ein ermüdetes Publikum wieder wach zu rütteln. Bei der Durchführung einer Präsentation sollten deshalb folgende Empfehlungen beachtet werden.

Nur ein Vortragender, der von seiner Idee überzeugt ist, wird auch andere damit begeistern. Wichtig ist es, für erhöhte Aufmerksamkeit und Neugier zu sorgen. Erzeugen Sie beim Publikum Spannung.

> Präsentieren Sie mit Schwung, Engagement und Power.

Achten Sie darauf, dass Sie die wichtigen Dinge betonen und an entscheidenden Punkten eine Pause machen. Üben Sie vorher die schwierigen Zungenbrecher.

> Modulieren Sie mit Ihrer Stimme.

> **! Persönliche Vorbereitung einer Präsentation**
> - Üben und Durchsprechen
> - Zeit stoppen
> - Schwierige Passagen erkennen
> - Fragen vorbereiten
> - Aussprache von Fremdwörtern üben

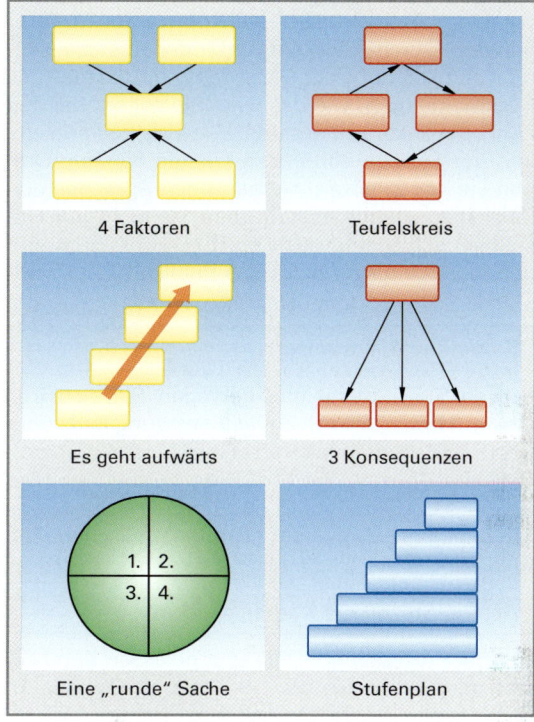

Bild 1: Aussagekräftige Strukturbilder

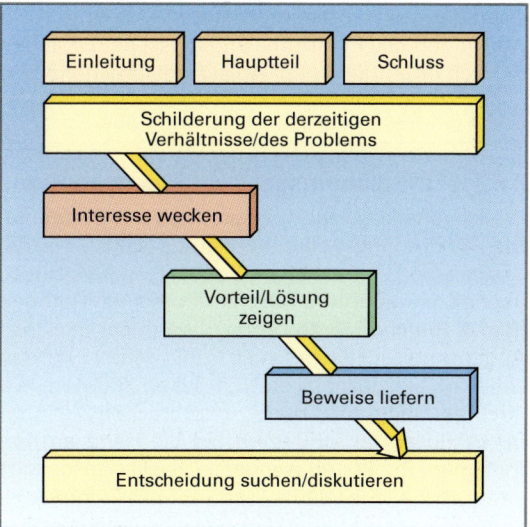

Bild 2: Gliederung einer Präsentation

Lächeln Sie bei Ihren Präsentationen, denn Lächeln ist eine vertrauensbildende Maßnahme. Menschen, die selbstbewusst und positiv auftreten, haben mehr Erfolg. Vermeiden Sie aber andauerndes Grinsen.

> Erzeugen Sie eine freundliche Grundstimmung.

Schauen Sie nicht über die Köpfe ihrer Zuhörer hinweg. Durch Blickkontakt binden Sie die Aufmerksamkeit auf sich. Gleichzeitig bekommen Sie Rückmeldungen, wie das, was Sie sagen, bei den Zuhörern ankommt. Nehmen Sie eine Position ein, von der Sie alle Zuhörer gut sehen können. Drehen Sie den Zuhörern niemals beim Sprechen den Rücken zu. Damit versteht man Sie nicht nur wesentlich schlechter, auch der Blickkontakt ist aufgehoben – ein Anlass für das Publikum, sich vom Thema und Vortragenden abzuwenden.

> Halten Sie Blickkontakt.

Stehen Sie aufrecht und bewegen Sie sich frei, aber in Maßen **(Bild 1)**. Zuviel Bewegung lenkt eher ab. Die Körperhaltung verrät ihre Einstellung zum Publikum. Setzen Sie Mimik und Gestik ein. Die Gestik der Hände sollte das unterstreichen, was Sie zu sagen haben, aber nicht theatralisch wirken **(Bild 2)**.

> Achten Sie auf die Körpersprache.

Um die Präsentation ruhig und gelassen durchzustehen, wenden Sie die 4-S-Regel an **(Tabelle 1)**. Damit lässt sich die Nervosität bekämpfen.

> Setzen Sie die 4-S-Regel ein.

Das äußere Erscheinungsbild sollte stets den Erwartungen des Publikums angepasst sein. Kleiden Sie sich dezent und dem Anlass entsprechend.

> Wählen Sie bewusst ihre Kleidung aus.

3.6.1.4 Medieneinsatz bei Präsentationen

Professioneller Medieneinsatz hat zwei Elemente: Die Blickführung und die Erklärung selbst. Für die Blickführung eignet sich die Touch-Turn-Talk-Regel, übersetzt die Berühren-Drehen-Sprechen-Methode **(Bild 1, folgende Seite)**. Immer, wenn der Blick des Auditoriums auf einen neuen Punkt geführt werden soll und Sie deshalb dorthin sehen müssen, wo ihre Hand hingreift (Touch), unterbrechen Sie ihren Sprechfluss. Danach lassen Sie die Hand am betreffenden Punkt und wenden sich um (Turn). Jetzt erst sprechen Sie wieder (Talk) mit Blickrichtung zu den Zuhörern. In der Erklärung selbst erläutern Sie zuerst was man sieht, dann erst was es bedeutet.

Bild 1: Kontrollierte Ortsveränderung

Bild 2: Gestik der Hände

Tabelle 1: 4-S-Regel	
Merkwort	Erklärung
Steh	Suchen Sie Bodenkontakt mit beiden Beinen, d. h. haben Sie einen festen Standpunkt.
Schau	Bevor Sie zu reden anfangen, nehmen Sie Blickkontakt zu ihren Zuhörern auf. Sie signalisieren damit Ruhe und Gelassenheit.
Schnauf	Atmen Sie tief durch, bevor Sie beginnen.
Sprich	Erst jetzt beginnen Sie zu sprechen und haben damit gezeigt, wie Sie die Situation meistern.

Die Präsentation muss mit geeigneten Medien durchgeführt werden. Üblich sind Präsentationen mit Flip-Chart, Pinnwand und Beamer. Machen Sie sich im Vorfeld gut mit der Technik vertraut, die eingesetzt werden soll. Sinnvoll ist es, auf jeden Fall eine Generalprobe durchzuführen. So fühlen Sie sich sicher und das Lampenfieber sinkt. Ebenso können Sie bei einer Generalprobe auch erkennen, ob die Zuhörer z. B. Ihre Präsentationsfolien lesen können **(Tabelle 1)**. Die Generalprobe sollte nicht direkt vor dem Vortrag sein, sonst ist keine Zeit mehr für Änderungen.

Der Einsatz von unterschiedlichen Medien wirkt aufmunternd und professionell.

> Nutzen Sie einen Medien-Mix.

Flip-Chart
Der Flip-Chart-Ständer ist eine transportable Haltevorrichtung für spezielles Flip-Chart-Papier mit den Maßen von ca. 70 cm x 100 cm. Die Flip-Chart eignet sich besonders für die Arbeit in Kleingruppen. Das Papier wird mit geeigneten Filzstiften beschriftet. Die Darstellungen können vorbereitet sein oder situativ entwickelt werden. Sie bleiben während der gesamten Arbeit sichtbar.

Dokumentenkamera
Dokumentenkameras, auch bekannt unter den Bezeichnungen Visual Presenter oder Visualizer, sind Kameras (3D-Scanner), die zur Aufnahme von Dokumenten und Objekten verwendet werden. Die Wiedergabe erfolgt über Beamer (Leinwand), Bildschirm (Datenmonitor PC), Fernseher/Video (Monitor) oder während der Übertragung einer Videokonferenz. Die Dokumentenkamera ist die zeitgemäße Alternative zum Overheadprojektor mit deutlich mehr Möglichkeiten **(Bild 2)**.

Präsentationen mit Laptop und Beamer
Die Präsentation kann durch multimediale Elemente wie Animationen oder Videosequenzen ergänzt werden, ohne das zwischen verschiedenen technischen Projektionsgeräten gewechselt werden muss. Eine interaktive Entwicklung der Darstellung, vergleichbar mit der Entwicklung eines Tafelbildes zur Dokumentation, ist nicht möglich.

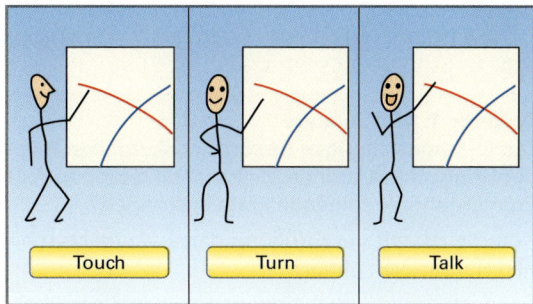

Bild 1: Berühren-, Drehen- und Sprechen-Methode

Tabelle 1: Fehler bei Präsentationsfolien	
Fehler	Erläuterung
Zu viel Information	Zu viel Text, zu viele Zahlen, zu viele Details.
Zu kleine Schrift	Normale Schreibmaschinenschrift ist zu klein.
Zu dünne Linien	Vor dem hellen Hintergrund wirkt alles Dünne kümmerlich.
Nur kopiert	Einfach kopierte Manuskriptseiten sind keine Präsentation.
Keine Bilder	Ziffern und Text sind ohne Bilder langweilig.
Keine Farbe	Verschiedene Farben verwenden oder Farbkopien.
Zu viele Folien	Mehr als eine Folie pro Minute im Durchschnitt ist zu viel.

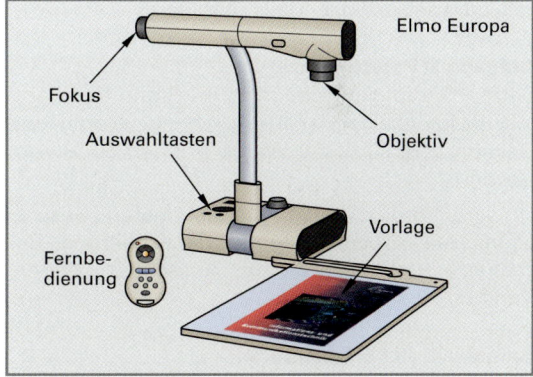

Bild 2: Dokumentenkamera

K   Kompetenzorientierung

1. Welche Arten von Suchmaschinen gibt es?

2. Welches Ziel haben Präsentationen?

3. Wozu werden für eine Präsentation Kernaussagen formuliert?

4. Nennen Sie Bausteine der Visualisierung.

K   5. Welcher Unterschied besteht zwischen einem Faktendiagramm und einem Symboldiagramm?

6. Wie lässt sich der Ablauf einer Präsentation beschreiben?

7. Erläutern Sie die 4-S-Regel.

8. Welche Folgen hat eine unterschiedliche Auflösung von Laptop und Beamer?

Testen Sie Ihre Fachkompetenz!

Aufgabe 1: ABC-Analyse

Durch Fragestellungen lassen sich Aufgaben nach der Dringlichkeit ordnen. Zu welchen Gruppen A, B oder C gehören folgende Fragestellungen?

Komme ich mit der Erfüllung dieser Aufgabe meinen Hauptzielen näher?

Kann ich diese Aufgabe meinen Mitarbeitern übertragen?

Die Aufgabe ist wichtig, muss aber nicht jetzt sofort von mir erledigt werden.

Habe ich bei Nichterfüllung dieser Aufgabe mit negativen Folgen zu rechnen?

Gehört die Aufgabe zu meinen Tätigkeiten?

Hilft mir die Erledigung dieser Aufgabe bei der Erfüllung meiner Hauptaufgaben?

Welche zu erledigende Arbeit bringt den größten Nutzen?

Bin ich für diese Arbeit eigentlich überbezahlt?

Aufgabe 2: Entscheidungsmatrix

Ordnen Sie folgende Begriffe in einer Entscheidungsmatrix nach geringer oder hoher Wichtigkeit und nach Dringlichkeit: Projektplanung, Unterbrechungen, Projekt mit zeitnahem Abgabetermin, Werbung lesen, Höflichkeitsanruf, Auftragsbestätigung fertigmachen, Beziehungsarbeit, Erholungszeit, Internetsurfen, E-Mails abfragen.

Aufgabe 3: Pareto-Prinzip

Setzen Sie folgende Begriffe im Sinne des Pareto-Prinzips zueinander in Beziehung: Waren und Gewinn; z. B. 20 % der Waren bringen 80 % vom Gewinn.

Umsatz, Produktionsfehler, Nachrichten, Besprechungszeit, Arbeitserfolg, Schreibtischarbeit, Beschlüsse, Gewinn, Zeitung, Ausschuss, Waren, Kunden.

Aufgabe 4: ALPEN-Methode

Für die Tagesplanung eignet sich besonders die ALPEN-Methode.

Beschreiben Sie die Planungstätigkeiten dieser Methode und ihre Reihenfolge.

Aufgabe 5: Arbeitsauftrag

Bringen Sie die folgenden Aktivitäten einer IT-Projektentwicklung in die logisch richtige Reihenfolge. Grobentwurf, Modulspezifikation, Modultest, Systemtest, Anforderungsdefinition, Feinentwurf, Programmierung, Integrationstest, Abnahmetest.

Aufgabe 6: Brainstorming

Nennen Sie Situationen, bei denen Sie Brainstorming für IT-Produkte anwenden können.

Aufgabe 7: Methode 6-3-5

Nennen Sie Beispiele für den Einsatz der 6-3-5-Methode bei IT-Projekten.

Aufgabe 8: Gesprächsführung

Ordnen Sie folgende Begriffe den verbalen und nicht verbalen Lenkungsmitteln eines Gesprächs zu: Mimik, Fragen, Interpretieren, Gestik, Zusammenfassen, Zuhören, Vorschlagen, Kleidung, Gähnen, Wiederholen.

Aufgabe 9: Team- und Gruppenarbeit

In einer Gruppe oder einem Team gibt es bei den Teilnehmern oft ausgeprägte Verhaltensweisen. Charakterisieren Sie die folgenden Typen mit einem kurzen Satz:

der Schweiger, der Gehemmte, der Gruppenclown, der Rationalisierer, der Ideologe, der treue Jünger, der Aggressive, der Dauer-Opponent, der gute Mensch, der Abblocker, das arme Schwein, der Frustierte, der Erklärer.

Aufgabe 10: Informationsmanagement

Beantworten Sie folgende Fragen zum Informationsmanagement.

a) Wie können Sie die Eignung und Qualität von Informationen überprüfen?

b) Wie können Sie Informationen gliedern?

c) Mit welchen Methoden lassen sich Zusammenhänge grafisch darstellen?

Aufgabe 11: Projektarbeit

Nennen Sie häufige Risiken oder Ereignisse, die den Erfolg eines IT-Projektes gefährden.

> **!** In den Prüfungsordnungen für die Abschlussprüfungen der IT-Berufe wird neben der betrieblichen Projektarbeit mit Dokumentation auch die Präsentation des Projekts vor dem Prüfungsausschuss verlangt.

> **!** Für die Präsentation und das darauf folgende Fachgespräch sind jeweils 15 Minuten vorgesehen. Vor Beginn der Präsentation soll dem Prüfungsausschuss die Zielgruppe (z.B. Kunde, Anwender, Administratoren, Management) mitgeteilt werden.
>
> In der Präsentation sollen Ergebnis und Nutzen für die Zielgruppe vorgestellt werden.
> Die Präsentation ist eine eigenständige Prüfungsleistung und sollte sich aber nicht in einer genauen Wiederholung der Dokumentation erschöpfen.
>
> Durch die Präsentation soll der Prüfling zeigen,
>
> - dass er fachbezogene Probleme und Lösungskonzepte zielgruppengerecht darstellen kann,
> - dass er den für die Projektarbeit relevanten fachlichen Hintergrund beherrscht,
> - dass er seine Vorgehensweise im Projekt begründen kann.
>
> Die Präsentationsmittel können vom Prüfling frei gewählt werden, müssen aber von ihm mitgebracht und auf- und abgebaut werden. Merkblätter zur Präsentation und zum Fachgespräch erhält der Prüfling bei seiner zuständigen IHK, z.B. www.ihk-koeln.de, www.stuttgart.ihk24.de/serviceleiste/pal/.
>
> Es empfiehlt sich für die Präsentation einen „Ablaufplan" in Form einer Tabelle anzulegen.

Aufgabe 12:
Ergänzen Sie die Leerfelder von **Bild 1** eines Präsentations-Drehbuchs für die Installation und Konfiguration eines Webservers für Schulungszwecke.

Folie	Überschrift	Inhalt	Bemerkungen
keine	Einleitung	persönliche Vorstellung Projekt Warum dieses Projekt	Name, Betrieb Auftraggeber Nutzen
1	Inhaltsangabe der Präsentation	Auftrag/Planung/ Durchführung/Administration/ Übergabe/Erweiterungen/ Zeitbedarf	
2	Projektauftrag	Webserver für Lernzwecke	
3	Planung		
3.1	Netzwerkplanung		
3.2	Hardwareplanung		
3.3	Softwareplanung		
3.4	Zeitplanung		
3.5	Kostenplanung		
4	Durchführung	Hardware-Konfiguration/ Installation des Betriebssystems/ Konfiguration des Betriebssystems	
5	Server-Administration		
6	Übergabe an den Kunden		
7	Möglichkeiten von Erweiterungen		
8	Zeitbedarf/Kosten		
keine Folie	Schlusswort	Ergebnis/Nutzen	

Bild 1: Ablaufplan Präsentation

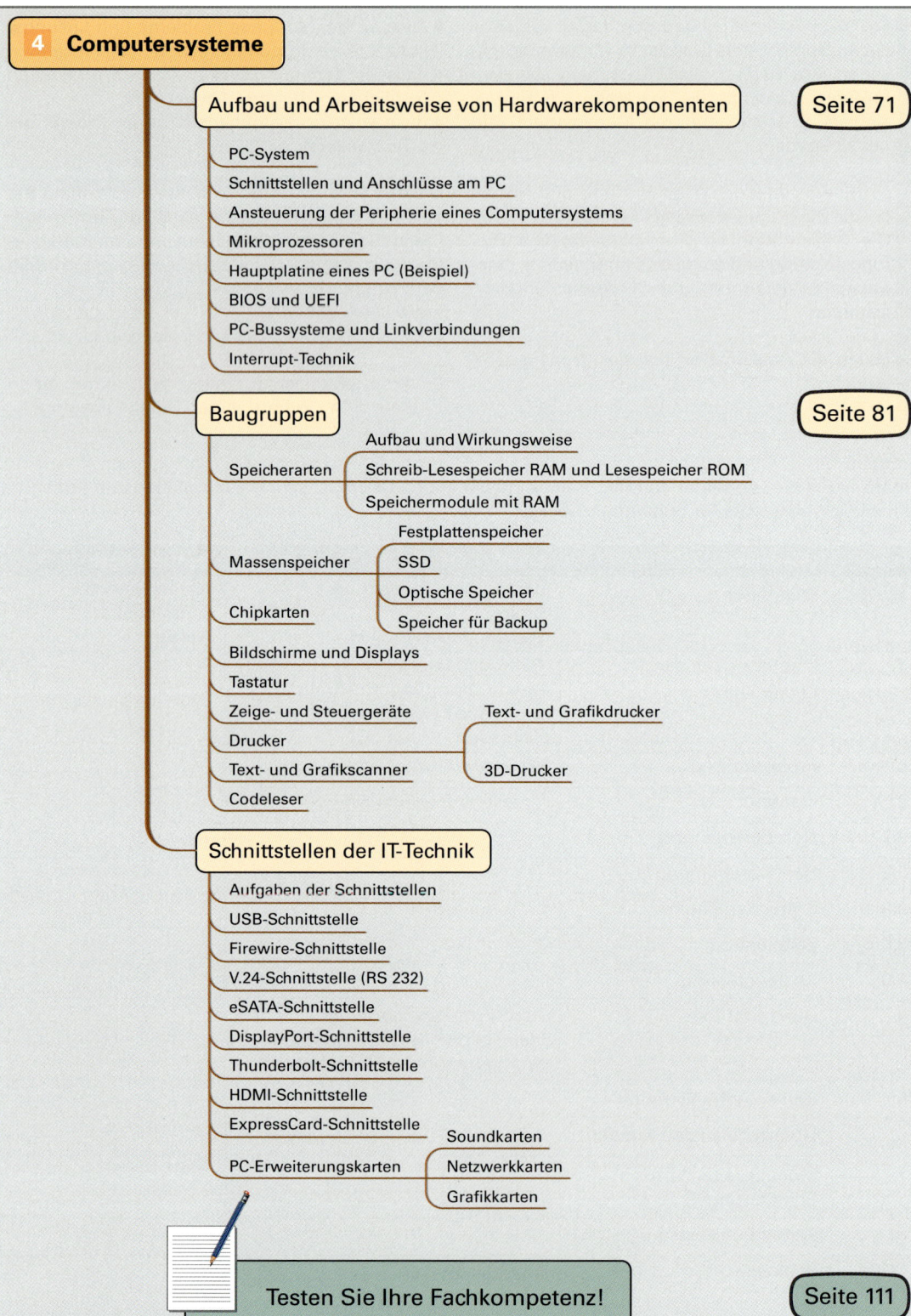

4 Computersysteme

Aufbau und Arbeitsweise von Hardwarekomponenten — Seite 71

- PC-System
- Schnittstellen und Anschlüsse am PC
- Ansteuerung der Peripherie eines Computersystems
- Mikroprozessoren
- Hauptplatine eines PC (Beispiel)
- BIOS und UEFI
- PC-Bussysteme und Linkverbindungen
- Interrupt-Technik

Baugruppen — Seite 81

- Speicherarten
  - Aufbau und Wirkungsweise
  - Schreib-Lesespeicher RAM und Lesespeicher ROM
  - Speichermodule mit RAM
- Massenspeicher
  - Festplattenspeicher
  - SSD
  - Optische Speicher
  - Speicher für Backup
- Chipkarten
- Bildschirme und Displays
- Tastatur
- Zeige- und Steuergeräte
- Drucker
  - Text- und Grafikdrucker
  - 3D-Drucker
- Text- und Grafikscanner
- Codeleser

Schnittstellen der IT-Technik

- Aufgaben der Schnittstellen
- USB-Schnittstelle
- Firewire-Schnittstelle
- V.24-Schnittstelle (RS 232)
- eSATA-Schnittstelle
- DisplayPort-Schnittstelle
- Thunderbolt-Schnittstelle
- HDMI-Schnittstelle
- ExpressCard-Schnittstelle
- PC-Erweiterungskarten
  - Soundkarten
  - Netzwerkkarten
  - Grafikkarten

Testen Sie Ihre Fachkompetenz! — Seite 111

4 Computersysteme

PCs findet man in vielen Bereichen des täglichen Lebens, z. B. an Büroarbeitsplätzen, Schulungsräumen sowie in vielen Haushalten **(Bild 1)**.

4.1 Aufbau und Arbeitsweise von Hardware-Komponenten

4.1.1 PC-System

Einfache PC-Systeme bestehen aus einem PC-Gehäuse, einem TFT-Bildschirm (Abschnitt 4.2.5) der Tastatur und einer Maus. Im PC-Gehäuse befinden sich die Hauptplatine, die Stromversorgung, Erweiterungskarten und Laufwerke. Alle Geräte, außerhalb des PC-Gehäuses nennt man Peripheriegeräte oder kurz Peripherie. Neben dem Bildschirm, der Tastatur und dem Drucker gehören auch Festplatten und die DVD-Laufwerke zur Peripherie, wenn sie nicht fest eingebaut sind. Peripheriegeräte dienen zur Dateneingabe, Datenausgabe oder zur Speicherung von Daten.

> PC-Systeme bestehen aus dem Grundgerät mit der Hauptplatine und den Peripheriegeräten.

Hardware bezeichnet die PC-Systemkomponenten, die physisch erfasst werden können, z. B. Gehäuse, Hauptplatine und Laufwerke. Die verschiedenen Arbeitsabläufe zwischen Hauptplatine und Peripherie steuern Programme, die man als Software bezeichnet.
Auf der Hauptplatine (Motherboard) befinden sich z. B. ein Taktgenerator, der Mikroprozessor (CPU) und Steuer-ICs **(Bild 2)**. Die Anschlüsse auf der Hauptplatine werden als Schnittstellen (Interfaces) bezeichnet. Die Art und Anzahl der Schnittstellen hängen vom Typ der Hauptplatine ab.

> Die Hauptplatine ist die Zentrale eines PCs.

Der Taktgenerator erzeugt ein Steuersignal. Dieses wird in der CPU zum internen Taktsignal vervielfacht.
Der Mikroprozessor verwaltet und arbeitet mit den zugeführten Daten, die sich z. B. in den DDR4-RAMs befinden (siehe Abschnitt 4.2.1.2). Über die interne Grafikeinheit kann der Bildschirm direkt angesteuert werden. Über den Bus PCI-Express können Daten in serieller Form ausgegeben werden.
Das IC Q77 stellt die Schnittstellen für z. B. drei PCI-Steckkarten und sechs SATA-Anschlüsse zur Verfügung. Zusätzlich gibt es Anschlüsse für Audio, Video, USB und LAN. Im Flash-Memory sind das zum Start nötige BIOS und die firmenspezifische Steuersoftware (Firmware) enthalten.

> **!** **Peripherie** von griech. = Umkreis, Umgebung
> **CPU** von Central Processing Unit = zentrale Verarbeitungs-Einheit.
> **BIOS** von Basic Input Output System = Basis-Eingabe- und Ausgabe-System.
> **RAM** von Random Access Memory = Speicher mit wahlfreiem Zugriff.
> **Flash-Memory** = Programmierbarer Nur-Lesespeicher.
> **Chipsatz** = Bezeichnung für das IC, z. B. Q77.

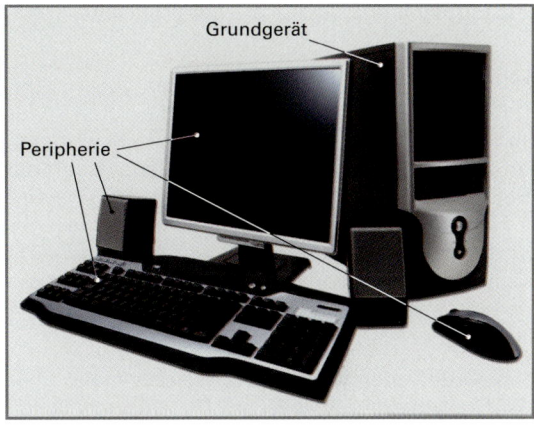

Bild 1: PC-System

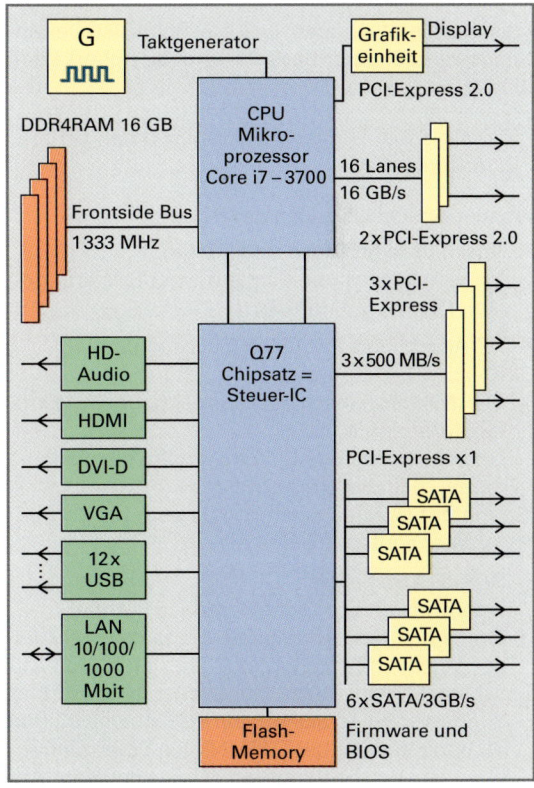

Bild 2: Baugruppen einer Hauptplatine

4.1.2 Schnittstellen und Anschlüsse am PC

Schnittstellen sind Baugruppen, die zwischen zwei PCs oder zwischen einem PC und den Peripheriegeräten den Austausch und die gemeinsame Nutzung von Daten ermöglichen. Es gibt unterschiedliche Anschlüsse und Schnittstellen (**Bild 1**).

PCs haben die meisten Schnittstellenanschlüsse auf der Geräterückseite, Notebooks meist seitwärts und Einbau-Industrie-PCs auf der Frontseite.

Serielle Schnittstellen

Bei seriellen Schnittstellen werden die Daten Bit für Bit nacheinander übertragen. Serielle Schnittstellen sind z. B. USB (von Universal Serial Bus) und IEEE-1394, auch FireWire-Schnittstelle (Firewire = Firmenname) genannt. Die Schnittstelle USB wird zum Anschluss von Scannern, Druckern, Kameras, Spielekonsolen oder Speichersticks verwendet. Sie kann Daten mit bis zu 10 Gbits/s übertragen.

Camcorder oder Videogeräte werden meist über die FireWire-Schnittstelle am PC angeschlossen. Daten werden mit einer Bitrate bis 5 Gbit/s übertragen.

Manche Geräte haben weitere Schnittstellenanschlüsse, z. B. für Headsets und Speicherkarten (**Bild 2**).

> Serielle Schnittstellen übertragen Daten Bit für Bit nacheinander.

Weitere Anschlussstellen am PC sind:

1. **Anschlüsse für Maus und Tastatur:**
   Mausanschluss und Tastaturanschluss erfolgen meist über USB (**Bild 3**).

2. **NF-Anschlüsse mit Cinch-Buchsen (analog)**
   (Cinch = Sattelgurthalter)
   Mic (Mikrofonanschluss): Eingang für ein Mikrofon, Mono (Bild 2).
   Line in (Audioeingang): Eingang für ein weiteres Signal, z. B. Stereo.
   Line out (Audioausgang): Ausgang für Kopfhörer oder Lautsprecher.

3. **S/PDIF-Anschlüsse:**
   (von Sony/Philips Digital Interface Format)
   Es handelt sich um digitale Eingänge und Ausgänge für NF. Verwendet werden Cinch-Anschlüsse oder das Lichtwellenleiter-Verbindungssystem TOSLINK (von TOShiba-LINK, Bild 3). Vorteilhaft ist bei TOSLINK die Potenzialtrennung zur Vermeidung von Masseschleifen. Anwendung z. B. bei Dolby-Digital-5.1 Raumklang.

> **!** **Schnittstelle** (Interface) = Verbindungsstelle zweier Baugruppen oder Anlagenteile. Schnittstellen bestehen aus einem Hardwareteil (Baugruppe) und einem Softwareteil (Treiberprogramm).

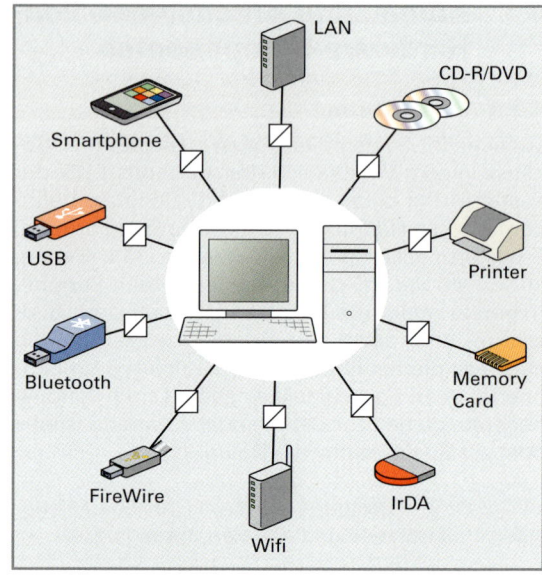

Bild 1: PC-Anschlüsse

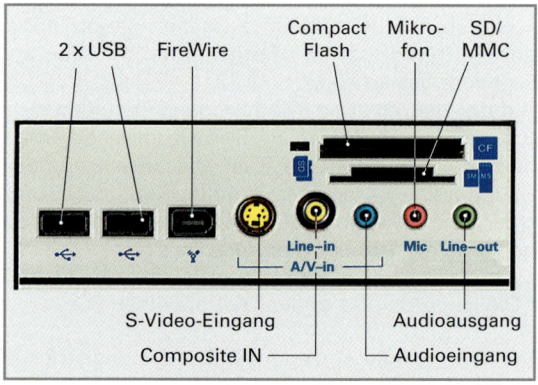

Bild 2: Schnittstellen auf einer PC-Vorderseite

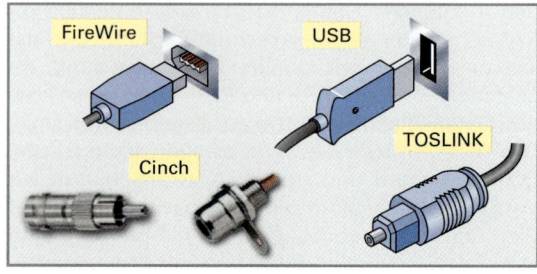

Bild 3: Schnittstellen USB, FireWire, Cinch und TOSLINK

4. Netzwerkanschlüsse:
RJ11-Steckverbindungen werden für Telekommunikationsgeräte verwendet.

RJ45-Steckverbindungen sind für den Anschluss eines lokalen Netzwerkes (LAN) vorgesehen (**Bild 1**).

5. Anschluss von Monitoren:
Der Monitor wird an eine serielle Schnittstelle angeschlossen (**Bild 2**). Verwendet werden die Schnittstellen DVI (von Digital Visual Interface = digitale Bildschnittstelle) oder HDMI (von High Definition Multimedia-Interface) und DP (DisplayPort).

DVI-D (DVI-Digital) überträgt nur digitale Videosignale (**Bild 2, rechts**).

DVI-I (DVI-Integrated) überträgt sowohl digitale als auch analoge Videosignale. Entsprechend der zu übertragenden Bildauflösung gibt es die Verbindungen Single Link mit 18 Pins (für 50 Hz und 60 Hz) bis 1600 x 1200 Pixel (1920 x 1080) und Dual Link mit 24 Pins bis 2048 x 1536 Pixel (2560 x 1600).

HDMI dient der digitalen Übertragung von Audio- und Video-Daten. HDMI ist für die 3D-Bildübertragung ausgelegt. HDMI überträgt die digitalisierten Audio- und Video-Daten über eine Leitung. HDMI-Steckverbindungen haben im Single-Linkverfahren 19 Anschlüsse und können in drei Kanälen je 4,8 Gbit/s, d. h. 14,4 Gbit/s übertragen. Bei der Dual-Link-Verbindung werden 6 Kanäle in einem verbreiterten Stecker übertragen.

6. Video-Anschlüsse:
Composite Video (composite = Zusammensetzung) mit einer Cinch-Steckverbindung ermöglicht die Eingabe eines Farbbild-Austast-Synchronisierimpulses (FBAS-Signals) zur Synchronisation von Video-Bildern.

S-Video (S von separated = getrennt) dient in Verbindung mit dem Composite-Video-Signal zum Digitalisieren von Videos.

4.1.3 Ansteuerung der Peripherie eines Computersystems

Wichtige periphere Geräte sind Eingabegeräte, Ausgabegeräte und externe Speicher (**Tabelle 1**). Nach dem Einschalten werden plug-and-play-fähige Geräte vom Computer erkannt und die zur Ansteuerung notwendige Treibersoftware des Betriebssystems aktiviert. Bei manchen Geräten muss die Treibersoftware von einer mitgelieferten DVD oder CD-ROM installiert werden. Es empfiehlt sich aktuelle Treiber aus dem Internet von der Herstellerseite herunterzuladen.

❗ Siehe auch Abschnitt 10.5 Schnittstellen der Kommunikationstechnik

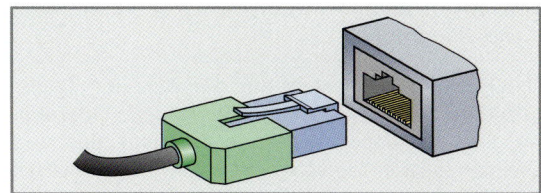

Bild 1: Netzwerkanschluss RJ45

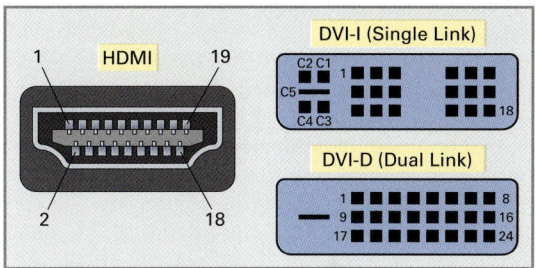

Bild 2: Monitoranschlüsse

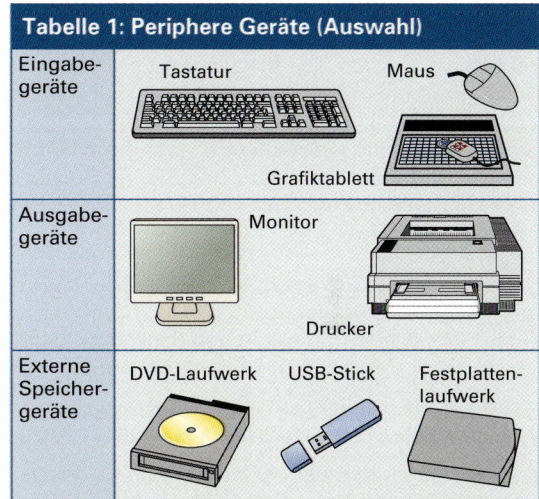

Tabelle 1: Periphere Geräte (Auswahl)

Eingabegeräte	Tastatur, Maus, Grafiktablett
Ausgabegeräte	Monitor, Drucker
Externe Speichergeräte	DVD-Laufwerk, USB-Stick, Festplattenlaufwerk

Zur Ansteuerung angeschlossener Peripheriegeräte muss die zugehörige Treibersoftware installiert sein.

K   Kompetenzorientierung

1. Was versteht man unter einer Schnittstelle?
2. Für welche Geräte wird die USB-Schnittstelle verwendet?
3. Welche Bitrate kann mit der FireWire-Schnittstelle übertragen werden?
4. Warum wird Treibersoftware benötigt?

4.1.4 Mikroprozessoren

Mikroprozessoren bestehen mindestens aus den Baugruppen Rechenwerk, Steuerwerk, Register und einem internen Bussystem zur Verbindung dieser Baugruppen.

Das Rechenwerk besteht aus der *ALU* und *Registern* (**Bild 1**). Die ALU kann *arithmetische Operationen* wie Addition, Subtraktion, Multiplikation und Division sowie *logische Operationen* wie UND, ODER und Exklusiv-ODER (XOR) ausführen.

> Eine ALU kann arithmetische und logische Operationen ausführen.

Die *Operanden* (zu verarbeitende Daten) für diese Operationen werden meist aus dem *Arbeitsspeicher* geholt und in die Register geladen. Ergebnisse werden in Registern gespeichert und von dort z. B. wieder über den Datenbus in den Arbeitsspeicher transportiert. Die Datenbusbreite ist meist gleich der Datenbreite des Rechenwerkes. Abhängig von der Datenbreite des Rechenwerkes spricht man auch von 8-Bit-, 16-Bit-, 32-Bit- und 64-Bit-Mikroprozessoren. Je größer die Datenbreite ist, desto mehr Daten können in der Sekunde verarbeitet werden. Die Menge der verarbeiteten Daten gibt man mit MIPS (von Million Instructions per Second = Million Befehle je Sekunde) an. Operationen, die das Rechenwerk ausführen kann, nennt man Befehle. Je mehr Befehle ein Rechenwerk kennt, desto einfacher und kürzer können die Programme werden.

Die Ablaufsteuerung der Befehlsverarbeitung wird im Steuerwerk vorgenommen. Die Ausführung eines Befehls erfolgt meist in den Schritten

- einen Befehl aus dem Arbeitsspeicher holen, z. B. für die Addition von zwei Zahlen,
- die Register des Rechenwerkes mit Zahlen füllen,
- das Rechenwerk den Befehl ausführen lassen und das Ergebnis im Ergebnisregister (Register 2, Bild 1) speichern.

Jede Abarbeitung eines Befehls (Befehlszyklus) besteht aus Maschinenzyklen (Buszyklen), jeder Maschinenzyklus aus mehreren Takten. Die Taktfrequenz ist diejenige Frequenz, mit der der Mikroprozessor intern arbeitet, z. B. 3,5 GHz (**Tabelle 1**). Typische Maschinenzyklen sind z. B. Daten in den Arbeitsspeicher schreiben oder aus ihm zu lesen (Bild 1).

Mikroprozessoren gibt es in verschiedenen Bauformen mit zum Teil sehr vielen Anschlüssen (**Bild 2**). Je nach Typ und Taktfrequenz werden Betriebsspan-

> **!** **Mikrocomputer** = Eigenständiges Computersystem, das einen Mikroprozessor enthält.
>
> **Mikroprozessor** = Zentrale Verarbeitungseinheit auf einem einzelnen Chip, auch Hauptprozessor genannt.
>
> **Mehrkernprozessor** (multicore processor) = Baugruppe mit zwei bis 8 Hauptprozessoren.
>
> **ALU** von Arithmetic Logic Unit = Arithmetisch-logische Einheit.

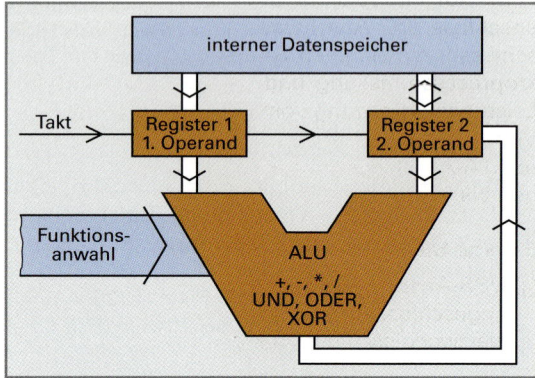

Bild 1: Funktionsweise des Rechenwerks

Tabelle 1: Mikroprozessoren				
Typ	Kerne (cores)	Takt-frequenz	TDP	Verwen-dung
i9-9900k	8	3,6/5* GHz	95 W	Desktop
i7-5960X	8	3/3,5* GHz	140 W	Desktop
i7-5790K	4	4/4,4* GHz	88 W	Desktop
AMD 3800	8	3,9 GHz	105 W	Desktop
i7-710HQ	4	2,5/3,5* GHz	47 W	Mobil
M-5Y10	2	0,8/2,0* GHz	4,5 W	Mobil
Z3745	4	1,3/1,86* GHz	2 W	Mobil

* max. Taktfrequenz, wenn nicht alle Kerne ausgelastet sind. TDP von Thermal Design Power = thermische Verlustleistung. Dies ist die maximal zu erwartende abzuführende Wärmemenge.

Bild 2: Ansicht eines Mehrkernprozessors

nungen von 1,2 V bis 5 V verwendet. Auf der Oberseite des Gehäuses ist meist ein kleiner Lüfter oder ein Kühlkörper zur Wärmeabfuhr montiert.

4.1.5 Hauptplatine eines PCs (Beispiel)

Die Hauptplatine ist eine glasfaserverstärkte Kunststoffplatte mit mehrlagigen Strombahnen und Lötpunkten für Bauelemente und Steckanschlüsse **(Bild 1)**.

Interne Steckanschlüsse
Auf der Hauptplatine befinden sich die internen Steckanschlüsse **(Tabelle 1)**. Dies sind z. B. Steckplätze für die Speichermodule, den Grafikkartenanschluss, PCI-Anschlüsse, die PCI Express-Anschlüsse, die seriellen SATA-Anschlüsse, die Mikroprozessorfassung und die Anschlüsse für die Leistungsversorgung vom PC-Netzteil.
Von den 6 SATA-Anschlüssen sind hier zwei als eSATA-Anschlüsse für externe Datenübertragungen bis 3 Gbit/s verwendbar.

Externe Steckanschlüsse
⑧ USB-Anschluss. Es können bis 12 USB-Geräte angeschlossen werden.
⑨ Netzwerkanschlüsse bis 1 Gbit/s für LAN und

Tabelle 1: Interne Steckanschlüsse (Beispiel)		
Nr.	Anzahl und Art	Anwendungen
①	4 Steckplätze für DDR4-Speicher	Arbeitsspeichermodule mit je 4 GB.
②	1 PCI-Express * 16	Grafikkartenanschluss
③	2 PCI-Express * 1	Portvervielfacher, z. B. für USB und RAID, SSD
④	3 PCI-Anschlüsse	Netzkarten, Grafikkarten, Modems, Soundkarten
⑤	6 SATA-Anschlüsse	Festplatten, DVD-Laufwerke, SSD.
⑥	2 Netzteilsteckanschlüsse	Spannungen von 3,3 V bis 12 V.
⑦	Prozessorfassung	Enthält Mikroprozessor

⑩ Monitoranschlüsse für 2 Monitore. Es können die Schnittstellen VGA, DVI-D, DP und HDMI verwendet werden.
⑪ Audio-Anschlüsse für maximal 8 NF-Kanäle.

Bild 1: Hauptplatine eines PCs (Beispiel)

4.1.6 BIOS und UEFI

4.1.6.1 BIOS

Damit die unterschiedlichen PCs von einem Betriebssystem verwaltet werden können, besitzt jeder Computer eine grundlegende Software-Ebene, das BIOS. Das BIOS wird vom Motherboard-Hersteller angepasst und ist meist in einem EEPROM auf der Hauptplatine gespeichert und auf den Chipsatz, die seriellen und parallelen Schnittstellen, sowie auf die Laufwerks-Controller abgestimmt **(Bild 1)**.

Bei jedem Einschalten des PC wird das BIOS-Programm gestartet. Zuerst wird ein Selbsttest (POST von **P**ower **O**n **S**elf **T**est) durchgeführt. Überprüft werden nacheinander der Hauptspeicher, die CPU, die Festplatte und andere Systemkomponenten.

> Beim Selbsttest werden die Baugruppen des Mikrocomputersystems auf Funktion getestet.

Tritt ein Fehler auf, wird eine POST-Meldung ausgegeben, z.B. Signaltöne aus dem Lautsprecher. Die POST-Meldungen sind je nach BIOS-Hersteller unterschiedlich. Betätigt man während des Startvorgangs z.B. die F2-Taste, gelangt man in das BIOS-Menü `System Setup`. Im Menüpunkt `Main` (Haupt) kann der Anwender z.B. die Prozessor-Geschwindigkeit oder die Speicherkapazität nachschauen **(Bild 2)**. Als nächstes sucht das BIOS nach eingebauten Steckkarten und testet diese. Findet das BIOS keinen Fehler, werden im nächsten Schritt die Ressourcen (resource = Mittel) ermittelt und, wenn nötig, den vorhandenen Steckkarten zugeteilt.

Übung 1: Boot-Reihenfolge prüfen

Überprüfen Sie, welche Bootreihenfolge an ihrem PC eingestellt ist.

Lösung:
Beim PC-Start F2-Taste oder Entf-Taste betätigen. Mit Pfeil ➜ Boot-Menü wählen **(Bild 3)**.

In diesem BIOS ist die Bootreihenfolge: CD/DVD, Hard Disk Drive, Ethernet.

Im nächsten Schritt greift das BIOS auf die ersten Sektoren der Festplatte zu und lädt, falls vorhanden die Startdateien des Betriebssystems in den Hauptspeicher und startet diese. Die Startdateien laden nun die eigentlichen Betriebssystemdateien von der Festplatte in den Hauptspeicher.

> ⚠ **BIOS** (von Basic-Input-Output-System = Basis-Eingabe-Ausgabe-System) ist eine standardisierte Schnittstelle zwischen Betriebssystem und Hardware. Linux und z. B. Windows 10 können direkt auf Hardwarekomponenten zugreifen.
> **MBR** von Master Boot Record = Hauptstart Verzeichnis

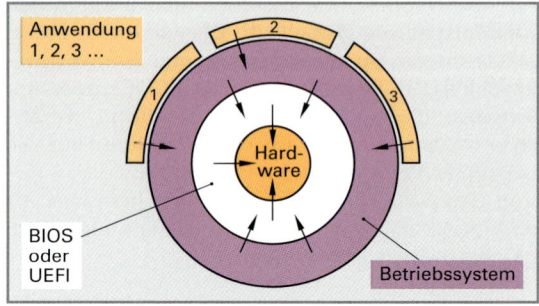

Bild 1: Zusammenwirken von BIOS und Betriebssystem

```
                    System Setup
  Main   Advanced   Security   Power   Boot   Exit
BIOS Version                  DPP3510J.B6A.0293.2007.1002.1519
Processor Type               Intel (R) Core (TM)2 Duo CPU
                             E6550 @ 2.33 GHz
                             Intel (R) EM64T Capable
Core Multiplexing Technology <Enable>
Processor Speed              2.33 GHz
System Bus Speed             1333 MHz
System Memory Speed          800 MHz
L2 Cache RAM                 4096 KB
Total Memory                 4096 KB
Memory Mode                  Dual Channel
Memory Channel A Slot 0      1024 MB
Memory Channel A Slot 1      1024 MB
Memory Channel B Slot 0      1024 MB
Memory Channel B Slot 1      1024 MB
```

Bild 2: Ausschnitt aus dem Menü System Setup mit gewähltem Main-Menü

```
                    System Setup
  Main   Advanced   Security   Power   Boot   Exit
Boot Menu Type               <Normal>
Boot Device Priority         <CD/DVD-ROM Drive>
                             <Hard Disk Drive>
                             <Ethernet>
Hard Drive Order             <P0-ST3250410AS>
                             <P1-ST3250310AS>
                             <ST9402115A>
                             <USB Stick 2>
CD/DVD-ROM Drive Order       <P4-HL-DT-ST DVDR>
Removable Drive Order        No Removable Drive
Boot to Optical Devices      <Enable>
Boot to Removable Devices    <Enable>
Boot to Network              <Enable>
USB Boot                     <Enable>
ZIP Emulation Type           <Floppy>
Boot USB Devices First       <Disable>
USB Mass Storage Emulation Type <Auto>
UEFI boot                    <Disable>
```

Bild 3: Ausschnitt aus dem Boot-Menü

Master-Boot-Record-Partition (MBR)

Der MBR enthält das Startprogramm für BIOS-basierte Computer und eine Partitionstabelle. MBR werden von allen Windows-32-Bit-Betriebssystemen verwendet. Eine Festplatte kann bis zu vier primäre Partitionen enthalten. Eine markierte Partition wird als Boot-Partition verwendet. Sie startet den Bootmanager, der das Betriebssystem startet.

4.6.1.2 UEFI

Das unterschiedliche Startverhalten von BIOS und UEFI zeigt **Bild 1**.

GPT

UEFI ist der BIOS-Nachfolger für 64-Bit-Systeme und verwendet GPT-Partitionstabellen. UEFI verfügt z. B. über ein Netzwerkbootsystem, eine BIOS-Simulation, direkt im EFI integrierte Treiber, einen Sandbox-Modus, kann Festplatten mit Kapazitäten größer 2 TB verwalten und von ihnen booten. Mit dem GPT-Partitionsschema kann eine Festplatte beliebig viele primäre Partitionen enthalten. Die GPT-Festplatte enthält eine Systempartition mit FAT32-System, die als EFI-Systempartition bezeichnet wird **(Bild 2)**. In dieser steht der Boot Code. Gleichzeitig dient sie als Bootmanager.

Standard-Partition für Windows

Jedes zu UEFI kompatible Betriebssystem, wird in eine eigene Partition installiert und schreibt während des Installationsvorgangs seine Kennung in die EFI-Systempartition. Das Boot-Menü wird hieraus automatisch erstellt.

Nach der EFI-Systemdatei folgt die 128 MB große MSR-Partition. Diese dient zur Laufwerksverwaltung und enthält keine Nutzerdaten. Anschließend können unter Windows 128 primäre Partitionen folgen.

Sicherheitsmerkmale von GPT

GPT besitzt zusätzliche Sicherheitsmerkmale. So ist z.B. die Partitionstabelle am Anfang und Ende des GPT-Datenträgers vorhanden. Ist die Partitionstabelle beschädigt, lässt sich diese wieder mit der Backup-Partition herstellen.

Auf jeder GPT-Festplatte befindet sich im Sektor 0 ein MBR. Es schützt die GPT-Partitionen vor Programmen, die nur MBR-Partitionstabellen lesen können. Dies wird Schutz-MBR genannt.

BIOS-Emulator

Für PC-Systeme mit Bootfestplatten kleiner 2 TB kann UEFI im CSM-Modus verwendet werden. CSM ermöglicht die Verwendung von 32-Bit-Betriebssystemen und alter Firmware **(Bild 3)**. Ein im CSM-Modus installiertes Windows verwendet das Bootschema mit MBR.

! **UEFI** von Unified Extensible Firmware Interface = vereinheitlichte erweiterbare Firmware-Schnittstelle.
GPT von GUID Partition Table.
GUID von Globally Unique Identifier = weltweit eindeutige Kennung. Jeder GPT-Typ hat eine eindeutige, 32-stellige Kennung.
MSR von Microsoft Reserved Partition = Microsoft reservierte Partition
CSM von Compatibility Support Module = Kompatibilitäts-Unterstützungs-Modul.

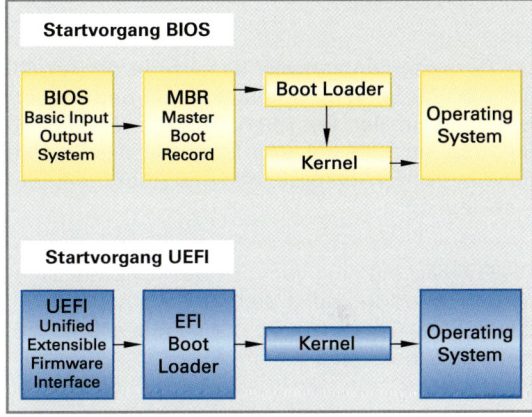

Bild 1: Vergleich von BIOS und UEFI

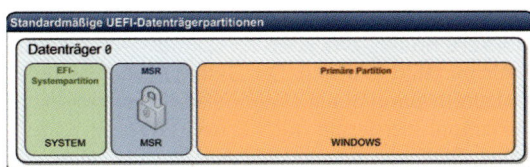

Bild 2: Standard-Partition für Windows

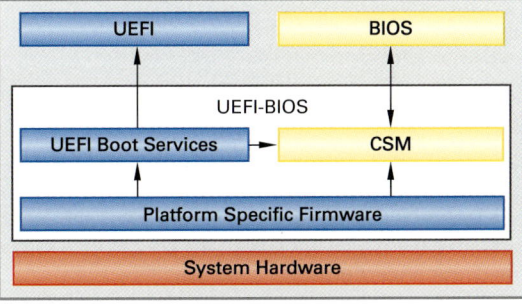

Bild 3: Aufbau der UEFI-Schnittstelle

K **Kompetenzorientierung**

1. Welche Sicherheitsmerkmale unterstützt UEFI?
2. Wie viele primäre Partitionen können bei UEFI verwendet werden?

4.1.7 PC-Bussysteme und Linkverbindungen

Damit der Mikroprozessor mit anderen Baugruppen z. B. den Arbeitsspeicher-ICs, der Festplatte oder der Grafikkarte Daten austauschen kann, sind alle Baueinheiten miteinander über Busleitungen verbunden. Für eine schnelle Übertragung von Daten, Adressen und Steuersignalen wurden früher viele parallele Leitungen verwendet, die ein Leitungssystem bilden **(Bild 1)**. Dies wird als Systembus bezeichnet.

Die Bussysteme unterscheiden sich in der Anzahl der Adressleitungen, Datenleitungen und Steuerleitungen, in der zeitlichen Abfolge der Signalübertragung und bei den Steckerleisten in den geometrischen Abmessungen und Anordnung der Pinbelegung.

Die Entwicklung ging vom ISA-Bus (Industry Standard Architecture), über den EISA (Extended ISA), den PCI-Bus (Peripheral Component Interconnect), zum PCI-Express-Bus.

Frontside Bus FSB

Bei Computern mit Intel Prozessoren ist der FSB die Verbindung zwischen CPU und dem Arbeitsspeicher **(Bild 2, oben)**. Die Daten werden auf z. B. 64 Leitern parallel als Datenpakete übertragen. Je Taktsignal werden je nach Speichertyp ein Datenpaket (SDR von Single Data Rate), zwei (DDR von Double Data Rate) oder vier Datenpakete (QDR von Quadruple Data Rate) übertragen **(Tabelle 1)**. FSB kann bei 400 MHz

$$r_{max} = 4 \cdot 0,4 \text{ GB/s} \cdot 8 = \mathbf{12,8 \text{ GB/s}} \text{ übertragen.}$$

Serielle Linkverbindungsarten HT und QPI

Bei HT **(Bild 2, unten)** kann jeder Link (Einrichtungsverbindung) bis 32 bit = 4B breit sein. Mit einer Taktfrequenz von 1,4 Gbit/s kann mit DDR-RAM ein Linkpaar $r_{max} = 1,4 \text{ GB/s} \cdot 4 \cdot 2 \cdot 2 = \mathbf{22,4 \text{ GB/s}}$ übertragen werden.

Bei QPI hat jeder Link 20 Leitungen. Ein Link kann 20 Byte je Transfer übertragen. Mit einer Taktfrequenz von 2,4 GB/s kann mit DDR-RAM ein Linkpaar

$$r_{max} = 2,4 \text{ GB/s} \cdot 20 \cdot 2 \cdot 2 = \mathbf{19,2 \text{ GB/s}} \text{ übertragen}$$
werden.

! Serielle Verbindungsarten zwischen CPU und RAM
- **HT** von HyperTransport = Übertransport, von AMD. Taktfrequenzen bis 3,2 GHz.
- **QPI** von QuickPath Interconnect = Schnellweg-Verbindung, von Intel. Taktfrequenzen bis 3,2 GHz.
- **UPI** von UltraPath Interconnect = Ultra schneller Verbindungsweg, von Intel. Taktfrequenzen 4,8 GHz. bis 5,2 GHz.

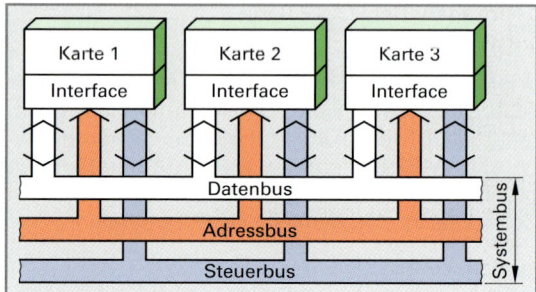

Bild 1: Parallelbussystem

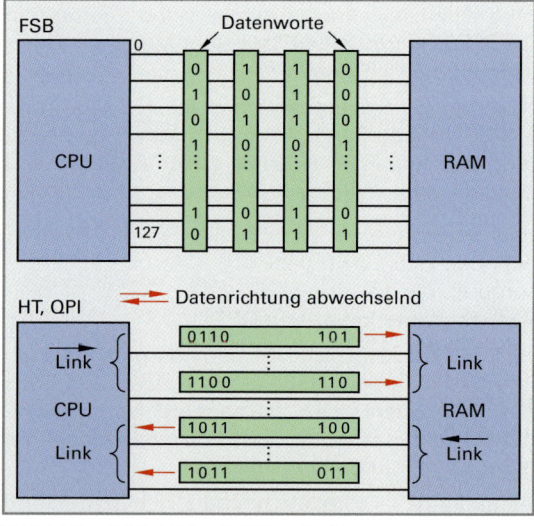

Bild 2: Vergleich FSB mit HT und QPI

Tabelle 1: Vergleich von FSBs

Taktfrequenz in MHz	133	200	266	333	400
1 Datenwort pro Takt (SDR)	FSB 133	FSB 200	–	–	–
2 Datenworte pro Takt (DDR)	FSB 266	FSB 400	–	–	–
4 Datenworte pro Takt (QDR)	FSB 533	FSB 800	FSB 1065	FSB 1333	FSB 1600

PCI-Express-Schnittstelle

PCI-Express (PCIe, PCIE) ist eine duplexfähige Punkt-zu-Punktverbindung. Die Datenübertragung erfolgt über Lanes. Eine Lane besteht aus einem Leitungspaar (CML pair) für das Senden und einem zweiten Leitungspaar für das Empfangen **(Bild 1)**.

Jedes Leitungspaar arbeitet mit differenzieller Datenübertragung und kann bei PCIe 2.1 Datenpakete mit bis zu 500 MB/s übertragen, bei PCIe 3.0 bis 985 MB/s. Die Daten werden im 8B/10B-Code übertragen. Bei PCIe 3.0 wird der Code 128b130b verwendet.

> Ein Lane kann beim PCIe 2.1 Datenpakete in jeder Richtung mit bis zu 500 MB/s übertragen.

Einzelne Lanes werden über Switches mit dem Systembus verbunden **(Bild 2)**. Die Umsetzung der Daten vom und zum Systembus erfolgt mit Parallel-Seriellumsetzern für das Senden und Seriell-Parallelumsetzern für das Empfangen.

Je nach erforderlicher Übertragungsrate werden mehrere Lanes zusammengeschaltet: von PCIe x1 mit einer Lane, über x2, x4 bis hin zu 16 Lanes für die Grafikschnittstelle PCIe x16 PEG.

Für Serveranwendungen werden auch PCIe x8 und PCIe x32 verwendet **(Tabelle 1)**.

> Die Anzahl der Lanes bei PCIe erhöht sich von 1 jeweils um den Faktor zwei bis auf 32.

Der Steckplatz ist mechanisch durch eine Nase in zwei Bereiche unterteilt **(Bild 3)**. Im linken Bereich befinden sich 22 Steckkontakte für die Stromversorgung, die Taktung und für Testzwecke. Rechts von der Nase befinden sich je nach Anzahl der Lanes 14 bis 142 Steckkontakte, die der Datenübertragung dienen. Ein PCIe-Steckplatz kann die daran angeschlossene Karte mit Strom versorgen. Leistungen bis zu 25 Watt sind üblich.

> **!** **PCI-Express, kurz PCIe** oder PCIE
> **Lane** = Gasse, Weg, Kanal.
> **CML** von Current Mode Logic = stromgesteuerte differenzielle Datenübertragung.
> **8B/10B-Code**. Code mit Gleichspannungsausgleich und Taktrückgewinnung aus dem Datensignal.
> **Switch** = Schalter, verbindet z. B. den Systembus mit den PCIe-Peripheriegeräten.
> **PEG** von PCIe for Graphics

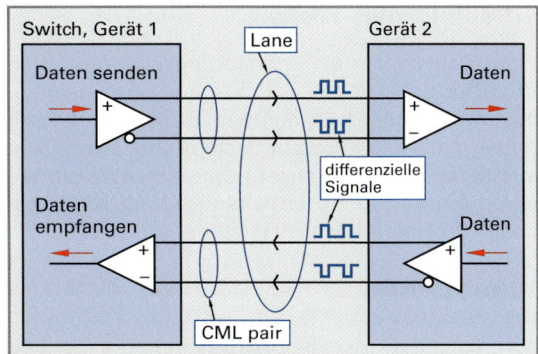

Bild 1: Datenübertragung mit Lane

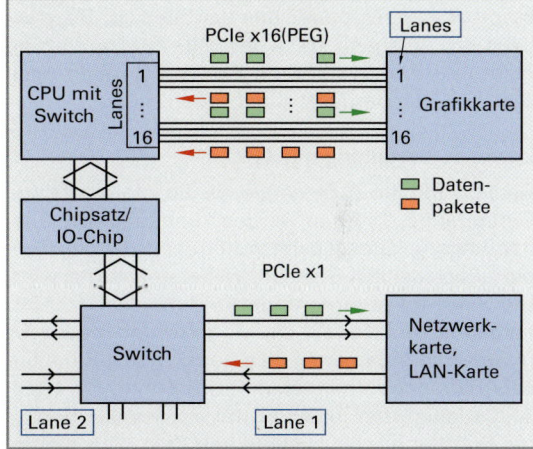

Bild 2: PCIe-Anwendungen im PC

Tabelle 1: Maximale Datenraten bei PCIe-Standards je Richtung				
	PCIe 1.0	PCIe 2.1	PCIe 3.0	PCIe 4.0
Takt-frequenz	1,25 GHz	2,5 GHz	4 GHz	8 GHz
x1	250 MB/s	500 MB/s	1 GB/s	1970 GB/s
x2	500 MB/s	1 GB/s	2 GB/s	3938 GB/s
x4	1 GB/s	2 GB/s	4 GB/s	7877 GB/s
x8	2 GB/s	4 GB/s	8 GB/s	15754 GB/s
x16	4 GB/s	8 GB/s	16 GB/s	31508 GB/s
x32[1]	8 GB/s	16 GB/s	32 GB/s	63015 GB/s
PCIe 4.0 in der Einführungsphase für Server				

Für PEG-Grafikkarten werden 75 W zur Verfügung gestellt. Für höhere Leistungen benötigt man Zusatzstecker auf dem Motherboard.

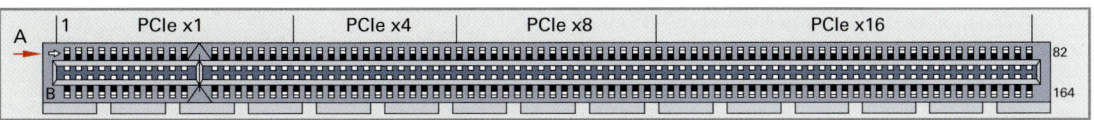

Bild 3: Aufbau der modularen PCIe-Steckverbindung

4.1.8 Interrupt-Technik

Peripheriegeräte oder Erweiterungskarten müssen dem Prozessor mitteilen, dass sie seine Rechenleistung in Anspruch nehmen wollen. Computer haben dafür ein Interrupt-System. Das ermöglicht ein laufendes Programm zu unterbrechen, ein anderes Programm abzuarbeiten und das unterbrochene Programm danach weiter auszuführen.

> **!** **Interrupt** = Unterbrechung.
> **IRQ** von Interrupt Request = Interrupt-Anforderung.
> **PIC** von Programmable Interrupt Controller, Hardware-Interrupts für Einkernprozessoren.
> **I/O APIC** von Input/Output Advanced Programmable Interrupt Controller, Interrupt-Bearbeitung ist busgesteuert, z. B. für Mehrkernprozessoren.
> **ISA** von Industrial Standard Architecture

Interrupt mit PIC

Mit einem Signal an einem der Eingänge IR0 bis IR15 des Interrupt-Controllers PIC kann ein Gerät, z. B. die Tastatur, seine Interrupt-Anforderung IRQ1 über die Leitung INTR anmelden (**Bild 1**). Der Mikroprozessor zeigt das Ende der Interrupt-Bearbeitung am Ausgang INTA an. Die Interrupts sind beim Interrupt-System mit PIC den Geräten nach dem ISA-Standard fest zugeordnet.

Interrupt-Verteilung mit APIC

Der I/O APIC hat 24 Eingänge, an die interruptfähige Geräte angeschlossen werden können (**Bild 2**). Jeder Eingang kann separat konfiguriert werden, wobei jedoch der ISA-Standard weiter unterstützt wird. Die Interrupt-Anforderungen nimmt der I/O APIC entgegen und verteilt sie als Interrupt Messages (= Botschaften) über einen eigenen Bus auf die Local APICs der vorhandenen Prozessoren. Die Local APICs leiten den Interrupt mit der jeweils höchsten Priorität an den zuständigen CPU-Kern weiter. Ist dieser Interrupt abgearbeitet, wird der nächste Interrupt an die zuständige CPU weitergeleitet.

> Mit dem APIC lassen sich Interrupts ohne Bestätigung durch den Prozessor abarbeiten.

Auch die CPUs können gegenseitig über die Local APICs Interrupts auslösen.

Beim Systemstart teilt das BIOS die IRQs, zum Booten von der Festplatte oder DVD zu. Anschließend übernimmt das Betriebssystem, z. B. Windows, die Verwaltung und die Neuverteilung der IRQs.

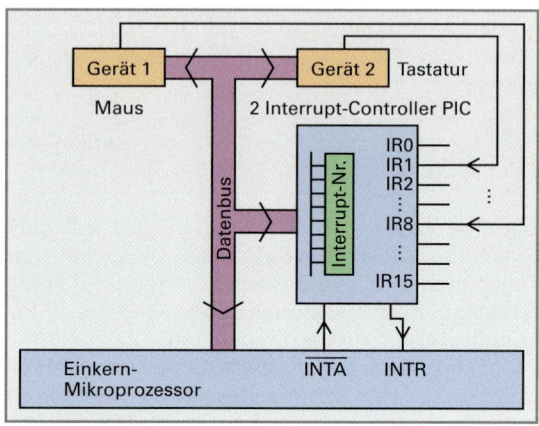

Bild 1: IRQ-Hardware-Verarbeitung mit PIC

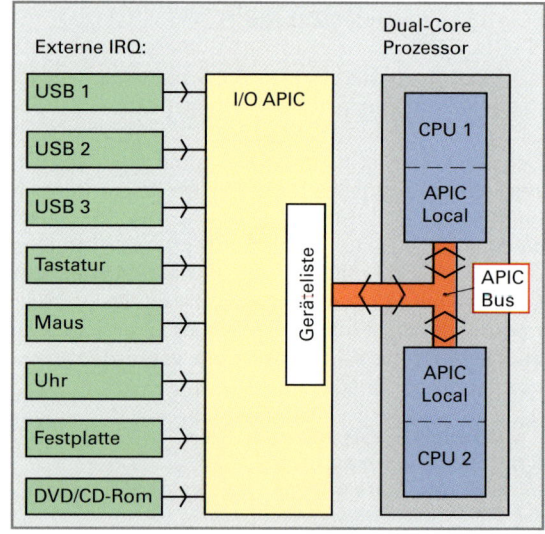

Bild 2: IRQ-Verarbeitung mit I/O APIC und Local APIC

K   Kompetenzorientierung

1. Welche Aufgabe hat der Frontside Bus?
2. Erklären Sie die Wirkungsweise serieller Linkverbindungen.
3. Welche maximalen Bitraten können FSB, HT und QPI übertragen?
4. Welche Eigenschaften hat der PCI-Bus?

K   5. Erklären Sie die Wirkungsweise der PCIe-Schnittstelle.
6. Wie wird eine PCIe-Schnittstelle für 16 Lanes bezeichnet?
7. Was bedeutet die Bezeichnung PEG?
8. Welcher Code wird bei PCIe verwendet?

4.2 Baugruppen

4.2.1 Speicherarten

4.2.1.1 Aufbau und Wirkungsweise

Speicher werden zum Aufbewahren von Daten verwendet. *Festwertspeicher* halten ihre Daten auf Dauer, also auch nach dem Abschalten der Betriebsspannung. *Schreib-Lesespeicher* „vergessen" ihre Daten meist nach dem Abschalten. Speicher bestehen aus vier Baugruppen **(Bild 1)**. Die Adressdecodiereinrichtung ① wählt nach Anlegen einer binären Adresse, z. B. 1101, die entsprechende Zeile 13 im Speicherfeld ② (Speichermatrix) an.

$z_S = 2^n$	$n = \text{lb } z_S = \text{lg } z_S / \text{lg } 2$

z_S Zahl der Speicherzellen

n Zahl der Adressleiter

Beispiel 1: Speicherzellen berechnen

Wie viele Speicherzellen z_S können mit 14 Adressleitern n angewählt werden?

Lösung: $z_S = 2^n = 2^{14} = $ **16384**

Das *Speicherfeld* besteht aus vielen 1-Bit-Speicherelementen, die z. B. byteweise (zeilenweise als Worte mit 8 bit) angeordnet sind **(Bild 2)**. Die Größe von Speichern wird bei bitweiser Speicherung mit 1 Kibit = 2^{10} bit = 1024 bit (sprich Ki-Bit) oder 1 Mibit = 2^{20} bit = 1048576 bit oder bei wortweiser Speicherung mit 1 KiB = 1024 x 8 bit (sprich Ki-Byte) oder 1 MiB = 1048576 x 8 bit angegeben. Oft wird auch eine halbbyteweise Anordnung der Speicherzellen verwendet (Bild 2, rechts).

 Speichergrößen werden in Kibit, Mibit, KiB, MiB und GiB angegeben (Abschnitt 6.1.1).

Ein Verstärker, der *Datenpuffer* genannt wird ③, verstärkt beim Lesen die Signalspannungen der Speichermatrix und verbindet die Daten an DQ0 bis DQ7 byteweise mit dem Datenbus (Bild 1). Beim Schreiben werden die Daten mit dem Datenpuffer vom Datenbus in die angewählte Zeile geschrieben. Die Verstärkerelemente sind antiparallel geschaltet und werden von der Bausteinsteuerung ④ angesteuert.

Durch Anlegen des Steuersignales 0 an $\overline{\text{CS}}$ (von Chip Select = Baustein auswählen) wird der Speicher aktiviert **(Bild 3)**. Mit dem Steuersignal $\overline{we} = $ 0 an $\overline{\text{WE}}$ (von Write Enable = Schreiben einschalten) wird zwischen Speichern und Auslesen umgeschaltet. Der Schreib-Lesespeicher hat vier Adressleiter. Dadurch sind $2^4 = 16$ Zeilen anwählbar. Die Daten werden byteweise gespeichert.

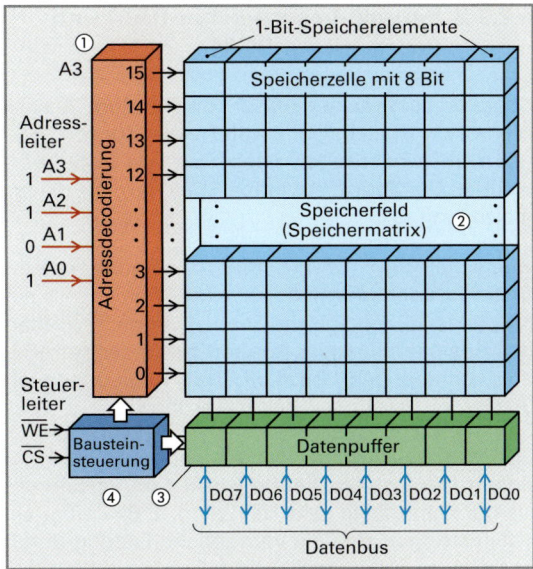

Bild 1: Prinzipieller Aufbau eines Speichers

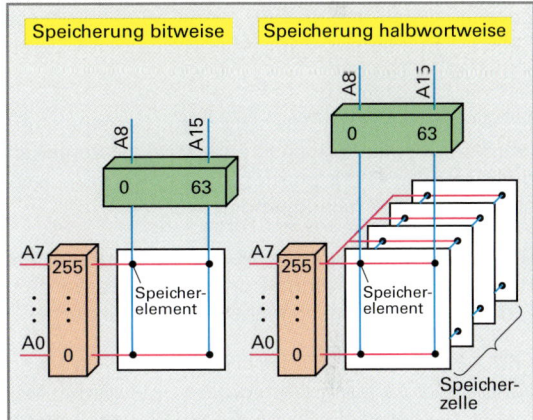

Bild 2: Speicherorganisation

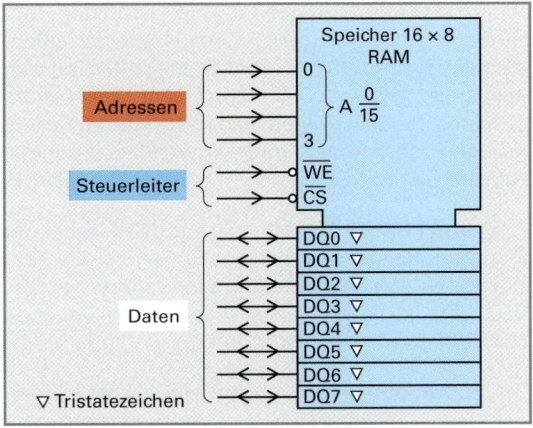

Bild 3: Schaltzeichen für den Speicher Bild 1

4.2.1.2 Schreib-Lesespeicher RAM und Lesespeicher ROM

Schreib-Lesespeicher (RAM von Random Access Memory = Speicher mit wahlfreiem Zugriff) werden zum wiederholten Speichern von Daten verwendet. Der Zugriff auf jeden Speicherplatz dauert gleich lang.

Statische RAM (SRAM, **Bild 1**) verwenden zum Speichern der Informationsmenge 1 bit jeweils ein Kippglied in der Speichermatrix. Je nach Aufbau des Speicherbausteins können mit einer Adresse die Datenmengen 1 bit, 4 bit, 8 bit, 16 bit oder auch 32 bit gleichzeitig bearbeitet werden.

Dynamische RAM (DRAM) speichern die Informationen in Form von Ladungen in Kondensatoren. Da die Kapazitäten sehr klein sind, z. B. kleiner als 1 fF, verringert sich die vorhandene Ladung durch Leckströme in wenigen Millisekunden stark. Deshalb wird der Speicherinhalt durch Anlegen der Auswahlsignale an RAS (von Row Address Select = Zeilenauswahl) und an CAS (von Column Address Select = Spaltenauswahl) zeilenweise beim Lesen aufgefrischt **(Bild 2)**.

ROM (von Read Only Memory = Nur-Lesespeicher) werden für einen sich nicht ändernden Dateninhalt gefertigt. Die Programmierung erfolgt vom Hersteller und kann nicht geändert werden.

PROM (Programmable ROM = programmierbares ROM) können nur einmal programmiert werden. Die Inhalte sind danach nicht weiter veränderbar.

EPROM (Erasable PROM = löschbares PROM) sind vom Anwender programmierbare Speicherbauelemente, bei denen die Daten durch UV-Strahlung an das Löschfenster gelöscht werden. Anschließend ist eine Neuprogrammierung möglich. EPROM sind ähnlich wie SRAM aufgebaut **(Bild 1)**. Mit dem Signal 0 an OE (Output Enable = Ausgang einschalten) wird die Speichermatrix über Datenpuffer mit den Ausgängen DQ0 bis DQ7 verbunden. Die Ausgänge haben Tristatestruktur. Für die Programmierung werden Programmiergeräte verwendet, die meist auf verschiedene EPROM-Typen einstellbar sind.

In Flash-EEPROM (Electrically EPROM) kann der Speicherinhalt byteweise ohne Entfernen des Bauelementes aus der Schaltung geändert werden. Nachteilig ist die im Millisekundenbereich liegende Zeit für das Schreiben von Daten.

Für PC-Hauptplatinen werden z. B. gleiche Speicherbauelemente zu jeweils einem Speichermodul zusammengefasst.

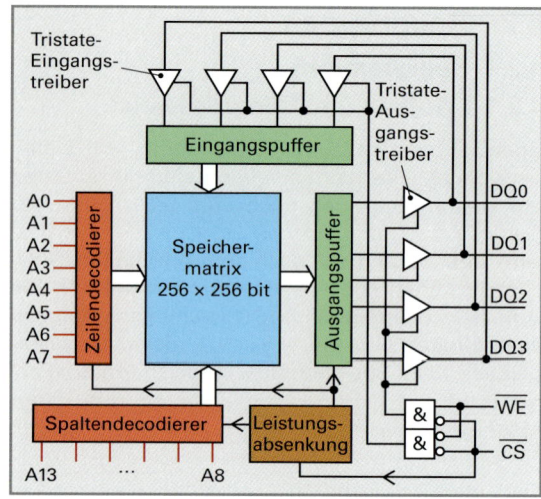

Bild 1: SRAM-Speicherbauelement mit 65 536 bit

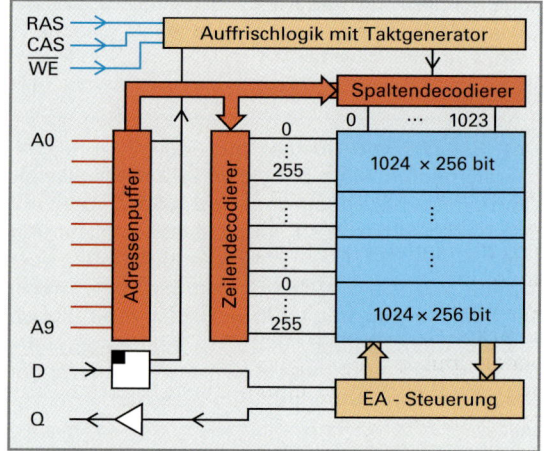

Bild 2: DRAM-Speicherbauelement für 1 Mibit

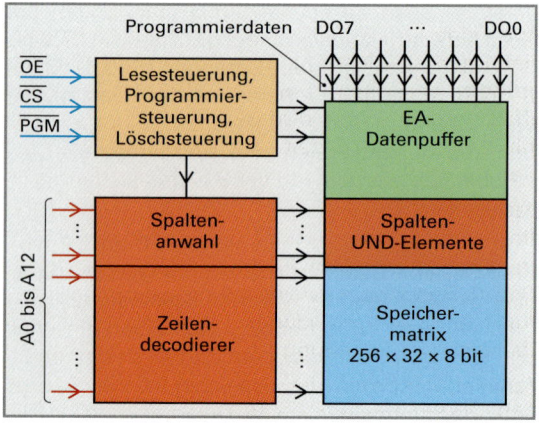

Bild 3: EPROM mit 8 KB-Speicher

4.2.2 Massenspeicher

Massenspeicher sind Speicher, die zur Speicherung großer Datenmengen verwendet werden.

4.2.2.1 Festplattenspeicher

Ein Festplattenspeicher besteht aus einem staubdichten Gehäuse, indem sich das Festplattenlaufwerk befindet **(Bild 1)**. Es enthält bis zu 8 polierte Platten aus Aluminium oder Glaskeramik, die mit einer magnetisierbaren Schicht versehen sind. Die Platten werden von einem bürstenlosen Gleichstrommotor (Brushless DCmotor, BLDC) angetrieben (Bild 2). Sie rotieren mit bis zu 15000/min. Der Aktuator bewegt die Schreib-/Leseköpfe über die Platten. Die Schreib-/Leseköpfe erzeugen kreisförmige Magnetisierungen (Spuren) beim Schreiben, beim Lesen tasten sie die Spuren ab **(Bild 2)**. Die Abstände der Schreib-/Leseköpfe von der Magnetschicht betragen nur 0,25 μm bis 0,65 μm. Die Speicherkapazität beträgt mehrere Terabyte, z. B. bis 3 TiB.

> Festplattenspeicher sind schnelle Schreib-/Lesespeicher mit hohen Speicherkapazitäten.

Die Schreib-/Leseköpfe in Bild 2 tasten gleichzeitig 6 Spuren auf den Plattenseiten ab. Denkt man sich die Platten weg, bilden die Spuren einen Zylinder im Raum **(Bild 3)**. Ein Zylinder besteht also aus mehreren Spuren. Die Plattenflächen werden in Sektoren (Kreissegmente) eingeteilt. Bei Festplatten mit großen Speicherkapazitäten werden mehrere Sektoren zu einem Cluster (Haufen) zusammengefasst.

> Ein Cluster ist die kleinste adressierbare Einheit der Festplatte.

Auch eine kleine Datei, z. B. 164 B, belegt immer einen ganzen Cluster, z. B. 8 KB. Um die Clustergröße zu verkleinern und den Festplattenspeicher effektiver zu nutzen, wird der Festplattenspeicher mit dem Betriebssystem des Computers partitioniert (unterteilt).

Das Festplattenlaufwerk hat einen Anschluss für die Spannungsversorgung und einen Anschluss an eine Schnittstelle für die Datenübertragung (Bild 1). Festplattenlaufwerke verwenden bitserielle Punkt-zu-Punkt-Verbindungen. Jede Festplatte wird über eine eigene Leitung angeschlossen **(Bild 4)**.

Verwendet werden die Schnittstellen SATA und SAS. Die Schnittstellen verwenden eine 8B/10B-Codierung, diese verringert die Nettobitrate.

> ❗ **SATA** von Serial Advanced Technology Attachment = serielle weiterentwickelte Anbindung.
> **SCSI** von Small Computer System Interface = Schnittstelle für Kleinrechnersysteme.
> **SAS** von Serial Attached SCSI = Seriell angeschlossene SCSI.

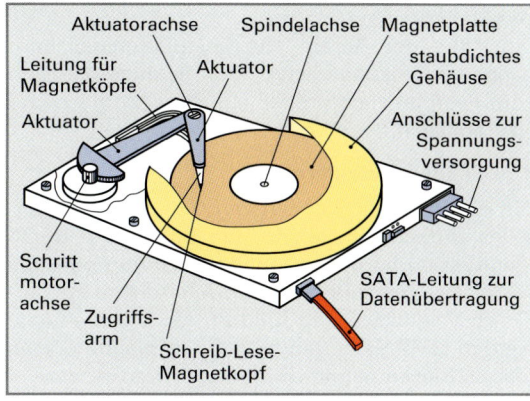

Bild 1: Festplattenlaufwerk

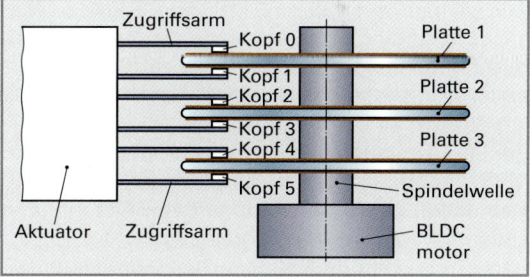

Bild 2: Zugriff auf Platten im Laufwerk

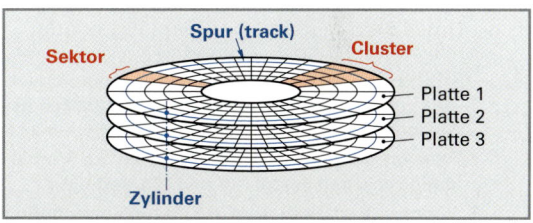

Bild 3: Einteilung des Festplattenspeichers

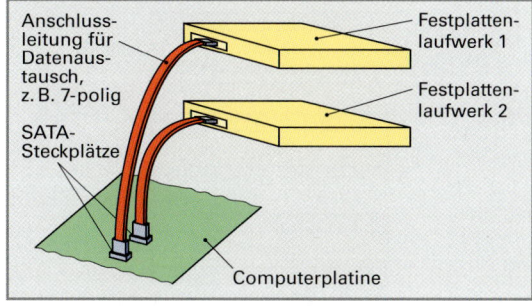

Bild 4: Anschluss von SATA-Festplatten

Für Senden und Empfang wird je ein Paar verdrillte Leiter verwendet. Die Signalpegel auf den
einzelnen Leitern haben immer entgegengesetztes
Vorzeichen, damit heben sich überlagerte Störspannungen auf. Zur Datenübertragung ist ein
7-adriges Kabel vorhanden (**Bild 1**). Die Stromversorgung erfolgt über ein 15-poliges Kabel (siehe
Abschnitt 4.1.7).

Die Höhe der Bitrate von Festplattenspeichern
hängt vom Laufwerkstyp, der Schnittstelle und
vom Festplattencontroller auf dem Motherboard
ab (**Tabelle 1**).

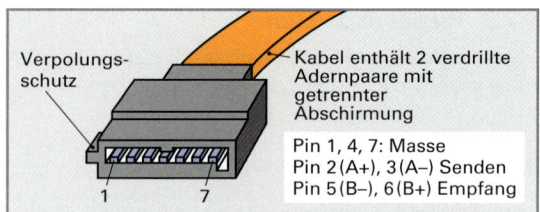

Bild 1: SATA-Datenstecker mit Kabel

Aufzeichnungsverfahren

Die Aufzeichnung der binären 0 und 1 in die Bit-
zellen (örtliche Stellen für ein Bit) erfolgt durch
Magnetisierung in horizontaler Richtung oder bei
Festplatten mit sehr hoher Speicherdichte mit vertikaler Magnetisierung (**Bild 2**). Als Leseelemente
werden GMR-Sensoren (von Giant magnetoresis-
tance = Riesenmagnetowiderstand) verwendet.

Für Lesen und Schreiben befindet sich zwischen
den Spuren ein Sicherheitsabstand (**Bild 3**). Beim
Aufzeichnungsverfahren SMR (von Shingled Ma-
gnetic Recording = überlappende magnetische Aufzeichnung, shingle = Schindel) wird für Speichersysteme durch Überlappung die Speicherkapazität
erhöht, z. B. für Serverfestplatten.

Bei PC-Festplatten wird meist das RLL-Verfahren
(Run Length Limited = Lauflängenbegrenzung)
verwendet. Es werden Gruppen von Bits in einen
anderen Code variabler Länge umcodiert.

Dadurch erreicht man weniger magnetische Fluss-
wechsel und etwa eine dreifach höhere Bitdichte auf
der Platte. Der effektive Nutzen beträgt etwa 50 %,
da die Umcodierung auch Speicherplatz benötigt.

Tabelle 1: Festplattenspeicher	
Bezeichnungen der Laufwerke	Netto-Bitrate in Gbit/s
Serial ATA 1,5 Gbit/s	1,2
Serial ATA 3,0 Gbit/s, Rev. 2.x	2,4
Serial ATA 6,0 Gbit/s, Rev. 3.x	4,8
Serial ATA Express 8,0 Gbit/s, Rev. 3.2 (PCIe 3); 16,0 Gbit/s Rev. 3.2 (PCIe 4)	7,88 bzw. 15,76
SAS 1 3 Gbit/s; SAS 2 6 Gbit/s	2,4; 4,8
SAS 3 12 Gbit/s; SAS 4 24 Gbit/s	9,6; 12,8

K   Kompetenzorientierung

1. **Aus welchen Materialien werden Festplatten gefertigt?**
2. **Nennen Sie drei Schnittstellenarten zur Verbindung zwischen Festplatte und Motherboard.**
3. **Welches Verfahren wird zur Datenaufzeichnung
   auf der Magnetschicht verwendet?**

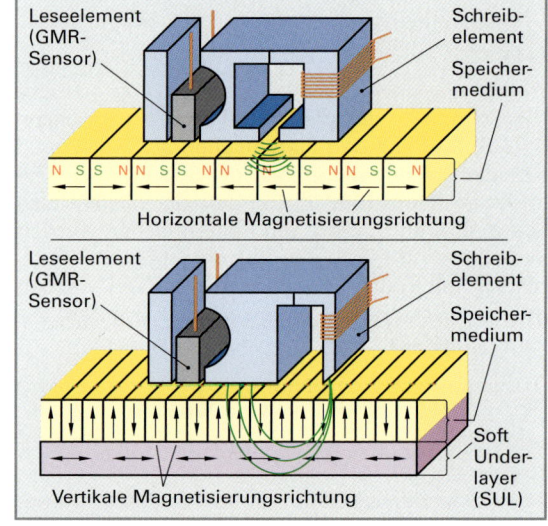

Bild 2: Aufzeichnungsarten

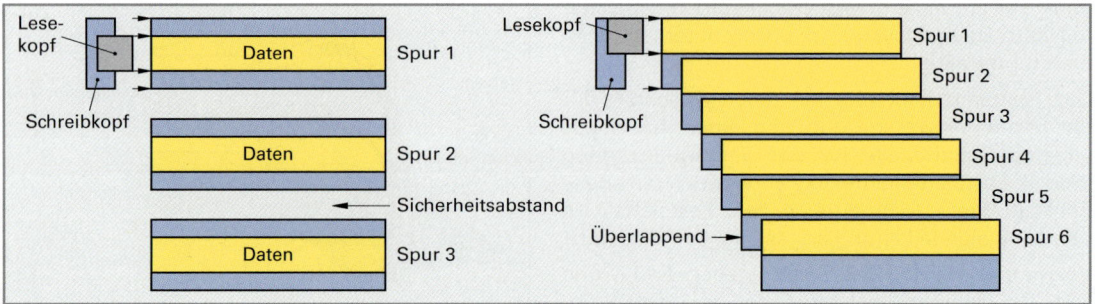

Bild 3: Aufzeichnungsverfahren mit Sicherheitsabstand und mit Überlappung

4.2.2.2 SSD

SSD speichern Daten elektrisch in EEPROMs (Flash-Speicherchip) mit kurzen Zugriffszeiten. Da sie keine beweglichen Teile haben, sind sie robust, lautlos und benötigen wenig Leistung, z. B. 1,5 W im Schreib-/Lesebetrieb und 0,15 W im Standby-Betrieb. Nachteilig ist, dass bei EEPROMs vor dem Schreiben neuer Daten erst die alten Daten gelöscht werden müssen. Dies verringert die Lebensdauer. Lesezugriffe sind aber beliebig oft möglich.

Aufgebaut sind SSD aus Flash-Speicherchips mit jeweils 16-MB-Speicherzellen. Die SSD werden für Subnotebooks auch als M.2-SSD hergestellt **(Bild 1)**.

SLC-Flash-Speicher werden verwendet, wenn es auf hohe Geschwindigkeiten und große Zuverlässigkeit ankommt. Sie speichern die binäre Information in Form von Ladungen in Feldeffekttransistoren mit Floating Gate (schwebendes Gate) **(Bild 2)**. Zum Lesen der Information wird der Drain-Source-iderstand R_{DS} des FETs ausgewertet, z. B.

$R_{DS} = 10\ \text{k}\Omega \mathrel{\hat=} 0$ und $R_{DS} = 3\ \text{M}\Omega \mathrel{\hat=} 1$.

SLC-Zellen können bis zu 100 000 Schreib-/Löschzyklen ausführen.

MLC-Flash-Speicher können z. B. je nach Ladungsmenge auf dem Floating Gate zwischen 4 Bit je Zelle und 64 Bit je Zelle speichern. Diese Technik wird als Multi-Level-Speicherung bezeichnet **(Tabelle 1)**. Für die Zuordnung der Binärwerte wird die Größe des R_{DS}-Widerstandes herangezogen. MLC-Zellen können bis zu 10 000 Schreibzyklen je Zelle ausführen.

Die maximale Zahl der Schreib-/Löschzyklen eines MLC-Speichers liegt wesentlich höher als bei den einzelnen Speicherzellen. Der SSD-Controller verteilt die Schreibzugriffe mit Wear-Leveling-Verfahren so auf alle Speicherzellen, dass jede einzelne Speicherzelle möglichst wenig beansprucht wird.

> Wear-Leveling-Verfahren verringern nicht die Zahl der Schreibzugriffe, sondern die Menge an geschriebenen Daten je Speicherzelle.

Die Kapazität eines MLC-Speichers soll deshalb nur zu 80 % genutzt werden, damit viele freie Zellen für Schreiboperationen zur Verfügung stehen.

SSD sind meist mit einer SATA-Schnittstelle ausgerüstet. Der Anschluss erfolgt über einen SATA-Combo-Stecker, der 7 Anschlüsse für die Daten und 15 Anschlüsse für die Stromversorgung verwendet **(Bild 3)**.

> **!** **SSD, Solide State Disk** = Halbleiterlaufwerk.
> **SLC von Single Level Cell** = Zelle kann zwei Zustände speichern.
> **MLC von Multi Level Cell** = Zelle kann mehrere Zustände, z. B. vier, speichern.
> **Wear Leveling** = Verschleißgrad verringern.

Bild 1: Aufbau einer Solid State Disk für SATA und M.2-SATA III

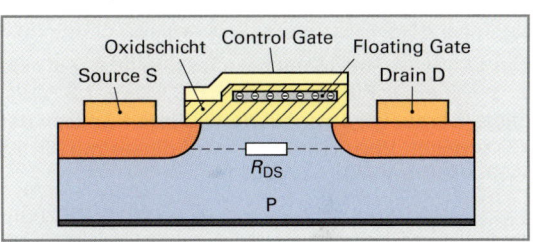

Bild 2: Flash-Speicherzelle

Tabelle 1: Multi-Level-Speicherung mit Flash-Zelle		
Ladungsmenge im Floating Gate	R_{DS}-Bereiche	Binärwert
klein	10 kΩ bis 33 kΩ	00
mittel	33 kΩ bis 333 kΩ	01
groß	333 kΩ bis 3,3 MΩ	10
sehr groß	< 3,3 MΩ	11

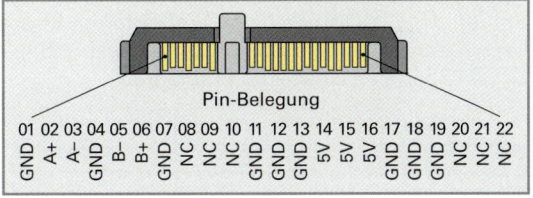

Bild 3: SATA-Combo-Stecker

4.2.2.3 Optische Speicher

Optische Speicher verwenden als Datenträger eine dünne Scheibe von 1,2 mm Dicke aus durchsichtigem Kunststoff **(Tabelle 1)**. Ihr Außendurchmesser beträgt 12 cm, in der Mitte ist ein Loch mit 15 mm Durchmesser. Unter einer lichtdurchlässigen Oberfläche liegt eine lichtreflektierende Schicht, z. B. aus Aluminium. Diese enthält die gespeicherten Informationen in Form von Vertiefungen, den Pits (von pit = Grube) und Erhebungen, den Lands (von land = Land), in spiralenförmiger Anordnung. Die Pits und Lands auf der Spirale werden beim Lesen von einem Laserstrahl von innen nach außen abgetastet. Der Übergang von Pit nach Land oder umgekehrt enthält den Signalwert 1 **(Bild 1)**. Die Größe der Pits und Lands hängen von der Wellenlänge des verwendeten Lasers ab **(Bild 2)**.

> Je dichter die gespeicherte Information gepackt ist, desto größer ist die Speicherkapazität.

Eine Audio-CD mit 74 min Laufzeit hat eine Kapazität von 650 MB. Sie wird mit einfacher Geschwindigkeit abgespielt.

Die Bitrate beträgt
$650 \cdot 2^{20}$ Byte/74 min $\approx 9 \cdot 106$ MB/min = 150 kB/s.
Ein Laufwerk mit 52-facher Geschwindigkeit liest z. B. mit einer Bitrate von $52 \cdot 150$ kB/s = 7,8 MB/s. Diese Bitrate wird nur auf den äußeren Spuren der CD erreicht. Vom Hersteller wird dieser maximale Wert als Bitrate angegeben.

Ein Laufwerk mit 52-facher Geschwindigkeit dreht mit mehr als 10000/min. Dies verursacht ein lautes Geräusch. Für höhere Geschwindigkeiten, z. B. 80-fache, wird die Multibeam-Technik (Mehrstrahltechnik) angewendet **(Bild 3)**.

> Multibeam-Technik ist leise und ermöglicht höhere Bitraten.

Der Laserstrahl wird an einem Beugungsgitter in mehrere einzelne Strahlen aufgefächert, z. B. in 5 oder 7. Diese Strahlen lesen gleichzeitig mehrere Spuren der CD. Die von der CD reflektierten Strahlen werden von einem Spiegel umgelenkt und gelangen über eine Linse zum Empfänger.

> ! Optische Speicher haben eine garantierte Speicherzeit von z. B. 10 Jahren.

Tabelle 1: Arten von optischen Speichern

Name	Erklärung
CD-ROM	Compact Disc-Read Only Memory = kompakte Scheibe-Nurlesespeicher.
CD-R	R von Recordable = bespielbar, d. h. einmal vom Anwender beschreibbar.
CD-RW	RW von Read = Lesen und Write = Schreiben; CD kann mehrfach beschrieben werden.
DVD	Digitale Versatile Disc = digitale vielseitig verwendbare Scheibe – Nurlesespeicher.
DVD-R	Einmal beschreibbare DVD.
DVD-RAM	RAM von Random Access Memory; mehrfach beschreibbare DVD.
BD	BD von Blu-ray Disc; Blu von Blue = blau und ray = Strahl (Blauer Laserstrahl)
BD-R	Einmal beschreibbare BD.
BD-RE	RE von Rewritable = wiederbeschreibbar; mehrfach beschreibbare BD.
Blu-ray ist ein geschützter Markenname	

Bild 1: Seitenansicht einer CD-ROM

CD	Abmessungen bei DVD und BD		
	Disk-Art	DVD	BD
	Spur Abstand	0,74 µm	0,32 µm
	minimale Pitlänge	0,4 µm	0,15 µm

Bild 2: Datenspuren bei BD, DVD und CD

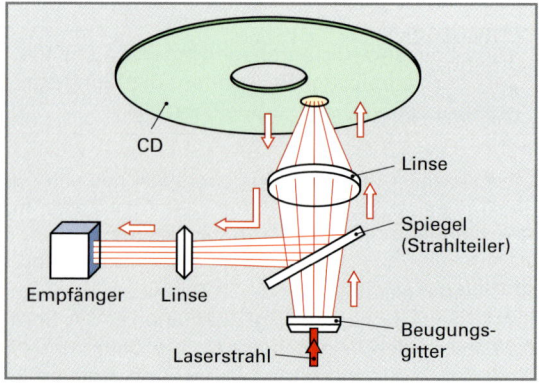

Bild 3: Abtastung mit Mehrstrahltechnik

Speicherkapazitäten

Bei CDs wird die Information nur auf einer Seite mit einem Infrarotlaser gelesen. Die DVD wird teilweise beidseitig (double layer) beschrieben und gelesen. Sie verwendet einen oder zwei Laser mit rotem Licht, die BD entsprechend mit blauem Licht.

> Mit abnehmender Wellenlänge des Lasers erhöht sich die Speicherkapazität, da die Pits und Lands kleiner werden.

Die Speicherkapazität der DVD hängt zum Einen davon ab, ob die Daten einseitig oder zweiseitig lesbar sind und zum Anderen, ob von einer oder zwei Schichten gelesen werden kann (**Bild 1**).

Eine BD wird nur einseitig gelesen, kann aber mehrere Informationsschichten enthalten. Zum Abtasten der unteren Schicht liest der Laser durch die obere Schicht hindurch. Er fokussiert auf die untere Ebene, d.h. die Daten der oberen Schicht bleiben unscharf und werden nicht ausgewertet.

> Eine BD mit zwei Datenschichten kann 50 GB speichern.

Einmal beschreibbare Disks (Rohlinge)

CD-R, DVD-R und BD-R sind nur einmal beschreibbar. Auf der Reflexionsschicht aus z.B. Gold oder Silber befindet sich eine Farbschicht als Datenträger, z.B. aus Cyanin. Beim Brennen schmilzt die Farbschicht an bestimmten Stellen (**Bild 2**). Sie wird undurchlässig für Licht und der Laserstrahl wird dort nicht reflektiert. Der Wechsel von reflektierenden und nicht reflektierenden Stellen entspricht der Folge von Pits und Lands einer gepressten Disk.

Wiederbeschreibbare Disks

CD-RW, DVD-RAM oder BD-RE sind wiederholt beschreibbar. Bei ihnen besteht die Aufzeichnungsschicht aus vier Lagen (**Bild 3**). Die Farbschicht liegt zwischen zwei dielektrischen Schichten. Sie besteht aus einer lichtdurchlässigen Metalllegierung. Beim Brennen erhitzt der Laser Stellen bis knapp über den Schmelzpunkt. Dabei verändert sich der kristalline Materialaufbau in einen amorphen (= gestaltlosen) Zustand (**Bild 4**). Die amorphen Stellen reflektieren das Licht nicht. Beim Löschen werden diese Stellen mit weniger Energie bestrahlt, sodass eine Rekristallisation erfolgt. Dieses Verfahren ist auch als Phase-Change-Verfahren (von Phase = Phase, Change = Wechsel) bekannt.

Laserwellenlängen
- ○ λ = 780 nm infrarote Strahlung (ired)
- ● λ = 650 nm rotes Licht
- ● λ = 405 nm blaues Licht (blue ray)

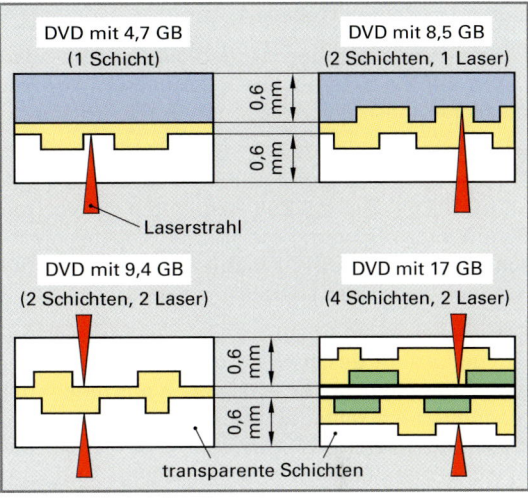

Bild 1: DVD-Arten

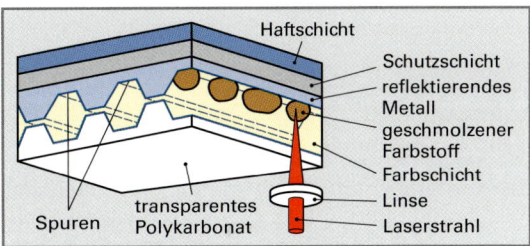

Bild 2: Beschreiben von DVD-R, CD-R und BD-R

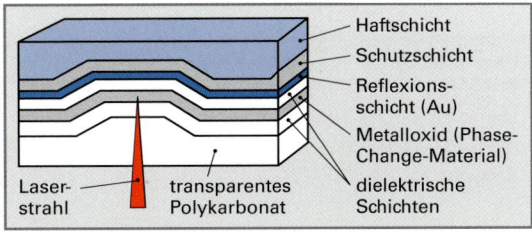

Bild 3: Aufbau einer wiederbeschreibbaren Disk

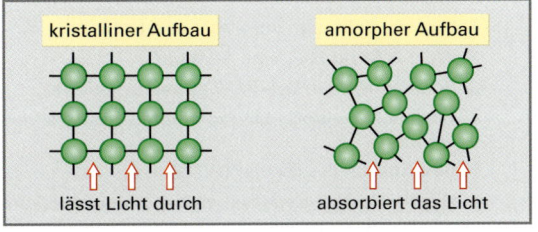

Bild 4: Kristallgitter wiederbeschreibbarer Disks

4.2.3 Speicher für Backup

Backup-Speicher (to backup = sichern) dienen einerseits zum Archivieren von Daten in bestimmten Abständen, z. B. täglich, und andererseits zur Datensicherung bei Ausfall eines Computers im laufenden Betrieb **(Tabelle 1)**.

Für die Datensicherung werden die zu sichernden Daten auf ein externes Speichermedium kopiert. Als Sicherungsmedien dienen DVD, BD, USB-Stick, Festplatten und Bandlaufwerke **(Bild 1)**.

Externe Festplatten gibt es in den Größen 3,5 Zoll und 2,5 Zoll. Bei 2,5-Zoll-Festplatten erfolgt die Spannungsversorgung meist über die Anschlussschnittstelle, z. B. USB. 3,5-Zoll-Festplatten benötigen ein zusätzliches Netzteil.

Streamer (von to stream = strömen) sind Bandlaufwerke zum Beschreiben und Lesen von Magnetbändern (tapes). Diese bestehen aus einem mit magnetischem Material beschichtetem Polyesterband und sind z. B. 4 mm oder 8 mm breit. Die Speicherkapazität ist von der Bandlänge und vom Beschreibungsverfahren abhängig. Meist werden die Daten in schrägen Spuren oder serpentinenförmig aufgezeichnet **(Bild 2)**.

> Streamer sind große Datenspeicher, können aber nicht wahlfrei auf die Daten zugreifen.

Die gespeicherten Daten der Magnetbänder werden von Streamern immer komplett nacheinander (sequenziell) gelesen. Es gibt verschiedene Technologien, z. B. DAT (Digital Audio Tape), SLR (Scalable Linear Recording), DLT (Digital Linear Tape), LTO (Linear Tape Open).

Beispiel 1: Backup-Zeit berechnen

In einer Firma muss eine Datenmenge von 4,1 GiB gesichert werden. Das Sicherungslaufwerk hat eine Schreibrate von 0,6 GB/h. Wie lange dauert das Backup?

Lösung:
$$t_B = \frac{4,1 \text{ GiB}}{0,6 \text{ GB/h}} = \frac{4,1 \cdot 2^{30} \text{ B}}{0,6 \cdot 10^9 \text{ B/h}} \approx \mathbf{7,33 \text{ h}}$$

K   Kompetenzorientierung

1. **Was versteht man unter Pits und Lands?**
2. **Welche Bitrate hat eine Audio-CD?**
3. **Erklären Sie den Begriff Multibeam-Technik.**
4. **Welche Laserwellenlängen werden bei CDs verwendet?**
5. **Beschreiben Sie die vier DVD-Arten.**
6. **Welche Backup-Speicher werden unterschieden?**
7. **Welche Aufzeichnungsarten verwenden Streamer?**

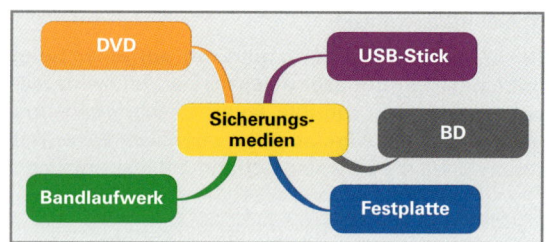

Bild 1: Sicherungsmedien

$$t_B = \frac{m}{r_B}$$

t_B	Backupzeit
m	Datenmenge
r_B	Schreibrate in Bit/s

Tabelle 1: Speicher für Backup

Art	Kapazität in GB	Bitrate in MB/s	Schnittstellen, Erklärungen
optische Speicher			
DVD	4,7 bis 9,4	bis zu 20,8	SATA, SCSI, USB
BD	25 bis 50	bis zu 4,5	HDMI, SATA, USB 3.x
externe Festplatten			
2,5-Zoll	250 bis 4000	bis zu 600	USB, Firewire, SATA
3,5-Zoll	40 bis 1 500	bis zu 600	USB, Firewire, SATA
Bandlaufwerk (Streamer)			
DLT und SDLT	35 bis 320	5 bis 36	Bandbreite (1/2)" SDLT = Super DLT
SLR	4 bis 140	1 bis 30	extrem geringer- Bandverschleiß
DAT	bis 72 000	0,5 bis 4,8	SCSI
LTO	bis zu 400	15 bis 80	SCSI, Fibre Channel

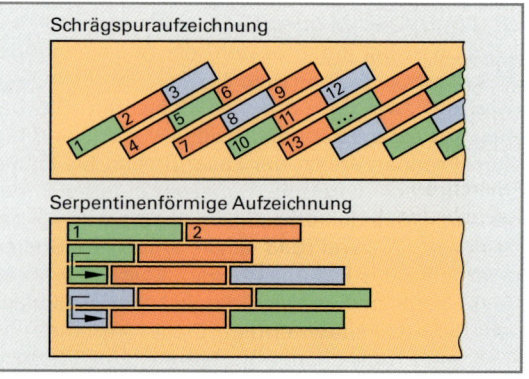

Bild 2: Aufzeichnungsarten

4.2.4 Chipkarten

Chipkarten, Chipmünzen oder Transponderkarten werden zur Speicherung von Daten z. B. als Kunststoffkarten angeboten. Man unterscheidet kontaktbehaftete Chipkarten und kontaktlose Chipkarten.

Chipkarten

Chipkarten sind berührungslose Datenträger. Sie werden auch unter der Bezeichnung Smart Card, Electronic Card oder Computer Card angeboten. Sie zeichnen sich durch eine sehr bequeme Handhabung und durch eine sichere und verschleißfreie Nutzung aus. Die notwendige Energie für die Kommunikation zwischen Schreib-/Leseeinheit und Chip wird durch ein elektromagnetisches Feld übertragen. Die Ausleseentfernung zwischen Chip und Antenne beträgt je nach System 5 cm bis 100 cm.

Bild 1 zeigt verschiedene Chipkarten. Verwendet werden diese zur

- Identifikation von Menschen,
- Zugangskontrolle/Zutrittskontrolle,
- Zeiterfassung,
- bargeldlosen Bezahlung und
- Logistik und Lagerverwaltung.

Folgende Kontakte stehen zur Verfügung: VCC Spannungsversorgung, RST Reset, CLK Clock, GND Ground, VPP Programmierspannung, I/O serieller Ein-/Ausgang und C4, C8 für z. B. USB-Anschluss.

Nach ISO 7816 gibt es die standardisierten Größen:

- ID-1: Das größte und am weitesten verbreitete Format (85,60 mm × 53,98 mm), für z. B. Bankkarten und Krankenversicherungskarten,
- ID-00: Das mittlere Format hat bisher keine größere Anwendung gefunden und
- ID-000: Das Format findet vor allem bei SIM-Karten in Mobiltelefonen Verwendung **(Bild 2)**. Noch kleinere Formate werden Micro-SIM (15 mm x 12 mm) oder Nano-SIM (12,3 mm x 8,8 mm) genannt.

Synchrone Chipkarten

Synchrone Chipkarten bestehen aus Speichern, zum Auslesen oder Beschreiben **(Bild 3, links)**. Über die I/O-Schnittstelle ist es möglich, sequenziell auf die einzelnen Speicherzellen zuzugreifen. Sie bieten reine Datenspeicherung und keinen Datenschutz. Synchrone Chipkarten werden z. B. bei Telefonkarten eingesetzt.

Asynchrone Chipkarten

Asynchrone Chipkarten nach ISO 7816 auch als Prozessor-Chipkarten bezeichnet, verfügen über einen Mikroprozessor **(Bild 3, rechts)**. Über diesen kann man auf die gespeicherten Daten zugreifen. Dies ermöglicht z. B. kryptographische Verschlüsselung der Daten. Asynchrone Chipkarten werden z. B. bei Geldkarten, Krankenversicherungskarten

> ❗ **Chipkarten** dienen zur Identifizierung, Authentifizierung und zur Datenspeicherung.

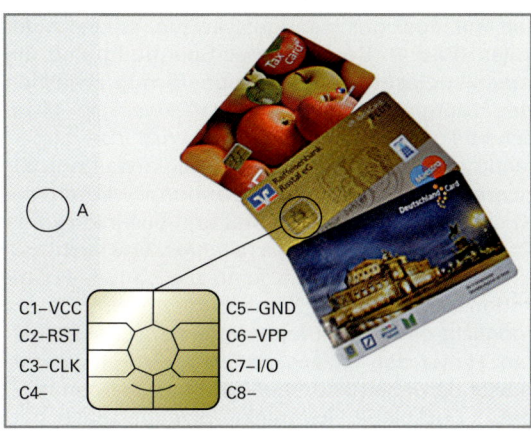

C1–VCC   C5–GND
C2–RST   C6–VPP
C3–CLK   C7–I/O
C4–   C8–

Bild 1: Beispiele für Chipkarten

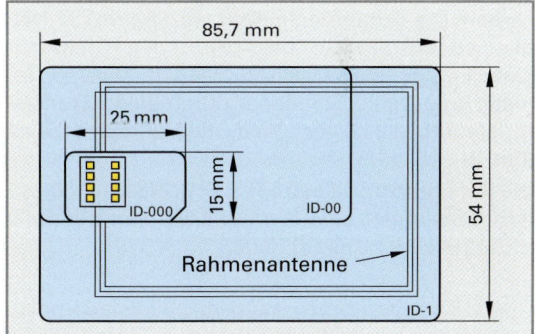

Bild 2: Abmessungen von Chipkarten

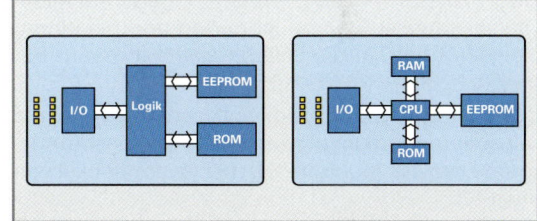

Bild 3: Synchrone und asynchrone Chipkarten

oder bei Firmenausweisen eingesetzt. Mit signiertem 128-Bit-Schlüssel stehen sie auch als TV-Decoderkarten zur Verfügung.

Chipmünzen

Die Chipmünze (Chipcoin) ist ein programmierbares Identifikations- und Zahlungsmittel in Form einer Münze. Der IC (Chip) wird in Form einer Münze in Kunststoff vergossen.

Chipmünzen werden meist als Zahlungsmittel z. B. in Parkhäusern oder in Schwimmbädern eingesetzt.

4.2.5 Bildschirme und Displays

TFT-Flüssigkristall-Display

Die TFT-LCDs bestehen aus sehr dünnen Schichten mit flüssigen, langgestreckten Kristallmolekülen (**Bild 1**). Bei fehlender Spannung sind die Kristallmoleküle wendeltreppenförmig zwischen der Frontglasscheibe und der rückwärtigen Glasscheibe angeordnet. Dadurch wird das einfallende polarisierte Licht im Flüssigkristall um 90° gedreht. Bei angelegter Spannung werden die Kristallmoleküle ausgerichtet und bewirken keine Drehung des *polarisierten Lichtes*. Das nicht gedrehte polarisierte Licht kann die hintere Polarisationsscheibe nicht durchdringen. Damit ist es möglich, den Lichtdurchgang elektrisch zu schalten. Hinter den Flüssigkristallen wird eine Lichtquelle betrieben und über Farbfilter werden rote, grüne und blaue Lichtpunkte erzeugt. Diese sind gleichmäßig über die Displayfläche verteilt.

Die Farbauflösung beträgt z. B. 2^{18} unterschiedliche Farben. Die Schaltmöglichkeit wird beim TFT-Display so ausgenützt, dass für jeden Bildpunkt eine Flüssigkristallzelle (TN-Zelle von Twisted Nematic = gedrehte Stäbchen) durch einen Transistor steuerbar in einem Rasterfeld angeordnet ist (**Bild 2**).

Die Bildpunktgröße beträgt z. B. 0,248 mm x 0,248 mm. Dies ergibt bei einem 22"-Monitor mit 1920 x 1080 Pixel = 2073600 Pixel.

> Bei TFT-Bildschirmen kann die Bildwiederholfrequenz nicht verändert werden.

Die TFT-Displays haben eine geringe Einbautiefe. Die Leistungsaufnahme ist gering und bei einem 22"-Gerät beträgt die Leistungsaufnahme im Betrieb z. B. 40 W, im Standby 1 W.

Der Benutzer sollte möglichst senkrecht auf die Bildschirmoberfläche sehen. Die Beobachtungsgrenze liegt für Monitore z. B. bei einem Winkel von etwa 170°.

> Alle LC-Bildschirme verwenden eine Hintergrundbeleuchtung.

PDP-Displays

Jeder Bildpunkt ist ein selbstleuchtendes Element. Dabei wird Phosphor zum Leuchten angeregt und zwar jeweils in den Farben Rot, Grün, Blau. Das Plasmadisplay besteht aus zwei parallelen Glasscheiben mit geringem Abstand zueinander (**Bild 3**). Die Glasscheiben haben auf der Innenseite ein sich überkreuzendes metallisches Streifengitter mit Elektroden in den Kreuzungspunkten.

> **!** **TFT-LCDs** (Thin Film Transistor Liquid Crystal Displays = Dünn-Film Transistor-Flüssigkristall-Anzeigen)
> **PDP-Displays** (Plasma Display Panels = Plasmaanzeigetafeln)

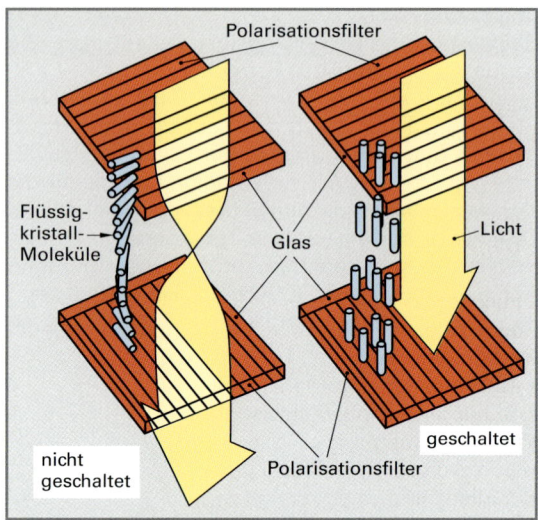

Bild 1: Lichtdurchgang bei nichtgeschaltetem und geschaltetem Bildpunkt

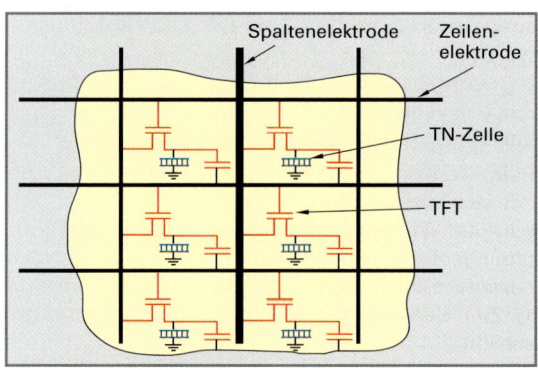

Bild 2: TFT-LCD (Ausschnitt)

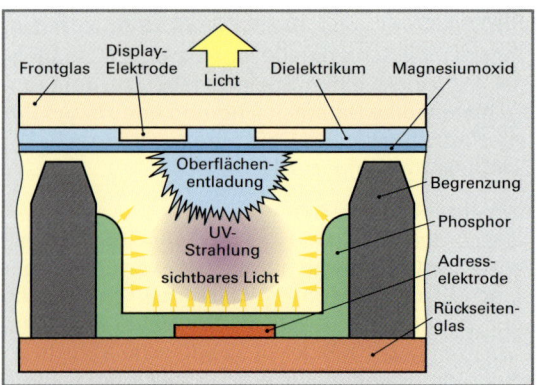

Bild 3: Querschnitt durch ein PDP-Display

Zur Bildpunkterzeugung wird Spannung an ein Streifenpaar angelegt. Am Kreuzungspunkt findet dann eine Entladung statt und erzeugt so lange UV-Strahlung, bis über einen Löschimpuls die Entladung gelöscht wird. Die UV-Strahlung wird über fluoreszierenden Phosphor in sichtbares Licht in den Farben Rot, Grün und Blau umgewandelt. Jeder Bildpunkt besteht aus einem rot-, grün- und blaufluoreszierenden Kreuzungspunkt. PDP-Displays werden mit Auflösungen von z. B. 1280 x 1024 Bildpunkten hergestellt und sind besonders auch für CAD-Anwendungen vorgesehen.

> Flachbildschirme sind flimmerfrei und verzerrungsfrei.

Touchscreen

Touchscreens (Berührungs-Bildschirme) ermöglichen eine Daten- und Signaleingabe durch Berührung der Bildschirmoberfläche mit dem Finger, z. B. bei TFT-Displays **(Bild 1)**. Der angeschlossene Computer wertet die Berührpunkte entsprechend den x/y-Koordinaten des Bildschirms aus. Durch die Bildschirmberührung werden virtuelle (scheinbare) Tasten betätigt (Bild 1).
Touchpanels werden meist in mobilen Bediengeräten, z. B. mit 10,4 Zoll Touchdisplay bei einer Auflösung von 800 x 600 Pixel verwendet **(Bild 2)**. Neben der Befehlseingabe mit den Fingern kann auch ein zugehöriger Touchstift zur Eingabe auch einzelner Zeichen verwendet werden, z. B. zur Parametereingabe bei Systeminstallationen.

Beim **Touchscreen mit Widerstandsschicht** befindet sich auf der Bildschirmoberfläche eine transparente Widerstandsbeschichtung und darüber, durch Isolierpunkte getrennt, eine wiederum transparente Schicht mit leitfähigem Kunststoff (Bild 1). Bei Berührung gibt die leitfähige Kunststoffschicht Kontakt zur Widerstandsschicht auf der Bildschirmoberfläche und schließt damit je einen Stromkreis in x-Richtung und einen in y-Richtung **(Bild 3)**. Anhand der Widerstände in diesen beiden Stromkreisen können die Berührpunktkoordinaten bestimmt werden. Die Auflösung der Berührpunktpositionen liegt bei etwa 100 000 Berührpunkten je inch (inch, Längenmaß, 1 inch = 1 Zoll = 2,54 cm = 25,4 mm) bei einer Transparenz der Berührungsschicht von 75 %.

Der **Touchscreen mit Ultraschallabtastung** sendet Körperschall-Ultraschallwellen in einem Deckglas des Bildschirms. Durch Reflektoren am Bildschirmrand wird die Ultraschallwelle über die gesamte Bildschirmfläche geführt. Bei Berührung wird die Ultraschallwelle gedämpft und die Schallsensoren in den 4 Bildschirmecken empfangen je nach x-, y-Koordinate des Berührpunktes die Schallwellen

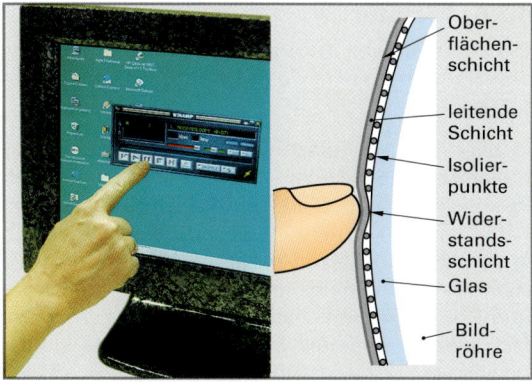

Bild 1: Touchscreen mit Widerstandsschicht

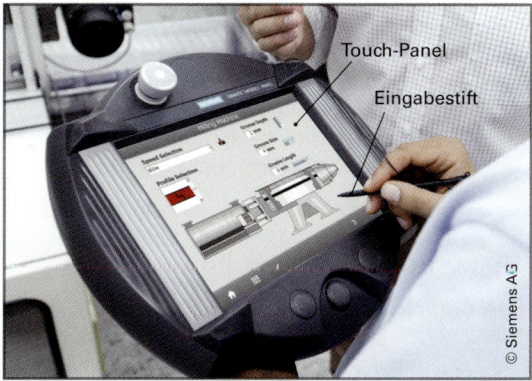

Bild 2: Bediengerät mit Touchpanel

© Siemens AG

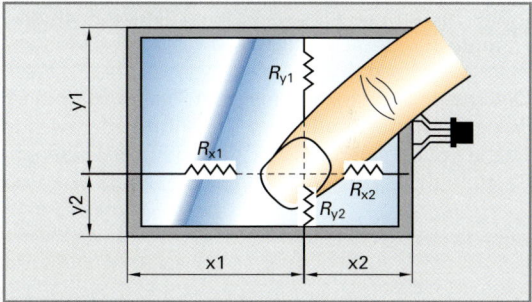

Bild 3: Die Widerstandsaufteilung bei Berührung

mit reduzierter Schallleistung mit unterschiedlichen Schalllaufzeiten. Die Auflösung beträgt etwa 150 Berührpunkte je inch bei einer Bildschirmtransparenz von mehr als 90 %.

K   Kompetenzorientierung

1. **Auf welchen Funktionsprinzipien beruhen Flachbildschirme?**
2. **Erklären Sie die Wirkungsweise der Touch-Screens.**
3. **Welches Hilfsmittel erlaubt bei Touchscreens die Eingabe einzelner Zeichen?**

4.2.6 Tastatur

Die Dateneingabe in Form von Buchstaben, Ziffern und Sonderzeichen erfolgt meist über eine Tastatur (Keyboard).

In der obersten Tastenreihe befinden sich Funktionstasten (Softkeys), deren Funktionen auch wechseln können **(Bild 1)**. Die aktuelle Funktion wird häufig am unteren Bildschirmrand angezeigt. In deutlichem Abstand darunter befinden sich die Alphatasten zur Eingabe von Buchstaben, Ziffern und Sonderzeichen. Dabei sind die Tasten mehrfach belegt. Über die Shift-Taste (von to shift = umschalten) ⬆ wird auf die 2. Ebene z. B. auf die Großbuchstaben umgeschaltet und über die Alt-Gr-Taste (von to alternate = wechseln) auf die 3. Ebene, z. B. für die eckige Klammer **(Bild 2)**. Die 4. Ebene erreicht man z. B. mit der Taste Strg (Steuerung). Rechts neben den alphanumerischen Tasten sind die Cursortasten zum Bewegen des Cursors (Markierer) sowie Tasten für das Einfügen von Buchstaben und weiterer Bildschirmoperationen.

Ganz rechts gibt es einen numerischen Tastenblock mit Ziffern für die Eingabe von Zahlen und zum Rechnen mit den Grundrechenarten.

Man unterscheidet z. B. das deutsche Tastenfeld (DIN 2137, DIN 2139) und die amerikanische Tastatur. So sind dort z. B. die Positionen der Tasten *y* und *z* so wie weiterer Tasten vertauscht.

> Die Tastenbelegungen sind in den einzelnen Ländern unterschiedlich.

Die Tasten selbst sind entweder Tasten mit einem Tastenkopf und deutlichem Tastenhub oder es sind flache Folientasten mit nur geringem oder keinem Tastenhub. Letztere bieten guten Schutz vor Ver-

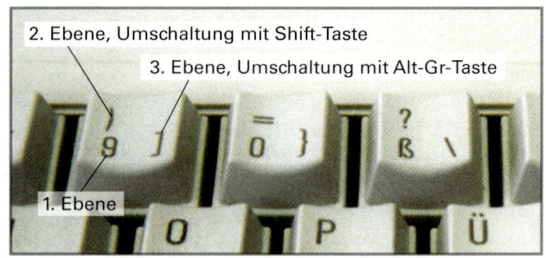

Bild 2: Dreifach belegte Tasten (Auswahl)

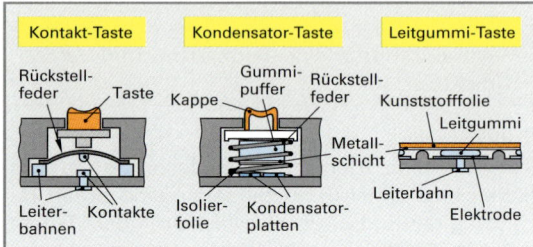

Bild 3: Tastenarten

schmutzung und Wasser und werden daher im Bereich von Werkstätten und Fabrikhallen verwendet, obgleich diese Tasten weniger gut zu betätigen sind.

Die Funktionsweise der Tasten beruht meist auf einer mechanischen Kontaktgabe mit einer Lebensdauer von etwa 10 Millionen Betätigungen oder auf einer kapazitiven Kontaktgabe, wobei die Kapazität eines Kondensators bei Betätigung geändert wird. Die Lebensdauer wird z. B. mit $5 \cdot 10^7$ Millionen Betätigungen angegeben **(Bild 3)**. Bei den Folientastaturen befindet sich unter der Tastfläche meist *Leitgummi*, der auf Druck leitend wird und die darunterliegenden Kontaktelektroden kurzschließt.

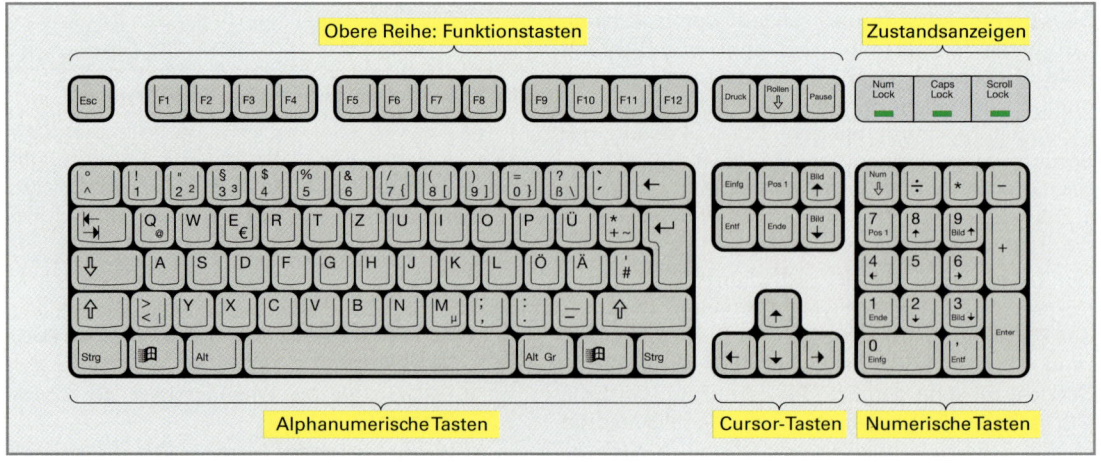

Bild 1: Deutsche Tastaturbelegung

4.2.7 Zeige- und Steuergeräte

Die **Maus** (Mouse) ist ein inkrementeller zwei-achsiger Wertgeber, der bei Bewegung einen Bildschirmmarkierer (Cursor) zweiachsig, d. h. in *x*-Richtung und *y*-Richtung, bewegen kann. Da-bei werden die von der Maus ausgelösten Bewe-gungsinkremente am Bildschirm ausgeführt, z. B. bei einer Bewegung der Maus nach rechts erfolgt auch eine Cursorbewegung nach rechts.

Die meisten Mäuse sind optische Mäuse. Die op-tische Maus **(Bild 1)** ermittelt ihre Relativbewe-gung zur (fast beliebigen) Unterlage mithilfe eines Kamerasensors durch Bildverarbeitung. Dieser Sensor nimmt ständig Bilder auf mit einer Bild-wiederholungsrate von mehr als 1500 Bilder/s. Die Bildgröße beträgt etwa 30 x 30 Pixel. Die Unter-lagen müssen eine optisch strukturierte Ober-fläche haben, z. B. bedruckte Mauspads. Nicht möglich sind z. B. Spiegel und ganz einfarbige Oberflächen.

Die Beleuchtung der Mausunterlage erfolgt mit einer Leuchtdiode (LED) oder bei der Lasermaus mit einer Laserdiode. Die Bilder werden als Grau-wertbilder, in dem zum Kamerasensor gehören-den DSP (Digital-Signal-Prozessor), ausgewertet. Zuerst werden dabei die Geschwindigkeitskom-ponenten in zwei Richtungen (vorwärts-rückwärts und seitwärts rechts-links) ermittelt und sodann werden die Wegzuwächse in diesen Richtungen berechnet. Die mechanische Maus erzeugte die Bewegungsinkremente über eine Rollkugel und ein Schlitzrad.

Beim **Tracker-Ball** (von to track = folgen), wird mit dem Daumen und Zeigefinger oder Mittelfinger die etwa 3 cm große Kugel in ihrer Lagerung gedreht **(Bild 2)**. Bei Drehung der Kugel liefern zwei Inkre-mentalgeber, welche senkrecht zueinander ange-ordnet sind, Impulse zur Cursorsteuerung. Wie bei der Maus wird der Tracker-Ball durch einige Tasten zur Auslösung von Funktionen ergänzt. Man kann mit den Tasten im Tippbetrieb eine Feinpositionie-rung des Cursors durchführen. Dabei verschiebt sich mit jedem Tippen der Cursor um einen Bild-punkt.

Der **Joystick** (= Steuerknüppel) dient zur Cursor-steuerung und ist häufig in das Computerbedie-nungsfeld integriert. Beim Joystick mit binärem Ausgangssignal werden über den kugeligen oder elastisch gelagerten Steuerknüppel entsprechend der Auslenkung ein oder zwei der vier Mikroschal-ter betätigt. Der Joystick mit binärem Ausgangs-signal ersetzt die übliche Cursor-Tastatur **(Bild 3)**.

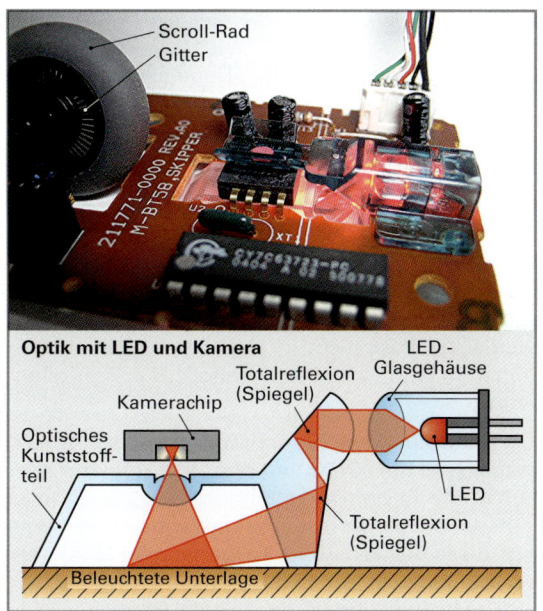

Bild 1: Optische Maus

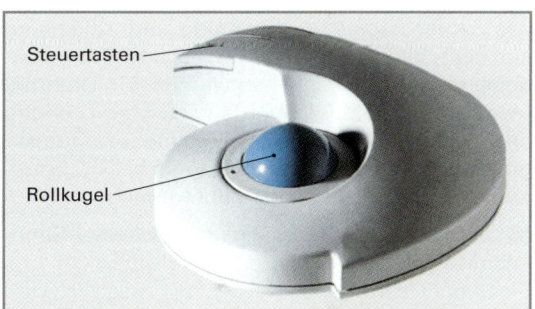

Bild 2: Tracker-Ball

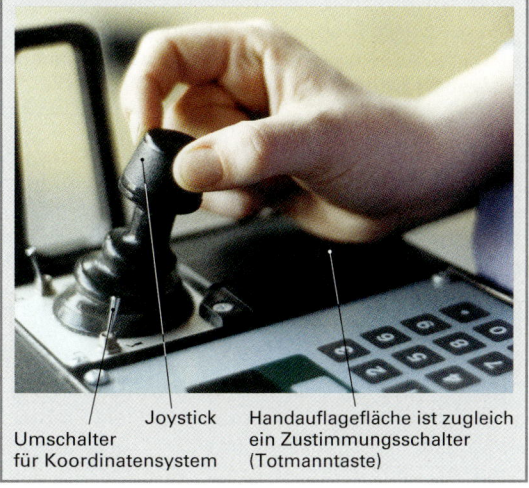

Bild 3: Joystick zur Roboterbewegungssteuerung mit drei Freiheitsgraden

Der Joystick ermöglicht die gleichzeitige Auslenkung in zwei Achsen, z. B. auch zur Bewegungssteuerung von Robotern. Dabei werden zwei Potenziometer gedreht und man erhält zwei Spannungssignale, welche der jeweiligen Auslenkung proportional sind.

Joysticks werden an den PC über die USB-Schnittstelle angeschlossen.

Es gibt Joysticks mit zusätzlichem Drehpotenziometer im Steuerknüppel. Damit kann z. B. ein Cursor-Achsenkreuz auf dem Bildschirm gedreht werden. Die Joysticks für Computer-Spiele haben ferner im Griff einen Tastschalter zur Ereignissteuerung.

Der **6D-Steuerkopf** (Space-Mouse = Raum-Maus) reagiert auf drei Kräfte und drei Momente und zwar auf Kräfte in den Hauptrichtungen x, y, z, eines kartesischen Achsenkreuzes und auf die Momente um diese Achsen **(Bild 1)**. Verwendet wird dieser Steuerknopf zur Bildschirmsteuerung bei der 3D-Darstellung (dreidimensionale Darstellung) in CAD-Anwendungen und zur Bewegungssteuerung von Robotern. Gegenstände können durch Drücken des Steuerknopfes in x-Richtung und z-Richtung auf dem Bildschirm nach rechts und links bzw. unten und oben verschoben werden. Ein Drehmoment auf den Steuerknopf bewirkt eine Drehung des Gegenstandes. Dabei sind Drehbewegungen gleichzeitig um drei Achsen möglich (Nickbewegung, Gierbewegung und Rollbewegung).

Mit dem 6D-Steuerkopf kann, z. B. bei einer Simulation, ein Flugzeug auf dem Bildschirm in drei Richtungen verschoben werden und zusätzlich sind Drehbewegungen um die drei Achsen ausführbar **(Bild 2)**.

> Mit der Space-Mouse können Bildschirmobjekte in bis zu 6 Bewegungskomponenten gleichzeitig gesteuert werden.

Die Kräfte und Momente auf die Stege werden z. B. mit Dehnungsmessstreifen erfasst und mithilfe eines Mikroprozessors in Signale für die Kraftkomponenten F_x, F_y, F_z und Kraftmomentkomponenten M_x, M_y, M_z zerlegt.

Wertgeber sind Handrädchen mit Strichscheiben (Inkrementalgeber). Man verwendet sie zur Bewegungssteuerung, z. B. bei NC-Maschinen und bei Robotern **(Bild 3)**. Das Handrädchen kann in Verbindung mit einer elektromagnetischen Bremse, als so genanntes reaktives (reaktiv = rückwirkend) Handrad, dem Benutzer Grenzwerte rückmelden. Bei Vorliegen eines Grenzwertes wird richtungsabhängig die Drehbewegung erschwert.

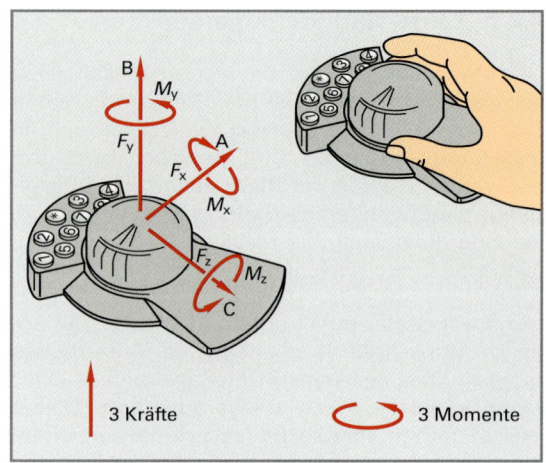

Bild 1: 6D-Steuerkopf (Space-Mouse)

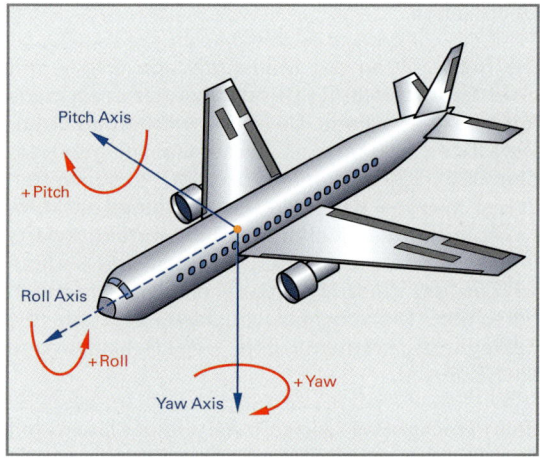

Bild 2: Bewegungssimulation mit 6D-Steuerkopf

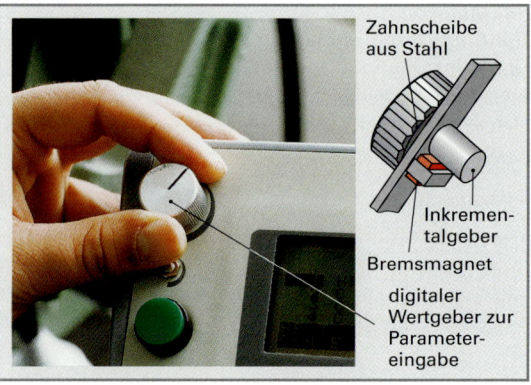

Bild 3: Wertgeber zur Bewegungssteuerung

4.2.8 Drucker

4.2.8.1 Text- und Grafikdrucker

Die Ausgabe von Textdaten und Grafikdaten auf Papier, Folien und Etiketten erfolgt mit Druckern. Es gibt Nadeldrucker, Tintenstrahldrucker, Laserdrucker, Thermotransferdrucker, Thermosublimationsdrucker und Phasen-Wechsel-Drucker (Phase-Change-Printer).

Die Farbdrucker arbeiten mit den Grundfarben *Cyan* (Grün + Blau), *Magenta* (Rot + Blau) und *Gelb* sowie oft zusätzlich mit Schwarz. Dementsprechend unterscheidet man zwischen Dreifarbendruck und Vierfarbendruck.

> Beim CMYK-Farbdrucker mischt der Drucker aus den Grundfarben **C**yan, **M**agenta, **Y**ellow und **K**ey (CMYK) alle Farbtöne. Key steht für die schwarze Farbe zur Kontrasterhöhung.

Zur Darstellung von Farbnuancen müssen die Grundfarben mit Punkten unterschiedlicher Farbsättigung oder unterschiedlicher Häufigkeit innerhalb einer Farbzelle, z. B. bei einer 6×6 Matrix mit 36 Punkten, gedruckt werden. Die Zahl der Punkte je Zeilenlänge bestimmt die Qualität des Druckes **(Bild 1)**. Angegeben wird die Druckqualität in der Einheit dpi (dots per inch = Punkte je Inch).

Tintenstrahldrucker

Beim Tintenstrahldrucker sind haarfeine Tintenkanäle in einer Reihe oder in zwei Reihen angeordnet, ähnlich den Nadeln beim Nadeldrucker. Die Tinte wird über einen austauschbaren Behälter bereitgestellt und den Tintenkanälen über einen zentralen Kanal zugeführt. Das Ausstoßen des Tintentröpfchens erfolgt entweder thermisch **(Bild 2)** durch lokale Verdampfung der Tinte und anschließende Kondensation (Bubble-Jet-Technik[2]) oder mithilfe piezokeramischer Röhrchen **(Bild 3)**. Diese Piezoröhrchen verändern bei Anlegen einer Spannung ihre Querschnitte. Dies wird hier genutzt, um ein Tintentröpfchen zu erzeugen. Durch einen Spannungsimpuls am Piezoröhrchen wird der Druck im Druckkanal impulsartig stark erhöht und ein Tröpfchen wird aus der Düse ausgestoßen und auf das Papier geschossen.

> Tintenstrahldrucker sind preisgünstig und geräuscharm.

Die Druckqualität ist abhängig von der verwendeten Tinte und von dem verwendeten Papier. Mit speziell beschichtetem Foto-Papier erhält man eine hohe Druckqualität.

---

[1] inch, engl.-am. Längenmaß, 1 inch = 1 Zoll = 25,4 mm
[2] bubble = Blase, jet = Strahl

> **!** Die Druckqualität wird durch die Zahl der Punkte je Inch[1] festgelegt und in dpi angegeben.

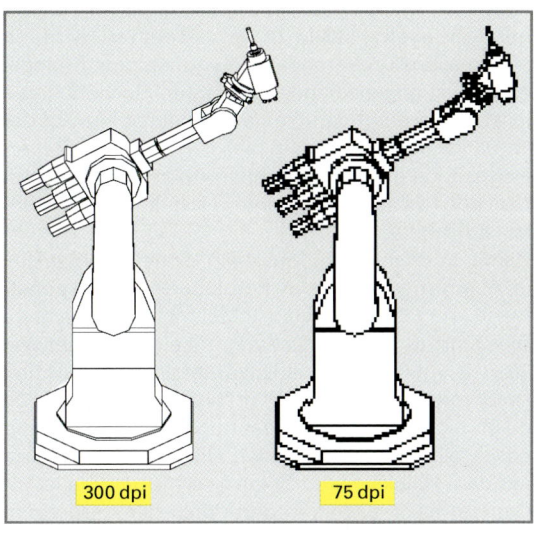

Bild 1: Zeichnungen mit Matrix-Druckern erzeugt

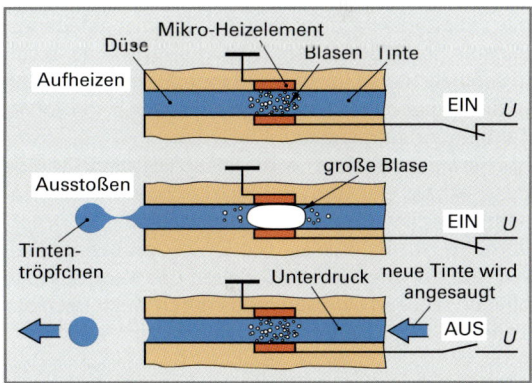

Bild 2: Entstehung eines Punktes in der Tintenstrahl-Technik

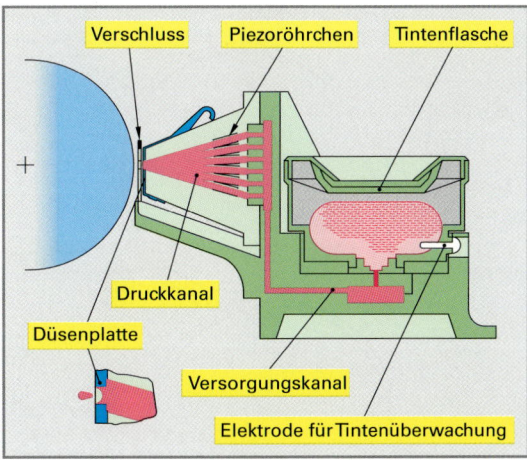

Bild 3: Aufbau des Tintendruckkopfes mit Piezokeramik

Laserdrucker

Laserdrucker arbeiten bezüglich des Druckvorganges wie Kopierer. Die Belichtung der Druckwalze erfolgt aber im Unterschied zum Kopierer mit einem Infrarotlaserstrahl **(Bild 1)**. Der Laserstrahl wird mit einem schnell rotierenden Polygonspiegel (Spiegel aus vielen gegeneinander geneigten Flächen) abgelenkt und erzeugt damit eine belichtete Linie auf der *Fotoleiterwalze*. Mit einem piezokeramischen Steuerelement, dem akusto-optischen Ablenksystem, kann man den Laserstrahl in mehrere schaltbare Teilstrahlen auffächern.

Damit ist es möglich, innerhalb eines Ablenkzyklus in mehreren Linien die Fotoleitertrommel punktweise, mit z. B. 10 Punkten je Millimeter zu belichten. Dies führt zu einer Darstellung mit einem Raster von 10 x 10 = 100 Punkten je Quadratmillimeter. Für den Druckvorgang wird die sich drehende Fotoleiterwalze durch eine mittels Hochspannung erzeugte Ladung positiv elektrostatisch geladen. Die Fotoleiterwalze ist mit dem Halbleiterstoff Selen beschichtet. Sie ist im Dunkeln nicht leitend, in den durch den Laserstrahl belichteten Bereichen jedoch leitend. Dort verliert sie die Ladung. Es entsteht entsprechend der Belichtung ein „Ladungsbild" als Negativ. Positiv geladenes, feinstes Farbpulver (Toner) wird aufgestreut, bleibt in den belichteten (nicht geladenen) Bereichen haften und wird auf das Papier durch Umdruck bei erhöhter Temperatur aufgebracht.

Bei Farblaserdruckern wird dieser Vorgang für jede der drei bzw. vier Grundfarben durchgeführt. Die Laserdrucker liefern höchste Druckqualität. Der Druckvorgang ist relativ leise. Die Druckgeschwindigkeiten reichen von vier bis 40 Seiten pro Minute. Nach einigen tausend Drucken muss durch Austausch der Tonerkassetten neuer Toner eingebracht werden.

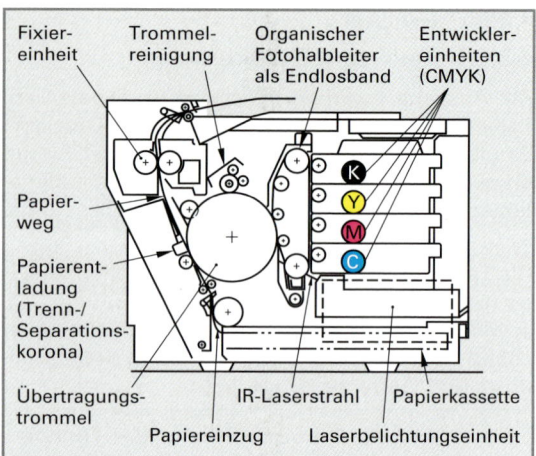

Bild 2: **Farblaserdrucker nach dem Inline-Verfahren**

Farblaserdrucker verwenden für den Farbauftrag auf die Trommel das Inline- und das Revolver-Verfahren. Beide Verfahren verwenden die vier Grundfarben Schwarz, Gelb, Magenta, Cyan.

Beim **Inline-Verfahren** sind die Farbtoner in Reihe (inline) angeordnet. Die vier Grundfarben werden von einem Fotohalbleiterband als Zwischenträger mit vier Umdrehungen auf die Trommel übertragen **(Bild 2)**. Anschließend werden die Farben gleichzeitig auf das Papier übertragen.

Thermosublimationsdrucker

Sie können Drucke in höchster fotorealistischer Qualität erzeugen. Zur Übertragung der Farbe in ein Spezialpapier verdampfen (sublimieren) die Heizelemente das farbige Wachs. Die Heizelemente können die verschiedenen Farben kontraststark übertragen.

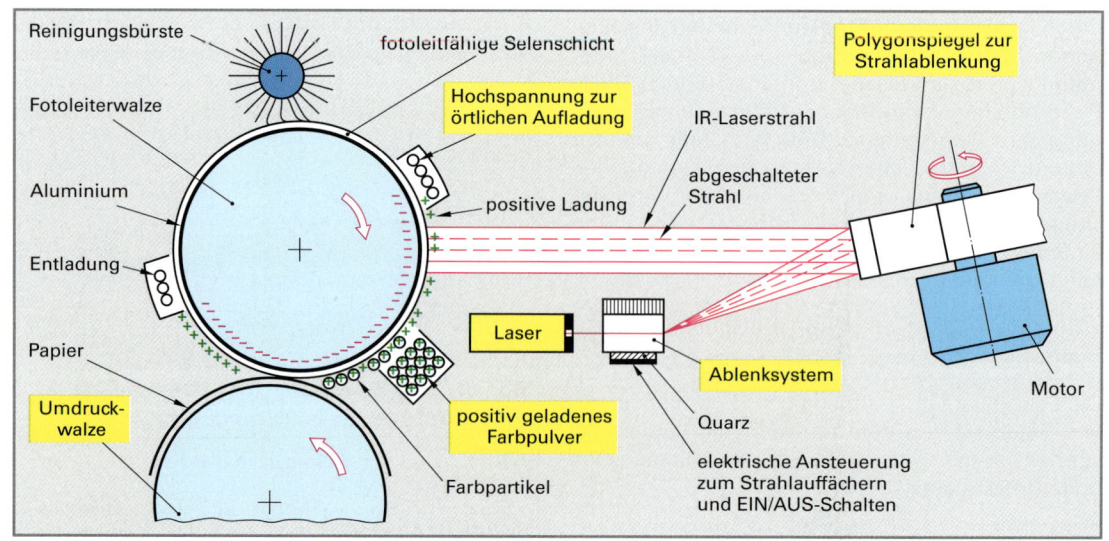

Bild 1: **Prinzipielle Wirkungsweise eines Laserdruckers**

Druckercodes

Gebräuchlich sind die Druckercodes PostScript, HP PCL (HP Printer Communication Language) und HP GL (HP Graphics Language).

> **!** **AM** von Additive-Manufacturing = Additive Fertigung
> **Digital Fabricator** (Fabber) = Digitalhersteller
> **Slices** = Scheiben, Schichten
> **Extruder** von lat. extrudere = hinausstoßen

4.2.8.2 3D-Drucker

Allgemeines

3D-Drucker sind Ausgabegeräte, die aus einem oder mehreren Werkstoffen, in flüssiger oder pulverförmiger Form dreidimensionale Bauteile herstellen können **(Bild 2)**.

3D-Drucker gehören zu den digitalen Fabrikatoren, die nach dem additiven (anhäufenden) Verfahren arbeiten. Sie sind seit 2010 als „**A**dditive **M**anufacturing (AM)" in Deutschland (VDI 3404) genormt.

Bei der additiven Fertigung werden körperliche Objekte dadurch erzeugt, dass in kleinsten Einheiten Volumenelemente, meist in Form dünner Schichten aufeinander gesetzt werden. Ausgangswerkstoffe sind Flüssigkeiten, Pulver, Lamlnate oder Fllamente, d. h. Fäden oder Drähte aus unterschiedlichen Materialien (Bild 2). Die Materialien werden durch Energiezufuhr über Strahlung, z. B. Laserstrahlung, UV-Licht, Elektronenstrahlung oder durch Polymerisation aber durch Verkleben verfestigt.

Aufbauprozess

Der Aufbauprozess erfolgt vollständig computergesteuert. Voraussetzung für den Schichtbauprozess ist ein vollständiges 3D-CAD-Volumenmodell **(Bild 3)**. Um aus diesem virtuellen Computermodell ein reales physikalisches Modell zu erzeugen, wird das 3D-CAD-Volumenmodell mit einer speziellen Software, z. B. SolidWorks oder Inventor, in gleich dicke, z. B. 100 µm starke Schichten (Slices) zerlegt. Diese werden als Druckdaten dem Drucker zugeleitet.

Fertigungsbereiche

- **Rapid Prototyping (RP)** zur Herstellung von Modellen, z. B. Designmodelle, Ergonomiemodelle, Funktionsmodelle, Gießmodelle.
- **Rapid Manufactoring (RM)** zur Herstellung von Endprodukten, häufig Einzelprodukte, z. B. Zahnprothesen, Hüftimplantate.
- **Rapid Tooling (RT)** zur Herstellung von Produktionswerkzeugen, z. B. von Gießformen und Stempeln.

Druckmechanik. Es kann entweder der Drucktisch, in der xy-Ebene bewegt werden (Bild 1) oder der Extruder (Druckkopf, **Bild 4**) kann in der xy-Ebene bewegt werden **(Bild 5)**.

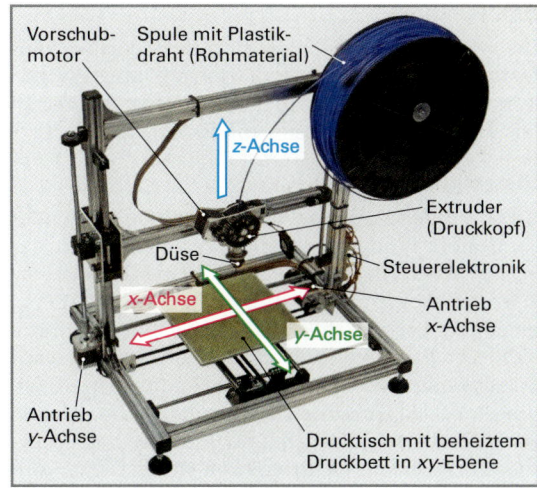

Bild 1: 30-Drucker Vellemann K8200

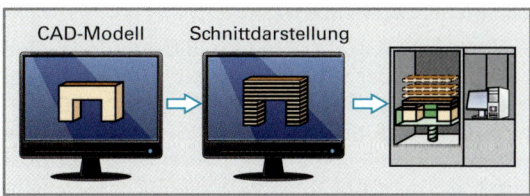

Bild 2: Schritte beim Schichtbauverfahren

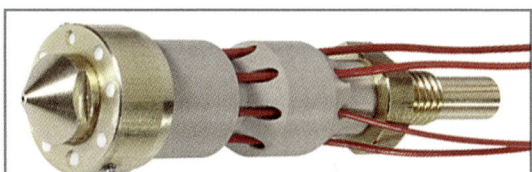

Bild 3: Extruder

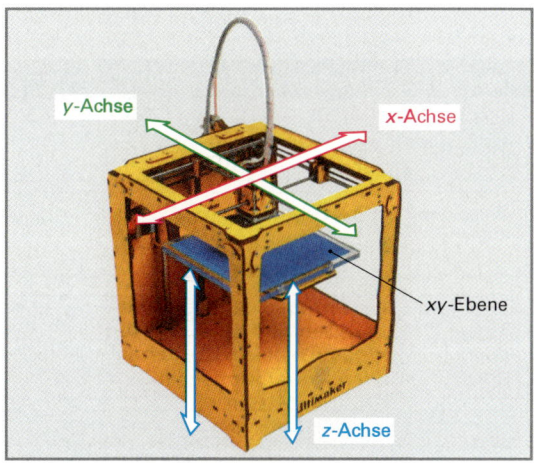

Bild 4: xy-Druckkopfbewegung

AM-Verfahren

Die wichtigsten Verfahren sind das selektive Verfestigen von Flüssigkeiten (Harzen) und Pulvern mittels Laserbestrahlung, das Drucken von Flüssigkeiten und das Schmelzen von Fäden (**Tabelle 1**).

Stereolithografie (SL)

SL ist ein Verfahren, bei dem ein lichtaushärtender Kunststoff (Photopolymer) verwendet wird, der von einem UVLaserstrahl an der Oberfläche eines Harzbades bestrahlt wird (**Bild 1**). An den Stellen, an der der Laserstrahl auftrifft, verfestigt (polymerisiert) sich das Material. Nach der Verfestigung einer Schicht wird diese mithilfe einer Plattform in z-Richtung um eine Schichtdicke verschoben, eine neue Harzschicht aufgetragen und diese wieder polymerisiert. Übliche Schichtdicken sind z. B 0,05 mm bis 0,25 mm. Nach Fertigstellung muss das Bauteil nachbearbeitet werden, z. B. durch Kantenglättung.

Selektives Lasersintern (SLS)

Ausgangswerkstoff ist feines Pulver, z. B. Kunststoffpulver oder niedrig schmelzende Metallpulver. Der Strahl eines CO_2-Lasers erzeugt im Auftreffpunkt eine Schmelze (**Bild 2**). Die Pulverteile verbacken miteinander und bauen so die Schicht auf. Nach dem Abkühlen wird die nächste Schicht erzeugt . Entsprechend dem Zuwachs in z-Richtung wird die Bauplattform um eine Schichtdicke abgesenkt und aus einem Vorratsbehälter eine neue Schicht Pulver aufgetragen. Vorteilhaft ist, dass auch metallische Werkstücke herstellbar sind.

3D-Printing

3D-Printing basiert auf einer Technologie, die sich aus den Tintenstrahldruckern entwickelt hat. Ähnlich wie dort, bewegt sich ein Druckkopf, hier über einer schichtweise absenkbaren Bauplattform. Es werden zwei Verfahren verwendet:

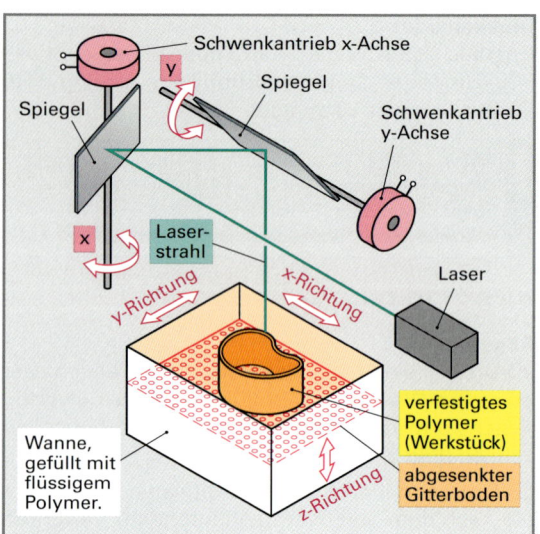

Bild 1: Aufbau einer SL-Anlage

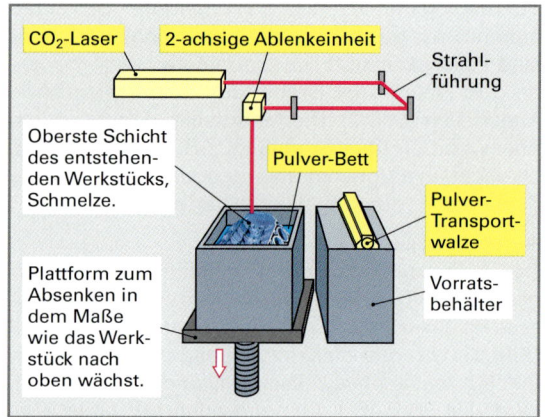

Bild 2: Lasersintern SLS

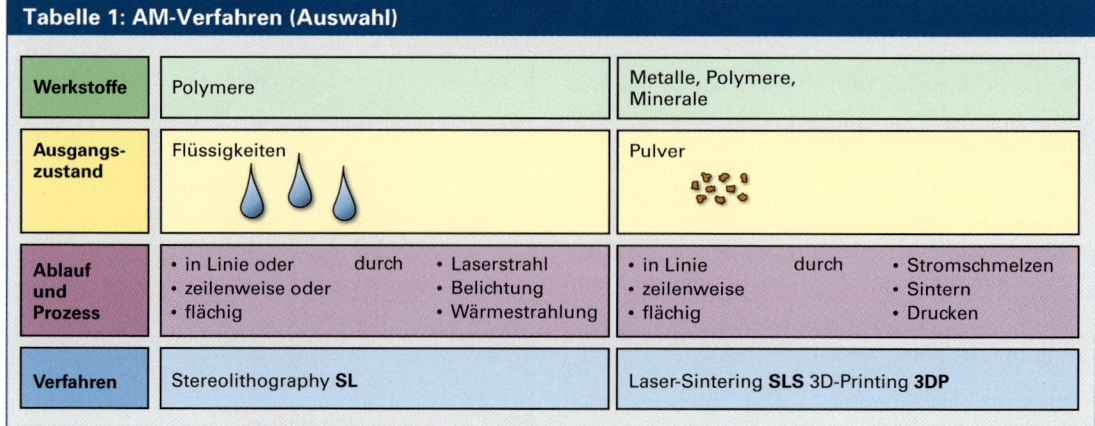

Tabelle 1: AM-Verfahren (Auswahl)				
Werkstoffe	Polymere		Metalle, Polymere, Minerale	
Ausgangs-zustand	Flüssigkeiten		Pulver	
Ablauf und Prozess	• in Linie oder durch • zeilenweise oder • flächig	• Laserstrahl • Belichtung • Wärmestrahlung	• in Linie durch • zeilenweise • flächig	• Stromschmelzen • Sintern • Drucken
Verfahren	Stereolithography **SL**		Laser-Sintering **SLS** 3D-Printing **3DP**	

Direktdruck. Es wird erwärmtes flüssiges Wachs („3D-Wax") oder UV-empfindliches Polymer (Poly-Jet-Modeling) verdruckt **(Bild 1)**. Im ersten Fall entsteht ein Wachsmodell mit hoher Genauigkeit, wird z. B. als Urmodell im Feinguss verwendet. Im zweiten Fall wird beim Auftrag gleich mit UV-Licht gehärtet. Es entsteht ein Kunststoffmodell.

Pulververfahren. Zuerst wird eine Pulverschicht auf der ganzen Plattform aufgetragen **(Bild 2)**. Dann wird über Düsen der Kleber in Form der Slices aufgetragen. Nach Aushärten wird das nicht verklebte Pulver entfernt und die nächste Schicht erzeugt. Es kann z. B. Metallpulver, Polymerpulver, Keramikpulver oder Grafitpulver verarbeitet werden.

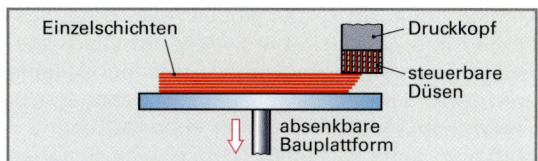

Bild 1: 3D-Printing-Direktdruck

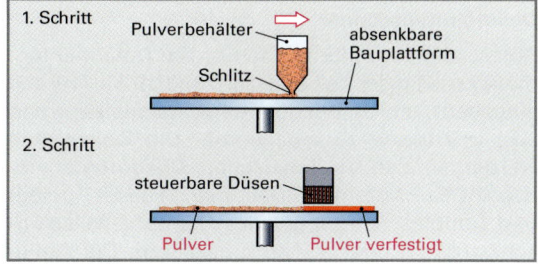

Bild 2: 3D-Printing-Pulververfahren

4.2.9 Text- und Grafikscanner

Scanner (von to scan = abtasten) tasten Textvorlagen und Bildvorlagen optisch ab. Ein *CCD-Zeilensensor* (CCD von Charge Coupled Device = ladungsgekoppelter Schaltkreis) fährt die beleuchtete Vorlage wie bei einem Kopiergerät ab **(Bild 3)**. Der CCD-Zeilensensor erfasst die Vorlage, aufgespalten nach den Farben Rot, Grün und Blau (RGB) mit z. B. jeweils 48-Bit-Farbtiefe. Jede Farbe wird in $2^{48} \approx 2{,}81 \cdot 10^{12} = 281$ Billionen Farbnuancen aufgespalten. Hierfür wird der CCD-Zeilensensor entwder nacheinander mit rotem, grünem oder blauem Licht beleuchtet und die Vorlage dreimal abgetastet oder die Vorlage wird mit weißem Licht beleuchtet und die Farben werden durch ein Dreifarbenfilter in die RGB-Farbanteile aufgespalten. Diese werden mit einem Dreifarben-CCD-Zeilensensor in RGB-Signale umgewandelt. Bei einem weiteren Verfahren erfolgt die Farbtrennung über ein Stab-Prisma, das die drei Farbanteile auf drei CCD-Zeilen ablenkt.

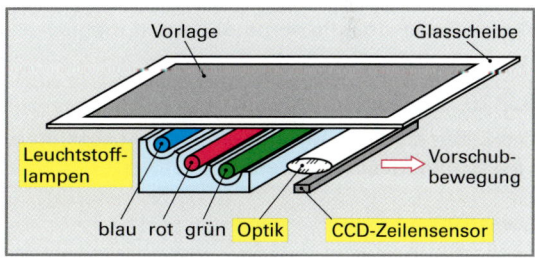

Bild 3: Prinzip des Flachbett-Farbscanners

Die optische Auflösung des Scanners wird über die Software des Scanners eingestellt, z. B. 600 dpi x 1200 dpi. Beim Abscannen von Bildvorlagen führt dies zu sehr großen Datenmengen.

Mit zunehmender Auflösung verbessert sich die Bildqualität. Oft wird neben dieser physikalischen Auflösung, vorgegeben durch die Anzahl der Pixel, die Auflösung durch mathematische Interpolation weiter verbessert. Hierbei werden Farbzwischenwerte zwischen zwei erfassten Bildpunkten berechnet und als weitere Bildpunkte eingefügt.

Man kommt auf diese Weise z.B. zu einer Auflösung von mehr als 9 600 dpi.

> Ein Scanner mit z.B. 48-Bit-Farbtiefe unterscheidet 2^{48} Farbnuancen.

Beispiel 1: Bildpunktzahl und Speicherkapazität

Berechnen Sie für die Abmessungen Bild 1, vorhergehende Seite bei einer optischen Auflösung des Scanners von 600 dpi x 1200 dpi und einer Farbtiefe von 48 bit a) die Zahl der Bildpunkte und b) die nötige Speicherkapazität.

Lösung:

a) $A = 140$ mm $\cdot$ 70 mm $= 9800$ mm^2 = 15,19 inch^2. Daraus die Zahl der Bildpunkte $n = 15{,}19 \cdot 600 \cdot 1200 =$ **10,9 $\cdot$ 10^6**

b) $M = 10{,}9 \cdot 10^6 \cdot 3 \cdot 48$ bit $= 10{,}9 \cdot 10^6 \cdot 9$ B $=$ **98,1 MB**

> **!** Beim Einscannen von Bildern sollte nur der interessierende Bildbereich gescannt werden, damit die Datenmengen nicht zu groß werden.

Zum Erfassen von Texten gibt es Texterkennungs-programme. Diese sind entweder auf einen spe-ziellen Scanner zugeschnitten oder haben eine universelle Software-Schnittstelle für Scanner, z. B. *Twain* (von Toolkit without an important name = Werkzeug ohne wichtigen Namen). Auf Scanner, die Twain-kompatibel sind, können somit univer-selle Text- und Zeichenerkennungsprogramme zu-greifen.

Dokumentenscanner

Dokumentenscanner können große Dokumenten-mengen in kurzer Zeit erfassen **(Bild 1)**. Sie werden eingesetzt, um Unterlagen möglichst platzsparend z. B. in Dateien zu archivieren. Die Dokumente werden in den automatischen Dokumentenein-zug (ADF = Automatic Document Feeder) gelegt und Simplex (einseitig) oder Duplex (zweiseitig) schwarzweiß oder in Farbe gescannt. Die Auflö-sung kann zwischen 150 dpi und 600 dpi gewählt werden. Dürfen die Dateien nicht verändert wer-den, speichert man sie auf dem PC als PDF-Datei-en **(Bild 2)**. Oft ist ein Speichern im editierbaren Word-, Excel- oder Powerpoint-Format möglich.

4.2.10 Codeleser

Das Lesen der Flächencodes erfolgt mit Lesestiften, Laserscannern oder Kameras.

Lesestift

Lesestifte **(Bild 3)** verwenden eine rotleuchtende Lichtquelle (λ = 660 nm) oder eine infrarotstrahlen-de Lichtquelle (λ = 900 nm). Die Lesefläche wird beim Überstreichen des Codes diffus beleuchtet. Das reflektierte Licht gelangt über eine Linse und einen Lichtleiter auf den Fototransistor. Es entsteht ein Spannungspuls, der dem Strich-Lücken-Muster der Codierung entspricht.

Codescanner

Der Lichtstrahl eines He-Ne-Lasers[1] oder einer La-serdiode (λ = 660 nm) wird über ein sich drehendes Spiegelprisma (Polygon)[2] abgelenkt und auf das Strichcodemuster projiziert **(Bild 4)**. Dabei bewegt sich der Laserstrahl über das Strichcodemuster hinweg. Das reflektierte Licht wird über den Ab-lenkspiegel reflektiert und über eine Fotodiode der Auswerteelektronik zugeführt.

Beim Mehrstrahlscanner sind die Spiegel ver-schränkt auf dem Prismenspiegelrad angeordnet. Jeder Spiegel erzeugt so eine andere Linie auf dem zu lesenden Code.

---

[1] He von Helium, Ne von Neon
[2] griech. polygon = Vieleck

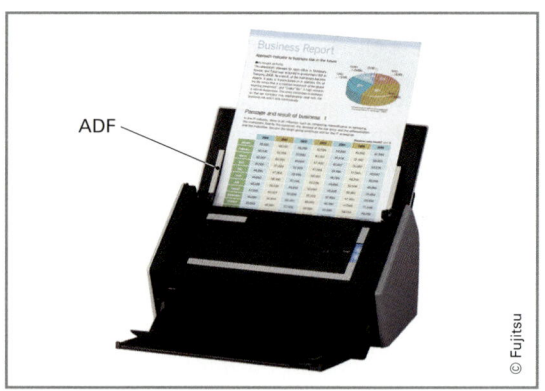

Bild 1: Dokumentenscanner

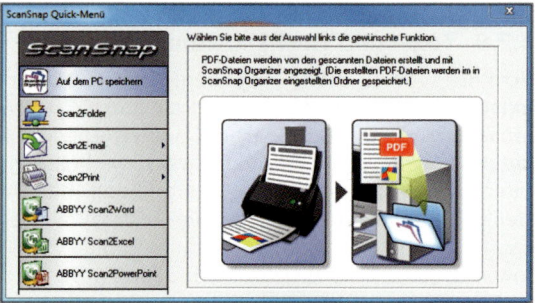

Bild 2: PC-Menü eines Dokumentenscanners

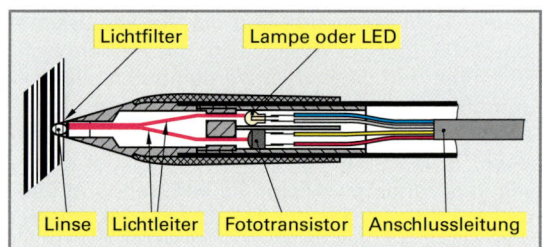

Bild 3: Lesestift

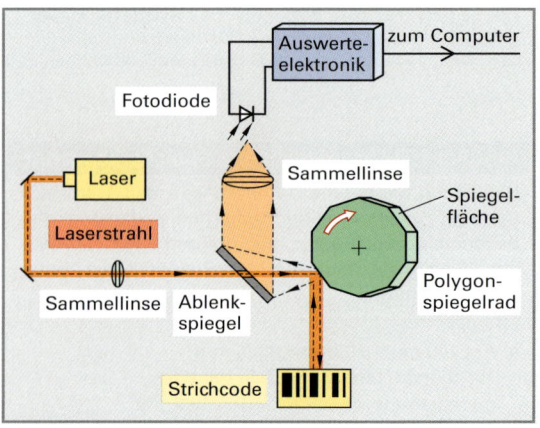

Bild 4: Prinzip des Laserscanners

Beliebig gedrehte Strichcodierungen erfasst ein Gitterscanner. Dieser besteht aus zwei um 90° zueinander versetzten Mehrstrahlscannern.

Der Leseabstand für Laserscanner liegt zwischen 100 mm und 3 m. Zu scannende Objekte dürfen Geschwindigkeiten bis 2,5 m/s aufweisen. Es können Lesescans bis 1600 scans/s erreicht werden.

Linienvideokamera
Linienvideokameras verwenden einzeilige CCD-Chips mit z.B. 2048 Pixelelementen zur Bildaufnahme (**Bild 1**). Der Code wird mit LEDs beleuchtet. Das Strichmuster wird als eine einzige Bildzeile etwa 500-mal je Sekunde erfasst. Zur Auswertung werden meist mehrere Bilder nacheinander auf Übereinstimmung geprüft. Diese Geräte gibt es auch als Handlesegeräte, die z.B. an Kassen verwendet werden (**Bild 2**).

2D-Bildscanner
Informationen, die auf einer zweidimensionalen Fläche angeordnet sind (2D-Codes) werden von einem CCD-Array wie bei einer digitalen Kamera in einem Schritt erfasst. Kamerascanner werden auch als Imager (Bildmacher) bezeichnet. Imager können auch Dokumente z.B. Gutscheine oder Ausweise erfassen.

Häufig verwendete Flächencodes sind der Data-Matrix-Code, der Aztec-Code (**Bild 1, folgende Seite**) und der QR-Code (QR von Quick Response = schnelle Antwort, **Bild 3**).

Die Post ersetzt zunehmend Briefmarken durch Wertzeichen mit Data-Matrix-Code.

Die Deutsche Bahn verwendet den Aztec-Code für ihre Online-Tickets.

Handy-Scanner
Das Fotografieren und Verarbeiten eines QR-Codes mit einer Handy-Kamera wird als Mobile-Tagging (mobile Markierung) bezeichnet (**Bild 4**). Der fotografierte Code wird durch eine Reader-Software decodiert und weiter verarbeitet.

> Mobile-Tagging ermöglicht schnelle, sicher codierte Information, die vom Nutzer abrufbar ist.

Beim kommerziellen Tagging findet z.B. eine direkte Weiterleitung über Funk auf eine Website statt. Mit Public-Tagging werden öffentliche Informationsträger mit zusätzlichen Angaben versehen, z.B. mit Wegbeschreibungen oder Fahrplanauskünften. Privates Tagging wird z.B. zum Speichern von Kontaktdaten im Adressbuch des Mobiltelefons verwendet.

Mit einem QR-Generator, kann man eigene Informationen in QR-Code einfügen (Bild 3).

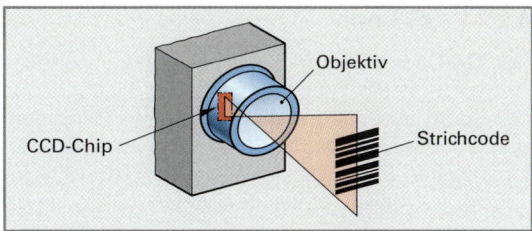
Bild 1: Linienvideokamera

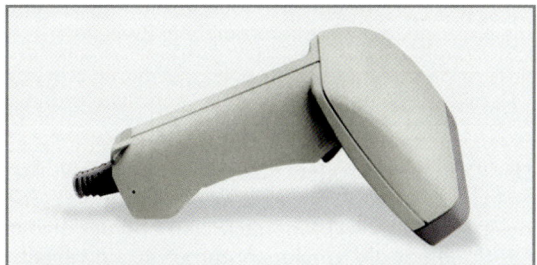
Bild 2: Handlesegerät

Bild 3: Data-Matrix-Code und QR-Code

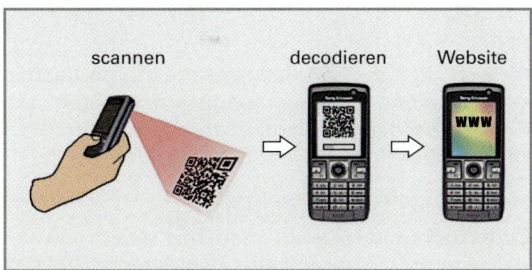
Bild 4: Prinzip des Mobile-Tagging

K   Kompetenzorientierung

1. Welche Tastenarten gibt es bei Tastaturen?
2. Erklären Sie die Funktionsweise eines Tintenstrahldruckers.
3. Erläutern Sie das Inline-Verfahren bei Farbdruckern.
4. Welche Auflösungswerte in dpi erreichen Scanner?
5. Welches Format wird zum Speichern nicht veränderbarer Dokumente verwendet?
6. Nennen Sie zwei wichtige Flächencodes.

4.2.11 QR-Code

Der QR-Code (QR von quick response = schnelle Antwort) ist ein zweidimensionaler Flächencode (2D-Code) aus quadratischen Punkten (Modulen) und Orientierungsmarkierungen. Er wurde von der japanischen Firma Denso Wave im Jahr 1994 für Toyota entwickelt. Unter den vielen 2D-Codes erkennt man den QR-Code an drei größeren Quadraten **(Bild 1)**. Die Firma Denso Wave erhebt keine Lizenzgebühren für den QR-Code und erlaubt jedem die Nutzung, auch für kommerzielle Zwecke.

> Der QR-Code darf gebührenfrei genutzt werden.

Der QR-Code ist eine quadratische Matrix. Der kleinste QR-Code hat die Versionsnummer 1 und besitzt 21 x 21 = 441 Module (Pixel) und der größte QR-Code hat die Versionsnummer 40 und besitzt 177 x 177 = 31329 Module. Mit diesen lassen sich bis zu 7089 Ziffern oder 4296 alphanumerische Zeichen codieren. Neben den codierten Daten enthält der QR-Code Positionsmarken und eine Markierung zur Ausrichtung, damit Lesegeräte, z.B. ein Handy, die Leserichtung erkennen **(Bild 2)**. Anhand der Synchronisierung erkennt das Lesegerät die genaue Modulgröße. Die grün markierten Flächen in Bild 2 geben Auskunft über die Versionsnummer, damit auch über die Größe der Codefläche. Die lila markierten Flächen in Bild 2 enthalten Informationen zum Format des QR-Codes. Es werden vier Formate zur Fehlerkorrektur unterschieden **(Tabelle 1)**. Die grauen Module in Bild 2 enthalten die Nutzdaten und Daten zur Fehlerkorrektur. Im Korrekturlevel H ist die Nutzdatenmenge am geringsten und die Korrekturdatenmenge am größten. Die Prozentzahl der rekonstruierbaren Daten hängt darüber hinaus auch von der QR-Code-Version ab.

QR-Code erzeugen und lesen

Einen QR-Code erzeugt man mit einem QR-Code-Generator, einer App aus dem Internet **(Bild 3)**. Man wählt zuerst den Datentyp aus, z. B. Internetadresse, dann gibt man die Adresse ein. Damit der Code sicher gelesen werden kann, soll er einen weißen Rand von einer Breite von 4 Modulen besitzen. Mit Klick auf den roten Stern in Bild 3 kann man in die Code-Fläche ein Logo einfügen. Man nennt den Code dann Design-QR-Code.

Zum Lesen eines QR-Codes benötigt man z.B. ein Smartphone oder ein i-Phone mit einer entsprechenden Leseapplikation, z.B. i-Decode. Fotografiert man den Code aus Bild 3, wird man automatisch mit der codierten Internetseite verbunden. Eine erfolgreiche Decodierung hängt von der Aufnahmequalität ab.

codiertes	codierte Internet-	codierter Text
€-Zeichen	Adresse mit 28 Zeichen	mit 300 Zeichen

Bild 1: QR-Codierungen

Bild 2: Aufbau des QR-Codes

Tabelle 1: Fehlerkorrekturdaten beim QR-Code mit 177 x 177 Modulen			
Korrektur-level	Rekonstruier-bare Daten	Maximale Zahl an	
		Zahlen	Zeichen
L	7 %	7 089	4 296
M	15 %	5 596	3 391
Q	25 %	3 993	2 420
H	30 %	3 057	1 852

Bild 3: QR-Code-Generator

Weiterentwicklungen

Neben der standardmäßigen Ausführung der QR-Codes wurden Sonderformen entwickelt:

- Micro-QR-Code für kleinste Abmessungen,
- Secure-QR-Code zum Verschlüsseln von Daten,
- iQR-Code für größere Datenmengen auch als nichtquadratischer 2D-QR-Code und
- Frame-QR-Code in Form eines quadratischen Bilderrahmens.

4.3 Schnittstellen der IT-Technik

4.3.1 Aufgaben der Schnittstellen

Der Anschluss von Peripheriegeräten an einen PC erfolgt über *Zweipunktverbindungen,* einen *Bus* oder ein *Netz* **(Tabelle 1)**. Bei einer Zweipunktverbindung kommuniziert der PC über eine Leitung oder über Funk mit einem Gerät **(Bild 1)**.

Bei einer Busverbindung sind verschiedene Geräte z. B. an einen Hub (Sternverteiler) angeschlossen (Bild 1). Alle Geräte liegen auf das Bussignal bezogen parallel am Bus. Signale sendet oder empfängt nur das vom PC adressierte Gerät.

Bei einer Netzverbindung können mehrere Geräte gleichzeitig miteinander kommunizieren, z. B. PC 1 mit PC 2 und gleichzeitig der Laptop mit dem Netzwerkdrucker (Bild 1).

Über fast alle Kommunikationsschnittstellen erfolgt der Signalfluss seriell. Eine parallele Signalübertragung ist langsam, nur auf sehr kurze Entfernungen möglich und erfordert mehradrige Leitungen mit größeren Anschlusssteckern.

Die zunehmend hohen Geschwindigkeiten bei der seriellen Datenübertragung sind auf verbesserte Übertragungsverfahren, auf weiter entwickelte elektronische Bauelemente (ICs) und auf die bessere Abschirmung der einzelnen Adernpaare einer Übertragungsleitung zurückzuführen.

4.3.2 USB-Schnittstelle

> Die wichtigste serielle Schnittstelle ist die USB-Schnittstelle. Sie kann sowohl als Zweipunktverbindung als auch als Busverbindung eingesetzt werden.

Beim USB (Universeller Serieller Bus) werden die Standards USB 2.0, USB 3.0 und USB 3.1 unterschieden. Die maximale Bitrate aller angeschlossenen Geräte richtet sich nach dem Gerät mit dem niedrigsten Standard. Die Standards unterscheiden sich nicht nur in der Bitrate, sondern auch bei den Anschlüssen **(Bild 2)**. Der USB hat bei Verwendung eines Hubs physikalisch eine Busstruktur. Die Steuerung der Datenübertragung ist jedoch hostkonzentriert, d. h. auf dem Mainboard des PCs befindet sich ein Chipsatz, der den ganzen Datentransfer auf dem USB steuert. Dabei wird jeder USB-Anschluss von einem anderen Hostcontroller verwaltet. Über `Start → Systemsteuerung → System → Hardware → Gerätemanager` können die USB-Anschlüsse von Hand konfiguriert werden.

Tabelle 1: Wichtige Schnittstellen		
Name	max. Bitrate	Typ. Anwendung
USB 2.0 USB 3.1 Gen 2	480 Mbit/s 10 Gbit/s	Maus, Tastatur Festplatten
V.24 RS 232	115 kbit/s	Messgeräte, Mikrocontroller, Steuerungen
Firewire S3200	3,2 Gbit/s	Videoanwendungen
Ethernet-LAN	1 Gbit/s	PC-Vernetzung, Netzwerkdrucker
Ethernet-WLAN	54 Mbit/s 433 Mbit/s	bei 2,4-GHz (802.11g) bei 5-GHz (802.11ac)
HDMI 2.0b HDMI 2.1	14,4 Gbit/s 38,4 Gbit/s	PC-Bildschirm Internet mit TV
eSATA	6 Gbit/s	Solid-State-Speicher
Thunderbolt 3	40 Gbit/s	MAC-Schnittstelle

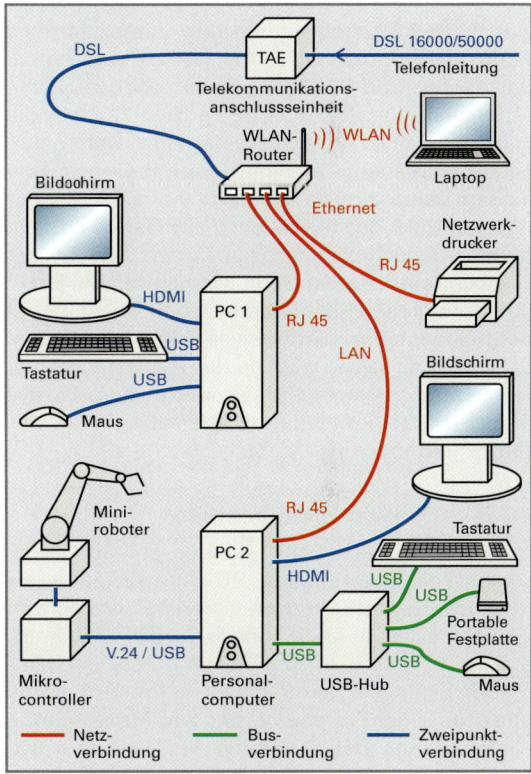

Bild 1: Kommunikationsschnittstellen

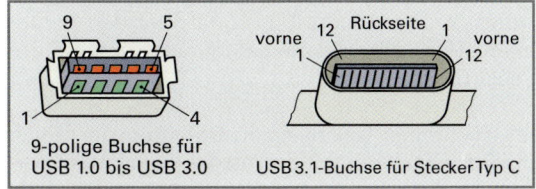

Bild 2: USB-Anschlüsse

Beim USB 3.0 beträgt die Bitrate 5 Gbit/s und die maximale Leitungslänge 4,5 m (beim USB 2.0 sind es 5 m). Für größere Weiten werden USB-Hubs eingesetzt (**Bild 1**). Dadurch kann der Bus mit maximal 7 Bussegmenten auf bis zu 31,5 m erweitert werden. Dabei unterstützt der PC den Anschluss von bis zu 127 USB-Geräten. Der USB 3.0 stellt angeschlossenen Geräten eine 5-V-Spannungsversorgung mit 0,9 A (beim USB 2.0 nur 0,5 A) zur Verfügung. Für mehrere USB-Geräte kann der PC diese nicht gleichzeitig bereitstellen, deshalb müssen Hubs mit eigenem Netzanschluss verwendet werden. Diese übernehmen dann die Stromversorgung der Geräte.

> Beim USB 3.0 kann der PC an angeschlossene USB-Geräte eine Leistung von bis zu 4,5 W abgeben, bei USB 3.1 mindestens 15 W.

Das USB-3.0-Kabel enthält ein ungeschirmtes Adernpaar mit den Leitern D+ und D− zum Datentransfer mit USB-2.0-Geräten und zwei geschirmte Adernpaare für USB-3.0-Geräte (**Bild 2**). Über die Leiter TX+ und TX− schickt der Host Daten zum angeschlossenen Gerät und über RX+ und RX− fließen Daten zurück. Während bei USB 2.0 der Hostcontroller des PCs zyklisch alle Geräte abfragt, ob sie sendebereit sind, wartet bei USB 3.0 der Hostcontroller, bis ein Gerät mit dem Signal ERDY (Endpoint ready) Sendebereitschaft meldet. Hat der Hostcontroller die Sendeerlaubnis erteilt, sendet das Gerät seine Daten an den PC. Hat ein Gerät keine Daten zu versenden, sendet es dem PC das Signal NRDY (not ready) und versetzt sich in den Stromsparmodus.

4.3.3   Firewire-Schnittstelle

Mit Firewire (Feuerdraht) können am Bus angeschlossene Geräte ohne PC-Unterstützung als Hub und Repeater kommunizieren. Sie besitzen im Gegensatz zu USB mindestens zwei Schnittstellenanschlüsse. Wird z.B. vom PC aus ein Camcorder gesteuert, kann dieser seine Aufnahme direkt an einen Videorecorder zur Aufzeichnung weitersenden. Dabei können bis zu 63 Firewire-Geräte in beliebiger Netzstruktur miteinander verbunden werden. Firewire hat somit keinen zentralen Hostcontroller, der die Übertragung und Adressierung steuert. Bussignale werden immer an die Ports aller Geräte gelegt, auch wenn diese ausgeschaltet sind.

Im isochronen (zeitgleichen) Datentransfer erhält der Busteilnehmer mit der intensiveren Datenübertragung für die Übertragungsdauer eine höhere Bitrate als andere Geräte (**Tabelle 1**).

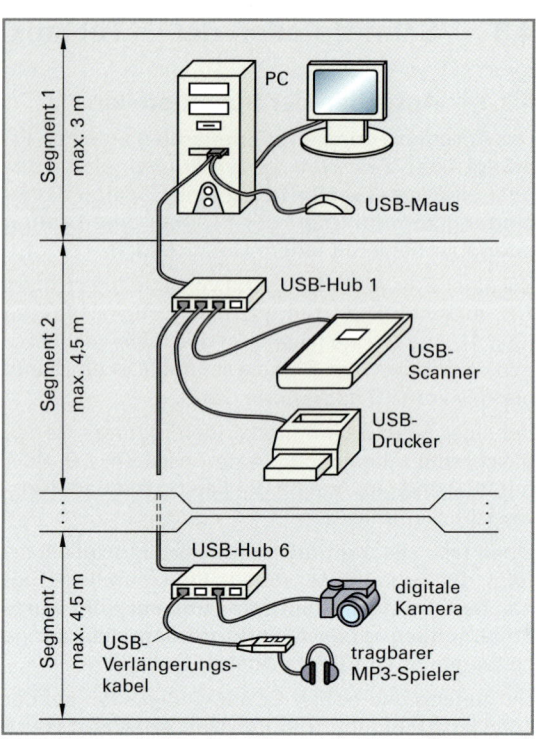

Bild 1: USB-3.0-Topologie

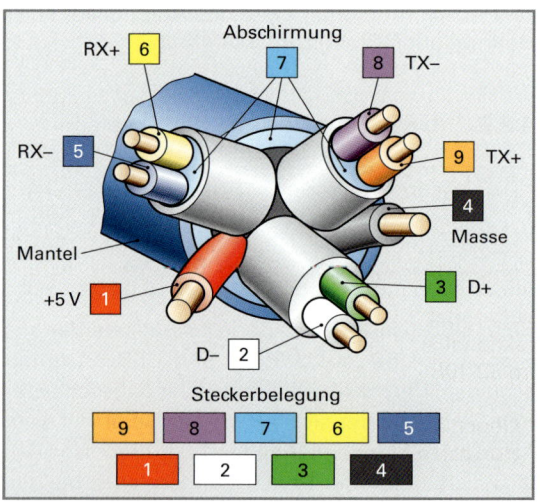

Bild 2: USB-3.0-Leitung

Tabelle 1: Vergleich Firewire – USB		
Merkmal	Firewire 3200	USB 3.1 Gen 2
Bitrate	3,2 Gbit/s	10 Gbit/s
Stromversorgung der Geräte	8 V bis 33 V 1,5 A, max. 48 W	5 V/3 A max. 15 W
Isochroner Datentransfer	ja, bei allen Standards	ja, ab USB 3.0

4.3.4   V.24-Schnittstelle (RS-232)

Viele Messgeräte, auch Programmieranschlüsse für Steuerungen, z. B. in einem Gebäudeinstallationsbus, haben eine 9-polige oder eine 25-polige V.24-Schnittstelle (RS-232-Schnittstelle, **Bild 1**). Sie ist auch auf aktiven Netzwerkkomponenten zu finden. Ein Umrüsten der Geräte auf USB wäre technisch möglich, ist aber unrentabel. Auch die serielle Datenausgabe bei einem Mikrocontroller erfolgt nach einem V.24-Übertragungsverfahren. Die Bitrate von bis zu 115 kbit/s reicht für Messungen oder Gerätekonfigurationen völlig aus. Die V.24-Schnittstelle überträgt bis zu 15 m (mit kapazitätsarmen Kabeln bis 50 m) ist einfach, kostengünstig und der Geräteanschluss deutlich robuster als bei USB.

> Die V.24-Schnittstelle wird vor allem zur Übertragung von Messdaten verwendet.

Um mit einem Laptop die V.24-Schnittstelle zu betreiben, benötigt man einen Schnittstellenumsetzer mit integriertem IC **(Bild 2)** und eine Treibersoftware. Mit dieser erkennt der Laptop die Schnittstelle automatisch und öffnet den Anschluss COM1 (serielle Schnittstelle) im Gerätemanager. Dort wird der Anschluss so konfiguriert, dass einer der vorhandenen USB-Anschlüsse als eine V.24-Schnittstelle verwendet werden kann.

4.3.5   eSATA-Schnittstelle

Der eSATA-Anschluss (von extern Serial Advanced Technology Attachment) ist die Verlängerung der seriellen Festplattenschnittstelle des Mainboards an das PC-Gehäuse. Lediglich die Anschlussstecker für Mainboard und PC-Gehäuse sind verschieden. Mit 15-poligen eSATA-Leitungen werden Festplatten in Einbaugehäusen mit der eSATA-Schnittstelle verbunden **(Bild 3)**. Der Datentransfer erfolgt bidirektional auf bis zu 2 Metern über zwei Adernpaare im 8B/10B-Code.

> Gegenüber USB ist eSATA schneller und elektronisch einfacher aufgebaut.

Die höhere Bitrate der eSATA-Schnittstelle kann von keiner Festplatte ausgenutzt werden. Das geht erst beim Verwenden von Solid-State-Drives (Halbleiterlaufwerken). Für eSATA gibt es diese als extern anschließbare Festplatten oder in Form von Speichersticks **(Bild 4)**. Die eSATA-Schnittstelle kann erst mit dem Standard eSATAp (p von Power) Peripheriegeräte mit Strom versorgen. Deshalb wird beim einfachen eSATA-Standard, wenn kein Netzteilanschluss vorhanden ist, zur Stromversorgung die USB-Schnittstelle mitbenutzt.

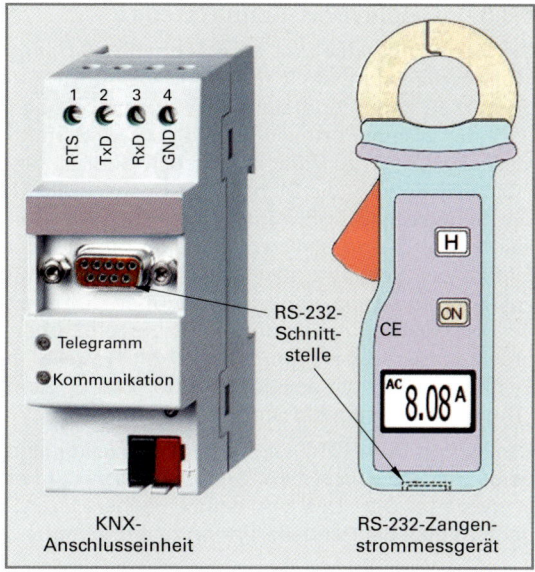

KNX-Anschlusseinheit

RS-232-Zangen-strommessgerät

Bild 1: RS-232-Geräte

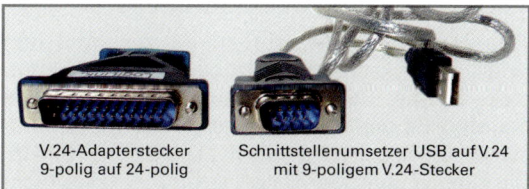

V.24-Adapterstecker 9-polig auf 24-polig

Schnittstellenumsetzer USB auf V.24 mit 9-poligem V.24-Stecker

Bild 2: USB-V.24-Schnittstellenumsetzer

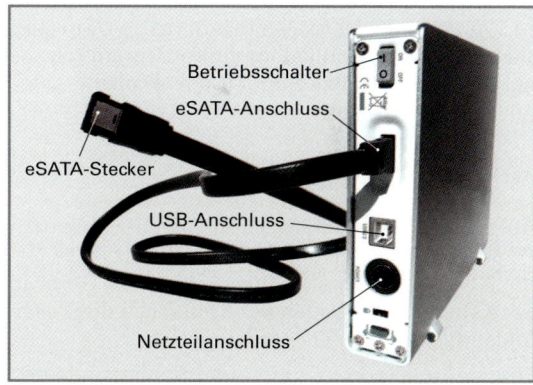

Betriebsschalter

eSATA-Anschluss

eSATA-Stecker

USB-Anschluss

Netzteilanschluss

Bild 3: eSATA-Festplatte

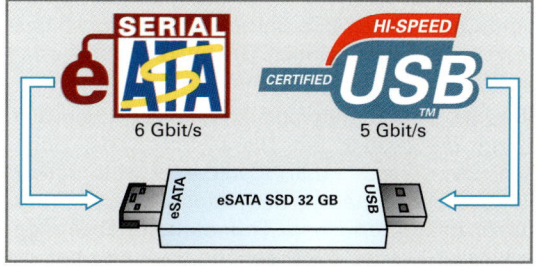

Bild 4: eSATAp-Solid-State-Drive

4.3.6 DisplayPort-Schnittstelle

Der DisplayPort (DP) ist eine schnelle 20-polige Multimedia-Schnittstelle für Windows-PCs. Im Gegensatz zu den Schnittstellen DVI und VGA überträgt der DisplayPort, wie auch die HDMI-Schnittstelle, zusätzlich zu Videodaten auch Audiodaten. PCs besitzen dazu die DisplayPort-Buchse **(Bild 1)**. Die Schnittstelle überträgt Filme mit einer Auflösung von bis zu 3840 x 2160 Pixel mit 30 Vollbildern pro Sekunde oder 3D-Anwendungen mit Full-HD-Bildern bis 120 Hz. Gegenüber HDMI hat der DisplayPort eine höhere Bitrate und überbrückt längere Übertragungsstrecken **(Tabelle 1)**. Es gibt Stecker, die arretierbar sind **(Bild 2)**. Zum Entriegeln besitzen die Stecker eine Taste.

DisplayPort und HDMI (siehe folgende Seite) sind beide mit dem gleichen Kopierschutzverfahren ausgestattet. Bei HDMI sind deutlich höhere Lizenzgebühren an die Herstellerfirmen zu entrichten.

4.3.7 Thunderbolt-Schnittstelle

Thunderbolt (Donnerkeil) wurde von Intel und Apple entwickelt und ersetzt als Universalschnittstelle für die Übertragung großer Datenmengen bei MacPCs und MacBooks die Firewire-Schnittstelle. Anschluss ist der Mini-DisplayPort **(Bild 3)**. Die Übertragung der Daten erfolgt in beide Richtungen mit jeweils einer Bitrate bis 10 GBit/s. Mit Kupferleitungen kann die Übertragungsstrecke bis zu 3 m und mit Lichtwellenleitern bis zu 10 m lang sein. Für den Anschluss mehrerer Geräte gibt es bei Thunderbolt keine Hubs (Sternverteiler).

> Thunderbolt-Geräte können nur in einer Kette, d. h. hintereinander angeschlossen werden.

Auf diese Weise können bis zu 6 Geräte an einem PC angeschlossen werden. Dafür besitzt jedes Gerät 2 Schnittstellenanschlüsse. Fällt ein Gerät in der Kette aus, geht auch der Kontakt zu den nachfolgenden Geräten verloren.

Thunderbolt kombiniert in einer Schnittstelle den DisplayPort mit der PCIe-Schnittstelle **(Bild 4)**. Der Thunderbolt-Hostadapter erhält die PCIe-Signale vom Chipsatz des PCs und die DisplayPort-Signale von einer Grafikeinheit GPU (Grafic Processing Unit) und fasst diese zusammen.

Wird an dem Thunderbolt-Anschluss z. B. ein Bildschirmgerät über ein DisplayPort-Kabel angeschlossen, sendet der Hostadapter automatisch DisplayPort-Signale. Wird dagegen eine Backup-Festplatte mit einem Thunderbolt-Kabel angeschlossen, findet die Datenübertragung über die interne PCIe-Schnittstelle statt.

> ! Die Thunderbolt-Schnittstelle ist abwärts-kompatibel zur DisplayPort-Schnittstelle.

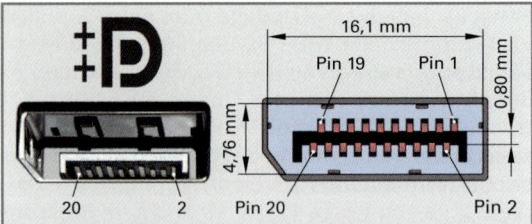

Bild 1: DisplayPort-Buchse mit Symbol

Tabelle 1: Vergleich DisplayPort – HDMI – DVI			
Merkmal	DisplayPort	HDMI	DVI
Bitrate	10,8 Gbit/s	10,2 Gbit/s	9,9 Gbit/s
Kabellänge	bis 15 m	bis 10 m	bis 5 m
Kopierschutz	HDCP	HDCP	nein
Signal-codierung	8B/10B-Code	TMDS	TMDS
Daten	Video und Audio	Video und Audio	nur Video

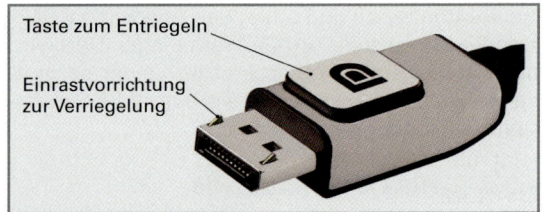

Bild 2: DisplayPort-Stecker

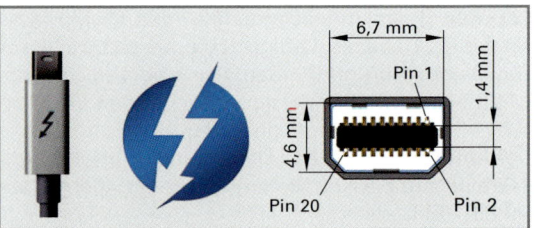

Bild 3: Thunderbolt-Stecker mit Symbol und Mini-Display Port-Anschluss

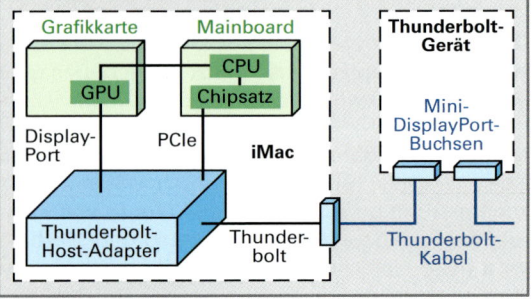

Bild 4: Thunderbolt-Technologie

4.3.8 HDMI-Schnittstelle

HDMI von High Definition Multimedia Interface ist eine hochauflösende Multimediaschnittstelle. Ab HDMI 2.0 kann bis zu einer Bildauflösung von Vierfach-Full-HD übertragen werden. Die Schnittstelle verbindet HD-fähige Geräte, z. B. PC, Blu-ray-Recorder, Filmkamera, PC-Bildschirm und Fernsehgerät. Die Verbindung erfolgt über etwas mehr als 10 m fehlerfrei. Der am häufigsten verwendete Stecker ist der Steckertyp A **(Bild 1)**.

Über die Pins 1 bis 12 werden die drei Farben Blau, Rot und Grün sowie das Taktsignal übertragen. CEC von Consumer Elektronics Control ist die Verbrauchergeräte-Steuerung. Diese versetzt bei der Bedienung der Fernsteuerung alle HDMI-Geräte gleichzeitig in die gewählte Funktion, z. B. in den Ruhezustand.

DDC von Display Data Channel ist der Bildschirmdatenkanal. Über ihn wird auch der Verschlüsselungsalgorithmus HDCP (Highbandwidth Digital Content Protection) übertragen. Dieser verhindert das Erstellen von Raubkopien, z. B. bei DVDs.

Der HPD-Kanal (HPD von Hot Plug Detection) dient zur automatischen Erkennung von Geräten.

HEC von HDMI Ethernet Channel ist die Internet-Verbindung der HDMI-Schnittstelle. Ab HDMI 1.4 können gleichzeitig mehrere Geräte über den HEC-Kanal versorgt werden. Die Übertragung erfolgt mit 100 Mbit/s bidirektional.

Die HDMI-Verbindungskabel verfügen über fünf mögliche Steckertypen. Jeder Steckertyp hat eine andere Pinbelegung und andere Abmessungen **(Tabelle 1)**.

Pin	Bezeichnung	Pin	Bezeichnung
1	TMDS Data 2 +	11	TMDS Takt Shield
2	TMDS Data 2 Shield	12	TMDS Takt -
3	TMDS Data 2 -	13	CEC
4	TMDS Data 1 +	14	HEC ab HDMI 1.4
5	TMDS Data 1 Shield	15	DDC-Takt
6	TMDS Data 1 -	16	DDC-Daten
7	TMDS Data 0 +	17	CEC/DDC-Masse
8	TMDS Data 0 Shield	18	+ 5 Volt
9	TMDS Data 0 -	19	HPD-Kanal
10	TMDS Takt +	–	–

Bild 1: HDMI-Stecker Typ A

Tabelle 1: HDMI-Steckertypen			
Typ	Bezeichnung	Pinzahl	Abmessungen
A	Standard	19	13,9 mm x 4,5 mm
B	Dual Link	29	21,2 mm x 4,5 mm
C	Mini	19	10,4 mm x 2,5 mm
D	Micro	19	6,4 mm x 2,8 mm
E	Automotive	19	Spezialanschluss

4.3.9 ExpressCard-Schnittstelle

Die ExpressCard-Schnittstelle ist ein Anschluss für Erweiterungskarten bei Laptops z. B. an den USB oder den PCIe-Bus im Laptop **(Bild 2)**. ExpressCards gibt es in zwei unterschiedlichen Breiten, die ExpressCard 34 mit 34 mm Breite und die ExpressCard 54 mit 54 mm Breite **(Bild 3)**. Beide Karten sind 75 mm lang und 5 mm dick und haben mit 26 Kontakten die gleiche Kontaktzahl und die gleiche Signalbelegung. Die kleinere 34er-Karte ist so gebaut, dass sie in den 54er-Einschub passt. Die Bitraten betragen an PCIe 2,5 Gbit/s und an USB 2.0 480 Mbit/s.

Mit ExpressCards erhalten Laptops z. B. zusätzliche Kommunikationsschnittstellen, z. B. für Gigabit-Ethernet oder Firewire. Funkkarten ermöglichen den Zugang zu einem WLAN (Wireless LAN) und TV-Karten den Empfang von DVB-T (Digital Video Broadcasting Terrestrial = digitales Fernsehen mit Antenne).

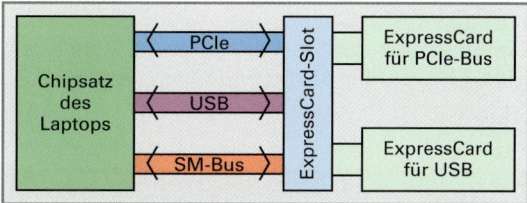

Bild 2: ExpressCard-Anbindung

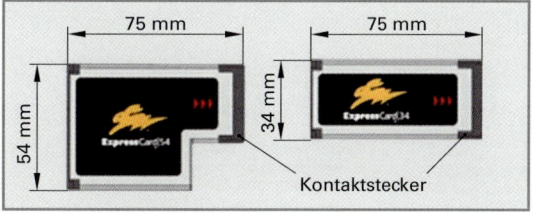

Bild 3: ExpressCard 54 und 34

4.3.10 PC-Erweiterungskarten

PC-Erweiterungskarten erweitern oder verbessern die „on-board"-Funktionen von Hauptplatinen **(Tabelle 1)**.

4.3.10.1 Soundkarten

Soundkarten (sound = Ton) ersetzen die vorhandene, meist einfache Tonverarbeitung der Hauptplatine **(Bild 1)**. Für Soundkarten wird der HDA-Standard (High Definition Audio = hochaufgelöstes Audio) verwendet **(Bild 2)**.

Soundkarten können analoge Signale und digitale Signale verarbeiten **(Bild 3)**.

Ein analoger Eingang wird von einem Auswahlschalter (Mixer) mit dem Analog/Digital-Converter-IC verbunden. Je nach ADC wird das Analogsignal mit Samplingraten von 48 kHz bis 192 kHz in Datenworte mit einer Breite von 16 bit bis 24 bit umgewandelt.

Digitale Eingangssignale werden direkt mit dem digitalen Signalprozessor (DSP) verbunden. DSPs sind spezielle Mikroprozessoren für die schnelle Bearbeitung von digitalen Bilddaten und Tondaten.

Im DSP wird auch die Komprimierung von Tondaten vorgenommen. Diese Tondaten können dann z. B. im MP3-Format oder WAV-Format auf die Festplatte gespeichert und wieder abgespielt werden.

> Die Tondaten werden entweder digital oder nach einer DAC-Umsetzung (Digital Analog Converter) analog ausgegeben.

Oft können gleichzeitig Signale an den Eingängen verarbeitet und an den Ausgängen ausgegeben werden (recording).

Die Steuerung der Soundkarte kann z. B. mit dem Media-Player **(Bild 4)** vorgenommen werden.

> **!** Aufgaben von Soundkarten sind die
> - Bearbeitung von Tonsignalen und die
> - Wiedergabe von Tonsignalen.

Tabelle 1: PC-Erweiterungskarten	
Art	**Aufgabe**
Grafikkarte	Steuert die Bildschirmanzeige
Netzwerkkarte	Verbindet PC und LAN
Soundkarte	Verarbeitet analoge und digitale Tonsignale
TV-Karte	Ermöglicht Fernsehen am Bildschirm

Bild 1: Ansicht einer Soundkarte (Aureon)

High Definition Audio Mindest-Standards:
- Codieren und decodieren von Dolby-Digital-5 Signalen,
- Abtastraten von 192 kHz bei 32 bit für DVDs,
- Abtastraten von 44,1 kHz bei 16 bit für CDs,
- Bitraten für Eingangssignale bis 24 Mb/s,
- Bitraten für Ausgangssignale bis 48 Mb/s,
- Erkennen angeschlossener Analog-Geräte,
- gleichzeitige Verarbeitung mehrerer Signalquellen

Bild 2: Auszug aus dem HDA-Standard

Bild 4: Media-Player beim Abspielen von Musik

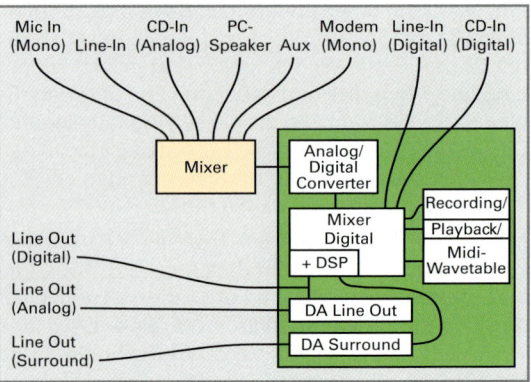

Bild 3: Blockschaltbild einer Soundkarte

4.3.10.2 Netzwerkkarten

Übliche LAN-Anschlüsse am PC sind für Bitraten von 1 Gbit/s ausgelegt. WLAN-Router und Access-Punkte verarbeiten oft höhere Bitraten. Für Übertragungsgeschwindigkeiten mit 10 Gbit/s verwendet man zusätzliche, steckbare Netzwerkkarten, die es z. B. für Twisted-Pair-Leitungen oder LWL gibt **(Bild 1)**.

> **! NIC** von Network Interface Card = Netzwerkkarte
> - Die Netzwerkkarte stellt eine physikalische Verbindung zwischen PC und Netzwerkkabel her.
> - Übertragungsgeschwindigkeiten bis 10 Gbit/s mit Kupferleitern oder Glasfaserkabeln.

Übung 1: Netzwerkkarte einbauen

Bauen Sie in einen PC mit dem Betriebssystem Windows eine Ethernet-Netzwerkkarte ein und richten Sie die Netzwerkeigenschaften ein.

Lösung: **Schritt 1 bis 4**

Schritt 1: Einbauen der Netzwerkkarte

Nach Trennen des PCs vom 230-V-Netz wird der PC geöffnet. Nun sucht man einen freien Steckplatz und entfernt das Verschlussblech auf der Rückseite des PC-Gehäuses. Vorsichtig steckt man die Karte in die entsprechende Steckfassung. Dann schraubt man die Karte an der vorgesehenen Stelle fest. Nach dem Schließen des PC-Gehäuses ist der mechanische Einbau der Karte beendet.

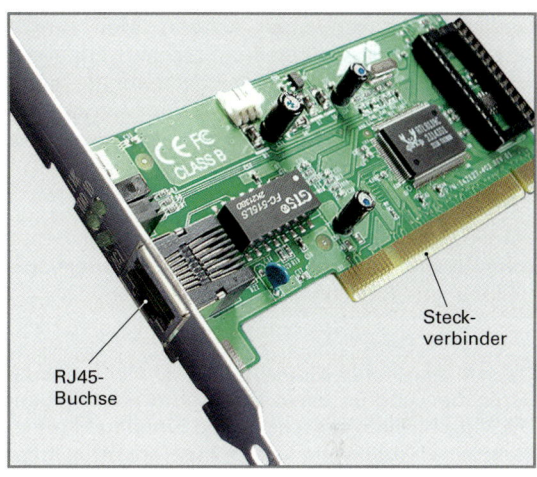

Bild 1: Netzwerkkarte (NIC)

Schritt 2: Verkabeln der PCs

Nun werden alle vorhandenen Netzwerkkarten über Twisted-Pair-Leitungen sternförmig über einen Switch (Schalter) mit dem Server verbunden.

Schritt 3: Einbinden der Netzwerkkarten in das Betriebssystem jedes PCs

Nach dem Neustart des PCs meldet Windows: Neue Hardwarekomponente gefunden und fordert dazu auf, die Windows-CD einzulegen. Anschließend werden die Treiber von der Windows-CD auf die Festplatte kopiert. Dann trägt man noch im Fenster Netzwerkinstallation einen Namen für den PC ein.

Schritt 4: Überprüfen der Netzwerkeinstellungen

Nach einem Neustart müssen in einer Dialogbox ein Name, ein Passwort, der Kontext und der Servername angegeben werden.

Das Fenster Netzwerk- und Freigabecenter **(Bild 2)** zeigt das Netzwerk. Hier kann z. B. in der Statusanzeige die Übertragungsrate abgelesen werden. Im Status-Fenster kann auch mit dem Button Diagnose die Verbindung zum Server geprüft werden.

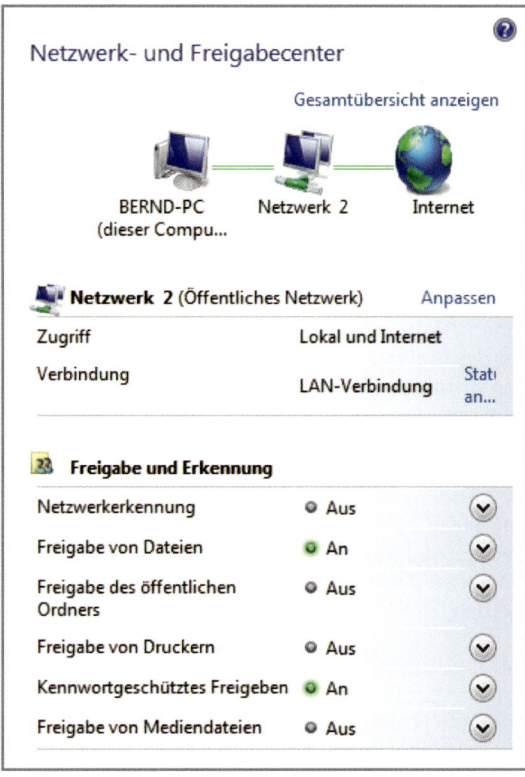

Bild 2: Ausschnitt aus dem Fenster Netzwerk- und Freigabecenter (Systemsteuerung Netzwerk und Internet)

4.3.10.3 Grafikkarten

Die meisten PCs und Laptops besitzen keine Grafikkarte mehr, sondern steuern die grafische Ausgabe
über die Hauptplatine des PCs (Onboard-Graphic),
entweder mit dem Prozessor oder mit einem Chip
(GPU = Graphic Processing Unit). Dabei muss allerdings ein Teil des RAM-Speichers als Video- und
Grafikspeicher verwendet werden. Man spricht
von Shared Memory (geteilter Speicher). Für andere Anwendungen steht damit nicht mehr der ganze
RAM zur Verfügung. Für die meisten Anwendungen reicht die Onboard-Grafik völlig aus, wenn der
Arbeitsspeicher entsprechend erweitert wird.

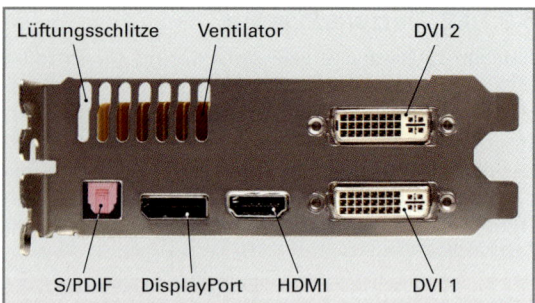

Bild 1: Grafikkartenausgänge

> Grafikkarten benötigt man für aufwendige Gra-
> fiksoftware, zur Erstellung und Bearbeitung von
> Filmen und für schnelle Computerspiele.

Tabelle 1: Grafikkartenausgänge

Typ	Erklärung	Schnittstellenart
S/PDIF	Sony/Philips-Digital-Interface	optisch, digital
DP	DisplayPort	digital, Bild und Ton
HDMI	High Definition Multimedia Interface	digital, Bild und Ton
DVI	Digital Video Interface	digital und analog, ohne Ton

Die Grafikkarte hat die Aufgabe visuelle Daten zu
berechnen und an einen Bildschirm auszugeben.
Da Bildschirme unterschiedliche Eingänge haben,
stellt eine Grafikkarte meist mehrere Ausgänge
zur Verfügung (**Bild 1** und **Tabelle 1**). Grafikkarten
haben ein oder zwei GPUs und einen eigenen Vi-
deo- und Grafikspeicher, um den PC-Prozessor und
RAM-Speicher zu entlasten (**Bild 2**). Der RAM-DAC
(Random Access Memory – Digital Analog Conver-
ter) wandelt die digitalen Signale für die analogen
Ausgangsanschlüsse der DVI-Schnittstelle um. Die
GPUs nehmen 3D-Berechnungen (Rendering) vor
und enthalten mehrere hundert parallel arbeitende
Shader (Schattierer), die Positionsänderungen von
Objekten sowie deren Deformationen berechnen,
Lichteffekte erzeugen und die Objekte mit Texturen
(Strukturflächen) versehen (**Bild 3**). Diese Texturen
werden von den GPUs verschärft (anisotrope Filterung). Da die GPUs höhere Auflösungen erzielen
als die Bildschirme, würden schräge Linien trep-
penförmig erscheinen. Diese Kanten werden deshalb von den GPUs geglättet (Antialiasing). Damit
3D-Funktionen unabhängig von den verschiedenen
Grafikkarten programmiert werden können, gibt
es Software-Schnittstellen (Application Program
Interfaces = APIs), z. B. OpenGL oder DirectX. Bei
einigen multimedialen Programmen und bei Spielen muss deshalb der Treiber DirectX installiert
werden.

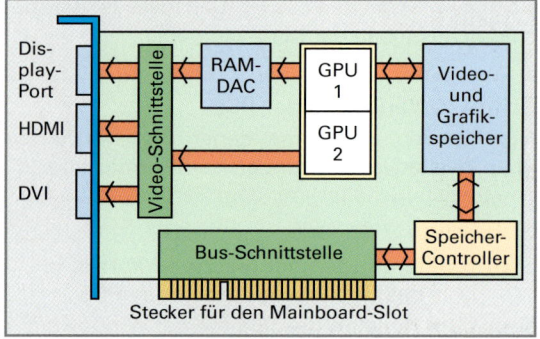

Bild 2: Grafikkartenaufbau

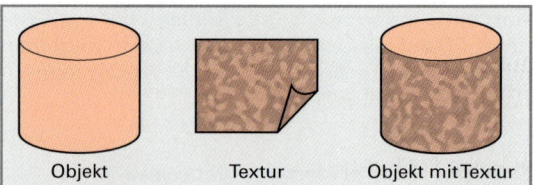

Bild 3: Textur

Die Leistungsfähigkeit einer Grafikkarte hängt
von der Größe ihres Speichers und der GPU-Leis-
tung ab. Leistungsfähige Karten erzielen hohe
Frameraten. Die Framerate (FPS) ist die Zahl be-
rechneter Bilder pro Sekunde. Für hohe Auflösungen werden größere Grafikkartenspeicher benötigt
(**Tabelle 2**).

Tabelle 2: Bildschirmauflösungen

Typ	Erklärung	Pixelzahl
SVGA	Super Video Grafics Array	800 x 600
WXGA	Wide Extended Grafics Array	1366 x 768
WQUXGA	Wide Quad Ultra EGA	3840 x 2400
4 k	4-fach Full HD	3840 x 2160

Testen Sie Ihre Fachkompetenz!

Aufgabe 1: PC-System
Nennen Sie die Hardware-Komponenten eines
einfachen PC-Systems.

Aufgabe 2: Peripherie
a) Erläutern Sie den Begriff Peripherie.
b) Nennen Sie drei Beispiele.

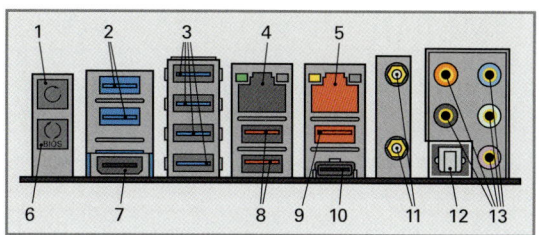

Bild 1: externe PC-Schnittstellen

Aufgabe 3: Schnittstellen
a) Erläutern Sie den Begriff Schnittstelle.
b) Welche Schnittstellen zeigt **Bild 1**?
c) Für welche Komponenten können sie verwendet werden?
d) Worin besteht der Unterschied zwischen den
   Schnittstellen DVI-D, DVI-I und HDMI?

Aufgabe 4: Hauptplatine
Welche Baugruppen zeigt Bild 2?

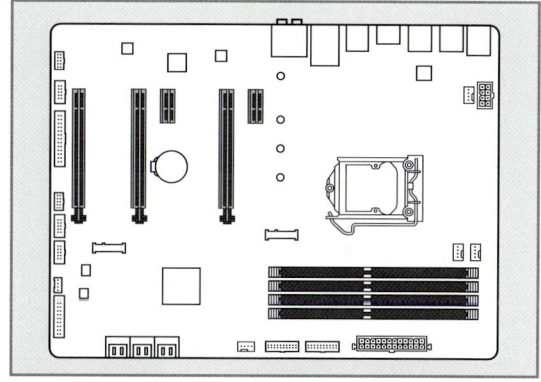

Aufgabe 5: BIOS und UEFI
a) Was ist das BIOS und wozu dient es?
b) Worin besteht der Hauptunterschied zwischen
   BIOS und UEFI?

Bild 2: Beispiel einer Hauptplatine

Aufgabe 6: Bootreihenfolge
a) Wo legen Sie die Bootreihenfolge fest?
b) Beschreiben Sie Ihr Vorgehen, wenn Sie die
   Bootreihenfolge (Bild 3) ändern wollen.

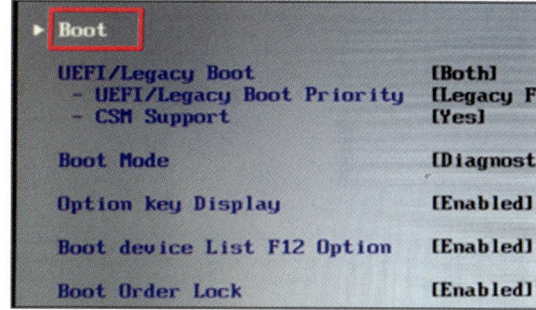

Aufgabe 7: Datenübertragung
Wodurch unterschieden sich die serielle und die
parallele Schnittstelle?

Aufgabe 8: Interrupt-Technik
Erläutern Sie, wozu die Interrupt-Technik dient.

Bild 3: Bootreihenfolge

Aufgabe 9: Cluster
a) Was versteht man unter einem Cluster?
b) Wozu dienen Cluster?

Aufgabe 10:
Erläutern Sie die Funktionsweise eines RFID.

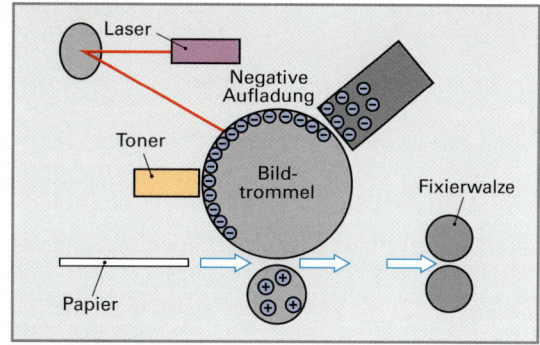

Aufgabe 11: Drucker
Erläutern Sie die prinzipielle Funktionsweise eines
Laserdruckers (Bild 4) und gehen Sie dabei auch
auf die Vor- und Nachteile des Druckertyps ein.

Bild 4: Laserdrucker

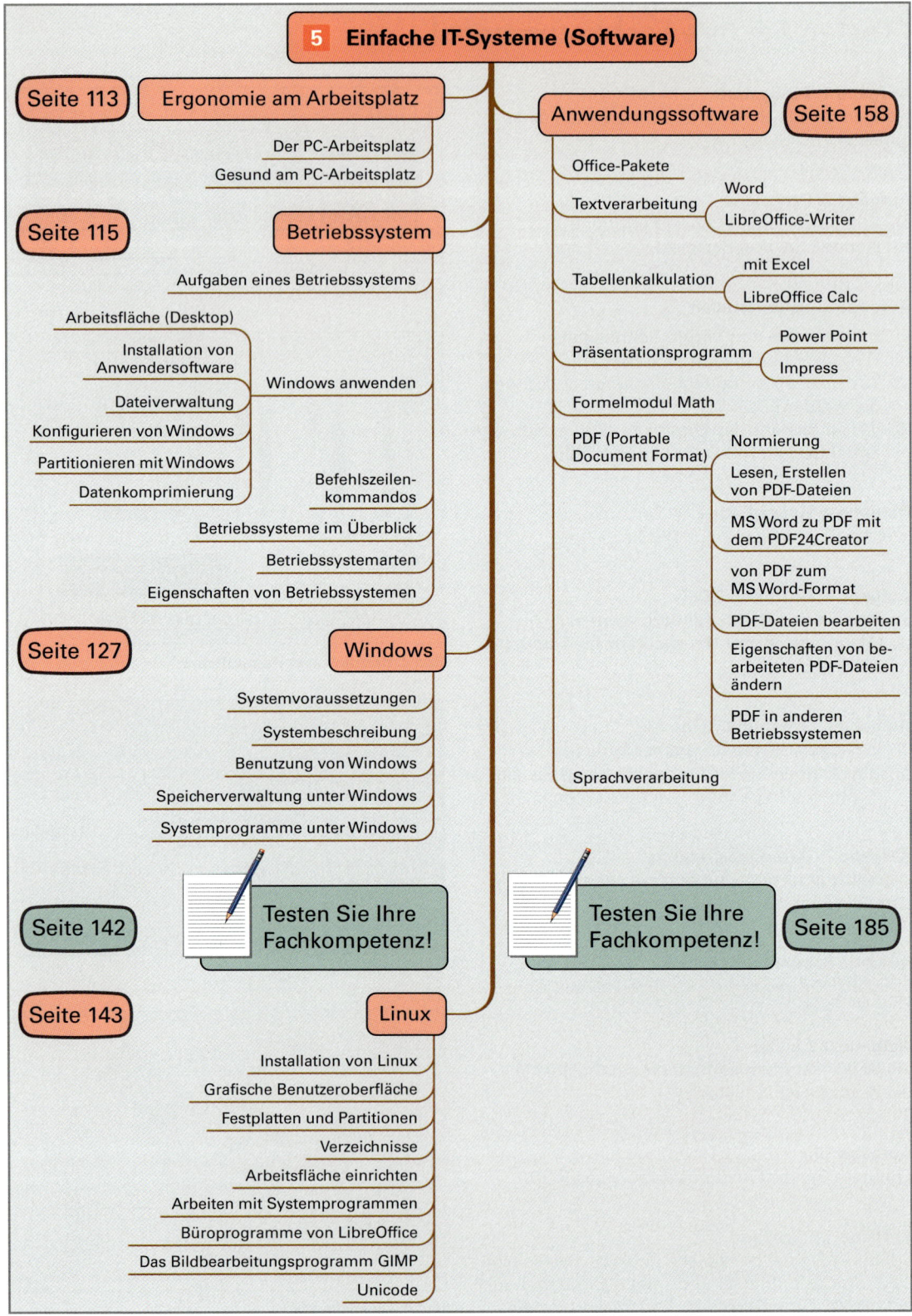

5 **Einfache IT-Systeme (Software)**

Seite 113 — Ergonomie am Arbeitsplatz
- Der PC-Arbeitsplatz
- Gesund am PC-Arbeitsplatz

Anwendungssoftware — Seite 158
- Office-Pakete
- Textverarbeitung
  - Word
  - LibreOffice-Writer
- Tabellenkalkulation
  - mit Excel
  - LibreOffice Calc
- Präsentationsprogramm
  - Power Point
  - Impress
- Formelmodul Math
- PDF (Portable Document Format)
  - Normierung
  - Lesen, Erstellen von PDF-Dateien
  - MS Word zu PDF mit dem PDF24Creator
  - von PDF zum MS Word-Format
  - PDF-Dateien bearbeiten
  - Eigenschaften von bearbeiteten PDF-Dateien ändern
  - PDF in anderen Betriebssystemen
- Sprachverarbeitung

Seite 115 — Betriebssystem
- Aufgaben eines Betriebssystems
- Arbeitsfläche (Desktop)
- Windows anwenden
  - Installation von Anwendersoftware
  - Dateiverwaltung
  - Konfigurieren von Windows
  - Partitionieren mit Windows
  - Datenkomprimierung
  - Befehlszeilen-kommandos
- Betriebssysteme im Überblick
- Betriebssystemarten
- Eigenschaften von Betriebssystemen

Seite 127 — Windows
- Systemvoraussetzungen
- Systembeschreibung
- Benutzung von Windows
- Speicherverwaltung unter Windows
- Systemprogramme unter Windows

Seite 142 — Testen Sie Ihre Fachkompetenz!

Seite 185 — Testen Sie Ihre Fachkompetenz!

Seite 143 — Linux
- Installation von Linux
- Grafische Benutzeroberfläche
- Festplatten und Partitionen
- Verzeichnisse
- Arbeitsfläche einrichten
- Arbeiten mit Systemprogrammen
- Büroprogramme von LibreOffice
- Das Bildbearbeitungsprogramm GIMP
- Unicode

5 Einfache IT-Systeme (Software)

5.1 Ergonomie am Arbeitsplatz

5.1.1 Der PC-Arbeitsplatz

Die Kommunikation zwischen dem Benutzer eines Computers und dem Computer selbst wird als Mensch-Maschinen-Kommunikation bezeichnet. Der PC-Arbeitsplatz ist ein wichtiger Teil der Mensch-Maschinen-Kommunikation. Er wird nach ergonomischen Gesichtspunkten gestaltet. Der Computer muss effizient benutzt werden können und die Arbeitsbelastungen dürfen den Benutzer nicht überfordern. Man unterscheidet zwischen der **Softwareergonomie** und der **Hardwareergonomie** (DIN EN ISO 9241).

> Bei PC-Arbeitsplätzen sind die Softwareergonomie und die Hardwareergonomie zu berücksichtigen.

Zur Hardwareergonomie gehört die körperliche Gestaltung der Arbeitsmittel, z. B. der Tastatur und des Bildschirms. Die Anordnung dieser Arbeitsmittel am Arbeitsplatz und der Arbeitsplatz selbst im Arbeitsraum **(Bild 1)**. Die Bildschirme sollen quer zum Fenster ausgerichtet sein, damit sich die Augen des Benutzers auf die Bildschirmhelligkeit einstellen können und nicht von dem hellen Fensterhintergrund gestört werden. Die Fenster müssen mit Lamellenvorhängen oder Jalousien versehen sein. So kann der Lichteinfall der Tageshelligkeit entsprechend geregelt und damit direkte Sonneneinstrahlung ausgeschlossen werden. Die Deckenbeleuchtung muss so angeordnet sein, dass Spiegelungen im Bildschirm ausgeschlossen sind. Die Bildschirmarbeitsplatz-Leuchten (BAP-Leuchten), ermöglichen durch spiegelnde und parabolisch geformte Lamellen und Reflektoren die richtige Arbeitsraumbeleuchtung. Dies entspricht dem Gesetz über die Arbeitssicherheit **(Bild 2)**.

Der Bildschirm sollte in der Höhe verstellbar sein, sodass entsprechend der Körpergröße des Benutzers der obere Bildschirmrand etwa in Augenhöhe liegt und bei Betätigung der Tastatur der Ellenbogen einen Winkel von 90° bildet **(Bild 3)**. Vor der Tastatur sollte noch eine Handauflagefläche von etwa 15 bis 20 cm Breite zur abgerundeten Tischkante sein. Der Stuhl ist so einzustellen, dass zur Tischunterkante eine hinreichend große Beinfreiheit gegeben ist. Die Sitzlehne sorgt für eine aufrechte Sitzhaltung.

> Beim PC-Arbeitsplatz ist auf eine blendfreie Bildschirmaufstellung zu achten, wobei der Bildschirm rechtwinklig zur Fensterfront angeordnet sein soll.

> **!** **Ergonomie** von griech. ergon = Arbeit und nomos = Gesetz, Regel.
> **Ergonomie** ist die Wissenschaft von der Erforschung der Leistungsmöglichkeiten und optimalen Arbeitsbedingungen des Menschen.   nach **Duden**

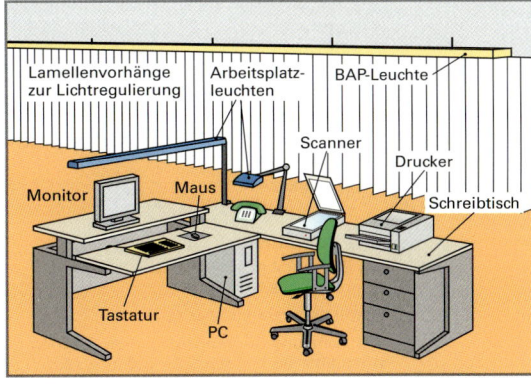

Lamellenvorhänge zur Lichtregulierung — Arbeitsplatzleuchten — BAP-Leuchte — Scanner — Drucker — Monitor — Maus — Schreibtisch — Tastatur — PC

Bild 1: Der PC-Arbeitsplatz

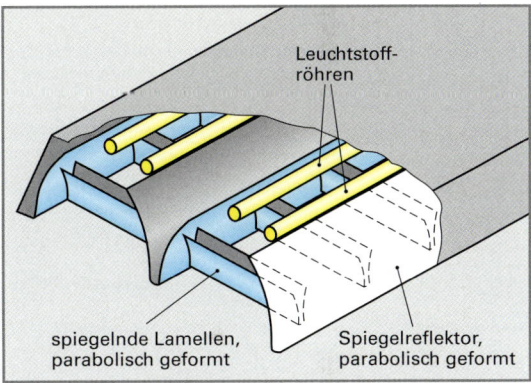

Leuchtstoffröhren — spiegelnde Lamellen, parabolisch geformt — Spiegelreflektor, parabolisch geformt

Bild 2: Die Spiegel-Rasterleuchte (BAP-Leuchte)

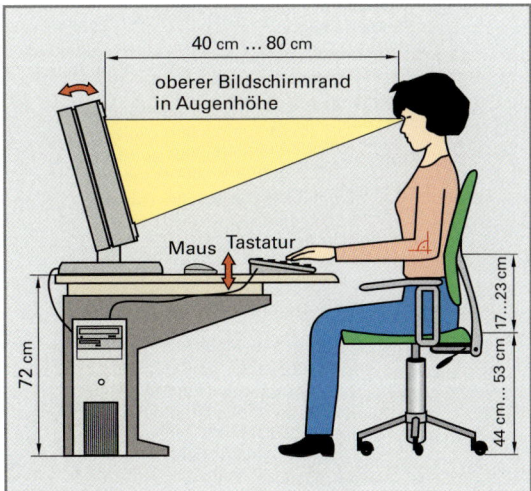

40 cm ... 80 cm — oberer Bildschirmrand in Augenhöhe — Maus — Tastatur — 72 cm — 44 cm ... 53 cm — 17...23 cm

Bild 3: Ergonomischer PC-Arbeitsplatz

5.1.2 Gesund am PC-Arbeitsplatz

1. Der Schreibtisch

- Große Menschen mit langen Beinen benötigen eine höhere Arbeitsfläche, kleine eine niedrigere Arbeitsfläche.
- Oft benutzte Arbeitsmittel direkt vor sich legen, damit der Körper nicht verdreht werden muss.
- Optimal sind stark höhenverstellbare Schreibtische, so dass ab und zu auch im Stehen gearbeitet werden kann.
- Tische sollen genügend Beinfreiheit gewähren, Beinraumbreite etwa 60 cm.

2. Der Bürostuhl

- Der Bürostuhl mit 5 Füßen (Rollen) muss standsicher sein.
- Er soll höhenverstellbar sein.
- Sitzfläche und Rückenlehne sollen neigungsverstellbar und anatomisch geformt sein.
- Die verstellbare Rückenlehne soll allen Bewegungen folgen und den Rücken unterstützen.
- Eine gute Federung verhindert Stauchungen der Wirbelsäule beim Hinsetzen.
- Atmungsaktives Polster verhindert Schwitzen.

3. Der Monitor

- Die Helligkeit der Bildschirmanzeige und der Kontrast zwischen Zeichen und Zeichenuntergrund auf dem Bildschirm müssen einfach einstellbar sein und den Verhältnissen der Arbeitsumgebung angepasst werden können.
- Der Bildschirm muss frei von störenden Reflexionen und Blendungen sein.
- Das Bildschirmgerät muss frei, leicht neigbar und drehbar sein.

4. Die Tastatur

- Die Tastatur muss neigbar sein.
- Die Tastatur muss eine reflexionsarme Oberfläche haben.
- Form und Anschlag müssen eine ermüdungsfreie Tätigkeit ermöglichen.
- Ergonomisch geformte Tastatur verwenden. Die Tastatur ist zweigeteilt und V-förmig gebogen. Das gerade Halten der Handgelenke wirkt Gelenkverkrampfungen entgegen.
- Handballenauflage mit weicher Gelfüllung einsetzen.
- Mit sanftem Anschlag tippen.

5. Die Maus

- Ergonomisch gestaltete Maus verwenden, z. B. eine Vertikalmaus.
- Statt der Tastatur alternative Eingabegeräte verwenden, z. B. Rollkugel, Fingerstift, Spracheingabe und Grafiktablett mit Stift.
- Linkshänder sollen entsprechend geformte Mäuse verwenden.

6. Handgelenk- und Armbeschwerden

Sie werden verursacht durch zigtausendfache Wiederholung ein und derselben Bewegung, z.B. Tippen, Mausbewegung, Mausklicken. Folgen können sein:

- Sehnenscheidenentzündung,
- Kraftverlust,
- Überbein,
- Bewegungs- und Ruheschmerzen,
- Schleimbeutelentzündungen.

Hieraus entwickelt sich das RSI-Syndrom! RSI von Repetitive Strain Injury = Verletzung durch wiederkehrende Belastung.

7. Körperhaltung

- Beine nicht überkreuzen, Blutzirkulation wird behindert („eingeschlafene Füße").
- Füße ganzflächig aufstellen oder Fußstütze verwenden.
- Gerade sitzen, Lendenwirbelsäule durch Rückenlehne stützen (kein „Rundrücken").
- Brustwirbelsäule aufrichten („Brust raus").
- Armlehnen entlasten die Wirbelsäule zusätzlich.
- Ganze Sitzfläche und Rückenlehne nutzen.
- Vor der Tastatur 15 cm bis 20 cm Platz für die Hände freihalten.
- Die Handgelenke gerade halten, Beugen und Drehen belastet.
- Handballen nicht auf der Tastatur abstützen.
- Geradeaus auf den Monitor schauen.
- Siehe Bild 3, vorhergehende Seite.

8. Arbeitsplatzumgebung

- Empfohlene Raumtemperatur für sitzende Tätigkeiten 21 °C bis 22 °C. Geräte und Personen sind auch Heizquellen.
- Luftfeuchtigkeit zwischen 40 % und 60 %. Zu trockene Luft trocknet Augen und Schleimhäute aus.
- Zugluft vermeiden.
- Lärm erzeugt Stress und schadet der Konzentration. Lärmpegel max. 55 dB(A).
- Lärmquellen vom Arbeitsplatz trennen, also z. B. Drucker und Kopierer in Nebenräume.
- Schallschluckende und antistatische Bodenbeläge verwenden.

9. Bürogymnastik

- Pausen machen.

Entspannungsübungen durchführen:

- Arme, Schultern und Rücken lockern.
- Öfters aufstehen und die Beine vertreten.
- Augen entspannen, in die Ferne schauen.

Webseite für Bürogymnastik:
bundesgesundheitsministerium.de/themen/praevention/pauls-schreibtischuebungen.html
www.repetitive-strain-injury.de

10. EU-Richtlinie für Bildschirmarbeit

Verordnung über Sicherheit und Gesundheitsschutz bei der Arbeit an Bildschirmgeräten (Arbeitsstättenverordnung – ArbStättV 2016).

5.2 Betriebssystem

Ein Betriebssystem (Operating System) ist eine Software, die zusammen mit der PC-Hardware die Grundlage zum Betrieb bildet. Jeder PC benötigt ein Betriebssystem **(Tabelle 1)**.

5.2.1 Aufgaben eines Betriebssystems

Ein Betriebssystem ist eine Software, die den gesamten Computer, dessen Komponenten und auch die verwendete Software kontrolliert und steuert. Betriebssysteme erledigen eine Vielzahl von Aufgaben **(Bild 1)**.

Dateiverwaltung
Programme und Daten müssen dauerhaft gespeichert werden, da die Inhalte des Arbeitsspeichers beim Ausschalten verlorengehen. Deshalb werden Daten in Form von Dateien auf Datenträgern gespeichert. Die Dateiverwaltung wird mit Ordnern in einem Dateisystem vom Betriebssystem, z. B. in einem hierarchischen System, zur Verfügung gestellt.

Speicherverwaltung
Obwohl Computer über einen großen Arbeitsspeicher verfügen, finden dennoch nicht alle Programme und Daten auf einmal Platz im Arbeitsspeicher. Die Speicherverwaltung sorgt dafür, dass die jeweils benötigten Speicherinhalte zur Verfügung stehen.

Prozessverwaltung
Die Betriebsmittel (Ressourcen) des Computersystems müssen zwischen den verschiedenen laufenden Programmen und Systemaufgaben verteilt werden. Zu diesem Zweck werden die einzelnen Aufgaben als Prozesse ausgeführt, die vom Betriebssystem verwaltet werden.

Steuerung der Hardware
Computersysteme sind modular aufgebaut. Jede Aufgabe kann durch verschiedene Geräte unterschiedlicher Hersteller erledigt werden. Betriebssysteme lösen dieses Problem durch den Einsatz von Gerätetreibern. Diese enthalten die Steuerlogik für bestimmte Hardwarekomponenten.

Eingabe- und Ausgabesteuerung
Computerprogramme sind auf die Eingabe von Daten angewiesen. Die Benutzer erwarten im Gegenzug die Ausgabe von Ergebnissen. Betriebssysteme steuern die Zusammenarbeit der verschiedenen Eingabe- und Ausgabekanäle wie Tastatur und Bildschirm.

Einteilung der Betriebssysteme
Betriebssysteme werden nach der Anzahl gleichzeitig laufender Programme, der Anzahl gleichzeitig arbeitenden Nutzer oder nach der Anzahl der verwalteten Prozessoren unterschieden **(Tabelle 2)**.

Tabelle 1: Betriebssysteme (Auswahl)	
Name	Bedeutung, Übersetzung
Windows	Betriebssystem für 32 bit und 64 bit
UNIX	Betriebssystem für den Bereich Mikrocomputer, Workstation
LINUX	Betriebssystem für den PC-Bereich und Vernetzung
Mac OS X	Betriebssystem für Macintosh-PC. X steht für Version 10. Basiert auf UNIX.
IOS 13 Android 9.x	Betriebssystem für Smartphones, Tablets

Bild 1: Aufgaben eines Betriebssystems

Tabelle 2: Einteilung von Betriebssystemen	
Arten	Beispiele
Anzahl gleichzeitig laufender Programme oder Prozesse	Einzelprogrammbetrieb (singletasking) Mehrprogrammbetrieb (multitasking)
Anzahl gleichzeitig arbeitender Benutzer	Einzelbenutzerbetrieb (singleuser mode) Mehrbenutzerbetrieb (multiuser mode)
Anzahl verwalteter Prozessoren	Ein-Prozessor-Betriebssystem (single processing mode) Mehr-Prozessor-Betriebssystem (multiprocessing mode)

Die meisten PC-Systeme werden mit einem bereits installierten Betriebssystem ausgeliefert, z. B. Windows, Linux oder Mac OS X.

Installiert heißt, das Betriebssystem befindet sich bereits auf der Festplatte des PC-Systems und ist an dessen Hardware angepasst.

5.2.2 Windows anwenden

5.2.2.1 Arbeitsfläche (Desktop)

Startmenü und Taskleiste

Auf der Arbeitsfläche von Windows 10 ist am unteren Bildrand die Taskleiste mit dem Startbutton ⊞ zu sehen (**Bild 1**).

Das Startmenü enthält die Abschnitte Benutzer ①, App-Liste ②, den Kachelbereich ③ und die Taskleiste ④.

Im Abschnitt Benutzer sind die Icons für den Explorer, Einstellungen, Ein/Aus und das Startmenü. Im Bereich Einstellungen kann z. B. im Bereich System die Bildschirmanzeige eingestellt werden (**Bild 2**).

Die App-Liste zeigt mittels Maus und Scrollbalken alle installierten Programme an. Die Liste zeigt oben den Bereich Meistverwendet und darunter die gesamte App-Liste. Nach Neuinstallation einer App wird diese mit Zuletzt hinzugefügt angezeigt.

Klickt man auf das Numeruszeichen # öffnet sich ein Fenster mit den Alphabetbuchstaben. Wählt man z. B. O, wird die App-Liste ab Buchstaben O angezeigt.

Im Kachelbereich sind häufig benutzte Programme zu finden. Diese sind in Gruppen zusammengefasst, z. B. Alles auf einen Blick.

Gruppen kann der Benutzer beliebig zusammenstellen und benennen, z. B. Office und Zubehörprogramme. Eine Kachel erzeugt man z. B. durch Ziehen eines Icons aus der App-Liste auf den Kachelbereich.

Die Taskleiste füllt man mit den Icons zum Starten häufig verwendeter Programme, z. B. dem Browser oder Explorer. Das gewünschte Programm zieht man mit der Maus aus der App-Liste oder dem Kachelmenü in die Taskleiste.

Fenstersteuerung

Die Titelleisten der meisten Fenster enthalten drei Schaltflächen (**Bild 3**):

- ❌ Schließt das Fenster und beendet die Anwendung,
- ☐ Vergrößert das Fenster auf Bildschirmgröße oder verkleinert, auf eine gewünschte Größe,
- ― Fenster wird zum Symbol in der Taskleiste.

Windows beenden

Klicken auf die Schaltfläche Ein/Aus zeigt die Auswahlmöglichkeiten Energie sparen, Herunterfahren und Neu starten an (**Bild 4**). Energiesparen (standby) bedeutet, der PC bleibt eingeschaltet bei verringerter Energieaufnahme. Nach Reaktivieren kann man sofort da weitermachen, wo man aufgehört hatte.

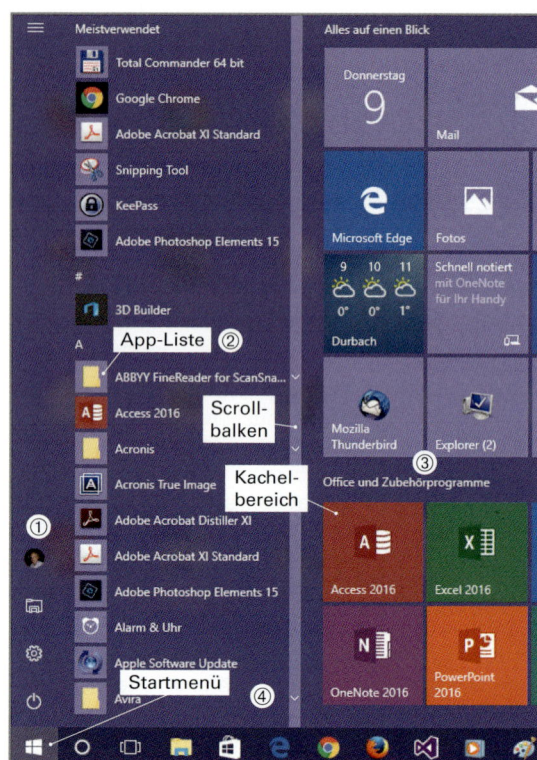

Bild 1: Bildschirmausschnitt des Desktops

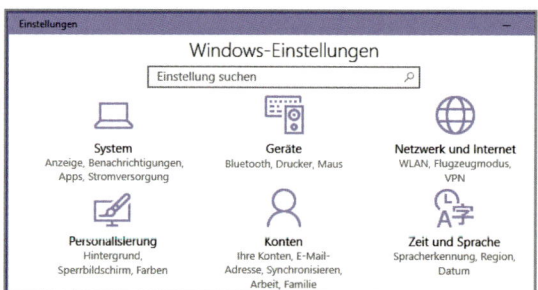

Bild 2: Ausschnitt aus dem Menü Einstellungen

Bild 3: Fensterschaltflächen

Bild 4: Windows beenden

5.2.2.2 Installation von Anwendersoftware

Ein Programm von DVD oder CD installieren

Bei Druckern und Scannern werden meist DVD oder CD für die Installation und mit zusätzlichen Dienstprogrammen des Herstellers ausgeliefert.

Startet die Installation nicht automatisch, durchsucht man das Verzeichnis des Datenträgers und klickt die Installationsdatei an, die in der Regel Setup.exe oder Install.exe heißt.

> **! Raubkopie:** Bezeichnung für illegale, urheberrechtswidrig hergestellte Kopie.
>
> **Softwarelizenz:** Sie gibt dem Lizenznehmer das Recht, die Software entsprechend der Bestimmungen des Lizenzvertrags einzusetzen und zu nutzen.
>
> **EULA** von **E**nd **U**ser **L**icense **A**greement = Endbenutzer-Lizenzvertrag.

Übung 1: Office-Software installieren

a) Suchen Sie das Office Paket im Internet.

b) Starten Sie die Installation von LibreOffice

Lösung: a) **Bild 1**,
         b) **Bild 2** und **Bild 3**.

Im Internetbrowser sucht man den Link, der zu einem Anbieter des gesuchten Programms führt (Bild 1). Auf der Homepage des Anbieters wählt man die gewünschte Version aus (Bild 2). Zu beachten ist, welches Betriebssystem man verwendet, z. B. Windows, macOS oder Linux und ob eine 32-Bit-Version oder 64-Bit-Version in Frage kommt.

Nach Anklicken des grünen Buttons beginnt der Download. Den Download-Fortschritt zeigt ein Anzeigefenster auf der Browser-Seite. Der Download der Programmdatei nutzt standardmäßig das Verzeichnis Download. Nach Ende des Downloads klickt man auf den Button in der Fortschrittsanzeige und startet die Installation direkt. Ein Installationsassistent führt durch die Einstellmöglichkeiten. So werden nacheinander z. B. Icon auf dem Desktop erstellen und die Set-up-Art (Installationsart) eingestellt (Bild 3). Nach dem letzten Schritt kann das Programm sofort ausgeführt werden.

Programme aus dem Internet zuerst speichern, auf Viren prüfen und dann erst installieren.

Deinstallieren

Software wird mit Deinstallationsprogrammen von der Festplatte entfernt. Bei Apps wird dazu das Kontextmenü geöffnet und `Deinstallieren` angeklickt oder vom Startmenü aus die Icons `Einstellungen→Programme` angetippt. Im Fenster `Programme hinzufügen oder entfernen` wird das zu entfernende Programm markiert und `Deinstallieren` angeklickt **(Bild 4)**.

Es gibt auch spezielle Deinstallationsprogramme, die „vergessene" Verzeichnisse und Dateien entfernen.

Bild 1: LibreOffice mit Google suchen

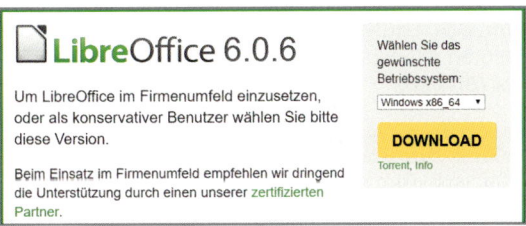

Bild 2: Download-Version wählen

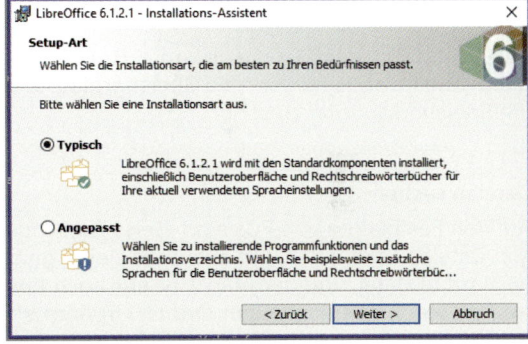

Bild 3: Installationsart wählen

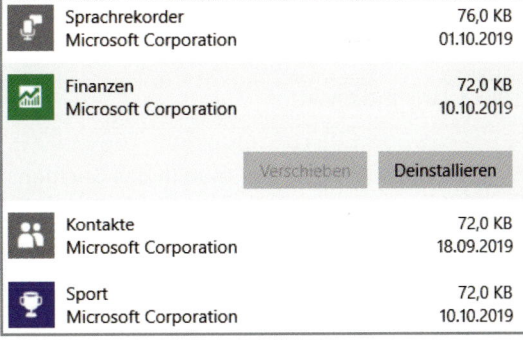

Bild 4: Software deinstallieren

5.2.2.3 Dateiverwaltung

Explorer

Dateien (files) werden mit dem Programm Explorer (von to explore = erforschen) verwaltet. Zum Explorer (Nicht mit dem Internet-Explorer verwechseln!) gelangt man durch Anklicken des Buttons `Start` mit der linken Maustaste und Anklicken der Zeile `Explorer`. Nach Doppelklick auf die Zeile `Desktop` öffnet sich das Fenster **(Bild 1)**.

In der linken Hälfte sind in einer Baumstruktur Ordner zu sehen. Ein Ordner wird auch Verzeichnis genannt. Einen Ordner wählt man durch Anklicken des entsprechenden Icons aus. In der rechten Hälfte des Fensters sieht man die Objekte des Ordners. Dies sind z.B. die auf dem Desktop abgelegten Programmverknüpfungen.

Durch Klick auf das Icon USB-64GB-1(H:) kann nun das Laufwerk bearbeitet werden. Mit der rechten Maustaste wird das Kontextmenü geöffnet **(Bild 2)**.

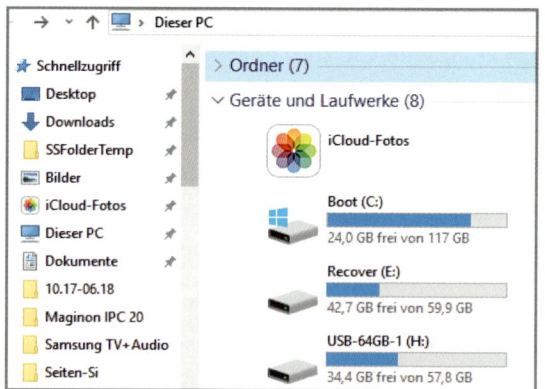

Bild 1: Desktop-Fenster im Explorer

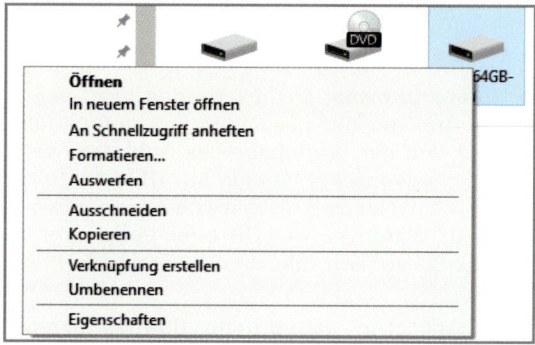

Bild 2: Kontextmenü

> **Übung 1: Kontextmenü öffnen**
>
> Öffnen Sie das Kontextmenü Laufwerk (H:).
>
> *Lösung:*
> Klick mit der rechten Maustaste auf den Laufwerksbutton **(Bild 2)**.

Klickt man mit der Maustaste auf z.B. auf `Eigenschaften`, sind der freie Speicherplatz und die Speicherkapazität zu sehen.

Dateien suchen

Auf den Festplatten von PCs sind meist Tausende von Dateien vorhanden. Oft sucht man eine ganz bestimmte Datei, von der man z.B. nur noch den Namen weiß, aber nicht den Ordner, in dem sie gespeichert ist.

> **Übung 2: Dateien suchen**
>
> Suchen Sie alle Dateien, die 406 enthalten.
>
> *Lösung:*
> **Bild 4**, Listenausschnitt

Für die Dateisuche schreibt man in das Suchfenster 406. Anschließend werden alle Dateien, die 406 enthalten, angezeigt.

> Mit dem Explorer wird die Dateiverwaltung durchgeführt.

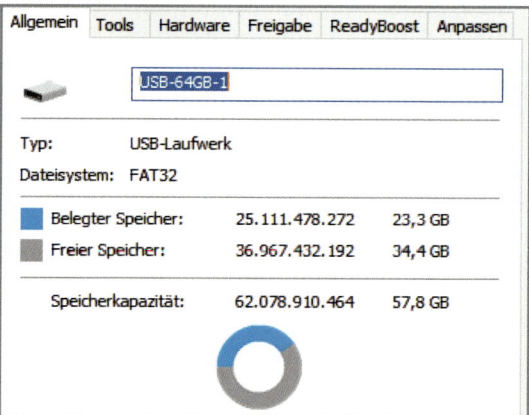

Bild 3: Laufwerkeigenschaften – Allgemein

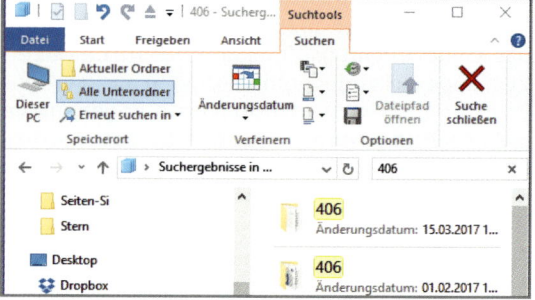

Bild 4: Suchen nach Dateien mit der Ziffernfolge 406

5.2.2.4 Konfigurieren von Windows

Betriebssysteme können an die persönlichen Anforderungen eines Benutzers durch Einstellen von Systemsteuerungselementen angepasst (konfiguriert) werden.

Zu finden sind alle Systemsteuerungselemente im Ordner Einstellungen.

Sicherheit und Wartung

Durch Eingabe von Systemsteuerung im Fenster Einstellungen gelangt man zu Alle Systemsteuerungselemente und wählt Benutzerkonten und Einstellungen der Benutzerkonten ändern (**Bild 1**). Nun können die Einstellungen der Benutzerkontensteuerung vorgenommen werden (**Bild 2**).

Benutzerkontensteuerung anpassen

Die Benutzerkontensteuerung ist das Dialogfeld, das anzeigt, wenn Windows die Erlaubnis einholt, eine Aktion durchzuführen. Im Fenster Einstellungen wird bei Einstellungen suchen Benutzerkontensteuerung eingegeben. Es öffnet sich das Fenster Einstellungen für Benutzerkontensteuerung (**Bild 2**). Durch Ziehen des Reglers mit der Maus stellt man die gewünschte Benachrichtigungsebene, z.B. Standard, ein. Die Einstellung wird durch Klick auf OK bestätigt.

Die Maus anpassen

Von Alle Systemsteuerungselemente gelangt man auch zu den Einstellungen für die Maus. Mauseinstellungen, z.B die Doppelklickgeschwindigkeit oder Radeinstellungen sind hier änderbar.

> **Beispiel 1: Radeinstellungen der Maus ändern**
>
> Ein Schritt des Mausrades soll das Bild um drei Zeilen weiterbewegen.
>
> *Lösung:*
> **Bild 3**

Updatestatus prüfen

Im Fenster Einstellungen Update und Sicherheit anklicken und anschließend Windows Update wählen (**Bild 4**). Meist werden die Updates automatisch ausgeführt. Klickt man auf Updateverlauf, wird eine Liste der installierten Updates gezeigt. Es können hier auch Updates deinstalliert oder Wiederherstellungsoptionen, z.B. den Zustand von vor dem Update wiederherstellen, ausgewählt werden.

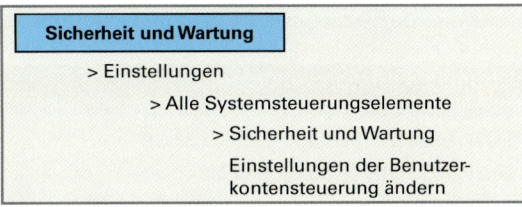

- Konfigurationen sind Einstellungen am Betriebssystem,
- Updates aktualisieren eine Software,
- Sicherheit bezüglich Firewall, Viren, Interneteinstellungen,
- Wartung z.B. durch Windows

Sicherheit und Wartung

> Einstellungen

> Alle Systemsteuerungselemente

> Sicherheit und Wartung

Einstellungen der Benutzerkontensteuerung ändern

Bild 1: Wartungscenter-Fenster

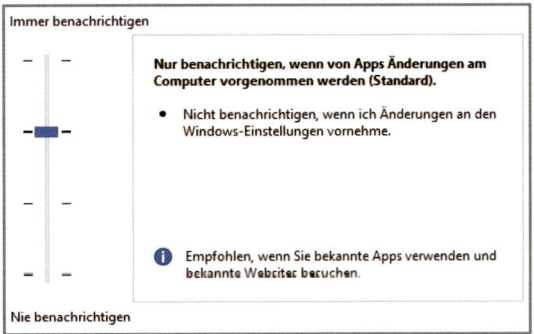

Bild 2: Fenster Einstellungen für Benutzerkontensteuerung

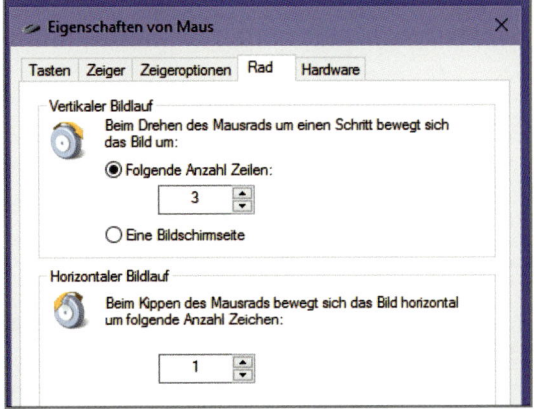

Bild 3: Fenster Eigenschaften von Maus

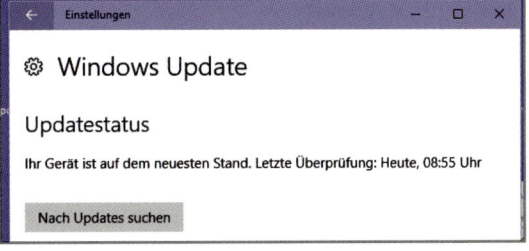

Bild 4: Fensterausschnitt Windows Update

5.2.2.5 Partitionieren mit Windows

Datenträger partitioniert (partition = Aufteilung) man, um verschiedene Betriebssysteme auf einer Festplatte einzurichten und um Programme von Daten zu trennen. Dazu wird der Startbutton gewählt, das Kontextmenü mit rechter Maustaste geöffnet und `Datenverwaltung` gewählt **(Bild 1)**.

Übung 1: Partition verkleinern

Verkleinern Sie Partition (E:) auf 9,89 GB und erstellen Sie eine weitere Partition (I:) mit 9,88 GB.

Lösung: Schritte ① bis ⑥, **Bild 2**

Auszuführende Schritte:

① Auswählen der Partition (E:) (**r**echte **M**aus**t**aste, rMt, Bild 2).

② Ändern des Dateisystems durch Formatieren von FAT32 in NTFS.

③ Volume von (E:) verkleinern (rMt), ⇒ `Volumen verkleinern...` gewünschten Wert, z. B. 98 804 MB eintragen.

④ Nicht zugeordneten Bereich wählen (rMt), ⇒ `Neues einfaches Volumen...` auswählen.

⑤ Im Assistentenfenster nacheinander Volumengröße (9,88 GB), Laufwerkbuchstaben I: und Formatierungsart NTFS festlegen.

⑥ Assistenten `Fertigstellen`.

Windows kann nur `Neue einfache Volumen` anlegen, z. B. ein logisches Laufwerk in der Partition E (Bild 1).

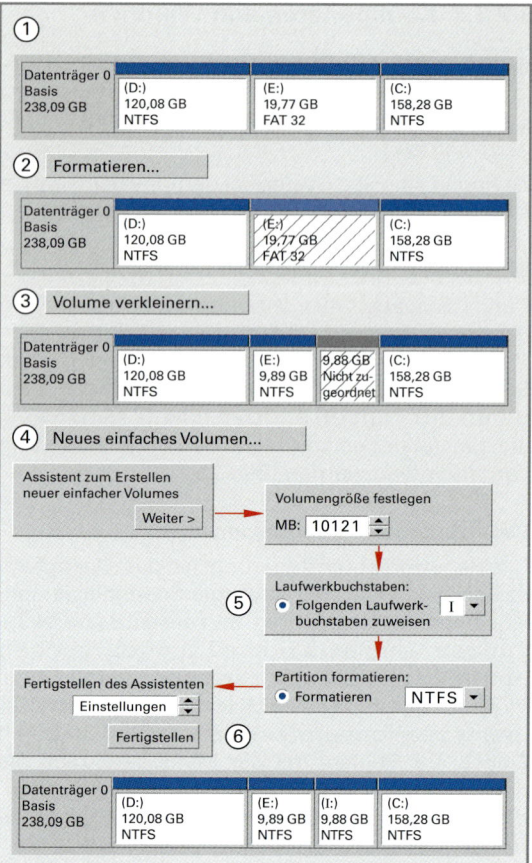

Bild 2: Schritte beim Ändern von Partitionen

Volume	Layout	Typ	Dateisystem	Status	Kapazität	Freier Speicher	% frei
🖴	Einfach	Basis		Fehlerfrei (EFI-Systempartition)	100 MB	100 MB	100 %
🖴	Einfach	Basis		Fehlerfrei (Wiederherstellungspartition)	500 MB	500 MB	100 %
🖴	Einfach	Basis		Fehlerfrei (OEM-Partition)	1,00 GB	1,00 GB	100 %
🖴 Boot (C:)	Einfach	Basis	NTFS	Fehlerfrei (Startpartition, Auslagerungsdatei, Absturzabbild, Primäre Partition)	117,53 GB	32,10 GB	27 %
🖴 Data (D:)	Einfach	Basis	NTFS	Fehlerfrei (Primäre Partition)	1803,01 GB	1761,23 GB	98 %
🖴 LACIE (G:)	Einfach	Basis	FAT32	Fehlerfrei (Aktiv, Primäre Partition)	37,24 GB	29,09 GB	78 %
🖴 Recover (E:)	Einfach	Basis	NTFS	Fehlerfrei (Primäre Partition)	60,00 GB	42,72 GB	71 %

Datenträger 0
Basis
119,12 GB
Online

100 MB Fehlerfrei (EFI-	Boot (C:) 117,53 GB NTFS Fehlerfrei (Startpartition, Auslagerungsda	500 MB Fehlerfrei (Wiederhei	1,00 GB Fehlerfrei (OEM-Partitio

Datenträger 1
Basis
1863,02 GB
Online

Data (D:) 1803,01 GB NTFS Fehlerfrei (Primäre Partition)	Recover (E:) 60,00 GB NTFS Fehlerfrei (Primäre Partition)

Datenträger 2
Basis
37,26 GB
Online

LACIE (G:) 37,25 GB FAT32 Fehlerfrei (Aktiv, Primäre Partition)

■ Nicht zugeordnet ■ Primäre Partition

Bild 1: Datenträgerverwaltung von Windows

5.2.3 Befehlszeilenkommandos

Befehlszeilenprogramm cmd.exe

In die Suchzeile des Startmenüs gibt man `cmd` oder Eingabeaufforderung ein. In der Ergebnisliste startet man durch Anklicken von z. B. `cmd` das Fenster `C:\_` Eingabeaufforderung **(Bild 1)**. Das Fenster zeigt ein schwarzes Textfeld mit z. B. der Laufwerksangabe `H:\`, dem Prompt > und dem blinkenden Cursor `_`.

Die Eigenschaften des Fensters können durch Klicken auf in der Titelleiste geändert werden.

> **!**
> - **Befehlszeilenprogramme** und **Kommandos** findet man im Ordner C:\Windows\System32.
> - **case insensitive** = unabhängig von der Groß- und Kleinschreibung.
> - **cmd** von command = Befehl, Kommando.

Bild 1: Fenster Eingabeaufforderung

Übung 1: Farbe und Schriftart ändern

Stellen Sie die Hintergrundfarbe auf gelbbraun und die Schriftfarbe schwarz ein.

Lösung:
Auf `C:\..` klicken, im Fenster `Eigenschaften` anklicken, dann Reiter `Farben` anwählen und Fenstertext und Fensterhintergrund einstellen.

Verzeichnisse (Ordner)

Durch Eingabe von `G:` wechselt man zum Laufwerk H **(Tabelle 1)**. Kommandos werden durch Betätigen der Eingabetaste ausgeführt und sind case insensitive. Mit dem Kommando `dir` wird z. B. das Verzeichnis des Laufwerks H aufgelistet **(Bild 2)**.

Tabelle 1: Befehlszeilenkommandos	
Kommando	Bedeutung, Auswirkung
G:	Wechselt zum Laufwerk G:
cd <Baum>	Change directory. Wechselt zum Verzeichnis Baum.
cls	Clear screen. Löscht den Bildschirm.
copy	Kopiert Dateien.
del	Delete. Löscht die angegebenen Dateien.
dir	Directory. Listet den Inhalt eines Verzeichnisses auf.
format	Formatiert einen Datenträger.
md	Make directory. Erstellt ein Verzeichnis.

Übung 2: Baumstruktur anlegen

Legen Sie auf dem Wechseldatenträger H: die Baumstruktur wie in **Bild 3** an.

Lösung:
`md Baum` legt das Verzeichnis Baum an. `cd Baum` ruft den Ordner auf. Im Ordner `Baum` werden mit `md Ast1` und `md Ast2` die Ordner `Ast1` und `Ast2` angelegt. `cd Ast2` ruft den Ordner `Ast2` auf. In ihm legt man mit `md Zweig1` das Verzeichnis Zweig1 an. Die Dateien `Blatt1` und `Blatt2` wurden z. B. mit `copy` von der Festplatte E: hierher kopiert.

Bild 2: Fenster Eingabeaufforderung mit geänderter Farbe

Mit dem Kommando `del` kann man Dateien löschen. Das Kommando `format` formatiert einen Datenträger. Mit `cls` löscht man den Fensterinhalt.

Bild 3: Baumstruktur im Laufwerk H:

Stapeldateien

Eine Stapeldatei (batch-file oder Batchdatei) ist eine unformatierte Textdatei, die Befehlszeilenkommandos enthält und ausführbare Dateien (mit der Dateierweiterung .exe) aufrufen kann. Einer Stapeldatei wird beim Speichern die Dateierweiterung `.bat` (von batch = Stapel) angefügt. Der Aufruf einer Stapeldatei erfolgt z. B. durch Anklicken einer Datei im Explorer (**Bild 1**).

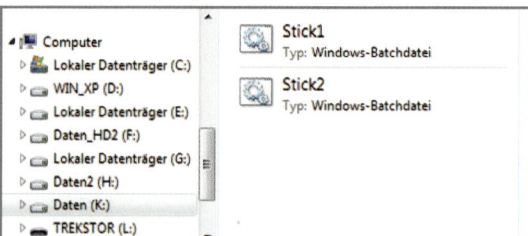

Bild 1: Starten einer Stapeldatei

> Stapeldateien ersparen mehrfaches Eingeben oft benötigter Kommandofolgen über die Tastatur.

Stapeldateien erstellen

Stapeldateien schreibt man z. B. mit dem MS-Editor. Nach Eingabe von `Editor` in die Suchzeile des Startmenüs klickt man in der Ergebnisliste die Zeile `Editor` an.

Bild 2: Text der Stapeldatei Stick2.bat

Übung 1: Stapeldateien erstellen

Erstellen Sie eine Stapeldatei mit dem Namen `Stick2.bat` zum Formatieren eines USB-Sticks im Laufwerk G mit dem Dateisystem FAT32 und formatieren sie den Stick.

Lösung:
Bild 2 und **Bild 3**

Nach Rem (Remark = Bemerkung) kann ein Kommentar angefügt werden. Mit dem Kommando `Pause` wird der Ablauf der Stapeldatei unterbrochen. Mit `Format` wird hier im Laufwerk G ein USB-Stick mit dem Dateisystem FAT32 formatiert.

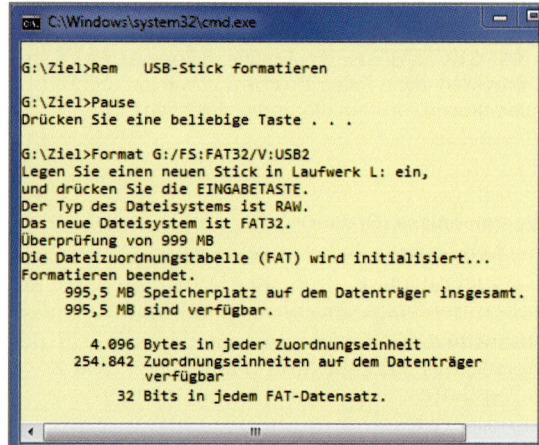

Bild 3: Ausführen der Stapeldatei Stick2.bat

Übung 2: Stapeldatei zum Kopieren

Erstellen Sie eine Stapeldatei, mit der Word-Dateien von einem USB-Stick in das Verzeichnis Ziel auf einem Computerlaufwerk G kopiert werden und führen sie diese aus.

Lösung:
Bild 4 und **Bild 5**

Mit dem Kommando `copy *.doc* g:\Ziel` werden Dateien mit der Erweiterung (Extension `.doc` und `.docx` vom aktuellen Laufwerk L: in das Verzeichnis Ziel im Laufwerk G kopiert.

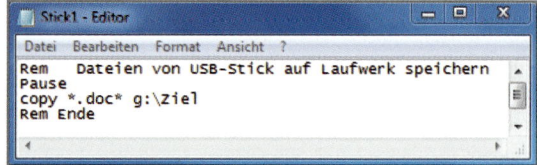

Bild 4: Text der Stapeldatei Stick1

K   Kompetenzorientierung

1. In welchem Ordner findet man Befehlszeilenprogramme und Kommandos?

2. Was bedeutet „case insensitive"?

3. Wozu werden Stapelprogramme verwendet?

Bild 5: Ausführen der Stapeldatei Stick1

5.2.4 Betriebssysteme im Überblick

Die meisten PC-Systeme werden mit einem bereits installierten Betriebssystem ausgeliefert **(Bild 1)**, z. B. Windows 10 oder Linux. Installiert heißt, das Betriebssystem befindet sich bereits auf der Festplatte des PC-Systems und ist an dessen Hardware angepasst. Betriebssysteme können aber auch ohne Computer käuflich erworben werden, oder aus dem Internet herunter geladen werden.

Ist ein Betriebssystem auf dem Computer installiert, wird dies nach dem Einschalten meist automatisch gestartet. Mit seiner Hilfe können alle Verwaltungsaufgaben, wie Datenspeicherung und Datensicherung, bewältigt werden.

> Ein Betriebssystem ist ausgestattet mit einer Vielzahl von Systemprogrammen, die für den Betrieb eines Computers unverzichtbar sind.

Das Betriebssystem steuert alle Abläufe innerhalb des Computers und sorgt für die Kommunikation zwischen dem Computer und seinen Geräten zur Dateneingabe und Datenausgabe. So steuert das Betriebssystem z. B. die Tastatureingabe, die Bildschirmausgabe und den Datentransport von und zu den Massenspeichern. Das Betriebssystem ist die Schnittstelle aller Anwendungsprogramme zur Computerhardware. Für den Datenaustausch zwischen Hardware und Software ist somit das Betriebssystem zuständig.

> Das Betriebssystem ermöglicht die Kommunikation zwischen dem Benutzer und dem Computer.

Es gibt verschiedene Betriebssysteme, die sich sowohl in den Hardwarevoraussetzungen als auch in ihrer Betriebsweise unterscheiden. Zu den derzeit gebräuchlichen Betriebssystemen zählen Windows 10, Windows 7, UNIX und Linux **(Tabelle 1)**.

Sämtliche Windows-Versionen sind als Betriebssysteme für PCs weit verbreitet. Windows 2000 ist ein 32-Bit-Betriebssystem. Windows 10 und Windows 7 gibt es als 32-Bit-Betriebssystem oder als 64-Bit-Betriebssystem.

Windows gibt es in verschiedenen Varianten: Starter Edition, Home, Enterprise, Pro und Ultimate-Edition. Für den Heimgebrauch ist die Variante Home und die Variante Pro interessant. Die Versionen Pro und Enterprise verfügen über Verschlüsselungsmöglichkeiten. Die einfache Starter Edition ist für Netbooks entwickelt. Ein Netbook ist ein tragbarer Computer, der meist kleiner und leistungsschwächer als ein Notebook ist.

> **!** **Betriebssystem** = Bindeglied zwischen der Hardware eines Computers und den vom Benutzer ausgeführten Anwendungsprogrammen.

Bild 1: Das Betriebssystem als Vermittler

Tabelle 1: Betriebssysteme		
Betriebssystem	Einsatz	Verbreitung
Windows 2000 Professional	Heimgebrauch	Einsatz sinkt
Windows 2000 (Advanced, Data-center) Server	Unternehmen	verbreitet
Windows 7 Unternehmen	Heimgebrauch,	Einsatz sinkt
Windows 10	Heimgebrauch, Unternehmen	Einsatz steigt
UNIX	bei Workstations, ausschließlich in Unternehmen	verbreitet
Linux	PC-Basis, Unternehmen, Schulen, Heimgebrauch	Einsatz steigt
Mac OS X	in Macintosh Computer	verbreitet
iOS 11, Android 9.0	in Smartphones	verbreitet

Windows Phone wurde für Smartphones entwickelt, hat aber nur noch einen sehr geringen Marktanteil. Ein Smartphone ist ein Mobiltelefon mit Anwendungsmöglichkeiten ähnlich eines Laptops. Häufig verfügt es aber auch über ein Textverarbeitungsprogramm oder Tabellenkalkulationsprogramm sowie eine Schnittstelle zur Datenübertragung zu einem PC.

Apple iOS ist ebenfalls ein Betriebssystem für Smartphones und wird z. B. im Apple iPhone eingesetzt **(Bild 1)**. Das Betriebssystem Android hat einen Linux-Kern und wird in vielen mobilen Geräten eingesetzt.

Das Betriebssystem UNIX ist auf Workstations stark vertreten und hat in vielen Unternehmen, z. B. im CAD-Umfeld, eine große Bedeutung. Linux ist eine für den PC-Bereich entwickelte UNIX-Variante, die immer größeren Einsatz auch in Firmen oder Verwaltungen, z. B. Stadt München, findet.

Bild 1: iPhone

5.2.5 Betriebssystemarten

Einplatzbetriebssysteme

Ein Computersystem wird oft durch ein Schalenmodell dargestellt **(Bild 2)**. Meist kann der Anwender über die Tastatur auf Anwenderprogramme oder auf bestimmte Funktionen des Betriebssystems (BS) einwirken. Die Steuerung der Bildschirmausgabe erfolgt durch das Betriebssystem, wobei bestimmte Ausgaben auch wieder durch Anwenderprogramme steuerbar sind. Das Betriebssystem DOS kann z. B. immer nur ein Programm bearbeiten.

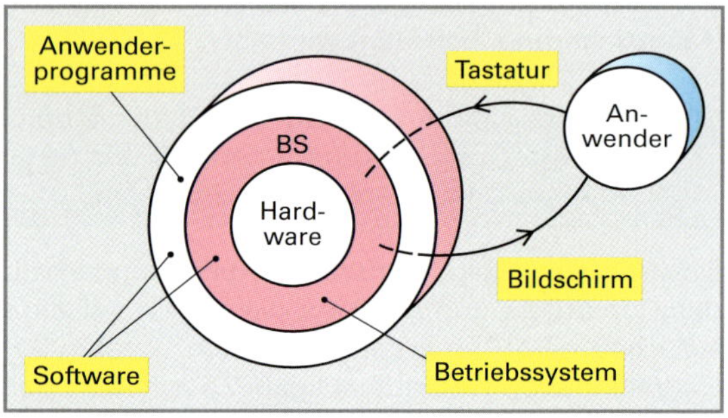

Bei allen Windows-Varianten kann der Anwender mehrere Tasks (von task = Aufgabe) vom Computer bearbeiten lassen **(Bild 3)**. Dabei teilt das Betriebssystem nacheinander jedem Task eine bestimmte, kurze Rechenzeit zu (Time-Sharing-Betrieb). Dadurch entsteht der Eindruck, als ob alle Anwendungen gleichzeitig bearbeitet würden.

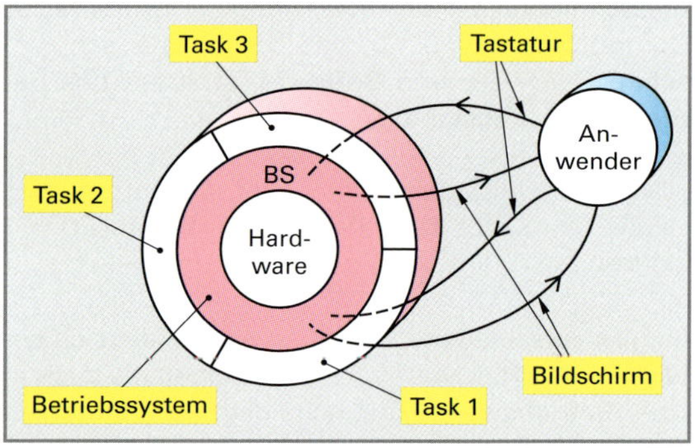

> Die gleichzeitige Nutzung mehrerer Programme durch den Computer wird Mehrprogrammbetrieb (Multitasking) genannt.

Mehrplatzbetriebssysteme

Bei Mehrplatzbetriebssystemen, wie z. B. UNIX, können mehrere Anwender mit einem Computer arbeiten **(Bild 4)**.

UNIX teilt dazu jedem Anwender nacheinander eine bestimmte, kurze Rechenzeit zu. Dadurch entsteht der Eindruck, als ob jeder Anwender den Computer allein zur Verfügung hätte.

> Mit Mehrplatzsystemen können Anwender unabhängig voneinander verschiedene Aufgaben mit einem Computer bearbeiten.

Bild 2: Computersystem

Bild 3: Mehrprogrammbetrieb (Multitasking)

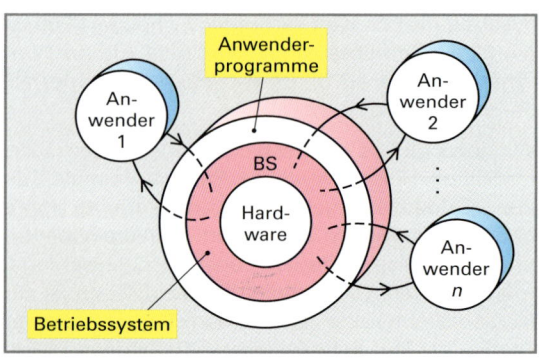

Bild 4: Mehrplatzsystem (Multiuser)

5.2.6 Eigenschaften von Betriebssystemen

Benutzeroberfläche

Betriebssysteme unterscheiden sich im Aussehen ihrer Benutzeroberflächen. Es gibt rein befehlsorientierte oder grafische Benutzeroberflächen. Bei befehlsorientierten Benutzeroberflächen werden gewünschte Aktionen durch Eingabe einer bestimmten Zeichenfolge über die Tastatur ausgelöst (**Bild 1**). Eine befehlsorientierte Oberfläche erhält man unter Windows durch das Befehlszeilenprogramm cmd.exe.

Grafische Benutzeroberflächen sollen das Erlernen und das Arbeiten mit dem Betriebssystem vereinfachen. Hier können Programme über ein Bildsymbol (Icon) gestartet werden (**Bild 2**). Alle Windows-Versionen besitzen grafische Benutzeroberflächen.

Singletasking

Bei der Betriebsart Singletasking (von single = einzeln, task = Aufgabe) wird ein neues Programm nur nach Beendigung des vorherigen Programms ausgeführt. Es kann immer nur mit einem einzigen Programm zur selben Zeit gearbeitet werden (**Bild 3**). MS-DOS ist ein Singletasking-Betriebssystem.

Multitasking

Bei der Betriebsart Multitasking kann mehr als ein Programm zur selben Zeit ausgeführt werden.

Beim *kooperativen* (zusammenwirkenden) Multitasking bestimmt jedes laufende Programm seine beanspruchten Prozessorzeiten selber und gibt nach gewissen Zeitspannen den Prozessor für andere Programme wieder frei (**Bild 4**). Es können allerdings Probleme auftreten, wenn ein Programm nicht einwandfrei läuft oder gar abstürzt und damit über die Software nicht mehr abschaltbar ist. Dann können meist die anderen Programme auch nicht mehr auf den Prozessor zugreifen und ein Neustart des Computers ist unumgänglich. Das kooperative Multitasking gilt als veraltet.

Beim *preemptiven* Multitasking (von to preempt = im Voraus mit Beschlag belegen) wird die Prozessorzeit vom Betriebssystem und nicht von den laufenden Programmen bestimmt (**Bild 5**). Die Prozessorleistung wird jedem ausgeführten Anwendungsprogramm für eine gewisse Zeit zur Verfügung gestellt, anschließend wieder entzogen und einem anderen Programm übertragen. Die Unterbrechungen werden vom Benutzer meist nicht bemerkt. Ein Programm ist nach einer bestimmten Anzahl von Takten abgearbeitet. Kommt es beim preemptiven Multitasking zu einem Programmabsturz, so hat das keine Auswirkung auf die anderen gerade ausgeführten Programme.

Bild 1: Befehlsorientierte Benutzeroberfläche von cmd.exe

Bild 2: Grafische Benutzeroberfläche

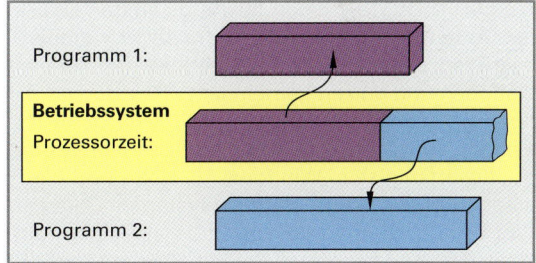

Bild 3: Singletasking

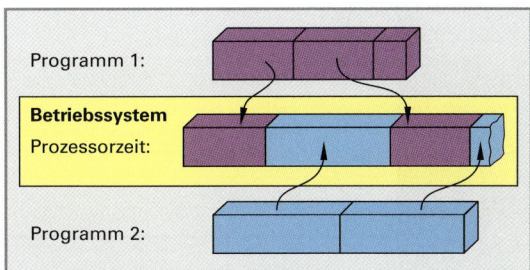

Bild 4: Kooperatives Multitasking

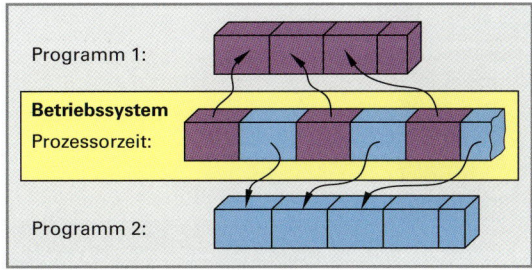

Bild 5: Preemptives Multitasking

Das preemptive Multitasking wird z. B. bei Windows 10 eingesetzt **(Bild 1)**.

> Beim preemptiven Multitasking ist das Betriebssystem für die Vergabe der Prozessorzeit zuständig.

Multithreading

Oft erlauben Betriebssysteme auch einem Programm, mehrere Programmteile, so genannte Threads (thread = Faden), gleichzeitig ablaufen zu lassen. Es wird dann von *Multithreading* gesprochen. Allerdings muss das Anwendungsprogramm auch multithreadingfähig sein. So kann bei dem Textverarbeitungsprogramm Word z. B. gleichzeitig die Rechtschreibkorrektur und das Drucken des Dokumentes im Hindergrund durchgeführt werden **(Bild 2)**. Ein multithreadingfähiges Betriebssystem ist z. B. Windows 10.

Multi-User-Systeme und Single-User-Systeme

Bei Multi-User-Systemen können mehrere Benutzer gleichzeitig auf einen leistungsfähigen zentralen Computer, den Server (von to serve = dienen), zugreifen. Meist arbeiten die Benutzer an Arbeitsstationen und nutzen gemeinsame Ressourcen auf dem zentralen Computer. Für ein Mehrbenutzersystem muss das verwendete Betriebssystem multiuserfähig sein. Windows 10, UNIX und Linux sind multiuserfähige Betriebssysteme. Dagegen gibt es auch Betriebssysteme, die nur einem einzigen Benutzer zur selben Zeit die Verwendung des

Computers erlauben. MS-DOS ist ein solches Single-User-System oder Einzelplatz-Betriebssystem.

Arbeitsspeicherverwaltung

Die maximale Größe des Arbeitsspeichers ist abhängig von der Prozessorarchitektur. Die Adressbusbreite ist ausschlaggebend für die Größe des Arbeitsspeichers. Bei 32-Bit-Prozessoren hat der Adressbus 32 Leiter. Es werden 2^{32} verschiedene Speicherzellen angesprochen und damit ein Arbeitsspeicher von bis zu 4 GB direkt adressiert. Um bei neuen Prozessoren den Arbeitsspeicher zu vergrößern, wurde die Adressbusbreite auf 64 Leiter

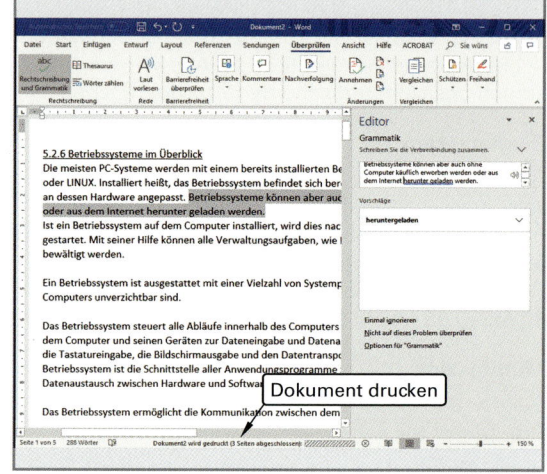

Bild 2: Multithreading bei Word

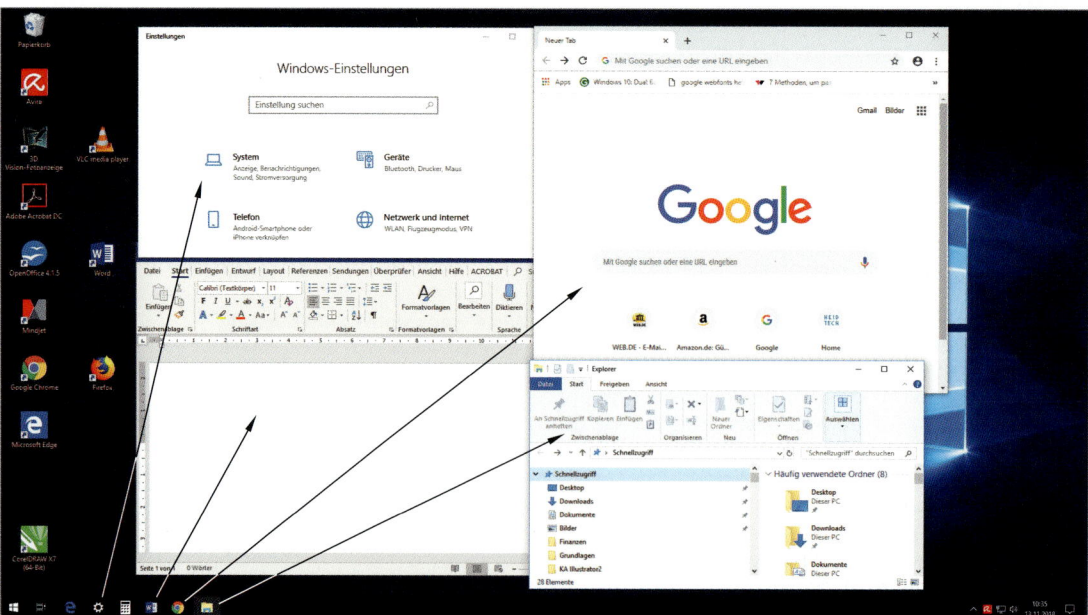

Bild 1: Preemptives Multitasking bei Windows

erhöht. So kann ein Speicherbereich mit bis zu 2^{64} Byte = 16 000 000 000 GB = 16 EB verwaltet werden (EB = ExaByte).

> **Die Größe des adressierbaren Arbeitsspeichers ist abhängig von der Adressbusbreite.**

Windows 7, 8 und 10 sind 64-Bit-Betriebssysteme und können deshalb einen Arbeitsspeicher mit einer Größe von 16 EB adressieren.

Dateisystem
Das Dateisystem wird für die Verwaltung der Daten auf den Speichermedien, z. B. der Festplatte, benötigt. Durch das verwendete Dateisystem wird das Aussehen der Dateinamen und die Größe der Cluster (= Haufen), d. h. der kleinsten Speichereinheiten auf dem Speichermedium, festgelegt. Jedes Dateisystem ist durch seine *Dateizuordnungstabelle* charakterisiert. In der Dateizuordnungstabelle sind die Adressen der gespeicherten Dateien hinterlegt. Von der Dateizuordnungstabelle wird zur Sicherheit mindestens eine Kopie erstellt.

> **Das Dateisystem ist zur Verwaltung des Festplattenspeichers unabdingbar.**

Viele Betriebssysteme unterscheiden sich in dem Aufbau ihres Dateisystems **(Tabelle 1)**. Die FAT wird automatisch eingerichtet und bei der Verwaltung von Disketten unter Windows verwendet. Als FAT32 bzw. VFAT32 wird die Dateizuordnungstabelle eines 32-Bit-Betriebssystems bezeichnet. Diese Dateizuordnungstabelle wird immer beim Systemstart über Gerätetreiber eingerichtet. Auf die Dateisysteme FAT64, FAT32 und NTFS wird in Abschnitt 5.3.4 näher eingegangen.

Sicherheit
Bei einigen Betriebssystemen, wie Windows 10 und UNIX können vertrauliche Daten gegenüber dem Zugriff von unberechtigten Dritten gesichert werden. Windows 10 bietet Verschlüsselungsmöglichkeiten an, z. B. Bitlocker.

5.3 Windows

5.3.1 Systemvoraussetzung

Voraussetzung für die Installation und für den reibungslosen Gebrauch des Betriebssystems als 32-Bit-Version ist ein Computer mit einem 1-GHz-Prozessor, mindestens 1 GB Arbeitsspeicher und einer freien Festplattenkapazität von mindestens 16 GB. Um zusätzlich Speicherplatz für Anwendungsprogramme zu haben, sollten 50 GB nicht unterschritten werden. Zudem ist ein DirectX9-Grafikgerät mit WDDM 1.0 oder höherem Treiber er-

> ! **Dateisystem** = Organisation der Dateien auf einem Speichermedium des Computers.
> **FAT** = File Allocation Table, Dateizuordnungstabelle

Tabelle 1: Dateisysteme

Dateisystem	Erklärung	Einsatzgebiet
FAT	File Allocation Table	bei externen Festplatten und USB-Sticks
VFAT32, FAT 32	wie oben	wahlweise bei Windows 7|8|10
exFAT, FAT64	wie oben	wahlweise bei Windows Vista und Windows 7|8
NTFS	New Technology File System	wahlweise bei Windows 2000, bei Windows 7|8|10
EXT4	Fourth Extended File System	Linux
CDFS	CD-ROM File System	bei CD-ROMs unter Windows
HPFS	High Performance File System	OS/2

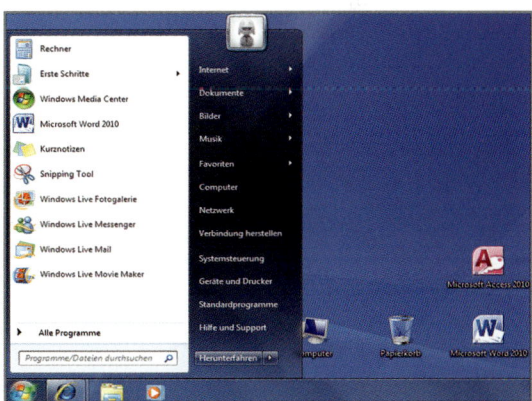

Bild 1: Grafische Benutzeroberfläche

forderlich. Für die 64-Bit-Version wird ein höherer Arbeitsspeicher und eine höhere Festplattenkapazität benötigt.

5.3.2 Systembeschreibung

Windows 10 und Windows 7 sind Betriebssysteme, die Datenworte und Adressworte mit einer Breite von 32 Bit verarbeiten können und zudem multitasking- und multithreadingfähig sind. Diese Betriebssysteme sind multiuserfähig und weisen grafische Benutzeroberflächen auf **(Bild 1)**.

Windows 10 und Windows 7 verweigern Programmen den direkten Zugriff auf Hardwarekomponenten. Dadurch werden Systemabstürze reduziert, sodass diese Betriebssysteme damit erheblich an Sicherheit und Stabilität gewonnen haben.

Plug-and-Play

Windows unterstützt Plug-and-Play (von to plug = einstecken, to play = spielen). Eine Plug-and-Play-fähige Hardware wird bei der Installation nur in den Rechner eingesteckt und übergibt dann dem Betriebssystem die eigene Spezifikation. Die notwendige Treibersoftware (Ansteuerungssoftware für die Hardware) wird automatisch nach Einlegen der mitgelieferten CD-ROM installiert. Plug-and-Play-Komponenten werden von vielen Hardwareherstellern, z. B. Canon, angeboten **(Bild 1)**.

> Das Betriebssystem Windows weist Plug-and-Play-fähiger Hardware bei Bedarf automatisch Systemressourcen zu.

Windows 10 und Windows 7 verwenden eine *Treibersignierung,* bei der alle von Microsoft erfolgreich getesteten Treiber digital signiert werden. Wird ein nicht signierter Treiber installiert, gibt das Betriebssystem eine Warnung aus.

Virtueller Arbeitsspeicher

Windows unterstützt einen *virtuellen Arbeitsspeicher* (von lat. virtus = Geist). Mithilfe des virtuellen Arbeitsspeichers wird ein zu kleiner Arbeitsspeicher ausgeglichen, indem ein Bereich auf der Festplatte als zusätzlicher Arbeitsspeicher zur Verfügung gestellt wird. Der bereitgestellte Bereich wird bei Windows 10 und bei Windows 7 über die Auslagerungsdatei `pagefile.sys` angesprochen **(Bild 2)**.

> In den virtuellen Arbeitsspeicher werden Daten vorübergehend aus dem Arbeitsspeicher ausgelagert.

Die Verlagerung der Daten wird als *Swapping* (von to swap = austauschen) bezeichnet. Das Schreiben der Daten auf eine Festplatte dauert länger als das Ablegen der Daten im Arbeitsspeicher. Deswegen sollte die Auslagerungsdatei am Anfang oder Ende der Partition (von part = Teil) gespeichert sein, um die Verlangsamung des Rechners durch den virtuellen Arbeitsspeicher so klein wie möglich zu halten. Die Auslagerungsdatei sollte deswegen auch unbedingt unfragmentiert (unzerstückelt) auf der Partition sein. Eine Partition ist ein Teil einer Festplatte, der mit einem eigenen Laufwerksbuchstaben angesprochen wird.

Die Änderung des virtuellen Arbeitsspeichers wird in den erweiterten Systemeinstellungen vorgenommen. Dazu wird im Explorer das Icon `Dieser PC` mit der rechten Maustaste angeklickt (Bild 2). Durch Klick auf den Eintrag `Eigenschaften` erscheint das Fenster `System` **(Bild 3)**. In diesem

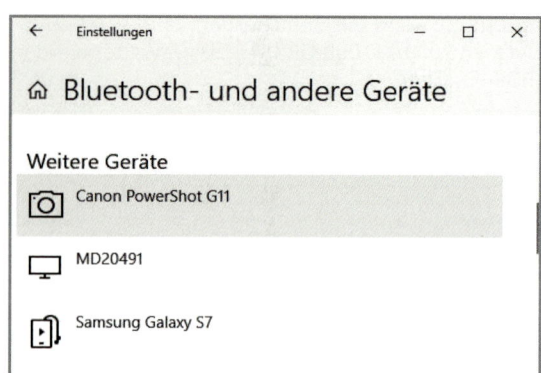

Bild 1: Geräte unter Windows

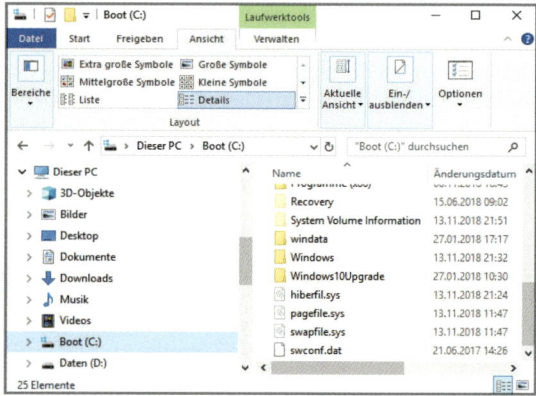

Bild 2: Explorer

Bild 3: Basisinformationen über den Computer

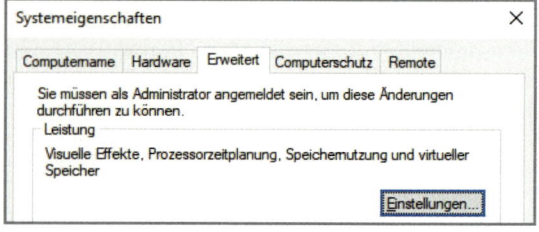

Bild 4: Systemeigenschaften

Fenster werden die Basisinformationen über den PC angezeigt, aber auch über den Link Erweiterte Systemeinstellung weitere Systemeigenschaften aufgerufen (Bild 4, vorhergehende Seite). In der Karteikarte Erweitert wird die Größe des virtuellen Arbeitsspeichers angezeigt (Bild 1).

Wird die Schaltfläche Ändern...betätigt, erscheint das Fenster Virtueller Arbeitsspeicher mit weiteren Einstellungsmöglichkeiten (Bild 2). Es wird die momentane Größe der Auslagerungsdatei bei Zurzeit zugeteilt:, die minimale Größe der Auslagerungsdatei bei Minimal zugelassen: und die empfohlene Gesamtgröße bei Empfohlen: angezeigt. Die Auslagerungsdatei darf 16 MB nicht unterschreiten. Als maximale Größe sollte die empfohlene Größe gewählt werden. Die Auslagerungsdatei ist auf mehrere Laufwerke aufteilbar.

Um die Größe der Auslagerungsdatei einzustellen, muss das gewünschte Laufwerk ausgewählt werden. Über Anfangsgröße(MB): ist die minimale Größe, über Maximale Größe(MB): die maximale Größe einzustellen.

Übung 1: Virtueller Arbeitsspeicher

Wählen Sie als maximale Größe des virtuellen Arbeitsspeichers die empfohlene Größe.

Lösung: **Bild 2** und Betätigen der Schaltfläche Festlegen und Neustart des Computers.

Systemdateien

Jedes Betriebssystem beinhaltet eine Reihe von Systemdateien, in denen alle Einstellungen des Computers gespeichert sind.

Systemdateien sind für den Betrieb des Computers mit dem installierten Betriebssystem nötig.

In der *Registry* (= Registrierung) werden sämtliche Systemeinstellungen gespeichert. Sie wird mithilfe des Registrierungseditors regedit.exe dargestellt und auch verändert (Bild 1, folgende Seite). Der Registrierungseditor befindet sich im Verzeichnis C:\Windows.

Die Registry hat eine Baumstruktur ähnlich der eines Verzeichnisbaums. Dabei sind die einzelnen Einträge *Schlüsselworte* (KEYS), denen bestimmte Daten oder Unterschlüssel zugeordnet werden. Die Daten können z. B. aus ASCII-Zeichen oder aus Bi-

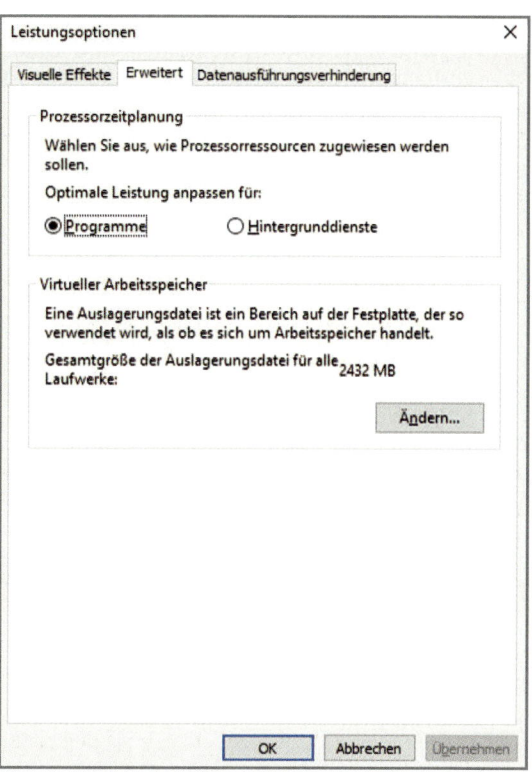

Bild 1: Leistungsoptionen

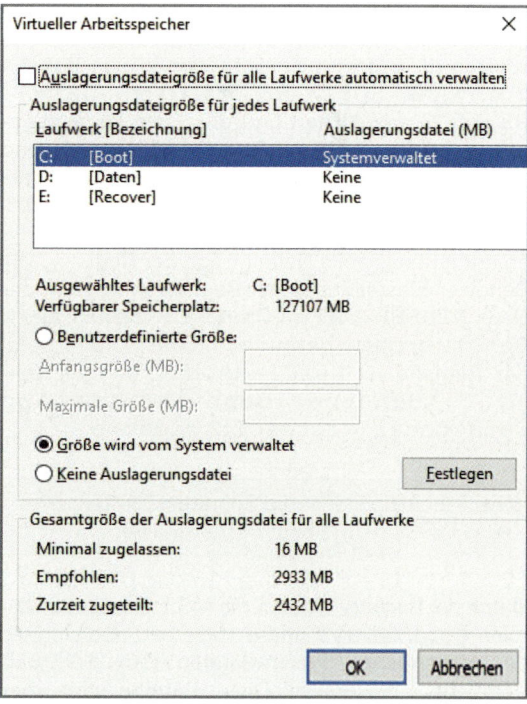

Bild 2: Virtueller Arbeitsspeicher

närzeichen bestehen. Unter dem Schlüssel HKEY_
LOCAL_MACHINE sind Systemdaten und Daten
über vorhandene Software des lokalen Computers
aufgeführt, die für alle Benutzer gleich sind.

HKEY_CURRENT_CONFIG und HKEY_CLASSES_
ROOT verweisen auf Unterschlüssel von HKEY_
LOCAL_MACHINE.

HKEY_CURRENT_CONFIG gibt dabei die aktuelle
Konfiguration und HKEY_CLASSES_ROOT gemeinsam genutzte Windows-Komponenten an.
Unter HKEY_USERS sind die benutzerspezifischen
Einstellungen aller Benutzer zu finden. HKEY_
CURRENT_USER greift auf die Einstellungen des
momentan angemeldeten Benutzers zu und ist
deshalb mit einem Zweig aus HKEY_USERS identisch. Unter HKEY_PERFORMANCE_DATA sind die
Daten über den aktuellen Zustand des Computers
gespeichert. Dieser Zweig wird nicht angezeigt.

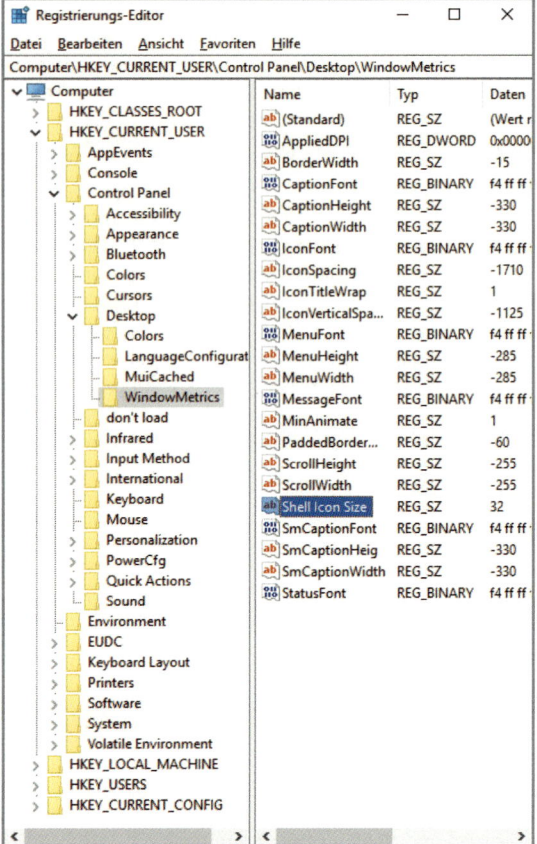

Bild 1: Registrierungseditor mit Registry

> **Übung 1: Icon-Größe verändern**
>
> Verändern Sie die Größe der Icons auf dem Desktop.
>
> *Lösung:* **Bild 1, Bild 2**
> Es wird HKEY_CURRENT_USER/Control Panel/ Desk-
> top/WindowsMetrics aufgerufen, auf `Shell Icon`
> `Size` doppelgeklickt, der Wert auf z. B. 25 geändert
> und der Computer neu gestartet.

Die Registry besteht bei Windows aus vielen
Dateien, von denen die meisten im Ordner `Win-`
`dows\System32\config` zu finden sind. Z.B.
werden die Softwareeinstellungen in den Dateien
`SOFTWARE`, `SOFTWARE.LOG1` und `SOFTWA-`
`RE.LOG2` gespeichert und die Systemeinstellungen in den Dateien `SYSTEM`, `SYSTEM.LOG1` und
`SYSTEM.LOG2`. Des weiteren gehören zur Registry die Dateien `SECURITY`, `SAM` und `DEFAULT`
mit entsprechenden LOG-Dateien. Die LOG-Datei-
en enthalten jeweils Neueinträge der Registry. Die
Benutzer-Einstellungen der Registry werden in der
Datei `NTUSER.DAT` im Ordner `C:\Benutzer\`
`Benutzername` gespeichert. Eine weitere Datei
der Registry ist `UsrClass.dat` im Verzeichnis `C:\Benutzer\Benutzername\App`
`Data\Local\Microsoft\Windows`.

Bild 2: Shell Icon Size ändern

> Die Arbeitsfläche ist die Schnittfläche zwischen
> dem Benutzer und dem Betriebssystem.

Durch die Registry werden die MS-DOS-Systemda-
teien `config.sys` und `autoexec.bat` sowie
die vorhandenen Systemdateien `win.ini` und
`system.ini` ersetzt. Diese Dateien sind aber
weiterhin vorhanden, da manche älteren Program-

me diese Dateien noch benutzen. `autoexec.`
`bat`, `config.sys` (bzw. bei Windows 2000 au-
`toexec.nt` und `config.nt`), `win.ini` und
`system.ini` werden beim Start des Computers
aufgerufen.

Eine weitere Systemdatei ist die Datei `io.sys`.
In dieser Datei sind die zum Start des Computers
benötigten Daten angegeben. Über das Ausführen
der Datei werden die Treiber für die Hardware des
Computers geladen. Der Inhalt von `io.sys` ist
nicht veränderbar. Sollte die Datei `config.sys`
vorhanden sein, dann wird die Abarbeitung dieser
Datei bevorzugt.

Abgesicherter Modus

Im abgesicherten Modus wird Windows unter besonderen Bedingungen gestartet. Es wird der Standard-Grafikkarten-Treiber VGA verwendet und ein Teil der Registrierungsdatenbank nicht geladen, der Hardware und Software-Einträge beinhaltet. Nur die wichtigsten Windows-Funktionen werden ausgeführt.

> **Übung 1: Abgesicherter Modus**
>
> Starten Sie Ihren Computer im abgesicherten Modus.
>
> *Lösung:*
>
> **Bild 1, Bild 2, Bild 3**

Um den abgesicherten Modus zu starten, wird das Windows-Startmenü angeklickt und Windows über den Eintrag Neu starten beendet. Dabei muss die Umschalttaste gedrückt sein. Über die Schaltfläche Problembehandlung und Klick auf die weitere Schaltfläche „Erweiterte Optionen" gelangt man zu den erweiterten Optionen (Bild 1). Durch Klicken der Schaltfläche Weitere Wiederherstellungsoptionen anzeigen, anschließendes Drücken der Schaltfläche Starteinstellungen und Klicken der Schaltfläche Neu starten gelangt man zu den Starteinstellungen. Hier kann der abgesicherte Modus durch Drücken der Funktionstasten F4, F5 oder F6 gestartet werden (Bild 2). Über die Funktionstaste F4 wird der abgesicherte Modus aktiviert, über die Funktionstaste F5 wird zusätzlich der Netzwerktreiber gestartet und über die Funktionstaste F6 startet Windows in einem Textmodus, der für professionelle Anwender geeignet ist.

Drückt man z.B. die Funktionstaste F4 arbeitet der PC nun im abgesicherten Modus. Der abgesicherte Modus ist durch eine veränderte Hintergrundfarbe und durch Einblenden des Textes Abgesicherter Modus am Bildschirm ersichtlich (Bild 3).

Motion Fluent Design

Das Motion Fluent Design (= Bewegung – Flüssig-Design sorgt bei Windows 10 dafür, dass z.B. Windows-eigene Systemprogramme einen milchglasähnlichen durchscheinenden Effekt erhalten **(Bild 4)**. Dadurch soll die Benutzeroberfläche weniger steril wirken.

XP-Modus

Der XP-Modus sorgt dafür, dass mit Programmen gearbeitet werden kann, die nur unter Windows XP lauffähig sind. Unter Windows 10 wird standardmäßig kein XP-Modus mehr angeboten, kann aber über die Microsoft-Homepage heruntergeladen werden. Zudem muss dann auf dem PC ein virtueller PC mit Windows XP eingerichtet werden.

Bild 1: Erweiterte Optionen

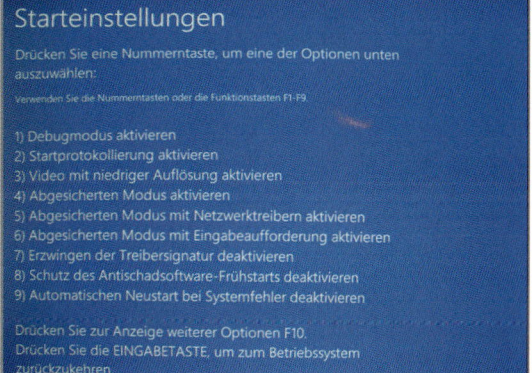

Bild 2: Starteinstellungen

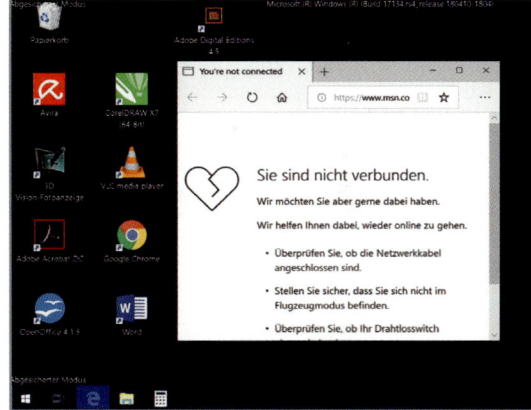

Bild 3: Abgesicherter Modus

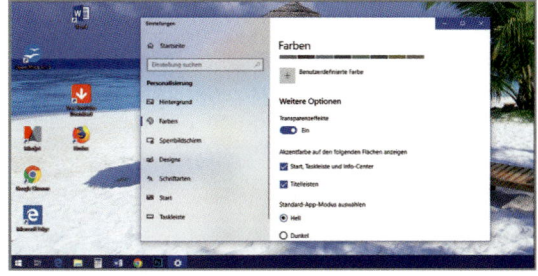

Bild 4: Motion Fluent Design

5.3.3 Benutzung von Windows

Anmelden
Um mit Windows 10 zu arbeiten, wird aus Sicherheitsgründen eine Anmeldung verlangt, die aus dem Benutzernamen und einem Kennwort besteht.

Arbeitsfläche einrichten
Die Arbeitsfläche (Desktop) kann vom Benutzer individuell nach seinem Geschmack wie ein persönlicher Schreibtisch eingerichtet werden.

> Die Arbeitsfläche ist die Schnittfläche zwischen dem Benutzer und dem Betriebssystem.

Über die Icons auf dem Desktop werden Programme oder Dokumente aufgerufen. Die Icons stellen meist *Verknüpfungen,* d. h. Verweise zu diesen Programmen oder Dokumenten dar. Verknüpfungen beanspruchen sehr wenig Speicherplatz und werden durch einen Pfeil in der linken unteren Ecke des Bildsymbols gekennzeichnet.

Um ein Icon als Verknüpfung zu einem Programm auf dem Desktop anzulegen, muss für die Arbeitsfläche das Kontextmenü über die rechte Maustaste aufgerufen werden **(Bild 1)**. Durch Auswahl von Neu und anschließende Auswahl von Verknüpfung erscheint das Fenster Verknüpfung erstellen **(Bild 2)**. In das Feld wird das gewünschte Programm inklusive Pfadangabe eingetragen oder über Durchsuchen... der Speicherort des Programms ausgewählt. Die Pfadangabe wird mit Weiter bestätigt, anschließend der Name der Verknüpfung eingetragen und über Fertig stellen die Erstellung der Verknüpfung beendet.

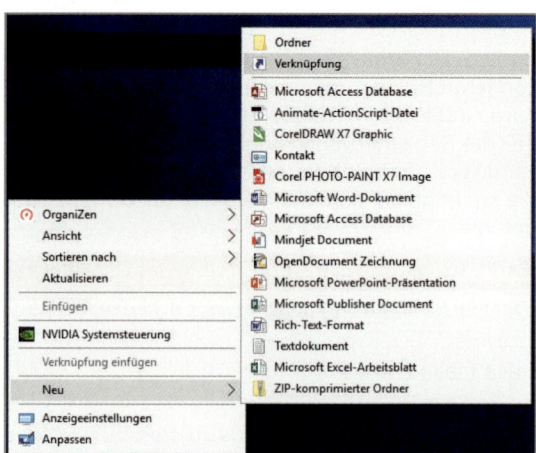

Bild 1: Kontextmenü der Arbeitsfläche

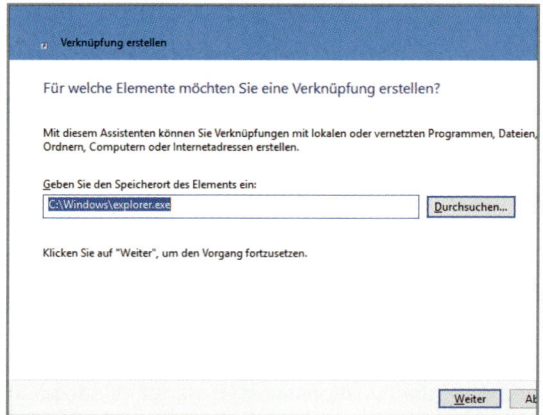

Bild 2: Verknüpfung erstellen

Übung 1: Verknüpfung erstellen

Fügen Sie den Windows Explorer (explorer.exe), der sich im Windows-Verzeichnis befindet, als Icon auf Ihre Arbeitsfläche ein.

Lösung: **Bild 2**

Über das Kontextmenü des Icons (rechte Maustaste) kann ein anderes Bildsymbol für die Verknüpfung ausgewählt werden. Durch Klick auf den Menüpunkt Eigenschaften erscheint das Eigenschaften-Fenster. In der Karteikarte Verknüpfung wird die Schaltfläche Anderes Symbol... gedrückt und die Symbolauswahl erscheint **(Bild 3)**. Ein ausgewähltes Symbol muss durch zweimaliges Drücken von OK bestätigt werden.

Übung 2: Bildsymbol ändern

Ändern Sie das Bildsymbol des Explorers ab.

Lösung: **Bild 3**, anklicken des neuen Symbols.

Bild 3: Bildsymbol des Icons verändern

Taskleiste

In der Taskleiste werden im mittleren Bereich alle geöffneten Programme angezeigt. Über das Startmenü am linken Rand der Taskleiste werden die Programme aufgerufen **(Bild 1)**. Im Infobereich, der die Uhr und kleine Symbole enthält, wird über den Status des PCs und bestimmter Programme informiert. Die Schaltfläche Desktop anzeigen befindet sich am rechten Rand der Taskleiste.

Bild 1: Desktop mit Taskleiste und Startmenü

> Startmenü, mittlerer Bereich, Infobereich mit Info-Center und die Schaltfläche Desktop anzeigen sind Bestandteile der Taskleiste.

Im Startmenü gibt es am linken Rand einen Bereich, in dem z. B. der angemeldete Benutzer gewechselt oder der Computer heruntergefahren werden kann (Bild 1). Auch die Windows-Einstellungen können hier durch Klicken auf das Zahnrad gestartet werden. In der Mitte des Startmenüs wird eine Liste mit allen installierten Programmen angezeigt. Im rechten Bereich zeigt das Startmenü oft verwendete Programme als Kacheln (Bild 1). Das Startmenü kann in seiner Größe geändert werden. Dazu wird an den Rand des geöffneten Startmenüs gefahren und bei gedrückter linker Maustaste das Startmenü in die gewünschte Größe gezogen.

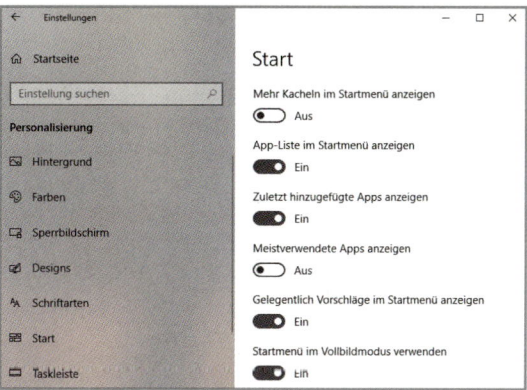

Bild 2: Starteinstellungen

> **Übung 1: Startmenü im Vollbildmodus**
>
> Stellen Sie Ihr Startmenü in den Vollbildmodus um.
>
> *Lösung:* **Bild 2, Bild 3**

Um das Startmenü als Kacheln vollflächig auf dem Monitor zu sehen, müssen die Einstellungen von Windows über das Startmenü geöffnet werden. Durch Anklicken des Bereichs Personalisierung gelangt man zu den persönlichen Einstellungen des Benutzers (Bild 2). Klickt man im linken Bereich auf Start, erscheinen rechts die Einstellungen des Startmenüs. Hier muss bei Startmenü im Vollbildmodus verwenden der Button auf Ein stehen (Bild 2). Bei Klicken auf das Startmenü erscheint Bild 3. Wird eine Kachel angeklickt, startet das Programm. Im Vollbildmodus kann die Liste aller installierter Programme oben links über die Schaltfläche Alle Apps angezeigt werden.

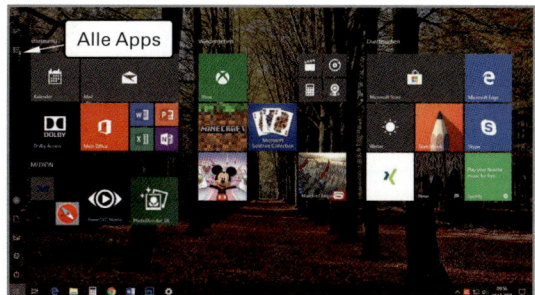

Bild 3: Startmenü im Vollbildmodus

Fährt man im Infobereich langsam über die einzelnen Symbole, werden kurze Erklärungen und Meldungen sichtbar. Um die angezeigten Symbole zu ändern, klickt man mit der rechten Maustaste auf der Taskleiste und wählt Taskleisteneinstellungen. Rechts befinden sich z. B. Einträge zum Infobereich. Durch Drücken des Links Symbole

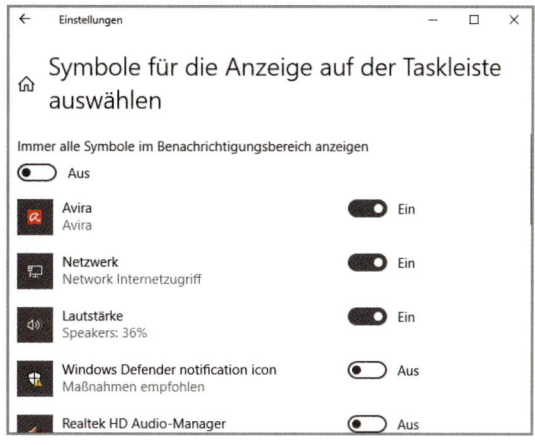

Bild 4: Symbole für Infobereich

für die Anzeige auf der Taskleiste
auswählen erscheint eine Liste der möglichen
Symbole **(Bild 4, vorhergehende Seite)**.

Die Schaltfläche Desktop anzeigen der Taskleiste wird zur temporären Vorschau des Desktops
genutzt, indem man mit der Maus auf der Schaltfläche verweilt **(Bild 1)**. Die Umrisse der geöffneten
Fenster sind nach wie vor sichtbar. Wird auf die
Schaltfläche geklickt, werden alle geöffneten Fenster minimiert und der Desktop wird sichtbar.

Im mittleren Bereich der Taskleiste werden alle
geöffneten Programme mittels eines Symbols angezeigt. Sind mehrere Fenster des gleichen Programms geöffnet, so werden diese hintereinander
liegend dargestellt. Sichtbar werden die einzelnen
Fenster, indem man mit der Maus kurze Zeit darauf
verweilt **(Bild 2)**. Es erscheinen Miniaturansichten
der geöffneten Fenster. Über diese Miniaturansichten kann zu dem gewünschten Fenster gesprungen
werden.

Programme können an das Startmenü als Kachel
oder die Taskleiste angeheftet werden, damit man
schneller auf sie zugreifen kann. Um das Programm
an der Taskleiste zu platzieren, wird das Programm
im Startmenü gesucht und über das Kontextmenü
des Programms der Punkt An Taskleiste anheften gewählt **(Bild 3)**.

Bild 1: Aero-Peek-Vorschau des Desktops

Bild 2: Miniaturansicht mehrerer Fenster

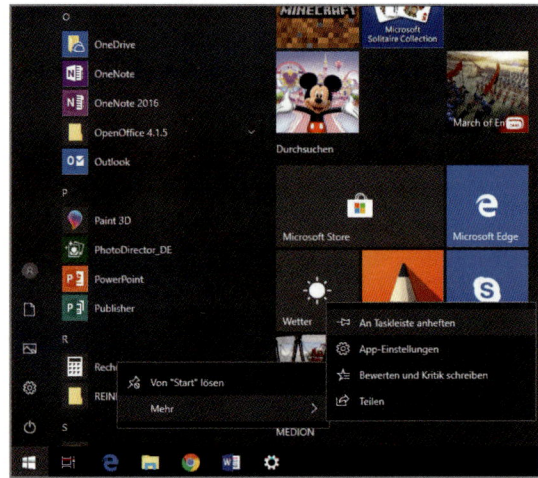

Übung 1: Taskleiste
Heften Sie den Taschenrechner an die Taskleiste an.
Lösung:
Bild 3, in der Taskleiste erscheint der Taschenrechner.

Jedes angeheftete Programm kann durch Drücken
der rechten Maustaste auf dem entsprechenden
Symbol wieder gelöst werden. Dazu wird der Punkt
Von Taskleiste lösen ausgewählt.

Geräte-Manager

Der Geräte-Manager wird über das Kontextmenü
des Startmenüs aufgerufen **(Bild 4)**. Im Geräte-Manager bekommt man einen Überblick über alle installierten Geräte und die Hardwarekomponenten
des Computers. Zudem gibt der Geräte-Manager
Aufschluss bei Problemen mit der Hardware. Mit
einem Klick auf das Größer-Zeichen > werden alle
angeschlossenen Geräte dieser Kategorie aufgelistet. Ein gelb unterlegtes Dreieck ⚠ bedeutet, dass
bei dieser Komponente ein Problem aufgetreten
ist. Unter Umständen funktioniert das Gerät aber
normal. Sollte ein Pfeil nach unten vorhanden sein
⭘, ist die Hardwarekomponente deaktiviert worden und deshalb nicht verfügbar. Dann ist kein
Treiber für die Hardwarekomponente geladen. Die

Bild 3: Kontextmenü eines Programms im Startmenü

Bild 4: Geräte-Manager

Merkmale jeder Systemkomponente können über die Schaltfläche `Eigenschaften` in der Symbolleiste oder über einen Doppelklick auf den entsprechenden Eintrag abgerufen werden. So bekommt man auf diese Weise Aufschluss über nicht betriebsbereite Geräte. Nicht mehr benötigte Treiber einer Hardwarekomponente können über das Menü `Treiber` durch Wahl von `Gerät deinstallieren...` entfernt werden.

> Der Geräte-Manager listet alle Hardwarekomponenten des Computers auf.

Windows-Einstellungen

Die Windows-Einstellungen werden über das Startmenü aufgerufen (**Bild 1**). Zu jeder Kategorie wird ein Icon, der Name der Kategorie und diverse damit zu erledigende Aufgaben angezeigt. Ist nicht bekannt, welche Kategorie für die gewünschte Aufgabe benötigt wird, kann diese über Benutzung der Suchfunktion oben gesucht werden (Bild 1).

> Mit den Windows-Einstellungen kann das Betriebssystem an die Belange des Benutzers angepasst werden.

Durch Klick auf das Icon `Update und Sicherheit` kann z.B. der PC zurückgesetzt, Daten wiederhergestellt oder eine Sicherung der Daten begonnen werden.

Um eine Sicherung durchzuführen, wird links auf die Schaltfläche `Sicherung` geklickt. Wird eine Sicherung zum ersten Mal durchgeführt, erscheint das Fenster **Bild 2**. Das Laufwerk, auf dem die Sicherung gespeichert werden soll, wird über `Laufwerk hinzufügen` ausgewählt. Im anschließend erscheinenden Fenster muss der Schalter bei `Meine Dateien automatisch sichern` auf `Ein` stehen (**Bild 3**). Über einen Klick auf `Weitere Optionen` können die zu sichernden Ordner ausgewählt werden (**Bild 4**). Ordner, die nicht gesichert werden sollen, können von der Sicherung ausgeschlossen werden. In diesem Fenster kann auch festgelegt werden, wie oft die Sicherung durchgeführt wird und wie lange die Sicherung gespeichert bleiben soll. Standardmäßig ist eine stündliche Dateisicherung eingestellt, bei der die Sicherungen immer beibehalten werden.

> **Übung 1: Sicherung durchführen**
>
> Führen Sie für Ihren Computer eine Sicherung durch.
>
> *Lösung:* **Bild 1, Bild 2, Bild 3, Bild 4**

Die Sicherung wird durch Betätigen der Schaltfläche `Jetzt sichern` durchgeführt.

Bild 1: Windows-Einstellungen

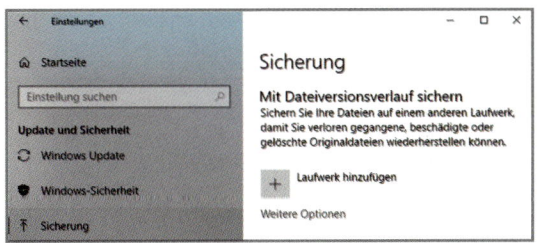

Bild 2: Laufwerk wählen

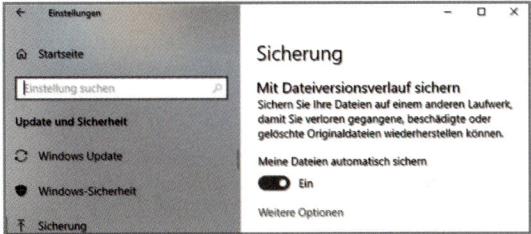

Bild 3: Sicherung

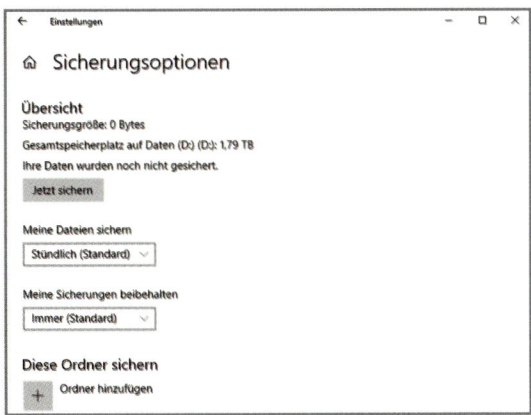

Bild 4: Sicherungsoptionen

Um die auf dem Computer installierte Software einzusehen, klickt man in den Windows-Einstellungen auf die Schaltfläche Apps. Im erscheinenden Fenster können die Programme nach Name, nach Installationsdatum oder nach Größe sortiert werden (**Bild 1**). Wird ein aufgelistetes Programm ausgewählt, können über einen Klick auf die erweiterten Optionen weitere Informationen eingesehen werden. Über die Schaltfläche Deinstallieren kann das Programm entfernt werden.

Komprimierung

Dateien und Ordner auf NTFS-Laufwerken (siehe Abschnitt 5.3.4) werden im Explorer durch Setzen eines Attributes komprimiert.

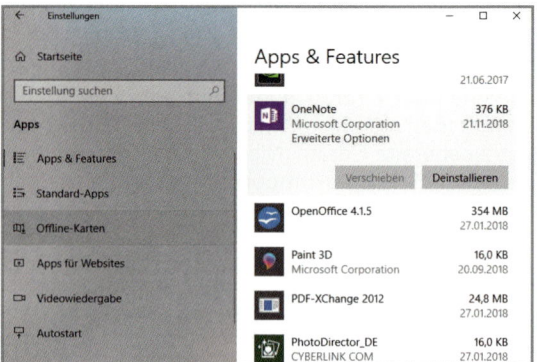

Bild 1: Programme deinstallieren oder ändern

Dazu wird über das Kontextmenü der Datei das Fenster Eigenschaften aufgerufen und dort auf der Karteikarte Allgemein die Schaltfläche Erweitert... gewählt. Im Fenster Erweiterte Attribute wird Inhalt komprimieren, um Speicherplatz zu sparen angeklickt und mit OK die Komprimierung bestätigt (Bild 2). Im Fenster Eigenschaften erfolgt eine weitere Bestätigung mit OK. Sollen Ordner komprimiert werden, erfolgt eine Abfrage, ob die Komprimierung auch für den Inhalt des Ordners und vorhandene Unterordner übernommen werden soll (Bild 3). Wird auch hier mit OK bestätigt, beginnt die Komprimierung der Daten (Bild 4). Im Explorer wird allerdings immer die Originalgröße angezeigt, die Karteikarte Allgemein des Fensters Eigenschaften gibt Aufschluss über die Größe des belegten Speicherplatzes. Auch komplette NTFS-Laufwerke können direkt auf der Karteikarte Allgemein des Fensters Eigenschaften komprimiert werden.

> Laufwerke, Dateien und Ordner können bei Windows komprimiert werden, um Speicherplatz zu sparen.

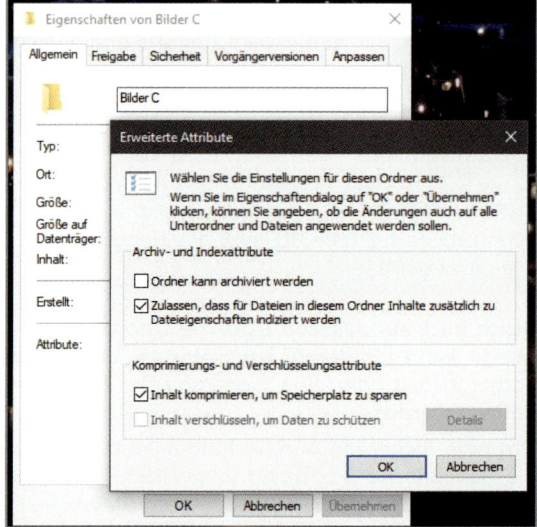

Bild 2: Komprimieren oder Verschlüsseln von Daten

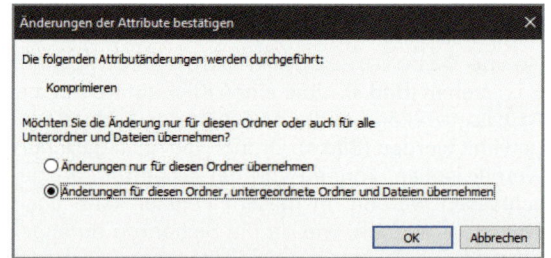

Bild 3: Komprimieren des gesamten Ordnerinhalts

Verschlüsselung

Vertrauliche Ordner oder Dateien können verschlüsselt werden, um die Sicherheit der Daten zu erhöhen. Der Inhalt der Datei kann nur von der Person gelesen werden, die den Schlüssel besitzt. Für die Verschlüsselung ist das verschlüsselnde Dateisystem EFS (von Encrypting File System) in Kombination mit einem Bitlocker verantwortlich. Die Verschlüsselung bietet Windows 10 nur für die Pro-Version an. Unter Windows 2000 können Dateien und Ordner jederzeit verschlüsselt werden.

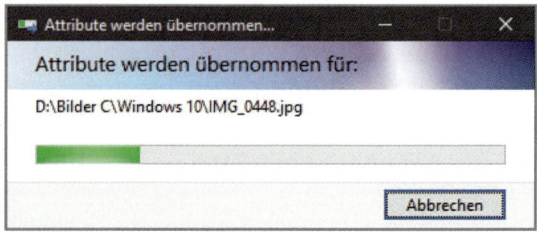

Bild 4: Fortschrittsanzeige bei der Komprimierung

5.3.4 Speicherverwaltung unter Windows

Eine Festplatte (**Bild 1**) ist in Spuren und Sektoren eingeteilt (**Bild 2**). Ein Sektor umfasst 512 Byte. Wenn jeder Sektor einzeln angesprochen werden müsste, wäre mit einer Adressbusbreite von 16 bit ein Speicherplatz von 2^{16} x 512 B = 32 MB adressierbar. Um auch Speichermedien mit höherer Kapazität zu verwalten, werden einzelne Sektoren zu Cluster (= Haufen) zusammengefasst. Die Anzahl der Sektoren je Cluster ist von der Partitionsgröße und der Adressbusbreite abhängig (**Tabelle 1**).

> Je größer die Festplatte ist, desto größer sind die Cluster, und je größer die Adressbusbreite ist, desto kleiner können die Cluster sein.

Die gespeicherten Dateien belegen je nach Größe eine unterschiedliche Anzahl an Cluster. Um die gespeicherten Daten auf dem Speichermedium wiederzufinden, ist die Dateizuordnungstabelle notwendig. Wird durch eine Datei nicht der gesamte Cluster ausgenutzt, kann der teilweise „freie" Cluster nicht mehr von anderen Dateien verwendet werden. Der restliche Speicherplatz dieses Clusters ist verschwendet. Je größer die Cluster sind, desto mehr Speicherplatz wird verschwendet.

Das Dateisystem FAT bzw. FAT16

Die Dateizuordnungstabelle FAT bzw. FAT16 wurde bei MS-DOS und bei Disketten unter Windows benutzt. In die FAT können 65536 Einträge aufgenommen werden, da von einer Adressbusbreite von 16 bit ausgegangen wird. Es können 65526 Cluster angesprochen werden, denn 10 Einträge werden von der FAT selber benötigt. In der FAT sind die Speicherorte, d. h. die belegten Cluster, einer Datei vermerkt. Jede Datei erhält so mindestens einen FAT-Eintrag über den ersten und letzten Cluster. Ansonsten wird in der FAT die Position des ersten Clusters einer Datei hinterlegt. Von diesem Cluster wird auf den nächsten benutzten Cluster dieser Datei verwiesen. Die letzte Cluster-Adresse wird gekennzeichnet. Außerdem wird der Zustand der nicht benötigten Cluster als frei oder fehlerhaft angegeben.

Nach dem Formatieren der Festplatte stehen in der FAT kaum Einträge über gespeicherte Dateien. Jede zu speichernde Datei wird an das Ende der FAT geschrieben und benutzt nacheinander liegende Cluster (**Bild 3**). Werden nun Dateien gelöscht, die sich auf der Festplatte befinden, treten in der FAT Lücken auf, die von neuen Dateien wieder gefüllt werden.

Allerdings muss die Größe der Datei nicht unbedingt der Anzahl der wieder freien Cluster entsprechen. Ist die Datei größer, werden zusätzlich die

> ! Die Größe des von einer Datei belegten Speicherplatzes ist durch die Anzahl und Größe der Cluster bestimmt.

Bild 1: Festplatte

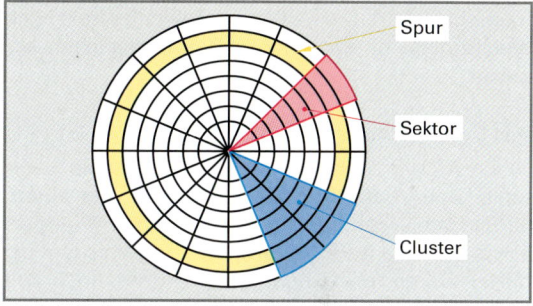

Bild 2: Festplatte mit Spuren und Sektoren

Tabelle 1: Clustergröße				
	bei 16-Bit-Breite		bei 32-Bit-Breite	
Partitions-größe in MB	Cluster-größe in KB	Sektoren je Cluster	Cluster-größe in KB	Sektoren je Cluster
< 128	2	4	4	8
129 bis 256	4	8	4	8
257 bis 512	8	16	4	8
513 bis 1024	16	32	4	8
1025 bis 2048	32	64	4	8
2049 bis 8192	––	––	4	8
8193 bis 16384	––	––	8	16
16385 bis 32786	––	––	8	16
> 32786	––	––	8	16

Eintrag	Belegung
65525	Datei 5012
⋮	⋮
23	Datei 7
22	Datei 7
21	Datei 6
20	Datei 5
19	Datei 4
18	Datei 4
17	Datei 3
16	Datei 3
15	Datei 3
14	Datei 2
13	Datei 1
12	Datei 1
11	Datei 1
⋮	⋮

Bild 3: FAT nach erfolgter Defragmentierung

nächsten freien Cluster genommen **(Bild 1)**. Dies führt zu einer Zerstückelung der Datei und mit der Zeit zur *Fragmentierung* (von fragment = Bruchstück) der Festplatte. Der Lesezugriff wird verlangsamt, da die verteilten Dateiteile erst wieder zusammengestellt werden müssen. Das Speichermedium muss defragmentiert werden. Bei der *Defragmentierung* werden die Dateien, die vorher in einzelne Teilstücke aufgeteilt waren, in hintereinander liegende Cluster geschrieben (Bild 2, vorhergehende Seite). Die Dateizuordnungstabelle wird meist zusammen mit einer Kopie auf dem Datenträger gesichert. Die FAT ist im Sektor 0 direkt nach dem Bootsektor und vor dem Hauptverzeichnis abgelegt.

Das Dateisystem VFAT

Die VFAT (von Virtual File Allocation Table = virtuelle Dateizuordnungstabelle) beruht auf einem 32-Bit-Dateisystem und wurde z. B. unter Windows eingesetzt. Die Adressierung der Cluster erfolgt bei dieser Dateizuordnungstabelle immer noch mit einer Breite von 16 bit, sodass sich auch hier eine maximale Partitionsgröße von 2 GB ergibt.

Das Dateisystem FAT32 bzw. VFAT32

Bei der FAT32 bzw. VFAT32 wird eine Adressbusbreite von 32 bit zugrunde gelegt. Für die Adressierung stehen nun 28 bit zur Verfügung. Die Clustergröße kann so verringert werden, was zu einer besseren Ausnutzung des Speicherplatzes führt. Mit der FAT32 bzw. VFAT32 können Speichermedien bis zu einer Größe von 2 TB genutzt werden. Ansonsten arbeitet die FAT32 ebenso in der vorher beschriebenen Weise. Das Dateisystem FAT32 erlaubt außerdem Dateinamen bis zu einer Länge von 255 Zeichen. Leerzeichen und diverse Sonderzeichen wie z. B. Komma, Plus, Strichpunkt und eckige Klammern sind möglich.

> Das Dateisystem FAT32 wird z. B. bei USB-Sticks eingesetzt.

Das Dateisystem exFAT

Die exFAT (von extended File Allocation Table) bzw. FAT64 wurde für digitale Speicherchips , z. B. in USB-Sticks oder SD-Karten, entwickelt und kann auch bei Windows Vista und Windows 7 eingesetzt werden. Das Dateisystem verfügt über eine maximale Dateigröße von $64 \cdot 2^{70}$ Byte = 75,6 ZB = 75 600 000 000 000 GB, eine maximale Clustergröße von $32 \cdot 2^{20}$ Byte und eine Tabelle, in der freie Cluster indiziert werden. Da Microsoft die Funktionsweise dieses Dateisystems nicht offen legt, ist eine Verbreitung ungewiss.

Eintrag	Belegung
65525	Datei 5012
⋮	⋮
23	Datei 5014
22	Datei 5014
21	Datei 6
20	Datei 5
19	Datei 5014
18	Datei 5013
17	Datei 3
16	Datei 3
15	Datei 3
14	Datei 5013
13	Datei 1
12	Datei 1
11	Datei 1
⋮	⋮

Bild 1: FAT mit fragmentierten Einträgen

Das Dateisystem NTFS

Mit dem Dateisystem NTFS für Windows können auch logische Laufwerke weit größer als 2 TB eingerichtet werden. Der Grund dafür ist, dass hier mit einer Adressierungsbreite von 64 bit gearbeitet wird. Dadurch ist NTFS weitaus mächtiger als die FAT bzw. FAT32. Zudem werden die während des Betriebs des Computers geänderten Dateien vermerkt. So kann nach einem Systemabsturz das Programm ScanDisk schneller nach einem Fehler suchen. Es muss nicht wie bei FAT32 die gesamte Festplatte bzw. Partition überprüft werden. Die Länge der Dateinamen beträgt 255 Zeichen. Es wird zwischen Groß- und Kleinschreibung unterschieden. Das Dateisystem NTFS wird beim Hochfahren des Rechners installiert.

> **Beispiel 1: Laufwerksgröße berechnen**
>
> Berechnen Sie die mit dem Dateisystem NTFS theoretisch ansprechbare Laufwerksgröße.
>
> *Lösung:* 2^{64} Byte = **1,8447 · 10^{19} Byte**

Bei Windows 10 wird das Dateisystem NTFS zur Verwaltung der Festplatte eingesetzt, aber auch FAT32 und exFAT unterstützt. Auf dem Systemlaufwerk sollte allerdings das Dateisystem NTFS installiert sein, um Funktionen, wie die Verschlüsselung oder die Komprimierung von Dateien, anwenden zu können.

> Windows entfaltet seine gesamte Funktionalität erst bei Verwendung des Dateisystems NTFS.

Sollen Dateien, die in eine Dateizuordnungstabelle eingetragen sind, z. B. wieder entfernt oder umbenannt werden, dann kann dies mithilfe des Windows-Explorers geschehen.

5.3.5 Systemprogramme unter Windows

Systemprogramme dienen der Konfiguration des Betriebssystems und vereinfachen das Arbeiten damit. Die Systemprogramme sind über die Schaltfläche `Start` durch Anwahl der Programmgruppen `Windows-Verwaltungsprogramme` aufzurufen.

Defragmentierung

Mit dem Systemprogramm `Laufwerke defragmentieren und optimieren` wird eine Optimierung des Datenträgers durchgeführt (**Bild 1**). Durch fragmentierte (zerstückelte) Dateien muss der Schreib-/Lesekopf der Festplatte unzählige Wege zurücklegen und die Lesegeschwindigkeit wird reduziert. Durch die Ausführung des Defragmentierungsprogrammes werden zuvor fragmentierte Dateien in hintereinander liegende Speicherbereiche geschrieben und so der Zugriff auf diese Dateien beschleunigt.

> Das Betriebssystem läuft nach der Defragmentierung meist schneller und sicherer.

Wird die Schaltfläche `Analysieren` gedrückt, wird das ausgewählte Laufwerk nach fragmentierten Dateien durchsucht (**Bild 2**). Die Überprüfung kann durch Drücken der Schaltfläche `Anhalten` abgebrochen werden. Ist die Überprüfung beendet, wird ausgegeben, wie viel Prozent des Laufwerks fragmentiert sind.

Übung 1: Analyse

Defragmentieren Sie Ihr Laufwerk D.

Lösung: **Bild 1, Bild 2**

Die Defragmentierung des ausgewählten Laufwerks beginnt, sofern die Schaltfläche `Optimieren` gedrückt wird. Der Defragmentierungsvorgang kann bei voller Festplatte einige Stunden dauern. Die Defragmentierung kann automatisch nach einem gewissen Zeitabstand durchgeführt werden. Dazu wird die Schaltfläche `Aktivieren` (Bild 2) oder die Schaltfläche `Einstellungen ändern` gedrückt (Bild 1). Im erscheinenden Fenster kann der Zeitraum eingestellt werden (**Bild 3**).

Übung 2: Optimierungszeitplan

Eine Optimierung soll wöchentlich erfolgen.

Lösung: **Bild 3**

Das Laufwerk wird über `Auswählen` angegeben (Bild 3).

> **!** **Defragmetieren** = Beim Defragmetieren werden die Daten auf der Festplatte neu angeordnet, so dass auf mehrere Speicherbereiche aufgesplittete Dateien in nebeneinanderliegende Speicherbereiche gespeichert werden.

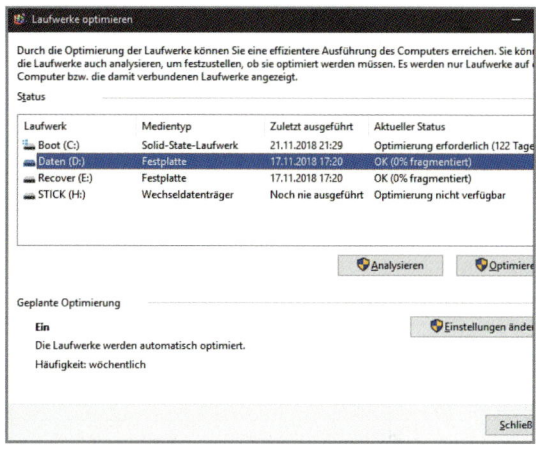

Bild 1: Fenster Defragmentierung

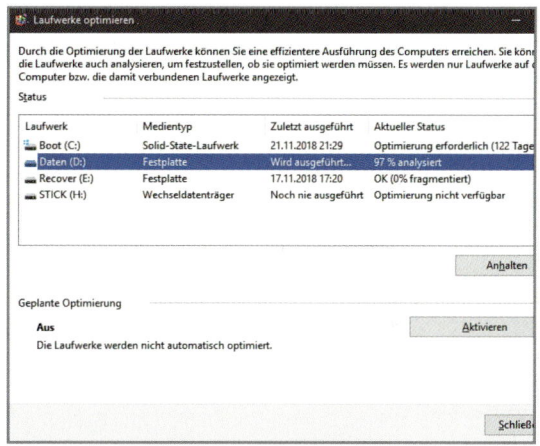

Bild 2: Überprüfung eines Laufwerks

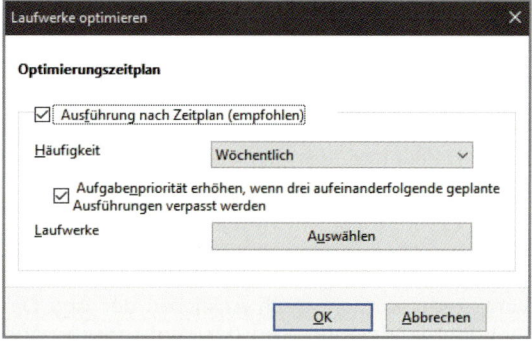

Bild 3: Zeitplan für die Defragmentierung eingeben

Fehlerüberprüfung bzw. Datenträgerüberprüfung
Bei der Fehlerüberprüfung wird der Zustand eines Speichermediums, wie z. B. der Festplatte, überprüft, um einen späteren Datenverlust zu vermeiden. Es werden logische und physikalische Fehler auf einem Datenträger diagnostiziert. Zu den logischen Fehlern gehören verlorene Cluster, die keinen Eintrag in der Dateizuordnungstabelle mehr besitzen oder Konflikte in der Dateizuordnungstabelle, die z. B. auftreten, wenn ein Cluster von mehr als einer Datei beansprucht wird.

> Logische Fehler entstehen durch einen Software-Defekt.

Physikalische Fehler sind z. B. Beschädigungen von Speicherbereichen, die aufgrund nachlassender Magnetisierung des Speichermediums vorkommen.

> Physikalische Fehler entstehen durch einen Hardware-Defekt.

Diese Bereiche werden markiert, sodass sie nicht mehr als Speicherplatz zur Verfügung stehen.

> Weist die Festplatte Fehler auf, ist die Leistungsfähigkeit des Computers reduziert.

Die Fehlerüberprüfung wird im Explorer über das Kontextmenü des gewünschten Laufwerkes durch Aufruf von `Eigenschaften` gestartet. Die Überprüfung beginnt nach Anklicken der Schaltfläche `Prüfen` in der Karteikarte `Tools` (**Bild 1**). Im erscheinenden Fenster der Fehlerüberprüfung wird `Laufwerk reparieren` angeklickt (**Bild 2**). Das Laufwerk wird gescannt und die gefundenen Fehler gleich repariert (**Bild 3**). Nach Abschluss der Überprüfung erscheint **Bild 4**.

Übung 1: Sektorenprüfung

Überprüfen Sie ein Laufwerk auf fehlerhafte Sektoren und stellen Sie diese wieder her.

Lösung: **Bild 2**, **Bild 3**

Datenträgerbereinigung
Mit der Datenträgerbereinigung kann Speicherplatz auf einem Laufwerk freigegeben werden. Das Programm durchsucht dabei das ausgewählte Laufwerk und zeigt eine Liste mit nicht mehr benötigten Dateien an, wie den Inhalt des Papierkorbs oder temporäre Internet-Dateien.

Das Programm zur Datenträgerbereinigung befindet sich in der Programmgruppe Windows-Verwaltungsprogramme. Diese kann über das Startmenü aufgerufen werden. Nach Anklicken der App Datenträgerbereinigung wird das Laufwerk gewählt und mit OK bestätigt.

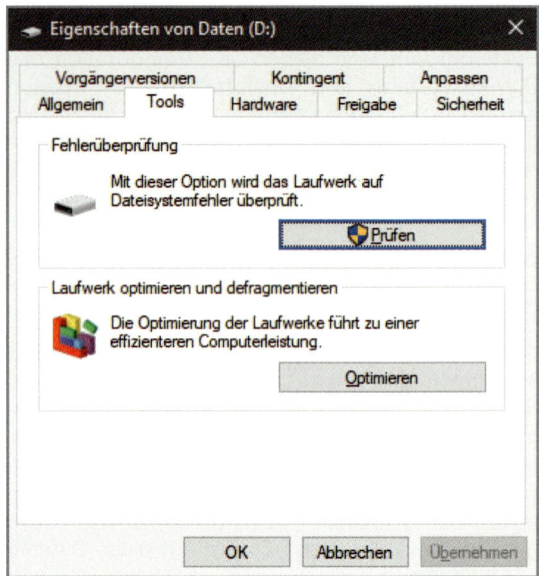

Bild 1: Eigenschaften-Fenster eines Laufwerks

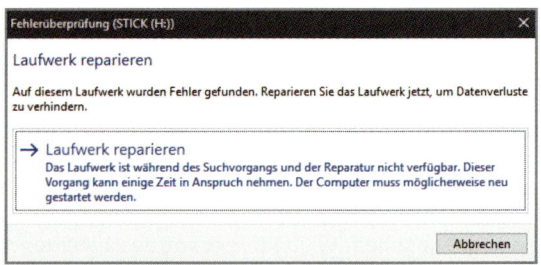

Bild 2: Fenster Fehlerüberprüfung starten

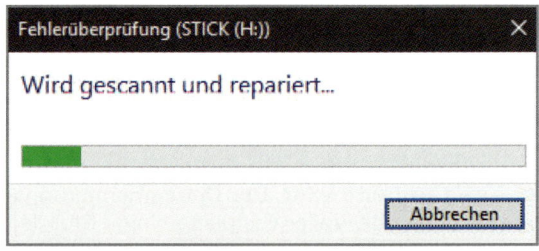

Bild 3: Fenster Fehlerüberprüfung durchführen

Bild 4: Fenster Fehlerüberprüfung beenden

Im Fenster Datenträgerbereinigung werden Dateien mit Größenangaben aufgelistet, die gelöscht werden können **(Bild 1)**. Die einzelnen Dateigruppen können durch Setzen eines Häkchens gewählt werden. Mit einem Klick auf OK wird die Bereinigung begonnen.

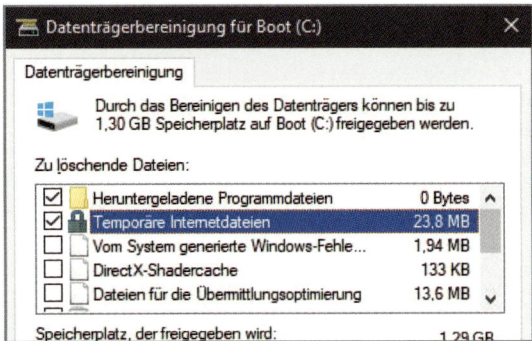

Bild 1: Datenträgerbereinigung

Übung 1: Datenträgerbereinigung

Bereinigen Sie das Laufwerk C.

Lösung: **Bild 1**

Task-Manager

Der Task-Manager wird über das Kontextmenü der Taskleiste oder des Startmenüs aufgerufen **(Bild 2)**.

Im Task-Manager werden die momentan ausgeführten Programme aufgelistet (Bild 2). Über die Schaltfläche Task beenden können z. B. Programme beendet werden, die nicht mehr reagieren und abgestürzt sind.

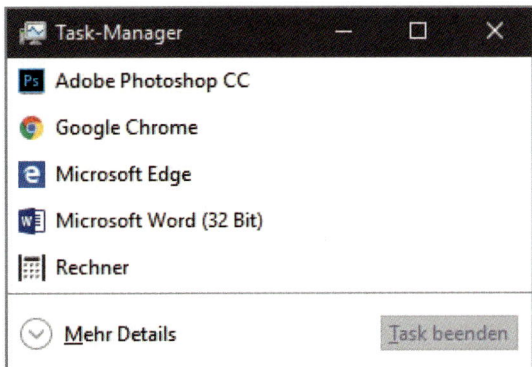

Bild 2: Task-Manager

Um weitere Informationen zu den geöffneten Programmen zu erhalten, wird im Fenster Task-Manager auf die Schaltfläche Mehr Details geklickt (Bild 2). Die Detail-Ansicht gibt Aufschluss über die laufenden Prozesse, ihren Zustand und die Benutzung des Arbeitsspeichers in MB **(Bild 3)**. Ein Prozess ist z. B. ein Programm oder ein Systemdienst. In der Detail-Ansicht können auch weitere Kennwerte des Computers aufgelistet werden. Dazu wird das Kontextmenü auf einem Spaltennamen aufgerufen und der Eintrag gewählt.

Der Task-Manager gibt Informationen zur Computerleistung, zu ausgeführten Programmen und Prozessen an.

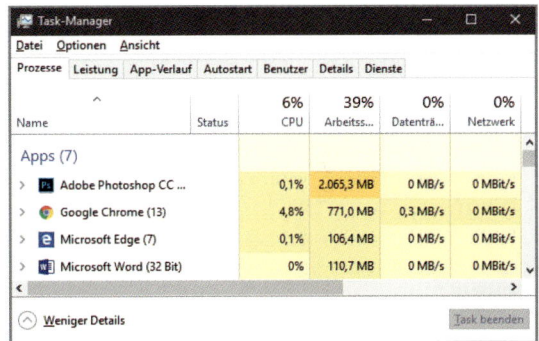

Bild 3: Detail-Ansicht Task-Manager

Auf der Karteikarte Leistung des Task-Managers wird z. B. die aktuelle Systemleistung und die Speicherausnutzung visuell dargestellt **(Bild 4)**. Ein Doppelklick auf einem Diagramm zeigt die CPU-Auslastung vergrößert an.

K Kompetenzorientierung

1. **Nennen Sie Eigenschaften von Betriebssystemen.**
2. **Nennen Sie Systemprogramme von Windows und deren Verwendungszweck.**
3. **Welche Dateisysteme sind bei Windows im Einsatz?**
4. **Welche Aufgabe hat der abgesicherte Modus von Windows?**
5. **Warum werden Laufwerke defragmentiert?**

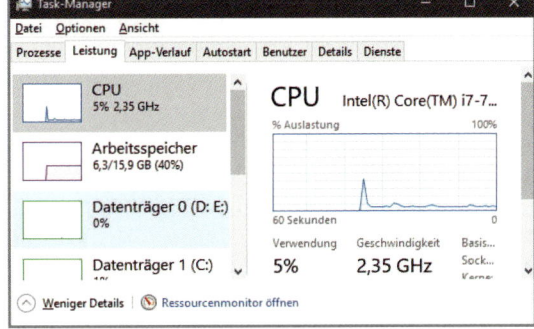

Bild 4: CPU-Nutzung und Speichernutzung

Testen Sie Ihre Fachkompetenz!

Aufgabe 1
Betriebssystem
a) Definieren Sie den Begriff „Betriebssystem".
b) Nennen Sie Aufgaben, die ein Betriebssystem bewältigen muss und beachten Sie dabei auch **Bild 1**.
c) Welche Eigenschaften haben Betriebssysteme?
d) Erklären Sie den Begriff Singletasking und Multitasking.
e) Grenzen Sie die beiden Begriffe Multitasking und Multithreading voneinander ab.
f) Welche Betriebssysteme sind zur Zeit hauptsächlich im Einsatz?

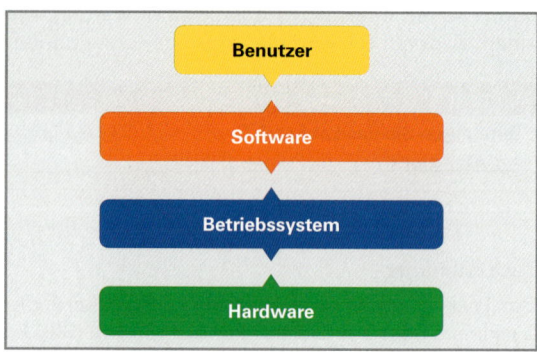

Bild 1: Aufgabe Betriebssystem

Aufgabe 2
Virtueller Arbeitsspeicher
a) Warum wird ein virtueller Arbeitsspeicher benötigt?
b) Wie wird unter Windows der virtuelle Arbeitsspeicher angesprochen?

Aufgabe 3
Dateisystem
a) Welche Aufgaben haben Dateisysteme?
b) Welche unterschiedlichen Dateisysteme sind bei Windows im Einsatz?
c) Was ist eine FAT?
d) Beschriften Sie **Bild 2** und grenzen Sie die Begriffe Spur, Sektor und Cluster voneinander ab.
e) Wieso kommt es mit der Zeit zur Fragmentierung der Festplatte und was kann man dagegen tun?

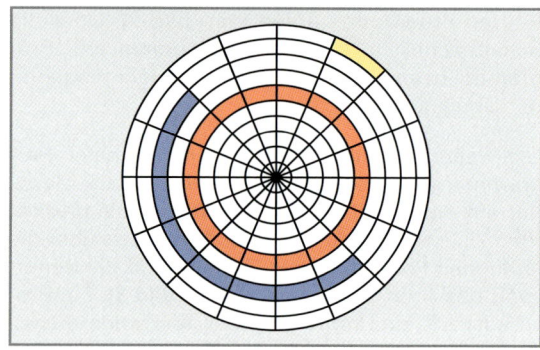

Bild 2: Schema Festplatte

Aufgabe 4
Registry
a) Welche Aufgabe hat die Registry?
b) Erklären Sie den Aufbau der Registry.
c) Unter welchem Schlüssel sind Systemdaten aufgelistet, die für alle Benutzer gleich sind?
d) Wie können Sie die Icon-Größe auf der Arbeitsfläche ändern?

Aufgabe 5
Abgesicherter Modus
a) Wie wird der abgesicherte Modus bei Windows gestartet?
b) Für welche Zwecke wird der abgesicherte Modus verwendet?
c) Welche unterschiedlichen abgesicherten Modi gibt es?

Aufgabe 6
Benutzung von Windows
a) Unterscheiden Sie die Begriffe Taskleiste, Symbolleiste und Startmenü.
b) Wozu dient der Geräte-Manager?
c) Auf welche Weise kann bei Windows eine Sicherung der Daten durchgeführt werden und welche Einstellungsmöglichkeiten gibt es dabei?
d) Wie gehen Sie vor, wenn Sie unter Windows ein Programm installieren bzw. deinstallieren möchten?

Aufgabe 7
Datenkomprimierung
a) Warum werden Daten komprimiert?
b) Welche Arten von Daten können bei Windows komprimiert werden?
c) Wie wird die Komprimierung unter Windows gestartet?

Aufgabe 8
Systemprogramme
a) Nennen Sie Systemprogramme unter Windows und beschreiben Sie deren Aufgabe.
b) Welche Informationen kann man aus dem Task-Manager erhalten?

5.4 Linux

Linux ist ein Betriebssystem für PCs. Seinen Namen erhielt Linux in Anlehnung an seinen Erfinder Linus Torvald und an das Betriebssystem UNIX. Das Maskottchen von Linux ist der Pinguin Tux (Kurzwort von **T**orvalds **U**nix) und wird als Logo von Linux eingesetzt **(Bild 1)**.

Linux besitzt preemptives Multitasking, ist multiuserfähig und verfügt über die Unterstützung eines virtuellen Arbeitsspeichers.

5.4.1 Installation von Linux

Für die Installation von Linux mit einer grafischen Benutzeroberfläche und entsprechender Anwendersoftware sollte mindestens 11 GB Festplattenspeicher frei sein und der Hauptspeicher eine Größe von 1 GB aufweisen.

> Linux ist eine freie Software und kann für jeden Zweck ausgeführt, installiert und verändert werden.

Für Linux stehen eine Reihe von Distributionen zur Verfügung, z. B. openSUSE, Fedora und Ubuntu. Eine Distribution umfasst sowohl das Betriebssystem als auch verschiedene Anwendungsprogramme. Die Distributionen SUSE oder Ubuntu zeichnen sich dabei durch hohe Benutzerfreundlichkeit, einfache Bedienung und einfache Installation aus.

Linux Distributionen können mit einer Dokumentation gekauft oder im Internet meist unentgeltlich heruntergeladen werden. Verschiedene Linux-Versionen stehen z. B. über die Internetadresse `http://software.opensuse. org` zur Verfügung. Nach Auswahl des gewünschten Pakets, kann Linux als ISO-Datei heruntergeladen werden **(Bild 2)**. Eine ISO-Datei ist das Abbild einer gesamten Daten-DVD. Beim Brennen der ISO-Datei auf DVD muss angegeben werden, dass es sich um eine solche Datei handelt. Unter Windows wird zum Brennen doppelt auf die ISO-Datei geklickt und das Windows-Brennprogramm erscheint.

Soll Linux in einer Virtual Box installiert werden, kann die ISO-Datei auch als virtuelles Laufwerk eingerichtet werden. Dazu wird im Windows-Explorer das Kontextmenü über die rechte Maustaste aufgerufen **(Bild 3)**.

Um das Linux von openSUSE zu installieren, wird z. B. die gebrannte DVD in den Computer eingelegt und der Computer gestartet. Erscheint das grafische Installationsfenster, kann durch Drücken der Taste F2 die Sprache auf Deutsch eingestellt

> ! **Distribution** = Zusammenstellung von Software-Komponenten.

Bild 1: Tux, das Linux-Maskottchen

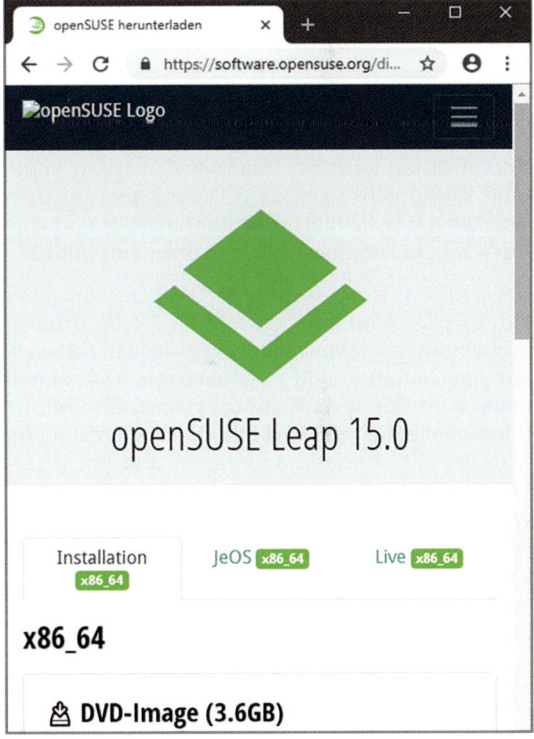

Bild 2: Homepage openSUSE

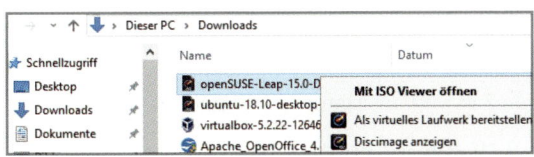

Bild 3: Virtuelles Laufwerk zuordnen

und mit der `Enter`-Taste bestätigt werden **(Bild 1)**. Nach Auswahl von `Installation` mithilfe der Pfeiltasten auf der Tastatur und Drücken der `En-ter`-Taste wird der Linux-Kernel geladen.

> Der Linux-Kernel enthält den Betriebssystemkern, der die Hardware des Computers verwaltet und die Nutzung der auf Linux installierten Programme ermöglicht.

Ist der Linux-Kernel geladen, wird das eigentliche Installationssystem YaST2 automatisch gestartet. Dabei wird das Repository durchsucht **(Bild 2)**.

Ein Repository enthält unter Linux alle für die Installation eines Programms notwendigen Informationen und Dateien. Auch die Vorgängerversionen des Programms sind enthalten. Bei der Installation wird dann automatisch die passende Version aufgespielt.

> Ein Repository ist ein Paket von Dateien, aus dem Programme und Updates installiert werden können.

Anschließend wird die Lizenzvereinbarung angezeigt. Diese wird nach dem Durchlesen mit dem Drücken der Schaltfläche Weiter bestätigt und eine Auswahl der Arbeitsumgebung erscheint **(Bild 3)**.

openSUSE bietet z. B. den GNOME-Desktop oder den KDE-Desktop zur Auswahl an. Beide Arbeitsumgebungen unterscheiden sich in der Auswahl der Applikationen und im Aussehen. KDE ähnelt dabei dem Windows-Betriebssystem. GNOME ist traditioneller in der Bedienung. Standardmäßig wird der KDE-Desktop angeboten und mit `Wei-ter` die Installation bestätigt.

> KDE und GNOME sind mögliche Arbeitsumgebungen von Linux, die sich im Aussehen und im Gebrauch unterscheiden.

Ein Vorschlag für die Partitionierung der Festplatte wird angezeigt und kann durch Betätigen von `Weiter` übernommen werden **(Bild 1, folgende Seite)**. Auf den Aufbau der Partitionsnamen und auf alle nötigen Partitionen wird im Abschnitt 5.4.3 näher eingegangen.

Die Uhr und Zeitzone werden im nächsten Fenster eingestellt. Über die Schaltfläche `Ändern...` kann die Zeit und das Datum verändert werden.

Im Fenster `Lokaler Benutzer` wird ein neuer Benutzer erstellt und das Passwort des System-

> **!** **YaST2** = Yet another Setup Tool 2. Linux-Installationsroutine von SUSE. YaST2 hat eine grafische Oberfläche und kann auch für Konfigurationszwecke benutzt werden.
>
> **Repository** = Archiv von Daten

Bild 1: openSUSE Installationsfenster

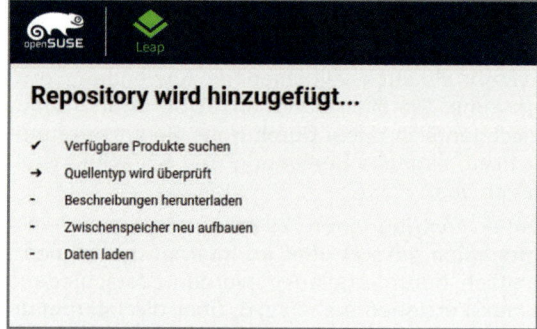
Bild 2: Repository hinzufügen

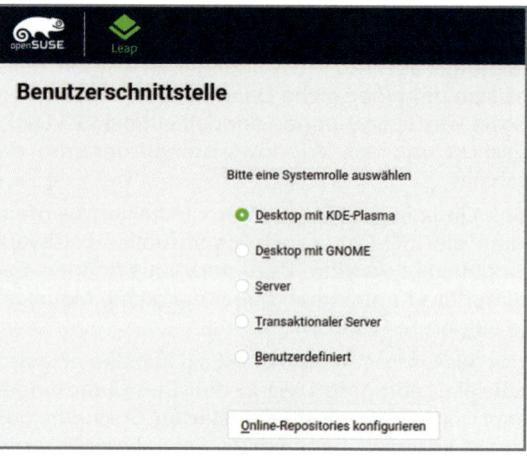
Bild 3: Arbeitsumgebung wählen

administrators (root) festgelegt **(Bild 2)**. Dabei kann dem Systemadministrator dasselbe Passwort wie dem neuen Benutzer zugewiesen oder durch Entfernen des Häkchens bei `Dieses Passwort für den Systemadministrator verwenden` ein anderes Passwort erzwungen werden. Soll der neue Benutzer nach dem Hochfahren des Computers gleich automatisch angemeldet werden, dann ist das entsprechende Häkchen zu setzen.

> Der Systemadministrator bei Linux ist der Benutzer root.

Nach Anklicken von `Weiter` werden die Installationseinstellungen zusammengefasst und durch zweimaliges Anklicken von `Installieren` die Installation vorbereitet und durchgeführt. Nach der Installation wird automatisch der Computer konfiguriert **(Bild 3)**. Alle eingestellten Konfigurationen werden übernommen und die grafische Benutzeroberfläche von Linux gestartet **(Bild 4)**.

5.4.2 Grafische Benutzeroberfläche

Das *X Window System*, kurz X11 genannt, ist unter UNIX und Linux der zentrale Bestandteil für grafische Benutzeroberflächen. Dabei stellt das X-Window-System das Protokoll und den Baukasten zum Aufbau der grafischen Benutzeroberfläche bereit. Das X-Window-System besteht dabei aus einem Client-Modul und einem Server-Modul. Der X-Server übernimmt die Steuerung der Ein- und Ausgabegeräte wie Maus, Tastatur, Grafikkarte und Bildschirm. Dazu kommuniziert er mit dem Linux-Kernel.

> Der X-Server steuert die Ein- und Ausgabegeräte.

Der *X-Client* ist ein grafisches Anwendungsprogramm, das die Ein- und Ausgabedienste des X-Servers nutzt. Ein X-Client stellt die Inhalte des Fensters auf der grafischen Linux-Arbeitsfläche bereit.

> Alle grafischen Anwendungsprogramme auf der Linux-Arbeitsfläche sind X-Clients.

Das Aussehen der Fenster an sich übernimmt ein *Window-Manager*. Er sorgt z. B. dafür, dass die Fenster einen Rahmen haben, dass das momentan aktive Fenster den Eingabefokus erhält und der Benutzer zwischen den Fenstern wechseln kann. Linux bietet verschiedene Window-Manager an, z. B. fwvm, twm oder den WindowMaker.

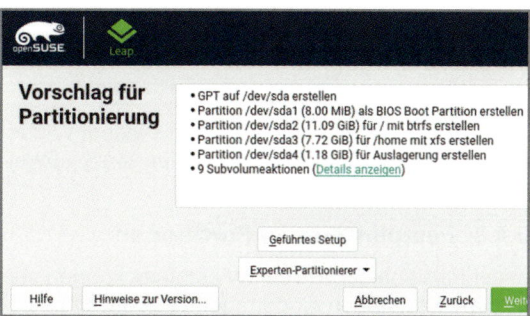

Bild 1: Vorschlag Partitionierung

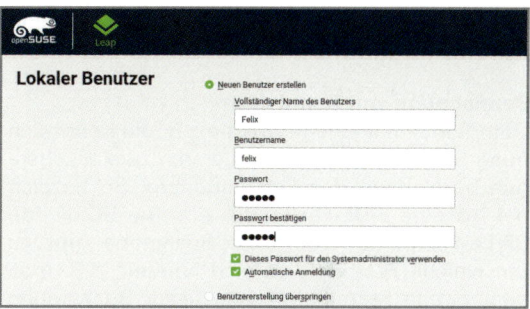

Bild 2: Benutzer erstellen

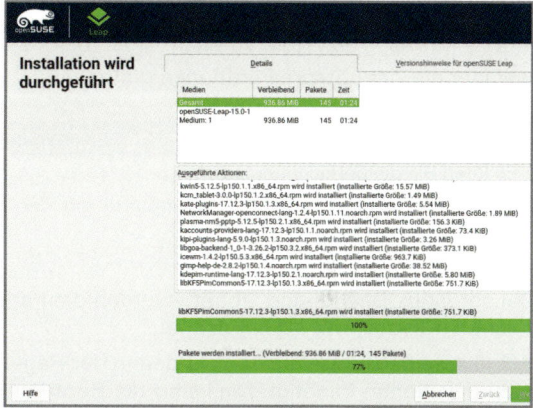

Bild 3: Installation durchführen

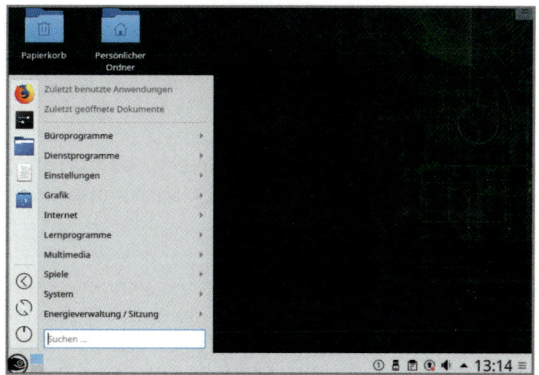

Bild 4: Grafische Oberfläche

> Grafische Benutzeroberflächen benötigen ein X-Window-System.

Benutzeroberflächen, die auf dem X-Window-System basieren, können im Aussehen stark abweichen, z. B. KDE oder Gnome.

5.4.3 Festplatten und Partitionen

In der Partitionstabelle einer Festplatte können vier primäre Partitionen eingetragen werden. Ist es nötig mehr als vier Partitionen einzurichten, wird die vierte Partition als erweiterte Partition angelegt. In dieser Partition werden weitere logische Partitionen erstellt **(Bild 1)**.

Bezeichnung von Festplatten
Unter Linux hat eine Festplatte z. B. die Kennzeichnung 5sda1 **(Tabelle 1)**. Die ersten zwei Buchstaben bezeichnen den Festplattentyp. So bezeichnet hd eine EIDE-Festplatte, sd eine SCSI- oder SATA-Festplatte. Der dritte Buchstabe gibt an, um welche Festplatte es sich handelt, z. B. erste oder zweite Festplatte. Nach dieser Buchstabenkombination folgt eine Ziffer, welche die Partition beschreibt. Die Ziffern 1 bis 4 kennzeichnen eine primäre Partition. Die erste logische Partition wird immer mit der Ziffer 5 angegeben, auch wenn es weniger als vier primäre Partitionen gibt.

> **Beispiel 1: Festplattenkennzeichnung**
>
> Erklären Sie die Bezeichnung sdb6.
>
> *Lösung:* **Es ist die zweite SATA-Festplatte mit der zweiten logischen Partition.**

Bei der Linux-Distribution Ubuntu werden die Partitionen nur noch mit sd bezeichnet.

Für das Betriebssystem Linux werden in der Regel zwei Partitionen benötigt. Dies sind die Root-Partition (root = Wurzel) und die Swap-Partition (to swap = tauschen). Bei der Installation von Linux wird oft angeboten, eine weitere Partition speziell für die Benutzer (home = Heimat) anzulegen. Ist neben Linux noch ein weiteres Betriebssystem auf dem Computer installiert, ist zusätzlich eine Boot-Partition nötig.

Auf der **Root-Partition** wird Linux installiert. Die Root-Partition ist die Basis aller Verzeichnisse. Sie enthält das Wurzelverzeichnis.

Zum Auslagern von Dateien während der Systemlaufzeit wird die **Swap-Partition** verwendet, wenn der Arbeitsspeicher nicht mehr ausreicht. Dabei ist das Auslagern der Dateien auf die Swap-Partition viel langsamer als das Ablegen im Arbeitsspeicher. Die Größe der Auslagerungsdatei sollte min-

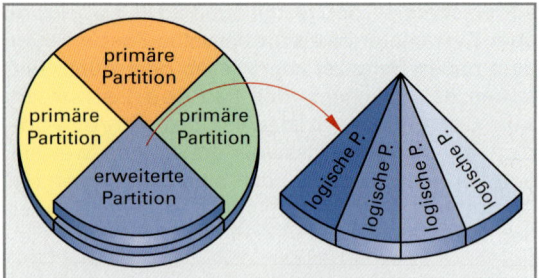

Bild 1: Partitionen einer Festplatte

Tabelle 1: Bezeichnungen von Festplatten

Typ	Fest-platte	Partition	Beschreibung
hd	a	1	Erste EIDE-Festplatte, erste primäre Partition.
sd	b	3	Zweite SCSI-Festplatte oder SATA-Festplatte, dritte primäre Partition.
hd	b	5	Zweite EIDE-Festplatte, erste logische Partition.

Tabelle 2: Dateisysteme unter Linux

Datei-system	Erklärung	Rechte-verwaltung	Journaling
EXT3	ausgereift	ja	ja
EXT4	aktuelles Dateisystem	ja	ja
Reiser4	experimentell	ja	ja
JFS	schnell und sicher	ja	begrenzt
Btrfs	Standard in SUSE Linux	ja	ja
xfs	sehr stabil, nicht verbreitet	ja	ja
NTFS	aktuelles Dateisystem bei Windows	nur unter Windows	begrenzt
FAT32	bei Windows	nein	nein

destens so groß sein wie der Arbeitsspeicher des Computers, maximal doppelt so groß.

Dateisysteme von Linux
Ein Dateisystem ist für das Speichern, Lesen und Löschen der Daten zuständig **(Tabelle 2)**. Es sorgt für eine geordnete Struktur der Daten. Jede Partition des Computers kann ein anderes Dateisystem aufweisen.

Ein Dateisystem, das bei Linux oft eingesetzt wird, ist EXT4, von Extended File System (= erweitertes Dateisystem). EXT4 verfügt über das Journaling und eine Rechteverwaltung, die den Zugriff verschiedener Benutzer auf die Dateien regelt. Beim Journaling werden Änderungen einer Datei erst in einen reservierten Speicherbereich, dem Journal, geschrieben.

Weitere mögliche Dateisysteme sind z. B. Btrfs, Reiser4 und JFS (Tabelle 2, vorhergehende Seite). Dateien, die mit einem der Dateisysteme von Windows, z. B. NTFS und FAT32 gespeichert wurden, können bei Linux verwendet werden.

5.4.4 Verzeichnisse

Linux besteht aus einer Vielzahl von Dateien, die hierarchisch angeordnet sind. Das oberste Verzeichnis ist das root-Verzeichnis, auch das Wurzelverzeichnis genannt (**Bild 1**). Ein Slash kennzeichnet dieses Verzeichnis. Das Wurzel-verzeichnis beinhaltet zahlreiche Verzeichnisse, die für das Betriebssystem notwendig sind (**Tabelle 1**). So enthält das Verzeichnis home alle Homeverzeichnisse der Benutzer. Die Benutzer können darin ihre Daten ablegen.

In Linux werden alle Geräte, z. B. CD-ROM, Festplatte oder RAM, in die Verzeichnisstruktur eingebunden. Die Schnittstellen zu den Geräten sind entsprechende Dateien im Verzeichnis dev. Das Verzeichnis dev enthält viele leere Dateien, die nur gefüllt werden, sofern die betreffende Hardware mit Treiber installiert wurde.

> Linux bindet alle Geräte als Dateien in den Verzeichnisbaum ein gemäß der UNIX-Philosophie „Alles ist eine Datei".

Man nennt dies mounten. Dabei wird als Mount-Point der Ort im Verzeichnisbaum bezeichnet, an dem das Gerät eingehängt wird.

Die einzelnen Partitionen werden nicht über Laufwerksbuchstaben angesprochen, sondern über ein Verzeichnis. Im root-Verzeichnis sind die Mount-Points abgelegt. Die Festplatten sind über den Mount-Point dev eingebunden.

5.4.5 Arbeitsfläche einrichten

Anmelden und Abmelden einer Arbeitssitzung

Linux ist ein Multiuser-Betriebssystem. Daher ist es erforderlich, eine Trennung der Datenbereiche für die verschiedenen Nutzer durch Benutzernamen und Passworte vorzunehmen. Der Benutzername und das Passwort werden beim Login abgefragt (**Bild 2**).

Grundsätzlich werden zwei Benutzerarten unterschieden, für die Accounts (= Konten) eingerichtet sind: Systemadministrator und Benutzer. Sollen Änderungen am System vorgenommen werden, so ist es erforderlich, sich als Systemadministrator mit dem Namen root anzumelden. Der Administ-

> **!** **Mounten** = Einbinden der Laufwerke in die Verzeichnisstruktur (to mount = einbinden).
> **Mount-Point** = Verbindungspunkt

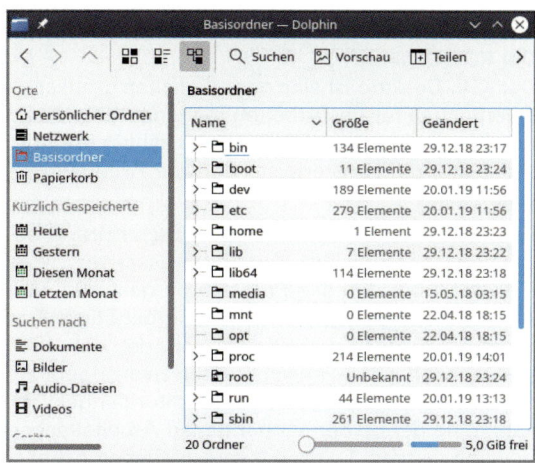

Bild 1: Verzeichnisstruktur

Tabelle 1: Verzeichnisse bei Linux	
Name	Erklärung
bin	Enthält die wichtigsten Kommandos für jeden Benutzer.
boot	Enthält statische Dateien des Bootmanagers.
dev	Enthält die Gerätedateien zur Ansteuerung der Hardware.
etc	Enthält die Konfigurationsdateien.
home	Enthält die Homeverzeichnisse der Benutzer.
lib	Enthält die beim Systemstart benötigten Dateien.
mnt	Mountpoint für temporäre Partitionen, z. B. USB-Stick.
opt	Enthält zusätzliche Software.
root	Homeverzeichnis des Administrators.
sbin	Enthält wichtige Systemprogramme.
tmp	Enthält temporäre Dateien.
usr	Enthält weitere Systemverzeichnisse.
var	Enthält variable Daten.

Bild 2: Anmeldebildschirm

rator hat sämtliche Rechte (Schreib- und Leserechte), um das System zu konfigurieren. Ein normaler

Benutzer kann nur seine eigenen Daten in seinem HOME-Verzeichnis verändern. Beim Beenden von Linux muss das System ordnungsgemäß herunter gefahren werden. Der Aufruf erfolgt über das Anklicken des K-Menüs unten links **(Bild 1)**.

Der KDE-Desktop
Der KDE-Desktop ist eine der möglichen grafischen Oberflächen für das Arbeiten mit Linux **(Bild 2)**. Zu den Elementen des KDE-Desktops zählen die Kontrollleiste, die Fensterleiste und die Arbeitsfläche (Bild 2).

Die *Kontrollleiste* am unteren Bildschirmrand beinhaltet den Kickoff-Anwendungsstarter, kurz K-Menü, über den alle Programme gestartet werden können, sowie Icons für häufig benötigte Programme. In der Kontrollleiste befindet sich auch der Arbeitsflächen-Umschalter mit zwei abgebildeten Monitoren. Wird einer der Monitore angeklickt, kann eine der beiden vorhandenen Arbeitsflächen gewählt werden. Durch die verschiedenen Arbeitsflächen ist es z. B. möglich, sich eine Arbeitsumgebung für das Arbeiten im Internet und eine weitere für den Office-Bereich einzurichten.

> Der Window-Manager von KDE kann bis zu 20 verschiedene Desktop-Konfigurationen gleichzeitig verwalten.

Die *Fensterleiste* ist in die Kontrollleiste eingebettet und ermöglicht ein schnelles Wechseln zwischen den geöffneten Programmen.

Auf der rechten Seite der Kontrollleiste befindet sich der Systemabschnitt mit den beim Start von Linux aktivierten Systemprogrammen und der Schaltfläche zum Erstellen der Kontrollleiste (Bild 2). Die Kontrollleiste kann auch eingebettete Miniprogramme enthalten.

> **Übung 1: Miniprogramm hinzufügen**
>
> Fügen Sie das Miniprogramm `Bildschirmsperre/Abmeldung` der Kontrollleiste hinzu.
>
> *Lösung:* **Bild 3**, **Bild 4**, **Bild 1**

Um ein Miniprogramm der Kontrollleiste hinzuzufügen, wird das Hamburger Menü ≡ der Kontrollleiste angeklickt (Bild 2). Durch Klick auf die Schaltfläche `Miniprogramme hinzufügen…` (Bild 3) erscheint eine Liste möglicher Miniprogramme (Bild 4). Das entsprechende Miniprogramm wird ausgewählt und an seinen neuen Ort gezogen (Bild 1). Ein Miniprogramm kann sowohl auf dem Desktop als auch in der Kontrollleiste platziert werden.

Auch die Arbeitsfläche des KDE-Desktops kann an die Bedürfnisse des Benutzers angepasst werden.

> ❗ **Miniprogramme** werden auch Widgets, Gadgets oder Plasmoids genannt.
>
> Eigenschaften der Miniprogramme:
> * Können der Arbeitsfläche oder der Kontrollleiste hinzugefügt werden.
> * Lassen sich frei bewegen.

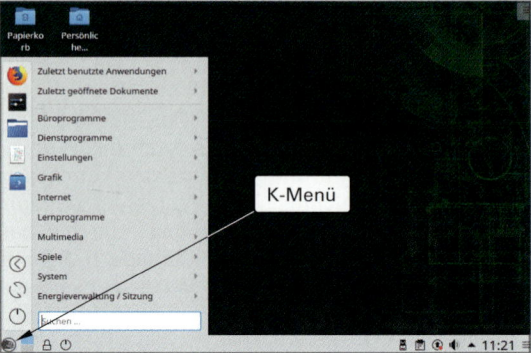

Bild 1: Geöffnetes K-Menü

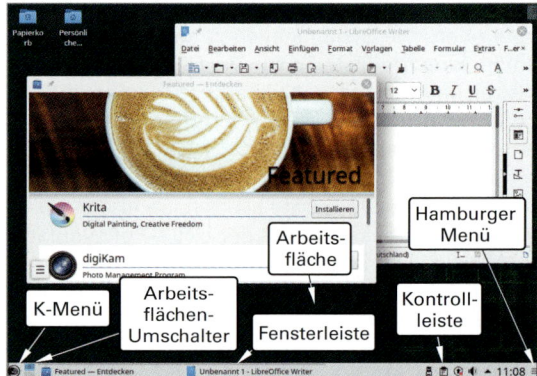

Bild 2: KDE-Desktop

Bild 3: Einstellungen Kontrollleiste

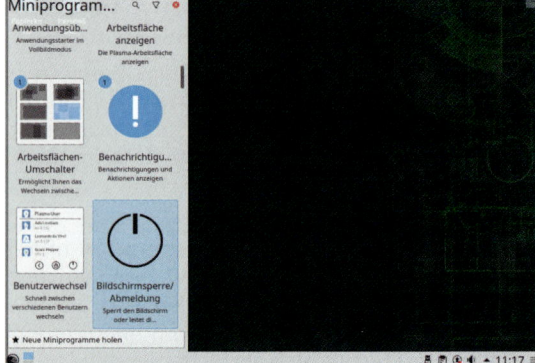

Bild 4: Miniprogramm auswählen

So können sowohl Icons darauf abgelegt werden, als auch der Hintergrund individuell gestaltet werden.

Übung 1: Hintergrundbild ändern

Wählen Sie für Ihre Arbeitsfläche ein anderes Hintergrundbild aus.

Lösung: **Bild 1**, **Bild 2**

Mit der rechten Maustaste wird auf den Hintergrund der Arbeitsfläche geklickt und `Arbeitsfläche einrichten` gewählt. Im Fenster `Einstellungen für Ordner-Ansicht-Plasma` erscheinen alle möglichen Hintergründe (Bild 1). Klickt man den gewünschten Hintergrund mit der Maus an und drückt die Schaltfläche Ok, so wird der ausgesuchte Hintergrund übernommen (Bild 2).

Bild 1: Hintergrund auswählen

Übung 2: Verknüpfung erstellen

Fügen Sie das Programm `LibreOffice Writer` als Icon auf Ihrer Arbeitsfläche ein.

Lösung: **Bild 2**

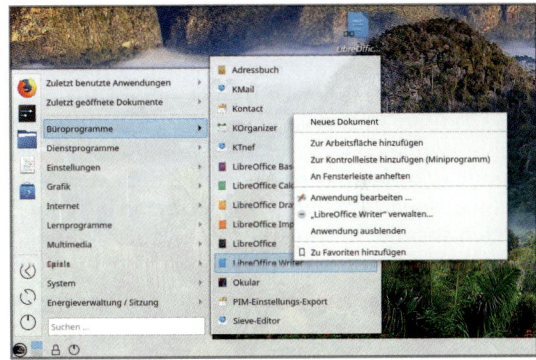

Um das Programm LibreOffice Writer zu starten, muss über das K-Menü die Gruppe `Büropro-gramme` geöffnet werden. Klickt man den Eintrag LibreOffice Writer mit der rechten Maustaste an, erscheint ein Kontextmenü, in dem man den Eintrag `Zur Arbeitsfläche hinzufügen` wählt. `LibreOffice Writer` erscheint als Icon auf der Arbeitsfläche (Bild 2). Das Icon kann mittels der Maus auf der Arbeitsfläche verschoben werden.

Bild 2: Icon auf Arbeitsfläche legen

5.4.6 Arbeiten mit Systemprogrammen

Systemeinstellungen ändern
Die Einstellungen des Computers können in den Systemeinstellungen verändert werden **(Bild 3)**. Zu den Systemeinstellungen gelangt man über das Icon am linken Rand des aufgeklappten K-Menüs.

Innerhalb des Fensters besteht die Gelegenheit, z.B. das Verhalten der Arbeitsfläche, das Erscheinungsbild der Programme oder Zugangshilfen festzulegen. Weiter sind Einstellungen zum Netzwerk, zur Hardware und zur Systemverwaltung möglich.

Bild 3: Fenster Systemeinstellungen

Übung 3: Energiesparmodus einstellen

Verändern Sie die Einstellungen des Energiesparmodus.

Lösung: **Bild 3**, **Bild 4**

Wird in den Systemeinstellungen auf Energieverwaltung geklickt, erscheint ein Fenster zum Einstellen des Energiesparmodus (Bild 4). Hier kann die Energieverwaltung des Bildschirms geändert werden.

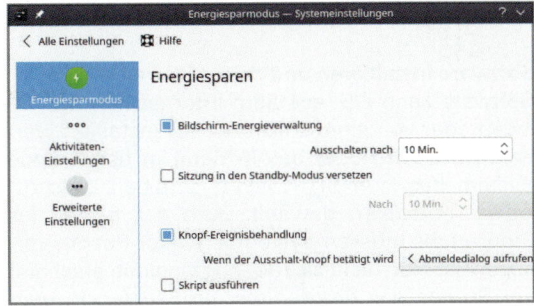

Bild 4: Fenster Systemeinstellungen

Manche Einstellungen können im Fenster `Sys-`
`temeinstellungen` nur als Administrator root
verändert werden, z.B. der Anmeldebildschirm.

Der Dateimanager Dolphin
Der Dateimanager Dolphin kann über das K-Menü gestartet werden. In Dolphin werden abhängig
vom Benutzer Dateien angezeigt (**Bild 1**). Der Benutzer kann seine Dateien hier kopieren, verschieben, umbenennen und löschen.

> Ein Dateimanager ist ein Programm zum Anzei-
> gen und Bearbeiten von Dateien und Verzeich-
> nissen.

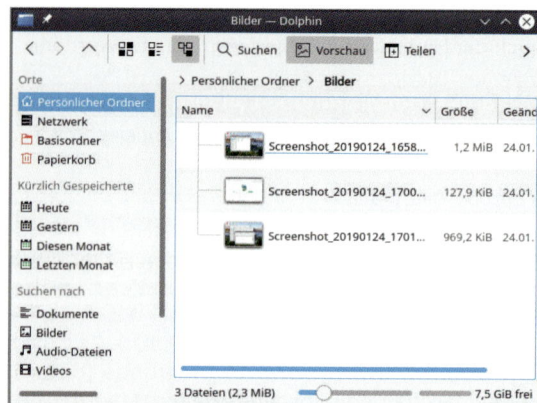

Bild 1: Dateimanager Dolphin

Auf der linken Seite des Fensters werden Orte aufgelistet, an denen sich die Dateien befinden können. Es werden z.B. alle Partitionen angezeigt und,
sofern vorhanden, ein USB-Stick, eine DVD oder
eine CD (Bild 1). Des weiteren ist der persönliche
Ordner vorhanden, der auf das home-Verzeichnis
zugreift und der Basisordner, der dem root-Verzeichnis entspricht. Im root-Verzeichnis können
Dateien aber nur mit entsprechender Berechtigung
verändert werden.

Dolphin bietet für manche Verzeichnisse und Dateiarten, z.B. Bild-Dateien, eine Vorschau an. Diese
wird direkt vor dem Dateinamen angezeigt. Die
Größe der Vorschaubilder ist mit dem Schieberег-
ler unten einstellbar.

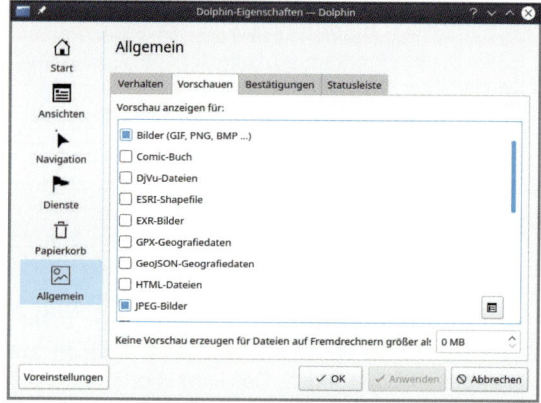

Bild 2: Fenster Dolphin-Eigenschaften

Über die Schaltflächen `Zurück`, `Vorwärts`,
`Nach oben` kann im Verzeichnisbaum navigiert
werden (Bild 1). Über die Schaltflächen `Symbol-`
`ansicht`, `Detailansicht` und `Kompakter`
`Anzeigemodus` wird die Ansicht der einzelnen
Verzeichnisse gesteuert.

Klickt man in der Symbolleiste auf Einstellungen
und dann auf die Zeile `Dolphin einrich-`
`ten…`, erscheint das Fenster Dolphin-Eigenschaften (**Bild 2**). Hier kann Dolphin nach den eigenen
Wünschen angepasst werden und z.B. eingestellt
werden, für welche Dateitypen eine Vorschau erscheint.

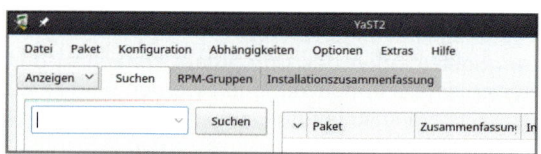

Bild 3: Fenster YaST2

Software installieren und deinstallieren
Software kann z.B. aus dem Internet heruntergeladen oder von einer DVD bzw. CD installiert werden. Dazu wird über das K-Menü in der Gruppe
System das Icon `Software installieren`
`oder löschen` gewählt. Zum Ausführen des
Programms müssen Systemverwalter-Rechte vorliegen. Ist man nicht als root angemeldet, erscheint
vor Starten des Programms ein Fenster, in dem
das root-Passwort eingegeben werden muss.

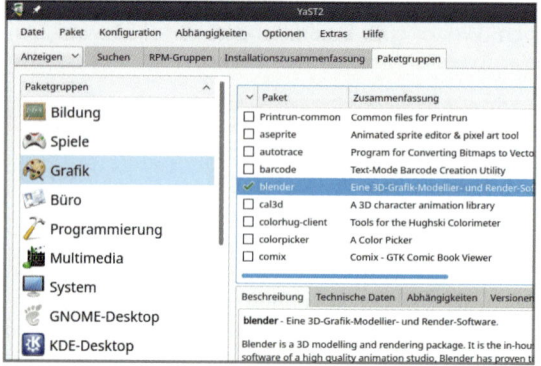

Bild 4: Paketgruppen in YaST2

Ist man als Systemverwalter angemeldet erscheint das Fenster YaST2 – Software installieren oder löschen (**Bild 3, vorhergehende Seite**). Wird die Schaltfläche `Anzeigen` gedrückt, können verschiedene Installationsdetails, z. B. die Repositorys oder alle Paketgruppen, aufgerufen werden. Wird `Paketgruppen` gewählt, erscheinen die einzelnen Programme geordnet nach Thema (**Bild 4, vorhergehende Seite**). Zu den rechts aufgelisteten Programmen erscheint ein Titel, eine Kurzbeschreibung und eine Versionsnummer. Unten wird eine ausführlichere Beschreibung angezeigt.

> **Übung 1: Modellierungssoftware**
>
> Fügen Sie die 3-dimensionale Modellierungssoftware blender hinzu.
>
> *Lösung:* **Bild 4, vorhergehende Seite**

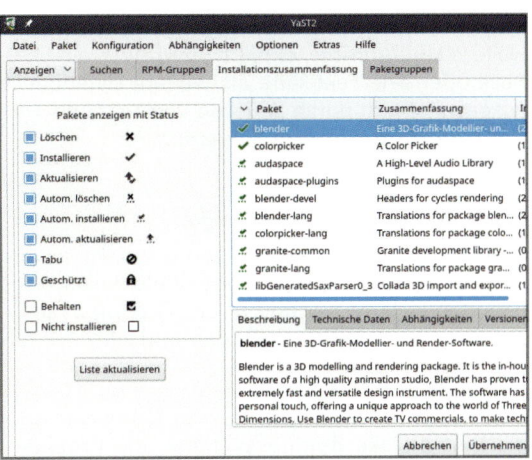

Bild 1: Installationsüberblick

Die Programmgruppe Grafik wird angeklickt und das Programm gesucht. Durch Anklicken des leeren Kästchens vor dem Programmnamen, wird angegeben, dass das Programm installiert werden soll. Ein grünes Häkchen erscheint.

Sind alle neu zu installierenden Programme ausgewählt, kann über den Karteireiter `Installationszusammenfassung` eine Zusammenfassung aufgelistet werden (**Bild 1**). Alle potenziellen Änderungen sind dokumentiert. Wird ein Programm gelöscht, so erscheint ein rotes Kreuz vor dem Programm. Zusatzkomponenten, die für ein zu installierendes Programm notwendig sind, werden automatisch mit eingebunden und sind im Installationsüberblick mit 3 Punkten unter dem grünen Häkchen versehen. Sollen alle aufgelisteten Programme installiert bzw. gelöscht werden, kann die Schaltfläche `übernehmen` gedrückt werden (Bild 1). Im erscheinenden Fenster wird die Auswahl nochmals mit `Fortfahren` bestätigt und die Installation beginnt (**Bild 2**). Die Programme werden herunter geladen und die Installation wird anschließend über `Beenden` beendet.

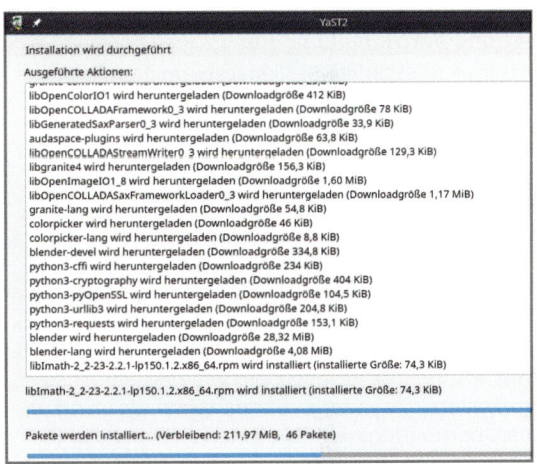

Bild 2: Installation

Um zu sehen, von welchen Orten die Programme heruntergeladen werden, wird im Menü `Konfiguration` der Eintrag `Repositorys…` gewählt. Neben der Installationsquelle wird auch die Versionsnummer angezeigt (**Bild 3**). Sollen weitere Installationsquellen hinzugefügt werden, so werden diese über die Schaltfläche `Hinzufügen` gewählt.

> **Übung 2: DVD als Informationsquelle**
>
> Fügen Sie eine DVD als Installationsquelle hinzu.
>
> *Lösung:* **Bild 3**

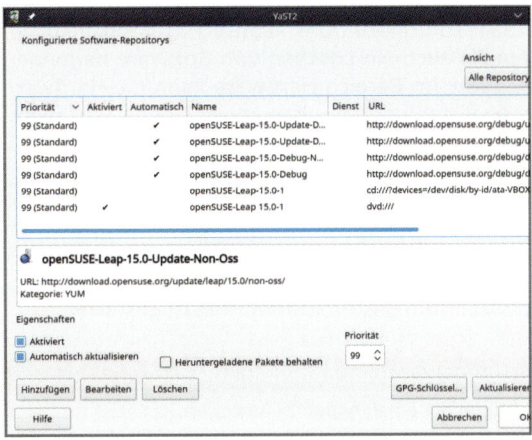

Bild 3: Konfigurierte Software-Repositorys

Über die Schaltfläche `Hinzufügen` kann z. B. eine weitere URL-Adresse, eine CD bzw. DVD, ein USB-Stick oder eine Festplatte als weitere Datenquelle ausgewählt und durch Drücken von `Weiter` und `Fortfahren` hinzugefügt werden.

Hardwareeinstellungen anzeigen

Um die Hardwareeinstellungen anzuzeigen, gibt es in Linux verschiedene Apps. Viele dieser Apps befinden sich im K-Menü in der Gruppe System. Zu den Apps gehören z.B. das Infozentrum, der Systemmonitor und YaST.

Im Infozentrum erhält man eine Übersicht über die Version des Betriebssystems, die Prozessoren und die Speicher (**Bild 1**). Im Bereich Speicher können hier weitere Informationen zu den vorhandenen Speichern abgerufen werden.

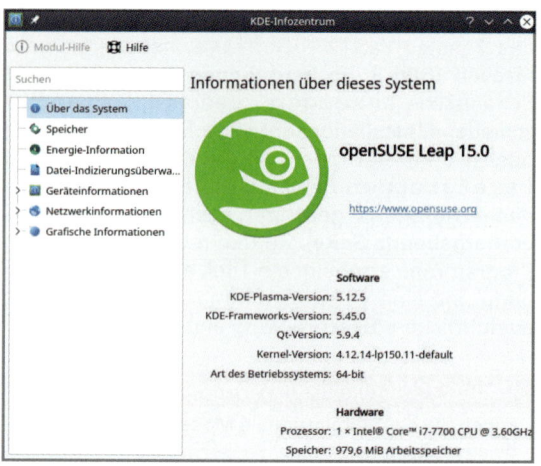

Bild 1: KDE-Infozentrum

Übung 1: Systemmonitor anzeigen

Lassen Sie sich die Systemauslastung grafisch anzeigen.

Lösung: **Bild 2**

Der Systemmonitor wird über den Eintrag `kSys-Guard` in der Gruppe `System` des K-Menüs gestartet. Um die Auslastung des Systems grafisch dargestellt zu bekommen, muss die Karteikarte `Systemlast` angeklickt werden (Bild 2). Die Grafik zeigt sowohl die CPU-Auslastung als auch die Auslastung des Arbeitsspeichers und der Auslagerungsdatei. Im unteren Bereich wird die vorhandene Übertragungsrate des Netzwerks angezeigt.

Das YaST-Kontrollzentrum wird in der Gruppe System des K-Menüs über den Eintrag `YaST` gestartet. Das Administratorpasswort wird abgefragt und das Fenster YaST-Kontrollzentrum erscheint. Im YaST-Kontrollzentrum kann sowohl ein Installieren als auch ein Löschen von Software begonnen werden. Im Bereich Hardware kann die Hardware aufgelistet werden, oder verschiedene Hardwarekomponenten konfiguriert werden. Im Bereich Sicherheit und Benutzer werden die vorhandenen Benutzer aufgelistet, aber auch neue Benutzer erstellt. Im Bereich Unterstützung kann z.B. Kontakt zum SUSE Support Center hergestellt werden. Oft wird durch Anklicken eines Eintrags im YaST-Kontrollzentrum das Programm YaST2 gestartet.

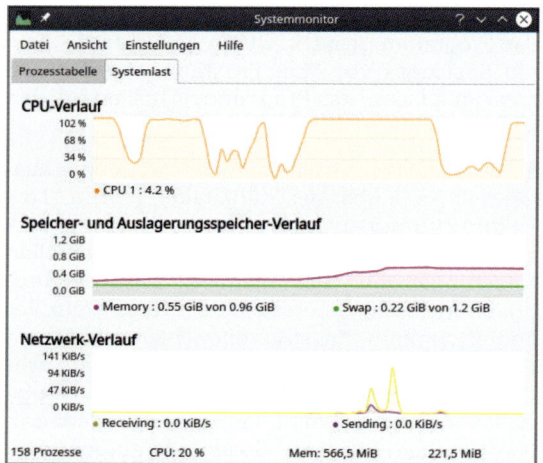

Bild 2: Systemmonitor

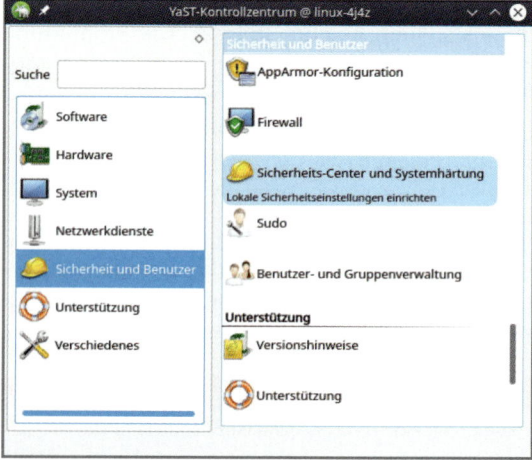

Übung 2: Neuen Benutzer anlegen

Legen Sie einen neuen Benutzer an.

Lösung: **Bild 4 und Bild 1, folgende Seite**

Bild 3: YaST-Kontrollzentrum

Um einen neuen Benutzer anzulegen wird im Bereich Sicherheit und Benutzer der Eintrag Benutzer- und Gruppenverwaltung gewählt (Bild 3, vorhergehende Seite). Im erscheinenden Fenster werden alle vorhandenen Benutzer aufgelistet **(Bild 1)**. Ein neuer Benutzer wird über einen Klick auf die Schaltfläche Hinzufügen angelegt. Im nächsten Fenster wird neben dem vollständigen Namen des Benutzers, der Benutzername und ein Passwort eingetragen **(Bild 2)**. In der Registerkarte Details kann die Benutzerkennung UID und das Home-Verzeichnis festgelegt werden. In der Karteikarte Passworteinstellungen ist es z.B. möglich, eine Passwortänderung zu erzwingen. Alle Eintragungen werden mit OK bestätigt und der neue Benutzer erscheint in der Liste.

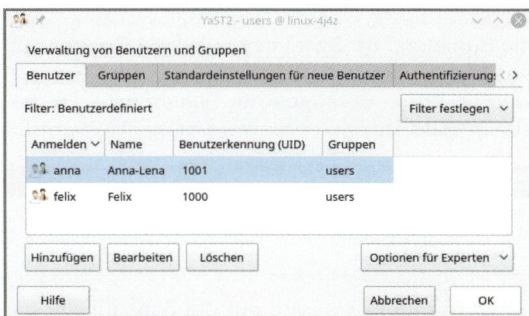

Bild 1: Verwalten von Benutzern und Gruppen

5.4.7 Büroprogramme von LibreOffice

Um die Bürogramme von LibreOffice zu starten, wird auf dem Desktop das Büro-Symbol doppelt geklickt oder im K-Menü in der Gruppe Büroprogramme LibreOffice gewählt. Im erscheinenden Fenster kann eines der Büroprogramme ausgewählt werden **(Bild 3)**. Programme zum Schreiben von Text, zum Erstellen und Berechnen von Tabellen, zum Präsentieren, zum Zeichnen von Objekten, ein Datenbank-Tool und ein Formeleditor sind vorhanden.

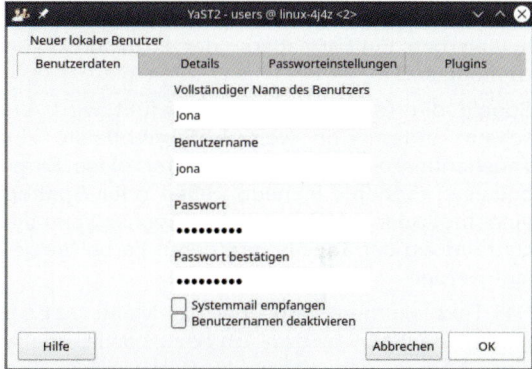

Bild 2: Neuer lokaler Benutzer

LibreOffice Writer

LibreOffice Writer wird durch Klick auf Writer Textdokument gestartet (Bild 3).

> **Übung 1: Text erstellen**
>
> Erstellen Sie einen Text und formatieren Sie ihn.
>
> *Lösung:* **Bild 4**

Um einen Text zu formatieren, muss dieser markiert sein. Die Schriftart, die Schriftfarbe, die Schriftgröße und die Textausrichtung kann über die Symbolleiste eingestellt werden (Bild 4).

> **Übung 2: Papierformat und Seitenränder**
>
> Stellen Sie das Papierformat und die Seitenränder des Dokuments ein.
>
> *Lösung:* **Bild 1, folgende Seite**

Das Papierformat und die Seitenränder des Dokuments werden über das Menü Format eingestellt (Bild 4). Dazu wird der Menüeintrag Seite... gewählt. In der Registerkarte Seite werden sowohl das Papierformat als auch die Seitenränder angezeigt (Bild 1). In der Registerkarte Hintergrund kann ein Hintergrund hinter den Satzspiegel

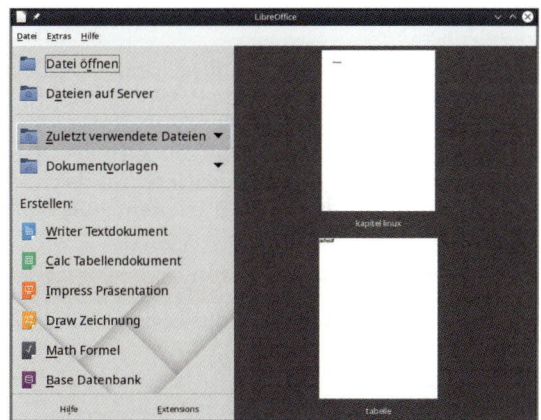

Bild 3: Startbildschirm LibreOffice

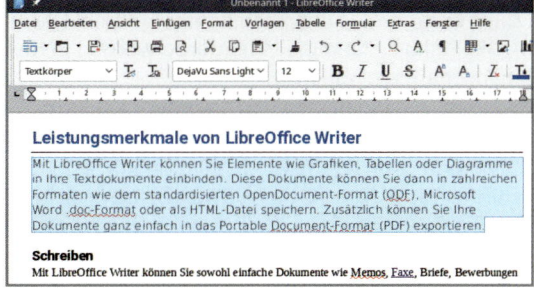

Bild 4: Schrift formatieren

(beschreibbare Fläche) eingefügt werden. Über die Registerkarte `Spalten` wird die Spaltenzahl und deren Breite festgelegt. Alle Einstellungen werden durch Betätigen der Schaltfläche OK bestätigt **(Bild 1)**.

Übung 1: Tabelle einfügen

Fügen Sie eine Tabelle in Ihr Text-Dokument ein.

Lösung: **Bild 2**

In der Symbolleiste wird auf die Schaltfläche der Tabelle gedrückt und mit gedrückter linker Maustaste die Größe der Tabelle markiert. Die Tabelle erscheint im Textdokument und kann mit Inhalt gefüllt werden. Ein Formatieren der einzelnen Zellen ist möglich.

Sobald die Tabelle mit Inhalt gefüllt wird, erscheint unten eine weitere Symbolleiste zur Tabellenbearbeitung (Bild 2). Über diese Symbolleiste können z.B. neue Zeilen oder Spalten eingefügt oder gelöscht werden. Ebenso kann die Umrandung der Tabelle und deren Farbe festgelegt werden.

Das Textdokument wird über das Menü `Datei` gefolgt von `Speichern unter…` nach Eingabe eines Namens gespeichert. Als Dateiformate sind z.B. odt, docx und html möglich.

LibreOffice Draw

Mit dem Programm LibreOffice Draw werden Zeichnungen und 3D-Objekte, z.B. Würfel oder Kugeln, als Vektorgrafiken erstellt. Vektorgrafiken basieren auf Linien und Kurven und können ohne Qualitätsverluste vergrößert und verkleinert werden. Ein Export der Zeichnungen in ein pixelorientiertes Bildformat, z.B. jpg, png und eps, ist möglich.

Übung 2: 3D-Objekt zeichnen

Zeichnen Sie einen roten Kreis und wandeln Sie ihn in ein 3D-Objekt um.

Lösung: **Bild 3, Bild 4**

Um einen Kreis zu zeichnen, wird die Schaltfläche `Ellipse` gewählt und anschließend die linke Maus-Taste und die Umschalttaste gedrückt (Bild 3). Die Füllfarbe und die Linienfarbe werden in den Eigenschaften eingestellt.

Ein 3-dimensionaler Körper entsteht, wenn man auf dem Objekt das Kontextmenü mit der rechten Maustaste aufruft, `Umwandeln` wählt und anschließend in `3D-Rotationskörper` aufruft. Die Einstellungen des Rotationskörpers werden über den Eintrag `3D-Effekte` des Kontextmenüs verändert und mit Anklicken des Häkchens zugewiesen (Bild 4).

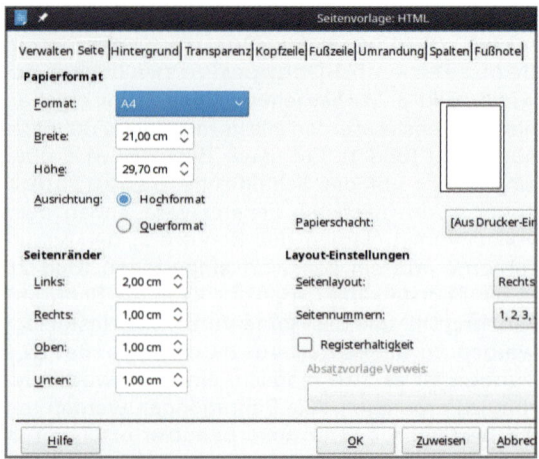

Bild 1: Seite einrichten

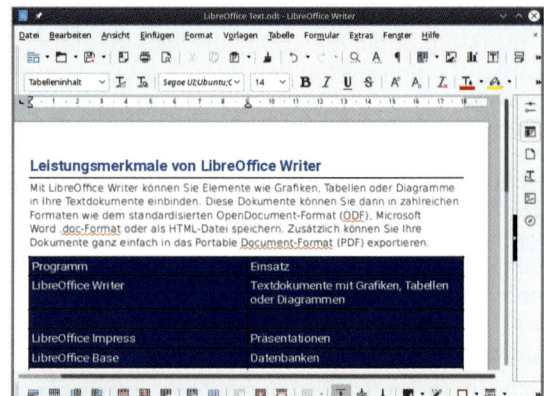

Bild 2: Tabelle einfügen

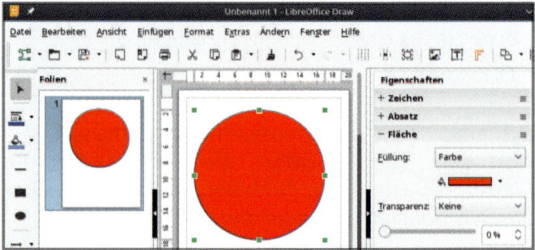

Bild 3: LibreOffice Draw

Bild 4: 3D-Objekt erstellen

LibreOffice Base

Um eine Datenbank zu erstellen, wird das Programm LibreOffice Base durch Anwahl von Datenbank im LibreOffice Startfenster aufgerufen. Im erscheinenden Fenster wird festgelegt, ob eine neue Datenbank erstellt wird oder eine bestehende Datenbankdatei geöffnet werden soll. Die Einstellungen werden durch Drücken der Schaltfläche Fertigstellen bestätigt. Im nächsten Fenster muss der Speicherort und der Dateiname angegeben werden. Die Datei wird durch Drücken der Schaltfläche Speichern im odb-Format gespeichert und die Programmoberfläche von LibreOffice Base erscheint **(Bild 1)**.

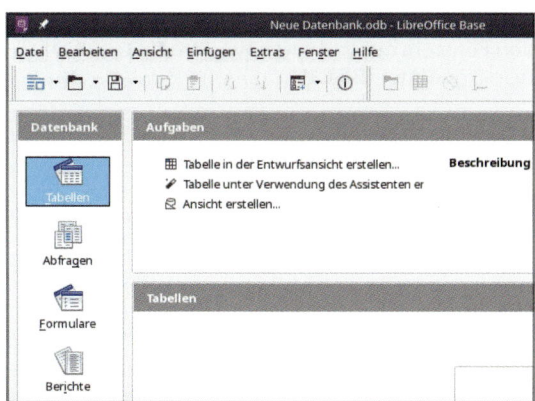

Bild 1: LibreOffice Base

Übung 1: Neue Datenbanktabelle erstellen

Erstellen Sie eine Tabelle der neuen Datenbank.

Lösung: **Bild 1, Bild 2**

Im Bereich Aufgaben wird Tabelle in der Entwurfsansicht erstellen... gewählt (Bild 1). In der Entwurfsansicht können nacheinander der Feldname, der Feldtyp und die Beschreibung der einzelnen Attribute eingegeben werden **(Bild 2)**. Um den Feldtyp einzugeben, kann der entsprechende Datentyp aus einer Liste ausgewählt werden. Die Liste erscheint beim Klicken in das betreffende Feld. Die Feldeigenschaften können im unteren Bereich der Entwurfsansicht verändert werden.

Übung 2: Primärschlüssel festlegen

Legen Sie den Primärschlüssel fest.

Lösung: **Bild 2**

Der Primärschlüssel wird in der linken grauen Spalte festgelegt. Dazu muss in der gewünschten Zeile das Kontextmenü aufgerufen und der Eintrag Primärschlüssel gewählt werden.
Wird die Entwurfsansicht geschlossen, erscheint eine Abfrage, ob die Änderungen gespeichert werden sollen. Wird dies bejaht, muss der Name der Tabelle eingegeben werden und die neue Tabelle erscheint im Bereich Tabellen des Programms (Bild 1).

5.4.8 Das Bildbearbeitungsprogramm GIMP

Das Programm GIMP wird über das K-Menü in der Gruppe Grafik gestartet **(Bild 3)**. Dieses Programm besteht aus drei voneinander unabhängig verschiebbaren Fenstern. Im ersten Fenster kann ein Bild geöffnet werden, das zweite Fenster beinhaltet den Werkzeugkasten, und im dritten Fenster werden z. B. die Ebenen verwaltet, das Protokoll angezeigt und Vorlagen für Pinsel gewählt.

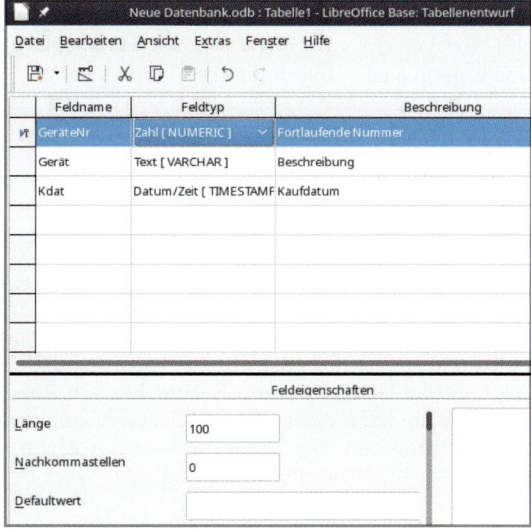

Bild 2: Entwurfsansicht

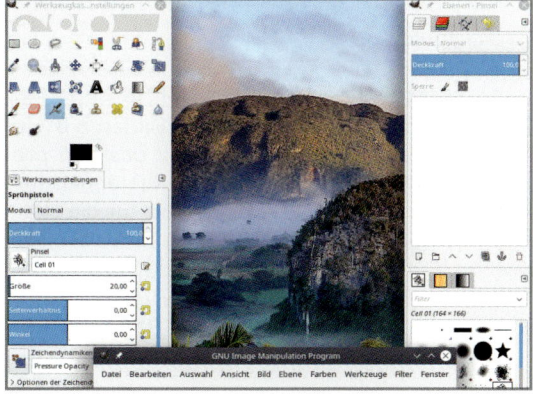

Bild 3: Arbeitsoberfläche von GIMP

> **!** **GIMP** von GNU Image Manipulation Program = professionelle Grafikverarbeitung
> **GNU** von **GN**U's not **U**nix, freies Betriebssystem

Ein Bild wird im Menü des GNU Image Manipulation Fensters durch Anwahl von `Datei` und `Öffnen…` geöffnet **(Bild 1)**.

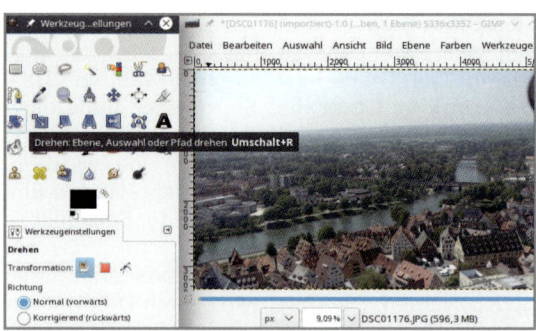

Bild 1: Bild in GIMP öffnen

Übung 1: Bild drehen

Drehen Sie das Bild im Uhrzeigersinn.

Lösung: **Bild 1, Bild 2, Bild 3**

Im Werkzeugkasten wird die Schaltfläche `Drehen` aktiviert oder in der Menüzeile im Menü `Werkzeuge` der Eintrag `Transformieren` und anschließend `Drehen` aufgerufen (Bild 1). Das Bild erhält einen Rahmen und kann mit gedrückter linker Maustaste in die gewünschte Position gedreht werden. Ist der Drehwinkel bekannt, kann dieser auch im sich öffnenden Fenster Drehen eingetragen werden (Bild 2). Durch Drücken der Schaltfläche `Rotieren` wird die Veränderung bestätigt. Das Ergebnis ist in Bild 3 sichtbar.

Übung 2: Bild zuschneiden

Schneiden Sie das Bild zu.

Lösung: **Bild 3**

Um das Bild zuzuschneiden, wird im Werkzeugkasten die Schaltfläche `Zuschneiden` oder über das Menü `Werkzeuge` die `Transformation` gefolgt von `Zuschneiden` gewählt. Ein Rechteck wird aufgezogen, dass das neue Format des Bildes zeigt. In den Quadraten und Rechtecken am Rand der Auswahl kann diese mit gedrückter Maustaste verändert werden. Die Auswahl wird mit `Enter` oder durch Klick mit der Maus in die Auswahl bestätigt.

Übung 3: Bildgröße skalieren

Ändern Sie die Bildgröße und verkleinern Sie das Bild.

Lösung: **Bild 4**

Im Menü `Bild` wird der Eintrag `Bild skalieren` gewählt und die Breite des Bildes z. B. auf 1900 Pixel verkleinert (Bild 4). Soll das Bild proportional verändert werden, muss die angezeigte Kette geschlossen sein und der Wert für die Höhe ändert sich entsprechend. Ist dies nicht der Fall, können Breite und Höhe unabhängig voneinander geändert werden, und das Bild wird verzerrt. Die Einstellungen werden durch Drücken auf `Skalieren` übernommen.

K   Kompetenzorientierung

1. **Welche Aufgaben hat das X-Window-System?**
2. **Nennen Sie Bestandteile der Kontrollleiste eines KDE-Desktops.**
3. **Erklären Sie den Begriff Distribution.**

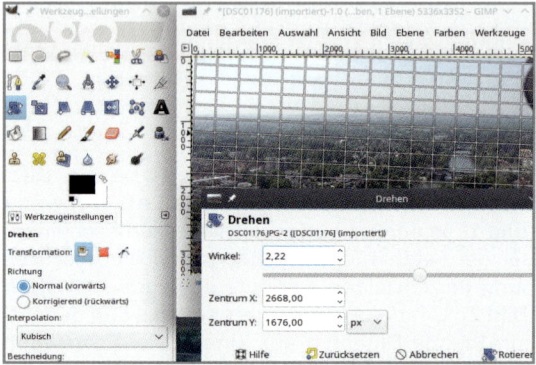

Bild 2: Bild in GIMP drehen

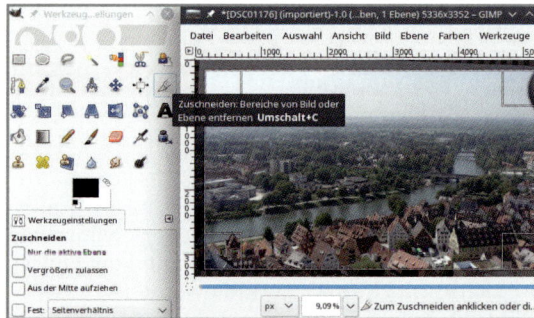

Bild 3: Bild in GIMP zuschneiden

Bild 4: Bild in GIMP skalieren

5.4.9 Unicode

Unicode ist ein Standard, der sämtliche Zeichen aller auf der Erde vorkommenden und vorgekommenen Schriften zusammenzufasst und jedem Zeichen eine Nummer zuweist (**Bild 1**). Jedem Zeichen ist ein eindeutiger Zahlenwert (code point) zwischen 0 und H10FFFF zugeordnet. Dies sind dezimal 1114111 Zeichen.

Der Zeichenvorrat ist in 17 Ebenen (planes) zu je 65536 Zeichen eingeteilt. Derzeit werden vier Ebenen benutzt (**Tabelle 1**). Aktuelle Schriftsysteme verwenden hauptsächlich Ebene 0. Seltene Zeichen und Bildschriftzeichen (Emojis) finden sich in Ebene 1. Ebene 3 und 4 enthalten Zeichen aus chinesischer, japanischer und koreanischer Herkunft.

Ebenen

Die erste Ebene (plane 0) enthält fast alle heute verwendeten Zeichen. Sie ist in Blöcke unterteilt, von denen jeder die Zeichen einer Schrift enthält. Lateinische Schriften und Symbole sind z.B. in den Blöcken 00 und 01 enthalten. Für die Darstellung z. B. in Word wird für die Auswahl eines Zeichens das Format U+0000 bis U+FFFF verwendet (**Bild 2**).

Schriftarten

Für die Blöcke 00 und 01 gibt es hunderte verschiedener Schriftarten (Fonts). Für jedes Zeichen eines Fonts gibt eine Glyphe (griech. Eingeritztes) die grafische Darstellung des Zeichens an.

Beispiel 1: Darstellung des Zeichens U+0041

Zeigen Sie die unterschiedliche Darstellung des Unicode-Zeichen U+0041 für die Schriftarten Arial, Cambria, Courier, Wingdings und Lucida Handwriting.

Lösung:

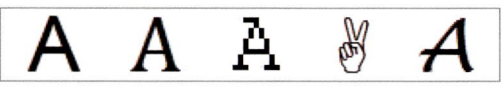

Aus historischen Gründen und bei knappem Speicherplatz werden auch Codierungen mit 2 Bytes oder einem Byte verwendet (**Tabelle 2**).

> ❗ **Unicode** des Unicode-Konsortiums ist in ISO 10646 als UCS von Universal Character Set = Universaler Zeichensatz genormt.
> **BMP** von Basic Multilingual Plane = Mehrsprachige Basis-Ebene,
> **SMP** von Supplementary Multilingual Plane = Ergänzende mehrsprachige Ebene
> **SIP** von Supplementary Ideographic Plane = Ergänzende Ebene für geschriebene Zeichen.
> **UTF** von Unicode Transmission Format = Unicode Übergabe-Format (**Tabelle 2**).

Tabelle 1: Unicode-Ebenen (planes)

Name	plane	Inhalt, Anwendung
BMP	0	Aktuelle Schriftsysteme, Satzzeichen, Symbole, Kontrollzeichen.
SMP	1	Aktuelle Schriftsysteme, Satzzeichen, Symbole, Kontrollzeichen.
SIP3+	2,3	Schriftzeichen CJK der Länder China, Japan, Korea.

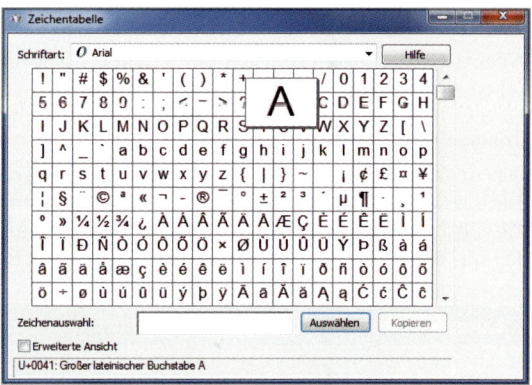

Bild 2: Zeichentabelle charmap.exe

Tabelle 2: Codierungsformen des Zeichenwertes

Codierung	Bytes, Erklärungen
UTF-32	4 Bytes, benötigt viel Speicherplatz.
UTF-16	2 Bytes, für Sonderzeichen 4 Bytes.
UTF-8	1 Bytes (ASCII) zusätzlich bis 4 Bytes.

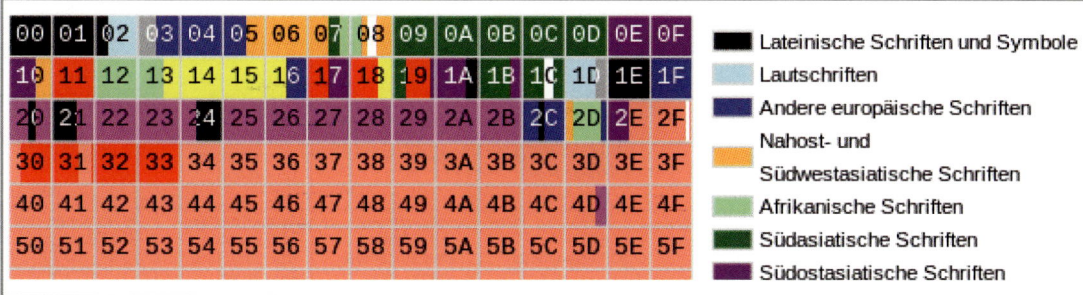

Bild 1: Auszug aus der Ebene 1

5.5 Anwendungssoftware

5.5.1 Office-Pakete

Office-Pakete enthalten Software für die unterschiedlichen Aufgaben, die in einem Büro anfallen.

Desktop-Programme. Es gibt eine große Anzahl von Anbietern für Office-Pakete mit unterschiedlichen Anwendungsprogrammen **(Tabelle 1)**.

MS-Office. Das Microsoft-Office muss käuflich erworben und lizenziert werden. Es enthält viele Anwendungen **(Tabelle 1)**.

Die folgenden Programme sind kostenfrei verwendbar.

Softmaker FreeOffice. Es enthält die Programme Textmaker für die Textverarbeitung, PlanMaker für die Tabellenkalkulation und Presentations für Präsentationen.

LibreOffice ist ab 2010 aus OpenOffice hervorgegangen und wurde unabhängig weiterentwickelt.

Weitere Office-Pakete sind z. B. WPS-Office, Calligra-Office mit teils speziellen Eigenschaften.

Online-Programme

Die Anwendungen werden als Browser-Anwendung zur Verfügung gestellt. Online-Programme sind auf allen Betriebssystemen ausführbar, da sie die Dateien in den Firmen-Clouds z. B.

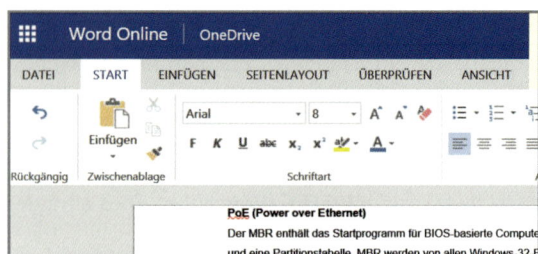

Bild 1: Startbildschirm WordOnline

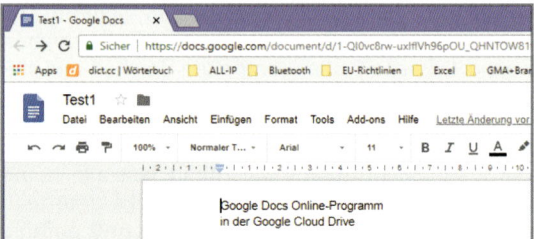

Bild 2: Startbildschirm von Google Docs

MS-OneDrive und Google Drive speichern. Meist haben sie auch Zugriff auf E-Mail-Clients.

In **MS Office Online** steht die Anwendung Word als WordOnline zur Verfügung **(Bild 1)**.

Google-Docs

wird über das Icon Google-Apps geöffnet **(Bild 2)**.

Tabelle 1: Desktop-Office-Pakete

Anbieter	Verfügbar für	Mobile Version für	Programme (Auswahl)	MS-Office-Dateiformate öffnen/speichern	Besonderheiten	Sprachen
Microsoft Office	Windows, Mac	Online-Office	Word, Excel, Sway, Power-point, Mail, OneNote, Calendar, Docs	Alle MS-Formate	Dokumente im Team bearbeitbar	Viele Sprachversionen verfügbar
OpenOffice	Windows, Linux, Mac OS X	nein	Writer, Base, Calc, Draw, Impress	.doc, .xls und .ppt öffnen/speichern; .docx, .xlsx und.pptx nur öffnen	keine	Sprachpakete für viele Sprachen verfügbar
LibreOffice	Windows, Linux, Mac OS X	Viewer für Android	Writer, Calc, Impress, Draw, Base, Math	Öffnen und speichern	Viele Updates verfügbar	Sprachpakete für viele Sprachen verfügbar
WPS Office Free	Windows und Linux	iOS und Android	Writer, Spreadsheet, Presentation	Öffnen und speichern	Eye Protection Mode, Night Mode	Englisch, Französisch, Deutsch, Spanisch, Polnisch, Russisch
Calligra Office	Windows, Mac OS X, FreeBSD und Linux	Ja	Words, Sheets, Stage, Plan, Kexi, Krita	Nur öffnen	Gutes Zeichenprogramm	26 Sprachen verfügbar
Softmaker FreeOffice, Ashampoo Office Free	Linux und Windows	Smartphone-, Tabletversion Android	Textmaker, PlanMaker, Presentations	.doc, .xls und .ppt öffnen und speichern; .docx, .xlsx und.pptx nur öffnen	Programm benötigt wenig Speicherplatz; Export als e.pub-Dateien	26 Sprachen verfügbar

Komponenten von Office-Paketen

Weit verbreitete Office-Pakete sind das Microsoft Office und LibreOffice der Document Foundation. Microsoft Office und LibreOffice werden meist direkt aus dem Internet heruntergeladen und installiert. Je nach Office-Paket werden für die Textverarbeitung Word oder Writer, für die Tabellenkalkulation Excel oder Calc, für Datenbanken Access oder Base und für die Präsentation PowerPoint oder Impress verwendet (**Bild 1** und **Bild 2**).

Terminplanungen, Aufgabenverwaltungen und der Informationsaustausch können z. B. mit Outlook erfolgen.

> Office-Pakete bestehen aus einer Sammlung häufig genutzter Programme.

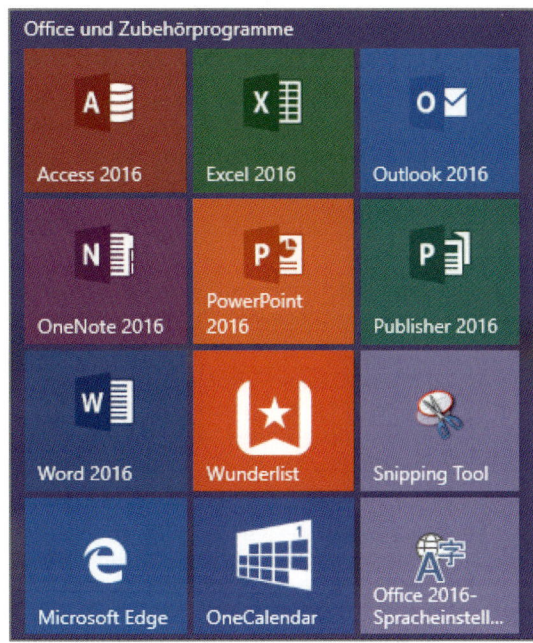

Bild 1: MS-Office-Programme im Start-Menü

Windows

Vom Desktop gelangt man durch Anklicken des Startbuttons zum Startmenü. Installierte Office-Programme kann man in der App-Liste durch Scrollen suchen. Meist zieht man die Apps von dort mit der Maus in den Kachelbereich und klickt z.B. die Word-Kachel an (Bild 1).

Für häufig benutzte Menüpunkte verwendet man die Schnellstartleiste.

Bild 2: Neue Schnellstartleiste

> **Übung 1: Schnellstartleiste ergänzen**
>
> Ergänzen Sie die Schnellstartleiste um die Schaltflächen für Schnelldruck, Datei öffnen und Seitenansicht.
>
> *Lösung:* **Bild 2**

Das Auswahlmenü wird mit ⨜ geöffnet. Dann klickt man die gewünschten Aufgaben an. In der Schnellstartleiste wird die entsprechende Schaltfläche angezeigt (Bild 2).

LibreOffice

Nach dem Start erscheint der Startbildschirm von LibreOffice **(Bild 3)**. Hier wählt man die gewünschte Anwendung im Bereich Erstellen, z.B. Writer Textdokument.

Allen Office-Anwendungen gemeinsam ist die Schaltfläche Datei. Hier findet man z.B. Menüpunkte für Neu, Öffnen, Speichern, Schließen, Informationen, Zuletzt verwendet und Drucken.

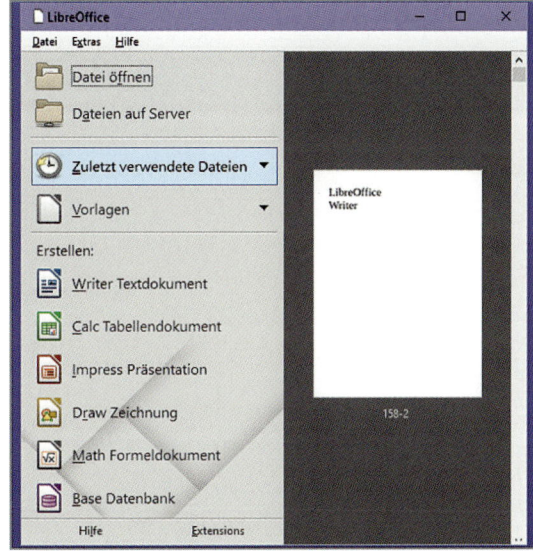

Bild 3: LibreOffice-Programme

5.5.2 Textverarbeitung

5.5.2.1 Textverarbeitung mit Word

Textverarbeitungsprogramme werden für das Eingeben, Verarbeiten, Ausgeben und Verwalten von Schriftstücken verwendet. Schriftstücke sind z. B. Dokumente, Niederschriften, Akten, Bescheinigungen, Briefe, Skripte.

Starten von Word

Im Startmenü (Bild 1, vorhergehende Seite) wählt man im Microsoft Office die Zeile Microsoft Word an.

Das Arbeiten mit Dateien erfolgt über den Reiter Datei. Im Menü ist z. B. auch das Add-In Als Adobe PDF speichern des Adobe-Programms Acrobat zu sehen **(Bild 1)**.

Für das Anlegen eines Dokumentes wählt man die Zeile Neu an. Es öffnet sich das Startfenster **(Bild 2)**. Nach Wahl einer entsprechenden Formatvorlage kann der Text im Arbeitsbereich eingegeben werden.

Rechtschreibfehler werden durch eine rote Wellenlinie gekennzeichnet **(Bild 3)**.

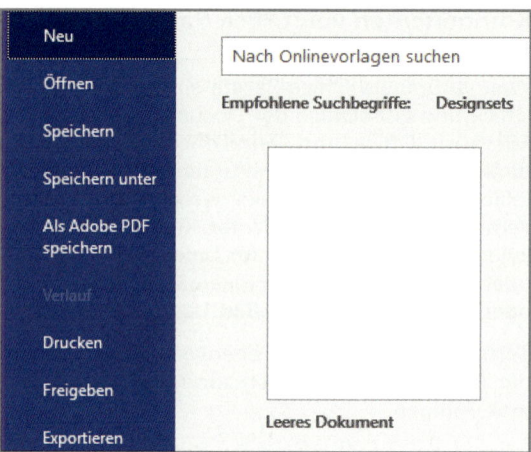

Bild 1: Ausschnitt aus dem Menü Datei

Übung 1: Eingabe-Tippfehler korrigieren

Korrigieren Sie den Eingabe-Tippfehler „weden".

Lösung: **Bild 3**

Die Rechtschreibkorrektur wird über den Reiter Überprüfen im Feld Rechtschreibung eingeschaltet. Im Fenster Rechtschreibung kann man z. B. Fachbegriffe dem Wörterbuch hinzufügen oder aus der Vorschlagsliste das passende Wort wählen.

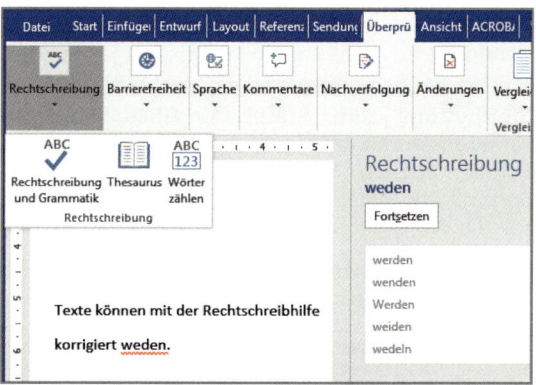

Bild 3: Arbeitsfenster mit Schreibfehler

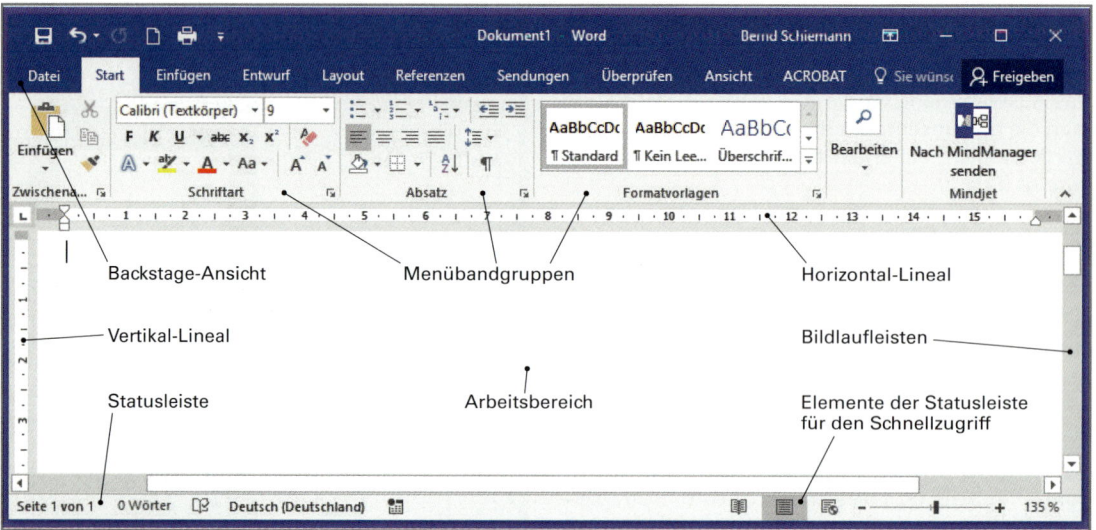

- Backstage-Ansicht
- Menübandgruppen
- Horizontal-Lineal
- Vertikal-Lineal
- Bildlaufleisten
- Statusleiste
- Arbeitsbereich
- Elemente der Statusleiste für den Schnellzugriff

Bild 2: Startfenster mit Arbeitsbereich

Geschäftsbrief erstellen

Es soll ein Antwortbrief auf eine Kundenanfrage nach Telefon-Anlagen geschrieben werden **(Bild 1)**.

1. Schritt: Seitenlayout einrichten

Im Menü Layout in der Gruppe Seite einrichten werden über die Schaltfläche Ausrichtung das Hochformat und über die Schaltfläche Größe die Blattgröße A4 eingestellt. Die Seitenränder stellt man über die Schaltfläche Seitenränder ein.

2. Schritt: Briefkopf erstellen

Über das Menü Einfügen gelangt man zur Gruppe Kopf- und Fußzeile. Im Auswahlmenü Kopfzeile klickt man auf Kopfzeile bearbeiten. Word wechselt in das Menü Entwurf und zeigt die Bereiche für die Bearbeitung der Kopfzeile und auch der Fußzeile an **(Bild 2)**.

3. Schritt: Kopfzeile bearbeiten

Im Kopfzeilenbereich fügt man z. B. ein Textfeld über das Menü Einfügen, Gruppe Text ein. Nun gibt man den Firmennamen entsprechend Bild 1 ein und stellt im Menü Start in der Gruppe Schriftart die Schriftart, Farbe und Schriftgröße ein.

4. Schritt: Fußzeile bearbeiten

Durch einen Klick auf Zu Fußzeile wechseln in der Gruppe Navigation gelangt man zur Fußzeile oder durch Klicken in den Fußzeilenbereich. Nach Eingabe des Textes wechselt man durch Doppelklick in den Textbereich. Kopf- und Fußzeilen werden nun mit weniger Farbsättigung angezeigt.

5. Schritt: Ortsangabe und Datumsfeld

Im Text soll nach dem Eintrag der Ortsangabe im Text, z. B. Ulm, das aktuelle Datum eingefügt werden.

Übung 1: Datum einfügen

Fügen Sie nach Ulm das aktuelle Datum im Format von Bild 1 ein.

Lösung: **Bild 3**

Datum und Uhrzeit findet man in der Gruppe Text im Menü Einfügen. Durch Anklicken wird das gewünschte Format in den Brieftext übernommen.

> **!** DIN 5008 regelt die Gestaltung von Geschäftsbriefen.

Bild 1: Vorlage Geschäftsbrief

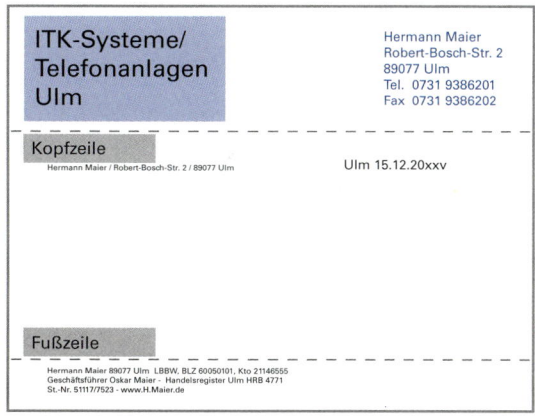

Bild 2: Kopfzeilen und Fußzeilen

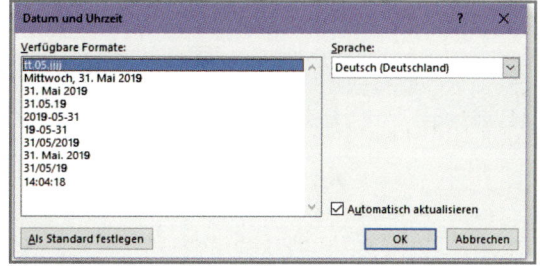

Bild 3: Fenster, Datum und Zeit

6. Schritt: Anschriftenfeld bearbeiten

Für das Anschriftenfeld wird ein Textfeld verwendet. Textfelder findet man im Menü Einfügen in der Gruppe Text (**Bild 1**).

Übung 1: Adressfeld erstellen

Erstellen Sie für die Adresse ein Textfeld mit Absenderangabe oben.

Lösung: **Bild 2**

Das Textfeld wird durch Ändern der Größe und Verschieben so angeordnet, dass die Anschrift in einem Fensterbriefumschlag an der gewünschten Stelle und Größe zu sehen ist (siehe TabIGSA).

Bild 2: Textfeld für die Anschrift

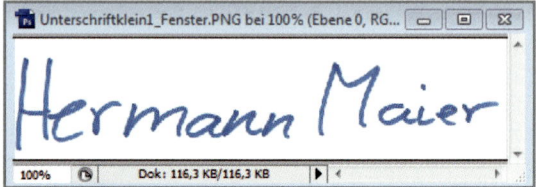

Bild 3: Eingescannte Unterschrift

7. Schritt: Briefunterschrift einfügen

Mit einem Scanner erstellt man z. B. eine Unterschriftsdatei im PNG-Format (**Bild 3**). Anschließend wird über die Schaltfläche Bilder in der Gruppe Illustrationen im Menü Einfügen die Unterschrift eingefügt. Unterschriftendateien sind besonders zu sichern.

8. Schritt: Text eingeben

Nun wird der Text entsprechend Vorlage eingegeben.

9. Schritt: Text speichern

Durch Anklicken des Diskettensymbols in der Schnellstartleiste öffnet sich bei erstmaligem Speichern ein Fenster, in dem der Dateiname eingegeben wird. Auch Laufwerk und Verzeichnis können hier gewählt werden. Bei wiederholtem Speichern erscheint dies Fenster nicht mehr. Speichern kann man auch über das Menü Datei.

10. Schritt: Seitenvorschau und Drucken

Im Menü Datei wird in der Informationsleiste die Zeile Drucken gewählt (**Bild 4**). In der rechten Fensterhälfte wird die Seite angezeigt. Im mittleren Bereich des Fensters können die Druckeinstellungen vorgenommen werden.

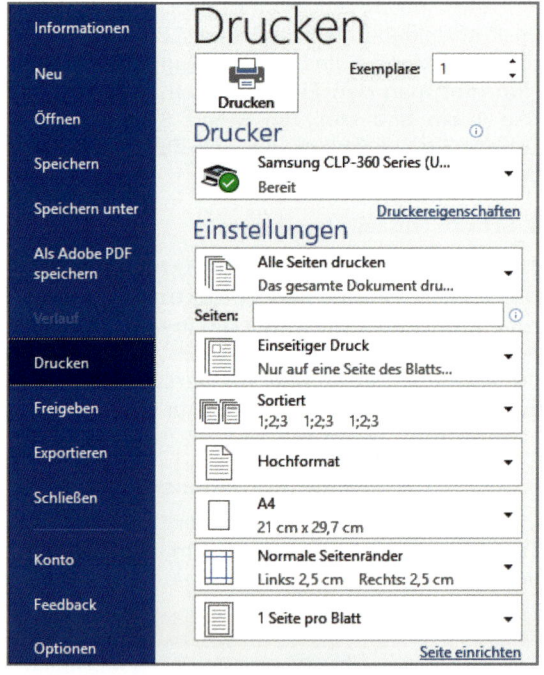

Bild 4: Menü Datei ohne Vorschaubild

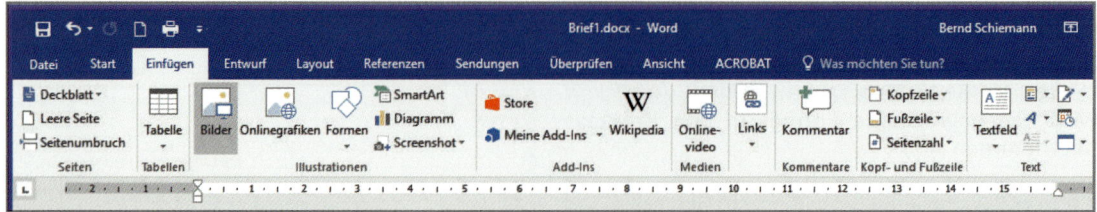

Bild 1: Ausschnitt aus dem Menü Einfügen

5.5.2.2 Textverarbeitung mit LibreOffice-Writer

Das Textverarbeitungsprogramm Writer ist Teil des Office-Paketes LibreOffice **(Bild 1)**. Nach Anwahl von LibreOffice erscheint ein Auswahlfenster mit den möglichen Anwendungen. Hier das Icon `Textdokument` anklicken. Es öffnet sich das Startfenster des Programms Writer **(Bild 2)**. Zum Startfenster gelangt man auch über das Windows-Startmenü (Kapitel 5.2.2.1). In der Menüleiste findet man die Textverarbeitungsfunktionen (Bild 2). In der zweiten Zeile sind die Standardsymbole zu finden. Darunter ist die Symbolleiste für Formatierungen angeordnet. Die Statusleiste am unteren Fensterrand zeigt z. B. Seitenzahl, eingestellte Sprache und einen Schieberegler zum Zoomen des Dokumentes.

Arbeitsblatt für ein Projekt erstellen

Für das Projekt Schaltnetzteil soll ein Arbeitsblatt erstellt werden **(Bild 3)**.

1. Schritt: Seitenlayout einrichten ①

Im Menü Format die Zeile `Seite...` anklicken und im Fenster `Seitenvorlage` das Auswahlmenü `Seite` mit dem Reiter `Seite` wählen. Das Papierformat auf A4, die Ausrichtung auf Hochformat und die Seitenränder einstellen.

2. Schritt: Kopfzeile erstellen ②

Im Fenster `Seitenvorlage` wird im Auswahlmenü `Kopfzeile` ✔ `Kopfzeile einschalten` angeklickt. Weiter kann die Höhe der Kopfzeile z. B. auf 2,5 cm Höhe eingestellt und über die Schaltfläche `Zusätze` eine Umrandung mit einer Linie eingestellt werden. Für den Text wählt man z. B. die Schriftart AHORANI in 18 pt.

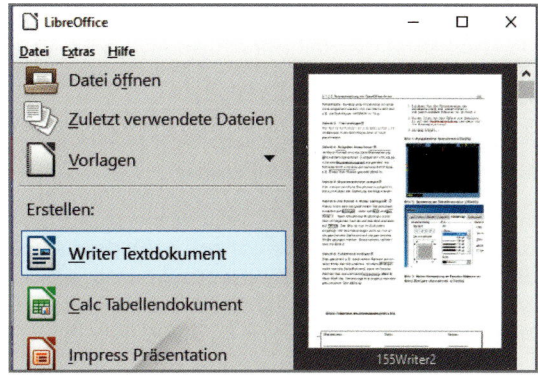

Bild 1: Auswahlfenster für LibreOffice-Anwendungen

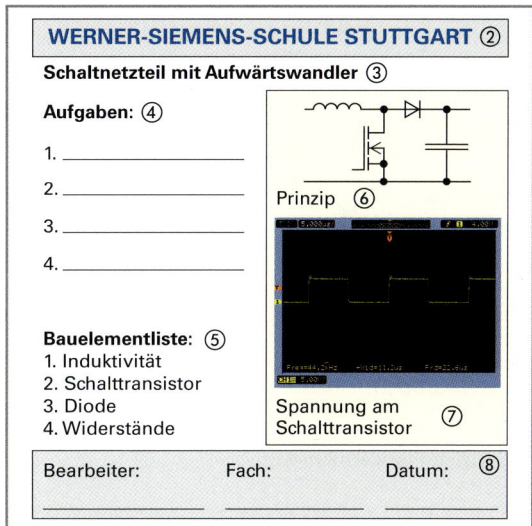

Bild 3: Vorlage für ein Arbeitsblatt

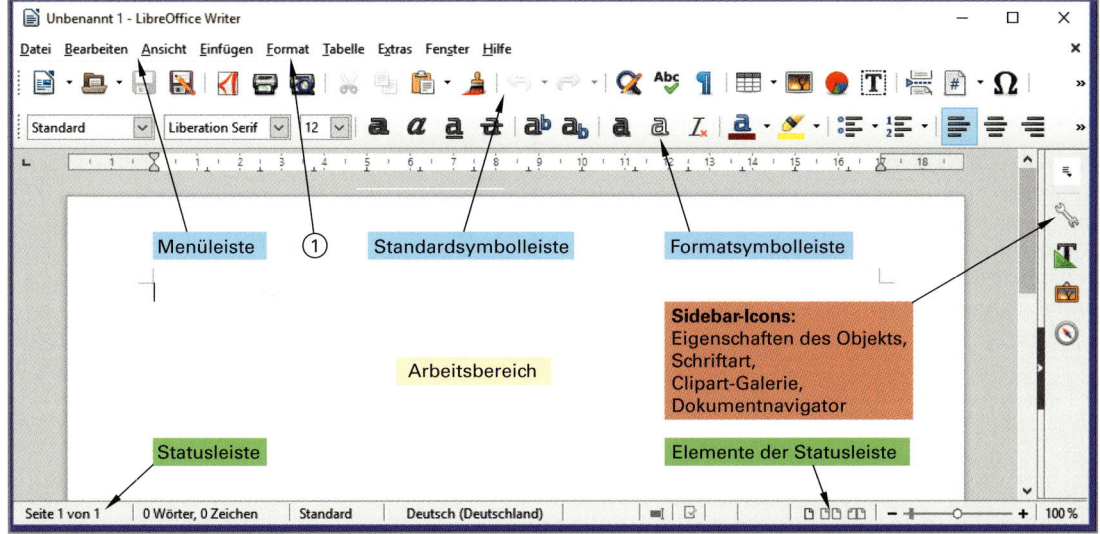

Bild 2: Startfenster des LibreOffice-Writers mit Arbeitsbereich

3. Schritt: Titel einfügen ③

Der Text Schaltnetzteil mit Aufwärtswandler wird im Beispiel in der Schriftart Arial in 14 pt geschrieben (Bild 3, vorhergehende Seite).

4. Schritt: Aufgaben formulieren ④

Im Menü Format wird die Zeile Nummerierung und Aufzählungszeichen… angeklickt und die gewünschte Nummerierungsart ausgewählt, z. B. 1, 2, 3 **(Bild 1)**. Als Schreibschrift wird eine gut lesbare Schriftart, z. B. Calibri gewählt.

5. Schritt: Bauelementeliste anlegen ⑤

Hier werden sämtliche Bauelemente aufgeführt, die zum Aufbau der Schaltung benötigt werden.

6. Schritt und 7. Schritt: Bilder einfügen ⑥, ⑦

Hierzu klickt man bei geöffnetem Textdokument zunächst auf Einfügen, dann auf Bild und Aus Datei…. Nach Anwahl des Bildordners klickt man im folgenden Fenster auf das Bild und dann auf Öffnen. Das Bild ist nun im Dokument eingefügt. Mit dem Mauszeiger kann es an die gewünschte Stelle und auf die gewünschte Größe gezogen werden **(Bild 2)**.

8. Schritt: Fußbereich einfügen ⑧

Dies geschieht z. B. durch einen Rahmen am unteren Ende des Dokumentes. Im Menü Einfügen wählt man die Zeile Rahmen, dann im Fenster Rahmen das Auswahlmenü Umrandung **(Bild 3)**. Nach Wahl der Umrandungslinie ergänzt man den gewünschten Text **(Bild 4)**.

Überlegungen zu einem Lösungsblatt

Für eine saubere Darstellung der Lösungen der Aufgaben 1 bis 4 empfiehlt es sich, das Arbeitsblatt mit Speichern unter mit dem Dateinamen XXLoes abzuspeichern. Der Platz für die einzelnen Teilaufgaben 1 bis 4 muss entsprechend Lösungsumfang eingeteilt werden.

---

1. Erklären Sie die Wirkungsweise der Reihenschaltung aus Induktivität L und geschlossenem Schalter S1 in Bild 1.
2. Welche Folge hat das Öffnen des Schalters S1 auf die Kondensatorladung und damit auf die Ausgangsspannung?
3. Weitere Fragen…

Bild 1: Aufgabentext formulieren

Bild 2: Spannung am Schalttransistor

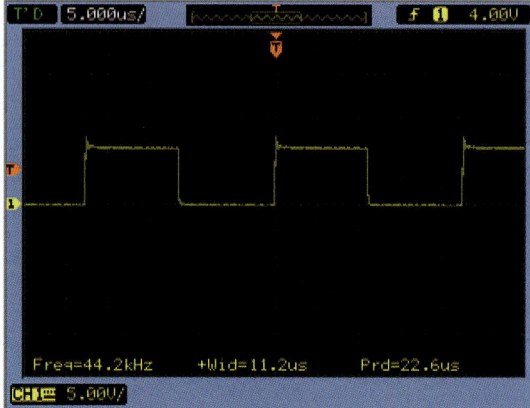

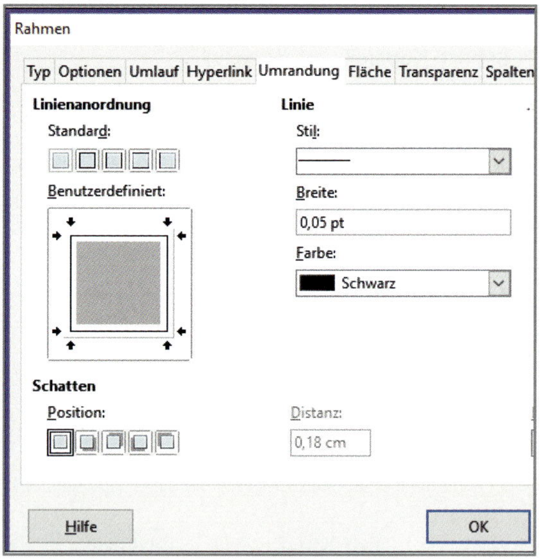

Bild 3: Reiter Umrandung im Fenster Rahmen im Menü Einfügen (Ausschnitt)

Bearbeiter:	Fach:	Datum:
_____	_____	_____

Bild 4: Fußbereich des Arbeitsblattes

5.5.3 Tabellenkalkulation

5.5.3.1 Tabellenkalkulation mit EXCEL

Das Tabellenkalkulationsprogramm EXCEL ist Bestandteil des Offices-Paketes für Windows. Mit ihm können z. B. Kostenpläne erstellt werden, statistische Auswertungen vorgenommen werden, Daten in Tabellen sortiert und gefiltert werden, Berechnungen mit mathematischen Formeln oder Funktionen durchgeführt werden. Die Auswertung der erfassten oder berechneten Daten kann optisch aufbereitet werden, z. B. in einem Diagramm. Tabellen und Diagramme können ausgedruckt oder in ein anderes Programm, z. B. zur Weiterverwendung, als Grafik eingefügt werden.

Übung 1: EXCEL starten

Starten Sie EXCEL durch einen Doppelklick mit der Maus auf das Icon EXCEL auf dem Desktop.

Lösung: **Bild 1**, ohne Tabelleneinträge

Tabelleneinträge

Um einen Eintrag in eine Zelle der Tabelle vorzunehmen, wird die Zelle mit der Maus markiert. In der Bearbeitungsleiste wird die Zellenbezeichnung, z. B. C3 für Spalte C und Zeile 3, angezeigt. Ein Eintrag, z. B. Jan für Januar, wird aus der Bearbeitungszeile in die Zelle übernommen. Ein Tabelleneintrag wird abgeschlossen, indem man entweder mit der Maus eine andere Zelle anklickt, die Return-Taste betätigt oder mit einer der Pfeiltasten der Tastatur eine benachbarte Zelle markiert.

Übung 2: Text einfügen

Der Umsatz des 1. Halbjahres einer Computerfirma soll ausgewertet werden. Tragen Sie den Text der Zeile 1 und der Spalten A und B aus Bild 1 in eine EXCEL-Tabelle ein.

Lösung: **Bild 1**

Durch Bewegen der Maus auf die Markierungen zwischen den Spaltenbuchstaben und Ziehen der Markierung mit gedrückter Maustaste können die Breiten der Spalten verändert werden. Auf gleiche Weise ändert man die Höhen der Zeilen. Der eingegebene Text wird von EXCEL automatisch linksbündig ausgerichtet und kann wie unter WORD formatiert werden.

Zur Eingabe der Monate wird „Jan" in die Zelle C3 eingegeben, dann wird mit der Maus auf die rechte untere Markierung des Rahmens geklickt und mit gedrückter Maustaste der Rahmen nach rechts vergrößert. EXCEL fügt automatisch die Folgemonate ein.

Übung 3: Monate eintragen

Tragen Sie wie beschrieben die Monate in die Tabelle ein und richten Sie diese mittig aus. Tragen Sie anschließend für die Monate die Monatsumsätze jedes Mitarbeiters ohne Punkt und Währung ein.

Lösung: **Bild 1, folgende Seite**

EXCEL erkennt Zahlen automatisch und richtet sie rechtsbündig aus.

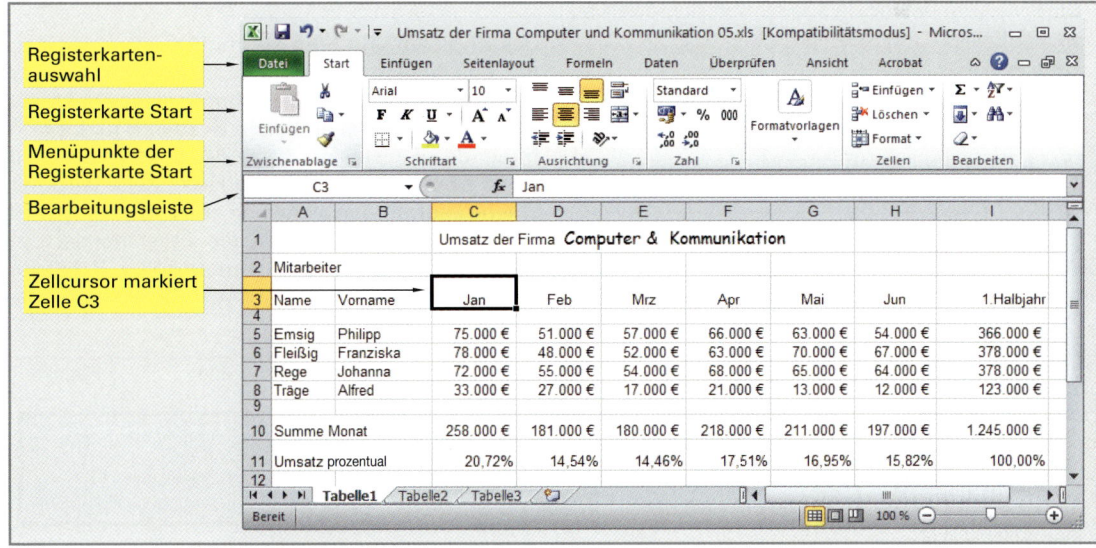

Bild 1: Elemente des EXCEL-Fensters

Zellenformatierung

Die eingegebenen Umsätze sind im Währungsformat EURO anzuzeigen. Durch Klicken auf die Zelle C5 und durch Ziehen mit gedrückter Maustaste zur Zelle I8 wird der Tabellenbereich C5:I8 markiert **(Bild 1)**. Durch Klicken in der Registerkarte `Start` im Menü `Format` auf `Zellen` und `Format` öffnet sich das Fenster `Zellen formatieren` **(Bild 2)**.

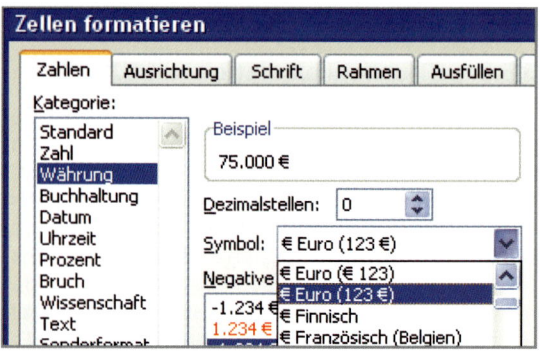

Bild 2: Zellenformatierung

Übung 1: Zahlen formatieren

Wählen Sie im Fenster `Zellen formatieren →` `Zahlen` unter der Kategorie `Währung` das Symbol € EURO (123 €) ohne Dezimalstellen.

Lösung: **Bild 1** und **Bild 2**

Verwendung von Formeln

In der Tabellenspalte I (Bild 1, vorhergehende Seite) sind die Halbjahresumsätze jedes Mitarbeiters automatisch von EXCEL zu berechnen. Nachdem die Zelle I5 markiert ist, wird in der Registerkarte `Start` im Menü `Bearbeiten` das Icon `Autosumme`, Σ (griech. Großbuchstabe Sigma), angeklickt. EXCEL schlägt mit der Formel = `Summe(C5:H5)` automatisch die Summenbildung der nebenstehenden Zahlenreihe vor. Mit Betätigen der Eingabetaste wird die Summe gebildet. Um die anderen Zeilensummen zu bilden, klickt man mit der Maus auf die rechte untere Ecke der markierten Zelle I5 und zieht mit gedrückter Maustaste bis zur Zelle I8.

Übung 2: Summen bilden

Bilden Sie wie beschrieben die Halbjahresumsätze für die Mitarbeiter in den Zellen I5 bis I8.

Lösung: **Bild 3**

> Durch Ziehen mit gedrückter Maustaste können Formeln in EXCEL kopiert werden.

Die Umsätze der Computerfirma für jeden Monat sind in der Zeile `Summe Monat` darzustellen.

Apr	Mai	Jun	1.Halbjahr
66.000 €	63.000 €	54.000 €	366.000 €
63.000 €	70.000 €	67.000 €	378.000 €
68.000 €	65.000 €	64.000 €	378.000 €
21.000 €	13.000 €	12.000 €	123.000 €

Bild 3: Summenbildung durch Ziehen mit der Maus

	F	G	H	I
10	218.000 €	211.000 €	197.000 €	

Bild 4: Laufrahmenmarkierung

Übung 3: Formeln kopieren

Bilden Sie die Spaltensummen in den Zellen C10 bis H10.

Lösung: **Bild 1, vorhergehende Seite**

Das Kopieren von Formeln mit EXCEL kann auch mit den Maustasten ausgeführt werden. Mit der rechten Taste wird die Zelle markiert, welche die zu kopierende Formel enthält, z. B. Zelle H10. Im sich öffnenden Fenster wird mit der linken Taste auf `Kopieren` geklickt. Die markierte Zelle wird mit einem Laufrahmen versehen **(Bild 4)**. Dann wird mit der rechten Maustaste die Zelle markiert, in welche die Formel kopiert werden soll, z. B. I10. Im sich öffnenden Fenster wird mit der linken Maus-

3	Name	Vorname	Jan	Feb	Mrz	Apr	Mai	Jun	1.Halbjahr
4									
5	Emsig	Philipp	75.000 €	51.000 €	57.000 €	66.000 €	63.000 €	54.000 €	
6	Fleißig	Franziska	78.000 €	48.000 €	52.000 €	63.000 €	70.000 €	67.000 €	
7	Rege	Johanna	72.000 €	55.000 €	54.000 €	68.000 €	65.000 €	64.000 €	
8	Träge	Alfred	33.000 €	27.000 €	17.000 €	21.000 €	13.000 €	12.000 €	
9									

Bild 1: Markieren eines Tabellenbereiches

taste unter `Einfügeoptionen` das Formelsymbol f_x gewählt. In der Bearbeitungszeile von EXCEL erscheint jetzt die kopierte Formel SUMME(I5:I8).

Beim Kopieren der Summenformel durch Ziehen mit der Maus, z. B. von Zelle I5 nach Zelle I6, werden neue Summanden der Zeile 6 addiert. Es werden lediglich die Zellenbezüge von Zeile 5 nach Zeile 6 kopiert. Diese Art Zellen zu adressieren nennt man indirekte Adressierung.

> Der relative Zellbezug (indirekte Adressierung) erfolgt durch Angabe von Zeilennummer und Spaltenbuchstaben ohne weiteren Zusatz.

In der Tabellenzeile 11 werden die Umsätze bezogen auf den Halbjahresumsatz aus Zelle I10 in Prozent dargestellt. Die Prozentwerte sind auf 2 Stellen hinter dem Komma gerundet. Zunächst wird in der Registerkarte `Start` im Menü `Bearbeiten` auf den Pfeil ▼ neben dem Ikon Σ und anschließend auf `weitere Funktionen` geklickt. Es öffnet sich das Fenster `Funktion einfügen` (**Bild 1**). Mit der Funktion RUNDEN wird in Zelle C11 zunächst nur der Quotient 258 000/1 245 000 = 0,2072 eingetragen.

Übung 1: Umsätze berechnen

Markieren Sie die Zelle C11, wählen Sie unter der Funktionskategorie `Math. & Trigonom.` die Funktion RUNDEN und geben Sie nach Klicken auf den Button OK unter `Zahl` den Quotienten (`C10/$I$10`) und unter `Anzahl der Stellen` den Wert 4 ein.

Lösung: **Bild 2**

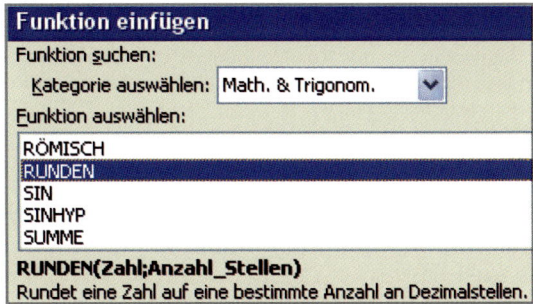
Bild 1: Fenster Funktion einfügen

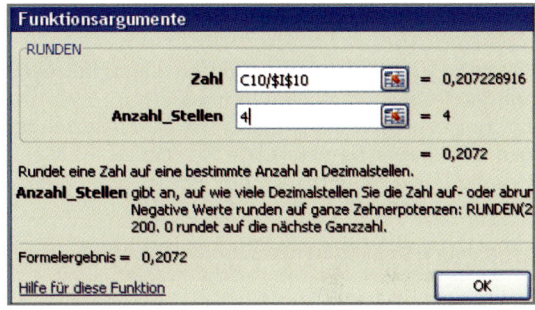
Bild 2: Funktion Runden

Anschließend wird die Funktion RUNDEN auf die Zellen D11 bis I11 kopiert. Die Dollarzeichen in der Adressangabe $I$10 bewirken, dass beim Kopieren bei der Quotientenbildung als Divisor immer der Halbjahresumsatz aus Zelle I10 verwendet wird. Die Zelle ist somit absolut, d. h. direkt, adressiert.

> Durch den Zusatz $ vor Spaltenangabe und vor Zeilenangabe werden Zellen direkt adressiert.

⊿	A	B	C	D	E	F	G	H	I
10	Summe Monat		258.000 €	181.000 €	180.000 €	218.000 €	211.000 €	197.000 €	1.245.000 €
11	Umsatz prozentual		20,72%	14,54%	14,46%	17,51%	16,95%	15,82%	100,00%

Bild 3: Prozentformatierung in Tabellenzeile 11

⊿	A	B	C	D	E	F	G	H	I
10	Summe Monat		258.000 €	181.000 €	180.000 €	218.000 €	211.000 €	197.000 €	1.245.000 €
11	Umsatz prozentual		20,72%	=RUNDEN((D10/$I$10);4)			16,95%	15,82%	100,00%

Bild 4: Formelbezeichnung der Zelle D11

⊿	A	B	C	D	E	F	G	H	I
10	Summe Monat		258.000 €	181.000 €	180.000 €	218.000 €	211.000 €	197.000 €	1.245.000 €
11	Umsatz prozentual		20,72%	14,54%	14,46%	17,51%	16,95%	15,82%	100,00%

Bild 5: Anzeige der Spuren von Vorgängerzellen zu den Zellen E11 und G11

Übung 1: Prozentformatierung

Markieren Sie den Tabellenbereich C11:I11 und klicken Sie in der Registerkarte Start im Menü Zahl auf das Prozentzeichen %.

Lösung: **Bild 3, vorhergehende Seite**

Formelbezüge darstellen

Übung 2: Formelbeziehung anzeigen

Markieren Sie die Zelle D11 durch einen Doppelklick mit der Maus.

Lösung: **Bild 4, vorhergehende Seite**

Dividend und Divisor sowie deren Herkunftszellen werden farblich verschieden markiert.
Zur geichzeitigen Darstellung mehrerer Beziehungen wird in der Registerkarte Formeln im Menü Formelüberwachung auf Spur zum Vorgänger geklickt.

Übung 3: Spuren anzeigen

Markieren Sie die Zelle E11 und G11 und zeigen Sie jeweils die Spuren von den Vorgängerzellen an.

Lösung: **Bild 4, vorhergehende Seite**

Diagramme erstellen

Um Diagramme zu erstellen, werden zunächst ausgesuchte Tabellenbereiche markiert und über das Icon Linie der Registerkarte Einfügen ein Diagrammtyp ausgewählt **(Bild 1)**.

Übung 4: Liniendiagramm erstellen

Markieren Sie den Tabellenbereich A3:H8 und stellen Sie Umsätze je Mitarbeiter in Abhängigkeit der Monate als Liniendiagramm dar.

Lösung: **Bild 2**

Die Legende kann in der Registerkarte Layout im Menü Beschriftungen mit Legende unter der Diagrammansicht platziert werden. Mit dem Icon Säule (Bild 1) werden 3D-Diagramme erzeugt.

Übung 5: Zylinderdiagramm erstellen

Verändern Sie das Diagramm aus Bild 2 in ein Zylinderdiagramm mit gruppierten Säulen.

Lösung: **Bild 3**

Diagrammveränderungen werden in der Registerkarte Layout im Menü Hintergrund z. B. mit Diagrammwand oder 3D-Drehung vorgenommen.

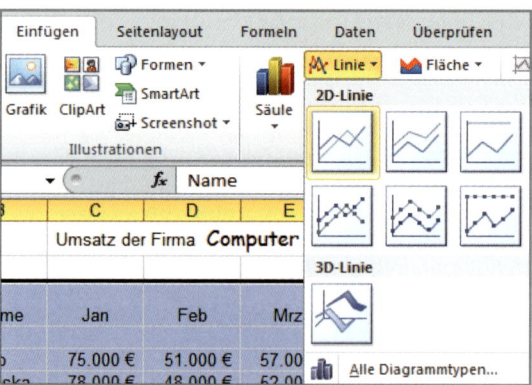

Bild 1: Diagrammauswahl

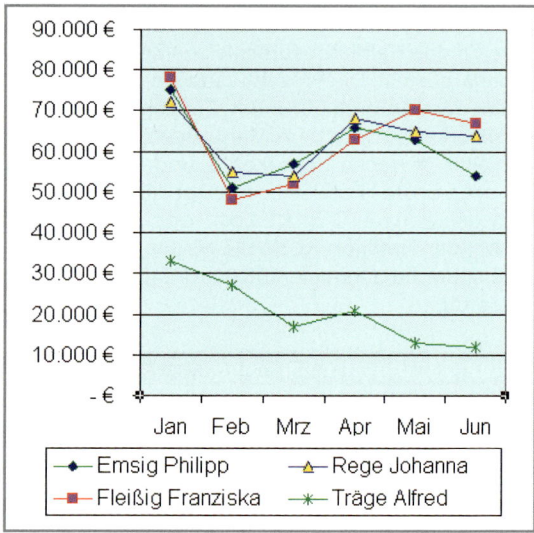

Bild 2: Liniendiagramm

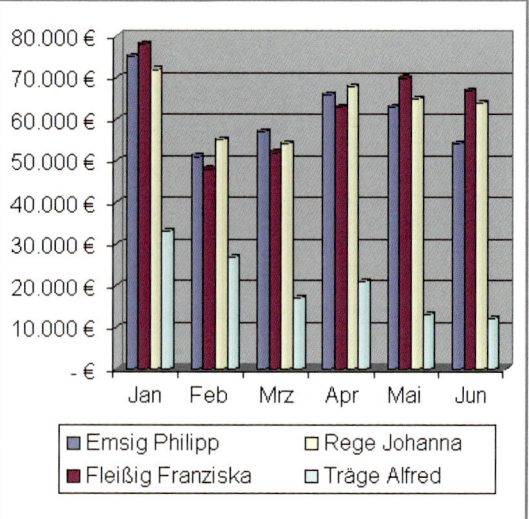

Bild 3: Zylinderdiagramm

Makros erstellen

Sollen auf verschiedenen EXCEL-Tabellen z. B. immer wieder dieselben Formatierungen angewendet werden, so können diese beim ersten Ausführen Schritt für Schritt als Makro mit aufgezeichnet werden. Wird dieses Makro dann auf einer anderen Tabelle ausgeführt, vollziehen sich dann dieselben Schritte an denselben Zellen dieser Tabelle automatisch.

Um Makros aufzeichnen zu können, muss in EXCEL die Registerkarte `Entwicklungs-tools` generiert werden. Dazu klickt man in der Registerkarte `Datei` auf `Optionen`. Es öffnet sich das Fenster `Excel-Optionen` (**Bild 1**).

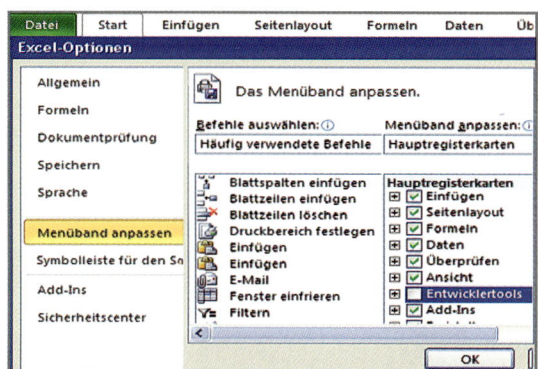

Bild 1: Registerkarte Entwicklungstools generieren

Übung 1: Menüband anpassen

Klicken Sie im Fenster `Excel-Optionen` auf `Menüband anpassen`, aktivieren Sie mit Mausklick (Häkchen) die Hauptregisterkarte `Entwicklungstools` und bestätigen Sie mit OK.

Lösung: **Bild 1**

Durch Klick in der Registerkarte Entwicklungstools im Menü Code auf `Makro aufzchn.` öffnet sich das Fenster (**Bild 2**).

Übung 2: Makro anlegen

Tragen Sie den Makronamen `Säulendiagramm _erstellen` ein und speichern Sie ihn in der `Persönlichen Makroarbeitsmappe`.

Lösung: **Bild 2**

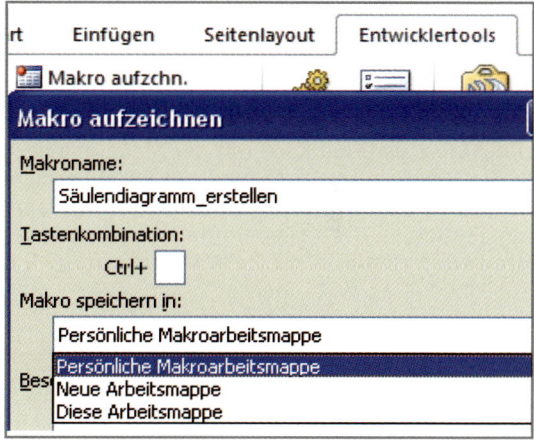

Bild 2: Makro anlegen

In der Registerkarte `Entwicklungstools` wird zur Makroaufzeichnung im Menü Code auf `Makro aufzeichnen` geklickt (Bild 2, oben).

Um die Darstellung der Umsätze der Firma „Computer & Kommunikation" automatisch anzuzeigen, werden folgende Schritte aufgezeichnet

* Zellen A3 und B3 markieren → `Enft-Taste`
* Tabellenbereich A3:H8 markieren
* Registerkarte `Einfügen` → Menü `Diagramme` → `Säule` → `Gruppierte Zylinder`
* Registerkarte `Layout` → Menü `Beschriftungen` → `Diagrammtitel` → `Über Diagramm` → „Monatliche Umsätze" eingeben → Schriftgröße 12.
* Hintere Diagrammwand mit rechter Maustaste anklicken → `Diagrammwände formatieren` → `Einfarbige Füllung` → `Farbe` → `Blau, Akzent1, heller 80%`

Die Makroaufzeichnung wird auf der Registerkarte `Entwicklungstools` im Menü Code mit Klick auf `Aufzeichnung beenden` abgeschlossen.

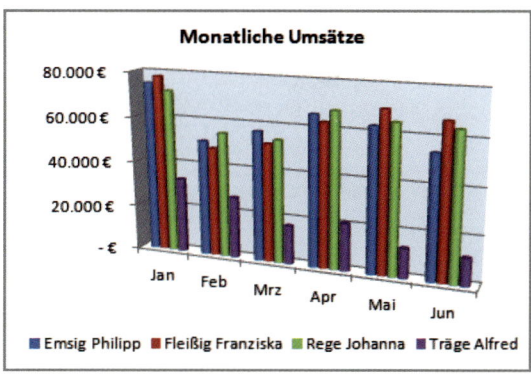

Bild 3: Zylinderdiagramm

Übung 3: Makro anwenden

Zeichnen Sie das Makro wie beschrieben auf und wenden Sie es auf die Originaldatei an, indem Sie in der Registerkarte `Entwicklungstools` im Menü Code auf `Makros` klicken, im Fenster `Makro` den Makronamen wählen und auf `Ausführen` klicken.

Lösung: **Bild 3**

5.5.3.2 Tabellenkalkulation mit LibreOffice CALC

Das Tabellenkalkulationsprogramm CALC ist Bestandteil von LibreOffice. Im Gegensatz zu Office von Windows ist es kostenfrei und wird auch von anderen Betriebssystemen unterstützt, z. B. von Linux. Erstellte Dateien sind somit übertragbar.

Mit CALC soll durch eine Computerfirma ein Angebot für die Umrüstung eines PCs für einen Kunden erstellt werden (**Bild 1**).

Übung 1: CALC starten

Starten Sie CALC durch einen Doppelklick mit der Maus auf das Icon CALC auf dem Desktop.

Lösung: **Bild 1, ohne Tabelleneinträge**

Tabelleneinträge

Um einen Eintrag in eine Zelle der Tabelle vorzunehmen, wird die Zelle mit der Maus markiert. In der Bearbeitungsleiste wird die Zellenbezeichnung, z. B. B2 für Spalte B und Zeile 2, angezeigt. Ein Eintrag, z. B. Artikelnummer, wird aus der Bearbeitungszeile in die Zelle übernommen. Ein Tabelleneintrag wird abgeschlossen, indem man entweder mit der Maus eine andere Zelle anklickt

Übung 2: Tabelleneinträge übernehmen

Übernehmen Sie die Tabelleneinträge der Tabellenbereiche A1:A16 und B2:D10.

Lösung: **Bild 1, Tabelleneinträge**

Übung 3: Euro-Formatierung erstellen

Markieren Sie die Tabellenspalte B durch Klick auf B und klicken Sie dann in der Formatleiste auf das Symbol Zahlenformat.

Lösung: **Bild 1**

oder mit einer der Pfeiltasten der Tastatur eine benachbarte Zelle markiert.

CALC wählt vorzugsweise die abgebildete Darstellung automatisch.

Durch Bewegen der Maus auf die Linien zwischen den Spaltenbuchstaben und Ziehen der Linie mit gedrückter Maustaste kann die Breite der Spalten verändert werden. Auf gleiche Weise ändert man die Höhen der Zeilen. Der eingegebene Text wird automatisch linksbündig ausgerichtet und die Zahlen rechtsbündig.

Übung 4: Einträge ausrichten

Tragen Sie in die Zelle E2 „Kosten" ein und richten Sie die Tabelleneinträge wie dargestellt aus.

Lösung: **Bild 1**

Nun sollen in der Spalte E zu jeder Artikelnummer die Einzelpreise mit den Stückzahlen multipliziert werden.

Übung 5: Artikelkosten berechnen

Markieren Sie Zelle E3, klicken auf das Gleichheitszeichen der Bearbeitungszeile und geben C3 · D3 ein.

Lösung: **Bild 1, Zelle E3**

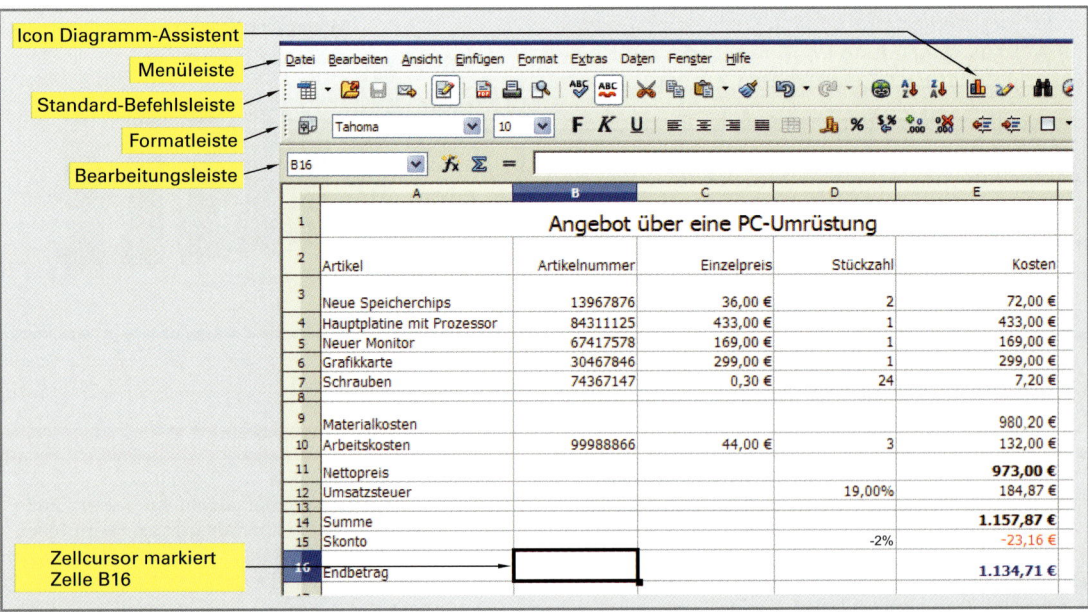

Bild 1: Elemente des CALC-Fensters

Übung 1: Formel kopieren

Kopieren Sie die Formel aus Zelle E3 auf die Zellen E4 bis E7 durch Ziehen mit der Maus und mit Kopieren und Einfügen auf die Zelle E10.

Lösung: **Bild 1, vorhergehende Seite**

Im folgenden Schritt sollen die Materialkosten summiert werden.

Übung 2: Summen bilden

Markieren Sie die Zelle E9 und klicken Sie auf das Summenzeichen Σ in der Bearbeitungsliste. CALC schlägt automatisch die Summe der Zellen E3:E7 vor. Bestätigen Sie die Formel.

Lösung: **Bild 1, vorhergehende Seite, Zelle E9**

Aus Materialkosten und Arbeitskosten soll der Nettopreis ermittelt werden.

Übung 3: Nettopreis berechnen

Markieren Sie die Zelle E11 und klicken Sie auf das Summenzeichen Σ in der Bearbeitungsliste. CALC schlägt = Summe(E10) vor. Ergänzen Sie hinter E10 die Eintragung ;E9.

Lösung: **Bild 1, vorhergehende Seite, Zelle E11**

Die Umsatzsteuer (Mehrwertsteuer) ist mit 19 % des Nettopreises auf der Rechnung auszuweisen.

Übung 4: Umsatzsteuer ausweisen

Markieren Sie die Zelle D12, geben Sie den Wert 0,19 ein und klicken auf das Prozentzeichen % in der Bearbeitungsleiste. Multiplizieren Sie anschließend die Feldinhalte der Zellen D12 und E11 in der Zelle E12.

Lösung: **Bild 1, vorhergehende Seite, Zelle E12**

Der Bruttopreis ist die Summe aus Nettopreis und Umsatzsteuer.

Übung 5: Bruttopreis berechnen

Berechnen Sie im Tabellenfeld E14 den Bruttopreis mit einer der Formel = Σ (E11:E12).

Lösung: **Bild 1, vorhergehende Seite, Zelle E14**

Da der Bruttopreis über 1000 € beträgt, gewährt der Anbieter dem Kunden ein Skonto von 2 %. Dieses soll nur für den Fall der Gewährleistung berechnet werden. Ansonsten soll der Wert 0 € im Feld E15 eingetragen werden. Dieser Vorgang kann bei CALC mit der WENN-Funktion automatisiert werden. Sie besteht aus drei Teilen, der Prüfung, einer Bedingung, dem anzuzeigenden DannWert, wenn die Bedingung erfüllt ist und dem Sonst-Wert, wenn die Bedingung nicht erfüllt ist (**Bild 1**).

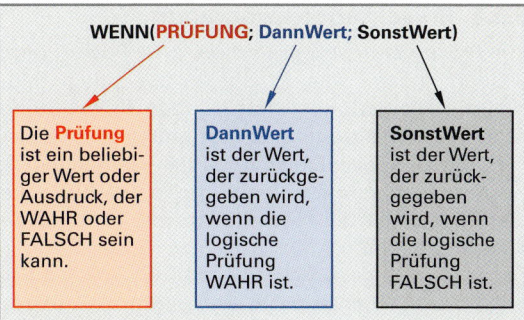

WENN(**PRÜFUNG**; **DannWert**; **SonstWert**)

| Die **Prüfung** ist ein beliebiger Wert oder Ausdruck, der WAHR oder FALSCH sein kann. | **DannWert** ist der Wert, der zurückgegeben wird, wenn die logische Prüfung WAHR ist. | **SonstWert** ist der Wert, der zurückgegeben wird, wenn die logische Prüfung FALSCH ist. |

Bild 1: Aufbau der WENN-Funktion

6	Grafikkarte	0	0,00 €
7 13	Schrauben	24	7,20 €
14	Summe		795,32 €
15	Skonto		0,00 €
16	Endbetrag		795,32 €

Bild 2: Endbetrag ohne Skonto

2	Artikel	Artikelnummer	inzelpreis	kzahl	Kosten
3					
4	Neue Speicherchips	13967876	36,00 €	2	72,00 €
5	Grafikkarte	30467846	299,00 €	1	299,00 €
6	Neuer Monitor	67417578	169,00 €	1	169,00 €
7	Schrauben	74367147	0,30 €	24	7,20 €
8	Hauptplatine mit Proz	84311125	433,00 €	1	433,00 €
9					

Bild 3: Sortierte Artikelnummern

Übung 6: Skonto berechnen

Führen Sie mithilfe der WENN-Funktion die Skonto-Berechnung durch.

Lösung:
Prüfung **E14>1000**; DannWert **–(E14 · 0,02)**;
SonstWert **0**; **Bild 1, vorhergehende Seite**

Der Endbetrag in Zelle E16 wird berechnet wie der Bruttobetrag in Übung 5. Nun will der Kunde wissen, ob das Skonto immer noch gewährt wird, wenn die Grafikkarte aus dem Angebot gestrichen wird.

Übung 7: Kundennachfrage prüfen

Prüfen Sie die Nachfrage, indem Sie in die Zelle D6 die Zahl 0 eintragen.

Lösung: **Bild 2**

Zur leichteren Suche der Artikel sollen diese mit aufsteigender Artikelnummer sortiert werden.

Übung 8: Artikelnummern sortieren

Fügen Sie vor die Nummern eine Leerzeile ein, markieren den Tabellenbereich B4:B8 und klicken Sie auf das Sortierzeichen AZ ⇓ in der Standard-Befehlsleiste.

Lösung: **Bild 3**

5.5.4 Präsentationsprogramm

Mit *Präsentationsprogrammen,* z. B. PowerPoint, werden Folien, Dias, Prospekte aber auch Bildschirmpräsentationen erstellt. Jede Präsentation kann Texte, Diagramme, Bilder und grafische Elemente, z. B. Kreise, Linien und Pfeile enthalten. Oft werden Animationen eingefügt. Es besteht auch die Möglichkeit die Präsentation mit Ton und Videos auszustatten.

> **Präsentationsprogramm** = Software zum Unterstützen eines Vortrags durch Erstellen und Vorführen von Folien.

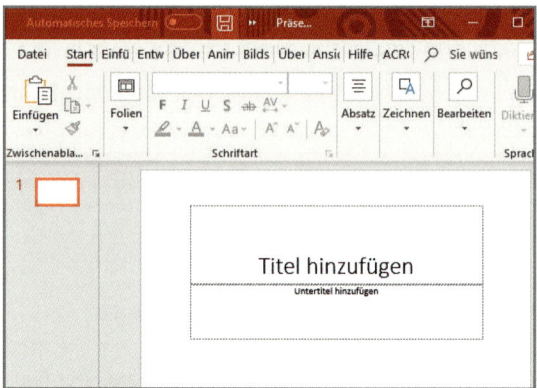

Bild 1: Neue Präsentation erstellen

> Ziel einer Präsentation ist es, Zuhörer z. B. über Ergebnisse zu informieren oder sie von einem Sachverhalt zu überzeugen.

5.5.4.1 PowerPoint

1. Schritt: PowerPoint starten
Durch Anklicken des Windows-Startmenüs und Auswahl des Menüpunktes `Powerpoint`, kann PowerPoint geöffnet werden.

2. Schritt: Neue Präsentation erstellen
Nach Starten von PowerPoint und Klick auf `Leere Präsentation` wird die Titelfolie einer neuen Präsentation angezeigt **(Bild 1)**. Diese kann mit Inhalt gefüllt werden.

> **Übung 1: Titelfolie**
>
> Erstellen Sie eine Titelfolie. Als Titel tragen Sie „Internet – Präsentation" und als Untertitel „Vorgestellt von Anna-Lena Klug" ein.
>
> *Lösung:* **Bild 2**

Die Texte werden nach einem Klick auf die dafür vorgesehenen Textfelder eingetragen. Die Position des Textfeldes auf der Folie kann mithilfe der Maus verändert werden. Dazu wird mit dem Mauszeiger an den Rand des Textfeldes gefahren, bis der Mauszeiger ein Kreuz erhält. Durch Betätigen der linken Maustaste und gleichzeitiges Bewegen der Maus ändert sich die Position des Textfeldes (Drag and Drop = Halten und Ziehen).

3. Schritt: Design wählen
Über den Menüpunkt `Entwurf` kann das Design der Präsentation bearbeitet werden. Es sind vorgefertigte Präsentationsvorlagen vorhanden, die über einen Klick auf ein Design aufgerufen werden können **(Bild 3)**.

> **Übung 2: Präsentationsdesign**
>
> Wählen Sie für Ihre Präsentation das Design Wichtiges Ereignis.
>
> *Lösung:* **Bild 3**

Die Präsentationsvorlage wird durch Anklicken den vorhandenen Folien zugewiesen (**Bild 1, folgende Seite**).

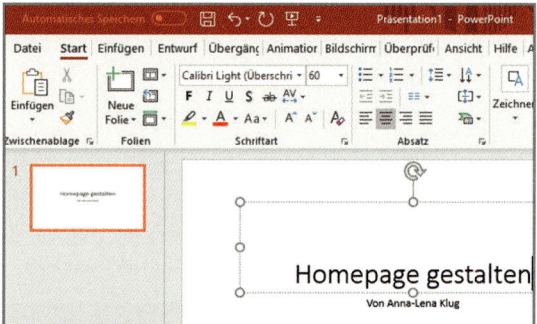

Bild 2: Titel in Titelfolie eintragen

Bild 3: Design der Präsentation wählen

Die gewählte Präsentationsvorlage kann sowohl in ihrer Farbgebung, wie in den vorgeschlagenen Schriftarten und im Hintergrundformat geändert werden. Zudem werden zum gewählten Design rechts weitere Designideen mit ähnlicher Farbgebung angezeigt **(Bild 1)**.

> **!** **Animation** heißt Munterkeit und dient dem Erzeugen von Bewegungen.

Übung 1: Farbgestaltung

Verändern Sie die Farbgebung der Präsentation.

Lösung: **Bild 2**

In der Symbolleiste wird im Bereich Varianten die gewünschte Farbe ausgewählt. Das Menü `Entwurf` muss angeklickt sein.

Bild 1: Design wählen

4. Schritt: Folienanimation hinzufügen

Damit nicht alle Texte (sowie Bilder und Diagramme) beim Vorführen der Folie sofort auf dem Bildschirm erscheinen, können die einzelnen Folieninhalte flexibel eingeblendet und mit visuellen Effekten oder Klangeffekten als Animation versehen werden. So hat der Redner beim Vortrag Zeit, den gezeigten Inhalt zu erklären.

Bild 2: Varianten wählen

Um eine Animation der Präsentation hinzuzufügen, muss der Menüpunkt `Animationen` gewählt werden. Wird die Schaltfläche `Animation` angeklickt, erscheinen die möglichen Animationsarten.

Übung 2: Animation einstellen

Wählen Sie für beide Titel die Animation Hineinschweben.

Lösung: **Bild 3, Bild 4**

Der Titel wird angeklickt und der Animationsstil `Hineinschweben` gesucht (Bild 3). Wird dieser ausgewählt, können über die Effektoptionen weitere Einstellungen festgelegt werden. So kann z. B. festgelegt werden, ob der Text von oben oder unten hereinschweben soll. Mit dem Untertitel wird ebenso verfahren.

Die Zahlen in Bild 4 geben die Animationsreihenfolge wieder. Über die Schaltfläche `Vorschau` kann die eingestellte Animation der aktuellen Folie betrachtet werden (Bild 4). Während der Vorschau laufen die einzelnen Animationen automatisch ab.

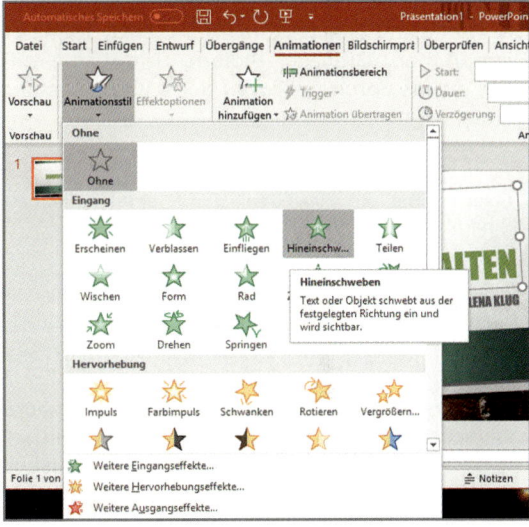

Bild 3: Animation hinzufügen

Die Dauer der Animation kann in Sekunden eingegeben werden **(Bild 5)**. So kann z. B. der Text langsamer oder schneller hineinschweben.

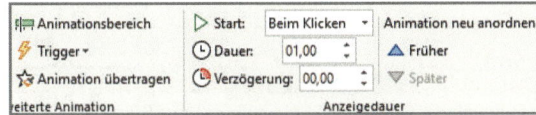

Bild 5: Einstellungen an der Animation vornehmen

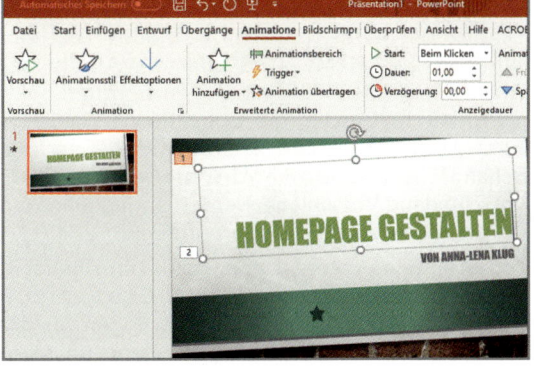

Bild 4: Animationsreihenfolge

Soll die Animation nicht gleich nach dem Mausklick starten, kann die Verzögerungszeit bei `Ver-`
`zögerung` eingetragen werden.

Die Animationsreihenfolge wird durch Anklicken
der Punkte `früher` oder `später` geändert (Bild
5, vorhergehende Seite).

5. Schritt: Präsentation erweitern

Über den Menüpunkt `Start` werden neue Folien
eingefügt. Die neue Folie übernimmt das Design
der bereits vorhandenen Folie.

> **Übung 1: Neue Folie erstellen**
>
> Fügen Sie eine neue Folie mit zwei Inhalten ein.
>
> *Lösung:* **Bild 1, Bild 2**

Durch Anklicken der Schaltfläche `Neue Folie`
werden Folien mit unterschiedlichem Layout angezeigt (Bild 1). Die passende Folie wird ausgewählt
und erscheint im Fenster (Bild 2).

Die einzelnen Bereiche können mit Text, Tabellen,
Diagrammen, Grafiken, Bildern, SmartArt-Grafik
oder Videos durch Anklicken der entsprechenden
Symbole gefüllt werden.

> **Übung 2: SmartArt-Grafik und Text einfügen**
>
> Ersetzen Sie die Platzhalter durch eine beliebige
> SmartArt-Grafik und beliebigen Text.
>
> *Lösung:* **Bild 3, Bild 4**

Durch Anklicken des Aufzählungspunktes wird der
Text eingetragen. Zum Einfügen der SmartArt-Grafik wird das SmartArt-Grafik-Symbol, das sich in
der unteren Reihe in der Mitte befindet, angeklickt.
Es erscheint das SmartArt-Grafik-Fenster (Bild 3).
Die Grafiken sind nach Kategorien geordnet. Ist eine SmartArt-Grafik ausgewählt, wird die Auswahl
durch Klick auf die Schaltfläche OK übernommen.

Die SmartArt-Grafik kann nach den eigenen Wünschen angepasst werden. Durch Anklicken eines
Schriftzuges ist es möglich, individuell Text einzutragen, z.B. HTML, CSS oder JAVA. Um der
Grafik eine andere Farbgebung zuzuordnen, wird
im Menü `Entwurf` die Schaltfläche `Smart-`
`Art-Formatvorlagen` und anschließend die
Schaltfläche `Farben ändern` gewählt (Bild 4).
Verschiedene Vorschläge werden angegeben und
werden durch Anklicken übernommen.

Jedes einzelne Element der Grafik kann beliebig
verschoben werden. Ein Klick auf `Grafik zu-`
`rücksetzen` entfernt alle Änderungen an der
SmartArt-Grafik und versetzt sie wieder in ihren
ursprünglichen Zustand.

> **!** Eine **SmartArt-Grafik** ist eine grafische Darstellung
> von Informationen und Ideen.

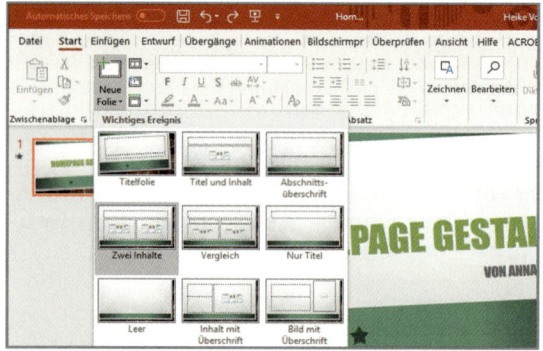

Bild 1: Neue Folie wählen

Bild 2: Folie mit zwei Inhalten

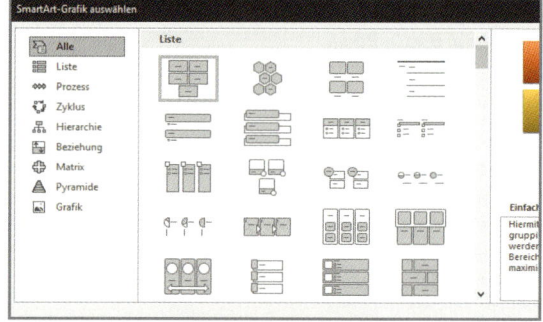

Bild 3: SmartArt-Grafik hinzufügen

Bild 4: Folie mit Inhalten füllen

6. Schritt: Folienübergänge

Auch die Übergänge zwischen den Folien können animiert werden. Die möglichen Überblendtechniken werden über den Menüpunkt Übergänge ausgewählt. Wird auf Übergangseffekte geklickt, werden alle möglichen Folienübergänge angezeigt **(Bild 1)**. Die Schaltfläche Übergangseffekte wird nur angezeigt, sofern das Power-Point-Fenster verkleinert wurde. Ab einer gewissen Fenstergröße wird eine Auswahl an Übergangsschemata angezeigt.

Übung 1: Übergangsschema wählen

Wählen Sie für die Folie 2 das Übergangsschema Origami.

Lösung: **Bild 1**

Der Folienübergang wird zu Beginn der Folie während der Bildschirmpräsentation sichtbar. Zum Überprüfen des Folienübergangs kann die Schaltfläche Vorschau gedrückt werden (Bild 1). Über die Schaltfläche Effektoptionen kann der Übergangseffekt in seinen Einstellungen geändert werden.

7. Schritt: Bildschirmpräsentation starten

Die Bildschirmpräsentation wird über das Menü Bildschirmpräsentation gestartet **(Bild 2)**. Drückt man auf die Schaltfläche Von Beginn an oder drückt die F5-Taste, wird die Präsentation ab der ersten Folie begonnen. Soll die Präsentation ab der aktuell sichtbaren Folie beginnen, wird die Schaltfläche Ab aktueller Folie oder die Umschalt-Taste mit der F5-Taste zusammen gedrückt.

Ab PowerPoint 2010 kann während der Bildschirmpräsentation die Maus als Laserpointer verwendet werden **(Bild 3)**. Der Laserpointer wird sichtbar, sobald die Strg-Taste und die linke Maustaste gedrückt wird. Der Markierungspunkt des Laserpointers wird mit der Maus bewegt. Wird während der Bildschirmpräsentation das Kontextmenü mit der rechten Maustaste aufgerufen, kann z. B. zwischen Stift und Laserpointer gewechselt werden **(Bild 4)**.

8. Schritt: Präsentation im Team erstellen

Ab PowerPoint 2010 können mehrere Personen gleichzeitig an der selben Präsentation arbeiten. Alle Personen sehen an ihrer geöffneten Version der Präsentation, wer außer ihnen noch daran arbeitet und an welcher Stelle. Die Änderungen der anderen Personen werden in der eigenen Präsentation sichtbar. Dazu muss ein Speicherort auf einem Microsoft Sharepoint-Server über das Menü Datei gefolgt von der Schaltfläche Freigeben und in SharePoint speichern freigegeben werden.

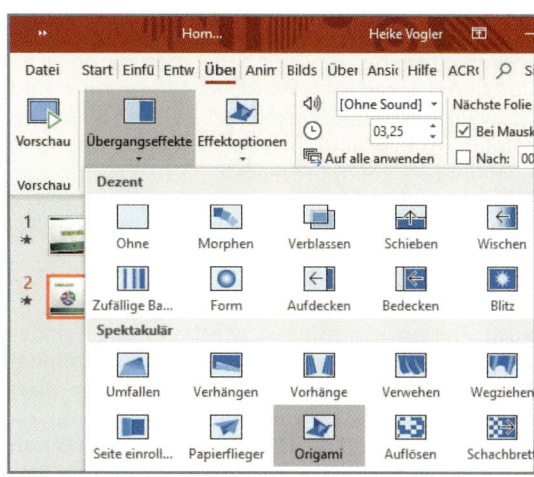

Bild 1: Übergangseffekt wählen

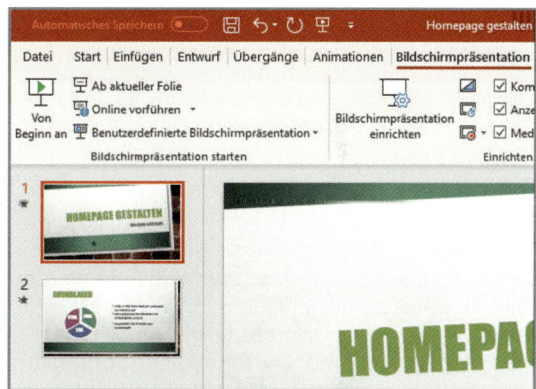

Bild 2: Bildschirmpräsentation starten

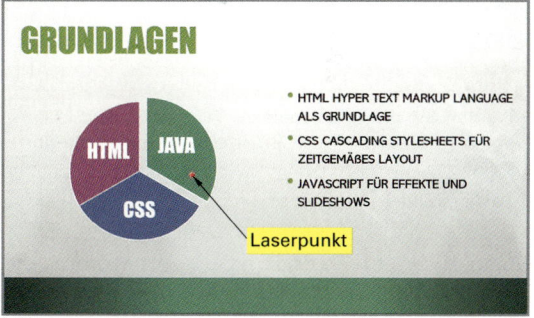

Bild 3: Bildschirmpräsentation mit Laserpointer

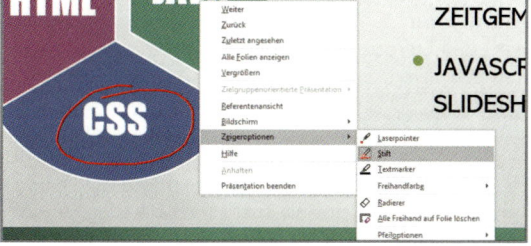

Bild 4: Bildschirmpräsentation mit Stift

5.5.4.2 Impress

Impress starten
Durch Anklicken des Windows-Startmenüs und Auswahl des Menüpunktes `Alle Programme`, gefolgt vom Menüpunkt `OpenOffice.org`, kann Impress geöffnet werden.

 Impress = Präsentationsprogramm aus dem Softwarepaket OpenOffice.org von Oracle.

Präsentations-Assistent durchlaufen
Nach Starten von Impress erscheint das Fenster Präsentations-Assistent. Dort kann eine vorhandene Präsentation geöffnet, eine Präsentation über eine Vorlage gestaltet oder eine leere Präsentation gestartet werden **(Bild 1)**. Wird Leere Präsentation gewählt und auf `Weiter>>` geklickt, kann ein Präsentationshintergrund ausgewählt und das Ausgabemedium festgelegt werden **(Bild 2)**.

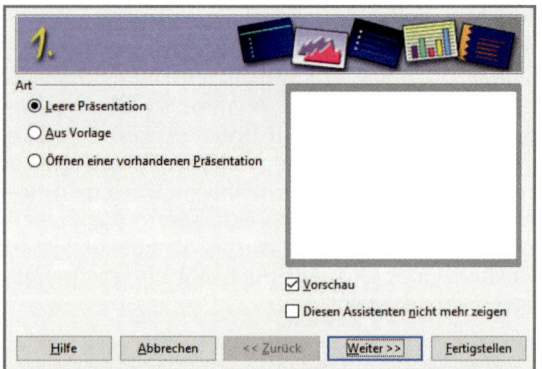

Bild 1: Präsentations-Assistent starten

Übung 1: Hintergrund auswählen

Wählen Sie als Präsentationshintergrund `Ringbuch` und als Ausgabemedium den Bildschirm.

Lösung: **Bild 2**

Nach Anklicken von `Weiter>>` kann der Animationseffekt beim Folienwechsel eingestellt und die Geschwindigkeit der Animation festgelegt werden **(Bild 3)**. Bei `Art` der Präsentation wird bestimmt, ob die Präsentation durch Anklicken (Standard) oder selbstablaufend (Automatisch) fortgesetzt wird. Soll eine selbstablaufende Präsentation erstellt werden, kann an dieser Stelle noch die Verweildauer (Standdauer) der Folien und die Pausendauer eingestellt werden.

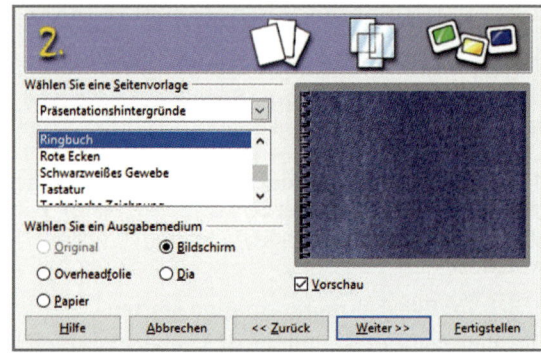

Bild 2: Seitenvorlage wählen

Übung 2: Folienwechsel einstellen

Wählen Sie als Folienwechsel `Von oben rollen` und als Geschwindigkeit `Schnell`. Die Präsentation soll durch Anklicken weiter laufen.

Lösung: **Bild 3**

Durch Klick auf `Fertigstellen` werden die Einstellungen übernommen und die erste Folie kann gestaltet werden.

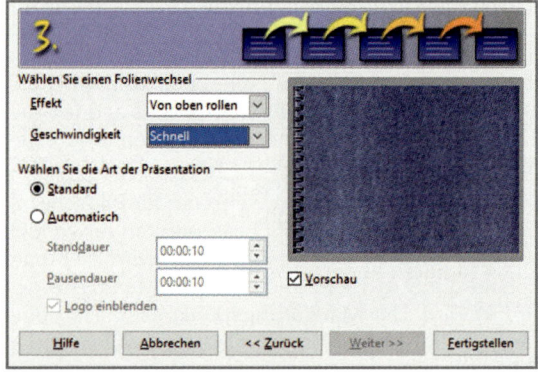

Bild 3: Folienwechsel einstellen

Layout wählen
Auf der rechten Seite im Bereich Eigenschaften wird das Layout der Folie gewählt. Die Folien können z. B. Text, Bilder, Grafiken und/oder Tabellen enthalten.

Übung 3: Titelfolie erstellen

Erstellen Sie eine Titelfolie. Als Titel tragen Sie „Internet-Präsentation" und als Text „von Felix Klug" ein.

Lösung: **Bild 4, Bild 1, folgende Seite**

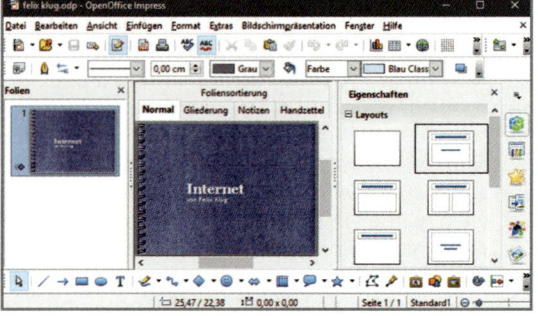

Bild 4: Layout wählen

Das Textfeld wird angeklickt und der Text eingetragen.

Folie verändern
Mithilfe der Maus kann die Lage des Textfeldes auf der Folie verändert werden. Dazu wird mit dem Mauszeiger an den Rand des Textfeldes gefahren, bis sich sein Aussehen ändert. Durch Betätigen der linken Maustaste und gleichzeitiges Bewegen der Maus ändert sich die Position des Textfeldes.

Übung 1: Textfeld bearbeiten

Ändern Sie die Lage des Titels und verändern Sie dessen Schriftart und Schriftgröße.

Lösung: **Bild 1**

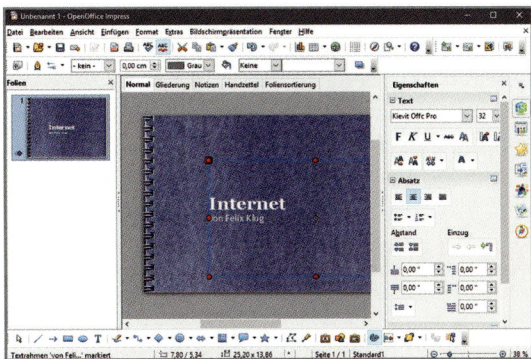

Bild 1: Folie verändern

In dem Bereich Eigenschaften rechts kann z. B. die Schriftart und die Schriftgröße eingestellt werden (Bild 1). Zum Verändern des Textes muss der Text mit dem Cursor markiert werden.

Folienanimation hinzufügen
Die zeitliche Reihenfolge der Folieninhalte wird in der Rubrik Benutzerdefinierte Animation festgelegt. Dazu wird in der Symbolleiste am rechten Rand die Schaltfläche Benutzerdefinierte Animation geöffnet (**Bild 2**).

Übung 2: Animation einstellen

Wählen Sie für den Titel die Animation Einfliegen.

Lösung: **Bild 2**

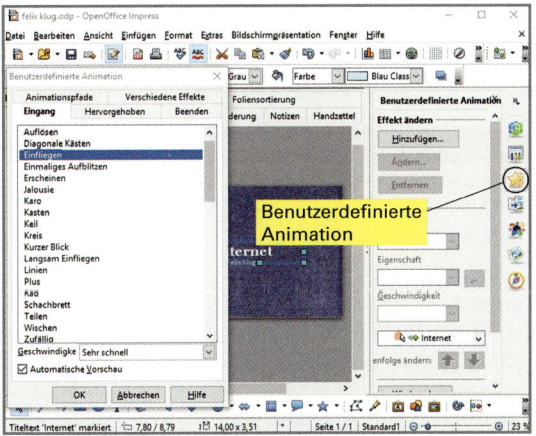

Bild 2: Benutzerdefinierte Animation festlegen

Nacheinander werden der Titel und die Schaltfläche Hinzufügen... angeklickt. Im Fenster Benutzerdefinierte Animation kann der Effekt Einfliegen gewählt werden (**Bild 2**).
In Impress ist es möglich, einem einzigen Folieninhalt mehrere Effekte zuzuweisen. Diese werden dann hintereinander angewendet. Außerdem können auch Animationspfade für den Folieninhalt festgelegt werden (Bild 2). Der Folieninhalt bewegt sich dann auf dem ausgesuchten Pfad.

Übung 3: Animationsreihenfolge ändern

Wählen Sie für den Text „von Felix Feger" den Animationspfad Links. Der Untertitel soll nach dem Titel erscheinen.

Lösung: **Bild 3** und **Bild 1, folgende Seite**

Im Fenster Benutzerdefinierte Animation wird auf der Karteikarte Animationspfade der Animationspfad Links gewählt (Bild 3). Die zeitliche Reihenfolge des Erscheinens stellt man über die schwarzen Pfeile ein. Mit ihnen kann ein Folieninhalt z. B. nach oben geschoben werden, sodass er früher erscheint (Bild 1, folgende Seite).

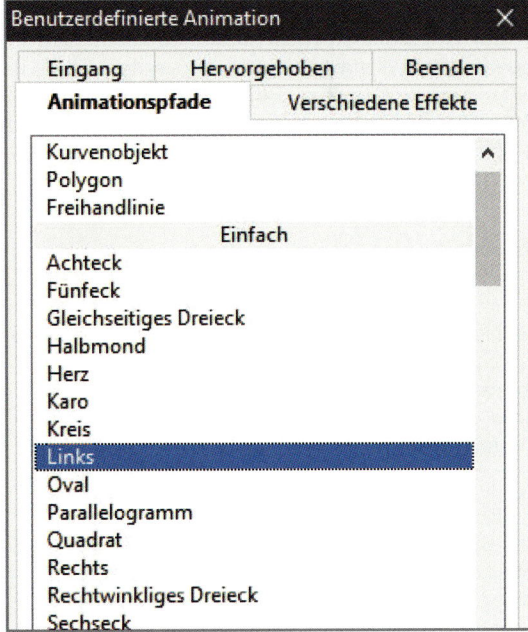

Bild 3: Animation hinzufügen

Soll eine zugewiesene benutzerdefinierte Animation geändert werden, muss die Schaltfläche
Ändern... gedrückt werden.

Präsentation erweitern
Über den Menüpunkt Folie im Menü Einfügen wird eine neue Folie eingefügt.

> **Übung 1: Neue Folie einfügen**
> Fügen Sie eine neue Folie mit zwei Inhalten ein.
> *Lösung:* **Bild 2**

Die neue Folie wird links im Bereich Folien angeklickt und auf der rechten Seite in der Symbolleiste die Schaltfläche Eigenschaften gedrückt.
Im Bereich Eigenschaften kann nun das gewünschte Layout ausgewählt werden (Bild 2).

> **Übung 2: Platzhalter ersetzen**
> Ersetzen Sie die Platzhalter durch ein beliebiges Bild
> und beliebigen Text.
> *Lösung:* **Bild 3**

Durch Anklicken des Aufzählungspunktes wird der
Text eingetragen. Zum Einfügen der Grafik klickt
man das Symbol auf der Folie doppelt (Bild 3).
Es erscheint ein Fenster, in dem eine Bild-Datei
ausgewählt werden kann. Die Auswahl wird über
Öffnen bestätigt. Über die Begrenzungspunkte des
Bildes kann das Bild durch Ziehen an diesen Punk-
ten vergrößert oder verkleinert werden.

In der Symbolleiste des Bildes kann das Bild in
begrenztem Umfang verändert werden (Bild 3).
Filter sind vorhanden (Pop-Art, Kohlezeichnung,
Altern...). Das Bild kann transparent (durchsichtig)
eingestellt oder aber in seinen Farben verändert
werden.

Präsentation speichern
Die Präsentation wird über das Menü Datei
durch Anklicken von Speichern gespeichert. Es
entsteht eine Datei mit der Endung odp. Ebenso
ist ein Abspeichern als PowerPoint-Präsentation
im pptx-Format möglich. Unter Umständen gehen
aber dabei Formatierungen verloren und die Präsentation sieht in PowerPoint anders aus.

Bildschirmpräsentation starten
Die Bildschirmpräsentation wird über die Taste F5
oder den Menüpunkt Bildschirmpräsentation des Menüs Bildschirmpräsentation
gestartet (Bild 3). Die Bildschirmpräsentation beginnt mit der Folie, die gerade bearbeitet wurde.

> ⚠ **odp** = Endung einer Impress-Datei
> **ppt, pptx** = Endung einer PowerPoint-Datei

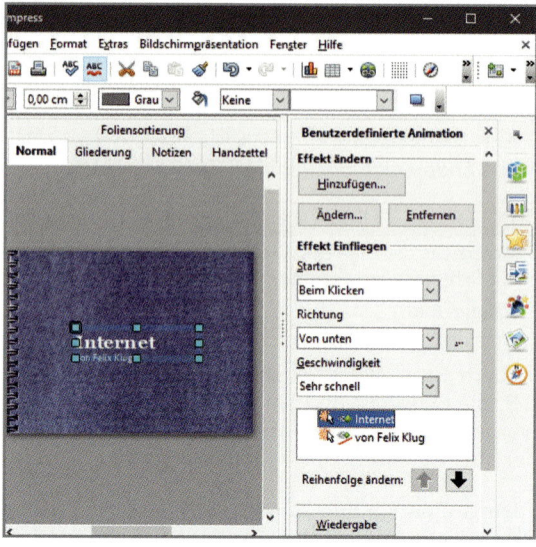

Bild 1: Animationsreihenfolge

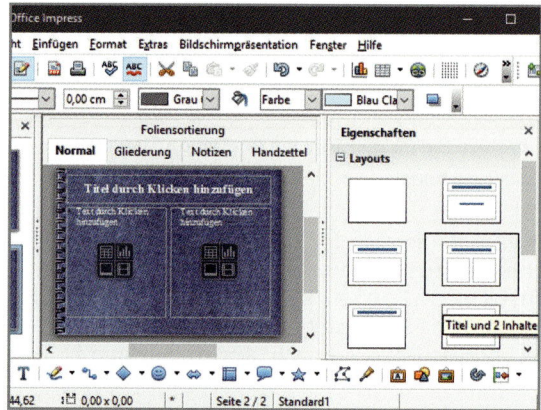

Bild 2: Neue Folie wählen

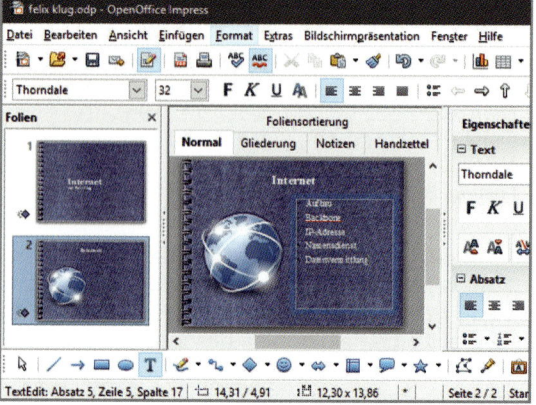

Bild 3: Folie mit zwei Inhalten

5.5.5 Formelmodul Math

Mit einem Formelmodul (Formeleditor), wie dem Programm Math von OpenOffice.org, können mathematische Formeln geschrieben werden. Die Formeln können in ein Textdokument, eine Tabelle, in Zeichnungen oder eine Präsentation eingebunden werden. Über das Formelmodul können die mathematischen Gleichungen aber nicht gelöst werden, um ein Ergebnis zu erhalten.

Math starten

Math wird z. B. über das Startcenter von Open Office.org durch Anklicken von `Formel` gestartet. Ebenso kann Math aus anderen Programmen von OpenOffice.org über die Menüzeile durch Anklicken von `Einfügen` → `Objekt` → `Formel` geöffnet werden.

Das Programm-Fenster von Math ist in zwei Bereiche gegliedert **(Bild 1)**. Im oberen Bereich erscheint die Formel, im unteren Bereich der dazugehörende Quelltext.

Formel erstellen

Die Formel wird über den Quelltext eingegeben. Hilfe bietet hier das Fenster `Elemente`, welches über den Menüpunkt `Ansicht` geöffnet werden kann.

Übung 1: Formel für Spannungsteiler

Erstellen Sie eine Formel für die Teilspannung U_{20} des Spannungsteilers.

$U_{20} = \frac{R_1}{R_1 + R_2} \cdot U$ (vergleiche Abschnitt 6.2.4)

Lösung: **Bild 2** bis **Bild 5**

Um U_{20} einzugeben, wird im Fenster `Elemente` die Rubrik `Formate` gewählt und $\mathtt{x_b}$ angeklickt. Im unteren Bereich erscheint der Quelltext, im oberen Bereich ein Teil der Formel. Mit <?> wird eine Größe der Formel bezeichnet, die noch näher bestimmt werden muss. Als erstes wird die Spannung U eingegeben, als zweite Größe `20`. Das Gleichheitszeichen wird z. B. mit der Tastatur geschrieben (Bild 2).

Im Fenster `Elemente` wird die Rubrik `Unäre/Binäre Operatoren` gewählt und die `Multiplikation (Punkt)` angeklickt (Bild 1). Um in der ersten Größe den Bruch einzugeben, wird `Division (Bruch)` gewählt (Bild 3).

Der Widerstandswert R_1 im Zähler des Bruches besitzt einen Index, sodass wiederum die entsprechende Formatierung $\mathtt{x_b}$ verwendet werden muss. Für den Nenner des Bruchs wird eine Addition benötigt. Dazu wird das Zeichen <?> markiert und in der Rubrik `Unäre/Binäre Operatoren a+b` ausgewählt (Bild 4). Die Widerstandswerte R_1 und R_2 sind formatiert einzutragen (Bild 5).

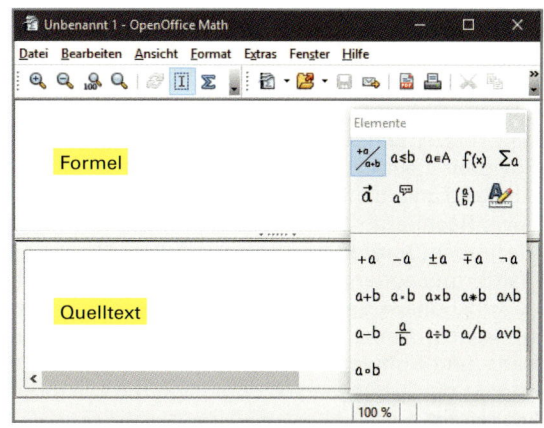

Bild 1: Programmfenster Math

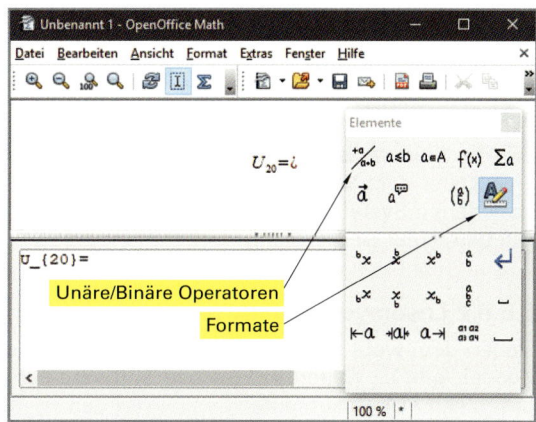

Bild 2: Formel beginnen

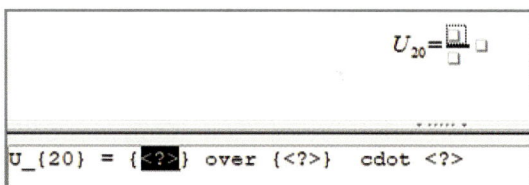

Bild 3: Formel mit Multiplikation und Bruch

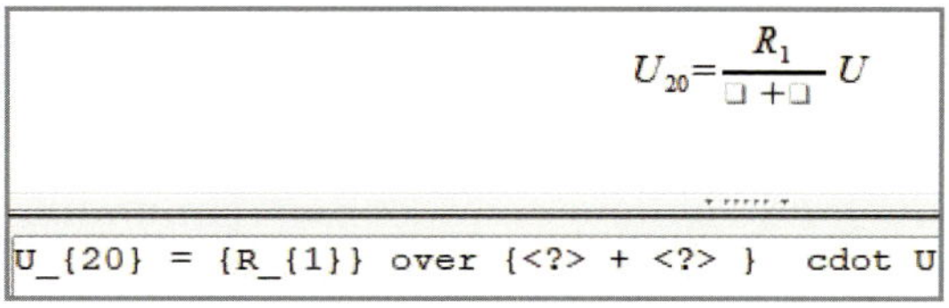

Bild 4: Formel durch Addition erweitert

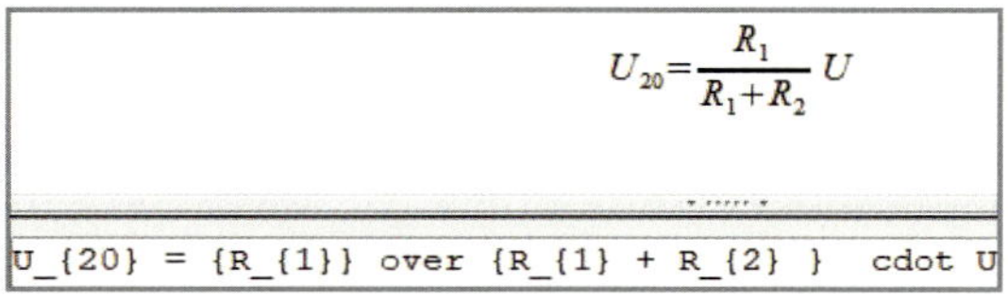

Bild 5: Formel für Spannungsteiler

5.5.6 PDF (Portable Document Format)

PDF ist eine vektorbasierte Seitenbeschreibungs-
sprache, die die freie Skalierbarkeit der Darstellung
erlaubt. Dieses transportable Dokumentenformat
kann Texte, Bilder, Grafiken, aber auch Hilfen zur
Navigation enthalten. Es ist plattformunabhängig,
d.h. es kann beim Austausch sowohl auf Win-
dows-Rechnern, Linux-Systemen, als auch auf
Macintosh-Geräten verwendet werden. Um diese
Plattformunabhängigkeit zu erreichen, wird dieselbe Funktionsweise wie beim Verfahren PostScript[1]
eingesetzt. Dabei wird das Layout in einer von
Hard- und Software unabhängigen Form erzeugt,
so dass die Darstellung so originalgetreu wie möglich erfolgt.

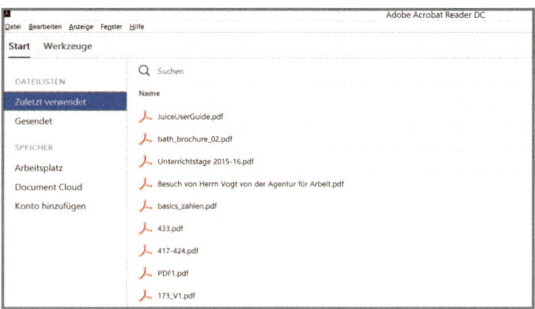

**Bild 1: Ausschnitt des Startbildschirms des
Adobe Readers DC**

5.5.6.1 Normierung

Im Jahr 2001 wurden die ersten Standards des
PDF-Formats in der Normserie ISO 15930 für PDFX
aufgenommen.

Ziel der Standardisierung des Formats ist es, dass
eine Datei auch beim Austausch zwischen verschiedenen Systemen so originalgetreu wie möglich betrachtet werden kann.

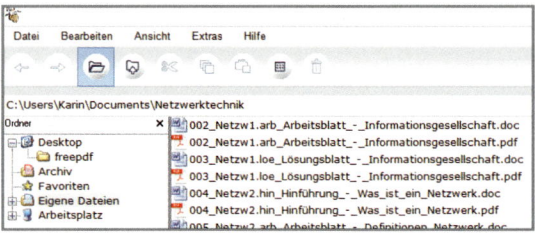

Bild 2: Ausschnitt aus dem PDF24Creator

5.5.6.2 Lesen von PDF-Dateien

Neben dem wohl bekanntesten Programm Adobe
Reader, gibt es weitere kostenlose Software zum
Lesen von PDF-Dokumenten.

Adobe Reader

Der Reader ist eine kostenfreie Software, die das
Lesen, kleinere Bearbeitungsvorgänge und das
Drucken von PDF-Dateien erlaubt **(Bild 1)**.

Bild 3: Erstellen einer PDF-Datei im PDF24Creator

5.5.6.3 Erstellen von PDF-Dateien

Bei der Software zum Erstellen von PDFs muss zwischen kostenloser und kostenpflichtiger unterschieden werden. Kostenlos ist z. B. der PDF24Creator,
mit dem auch andere Formate, z. B. PS (Postscript)
erzeugt werden können.

5.5.6.4 MS Word zu PDF mit dem PDF24Creator

Nach dem Start des Programms wird die gewünschte Datei in das Bearbeitungsfenster des
PDF24Creators gezogen **(Bild 2)**. Je nach Größe
der Datei erscheint das Dokument im Bearbeitungsfenster und wird über das Menü `Datei/`

`Speichern unter` gesichert. Hierbei können
auch andere Formate, zum Beispiel PS (PostScript)
gewählt werden. Das Programm bietet eine ganze
Reihe von Formatierungsmöglichkeiten vor dem
Speichern an **(Bild 3)**.

5.5.6.5 Vom PDF zum MS Word-Format

Ursprünglich wurde das Format nur für den unver-
änderbaren Austausch zwischen verschiedenen
Systemen entwickelt. In den letzten Jahren erscheint auch mehr und mehr Software zur nach-
träglichen Bearbeitung von PDF-Dokumenten.
Diese Nachbearbeitung gestaltet sich oft noch sehr
schwierig.

Das Textverarbeitungsprogramm MS Word kann
z. B. PDF-Dokumente in Word-Dokumente umwandeln.

---

[1] PostScript von lat. Postscriptum = Nachschrift

5.5.6.6 PDF-Dateien bearbeiten

Der Urheber einer Datei kann diese gegen die Bearbeitung schützen. Es sind – zumindest mit kostenfreier Software – also nicht alle PDF-Dokumente veränderbar.

Liegt eine nichtgeschützte Datei vor, so kann mit dem Adobe Reader DC ein PDF-Dokument in ein anderes Dateiformat konvertiert (umgewandelt) werden (**Bild 1**). Allerdings sind dann bei der kostenlosen Version des Readers weitere Gebühren für entsprechende Erweiterungen des Readers fällig (**Bild 2**).

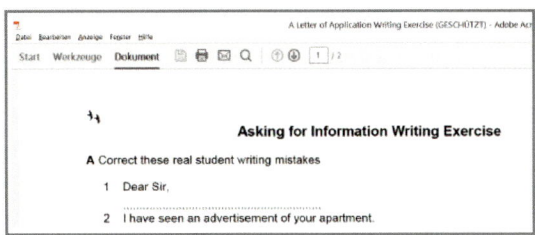

Bild 1: PDF konvertieren im Adobe Reader

Bild 2: Gebühren für weitere Software

5.5.6.7 Eigenschaften von bearbeiteten PDF-Dateien ändern

Der Acrobat Reader, aber auch andere Programme bieten eine ganze Reihe von weiteren Möglichkeiten, PDF-Dateien zu bearbeiten.

Im Acrobat Reader werden beispielsweise auch Funktionen wie das Schwärzen von sensiblen Daten oder das erweiterte Schützen von Dateien angeboten (**Bild 3**). Durch einen Klick auf das entsprechende Symbol gelangt man bei bestehender Internetverbindung auf eine Seite, die weitere Informationen bzw. Anleitungen zu der jeweiligen Funktion beinhaltet (**Bild 4**).

Weitere Funktionen sind:

- Kommentare,
- Zertifikate,
- Seite organisieren,
- Dateien zusammenführen,
- Formular vorbereiten und
- benutzerdefiniertes Werkzeug erstellen.

Sollen sensible Daten, z. B. personenbezogene Daten in einem Dokument geschwärzt werden, so bietet die Professional Edition eine entsprechende Möglichkeit dazu an. Dabei werden dann die zu entfernenden Daten markiert und mithilfe der Funktion schwarz eingefärbt.

Bild 3: Weitere Funktionen über Acrobat Reader

Bild 4: Funktionserweiterung „Sensible Daten schützen"

5.5.6.8 PDF in anderen Betriebssystemen

Unter dem Betriebssystem Mac OS X kann aus jedem Programm heraus, das einen Druckdialog anbietet, ein PDF erstellt werden. Außerdem kann beinahe jedes beliebige Dateiformat unter Mac OS X in ein PDF umgewandelt werden, da dieses Format hier für die Erzeugung von Druckdateien verwendet wird.

Sowohl für Mac OS X als auch für unixbasierte bzw. Linux-Systeme gibt es den kostenlosen Acrobat Reader zum Lesen von PDF-Dateien.

K   Kompetenzorientierung

1. Welche besonderen Eigenschaften hat ein PDF-Dokument?

2. Welche Inhalte kann ein Dokument im PDF-Format besitzen?

3. Kann eine MS Word-Datei auch in ein PDF-Dokument umgewandelt werden?

4. Wie kann ein nichtbearbeitungsfähiges PDF-Dokument in eine bearbeitbare MS Word-Datei umgewandelt werden?

5.5.6.9 Der PDF/X-Standard

Unter PDF/X werden verschiedene ISO-Normen für die Übermittlung digitaler Druckvorlagen zusammengefasst. Mit diesem Standard werden die Grundvoraussetzungen zum Drucken erfüllt. Dabei werden vor allem auch unterschiedliche Farbräume wie CMYK und RGB **(Bild 1)** zugelassen.

> **!** **ISO** von International Organization for Standardization
> **RGB** von Rot – Grün – Blau
> **CMYK** von Cyan – Magenta – Yellow – Key (Schwarz)

Die verschiedenen Standards PDF/X-1a, PDF/X-3 und PDF/X-4 unterstützen in erster Linie unterschiedliche Farbräume.

PDF/X-1a unterstützt ausschließlich CMYK, während PDF/X-3 auch RGB und Sonderfarben zulässt. PDF/X-4 geht am weitesten und lässt zusätzlich Transparenzen und Ebenen zu, Hilfsmittel in der digitalen Bildbearbeitung, um z.B. Animationen zu erstellen.

Für die Darstellung an Bildschirmen wird üblicherweise der Farbraum RGB verwendet. Werden Daten für den Vierfarbdruck bereitgestellt, so ist der Farbraum CMYK Voraussetzung für den Druck. Das heißt, werden Bilder bzw. Daten in RGB zur Verfügung gestellt, so müssen sie ggf. vor dem Druck in den Farbraum CMYK umgewandelt werden.

RGB

Aus den Farben Rot, Grün und Blau **(Bild 2)** lassen sich durch Mischen ca. 16,8 Millionen Farbnuancen darstellen. Man spricht von Lichtfarben, da die Farbwahrnehmung durch das Mischen (Addieren) von Licht entsteht. Werden alle drei Farben zu 100% verwendet, erhält man weiß. D.h. mehr Farbe bedeutet ein helleres Bild.

CMYK

Das subtraktive (abziehende) Modell CMYK **(Bild 3)** setzt sich dagegen aus den drei Farben Cyan, Magenta, Gelb (Yellow) und dem Key (schwarz) zusammen. Hier wird das Bild heller, wenn Farbe weggenommen, also weniger aufgetragen wird. Die Key-Color Schwarz ist notwendig, weil durch das 100%ige Mischen von Cyan, Magenta und Gelb nur ein dunkles Braun entsteht. Theoretisch sind in diesem Farbraum bis zu 4 Millionen Farben darstellbar. In der Praxis können am Bildschirm und im Druck aber sogar weniger Farben als im RGB-Farbraum dargestellt werden.

> **PDF** = Portable Document Format
> **X** steht für E**x**change (deutsch: Austausch)

PDF/X:	alle für den Druck relevanten Informationen z.B. Beschnitt, Schriften, Farbmodus sind gespeichert.
PDF/X-1a:	zusätzliche Angaben zu CMYK und Sonderfarben.
PDF/X-3:	zusätzliche Angaben zu RGB und Lab.
PDF/X-4:	zusätzliche Angaben zu Transparenzen.

Bild 1: PDF-Arten

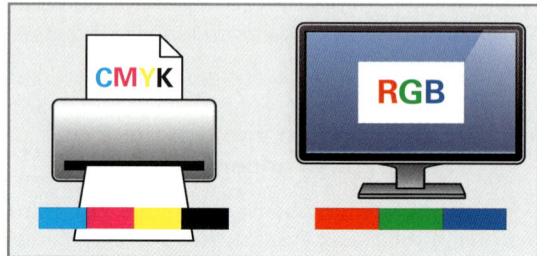

Bild 2: Vergleich CMYK versus RGB

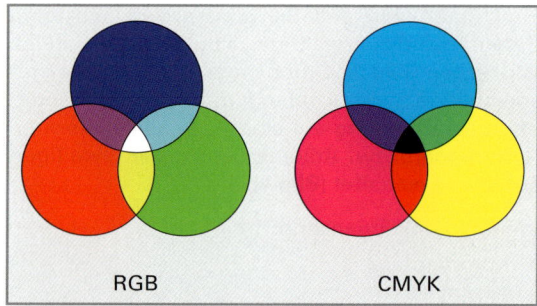

Bild 3: Farbräume RGB und CMYK

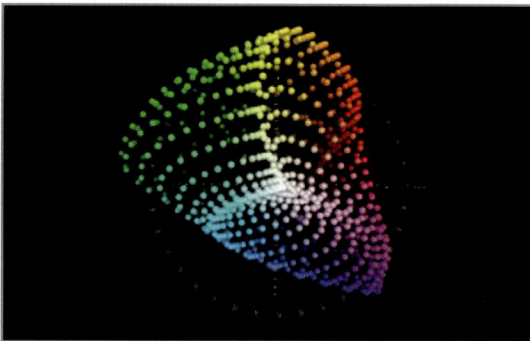

Bild 4: Farbraum CIE-Lab

> **CIE** von Commission Internationale de l'Eclairage, franz. Internationale Belichtungskommission

Dieses geräteunabhängige 3D-Farbmodell wurde 1976 festgelegt, um Farbunterschiede numerisch bestimmen zu können. Die Farbauswahl ist größer als bei RGB bzw. CMYK.

5.5.7 Sprachverarbeitung zur Texterstellung

Aufbau von Systemen zur Sprachverarbeitung

Die Verarbeitung gesprochener Sprache kann mit einem Smartphone und einem Programm zur Sprachverarbeitung erfolgen **(Bild 1)**.

> Für die Sprachverarbeitung benötigt man einen PC mit großem RAM-Speicher, Prozessoren mit hoher Taktfrequenz und eine Soundkarte.

Als Software wird ein Sprachverarbeitungsprogramm und ein Textverarbeitungsprogramm benötigt. Meist wird das Diktieren aus der Textverarbeitung heraus gestartet. Die gesprochenen Worte erscheinen dann nach kurzer Zeit direkt im Dokumentenfenster der Textverarbeitung. Zum Korrekturlesen erfolgt die Tonwiedergabe des geschriebenen Textes mit dem Stimmmodul der Software. Diese Wiedergabe klingt sehr unnatürlich.

Wirkungsweise der Spracherkennung

Die Spracherfassung erfolgt mit einem Mikrofon. Die Soundkarte digitalisiert das Sprachsignal **(Bild 2)**. Das digitale Signal wird in der akustischen Signalverarbeitung von Störsignalen, z. B. Rauschen, befreit, durch Filterung in der Datenmenge reduziert und an den Sprachdecoder weitergegeben. Der Sprachdecoder arbeitet dreistufig.

Stufe 1: Phonetische Transkription

Bei der phonetischen Transkription werden die vorhandenen Laute bekannten Wortformen zugeordnet **(Tabelle 1)**. So entsteht eine Anzahl gleichklingender Worte, z. B. „Feld", „fällt", „bellt".

Stufe 2: Sprachmodellerzeugung

Je nach Software wird eine Prüfung mit Bigrammen oder Trigrammen vorgenommen (Tabelle 1). Dabei wird überprüft, ob sich Wortkombinationen mit vorhandenen Worten bilden lassen. Entscheidend ist nicht der Sinn, sondern wie oft das in Stufe 1 erzeugte Wort zusammen mit anderen Worten aufgetreten ist.

Stufe 3: Vergleichen und Sortieren

In der Reihe ihrer Häufigkeit werden die Worte nun mit dem vorhandenen Wortvorrat verglichen. Zusätzlich wird eine Sinnprüfung durchgeführt. So ist z. B. die Wortfolge (Trigramm) „im Feld arbeiten" sinnvoll, „im fällt arbeiten" jedoch nicht. Die gefundenen Worte werden dem Wortdecoder ein zweites Mal zugeführt. Erst dann übergibt sie der Sprachdecoder nach Durchlaufen einer Rechtschreibprüfung in Wortfolgen an die Textverarbeitung.

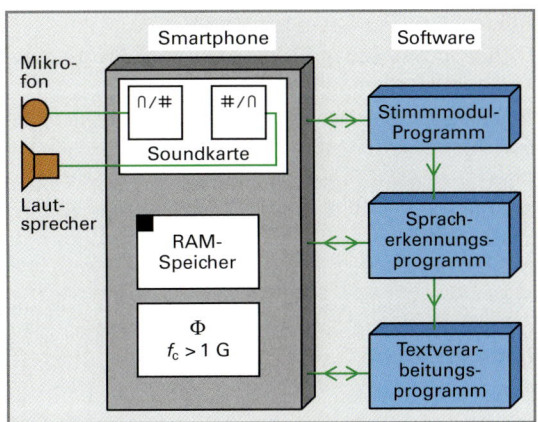

Bild 1: PC-System zur Sprachverarbeitung

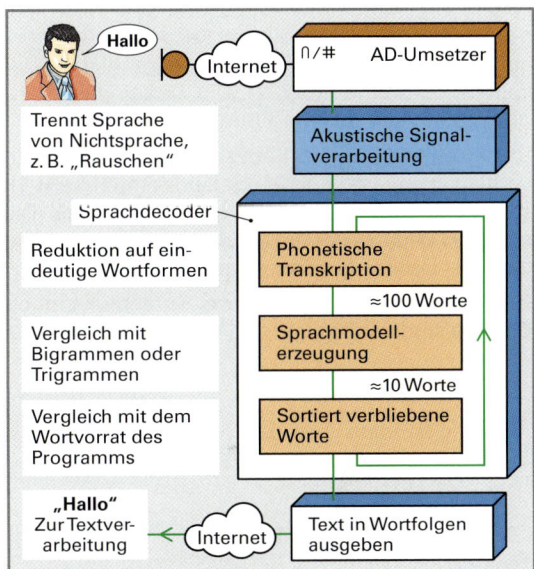

Bild 2: Sprachverarbeitung

Tabelle 1: Begriffe zur Spracherkennung	
Begriff	Erklärung
Bigramm-Prüfung	Griech. Bigramm = Zwei-Zeichen. Prüft, ob Wortfolge sinnvoll, z. B. „ich bin", oder nicht sinnvoll, z. B. „ich du", ist.
Phonetische Transkription	Aussondern von Lautfolgen, die in bestimmten Wortkombinationen nicht möglich sind.
Trigramm-Prüfung	Griech. Trigramm = Drei-Zeichen. Prüft, ob die Folge von drei Worten sinnvoll ist.
Stimmmodul	Programm zur Erzeugung von Sprache aus Text.

MS Dictate

Dictate ist ein Add-in für die MS-Office-Programme Outlook, Word und PowerPoint.

Dictate nutzt Cortana, die digitale Sprachassistentin von Windows 10.

Für das Diktieren und die Übersetzung von Texten benötigt MS Dictate einen aktiven Internetzugang mit Zugriff auf die API des Übersetzungsprogramms MS Translator.

Nach der Installation wählt man das Menü Dictation. Mit der Dictation-Leiste wird die Spracheingabe gesteuert **(Bild 1)**.

> **!** **Add-in** = Zusatz. Ein Zusatzprogramm, dass nicht standardmäßig installiert ist.
>
> **API** von Application programming interface = Anwendungsprogrammierschnittstelle
>
> **Cortana** eine Frau, künstliches Wesen mit künstlicher Intelligenz, aus der Spiele-Serie Halo

Texteingabe

Klickt man hier auf das Mikrofon-Symbol, ist das Add-in im Aufnahmemodus und analysiert die gesprochenen Worte, die im Response-Feld kurz angezeigt werden, bevor sie im eigentlichen Dokument erscheinen **(Bild 2)**. Die Texteingabe wird durch Betätigen des Stop-Buttons beendet.

Das Programm ergänzt Satzzeichen automatisch. In vorhandenem Text können Satzzeichen **(Tabelle 1)**, Worte und Satzteile zusätzlich eingefügt werden. Die entsprechende Stelle wird mit der Maus markiert und dann der Befehl oder Text gesprochen.

Nicht alle Befehle der Windows-Spracherkennung Cortana sind verfügbar.

> Wichtig ist, dass man den Text deutlich spricht und wartet, bis er im Dokument erscheint.

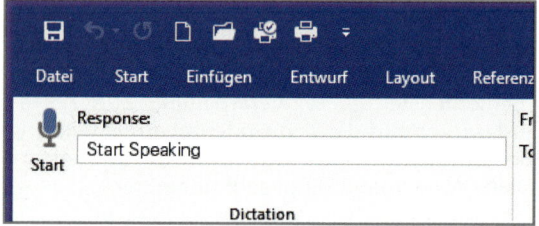

Bild 2: Beginn der Texteingabe

Tabelle 1: Satzzeichen diktieren	
Befehl	Bedeutung
Neue Zeile	Springt in die nächste Zeile
Löschen	Löscht die letzte Zeile oder ein markiertes Wort
Ausrufezeichen	Schreibt Ausrufezeichen
Punkt	Erzeugt einen Punkt
Fragezeichen	Schreibt ein Fragezeichen
Doppelpunkt	Schreibt einen Doppelpunkt
Komma	Schreibt einen Beistrich, Komma

Text übersetzen

Über die Felder „From" und To" kann man die gewünschten Sprachen einstellen (Bild 1). MS Dictate erkennt derzeit 20 verschiedene Sprachen und kann darüber hinaus das erkannte Diktat in Echtzeit in eine von 60 Sprachen übersetzen.

> **Übung 1: Übersetzen Sie:**
>
> „Dieser Text wurde in Englisch", „und dieser Text wurde in Französisch übersetzt".
>
> *Lösung:*
> This text was translated into English.
> Et cette texte a été traduit en Français.

Bild 1: Word mit Dictation-Leiste

Testen Sie Ihre Fachkompetenz!

Aufgabe 1: Ergonomie

a) An verschiedenen Stellen im Gesetz findet man Angaben zur Arbeitsplatzergonomie. Unter anderem enthält die Arbeitsstättenverordnung (ArbStättV) Regelungen darüber für den Arbeitgeber. Im dazugehörigen Anhang „Anforderungen und Maßnahmen für Arbeitsstätten" finden sich entsprechende Angaben zu Bildschirmarbeitsplätzen. Wie sieht danach die optimale Haltung eines Menschen an einem PC-Arbeitsplatz aus (**Bild 1**)?

b) Was versteh man unter Software-Ergonomie?

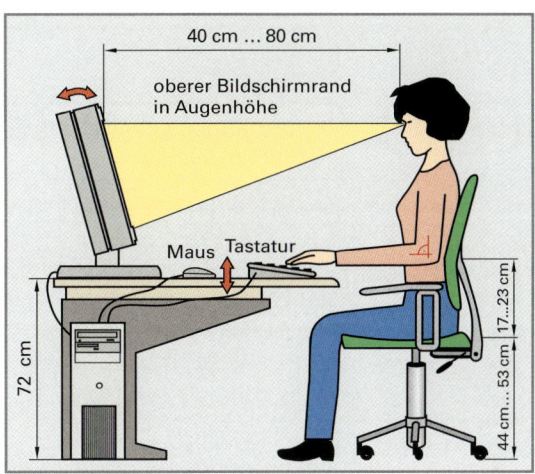

Bild 1: Ergonomie am Arbeitsplatz

Aufgabe 2: Windows

(siehe auch Seite 142)

a) Was versteht man unter einer EULA?

b) Wie ist der Begriff Raubkopie definiert?

Aufgabe 3: ZIP-Archiv

a) Was versteht man unter einem ZIP-Archiv?

b) Wozu dient ein Archiv?

c) Und wie wird es unter Windows (**Bild 2**) erstellt?

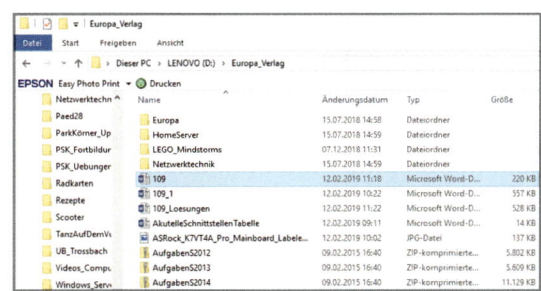

Bild 2: Windows-Explorer

Aufgabe 4: Bildbearbeitung Gimp

a) Was versteht man unter Ebenen in einer Bildbearbeitung?

b) Wie erstellen Sie in Gimp eine Gif-Animation (**Bild 3**)?

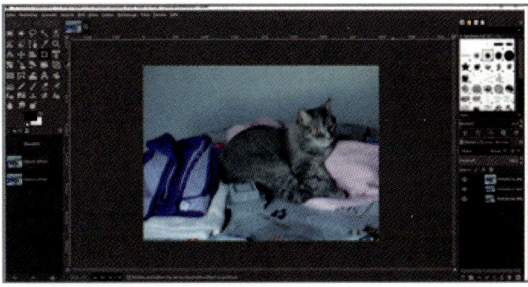

Bild 3: Gif-Animation in Gimp

Aufgabe 5: Unicode

Was versteht man unter Unicode?

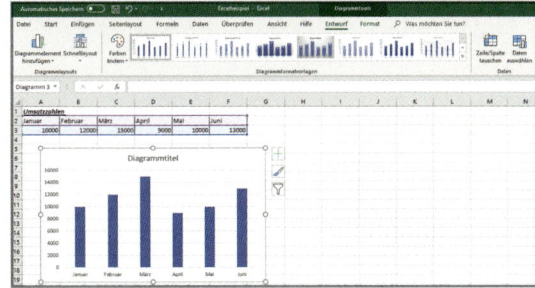

Aufgabe 6: Anwendungssoftware

a) Welche Programme enthalten Office-Pakete üblicherweise? Nennen Sie Beispiele.

b) Wie erstellen Sie in MS Excel ein Diagramm (**Bild 4**)?

Bild 4: Diagramm in MS Excel

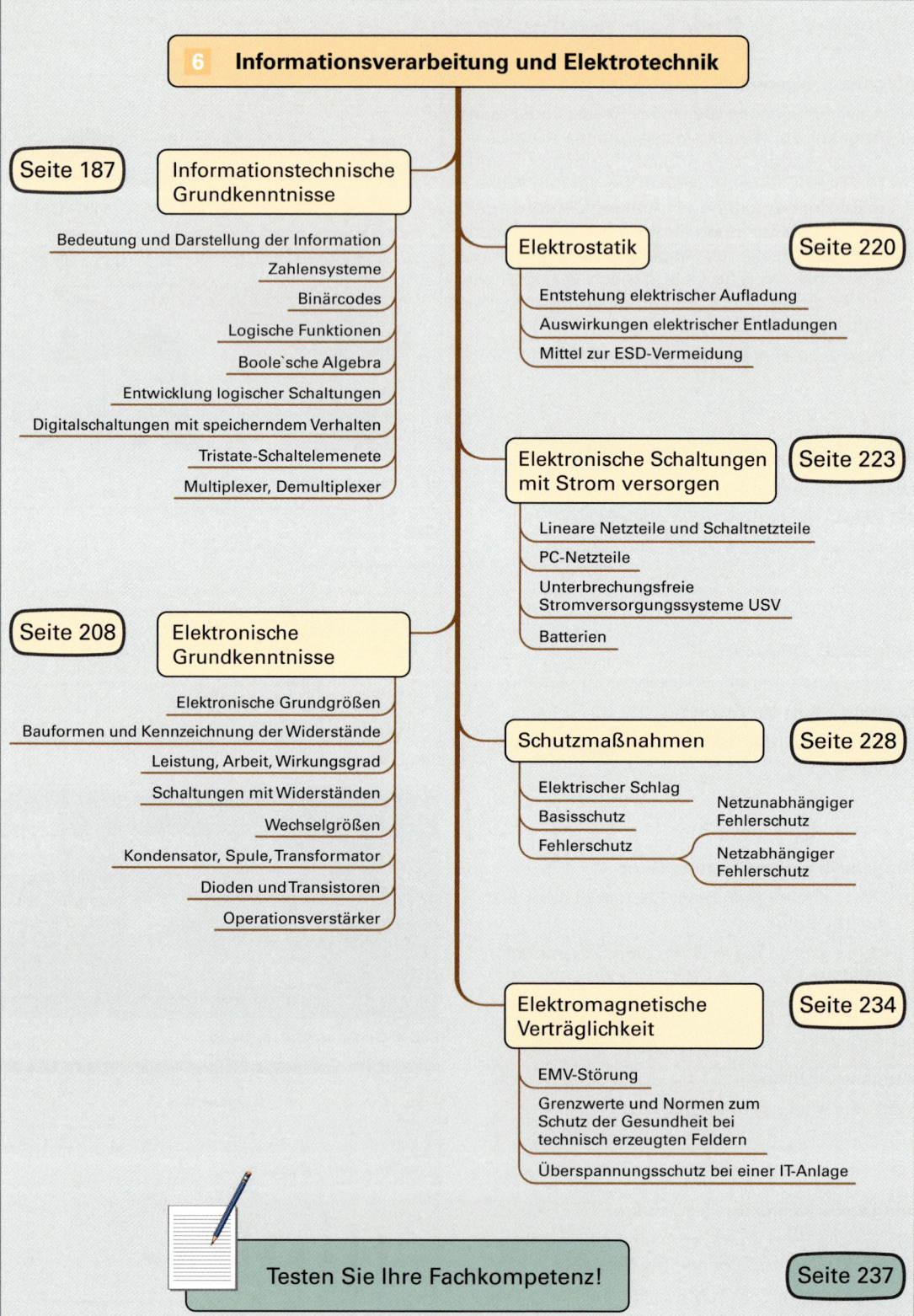

6 Informationsverarbeitung und Elektrotechnik

6 Informationsverarbeitung und Elektrotechnik

6.1 Informationsverarbeitung in IT-Systemen

6.1.1 Bedeutung und Darstellung der Information

Die Verarbeitung und die Übertragung von elektrischen Signalen erfolgt in zunehmendem Maße in digitaler Form. Hierfür werden analoge Größen, z. B. Musik, Sprache, Bilder oder gemessene physikalische Größen wie die Temperatur, digitalisiert. Dadurch können z. B. Bilder oder Musikstücke leichter nachbearbeitet werden, Messwerte schnell und grafisch übersichtlich ausgewertet, Abläufe in der Technik oder der Natur simuliert und alle Informationen auf kleinstem Raum gespeichert werden.

Ein einzelner analoger Musikton ist eine zeitkontinuierliche Sinusspannung **(Bild 1)**. Zur digitalen Übertragung wird diese zyklisch (in gleichen Zeitabständen) abgetastet und in Binärsignale (lat. bini = je zwei) umgewandelt. Eine einzelne Stelle eines binären Signals nennt man Binärzeichen (von binary digit) oder einfach Bit, Mehrzahl Bits. Diese besitzen die Einheit 1 bit oder 1 Sh (Shannon).

> Ein Bit hat den Signalwert 0 oder 1.

Besitzt ein Binärsignal 8 Bits, hat es die Einheit 8 bit oder 1 B = 1 Byte **(Tabelle 1)**.

Die Speicherkapazitäten von Speicherbauelementen, z. B. RAM, Flash-EEPROM, werden in Kibit = Kilobit oder in KiB = Kilobyte angegeben. Die Abkürzung Kilo beträgt dabei nicht 10^3 = 1000 wie in der Physik, sondern 2^{10} = 1024. Zur Unterscheidung wird das Kilo nicht mit dem Kleinbuchstaben k sondern mit Ki abgekürzt.

Massenspeicher, z. B. Festplatten, haben Speicherkapazitäten von GiB = Gigabyte oder TiB = Terabyte. 1 Gi (giga) hat hier den Wert $1\text{Ki} \cdot 1\text{Ki} \cdot 1\text{Ki} = 2^{10} \cdot 2^{10} \cdot 2^{10} = 2^{30}$.

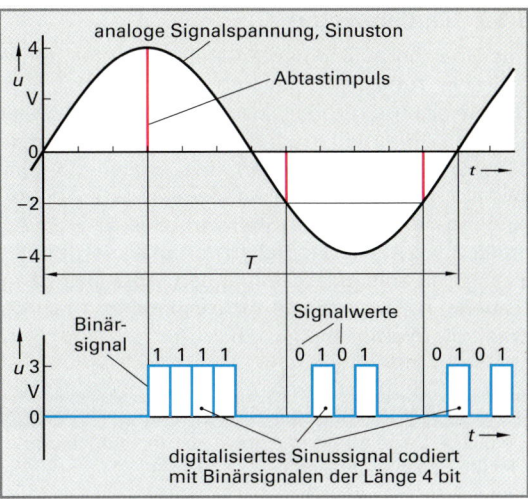

Bild 1: Digitalisierung eines Musiktons

Tabelle 1: Einheiten von binären Signalen

Ein-heit	IEC-Norm	Umformungen
1 bit	1 bit	2^0 bit = 1 bit
1 Kbit 1 Mbit 1 Gbit	1 Kibit 1 Mibit 1 Gibit	2^{10} bit = 1024 bit 1 Ki · 1 Ki bit = 2^{20} bit = 1048576 bit 1 Ki · 1 Mi bit = 2^{30} bit = 1073741824 bit
1 kbit		10^3 bit = 1000 bit
1 B 1 KB	1 B 1 KiB	2^3 bit = 8 bit 2^{10} B = 1024 B = 1024 · 2^3 bit = 1024 · 8 bit = 8192 bit
1 MB	1 MiB	1 Ki · 1 KiB = 2^{20} B = 1048576 B $2^{20} \cdot 2^3$ bit = 2^{23} bit = 8388608 bit
1 GB	1 GiB	1 Ki · 1 MiB = 2^{30} B = 1073741824 B $2^{30} \cdot 2^3$ bit = 2^{33} bit = 8589934592 bit
1 TB	1 TiB	1 Ki · 1 GiB = 2^{40} B = 1099511627776 B $2^{40} \cdot 2^3$ bit = 2^{43} bit = 8796093022208 bit = 8,8 Billionen bit
1 PB	1 PiB	1 Ki · 1 TiB = 2^{50} B = 1,13 Billiarden B $2^{50} \cdot 2^3$ bit = 2^{53} bit = 9 Billiarden bit
1 EB	1 EiB	1 Ki · 1 PiB = 2^{60} B = 1,15 Trillionen B $2^{60} \cdot 2^3$ bit = 2^{63} bit = 9,22 Trillionen bit
1 Bit ≤ 1 Sh, Sh von Shannon		

Beispiel 1: Speicherkapazität berechnen

Wie viel bit Speicherkapazität hat der Arbeitsspeicher eines PC mit 4 GiB?

Lösung:
4 GiB = 4 · 2^{30} · 8 bit ≈ **34,36 Milliarden bit**

Den Signalwerten 0 und 1 sind Spannungen zugeordnet. Der Wert 0 erhält z. B. die Spannung 0 V und wird mit L (von low = niedrig) bezeichnet **(Tabelle 2)**. Der Wert 1 oder H (von high = hoch) kann je nach Gerätetechnologie unterschiedliche Spannungen führen, z. B. 3 V.

Tabelle 2: Spannungspegel bei Binärsignalen

Anwendung	Binär-wert	Bezeich-nung	Spannung
Prozessoren, logische Bauelemente	0 1	low high	0V ... 0,8V 1,2V ... 5V
Datenleiter der V.24-Schnittstelle	0 1	low high	3V ... 15V –3V ... –15V
Steuerleiter der V.24 Schnittstelle	0 1	low high	–3V ... –15V 3V ... 15V
Speicherprogrammierbare Steuerungen	0 1	low high	0 V 24 V

6.1.2 Zahlensysteme

Aus Speicherbauelementen werden mittels binär codierter Adressen Speicherinhalte in Form von Datenworten ein- oder ausgelesen (**Bild 1**). Dazu sind den Adressleitern, z. B. A0 bis A7, des Adressbusses Stellenwertigkeiten des dualen Zahlensystems zugeordnet. Der niederwertigste Adresseingang A0 erhält die Stellwertigkeit $2^0 = 1$, A1 erhält $2^1 = 2$, usw. Die Stellenwertigkeit verdoppelt sich somit mit jedem folgenden Adresseingang (**Tabelle 1**). Der höchste Adresseingang, hier A7, erhält die Wertigkeit $2^7 = 128$.

Beispiel 1: Dual-Dezimal-Umwandlung

Welcher Dezimalzahl entspricht die in Bild 1 eingestellte Speicheradresse?

Lösung:

	A7	A6	A5	A4	A3	A2	A1	A0
Stellenwert	2^7	2^6	2^5	2^4	2^3	2^2	2^1	2^0
	128	64	32	16	8	4	2	1
Adresse	1	0	0	0	1	1	0	1

$$= 128 + 0 + 0 + 0 + 8 + 4 + 0 + 1 = \mathbf{141}$$

Da die Adressen von größeren Speichern aus mehr als 8 Binärzeichen, also 8 bit, bestehen, entstehen bei der Darstellung im Dualsystem sehr lange Zahlen.

Wegen der besseren Lesbarkeit werden diese, z. B. bei der Erstellung von Programmen, hexadezimal codiert (Tabelle 1). Die Hexadezimalziffern können 16 unterschiedliche Werte annehmen. Deshalb werden Werte größer als 9 mit den ersten 6 Großbuchstaben des Alphabets dargestellt. Da der Übertrag der Hexadezimalzahlen in die zweite Stelle des Hexadezimalsystems gleichzeitig mit dem Übertrag der Dualzahlen in die fünfte Stelle des Dualsystems auftritt (Tabelle 1), können immer 4 Binärstellen in eine Hexadezimalziffer beginnend mit den 4 niederwertigsten Bits umgewandelt werden.

Beispiel 2: Dual-Hexadezimal-Umwandlung

Geben Sie die Speicheradresse aus Bild 1 in hexadezimaler Form an.

Lösung:

$$\underset{8}{\underline{1000}}\ \underset{D}{\underline{1101}} = \mathbf{8D}$$

Die Anzahl aller wählbaren Adressen bestimmt die Kapazität eines Speichers. Hinter jeder Adresse ist ein Datenwort einer bestimmten Größe, z. B. 8 bit (Bild 1), abgelegt. Beträgt die Anzahl der Adressleiter eines Speichers n, so beträgt die Gesamtzahl aller wählbaren Adressen 2^n.

> **!** Anschlussbezeichnungen werden mit Großbuchstaben aber deren Signale mit Kleinbuchstaben gekennzeichnet.

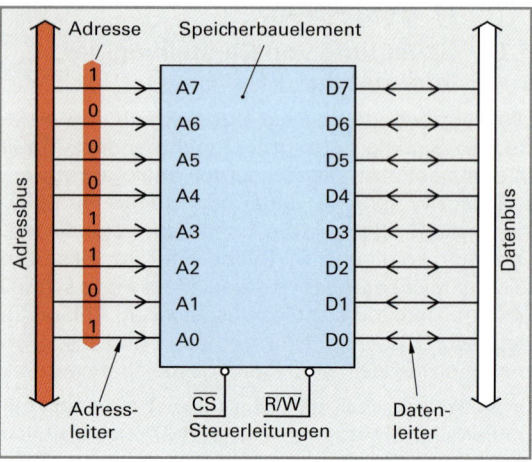

Bild 1: Signalbelegung eines Speicherbauelementes

Tabelle 1: Zahlensysteme

System	dezimal			dual							hexadezimal	
Wertigkeit	10^2	10^1	10^0	2^6	2^5	2^4	2^3	2^2	2^1	2^0	16^1	16^0
Zahl im jeweiligen Zahlensystem			0							0		0
			1							1		1
			2						1	0		2
			3						1	1		3
			4					1	0	0		4
			5					1	0	1		5
			6					1	1	0		6
			7					1	1	1		7
			8				1	0	0	0		8
			9				1	0	0	1		9
		1	0				1	0	1	0		A
		1	1				1	0	1	1		B
		1	2				1	1	0	0		C
		1	3				1	1	0	1		D
		1	4				1	1	1	0		E
		1	5				1	1	1	1		F
		1	6			1	0	0	0	0	1	0
		1	7			1	0	0	0	1	1	1
		1	8			1	0	0	1	0	1	2
		1	9			1	0	0	1	1	1	3
		2	0			1	0	1	0	0	1	4
		3	1			1	1	1	1	1	1	F
		3	2		1	0	0	0	0	0	2	0
		3	3		1	0	0	0	0	1	2	1
		4	8		1	1	0	0	0	0	3	0
		6	4	1	0	0	0	0	0	0	4	0
	1	2	6	1	1	1	1	1	1	0	7	E
	1	2	7	1	1	1	1	1	1	1	7	F

Beispiel 1: Speicherkapazität berechnen

Berechnen Sie die Speicherkapazität eines Speichers mit 8 Adressleitern und 8 Datenleitern.

Lösung:

$2^8 \cdot 8 \text{ bit} = 2^8 \text{ B} = \textbf{256 Byte}$

In Rechenwerken werden binäre Ziffern verarbeitet, z. B. addiert. Bei der Addition zweier Einsen erhält man einen Übertrag in die nächst höhere Stelle, da Ziffern größer 1 nicht möglich sind **(Bild 1)**.

Beispiel 2: Dualzahlen addieren

Addieren Sie die Dualzahlen 1001 und 1011.

Lösung:

	1001	≙	9
	+ 1011	≙	11
Übertrag	111		1
	10100	≙	**20**

6.1.3 Binärcodes

Zum Rechnen in Rechenwerken, bei der Datenübertragung und beim Erfassen von Messwerten werden Dezimalzahlen nicht als mehrstellige Dualzahl eingesetzt, sondern jede einzelne Ziffer wird binär verschlüsselt.

BCD-Codes

BCD-Codes (von binary coded decimal = binär codiertes Zehnersystem) besitzen mindestens 4 bit zur Verschlüsselung von Dezimalziffern **(Tabelle 1)**. Ein 4-Bit-Wort nennt man auch Tetrade (von griech. tetra = vier). Da man zur Verschlüsselung von 10 Ziffern aber nur zehn Tetraden benötigt, unterscheidet man echte Tetraden von Pseudotetraden. Letztere werden für die Codierung nicht

> **! Hamming-Code.** Ist ein fehlerkorrigierender Code zum gesicherten Übertragen oder Speichern von Daten.

0	1	0	1
+ 0	+ 0	+ 1	+ $_1$1
0	1	1	10

Bild 1: Addieren von Dualziffern

verwendet. Wird eine dreistellige Dezimalzahl mit Tetraden codiert, ist sie 12 bit groß.

Oft werden Dezimalziffern mit Binärworten von mehr als 4 bit codiert, z. B. im Biquinär-Code oder im 2-aus-5-Code (Tabelle 1). Solche Codes nennt man redundant (weitschweifig, lat. redundans = Überfluss habend). Redundante Codes sind leichter auf Fehler überprüfbar. Bei der Datenübertragung prüft der Empfänger z. B. beim 1-aus-10 Code (Tabelle 1), ob das empfangene Binärwort aus einem Wert 1 und neun Werten 0 besteht. Ist dies nicht der Fall, wird der Datensender vom Empfänger aufgefordert, das Binärwort zu wiederholen. Der Empfänger kann somit den Fehler in einer Binärstelle sicher erkennen.

Viele BCD-Codes besitzen eine Stellenwertigkeit. Der 2-aus-5-Code hat für die Dezimalziffern 1 bis 9 die Stellenbewertung 7-4-2-1-0, für die Dezimalziffer 0 hat er jedoch keine Stellenbewertung.

Ein weiterer redundanter Code ist der Hamming[1]-Code (Tabelle 1). Bei ihm können bis zu zwei Bitfehler in einem Codewort erkannt werden, da sich zwei beliebige Codewörter in mindestens drei Binärstellen unterscheiden. Der dargestellte Hamming-Code hat somit die Hammingdistanz 3.

Tabelle 1: Beispiele von BCD-Codes

Dezimal-ziffer	8-4-2-1 Code	Aiken[2]- Code	Biquinär-Code	2-aus-5-Code	1-aus-10-Code	Hamming-Code
0	0000	0000	00001 01	11000	0000000001	0000 000
1	0001	0001	00010 01	00011	0000000010	0000 111
2	0010	0010	00100 01	00101	0000000100	0001 001
3	0011	0011	01000 01	00110	0000001000	0011 110
4	0100	0100	10000 01	01001	0000010000	0101 010
5	0101	1011	00001 10	01010	0000100000	0101 101
6	0110	1100	00010 10	01100	0001000000	0110 011
7	0111	1101	00100 10	10001	0010000000	0110 100
8	1000	1110	01000 10	10010	0100000000	1001 011
9	1001	1111	10000 10	10100	1000000000	1001 100
Stellen-wert	8421	2421	43210 50	74210 für die Ziffern 1 bis 9	9876543210	keine (Hamming-distanz: 3)
Anwen-dung	Standard-Code	Taschen-rechner	Rechenbrett (Abakus)	Postleitzahlen, Waren	Tastenfelder, Anzeigen	Daten-übertragung

[1] Richard W. Hamming, am. Mathematiker, 1915-1998   [2] Howard H. Aiken, am. Mathematiker, 1900-1973

Gray-Code

Der Gray[1]-Code ist ein einschrittiger Code, d. h. von einer codierten Dezimalziffer zur nächsten ändert sich nur in einer einzigen Binärstelle der Wert. Deshalb wird der Gray-Code zur Längenmessung und Winkelmessung verwendet. Dabei lesen Fotodioden die einzelnen Codewörter ein **(Bild 1)**.

2D-Codes

2D-Codes bestehen aus quadratischen Flächen, deren Mustern Informationen enthalten **(Bild 2)**.

Data-Matrix-Code: Er wird für die elektronische Briefmarke, den 2D-Pharma-Code, Markierungen in der Medizintechnik und Luftfahrt verwendet.

Maxi-Code: Mit ihm werden Pakete identifiziert und deren Versand verfolgt. Er enthält z. B. das Gewicht, die Serviceart und die Adressangaben.

QR-Code: Mit ihm werden industriell gefertigte Teile gekennzeichnet. Diesen können dann produktionsbezogene Unterlagen, z. B. Konstruktionspläne aus einer Datenbank, zugeordnet werden.

Strichcodes (Barcodes)

Zum maschinellen Erfassen von Waren, z. B. an der Kasse eines Kaufhauses oder bei der Inventur in einem Warenlager, wird der EAN-Code (EAN von Europäische Artikel Nummerierung) eingesetzt. Jede Ziffer des Codes wird mit 7 bit verschlüsselt, wobei zur Verschlüsselung ein Codewort aus einem von drei unterschiedlichen Zeichensätzen gewählt werden kann **(Tabelle 1)**.

> Der EAN-Code wird mit einem Lesestift oder einem Lesescanner abgetastet (gelesen).

Der EAN-Code beginnt und endet mit einem Randzeichen. Dazwischen befinden sich zwölf codierte Dezimalziffern und in deren Mitte ein Trennzeichen **(Bild 3)**. Die linken 6 Ziffern werden für europäische Artikel in der Zeichensatzfolge ABAABB codiert, während die rechten 6 Ziffern immer mit dem Zeichensatz C codiert werden.

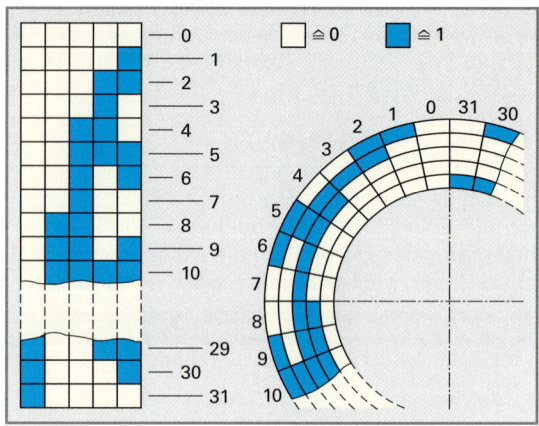

Bild 1: Codelineal und Codescheibe mit Gray-Code

Bild 2: 2D-Codes

Tabelle 1: Zeichensätze des EAN-Codes

Zeichen	Zeichensatz A	Zeichensatz B	Zeichensatz C
0	0001101	0100111	1110010
1	0011001	0110011	1100110
2	0010011	0011011	1101100
3	0111101	0100001	1000010
4	0100011	0011101	1011100
5	0110001	0111001	1001110
6	0101111	0000101	1010000
7	0111011	0010001	1000100
8	0110111	0001001	1001000
9	0001011	0010111	1110100

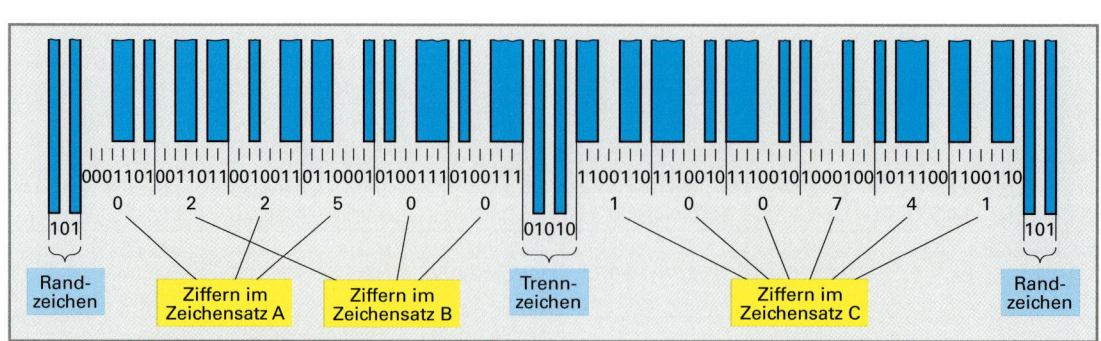

Bild 3: Decodierung eines EAN-Codes

[1] Frank Gray, amerikanischer Elektroingenieur, 1887 bis 1969

Zur automatisierten Verteilung wird auf Briefe und Postkarten eine Folge fluoreszierender Striche aufgedruckt. Ein Strich entspricht dem Binärwert 0 und ein fehlender Strich dem Wert 1. Die Strichfolge wird von rechts nach links gelesen. Bei der Codierung werden zwei verschiedene Codes verwendet, ein Code mit 80 Stellen und ein Code mit 36 Stellen.

Der 36-stellige Code (**Bild 1**) enthält eine Prüfziffer und die fünf Ziffern der Postleitzahl, welche alle im 2-aus-5-Code verschlüsselt sind. Vor allen sechs Ziffern steht der binäre Wert 0 (Strich). Die Prüfziffer erhält man, indem man die Quersumme der Dezimalziffern der Postleitzahl bildet, das Ergebnis durch 10 teilt und den Teilerrest auf 10 ergänzt.

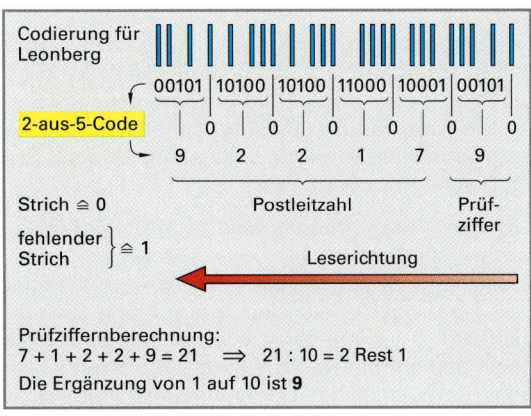

Bild 1: 36-stelliger Postleitzahlencode

6.1.4 Logische Funktionen

UND-Funktion

Ein PC besitzt z. B. neben dem Einschalter ein Schloss, um unbefugtes Einschalten zu verhindern (**Bild 2**). Das PC-Netzteil wird nur mit Strom versorgt, wenn der Einschalter und der Schlüsselschalter betätigt werden. Die UND-Funktion (UND-Verknüpfung) kann somit aus zwei oder mehreren in Reihe geschalteten Schließern dargestellt werden (**Bild 3**). Das Schaltzeichen (Symbol) dieser Verknüpfung hat die Eingangssignale a und b und das Ausgangssignal z.

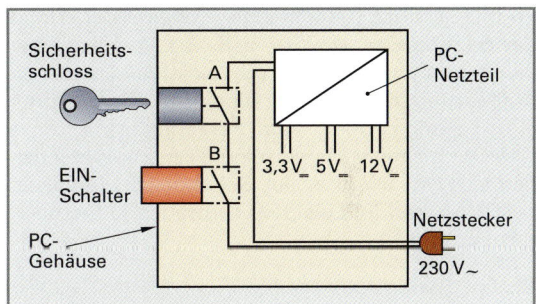

Bild 2: UND-Funktion

> Das Ausgangssignal z der UND-Verknüpfung hat nur dann den Wert 1, wenn alle Eingangssignale den Wert 1 führen.

Die Funktionsgleichung mit zwei Eingangssignalen lautet $z = a \wedge b$ (sprich: und). Das Zeichen $\wedge$ wird oft weggelassen, wenn Verwechslungen ausgeschlossen sind, d. h. $a \wedge b = ab$.

Die Wertetabelle der UND-Funktion (Bild 3) hat bei n Eingangssignalen 2^n verschiedene Wertekombinationen der Eingangssignale, also bei zwei Signalen $2^2 = 4$. Diese werden untereinander in Zeilen geschrieben. Die Werte der Eingangskombinationen steigen im Dualcode 00, 01, 10 und 11. Entsprechend werden die Zeilen nummeriert. Das Ausgangssignal z erhält den Wert entsprechend der Schalterstellungen der Schließer A und B, wobei ein unbetätigter Schließer den Wert 0 führt und ein betätigter Schließer den Wert 1.

Das KV-Diagramm (Karnaugh[1]-Veitch[2]-Diagramm) ist eine gleichwertige Darstellung für die Wertetabelle. Die vier Zeilen der Tabelle werden durch vier Quadrate ersetzt. Bei den zwei rechten Quadraten.

[1] Maurice Karnaugh, amerikanischer Elektroingenieur, geb. 1924
[2] Edward Veitch, amerikanischer Mathematiker, 1924 bis 2013

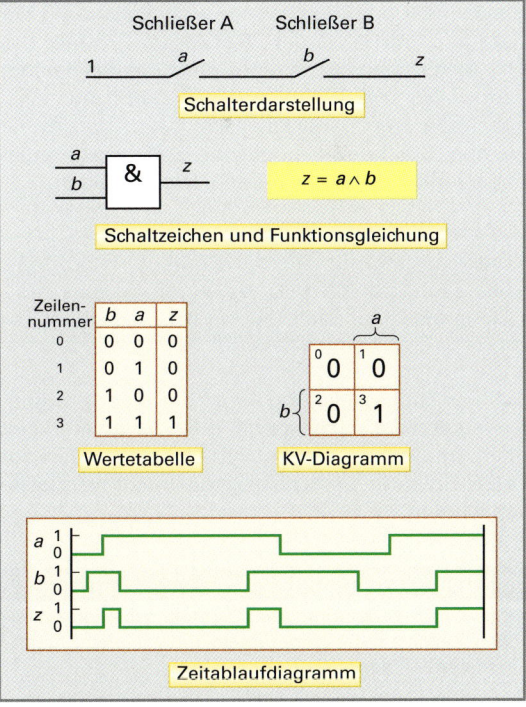

Bild 3: Darstellungsformen der UND-Funktion bei 2 Eingängen

führt das Signal a den Wert 1, bei den beiden unteren Quadraten führt das Signal b den Wert 1. Somit stehen die Quadrate 0,1,2 und 3 für die Zeilen 0,1,2 und 3 der Wertetabelle (Bild 3, vorhergehende Seite). Die Werte für das Ausgangssignal z werden aus der Wertetabelle in das entsprechende Quadrat des KV-Diagramms übertragen.

Logische Verknüpfungen sind in logischen integrierten Schaltkreisen (IC = integrated circuit) verwirklicht. Ein IC enthält ein oder mehrere logische Elemente, z. B. 2 UND-Elemente mit je 4 Eingängen (**Bild 1**). Ist, wie abgebildet, die Kerbe des ICs oben, beginnt die Nummerierung der Anschlüsse (Pins) links oben im Gegenuhrzeigersinn. Nicht verwendete Pins werden mit NC (not connected = nicht verbunden) bezeichnet. Bei 14-poligen ICs im DIL-Gehäuse (Dual-In-Line = zweireihig) erfolgt der Spannungsanschluss, z. B. 3,3 V, meist über die Pins 14 und 7. Die ICs gibt es in verschiedenen Ausführungen, z. B. aus bipolaren Transistoren (TTL-Technik) oder aus Feldeffekttransistoren (C-MOS-Technik). Die einzelnen Typen unterscheiden sich vor allem in der Schaltgeschwindigkeit, z. B. 2 ns, und im Leistungsverbrauch je Element, z. B. 5 mW.

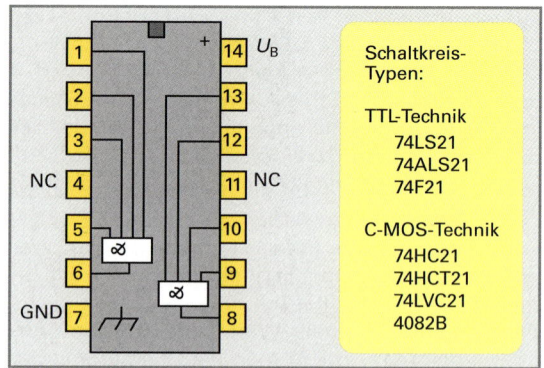

Bild 1: IC mit 2 UND-Elementen

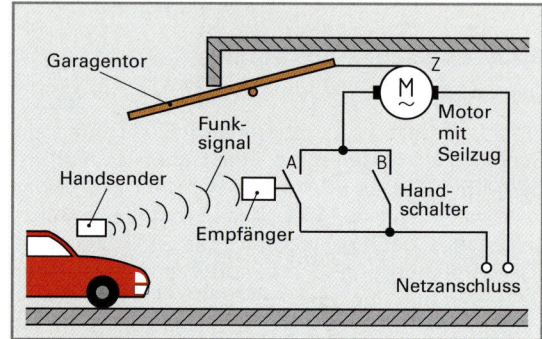

Bild 2: ODER-Funktion

ODER-Funktion

Ein Garagentor (**Bild 2**) kann entweder durch einen Handsender oder durch einen Handschalter in der Garage geöffnet werden. Der Motor Z öffnet das Tor, wenn mindestens einer der Schalter betätigt wurde. Die ODER-Funktion kann somit aus zwei oder mehreren parallelen Schließern dargestellt werden. Bei 3 der 4 möglichen Schalterkombinationen erhält der Ausgang den Wert 1 (**Bild 3**).

> Das Ausgangssignal z der ODER-Verknüpfung hat dann den Wert 1, wenn mindestens ein Eingangssignal den Wert 1 führt.

Die Funktionsgleichung mit 2 Eingangssignalen lautet $z = a \vee b$ (∨ sprich: oder, ∨ von lat. vel = oder). Im Gegensatz zum UND-Operator ∧ darf der ODER-Operator ∨ in Gleichungen nicht weggelassen werden.

Beispiel 1: Diagrammgrößen

Eine ODER-Verknüpfung hat 3 Eingangssignale. Wie viele Zeilen hat die Wertetabelle und wie viele Quadrate das KV-Diagramm?

Lösung:

2^3 = **8 Zeilen**, bzw. **8 Quadrate**

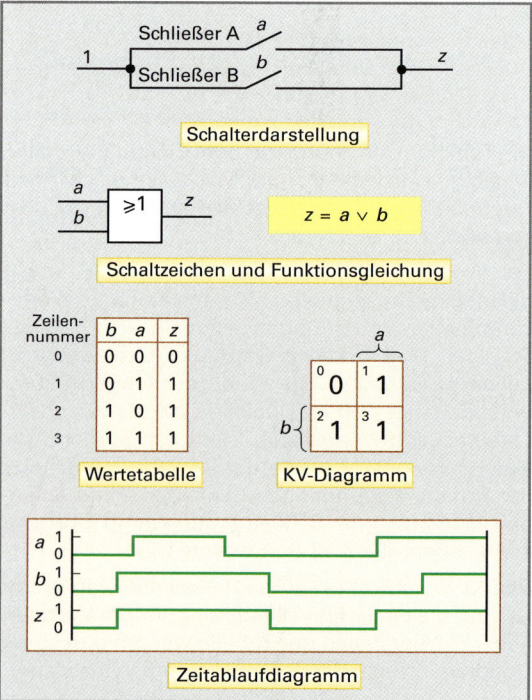

Bild 3: Darstellungsformen der ODER-Funktion bei 2 Eingängen

NICHT-Funktion

Die Innenleuchte eines Kühlschranks (**Bild 1**) erlischt, wenn die Kühlschranktür geschlossen und der Öffner $\overline{A}$ betätigt wird. Das Signal $\overline{a}$ (sprich: a nicht, oder: nicht a) ist die Invertierung des Signals a. Beim unbetätigten Öffner (**Bild 2**) ist $\overline{a} = 1$ und damit $a = 0$. Das Signal z hat dann den Wert 1. Dies entspricht der ersten Zeile der Wertetabelle. Die zweite Zeile der Wertetabelle stellt den betätigten Öffner dar. Das Zeitablaufdiagramm zeigt, dass die Signale a und z stets verschiedene Werte haben. Sie sind komplementär.

> Die Signale z und a sind bei der NICHT-Funktion immer komplementär.

Dies zeigt auch das Zeitablaufdiagramm (Bild 2).

NAND-Funktion

Auf einem Schrottplatz wird ein defektes Auto mit einem Kran zur Schrottpresse befördert. Das Auto hängt an dem Hubmagneten am Ende des Kranarmes (**Bild 3**). Der Kranführer muss mit jeder Hand einen der beiden Öffner betätigen, damit der Hubmagnet stromlos wird und das Auto frei gibt. Der zweite Öffner dient als Schutzfunktion, damit nicht bei zufälligem Betätigen eines Öffners Personen am Schrottplatz gefährdet werden.

Die Wertetabelle (**Bild 4**) zeigt, dass sich das Ausgangssignal z für alle 4 Schalterkombinationen genau komplementär zur UND-Verknüpfung verhält. Deshalb ist das Schaltzeichen zusammengesetzt aus der UND-Funktion und dem Kreiszeichen der NICHT-Funktion. Bei der Funktionsgleichung ist das Ergebnis der UND-Verknüpfung der Signale a und b durch einen langen Negierungsbalken invertiert.

> Das Ausgangssignal z der NAND-Verknüpfung hat dann den Wert 1, wenn nicht alle Eingangssignale gleichzeitig den Wert 1 führen.

Da die NAND-Verknüpfung eine Parallelschaltung aus zwei Öffnern ist (Bild 3), kann sie auch als ODER-Verknüpfung von zwei invertierten Signalen dargestellt werden, also durch $\overline{a} \vee \overline{b}$ (Bild 4). Das entspricht einem ODER-Schaltzeichen, bei welchem die Eingänge durch Kreiszeichen invertiert sind (Bild 4).

> Ein UND mit negiertem Ausgang verhält sich gleich wie ein ODER mit negierten Eingängen.

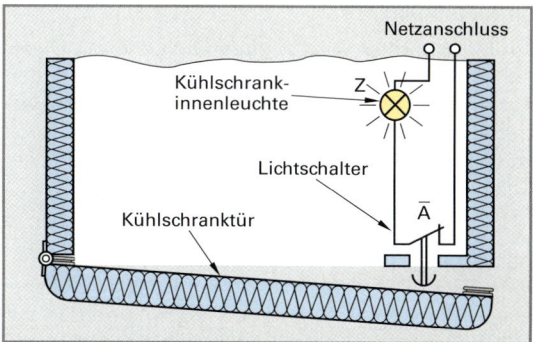

Bild 1: NICHT-Funktion

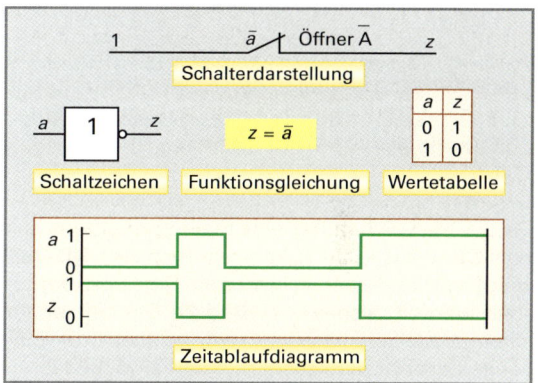

Bild 2: Darstellungsformen der NICHT-Funktion

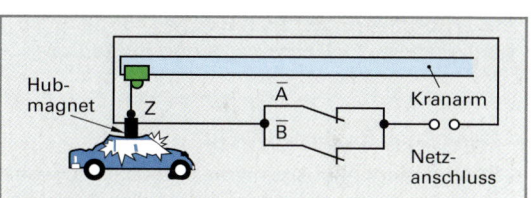

Bild 3: NAND-Funktion

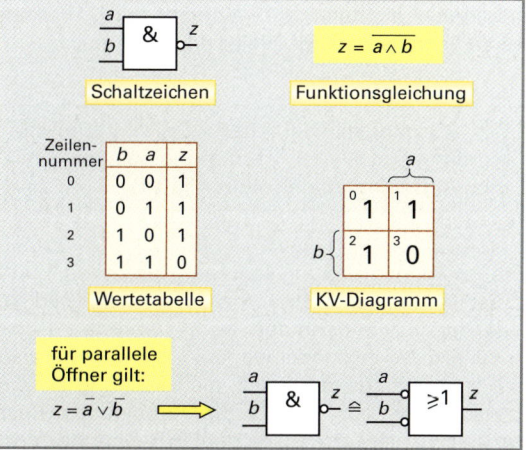

Bild 4: Darstellungsformen der NAND-Funktion

NOR-Funktion

Ein Elektromotor wird in einer Ölwanne mit Öl gekühlt **(Bild 1)**. Ein Sicherheitssystem schützt den Motor vor Überhitzung, indem es ihn vom Netz trennt, wenn entweder der Bimetallschalter durch zu hohe Temperatur betätigt wird oder wenn ein Schwimmschalter bei Ölverlust betätigt wird.

Die Wertetabelle **(Bild 2)** zeigt, dass der Motor nur dann Strom erhält, wenn beide Öffner unbetätigt sind. Das Ausgangssignal z verhält sich bei allen Schalterkombinationen komplementär zur ODER-Funktion. Deshalb setzt sich das Schaltzeichen aus dem der ODER-Funktion und aus dem der NICHT-Funktion zusammen.

> Das Ausgangssignal z der NOR-Verknüpfung hat dann den Wert 1, wenn keines der Eingangssignale den Wert 1 führt.

Da die NOR-Schaltung eine Reihenschaltung aus zwei Öffnern ist (Bild 1), kann sie auch als UND-Verknüpfung von zwei invertierten Signalen dargestellt werden, also $\bar{a} \wedge \bar{b}$ **(Bild 2)**. Das entspricht einem UND-Schaltzeichen, bei welchem die Eingänge durch Kreiszeichen invertiert sind (Bild 2).

> Ein ODER mit negiertem Ausgang verhält sich gleich wie ein UND mit negierten Eingängen.

XOR-Funktion (Exclusiv-ODER)

In einem Treppenhaus kann die Beleuchtung wahlweise im Erdgeschoss oder im Obergeschoss eingeschaltet bzw. ausgeschaltet werden **(Bild 3)**. Die Lampe leuchtet nur, wenn einer der beiden Wechselschalter in Stellung 1 gebracht wird. Werden beide Schalter betätigt, bleibt das Licht aus.

> Das Ausgangssignal z der XOR-Verknüpfung hat dann den Wert 1, wenn nur eines von zwei Eingangssignalen den Wert 1 führt.

Die Funktionsgleichung kann aus den Zeilen 1 und 2 der Wertetabelle entnommen werden **(Bild 4)**. Das Signal z hat dann den Wert 1, wenn $a = 1$ und $b = 0$, also $a \wedge \bar{b}$ ist oder wenn $a = 0$ und $b = 1$, also $\bar{a} \wedge b$, ist. Daraus ergibt sich die Gleichung $z = a \wedge \bar{b} \vee \bar{a} \wedge b$ oder auch $z = a\bar{b} \vee \bar{a}b$. Auf eine Klammer kann verzichtet werden, da der UND-Operator Vorrang vor dem ODER-Operator hat.

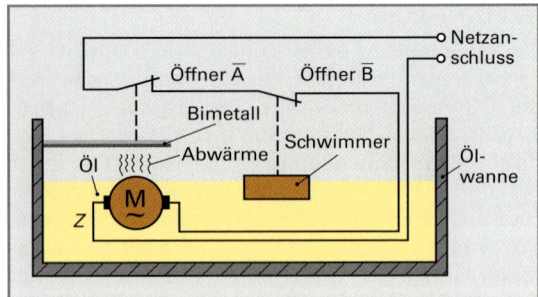

Bild 1: NOR-Funktion

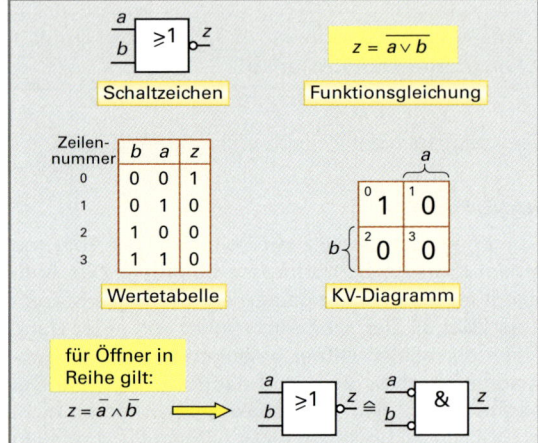

Bild 2: Darstellungsformen der NOR-Funktion

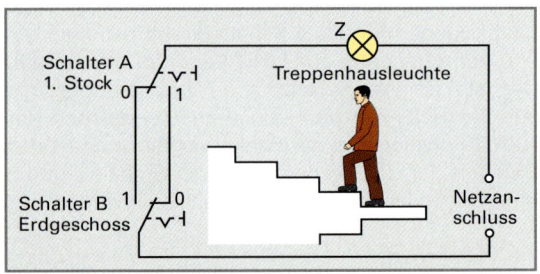

Bild 3: Exclusiv-ODER-Funktion

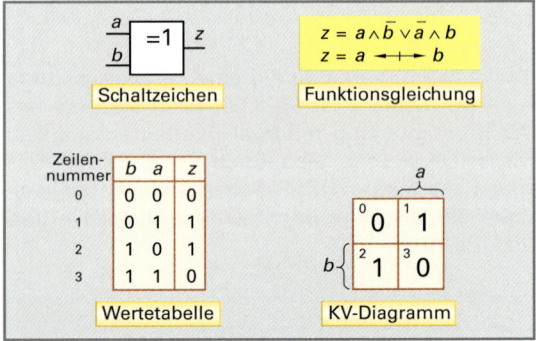

Bild 4: Darstellungsformen der XOR-Funktion

Es gilt immer: UND ($\wedge$) vor ODER ($\vee$).

Da bei der XOR-Funktion das Ausgangssignal z nur dann den Wert 1 führt, wenn die beiden Eingangssignale komplementäre Werte haben, nennt man die Funktion auch Antivalenz-Funktion (von lat. antivalens = entgegengesetzt wertig).

XNOR-Funktion (Exclusiv-NICHT-ODER)

Auf einer PC-Karte kann mit einem Jumper (Stecker, von to jump = springen) die Adresse 0 oder 1 eingestellt werden **(Bild 1)**. Mit dem Adresswahlschalter A soll auf die Karte zugegriffen werden. Die Freigabe $z = 1$ erfolgt nur, wenn die beiden Adressen übereinstimmen.

Das Ausgangssignal z der XNOR-Verknüpfung hat dann den Wert 1, wenn alle Eingangssignale den gleichen Wert führen.

Aus der Wertetabelle **(Bild 2)** entnimmt man, dass für $\bar{a} \wedge \bar{b}$ oder auch für $a \wedge b$ das Signal $z = 1$ ist. Damit gilt $z = \bar{a} \wedge \bar{b} \vee a \wedge b$. Das Ausgangssignal z ist bei allen 4 Zeilen komplementär zur XOR-Funktion, deshalb erhält man z auch aus einem XOR-Element und einem nachgeschalteten NICHT-Element (Bild 2). Da nur bei Gleichheit der Eingangssignalwerte der Ausgang den Wert 1 führt, nennt man die XNOR-Funktion auch Äquivalenz-Funktion (von lat. aequivalens = gleichwertig).

Normen logischer Funktionen

Die im Buch dargestellten Schaltzeichen entsprechen der IEC-Norm (International Electrotechnical Commission = internationale elektrotechnische Kommission). Obwohl die Norm international gültig ist, wird sie bei Datenblättern von ICs für logische und programmierbare logische Elemente von den IC-Herstellern nicht verwendet. Da die IC-Hersteller meist amerikanische Firmen sind, wird die amerikanische Norm ASA (Typ B) verwendet **(Tabelle 1)**.

Für die Programmierung von logischen Elementen fehlt auf der PC-Tastatur der UND-Operator $\wedge$. Deshalb benutzt man für logische Verknüpfungen oft die Rechenzeichen *, + und das Zeichen / (slash).

Die Zeichen * oder & entsprechen dem UND-Operator $\wedge$.
Die Zeichen + oder # entsprechen dem ODER-Operator $\vee$.
Die Zeichen / oder ! entsprechen dem NICHT-Operator.

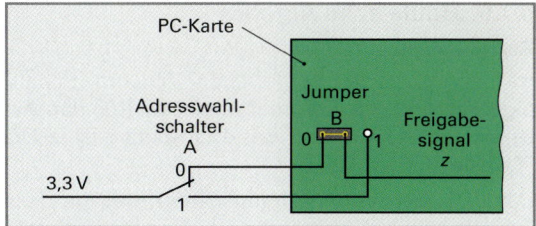

Bild 1: XNOR-Funktion

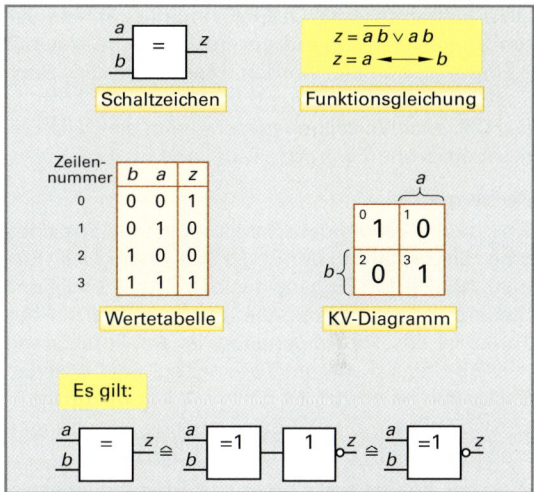

Bild 2: Darstellungsformen der XNOR-Funktion

Tabelle 1: Schaltzeichen nach verschiedenen Normen				
Funktion	IEC-Norm	am. Norm ASA (Typ B)	alte deutsche Norm	am. Norm ASA (Typ A)
UND	&			A
ODER	≥1			OR
NICHT	1			
NAND	&			A
NOR	≥1			OR
XOR	=1			X
XNOR	=			X

6.1.5 Boole'sche Algebra

Rechengesetze

Rechengesetze der Boole'schen[1] Algebra (Schaltalgebra) sind das Kommutativgesetz KG, das Assoziativgesetz AG und das Distributivgesetz DG **(Tabelle 1)**.

Das KG, auch Vertauschungsgesetz, besagt, dass bei logischen Elementen die Eingänge gleichwertig sind und somit vertauscht werden dürfen. Nach dem AG, auch Verbindungsgesetz, dürfen UND-Elemente oder ODER-Elemente mit mehreren Eingängen durch mehrere Elemente mit nur 2 Eingängen ersetzt werden. Man nennt dies auch Kaskadieren von Elementen (Tabelle 1). Mithilfe des DG, auch Verteilungsgesetz, kann ein UND-Element eingespart werden (Tabelle 1).

Rechenregeln

Eine häufig verwendete Schaltung ist die Torschaltung. Sie besteht in der Regel aus einem UND-Element **(Bild 1)**. Ein Eingang des UND-Tores bildet den Steuereingang zur Freigabe und zum Sperren des Tores. Ist das Tor freigegeben, ist am Torausgang dasselbe Signal wie am Toreingang, egal welchen Signalwert es besitzt. Es gilt $a \wedge 1 = a$. Bei gesperrtem Tor gilt $a \wedge 0 = 0$. Entsprechende Gleichungen erhält man beim ODER-Element (Bild 1).

Wird bei einem Logikelement ein Eingang nicht benötigt, kann er mit einem benachbarten Eingang überbrückt werden. Daraus lassen sich die Rechenregeln aus **Bild 2** ableiten.

> Wird ein Signal a mit sich selbst UND-verknüpft oder ODER-verknüpft, ist das Ergebnis das Signal a.

Bei programmierbaren Logikelementen kommt es vor, dass ein Signal mit der eigenen Invertierung verknüpft werden muss **(Bild 3)**. Je nach logischer Funktion erhält man den Wert 0 oder 1.

Wird ein Signal nach dem Invertieren nochmals invertiert, erhält es seinen ursprünglichen Wert **(Bild 4)**. Es gilt $\bar{\bar{a}} = a$.

Mit den Gesetzen nach de Morgan[2] **(Bild 5)** lassen sich logische Schaltungen algebraisch oder auch grafisch vereinfachen. Somit ist eine NAND-Funktion gleich einer ODER-Funktion mit negierten Eingängen und eine NOR-Funktion ist gleich einer UND-Funktion mit negierten Eingängen.

> Merke: Break the line, change the sign.

[1] George Boole, englischer Mathematiker und Philosoph, 1815 bis 1864
[2] Augustus de Morgan, englischer Mathematiker, 1806 bis 1871

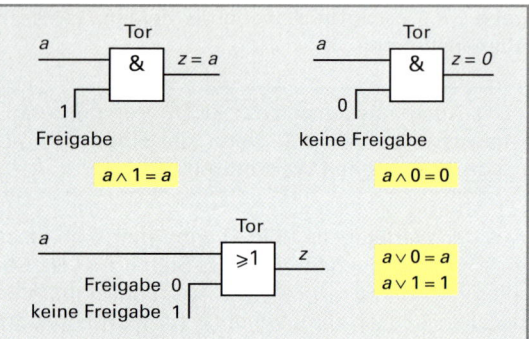

Tabelle 1: Rechengesetze

Art	Gleichungen	Beispiele
KG	$a \wedge b = b \wedge a$ $a \vee b = b \vee a$	
AG	$a \wedge b \wedge c = (a \wedge b) \wedge c$ $a \vee b \vee c = a \vee (b \vee c)$	
DG	$a \wedge b \vee a \wedge c = a \wedge (b \vee c)$ bzw. $ab \vee ac = a(b \vee c)$	

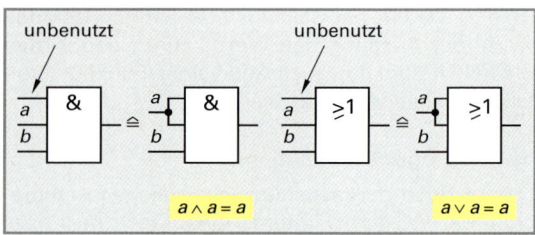

Bild 1: Torschaltungen

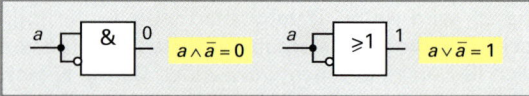

Bild 2: Beschaltung unbenutzter Eingänge

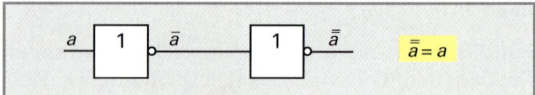

Bild 3: Verknüpfungen von a mit $\bar{a}$

Bild 4: Doppelte Invertierung

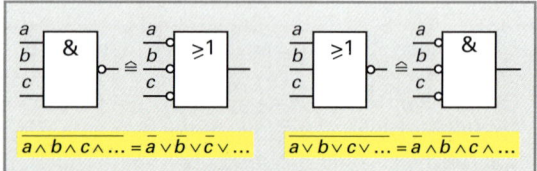

Bild 5: Gesetze nach de Morgan

Beispiel 1: Schaltungen vereinfachen

Zum Aufbau der Logikschaltung **(Bild 1)** benötigt man 3 verschiedene IC. Die Schaltung soll so verändert werden, dass sie mit dem IC 7400 (Bild 1) verwirklicht werden kann. Vereinfachen Sie die Schaltung nach den Regeln der Boole'schen Algebra a) auf schaltalgebraischem Weg, b) auf grafischem Weg.

Lösung:

a) 1. Schritt: Gleichung aufstellen.
$$z = a \wedge b \vee \bar{c}$$

2. Schritt: Doppelt negieren.
$$z = \overline{\overline{a \wedge b \vee \bar{c}}}$$

3. Schritt: Gesetz nach de Morgan anwenden.
$$z = \overline{\overline{a \wedge b} \wedge \overline{\bar{c}}}$$

4. Schritt: Doppelte Negierung aufheben.
$$z = \overline{\overline{a \wedge b} \wedge c}$$

z ist durch 2 NAND-Elemente mit 2 Eingängen realisierbar.

b) **Bild 2**

Ausnutzen von Freiheitsgraden

Mithilfe des Mauscursors soll das Signal $z = 1$ für Drucken erzeugt werden. Dazu wird mit der Maus in der Menüleiste unter dem Menü Datei der Befehl Drucken $a = 1$ gewählt oder in der Symbolleiste auf das Druckersymbol $b = 1$ geklickt **(Bild 3)**.

Beim Erstellen der Wertetabelle **(Bild 4)** wird in die Zeile 3 für das Signal z (drucken) das Zeichen X eingetragen. z hat dort nämlich weder den Wert 0 noch 1, da mit dem Mauscursor nicht gleichzeitig der Befehl Drucken und das Druckersymbol angeklickt werden kann. Die Eingangskombination $a = b = 1$ der Wertetabelle tritt also nie ein. Deshalb ist es egal, welchen Wert z in dieser Zeile führt. Man kann ihn wahlweise auf 0 oder auf 1 setzen.

> Der Freiheitsgrad X kann wahlweise auf 0 oder auf 1 gesetzt werden.

Man wird den Freiheitsgrad immer so wählen, dass sich die logische Schaltung vereinfacht, wenn dies möglich ist.

Beispiel 2: Logische Funktion ermitteln

Ermitteln Sie die Funktion für das Signal z (Drucken).
Lösung:
Bild 4, $z = a \vee b$

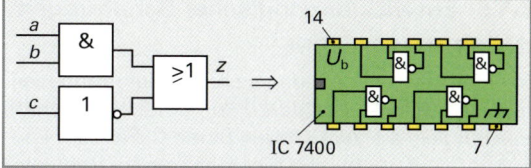

Bild 1: Problemstellung zu Beispiel 1

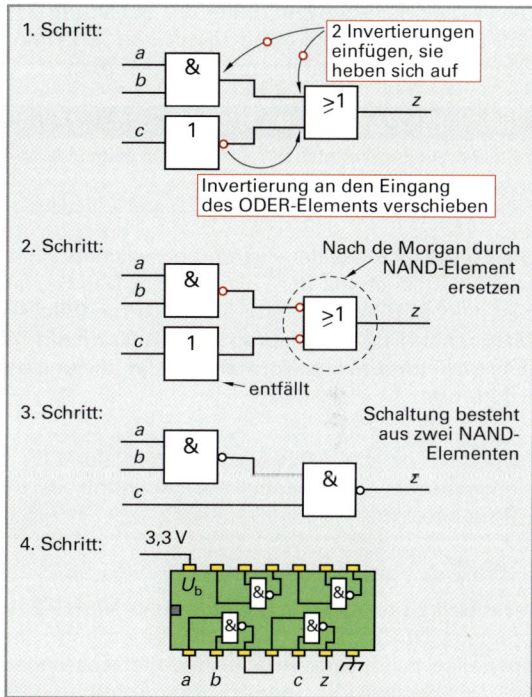

Bild 2: Grafische Vereinfachung nach de Morgan

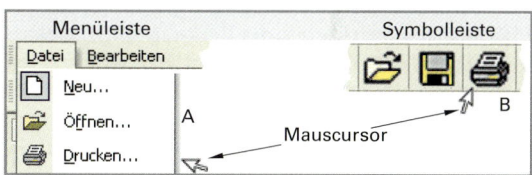

Bild 3: Erzeugen des Signals z für Drucken

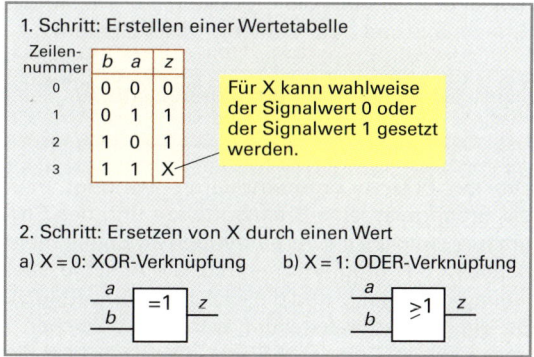

1. Schritt: Erstellen einer Wertetabelle

Zeilen-nummer	b	a	z
0	0	0	0
1	0	1	1
2	1	0	1
3	1	1	X

Für X kann wahlweise der Signalwert 0 oder der Signalwert 1 gesetzt werden.

2. Schritt: Ersetzen von X durch einen Wert
a) X = 0: XOR-Verknüpfung   b) X = 1: ODER-Verknüpfung

Bild 4: Ermitteln der Verknüpfung für das Signal z

6.1.6 Entwicklung logischer Schaltungen

ODER-Normalform DNF

In einem Tunnel befinden sich drei Belüftungsventilatoren **(Bild 1)**. Der Ventilator A hat eine höhere Leistung als die Ventilatoren B und C. Fällt der Ventilator A aus ($a = 0$) oder fällt mehr als ein Ventilator aus, leuchtet die Alarmleuchte Z auf ($z = 1$).

Die Wertetabelle zur Ermittlung der Schaltung hat drei Eingangsvariablen und damit $2^3 = 8$ Zeilen, welche von 0 bis 7 durchnummeriert werden.

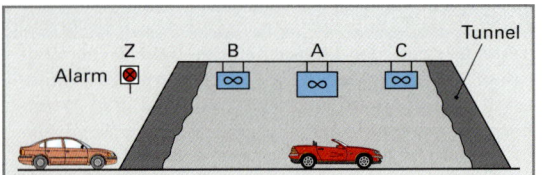

Bild 1: Tunnelbelüftung

> **Beispiel 1: Wertetabelle erstellen**
>
> Stellen Sie die Wertetabelle für das Alarmsignal auf.
>
> *Lösung:* **Bild 2**

Die Eingangsterme der Zeilen, bei welchen $z = 1$ ist, sind Teilmengen der Lösung für z. Das Signal z ist die ODER-Verknüpfung dieser Terme **(Bild 3)**. Man nennt diese Verknüpfung ODER-Normalform oder DNF (disjunktive Normalform, lat. disjunctus = getrennt).

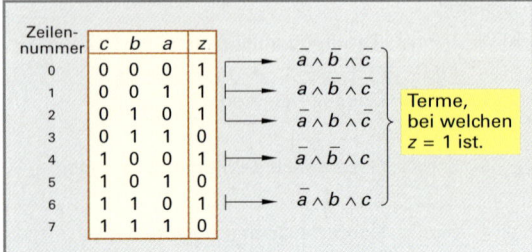

Bild 2: Wertetabelle für das Alarmsignal

$$z = \overline{a}\,\overline{b}\,\overline{c} \vee a\overline{b}\,\overline{c} \vee \overline{a}b\overline{c} \vee \overline{a}\,\overline{b}c \vee \overline{a}bc$$

Bild 3: DNF für das Alarmsignal

> Die DNF ist die ODER-Verknüpfung der Eingangsterme, für welche der Ausgang den Wert 1 führt.

Um die gewonnene Gleichung für z schaltungstechnisch zu realisieren, benötigt man NICHT-Elemente, UND-Elemente und ODER-Elemente, im speziellen Fall insgesamt vier ICs. Platzsparender ist, die Schaltung in einem programmierbaren IC bzw. PLD (programmable logic device = programmierbare Logikschaltung) zu programmieren. Ein PLD besitzt intern bereits die Verknüpfungsstruktur einer DNF **(Bild 4)**. Programmiert werden müssen nur die Verbindungen zwischen den Eingangssignalen und den Produktlinien. Diese Verbindungen werden durch Kreuze (x) gekennzeichnet (Bild 4). Eine Produktlinie besteht aus vielen einzelnen Leitern, aber nur solche sind wirksam, welche verbunden sind. Z. B. führt die Produktlinie 0 (Bild 4) die Signale $\overline{a}$, $\overline{b}$ und $\overline{c}$ zum unteren UND-Element.

> Ein PLD enthält die Verknüpfungsstruktur der DNF.

Um ein PLD zu programmieren, benötigt man ein Brenngerät, eine Brennsoftware und das Programm, welches die Verbindungen im Bauelement herstellt. Das Programm enthält die Anschlussbelegung der Signale und die Gleichung für z **(Bild 5)**. Bei der Programmerstellung werden die Zeichen * und + für UND und ODER und der Slash / für die Negierung verwendet.

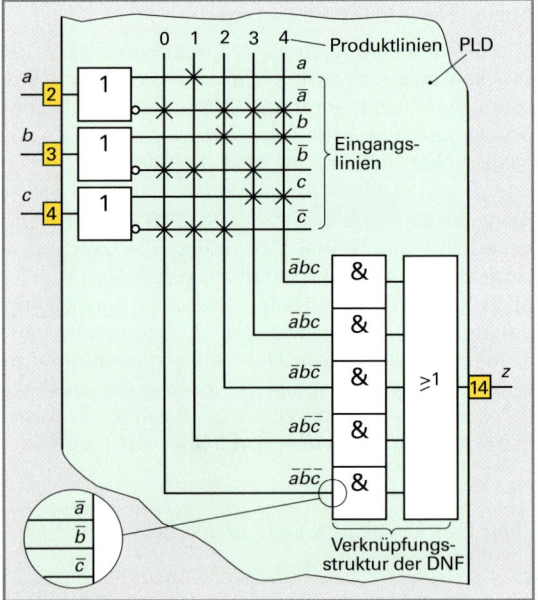

Bild 4: Realisierung der DNF in einem PLD

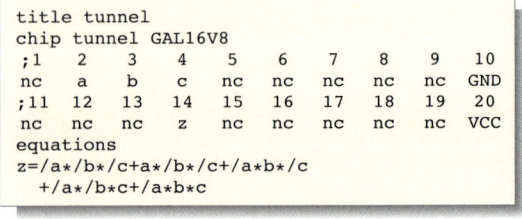

```
title tunnel
chip tunnel GAL16V8
;1    2     3     4     5     6     7     8     9    10
nc    a     b     c     nc    nc    nc    nc    nc   GND
;11   12    13    14    15    16    17    18    19   20
nc    nc    nc    z     nc    nc    nc    nc    nc   VCC
equations
z=/a*/b*/c+a*/b*/c+/a*b*/c
   +/a*/b*c+/a*b*c
```

Bild 5: Programmierung eines PLD, hier GAL 16V8

KV-Diagramm

Eine minimierte (kürzeste) Form der Schaltfunktion für das Ausgangssignal z (Bild 3, vorhergehende Seite) liefert das KV-Diagramm. Da die Wertetabelle 8 Zeilen besitzt, besteht das KV-Diagramm aus 8 Quadraten. Die Signalzuordnung zeigt **Bild 1**.

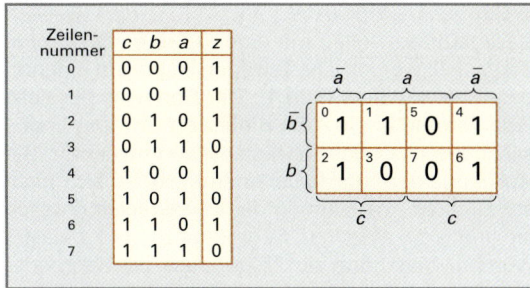

Bild 1: KV-Diagramm für z

> **Beispiel 1: KV-Diagramm erstellen**
>
> Übertragen Sie die Werte für z in das KV-Diagramm.
>
> *Lösung:* **Bild 1 und Bild 2**

Um die Schaltfunktion für z minimiert zu erhalten, müssen immer möglichst viele Quadrate mit den Werten $z = 1$ zusammengefasst werden. Dabei können benachbarte und gegenüber liegende Quadrate in Vierergruppen oder Zweiergruppen zusammengefasst werden. Die so gewonnenen Terme, hier $\bar{a}$ und $\bar{b} \wedge \bar{c}$, werden ODER-verknüpft (Bild 2).

Zum Aufbau der Schaltung benötigt man drei IC (NICHT, UND, ODER). Die minimierte Schaltfunktion liefert zwar die kürzeste Form der Schaltfunktion, aber nicht den einfachst möglichen Schaltungsaufbau. Dazu wird die Gleichung umgeformt **(Bild 3)**. Als Lösung erhält man eine Funktion, die ausschließlich mit NAND-Elementen verwirklicht werden kann, da die Invertierungen $\bar{b}$ und $\bar{c}$ durch NAND-Elemente mit überbrückten Eingängen ersetzt werden können **(Bild 4)**.

> **Beispiel 2: Vereinfachte Schaltung aufbauen**
>
> Bauen Sie die Logikschaltung für z mit einem NAND-IC 74LS00 auf.
>
> *Lösung:* **Bild 5**

Wie das Beispiel der Tunnelbelüftung zeigt, ist die Schaltungsentwicklung mit dem KV-Diagramm im Gegensatz zu der mit der DNF viel rechenintensiver und die Fehlerwahrscheinlichkeit höher. Die DNF liefert zwar die längere Schaltfunktion, diese lässt sich aber in einem einzigen IC, einem PLD, programmieren. Die Schaltzeiten des PLD sind ähnlich schnell wie die des NAND-Bauelements, da auch der PLD eine Hardware-Schaltung ist. Die Programmier-Software wird bei PLD nur benötigt, um die Hardware der Bauelemente zu konfigurieren (einzustellen).

> Bei der Schaltungsentwicklung mit PLD ist die Erstellung der Schaltfunktion mit der DNF schneller und sicherer als mit dem KV-Diagramm.

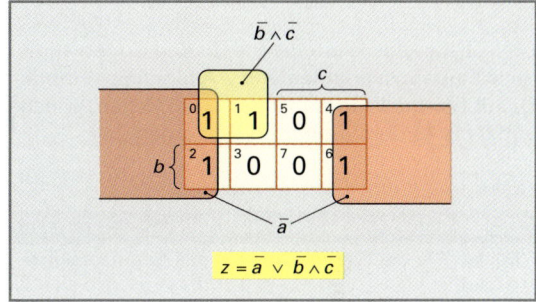

Bild 2: Ermitteln der minimierten Schaltfunktion

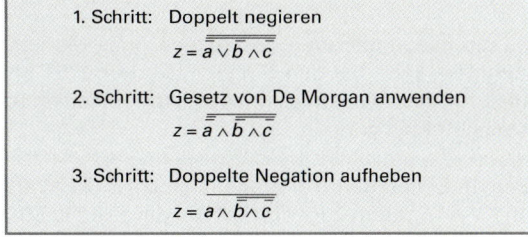

Bild 3: Umformen der minimierten Schaltfunktion

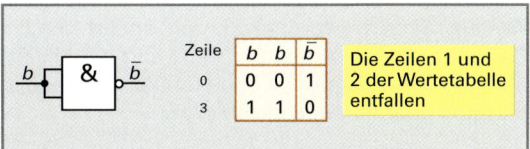

Bild 4: NICHT-Verknüpfung mit NAND-Element

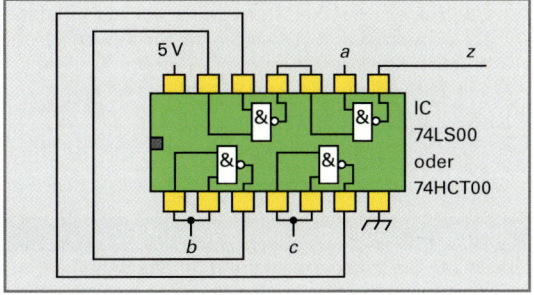

Bild 5: Schaltungsaufbau mit NAND-Bauelement

Die im Aiken-Code (Abschnitt 6.1.3) verschlüsselten Dezimalziffern sollen mit einer 7-Segment-Anzeige dargestellt werden. Die Tetraden liegen am Eingang des Codewandlers (**Bild 1**). Der Codewandler setzt jede Tetrade in ein 7-Bit-Binärwort um. Die Logikschaltung des Codewandlers ist zu entwickeln. Die Ausgänge der Logikbauelemente eignen sich nicht zur direkten Ansteuerung des Anzeigeelements, da sie durch die einzelnen Segmente zu stark belastet würden. Dies hätte zur Folge, dass die Segmente schwächer und ungleichmäßig hell leuchten. Deshalb werden Treiberelemente dazwischengeschaltet.

Die vollständige Wertetabelle für den Codewandler hat 4 Eingangsvariablen und 7 Ausgangsvariablen. Damit hat die Wertetabelle 2^4 = 16 Zeilen, welche von 0 bis 15 durchnummeriert werden.

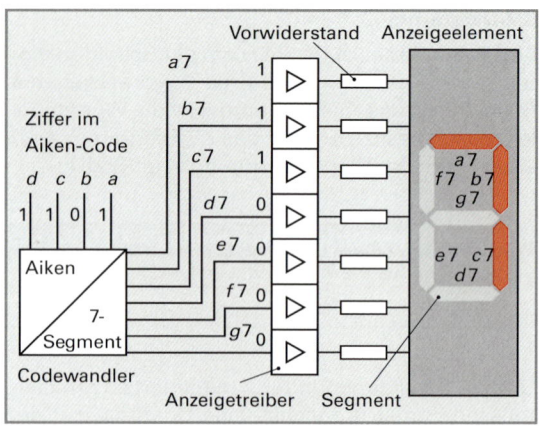

Bild 1: Anzeige der Ziffern des Aiken-Codes

Beispiel 1: Wertetabelle erstellen

Stellen Sie die Wertetabelle für das Segmentsignal $e7$ auf.

Lösung: **Bild 2**

Da die Pseudotetraden des Aiken-Codes nie vorkommen, kann bei den Eingangswerten 0101 bis 1010 für das Ausgangssignal $e7$ ein Freiheitsgrad X eingetragen werden.

Den 16 Zeilen der Wertetabelle sind 16 Quadrate im KV-Diagramm zugeordnet. Die dargestellte Zuordnung (Bild 2) ist nicht genormt. In der Fachliteratur existieren mehrere Zuordnungsmuster. Abhängig davon wie die Signale a, b, c und d am KV-Diagramm angeordnet werden, ändert sich die Zählfolge der Quadrate. Der Aufwand bei der Ermittlung der minimierten Schaltfunktion ist jedoch bei allen Zuordnungen gleich groß.

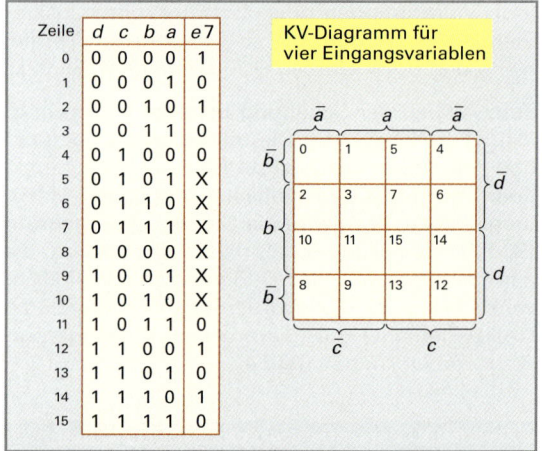

Bild 2: Signalzuordnung Wertetabelle – KV-Diagramm

Beispiel 2: Minimierte Schaltfunktion ermitteln

a) Übertragen Sie die Signalwerte für $e7$ in das KV-Diagramm und fassen Sie die Signalwerte 1 in möglichst großen Gruppen zusammen.
b) Geben Sie die minimierte Schaltfunktion an.

Lösung: a) **Bild 3**   b) $e7 = \bar{a} \wedge \bar{c} \vee \bar{a} \wedge d$.

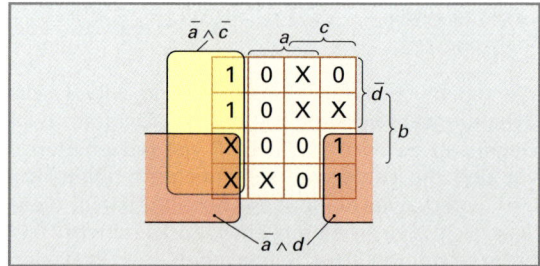

Bild 3: KV-Diagramm für das Segment $e7$

Beispiel 3: Logikschaltung zeichnen

Zeichnen Sie die Logikschaltung für das Signal $e7$.

Lösung: **Bild 4**

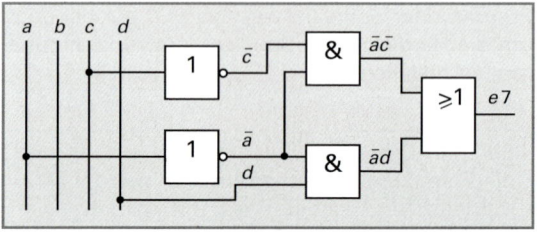

Bild 4: Logikschaltung für das Segment $e7$

Schaltungssimulation mit PSpice

Bevor Schaltungen aufgebaut werden, wird ihre Funktionsweise meist mit einem Simulationsprogramm, z. B. `PSpice`, simuliert. Für die von vielen Hochschulservern herunterzuladende Version 9.1 mit der Installationsdatei 91pspstu.exe, z. B. bei www.electronics-lab.com, gibt es die meisten Beispielsimulationen kostenlos im Internet. Mit dem Programmmodul `Schaltplaneditor` wird zunächst die Schaltung gezeichnet, hier die der Tunnelbelüftung **(siehe Seite 198 und Bild 1)**. Durch Klicken auf die Schaltfläche `Bauelemente suchen` **(Bild 2)** werden nacheinander die Elemente `NAND` und `DigStim` im Schaltplan platziert. Die Elemente `DigStim` sind die Signalquellen der Eingangssignale *a*, *b* und *c*. Über die Schaltfläche `Verdrahten` werden die Elemente verbunden. Durch einen Doppelklick mit der linken Maustaste auf die Verbindungsleitungen können diese über ein sich öffnendes Fenster mit Signalnamen versehen werden, z. B. mit *a*.

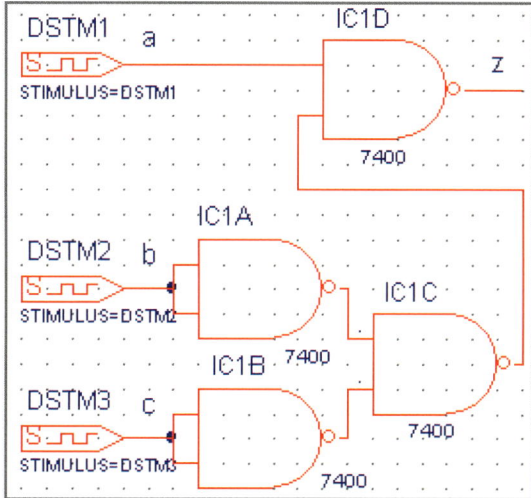

Bild 1: Schaltplan der Tunnelbelüftung

Übung 1: Schaltplan zeichnen

Zeichnen Sie den Schaltplan der Tunnelbelüftung mithilfe des Schaltplaneditors von `PSpice`.

Lösung: **Bild 1**

Ist die Schaltung gezeichnet, muss sie abgespeichert werden. Bei der Vergabe des Programmnamens darf kein Umlaut verwendet werden, z. B. ä oder ü, da amerikanische Software diese Zeichen nicht verarbeitet. Die Simulation würde verweigert werden.

Zum Einstellen der Signalquellen `DigStim` werden diese doppelt angeklickt. Es öffnet sich das Programmmodul `Stimulus Editor` **(Bild 3)**. Über ein Fenster wird für jede Signalquelle die Periodendauer (Period) und die Impulsdauer (On time) in Sekunden eingegeben. Dabei hat, wie in der Wertetabelle von oben nach unten betrachtet, *a* einen doppelt so schnellen Wechsel der Werte 0 und 1 wie *b* und *b* einen doppelt so schnellen Wechsel der Werte 0 und 1 wie *c*.

Übung 2: Signalquellen konfigurieren

Stellen Sie die Signalquellen `DigStim` ein.

Lösung: **Bild 3**

Um ein Zeitablaufdiagramm der Signale zu erhalten, muss die Transienten-Analyse aktiviert werden. Dazu wird die Schaltfläche `Analyseart wählen` (Bild 2) und die Schaltfläche `Transient...` angeklickt. Es öffnet sich das Fenster **(Bild 4)**. Eingegeben werden müssen die Endzeit

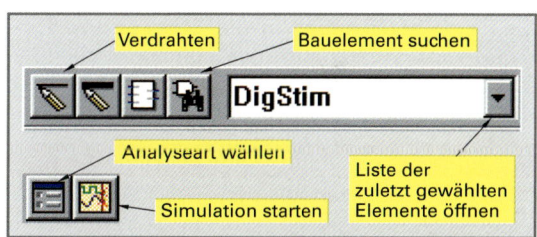

Bild 2: Schaltflächen der Menüleiste

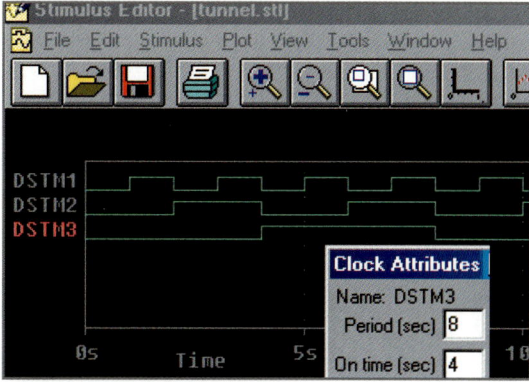

Bild 3: Stimulus Editor

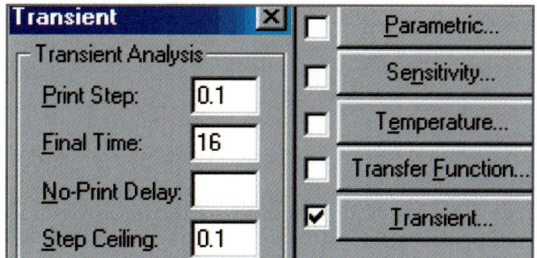

Bild 4: Transienten-Analyse einstellen

der Simulation (Final Time), die Zeichengenauigkeit und Rechengenauigkeit (Print Step und Step Ceiling). Durch Wahl der Final Time wird festgelegt, wie viele Signalzyklen dargestellt werden. Mit der Eingabe 16 s werden 2 Zyklen simuliert.

Das Programmmodul PSpice wird durch Mausklick auf die Schaltfläche Simulation starten aktiviert (Bild 2, vorhergehende Seite). Wurde die Rechengenauigkeit sehr hoch eingestellt, was bei Digitalschaltungen nicht notwendig ist, dauert der Rechenvorgang ein paar Sekunden. Danach öffnet sich automatisch das Programmmodul Probe **(Bild 1)**, jedoch noch ohne einen der Signalverläufe. Durch Klicken auf die Schaltfläche Kurve hinzufügen (Add trace, Bild 1) öffnet sich ein Fenster zur Auswahl der Signale **(Bild 2)**. Die Signale werden unter Simulation Output – Variables (Simulations-Ausgangsvariablen) in der Reihenfolge angeklickt, wie sie grafisch dargestellt werden sollen. Mit jeder Signalauswahl wird die Signalbezeichnung in die Zeile Trace Expression (Kurvenausdruck) aufgenommen (Bild 2). Durch Klicken auf die Schaltfläche OK wird das Zeitablaufdiagramm der Signale dargestellt.

Übung 1: Zeitablaufdiagramm zeichnen

Stellen Sie das Zeitablaufdiagramm der Signale a, b, c und z dar.

Lösung: **Bild 1**

Durch Mausklick auf die Schaltfläche Fadenkreuz (Bild 1) erscheint eine Signalerfassungslinie, welche mit der Maus horizontal hin und her bewegt werden kann. Die so erfassten Signalwerte werden neben den Signalbezeichnungen angezeigt (Bild 1). Man stellt fest, dass die Werte im dargestellten Diagramm der Wertetabelle entsprechen. Damit ist sichergestellt, dass die entwickelte Schaltung die angestrebte Schaltfunktion erfüllt.

6.1.7 Digitalschaltungen mit speicherndem Verhalten

Enthalten Digitalschaltungen Signalrückkopplungen von einem Ausgang auf einen Eingang, besitzen sie Speicherfähigkeit **(Bild 3)**. Solche Schaltungen nennt man auch sequenzielle Schaltungen, während Schaltungen ohne Speicherverhalten kombinatorische Schaltungen genannt werden. In der Schaltung Bild 3 kann für $a = 0$ und $b = 1$ das Ausgangssignal z sowohl den Wert 0 als auch den Wert 1 führen.

Welchen Wert das Signal z führt, hängt davon ab, welche Werte die Signale a und b hatten, bevor $a = 0$ und $b = 1$ wurden.

Kombinatorische Schaltung = Schaltung ohne speicherndes Verhalten.
Sequenzielle Schaltung = Schaltung mit speicherndem Verhalten.

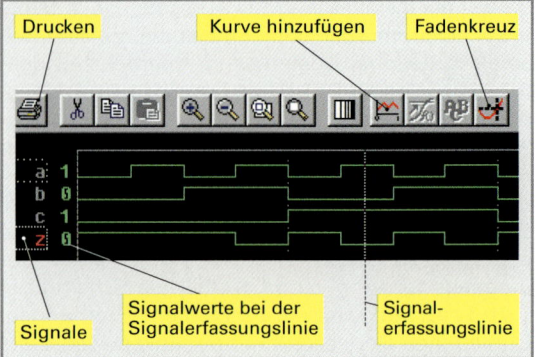

Bild 1: Kurvenausgabe

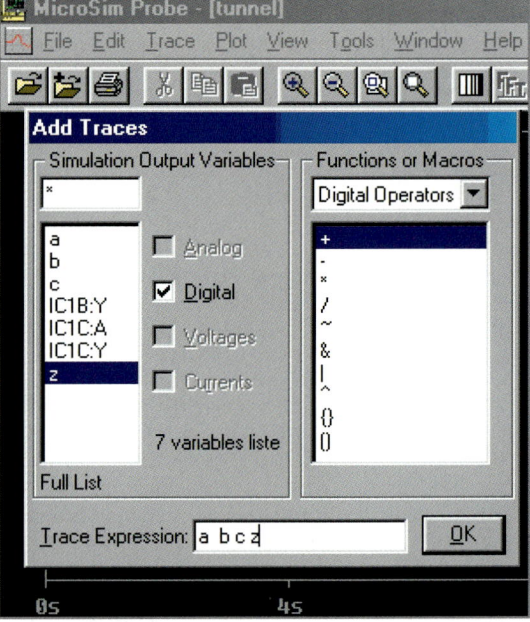

Bild 2: Kurvenauswahl

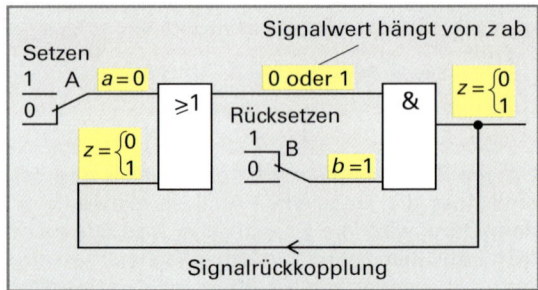

Bild 3: Schaltung mit speicherndem Verhalten

Haben *a* und b den Wert 1, wird *z* auf den Wert 1 gesetzt, haben *a* und *b* den Wert 0, wird *z* auf den Wert 0 zurückgesetzt. Für a = 0 und b = 1 wird der entsprechende Wert für *z* gespeichert. Einen solchen 1-Bit-Speicher nennt man auch Kippelement, Kippglied oder bistabile Kippschaltung.

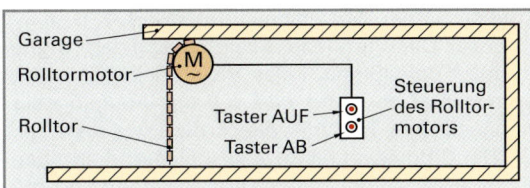

Bild 1: Rolltorsteuerung

Bistabile Kippschaltung (Flipflop)

Durch Betätigen des Tasters AUF wird das Rolltor einer Garage geöffnet **(Bild 1)**. Durch Betätigen des Tasters AB wird es wieder geschlossen. Im betätigten Zustand der Taster, kann sich das Tor öffnen oder schließen.

Die notwendige Schaltung besteht aus einem RS-Kippelement (RS = reset, set bzw. Rücksetzen, Setzen). Dessen Ausgang *q* wird mit *s* = 1 gesetzt und *r* = 1 zurückgesetzt **(Bild 2)**. Der Signalzustand *r* = *s* = 1 ist verboten. Dieser Zustand wird vermieden, indem man eine zusätzliche Ansteuerlogik vor den Eingängen *r* und *s* des RS-Kippelements anbringt. Dabei wird zwischen Setzdominanz (von lat. dominare = vorherrschen) und Rücksetzdominanz unterschieden **(Bild 3)**.

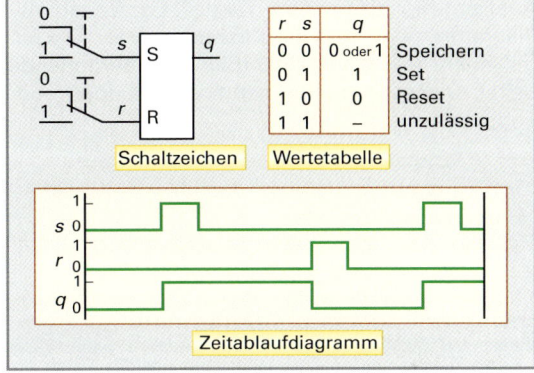

Bild 2: Darstellungsformen des RS-Kippelements

> Für *r* = *s* = 1 hat der Ausgang des setzdominanten RS-Kippelements den Wert 1, der des rücksetzdominanten RS-Kippelements den Wert 0.

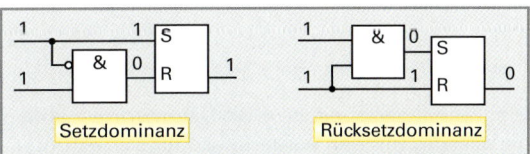

Bild 3: RS-Kippelemente ohne verbotenem Zustand

Taktabhängige Kippelemente

Auf einer Prozessorplatine **(Bild 4)** befindet sich ein Taktgenerator mit einem Schwingquarz, welcher die Taktfrequenz 4 MHz ausgibt. Mithilfe von Kippelementen soll die Taktfrequenz auf 1 MHz vermindert werden.

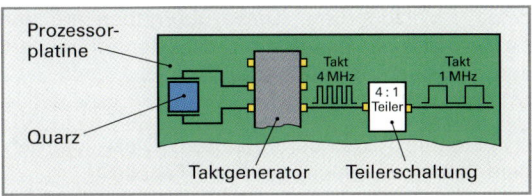

Bild 4: Frequenzteilung

> Schaltungen aus Kippelementen, welche Taktfrequenzen vermindern, heißen Frequenzteiler.

Zum Aufbau von Frequenzteilern eignen sich JK-MS-Kippelemente **(Bild 5)**. Sie besitzen einen Takteingang *c* (von clock = Takt), die Eingänge *j* und *k* und den Ausgang *q* sowie dessen Invertierung $\bar{q}$. Die Bezeichnung MS (von Master Slave = Meister Sklave) weist darauf hin, dass das JK-MS-Kippelement intern aus einem Master-Kippelement und einem Slave-Kippelement aufgebaut ist. Die Ausgänge *q* und $\bar{q}$ solcher Kippelemente sind zweiflankengesteuert. Mit der Taktvorderflanke des Taktsignals *c* werden die Werte der Signale *j* und *k* erfasst, z. B. *j* = 1 und *k* = 0 (Bild 5), mit der Taktrückflanke des Taktsignals wird der Wert der Ausgangssignale *q* und $\bar{q}$ ent-

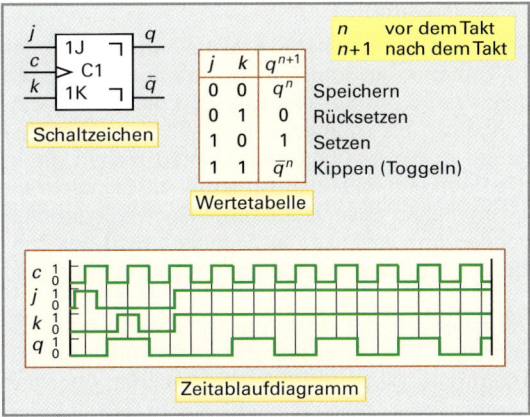

Bild 5: Darstellungsformen des JK-MS-Kippelements

sprechend der Wertetabelle verändert, z. B. $z = 1$ (Setzen). Die Wertetabelle zeigt, dass j dem Signal s und k dem Signal r des RS-Kippelements entsprechen. Z. B. ist für $j = k = 0$ das Ausgangssignal nach dem Takt q^{n+1} gleich dem vor dem Takt q^n. Der Signalwert bleibt also speichernd erhalten. Beim JK-MS-Kippelement gibt es keinen verbotenen Zustand. Für $j = k = 1$ ist das Ausgangssignal nach dem Takt q^{n+1} gleich der Invertierung des Ausgangssignals vor dem Takt q^n. Das Zeitablaufdiagramm zeigt, dass das Kippelement für $j = k = 1$ mit jedem Taktimpuls kippt (Bild 5, vorhergehende Seite). Dieses Verhalten nennt man Kippen oder Toggeln.

> Im Kippbetrieb halbiert das JK-MS-Kippelement die Taktfrequenz.

Beispiel 1: Frequenzteiler entwerfen

Entwerfen Sie einen Frequenzteiler, der die Taktfrequenz eines Taktgenerators viertelt.

Lösung: **Bild 1**

Die Signalwerte eines 4-Bit-Datenwortes sollen gleichzeitig mit der Vorderflanke eines Taktimpulses zur Anzeige gebracht werden **(Bild 2)**. Die Ausgabeeinheit besteht aus vier D-Kippelementen (D von delay = Verzögerung). Diese übergeben mit der Taktvorderflanke des Taktimpulses den Signalwert von d an den Ausgang q **(Bild 3)**.

Die Kippelementarten RS, JK und D gibt es in verschiedenen Taktsteuerungsarten. Diese werden dem Schaltzeichen entnommen **(Tabelle 1)**.

Zähler (counter)

Bei einer Tablettenabfüllanlage werden immer 10 Tabletten je Röhrchen abgezählt **(Bild 4)**. Mit dem Wert 0 am Setzeingang wird die an den Eingängen e_1 bis e_4 anliegende Zahl 10 an die Ausgänge q_1 bis q_4 übertragen. Unterbrechen die in das Röhrchen fallenden Tabletten die Lichtschranke, entstehen positive Zählimpulse. Mit jeder steigenden Impulsflanke des Signals c wird der Zählerstand an den Ausgängen dekrementiert (um den Binärwert 1 vermindert). Sind 10 Tabletten im Röhrchen, ist der Ausgangszählerstand 0000. Es entsteht am Abwärtsübertrag $\bar{u}$- ein kurzer negativer Impuls. Dieser wird dazu verwendet, über das Signal *set* den Zählerstand 10 wieder neu zu laden und die Tablettenzufuhr zu unterbrechen.

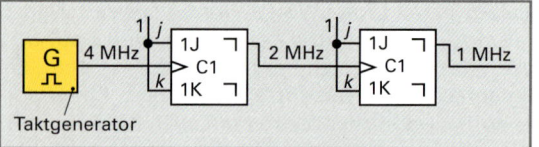

Bild 1: Frequenzteilung 4 : 1

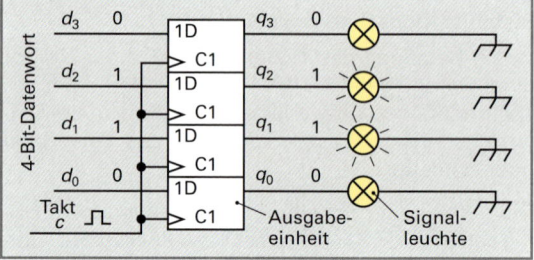

Bild 2: Ausgabe eines Datenwortes

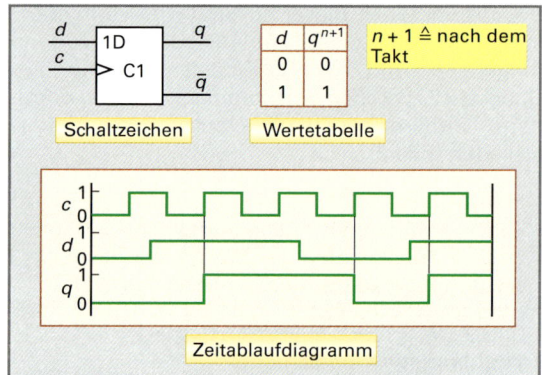

Bild 3: Darstellungsformen des D-Kippelements

Tabelle 1: Taktsteuerungsarten

Art	Vorder-flanke	Rück-flanke	Zwei Flanken (MS)	Taktzu-stand
Sym-bolik	C1	C1	C1	C1

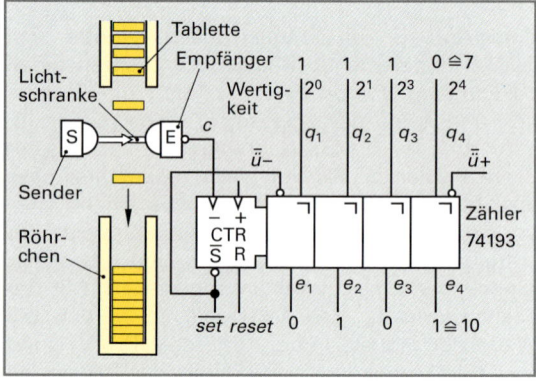

Bild 4: Tablettenabfüllanlage

Der Zähler ist ein IC, in welchem intern der Takt c alle Ausgangskippelemente synchron (gleichzeitig) ansteuert. Aufwärtszählen und Abwärtszählen wird bei einigen IC über einen Takteingang durchgeführt. Ein zusätzlicher Steuereingang legt dann die Zählrichtung fest. Neben Binärzählern gibt es auch Dezimalzähler.

> Bei Dezimalzählern ist der höchste Zählerstand 9.

Schieberegister

Mithilfe von zwei 4-Bit-Schieberegistern soll das Binärwort 1111 seriell übertragen werden (**Bild 1**). Zuvor wird das Binärwort in das erste Schieberegister parallel eingelesen. Zum Schaltungsaufbau stehen zwei IC 74194 zur Verfügung (**Bild 2**). Bei ihnen wird die Betriebsart über die Wertekombination der Steuersignale s_1 und s_0 eingestellt. Die Betriebsart wird mit der steigenden Flanke des Taktsignals c wirksam. Bei der Betriebsart Rechtsschieben wird der Wert von dsr (von data shift right = Daten schieben rechts) nach q_1 eingelesen. Die Werte von q_2 bis q_4 werden durch die Werte von q_1 bis q_3 ersetzt. Das Signal dsl (von data shift left = Daten schieben links) ist entsprechend beim Linksschieben aktiviert.

> **Beispiel 1: Schaltplan Datenübertragung entwickeln**
>
> Entwickeln Sie die Schaltung zur seriellen Datenübertragung des Binärwortes 1111.
>
> *Lösung:* **Bild 3**

Der Schaltplaneditor von `PSpice` besitzt die Elemente `HI` = high = 1 und `LO` = low = 0, um Eingänge mit Signalwerten zu belegen. Damit die Schaltung simuliert werden kann, muss die Schaltfläche `Analyseart wählen` angeklickt werden und im

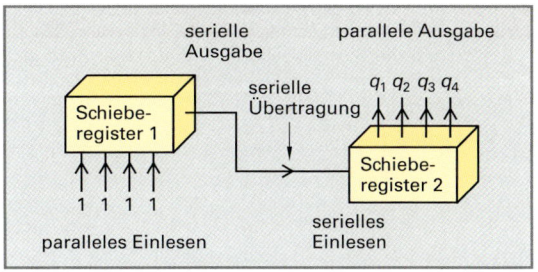

Bild 1: Serielle Datenübertragung mit Schieberegistern

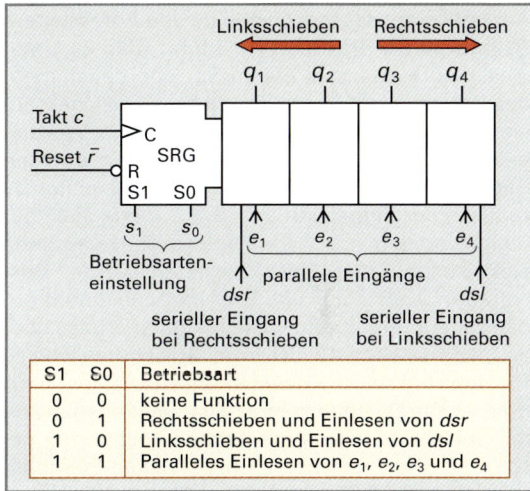

S1	S0	Betriebsart
0	0	keine Funktion
0	1	Rechtsschieben und Einlesen von dsr
1	0	Linksschieben und Einlesen von dsl
1	1	Paralleles Einlesen von e_1, e_2, e_3 und e_4

Bild 2: Schieberegister-IC 74194

Fenster `Digtal Setup` die `Flipflop Initialization` (Kippelement-Einstellung) auf `All 0` gestellt werden. Dadurch haben alle acht Schieberegisterausgänge zum Simulationsbeginn den Signalwert 0. Durch Doppelklick auf die Leitungen werden die Signalnamen eingegeben. Zwei verschiedene Leitungen dürfen nicht denselben Namen erhalten. Leitungsnamen dürfen keine Leerzeichen oder Sonderzeichen enthalten.

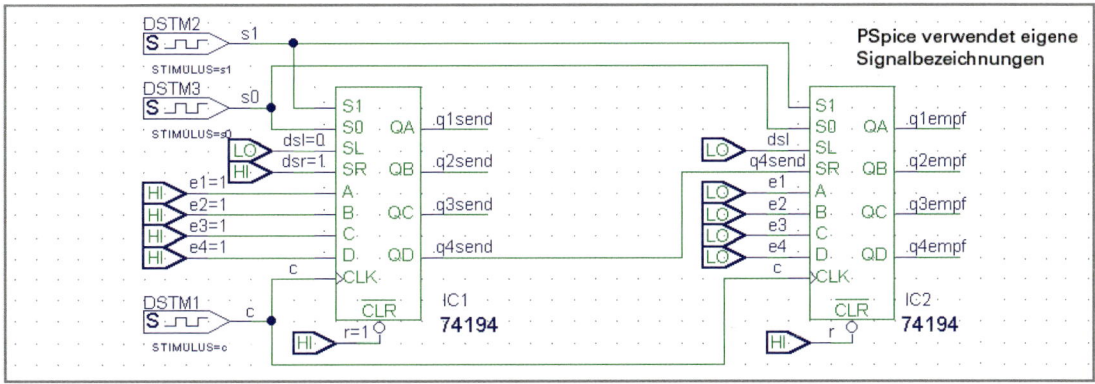

Bild 3: Schaltplan für die serielle Datenübertragung

Übung 1: Zeitablaufdiagramm ausgeben

Stellen Sie die Signalquellen `DigStim` ein und simulieren Sie zwei Signalzyklen der seriellen Datenübertragung.

Lösung: **Bild 1**

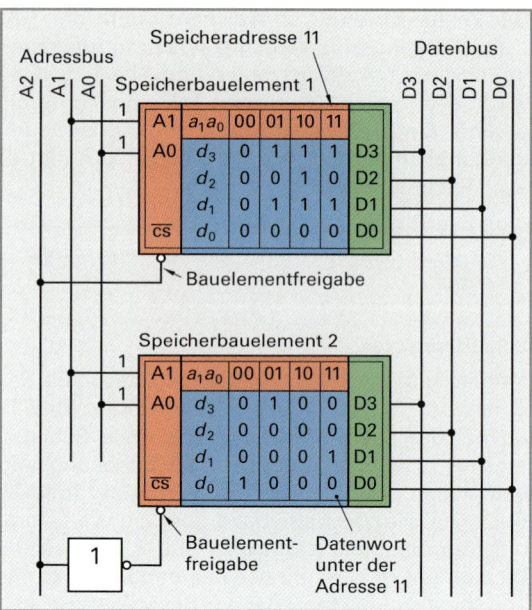

Bild 2: Prinzip der Speicheradressierung

6.1.8 Tristate-Schaltelemente

Zwei Speicherbauelemente liegen an einem Adressbus an, welcher an den beiden Adressleitern A1 und A0 die Adresse 11 ≙ 3 führt **(Bild 2)**. Unter dieser Adresse ist im ersten Speicherbauelement das Datenwort 1010 und im zweiten Speicherbauelement das Datenwort 0010 abgelegt. Würden beide Speicherbauelemente gleichzeitig auf den Datenbus zugreifen, würde auf den Datenleiter D3 zugleich der Signalwert 1, z. B. 3,3 V wie auch der Signalwert 0, d. h. 0 V angelegt werden, was einen elektrischen Kurzschluss bedeuten würde. Deshalb darf immer nur ein Speicherbauelement auf den Datenbus zugreifen. Die Freigabe erfolgt über den Adressleiter A2 der zum Speicheranschluss CS (von chip select = Bauelement auswählen) führt (Bild 2). Die Datenausgänge aller nicht ausgewählten Speicherbauelemente werden hochohmig geschaltet. Dies geschieht über Tristate-Elemente (tristate = drei Zustände), welche sich an den Datenausgängen befinden **(Tabelle 1)**.

Tristate-Elemente nehmen am Ausgang die Signalwerte 0, 1 oder hochohmig an.

Das Signal $\overline{cs}$ eines Speicherbauelements wird intern den Steueranschlüssen EN (von to enable = freigegeben) der Tristate-Elemente an den Datenausgängen zugeführt.

Tabelle 1: Tristate-Elemente

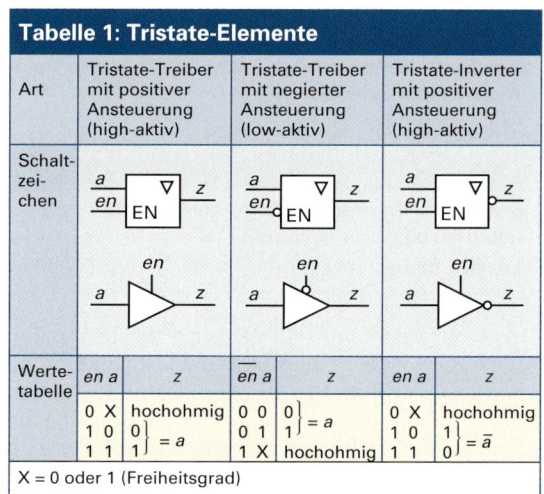

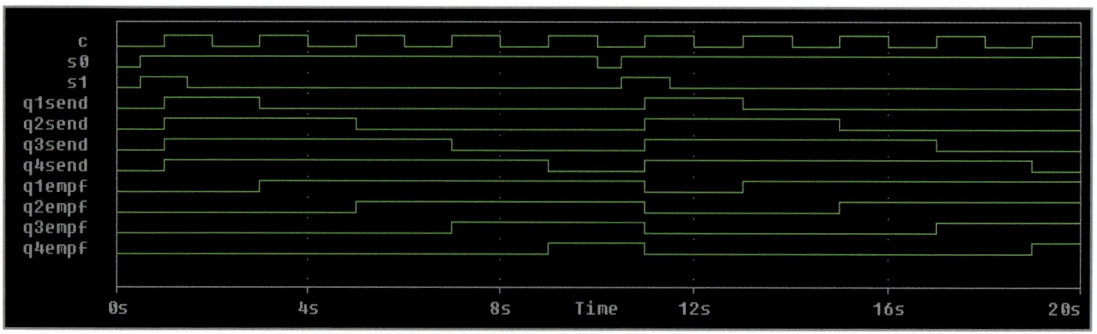

Bild 1: Zeitablaufdiagramm der seriellen Datenübertragung mit Schieberegistern

6.1.9 Multiplexer, Demultiplexer

Die Signale von vier Datenkanälen sollen über eine einzige Leitung übertragen werden und am Leitungsende wieder auf vier Datenkanäle verteilt werden (**Bild 1**). Die Übertragungsleitung steht dazu jedem Datenkanal zyklisch für eine kurze Zeitspanne zur Verfügung. Diese Mehrfachausnutzung der Übertragungsleitung nennt man Zeitmultiplex.

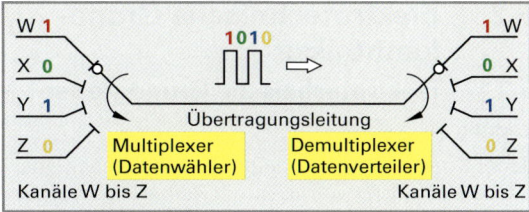

Bild 1: Zeitmultiplex

> Beim Zeitmultiplexverfahren werden die Daten mehrerer Kanäle zeitlich versetzt auf einer Leitung übertragen.

Das Abtasten der Kanäle geschieht durch einen Multiplexer, das Verteilen auf die Kanäle am Übertragungsende durch einen Demultiplexer. Beide müssen im Gleichtakt auf die Kanäle zugreifen. Diese Synchronisierung erfolgt durch Adressdecoder. Sie erzeugen nacheinander für jeden Datenkanal je einen Freigabeimpuls, z. B. k_1, k_2, k_3 und k_4.

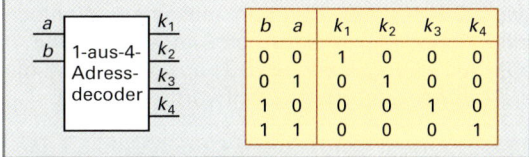

Bild 2: 1-aus-4-Adressdecoder

Beispiel 1: Wertetabelle eines Adressdecoders erstellen

Entwickeln Sie die Wertetabelle eines Adressdecoders für vier Datenkanäle.

Lösung: **Bild 2**

Die Freigabeimpulse eines Adressdecoders geben nacheinander die vier UND-Tore des Multiplexers frei (**Bild 3**). Ein nachgeschaltetes ODER-Element leitet das Signal des freigegebenen Kanals auf die Übertragungsleitung. Der Demultiplexer besteht aus Torschaltungen, die gleichermaßen durch einen Adressdecoder zyklisch freigegeben werden (Bild 3). Beide Adressdecoder werden über dieselben Adresssignale a und b adressiert.

Beispiel 2: Adresseingänge berechnen

Wie viele Adresseingänge benötigen die Adressdecoder beim Zeitmultiplex von 16 Datenkanälen?

Lösung:
Da $2^4 = 16$, benötigt man **4 Adresseingänge**.

Ein Multiplexer für 16 Datenkanäle besteht aus einem 1-aus-16-Adressdecoder und einem 16-Kanal-Datenselektor (von to select = auswählen, **Bild 4**). Das Ausgangssignal $\bar{q}$ des Multiplexers wird über einen Tristate-Inverter gesteuert. Der Steuereingang Strobe (Blitz) dient zur zusätzlichen Synchronisierung des Multiplexers mit einem Demultiplexer.

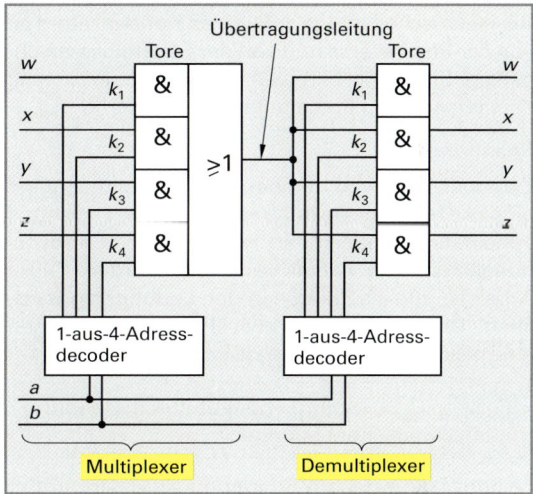

Bild 3: Prinzipschaltung der Datenübertragung

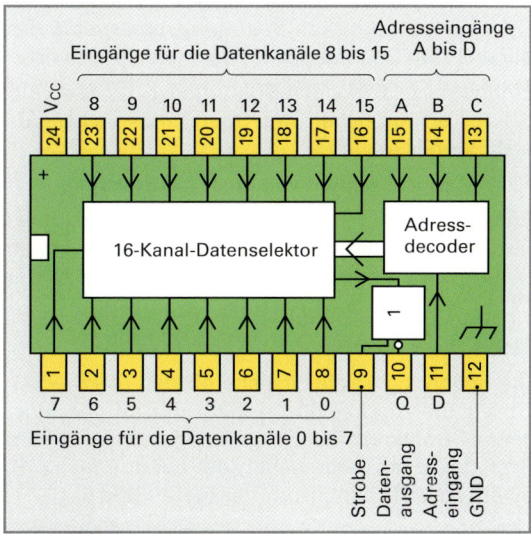

Bild 4: 1-aus-16-Multiplexer

6.2 Elektrotechnische Grund-kenntnisse

6.2.1 Elektrotechnische Grundgrößen

Ladung

Jeder Körper ist im normalen Zustand an der Oberfläche elektrisch neutral. Durch Reiben des Körpers kann dieser Zustand geändert werden.

Stäbe aus Isolierstoffen, wie z. B. Hartgummi, Acrylglas, Polystyrol, die man mit einem Wolltuch reibt, üben aufeinander Abstoßungskräfte (**Bild 1**) oder Anziehungskräfte (**Bild 2**) aus. Dafür sind die *elektrischen Ladungen* verantwortlich (**Bild 3**).

> Gleichartige Ladungen stoßen sich ab, ungleichartige Ladungen ziehen sich an.

Die elektrische Ladung z. B. eines Kondensators ist von der Stromstärke und von der Stromflusszeit abhängig. Sie hat die Einheit Amperesekunde (As) mit dem besonderen Einheitennamen Coulomb[1] (C).

Spannung

Zwischen positiven und negativen Ladungen wirkt eine Anziehungskraft. Werden diese Ladungen voneinander entfernt, so muss gegen die Anziehungskraft eine Arbeit verrichtet werden. Diese Arbeit ist nun als Energie in den Ladungen gespeichert. Dadurch besteht zwischen den Ladungen eine elektrische *Spannung* (**Bild 4**).

> Elektrische Spannung entsteht durch Trennung unterschiedlicher Ladungen.

Je höher die erzeugte Spannung ist, desto größer ist das Bestreben der Ladungen sich auszugleichen (Bild 4). Die elektrische Spannung (Formelzeichen *U*) misst man mit dem *Spannungsmessgerät*, das parallel zum Spannungserzeuger geschaltet wird.

Einheit der elektrischen Spannung *U* ist das Volt[2] (V). Im Schaltzeichen des Spannungsmessgeräts steht V oder *U*.

$[U]$ = V sprich: Einheit von *U* ist gleich Volt.

Potenziale nennt man eine auf einen Bezugspunkt bezogene Spannung, z. B. die Spannung gegen Masse. Jede Spannung kann als Differenz zweier *Potenziale* aufgefasst werden.

Elektrischer Strom

Die Spannung ist die Ursache für den *elektrischen Strom*. Elektrischer Strom fließt nur im geschlossenen Stromkreis. Der *Stromkreis* besteht aus dem Erzeuger, dem Verbraucher, der Leitung und z. B. einem zusätzlichen Strommessgerät (**Bild 5**).

[1] Charles Augustin de Coulomb, franz. Physiker, 1736 bis 1806
[2] Alessandro Volta, ital. Physiker, 1745 bis 1827

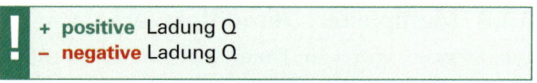
+ **positive** Ladung Q
− **negative** Ladung Q

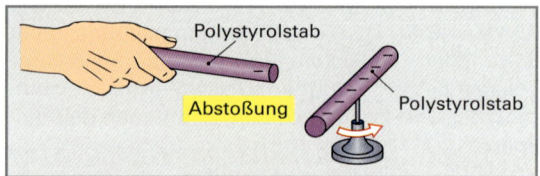
Polystyrolstab
Abstoßung
Polystyrolstab

Bild 1: Abstoßung gleichartiger Ladungen

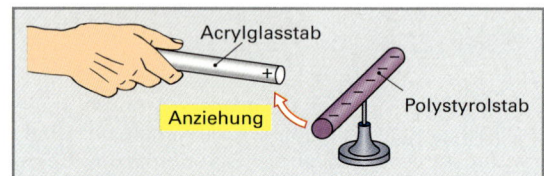
Acrylglasstab
Anziehung
Polystyrolstab

Bild 2: Anziehung ungleichartiger Ladungen

Abstoßung
Anziehung

Bild 3: Ladungswirkungen

$$[Q] = As = C \qquad Q = I \cdot t$$

Q Ladung   I Stromstärke   t Zeit

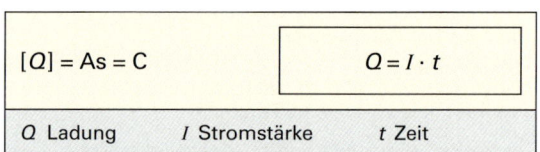
Spannung hoch
Spannung niedrig
Spannung null

Bild 4: Spannungserhöhung durch Ladungstrennung

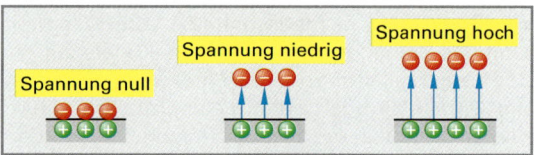

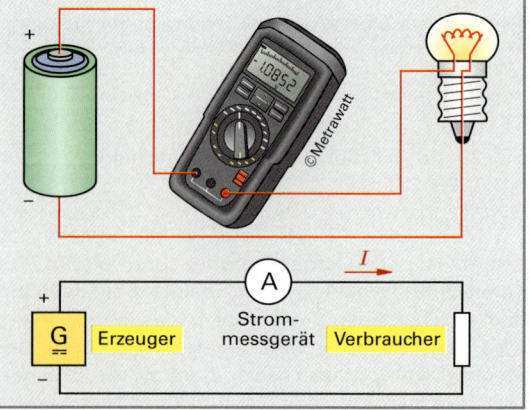
+
−
I
+
G
Erzeuger
Strom-messgerät
A
Verbraucher
−

Bild 5: Strommessung

Tabelle 1: Stromwirkungen

Wärmewirkung	Magnetwirkung	Lichtwirkung	Chemische Wirkung	Wirkung auf Lebewesen
immer vorhanden	immer vorhanden	in Gasen, in manchen Halbleitern	in leitenden Flüssigkeiten, Gelen	bei Menschen und Tieren
Heizung, Lötkolben, Schmelzsicherung	Relaisspule, Türöffner	Glimmlampe, LED, Leuchtstofflampe	Ladevorgang bei Akkumulatoren, belastete Elemente	Negativ: Unfälle, Positiv: Herzschritt- macher

Mit einem Schalter kann man den Stromkreis öffnen und schließen. Bewegen sich im Stromkreis alle freien Elektronen eine Zeit lang in eine Richtung, spricht man vom elektrischen Strom.

> Elektrischer Strom ist die gerichtete Bewegung von Elektronen.

Die *elektrische Stromstärke* (Formelzeichen I) misst man mit dem Strommessgerät (Bild 5, vorhergehende Seite). Die Einheit der elektrischen Stromstärke I ist das Ampere[1] (A). Im Schaltzeichen des Strommessgerätes steht A oder I.

$[I]$ = A, sprich: Einheit von I ist gleich Ampere.

> Zur Messung der Stromstärke wird das Strommessgerät in den Stromkreis geschaltet.

Der elektrische Strom hat verschiedene Wirkungen **(Tabelle 1)**. Die Wärmewirkung und die Magnetwirkung treten bei elektrischem Strom immer auf. Lichtwirkung, chemische Wirkung und die Wirkung auf Lebewesen treten nur in bestimmten Fällen auf.

Bei *Gleichstrom* bleibt der Strom bei gleicher Spannung und konstantem Widerstand konstant **(Bild 1, oben)**. Die Elektronen fließen im Verbraucher entgegen der technischen Stromrichtung vom Minuspol zum Pluspol. Das Kurzzeichen für *Gleichstrom* ist *DC* (von *Direct Current* = Einrichtungsstrom).

In Schaltbildern wird die technische Stromrichtung verwendet (Bild 5, vorhergehende Seite). Der Strom fließt also vom Pluspol zum Minuspol des Generators.

Bei *Wechselstrom* ändert die Spannung die Polarität und damit der Strom ständig die Richtung. Das

[1] André Marie Ampère, franz. Physiker, 1775 bis 1836

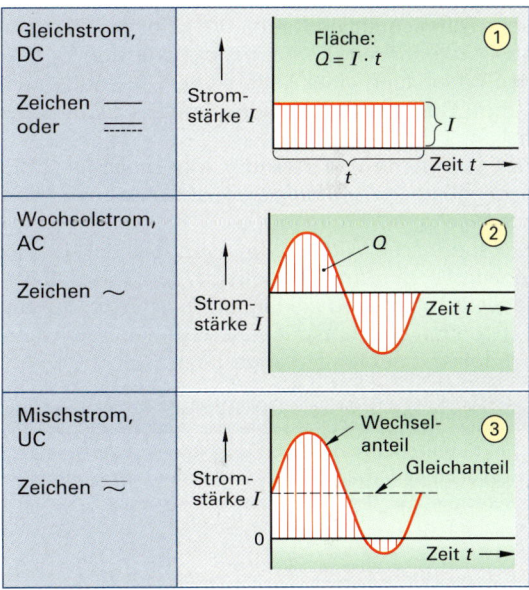

Bild 1: Stromarten

Kurzzeichen für Wechselstrom ist *AC* (von *Alternating Current* = wechselnder Strom, Bild 1, Mitte).

Mischstrom entsteht durch die Addition (Überlagerung) von Gleichstrom und Wechselstrom. Wird der Gleichstrom ① zu dem Wechselstrom ② addiert, so erhält man den Stromverlauf ③ Bild 1.

> Mischstrom enthält einen Gleichstromanteil und einen Wechselstromanteil.

Das Kurzzeichen für Mischstrom ist *UC* (von *Universal Current* = allgemeiner Strom). Ein gleichgerichteter Wechselstrom enthält Gleichstrom und Wechselstrom.

Elektrischer Widerstand

Der Widerstand, auch *Resistanz* genannt (Formelzeichen R), hat die Einheit Ohm (Ω), $[R] = \Omega$. Den Kehrwert des Widerstandes nennt man Leitwert. Der Leitwert (Formelzeichen G) hat die Einheit Siemens (S), $[G] = S$.

Beispiel 1: Leitwert berechnen

Ein Widerstand beträgt 200 Ω. Wie groß ist sein Leitwert?

Lösung:

$$R = \frac{1}{G} \Rightarrow G = \frac{1}{R} = \frac{1}{200\ \Omega} = \textbf{5 mS}$$

Leiterwiderstand

Der Widerstand eines Leiters hängt von der Länge, vom Querschnitt und vom Werkstoff des Leiters ab. Der *spezifische (= arteigene) Widerstand* ϱ gibt den Widerstand eines Leiters von 1 m Länge und 1 mm^2 Querschnitt für ein bestimmtes Leitermaterial an.

Der spezifische Widerstand ϱ wird meist für 20 °C angegeben. Die *Leitfähigkeit* γ ist der Kehrwert des spezifischen Widerstandes ϱ.

Der spezifische Widerstand ϱ von Drähten hat die Einheit $\Omega \cdot$ mm^2/m. Bei Isolierstoffen und Halbleiterwerkstoffen wird die Einheit $\Omega \cdot$ cm^2/cm = Ω cm verwendet. Dies entspricht dem Widerstand eines Würfels mit der Kantenlänge 1 cm.

Beispiel 2: Leiterwiderstand berechnen

Ein Kupferdraht einer Netzwerkleitung ist 20 m lang (einfache Entfernung) und hat 0,1 mm Durchmesser. Berechnen Sie den Widerstand.

Lösung:

$$R = \frac{l}{\gamma_{cu} \cdot A} = \frac{2 \cdot 20\ \text{m}}{56\ \dfrac{\text{m}}{\Omega\ \text{mm}^2} \cdot 0,00785\ \text{mm}^2} = \textbf{91}\ \boldsymbol{\Omega}$$

Ohm'sches Gesetz

Bei konstantem Widerstand nimmt die Stromstärke proportional mit der Spannung zu. Zeichnet man I in Abhängigkeit von U auf, so erhält man eine Gerade **(Bild 1)**. Wenn $I \sim U$ (sprich: I proportional U) ist, so spricht man von einem linearen Widerstand. Die Widerstandsgerade verläuft umso steiler, je kleiner der Widerstand ist. Mit zunehmendem Widerstand nimmt dagegen die Stromstärke bei gleicher Spannung ab.

> Das Ohm'sche Gesetz beschreibt den Zusammenhang von Stromstärke, Spannung und Widerstand.

> **!** **Georg Simon Ohm**, deutscher Physiker, 1789 bis 1854
> **Werner von Siemens**, deutscher Erfinder, 1816 bis 1892
> **James Watt**, engl. Ingenieur, 1736 bis 1819

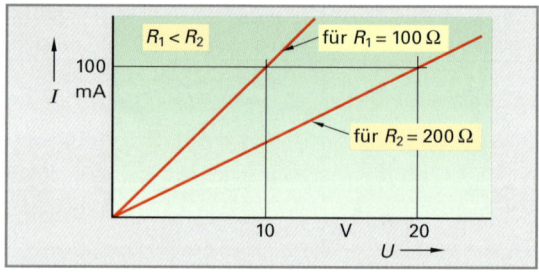

Bild 1: I als Funktion von U bei konstantem Widerstand

$$[R] = \Omega; \quad [G] = S \qquad\qquad R = \frac{1}{G}$$

$$\gamma = \frac{1}{\varrho} \qquad R = \frac{\varrho \cdot l}{A} \qquad R = \frac{l}{\gamma \cdot A}$$

R Widerstand (Resistanz)
G Leitwert
γ Leitfähigkeit (γ griech. Kleinbuchstabe Gamma)
$\gamma_{Cu} = 56\ \dfrac{\text{m}}{\Omega\ \text{mm}^2}$; $\gamma_{AL} = 35,38\ \dfrac{\text{m}}{\Omega\ \text{mm}^2}$;
ϱ spezifischer Widerstand (ϱ griech. Kleinbuchstabe Rho)
l Länge des Leiters
A Querschnitt des Leiters

Stromdichte

In einem Stromkreis fließt die gleiche Stromstärke durch jeden Leiterquerschnitt. Bei verschieden großen Querschnitten, z. B. in der Leitung zu einer Glühlampe und im Glühfaden in der Glühlampe, müssen sich deshalb die Elektronen im kleinen Querschnitt schneller als im großen Querschnitt bewegen. Dadurch ist dort die Stromdichte J größer.

$$[I] = \frac{[U]}{[R]} = \frac{V}{\Omega} = A \quad I = \frac{U}{R} \quad [J] = \frac{A}{\text{mm}^2} \quad J = \frac{I}{A}$$

I Stromstärke J Stromdichte
U Spannung R Widerstand

Beispiel 3: Stromdichte berechnen

Durch eine Glühlampe fließt eine Stromstärke von 0,2 A. Wie groß ist die Stromdichte in der Zuleitung mit 1,5 mm^2 Querschnitt?

Lösung:

$$J = \frac{I}{A} = \frac{0,2\ \text{A}}{1,5\ \text{mm}^2} = \textbf{0,133 A/mm}^2$$

6.2.2 Bauformen und Kennzeichnung der Widerstände

Festwiderstände

Als Träger der Widerstandsschicht aus z. B. kristalliner Kohle dient ein zylindrischer, keramischer Körper, z. B. aus Porzellan.

Widerstand und Toleranz können durch Zahlen oder durch eine Farbkennzeichnung in Form von Ringen, Strichen oder Punkten angegeben sein **(Tabelle 1)**. Die Farbkennzeichnung ist so angebracht, dass der erste Ring näher bei dem einen Ende des Schichtwiderstandes liegt als der letzte Ring bei dem anderen Ende.

Sofern Widerstände mit 5 Farbringen gekennzeichnet werden, bilden die ersten 3 Ringe die Ziffern des Widerstandswertes, der 4. Ring gibt den Multiplikator und der 5. Ring die Widerstandstoleranz an.

Veränderbare Widerstände

Als veränderbare (einstellbare) Widerstände werden hauptsächlich Drehwiderstände (Potenziometer, Trimmer) verwendet (siehe TabIGSA).

6.2.3 Leistung, Arbeit, Wirkungsgrad

Die **elektrische Leistung** ist umso größer, je höher die Spannung und je größer die Stromstärke ist. Die Einheit der Leistung ist das Watt[1] (W). $[P] = W$.

> 1 W ist die Leistung eines Gleichstromes von 1 A bei einer Gleichspannung von 1 V.

Mit einem Spannungsmessgerät und einem Strommessgerät kann man die Leistung bestimmen **(Bild 1)**.

Bei Glühlampen und bei anderen elektrischen Betriebsmitteln, z. B. Lötkolben, Rundfunkgeräten, Motoren, stimmt die tatsächlich aufgenommene Leistung meist nicht mit der angegebenen Leistung (Bemessungsleistung) überein, weil bei der Herstellung Maßschwankungen (Toleranzen) auftreten oder auch Abgabeleistungen angegeben werden. Diese betreffen eine bestimmte Energieform, z. B. die Lichtenergie bei Glühlampen.

Elektrische Arbeit W. Sie ist das Produkt aus Leistung P und Zeit t, also $W = P \cdot t$. Elektrische Arbeit wird z. B. mit dem kWh-Zähler ermittelt.

Wirkungsgrad η. Er ist das Verhältnis von abgegebener Leistung P_{ab} zu aufgenommener Leistung P_{zu}, also $\eta = P_{ab}/P_{zu}$.

Beispiel 1: Leistungsaufnahme

Wie groß ist die Leistungsaufnahme P der Glühlampe E1 (Bild 1)?

Lösung: $P = U \cdot I = 230\ V \cdot 0{,}43\ A =$ **98,9 W**

Tabelle 1: Farbschlüssel für Widerstände

Kennfarbe	Widerstand in Ω			Toleranz des Widerstandswertes
	1. Ziffer	2. Ziffer	Multiplikator	
Keine	–	–	–	± 20 %
Silber	–	–	10^{-2}	± 10 %
Gold	–	–	10^{-1}	± 5 %
Schwarz	–	0	10^0	–
Braun	1	1	10^1	± 1 %
Rot	2	2	10^2	± 2 %
Orange	3	3	10^3	–
Gelb	4	4	10^4	–
Grün	5	5	10^5	± 0,5 %
Blau	6	6	10^6	–
Violett	7	7	10^7	–
Grau	8	8	10^8	–
Weiß	9	9	10^9	–

Bild 1: Schaltung zur indirekten Leistungsbestimmung von E1

$I = 0{,}43\ A$ · A · G ~ · V · $U = 230\ V$ · E1 ⊗

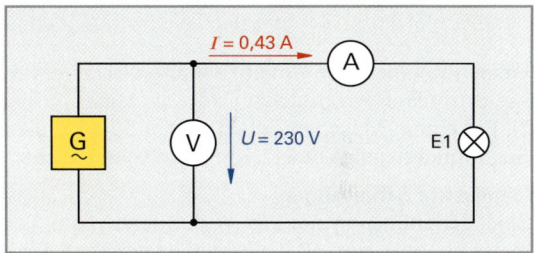

$$[P] = V \cdot A = VA = W \qquad P = U \cdot I$$

$$P = I^2 \cdot R \qquad P = \frac{U^2}{R}$$

$$[P] = A^2 \cdot \Omega = W \qquad [P] = V^2/\Omega = W$$

$$W = P \cdot t \qquad \eta = \frac{P_{ab}}{P_{zu}}$$

P Leistung	I Stromstärke
R Widerstand	U Spannung
W Arbeit	η Wirkungsgrad

6.2.4 Schaltungen mit Widerständen

Reihenschaltung

Bei der Reihenschaltung sind Erzeuger und Widerstände hintereinander geschaltet **(Bild 1)**. Alle Widerstände durchfließt der gleiche Strom, da keine Verzweigungen vorhanden sind. Die Teilspannungen verhalten sich proportional zu den Widerständen.

> Bei der Reihenschaltung teilt sich die Gesamtspannung auf die einzelnen Widerstände auf.

Parallelschaltung

Bei der Parallelschaltung sind die gleichartigen Anschlüsse von Verbrauchern oder Erzeugern miteinander verbunden **(Bild 2)**.

> Alle parallel geschalteten Widerstände sind an dieselbe Spannung angeschlossen.

Die Teilstromstärken verhalten sich bei der Parallelschaltung umgekehrt wie die zugehörigen Widerstandswerte.
Verzweigungspunkte der Ströme werden Knoten genannt (Bild 2). Auf den Knoten fließt der Strom I zu. Vom Knoten weg fließen die Ströme I_1 und I_2. Der Zusammenhang zwischen zufließenden und abfließenden Strömen wird als 1. Kirchhoff'sches[1] Gesetz bezeichnet.

> Bei der Parallelschaltung ist die Gesamtstromstärke gleich der Summe der Teilstromstärken.

Einen geschlossenen Umlauf entlang des Leiters eines Stromkreises bezeichnet man als Masche (Bild 2). Bei einem Maschenumlauf ist die Summe aller Spannungen gleich null (2. Kirchhoff'sches Gesetz).

Gemischte Schaltungen

Eine Schaltung, in der die Verbraucher zum Teil in Reihe und zum Teil parallel geschaltet sind, bezeichnet man als gemischte Schaltung (Gruppenschaltung). Im einfachsten Fall besteht die gemischte Schaltung aus drei Widerständen.

Spannungsteiler

Ein Spannungsteiler besteht aus zwei in Reihe geschalteten Widerständen R_1 und R_2 (Bild 1, rechts). Diese sind an die Gesamtspannung U angeschlossen. Am Widerstand R_2 wird im unbelasteten Zustand die Teilspannung U_{20} abgegriffen.

Unbelasteter Spannungsteiler. Ein Spannungsteiler ist *unbelastet*, wenn ihm kein Strom entnommen wird (Bild 1, rechts). Beim unbelasteten Spannungsteiler teilt sich die Gesamtspannung U in die Teilspannungen U_1 und U_{20} auf. Die Spannungen verhalten sich wie die zugehörigen Widerstände.

[1] Robert Kirchhoff, deutscher Physiker, 1824 bis 1887

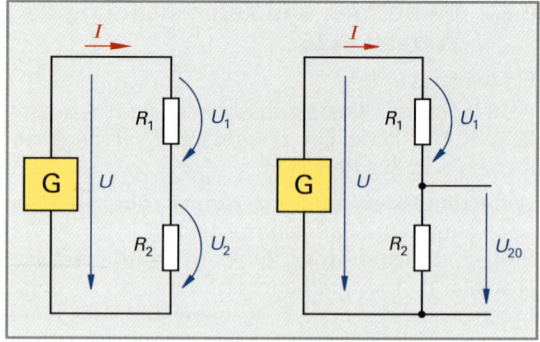

Bild 1: Reihenschaltung zweier Widerstände und Verwendung als Spannungsteiler

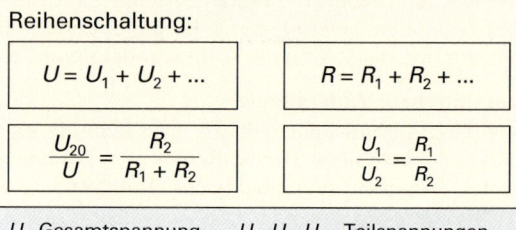

Reihenschaltung:

$$U = U_1 + U_2 + \dots$$

$$R = R_1 + R_2 + \dots$$

$$\frac{U_{20}}{U} = \frac{R_2}{R_1 + R_2}$$

$$\frac{U_1}{U_2} = \frac{R_1}{R_2}$$

U Gesamtspannung	U_1, U_2, U_{20} Teilspannungen
R Ersatzwiderstand	R_1, R_2 Einzelwiderstände

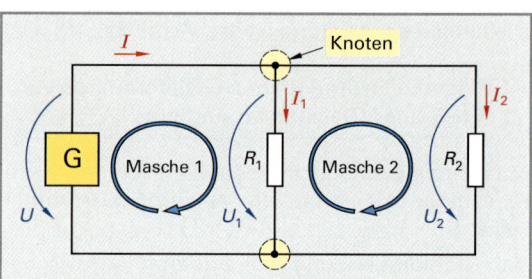

Bild 2: Parallelschaltung

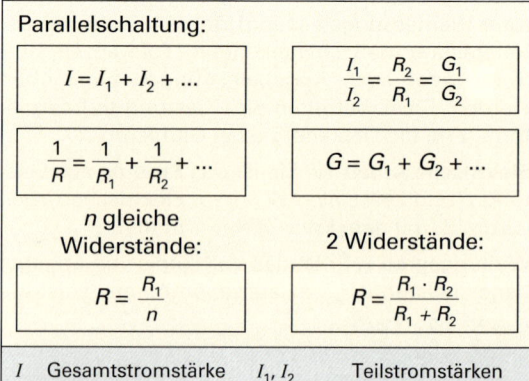

Parallelschaltung:

$$I = I_1 + I_2 + \dots$$

$$\frac{I_1}{I_2} = \frac{R_2}{R_1} = \frac{G_1}{G_2}$$

$$\frac{1}{R} = \frac{1}{R_1} + \frac{1}{R_2} + \dots$$

$$G = G_1 + G_2 + \dots$$

n gleiche Widerstände:

$$R = \frac{R_1}{n}$$

2 Widerstände:

$$R = \frac{R_1 \cdot R_2}{R_1 + R_2}$$

I Gesamtstromstärke	I_1, I_2 Teilstromstärken
R Ersatzwiderstand	$R_1, R_2, \dots$ Einzelwiderstände
G Ersatzleitwert	$G_1, G_2, \dots$ Einzelleitwerte
n Anzahl der gleichen Widerstände	

6.2.5 Wechselgrößen

Periodendauer *T* und Frequenz *f*

Bei einer Wechselspannung ändern sich die Richtung und die Höhe der Spannung *periodisch* (sich wiederholend). Eine vollständige Schwingung nennt man eine *Periode* (griech. Periode = Zeit der Wiederkehr). Die Zeit dafür ist die Periodendauer *T* (**Bild 1**). Die Anzahl der Perioden in einer Sekunde ist die Frequenz *f* (lat. frequentia = Häufigkeit). Die Einheit der *Frequenz* ist das *Hertz*[1] (Hz). Im Amerikanischen wird c/s (cycles/sec) verwendet. Jede Wechselgröße erreicht einen *positiven Scheitelwert* (Höchstwert) + $\hat{u}$ und einen *negativen Scheitelwert* - $\hat{u}$ (Bild 1). Der Abstand zwischen beiden ist der *Spitze-Tal-Wert* oder die Schwingungsbreite $\hat{u}$, im Amerikanischen mit u_{pp} (von peak-to-peak) abgekürzt.

Sinuslinie und Zeiger

Unter einem Zeiger verstehen wir eine Pfeilstrecke. Dreht sich ein Zeiger mit gleich bleibender Geschwindigkeit entgegen dem Uhrzeigersinn, so ändert sich dauernd der Abstand der Pfeilspitze von der Waagrechten. Trägt man diesen Abstand in Abhängigkeit vom Drehwinkel in ein Schaubild ein, so erhält man eine Sinuslinie (von lat. sinus = Bucht, Busen, **Bild 2**).

> Sinusförmige Wechselspannungen lassen sich auch durch rotierende Zeiger darstellen.

Kreisfrequenz *ω*

Die Drehzahl (Umdrehungsfrequenz) eines Zeigers ist so groß wie die Frequenz der von ihm dargestellten Sinusgröße. Bei der Drehung des Zeigers nimmt der von ihm überstrichene Winkel zu. Der Zeiger hat also je nach Umdrehungsfrequenz eine *Winkelgeschwindigkeit*. Die genormte Einheit ist 1/s. Die Winkelgeschwindigkeit des Zeigers bezeichnet man als *Kreisfrequenz ω*.

Phasenverschiebung *φ*

Gehen zwei Sinusgrößen gleicher Frequenz im Liniendiagramm an derselben Stelle in gleicher Richtung durch null, so sagt man, die beiden Größen sind *phasengleich* oder *in Phase* (von griech. phasis = Zustand) oder *ohne Phasenverschiebung* (**Bild 3**). Ersetzt man die Sinuslinien durch Zeiger, so liegt in diesem Zeigerbild zwischen den Zeigern der Winkel *φ* = 0° (griech. Kleinbuchstabe Phi). Der Winkel *φ* zwischen Zeigern ist ein Maß für die Phasenverschiebung. Man nennt ihn den *Phasenverschiebungswinkel*.

Gehen zwei Sinusgrößen gleicher Frequenz nicht an derselben Stelle durch null, so sagt man, die beiden Größen sind *phasenverschoben* oder haben eine *Phasenverschiebung* (**Bild 4**).

[1] Heinrich Hertz, deutscher Physiker, 1857 bis 1894

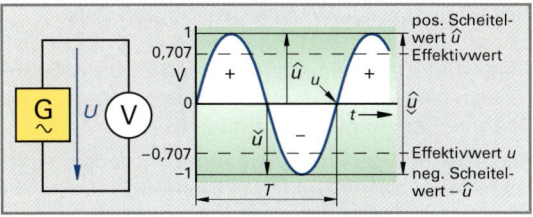

Bild 1: Bezeichnungen bei Wechselgrößen

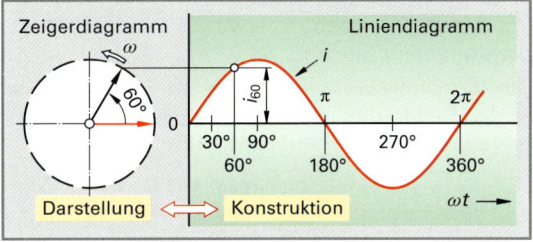

Bild 2: Konstruktion der Sinuslinie aus einem Zeiger und Darstellung einer Sinuslinie durch einen Zeiger

$$[f] = \frac{1}{s} = Hz \qquad f = \frac{1}{T} \qquad [\omega] = \frac{1}{s} \qquad \omega = 2 \cdot \pi \cdot f$$

f   Frequenz   *T*   Periodendauer
ω   Kreisfrequenz (griech. Kleinbuchstabe Omega)
$[f] = 1 \frac{c}{s}$ (c von cycle = Kreis, Periode) = 1 Hz

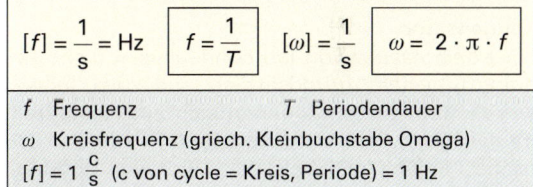

Bild 3: Sinusgrößen ohne Phasenverschiebung

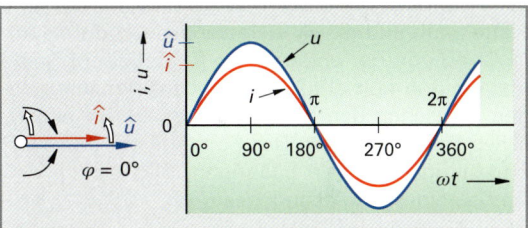

Bild 4: Sinusgrößen mit Phasenverschiebung

Effektivwert sinusförmiger Größen

Messgeräte für Wechselgrößen (Bild 1) zeigen meist *Effektivwerte* an. Der Zusammenhang zwischen dem Maximalwert $\hat{u}$ und dem Effektivwert *U* ist bei sinusförmigen Wechselgrößen $\hat{u}$ = 1,41 · *U*.

Nichtsinusförmige Wechselgrößen und Pulse

Es gibt auch rechteckförmige, dreieckförmige und sägezahnförmige Spannungen und Ströme. Diese können als symmetrische oder unsymmetrische Spannungen (Impulse) auftreten **(Bild 1)**.

Rechteckförmige Wechselspannungen oder rechteckförmige *Pulsspannungen* werden z. B. für die Übertragung von Informationen auf Leitungen verwendet. Pulsspannungen haben eine *Periodendauer T*. Für die *Impulsdauer* t_i wird auch der griechische Buchstabe τ verwendet, für die *Impulspausendauer* t_p auch τ_p.

Das Verhältnis von Impulsdauer zu Periodendauer ist der *Tastgrad g*.

$$g = \frac{t_i}{T}$$

g	Tastgrad
t_i	Impulsdauer (auch τ)
T	Periodendauer

6.2.6 Kondensator, Spule, Transformator

Kondensator

Ein *Kondensator* (von lat. condensus = dicht gedrängt) besteht grundsätzlich aus zwei leitenden Platten, zwischen denen sich ein Isolierstoff (*Dielektrikum*, von lat. di = weg, d. h. ohne elektrische Leitfähigkeit) befindet. Wird der Kondensator an Spannung gelegt, so fließt kurzzeitig ein Ladestrom. Dabei fließen Elektronen auf die eine Platte, während gleich viele Elektronen durch Abstoßung von der anderen Platte abfließen. Beide Platten sind nun entgegengesetzt elektrisch geladen. Zwischen den beiden Platten ist ein elektrisches Feld aufgebaut. Der Kondensator speichert Energie in Form von Ladungen. **Bild 2** zeigt den Aufbau eines Folienkondensators.

Kapazität

Das Fassungsvermögen der Kondensatoren für elektrische Ladung kann bei gleich hoher Spannung verschieden sein. Man nennt die Ladung je Volt angelegter Spannung die *Kapazität* (Aufnahmevermögen) des Kondensators (Formelzeichen *C*). Die Einheit der Kapazität ist die Amperesekunde je Volt (As/V). Diese Einheit hat den Einheitennamen Farad (Einheitenzeichen F, nach Faraday[1]).

Beispiel 1: Kondensatorladung berechnen

Wie groß ist die Ladung eines Kondensators mit einer Kapazität von 16 µF, wenn er an eine Gleichspannung von 300 V gelegt wird?

Lösung:

$Q = C \cdot U = 16 \cdot 10^{-6}\,\text{F} \cdot 300\,\text{V} = 48 \cdot 10^{-4}\,\text{C} = \textbf{4,8 mC}$

---

[1] Michael Faraday, engl. Physiker, 1791 bis 1867

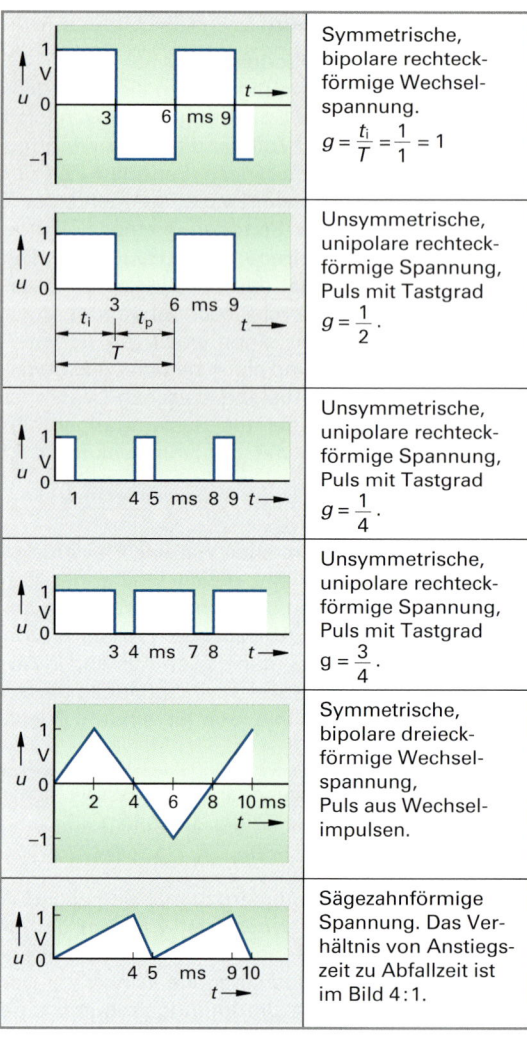

Bild 1: Nichtsinusförmige Spannungsformen

Symmetrische, bipolare rechteckförmige Wechselspannung. $g = \dfrac{t_i}{T} = \dfrac{1}{1} = 1$
Unsymmetrische, unipolare rechteckförmige Spannung, Puls mit Tastgrad $g = \dfrac{1}{2}$.
Unsymmetrische, unipolare rechteckförmige Spannung, Puls mit Tastgrad $g = \dfrac{1}{4}$.
Unsymmetrische, unipolare rechteckförmige Spannung, Puls mit Tastgrad $g = \dfrac{3}{4}$.
Symmetrische, bipolare dreieckförmige Wechselspannung, Puls aus Wechselimpulsen.
Sägezahnförmige Spannung. Das Verhältnis von Anstiegszeit zu Abfallzeit ist im Bild 4:1.

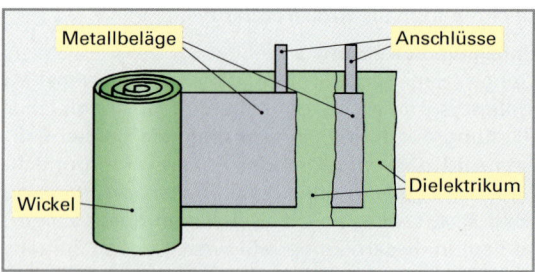

Bild 2: Aufbau eines Folienkondensators

Kapazität eines Plattenkondensators

Je größer die Plattenfläche ist, umso mehr Ladung kann der Kondensator bei gleicher Spannung aufnehmen und um so größer ist deshalb seine Kapazität. Die Kapazität ist proportional zur Plattenfläche *A*.

Die in den Kondensator fließende Ladung wird aber auch größer, wenn man den Plattenabstand verkleinert, weil dadurch die elektrische Feldstärke zunimmt. Die Kapazität ist also umgekehrt proportional zum Plattenabstand l.
Die Kapazität kann man außerdem durch ein geeignetes isolierendes Material zwischen den Platten erhöhen. Diese Isolierschicht wird als Dielektrikum bezeichnet.

Beispiel 1: Kapazität berechnen

Ein Plattenkondensator besteht aus zwei Platten mit je 200 cm² Fläche. Der Plattenabstand beträgt 2 mm. Welche Kapazität hat der Kondensator, wenn das Dielektrikum Hartpapier ($\varepsilon_r = 4$) ist?

$Lösung: C = \dfrac{\varepsilon_0 \cdot \varepsilon_r \cdot A}{l} =$

$= \dfrac{8{,}85 \text{ pAs/(Vm)} \cdot 4 \cdot 200 \text{ cm}^2}{2 \text{ mm}} = \mathbf{354 \text{ pF}}$

Beim Folienkondensator verdoppelt sich die durch das Wickeln der Folien wirksame Fläche und somit die Kapazität.

Kapazitiver Blindwiderstand
Wird ein Folienkondensator an eine sinusförmige Wechselspannung angeschlossen, so werden seine Platten abwechselnd positiv und negativ geladen.
In der Leitung fließt abwechselnd ein Ladestrom und ein Entladestrom, also ein Wechselstrom.
Wird eine Glühlampe in Reihe zu einem Kondensator an Wechselspannung angeschlossen, so hat die Glühlampe erst bei einer wesentlich höheren Spannung die gleiche Helligkeit wie bei direktem Anschluss der Glühlampe an die Spannung.
Wechselt man den Kondensator gegen einen Kondensator mit kleinerer Kapazität aus, so nimmt die Helligkeit der Glühlampe ab. Der Kondensator wirkt im Wechselstromkreis also als Widerstand. Dieser nimmt mit steigender Frequenz und größer werdender Kapazität ab, da der Kondensator häufiger umgeladen wird und ein größerer Strom fließt **(Bild 1)**.

> Der kapazitive Blindwiderstand ist umso größer, je niedriger die Frequenz und je kleiner die Kapazität ist.

Zum Aufbau des elektrischen Feldes benötigt der Kondensator Leistung. Beim Abbau des elektrischen Feldes wird die gleiche Leistung wieder an den Spannungserzeuger abgegeben. Im Mittel ist die Leistung null. Die zwischen Kondensator und Erzeuger hin und herpendelnde Leistung nennt man *Blindleistung* (siehe folgende Seite). Der ideale Kondensator nimmt nur Blindleistung auf. Er ist deshalb ein *kapazitiver Blindwiderstand*.

> ⚡ Kondensatoren, die an Spannungen angeschlossen waren, sind aus Sicherheitsgründen vor Arbeitsaufnahme oder nach einem Versuch über einen Widerstand zu entladen. Das gilt auch bei Reparaturen an Netzteilen.

$[Q] = \text{As} = \text{C}$

$\varepsilon = \varepsilon_0 \cdot \varepsilon_r$

$[C] = \dfrac{\text{As}}{\text{V}} = \text{F}$

$C = \dfrac{Q}{U}$

$C = \dfrac{\varepsilon_0 \cdot \varepsilon_r \cdot A}{l}$

Q Ladung $\quad$ C Kapazität $\quad$ U Spannung
ε Permittivität
ε_0 elektrische Feldkonstante $\varepsilon_0 = 8{,}85$ pC/(Vm) $= 8{,}85 \dfrac{\text{pF}}{\text{m}}$
ε_r Permittivitätszahl (materialabhängig)
A gleichartig geladene Plattenoberfläche
l Plattenabstand

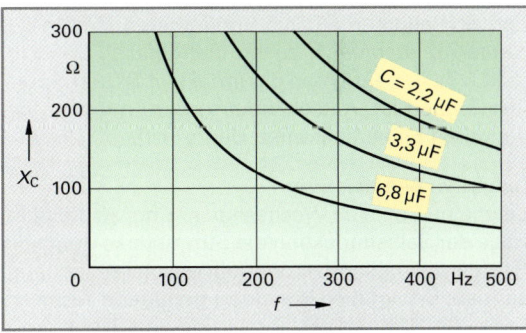

Bild 1: Abhängigkeit des kapazitiven Blindwiderstands von der Frequenz und der Kapazität

$[X_C] = \dfrac{\text{s}}{\text{F}} = \dfrac{\text{s} \cdot \text{V}}{\text{As}} = \dfrac{\text{V}}{\text{A}} = \Omega$

$X_C = \dfrac{1}{\omega \cdot C}$

X_C kapazitiver Blindwiderstand $\quad$ ω Kreisfrequenz
C Kapazität

Beispiel 2: Kapazität berechnen

Welche Kapazität hat ein Kondensator, dessen Blindwiderstand bei 1000 Hz 1591,5 Ω beträgt?

Lösung:

$X_C = \dfrac{1}{\omega C} \Rightarrow C = \dfrac{1}{\omega X_C} = \dfrac{1}{2\pi f X_C}$

$= \dfrac{1}{2 \cdot \pi \cdot 1000 \text{ 1/s} \cdot 1591{,}5 \text{ } \Omega} = \mathbf{0{,}1 \text{ }\mu F}$

Phasenverschiebung
Die Ladestromstärke und die Entladestromstärke sind der Änderungsgeschwindigkeit der Spannung proportional. Damit eilt der Strom der Spannung *phasenverschoben* um 90° voraus.

Spule

Eine Spule besteht aus dem Spulenkörper, der Wicklung sowie einem Kern. Beim Schließen und Öffnen eines Stromkreises mit einer Spule ändert sich der magnetische Fluss in der Spule. Beim Öffnen wird in ihr eine Spannung induziert. Man nennt diesen Vorgang *Selbstinduktion.*

Wird der Stromkreis durch Betätigen des Schalters geöffnet, leuchtet die Glimmlampe kurz auf **(Bild 1)**. Durch die schnelle Flussänderung entsteht eine hohe Induktionsspannung u_i von z. B. 80 V. Angewendet werden Induktionsspannungen z. B. als Zündspannung für Leuchtstoffröhren oder zur Spannungserzeugung in Schaltnetzteilen. Zu hohe Induktionsspannungen können den Transistor zerstören.

Induktivität

Die Größe der Flussänderung, durch die in einer Spule durch Selbstinduktion eine Spannung induziert wird, hängt neben der Stromänderung von den Spulendaten ab. Die Spulendaten sind in der *Spulenkonstanten A_L* zusammengefasst. Das Produkt $N^2 \cdot A_L$ nennt man die *Induktivität L* der Spule. Ihre Einheit ist Voltsekunde/Ampere mit dem besonderen Einheitennamen Henry[1] (H).

Induktive Blindleistung

Liegt eine Spule an Wechselspannung, so steigt infolge der Selbstinduktion die Stromstärke durch die Spule nur langsam an und fällt anschließend langsam ab. Erfolgt die Umpolung genügend rasch, so kann die Stromstärke ihren Endwert nicht erreichen. Die mittlere Stromstärke nimmt ab. Sie wird umso kleiner, je rascher die Umpolung erfolgt.

Im Mittel ist die Leistung für den Aufbau und den Abbau des magnetischen Feldes null. Die zwischen Spule und Erzeuger hin und her pendelnde Leistung nennt man Blindleistung. Die Spule hat deshalb einen induktiven *Blindwiderstand X_L*, der von der Kreisfrequenz ω und der Induktivität L abhängt. Es gilt bei sinusförmiger Spannung $X_L = \omega \cdot L$.

Reale Spulen nehmen die Blindleistung Q und Wirkleistung P auf und geben die Blindleistung wieder ab. Das Produkt aus gemessener Spannung und Strom nennt man Scheinleistung S.

Transformator

Transformatoren werden meist für die Energieübertragung verwendet. Der Transformator trennt die Wechselspannungen U_1 und U_2 **(Bild 2)**. Dies nennt man galvanische[2] Trennung. Transformatoren übertragen keine Gleichspannungen.

---

[1] Joseph Henry, amerikanischer Physiker, 1797 bis 1878
[2] Luigi Galvani, italienischer Physiker, 1737 bis 1798

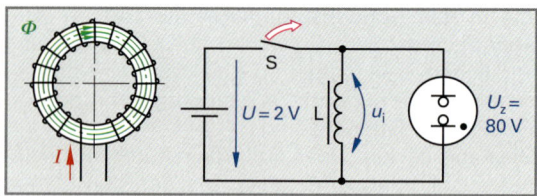

Bild 1: Ring-Kernspule und Spule mit Kern im Gleichstromkreis bei Schalteröffnung

$$u_i = -L \cdot \frac{\Delta i}{\Delta t} \qquad L = N^2 \cdot A_L$$

$$[L] = \text{Vs/A} = \text{H}$$

u_i induzierte Spannung
Δi lineare Änderung der Stromstärke
Δt Zeit, in der die Änderung der Stromstärke erfolgt
A_L Spulenkonstante
L Induktivität der Spule
N Windungszahl

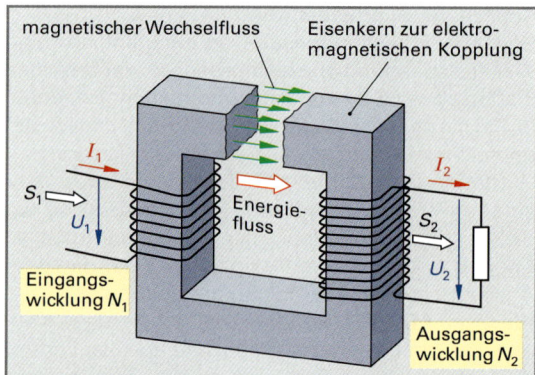

Bild 2: Energiefluss beim Transformator

$$\ddot{u} = \frac{U_1}{U_2} \qquad \frac{U_1}{U_2} = \frac{N_1}{N_2}$$

N Windungszahl	$\ddot{u}$ Übersetzungsverhältnis
U_1 Eingangsspannung	U_2 Ausgangsspannung

N_1 Windungszahl der Eingangswicklung
N_2 Windungszahl der Ausgangswicklung

Beim idealen Transformator ist die Eingangsscheinleistung S_1 so groß wie die Ausgangsscheinleistung S_2 und die Spannungen verhalten sich wie die Windungszahlen

$$S_1 = S_2 \Rightarrow U_1 \cdot I_1 = U_2 \cdot I_2$$
$$\Rightarrow I_1/I_2 = U_2/U_1 \Rightarrow I_1/I_2 = N_2/N_1$$

6.2.7 Dioden und Transistoren

Die Grenze zwischen zwei Halbleiterzonen mit verschiedenen Dotierungen nennt man *PN-Übergang*.

Ein PN-Übergang wirkt als Halbleiterdiode (**Bild 1**). Entsprechend den Stromrichtungen unterscheidet man bei der *Diode* die *Vorwärtsrichtung* und die *Rückwärtsrichtung*. Unabhängig von diesen Stromrichtungen bezeichnet man die Betriebszustände als Durchlasszustand und Sperrzustand.

Die Spannung U_S, bei welcher der Vorwärtsstrom merklich anzusteigen beginnt, wird *Schleusenspannung* genannt (**Bild 2**). Sie beträgt bei Silicium etwa 0,7 V.

Die Diodenanschlüsse werden *Anode* und *Katode* genannt (Bild 2). Die Anode ist die positive Elektrode (P-Schicht) und die Katode ist die negative Elektrode (N-Schicht) einer in Vorwärtsrichtung gepolten Diode.

> Die Pfeilspitze des Diodenschaltzeichens gibt die Stromrichtung in Vorwärtsrichtung an.

Gleichrichterdioden

Netzanschlussgeräte für elektronische Schaltungen enthalten meist Gleichrichterschaltungen. Diese bestehen z. B. aus einem Transformator, einer Diode und einem Siebkondensator (**Bild 3, oben**). Die Diode lässt den Vorwärtsstrom nur fließen, wenn die Wechselspannung so gepolt ist, dass die Diode in Vorwärtsrichtung geschaltet und die Spannung größer als die Schleusenspannung ist. Ist die Diode in Rückwärtsrichtung geschaltet, so fließt nur der sehr schwache Rückwärtsstrom.

Leuchtdioden (LED)

Leuchtdioden (*LED*, von Light Emitting Diode) werden in Vorwärtsrichtung betrieben (**Bild 3, Mitte**). Je nach Halbleiterwerkstoff ist die Strahlung im Infrarotbereich oder im sichtbaren Bereich. LEDs haben Schleusenspannungen von z. B. 1,3 V (Farbe rot), 2,2 V (Farbe grün), 3,5 V (Farbe weiß). Der Vorwiderstand muss so gewählt werden, dass die LED mit ihrem Bemessungsstrom, z. B. 10 mA, betrieben wird. Die Sperrspannung U_{Rmax} ist $\approx$ 5 V.

Z-Diode

Z-Dioden bestehen aus Silicium und sind durch starke Dotierung für den Betrieb in Sperrrichtung (Durchbruchsbereich) ausgelegt. In Vorwärtsrichtung verhalten sie sich wie gewöhnliche Siliciumdioden. Erreicht die Rückwärtsspannung den Wert der Durchbruchspannung, so bewirkt eine kleine Spannungserhöhung eine große Stromerhöhung. In diesem Bereich bleibt die Spannung an der Z-Diode fast konstant. Dies wird für die Spannungsstabilisierung und Spannungsbegrenzung ausgenützt (**Bild 3, unten**).

> ❗ Nach der Betriebsmittelkennzeichnung werden Dioden und Z-Dioden auch mit R bezeichnet, wenn sie zur Strombegrenzung dienen (DIN EN 61-342-2).

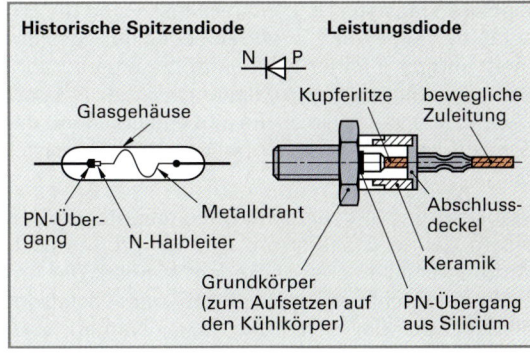

Bild 1: Aufbau von Dioden

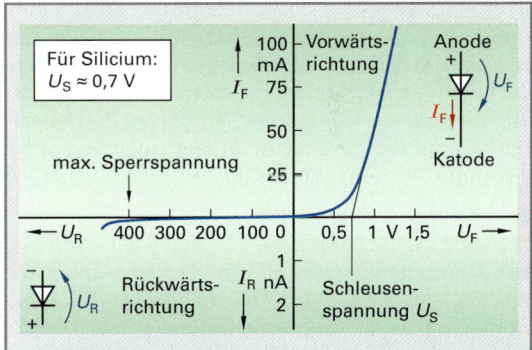

Bild 2: Kennlinie einer Diode

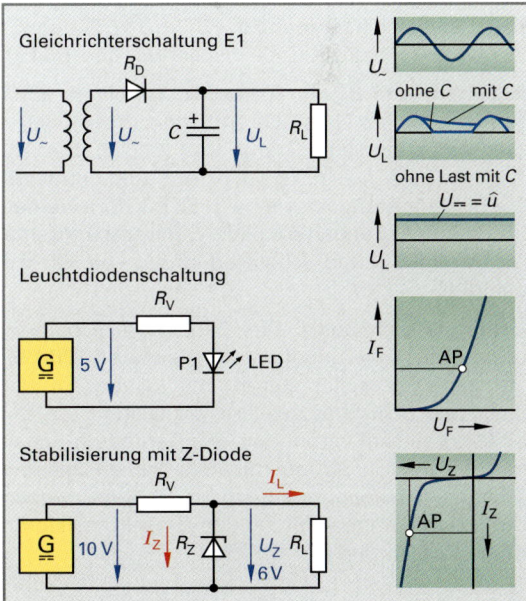

Bild 3: Schaltungen mit Dioden

Transistoren

Transistoren (Kunstwort aus Transfer und Resistor) haben drei Anschlüsse. Transistoren gibt es in verschiedenen Bauformen (**Bild 1**).

Bipolare Transistoren. Die Anschlüsse sind die Basis B, der Kollektor C (von lat. collectus = gesammelt) und der Emitter E (von emittieren = aussenden). Sie erhalten drei Halbleiterschichten. N-Leiter und P-Leiter wechseln ab. Es gibt entsprechend der Schichtfolge PNP-Transistoren und NPN-Transistoren.

Transistoren sind Halbleiterbauelemente, die mit einem kleinen Steuerstrom I_B einen großen Laststrom I_C schalten oder verändern können. Der Anschluss, durch den Steuerstrom und Laststrom fließen, gibt der Schaltung ihren Namen, z. B. Emitterschaltung (**Bild 2**). So kann man z. B. mit dem Basisstrom I_B = 8 mA mit I_C = 183 mA eine Lampe oder einen PC-Lüftermotor einschalten oder mit I_B = 0 mA ausschalten. Mit der Höhe des Basisstroms kann die Helligkeit der Lampe verändert werden. Der Transistor verhält sich dabei wie ein steuerbarer Widerstand. In dieser Betriebsart nennt man den Transistor Steller oder Stellglied, z.B. in der Regelungstechnik.

Feldeffekttransistoren (FET). Bei den FET nennt man die Halbleiterstrecke für den Laststrom Kanal. Man unterscheidet FET mit N-Kanal und P-Kanal. Die Anschlüsse des FET heißen Gate G (Tor), Source S (Quelle) und Drain D (Senke, Bild 1). FETs haben einen sehr großen Eingangswiderstand und damit keinen Steuerstrom, d. h. die Steuerung ist leistungslos. Je nach Isolierung des Gates vom Kanal unterscheidet man PN-FET (= J-FET) und IG-FET (von IG Insulated Gate = isoliertes Gate, **Bild 3**).

Insulated Gate Bipolar Transistor. In einem IGBT ist ein isoliertes Gate (IG) enthalten, zur Ansteuerung eines bipolaren Transistors (**Bild 4**). Die Anschlüsse heißen Gate G, Kollektor C und Emitter E. Die Steuerleistung ist wie beim FET. IGBTs werden für Sperrspannungen bis 6500 V, Bemessungsströme von 1400 A und Schaltfrequenzen von 500 kHz gefertigt.

Darlington-Schaltung. Die Darlington[1]-Schaltung besteht aus zwei bipolaren Transistoren (**Bild 5**). Der erste Transistor steuert mit seinem Emitter direkt die Basis des zweiten Transistors an. Die Kollektoren sind verbunden. Die Darlington-Schaltung kann große Ströme mit einer kleinen Leistung schalten. Anwendungen sind z. B. Relaistreiber. Die Verstärkungen der beiden Einzeltransistoren multiplizieren sich, B = B1 · B2.

[1] Sydney Darlington, amerikan. Ingenieur 1906 bis 1997

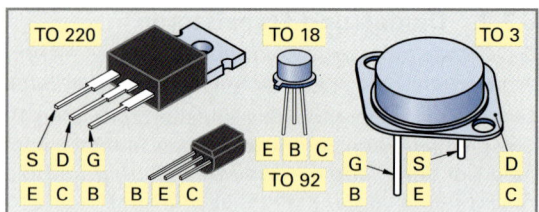

Bild 1: Anschlüsse, Gehäuse und Gehäusebezeichnungen von Transistoren

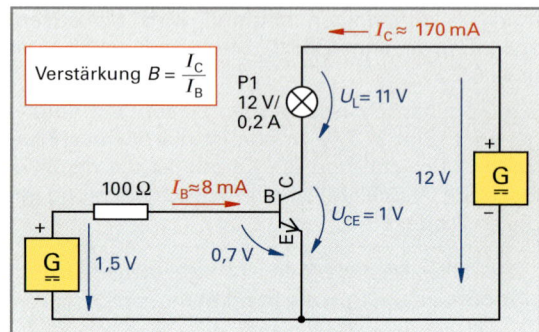

Bild 2: Emitterschaltung mit NPN-Transistor

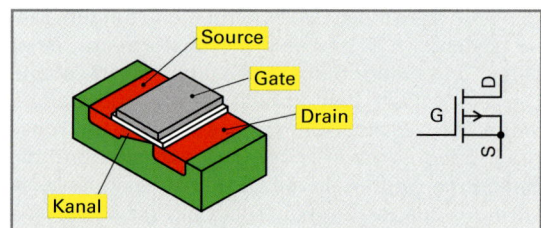

Bild 3: IG-FET mit N-Kanal und Schaltzeichen

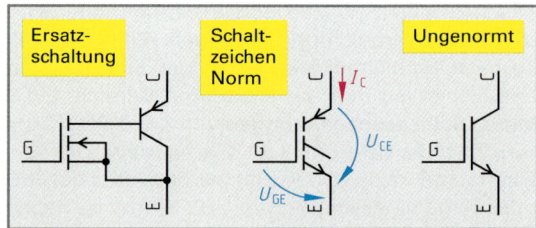

Bild 4: Ersatzschaltung und Schaltzeichen von IGBT

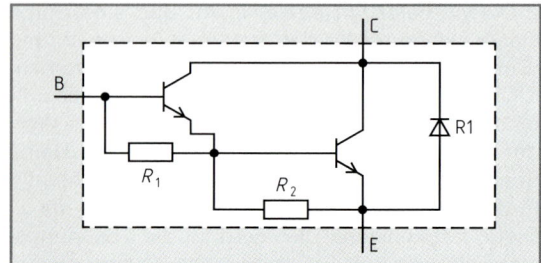

Bild 5: Darlington-Transistor-Schaltung

6.2.8   Operationsverstärker

Operationsverstärker sind lineare integrierte Schaltkreise. Mit Operationsverstärkern können sowohl Gleichspannungen als auch Wechselspannungen verstärkt werden (**Bild 1**). Besondere Eigenschaften sind ein sehr großer *Spannungsverstärkungsfaktor*, z. B. $V_0 = 10^6$, ein großer Leistungsverstärkungsfaktor, ein sehr großer Eingangsinnenwiderstand, z. B. $R_e = 1$ GΩ, und ein kleiner Ausgangsinnenwiderstand. V_0 sinkt mit steigender Frequenz der Spannung U_1.

Bei den meisten Operationsverstärkern erreicht die Ausgangsspannung U_a nicht ganz den Wert der Betriebsspannungen $-U_b$ und $+U_b$. Rail-to-Rail-Operationsverstärker können am Ausgang bis an die Grenzen der Betriebsspannungen gesteuert werden.

Operationsverstärker werden z. B. mit den Betriebsspannungen $U_b = +15$ V und $-U_b = -15$ V oder $U_b = 18$ V und $-U_b = 0$ V versorgt.

Invertierender Verstärker (Umkehrverstärker)

Mit der Schaltung wird eine Spannung U_e im Vorzeichen umgekehrt und im Betrag vergrößert oder verkleinert. Hierzu beschaltet man den Operationsverstärker mit einem Gegenkopplungswiderstand R_K und einem Eingangswiderstand R_e (**Bild 2**). Der Eingangsstrom I_e fließt über R_K zum Verstärkerausgang. Mit $U_a = -U_K$ wird $U_a = -I_e \cdot R_K$, und mit $I_e = U_e/R_e$ die Ausgangsspannung $U_a = -(R_K/R_e) \cdot U_e$.

Beispiel 1: Spannungsverstärkungsfaktor

Berechnen Sie den Spannungsverstärkungsfaktor V für einen invertierenden Verstärker mit $R_e = 1$ kΩ und $R_K = 10$ kΩ.

Lösung:
$V = -R_K/R_e = -10$ kΩ/1 kΩ = **− 10**

Nicht invertierender Verstärker

Beim nicht invertierenden Verstärker haben Eingangsspannung und Ausgangsspannung gleiches Vorzeichen. Die Eingangsspannung U_e wird an den nicht invertierenden Eingang angeschlossen (**Bild 3**). Der Eingangsstrom I_e ist wegen des hochohmigen Eingangsinnenwiderstandes des Operationsverstärkers sehr klein. Die Ausgangsspannung U_a wird zum invertierenden Eingang über den Rückkopplungswiderstand R_K zurückgeführt. Die Schaltung arbeitet als Impedanzwandler, d.h. R_{ein} ist sehr groß und R_{aus} ist sehr klein.

Anwendungen von Operationsverstärkern

- Signalverstärker, Messverstärker,
- P-Regler,
- Pegel- und Impedanzanpassung.

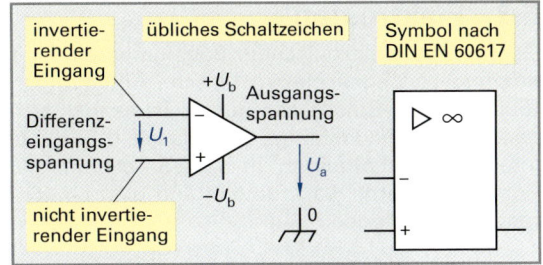

Bild 1: Schaltzeichen und Symbol für Operationsverstärker

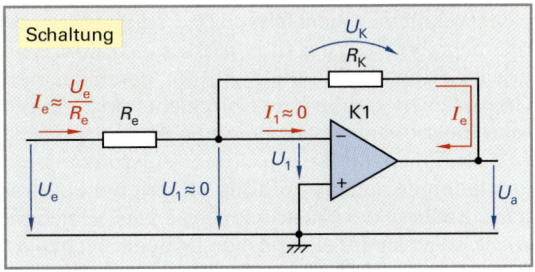

Bild 2: Invertierender Verstärker

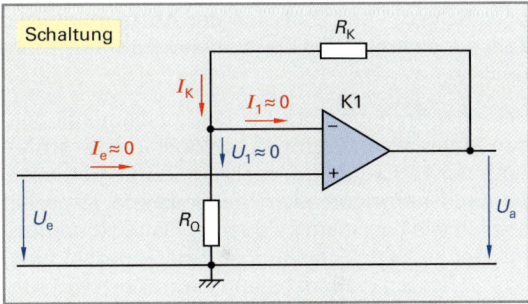

Bild 3: Nicht invertierender Verstärker

Beim invertierenden Verstärker:

$$U_a = -\left(\frac{R_K}{R_e}\right) \cdot U_e \qquad U_a = V \cdot U_e \qquad V = -\frac{R_K}{R_e}$$

Beim nicht invertierenden Verstärker:

$$U_a = \left(1 + \frac{R_K}{R_Q}\right) \cdot U_e \qquad V = 1 + \frac{R_K}{R_Q}$$

U_a Ausgangsspannung
U_e Eingangsspannung
R_Q Eingangsquerwiderstand
R_S Schutzwiderstand
R_K Rückkopplungswiderstand
R_e Eingangswiderstand
V Spannungsverstärkungsfaktor

6.3 Elektrostatik

Geräte mit elektronischen Bauelementen sind empfindlich gegen elektrostatische Entladungen (ESD = Electro Statical Discharge). Es handelt sich vor allem um hochohmige Bauteile wie MOSFETs, integrierte Schaltungen in CMOS-Technologie, Computer-Boards, Laserdioden und blau emittierende Leuchtdioden.

6.3.1 Entstehung elektrostatischer Aufladung

Werden zwei verschiedene Werkstoffe, von denen einer wenigstens nicht leitend ist, in engen Kontakt gebracht, entsteht der tribo-elektrische Effekt (von griech. Tribos = Reibung): An der gemeinsamen Grenzschicht wandern bei hinreichender Temperatur Elektronen mit der kleineren Austrittsenergie zu dem Material mit der größeren Austrittsenergie und laden es negativ auf **(Bild 1)**. Hält die übertragene Ladung der Austrittsenergie das Gleichgewicht, so ist an der elektrischen Doppelschicht eine Spannung im Millivoltbereich wirksam. Erfolgt zusätzlich eine Gegeneinanderbewegung der beiden aneinanderliegenden Werkstoffe durch Pressen oder Reiben, verringert sich der Abstand und die Zahl der austretenden Elektronen wird stark erhöht (Bild 1).

Bei einer Trennung der beiden aneinanderliegenden Materialien kommt es zur Abstandsvergrößerung der Ladungen um mehrere Zehnerpotenzen. Dadurch verringert sich die wirkende Kapazität ähnlich wie bei einem geladenen Plattenkondensator, der an keine Spannungsquelle angeschlossen ist und dessen Plattenabstand vergrößert wird. Ohne Ladungsausgleich führt dies zum Anwachsen der Spannung um mehrere Zehnerpotenzen.

Beispiel 1: Ladungsspannung berechnen

Wie groß ist die entstehende Spannung U_2 ohne Ladungsausgleich, wenn der Materialabstand bei $U_1 = 1$ mV von $d_1 = 1$ nm auf $d_2 = 0,1$ m erhöht wird?

Lösung:

$$\frac{C_1}{C_2} = \frac{d_2}{d_1} = \frac{0,1 \text{ m}}{1 \text{ nm}} = 10^8$$

$$U_2 = \frac{Q}{C_2} = \frac{C_1 \cdot U_1}{C_2} = 10^8 \cdot 1 \text{ mV} = \textbf{100 kV}$$

Beim Trennen der Ladungen findet in der Praxis sofort ein Ladungsausgleich über den Kontaktwiderstand statt. Wie beim Entladevorgang eines Kondensators über einen Widerstand (Zeitkonstante) benötigt die zurückfließende Ladung aber Zeit. Sie ist abhängig vom Materialwiderstand, dem Kontaktwiderstand und der Schnelligkeit der Trennung.

> **!** **Electrostatic Sensitive Devices** (ESD) sind Halbleiterbauelemente, die durch elektrostatische Entladungen beschädigt oder zerstört werden können. ESD-Bauteile werden für den Transport in leitende Folien oder Verschäumungsmaterial verpackt, damit sie weder beim Transport noch beim Entpacken durch elektrostatische Entladungen beschädigt werden können.

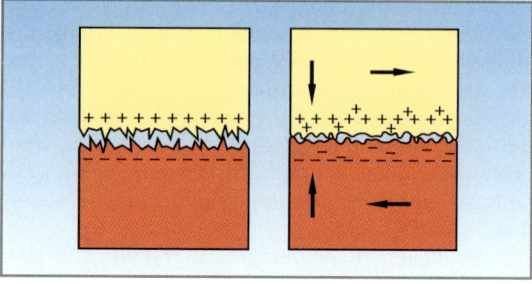

Bild 1: Trennflächenladung und Reibung

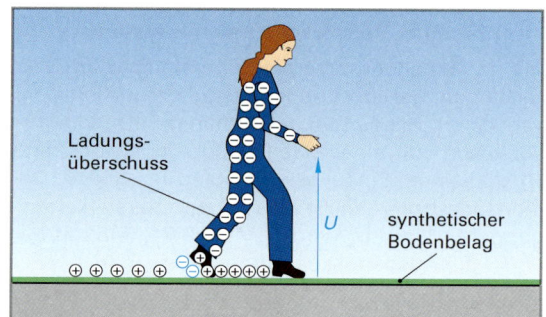

Ladungsüberschuss

U

synthetischer Bodenbelag

Bild 2: Aufladung beim Gehen

> Zwischen berührenden Festkörperoberflächen findet ein Ladungsträgeraustausch statt.

Wenn z. B. beim gehenden Menschen die Entladung vorzeitig unterbrochen wird, entsteht ein Potenzial von bis zu 20 kV gegen Erde, da sich bei gut isolierenden Schuhen mit jedem Tritt eine immer höhere Spannung aufbaut. Eine elektrostatische Entladung des aufgeladenen Menschen ist jedoch ungefährlich, da die gesamte übertragene Ladung gering ist. Der Mensch kann sie nur deshalb spüren, weil der Entladungskanal (kleiner Blitz) einen sehr kleinen Durchmesser hat. An der Eintrittsstelle ist die Stromdichte so hoch, dass die Nervenzellen durch den Strom angeregt werden.

Beispiel 2: Ladungsmenge berechnen

Der menschliche Körper hat eine Eigenkapazität von 150 pF. Welche elektrische Ladung besitzt er, wenn er auf 20 kV aufgeladen ist?

Lösung:

$Q = C \cdot U = 150 \text{ pF} \cdot 20 \text{ kV} = \textbf{3 µAs}$

6.3.2 Auswirkungen elektrostatischer Entladungen

Elektrostatische Entladungen bewirken in elektronischen Bauteilen die Zerstörung von leitenden Verbindungen, isolierenden Schichten und von Halbleiterstrukturen (**Bild 1**). Im Verhältnis zur Masse verhält sich die Energie einer statischen Entladung in einem Halbleiter wie ein Blitzschlag in einem Baum. Dies kann zu sofortigem Ausfall der Bauelemente führen. Empfindliche Bauelemente werden deshalb mit integrierten ESD-Schutzschaltungen versehen (**Bild 2**). Sie schützen aber nur bis zu einer bestimmten Spannung und dienen hauptsächlich zur Ableitung von Aufladungen, die z. B. beim Gleiten durch die Verpackung aus dem Stangenmagazin entstehen. Elektrostatisch gefährdete Bauteile sind besonders gekennzeichnet (**Bild 3**).

Zerstörte Schutzdioden wirken wie Widerstände und lassen bei Weiterbestehen der logischen Funktion die Stromaufnahme der IC bis auf das 500-fache steigen, z. B. von 2 µA auf 1 mA bei CMOS-Logik. Wurden viele Bauelemente beschädigt, kann es im Betrieb zur zeitweisen Überlastung der Stromversorgung kommen, was mit einem Absinken der Versorgungsspannung verbunden ist. Dadurch arbeiten solche Systeme plötzlich unzuverlässig, ohne dass der Fehler leicht zu lokalisieren ist.

Eine weitere Gefahr entsteht durch Ladungsverschiebungen. Ursache ist hier die elektrostatische Aufladung durch Influenz (Beeinflussung).

6.3.3 Mittel zur ESD-Vermeidung

Bereits eine ausreichend hohe relative Luftfeuchtigkeit kann statische Aufladung stark vermindern (**Tabelle 1**). Gefährlich sind schnelle Temperaturveränderungen z. B. durch Lüften im Winter. So sinkt die relative Luftfeuchtigkeit von 80 % bei −10 °C auf 7 % bei +25 °C.

Es muss also dafür gesorgt werden, dass zerstörende Entladungen nicht entstehen können. Unfälle durch erschreckende Entladungen müssen vermieden werden. Dies wird erreicht, indem alle Beteiligten durch elektrisch ableitfähige Systeme miteinander verbunden werden. Sie haben dann dasselbe elektrische Potenzial.

> Maßnahmen gegen statische Aufladungen und elektrische Felder sind in der DIN EN 61340-5-1 beschrieben.

Elektrostatisch geschützte Arbeitsplätze (EPA) umfassen die Raumausstattung, die Personenausstattung, die Verpackungen, die Werkzeuge und die Messgeräte.

> ! Zum Schutz gegen elektrostatische Entladungen sind die Arbeitsplätze als Electrostatic Protected Areas (EPA) mit Erdpotenzialbezugsflächen (ERP = earth reference plane) ausgestattet.

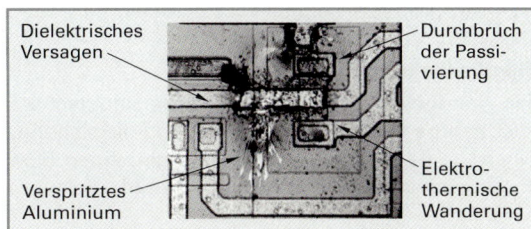

Bild 1: Zerstörung von IC-Strukturen durch ESD

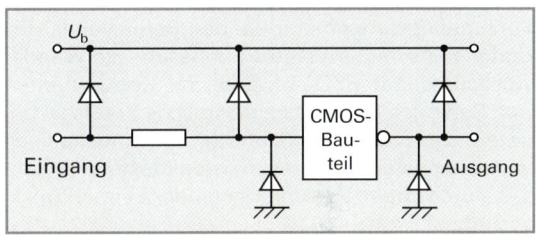

Bild 2: CMOS-Schutzbeschaltung

Bild 3: Warnzeichen elektrostatisch gefährdeter Bauteile

Tabelle 1: Spannungswerte bei elektrostatischer Aufladung			
Ereignis/Tätigkeit	relative Feuchtigkeit		
	10 %	40 %	55 %
Gehen über einen Teppichboden	35 kV	15 kV	7,5 kV
Gehen über einen Kunststoffboden	12 kV	5 kV	3 kV
Bewegung am Arbeitsplatz	6 kV	800 V	400 V
Entnahme von Dual in-Line Gehäusen (DIPs) aus Kunststangen	2 kV	700 V	400 V
Entnahme von DIPs aus Kunststofftrays	11,5 kV	4 kV	2 kV
Entnahme von DIPs aus Styroporverpackungen	14,5 kV	5 kV	3,5 kV
Entfernen der Luftpolsterverpackung von Platinen	26 kV	20 kV	7 kV
Verpacken von Platinen in tiefgezogene Kunststoffschachteln	21 kV	11 kV	5,5 kV

Zum Schutz von IT-Anlagen und Geräten tragen die Mitarbeiter beim Arbeiten leitendes Schuhwerk und Arbeitskleidung aus Baumwolle (keine Kunstfasern). Der Umgang mit elektronischen Bauteilen erfordert eine Schulung der Mitarbeiter. Folgende Maßnahmen müssen beachtet werden:

Handgelenk-Erdungsband

Ein Handgelenk-Erdungsband ist die Hauptschutzmaßnahme für den ESDS-Schutz und die sicherste Methode Personenaufladungen gegen einen EPA-Erdungsanschlusspunkt abzuleiten (**Bild 1**).

Erdungs-/Anschlussysteme

Bei den Erdungs-/Anschlusssystemen ist die bevorzugte Erdungsmethode der Schutzleiter. Erdungs-/Anschlusssysteme müssen verwendet werden, damit ESD-empfindliche Komponenten und Personen das gleiche elektrische Potenzial besitzen. Die Erdungseinrichtung muss mechanisch widerstandsfähig und korrosionsbeständig sein z. B. durch Löten, Verschrauben oder Einrast-Stecksysteme 6,3 mm.

Handhabung

Elektrostatisch gefährdete Geräte (ESDS) und elektrostatisch empfindliche Bauteile dürfen nur in ESD-Schutzzonen (EPAs) gehandhabt und verarbeitet werden (**Bild 2**). Um einen umfassenden Schutz gegen elektrostatische Auf- und Entladungen zu erreichen, müssen im gesamten Arbeitsprozess die Handhabungsvorschriften für elektrostatisch gefährdete Bauelemente konsequent beachtet und angewendet werden.

Kennzeichnung und Abgrenzung

Alle dauerhaften ESD-Schutzzonen (EPAs) müssen festgelegte Grenzen haben. Die Kennzeichnung erfolgt durch Warnmarkierungsbänder auf den Bodenbelägen. Eine zusätzliche Kennzeichnung erfolgt durch Warnschilder (**Bild 3**).

Verpackungen

In einer ESD-Schutzzone dürfen keinerlei elektrostatisch aufladbare Materialien, z. B. PVC, Styropor, verwendet werden. In diesem Bereich dürfen nur leitfähige Materialien verwendet werden, welche die Ladungen zur EPA-Erde abfließen lassen.

Luftfeuchte

Durch das Einhalten einer relativen Luftfeuchte von > 65 % wird der Oberflächenwiderstand vieler aufladbarer Stoffe ausreichend verringert. Die Leitfähigkeit der Luft wird dadurch nicht erhöht.

!	**ESD**	von Electrostatic Discharge = elektrostatische Entladung
	ESDS	von Electrostatic Discharge Sensitive Devices = Elektrostatisch empfindliche Geräte
	EPA	von Electrostatic Protected Areas = elektrostatische Schutzzone
	ERP	von Earth Reference Plane = Erdpotenzial-Bezugsflächen

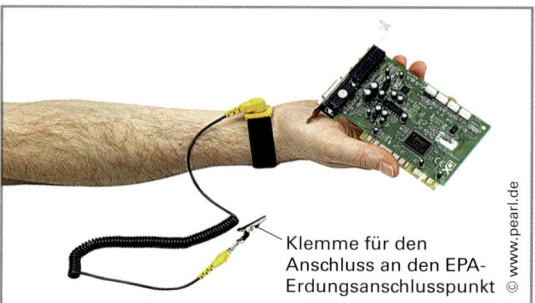

Klemme für den Anschluss an den EPA-Erdungsanschlusspunkt

© www.pearl.de

Bild 1: Arbeiten mit dem Handgelenk-Erdungsband

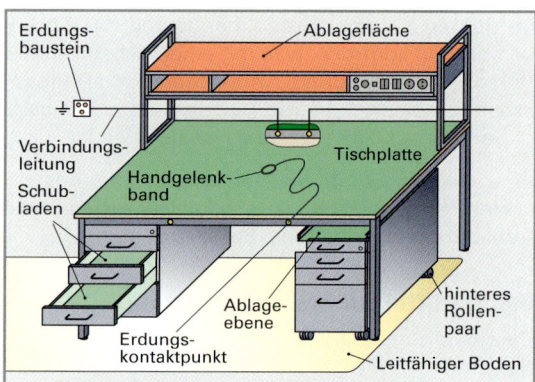

Bild 2: ESD-Arbeitsplatz

Bild 3: Warnhinweise in einer ESD-Schutzzone

K   Kompetenzorientierung

1. **Erklären Sie den tribo-elektrischen Effekt.**
2. **Wie wirkt sich die relative Luftfeuchtigkeit auf die statischen Aufladungen aus?**
3. **Welche Maßnahmen werden zur ESD-Vermeidung an Arbeitsplätzen ergriffen?**

6.4 Elektronische Schaltungen mit Strom versorgen

6.4.1 Lineare Netzteile und Schaltnetzteile

Elektronische Geräte erfordern meist Gleichspannungen. Aber oft steht nur die Netzwechselspannung mit 230 V zur Verfügung. Für derartige Geräte sind deshalb Netzgeräte (Netzteile) erforderlich **(Bild 1)**. Netzgeräte enthalten zur Anpassung der Wechselspannung von 230 V an die benötigte meist kleinere Spannung oft Transformatoren.

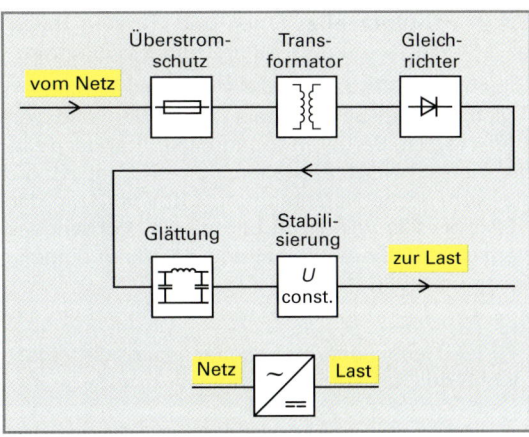

Bild 1: Übersichtsschaltplan und Schaltzeichen eines Netzanschlussgerätes

Schaltnetzteile

In Schaltnetzteilen wird die Ausgangsspannung durch Impulsbetrieb bei hoher Frequenz erzeugt. Dadurch haben sie einen hohen Wirkungsgrad. Schaltnetzteile benötigen wenige Siebmittel zur Spannungsglättung. Häufig werden IC als elektronische Schalter verwendet, die von Regler-ICs gesteuert werden.

> **!** Bei Netzteilen mit Leistungen über 75 W muss eine Leistungsfaktorkorrektur (PFC) erfolgen (siehe Seite 225).

Aufbau von Schaltnetzteilen

Schaltnetzteile für den Betrieb an der Netzspannung von 230 V bestehen aus mehreren Baugruppen **(Bild 2)**.

Die Netzspannung wird über ein Tiefpassfilter ① dem Gleichrichter zugeführt. Der Filter soll verhindern, dass Störspannungen des Impulsgenerators in das Netz gelangen. Der Gleichrichter ② richtet die Netzspannung gleich und glättet diese. Es steht nach dem Gleichrichter eine Gleichspannung mit Spannungswerten bis 325 V zur Verfügung. Aus dieser Gleichspannung erzeugt der elektronische Schalter ③ z. B. Impulse verschiedener Länge mit einer Taktfrequenz von z. B. 100 kHz. Diese Impulsspannung wird auf der Eingangsseite einem Transformator ④ mit Ferritringkernen zugeführt. Durch die hohe Frequenz wird die induzierte Spannung größer. Dadurch sind größere Ströme durch dickere Wickeldrähte möglich. Auf der Ausgangsseite erhält man die gewünschte Spannung von z. B. 5,6 V als Wechselspannung. Nach dem Gleichrichten ⑥ der Wechselspannung steht als Ausgangsspannung eine Gleichspannung von 5 V zur Verfügung. Für die Siebung genügt wegen der hohen Schaltfrequenz ein kleiner Kondensator von z. B. 0,5 μF. Die Ausgangsspannung wird einem Regler-IC ⑤ zugeführt. Der Regler-IC erzeugt die Steuerimpulse für den elektronischen Schalter und regelt Spannungsschwankungen aus.

Schaltnetzteile haben einen hohen Wirkungsgrad, sind leicht und haben ein kleines Bauvolumen **(Bild 3)**.

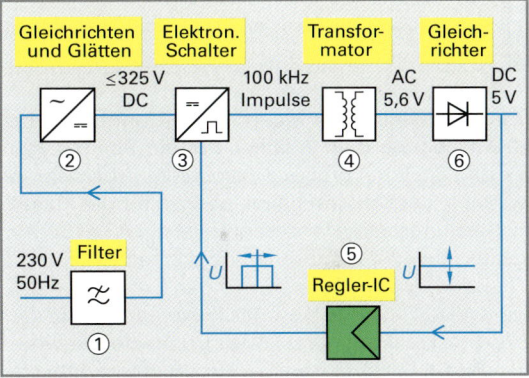

Bild 2: Übersichtsschaltplan eines primär getakteten Schaltnetzteils

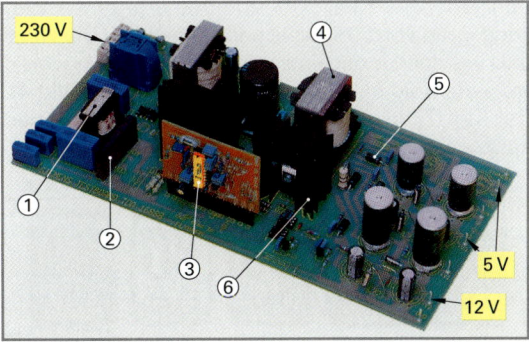

Bild 3: Schaltnetzteil

6.4.2 PC-Netzteile

Netzteile für PCs haben allseits geschlossene Metallgehäuse **(Bild 1)**. Das Metallgehäuse ist mit dem Anschluss des Schutzleiters verbunden und verhindert so ein Berühren spannungsführender Teile. Die meisten Netzteile stellen sich automatisch auf die vorhandene Netzspannung 110 V/60 Hz in den USA oder 230 V/50 Hz in Europa ein. Vorhandene Netzschalter (Ein-/Ausschalter) sind oft nur einpolig ausgeführt (Bild 1).

> PC-Netzteile sind erst sicher spannungslos, wenn der Netzstecker gezogen wurde.

PC-Netzteile gibt es für Bemessungsleistungen von 230 W bis 700 W. Netzteile sollten eine Leistungsreserve von 20 % für Erweiterungen, z. B. durch Erweiterungskarten, besitzen.

Die abgebbaren Ströme und Spannungen sind in der ATX-Spezifikation festgelegt **(Tabelle 1)**. ATX-Netzteile haben bis zu fünf Stecker zur Versorgung der PC-Komponenten.

> **!** Zum Einschalten von ATX-Netzteilen müssen der Netzschalter und dann der Taster am PC betätigt werden.

Der Hauptstecker (= Main Power Connector) hat 20 Anschlüsse **(Bild 2, links)**. Für die Spannungen 5 V und 3,3 V mit großer Stromstärke sind mehrere Kontakte parallel geschaltet, ebenso für die Masse. Für leistungsstarke Prozessoren ist ein ATX12V-Anschluss für 12 V vorgesehen **(Bild 2, rechts)**. Für die Versorgung von Geräten mit der Größe 5¼ Zoll, wie DVD/CD-Laufwerke oder Festplatten, wird der PPC-Stecker (Peripheral Power Connector) verwendet **(Bild 3, links)**. Der SATA-Stromversorgungsstecker hat 15 Pins **(Bild 3, rechts)**.

80-PLUS-Netzteil für 230 V

Netzteile für PC und Server müssen bei den Lastpunkten 10%, 20%, 50% und 100% je einen Wirkungsgrad von 80% erreichen **(Tabelle 2)**. Die Netzteile werden für den entsprechenden Wirkungsgrad mit einem 80-PLUS-Logo gekennzeichnet **(Bild 4)**. Der Typ Titanium muss für alle Lastpunkte einen Leistungsfaktor $\lambda = P/S$ von 95% erreichen.

Bild 4: Logos von 80-PLUS-Netzteilen

Bild 1: PC-Netzteil

Lüftungsöffnungen

Netzanschluss

Ein-/Ausschalter

Tabelle 1: ATX-Festlegung

Ausgang	U_n/V	U_{min}/V	U_{max}/V	I_{min}/A	I_{max}/A
12	+12	11,4	12,6	0,0	12,0
5	+ 5	4,75	5,25	1,0	30,0
3,3	+ 3,3	3,14	3,47	0,3	20,0
− 5	− 5	− 4,5	− 5,5	0,0	0,3
−12	−12	−10,8	−13,2	0,0	0,8
+ 5 SB	+ 5	4,75	5,25	0,0	1,5

ATX von **A**dvanced **T**echnology e**X**tended = Fortgeschrittene, erweiterte Technologie.

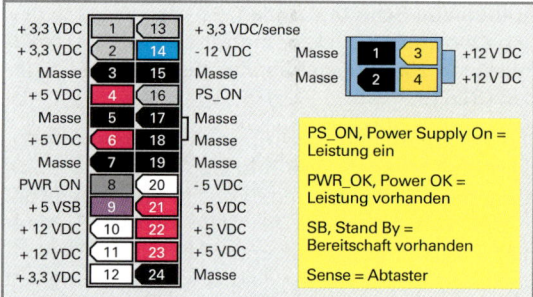

+ 3,3 VDC	1	13	+ 3,3 VDC/sense
+ 3,3 VDC	2	14	− 12 VDC
Masse	3	15	Masse
+ 5 VDC	4	16	PS_ON
Masse	5	17	Masse
+ 5 VDC	6	18	Masse
Masse	7	19	Masse
PWR_ON	8	20	− 5 VDC
+ 5 VSB	9	21	+ 5 VDC
+ 12 VDC	10	22	+ 5 VDC
+ 12 VDC	11	23	+ 5 VDC
+ 3,3 VDC	12	24	Masse

Masse 1 3 +12 V DC
Masse 2 4 +12 V DC

PS_ON, Power Supply On = Leistung ein

PWR_OK, Power OK = Leistung vorhanden

SB, Stand By = Bereitschaft vorhanden

Sense = Abtaster

Bild 2: Hauptstecker und ATX12V-Stecker

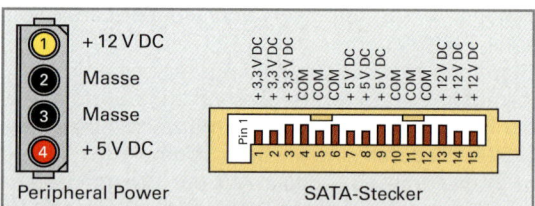

1 + 12 V DC
2 Masse
3 Masse
4 + 5 V DC

Peripheral Power

SATA-Stecker

Bild 3: PPC-Stecker und SATA-Stecker

Tabelle 2: Wirkungsgrade bei 80-PLUS-Netzteilen

Mindestwirkungsgrad η bei	10% Last	20% Last	50% Last	100% Last
80 PLUS Bronze	–	81%	85%	81%
80 PLUS Silver	–	85%	89%	85%
80 PLUS Gold	–	88%	92%	88%
80 PLUS Platinum	–	90%	94%	91%
80 PLUS Titanium	90%	94%	96%	91%

Leistungsfaktorkorrektur

Da PC-Netzteile als Schaltnetzteile arbeiten, entnehmen sie dem 230-V-Netz nur zu bestimmten Zeiten Strom in Form von Impulsen **(Bild 1)**. Solche Impulse führen zu Störspannungen mit teilweise hohen Frequenzen bis > 100 kHz. Aus diesem Grund wird eine *Leistungsfaktorkorrektur* (PFC von Power Factor Correction) vorgenommen. Durch schaltungstechnische Maßnahmen versucht man, dem Strom einen sinusförmigen Verlauf zu geben.

> Die Leistungsfaktorkorrektur verhindert eine Belastung des 230-V-Netzes durch Blindleistung.

Bei der *passiven Leistungsfaktorkorrektur* wird eine Spule in den Eingangskreis des Netzteiles geschaltet **(Tabelle 1)**. Nachteilig sind die großen Abmessungen der Spule und ihr großes Gewicht.

Bei der *aktiven Leistungsfaktorkorrektur* wird in den Eingangskreis des Netzteiles ein zusätzlicher Schaltregler zur Regelung der Impulsbreite und der Impulsform des Eingangsstromes geschaltet. Dadurch wird erreicht, dass Netzteile 100 % Wirkleistung aufnehmen.

Meist wird ein Leistungsfaktorvorregler (Power Factor Preregulator) dem eigentlichen Netzteil vorgeschaltet **(Bild 2, oben)**. Der Transistor regelt den Strom in der Induktivität so, dass er proportional zur Eingangsspannung ist. Es wird ein Aufwärtswandler verwendet, dessen Transistor so gesteuert wird, dass der Eingangsstrom sinusförmig wird **(Bild 2, unten)**. Die Ausgangsspannung ist nahezu konstant.

> Aktive Leistungsfaktorkorrekturschaltungen erreichen Korrekturfaktoren von 100 %.

Da der zusätzliche Schaltregler mit hohen Frequenzen arbeitet, muss ein zusätzliches Entstörfilter in den 230-V-Eingang eingefügt werden.

Der Wirkungsgrad η der Netzteile wird durch die Leistungsfaktorkorrektur nicht wesentlich beeinflusst. Netzteile nach dem 80-Plus-Standard arbeiten z. B. mit η = 90 % bei 20 % Last, η = 94 % bei 50 % Last und η = 91 % bei 100 % Last.

6.4.3 Unterbrechungsfreie Stromversorgungssysteme USV

Ausfall des Stromnetzes

Schon kurzzeitige Unterbrechungen oder Störungen im 230-V-Netz können zu Datenverlusten im PC führen **(Tabelle 2)**. So sollten Unterbrechungen von bis zu 20 ms, Spannungseinbrüche auf 70 % der Netzspannung oder Störspannungsimpulse vom Netzteil ausgeglichen werden.

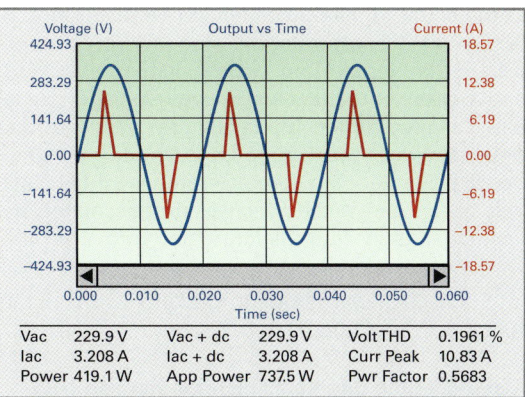

Bild 1: Spannungen und Ströme im PC-Netzteileingang

Vac	229.9 V	Vac + dc	229.9 V	Volt THD	0.1961 %
Iac	3.208 A	Iac + dc	3.208 A	Curr Peak	10.83 A
Power	419.1 W	App Power	737.5 W	Pwr Factor	0.5683

Tabelle 1: Leistungsfaktorkorrektur (PFC)

	Art der Korrektur		
	Ohne	passiv	aktiv
Baugruppe	–	Induktivität zwischen Netz- und Gleichrichterschaltung.	Zusätzlicher Schaltregler mit Pulsweitenmodulation.
Korrekturfaktor	0,5 ... 0,6	0,7 ... 0,8	0,8 ... 1,00

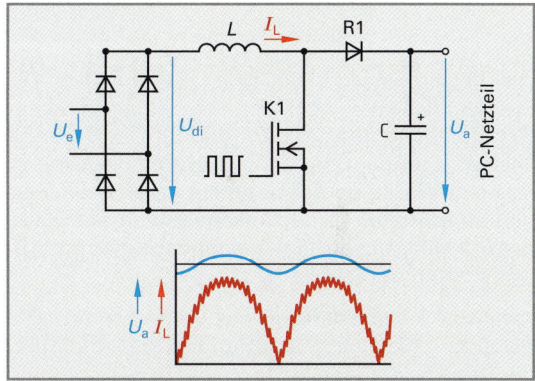

Bild 2: Leistungsfaktorvorregler

Tabelle 2: Netzausfallarten

Art	Erklärung
Blackout (= Verdunkelung)	Ausfall der Netzspannung, für eine oder mehrere Schwingungen mit der Frequenz 50 Hz.
Brownout (= milde Verdunkelung)	Einbruch der Versorgungsspannung auf 70 %. Tritt z. B. beim Anlaufen großer Maschinen auf.
Surge (= Woge, Brandung)	Überlagerung der Netzspannung mit Spannungsimpulsen. Z. B. bei Blitzschlag oder auch Ausschalten von Niedervolt-Halogen-Beleuchtungen (induktive Verbraucher).

Zum Schutz vor Netzausfällen verwendet man z. B. für Server Zusatzgeräte, die eine unterbrechungsfreie Stromversorgung (USV) sicherstellen. Solche Geräte enthalten als Energiespeicher meist einen Akkumulator (Batterie). Je nach Aufbau unterscheidet man Offline-USV-Geräte und Online-USV-Geräte. Bei Offline-Geräten wird bei Netzausfall auf den Wechselrichter umgeschaltet, bei Online-Geräten sind Gleichrichter und Wechselrichter dauernd in Betrieb.

Im Englischen werden USV mit UPS von Uninterruptable Power Supply bezeichnet.

Klassifizierung und Kennzeichnungen von USV

Die Spannungsqualität wird zur Klassifizierung in drei Kategorien eingeteilt **(Tabelle 1)**. In der Kategorie 1 werden die USV-Arten VFD, VI und VFI unterschieden.

VFD

Die einfachste USV-Art ist die VFD **(Bild 1)**. Sie schützt bei einem totalen Netzausfall durch Umschalten auf den Akkumulatorbetrieb.

VI

VI-USVs schützen zusätzlich gegen Netzspannungsschwankungen durch einen Regler **(Bild 2)**.

VFI

Den besten Schutz bietet eine USV vom Typ VFI. Sie kann Schwankungen der Netzfrequenz und der Netzspannung ausgleichen **(Bild 3)**. Der Verbraucher wird immer über den Akkumulator gespeist. Da beim VFI die Betriebsart nicht gewechselt werden muss, treten keine Umschaltzeiten auf. Kategorie 2 gibt an, ob die Ausgangsspannung z. B. sinusförmig ist (Tabelle 1).

Kategorie 3 charakterisiert das Verhalten der USV bei unterschiedlichen Belastungen und Änderung der Betriebsart (Tabelle 1).

Beispiel 1: USV-Art bestimmen

Welche Eigenschaften hat eine USV mit dem Klassifizierungscode **VFI-SS-122**?

Lösung:

V F I → Die USV ist unabhängig von Frequenz- und Spannungsänderungen des Netzes.

S S → Sinusförmige Ausgangsspannung bei Netzbetrieb und bei Batteriebetrieb.

1 2 2
→ Unterbrechungsfreie USV
→ Nichtlineare Lastsprünge mit Spannungsänderungen < 1 ms.
→ Lineare Lastsprünge mit Spannungsänderungen < 1 ms.

> **!**   **VFD** **V**oltage and **F**requency **D**ependent = spannungs- und frequenzabhängig
> **VI**   **V**oltage **I**ndependent = spannungsunabhängig
> **VFI** **V**oltage and **F**requency **I**ndependent = spannungs- und frequenzunabhängig

Tabelle 1: USV-Klassifizierung nach DIN EN 62040-3

Kategorie	Kategorie Aufbau	Code	Erklärungen
1	zwei oder drei Buchstaben	VFD VI VFI	Ausgangsspannung ist • netzfrequenzabhängig und netzspannungsabhängig, • netzfrequenzabhängig und netzspannungsunabhängig, • netzfrequenzunabhängig und netzspannungsunabhängig.
2	Batteriebetrieb Netzbetrieb	S X Y	sinusförmig nichtsinusförmig, $d < 8\%$ nichtsinusförmig, Grenzwerte werden überschritten.
3	Betriebsart / Lineare Lastsprünge / Nichtlineare Lastsprünge	1 2 3 4	unterbrechungsfrei Spannungsabweichungen[1] < 1 ms Spannungsabweichungen[1] < 10 ms Eigenschaften werden vom Hersteller festgelegt.

d Verzerrungsfaktor, gibt die Abweichung von der Sinusform an.   [1] durch Einschwingvorgänge

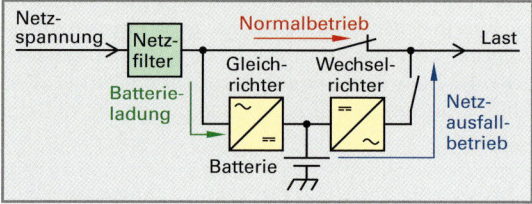

Bild 1: VFD-USV

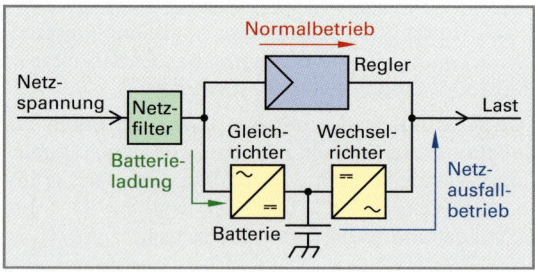

Bild 2: VI-USV

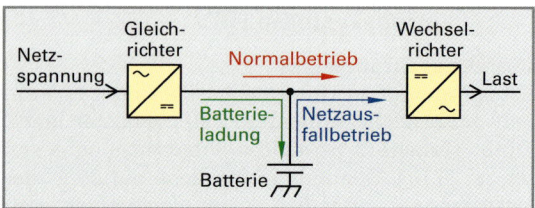

Bild 3: VFI-USV

6.4.4 Batterien

Batterie ist der Oberbegriff für elektrische Energiespeicher, eigentlich System aus mehreren Primärzellen, meist in Reihe geschaltet.

Primärbatterien
Primärbatterien (Primärelemente) sind nicht wieder aufladbar. Die Zellenspannungen, z. B. 1,5 V und 3 V, entstehen durch die verwendeten Werkstoffe (**Bild 1**). Oft werden Rundzellen oder Knopfzellen verwendet (**Bild 2**).

Sekundärbatterien
Sekundärbatterien (Sekundärelemente, Akkumulatoren) können wieder geladen werden. Bei der Ladung kehren sich die chemischen Vorgänge gegenüber der Entladung um.

Bleiakkumulator. Bleiakkumulatoren haben eine Zellenbemessungsspannung von 2 V, eine hohe Strombelastbarkeit, hohe Wirtschaftlichkeit und sind gut recycelbar (**Tabelle 1**). Sie sind meist kastenförmig aufgebaut (**Bild 3**). Anwendung finden sie als Starterbatterien in Kraftfahrzeugen und zur Notstromversorgung.

Nickel-Cadmium-Akkumulator. Ni-Cd-Akkumulatoren sind umweltschädlich und durch andere Typen zu ersetzen.

Nickel-Metall-Hybrid-Akkumulator. NiMH-Zellen haben eine hohe Selbstentladung (Tabelle 1).

Lithium-Akkumulatoren

Lithium-Ionen-Akkumulator. Li-Ionen-Zellen verwenden einen festen, organischen Elektrolyt. Sie haben eine Zellenbemessungsspannung von 3,7 V.

Lithium-Polymer-Akkumulator. Der Elektrolyt verwendet als Basis eine feste oder gelartige Folie, die z. B. weniger als 100 µm stark ist. Die Akkumulatoren enthalten eine elektronische Schutzschaltung gegen Überlastung, sowie eine Ladeausgleichsregelung für jede Zelle. Die Ladegeräte müssen eine entsprechende Ladekennlinie aufweisen.
Es lassen sich beliebige Bauformen herstellen. Angewendet werden sie z. B. in Laptops, Tablets, Smartphones, im Modellbau, bei E-Bikes und Elektrofahrzeugen.

! **Batterie**
BattG = Batteriegesetz von 2009 muss beachtet werden (Entsorgungsnachweis).
www.umweltbundesamt.de
Elektrolyt = durch entgegengesetzt geladene bewegliche Ionen elektrisch leitfähige Substanz
Polymer = gleiche Makromoleküle

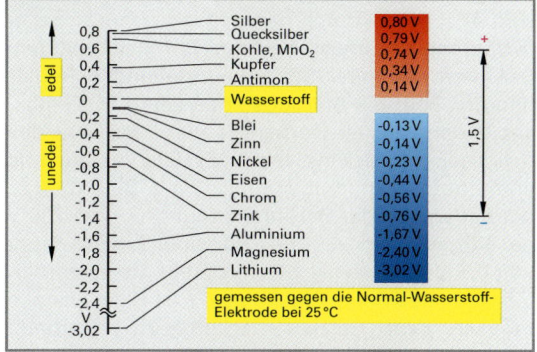

Bild 1: Elektrochemische Spannungsreihe

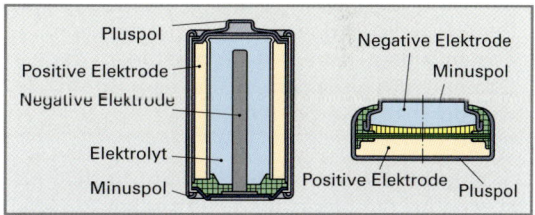

Bild 2: Zellenarten

Tabelle 1: Kennwerte von Akkumulatoren

Werkstoff	U_N in V je Zelle	Entladung in % je Monat	Ladezyklen	Energiedichte W/kg
Blei[1]	2	6	1000	25
NiCd[1]	1,2	15	1000	35
NiMH[2]	1,2	25 bis 30	800	60
Lithium-Ionen[3]	3,7	< 2	bis 1000	bis 150
Lithium-Polymer[3]	3,6	nicht messbar	bis 1200	bis 300
Umweltproblematik: [1] hoch, [2] gering, [3] keine				

Bei unsachgemäßer Aufladung können Lithium-Akkumulatoren explodieren oder brennen.

| Blei(Pb)-Akku | NiMH-Akkus | Li-Ion-Akku | Li-Ion-Akku-Pack |

Bild 3: Bauformen von Akkumulatoren

6.5   Schutzmaßnahmen

6.5.1   Elektrischer Schlag

An einem PC-Arbeitsplatz ist ein Metallregal an der Wand befestigt. Eine Befestigungsschraube geht durch die Isolation der Stromleitung in der Wand und verursacht den Fehlerstrom I_F gegen Erde **(Bild 1)**. Der Fehlerstrom ist jedoch so gering, dass kein Abschalten durch den Leitungsschutzschalter (Sicherungsautomaten) erfolgt. Bei gleichzeitigem Berühren des unter Spannung stehenden Regals und des über die Steckdose geerdeten PC-Gehäuses bildet sich der Körperstrom I_K, der über den Schutzleiter zurück ins Netz fließt (Bild 1). Geht man von einem Körperwiderstand von z. B. 1 kΩ aus, beträgt wegen der Berührspannung U_B von 230 V der Körperstrom 230 mA. Bei einer Einwirkdauer von 0,5 s kann dieser Strom bereits Herzkammerflimmern auslösen **(Bild 2)**, ab 1 s ist Herzstillstand möglich. Beim Herzkammerflimmern „flimmert" das Herz mit der Frequenz des Stromes.

> Der körperliche Schaden bei elektrischem Schlag hängt von der Stromstärke, der Stromart, der Einwirkdauer und dem Stromweg durch den Körper ab.

Um das Risiko körperlicher Schäden zu minimieren, sind bei der Einrichtung elektrischer Anlagen, z. B. eines PC-Arbeitsraumes, Sicherheitsvorschriften einzuhalten. Zu diesen zählen z. B. die

- Bestimmungen nach DIN VDE (von Deutsches Institut für Normungen und Verband Deutscher Elektriker), vor allem die Schutzmaßnahmen (VDE 0100 Teil 410),
- Unfallverhütungsvorschriften der Berufsgenossenschaften,
- Arbeitsstättenrichtlinien und die
- TAB (von Technische Anschlussbedingungen).

Eine Elektrofachkraft ist verpflichtet, diese Vorschriften einzuhalten.

> Missachtung der Sicherheitsvorschriften können mit Ordnungsstrafen geahndet werden.

Verletzt sich eine Person bei einem Elektrounfall, muss die Erste Hilfe schnell und in der richtigen Reihenfolge durchgeführt werden **(Tabelle 1)**. Dabei darf man nicht den Verletzten zuerst berühren, um den eigenen Körper vor elektrischem Schlag zu schützen. Bei Übelkeit des Verletzten wird dieser wegen der Gefahr des Erbrechens in die stabile Seitenlage gebracht. Bei Brandverletzungen dürfen keine Mittel auf die Wunden aufgetragen werden.

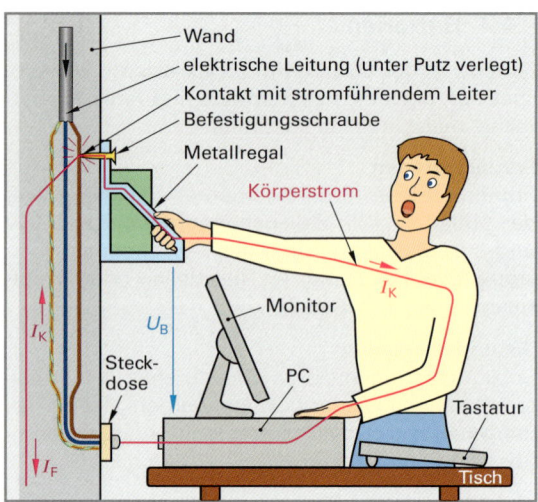

Bild 1: Berühren von spannungsführenden Teilen

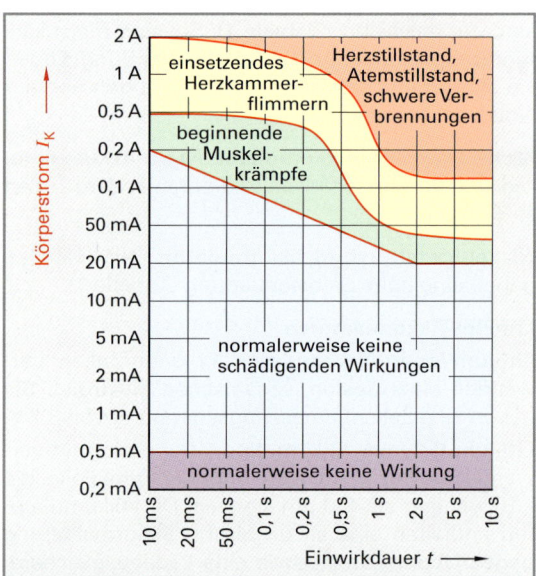

Bild 2: Stromwirkung auf den menschlichen Körper

Tabelle 1: Vorgehensweise bei einem Elektrounfall		
Schritt	Maßnahme	Beispiel
1	Stromkreis sofort unterbrechen.	NOT-AUS-Schalter drücken. Sicherung ziehen.
2	Vor Wiedereinschalten sichern.	Sicherung mitnehmen.
3	Arzt benachrichtigen.	Betriebsarzt, Rettungswagen.
4	Art der Verletzung feststellen.	Herz-, Atemstillstand, Verbrennungen, Übelkeit.
5	Verletzungen behandeln.	Künstliche Beatmung, äußere Herzmassage, stabile Seitenlage.

Eine begonnene Atemspende oder Herzmassage darf bis zur Wiederbelebung oder Eintreffen des Notarztes nicht unterbrochen werden.

Unterlassene Hilfeleistung ist strafbar.

6.5.2 Basisschutz

Der Basisschutz nach VDE 0100 ist der Schutz vor elektrischem Schlag unter normalen Bedingungen, d. h. wenn in einer elektrischen Anlage kein Fehler vorliegt. Der Mensch wird davor geschützt, unter Spannung stehende Teile direkt zu berühren.

Der Basisschutz wird erreicht durch

- vollständigen Schutz, d. h. Isolierung, Abdeckung, Umhüllung,

- teilweisen Schutz, d. h. Abstand, Hindernisse oder

- zusätzlichen Schutz, z. B. RCD bzw. Fl-Schalter (RCD von residual current protective device = Reststromschutzschaltkreis).

Der Basisschutz verhindert direktes Berühren unter Spannung stehender Teile.

Schutz durch Isolation wird z. B. bei Leitungen und Kabeln eingesetzt **(Bild 1)**. Die stromführenden Außenleiter L1, L2 oder L3 können dabei farblich unterschiedlich gekennzeichnet sein, während der stromrückführende Neutralleiter N stets blau und der Schutzleiter PE (von Protected Earth = geschützte Erde) stets grüngelb ist. Dieser Leiter darf *nur* im Fehlerfall Strom führen. In manchen Stromnetzen sind die Leiter PE und N zu einem Leiter, dem Nulleiter PEN, zusammengefasst.

Schutz durch Abdeckung oder Umhüllung wird z. B. erreicht, wenn eine Verdrahtungsstelle von Leitungen durch eine Abzweigdose geschützt ist. Diese enthält neben dem VDE-Prüfzeichen eine IP-Kennzeichnung, z. B. IP 54 **(Bild 2)**. Ist die erste der beiden Ziffern 2 oder größer, liegt Basisschutz vor, weil ein Zugang mit einem Finger von 12 mm Durchmesser ausgeschlossen wird.

6.5.3 Fehlerschutz

Der Fehlerschutz ist nach VDE 0100 der Schutz vor elektrischem Schlag unter Fehlerbedingungen in einer elektrischen Anlage (Bild 1, vorhergehende Seite und **Bild 3**). Beim Fehlerschutz werden netzunabhängige Maßnahmen und netzabhängige Maßnahmen unterschieden **(Bild 4)**.

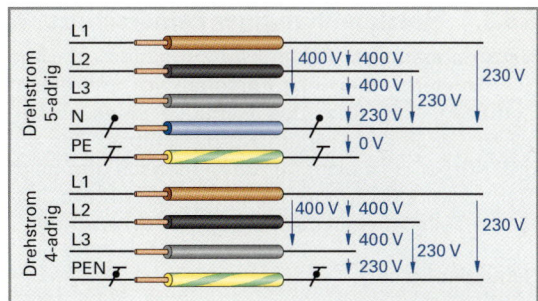

Bild 1: Schutz durch Isolation bei Leitungen und Kabeln

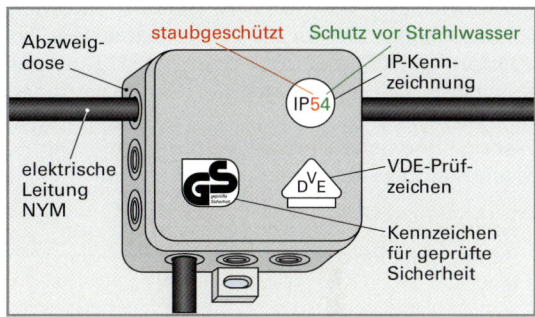

Bild 2: Schutz durch Abdeckung und Umhüllung

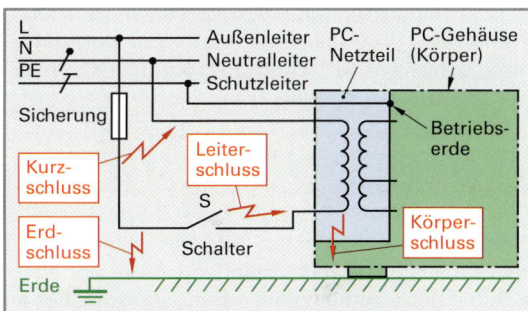

Bild 3: Fehlerarten an einem PC-Netzanschluss

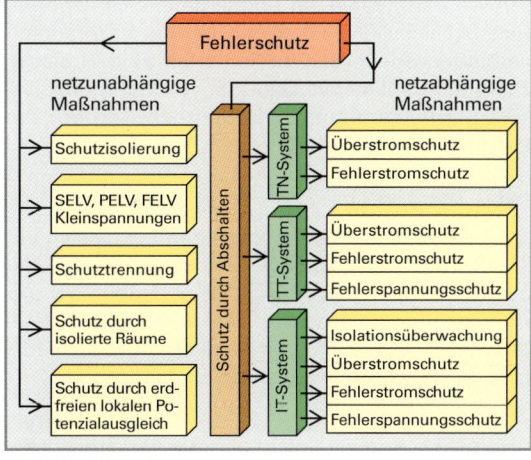

Bild 4: Fehlerschutzarten

6.5.3.1 Netzunabhängiger Fehlerschutz

Netzunabhängiger Fehlerschutz funktioniert ohne Schutzleiter und schützt Personen vor indirektem Berühren, z. B. über das Gehäuse eines elektrischen Gerätes bei einem Körperschluss. Der Begriff Körper wird nicht nur beim Mensch und beim Tier verwendet, sondern auch für berührbare, leitfähige Teile von elektrischen Geräten verwendet.

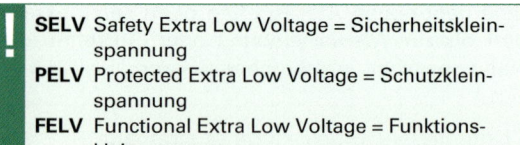

SELV Safety Extra Low Voltage = Sicherheitsklein-spannung

PELV Protected Extra Low Voltage = Schutzklein-spannung

FELV Functional Extra Low Voltage = Funktions-kleinspannung

Schutzisolierung

Schutzisolierte Geräte, z. B. das Netzteil eines Laptops, sind mit dem Symbol für Schutzisolierung gekennzeichnet **(Bild 1)**. Das Gehäuse (Körper) schutzisolierter Geräte ist vom elektrischen Teil vollständig isoliert und besteht meist ganz aus Kunststoff. Die Netzstecker der Geräte verfügen über keinen Schutzkontakt und die Netzleitung ist 2-adrig. Bei Gehäuseschäden dürfen die Geräte nicht mehr benutzt werden.

Schutzisolierte Geräte dürfen nicht mit dem Schutzleiter PE des Netzes verbunden werden.

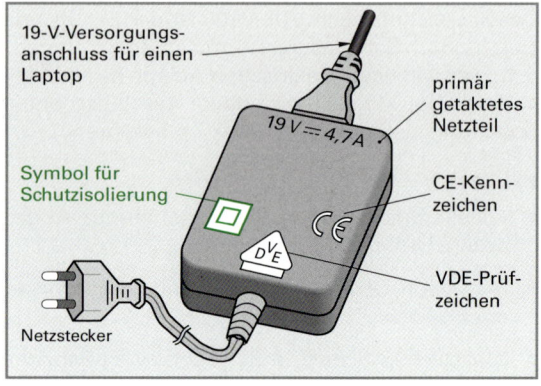

Bild 1: Schutzisoliertes Netzteil

Schutztrennung

Bei der Schutztrennung werden Verbraucher über Trenntrafos (VDE 0550 und 0551) vom Netz galvanisch getrennt. Die Trenntrafos führen das Symbol für Schutztrennung **(Bild 2)**.

Die Ausgangsseite des Trenntrafos enthält die gegen Erde potenzialfreien Leiter L1 und L2.

Ortsveränderbare Trafos müssen schutzisoliert sein. Ist Schutztrennung zwingend vorgeschrieben, z. B. in Laborräumen, darf nur ein Verbraucher an den Trenntransformator angeschlossen werden. Sonst können mehrere Verbraucher angeschlossen werden, wobei ein ungeerdeter Schutzpotenzialausgleichsleiter PA die Körper der Verbraucher verbindet. So werden im Fehlerfall (Bild 2) die Sicherungen ausgelöst. Dadurch wird eine unzulässige Berührspannung zwischen den Körpern der Verbraucher verhindert.

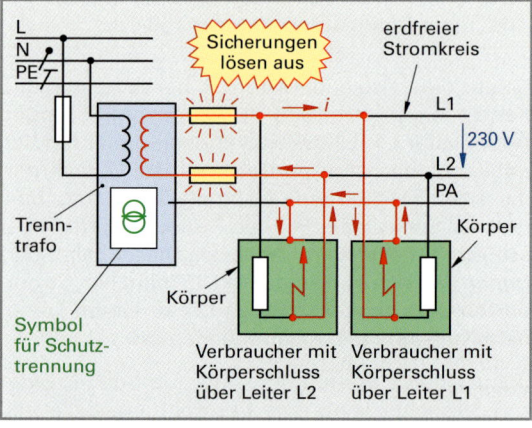

Bild 2: Schutztrennung mit 2 Verbrauchern im Fehlerfall

SELV, PELV, FELV

Bei diesen Schutzmaßnahmen handelt es sich um Kleinspannungen bis 50 V Wechselspannung oder bis 120 V Gleichspannung. **SELV**, früher Schutzkleinspannung, verwendet Sicherheitstransformatoren nach VDE 0551 oder Akkumulatoren **(Bild 3)**, z. B. bei der Stromversorgung eines Laptops.

Das SELV-Netz darf nicht geerdet werden.

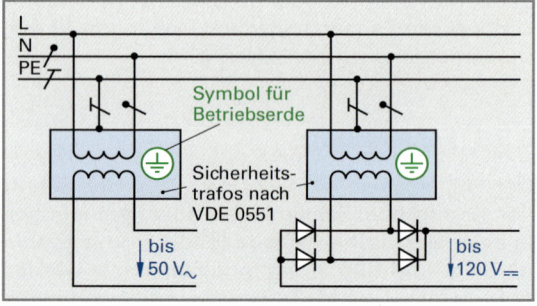

Bild 3: SELV (Sicherheitskleinspannung)

Bei Spannungen über 25 V Wechselspannung oder 60 V Gleichspannung muss das SELV-Netz Basisschutz besitzen, d.h. vor direktem Berühren schützen.

Die Schutzmaßnahmen PELV (P von Protected = geschützt), also Schutzkleinspannung, und FELV (F von funktional), also Funktionskleinspannung unterscheiden sich gegenüber SELV-Netzen bezüglich der galvanischen Trennung vom Versorgungsnetz und der Erdung im Kleinspannungsnetz. Bei PELV darf der Stromkreis und die Körper der Verbraucher geerdet sein, d.h. mit einem Schutzleiter verbunden werden. Deshalb ist bei PELV für alle Spannungen Basisschutz erforderlich. FELV-Netze haben keine galvanische Trennung gegenüber dem Versorgungsnetz **(Bild 1)**. Die Schutzmaßnahmen des Versorgungsnetzes müssen deshalb auch auf das Kleinspannungsnetz angewendet werden.

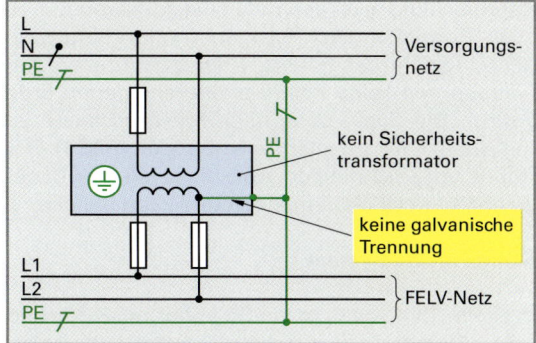

Bild 1: Schutzmaßnahme FELV

> Die Steckvorrichtungen für das Versorgungsnetz, SELV, PELV und FELV dürfen untereinander nicht zusammenpassen.

6.5.3.2 Netzabhängiger Fehlerschutz

Beim netzabhängigen Fehlerschutz wird indirektes Berühren durch Abschalten im Fehlerfall verhindert. Die Abschaltung muss in Stromkreisen mit Steckdosen bei Spannungen bis 400 V innerhalb von 0,2 s erfolgen. Die Schutzeinrichtungen sind Überstromschutzorgane, z.B. Leitungsschutzschalter (LS) oder Schmelzsicherungen, und Fehlerstromschutzorgane, z.B. RCD (FI-Schalter). Da RCD defekt werden können und da bei Leitungsschutzschaltern die Kontakte verschleißen können, bilden diese Organe allein keinen sicheren Schutz. Ihnen muss immer eine Schmelzsicherung vorgeschaltet sein, z.B. in einem Hausanschlusskasten oder in einer Unterverteilung.

> Leistungsschutzschalter (LS) und RCD (FI-Schalter) müssen über eine Schmelzsicherung abgesichert werden.

Beim Schutz durch Abschalten müssen alle leitfähigen Körper an einen Schutzleiter angeschlossen und geerdet werden. Ob die Erdung über das Netz (Betriebserde) oder direkt mit der Erde erfolgt, hängt von dem Verteilungssystem (Netzform) ab **(Tabelle 1)**. In jedem Gebäude muss ein Hauptpotenzialausgleich stattfinden, damit z.B. bei einem

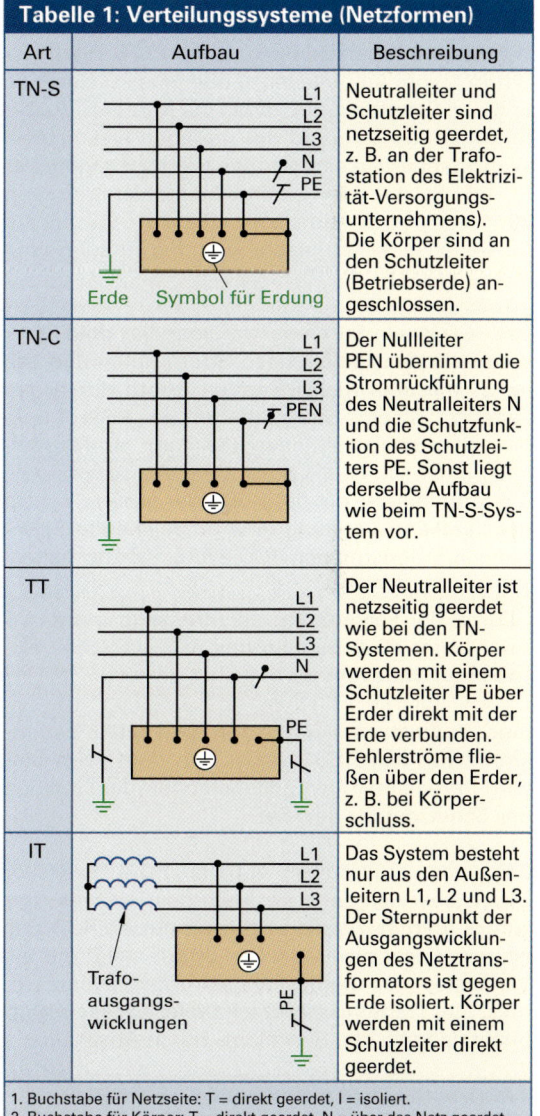

Tabelle 1: Verteilungssysteme (Netzformen)		
Art	Aufbau	Beschreibung
TN-S	L1, L2, L3, N, PE — Erde, Symbol für Erdung	Neutralleiter und Schutzleiter sind netzseitig geerdet, z. B. an der Trafostation des Elektrizität-Versorgungsunternehmens). Die Körper sind an den Schutzleiter (Betriebserde) angeschlossen.
TN-C	L1, L2, L3, PEN	Der Nullleiter PEN übernimmt die Stromrückführung des Neutralleiters N und die Schutzfunktion des Schutzleiters PE. Sonst liegt derselbe Aufbau wie beim TN-S-System vor.
TT	L1, L2, L3, N, PE	Der Neutralleiter ist netzseitig geerdet wie bei den TN-Systemen. Körper werden mit einem Schutzleiter PE über Erder direkt mit der Erde verbunden. Fehlerströme fließen über den Erder, z. B. bei Körperschluss.
IT	L1, L2, L3, PE — Trafoausgangswicklungen	Das System besteht nur aus den Außenleitern L1, L2 und L3. Der Sternpunkt der Ausgangswicklungen des Netztransformators ist gegen Erde isoliert. Körper werden mit einem Schutzleiter direkt geerdet.

1. Buchstabe für Netzseite: T = direkt geerdet, I = isoliert.
2. Buchstabe für Körper: T = direkt geerdet, N = über das Netz geerdet.
3. Buchstabe für PE und N: S = separat, getrennt, C = kombiniert.

Körperschluss alle geerdeten Gegenstände, z. B. auch Rohrleitungen, Heizkörper oder Badewannen, ungefähr das Potenzial des Schutzleiters annehmen und keine Potenzialdifferenz gegen Erde auftritt. Die Schutzpotenzialausgleichsschiene ist mit einem Fundamenterder verbunden **(Bild 1)**. Der früher vorgeschriebene Anschluss an die Badewanne ist noch oft vorhanden und kann bleiben.

Schutz im TN-System

In einem TN-System ist ein PC-Labor mit 8 PCs und einem Datennetz einzurichten. Für den Laborraum ist neben dem Überstromschutzorgan ein RCD (FI-Schalter) vorgeschrieben **(Bild 2)**. Der Fehlerstrom darf 30 mA nicht überschreiten.

Bei einem Körperschluss, z. B. im PC 8, fließt der Strom I_F vom Außenleiter L1 über das PC-Gehäuse und den Schutzleiter PE direkt ins Netz zurück. Der Strom würde aufgrund des geringen elektrischen Widerstandes auf einen hohen Wert ansteigen. Der RCD (FI-Schalter) mit einem Nennfehlerstrom von 30 mA schaltet innerhalb von 0,2 s ab, sodass am PC-Gehäuse keine gefährliche Berührspannung auftreten kann.

Der RCD ist ein Summenstromwandler **(Bild 3)**. Er vergleicht den zufließenden Strom durch den Leiter L1 mit dem rückfließenden Strom durch den Leiter N. Tritt eine Stromdifferenz auf, wird in dem die Leiter umschließenden Eisenkern ein Magnetfeld aufgebaut. Ist die Stromdifferenz so groß wie der Nennfehlerstrom des RCD oder größer, wird in der Induktionswicklung eine ausreichende Spannung induziert, um den RCD allpolig abzuschalten.

> Damit der Fehlerstrom erkannt wird, muss der Leiter PE außerhalb des RCD (FI-Schalter) vom Netz zum Verbraucher führen.

Eine Prüftaste erzeugt einen gewollten Fehlerstrom, der den RCD auslöst. Mit dem Prüftaster wird in regelmäßigen Zeitabständen die Funktion des Schutzorgans getestet.

Bei einem Kurzschluss, z. B. im PC 1, fließt der Strom über den Leiter N durch den RCD ins Netz zurück **(Bild 4)**. Da die Stromsumme im RCD null ist, löst dieser nicht aus. Der Strom steigt auf ein Vielfaches des Bemessungsstromes (Nennstromes) des Leitungsschutzschalters. Dieser unterbricht dadurch den Stromkreis durch Abschalten.

> RCD (FI-Schalter) ersetzen nicht die Schutzfunktion von Überstromschutzorganen.

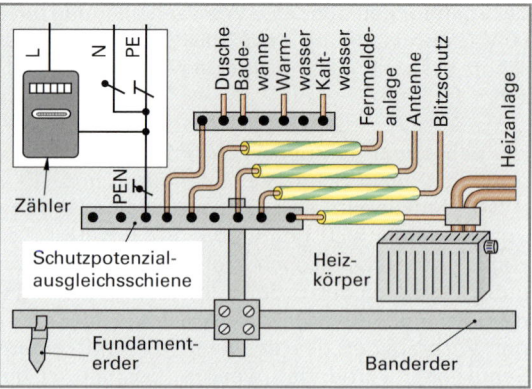

Bild 1: Schutzpotenzialausgleich

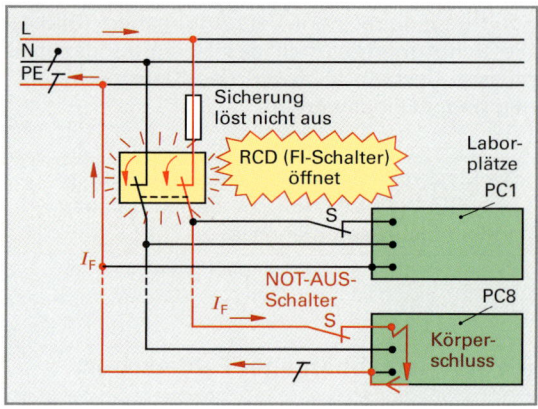

Bild 2: Schutz im TN-S-System bei Körperschluss

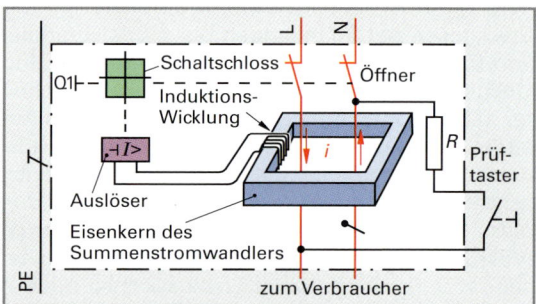

Bild 3: Aufbau des RCD (FI-Schalter)

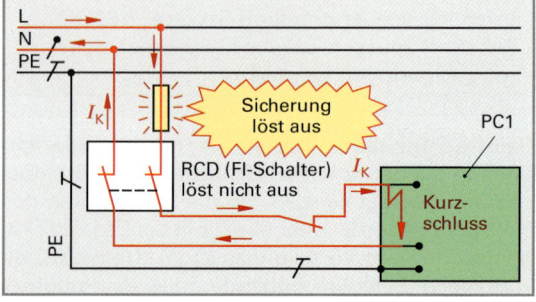

Bild 4: Abschalten bei Kurzschluss im TN-S-System

Ist im TN-System der Schutzleiter defekt (Bruchstelle) und liegt ein Körperschluss vor, liegt am PC-Gehäuse die volle Netzspannung **(Bild 1)**. Sobald das Gehäuse von dem PC-Benutzer berührt wird, löst der RCD aus. Dazu darf der Widerstand gegen Erde aber nicht zu groß sein.

Beispiel 1: Auslösewiderstandswert berechnen

Welchen Wert muss der Gesamtwiderstand gegen Erde unterschreiten, damit der RCD (30 mA) noch auslöst?

Lösung: R_{max} = 230 V / 30 mA = **7,67 kΩ**

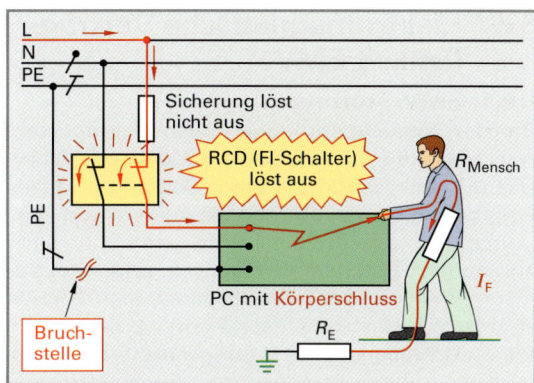

Bild 1: Fehlerschutz bei defektem Schutzleiter

Schutz im TT-System

Da das TT-System keinen Schutzleiter besitzt, werden alle Verbraucher über einen gemeinsamen Erder direkt geerdet **(Bild 2)**. Der Abschaltstrom I_A bei Körperschluss fließt über das Erdreich zum sekundären Sternpunkt des Netztransformators zurück. Der Erdungswiderstand der Anlage R_A muss so klein sein, dass die Berührspannung den maximalen Grenzwert nicht überschreitet, z. B. 50 V für den Menschen in Wechselspannungsanlagen.

Beispiel 2: Erdungswiderstand berechnen

Welchen Wert darf R_A höchstens haben, damit beim Abschalten durch den RCD (30 mA) die maximale Berührspannung nicht überschritten wird?

Lösung: R_{max} = 50 V / 30 mA = **1,67 kΩ**

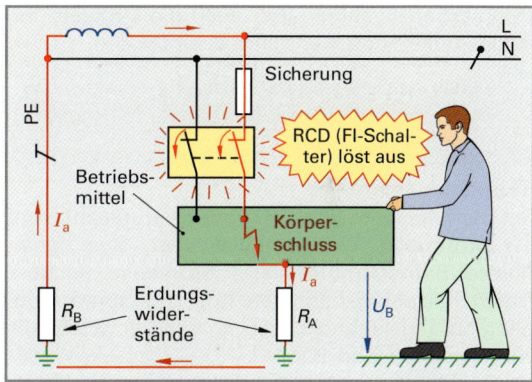

Bild 2: Schutz bei Körperschluss im TT-System

Schutz im IT-System

Das IT-System ist ein von der öffentlichen Stromversorgung galvanisch getrenntes Netz, z. B. in einem Operationssaal. Alle Leiter sind gegen Erde isoliert und die Betriebsmittel sind über einen Schutzleiter direkt geerdet. Tritt ein Fehler auf, z. B. ein Körperschluss über den Leiter L1, so wird L1 geerdet **(Bild 3)**. Es ensteht keine gefährliche Berührspannung. Der Fehlerstrom ist zu gering, um ein Abschalten zu bewirken. Damit der Fehler überhaupt erkannt wird, ist eine Isolationsüberwachung vorgeschrieben, welche den Fehler anzeigt. Erst beim Auftreten eines zweiten Fehlers, z. B. eines Erdschlusses des Leiters L3, schaltet der RCD das Netz ab (Bild 3).

> Im IT-System ist eine Isolationsüberwachung vorgeschrieben.

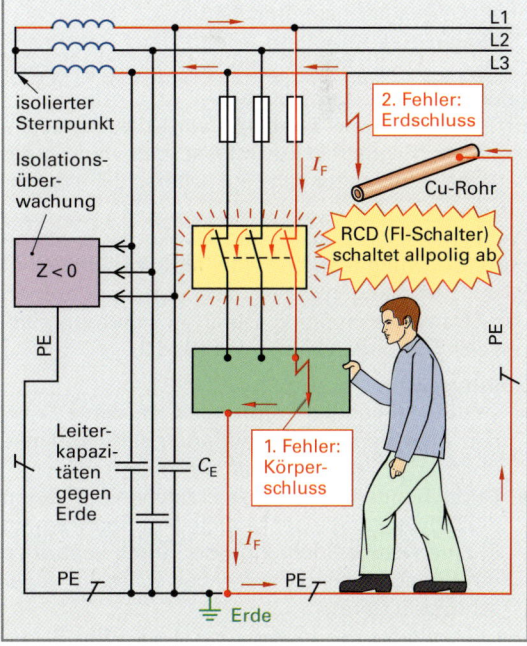

Bild 3: Abschalten im IT-System bei 2 Fehlern

6.6 Elektromagnetische Verträglichkeit EMV

6.6.1 EMV-Störungen

Bei der Signalübertragung muss sichergestellt sein, dass die Information während der Übertragung nicht verfälscht wird. Schon ein kurzes Flachbandkabel kann Störungen in Form von elektromagnetischen Wellen „einfangen" aber auch aussenden. Durch elektrostatisch oder elektromagnetisch hervorgerufene Spannungen können elektronische Bauelemente zerstört werden.

Die elektromagnetische Verträglichkeit (EMV) befasst sich mit der Beeinflussung durch elektromagnetische Störsignale. Darunter fallen alle elektromagnetischen Strahlen und Felder, welche die technischen Systeme aber auch die Umwelt und insbesondere den Menschen beeinflussen.

> Die EMV bezieht sich auf strahlende elektrische und magnetische Störfelder sowie leitungsgebundene Störsignale.

Störkopplungsmodell

Ein Betriebsmittel, das Störungen verursacht, wird als Störquelle (source) bezeichnet. Das beeinflusste Betriebsmittel heißt Störsenke (victim). Durch Kopplung oder den Kopplungspfad (coupling path) gelangt die Störung von der Störquelle zur Störsenke (**Bild 1**).

Kopplungsarten

Die **galvanische Kopplung** geschieht durch gemeinsame Bauelemente oder Leitungsabschnitte, über die Ausgleichsströme fließen.

Die **kapazitive Kopplung** erfolgt über elektrische Felder, z. B. bei parallel geführten Leitern in Kabelkanälen oder auf Leiterplatten.

Bei der **induktiven Kopplung** wird die Störsenke durch ein Magnetfeld beeinflusst, z. B. wenn magnetische Feldänderungen eine Leiterschleife durchsetzen.

Wenn Kabel oder Leitungen als Antenne wirken und elektromagnetische Felder als Funksignale ungewollt empfangen oder aussenden, spricht man von Strahlungskopplung. Durch Abschirmung lassen sich Störungen vermeiden (**Bild 2**).

Störungsarten

- Leitungsgebundene Störungen werden z. B. direkt über Versorgungsleitungen zur Störsenke übertragen. Abhilfe schafft eine Filterung.
- Feldgebundene Störungen entstehen z. B. durch die Einkopplung einer Mobiltelefonübertragung in eine Audioeinrichtung oder durch kapazitive oder magnetische Felder bei schlecht abgeschirmten Geräten.

Die Einhaltung der in der Checkliste **(Bild 3)** genannten Punkte vermeidet EMV-Störungen.

> **! Europäische EMV-Gesetzgebung:**
> Elektromagnetische Verträglichkeit (EMV/EMC von electromagnetic compatibility) ist die Fähigkeit eines Gerätes in der elektromagnetischen Umwelt zuverlässig zu arbeiten, ohne dabei selbst elektromagnetische Störungen zu verursachen, die für andere in dieser Umwelt vorhandene Geräte unannehmbar wären (EU-Richtlinie 2004/108/EG).

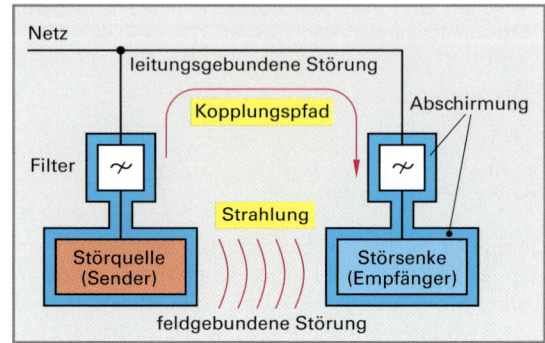

Bild 1: EMV-Störkopplungsmodell

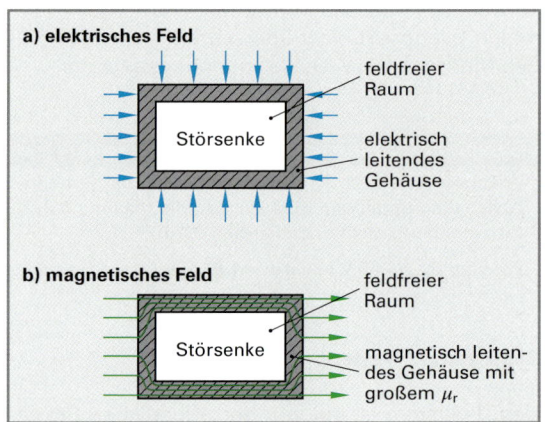

Bild 2: Abschirmung gegen Felder

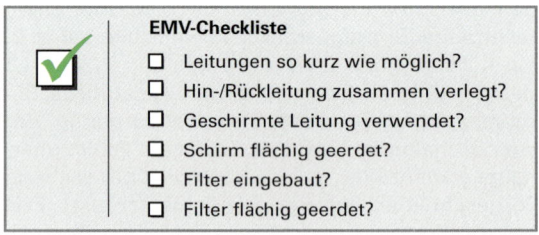

Bild 3: Checkliste für die Vermeidung von EMV-Störungen bei Strahlungskopplung

> Mit dem CE-Zeichen bestätigt der Hersteller, dass das Produkt den produktbezogenen geltenden europäischen Richtlinien entspricht.

6.6.2 Grenzwerte und Normen zum Schutz der Gesundheit bei technisch erzeugten Feldern

Das unsichtbare elektromagnetische Umfeld, z. B. durch Hochspannungsleitungen, Richtfunksender, Mobiltelefone oder elektrische Installationen hervorgerufen, lässt sich vom Menschen nicht fernhalten.

Niederfrequente Felder
Niederfrequente Felder (Frequenzen kleiner als 30 kHz) induzieren vorwiegend schwache elektrische Ströme im menschlichen Körper. Die elektrischen Feldstärken von Haushaltsgeräten sind relativ gering und in der Regel kleiner als 0,5 kV/m. Hochspannungsleitungen besitzen dagegen hohe elektrische Feldstärken (**Tabelle 1**).

Hochfrequente Felder
Hochfrequente Felder (größer als 30 kHz) wirken auf atomarer Ebene. Die hier auf den menschlichen Körper einwirkenden Feldstärken sind sehr stark von den Umgebungsbedingungen abhängig.

Grenzwerte und Normen
Für den Schutz der Allgemeinheit vor der Einwirkung nichtionisierender elektromagnetischer Felder sind in der Verordnung zum Bundes-Immissionsschutzgesetz (26. BImSchV) Grenzwerte festgelegt. Im niederfrequenten Bereich dürfen die äußeren Felder nur so stark sein, dass Schädigungen durch Körperströme nicht möglich sind (**Tabelle 2**).
Die durch hochfrequente Strahlung im Körper erzeugte Temperaturerhöhung sollte nicht größer als 0,5 °C im 6-Minuten-Intervall sein (IRPA-Empfehlung). Die Strahlenschutzgesellschaft empfiehlt für die Bevölkerung einen Grenzwert für die Energieabsorption im Körper auf der Basis von Spezifischen Absorptionsraten (SAR).

> Um schädliche Wirkungen zu vermeiden, darf z. B. die Wärmeabsorption im Körper über 6 Minuten den Wert von 80 mW/kg für die Allgemeinbevölkerung nicht überschreiten (Bereich 100 kHz).

Der Ganzkörper-SAR-Wert beträgt 0,08 W/kg, der Teilkörper-SAR-Wert z. B. für das Auge beträgt 2 W/kg. Für die berufliche Tätigkeit gelten um den Faktor 5 höhere Werte. Die Einhaltung der Grenzwerte ist durch geeignete Messungen an Nachbildungen zu kontrollieren (**Bild 1**).

Analoge und digitale Signale
Die Grenzwert-Empfehlungen unterscheiden bei Funkgeräten und Mobiltelefonen zwischen analogen und digitalen Signalen. Bei Einhaltung der Mindestabstände zwischen Kopf und Antenne wird demnach der Teilkörper-SAR-Wert bei Mobiltelefonen zuverlässig unterschritten (**Tabelle 3**).

> **!** **Einheit des elektromagnetischen Feldes, Flussdichte in (B)**
> 1 T = 1 Tesla = 1 Vs/m²
> (nach Nicola Tesla 1856-1943, amerik. Erfinder)
> **IRPA** von International radiation protection association = internationale Strahlenschutzgemeinschaft.

Tabelle 1: Felder bei Hochspannungsleitungen (Leiterstrom 1 kA, 1 m über dem Boden

Spannung (kV)	Elektr. Feld (kV/m)	magn. Flussdichte (µT)
110	0,6 - 2,2	5,6 - 20,1
220	1,2 - 3,8	5,3 - 13,9
380	2,5 - 6,3	5,2 - 12,7

Tabelle 2: Grenzwerte für Frequenzen von f = 50/60 Hz

Norm/Empfehlung	elektrische Feldstärke E	magnetische Flussdichte B
DIN VDE 0848:		
Expositionsbereich 1	21,3 kV/m	1360 µT
Expositionsbereich 2	6,7 kV/m	425 µT
IRPA:		
Expositionsbereich 1	10,0 kV/m	500 µT
Expositionsbereich 2	5,0 kV/m	100 µT

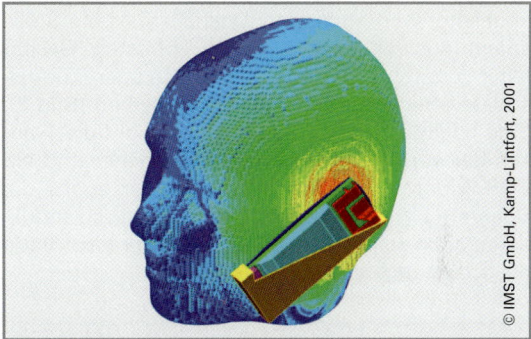

© IMST GmbH, Kamp-Lintfort, 2001

Bild 1: Erwärmungszonen beim Mobiltelefonieren

Tabelle 3: Empfohlene Mindestabstände Antenne-Kopf zur Einhaltung des Teilkörper-SAR-Wertes

Frequenz	Spitzenleistung	Mindestabstand
450 MHz analog	bis 0,5 W bis 1 W	kein Mindestabstand ca. 4 cm
900 MHz analog	bis 0,5 W bis 1 W	kein Mindestabstand ca. 5 cm
900 MHz digital	bis 2 W bis 4 W	kein Mindestabstand ca. 3 cm
1800 MHz digital	bis 1 W bis 2 W	kein Mindestabstand ca. 3 cm

Geräte, die analoge Funksignale in hohen Frequenzbereichen abstrahlen, erfordern einen größeren Abstand vom Kopf zur Antenne.

6.6.3 Überspannungsschutz bei einer IT-Anlage

Außer den elektronischen Spannungen treten in elektronischen Anlagen auch Überspannungen durch Blitzeinschlag und durch Schaltvorgänge im Versorgungsnetz auf, z. B. beim Abschalten von Motoren. Blitzeinschläge im Abstand bis 1000 m vom Netz führen ebenso zu Überspannungen wie direkte Blitzeinschläge in das Netz. Die Spannungsübertragung ins Netz erfolgt dann kapazitiv, induktiv oder auch galvanisch (durch Stromleitung, **Bild 1**).

> Blitzeinschläge können zu Überspannungen an elektrischen Geräten führen, auch wenn die Einschläge vom Gerät weit entfernt sind.

Das Übertragen von Überspannungen aus dem 230-V-Netz in das Datennetz der elektronischen Anlage wird durch Überspannungsableiter zwischen den Netzleitern und einem geerdeten Leiter PE vermieden **(Bild 2)**.

Bei einem Blitzeinschlag in das elektrische Versorgungsnetz breitet sich ein energiereicher Impuls, genannt Spannungsstoßwelle, im Netz aus. Deren Energie ist zu groß, als dass sie von einem empfindlichen Bauelement, z. B. einer Z-Diode, abgeleitet werden könnte. Deshalb wird die Stoßspannungswelle zuerst einem robusten Gasableiter zugeführt, der aber etwas verzögert zündet, sodass einige hundert Volt übrig bleiben **(Bild 3)**. Eine nachgeschaltete Induktivität macht die Flanken der verbleibenden Spannung flacher und ein VDR-Widerstand baut, allerdings verzögert, die Spannung weiter ab. Nach einer weiteren Induktivität setzt schließlich z. B. eine Suppressordiode die Spannung auf wenige Volt herab.

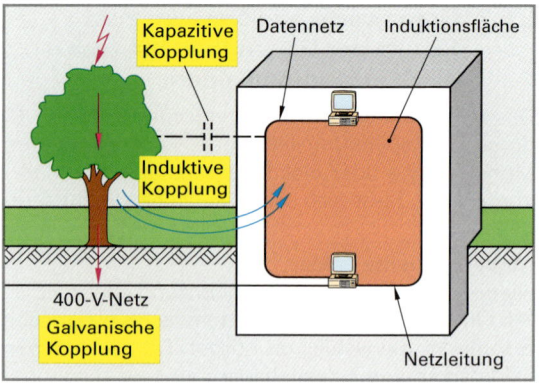

Bild 1: Überspannungsübertragung infolge Blitzeinschlag

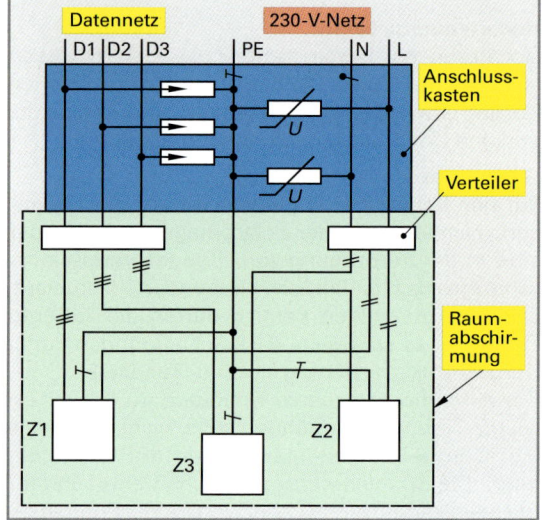

Bild 2: Überspannungsschutz einer IT-Anlage

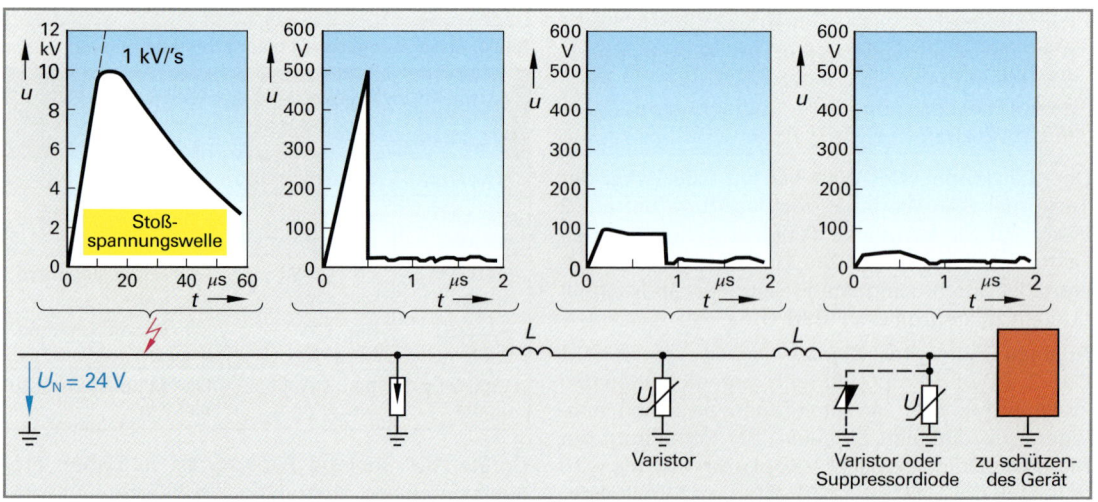

Bild 3: Abbau der Überspannung eines Blitzeinschlages durch Überspannungsableiter

Testen Sie Ihre Fachkompetenz!

Aufgabe 1: Zahlensysteme

a) Wandeln Sie folgende Hexadezimalzahlen in Dualzahlen um:
5_h, 7_h, B_h, 10_h, 15_h, $2A_h$, $E07_h$, $D2FC_h$.

b) Wandeln Sie folgende Dualzahlen in Hexadezimalzahlen um:
1001_2, 100_2, $1000\ 0001_2$, $1100\ 0101_2$, $10\ 1100_2$, $101\ 1111\ 1101_2$, $1010\ 0000\ 0001_2$.

Aufgabe 2: BCD-Codes

a) Welche Eigenschaft hat ein einschrittiger BCD-Code?

b) Geben Sie einen einschrittigen BCD-Code und dessen Anwendung an.

Aufgabe 3: Logikschaltung

4 Motoren nehmen unterschiedliche Leistungen auf (**Bild 1**). Sind sie in Betrieb, führen ihre Signalausgänge A bis D den logischen Wert 1. Bei einer Gesamtleistung ab 5 kW leuchtet die orangene LED Y und bei einer Gesamtleistung ab 7 kW zusätzlich die rote LED Z.

a) Entwickeln Sie die logischen Funktionen für Y und Z mithilfe der ODER-Normalform oder einem KV-Diagramm.

b) Zeichnen Sie die Logikschaltung.

Aufgabe 4: Stromversorgung

In einem Labor führt ein 42 m langes, 3-adriges Kupferkabel mit Leiterquerschnitten von 1,5 mm² vom 230-V-Gebäudeanschluss zu einer PC-Steckdose.

a) Nennen Sie Farben und Funktionen der Adern.

b) PCs mit einer Stromaufnahme von 2 A werden an der Steckdose angeschlossen. Berechnen Sie die Spannung, die an der PC-Steckdose anliegt.

Aufgabe 5: LED-Schaltung

Berechnen Sie die Widerstandswerte R_1 bis R_3 von **Bild 2**, wenn die LEDs mit 20 mA folgende Spannungen haben: Rot 1,6 V, Grün 2,4 V und Blau 3,4 V.

Aufgabe 6: Mikrocontroller

a) Am Eingang E1 des Mikrocontrollers aus **Bild 3** befindet sich eine Schutzdiode. Berechnen Sie den Strom und die Leistungsaufnahme der Diode, wenn eine Spannung von 5,6 V angelegt wird (Bild3).

b) Am Ausgang A1 des Controllers soll über einen NPN-Transistor mit B = 100 eine Signallampe mit S V/1 W betrieben werden. Berechnen Sie den Strom, den der Controller ausgeben muss.

Aufgabe 7: Verstärkerschaltung mit OP

Berechnen Sie den Widerstand R_1 in der Verstärkerschaltung aus **Bild 4**.

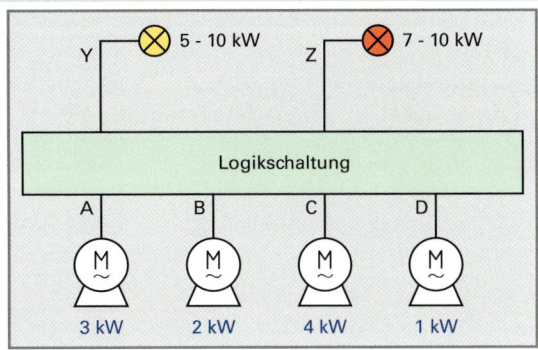

Bild 1: Logikschaltung

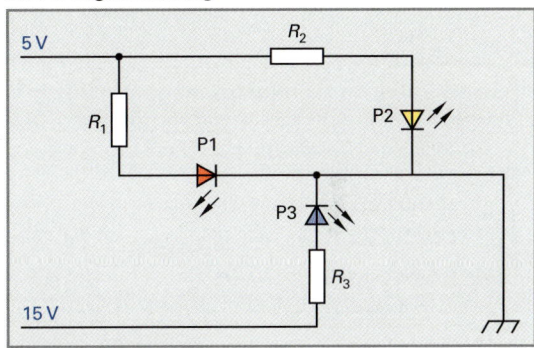

Bild 2: Leuchtdioden

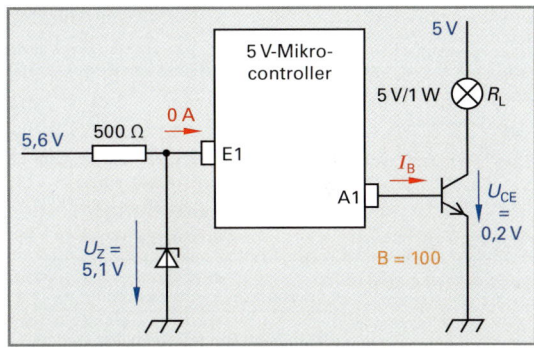

Bild 3: Mikrocontroller

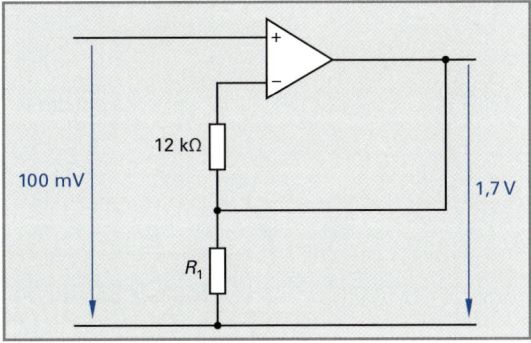

Bild 4: Verstärkerschaltung

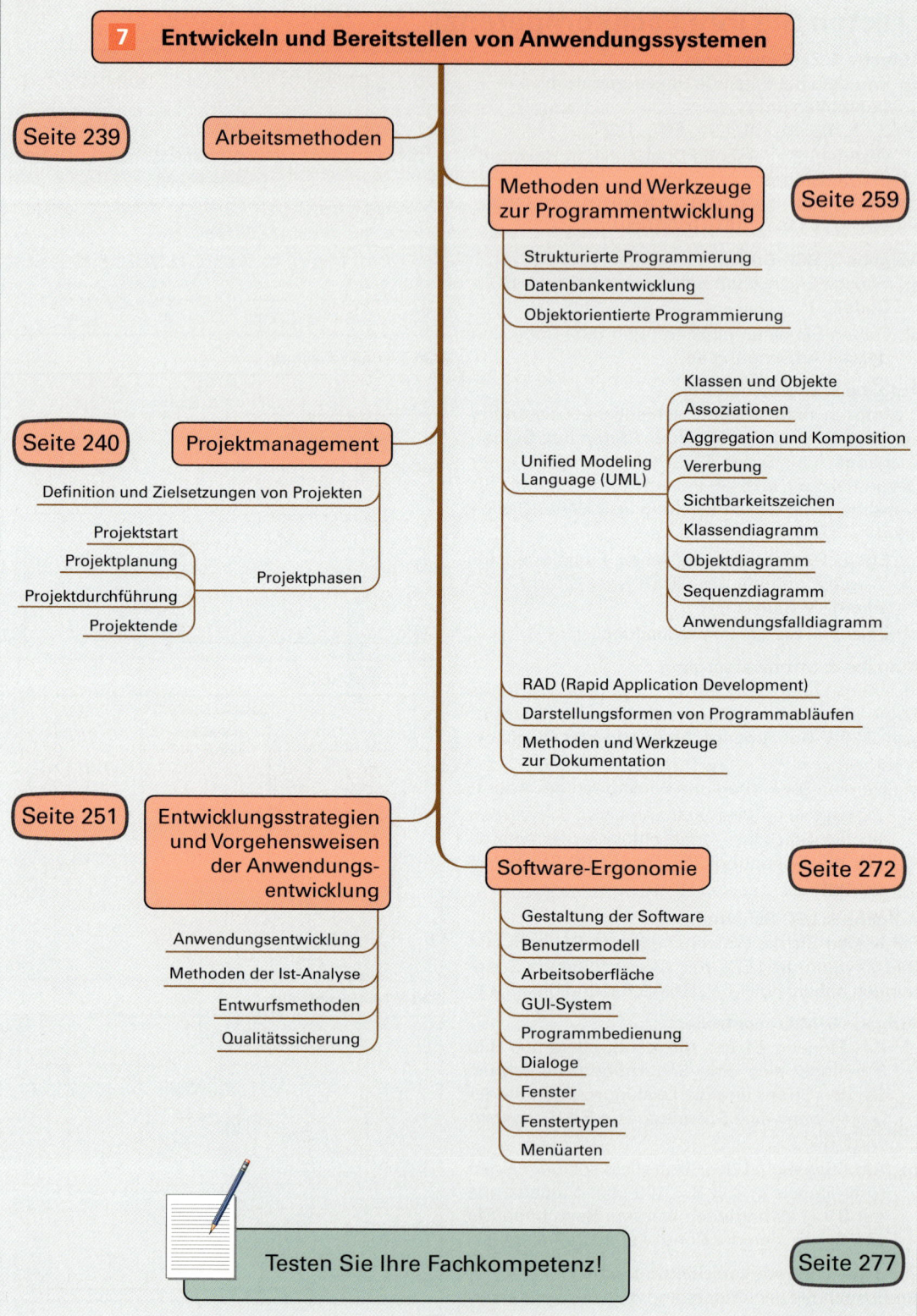

7 Entwickeln und Bereitstellen von Anwendungssystemen

Seite 239 — Arbeitsmethoden

Methoden und Werkzeuge zur Programmentwicklung — Seite 259

- Strukturierte Programmierung
- Datenbankentwicklung
- Objektorientierte Programmierung

Unified Modeling Language (UML)
- Klassen und Objekte
- Assoziationen
- Aggregation und Komposition
- Vererbung
- Sichtbarkeitszeichen
- Klassendiagramm
- Objektdiagramm
- Sequenzdiagramm
- Anwendungsfalldiagramm

- RAD (Rapid Application Development)
- Darstellungsformen von Programmabläufen
- Methoden und Werkzeuge zur Dokumentation

Seite 240 — Projektmanagement
- Definition und Zielsetzungen von Projekten
- Projektphasen
  - Projektstart
  - Projektplanung
  - Projektdurchführung
  - Projektende

Seite 251 — Entwicklungsstrategien und Vorgehensweisen der Anwendungsentwicklung
- Anwendungsentwicklung
- Methoden der Ist-Analyse
- Entwurfsmethoden
- Qualitätssicherung

Software-Ergonomie — Seite 272
- Gestaltung der Software
- Benutzermodell
- Arbeitsoberfläche
- GUI-System
- Programmbedienung
- Dialoge
- Fenster
- Fenstertypen
- Menüarten

Testen Sie Ihre Fachkompetenz! — Seite 277

7 Entwickeln und Bereitstellen von Anwendungssystemen

7.1 Arbeitsmethoden

Der Arbeitsalltag und unser Leben wird durch eine Vielzahl von konkurrierenden Zielen bestimmt. So sollen möglichst viele Kundenaufträge schnell und kostengünstig erledigt werden, gleichzeitig soll aber auch optimale Qualität erzeugt werden.

Arbeitsmethodik ist vor allem auch Zeitmanagement. Eine verbreitete Methode zum Zeitmanagement ist die ALPEN-Methode (**Bild 1**).

A gewünschte **A**ktivitäten und Ziele notieren,
L **L**änge, Dauer realistisch schätzen,
P **P**ufferzeiten einplanen (nach Erfahrung),
E **E**ntscheidungen über die Dringlichkeit treffen und
N **n**achkontrollieren und aktualisieren.

Der Erfolg von Unternehmen und Mitarbeitern ist durch den Einsatz geeigneter Arbeitsmethoden und Arbeitsstrategien planbar.

Die Entscheidung über die Dringlichkeit der einzelnen Tätigkeiten ist ein wesentlicher Punkt. Zur Auswahl der erfolgsentscheidenden Tätigkeiten reicht eine Bewertung in die Stufen wichtig, normal und unwichtig. Der Zusammenhang zwischen Aufwand und Erfolgswirksamkeit der Aufgaben zeigt sich z. B. in einer ABC-Analyse: Durch die gezielte Auswahl und Erledigung der erfolgswichtigsten Aufgaben (A-Aufgaben) können z. B. mit 15 % des Aufwandes bereits 65 % des Erfolges erreicht werden (**Bild 2**).

Ein weiteres Hilfsmittel zur Auswahl der Reihenfolge der Tätigkeiten ist die unter dem Namen Eisenhower-Prinzip bekannte Handlungsregel nach **Bild 3**. Sie gibt z. B. vor, dass man Aufgaben, die dringend und wichtig sind, sofort und selbst erledigen soll.

Als Kerndisziplin des Zeitmanagements gilt auch das Erkennen und Beseitigen von Störungen und „Zeitdieben". In einem ersten Schritt müssen die externen und internen Ursachen von Störungen erkannt und bewusst gemacht werden. Zu den externen Ursachen zählen unangemeldete Besucher, ablenkende Kollegen und Reize in der Arbeitsumgebung. Interne Ursachen sind z. B. Konzentrationsschwäche, unzureichende Zielorientierung, Weitschweifigkeit, Tagträumerei, Scheinarbeit und schlechte Arbeitsplanung.

Für Verbesserungen genügt bereits das Bewusstsein um diese Störquellen. Für verbleibende Ursachen muss eine Prioritätenliste erstellt werden und es müssen Gegenmaßnahmen eingeleitet werden. Eine bewährte Methode ist es z. B., neben der normalen Arbeitsplanung jeden Tag zum Arbeitsbeginn eine Aufgaben- bzw. Zielliste für den Tag zu erstellen, in der die Aufgaben und Ziele nach Prioritäten bewertet sind.

> **!** Für den Erfolg ist nicht so sehr entscheidend, wie viel man tut, sondern was und wie man es tut.

Bild 1: ALPEN-Methode

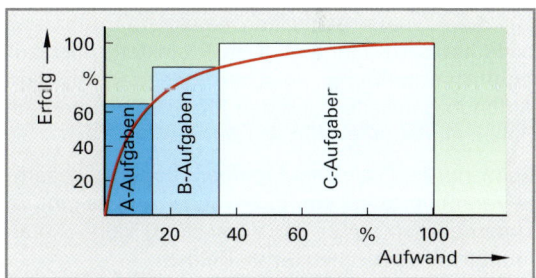

Bild 2: ABC-Analyse zur Erfolgswirksamkeit von Aufgaben

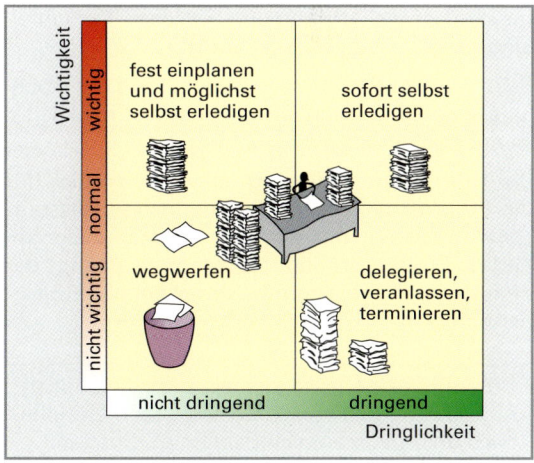

Bild 3: Eisenhower-Prinzip

7.2 Projektmanagement

Zur Erfüllung ihrer unternehmerischen Zielsetzungen haben Firmen eine Aufbau- und eine Ablauforganisation. Im Bereich der Serien- und Massenfertigung bewährt sich eine auf Beständigkeit angelegte Organisation mit vielen Regeln.

In Fertigungs- und Dienstleistungsbereichen sind die Fähigkeiten, in kurzer Zeit flexible und kundenspezifische Lösungen anzubieten, erfolgsentscheidend.

Dazu führt man Auftragsabwicklungen, Entwicklungsprojekte, Neuorganisationen, Produkteinführungen und anderes als Projekte durch. Die Überwachung der Projektziele hinsichtlich Kosten, Qualität und Termintreue ergibt, dass viele Projekte ihre Ziele nicht erreichen (**Bild 1**).

Oft können diese Zielabweichungen durch den Einsatz von Projektmanagementmethoden und Projektmanagementwerkzeugen verringert oder beseitigt werden.

Für die Aufbauorganisation eines Unternehmens bedeutet ein hoher Anteil an Projekten, dass zur Konfliktvermeidung zwischen der traditionellen Aufbauorganisation und den Projektbeteiligten die Rollen eindeutig geklärt werden müssen.

Beim *reinen Projektmanagement* liegt die gesamte Verantwortung beim Projektleiter und es gibt im Unternehmen außer der Verwaltung keine Abteilungen im klassischen Sinne (**Bild 2**).

Beim *Matrixprojektmanagement* ist die Führungsverantwortung zwischen Fachabteilungsleiter und Projektleiter geteilt. Um Unstimmigkeiten zu vermeiden, ist die Abstimmung zwischen Fachabteilungsleiter und Projektleiter wichtig.

Beim *Einfluss-Projektmanagement* trägt der Abteilungsleiter die Verantwortung und der Projektleiter ist nur Ausführender.

Die Unternehmensführung ist verantwortlich für die Projektfinanzierung, die langfristige Ressourcenentwicklung und ein unternehmenszielorientiertes Projektportfolio (Zusammensetzung der Projekte nach Projektgröße, Projektinhalt, Projektrisiko, **Bild 3**).

> Unter Projektportfolio versteht man die Zusammensetzung der Projekte eines Unternehmens nach unternehmenszielorientierten Kriterien.

Projektleiter sind für die Planung, Durchführung und Kontrolle der Projekte verantwortlich. Projektmitglieder führen selbstverantwortlich Teilaufgaben aus.

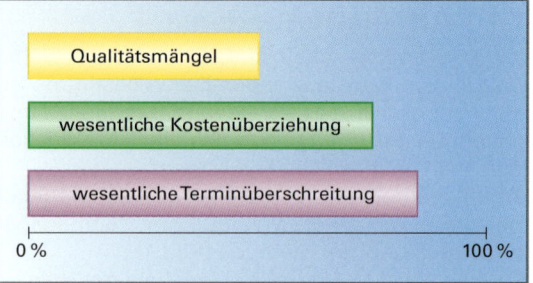

> **!** Durch die Anwendung von Projektmanagementmethoden und Projektmanagementwerkzeugen können Projektziele leichter erreicht werden.

Bild 1: Zielverfehlung von Projekten

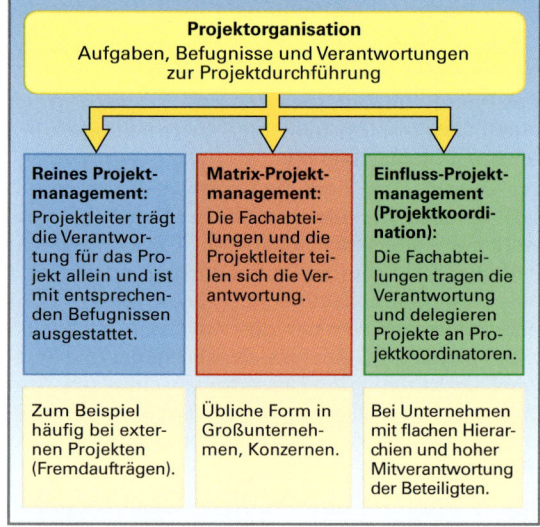

Bild 2: Projektorganisation

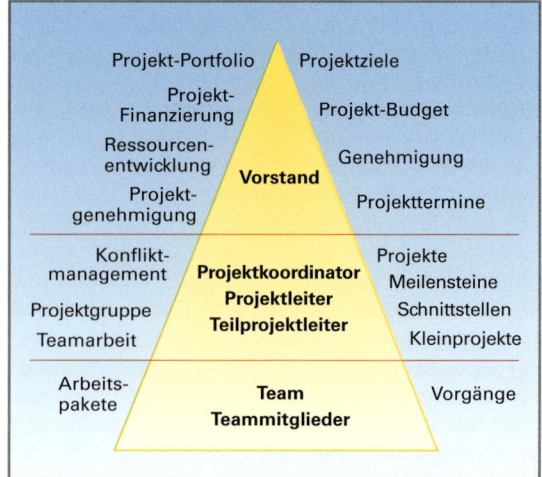

Bild 3: Zuständigkeiten in der Projektorganisation

7.2.1 Definition und Zielsetzungen von Projekten

Typische Merkmale von Projekten sind:
- projektspezifische Zielvorgaben, z. B. Erschließen einer neuen Kundengruppe,
- zeitliche Begrenzungen für die Fertigstellung von Teilprojekten (Meilensteine),
- finanzielle und personelle Begrenzungen, d. h. Projekte verfügen über ein bestimmtes Budget,
- Abgrenzung gegenüber anderen Vorhaben und
- projektspezifische Organisationsformen.

> Ein Projekt ist ein Vorhaben, das im Wesentlichen durch die Einmaligkeit der Bedingungen in ihrer Gesamtheit gekennzeichnet ist.

Primäre Projektziele
Den unmittelbaren Projekterfolg bestimmen die primären Projektziele: die Einhaltung der Zeit-, Kosten- und Qualitätsvereinbarungen mit dem Kunden.

Sekundäre Projektziele
Den mittel- und langfristigen Erfolg bestimmen die sekundären Projektziele: die Lebensfähigkeit des Teams und des Zielsystems (**Bild 1**).
Gute Projektmanager zeichnen sich durch fachliches Know-how, effektiven und effizienten Methodeneinsatz und soziale Kompetenz aus. Nur wenn alle diese Faktoren berücksichtigt werden, haben ihre Projekte Aussicht auf Erfolg (**Bild 2**).

> Projektmanagement ist die Gesamtheit der Führungsaufgaben, Führungsorganisation und Führungstechniken für die Abwicklung eines Projekts.

Das Grundmodell des Projektmanagements besteht aus vier Phasen:
- Projektanalyse: z. B. Projektziele, Projektstruktur, Projektumfang, Projektrisiko,
- Konzeption des Projekts: z. B. Kosten- und Budgetplanung, Zeitplanung, Prioritätenplanung,
- Durchführung des Projekts: ständiger Soll-Ist-Vergleich und Fortschreibung der Planungen und
- Bewertung des Projektverlaufs und des Projektergebnisses.

> Das Grundmodell der Projektmanagements besteht aus den vier Phasen Analyse, Planung, Durchführung und Bewertung.

Die in der Praxis verwendeten Phasenmodelle unterscheiden sich durch die Anzahl und den Detaillierungsgrad der Projektphasen (**Bild 3**).
Für diese Modelle stehen unterstützende Softwareprodukte zur Verfügung. Diese umfassen einfache Werkzeuge zur Darstellung von Projektschritten bis zu komplexen Multiprojekt-Monitoring-Systemen mit Funktions- und Datenschnittstellen.

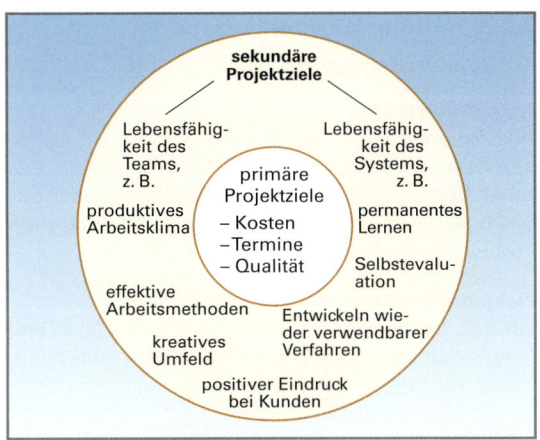

Bild 1: Ziele des Projektmanagements

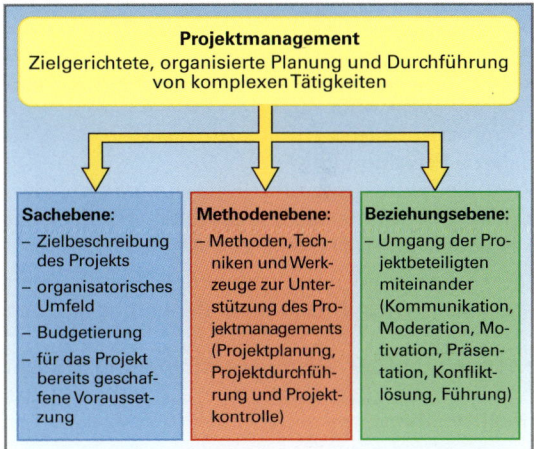

Bild 2: Aufgabenebenen im Projektmanagement

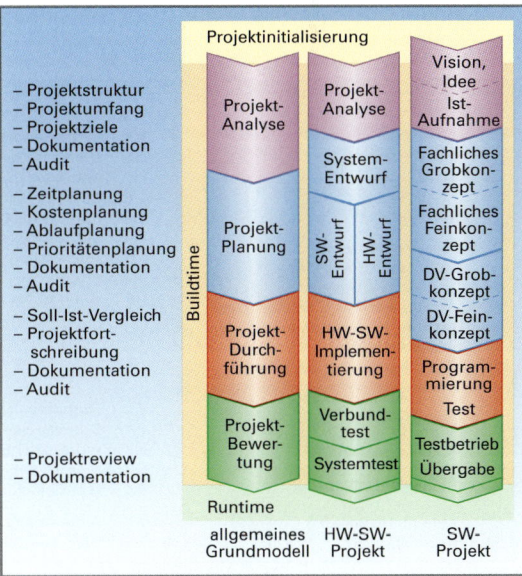

Bild 3: Beispiele für Projektphasenmodelle

7.2.2 Projektphasen

7.2.2.1 Projektstart

Auslöseereignisse

Auslöseereignisse für Projekte sind z. B. Anfragen bzw. Aufträge von Kunden, Visionen der Geschäftsführung zur Geschäftsentwicklung oder das Erkennen von Mängeln und daraus resultierende Verbesserungsvorschläge.

Zieldefinition und Leistungsbeschreibung

Für das Gelingen eines Projekts ist eine klare Definition der Aufgabenstellungen mitentscheidend. Hierzu wird die Projektzieldefinition mit einer detaillierten Leistungsbeschreibung ergänzt. Projektzieldefinitionen müssen folgende Merkmale erfüllen:

- sie müssen erreichbar sein,
- sie müssen messbar (operationalisiert) sein,
- sie sollen keine Lösungsansätze beschreiben und
- sie müssen widerspruchsfrei, vollständig und eindeutig beschrieben sein.

Externe Projektaufträge

Wird die Leistungsbeschreibung von einem externen Auftraggeber erstellt, so spricht man von einem Lastenheft (vgl. DIN 69905, VDI/VDE 3694, **Bild 1**).

Die Forderungen des Lastenheftes (Requirement specification) sind nach ihrer Bedeutung für den Auftraggeber häufig in Mussziele, Sollziele und Kannziele gestuft. Wenn Mussforderungen nicht erfüllt werden, scheidet man als Anbieter aus (K.o.-Kriterium).

Da alle Bieter die Mussziele erfüllen müssen, spielt die Ausgestaltung der Sollziele und Kannziele unter Umständen eine wichtige Rolle beim Gewinnen eines Auftrages.

> **!** Das **Lastenheft** beinhaltet die vom Auftraggeber festgelegten Forderungen an die Lieferungen und Leistungen eines Auftragnehmers innerhalb eines Auftrages.

Projektantrag		
Kurzbeschreibung		Projekt-Nr.
		Starttermin
Zweck, Erwartungen		Abschlusstermin
		Kosten
Bemerkungen		Genehmigt
		Auflagen
Anlagen	Lastenheft	Beauftragt

Bild 2: Projektantrag

Interne Projekte

Um für eine „Idee" Förderer, Ressourcen und Zeit zu bekommen, muss man Entscheidungsträger und Meinungsbildner des Unternehmens für diese Idee begeistern und die Ziele des Vorhabens verständlich und überzeugend darstellen.

In vielen Unternehmen und Organisationen gibt es zur Unterstützung und Vereinheitlichung dieser Projektphase Projektanträge als unternehmensinterne Formulare **(Bild 2)**.

Lastenheft

1	Projekt-Einführung	5.2.2	Einrichtungsbetrieb	7.2	Datenhaltung
1.1	Veranlassung	5.3	Daten, Datenmengen, Daten-	7.3	Software
1.2	Zielsetzung		sicherheitsbeschreibungen	7.4	Hardware
1.3	Projektumfeld	5.3.1	Kommunikation	7.5	Hardwareumgebung
1.4	Ressourcen	5.3.2	Informationsdaten	7.6	Gesamtsystem
		5.3.3	Bedienungsdaten		
2	**Ausgangssituation,**	5.3.4	Dienstdaten	**8**	**Anforderungen an das**
	Ist-Zustand, Projektumfeld	5.3.5	Protokollierungsdaten		**organisatorische Umfeld**
2.1	Technisches Umfeld	5.4	Aufgabenbeschreibungen	8.1	Betriebsablauf
2.2	Anlage, Hardware, Schnittstellen	5.4.1	Funktionalität	8.2	Personal
2.3	Abläufe, Prozesse, Datenmengen,	5.4.2	Änderbarkeit	8.3	Wartung
	Reaktionszeiten	5.4.3	Zuverlässigkeit,		
2.4	Organisatorisches Umfeld		Anlagenmanagement	**9**	**Qualitätssicherung**
2.5	Dokumentations- und Informationswege			9.1	Qualitätsstandards, Qualitätsnachweise
		6	**Schnittstellen**	9.2	Softwarequalität
3	**Berichtswesen**	6.1	Schnittstellenübersicht	9.3	Hardwarequalität
		6.2	Prozesse-IT-Einrichtungen		
4	**Ablauforganisation**	6.3	Mensch-IT-Einrichtung	**10**	**Projektabwicklung**
		6.4	IT-IT-Einrichtung		
5	**Aufgabenstellung**				
5.1	Kurzbeschreibung, Gliederung	**7**	**Anforderungen an die Systemtechnik**	**Anhang:** Begriffserklärungen, verwendete
5.2	Ablaufbeschreibung	7.1	Datenverarbeitung		Abkürzungen
5.2.1	Normalbetrieb				

Bild 1: Inhaltsverzeichnis zu einem Software-Hardware-Lastenheft

Projektanalyse, Projektrisiko

Die Projektanalyse bzw. Projektvorabbeurteilung soll Klarheit darüber schaffen, welcher Aufwand und welches Risiko erwartet wird und ob das Projekt überhaupt gestartet werden soll. Projektrisiken können durch technische Randbedingungen, Marktbedingungen, Kooperationsrisiken und sonstige Faktoren entstehen **(Bild 1)**. Ein erhöhtes Projektrisiko muss in der Vertragsgestaltung und Projektplanung berücksichtigt werden und führt im Extremfall zur Ablehnung des Projekts.

Wichtig zur Beurteilung neuer Projekte sind Erfahrungen vergangener Projekte und aktuelle und zuverlässige Marktdaten. Mit diesen Informationen lässt sich die Struktur und der Umfang neuer Projekte abschätzen.

Hat sich das Unternehmen entschlossen, das Projekt durchzuführen, wird ein Angebot erstellt. Neben den Angebotspreisen ist das Pflichtenheft wichtiger Bestandteil dieses Angebotes und Voraussetzung zur Teilnahme an Ausschreibungen.

Im Pflichtenheft beschreibt der Auftragnehmer, wie er die Forderungen des Lastenheftes konkret umsetzen wird. Dabei muss er z. B. auf die Einhaltung gesetzlicher Vorschriften achten **(Bild 2)**.

Bei Ausschreibungen werden von einem Bewerberunternehmen auch alternative Angebote eingereicht.

● Ein erstes, die Ausschreibung erfüllendes, sehr günstiges Angebot, damit man im Auswahlverfahren eine gute Chance hat.

● Ein zweites Angebot, das aus IT-Gesichtspunkten für die Anforderungen des Unternehmens eine optimale Lösung darstellt, aber oft das Budget des Auftraggebers überfordert.

● Ein drittes Angebot mit einem Kompromiss aus Angebot eins und zwei.

In der Praxis entsteht das Pflichtenheft oft in der Zusammenarbeit zwischen Auftraggeber und Auftragnehmer und wird dann als Lasten- und Pflichtenheft bezeichnet. Oft wird das Pflichtenheft mit fortschreitender Planung und Realisierung ergänzt und korrigiert.

7.2.2.2 Projektplanung

Allgemeines

Das Projekt-Kickoff-Meeting (kickoff = Anstoß) ist die erste offizielle Sitzung des Projektteams. Ziel dieser Sitzung ist es, alle Teammitglieder miteinander bekannt zu machen, das Projektziel zu verdeutlichen und die Teammitglieder mit ihren vorgesehenen Rollen und Aufgaben bekannt zu machen.

> **!** Das **Pflichtenheft** enthält die genaue Beschreibung der Realisierung der Kundenforderungen durch den Auftragnehmer.

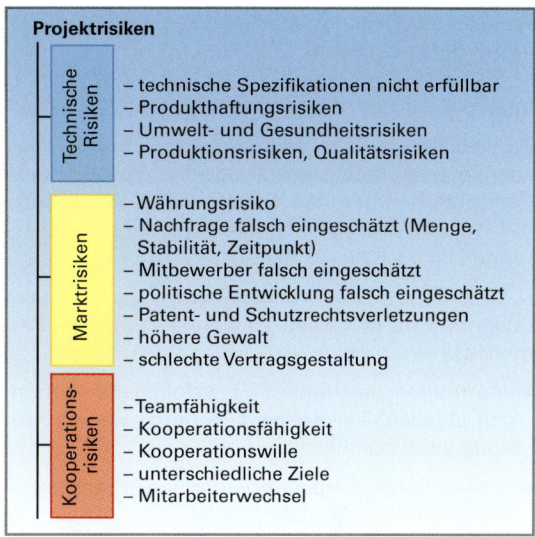

Bild 1: Projektrisiken

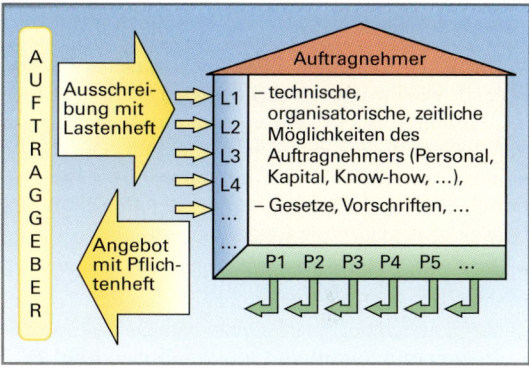

Bild 2: Umsetzung des Lastenhefts in ein Pflichtenheft

Tabelle 1: Projektplanung		
W-Frage	Aufgabe	Teilergebnis
Was ist zur Zielerreichung zu tun?	Projekt in übersichtliche und delegierbare Teile aufgliedern.	Projektstruktur
Wer erledigt die Aufgabenstellungen?	Ressourcen zuteilen.	Teilprojekt- und Arbeitspaketverantwortliche
Wann müssen die Aufgaben erledigt werden?	Ablauf und Reihenfolgen festlegen.	Terminplanungen
Wie hoch ist der Ressourcenaufwand?	Kosten ermitteln.	Kostenplanung
Wo sind die Projektrisiken?	Risiken abschätzen.	Risikoanalyse

Normalerweise wird in dieser ersten Sitzung inhaltlich noch nicht am Projekt gearbeitet.

In der Projektplanung wird durch systematische Informationsgewinnung und Planung der Ablauf des Projekts möglichst exakt vorausgeplant **(Tabelle 1, vorhergehende Seite)**. Die Planung orientiert sich an den fünf W-Fragen: Wer?, Was?, Wie?, Wann? und Wo?

Zu beachten ist, dass Planungen immer mit Unsicherheiten behaftet sind, da sie auf unvollständigen Informationen beruhen. Eine ständige Anpassung der Planung an neue Gegebenheiten und Anforderungen ist deshalb die Regel.

Für alle Schritte der Projektplanung ist es sinnvoll, folgende Phasen genau zu trennen und ihre Reihenfolge einzuhalten:

* Informationsgewinnung aus erfolgsversprechenden Quellen, bei Bedarf z. B. auch Einsatz von Kreativitätstechniken,

* Informationsverarbeitung durch Sortieren und Bewerten der Information und

* Informationsausgabe durch zielorientierte, adressatenorientierte und nutzerorientierte Darstellung der Ergebnisse.

Im Projektstrukturplan PSP, im englischen Work-Breakdown-Structure WBS, werden komplexe Projekte hierarchisch in Teilprojekte und Arbeitspakete aufgegliedert und grafisch dargestellt. Durch geeignete qualitative und quantitative Teilzieldefinitionen für die Teilprojekte kann der Projektablauf besser kontrolliert und gesteuert werden.

In der grafischen Darstellung werden die Zusammenhänge und Schnittstellen zwischen den Teilaufgaben deutlich und es ist eine exakte Delegation der Aufgaben und Verantwortungen möglich **(Bild 1)**.

> Der Projektstrukturplan PSP soll eine ganzheitliche Übersicht über das Projekt geben.

Die Teammitglieder bekommen ihre Arbeitsaufträge in der Form von Arbeitspaketen. Arbeitspakete sind genau abgegrenzte Teilaufgaben mit messbaren Zielen. Sie werden so umfangreich gewählt, dass sie sich verständlich beschreiben lassen und an die Ausführenden selbstverantwortlich delegiert werden können. Damit wird die Eigenverantwortung der Projektbeteiligten gefördert und der Aufwand für das Gesamtprojekt ist genauer kalkulierbar **(Bild 2)**.

> Arbeitspakete sind die feinste Gliederung im Projektstrukturplan.

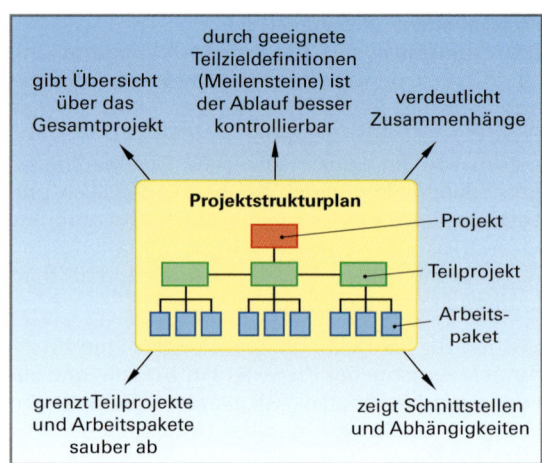

Bild 1: Ziele des Projektstrukturplans

Arbeitspaketbeschreibung	
Projekt	Sanierung Raum 212
Projektnummer	GS-S212-01
Teilprojekt	Ausräumen und Zwischenlagern
Teilprojektnummer	GS-S12-01-2
Kostenstelle	Seminarraum 212
Arbeitspaket	Verpackungsmaterial bereitstellen
AP-Verantwortlicher	Schneider, Wolfgang
Starttermin	Mo., 08.01.20xx
Endtermin	Mi., 10.01.20xx
Ziel: Verpackungsmaterial nach Auflistung des Teilprojektleiters GS-212-01-2 besorgen und nach Vorgabe bereitstellen	
Voraussetzungen: Auflistung benötigter Verpackungen	
Aktivitäten, Risiken: wiederholte Qualitätsmängel durch Feuchte	
Ressourcen:	
Datum	04.01.xx
Ich habe diese Anweisung verstanden	*Schneider*

Bild 2: Arbeitspaketbeschreibung

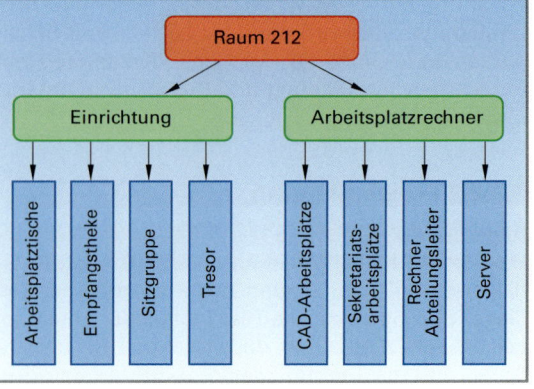

Bild 3: Objektorientierter Projektstrukturplan

Die wesentlichen Inhalte einer Arbeitspaketbeschreibung sind:

● Arbeitspaketbezeichnung,

● Identifikationsnummer,

● Ergebnis des Arbeitspakets,

● Startvoraussetzungen für den Arbeitschritt,

● auszuführende Arbeitsschritte,

● Arbeitsschrittverantwortliche,

● Verantwortliche für übergeordneten Schritt, Abnehmer der Leistung,

● Bearbeitungstermine,

● evtl. Ressourcenzuteilung, Kostenbudget und

● zu berücksichtigende Unterlagen und Richtlinien.

Projektstrukturpläne können prinzipiell objektorientiert **(Bild 3, vorhergehende Seite)** oder funktionsorientiert z. B. nach Tätigkeiten, nach Phasen, nach Ablauf **(Bild 1)** gegliedert sein. In der Praxis kommen auch gemischt orientierte Projektstrukturpläne vor, bei denen häufig z. B. höhere Ebenen objektorientiert und tiefere Ebenen funktionsorientiert sind **(Bild 2)**. Innerhalb der Ebenen ist dabei die Orientierung strikt einzuhalten.

Die Gliederungstiefe (Anzahl der Hierarchiestufen) und Gliederungsbreite (Anzahl der Teilprojekte bzw. Arbeitspakete) ergibt sich aus der Projektgröße und Komplexität der Projekte.

Wichtige, für den weiteren Ablauf entscheidende Sachergebnisse, z. B. die Fertigstellung von Teilleistungen, die für weitere Teilprojekte notwendig sind, werden als Meilensteine definiert.

> Wichtige Ereignisse im Projektablauf werden als Meilensteine mit messbaren Zwischenergebnissen und Terminen definiert.

Meilensteine werden in allen weiteren Planungen als Entscheidungsstellen eingetragen. Bei größeren Projekten wird ein eigener Meilensteinplan erstellt, der bei externen Projekten häufig Termin für eine Abschlagszahlung ist.

Durch das Überprüfen der Meilensteine wird der Projektfortschritt kontrolliert und es werden Entscheidungen über den weiteren Verlauf des Projekts getroffen.

7.2.2.3 Projektdurchführung

Ablauf-Terminplanung

Bei der Ablaufplanung müssen die einzelnen Vorgänge eines Projektes zweckmäßig geordnet werden **(Bild 3)**. Nach DIN 69900 ist ein Vorgang ein zeitforderndes Geschehen mit definiertem Anfang und Ende, also z. B. ein Teilprojekt oder ein Arbeitspaket.

> **!** **Meilensteine** sind Zwischenziele in Projekten und dienen zur Überprüfung des Projektfortschritts.

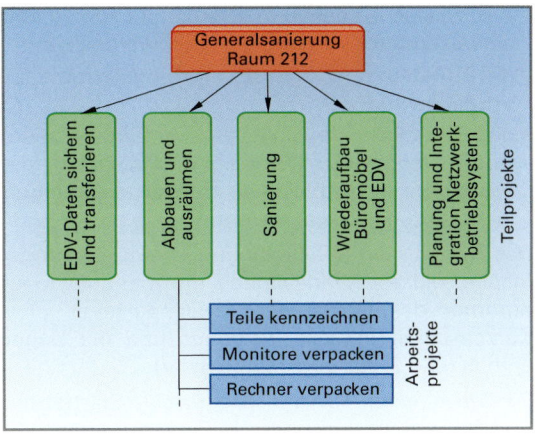

Bild 1: Funktionsorientierter Projektstrukturplan

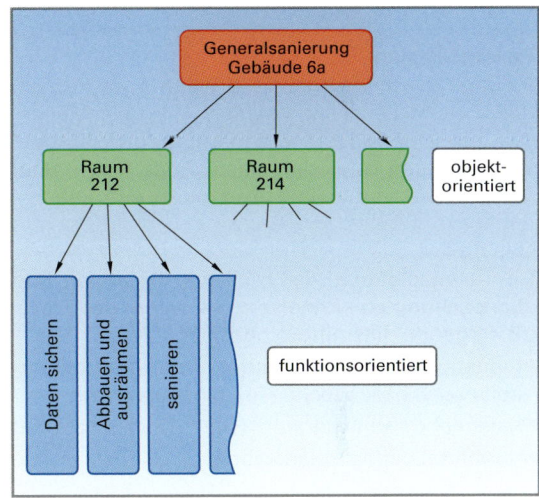

Bild 2: Gemischt orientierter Projektstrukturplan

Vorgangsliste						
Teilprojekt-Nr. GS-S212						
Teilprojekt Ausräumen und Lagern						
Nr.	ID	Vorgang	direkter Vorgänger	Dauer	Anord.	verantwortlich
001	KN8634	Kickoff		1 h	EA0	Waltner
002	KN8635	Verpackungsmaterial besorgen	001	3T	EA0	Schneider
003	KN8636	Werkzeuge und Transportfahrzeuge besorgen	001	2T	EA0	Jäger

Bild 3: Vorgangsliste

Ziele der Ablaufplanung sind

• die Ermittlung der Dauer von Vorgängen,

• die Ermittlung der Reihenfolge von Vorgängen, z. B. welche Aufgaben müssen erfüllt sein, damit ein bestimmter Vorgang gestartet werden kann,

• die Ermittlung der frühesten Anfangstermine für Vorgänge und

• die Ermittlung der spätesten Anfangstermine. Aus Kostengründen (Kapitalbindung) sollten, insbesondere im produktiven Bereich, Leistungen nicht zu früh erbracht werden.

Das Ergebnis der Ablaufplanung ist eine Vorgangstabelle, die als Mindestinhalt die Identifikationsnummer des Vorganges (Arbeitspaketes), eine Kurzbeschreibung des Vorgangs und die Dauer enthält (Bild 3, vorhergehende Seite).

Die Terminplanung kann progressiv (Starttermin und Dauer sind gegeben, der Endtermin wird berechnet, Vorwärtsrechnung) oder retrograd (Endtermin liegt fest, Rückwärtsrechnung) erfolgen.

Meilensteinplan

Wichtige Zwischenergebnisse werden im Projektablauf als Meilensteine definiert. Wird ein Meilenstein erreicht, findet eine Überprüfung der Ergebnisse statt und es wird in einem Audit (Anhörung) über den weiteren Verlauf des Projekts entschieden.

Ablaufpläne

Zur Terminplanung, der zeitlichen Regelung und Überwachung von Projekten, werden in der Praxis z. B. folgende Hilfsmittel eingesetzt:

• Industriekalender mit durchnummerierten Arbeitstagen bzw. Wochen im Jahreskalender,

• Kalender-Balkendiagramm (Gantt-Diagramm) und

• Verfahren der Netzplantechnik.

Balkendiagramme

Gantt-Diagramme zeigen die Dauer von Vorgängen als Balken **(Bild 1)**. Sie haben den Vorteil, dass sie leicht zu verstehen und zu erlernen sind. Die Rasterung des Balkenplanes orientiert sich an der Projektdauer, üblich sind Monats-, Wochen- und Tageeinteilungen. Durch unterschiedliche Farben und Muster zur Balkendarstellung können weitere Informationen, z. B. Pufferzeiten und Soll-Istverläufe, dargestellt werden.

Bei einfachen Balkendiagrammen kann man durch das Einzeichnen von Anordnungsbeziehungen (AOB) die zeitliche Abhängigkeit der Vorgänge darstellen **(Bild 2)**.

Bei komplexen Projekten wird die Balkenplandarstellung schnell unübersichtlich und wird dann nur noch für die Grobplanung, Personal- und Einsatzmittelplanung verwendet.

> **!** Alle Arbeitspakete auf dem kritischen Weg haben keinen Puffer und jede Verzögerung führt zu einer Verschiebung des Fertigstellungstermins.

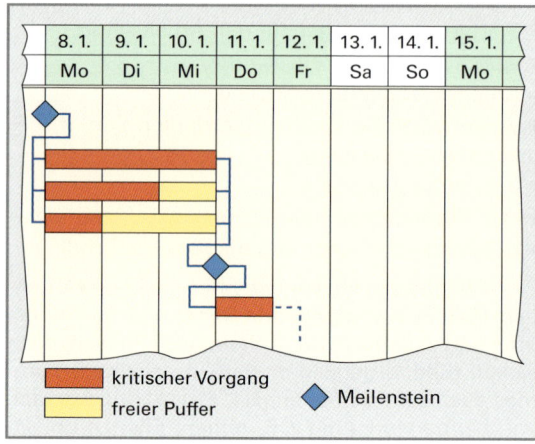

Bild 1: Balkendiagramm

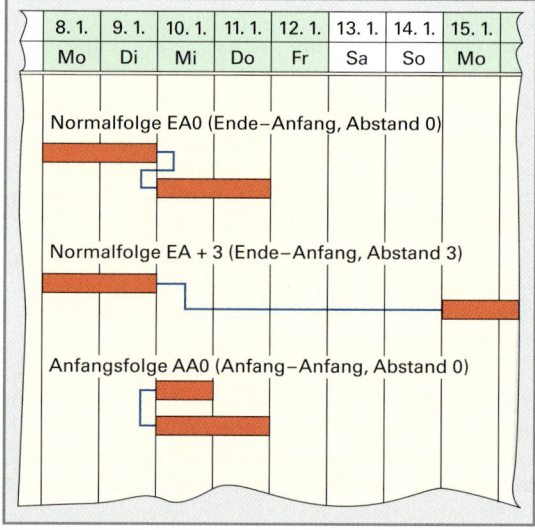

Bild 2: Beispiele für Anordnungsbeziehungen

Kritischer Weg und Puffer

Wird für ein Projekt ein Fertigstellungstermin vorgegeben und gibt es eine Abfolge von Arbeitspaketen, bei denen jede Verzögerung zu einer Verschiebung des Fertigstellungstermins führt, so hat das Projekt einen kritischen Weg (kritischen Pfad).

Alle Abfolgen von Arbeitspaketen, bei denen Verzögerungen nicht zu einer Verschiebung des Fertigstellungstermins führen, haben einen Puffer und werden als nicht kritisch bezeichnet.

Netzplantechnik

Verfahren, die unter Berücksichtigung von Zeit, Kosten, Einsatzmitteln und weiteren Einflussgrößen zur Analyse, Beschreibung, Planung, Steuerung und Überwachung von Abläufen dienen, gehören nach DIN 69900 zur Netzplantechnik.

Man unterscheidet zwischen

Ereignisknoten-Verfahren (Ereignisknotennetz EKN): Verfahren, bei dem überwiegend Ereignisse beschrieben werden und in Knoten dargestellt sind, und dem

Vorgangsknoten-Netzplan (Vorgangsknotennetz VKN): Verfahren, bei dem überwiegend Vorgänge beschrieben und in Knoten dargestellt werden.

In Europa hat sich bei Projektmanagementsoftware das Vorgangsknotennetz durchgesetzt. Vorgangsknotennetze bieten im Vergleich zu anderen Methoden den Vorteil, dass sie

- leichter und schneller zu zeichnen sind,

- die zur Beschreibung des Vorgangs notwendigen Informationen, z. B. Vorgangsbeschreibung, Vorgangsnummer, Kostenstellennummer, Dauer, früheste und späteste Anfangs- und Endzeiten enthalten,

- Puffer leichter und flexibel unterzubringen und zu ändern sind,

- die Darstellung komplexer Zusammenhänge zulassen und

- gut mit Methoden der Prozesskostenrechnung harmonieren.

Vorgangsknotennetz

Beim VKN werden Vorgänge in Knoten beschrieben und durch Pfeile die Abfolge und Abhängigkeit der Vorgänge dargestellt **(Bild 1)**.

Der Inhalt und Aufbau der Knoten kann den jeweiligen Erfordernissen angepasst werden. Kritische Wege werden z. B. durch eine entsprechende Farbe des Knotens markiert. Für die Zeitberechnungen im Vorgangsknotennetz werden in der Praxis zwei Verfahren angewendet, die sich in der Zählweise der Projektzeitangaben unterscheiden.

Bei Methode 1 werden die „Projekttage" gezählt und bei Methode 2 die „Zeitpunkte" **(Bild 2)**.

Daher müssen auch unterschiedliche Formeln für die Berechnung des Zeitablaufs verwendet werden.

Vorgangsknotennetz Methode 1

Die Zählung beginnt mit dem Tag 1 oder mit einem Datum **(Bild 3)**.

Ein Vorgang, der am ersten Tag morgens beginnt und einen Tag dauert, endet am 1. Tag abends. Der folgende Vorgang beginnt mit Tag 2.

! Es werden für die Zählung der Projekttage zwei Methoden angewendet. Trotz gleicher Bezeichnungen und Abkürzungen müssen die Berechnungsformeln für den Zeitablauf mit der verwendeten Zählweise übereinstimmen.

Knotenbeispiele

Vorgangsname	Dauer
FAZ	FEZ
SAZ	SEZ
GP	FP

Vorgangsname	Dauer
Ressource	Kosten
FAZ	FEZ
SAZ	SEZ

FAZ frühester Anfangszeitpunkt   GP   Gesamtpuffer
FEZ frühester Endzeitpunkt   SAZ   spätester Anfangszeitpunkt
FP   freier Puffer   SEZ   spätester Endzeitpunkt

Bild 1: VKN-KNoten

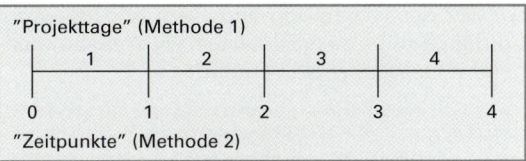

Bild 2: Zählung der Projektdauer

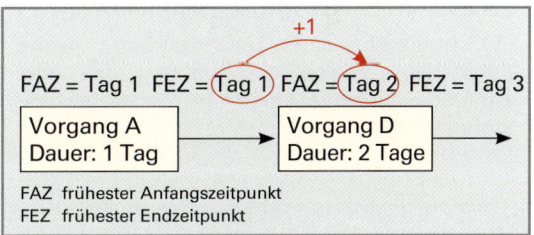

FAZ frühester Anfangszeitpunkt
FEZ frühester Endzeitpunkt

Bild 3: Zählung der Projekttage

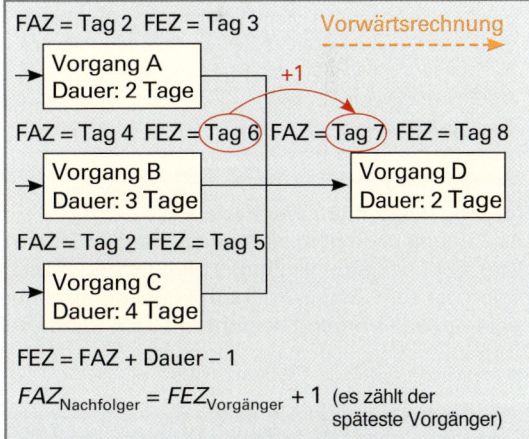

$$FEZ = FAZ + Dauer - 1$$

$$FAZ_{Nachfolger} = FEZ_{Vorgänger} + 1 \text{ (es zählt der späteste Vorgänger)}$$

Bild 4: Vorwärtsrechnung Methode 1

Beispiel 1: Vorwärtsrechnung Methode 1

Führen Sie drei Vorgänge mit unterschiedlicher Dauer auf einen nachfolgenden Vorgang und berechnen Sie dessen FAZ.

Lösung: **Bild 4**

Bei vorgegebenem Endzeitpunkt für das Projekt und zur Berechnung von Pufferzeiten muss der zeitliche Ablauf rückwärts von Projektende zum Projektanfang berechnet werden.

Beispiel 1: Rückwärtsrechnung Methode 1

Ein Vorgang hat drei Nachfolger mit unterschiedlicher Dauer. Bestimmen Sie mit einer Rückwärtsrechnung den spätesten Anfangszeitpunkt der Vorgänge und den spätesten Endzeitpunkt des Vorgängers.

Lösung: **Bild 1**

Puffer

Wenn ein vorgegebenes Projektende später als der FEZ des letzten Vorgangs liegt oder mehrere Vorgänge mit unterschiedlichen FEZ zusammengeführt werden, entstehen Puffer.

Ein Vorgang hat einen freien Puffer, wenn durch eine zeitliche Verschiebung des Vorgangs kein anderer Vorgang betroffen ist.

Ein Vorgang hat einen gesamten Puffer, wenn durch die zeitliche Verschiebung des Vorgangs das vorgegebene Projektende nicht beeinflusst wird.

Beispiel 2: Rückwärtsrechnung Methode 1 mit Pufferberechnung

Bei einer Zusammenführung von parallelen Vorgängen mit unterschiedlichem spätesten Endzeitpunkt und einem festgelegten spätesten Endzeitpunkt des Nachfolgers sollen die freien und gesamten Puffer berechnet werden.

Lösung: **Bild 2**

Vorgangsknotennetz Methode 2

Die Zählung beginnt mit Zeitpunkt (Tag) 0. Ein Vorgang, der am Zeitpunkt (Tag) 0 beginnt und 2 Tage dauert, ist zum Zeitpunkt (Tag) 2 beendet und der nachfolgende Vorgang beginnt mit dem Zeitpunkt (Tag) 2.

Beispiel 3: Vorwärtsrechnung mit Methode 2

Für eine Zusammenführung von parallelen Vorgängen mit unterschiedlichem frühesten Anfangszeitpunkt und unterschiedlicher Dauer sind die spätesten Endzeitpunkte, der früheste Anfangszeitpunkt des Nachfolgers, die freien und gesamten Puffer zu bestimmen.

Lösung: **Bild 1, folgende Seite**

$$FEZ = FAZ + Dauer - 1$$

$$SAZ = SEZ - Dauer + 1$$

$$FAZ_{Nachfolger} = FEZ_{Vorgänger} + 1 \quad \text{(es zählt der späteste Vorgänger)}$$

$$FP = FAZ_{Nachfolger} - FEZ_{Vorgänger} - 1$$

$$GP = SAZ - FAZ = SEZ - FEZ$$

FAZ	frühester Anfangszeitpunkt
FEZ	frühester Endzeitpunkt
FP	freier Puffer
GP	Gesamtpuffer
SAZ	spätester Anfangszeitpunkt
SEZ	spätester Endzeitpunkt

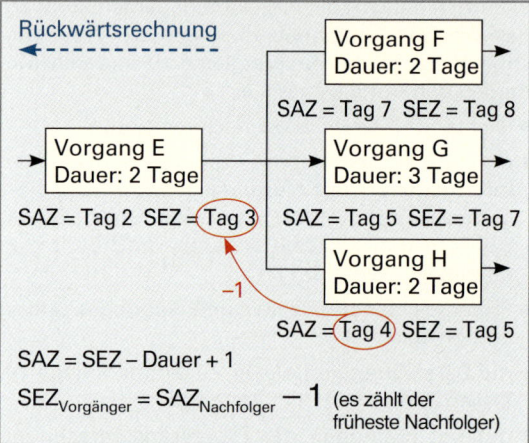

Bild 1: Rückwärtsrechnung Methode 1

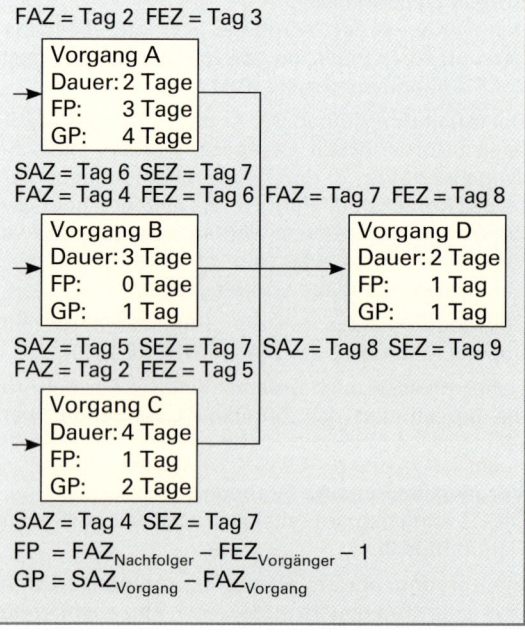

Bild 2: Rückwärtsrechnung Methode 1 mit Puffer

Beispiel 1: Projekt zu Methode 1 mit definiertem Projektende

Für die Vorgaben nach **Bild 2** ist ein Balkenplan nach Methode 1 zu erstellen.
Projektstart Mo. 5. Mai,
Projektende (V10) festgelegt auf 21. Mai,
Samstage und Sonntage sind arbeitsfrei.

MO	DI	MI	DO	FR	SA	SO
			1	2	3	4
5	6	7	8	9	10	11
12	13	14	15	16	17	18
19	20	21	22	23	24	25
26	27	28	29	30	31	

Lösung: **Bild 3**

$$FEZ = FAZ + Dauer$$

$$SAZ = SEZ - Dauer$$

$$FAZ_{Nachfolger} = FEZ_{Vorgänger}$$ (es zählt der späteste Vorgänger)

$$FP = FAZ_{Nachfolger} - FEZ_{Vorgänger}$$

$$GP = SAZ - FAZ = SEZ - FEZ$$

FAZ frühester Anfangszeitpunkt
FEZ frühester Endzeitpunkt
FP   freier Puffer
GP   Gesamtpuffer
SAZ spätester Anfangszeitpunkt
SEZ spätester Endzeitpunkt

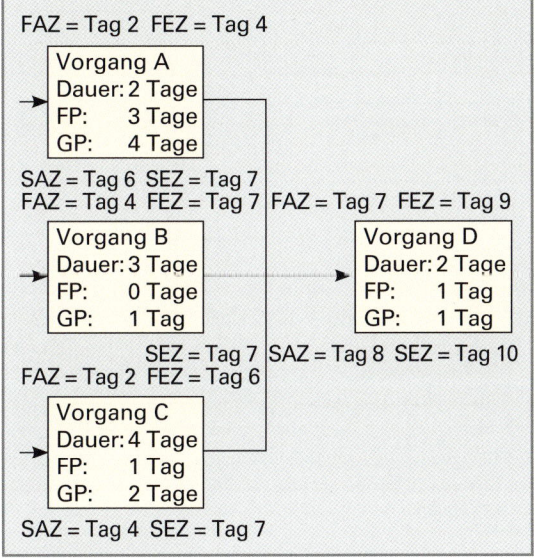

Bild 1: Vorwärtsrechnung Methode 2

Vorgangsliste

Vorgangsname	Dauer	Vorgänger
– Projekt 1	13 Tage	
V2	1 Tag	
V3	2 Tage	2 EA + 2 Tage
V4	3 Tage	2
V5	1 Tag	3
V6	4 Tage	4
V7	2 Tage	4; 5
V8	2 Tage	6
V9	1 Tag	7; 8
V10	0 Tage	9

Knotendefinition

Vorgang	Dauer
FAZ	FEZ
SAZ	SEZ
FP	GP

Bild 2: Vorgangsliste und Knotendefinition

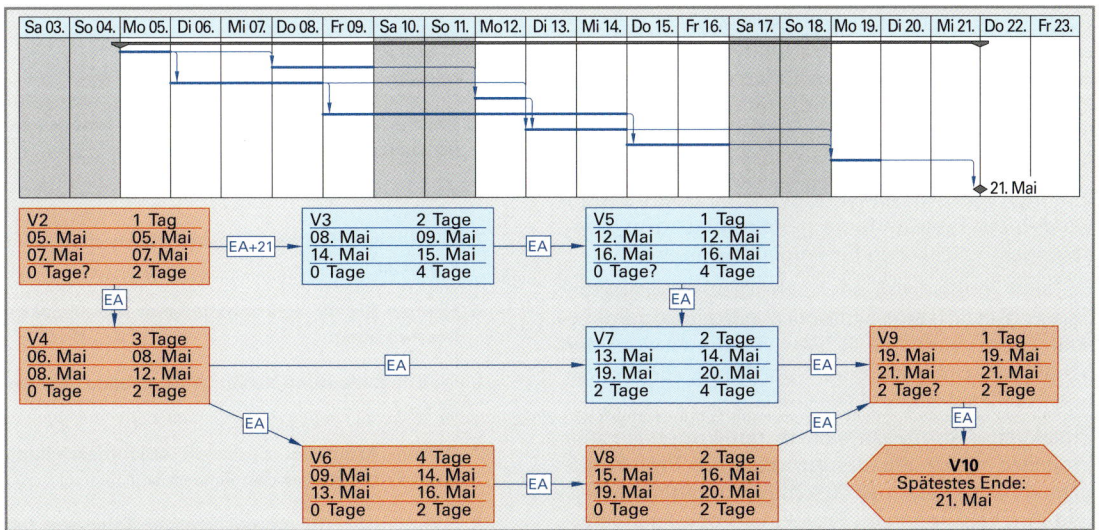

Bild 3: Balkenplan und Netzplan

Beispiel 1: Projekt mit definierter Projektdauer zu Methode 2

Erstellen Sie den Netzplan für die Vorgangstabelle **Bild 1** nach Methode 2.

Knotendefinition

FAZ			FEZ
ID	Vorgang		
Dauer	FP	GP	
SAZ			SEZ

Lösung: **Bild 2**

Vorgangstabelle

ID	Vorgang	Dauer	Nachfolger
V1	A	0	B; D
V2	B	4	C
V3	C	1	F
V4	D	1	E
V5	E	5	F
V6	F	1	

max. Projektdauer (Tage) 7

Bild 1: Vorgangstabelle

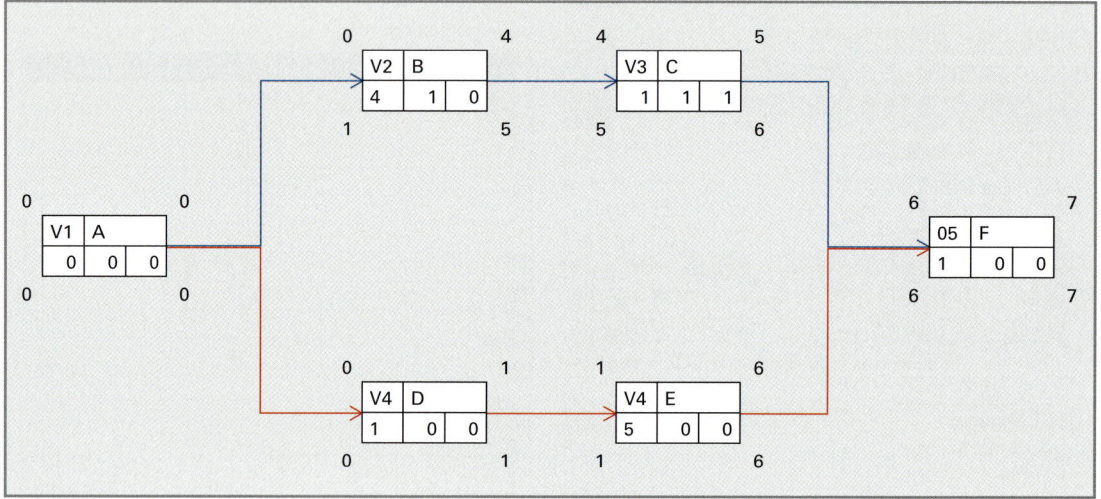

Bild 2: Netzplan

7.2.2.4 Projektende

Das Projekt endet mit der Präsentation und Übergabe des Projektergebnisses an den Auftraggeber. Sind alle Bedingungen des Pflichtenheftes erfüllt, so wird das Projektteam entlastet und die Restzahlungen sind vertragsgemäß fällig. Bei Bedarf wird eine Mängelliste erstellt.

In einem abschließenden Review (= Überdenken) werden die Projekterfolge gewürdigt und Verbesserungsmöglichkeiten für Folgeprojekte erörtert.

Bei sehr innovativen oder sehr großen Projekten findet zusätzlich eine symbolische Projektübergabe statt. Hierzu werden z. B. Entscheidungsträger der beteiligten Unternehmen, Sponsoren, die Presse und Politikvertreter eingeladen.

Projektleiter kümmern sich in der Endphase des Projektes rechtzeitig darum, dass die Projektmitglieder angemessene Anschlussaufgaben finden und ihre Leistungen im Projekt von den Fachabteilungen gewürdigt werden.

K   Kompetenzorientierung

1. Nennen Sie Beispiele für
   a) primäre Projektziele und
   b) sekundäre Projektziele

2. Welche Eigenschaften werden von einem Projektmanager erwartet?

3. Was versteht man unter Projektmanagement?

4. Beschreiben Sie ein einfaches Phasenmodell für Projekte.

5. Nennen Sie die acht Inhalte einer Arbeitspaketbeschreibung.

6. Welche Bedeutung haben „Meilensteine" in Projekten?

7. Welche Arten der zeitlichen Ablaufdarstellung eines Projektes werden verwendet?

8. Erläutern Sie die unterschiedliche Zählweise der Projekttage in Vorgangsknotennetzen.

7.2.3 Entwicklungsstrategien und Vorgehensweisen der Anwendungsentwicklung

Größere Vorhaben werden in der Praxis in Phasen unterteilt. Dadurch wird erreicht, dass umfangreiche Aufgabenstellungen mit vielen Teilaufgaben einteilbar und gut beherrschbar sind.

Ein Phasenmodell besteht z. B. aus den Phasen Anwendungskonzept, Fachkonzept, DV-Konzept und Implementierung **(Bild 1)**.

Alle in der Praxis verwendeten Phasenmodelle zur Softwareentwicklung ähneln sich in ihrer Grobstruktur, unterscheiden sich aber in der Anzahl der Phasen und im Detaillierungsgrad.

Am Softwareentwicklungsprozess sind Personengruppen mit meist unterschiedlichen Sichtweisen, Interessen und Zielsetzungen beteiligt **(Bild 2)**. Dies betrifft z. B. die

- *Manager:*
  Sie definieren Ziele aus Unternehmenssicht und operationalisieren die Ziele durch die Festlegung von Zielwerten für kritische Erfolgsfaktoren. Sie sind Nutzer von Monitoring, Benchmarking und Simulationen.

- *Fachexperten für Prozessgestaltung, Ablauforganisation, Aufbauorganisation und Arbeitsrationalisierung:*
  Sie bringen ihre Fachkenntnisse zur Klärung grundsätzlicher Abläufe, Vorschriften und Zusammenhänge für alle notwendigen Prozesse und Teilprozesse ein. Sie bestimmen, welche Geschäftsobjekte (Businessobjects, **Bild 3**) in dem IT-System verwaltet und verarbeitet werden sollen und legen damit fest, welche Objektattribute und Objektmethoden durch das Informationssystem erfasst werden müssen.

- *Fachexperten:*
  Sie sehen die Systeme aus rein fachlicher Sicht und ohne tiefere Kenntnis IT-technischer Abläufe und Zusammenhänge. Sie nutzen IT-Systeme vorwiegend zur Automatisierung von Vorgängen (Workflow) und zum Prozessmonitoring.

- *Software-Entwickler:*
  Sie haben die Aufgabe, das fachliche Modell in ein informationstechnisches Modell mit allen gewünschten Funktionalitäten abzubilden.

- *Programmierer:*
  Sie setzen das informationstechnische Modell mit geeigneten Entwicklungswerkzeugen in lauffähige Software um.

- *Anwender:*
  Der Anwender muss die entwickelte Software einsetzen und bedienen können.

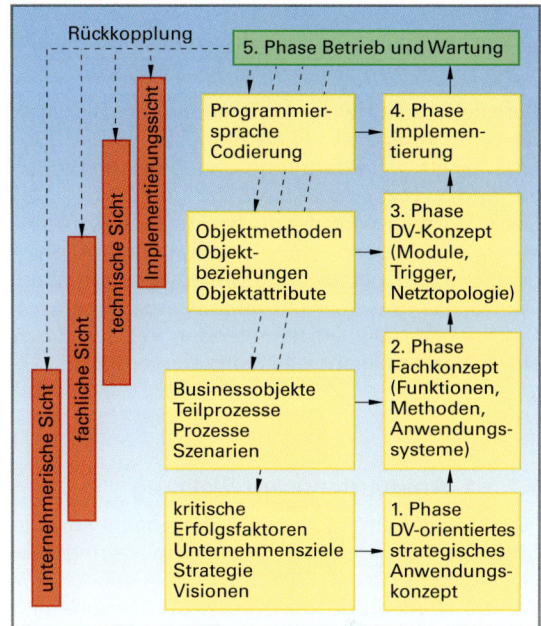

Bild 1: Phasenmodell zur Softwareentwicklung

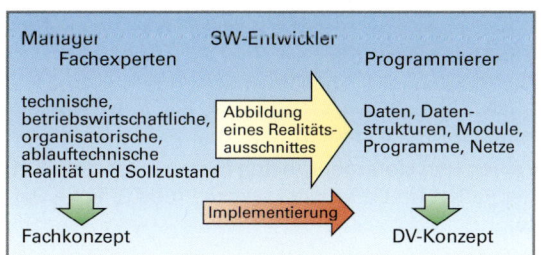

Bild 2: Abbildung der Realität im DV-System

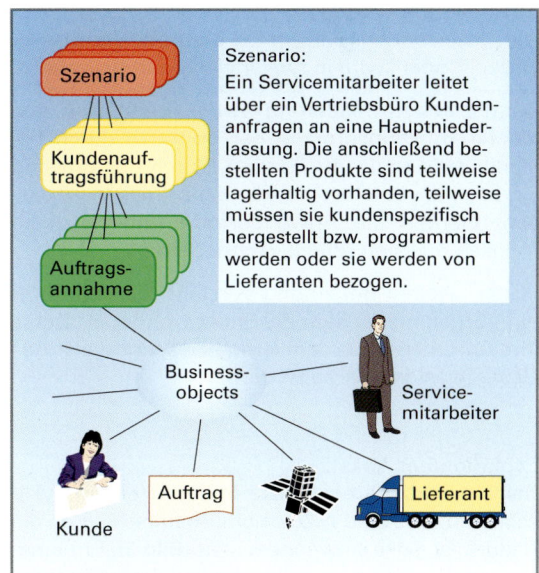

Bild 3: Businessobjects

Die Interessen des Endanwenders müssen aus Akzeptanzgründen bei der Softwareentwicklung auf jeden Fall besonders berücksichtigt werden.

Durch eine schrittweise Verfeinerung der Beschreibung der Aufgaben nähert man sich an die Businessobjects, Objektattribute und Objektmethoden an (**Bild 3, vorhergehende Seite** und **Bild 1**). Das Objekt Auftrag wird durch die Attribute Auftragsnummer, Kundennummer, Auftragsdatum, Kundenname usw. genauer und eindeutig beschrieben. Die Objekte und Objektattribute werden Inhalt von Datenbanken. Die Objektmethoden müssen durch eine Programmiersprache realisiert werden.

7.2.3.1 Anwendungsentwicklung

Für die Erarbeitung der Anforderungen an eine Software werden im Software Engineering drei verschiedene Entwurfsprinzipien verwendet: *die Top-Down-Methode, die Bottom-Up-Methode und die evolutionäre Methode.*

Top-Down-Methode
Die Bezeichnung Top-Down-Methode (top-down = oben – unten) drückt aus, dass die Aufgaben der Software vom Groben und Übergeordneten zum Feinen und Untergeordneten hierarchisch definiert, gegliedert und erarbeitet werden (**Bild 2, linke Seite**).

Bottom-Up-Methode
Die Bezeichnung Bottom-Up-Methode (bottom = Grund, Boden) wird in zweierlei Bedeutung benutzt.

Bei der ersten Bedeutung ist der theoretisch maximale Funktionsumfang der Software durch bestehende Module vorgegeben. Durch Customising (= den individuellen Kundenbedürfnissen anpassen) werden die Anwenderforderungen soweit möglich realisiert (**Bild 2, rechte Seite**).

In der zweiten Bedeutung versteht man darunter ein Vorgehen, bei dem die Endanwender im Detail ihre Anforderungen definieren und schrittweise das Gesamtsystem erarbeitet wird.

Evolutionärer Ansatz
Beim evolutionären Ansatz findet in einem zyklischen Prozess eine wiederholte Annäherung an die Bedürfnisse des Anwenders statt (**Bild 3**). Er eignet sich daher besonders, wenn die endgültige Funktionalität nicht zu Entwicklungsbeginn festlegt.

> ❗ Die Akzeptanz der Software beim Endanwender ist wesentlich für den Erfolg oder Misserfolg.

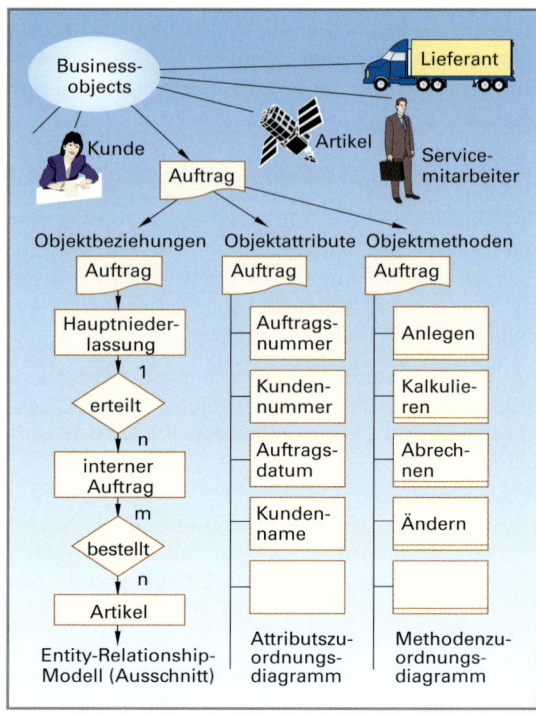

Bild 1: Businessobjects

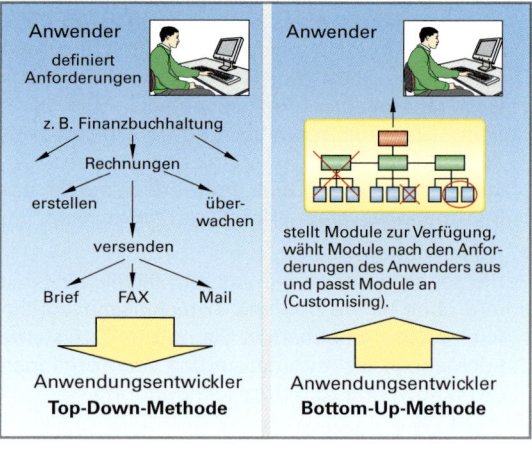

Bild 2: Top-Down-Methode und Bottom-Up-Methode

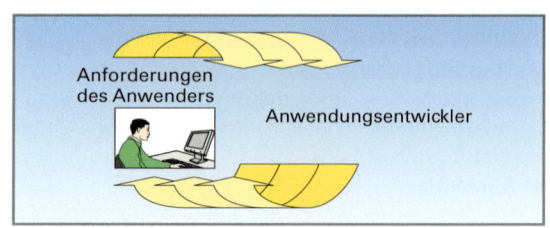

Bild 3: Evolutionärer Ansatz

Phasenmodelle zur Anwendungsentwicklung

Softwareprojekte haben im Vergleich zu anderen Projekten einige Besonderheiten:

● Der Erfolg ist stärker von der Akzeptanz durch die Anwender abhängig.

● Softwareprojekte sind schwer planbar und kalkulierbar, da sie oft einmalig sind, einen hohen Neuigkeitsanteil haben und wesentlich durch Dienstleistungen und nicht durch Materialeinsatz erstellt werden. Die Qualität des Softwareproduktes ist daher sehr von der Qualität des Entwicklungsprozesses abhängig.

● Die Entwicklungsgeschwindigkeit im Bereich der Hardware, der Software und der Softwarewerkzeuge ist sehr hoch und

● die Gesamtkosten im Softwarelebenszyklus werden wesentlich durch die Betriebs- und Wartungskosten bestimmt (**Bild 1**).

Projekterfahrung und Projektwissen in der Softwareentwicklung wird durch standardisierte Projektabläufe gesichert. Für Softwareentwicklungen werden als Grundlage der Phaseneinteilung häufig das *Wasserfallmodell,* das *Spiralmodell* und das *V-Modell* herangezogen.

> Standardisierte Softwareentwicklungsverfahren steigern die Effektivität und verringern das Projektrisiko.

Wasserfallmodell

Das Wasserfallmodell geht von einer sequenziellen Abarbeitung der Projektphasen aus und schließt jede Projektphase mit einer Validierung (= Gültigkeitserklärung) ab (**Bild 2**).

Spiralmodell

Im Spiralmodell erfolgt die Softwareentwicklung evolutionär, d. h. Stufe für Stufe. Zum Beispiel werden für eine Anwendung grundlegende Funktionen in einem ersten Prototypen codiert, getestet und dem Auftraggeber vorgelegt. Ist der Auftraggeber zufrieden, so gibt er seine Zustimmung für die nächste Entwicklungsstufe. Durch die mehrfache Zustimmung des Auftraggebers werden Projektrisiken wie z. B. Fehlentwicklungen vermieden (**Bild 3**).

> Das Spiralmodell wird insbesondere bei komplexen Projekten mit erhöhtem Risiko angewendet.

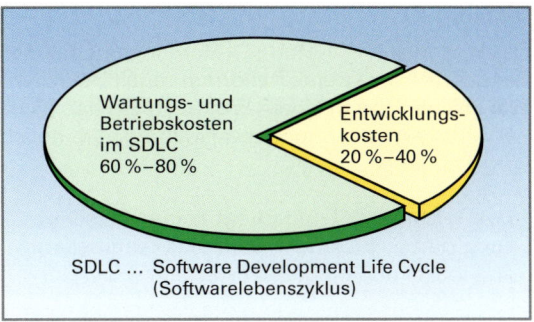

Bild 1: Kostenverteilung im Softwarelebenszyklus

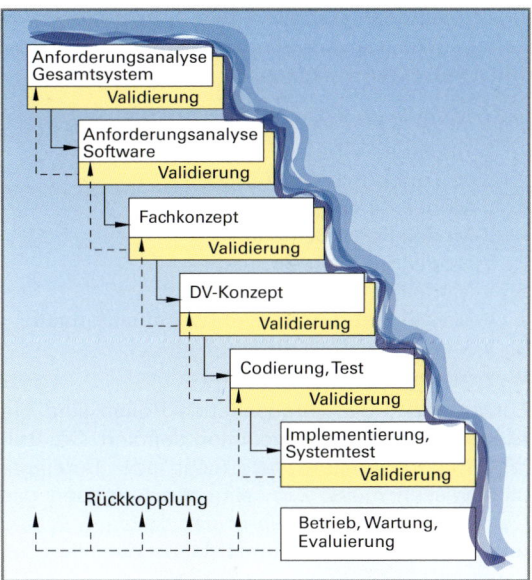

Bild 2: Wasserfallmodell

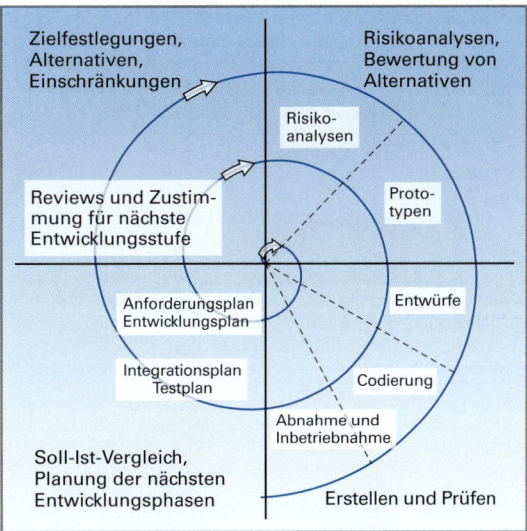

Bild 3: Spiralmodell

V-Modell XT

Das V-Modell XT (V-Modell = Vorgangsmodell des Bundes, XT = eXtreme Tailoring) regelt detailliert, **Wer, Wann, Was** in einem Projekt zu tun hat. Es ist bei IT-Projekten der Bundesverwaltung verbindlich vorgeschrieben.

> Das V-Modell XT unterliegt keiner Einschränkung durch Nutzungsrechte und kann beliebig angepasst und eingesetzt werden.

Das Anpassen des Modells (Tailoring) ist durch den modularen Aufbau, eine Vielzahl von zulässigen Methoden **(Tabelle 1 Bild 1, beide folgende Seite)** sowie frei verfügbare Vorlagen (Templates) wirtschaftlich und einfach.

Die 9 Module im V-Modell XT sind **(Bild 1)**:

1. Grundlagen V-Modell
2. Eine Tour durch das V-Modell
3. V-Modell Referenz Tailoring
4. V-Modell Referenz Rollen
5. V-Modell Referenz Produkte
6. V-Modell Referenz Aktivitäten
7. V-Modell Referenz Konventionsabbildungen
8. V-Modell Referenz Anhang
9. V-Modell Referenz Vorlagen

Entsprechend der vorgesehenen Rollen sind die Aufgaben der Projektbeteiligten definiert. Die Rollenverteilung erlaubt, dass nicht jeder Beteiligte alles wissen muss. Z. B. sind die Aufgaben des Qualitätsverantwortlichen in den Teilen 1, 2, 3, 5 und 9 der V-Modell Dokumentation detailliert behandelt (Bild 1).

Das Vorgehen im V-Modell XT sieht sowohl „Auftraggeber-Projekte" als auch „Auftragnehmer-Projekte" vor **(Bild 2)**.

Minimal müssem in einem V-Modell XT-Projekt folgende Ergebnisse erzeugt werden:

Projekthandbuch: Vom Projektleiter erstellte Kurzbeschreibungen des Projekts, die Tailoring-Ergebnisse, grundlegende Projektdurchführungspläne, Zusammenarbeit zwischen Auftraggeber und Auftragnehmer, Organisation und Vorgaben für die Planung und Durchführung des Projekts, Risikolisten und Verträge sind enthalten.

Projektplan: Der Projektleiter erstellt die Basis für die Kontrolle und Steuerung des Projektes, beschreibt die gewählte Vorgehensweise des Projekts und legt fest, was wann und von wem zu tun ist.

QS-Handbuch: Vom Qualitätsverantwortlichen erstellte Kurzbeschreibung der Qualitätsziele im Projekt, Festlegung der zu prüfenden Produkte, Prozesse und Prüfmethoden sind gelistet.

Produktbibliothek: Sie enthält alle zu erstellenden Produkte und alle zugehörigen Dokumentationen.

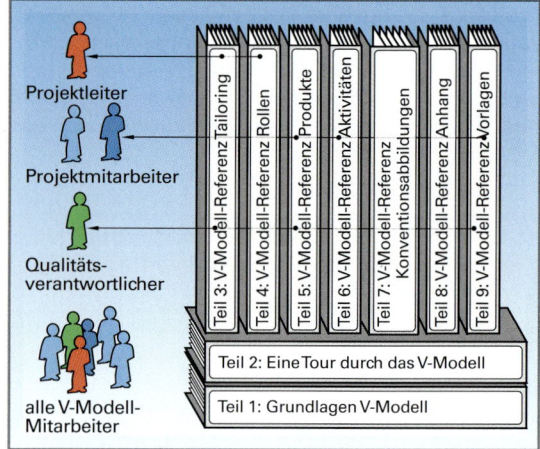

Bild 1: V-Modell XT

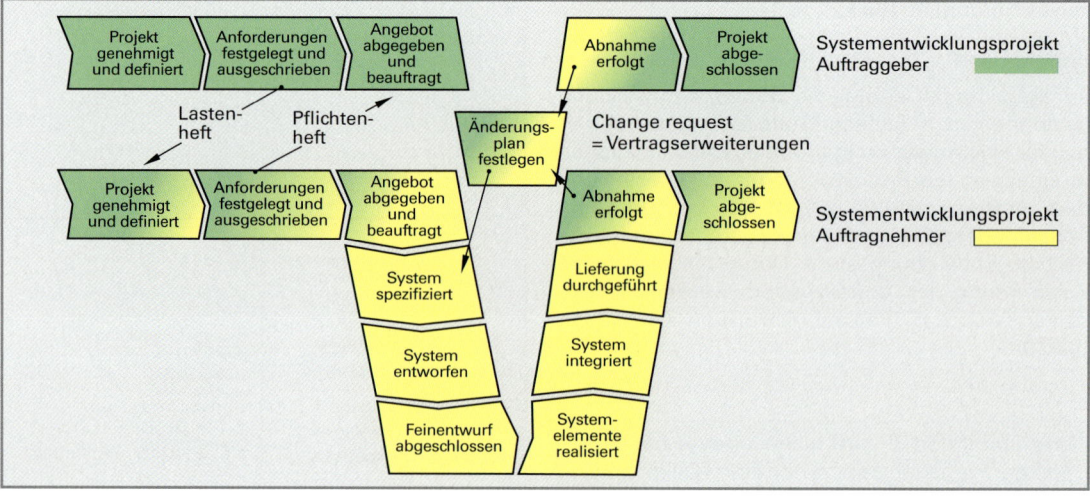

Bild 2: Systementwicklung im V-Modell XT

Für die Elementarmethoden im V-Modell stellt z. B. UML (von Unified Modeling Language = vereinheitlichte Sprache für Modellierung) entsprechende Darstellungen zur Verfügung **(Bild 1)**.

Prototyping
Die Fertigstellung von Anwendungssystemen dauert oft sehr lange bzw. ist ein ständiger Kreislauf von neuen Versionen (Releases). Damit man kostenintensive Fehler oder Missverständnisse mit den Auftraggebern frühzeitig erkennt, werden Prototypen des fertigen Systems geschaffen.

Exploratives Prototyping (Exploration = Nachforschung, Befragung) dient der Abstimmung zwischen Entwickler und Anwender, experimentelles Prototyping dient dem Entwickler für eigene Versuche. Evolutorisches Prototyping ist eine Zwischenstufe zum fertigen Produkt.

7.2.3.2 Methoden der Ist-Analyse

Aufnahme und Analyse des Ist-Zustandes
Zur fundierten Planung eines Anwendungssystems ist als Vorleistung eine genaue Aufnahme des Ist-Zustandes des später abzubildenden Realitätsausschnittes notwendig.

Durch die Analyse von Interviews, Fragebögen, Beobachtungen, Selbstaufschreibungen, Dokumenten, Funktionendiagrammen, Ablaufdiagrammen, Organigrammen und Kommunikationsmatrizen lassen sich wichtige Anforderungen für das zu entwickelnde System ableiten **(Tabelle 2)**. Durch verschiedene Messungen, z. B. der Netzbelastung oder Auslastung von Prozessoren können zusätzlich objektive Kriterien ermittelt werden.

Tabelle 1: Elementarmethoden im V-Modell (Auszug)	
AUD	Audit
BALK	Balkenplan
BAUM	Baumdiagramm
BBTE	Black-box-Testfallentwurf
DFM	Datenfluss-Modellierung
DIAL	Dialog Design Modellierung
DVER	Designverifikation
ELH	Entity Life History
ER	E/R-Modellierung
ETAB	Entscheidungstabellentechnik
FMEA	Failure Mode Effect Analysis
FNET	Funktionsnetz-Modellierung
IAM	Interaktionsmodellierung
KFM	Kontrollfluss-Modellierung
KOM	Klassen-/Objektmodellierung
LOGM	Logische DB-Modellierung
MODIAG	Moduldiagramme
NORM	Normalisierung
NPT	Netzplan-Technik
NWA	Nutzwert-Analyse
OBJE	Objektentwurfstechnik
OGG	Organigramm
PCODE	Pseudocode
PRODIAG	Prozessdiagramme
PVER	Programmverifikation
PZIM	Prozessinteraktionsmodellierung
REV	Review
SIMU	Simulationsmodelle
SMOD	Schätzmodelle
SSM	Subsystemmodellierung
STAT	Statische Analyse
STRD	Structured Design
SVM	Systemverhaltensmodelle
T	Testen
TRDA	Trend-Analyse
UCM	Use-Case-Modellierung
WBTE	White-Box-Testfallentwurf

Tabelle 2: Methoden der Ist-Aufnahme	
Methode	Bemerkungen
Interview	Mit offenen Fragen können auch schwierige Zusammenhänge erfasst werden. Die Auswertung ist jedoch sehr aufwändig.
Fragebogen	Standardisierte Fragebögen liefern kostengünstige Informationen und erleichtern die Ist-Aufnahme.
Beobachtung	Je nach Absicht kann offen oder verdeckt, dauernd oder stichprobenartig, aktiv teilnehmend oder passiv beobachtet werden.
Selbstdokumentation	Die Systemnutzer beschreiben die Aufgaben und Abläufe aus der Anwendersicht, die wichtig für die spätere Akzeptanz sind.
Dokumenten- und Diagrammauswertungen	Insbesondere bei prozessorientierten und zertifizierten Unternehmen liefern Dokumente und Diagramme vielfältige Informationen über den Aufbau und die Abläufe im Unternehmen.

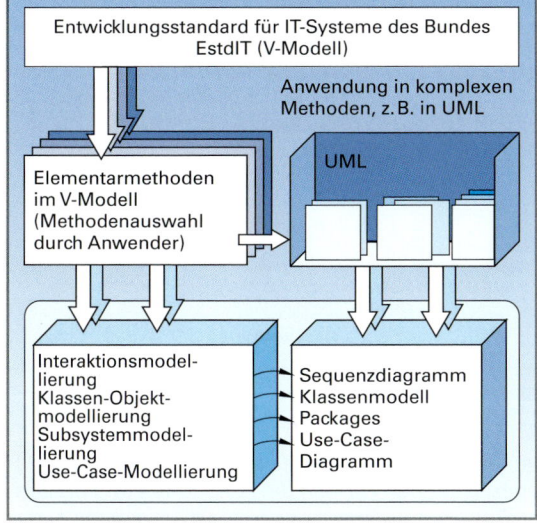

Bild 1: Übersicht zu Elementarmethoden

Darstellungstechniken

Für die Analyse und die Entwicklung von Anwendungssystemen sind grafische Darstellungstechniken ein wichtiges Hilfsmittel. Komplexe Strukturen und Abläufe lassen sich mit Elementarmethoden getrennt nach verschiedenen Sichten, z. B. Prozesssicht, Datensicht, Funktionssicht, Organisationssicht (Abschnitt 2.4.2.2), Informationsflusssicht, Kontrollflusssicht, Aufgabensicht, Arbeitsablaufsicht, Arbeitsplatzsicht und Sicherungssicht unterschiedlich darstellen und analysieren. Es werden z. B. der Datenflussplan **(Bild 1)** und das Data-Flow-Diagramm verwendet **(Bild 2)**.

So gibt z. B. das V-Modell Aktivitätstypen (Elementarmethoden) für unterschiedliche Projektgrößen und für jeden Entwicklungsschritt vor. Der Projektleiter kann dann nach Kriterien der Qualitätssicherung, Wirtschaftlichkeit und Anwendbarkeit Elementarmethoden auswählen.

Für die Projektabwicklung werden komplexe Methoden eingesetzt, die eine Auswahl von Elementarmethoden nutzen. Komplexe Methoden sind z. B. UML (Unified Modeling Language), OOAD (objektorientierte Analyse und Design), SA (strukturierte Analyse), SD (strukturiertes Design) und IEM (Information Engineering Method). Durch eine toolgestützte Entwicklung wird sichergestellt, dass alle Elementarmethoden kompatibel sind und zu einem konsistenten (widerspruchsfreien) Ergebnis führen.

7.2.3.3 Entwurfsmethoden

Strukturierte Analyse

Bei der strukturierten Analyse werden in einem Top-Down-Verfahren Data-Flow-Diagramme schrittweise verfeinert und parallel eine Datenbeschreibung im Data-Dictionary erarbeitet. Für alle elementaren (nicht mehr weiter zerlegbaren) Prozesse wird nach dem EVA-Prinzip eine implementierungsunabhängige Prozessspezifikation erstellt.

Die strukturierte Analyse verwendet die Elementarmethoden Data-Flow-Diagram, Data-Dictionary, Prozess-Spezifikation, Entity Relationship Diagram und für zeitkritische Programme zusätzlich das Real Time Modell **(Bild 3)**.

Strukturiertes Design

Mit dem strukturierten Design wird die Modulstruktur von Anwendungssystemen beschrieben. Es dient gleichzeitig der Entwurfsunterstützung und der Dokumentation und wird von vielen CASE-Werkzeugen (Computer-Aided Software Engineering, computerunterstützte Softwareentwicklung) unterstützt. Im strukturierten Design werden zur Darstellung Module, Daten, Verbindungen, Daten- und Kontrollflüsse, dynamische und algorithmische Elemente, Konnektoren und Textdokumente

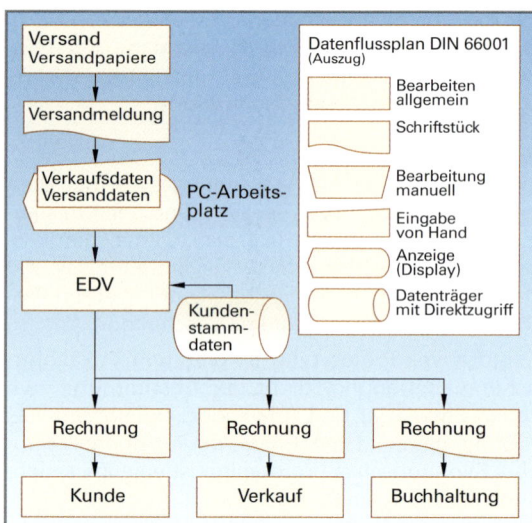

Bild 1: Datenflussplan

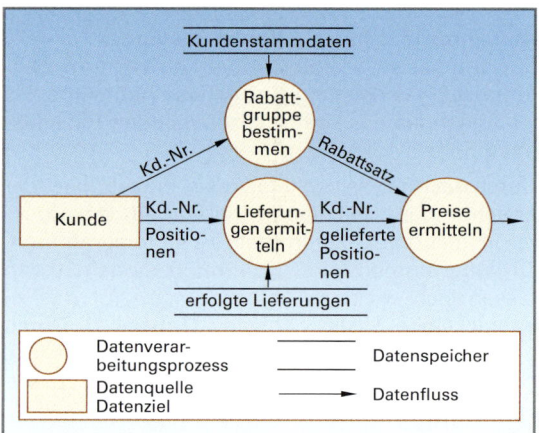

Bild 2: Data-Flow-Diagramm

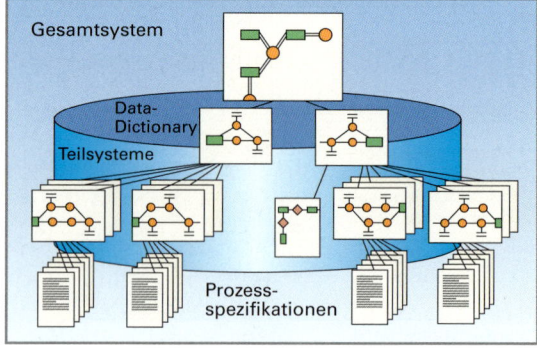

Bild 3: Strukturierte Analyse

verwendet **(Bild 1, folgende Seite)**. In den Modulspezifikationen werden die Funktionen und Schnittstellen genau beschrieben und in einem Data-Dictionary niedergelegt.

Unified Modeling Language UML

Unified Modeling Language (vereinheitlichte Modellierungssprache) ist eine universelle, objektorientierte Entwurfsmethode zur Modellierung von Prozessen, Software und anderen Systemen. Sie eignet sich als Modellierungssprache für alle Entwicklungsphasen und kann sowohl zur Kommunikation in Entwicklungsteams wie auch auf Rechnern eingesetzt werden.

UML benutzt eine Vielzahl von Diagrammen **(Bild 2)**. Es gibt zur objektorientierten und konventionellen Darstellung die Use-Case-, Klassen-, Interaktions- und Implementierungsdiagramme. Diese benutzt man, um Problemstellungen aus verschiedenen Blickwinkeln und in unterschiedlichen Genauigkeitsstufen darzustellen.

7.2.3.4 Qualitätssicherung

Nach EN ISO 9000:2005 und IEC 2371 gibt Qualität an, in welchem Maße ein Produkt (Waren und Dienstleistungen) den bestehenden Anforderungen entspricht.

> Die Qualität eines Softwareproduktes wird z. B. über Benutzbarkeit, Wartbarkeit, Zuverlässigkeit, Effizienz und Portierbarkeit bestimmt.

Aus wirtschaftlichen Gründen ist es nicht sinnvoll, einen 100%-igen Vollkommenheitsgrad anzustreben, da dadurch die Fehlerkosten durch enorme Fehlerverhütungskosten extrem ansteigen würden **(Bild 3, Bild 4)**.

Ein wesentlicher Faktor für die entstehenden Fehlerfolgekosten ist der Zeitpunkt des Fehlereintritts. Je früher ein Fehler im Entwicklungsprozess gemacht wird, desto höher sind die Fehlerfolgekosten **(Bild 1, folgende Seite)**.

> Werden in der Anfangsphase eines Projektes Fehler gemacht, so sind hohe Extrakosten und wirtschaftliche Schäden die Folge.

Inzwischen hat sich in allen Bereichen die Erkenntnis durchgesetzt, dass die Qualität des Entwicklungs- und Entstehungsprozesses für die Qualität des Endproduktes verantwortlich ist.

Entsprechend bewertet man den Qualitätsstandard von Softwareunternehmen z. B. nach dem Capability Maturity-Model CMM (Reifemodell der Fähigkeiten).

> ! Die Qualität eines Softwareproduktes wird wesentlich durch die Qualität des Sofwareentwicklungsprozesses bestimmt.

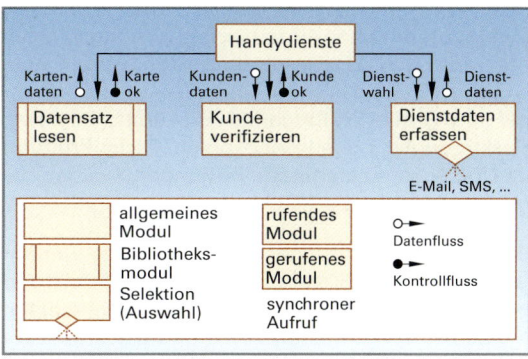

Bild 1: Strukturiertes Design

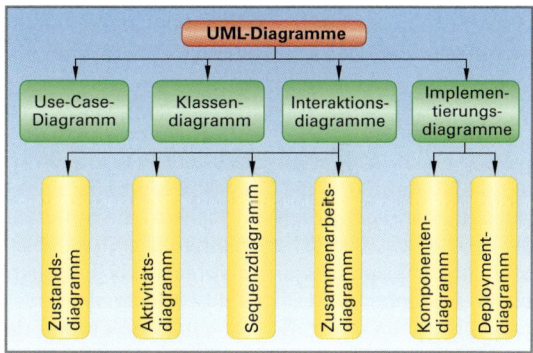

Bild 2: UML-Diagramme

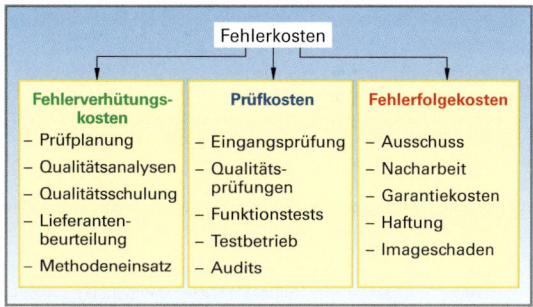

Bild 3: Fehlerkostenarten

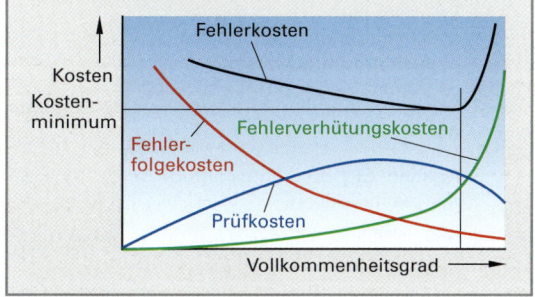

Bild 4: Fehlerkostenverlauf

Das CMM unterscheidet aufgrund der realen Merkmale des Softwareentwicklungsprozesses 5 Reifestufen für die Prozessqualität der Softwareentwicklung (**Bild 2, Tabelle 1**).

Zumindest am Ende einzelner Entwicklungsphasen bzw. am Ende des Gesamtprojektes werden analytische Qualitätssicherungsmaßnahmen durchgeführt. Durch Prüfungen, z. B. Audits, Reviews, Walkthroughs, Code Inspection (statische Prüfung) und Testläufe (dynamische Prüfungen) werden die Module verifiziert.

Bei statischen Prüfungen, z. B. in Audits werden durch Teams konkrete Probleme identifiziert und gezielt Lösungs- und Verbesserungsvorschläge erarbeitet. Reviews analysieren und bewerten Projektverläufe und Projektergebnisse und dienen z. B. zur Genehmigung weiterer Projektschritte. Beim Walk-through wird durch Testläufe die Funktionalität getestet und Code Inspektionen überprüfen die Dokumente und Codierungen.

Für die dynamische Prüfung durch Testläufe werden z. B. die Black-Box-Methode, die White-Box-Methode und die Grey-Box-Methode eingesetzt. Bei der Black-Box-Methode wird die Software als „schwarzer Kasten" angesehen. Der Test überprüft, ob die Black-Box auf entsprechende Eingaben die im Lastenheft und Pflichtenheft festgeschriebenen Funktionen erfüllt. Bei der White-Box-Methode ist der innere Aufbau der Software bekannt und es werden Programmpfade einzeln und gezielt getestet. In der Praxis wird häufig die Grey-Box-Methode angewendet, das ist eine Kombination aus der Black-Box-Methode und der White-Box-Methode.

> Dynamische Prüfungen sind die Black-Box-Methode, die White-Box-Methode und die Grey-Box-Methode.

K   Kompetenzorientierung

1. Erläutern Sie
   a) die Top-Down-Methode und
   b) die Bottom-Up-Methode.

2. Skizzieren Sie ein einfaches Projektphasenmodell.

3. Nennen Sie drei Phasenmodelle zur Anwendungsentwicklung.

4. Wie unterscheiden sich Lastenheft und Pflichtenheft?

5. Welche Ziele hat der Projektstrukturplan?

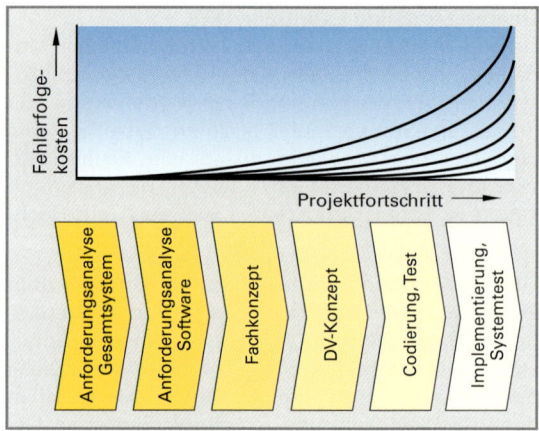

Bild 1: Fehlerfolgekosten

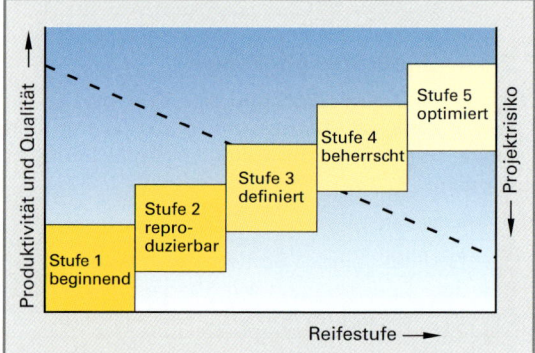

Bild 2: Reifegrade des Softwareentwicklungsprozesses im Capability Maturity-Model

Tabelle 1: Capability Maturity-Model	
Reifegrad	Merkmal
Stufe 1 beginnend (initial)	Es gibt keine definierten Vorgehensweisen, keine fundierten Kostenkalkulationen, keine aktuellen und zuverlässigen Dokumentationen und kein Projektmanagement für die Entwicklung und Wartung von Software. Entwicklungswerkzeuge werden sporadisch und zufällig eingesetzt.
Stufe 2 reproduzierbar (repeatable)	Entwicklungsverfahren sind vorhanden und unabhängig von Einzelpersonen wiederholbar, meist sind Projekt- und Kostenpläne vorhanden.
Stufe 3 definiert (defined)	Es gibt zusammenhängende, standardisierte Entwicklungsprozesse und ein Krisenmanagement.
Stufe 4 beherrscht (managed)	Es gibt prozessübergreifende, unternehmensweite Kennzahlensysteme und Prozessdatenbanken. Qualitätsvoraussagen und Risikoabschätzungen sind möglich.
Stufe 5 optimiert (optimized)	Es gibt Prozessverbesserungssysteme und vorbeugende Fehlervermeidungssysteme.

7.3 Methoden und Werkzeuge zur Programmentwicklung

7.3.1 Strukturierte Programmierung

Programmiert man strukturiert, überlegt man sich als erstes, welche Funktionen das neue Programm für die zu lösende Aufgabe benötigt. Die Funktionen werden meist nach der Top-Down-Methode in Daten und Teilfunktionen zerlegt **(Bild 1)**. Das Programm mit seinen Funktionen wird so immer weiter aufgesplittet und in immer detailliertere Programmteile zerlegt.

> Bei der strukturierten Programmierung sind die Daten und die Funktionen getrennt.

Die Daten werden mit den Funktionen bearbeitet.

Die Funktionen werden bei der Modellierung des Programms durch Algorithmen umgesetzt. Die Algorithmen werden durch Programmablaufpläne oder Struktogramme grafisch dargestellt (siehe Abschnitt 7.3.6).

Die Algorithmen liefern eine lineare, vorbestimmte Folge von Berechnungen und Auswertungen, die in der Realisierungsphase mit funktionsorientierten oder prozeduralen Programmiersprachen wie C, PASCAL, COBOL oder BASIC codiert werden.

7.3.2 Datenbankentwicklung

Eine Sammlung geordneter, auswertbarer Daten in einer Datei nennt man Datenbank. Meist bestehen die Daten einer Datenbank aus Datensätzen. Die Datensätze werden oft in Tabellenform abgelegt. Datenbanken können z. B. über eine Normalisierung entwickelt werden. ER-Modelle (ER von Entity Relationship) visualisieren Datenbankstrukturen. Sie zeigen die Abhängigkeiten verschiedener Tabellen voneinander.

> In einer Datenbank dürfen dieselben Daten nicht mehrfach abgespeichert werden und die Daten müssen eindeutig sein.

Der Anwender kann über eine Applikation auf die Daten zugreifen **(Bild 2)**. Applikationen werden auch datenbankbasierte Anwendungen genannt. Zu einer Datenbank gehören z. B. auch Möglichkeiten zur Datenänderung, Datenabfrage und Datenauswertung. Abfragesprachen wie SQL (von **S**tructured **Q**uery **L**anguage = strukturierte Abfragesprache) stellen z. B. Operationen zum Suchen, Sortieren oder zur Bildung von Teiltabellen zur Verfügung.

7.3.3 Objektorientierte Programmierung

Bei der objektorientierten Programmierung (OOP) wird das Programm als Sammlung abgegrenzter

> ! **Objekte** sind z. B.:
> Autos, Rechnungen, Personen, Steuerung, Benutzeroberfläche (GUI von Graphical User Interface), Listen, Spiele, Spielfiguren, ...

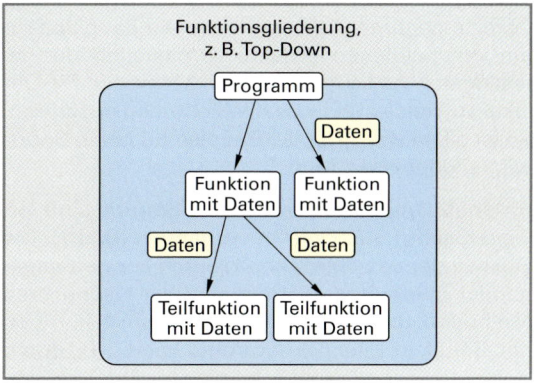

Bild 1: Strukturierte Programmierung

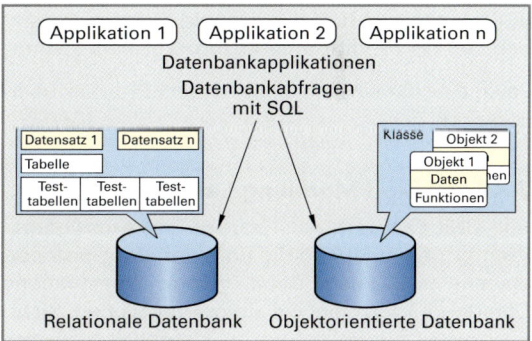

Bild 2: Datenbankarten

Bild 3: Sportwagen als Objekt

Objekte angesehen. Objekte sind z. B. Gegenstände, die durch ihre Eigenschaften, auch *Attribute* genannt, und ihr Verhalten beschrieben werden. So ist z. B. ein roter Sportwagen mit Ersatzrad ein Objekt, auf den z. B. die Eigenschaften Farbe rot, vier Räder zutreffen und der das Verhalten der Methode fahrbereitSein() aufweist **(Bild 3)**. Das Verhalten wird durch Funktionen, die bei der OOP *Methoden* genannt werden, beschrieben.

> Einem Objekt werden Attribute und Methoden zugeordnet.

Die Attribute sind in einem Objekt gespeichert und können von außen nicht eingesehen werden. So sind sie vor ungewolltem Verändern geschützt. Verändert werden die Attribute nur mit den Methoden, die zu dem Objekt gehören.

Objekte gehören Klassen an, die die Baupläne für die verschiedenen Objekte bereitstellen und so festlegen, welche Attribute und Methoden die Objekte aufweisen und was die Methoden ausführen. So ist die Klasse Auto der Bauplan für einen Sportwagen oder einen Mini.

In einem objektorientierten Programm sind oft viele Klassen und Objekte vorhanden (**Bild 1**). Die Objekte der verschiedenen Klassen können miteinander interagieren, indem sie über Nachrichten Methoden der anderen Objekte aufrufen. Auch der Benutzer eines Programms kann z. B. durch Anklicken einer Schaltfläche eine Nachricht an ein Objekt auslösen.

In Klassenbibliotheken sind viele Klassen vorhanden, auf die Programmierer zurückgreifen dürfen.

Java, C++, C# sind objektorientierte Programmiersprachen.

7.3.4 Unified Modeling Language (UML)

Mit UML-Diagrammen werden objektorientierte Programme unabhängig von der Programmiersprache visualisiert. Dabei gibt es verschiedene Diagrammarten, die die unterschiedlichen Sichtweisen auf ein Programm wiedergeben. Aus den Diagrammen kann z. B. abgelesen werden, welche Klassen vorhanden sind, welche Objekte erstellt wurden und welche Objekte untereinander Nachrichten austauschen.

7.3.4.1 Klassen und Objekte

Beispiel 1: UML-Diagramm zeichnen

Zeichnen Sie für das Fenster-Objekt aus **Bild 2** ein UML-Diagramm.

Lösung: **Bild 3**

Ein Objekt ist durch seinen Namen, seine Attribute und seine Klassenzugehörigkeit festgelegt. Objektnamen, Attribute und Methoden müssen mit einem Kleinbuchstaben beginnen. Ist der Name aus mehreren Wörtern zusammengesetzt, beginnt jedes weitere Wort groß. In UML sind Objektnamen unterstrichen. Für Objekte sind verschiedene Darstellungsweisen möglich (**Bild 4**). Die Attribute können konkrete Werte aufweisen. Auch eine Angabe der Datentypen der Attribute ist möglich. Methoden werden bei den Objekten in UML nicht eingetragen.

> ! Eine **Klasse** ist ein Bauplan für Objekte. Statt Bauplan werden oft die Begriffe Bauform, Vorlage, Schema oder Muster verwendet.

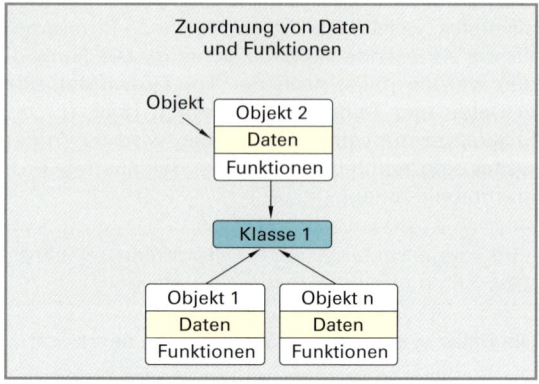

Bild 1: Objektorientierte Programmierung

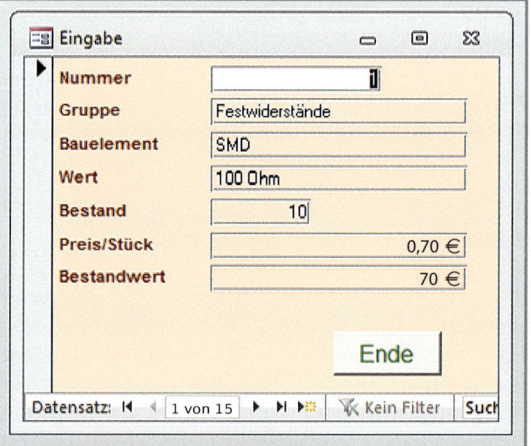

Bild 2: Eingabefenster für Objekt

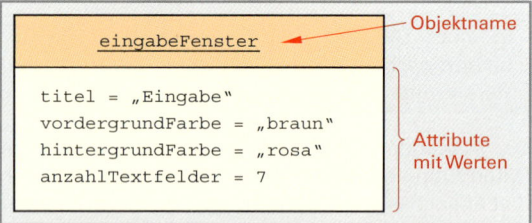

Bild 3: Fenster-Objekt in UML-Notation (Auszug)

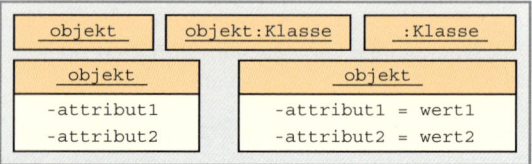

Bild 4: Darstellungsweisen Objekt

Eine Klasse in UML zeigt **Bild 1**. Der Klassenname, z. B. Konto, beginnt mit einem großen Buchstaben und ist fett geschrieben. In der Klasse können neben den Attributen auch Methoden eingetragen werden.

7.3.4.2 Assoziationen

Eine Assoziation modelliert Verbindungen zwischen Objekten einer oder verschiedener Klassen. Obwohl eine Assoziation die Beziehung von Objekten zueinander angibt, ist es üblich von einer Beziehung zwischen ihren Klassen zu sprechen.
Eine Assoziation wird in UML über eine Verbindungslinie zwischen den Klassen dargestellt **(Bild 2)**.
Um die Verbindung der Klassen genauer zu präzisieren, kann eine *Kardinalität* angegeben werden.

> Die Kardinalität gibt an, wie viele Objekte einer Klasse mit einem Objekt der assoziierten Klasse zusammenhängen.

Mögliche Kardinalitäten sind: eins-zu-eins, eins-zu-viele, eins-zu-eine begrenzte Anzahl, eins-zu-n, wobei n für eine beliebige Zahl steht **(Bild 3)**.

Um zu verdeutlichen, um welche Assoziation es sich handelt, kann ein Assoziationsname an die Verbindungslinie geschrieben werden. Ein ausgefülltes Dreieck ▶ gibt dabei die Leserichtung für den Assoziationsnamen an.

Beispiel 1: Assoziation zeichnen

Zeichnen Sie die Assoziation zwischen den Klassen Auto und AutoBesitzer.
Lösung: **Bild 4**

Ein AutoBesitzer besitzt ein Auto, kann aber auch über mehrere Autos verfügen. Die Assoziation zwischen den beiden Klassen erhält den Assoziationsnamen „besitzt" mit nachfolgendem Dreieck ▶.

Gerichtete Assoziation
In Bild 4 kennt der AutoBesitzer seine Autos. Ein Auto kennt aber seinen Besitzer nicht. Deshalb muss die Assoziation nur in eine Richtung navigierbar sein. Dies wird durch eine Pfeilspitze am Ende der Assoziationslinie verdeutlicht.

> Eine gerichtete Assoziation wird durch eine Verbindungslinie mit Pfeilspitze verdeutlicht.

Kann- und Muss-Assoziation
Eine Kann-Assoziation hat als Untergrenze die Kardinalität 0, d. h. die Assoziation kann vorhanden sein, muss aber nicht **(Bild 5)**. Eine Muss-Assozia-

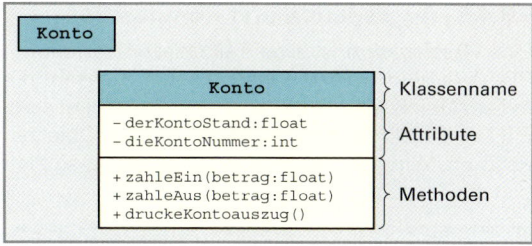

Bild 1: Klasse Konto in UML

Bild 2: Assoziation zwischen zwei Klassen

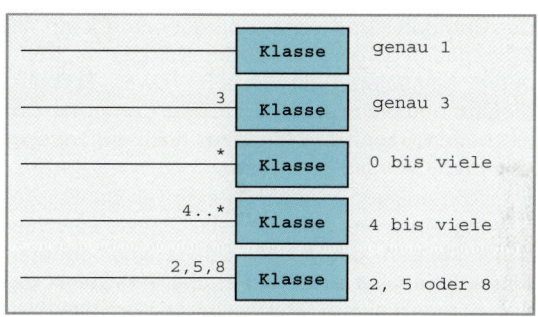

Bild 3: Beispiele für Kardinalitäten

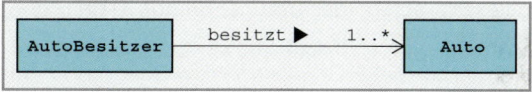

Bild 4: Gerichtete Assoziation mit Assoziationsnamen

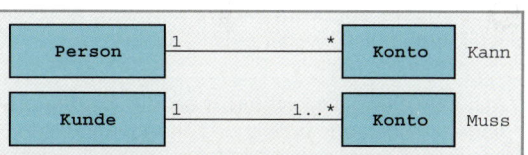

Bild 5: Kann-Assoziation und Muss-Assoziation

tion hat als Untergrenze die Kardinaliät 1 oder höher. Deshalb besteht eine Muss-Assoziation immer.

Beispiel 2: Assoziationen zeichnen

Zeichnen Sie die Assoziationen zwischen den Klassen Person und Konto sowie den Klassen Kunde und Konto.
Lösung: **Bild 5**

Eine Person kann ein Konto besitzen, muss es aber nicht. Ein Kunde einer Bank hat stets ein Konto, sonst ist er kein Kunde (Bild 5).

7.3.4.3 Aggregation und Komposition

Eine *Aggregation* ist eine Teil-Ganzes-Beziehung. Die Teile sind Objekte verschiedener Klassen, die in dem Objekt einer anderen Klasse beinhaltet sind. Ein Teil-Objekt kann zu mehreren Ganzen-Objekten gehören. Wird ein Ganzes-Objekt gelöscht, so bleiben die Teil-Objekte bestehen.

Beispiel 1: Aggregation zeichnen

Zeichnen Sie ein UML-Diagramm, das den Zusammenhang zwischen einem Computer und seinen Komponenten zeigt.

Lösung: **Bild 1**

Eine Aggregation wird in UML durch eine Raute dargestellt.

Der Computer und seine Komponenten kann als Aggregation dargestellt werden. Das Ganze „Computer" beinhaltet Teile wie z. B. Tower, Tastatur, Monitor und Maus (Bild 1). Wird das Computer-Objekt entfernt, kann z. B. die Maus noch anderweitig verwendet werden.

Eine *Komposition* ist ebenfalls eine Teil-Ganzes-Beziehung. Auch hier sind die Teile Objekte verschiedener Klassen, die in dem Objekt einer anderen Klasse beinhaltet sind **(Bild 2)**. Ein Teil-Objekt gehört zu genau einem Ganzes-Objekt. Wird das Ganzes-Objekt gelöscht, so werden die Teil-Objekte ebenfalls gelöscht. Ein Objekt der Klasse Datei wird gelöscht, sofern der dazugehörende Dateiordner aufgelöst wird (Bild 2).

7.3.4.4 Vererbung

Vererbung wird z. B. eingesetzt, wenn eine bestehende Klasse abgewandelt werden soll, aber die bestehende Klasse weiter existieren soll.

Als Vererbung bezeichnet man die Erstellung neuer Klassen aus bereits bestehenden Klassen.

Die vorhandene Klasse wird als *Basisklasse* und die neue Klasse als *abgeleitete Klasse* (Subklasse) bezeichnet. Meist verfügt die abgeleitete Klasse über mehr Details als die bereits bestehende Basisklasse. Der Vorgang des Vererbens wird *Spezialisierung* genannt.

In UML wird die Vererbung als Pfeil mit Dreieckspitze dargestellt **(Bild 3)**. Die Pfeilspitze zeigt auf die Basisklasse.

Beispiel 2: Vererbung in UML zeichnen

Zeichnen Sie ein UML-Diagramm, das den Zusammenhang Konto, Girokonto und Sparkonto zeigt.

Lösung: **Bild 3**

! **Sichtbarkeitszeichen** in UML sind:
+ public = öffentlich
− private = privat
protected = geschützt

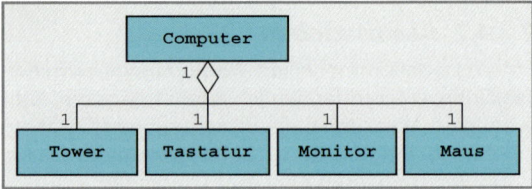

Bild 1: Aggregation

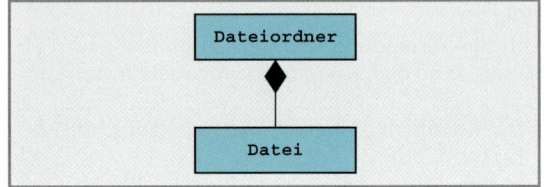

Bild 2: Komposition

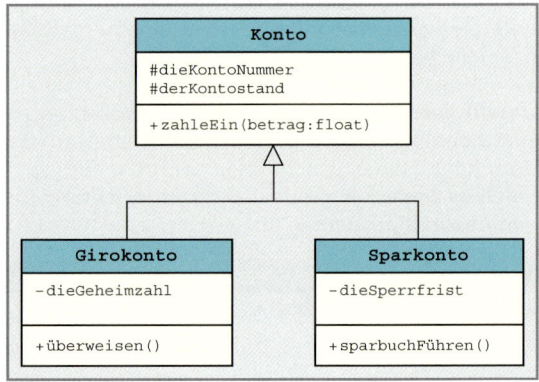

Bild 3: Vererbung

Die Klassen Girokonto und Sparkonto sind von der Klasse Konto abgeleitet. Sie können auf die Attribute dieKontoNummer und derKontostand zurückgreifen und die Methode zahleEin() nutzen. Zudem verfügen die Klassen Girokonto und Sparkonto über eigene Attribute und Methoden, die in der Basisklasse Konto nicht bekannt sind.

7.3.4.5 Sichtbarkeitszeichen

Zu jedem Attribut und jeder Methode können Sichtbarkeiten festgelegt werden.

Sichtbarkeitszeichen regeln den Zugriff auf Methoden und Attribute einer Klasse.

Das Sichtbarkeitszeichen – (private) sorgt dafür, dass die nachfolgenden Komponenten, seien es Attribute oder Methoden, unsichtbar nach außen sind. Damit sind sie vor ungewollter Veränderung geschützt und nur innerhalb der dazugehörenden Klasse sichtbar.

Das Sichtbarkeitszeichen # (protected) wird eingesetzt, wenn Attribute oder Methoden nach außen hin unsichtbar sein müssen aber in abgeleiteten Klassen verwendet werden sollen.

Das Sichtbarkeitszeichen + (public) setzt die nachfolgende Komponente auf sichtbar. So kann sie z. B. auch von Objekten anderer Klassen verwendet werden.

Im Beispiel **Bild 1** kennen Objekte der Klasse A die Attribute attributA, attributB, attributC und die Methoden methodeA(), methodeB() und methodeC(). Objekte der abgeleiteten Klasse B kennen die Attribute attributB, attributC, attributD, attributE, attributF und die Methoden methodeB(), methodeC(), methodeD(), methodeE() und methodeF(). Außerhalb der Klassen sind für die Klasse A die Komponenten attributC und methodeC() bekannt. Für die Klasse B sind von außen attributC, attributF und die Methoden methodeC() und methodeF() bekannt.

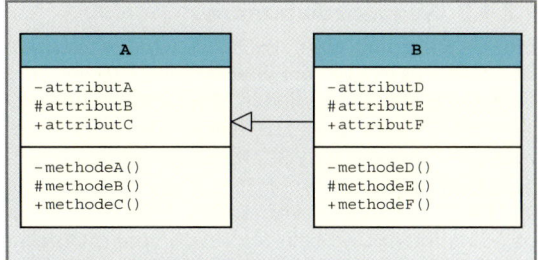

Bild 1: Sichtbarkeitszeichen

7.3.4.6 Klassendiagramm

Ein Klassendiagramm zeigt die Zusammenhänge zwischen verschiedenen Klassen. Je nach Ausführlichkeit können die Attribute und Methoden der Klassen eingetragen sein. Assoziationen zeigen darin, wie die einzelnen Klassen miteinander zusammenhängen. Kardinalitäten geben an, wie viele Objekte einer Klasse vorhanden oder möglich sind. Aggregationen, Kompositionen und Vererbungen können auch Bestandteile von Klassendiagrammen sein.

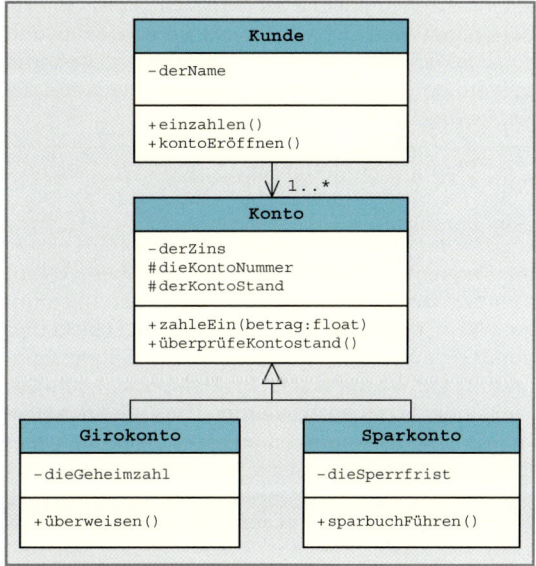

Bild 2: Klassendiagramm

> **Beispiel 1: Klassendiagramm zeichnen**
>
> Zeichnen Sie ein UML-Klassendiagramm, das den Zusammenhang zwischen einem Kunden und seinen verschiedenen Konten (Girokonto, Sparkonto) zeigt.
>
> *Lösung:* **Bild 2**

Ein Kunde kann über Girokonten und Sparkonten verfügen. Zu diesem Zweck werden die Klassen Girokonto und Sparkonto gebildet, die eine gemeinsame Basisklasse Konto besitzen. Ein Kunde kann über mehrere Konten verfügen, muss aber mindestens eines haben.

7.3.4.7 Objektdiagramm

Ein Objektdiagramm zeigt eine Momentaufnahme in einem Programm. Im Objektdiagramm werden die zu einem bestimmten Zeitpunkt vorhandenen Objekte und oft auch deren Werte eingetragen. Über Linien wird deutlich, welche Objekte miteinander assoziiert sind.

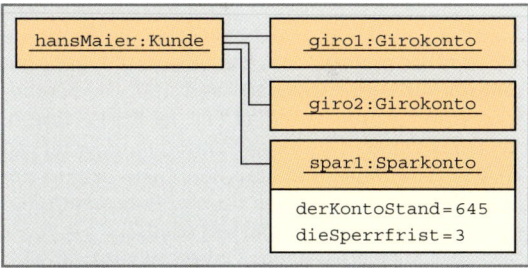

Bild 3: Objektdiagramm

> **Beispiel 2: Objektdiagramm zeichnen**
>
> Zeichnen Sie ein Objektdiagramm, das den Kunden Hans Maier zeigt, der zwei Girokonten und ein Sparkonto besitzt.
>
> *Lösung:* **Bild 3**

Hans Maier ist ein Objekt der Klasse Kunde. Er besitzt sowohl die Girokonten giro1 und giro2, als auch ein Sparkonto spar1. Das Sparkonto verfügt momentan über einen Kontostand von 645 € und die Sperrfrist beträgt 3 Monate.

7.3.4.8 Sequenzdiagramm

Ein Sequenzdiagramm wird für ein festgelegtes Szenario entwickelt. Ein *Szenario* gibt dabei eine bestimmte Situation wieder, die im Programmablauf vorkommen kann, z. B. der Kunde Hans Maier möchte 150 € auf sein Sparbuch einzahlen. Innerhalb dieses Szenarios sind verschiedene Objekte im Programmablauf vorhanden, hier z. B. Kunde Hans Maier und sein Sparbuch spar1. Objekte werden oben ins Sequenzdiagramm gezeichnet **(Bild 1)**. Vom Objekt abgehend geht eine gestrichelte Linie nach unten, die als *Lebenslinie* des Objekts bezeichnet wird. Ist ein Objekt gerade aktiv und eine seiner Methoden wird ausgeführt, befindet sich auf der Lebenslinie ein schmales Rechteck, die *Aktivierung* genannt wird.

> Im Sequenzdiagramm wird deutlich, welche Objekte über einen Zeitraum hinweg miteinander kommunizieren.

Im Sequenzdiagramm wird der zeitliche Ablauf sichtbar. Die Zeitachse verläuft von oben nach unten. Wenn ein Objekt eine Nachricht verschickt und damit eine Methode aufruft, wird im Sequenzdiagramm ein waagerechter Pfeil eingezeichnet. Der Pfeil endet an einer Aktivierung. Das gerade aktive Objekt kann wiederum eigene Methoden oder Methoden assoziierter Objekte aufrufen.

Beispiel 1: Sequenzdiagramm zeichnen

Zeichnen Sie ein UML-Sequenzdiagramm, das zeigt, wie Hans Maier 150 € auf sein Sparkonto einzahlt.

Lösung: **Bild 2**

In Bild 2 ruft das Objekt hansMaier die Methode zahleEin(betrag:float) des Objekts spar1 auf und übergibt als Argument den Wert 150. Die Methode überprüfeKontostand() ist Teil der Klasse Konto. Das Objekt spar1 ruft diese Methode auf, während die Methode zahleEin(betrag:float) aktiv ist. Im Sequenzdiagramm wird dies durch übereinanderliegende Aktivierungen dargestellt (Bild 2).
Wird zur Laufzeit ein neues Objekt erzeugt, so wird dies im Sequenzdiagramm dargestellt, indem das neu erzeugte Objekt weiter unten angeordnet wird **(Bild 3)**. spar2 wird durch Aufruf des Konstruktors Sparkonto() erzeugt.

7.3.4.9 Anwendungsfalldiagramm

Ein Anwendungsfalldiagramm beschreibt ein Verhalten eines Systems. Ein Anwender (Akteur) möchte mit dem System etwas erreichen, z. B. möchte er von seinem Konto Geld abheben.
Eine Ellipse steht für den Anwendungsfall und ein Strichmännchen für den Akteur **(Bild 4)**. Der Akteur, der den Anwendungsfall auslöst, steht links.

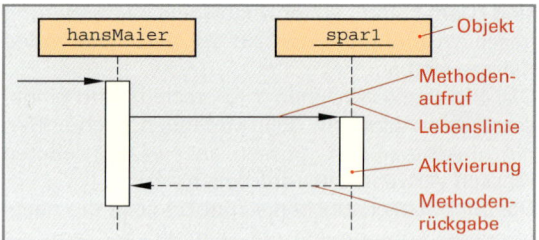

Bild 1: Objekte und Methoden im Sequenzdiagramm

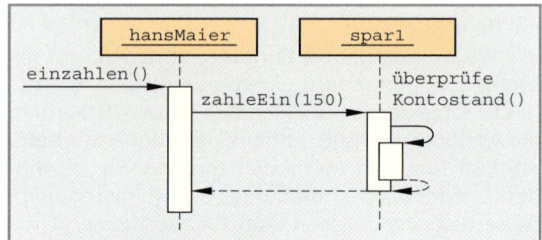

Bild 2: Einzahlvorgang in UML

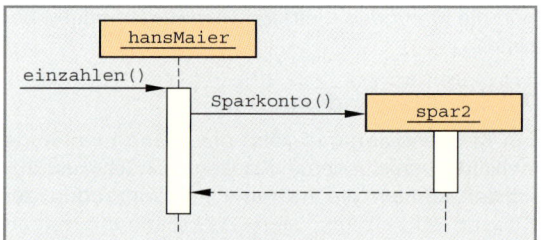

Bild 3: Neues Objekt zur Laufzeit

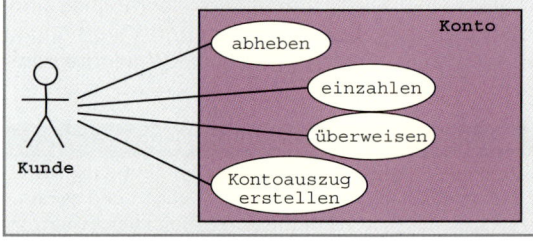

Bild 4: Anwendungsfalldiagramm

Empfängt ein anderer Akteur etwas, so steht dieser rechts vom System. Das System selbst wird als Rechteck dargestellt, sodass man gut die Systemgrenzen erkennen kann.

K   Kompetenzorientierung

1. **Zeichnen Sie Assoziationen zwischen den Klassen Kamin und Haus, Auto und Reifen, Bauelemente und Platine.**

2. **Grenzen Sie die Begriffe Aggregation und Komposition voneinander ab.**

3. **Beschreiben Sie das Prinzip der Vererbung.**

4. **Wodurch unterscheiden sich Klassendiagramm und Objektdiagramm?**

7.3.5 RAD (Rapid Application Development)

Für Anwendungsprogramme werden RAD (Rapid Application Development Systems = schnelle Anwendungsentwicklung) verwendet. RAD-Systeme gibt es z. B. für die Programmiersprachen C++, Pascal, VisualBasic und Java (siehe **TablGSA**). Oft sind diese Programmiersysteme plattformunabhängig, d. h. sie können unter verschiedenen Betriebssystemen wie Linux, Unix und Windows arbeiten.

> Programmiersysteme sind oft plattformunabhängig und enthalten unter einer menügeführten Benutzungsoberfläche Tools zur Programmentwicklung.

Programmierwerkzeuge (Software-Tools) sind Editoren oder Compiler **(Tabelle 1)**. In Visual C# und bei Delphi sind standardmäßig Editor, Compiler, Debugger und Linker verfügbar. Bei VisualBasic und Java sind auch Interpreter vorhanden. Oft kann vom Debugger aus ein Assembler aufgerufen werden.

> Assembler werden zur Programmierung zeitkritischer Programmteile und zur Fehlersuche im Maschinencode verwendet.

Programmiersysteme enthalten Benutzungsoberflächen mit verschiedenen Fenstern.

Nach dem Programmstart zeigt z. B. Visual-C# die menügeführte Benutzungsoberfläche, das Editor-Fenster und das Form-Fenster **(Bild 1)**.

Bei der Programmentwicklung werden Dateien für den Quellcode, den Objektcode, die Programmbeschreibung in HTML und die verwendeten Programmbibliotheken angelegt. Die Zusammenfassung aller zusammengehörenden Dateien wird als Projekt bezeichnet und erhält einen eigenen Projektnamen.

> Als Projekt bezeichnet man alle Dateien, die unter einem Projektnamen verwaltet werden.

Mit Programmgeneratoren kann z. B. aus Funktionsbeschreibungen wie Struktogrammen, Programmablaufplänen oder Zustandsdiagrammen Programmcode erzeugt werden. Visualisierungen für Projektbeschreibungen werden z. B. mit Visio erzeugt **(Bild 2)**. Bei der Projekterzeugung helfen oft Tools (Tabelle 1), die dem Benutzer geeignete Schritte für die Projektentwicklung vorschlagen. Diese Tools werden z. B. als Assistenten oder Wizards bezeichnet.

Tabelle 1: Programmierwerkzeuge	
Programmart	Erklärung
Assembler	to assemble = montieren. Übersetzt maschinenorientierte, symbolische Programmiersprachen in Maschinencode.
Compiler	to compile = übersetzen. Übersetzt ein Quellprogramm in Maschinencode.
Debugger	to debug = entwanzen, fehlerfrei machen. Dient zum Erkennen, Lokalisieren und Korrigieren von Fehlern.
Editor	Editor = Herausgeber. Programm zum Erstellen von Dateien oder zum Ändern bestehender Dateien.
Interpreter	to interpret = auswerten. Jede Anweisung eines Quellprogramms wird einzeln in Maschinensprache übersetzt und ausgeführt.
Linker	to link = verbinden. Programm zum Verbinden compilierter Module und Datendateien. Erzeugt ein ausführbares Programm, EXE-File.
Assistent, Wizard	Wizard = Zauberer. Programm, das schrittweise bei der Programmerstellung hilft.

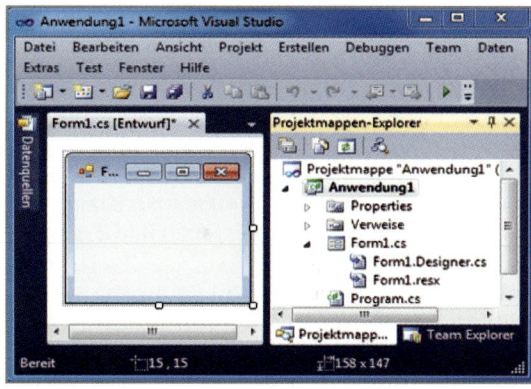

Bild 1: Fenster von Visual C#

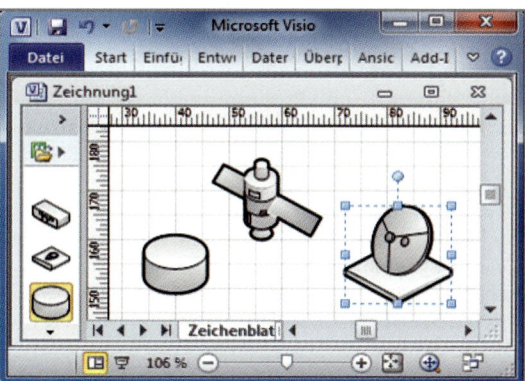

Bild 2: Entwurfsfenster für Projektbeschreibungen

7.3.6 Darstellungsformen von Programmabläufen

Programmabläufe werden mit Kontrollstrukturen (Algorithmen) gesteuert. Kontrollstrukturen sollen Problemlösungen in natürlicher, problemange-passster Form beschreiben. Sie sollen leicht lesbar und verständlich formuliert werden.

> Problemlösungen werden mit Kontrollstrukturen beschrieben.

Es werden vier Kontrollstrukturen verwendet **(Bild 1)**. Eine Sequenz (von sequence = Folge) zeigt aufeinanderfolgende Schritte an. Mit der Struktur Auswahl kann zwischen zwei oder mehreren Möglichkeiten ausgewählt werden. Für Wiederholungen wird die Struktur Wiederholung verwendet. Eine weitere Struktur dient dem Aufruf anderer Algorithmen, d. h. von Unterprogrammen.

> Problemlösungen können mit den Strukturen Sequenz, Auswahl, Wiederholung und Unterprogrammen beschrieben werden.

Für die Umsetzung von Problemlösungen gibt es verschiedene Arten von Kontrollstrukturen **(Tabelle 1)**. Diese Arten werden als Notationen (Aufzeichnungen) bezeichnet.

Pseudo-Code
Hier wird eine textliche Beschreibung der Strukturen vorgenommen, die sich an die Syntax und die Wortsymbole von problemorientierten Programmiersprachen anlehnt. Die Strukturen z. B. einer Sequenz und einer Auswahl werden in **Bild 2** gezeigt.

Jackson-Diagramm
Jackson-Diagramme[1] stellen eine grafische Darstellung von Strukturen dar. Von Vorteil ist hier, dass Datenstrukturen und Kontrollstrukturen beschrieben werden können. Die Strukturen einer Sequenz, einer Auswahl und einer Wiederholung zeigt **Bild 3**. Die Bearbeitungsrichtung wird durch eine Zeitachse angegeben. Auswahlstrukturen werden durch einen Kreis o gekennzeichnet, Wiederholungsstrukturen (Schleifen) durch einen Stern ∗.

Struktogramme und Programmablaufpläne
Für die grafische Darstellung von Kontrollstrukturen werden das Struktogramm nach Nassi-Shneiderman[2] und der Programmablaufplan verwendet. Struktogramme verwenden als Grundelemente Rechtecke, die auch geschachtelt werden können, sowie auch Linien, die zur Erzeugung dreieckförmiger Strukturen dienen. Programmablaufpläne verwenden Rechtecke, Rauten, Kreise, Ovale und Sonderformen von Vierecken.

[1] Michael Jackson, engl. Erfinder, geb. 1936
[2] Ben Shneiderman, amerikan. Erfinder, geb. 1947

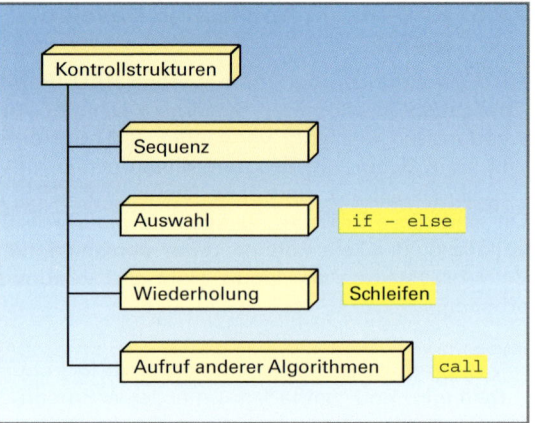

Bild 1: Unterschiedliche Kontrollstrukturen

Tabelle 1: Darstellungsformen von Programmabläufen	
Darstellungsform	Art, Erklärung
Pseudo-Code	Textliche Darstellung, orientiert an problemorientierten Programmiersprachen.
Jackson-Diagramm	Grafische Darstellung von Datenstrukturen und Kontrollstrukturen in Baumform.
Struktogramm (STG)	Grafische Darstellung von Kontrollstrukturen (DIN 66261).
Programmab-laufplan (PAP)	Grafische Darstellung durch Symbole, die durch Linien verbunden sind (DIN 66001).

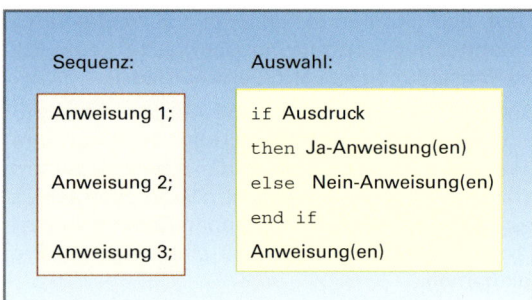

Bild 2: Kontrollstrukturen mit Pseudo-Code

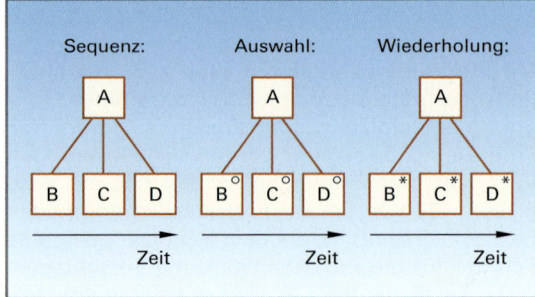

Bild 3: Kontrollstrukturen mit Jackson-Diagrammen

Sequenz

Eine Folgestruktur enthält aufeinanderfolgende Anweisungen. Die Anweisungen werden der Reihe nach ausgeführt. Es handelt sich also um eine lineare Struktur. Jede Anweisung wird einmal ausgeführt. Die Anweisungen werden in Rechtecke geschrieben. Beim Struktogramm (STG) folgen diese direkt untereinander, beim Programmablaufplan (PAP) werden diese durch Ablauflinien verbunden (**Bild 1**). Ablauflinien erhalten eine Pfeilspitze, wenn die Ablaufrichtung nicht der Leserichtung entspricht. Beim Struktogramm bezeichnet man aufeinanderfolgende Anweisungen auch als Anweisungsblock oder Folgeblock.

Auswahlstrukturen

Bei Auswahlstrukturen können verschiedene Möglichkeiten gewählt werden:

● Einseitige Auswahl,
● zweiseitige Auswahl,
● Mehrfachauswahl und
● Fallabfrage.

Bei der einseitigen Auswahl wird in Abhängigkeit von einer Bedingung eine Anweisung oder ein Folgeblock durchlaufen, wenn z. B. eine Bedingung erfüllt ist (**Bild 2**). Es wird also der Ja-Zweig durchlaufen. Andernfalls bleibt beim Struktogramm das zweite Rechteck leer oder wird mit einem Strich entwertet. Beim PAP entfällt der Anweisungsblock. Bei der zweiseitigen Auswahl kann in Abhängigkeit von einer Bedingung eine von zwei Anweisungen oder zwei Anweisungsblöcken gewählt werden (**Bild 3**). Es wird entweder der Ja-Zweig, d. h. Bedingung ist erfüllt, oder der Nein-Zweig, d. h. Bedingung ist nicht erfüllt, durchlaufen.

> Einseitige und zweiseitige Auswahl ermöglichen eine Programmverzweigung in Abhängigkeit von Bedingungen.

Bei der Mehrfachauswahl können die Auswahlstrukturen mehrfach geschachtelt auftreten (**Bild 4**). So kann bei Nichterfüllung einer Bedingung im Nein-Zweig eine weitere Bedingung folgen, die wiederum einen Ja-Zweig und einen Nein-Zweig hat. Bei mehr als drei geschachtelten Bedingungen sollte man alle möglichen Fälle in einer Tabelle auflisten und auf ihre Auswirkungen hin überprüfen. Eine vereinfachte Form der Mehrfachauswahl ist die Fallabfrage (**Bild 5**). Die Auswahl einer von mehreren möglichen Bedingungen führt zu jeweils einem Folgeblock. Die Folgeblöcke sind alle in der gleichen Ebene angeordnet. Die Fallabfrage wird oft in der Menütechnik angewendet.

> Fallabfragen sind übersichtlicher als Mehrfachauswahlen.

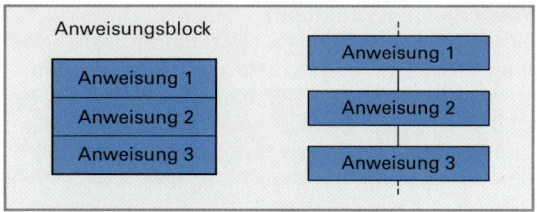

Bild 1: Sequenz als Struktogramm und Programmablaufplan

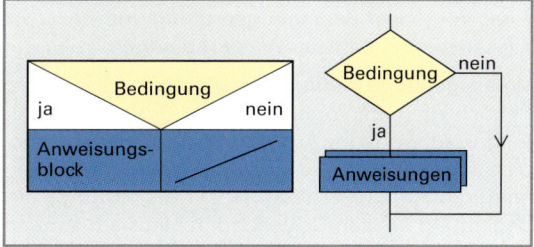

Bild 2: Einseitige Auswahl als STG und PAP

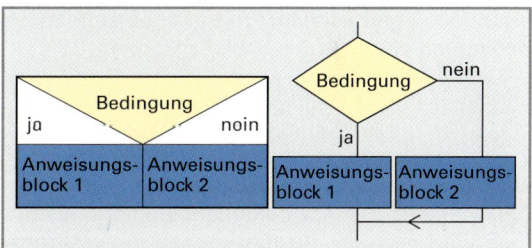

Bild 3: Zweiseitige Auswahl als STG und PAP

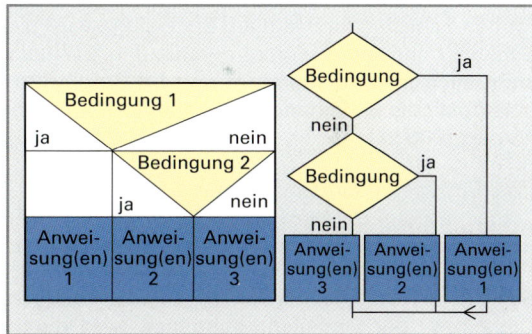

Bild 4: Mehrfachauswahl als STG und PAP

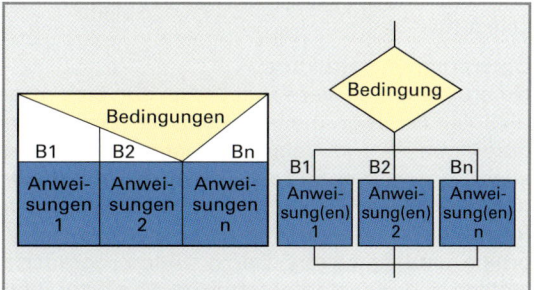

Bild 5: Fallabfrage als STG und PAP

Wiederholungsstrukturen

Um Programmteile öfters auszuführen, verwendet man Wiederholungsstrukturen. Wiederholungsstrukturen werden auch Schleifen genannt. Sie bestehen aus einer Bedingung für die Wiederholung und meist einem Anweisungsblock, der wiederholt werden soll. Ein Anweisungsblock wird auch Schleifenkörper genannt.

Es gibt Wiederholungsstrukturen mit
- vorausgehender Bedingungsprüfung,
- nachfolgender Bedingungsprüfung und
- festliegender Zahl der Wiederholungen.

Vorausgehende Bedingungsprüfung

Bei Schleifen mit vorausgehender Bedingungsprüfung wird vor jeder Ausführung des Anweisungsblocks geprüft, ob die Bedingung für den Schleifendurchlauf zutrifft (**Bild 1**). Da die Prüfung der Bedingung für den Schleifendurchlauf am Anfang steht, kann es vorkommen, dass der Schleifenkörper gar nicht ausgeführt wird. Deshalb steht auch im Struktogramm und im Programmablaufplan die Bedingung oberhalb des Schleifenkörpers.

> Vorausgehende Bedingungsprüfung bedeutet: Solange die Bedingung erfüllt ist, wiederhole!

Nachfolgende Bedingungsprüfung

Bei Schleifen mit nachfolgender Bedingungsprüfung wird nach der Ausführung des Anweisungsblocks geprüft, ob die Bedingung für einen weiteren Schleifendurchlauf zutrifft. Da die Bedingung für den Schleifendurchlauf am Ende steht, wird die Schleife mindestens einmal durchlaufen. Deshalb steht auch im Struktogramm und im Programmablaufplan die Bedingung unterhalb des Schleifenkörpers (**Bild 2**).

> Bei nachfolgender Bedingungsprüfung kann solange wiederholt werden, bis eine Bedingung erfüllt ist oder solange eine Bedingung erfüllt ist.

Schleife mit festliegender Zahl der Wiederholungen

Die Anzahl der Schleifendurchgänge wird durch einen Zähler gesteuert. Anfangswert, Schrittweite und Endwert werden vor dem Schleifenkörper festgelegt (**Bild 3**).

Unterprogrammstrukturen

Unterprogramme verwendet man für sich wiederholende Programmteile (**Bild 4**). Ein Unterprogramm wird nur einmal programmiert, kann aber an mehreren Stellen eines Programms aufgerufen werden. Gekennzeichnet werden sie durch Rechtecke, die Namen und Parameter des Unterprogramms enthalten. Durch Unterprogramme werden die Hauptprogramme strukturierter und übersichtlicher.

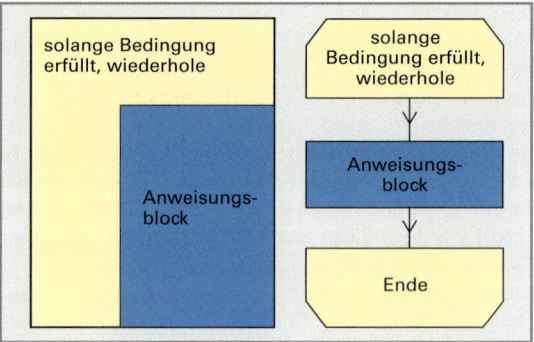

Bild 1: Schleife mit Bedingung am Anfang (STG, PAP)

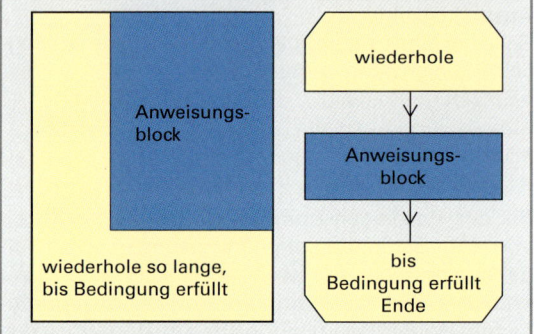

Bild 2: Schleife mit Bedingung am Ende (STG, PAP)

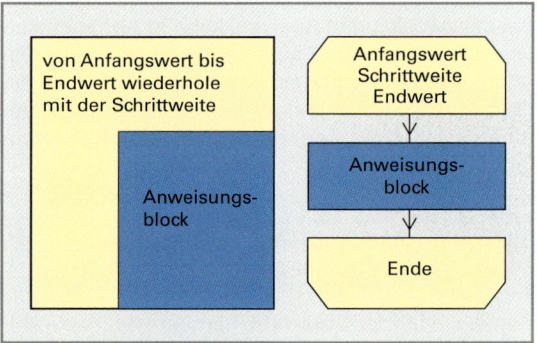

Bild 3: Schleife mit festliegender Anzahl der Schleifendurchgänge (STG, PAP)

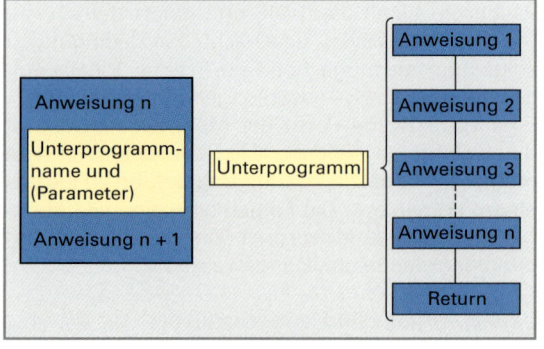

Bild 4: Unterprogrammstrukturen

7.3.7 Methoden und Werkzeuge zur Dokumentation

Dokumente, z. B. Aufträge, Pflichten- und Lastenhefte, Projektberichte, Ablaufpläne, Softwaredokumentationen, Konfigurationsdokumentationen, Rechnungen und Bilanzen erfassen alle wichtigen Geschäftsvorgänge. Sie sind das Gedächtnis der Unternehmen.

> Dokumentation ist die Beschreibung von Sachverhalten, Abläufen und Zusammenhängen, sowie die bei diesen Tätigkeiten entstehenden Unterlagen.

Dokumente sind zur rechtlichen Sicherheit der Beteiligten, zur Sicherung und Erhöhung der Wertschöpfung und zum Informationsaustausch zwischen Hersteller, Händler, Anwender und Finanzverwaltung notwendig. Das Dokumentenmanagement eines Unternehmens ist dafür verantwortlich. Hierfür sind die am besten geeigneten und wirtschaftlichsten Formen auszuwählen, diese sind ständig den Gegebenheiten anzupassen und für eine hohe Qualität ist zu sorgen (**Bild 1**).

> Alle wichtigen Geschäftsvorfälle werden durch geeignete Medien und Methoden dokumentiert und gespeichert.

Die Dokumente werden meistens digital erstellt oder später digitalisiert (**Bild 2**).

Im betrieblichen Alltag ist es problematisch, dass viele dieser Dokumente nur schwach oder niedrig strukturierte Daten enthalten. Von schwach oder niedrig strukturierten Daten spricht man, wenn z. B. der Zusammenhang der Daten, ihre Bedeutung für ein bestimmtes Problem oder ihr Wahrheitsgehalt und die Eindeutigkeit der Begriffe nicht offensichtlich sind, sondern interpretiert werden müssen (**Bild 3**). Strukturierte Daten liegen so vor, dass damit Rechenoperationen und logische Operationen, z. B. Datenbankabfragen ausgeführt werden können, also z. B. als Datenbanken mit Einzeldaten.

Damit das betriebliche Informationsmanagement schnell aktuelle Daten in verschiedenen Kombinationen liefern kann, müssen möglichst viele relevante Daten strukturiert erfasst werden.

> Das Informationsmanagement stellt für die betrieblichen Funktionen einzelne, speziell aufbereitete Informationen zur Verfügung.

Hierzu entwickelt man das Dokumentenmanagement durch Ergänzung mit Informationsmanagement zum Wissensmanagement weiter (**Bild 4**).

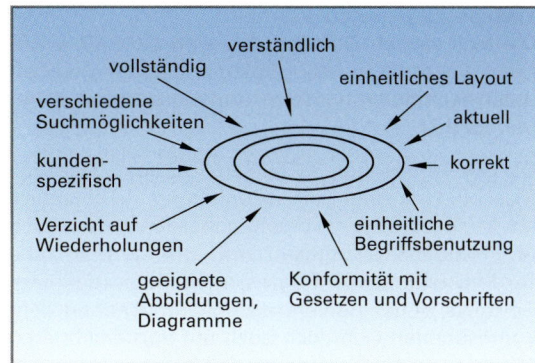

Bild 1: Qualitätskriterien für Dokumentationen

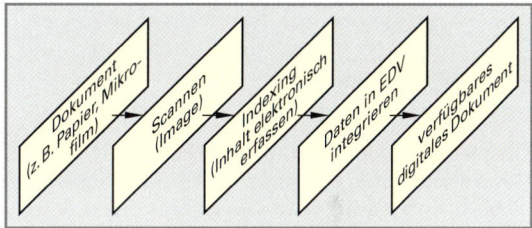

Bild 2: Digitalisierung von Dokumenten

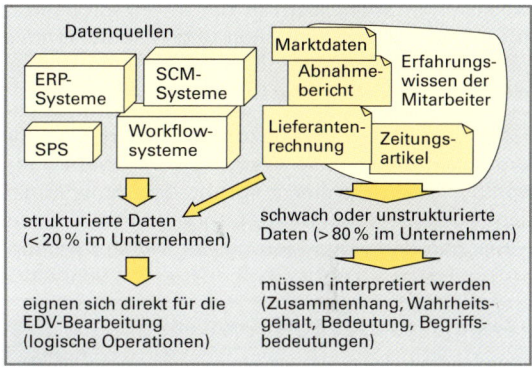

Bild 3: Datenstrukturen

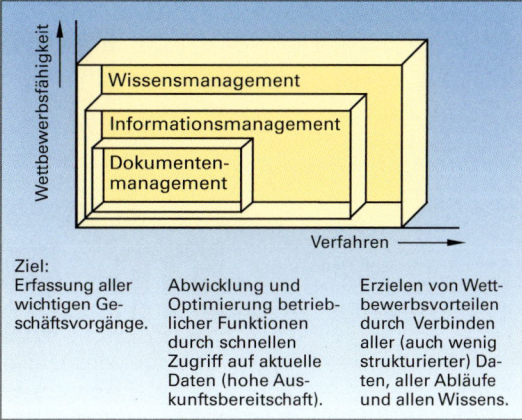

Bild 4: Weiterentwicklung des Dokumentenmanagements

Technische Dokumentationen

Die technischen Dokumentationen sind ein wichtiger Bestandteil der Dokumentation und oft durch Richtlinien, Gesetze und Vorschriften geregelt **(Bild 1)**.

Die EU- Verordnung 89/392 legt z. B. fest, dass jede Maschine mit einer Betriebsanleitung mit bestimmten Mindestinhalten versehen werden muss. Auch im Produkthaftungsgesetz sind strenge Maßstäbe zur Freistellung von Regressansprüchen definiert. So muss in der Bedienungsanleitung neben dem vorgesehenen Gebrauch auch auf vorhersehbaren Missbrauch von Geräten eingegangen werden.

> Der Mindestinhalt von technischen Dokumentationen ist oft in Gesetzen, Vorschriften und Richtlinien geregelt.

Die Hersteller von Produkten können aus Projektdokumentationen Entwurfs- und Erfahrungswissen sichern und damit dem braindrain-Effekt (braindrain = Abfluss von Wissen) entgegen wirken. Damit ist ein auffällig hoher und schneller Stellenwechsel bei Entwicklern in der Informationstechnik gemeint. Entscheidungen und Abläufe können nachträglich nachvollzogen werden und ermöglichen Selbstkontrolle und Selbstevaluation.

Daten- und Programmdokumentationen sind die Voraussetzung für die Wartung und Erweiterung von Systemen. Sie sind aufgrund der immer kürzeren Produktlebenszyklen und höheren Anzahl von Versionen (Individualisierung der Märkte) wichtig.

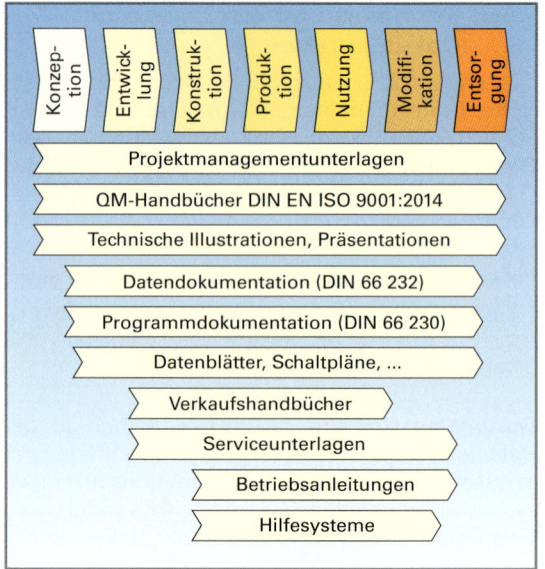

Bild 1: Technische Dokumentation

Auch die Effizienzsteigerungen durch die Wiederverwendung von objektorientierten Modulen sind nur bei entsprechender Dokumentation möglich.

Alle Qualitätsmanagementsysteme (QM-Systeme) und die Zertifizierung nach DIN-ISO 9000ff setzen vorgegebene Dokumentationen voraus **(Bild 2)**.

Durch die vielfältigen Möglichkeiten moderner Medien werden klassische Dokumentationen auf Papier zunehmend verdrängt bzw. ergänzt.

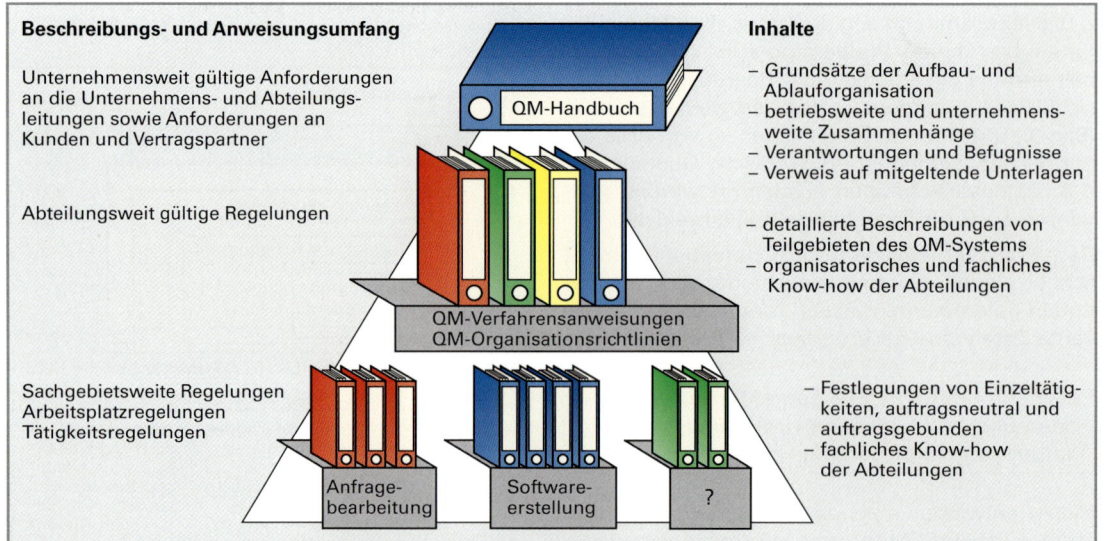

Bild 2: Dokumentation in einem betrieblichen QM-System

Tutorien und Hilfefunktionen

Im Bereich von Hilfesystemen und Tutorien (begleitende Übungen) haben Untersuchungen gezeigt, dass Menschen mit auf Papier gedruckten Schritt-für-Schritt Anweisungen, z. B. zur Fehlerkorrektur und zum Erlernen komplexer Softwaresysteme, sehr uneffektiv lernen. Die Experimente haben auch gezeigt, dass Menschen, die ihr Lerntempo und ihre Lernschritte selbst bestimmen können, erfolgreicher und schneller auch schwierige Problemlösungen bewältigen.

Aufbauend auf diesen Erkenntnissen ist die Minimalistendokumentation entstanden, für deren Gestaltung J. M. Carolls Guidelines (= Richtlinien) erstellt hat **(Bild 1)**.

In der Minimalistendokumentation werden dem Anwender kurze Beschreibungen gegeben, die er zur Lösung seines aktuellen Problems benötigt. Damit sind auch komplexere Probleme lösbar und es ist jederzeit möglich, weitergehende Informationen anzuwählen. Ein ideales Werkzeug zur Unterstützung dieser Methode ist z. B. HTML **(Bild 2)**. Über Verweise (Links) in den jeweiligen Artikeln und über sensitive Grafiken gelangt man zu weiteren so genannten Indexcards oder zu weiteren Grafiken.

Softwareentwicklungswerkzeuge enthalten zum Teil recht komfortable Dokumentationsmöglichkeiten. So enthält z. B. das Development Kit (= Entwicklungswerkzeug) der Firma SUN neben dem Java Compiler und dem Appletviewer das Dokumentationswerkzeug Javadoc, das für alle im Programm enthaltenen public-Klassen automatisch eine HTML- Beschreibung erzeugt.

Guidelines für die Minimalistendokumentation

1. **Training on real tasks**
   Die Motivation des Anwenders ist höher, wenn sich Übungen an der aktuellen Problemstellung orientieren. ☑

2. **Getting started fast**
   Schnell zum Problem kommen, sonst steigt die Wahrscheinlichkeit, dass wichtige Sachverhalte überlesen werden. ☑

3. **Reasoning and improvising**
   Die Beispiele müssen anschaulich und praxisnah sein. ☑

4. **Reading in any order**
   Es sind kurze und präzise Abschnitte zu gestalten, die man selbstmotiviert in jeder beliebigen Reihenfolge lesen kann. ☑

5. **Coordinating System and training**
   Die Interaktion des Anwenders mit dem System sollte möglich sein, damit er nach dem Versuch-und-Irrtum-Prinzip lernen kann. ☑

6. **Supporting error recognition and recovery**
   Fehler des Anwenders sollten leicht korrigierbar und die vorhergegangenen Zustände einfach wiederherzustellen sein. ☑

7. **Exploiting prior knowledge**
   Die verwendeten Begriffe und beschriebenen Zusammenhänge sollten zielgruppengerecht sein. ☑

8. **Using the situation**
   Die Anfangsmotivation des Lesers kann zur Einführung in die Gesamtmaterie genutzt werden. ☑

Bild 1: Minimalistendokumentation nach Carolls

K Kompetenzorientierung

1. **Erläutern Sie an Beispielen, welche Folgen eintreten, wenn einzelne Qualitätskriterien von Dokumentationen nicht erfüllt werden.**

2. **Wodurch unterscheidet sich das Dokumentenmanagement vom Informationsmanagement?**

3. **Nennen Sie jeweils 10 Beispiele für schwach bzw. nicht strukturierte Daten und für strukturierte Daten.**

4. **Warum sind strukturierte Daten für den betrieblichen Alltag wertvoller als nicht strukturierte Daten?**

5. **Analysieren Sie die Hilfesysteme von Programmen, die Sie benutzen, und bewerten Sie die Hilfen aufgrund der Guidelines nach Carolls.**

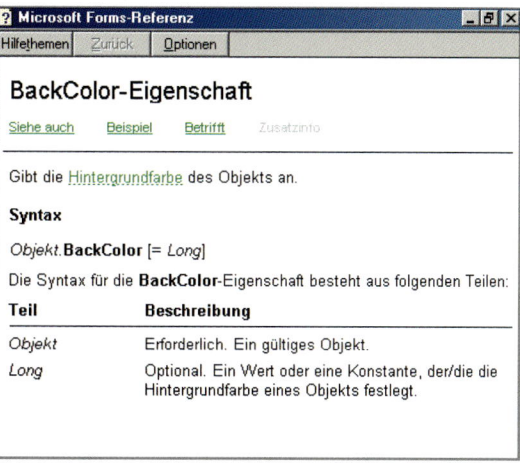

Bild 2: Hilfefunktion von VBA in Excel

7.4 Software-Ergonomie

7.4.1 Gestaltung der Software

Ziel der Software-Ergonomie ist es, die Software eines Computersystems an die Erwartungen und Bedürfnisse seiner Benutzer anzupassen **(Bild 1)**. Dadurch sollen die Fähigkeiten und Fertigkeiten des Benutzers zu einem hohen Nutzen bei der Software-Anwendung führen.

Um dies zu erreichen, werden

- die Aufgabenverteilung zwischen den Menschen und zwischen Mensch und Maschine, d. h. die Arbeitsstruktur,
- die elektronische Arbeitsfläche, d. h. der Desktop,
- die Interaktion zwischen den Anwendungen,
- die Funktionen der Anwendungsprogramme,
- die Zahl der Bedienungsschritte und Bedienungsabläufe, d.h. der Dialog sowie
- die Eingabegeräte und die Ausgabegeräte mit den auf ihnen dargestellten Informationen

menschengerecht und aufgabengerecht gestaltet.

7.4.2 Benutzermodell

Jeder Benutzer zeigt ein individuelles Verhalten beim Benutzen einer Software. Zufrieden ist ein Benutzer, wenn die Software seinen individuellen Wünschen entgegenkommt oder von ihm entsprechend beeinflussbar ist. Für diese Systeme werden deshalb die Benutzerarten in Benutzermodellen zusammengefasst. Man unterscheidet dabei

- Anfänger,
- Gelegenheitsbenutzer und
- Experten.

Kennzeichen des Anfängers ist, dass er keine Erfahrung mit dem Computersystem hat. Gelegenheitsbenutzer nutzen das Computersystem regelmäßig, teils jedoch in wechselnden Zeitabständen. Sie sind die größte Benutzergruppe. Gelegenheitsbenutzer haben oft die größte fachliche Erfahrung bei der täglichen Nutzung einzelner Anwendungsprogramme.

Experten haben meist mehrjährige Erfahrung mit verschiedenen Computersystemen. Dadurch machen sie weniger syntaktische Fehler, weniger Ausführungsfehler und erledigen gestellte Aufgaben schneller als andere Benutzergruppen, verstehen aber oft nicht die Probleme der anderen Benutzer. Experten stellen die kleinste Benutzergruppe dar.

7.4.3 Arbeitsoberfläche

Es gibt eine Reihe von Einflussfaktoren für die Gestaltung der Arbeits- und Anwendungsoberflächen

> ❗ Gelegenheitsbenutzer sind oft Anwendungsexperten.

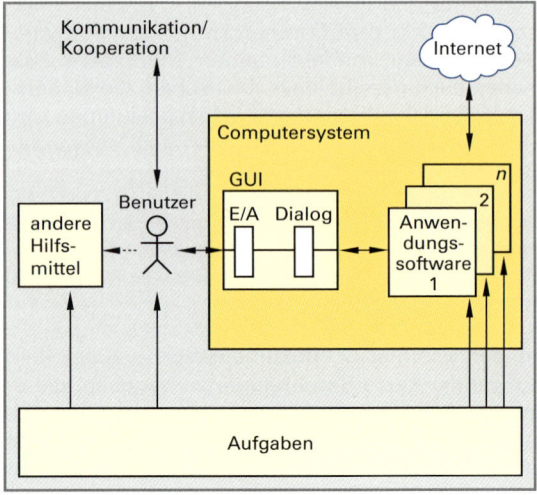

Bild 1: Arbeitsplatzumgebung

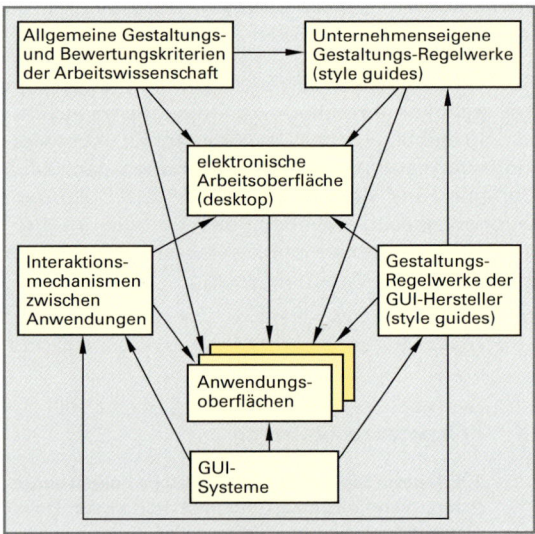

Bild 2: Einflussfaktoren auf Anwendungsoberflächen

(Bild 2). Eine vertraute Bedienungsumgebung, bekannte Symbole, Funktionen und Bedienungsweisen erleichtern die Anwendung der Software. So werden oft Abbildungen von Geräten, wie DVD-Player oder Video-Player als Benutzeroberfläche verwendet. Auch nachgebildete Terminkalender und Formulare, z. B. für Banküberweisungsaufträge, machen Anwendungsprogramme benutzerfreundlicher.

Man bildet physikalische Arbeitsoberflächen, Arbeitsumgebungen und Arbeitsweisen auf der Bildschirmoberfläche eines Arbeitsplatzrechners realistisch nach. Auf dem Desktop sind häufig Objekte, Hilfsmittel, Geräte und Anwendungen in Form von Icons (einfache grafische Abbildungen) dargestellt. Der Benutzer kann auf dem Desktop z. B. das durch ein Piktogramm dargestellte Objekt `Seite227. doc` durch Mausklick aktivieren **(Bild 1, oben)**. Die Anwendung öffnet dann ein Anwendungsfenster, hier das Word-Fenster, auf der Arbeitsoberfläche.

Ein Fenster entspricht damit einem Ausschnitt aus der Arbeitsumgebung des Benutzers. Der Benutzer kann auch mehrere Anwendungen aktivieren, sodass mehrere Anwendungsfenster mit ihren Benutzungsoberflächen auf der Arbeitsoberfläche sichtbar sind. Eine Anwendung kann auch aus mehreren Fenstern bestehen, dabei ist aber immer nur ein Fenster aktiv.

Die Verwaltung der Arbeitsoberfläche sowie die Koordination der verschiedenen Anwendungen wird durch ein GUI-System gesteuert.

7.4.4 GUI-Systeme

GUI-Systeme verbinden Arbeitsoberflächen über eine API mit den einzelnen Anwendungen **(Bild 2)**. Für GUI-Systeme gibt es Richtlinien (style guides = Stilführer), die bei der Gestaltung der Anwendungen zu beachten sind. Damit soll das „look and feel" (= schau und fühle), d. h. das Ausehen und die Handhabung, für verschiedene Anwendungen gleich sein.

Forderungen an Benutzeroberflächen sind:

- Der Benutzer muss das Gefühl haben, die Schnittstelle zu kontrollieren,
- mit einem Programm zu interagieren muss bequem sein,
- die kognitive Belastung muss gering sein,
- die Benutzeroberflächen müssen einen zusammenhängenden Aufbau haben und
- Aktionen müssen umkehrbar (reversibel) sein.

In Textprogrammen und Grafikprogrammen ist z. B. die Option Rückgängig:.../Zurück zur letzten Version **(Bild 3)** ein Element für eine gute Benutzeroberfläche.

7.4.5 Programmbedienung

Bei der *funktionsorientierten Bedienung* wählt der Benutzer eine Anwendung, z. B. Word, aus und startet sie mit Mausklick. Anschließend kann z. B. im Menü Datei das Objekt `Seite227.doc` zur Öffnung und Bearbeitung angeklickt werden. Bei der *objektorientierten Bedienung* wird das Icon

Begriffe der grafischen Benutzerschnittstelle

- **GUI** von Graphical User Interface = Grafische Benutzerschnittstelle
- **API** von Application Programming Interface = Anwenderschnittstelle
- **DDE** von Dynamic Data Exchange = dynamischer Datenaustausch
- **OLE** von Objekt Linking and Embedding = Objekte verbinden und einbinden

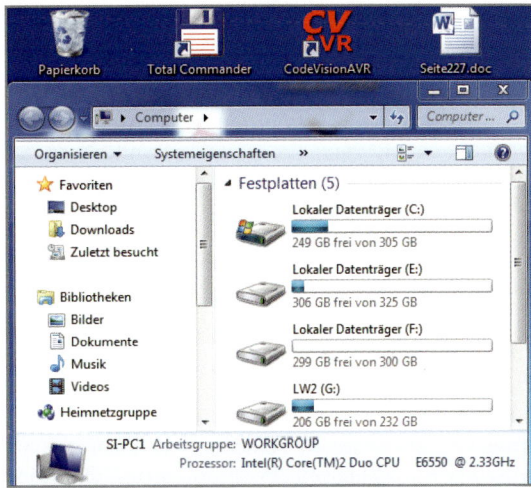

Bild 1: Arbeitsplatzfenster von Windows

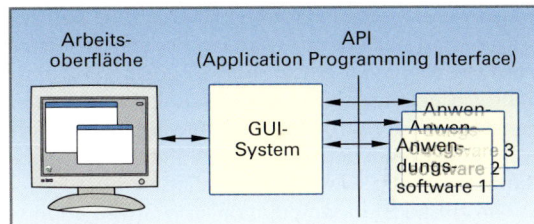

Bild 2: Prinzip einer GUI

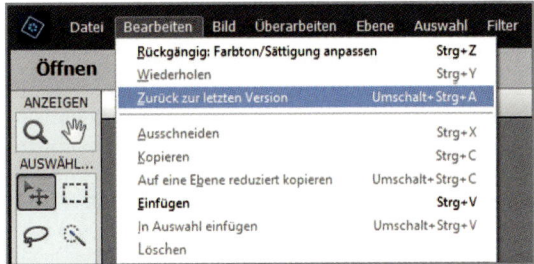

Bild 3: Rückgängig machen und Zurück zur letzten Version

`Seite227.doc` auf der Arbeitsfläche angeklickt. Das Programm Word öffnet sich dann automatisch zur Bearbeitung der Datei.

7.4.6 Dialoge

Arbeitsaufträge werden meist schrittweise ausgeführt. Der Benutzer gibt z. B. Daten ein und erhält
vom Programm eine Rückmeldung über deren
Verarbeitung, bevor er die nächsten Daten eingibt.
Ein solches abwechselndes Vorgehen, bei dem
Benutzer und Computersystem abwechselnd handeln, nennt man Dialog.

> Dialoge sind abwechselnde Aktionen von Be-
> nutzer und Computersystem.

Arbeitsschritte, die direkt zur Aufgabenerfüllung
führen, nennt man Primärdialoge. Ein Primärdialog ist beendet, wenn die zu bearbeitende Aufgabe
fertiggestellt ist. Zusätzliche Informationen zu Ar-
beitsschritten werden z. B. über Sekundärdialoge
eingegeben. Sekundärdialoge sind oft optional. Sie
sind beendet, wenn der Primärdialog fortgesetzt
wird. Dialoge werden meist über Fenster geführt.

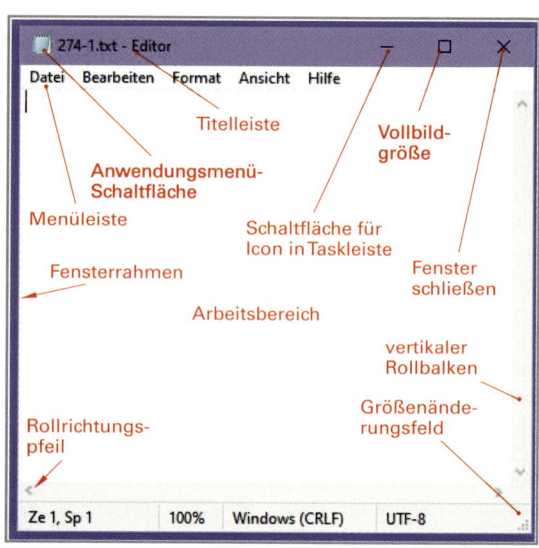

Bild 1: Fensterelemente

7.4.7 Fenster

Fenster bestehen aus Fensterelementen und Kombinationen von Fensterelementen (**Bild 1**). An
einem Fenster können verschiedene Operationen
wie Öffnen, Schließen, Positionieren, Größe ändern, Minimieren und Maximieren vorgenommen
werden (**Tabelle 1**). Ein Titelbalken benennt das
Fenster durch eine eindeutige Überschrift. Der Benutzer kann nur mit dem aktiven Fenster arbeiten.
Wird die Maus auf diesen Balken positioniert und
gedrückt gehalten (drag and drop), kann man das
Fenster auf der Arbeitsfläche bewegen. Der An-
wendungsmenüknopf stellt Funktionen zur Anwen-
dungssteuerung, wie Fenster schließen, oder Funktionen zur Fenstermanipulation, wie Größe ändern
oder Fenster maximieren, zur Verfügung (**Tabelle 2**).
Befindet sich der Mauszeiger auf dem Fensterrahmen, ändert er sein Aussehen und zeigt, in welche
Richtungen die Fenstergröße geändert werden
kann. Zweidimensionale Änderungen können über
das Größenänderungsfeld vorgenommen werden.
Bei der Änderung der Fenstergröße wird keine Anpassung der darin enthaltenen Elemente vorgenommen. Informationen im Arbeitsbereich werden
abgeschnitten, die Titel werden gekürzt und Menübalken werden z. B. mehrzeilig dargestellt.

Der Menübalken enthält die Funktionen, die für
die Anwendung wichtig sind, z. B. die Menüs `Da-
tei, Bearbeiten, Format, Ansicht` und `?`
(Bild 1). Die Rollbalken zeigen an, dass nicht alle
Informationen des Arbeitsbereichs sichtbar im
Fenster sind. Mit den Rollrichtungspfeilen und
dem Schieberegler kann der sichtbare Bereich verschoben werden.

Tabelle 1: Operationen an Fenstern	
Operation	Ausführung
Öffnen	Doppelklick auf Icon.
Schließen	Klick auf Schaltfläche ⊠
Positionieren	In die Titelleiste klicken und mit betätigter Maustaste Fenster an Position ziehen.
Größe	In das Größenänderungsfeld klicken und Größe ändern (s.o.).
Schließen	Klick auf Schaltfläche ▬.
Vollbildgröße	Klick auf Schaltfläche ◻.

Tabelle 2: Fensterelemente		
Element	Über-setzung	Aufgabe im Fenster
Anwendungs-menükopf	title bar icon	Anwendungssteuerung, Fenstermanipulation.
Arbeitsbereich	workspace	Dateneingabe, Datenausgabe.
Fensterrahmen	window frame	Begrenzt ein Fenster.
Größenände-rungsfeld	size grip	Fenstergröße in zwei Richtungen ändern.
Menübalken	menu bar	Enthält vorhandene Menüs.
Rollbalken	scrollbar	Sichtbaren Fenster-bereich verschieben.
Rollrichtungs-pfeil	scroll arrow	In einer Richtung rollen.
Titelleiste	title bar	Enthält Fensternamen. Leiste ist farbig, wenn das Fenster aktiv ist.

7.4.8 Fenstertypen

Unterschiedliche Anwendungen und die Gliederung in Primärdialoge und Sekundärdialoge bedingen verschiedene Fenstertypen:
- Anwendungsfenster,
- Unterfenster,
- Dialogfenster und
- Mitteilungsfenster.

Anwendungsfenster

Jede Anwendung, z. B. das Editorprogramm, besitzt mindestens ein Anwendungsfenster **(Bild 1)**. Es erscheint nach dem Aufruf der Anwendung, dem Doppelklick auf sein Icon oder durch Doppelklick auf ein Objekt, mit dem es durch eine Verknüpfung verbunden ist. Vom Anwendungsfenster aus können weitere Fenster geöffnet werden.

Unterfenster

Aufgabe des Unterfensters ist es, den Primärdialog des Benutzers mit der Anwendung zu unterstützen.

Übung 1: Unterfenster öffnen
Öffnen Sie das Unterfenster Neue E-Mail in Outlook. *Lösung:* **Bild 2**

Alle Unterfenster sind bewegbar und können ein Erscheinungsbild wie das zugehörige Anwendungsfenster haben. Meist ist ein Verschieben über den Fensterrahmen des aufrufenden Anwendungsfensters hinaus nicht möglich. Ein Unterfenster öffnet oft einen Verarbeitungsvorgang, der selbstständig von den anderen Fenstern durchgeführt, aber auch unvollständig beendet werden kann.

Dialogfenster

Dialogfenster setzt man ein, wenn vom Benutzer im Anwendungsfenster zusätzliche Dateneingaben benötigt werden. Im Dialogfenster werden Sekundärdialoge abgewickelt. Deshalb besitzen sie auch keine Menübalken **(Bild 3)**. Der Sekundärdialog beschränkt sich auf die Dateneingabe über Interaktionselemente, wie Textfelder, Checkboxen oder Auswahlfelder. Manche Fenstereigenschaften, wie die Größenänderung, fehlen. Im aufrufenden Anwendungsfenster kann man oft erst nach dem Schließen des Dialogfensters weiterarbeiten. Man nennt dies auch einen seriellen Dialog.

Mitteilungsfenster

Mitteilungsfenster sind spezielle Dialogfenster, die zur Information des Benutzers dienen **(Bild 4)**. Der Benutzer kann mit einer Aktion, z. B. Klick auf die Laufwerksauswahl, auf die Mitteilung Laufwerk nicht gefunden! reagieren oder das Fenster mit Abbrechen verlassen.

> ❗ Unterfenster, Dialogfenster und Mitteilungsfenster sperren oft temporär das zugehörige Anwendungsfenster.

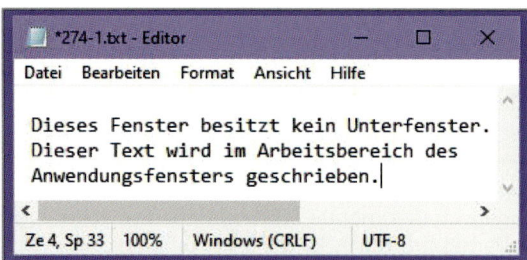

Bild 1: Anwendungsfenster mit Editorprogramm

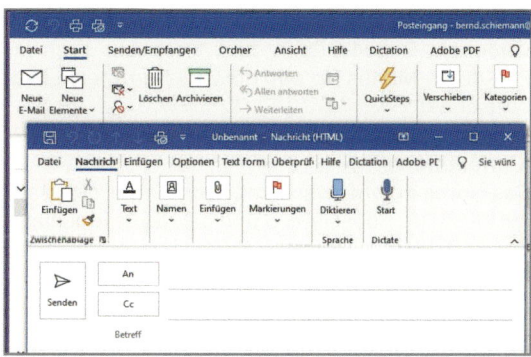

Bild 2: Unterfenster des Programms Outlook

Bild 3: Dialogfenster für Drucken mit Windows

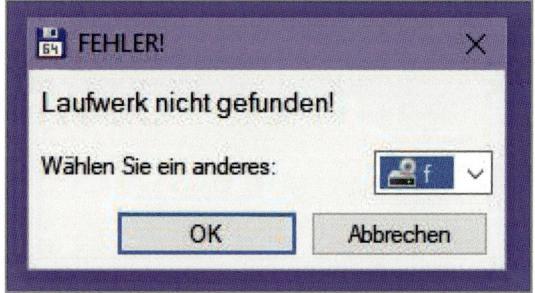

Bild 4: Mitteilungsfenster des Programms
        Total Commander

7.4.9 Menüarten

Menüs sind in vielen Programmen ähnlich aufgebaut.

> Menüs sind Auswahllisten, aus denen der Benutzer eine bestimmte Aktion aus einer Anzahl von Menüoptionen auswählen kann.

Menüfenster reagieren oft auf Aktionen des Mauszeigers.

Eigenschaftenmenü
Eigenschaftenmenüs erlauben das Einstellen von Parametern, die z. B. die Druckeinstellungen ändern **(Bild 1)**. Im Menü `Ansicht` des Programms Word kann z. B. die Symbolleiste angezeigt oder entfernt werden. Eine eingeschaltete Symbolleiste wird in der Menüzeile mit dem Zeichen ☑ versehen. Die Menüs in Bild 1 werden auch als Pull-down-Menüs (to pull down = herunterziehen) bezeichnet.

Kontextmenü
Das Kontextmenü erscheint, wenn man die Maus auf einem Icon positioniert und die rechte Maustaste drückt **(Bild 2)**. Wegen des plötzlichen Auftauchens des Menüs bezeichnet man es auch als Pop-up-Menü (to pop up = plötzlich auftauchen). Das Kontextmenü bezieht sich auf das Objekt, für das es aktiviert wurde.

Startmenü Windows 10
Auf dem Startbildschirm werden die Anwendungen als Apps bezeichnet und mit Kacheln angezeigt **(Bild 3)**. Kacheln sind vergrößerte Icons. Mit einem Klick auf die rechte Maustaste werden weitere Funktionen der jeweiligen App gezeigt. Bei Geräten mit Touchscreens reicht eine Berührung mit dem Finger.

Kaskadenmenü
Positioniert man im Startmenü den Mauszeiger z. B. auf die Menüzeile `Office ▶` und bewegt die Maus nach rechts, zeigen sich weitere Menüoptionen. Bei allen Zeilen, die eine Pfeilspitze enthalten,

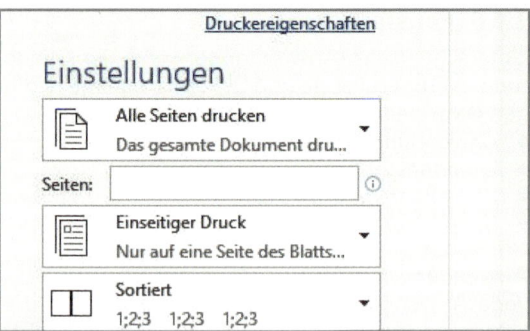

Bild 1: Eigenschaftenmenü

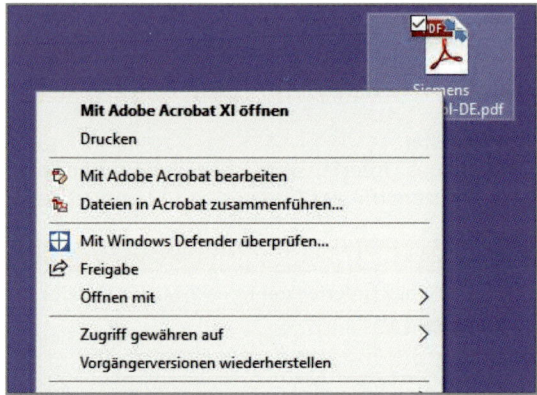

Bild 2: Kontextmenü

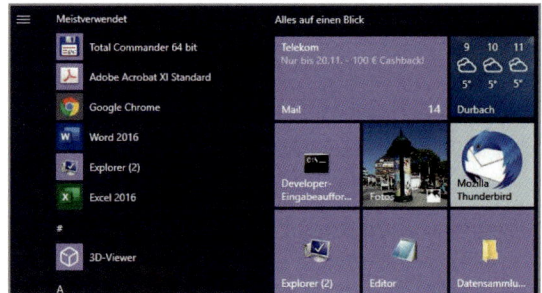

Bild 3: Windows-Startmenü

können weitere Menüoptionen angewählt werden. Diese Art von Menüs nennt man Kaskadenmenü **(Bild 4)**.

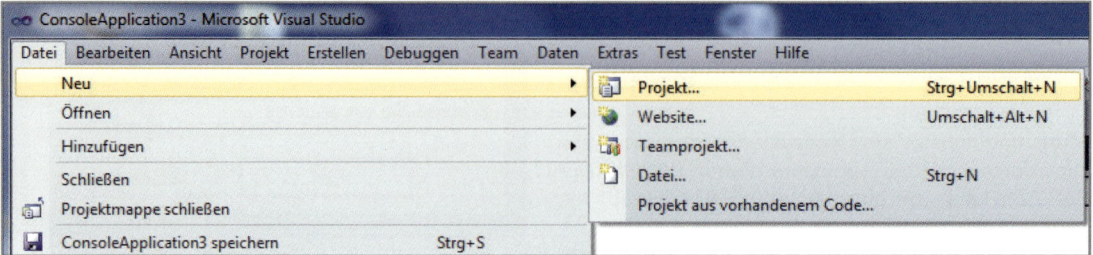

Bild 4: Kaskadenmenü von Windows

Testen Sie Ihre Fachkompetenz!

Aufgabe 1

Erstellen Sie für folgendes Datenbankprojekt,
a) den Balkenplan mit der Zeiteinheit Projekttage.
b) den Netzplan (Vorgangsknotennetz), in dem folgende Daten enthalten sind:
Vorgangsnummer, Vorgangsname, Dauer, FAZ, FEZ, freier Puffer und gesamter Puffer.

Knotenbeschreibung:

Vorgangs-Nr.	Dauer
Vorgangsname	
FAZ	FEZ
SAZ	SEZ
Freier Puffer	Gesamter Puffer

Vorgang#	Vorgangsname	Dauer	Nachfolger
1	Analyse und Einarbeitung	1 Tag	2
2	Sollkonzept entwerfen	1 Tag	3; 6
3	Tabellen und Abfragen	3 Tage	4; 5
4	Berichte und Formulare	3 Tage	7
5	Qualitätssicherung, Abfragetest	1 Tag	7
6	Dokumentation und Benutzerhandbuch	3 Tage	7
7	Übergabe/Einweisung	1 Tag	

c) Wie lange dauert das Projekt (Arbeitstage)?
d) Welcher Weg ist kritischer Weg, wenn das Projekt am 9. Arbeitstag übergeben werden muss?
e) Um wie viele Tage verlängert sich die Projektdauer, wenn Vorgang Nummer 5 drei Tage Verzögerung hat?

Aufgabe 2

Erstellen Sie für folgendes Netzwerkprojekt
a) den Balkenplan,
b) den Netzplan (Vorgangsknotennetz), in dem folgende Daten enthalten sind:
Vorgangsnummer, Vorgangsname, Aufwand, Ressourcen, Dauer, FAZ, FEZ und freier Puffer.
Vorgangsknotenbeschreibung.
Projektbeginn ist der 20. Januar.

Knotenbeschreibung:

Vorgangs #	Ressourcennamen
Vorgangsname	
Aufwand (geplant)	Dauer
Frühester Anfang	Frühestes Ende
Freier Puffer	

20.1.	21.1.	22.1.	23.1.	24.1.	25.1.	26.1.	27.1.	28.1.	29.1.	30.1.	31.1.	1.2.	2.2.	3.2.

Anmerkung: Der Vorgang Hardwarebestellung dauert 1 Tag. Die Hardware hat eine Lieferzeit von 2 Tagen. Deshalb kann die Rechnermontage erst 2 Tage nach Ende der Hardwarebestellung erfolgen. Die Anordnungsbeziehung bei der Rechnermontage ist für 2 EA+2 T (Ende-Anfang plus 2 Tage).

Nr.	Vorgangsbezeichnung	Aufwand	Ressourcen	Dauer	Vorgänger
1	Analyse und Planung	4 T	A; B	2 T	
2	Hardwarebestellung	1 T	A	1 T	1
3	Raumrenovierung	4 T	C; D	2 T	1
4	Rechnermontage	2 T	A	2 T	2 EA + 2t; 3
5	Softwareinstallation	1 T	B	1 T	4
6	Dokumentation	2 T	A; B	1 T	4
7	Netzwerkeinrichtung	1 T	B	1 T	5
8	Test, Abnahme	2 T	a; B	1 T	6; 7

Aufgabe 3

Zur Vorbereitung einer Entwicklung wurde Ihnen das Teilprojekt RO 20.2. zugeordnet. Nach Rücksprache mit dem Projektleiter wurden folgende Arbeitspakete geplant und verantwortlich an Sie übertragen. Es stehen Ihnen keine weiteren Arbeitskräfte zur Verfügung.

PSP Code	Beschreibung	Dauer	Vorgänger
RO 20.2.1	Beschaffung von Fremdliteratur (Lieferzeit 2 Tage)	1 T + 2 T	
RO 20.2.2	Studium vorhandener Dokumentationen	5 T	
RO 20.2.3	Studium der Fremdliteraturquellen	10 T	
RO 20.2.4	Ermittlung und Dokumentation fehlender Daten	15 T	
RO 20.2.5	Erfassen, visualisieren und dokumentieren relevanter Daten	5 T	
RO 20.2.6	Vortragen und erläutern der Daten, Entscheidung	1 T	
RO 20.2.6	Meilenstein		

Kalender

Di	Mi	Do	Fr	Mo	Di	Mi	Do	Fr	Mo	Di	Mi	Do	Fr	Mo	Di	Mi	Do	Fr	Mo	Di	Mi	Do
1	2	3	4	7	8	9	10	11	14	15	16	17	18	21	22	23	24	25	28	29	30	31

Erstellen Sie einen Projektablauf in der Form eines Balkendiagramms.

Die Arbeit muss zur Meilensteinsitzung am Fr. 25. vorgetragen werden. Wann muss das Projekt spätestens begonnen werden? Beachten Sie, dass keine zusätzlichen Arbeitskräfte zur Verfügung stehen.

Aufgabe 4

Im Rahmen der Projektdokumentation haben Sie für folgende Situation den Balkenplan zu erstellen.

Eine Anlage wird aus den Teilen B (Beton) und S (Stahl) erstellt. Für die Erstellung von B und S ist jeweils eine Spezialmaschine notwendig. Vor Inbetriebnahme muss die Anlage mit einem speziellen Prüfaufbau (PA) abgenommen werden. Spätester Übergabetermin ist Ende KW 11 (Kalen- derwoche 11). Aus Sicherheitsgründen muss Teil B mindestens 1 Woche vor dem Zusammenbau fertig gestellt sein.

Vorgangsliste

Nr.	Vorgang	Dauer in Wochen	Vorgänger
1	Beschaffung und Aufstellung MB	3	
2	Beschaffung und Aufstellung MS	2	
3	Beschaffung und Aufstellung SK	1	
4	Herstellung B	2	
5	Herstellung S	1	
6	Zusammenbau B und S	1	
7	Prüfgerät PA aufbauen undprüfen	1	
8	Endabnahme und Übergabe	1	

a) Die Spezialmaschinen verursachen hohe Bereitstellungskosten und Baustellenbewachungskosten. Erstellen Sie eine kostenoptimierte Verlaufsplanung und skizzieren Sie den Balkenplan.

b) Erstellen Sie einen Terminplan für die spätesten Beschaffungstermine für die Spezialmaschinen und das Prüfgerät.

Aufgabe 5

Zu jedem Reifen, den die Firma Reifenmax GmbH zum Verkauf anbietet, müssen verschiedene Daten gespeichert werden.

a) Erstellen Sie dafür ein UML-Klassendiagramm. Sichtbarkeiten und Datentypen müssen nicht angegeben werden.

Ein Reifentyp hat eine Bezeichnung, einen Preis und eine Nummer. Für jeden Reifentyp wird der Lagerbestand aufgenommen. Ein Reifen wird von einem Hersteller angefertigt. Vom Hersteller werden der Name, die Straße, der Ort und die Telefonnummer gespeichert. Ein Hersteller kann verschiedene Reifentypen anbieten. Ein Reifentyp gehört entweder zu den Winter-, Sommer- oder Allwetterreifen. Für Winterreifen besteht eine zulässige Höchstgeschwindigkeit.

Die Methode „typPruefen" prüft für alle Reifentypen die Zulässigkeit für ein Fahrzeug. „indexBerechnen" ist eine Methode nur für Allwetterreifen.

b) Erläutern Sie anhand der Klasse „Reifentyp" einen Vorteil der Vererbung.

Aufgabe 6

Für die neu entstehende Schülerbibliothek „SWurm" einer Schule soll eine Software programmiert werden, in der alle Ausleihvorgänge erfasst werden. Dabei sollen sowohl alle Buchdaten als auch alle Schülerdaten gesammelt werden. Möchte ein Schüler ein Buch entleihen, werden das Ausleihdatum und das Rückgabedatum gespeichert.

a) Gegeben ist das Objektdiagramm von **Bild 1**, das die momentane Situation in der Schülerbibliothek zeigt. Leiten Sie daraus das Klassendiagramm ab.

b) Über eine grafische Benutzeroberfläche soll es dem Betreuer der wachsenden Schülerbibliothek möglich sein, ein Buch aus einer Liste aus-

zuwählen und einem Schüler mit Datum der Ausleihe zuzuordnen.

Das abgebildete Sequenzdiagramm zeigt folgendes Szenario **(Bild 2)**. Der Schüler mit der Schülernummer 7 möchte das Buch mit der Buchnummer 25 am 21.9.202x ausleihen. Der Betreuer der Schülerbibliothek hat im Vorfeld den Namen des Buches und den Schüler aus der Liste ausgewählt und drückt auf der grafischen Benutzeroberfläche die Schaltfläche, die zum Ausleihvorgang führt.

Ergänzen Sie anhand des Sequenzdiagramms aus Bild 2 das Klassendiagramm aus Aufgabenteil a.

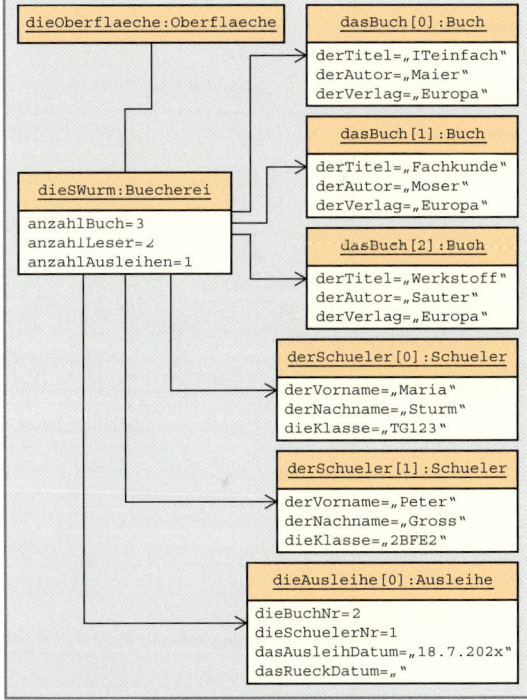

Bild 1: Objektdiagramm zu Aufgabe 6

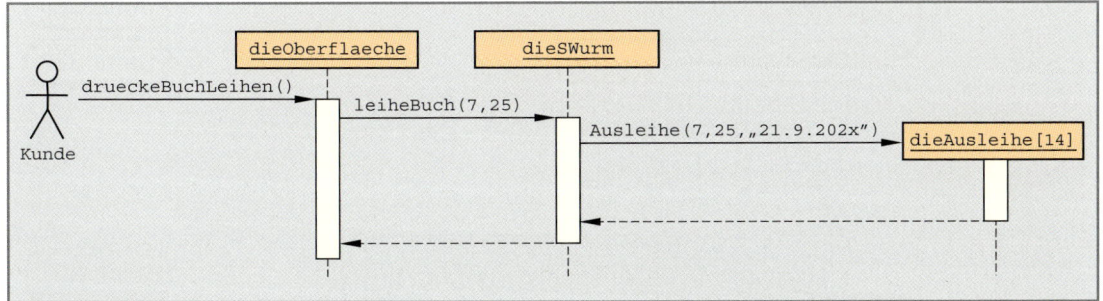

Bild 2: Sequenzdiagramm zu Aufgabe 6

8 Programmieren mit Programmiersprachen

8 Programmieren mit Programmiersprachen

8.1 Begriffe des Programmierens

Technische Berechnungen und grafische Darstellungen Technischer Vorgänge können mit Anwenderprogrammen erfolgen, die mit höheren Programmiersprachen, z. B. C++ oder C#, erstellt sind. Ein derartiges Programm besteht aus in Zeilen geschriebenen *Anweisungen*, mit denen die gestellten Aufgaben schrittweise gelöst werden.

> Anweisungen übersetzt ein Computer in seine Maschinensprache und führt sie aus.

Die Programmerstellung erfolgt mit verschiedenen Programmierwerkzeugen **(Tabelle 1)**. Der Programmtext wird mit einem *Editor* in den Computer eingegeben. Dieser Text wird als Textdatei gespeichert und als *Quelltext* bezeichnet.

Die Übersetzung eines Anwenderprogrammes in Maschinencode kann beim Abarbeiten eines Programmes je nach Sprachversion zeilenweise mit einem *Interpreter* (Interpreterprogramm) oder vor dem Abarbeiten mit einem *Compiler* (Compilerprogramm) durchgeführt werden.

Programmiersprachen, wie z. B. C# oder C++, enthalten Worte oder Abkürzungen, die aus der englischen Sprache stammen. Zum Programmieren sind deshalb englische Ausdrücke wichtig **(Tabelle 2)**.

Die Bedeutung der englischen Worte ist beim Programmieren ähnlich wie deren deutsche Übersetzung (Tabelle 2).

> Die Schlüsselworte bei Programmiersprachen sind englische Ausdrücke.

Grundfunktionen von höheren Programmiersprachen wie Visual Basic, C++, C# oder Java sind Anweisungen, mit denen z. B. die

- Ausgaben am Bildschirm,
- Eingaben über die Tastatur,
- Wertermittlungen von Programmvariablen,
- Sprünge zu anderen Anweisungen bzw. Programmschleifen und
- mathematische Berechnungen

durchgeführt werden können.

Tabelle 1: Programmierwerkzeuge (Software)

Name	Bedeutung
Editor	Programm zur Eingabe von Text bestehend aus ASCII-Zeichen.
Interpreter	Übersetzt den Programmtext in Maschinensprache während der Programmausführung.
Compiler	Übersetzt einen Quelltext vor der Programmausführung in Maschinensprache.

Tabelle 2: Bedeutung englischer Wörter beim Programmieren (Auswahl)

Wort	Aussprache/ Lautschrift	Bedeutung
case	keis [keɪs]	Fallunterscheidung
do	du [du:]	führe aus
end	end [end]	Ende
for	for [fɔ:]	für
if .. then	if.. senn [ɪf ðen]	wenn .. dann
goto	goutu [gəʊ tu:]	springe zu
loop	luhp [lu:p]	Schleife
print	print [prɪnt]	schreiben
read	rihd [ri:d]	lesen
repeat	ripiht [rɪˈpi:t]	wiederholen
return	ritörn [rɪˈtɜ:n]	zurückgehen
save	seif [seɪv]	speichern
while	wail [waɪl]	solange
write	rait [raɪt]	schreiben

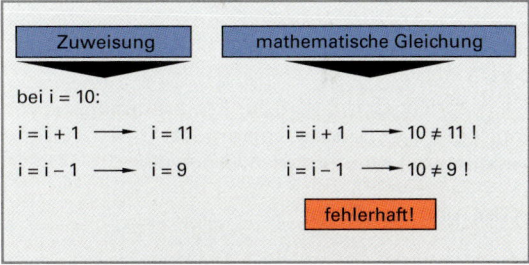

Bild 1: Gegenüberstellung von Programm-Zuweisung und mathematischer Gleichung

Wichtig beim Programmieren ist das Zuweisen von Werten. In einer Programm-Zuweisung kann die gleiche Variable links und rechts vom Gleichheitszeichen stehen **(Bild 1)**. Zum Beispiel erhöht der Ausdruck i = i + 1 den Wert der Variablen i um 1.

> Für die Zuweisung wird der Operator = verwendet.

8.2 Entwicklungssysteme und Sprachen

Viele Programmiersprachen sind zur einfachen Bedienung mit Software-Umgebungen (IDE von Integrated Development Environment) versehen, die auch ein Programmieren im Team erlauben. Ein Sonderfall ist die Programmiersprache C, in der das Betriebssystem Unix geschrieben ist. Mit C kann im Betriebssystem programmiert werden und es können C-Programme direkt eingegeben werden (Konsolenprogrammierung).

C++Builder und Visual C++
Der C++Builder und Visual C++ sind Entwicklungssysteme für die prozedurale und objektorientierte Programmentwicklung **(Tabelle 1)**. Mit beiden Programmen ist eine Konsolenprogrammierung möglich.

Delphi
Delphi (geschichtsträchtiger Ort in Griechenland) ist ein von der Programmiersprache Pascal abgeleitetes Entwicklungssystem. Delphi arbeitet mit dem Betriebssystem Windows und wird von Embarcadero Technologies weiter entwickelt.

Eclipse
Eclipse (Sonnenfinsternis) ist eine Art erweiterbare IDE. Der Programmkern lädt Plug-ins (= Zusatzmodule), z.B. Java-, PHP- oder C++-Compiler. Eclipse-Versionen sind oft nach Himmelskörpern benannt, z.B. Luna oder Mars.

JBuilder
Der J-Builder ist seit 2007 ein Plug-in von Eclipse.

C#
C# (# sprich: sharp) wird zur Programmierung von Internetanwendungen verwendet. C# ist für das Arbeiten mit Web-Servern vorgesehen.

HTML und JavaScript

Mit HTML-Programmen werden Seiten erstellt, die z. B. vom Internet heruntergeladen mit einem Browser angezeigt werden können. Für komplexere Anwendungen, wie Darstellung dynamischer Web-Seiten, verwendet man als Ergänzung zu HTML JavaScript (Abschnitt 6.7.1). HTML und JavaScript sind Interpretersprachen.

PHP
PHP ist wie JavaScript eine Skriptsprache, die in HTML eingebettet werden kann. PHP wird auf dem Server ausgeführt. Der Client erhält das Ergebnis des PHP-Programmablaufs als HTML-Datei, die keinen PHP-Quellcode enthält.

Tabelle 1: Sprachen und Entwicklungssysteme		
Name	Betriebssystem	Verwendete Programmiersprachen, Anwendung
C	Unix, Linux	C. Imperative Programmiersprache. Betriebssystemsprache von Unix und Programmiersprache.
C++Builder	Windows	C, C++. Prozedurale und objektorientierte Programme.
Delphi	Windows	Pascal. Prozedurale und objektorientierte Programme.
HTML	Windows	Seitenbeschreibungssprache.
JavaScript	Windows	Skriptsprache. Erweiterung der Seitenbeschreibungssprache HTML für die Web-Programmierung.
JBuilder	Windows, Linux, Solaris	Java. Web-Programmierung, z. B. mit Applets.
PHP	Windows, Linux	Skriptsprache. Erfordert ein Web-Serverprogramm und einen Interpreter.
Python	Windows, Linux	Skriptsprache.
Visual Studio.NET C# Visual C++ Visual Basic	Windows	C#. Web-Programmierung. Visual C++. Prozedurale und objektorientierte Programme. Visual Basic. Benutzeroberflächenprogrammierung.

Python
Python (nach der engl. Komikergruppe Monty Python) eignet sich für die Verarbeitung von ASCII-Dateien, zur Systemadministration und zur Web-Programmierung. Python unterstützt sowohl die prozedurale als auch die objektorientierte Programmierung. Der Python-Interpreter PI wird z. B. bei dem Einplatinencomputer Raspberry Pi verwendet.

Visual Basic
Visual Basic ist ein objektorientiertes Programmiersystem, das insbesondere zur Erstellung von Benutzeroberflächen, für die Programmierung von Client-Server-Anwendungen und auch für die Web-Programmierung verwendet wird.

K   Kompetenzorientierung

1. **Mit welchen Programmiersprachen kann man prozedural und objektorientiert programmieren?**

2. **Welcher Unterschied besteht zwischen JavaScript und PHP?**

3. **Welche Programmiersprachen erlauben eine Applet-Programmierung?**

8.3 Programmieren in C#

Visual Studio (VS) ist eine Entwicklungsumgebung für Hochsprachen, z. B. BASIC, F#, C++, C# und Visual C#. Die Basis bildet die Plattform .NET Framework. Das Framework enthält den CIL-Compiler, der den IL-Code erzeugt und den CLR-Interpreter, der den Native Code erzeugt (**Bild 1**). Der Programmierer kann sein Programm in Visual Basic (VB), C++ oder C# schreiben.

8.3.1 C# - Programmerstellung an der Konsole

Für die Erstellung des Quelltextes kann ein beliebiger Editor, z. B. Notepad verwendet werden. Es ist die Groß-Kleinschreibung zu beachten!

Übung 1: Quelltext schreiben

Schreiben Sie den Quelltext für die Anwendung mit dem Namen HalloEins.txt zur Ausgabe des Textes „Hallo Dot.Net-Welt!".

Lösung: **Bild 2**

Durch Namensräume, z.B. namespace Programm1, können gleichnamige Klassen in verschiedenen Dateien des gleichen Programms verwendet werden.

Mit using System wird die Klassenbibliothek System mit den Consolen-Klassen zur Verfügung gestellt. Diese enthalten die Schreib- und Lese-Methoden WriteLine() und ReadLine().

Mit public class HalloEins wird eine öffentlich zugängliche Klasse vereinbart. Zwischen geschweiften Klammern folgt die Methode Main(), die mit Strichpunkt abgeschlossene Anweisungen oder Methoden zwischen geschweiften Klammern enthält. Main() enthält einen string[] vom Typ args als Argument. Damit können Werte über die Tastatur eingelesen werden. Main() ist der Startpunkt für den Compiler.

Nach dem Speichern unter HalloEins.txt kopiert man die Datei und benennt sie in HalloEins.cs um.

Zum Compilieren öffnet man das Fenster Developer-Eingabeaufforderung für VS 2017 (**Bild 3**). Die Datei wird durch Aufruf von csc Hallo Eins.cs compiliert. Es entsteht die Datei HalloEins.exe, die automatisch im Verzeichnis gespeichert wird.

Sie ist direkt ausführbar durch Eingabe von HalloEins.exe und zeigt den Text Hallo Dot.Net-Welt! (**Bild 4**).

> !
> - **.NET** sprich Dot-Net [dɒt net]
> - **.NET Framework** = Dot-Net-Rahmengerüst.
> - **CIL** von Common Intermediate Language = gemeinsame Zwischensprache.
> - **CLR** von Common Language Runtime = gemeinsame Laufzeitsprache.
> - **Native Code** = ursprünglicher Code, hier in ausführbarer Maschinensprache.
> - **C#** sprich Zi sharp.

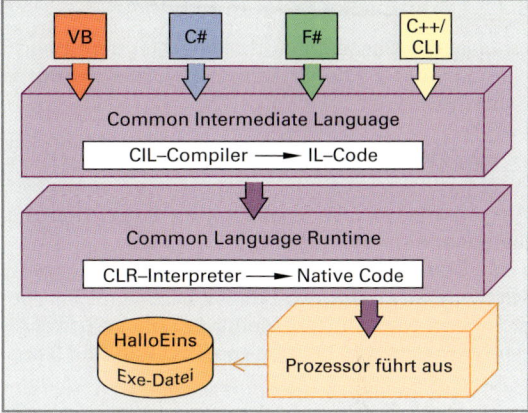

Bild 1: .NET-Programmierung

```
HalloEins.cs - Editor                      —  □  ×
Datei  Bearbeiten  Format  Ansicht  ?
// Erstes .Net-Programm
namespace Programm1
{
 using System;
  public class HalloEins
  {
    public static void Main(string[] args)
    {
      Console.WriteLine("Hallo Dot.Net-Welt!");
      Console.ReadLine();
    }
  }
}
```

Bild 2: Editor-Fenster mit Quelltext HalloEins.txt

```
Developer-Eingabeaufforderung für VS 2017      —  □  ×
Verzeichnis von K:\

18.09.2018  10:55              223 HalloEins.txt
18.09.2018  11:09              232 HalloEins.cs
              2 Datei(en),            455 Bytes
              0 Verzeichnis(se),  3.956.572.160 Bytes frei

K:\>csc HalloEins.cs
Microsoft (R) Visual C# Compiler Version 2.8.3.62923 (7aafab56)
Copyright (C) Microsoft Corporation. Alle Rechte vorbehalten.
```

Bild 3: Ausschnitt aus der Eingabeaufforderung

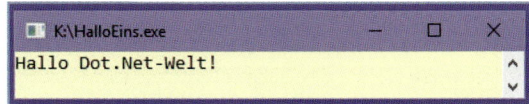

```
K:\HalloEins.exe           —  □  ×
Hallo Dot.Net-Welt!
```

Bild 4: Ausgabefenster HalloEins.exe

8.3.2 Programmieren in Visual C#

Visual C# ist eine Entwicklungsumgebung zur Erstellung von Programmen in C#. Die Schritte der Programmentwicklung für Konsolenanwendungen zeigt **Bild 1**.

> Visual C#-Programme werden mit Visual Studio erstellt.

8.3.2.1 Prinzipieller Programmaufbau

C# fasst die Klassenbibliotheken unter dem Begriff Namensraum System zusammen. Die ausführliche Schreibweise ist:

> `Namensraum.Klasse.Methode`

Am Anfang von C#-Programmen findet man die Namensraumvereinbarungen, z. B. `using System`. Statt `System.Console.WriteLine()` wird verkürzt `Console.WriteLine()` geschrieben (**Bild 2**). Die Methode `WriteLine()` der Klasse `Console` gibt den Text von **Bild 3** aus.

Der Quelltext wird compiliert. Dadurch werden automatisch Ordner und Dateien im Ordner `HalloEins2` erzeugt (**Bild 4**). Die Datei `Program.cs` enthält den Quelltext. Im Ordner `bin` befindet sich z. B. `HalloEins2.exe`. Anders als bei der Programmausführung aus der Entwicklungsumgebung, wird das Programm `HalloEins2.exe` durch Doppelklick ausgeführt und sofort wieder beendet.

Programmentwicklung in Visual C#

1. Startseite → Neues Projekt ... → Konsolen-App
   Visual C# wählen, Projektdaten eingeben →
   Name: `HalloEins2`
   Ort wählen: `K:\C#-Programme`
   Projektmappenname: Hallo-Programme →
   Projektmappenverzeichnis erstellen ☑ → OK .
2. Quelltext im Editorfenster schreiben.
3. Programm compilieren und ausführen:
   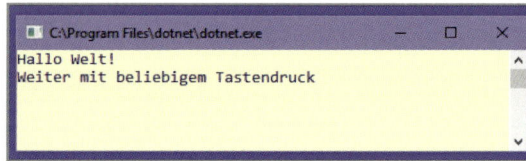 → Konsolenfenster zeigt die Ausgaben des Programms.

Bild 1: Schritte der Programmentwicklung

```
C:\Program Files\dotnet\dotnet.exe          —   □   ✕

Hallo Welt!
Weiter mit beliebigem Tastendruck
```

Bild 3: Ausgabefenster von HalloEins2

---

k:\C#-Programme\HalloWelt\HalloWelt*.*			
Name	**Erw.**	**Größe**	**↓Datum**
⬆ [..]		\<DIR\>	19.09.2018 14:12
📁 [bin]		\<DIR\>	19.09.2018 14:12
📁 [obj]		\<DIR\>	19.09.2018 14:12
📄 Program	cs	291	19.09.2018 14:40
📄 HalloWelt	csproj	178	19.09.2018 14:12

Bild 4: Dateien von HalloWelt

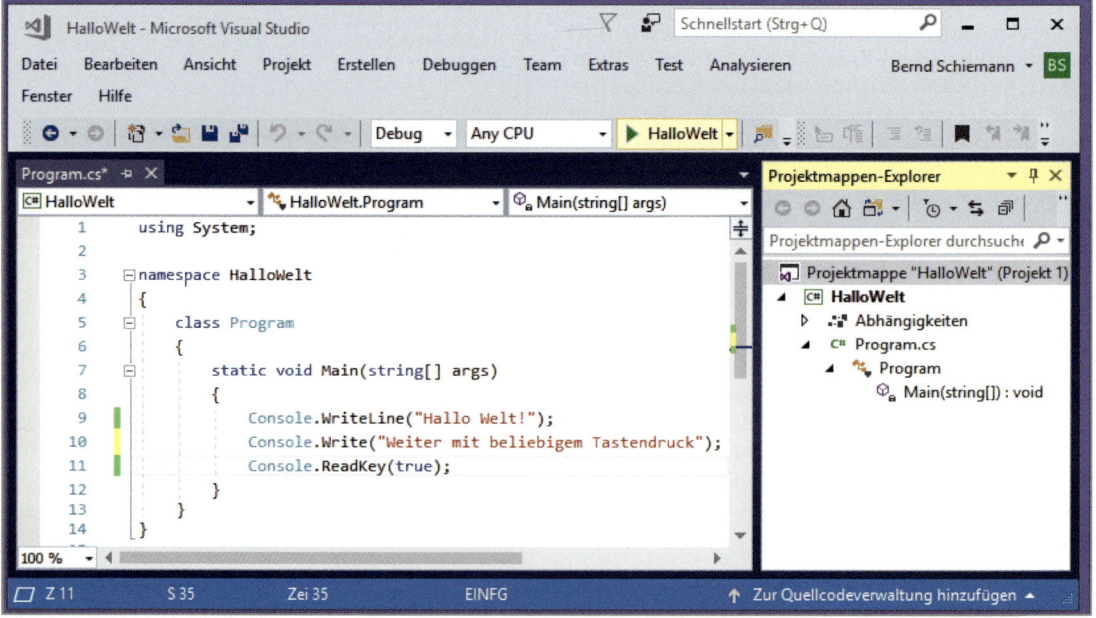

Bild 2: Entwicklungsumgebung von Visual C#

8.3.2.2 Vereinbarungen (Deklarationen)

Verwenden von Literalen

Als Literale (Basisdatentypen) werden die Datentypen `int` (integer) für ganze Zahlen, `float` (=gleiten) für reelle Zahlen und `char` (von character = Zeichen) für Zeichen und Zeichenketten verwendet. Bezeichner für Variablen bestehen aus Buchstaben und Ziffern. Das erste Zeichen muss ein Buchstabe oder Unterstrich sein.

> C# ist case sensitive, d. h. es wird zwischen Groß- und Kleinschreibung unterschieden.

Übung 1: Rechnen mit Integer-Zahlen

Ein Programm soll die Summe von zwei ganzen Zahlen berechnen. Schreiben Sie das Programm.

Lösung: **Bild 1**

Variablen werden mit Schlüsselworten vereinbart, z. B. mit `int` für ganzzahlige Werte. Die Variablen werden im Beispiel mit den Werten 10, 25 und 0 initialisiert.

> In C# müssen Variablen initialisiert werden.

Die Ausgabe auf dem Bildschirm erfolgt mit der Methode `WriteLine()`.

> `WriteLine(<Formatstring>,Var0, <Format-string>,Var1)`…

Ein Platzhalter innerhalb des Formatstrings für eine Variable besteht aus einer von geschweiften Klammern umgebenen Nummer {0} (Bild 1). Diese gibt die Position der zugehörigen Variablen in der Parameterliste an. Die Nummerierung beginnt mit 0 für `Var0`. Formatstrings können an passender Stelle eingefügt werden.

Übung 2: Rechnen mit Float-Zahlen

Ein Programm soll die Fläche `A` für den Radius `r` mit einfacher Genauigkeit berechnen. Vereinbaren Sie π als Konstante und schreiben Sie das Programm.

Lösung: **Bild 2**

Die Variablen werden mit dem Datentyp `float r = 10.0f` und `A = 0.0f` vereinbart. Bei der Initialisierung muss an den Zahlenwert ein `f` für float angefügt werden.

Der Datentyp float eignet sich nur für Berechnungen mit geringer Genauigkeit. Nur insgesamt 7 Stellen sind exakt.

> **! Vereinbarungen**
> - Bezeichner = Name einer Variablen
>   ⇒ 1. Zeichen: Kleiner Buchstabe oder _
>   ⇒ folgen können beliebige Zeichen
>   ⇒ verboten sind die 3 Zeichen , : ; und das Leerzeichen
>   Für Bezeichner mit mehreren Wortbestandteilen ist die „Kamelschreibweise" geeignet, z. B. `diesIstEineGanzeZahl`
> - Beim Initialisieren wird ein Anfangswert, z. B. 0 oder "",zugewiesen.
> - Schlüsselworte, z. B. `int` schreibt man klein und verwendet sie nicht für Bezeichner.
> - Literale = Zeichenfolgen dienen zur Darstellung der Werte von Basisdatentypen, z. B. Ganzzahlen, Gleitkommazahlen und Zeichenketten.

```
{
    class Program
    {
        static void Main(string[] args)
        {
            int iZahl1 = 10, iZahl2 = 25, iSumme = 0;
            Console.WriteLine("1. Zahl      ={0}",iZahl1);
            Console.WriteLine("2. Zahl      ={0}", iZahl2);
            iSumme = iZahl1 + iZahl2;
            Console.WriteLine("Zahl1 + Zahl2 = {0}",iSumme);
            Console.Write("Weiter mit beliebigem Tastendruck");
            Console.ReadKey(true);
        }
    }
}
```

```
C:\Program Files\dotnet\dotnet.exe        —    □    ×
1. Zahl      =10
2. Zahl      =25
Zahl1 + Zahl2 = 35
Weiter mit beliebigem Tastendruck
```

Bild 1: Programm Summenberechnung und Ausgabe

```
using System;

namespace Kommazahl1
{
    class Program
    {
        static void Main(string[] args)
        {
            const float Pi = 3.14159f;
            float r = 10.0f, A = 0.0f;
            A = Pi * (r * r);
            Console.WriteLine("Radius = {0}, Fläche = {1}",r,A);
            Console.Write("Weiter mit beliebigem Tastendruck");
            Console.ReadKey(true);
        }
    }
}
```

```
C:\Program Files\dotnet\dotnet.exe        —    □    ×
Radius = 10, Fläche = 314,159
Weiter mit beliebigem Tastendruck
```

Bild 2: Programm Kreisflächenberechnung und Ausgabe

In einer Variablen, die mit dem Datentyp char vereinbart wurde, kann ein einzelnes Zeichen abgelegt werden **(Tabelle 1)**. Zeichen können Buchstaben oder Sonderzeichen sein. Jedes Zeichen wird durch eine Zahl repräsentiert. Die Zuordnung ist im Unicode festgelegt. Zeichen werden durch Hochkommas gekennzeichnet **(Bild 1)**.

Die Typumwandlung in das Unicodezeichen wird durch (char)ichar und die Umwandlung in die Dezimalzahl wird durch (int)cChar erreicht.

Diese Art der Umwandlung wird explizite Typumwandlung (Casting) genannt. Es gilt

```
(<Datentyp>) <Bezeichnung>
```

Erweiterungen von Datentypen

Neben den Basisdatentypen gibt es weitere Datentypen. Der Datentyp bool kann einen von zwei Werten annehmen, true oder false. Mit dem Datentyp long können Ganzzahlen mit 18 Stellen und Vorzeichen oder 19 Stellen ohne Vorzeichen dargestellt werden.

Für die Gleitkommazahlen können Zahlen von 7 Stellen bis 29 Stellen mit unterschiedlicher Genauigkeit verwendet werden.

Die Zahlen müssen z. B. beim Datentyp float mit 10.0f und beim Datentyp decimal mit 10.0m spezifiziert werden. Beim Datentyp double ist keine Spezifizierung nötig.

Tabelle 1: Wichtige Datentypen von C#

Typ	Bytes	Wertebereiche, Genauigkeit
bool	1	true (≙1), false (≙ 0)
char	2	-128 bis +127 (0 bis 255)
int, (uint)	4	-2147483648 bis +2147483647 (0 bis 4294967295)
long, (ulong)	8	-9.223.372.036.854.775.808 bis +9.223.372.036.854.775.807 (0 bis18.446.744.073.709.551.615)
float	4	Auf 7 Stellen genau
double	8	Auf 15 bis 16 Stellen genau
decimal	16	Auf 28 bis 29 Stellen genau

u von unsigned = ohne Vorzeichen

```
using System;
namespace EinZeichen1
{
    class Program
    {
        static void Main(string[] args)
        {
            int  iChar =  64;
            char cChar = 'Z';
            Console.WriteLine(" {0} ({1})",(char)iChar,iChar);
            Console.WriteLine(" {0} ({1})",cChar,(int)cChar);
            Console.Write("Ende bel. Taste");
            Console.ReadKey(true);
        }
    }
}
```

```
K:\C#-Programme\EinZeichen1\EinZeichen...   —   □   ×
@ (64)
Z (90)
Ende bel. Taste
```

Bild 1: Programm Unicode und Ausgabe

```
using System;
namespace Genauigkeit1
{
    class Program
    {
        static void Main(string[] args)
        {
            float   fZahl1=10.0f,fZahl2=9.9f,fErg= 0.0f;
            double  dZahl1=10.0,dZahl2=9.9,  dErg=0.0;
            decimal decZ1=10.0m,decZ2=9.9m, decErg=0.0m;
            fErg= fZahl1-fZahl2;
            Console.WriteLine(" {0} ", fErg);
            dErg= dZahl1-dZahl2;
            Console.WriteLine(" {0} ", dErg);
            decErg= decZ1-decZ2;
            Console.WriteLine(" {0} ", decErg);
            Console.Write("Ende bel. Taste");
            Console.ReadKey(true);
        }
    }
}
```

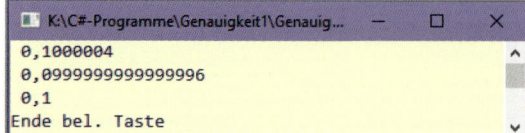

```
K:\C#-Programme\Genauigkeit1\Genauig...   —   □   ×
0,1000004
0,0999999999999996
0,1
Ende bel. Taste
```

Bild 3: Ausgabefenster zum Programm Genauigkeit

Bild 2: Programm Genauigkeit

8.3.2.3 Methoden für die Eingabe und Ausgabe

Die Klasse `Console` stellt Methoden für die Eingabe und die Ausgabe zur Verfügung **(Tabelle 1)**. Mehr zu Methoden siehe Kapitel 8.3.2.9

Tabelle 1: Methoden für Eingabe und Ausgabe

Methode	Wirkungsweise
Console.ReadLine()	Liest Zeichen einer Zeile ein
Console.Write()	Schreibt Zeichen
Console.WriteLine()	Schreibt eine Zeile

Zeichenketten (strings)

Ein String stellt einen Text als eine Reihe von Unicode-Zeichen dar.

Übung 1: Eingeben und Zählen von Zeichen

Schreiben Sie ein Programm, das Zeichen von der Tastatur einliest, sowie die Zeichen und die Anzahl der Zeichen auf dem Bildschirm ausgibt.

Lösung: **Bild 1**

Für das Speichern einer Zeichenkette wird ein `String z1` vereinbart. In den `String z1` wird mit der Methode `Console.ReadLine()` der Text, d.h. eine Folge von Unicode-Zeichen, eingelesen. Die Ausgabe erfolgt mit der Methode `Console.WriteLine(z1)`. Die Anzahl der Zeichen wird mit dem Objekt `Length` des Strings `z1` bestimmt und ausgegeben.

Zahlen verarbeiten

Von der Tastatur werden die Zahlen als Unicode-Zeichen mit `ReadLine()` eingelesen. Anschließend werden sie hier mit der Konvertierungsmethode `Convert` in den benötigten Zahlentyp umgesetzt **(Tabelle 2)**.

Übung 2: Rechnen mit Dezimalzahlen

Ein Programm soll die Mehrwertsteuer berechnen. Der Nettobetrag wird mit der Tastatur eingegeben. Schreiben Sie das Programm.

Lösung: **Bild 2**

Die Methode `Console.ReadLine()` speichert die Unicodezeichen im String `eingabe` **(Bild 2)**. Die Typ-Umwandlung in Dezimalzahl `netto` wird mit der Methode `Convert.ToDecimal()` vorgenommen.

Da der Mehrwertsteuersatz `prozent` vom Type `double` ist, muss er auch umgewandelt werden.

```csharp
using System;
namespace Zeichenkette1
{
    class Program
    {
        static void Main(string[] args)
        {
            string z1;
            Console.WriteLine("Bitte Zeichen eingeben:");
            z1 = Console.ReadLine();
            Console.Write("\nEingegebene Zeichen: ");
            Console.WriteLine(z1.Length);
            Console.WriteLine();
            Console.Write("Ende bel. Taste");
            Console.ReadKey(true);
        }
    }
}
```

```
K:\C#-Programme\Zeichenketten\Zei...   —   □   ×

Eingegebene Zeichen: 17

Ende bel. Taste
```

Bild 1: Programm Zeichenkette und Ausgabe

Tabelle 2: Strings mit Methoden in Zahlen umwandeln

Methode	Wirkungsweise
Convert.ToInt32(s)	string s → Integerzahl
Convert.ToDouble(s)	string s → Gleitkommazahl
Convert.ToDecimal(s)	string s → Dezimalzahl

```csharp
using System;
namespace Mehrwert1
{
    class Program
    {
        static void Main(string[] args)
        {
            decimal netto = 0.0m, dMWSt = 0.0m;
            double prozent = 19.00;
            string eingabe = "";
            Console.WriteLine("Nettobetrag: ");
            eingabe = Console.ReadLine();
            netto = Convert.ToDecimal(eingabe);
            dMWSt = netto * Convert.ToDecimal(prozent) / 100;
            Console.WriteLine("Mehrwertsteuer: {0}", dMWSt);
            Console.ReadKey(true);
        }
    }
}
```

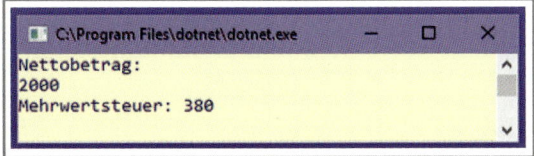

```
C:\Program Files\dotnet\dotnet.exe   —   □   ×

Nettobetrag:
2000
Mehrwertsteuer: 380
```

Bild 2: Ausgabefenster zum Programm Mehrwertsteuer

Formatierte Ausgabe

Numerische Ergebnisse können mit den Methoden `Write()` und `WriteLine()` formatiert ausgegeben werden. Das Format wird mit Formatzeichenfolgen angegeben **(Tabelle 1)**.

Anwenden der Formatzeichenfolgen:

① d5 ⇒ 5 Dezimalstellen, Integer-Zahlen.

② f ⇒ Gleitkommazahl mit 2 Nachkommastellen.

③ c ⇒ Währungsformat *mit class System.Globalization.CultureInfo wählbar.

④ x, X ⇒ Hex-Zahlen. x ⇒ a...f, X ⇒ A...F.

⑤ 0-Formatierung, Zahlen mit führender Null.

⑥ Kreuz-Formatierung. Beliebige Zeichen an festgelegter Position einfügen. Gleitkommazahlen, mit z. B. 2 Nachkommastellen.

⑦ Durch das %-Zeichen wird der Wert in einen Prozentwert mit folgendem % umgerechnet.

⑧ `DateTime.Now` zeigt Datum und Zeit an.

Übung 1: Exponentialschreibweise

Geben Sie mit einem Programm die Zahlen 2000 und 123456789 in Exponentialschreibweise aus.

Lösung: **Bild 1**

Mit dem Formatierungszeichen e wird die Anzahl der Nachkommastellen angegeben, die auch mit Nullen aufgefüllt werden.

Übung 2: Allgemeine Formatierung

Stellen Sie die Zahlen 0,002 und 0,000003 mit allgemeiner Formatierung dar.

Lösung: **Bild 2**

Bei der allgemeinen Formatierung wird das Formatierungszeichen g (von engl. general) verwendet. Der Compiler wählt die platzsparendste Darstellung. Die Zahleninformation bleibt unverfälscht.

```csharp
using System;
namespace Formatierung1
{
    class Program
    {
        static void Main(string[] args)
        {
            int iZahl1 = 2000, iZahl2 = 123456789;
            Console.WriteLine("Zahl 1: {0:d5}", iZahl1);
            Console.WriteLine("Zahl 1: {0:e3}", iZahl1);
            Console.WriteLine("Zahl 2: {0:e10}", iZahl2);
            Console.Write("Ende bel. Taste");
            Console.ReadKey(true);
        }
    }
}
```

```
K:\C#-Programme\Formatierung1\Form...    —    □    ×
Zahl 1: 02000
Zahl 1: 2,000e+003
Zahl 2: 1,2345678900e+008
Ende bel. Taste
```

Bild 1: Formatiertes Ausgeben von Integer-Zahlen

```csharp
using System;
namespace Formatierung2
{
    class Program
    {
        static void Main(string[] args)
        {
            double dZahl1 = 0.002, dZahl2 = 0.000003;
            Console.WriteLine("Zahl 1: {0:g}", dZahl1);
            Console.WriteLine("Zahl 2: {0:g}", dZahl2);
            Console.Write("Ende bel. Taste");
            Console.ReadKey(true);
        }
    }
}
```

```
K:\C#-Programme\Formatierun...    —    □    ×
Zahl 1: 0,002
Zahl 2: 3e-06
Ende bel. Taste
```

Bild 2: Verwenden der allgemeinen Formatierung

Tabelle 1: Standard-Formatzeichenfolgen (Auswahl)			
Nr.	Datentyp	Zeichenketteninhalt	Ausgabe
①	int iZahl = 200;	("Zahl : {0:d5}", iZahl)	Zahl : 00200
②	double dZahl=12345.6789;	("Zahl : {0:f}", dZahl)	Zahl : 12345,67
③	double dBetrag =299.99;	("Betrag : {0:c}", dBetrag)	Betrag : 299,99 €
④	int iZahl = 26;	("Hex-Zahl : {0:x}", iZahl)	Hex-Zahl : 1a
⑤	int i = 12345; double d = 54321.12345;	("Zahl : {0:00000000}", i) ("Zahl : {0:000000.00}",d)	Zahl : 00012345 Zahl : 054321,123
⑥	int i = 12345; double d = 54321.12345;	("Zahl : {0:0##-###}", i) ("Zahl : {0:#00}",d)	Zahl : 012-345 Zahl : 54321,12
⑦	double dMwSt = 0.21	("MwSt : {0:#%}",dMwSt)	MwSt : 21%
⑧	–	(DateTime.Now)	24.03.20XX 18:07:03

8.3.2.4 Operatoren und Ausdrücke

In C# werden die üblichen Rechenzeichen für Addition, Subtraktion, Multiplikation und Division benutzt **(Tabelle 1)**. Die Division wird entsprechend den vereinbarten Datentypen ausgeführt. Verwenden wir den Datentyp `float`, ist das Ergebnis eine Gleitkommazahl. Sind Dividend und Divisor vom Datentyp `int`, wird eine Ganzzahldivision ausgeführt. Den Rest einer Ganzzahldivision erhalten wir durch Verwendung des Prozentzeichens %.

> Divisionsergebnisse sind in C# von den verwendeten Datentypen abhängig.

Die Zuweisung z. B. einer arithmetischen Operation erfolgt mit dem Gleichheitszeichen **(Tabelle 2)**. Wir können in einer Zeile auch Mehrfachzuweisungen vornehmen, z. B. um allen Variablen einen definierten Anfangswert zuzuweisen.

> In C# werden auch zusammengesetzte Zuweisungsoperatoren verwendet.

Auch zusammengesetzte Zuweisungsoperatoren werden in C# verwendet. Dabei wird der arithmetische Operator vor das Zuweisungszeichen gesetzt (Tabelle 2).

Bei der Verwendung arithmetischer Ausdrücke ist zu beachten, dass diese von rechts nach links abgearbeitet werden.

Beispiel 1: Zuweisungsoperator auflösen

Ersetzen Sie den zusammengesetzten Zuweisungsoperator in der Anweisung x * = z + 2.

Lösung: **x = x * (z + 2)**

Für Vergleiche werden die üblichen Operatoren verwendet **(Tabelle 3)**.

Beispiel 2: Vergleichende Ausdrücke

Welchen Wert hat die Variable z in der Anweisungszeile z = (a = = b) && (c != d) für die Werte a = 3, b = 4, c = 2 und d = 5?

Lösung: **z = 0**

Da 3 ≠ 4, ist der erste Term gleich 0, da aber 2 ≠ 5, ist der zweite Ausdruck wahr. Durch die UND-Verknüpfung wird der gesamte Ausdruck rechts vom Zuweisungszeichen 0 und damit auch z = 0.

Tabelle 1: Arithmetische Operatoren

Operator	Wirkung	Beispiel	Ergebnis
+	Addition	a = 4 + 3	a = 7
−	Subtraktion	s = 4 − 3	s = 1
*	Multiplikation	m = 4 * 3	m = 12
/	Division[1]	d = 4.0/3.0	d = 1.33
/	Ganzzahldivision[2]	g = 7/3	g = 2
%	Rest[2], „Modulo"	r = 7 % 4	r = 3

[1] mit Datentyp float, double; [2] mit Datentyp int, long

Tabelle 2: Arithmetische Zuweisungsarten

Operator	Beispiel	Bedeutung
=	y = 7	y = 7
	x = y = z = 0	x = 0, y = 0 und z = 0
+=	y + = 7	y = y + 7
−=	y − = 7	y = y − 7
*=	y * = 7	y = y * 7
/=	y / = 7	y = y / 7 (Datentyp int)
/=	y / − 7.0	y = y / 7 (Datentyp float)
%=	y % = 3	y = y % 3

Tabelle 3: Vergleiche und logische Operatoren

Operator	Bedeutung	Beispiel	
<	kleiner	a < b	a kleiner b
<=	kleiner gleich	a <= b	a kleiner b oder a gleich b
>	größer	a > b	a größer b
>=	größer gleich	a >= b	a größer b oder a gleich b
==	gleich	a == b	a gleich b
!=	ungleich	a != b	a ungleich b
&&	logisches UND	a && b	a UND b
||	logisches ODER	a || b	a ODER b

K Kompetenzorientierung

1. **Welcher Datentyp muss für Dividend und Divisor für eine Ganzzahldivision vereinbart sein?**

2. **Wie erhält man den Rest einer Ganzzahldivision?**

3. **Wie entsteht ein zusammengesetzter Zuweisungsoperator?**

4. **Welche Vergleichsoperatoren unterscheidet C#?**

5. **Nennen Sie drei logische Operatoren von C#.**

8.3.2.5 Bedingte Anweisungen

if-else-Anweisung

Mit der if-else-Anweisung kann in Abhängigkeit von einer Bedingung zwischen zwei Programmzweigen gewählt werden **(Bild 1)**. Nach dem Schlüsselwort if steht in Klammern ein logischer Ausdruck. Ist der Ausdruck wahr, d.h. der Zahlenwert ∞ 0, wird der Anweisungsteil hinter dem Ausdruck ausgeführt. Für den Zahlenwert = 0, dies entspricht dem logischen Wert falsch, wird der Anweisungsteil hinter dem Schlüsselwort else ausgeführt.

> Für Verzweigungsanweisungen werden in C# die Schlüsselworte if()... und else... verwendet.

Die Variablenwerte nach dem Schlüsselwort if werden als Wahrheitswerte (boolesche Werte) aufgefasst. Diese können auf verschiedene Art ausgewertet werden. Die Anweisungsteile if(zahl)... und if (zahl !=0)... sind gleichwertig und haben deshalb auch die gleiche Wirkung.

> **Übung 1: Software-Verstärker berechnen**
>
> Entwickeln Sie ein Programm mit der Funktion eines invertierenden Verstärkers **(Bild 2)**. Die Betriebsspannungen betragen $U_b = \pm\,12\,V$, und der Verstärkungsfaktor ist $V = 10$. Bei Übersteuerung soll eine Meldung erfolgen.
>
> *Lösung:* **Bild 3**

Nach der Eingabe der Eingangsspannung Ue in mV wird die Ausgangsspannung Ua berechnet. Anschließend wird mit der if-else-Anweisung geprüft, ob der Absolutwert von Ua kleiner als die Betriebsspannung Ub ist. Für Ua < Ub werden Ue und Ua ausgegeben. Nach if wollen wir zwei Anweisungen schreiben. Deshalb müssen diese zwischen geschweifte Klammern gesetzt werden. Für Ua > Ub werden entsprechend die beiden Anweisungen nach dem Schlüsselwort else ausgeführt.

Die Absolutwertmethode Abs() wird von der Klasse Math zur Verfügung gestellt.

Auf den Teil mit else kann man verzichten, wenn nur eine Bedingung zu prüfen ist. Die nächste Anweisung nach der Abfrage wird dann ausgeführt, wenn die abgefragte Bedingung nicht eintritt.

Die if-else-Anweisung kann durch wiederholte Anwendung auch zur Mehrfachverzweigung verwendet werden.

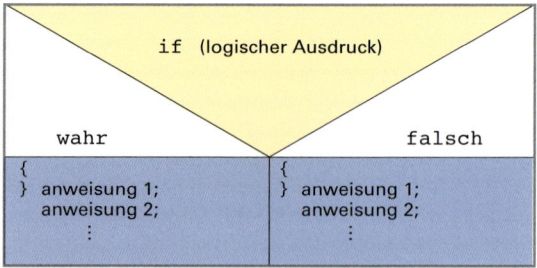

Bild 1: if-else-Anweisung als Struktogramm

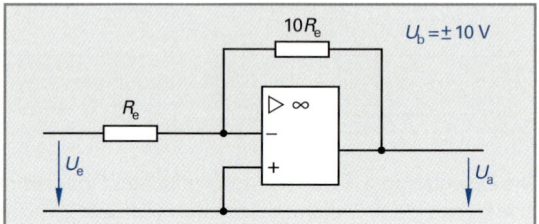

Bild 2: Invertierender Operationsverstärker (analog)

```
using System;
namespace Bedingung1
{
  class Program
  {
    static void Main(string[] args)
    {
      int V = 10, Ub = 12;
      double Ua = 0.0, Ue = 0.0;
      Console.Write("Ue in mV = ");
      Ue = Convert.ToDouble(Console.ReadLine());
      Ua = -V * (Ue / 1000.0);
      if (Math.Abs(Ua) < Ub)
      {
        Console.WriteLine("Ua      = {0} V", Ua);
              Console.Write("Ende bel. Taste");
        Console.ReadKey(true);
      }
      else
      {
        Console.Write("OPV übersteuert, da");
        Console.WriteLine(" Ua > Ub ist!!");
              Console.Write("Ende bel. Taste");
        Console.ReadKey(true);
      }
    }
  }
}
```

```
K:\C#-Programme\Bedingung1\B...    —  □  ×
Ue in mV = 345
Ua      = -3,45 V
Ende bel. Taste
```

```
K:\C#-Programme\Bedingung1\Be...    —  □  ×
Ue in mV = 1200
OPV übersteuert, da Ua > Ub ist!!
Ende bel. Taste
```

Bild 3: Invertierender Software-Verstärker (digital)

switch-Anweisung

Mit der switch-Anweisung (switch = Schalter) kann in einem Programm oder einer Funktion eine Auswahl zwischen mehreren Möglichkeiten getroffen werden **(Bild 1)**.

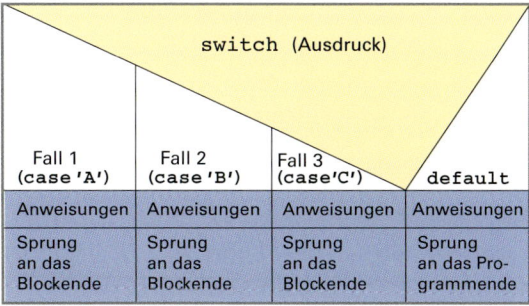

Bild 1: Struktogramm für eine switch-Anweisung

Übung 1: Auswahlprogramm entwickeln

Entwickeln Sie ein Lernprogramm, mit der Bildschirmausgabe **Bild 2, unten**. Nach der Eingabe des Zeichens a oder b soll `Falsch!`, nach der Eingabe des Zeichens c soll `Richtig!` und nach der Eingabe eines anderen Zeichens soll `Eingabefehler!` ausgegeben werden.

Lösung: **Bild 2**

Nach Ausgabe des Auswahlmenüs werden die Zeichen von der Tastatur zugewiesen. Die Programmverzweigung wird in der Anweisung `switch` durch `case` vorgenommen. Jede Wahlmöglichkeit beginnt mit dem Schlüsselwort `case` (= Fall). Es folgt eine Konstante vom Typ `int` oder `char`, die mit einem Doppelpunkt abgeschlossen wird.

> Für die Auswahl bei switch-Anweisungen werden meist Konstanten vom Typ char verwendet.

Nach dem Doppelpunkt stehen die auszuführenden Anweisungen. Es können beliebig viele Anweisungen folgen, die nicht zwischen geschweiften Klammern stehen müssen. Damit wird nacheinander jeder case-Wert mit dem Wert der switch-Variablen `wahl` verglichen. Stimmt ein case-Wert mit dem Wert von `wahl` überein, so werden alle Anweisungen hinter dieser case-Anweisung bis zum Ende des switch-Blocks ausgeführt. Das gilt auch für die Anweisungen, die nach den folgenden case-Anweisungen stehen. Meist ist dies unerwünscht, deshalb wird mit der Anweisung `break` (= Unterbrechung) zum Ende der switch-Anweisung gesprungen.

Wird für `wahl` weder a noch b noch c eingegeben, wird die default-Anweisung (default = Voreinstellung, eigentlich Fehler) ausgeführt und das Wort `Eingabefehler!` ausgegeben. Das Programm wird in der nächsten Zeile nach dem switch-Block fortgesetzt, wenn die default-Anweisung fehlt.

K Kompetenzorientierung

1. Welchen logischen Wert muss die Bedingung nach if haben, damit der Zweig nach else ausgeführt wird?

2. Wann kann der else-Teil weggelassen werden?

3. Wie ist die Mehrfachverzweigung in C# aufgebaut?

```
using System;
namespace Mehrfach1
{
  class Program
  {
    static void Main(string[] args)
    {
      int wahl=0;
      Console.WriteLine("Bedeutet C :");
      Console.WriteLine("<A> ein Betriebssystem? ");
      Console.WriteLine("<B> eine Automarke?");
      Console.Write("<C> eine Programmiersprache? ");
      wahl = Convert.ToChar(Console.ReadLine());
      switch(wahl)
      {
        case 'A' : Console.Write(" Falsch!");
                        break;
        case 'B' : Console.Write(" Falsch!");
                        break;
        case 'C' : Console.Write(" Richtig!");
                        break;
        default: Console.Write("Eingabefehler!");
                        break;
      }
      Console.WriteLine("  Ende bel. Taste");
      Console.ReadKey(true);
    }
  }
}
```

```
K:\C#-Programme\Mehrfach1\Mehr...    —    □    ×
Bedeutet C :
<A> ein Betriebssystem?
<B> eine Automarke?
<C> eine Programmiersprache? A
Falsch!   Ende bel. Taste
```

```
K:\C#-Programme\Mehrfach1\Mehr...    —    □    ×
Bedeutet C :
<A> ein Betriebssystem?
<B> eine Automarke?
<C> eine Programmiersprache? X
Eingabefehler!   Ende bel. Taste
```

```
K:\C#-Programme\Mehrfach1\Mehr...    —    □    ×
Bedeutet C :
<A> ein Betriebssystem?
<B> eine Automarke?
<C> eine Programmiersprache? C
Richtig!   Ende bel. Taste
```

Bild 2: Auswahlprogramm mit switch-Anweisung

8.3.2.6 Inkrementoperatoren und Dekrementoperatoren

Bei den Inkrementoperatoren (von to increment = erhöhen) und Dekrementoperatoren (von to decrement = erniedrigen) gibt es jeweils zwei Schreibweisen **(Tabelle 1)**. Stehen beim Dekrementieren die beiden Pluszeichen ++ vor der Variablen i, wird der Operator als *Präfixoperator* (Präfix = Vorsilbe) bezeichnet. Stehen die Pluszeichen ++ hinter der Variablen i, werden sie als *Postfixoperator* (Postfix = Nachsilbe) bezeichnet. Beim Präfixoperator wird erst i = i + 1 gezählt und dann der logische Ausdruck bewertet. Beim Postfixoperator dagegen wird erst bewertet und dann i = i + 1 gezählt. Für das Dekrementieren werden statt der Pluszeichen Minuszeichen verwendet.

8.3.2.7 Iterationsanweisungen

In Abhängigkeit von einer Bedingung können mit Schleifen-Anweisungen einzelne Anweisungen oder Anweisungsblöcke (Anweisungen zwischen geschweiften Klammern) mehrmals ausgeführt werden.

for-Anweisung

Mit der for-Anweisung wird eine Schleife von einem Anfangswert mit einer bestimmten Schrittweite bis zu einem Endpunkt durchlaufen, d.h. die Anzahl der Schleifendurchgänge liegt fest **(Bild 1)**.

Übung 1: Hex-Zahlen mit a bis f ausgeben
Erstellen Sie mit for-Anweisungen ein Programm, das die Hexadezimalzahlen in aufsteigender Reihenfolge von 0 bis f und in absteigender Reihenfolge von f bis 0 ausgibt. *Lösung:* **Bild 2**

Nach dem Schlüsselwort `for` steht als erstes der Anfangswert i = 1. Dann folgt der Endwert, d.h. die Abbruchbedingung, bis zu der gezählt werden soll. Der dritte Teil enthält die Inkrement-Anweisung, i++ für das Aufwährtszählen (Tabelle 1).

Die for-Anweisung und die folgende Anweisung `Console.Write ( )` bilden eine Schleife. Zum Abwärtszählen muss in der zweiten for-Schleife von Bild 2 der Anweisungsteil geändert werden.

Übung 2: Hex-Zahlen mit A bis F ausgeben
Ändern Sie die Ausgabe von Übung 1 so, dass Großbuchstaben als Zeichen verwendet werden. *Lösung:* Console.Write(" {0:X}", i);

> ! • **Iteration** = Wiederholte Anwendung desselben Prozesses auf die gewonnenen Zwischenwerte.
> Aus: **Duden**

Tabelle 1: Inkrementoperatoren und Dekrementoperatoren

Operator	Beispiel	Benennung	Bedeutung
+ +	+ +i i++	Präfixoperator Postfixoperator	i = i + 1 i = i + 1
– –	– –i i– –	Präfixoperator Postfixoperator	i = i – 1 i = i – 1

```
for-Anweisung

    {
      anweisung 1;
         ⋮
      anweisung n;
    }
```

Bild 1: Struktogramm für die for-Anweisung

```
using System;
namespace Schleifen3
{
  class Program
  {
    static void Main(string[] args)
    {
      int i;
      Console.WriteLine("\n Hex-Zahlen Aufwärts:");
      for (i = 1; i< 16; i++)
        Console.Write(" {0:x}", i);
      Console.WriteLine("\n Hex-Zahlen Abwärts:");
      for (i = 15; i > 0; i--)
        Console.Write(" {0:x}", i);
      Console.WriteLine("\n");
      Console.Write("Ende bel. Taste");
      Console.ReadKey(true);
    }
  }
}
```

```
K:\C#-Programme\Schleifen3\Schle...   —   □   ×

Hex-Zahlen Aufwärts:
1 2 3 4 5 6 7 8 9 a b c d e f
Hex-Zahlen Abwärts:
f e d c b a 9 8 7 6 5 4 3 2 1
Ende bel. Taste
```

Bild 2: Programm Hexadezimalzahlen mit for-Schleifen

Statt des Formatzeichens x wird in der Ausgabezeile im Ausgabestring das Formatzeichen X verwendet. Dadurch werden Hex-Zahlen mit Großbuchstaben ausgegeben.

while-Anweisung

Bei der while-Schleife wird zuerst die Wiederholbedingung geprüft. Ist sie erfüllt, wird der zur Schleifenanweisung gehörende Programmteil ausgeführt **(Bild 1)**.

```
while (Ausdruck)
    {
      anweisung 1;
          :
      anweisung n;
    }
```

Bild 1: Struktogramm für die while-Anweisung

> **Übung 1: Kondensator-Ladespannung**
>
> Schreiben Sie ein Programm zur Berechnung der Ladespannung $U_c = U_0 \cdot (1 - e^{\tau})$ eines Kondensators in Abhängigkeit von der Zeitkonstanten τ.
> Das Programm soll für $\tau \geq 4$ beendet werden und den Bildschirmausdruck **Bild 2** erzeugen.
>
> *Lösung:* **Bild 3**

Beim Abarbeiten der Schleife wird der Wert von `Tau` bei jedem Schleifendurchlauf erhöht.

Der Anweisungsblock wird bearbeitet, solange `Tau < 4` ist. Wird in der Vereinbarungszeile z. B. `Tau = 10` vereinbart, so ist der Ausdruck nach `while` von Anfang an nicht erfüllt. Die Schleife wird nicht ausgeführt. Fehlt die Zeile `Tau = Tau + 0.4;` wird die Schleife endlos durchlaufen.

```
K:\C#-Programme\Schleifen...
Ladespannung an C :
    Tau           Uc
 00,00 s       00,00 V
 00,40 s       32,97 V
 00,80 s       55,07 V
 01,20 s       69,88 V
 01,60 s       79,81 V
 02,00 s       86,47 V
 02,40 s       90,93 V
 02,80 s       93,92 V
 03,20 s       95,92 V
 03,60 s       97,27 V
 04,00 s       98,17 V
Ende bel. Taste
```

Bild 2: Bildschirmanzeige zum Programm Bild 3

```
using System;
namespace Schleifen1
{
 class Program
 {
  static void Main(string[] args)
  {
   int U = 100;
   double Uc = 0.0, Tau = 0.0;
   Console.WriteLine("Ladespannung an C :");
   Console.WriteLine("    Tau            Uc ");
   while (Tau <4.0)
   {
    Uc = U * (1 -Math.Exp(-Tau));
    Console.Write(" {0:0#.00} s        ", Tau);
    Console.WriteLine(" {0:0#.00} V", Uc);
    Tau = Tau + 0.4;
   }
   Console.Write("Ende bel. Taste");
   Console.ReadKey(true);
  }
 }
}
```

Bild 3: Programm Kondensator-Ladespannung

do-while-Anweisung

Bei der do-while-Schleife wird der Anweisungsblock zuerst ausgeführt und dann geprüft, ob die Wiederholbedingung noch erfüllt ist **(Bild 4)**.

> **Übung 2: Zins berechnen**
>
> Schreiben Sie ein Programm mit while-Anweisung, das die Zeit angibt, die vergeht, bis aus der Anfangssumme 1000 € werden. Der Zinssatz beträgt 2,5 %. Eine do-while-Anweisung soll die Programmwiederholung ermöglichen.
>
> *Lösung:* **Bild 1, folgende Seite**

Es werden zwei ineinander geschachtelte Schleifen benötigt.

Für die Berechnung des Kapitals wird eine while-Anweisung verwendet, da die Anzahl der Durchläufe am Anfang nicht bekannt ist. Beim Abarbeiten der Schleife wird der Wert von `Kapital` bei jedem Schleifendurchlauf um den Wert der Zinsen erhöht. Der Anweisungsblock wird bearbeitet, solange `Kapital < 1000` ist. Die Anzahl der Jahre wird mit der Anweisung `Laufzeit = Laufzeit + 1;` ermittelt.

In der do-while-Schleife wird am Ende gefragt, ob die Zinsberechnung wiederholt werden soll. Das Programm wird solange wiederholt, bis `wdh != 'n'` zutrifft.

```
do
    {
      anweisung 1;
          :
      anweisung n;
    }
while (Ausdruck)
```

Bild 4: Struktogramm für die do-while-Schleife

8.3.2.8 Vergleich der Schleifenanweisungen

Alle Schleifen werden initialisiert, es gibt eine Testbedingung und eine veränderbare Anweisung, z. B. einen Zählwert zum Beenden (**Tabelle 1**).

for-Schleife

Sie wird verwendet, wenn die Anzahl der Schleifendurchgänge festliegt. Solange die Testbedingung wahr ist, wird die Schleife ausgeführt.

Ein häufiger Fehler ist ein Strichpunkt nach der for-Anweisung:
`for (zahl = 1; zahl<10;zahl++);`
Die Schleife wird (leer) ausgeführt, die folgenden Anweisungen werden aber nicht wiederholt.

> for-Schleifen verwendet man, wenn die Anzahl der Schleifendurchgänge bekannt ist.

while-Schleife

In der Schleife müssen Zählwert und Testbedin-gung ungleich werden, damit die Schleife beendet wird. Ist die Testbedingung bereits am Anfang nicht erfüllt, z. B. `zahl = 10`, werden die Anweisungen nicht ausgeführt, d. h. übersprungen.

> while-Schleifen verwendet man, wenn die Anzahl der Schleifendurchgänge am Anfang nicht bekannt ist.

do-while-Schleife

Bei der do-while-Schleife wird die Testbedingung am Schleifenende ausgeführt. Die Schleife wird mindestens einmal durchlaufen. Auch hier müssen Zählwert und Testbedingung ungleich werden, damit die Schleife beendet wird.

> do-while-Schleifen werden meist zur Wiederholung von Programmteilen verwendet.

```csharp
using System;

namespace Schleifen2
{
    class Program
    {
        static void Main(string[] args)
        {
            int wdh = 0;
            double Kapital = 0, Zins = 0, Zinssatz = 2.5;
            do
            {
                int Laufzeit = 0;
                Console.Write("Kapital in EUR = ");
                Kapital = Convert.ToDouble(Console.ReadLine());
                Console.WriteLine("Jahre  Summe in EUR");
                while (Kapital < 1000)
                {
                    Zins = Kapital * Zinssatz / 100;
                    Kapital = Kapital + Zins;
                    Laufzeit = Laufzeit + 1;
                }
                Console.Write(" {0}    ", Laufzeit);
                Console.WriteLine("{0:0000.00} ", Kapital);
                Console.Write("Wiederholen? <j/n> ");
                wdh = Convert.ToChar(Console.ReadLine());
            } while (wdh != 'n');
        }
    }
}
```

```
C:\Program Files\dotnet\dotnet.exe        —    □    ×
Kapital in EUR = 100
Jahre  Summe in EUR
  94    1018,69
Wiederholen? <j/n> j
Kapital in EUR = 300
Jahre  Summe in EUR
  49    1005,98
Wiederholen? <j/n>
```

Bild 1: Zinsberechnung

K   Kompetenzorientierung

1. Wodurch unterscheiden sich Präfix- und Postfix-operatoren?
2. Nennen Sie drei Schleifenarten in C#.
3. Welche Eigenschaften hat die for-Schleife?
4. Wofür verwendet man for-Schleifen?
5. Wie kann die Anzahl der Durchläufe einer while-Schleife ermittelt werden?
6. Wie unterscheiden sich while-Schleife und do-while-Schleife?

Tabelle1: Vergleich der drei Schleifenanweisungen als Zähler

for-Schleife	while-Schleife	do-while-Schleife

int zahl;
for (zahl = 1; zahl<10; zahl++)
{
  anweisung 1;
.
.
.
  anweisung *n*;
}
	int zahl = 1;
	while(zahl<10)
	{
	  anweisung 1;
	.
	.
	  zahl++;
	.
	  anweisung *n*;
	}
		int zahl = 1;
		do
		{
		  anweisung 1;
		.
		.
		  zahl++;
		.
		  anweisung *n*;
		} while (zahl<10)

Initialisierung: zahl =1	Testbedingung: zahl < 10	Zählwert neu berechnen: zahl++

8.3.2.9 Felder

Eindimensionale Felder

Bei Feldern (arrays) werden mehrere Feldelemente unter einem Namen als neue Variable zusammengefasst. In der Programmiersprache C# vereinbart man Felder durch Anfügen eckiger Klammern [ ] an den Variablennamen (**Bild 1**). Die Feldgröße, d.h. die Anzahl der Feldelemente, wird in diese eckigen Klammern geschrieben.

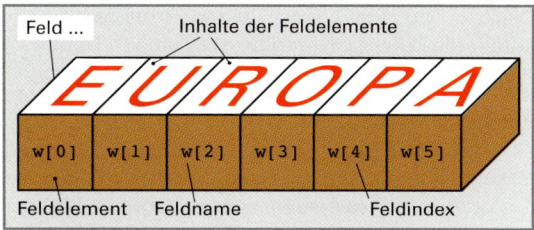

Bild 1: Modell für ein eindimensionales Feld

> Die Zahl innerhalb der rechteckigen Klammern gibt die Anzahl der vereinbarten Feldplätze an.

Zur Unterscheidung erhält jedes einzelne Feldelement eine Nummer. Diese Nummer wird auch Feldindex genannt. Das Feld `w...` besteht z.B. aus den sechs Feldelementen `w[0]`, `w[1]`, `w[2]`, `w[3]`, `w[4]` und `w[5]` (Bild 1). Jedem Feldelement kann z. B. ein Zahlenwert oder ein Buchstabe zugewiesen werden. Felder lassen sich für die Datentypen `char`, `int`, `float` und die erweiterten Datentypen `long`, `double` und `decimal` vereinbaren.

> Felder werden zum Speichern von Zeichen und Zahlen verwendet.

> **Übung 1: Unicode aus einem Feld ausgeben**
>
> Erstellen Sie ein Programm mit der neuen Klasse `feld 1`, das Zeichen aus einem Feld vom Typ `char` in eine Zeile ausliest.
>
> *Lösung:* **Bild 2**

```
using System;
namespace Felder1
{
  class feld1
  {
    static void Main(string[] args)
    {
        int i = 0; Console.WriteLine();
        char[] wort = new char[] {'E', 'U', 'R','O','P','A'};
        for (i = 0; i <= 5; i++)
          Console.Write("{0} ",wort[i]);
        Console.WriteLine(); Console.WriteLine();
        Console.Write("Ende bel. Taste");
        Console.ReadKey(true);
    }
  }
}
```

```
K:\C#-Programme\Felder1\Felder1...    —    ☐    ✕
E  U  R  O  P  A
Ende bel. Taste
```

Bild 2: Programm zur Zeichenausgabe

Nach der Typ- und Größenvereinbarung des Feldes wird jedem Feldelement ein Buchstabe zugewiesen. Jedes Feldelement wird zeichenweise durch Aufruf der Methode `write()` innerhalb der `for`-Anweisung ausgegeben.
Die Elemente eines Feldes können direkt mit der `foreach()`-Anweisung durchlaufen werden.

> **Übung 2: Unicode mit foreach() ausgeben**
>
> Ersetzen Sie im Programm Übung 1, die for-Schleife durch foreach().
>
> *Lösung:* `foreach (char z in w)`
> `        Console.Write(z);`

Felder vom Typ `int` eignen sich zur Auswertung von Zahlenreihen.

> **Übung 3: Zahlenmaximum suchen**
>
> Erstellen Sie ein Programm, das 10 Zufallszahlen in ein Feld schreibt, diese ausgibt und die Feldelementnummer und den Wert der größten Zahl ausgibt.
>
> *Lösung:* **Bild 3**

```
using System;
namespace Felder2
{
  class feld2
  {
    static void Main(string[] args)
    {
      int i = 0, imax = 0;
      int[] feld1 = new int[10];
      Random zufall = new Random();
      for(i=0; i<=9; i++)
        feld1[i] = zufall.Next(0,10);
      for(i=0; i<=9; i++)
        Console.Write(" {0} ", feld1[i]);
      for (i = 1; i < 9; i++)
        if ( feld1[i] > feld1[imax]) imax = i;
      Console.Write("\nNr.:  {0} ",imax+1);
      Console.WriteLine("\nWert= {0}",feld1[imax]);
      Console.Write("Ende bel. Taste");
      Console.ReadKey(true);
    }
  }
}
```

```
K:\C#-Programme\Felder2\Felder...    —    ☐    ✕
2  8  3  6  8  7  3  9  6  5
Nr.:  8
Wert= 9
Ende bel. Taste
```

Bild 3: Programm Zahlenmaximum suchen

Die Zeile `Random zufall = new Random()` verknüpft die Zufallszahlenfolge mit Zeit und Datum.

Mit einer Schleife werden in die 10 Feldelemente Zufallszahlen zwischen 0 und 9 geschrieben. Diese werden mit einer weiteren Schleife in einer Zeile ausgegeben. Anschließend wird der Feldindex `imax` für das Feldelement mit der größten Zahl gesucht und ausgegeben. Das Programm wertet nur den ersten Maximalwert aus.

Wird das Feld für Gleitkommazahlen vereinbart, z. B. mit `double[] feld1 = new double[]` können auch Kommazahlen ausgewertet werden.

Zweidimensionale Felder

Feldvariablen mit zwei Indizes werden z. B. zum Erstellen von Tabellen und Matrizen verwendet. Vereinbart wird ein zweidimensionales Feld `a[2,2]` für den Datentyp `int` mit z. B. 2 Zeilen und zwei Spalten (**Bild 1**).

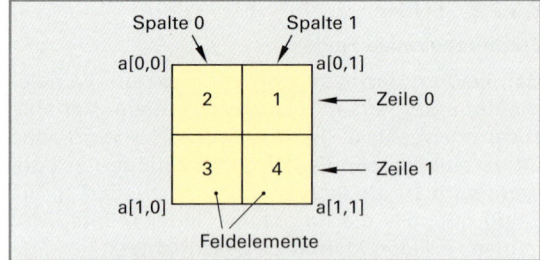

Bild 1: Modell für ein zweidimensionales Feld

> Die Anzahl der Feldelemente erhält man durch Multiplikation von Zeilenzahl und Spaltenzahl.

Der erste Index gibt die Nummer der Zeile, der zweite die Nummer der Spalte an. Mit `a[1,0]` wird das Feldelement in Zeile 1 und Spalte 0 angewählt.

Übung 1: Determinante berechnen

Die Bildschirmanzeige **Bild 2** zeigt den gewünschten Bildschirmausdruck. Verwenden Sie für das Programm ein zweidimensionales Feld. Die vier Werte für die Matrix-Koeffizienten a[..] sollen eingelesen, die Determinante berechnet und ausgegeben werden.
Lösung: **Bild 3**

In das Feld werden mit geschachtelten Schleifen die Werte der Matrix `a[0,0]` bis `a[1,1]` eingelesen. Die for-Anweisung mit der Laufvariablen `i` wählt die Spalte, die for-Anweisung mit der Laufvariablen `j` wählt die Zeilenelemente an. Auch hier ist wieder die Konvertierung der Unicode-Zeichen der Eingabemethode `ReadLine()` in Integerzahlen mit der Methode `Convert.ToInt32()` zu beachten.

Die Ausgabe erfolgt wieder mit geschachtelten Schleifen. Anschließend wird der Wert der Determinante berechnet und ausgegeben.

> Mit for-Anweisungen können alle Feldelemente einzeln angesprochen werden.

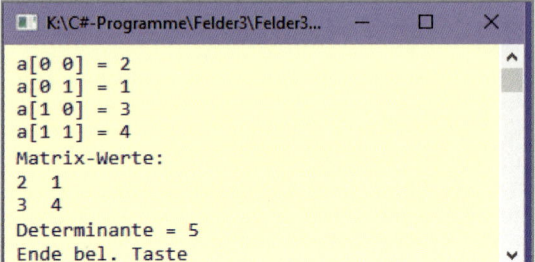

Bild 2: Bildschirmanzeige zum Programm Bild 3

```csharp
using System;
namespace Felder3
{
  class feld3
  {
    static void Main(string[] args)
    {
      int i = 0, j = 0, det = 0;
      int[,] a = new int[2,2];
      Console.WriteLine();
      for (i = 0; i <= 1; i++)
        for (j = 0; j <= 1; j++)
        {
          Console.Write(" a[{0} {1}] = ",i,j);
          a[i,j] = Convert.ToInt32(Console.ReadLine());
        }
      Console.WriteLine("\n Matrix-Werte:\n");
      for (i = 0; i <= 1; i++)
      {
        for (j = 0; j <= 1; j++)
          Console.Write(" {0} ", a[i,j]);
        Console.WriteLine();
        det = (a[0,0] * a[1,1]) - (a[0,1] * a[1,0]);
      }
      Console.WriteLine("\n Determinante = {0}\n",det);
      Console.WriteLine(" Ende bel. Taste");
      Console.ReadKey(true);
    }
  }
}
```

Bild 3: Determinante einer 2x2-Matrix berechnen

K   Kompetenzorientierung

1. **Wie nennt man die Nummern zur Unterscheidung von Feldelementen?**
2. **Für welche Datentypen lassen sich Felder vereinbaren?**
3. **Wie werden zweidimensionale Felder vereinbart?**
4. **Wie viele Zeichen kann man in einem Feld feld[4,5] speichern?** *Lösung: 20.*

8.3.2.10 Methoden

Für Teilaufgaben einer Klasse in einem Programm schreibt man meist eigene Methoden. Methoden sind eigenständige Programmteile einer Klasse, die einen eigenen Namen erhalten. In einer Klasse werden Methoden nur einmal programmiert. Methoden erkennt man daran, dass dem Namen ein Klammerpaar folgt. Mit ihrem Namen können sie von einer Klasse oder von der Main-Methode beliebig oft aufgerufen werden (**Bild 1**).

Manche Methoden benötigen Eingangsgrößen (**Bild 2**). Dies sind z. B. Werte, mit denen die Methode etwas berechnet. In einer Methode können interne Datenobjekte vereinbart werden. Diese Größen nennt man lokale Datenobjekte. Eine Methode kann Ausgangsgrößen, z. B. Werte, auf verschiedene Weisen zur Verfügung stellen. Die Eingangsgrößen und Ausgangsgrößen bezeichnet man als Parameter. Parameter können im Methodenkopf in Klammern angefügt werden. Dabei ist die Reihenfolge zu beachten, wenn es mehrere Parameter sind. Beim Aufruf der Methode bezeichnet man den Klammerinhalt als Argument.

> Methoden erhalten durch Parameter Werte und geben mit Parametern Werte weiter.

Methoden, die keinen Wert zurückgeben, werden durch den Zusatz `void` (= leer) vor dem Methodennamen gekennzeichnet.

Fertige Methoden

Viele Klassen des Namensraums `System` stellen fertige Methoden zur Verfügung (**Tabelle 1**).

Selbsterstellte Methoden

Meist erstellt man beim Programmieren an der Konsole Methoden vom Typ `private`, die nur innerhalb ihrer Klasse (static) verwendet werden.

Wertaufruf mit lokalen Datenobjekten (call by value)

Eine Methode kann mit lokalen Datenobjekten Werte übergeben.

> **Übung 1: Lokales Datenobjekt verwenden**
>
> Erstellen Sie eine Methode zur Berechnung der Summe zweier Zahlen.
>
> *Lösung:* **Bild 3**

Die Methode `private static Add(int iParam1,int iParam2)` berechnet die Summe der beim Methodenaufruf von `Add(izahl1, izahl2)` übergebenen Argumente und ersetzt mit `return sum` den Wert in der aufrufenden Methode.

> **!** **public** = öffentlich. Methoden zum Kommunizieren mit der Umgebung, z. B. write().
>
> **private** = privat. Methoden, die nicht direkt von der Umgebung aufrufbar sind.
>
> **static** = statisch. Statische Methoden sind nur in der Anwenderklasse, z. B. CAdd1 verwendbar.
>
> **Parameter**: Werteübernahme in den Methodenkopf.
>
> **Argument**: Bezeichnet den Übergabewert beim Aufruf der Methode im Methodenkopf.

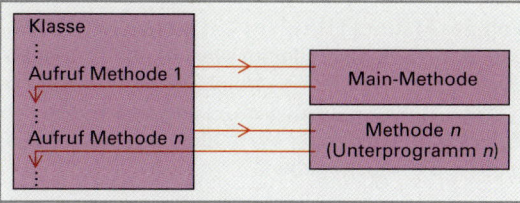

Bild 1: Methodenaufrufe

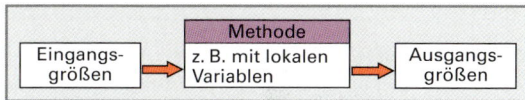

Bild 2: Wirkungsweise einer Methode

Tabelle 1: Klassen von System-Namespace	
Klassenname	**Methoden für:**
Array	Feldbearbeitung
Console	Eingabe und Ausgabe
Convert	Basisdatentypen konvertieren
Math	math. Funktionen, Konstanten
Random	Zufallszahlen erzeugen
String	Text mit Unicode-Zeichen darstellen

```csharp
using System;
namespace Kap1
{
 class CAdd1
 {
 static void Main(string[] args)
 {
 int izahl1 = 2;
 int izahl2 = 5;
 Console.Write(" {0} + {1} = ",izahl1,izahl2);
 Console.WriteLine(" {0}", Add(izahl1, izahl2));
 Console.Write("Ende bel. Taste");
 Console.ReadKey(true);
 }
 private static int Add(int iParam1,int iParam2)
 {
 int sum;
 sum = iParam1+ iParam2;
 return sum;
 }
 }
}
```

```
K:\C#-Programme\Methoden1\Me...   —   □   ×
2 + 5 =  7
Ende bel. Taste
```

Bild 3: Methode mit Wertübergabe

Wertaufruf mit globalem Datenobjekt

Globale Datenobjekte werden in einer Klasse außerhalb von Methoden vereinbart. Globale Datenobjekte gelten in allen Methoden der Klasse.

Übung 1: Globales Datenobjekt verwenden

In der Klasse CAdd2 sind die Methoden Meth1() und Meth2() vorhanden (**Bild 1**). Welche Werte kann izahl annehmen?

Lösung: **Bild 1, unten**

Von der Methode Meth1() wird der Wert 50 der globalen Variablen mit dem Wert 10 überschrieben. Die Methode Meth2() vereinbart lokal eine gleichnamige Variable int izahl mit dem Wert 2. Zuletzt wird wieder der Wert 10 der globalen Variablen izahl ausgegeben.

> Die Anwendung von globalen Variablen muss gut überlegt werden (siehe Übung 1).

Referenzaufruf (Call by reference)

Eine Methode kann statt eines Wertes auch die Adresse (Referenz) eines Wertes übergeben (**Bild 2**). Das Ergebnis findet man in der Speicherzelle dieser Adresse. Die Kennzeichnung von Referenzparametern einer Methode erfolgt durch das Schlüsselwort ref.

Übung 2: Referenzaufruf verwenden

Programmieren Sie eine Klasse CTausch1, in der die Methode Tausch() mit Referenzparametern den Inhalt zweier Variablen i und j tauscht.

Lösung: **Bild 3**

Als Parameter der Methode Tausch() werden ref int x und ref int y verwendet. Für den Tausch wird die lokale Variable temp als Zwischenspeicher verwendet. Die Methode greift mit dem Aufruf Tausch(ref i, ref j) über die Adressen auf die Werte von i und j zu und tauscht diese (Bild 2).

K   Kompetenzorientierung

1. Woran erkennt man eine Methode?
2. Wie wird eine Methode gekennzeichnet, die keinen Wert zurück gibt?
3. Erklären Sie den Unterschied zwischen Parametern und Argumenten.
4. Wodurch unterscheiden sich Wertaufruf und Referenzaufruf?
5. An welcher Stelle im Programm müssen globale Datenobjekte vereinbart werden?
6. Wie wird die Verwendung von Referenzaufrufen gekennzeichnet?

```csharp
using System;
namespace Kap1
{
  class CAdd2
  {
    static int izahl = 50;
    static void Main(string[] args)
    {
      Console.WriteLine("Global:   {0}",izahl);
      Console.WriteLine("Methode1: {0} ",Meth1());
      Console.WriteLine("Methode2: {0}",Meth2());
      Console.WriteLine("Global:   {0}",izahl);
      Console.Write("Ende bel. Taste");
      Console.ReadKey(true);
    }
    private static int Meth1()
    { izahl = 10;  return izahl;   }
    private static int Meth2()
    { int izahl = 2; return izahl;}
  }
}
```

```
K:\C#-Programme\Methoden2\Methode...   —   □   ×
Global:    50
Methode1: 10
Methode2: 2
Global:    10
Ende bel. Taste
```

Bild 1: Methode mit globalem Datenobjekt

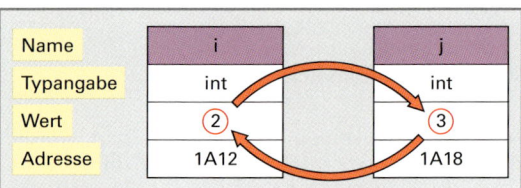

Bild 2: Aufbau von Variablen im Speicher

```csharp
using System;
namespace Kap1
{
  class CTausch1
  {
    static void Main(string[] args)
    {
      int i = 2, j = 3;
      Console.WriteLine(" i = {0}  j = {1}",i,j);
      Tausch(ref i, ref j);
      Console.WriteLine(" i = {0}  j = {1}",i,j);
      Console.Write("Ende bel. Taste");
      Console.ReadKey(true);
    }
    static void Tausch(ref int x, ref int y)
    {
      int temp = x;
      x = y;
      y = temp;
    }
  }
}
```

```
K:\C#-Programme\Methoden3\Metho...   —   □   ×
i = 2  j = 3
i = 3  j = 2
Ende bel. Taste
```

Bild 3: Methode mit Referenzaufruf

8.4 Objektorientierte Programmierung mit C++

8.4.1 Einführung

 Methoden sind Funktionen eines Objektes.
Attribute sind Eigenschaften eines Objektes.

Mit der *objektorientierten* Programmierung können komplexe Programmieraufgaben in strukturierter Weise bewältigt werden. Es entstehen übersichtliche Programme, die einfach in Stand zu halten und zu erweitern sind. Die Fehleranfälligkeit eines Programms verringert sich.

Diese Vorteile ergeben sich aus dem objektorientierten Ansatz. Den mit dem Programm zu verarbeitenden Daten wird ein großer Stellenwert zuerkannt. Die Folge ist, dass für die objektorientierte Programmierung eine neue Begriffswelt benötigt wird, aber auch ein neuer Denkansatz. Denn bei der objektorientierten Programmierung beschäftigt man sich zuerst mit der Gesamtorganisation eines Programms und nicht mit den Einzelheiten des Programmablaufs.

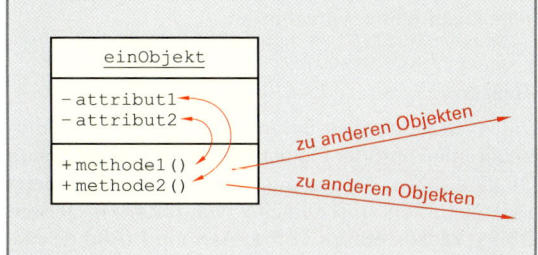

Bild 1: Objekt

Objekte

Die Daten, die mit dem Programm verarbeitet werden sollen, stehen im Mittelpunkt. Die Daten werden in der objektorientierten Programmierung auch als Attribute (Eigenschaften) bezeichnet. Bei der Erstellung des Programms stellt sich die Frage, welche Daten benötigt werden und welche Funktionen mit diesen Daten ausgeführt werden sollen. Die Daten und Funktionen werden in einer Einheit, dem *Objekt,* zusammengefasst. Es wird in diesem Zusammenhang von *Datenkapselung* gesprochen. Die eingekapselten Daten sind außerhalb des Objekts nicht sichtbar und damit vor ungewollter Veränderung geschützt **(Bild 1)**. Nur die Funktionen eines Objekts, die in der objektorientierten Programmierung *Methoden* genannt werden, können auf die Daten zugreifen. Die Methoden bilden eindeutig definierte Schnittstellen für das Arbeiten mit den Daten eines Objekts.

> Ein Objekt besitzt Attribute und Methoden, wobei oft nur diese Methoden Zugriff auf die im Objekt eingekapselten Daten haben.

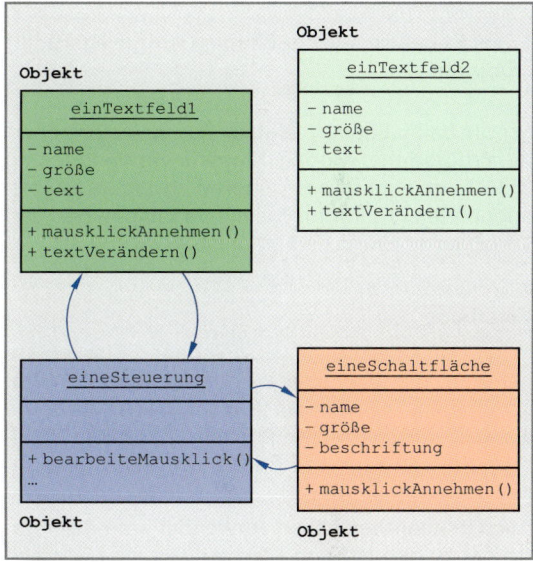

Bild 2: Methoden als Nachrichtenträger

Bei der Definition der Objekte sollte die Bedeutungsverwandtschaft zwischen der wirklichen Welt und den Objekten im Programm ausgenutzt werden. So können Objekte Fahrzeuge oder Bauelemente, aber auch grafische Fenster oder Buttons (Schaltflächen) darstellen. Die geeignete Wahl der Objekte ist eine zentrale Aufgabe in der objektorientierten Programmierung.

Die Objekte treten dann untereinander über die Methoden in Verbindung **(Bild 2)**. Wird z. B. eine Schaltfläche betätigt, kann der Inhalt eines Textfeldes geändert werden.

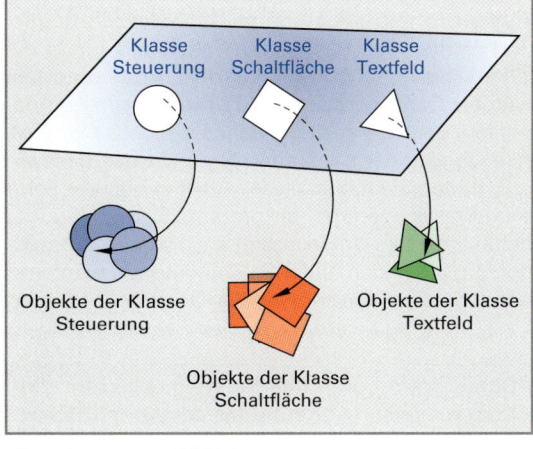

Bild 3: Klassen und Objekte

> Über den Aufruf einer Methode können Objekte Nachrichten versenden.

Andere Objekte können darauf reagieren und ihrerseits Nachrichten verschicken.

Klassen

Die *Klasse* dient als Schablone für die Erstellung neuer, gleichartiger Objekte. Sie legt fest, wie neue Objekte dieser Klasse auszusehen haben, welche Eigenschaften und welche Methoden in jedem Objekt dieser Klasse vorhanden sind **(Bild 3, vorhergehende Seite)**. Neue Objekte können nur dann erzeugt werden, wenn sie auf eine bestehende Klasse aufbauen.

> Eine Klasse ist wie ein Bauplan für gleichartige Objekte.

Schon beim Entwurf einfachster objektorientierter Programme werden Klassen verwendet und Objekte erzeugt. Diese gehören zu einem objektorientierten Programm wie die Variablentypen und Variablen zu einem herkömmlichen Programm.

Vererbung

Es gibt oft Objekte, die verschiedenen Klassen angehören, die aber einige Komponenten gemeinsam haben. Dies können sowohl gleiche Attribute als auch gleiche Methoden sein. Für diese ähnlichen Klassen kann das Prinzip der *Vererbung* angewandt werden **(Bild 1)**.

Auch im täglichen Leben verwendet man das Prinzip der Vererbung von Klassen. Die Unterklassen werden bei der objektorientierten Programmierung *abgeleitete Klassen* genannt. Die Ursprungsklasse wird als *Basisklasse* bezeichnet. Basisklassen können in fein strukturierte Unterklassen gegliedert werden. Die Basisklasse Fahrzeug kann in die Unterklassen PKW, Mofa und Fahrrad unterteilt werden. Dabei besitzen diese Unterklassen Komponenten, über die auch die Fahrzeug-Klasse verfügt. Alle Objekte der genannten Unterklassen besitzen z. B. Räder. Sie haben dieses Attribut von der Fahrzeug-Klasse „vererbt" bekommen. Demgegenüber haben aber alle Unterklassen auch weitere Komponenten, die in den anderen Unterklassen nicht vorhanden sein müssen. Nur die Objekte der Unterklasse Fahrrad besitzen z. B. eine Fahrradkette.

> Durch Vererbung übernehmen Klassen die Komponenten (Attribute und Methoden) einer anderen Klasse.

> ❗ Objekte, Klassen, Datenkapselung, Vererbung und Polymorphie sind Schlüsselworte der objektorientierten Programmierung.

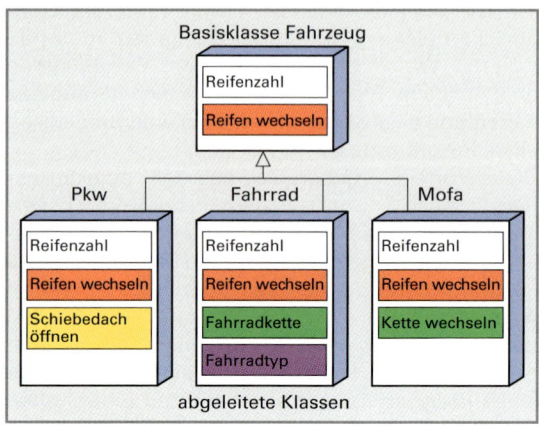

Bild 1: Vererbung

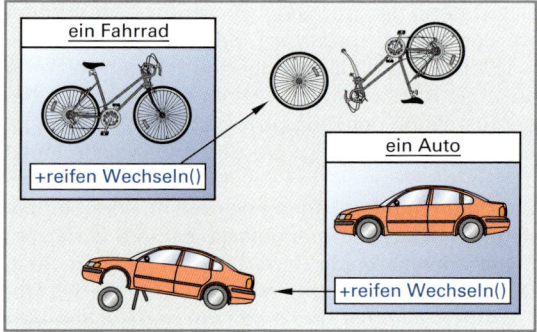

Bild 2: Polymorphie

In der objektorientierten Programmierung ist die Vererbung ein wesentliches Merkmal. Sie wird eingesetzt, um ein Programm zu vereinfachen und zu verkürzen.

Polymorphie

Ein weiteres Merkmal der objektorientierten Programmierung ist die *Polymorphie* (= Vielgestaltigkeit), die häufig in der Vererbung eingesetzt wird. Als Polymorphie bezeichnet man das Arbeiten mit Oberbegriffen. So kann bei den oben genannten abgeleiteten Klassen eine Methode „Reifen wechseln" zu unterschiedlichen Handlungen führen **(Bild 2)**.

> Führt eine Methode bei Objekten unterschiedlicher Klassen zu unterschiedlichen Aktionen, spricht man von Polymorphie.

8.4.2 Vereinbaren einer Klasse

Der erste Schritt bei der Erstellung eines objektorientierten Programms ist die Vereinbarung (Deklaration) einer Klasse. Ohne die Vereinbarung einer Klasse kann später kein Objekt erzeugt werden.

Der Festlegungsteil einer Klasse beginnt mit dem Schlüsselwort `class` und dem Namen der Klasse. Der Klassenkörper folgt in geschweiften Klammern und wird mit einem Semikolon abgeschlossen. Innerhalb der Klasse werden die Attribute als erstes aufgeführt. Sie werden wie in einem herkömmlichen Programm definiert. Sind Methoden vorhanden, werden diese anschließend angegeben.

Beispiel 1: Klasse erstellen

Erstellen Sie eine Klasse `TZahl` mit zwei Attributen zur Aufnahme von Ganzzahlwerten. Die Klasse soll eine Methode für das Zuweisen der Attribute und eine für das Ausgeben der Attribute bekommen.

Lösung: **Bild 1**

Die Methoden sind an dieser Stelle noch nicht implementiert (eingebunden).

Zugriffsschlüsselworte

Das Zugriffsschlüsselwort `private` bewirkt, dass die nachfolgenden Komponenten als privat vereinbart werden (Bild 1). Der Zugriff auf private Attribute und Methoden kann nur innerhalb einer Klasse geschehen, von außerhalb der Klasse sind diese Daten und Funktionen nicht zu erreichen, sie sind verborgen. Die Attribute einer Klasse sind meist privat. Das Schlüsselwort `public` gibt an, dass nachfolgend aufgeführte Attribute und Methoden öffentlich sind und somit auch von außerhalb der Klasse zugänglich sind. Methoden gehören in der Regel zum öffentlichen Teil einer Klasse.

> `class`, `public` und `private` sind Schlüsselwörter bei der Vereinbarung einer Klasse.

8.4.3 Erzeugen von Objekten

Mit der Deklaration einer Klasse wird das Aussehen ihrer Objekte festgelegt. Die Objekte können anschließend im Hauptprogramm erzeugt werden **(Bild 2)**. `zahl` ist ein Objekt der Klasse `TZahl`. Der Zugriff auf dieses Objekt findet über ihre öffentliche Komponenten statt. Die verwendete Methode ist dabei über den *Punktoperator* (.) mit einem bestimmten Objekt verbunden, wie in `zahl.anzeigen()`. So wird die Methode benutzt, um genau dieses Objekt zu bearbeiten und nicht ein anderes Objekt dieser Klasse. Die Me-

```
#include "stdafx.h"
#include <iostream>
using namespace System;
using namespace std;

class TZahl
{
    private:          //Attribute
        int zahl1;
        int zahl2;
    public:           //Methoden
        void setzen(int, int);
        void anzeigen();
};
```

Bild 1: Klassendeklaration

```
int main(array<System::String ^> ^args)
{
    TZahl zahl;
    zahl.setzen(500,10);
    zahl.anzeigen();
    return 0;
}
```

Bild 2: Erzeugen von Objekten

```
void TZahl::setzen(int z1, int z2)
{
    //Eingabewerte übergeben
    zahl1 = z1;
    zahl2 = z2;
}

void TZahl::anzeigen()
{
    //Daten ausgeben
    cout << "Zahl 1: " << zahl1;
    cout << endl;
    cout << "Zahl 2: " << zahl2;
    cout << endl;
}
```

Bild 3: Methoden definieren

thode `setzen()` wird hier für das Objekt `zahl` aufgerufen. Dabei werden den Attributen `zahl1` und `zahl2` des Objekts `zahl` die Werte 500 bzw. 10 zugewiesen. Der Aufruf `zahl.zahl1` ist hier nicht möglich, da auf private Komponenten eines Objekts von außen nicht zugegriffen werden kann.

8.4.4 Methoden

Methoden werden meist innerhalb der Klasse nur deklariert (Bild 1). Die Definition der Methoden folgt dann außerhalb der Klasse **(Bild 3)**. Der auflösende Gültigkeitsoperator (::) ordnet dabei der nachfolgenden Methode den Gültigkeitsbereich der vorangestellten Klasse zu. Er besitzt höchste Priorität und wird deshalb als erstes bearbeitet.

Da die Methoden Teil der Klasse sind, müssen ihnen die Attribute der Klasse nicht als Argumente übergeben oder als Rückgabewert ausgegeben werden (Bild 3, vorhergehende Seite). Der Grund dafür ist, dass Methoden nur für Objekte der Klasse eingesetzt werden, für die sie auch erstellt wurden. So sind in den Methoden `setzen()` und `anzeigen()` die Attribute `zahl1` und `zahl2` bekannt. Der Methode `setzen()` werden zwei Argumente übergeben, über die den Attributen in der Methode Werte zugewiesen werden.

Methoden können auch Objekte als Rückgabewert zurückgeben.

Beispiel 1: Methode erstellen

Entwerfen Sie eine Methode `teilen()` der Klasse `TZahl`, die eine Ganzzahldivision durchführt und sowohl das Ergebnis als auch den Rest in ein Objekt der Klasse `TZahl` ausgibt.

Lösung: **Bild 1**

Innerhalb der Methode `teilen()` wird zur Aufnahme des Ergebnisses ein Objekt `neu` der Klasse `TZahl` erzeugt. Die Attribute von `neu` sind der Methode `teilen()` bekannt, da das Objekt `neu` zur selben Klasse gehört wie die Methode selbst. Die Attribute von `neu` werden über den Aufruf `neu.zahl1` und `neu.zahl2` aufgerufen. `zahl1` und `zahl2` dagegen gehören zu dem Objekt, für das später die Methode aufgerufen wird. Das Objekt `neu` wird über die `return`-Anweisung zurückgegeben.
Den Aufruf im Hauptprogramm zeigt **Bild 2**. Dem Objekt `zahl` werden Werte zugewiesen und dann über `ergebnis=zahl.teilen()` für dieses Objekt die Methode `teilen()` aufgerufen. Die Methode liefert als Ergebnis das Objekt `ergebnis` zurück **(Bild 3)**.
Die Methode muss in der Klassendeklaration über `TZahl teilen();` im als `public` ausgewiesenen Teil bekannt gemacht werden.

Methoden können Objekte als Argumente erhalten oder ein Objekt als Rückgabewert zurückgeben.

8.4.5 Konstruktoren

Der Konstruktor ist eine besondere Methode und besitzt stets denselben Namen wie seine Klasse. Er wird benutzt, um die Attribute eines Objekts zu initialisieren und wird immer automatisch ausgeführt, wenn ein Objekt definiert wird.

Ein Konstruktor kann Objekte seiner Klasse mit sinnvollen Startwerten versehen.

```
TZahl TZahl::teilen()
{
    TZahl neu;
    //Ganzzahldivision durchführen
    neu.zahl1 = zahl1 / zahl2;
    //Rest ermitteln
    neu.zahl2 = zahl1 - zahl2 * neu.zahl1;

    //Ergebnis zurückgeben
    return neu;
}
```

Bild 1: Methode mit Objekt als Rückgabewert

```
int main(array<System::String ^> ^args)
{
    //Objekte erzeugen
    TZahl zahl, ergebnis;
    //Werte zuweisen
    zahl.setzen(100,3);
    //Teilung durchführen
    ergebnis=zahl.teilen();
    //Ergebnis anzeigen
    ergebnis.anzeigen();
    return 0;
}
```

Bild 2: Hauptprogramm

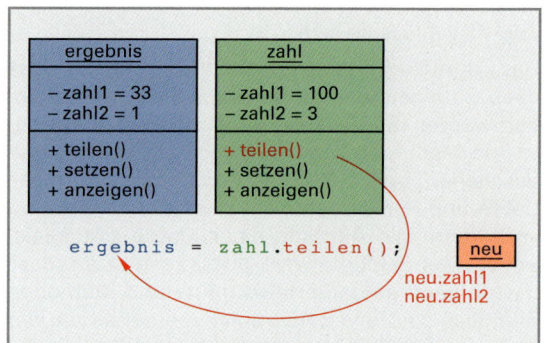

Bild 3: Objekt als Ergebnis einer Methode

Der Konstruktor K1 `TZahl()` initialisiert das Objekt `zahl` über den Aufruf `TZahl zahl;`, indem er dem Attribut `zahl1` den Wert 0 und der `zahl2` den Wert 0 zuweist **(Bild 1, folgende Seite)**. Ein Rückgabetyp ist beim Konstruktor nicht vorhanden, da er automatisch aufgerufen wird. Es kann folglich auch kein Objekt geben, an das er einen Wert zurückgeben könnte.

Ein Konstruktor ist eine Methode, die keinen Rückgabetyp besitzt.

Wird innerhalb einer Klasse kein Konstruktor erstellt, so wird der Default-Konstruktor (von in default of = in Ermangelung von) verwendet. Für die Klasse `TZahl` lautet dieser: `TZahl(){ }`.

Da der Default-Konstruktor nur über einen leeren Funktionskörper verfügt, werden den Attributen der Objekte keine sinnvollen Startwerte, sondern beliebige, undefinierte Werte zugewiesen. In Bild 2, vorhergehende Seite, wurde für die Objekte `zahl`, `ergebnis` der Default-Konstruktor aufgerufen. Die Attribute erhielten beliebige Startwerte.

Beispiel 1: Konstruktor erstellen

Erstellen Sie einen Konstruktor, der ein Objekt der Klasse `TZahl` auf einen beliebigen Startwert initialisieren kann.

Lösung: **Bild 2**

Ein Konstruktor kann Argumente besitzen. Die Argumente ermöglichen eine Initialisierung der Objekte auf verschiedene Startwerte. So können z. B. mit dem Konstruktor `TZahl(int z1, int z2)` einem Objekt der Klasse `TZahl` Startwerte für `zahl1` und `zahl2` übergeben werden (Bild 2). Der Konstruktor muss im `public`-Teil der Klasse `TZahl` über die Anweisung `TZahl(int, int);` bekannt gemacht werden (Bild 1).

Beispiel 2: Konstruktor anwenden

Verwenden Sie bei der Erstellung eines Objektes den Konstruktor `TZahl(int,int)`.

Lösung: **Bild 3**

Bei der Erstellung des Objektes werden die Argumente an den Konstruktor übergeben (Bild 3). Über den Aufruf `TZahl zahl(100,3)` erhalten die Attribute des Objekts `zahl` die Werte 100 bzw. 3.

In der Klasse `TZahl` sind mehrere Konstruktoren vorhanden, man sagt, die Konstruktoren sind *überlagert*. Welcher dieser Konstruktoren bei der Definition der Objekte ausgeführt wird, hängt von der Anzahl der Argumente ab, die den Objekten bei der Erstellung übergeben werden. Das Objekt `ergebnis` wird über den Konstruktor K1 und das Objekt `zahl` über den Konstruktor K2 initialisiert (Bild 3).

Werden Konstruktoren mit Argumenten gebildet, so ist es zwingend erforderlich, einen Konstruktor ohne Argumente ebenfalls zu bilden, wenn ein Objekt `ergebnis` ohne Argumente erzeugt werden soll (Bild 3). Denn bei Vorhandensein von selbst erstellten Konstruktoren verliert der Default-Konstruktor seine Gültigkeit.

8.4.6 Zeiger

Ein Zeiger speichert die Adresse, an welcher der Wert der Variablen zu finden ist und nicht den Wert

---

! **Konstruktoren**
- Es sind mehrere in einer Klasse möglich.
- Sie unterscheiden sich in der Anzahl und dem Typ der Argumente.

```cpp
#include "stdafx.h"
#include <iostream>
using namespace System;
using namespace std;
class TZahl
{
    //Attribute
    private:
        int zahl1;
        int zahl2;
    //Methoden
    public:
        TZahl();
        TZahl(int, int);
        void setzen(int, int);
        void anzeigen();
        TZahl teilen();
};
//Konstruktor implementieren
TZahl::TZahl()
{
    zahl1 = 0;
    zahl2 = 0;                    Konstruktor K1
}
//und weitere Methoden wie zuvor
int main(array<System::String ^> ^args)
{
    //Objekte erzeugen
    TZahl zahl;
    //Werte anzeigen           erzeugt über
    zahl.anzeigen();           Konstruktor K1
    return 0;
}
```

Bild 1: Klasse mit Konstruktor

```cpp
TZahl::TZahl(int z1, int z2)
{
    zahl1 = z1;
    zahl2 = z2;
}                          Konstruktor K2
```

Bild 2: Konstruktor mit Argumenten

```cpp
int main(array<System::String ^> ^args)
{                          erzeugt über Konstruktor K2
    //Objekte erzeugen
    TZahl zahl(100,3), ergebnis;
    ergebnis=zahl.teilen();
    ergebnis.anzeigen();
    return 0;              erzeugt über
}                          Konstruktor K1
```

Bild 3: Erzeugen eines Objektes durch einen Konstruktor mit Argumenten

selbst. Einem Zeiger wird bei der Definition ein Stern (*), z. B. `*zahl`, vorangestellt **(Bild 1)**. Weist der Zeiger auf ein Objekt, so werden die einzelnen Komponenten des Objektes über den Operator –> angesprochen. `zahl –> anzeigen()` ruft also die Methode `anzeigen()` für das über den Zeiger `*zahl` angesprochene Objekt auf.

> Der Operator –> hat für Zeiger auf Objekte dieselbe Wirkung wie der Punktoperator (.) für Objekte.

Über `new` wird dem über den Zeiger angesprochenen Objekt Speicherplatz zur Verfügung gestellt. Auch hier können vorhandene Konstruktoren verwendet werden, um Startwerte zu vergeben. `zahl = new TZahl(100,3);` fordert Speicherplatz für ein Objekt der Klasse `TZahl` an und weist dem Attribut `zahl1` des Objektes den Wert 100 und dem Attribut `zahl2` den Wert 3 zu. Gleichzeitig wird der Zeiger `zahl` auf dieses Objekt gesetzt. Der Speicherplatz kann über `delete`, z. B. `delete zahl`, zurückgegeben werden.

> `new` und `delete` sind Operatoren für die dynamische Speicherverwaltung.

8.4.7 Vererbung

Vererbung ist ein Vorgang für die Erstellung neuer Klassen aus bereits bestehenden Klassen, wobei die neuen Klassen Attribute der bereits vorhandenen Klassen erben und selbst neue Attribute besitzen können.

Beispiel 1: Klasse ableiten

Erstellen Sie eine Klasse `TBruch`, die von der Klasse `TZahl` abgeleitet ist. Die Klasse `TBruch` enthält ein weiteres Attribut `ganze` zum Speichern der Ganzen eines Bruches. Ein Konstruktor soll alle Attribute initialisieren.

Lösung: **Bild 2**

Der neuen Klasse `TBruch` wird zu Beginn ihrer Definition über einen einfachen Doppelpunkt ihre Basisklasse `TZahl` mitgeteilt, und von dieser Klasse wird sie öffentlich abgeleitet **(Bild 3)**. Die Klasse `TBruch` verfügt nun über alle Leistungsmerkmale ihrer Basisklasse und hat damit auf gewohnte Weise Zugang zu deren Methoden und auch Attribute.

In der Klasse `TZahl` wurde anstelle des Zugriffsschlüsselwortes `private` das Zugriffsschlüsselwort `protected` verwendet, denn mit `private` angegebene Komponenten einer Klasse sind innerhalb einer davon abgeleiteten Klasse nicht sichtbar. Damit wäre in `TBruch(int,int)` z. B. das

```
int main(array<System::String ^> ^args)
{
    //Zeiger auf Klasse TZahl erzeugen
    TZahl *zahl;
    //Speicherplatz bereitstellen
    zahl = new TZahl(100,3);
    //Zugriff auf Methode
    zahl -> anzeigen();
    return 0;
}
```

Bild 1: Zeiger auf Objekte

```
//Klassendeklaration
class TZahl
{
    protected:      //Attribute
        int zahl1, zahl2;

    public:         //Methoden wie zuvor
};

class TBruch : public TZahl
{
    protected:      //Attribute
        int ganze;
    public:         //Methoden
        TBruch(int, int);
};
//Konstruktor
TBruch::TBruch(int z1, int z2)
{
    ganze = 0;
    zahl1 = z1;
    zahl2 = z2;
}
```

Bild 2: Vererbung

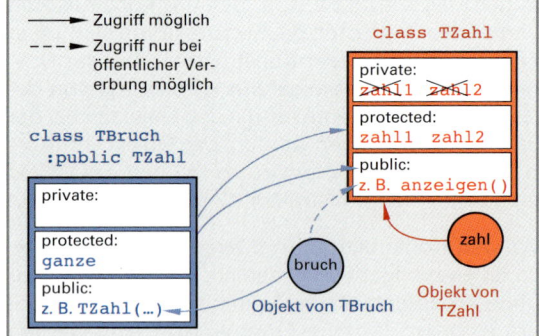

Bild 3: Zugriffsmöglichkeiten

Attribut `zahl1` nicht bekannt (Bild 2). Sollen aber Komponenten einer Klasse der abgeleiteten Klasse zugänglich gemacht werden und außerhalb der beiden Klassen verborgen sein, so muss das Zugriffsschlüsselwort `protected` verwendet werden.

> Das Zugriffsschlüsselwort `protected` erlaubt abgeleiteten Klassen, auf die nachfolgend aufgeführten verborgenen Komponenten zuzugreifen.

Konstruktoren einer abgeleiteten Klasse

Werden in einer abgeleiteten Klasse komplexe Konstruktoren mit Argumenten verwendet, so müssen diese in der abgeleiteten Klasse definiert werden. Bestehende Konstruktoren der Basisklasse können aber mitbenutzt werden. Dem Konstruktor wird dabei über einen Doppelpunkt zu Beginn der Definition mitgeteilt, auf welchen Konstruktor der Basisklasse er zurückgreift (**Bild 1**). In TBruch (int z1, int z2):TZahl(z1, z2) wird der Konstruktor mit zwei Argumenten aus der Basisklasse aufgerufen. Ihm werden die beiden Argumente z1 und z2 übergeben. Innerhalb des Funktionsrumpfes des neuen Konstruktors bietet sich dann die Möglichkeit, weitere Attribute der neuen Klasse zu initialisieren. Auf diese Weise wurde die Implementierung des Konstruktors im Vergleich zu Bild 2, vorhergehende Seite, verkürzt.

Überschreiben von Methoden

Nicht nur die Konstruktoren, sondern auch andere schon bestehende Methoden der Basisklasse können für die Zwecke der abgeleiteten Klasse erweitert werden. In der abgeleiteten Klasse TBruch ist ebenfalls eine Methode anzeigen() vorhanden. Sie bedient sich mithilfe von TZahl::anzeigen(); der Methode anzeigen() aus ihrer Basisklasse und führt diese aus. Der Gültigkeitsoperator (::) legt dabei den Gültigkeitsbereich dieser Methode fest. Zudem wird die Methode anzeigen() in TBruch noch nach den neuen Bedürfnissen erweitert und weitere Information ausgegeben.

Im Hauptprogramm wird ein Objekt zahl der Klasse TZahl und ein Objekt br der Klasse TBruch erzeugt (**Bild 2**). Anschließend wird über den Aufruf von zahl.anzeigen(); die Methode anzeigen () der Basisklasse ausgeführt, da zahl ein Objekt dieser Klasse ist. Ist dagegen die Methode anzeigen() mit dem Objekt br der Klasse TBruch verknüpft, wird die neue Methode anzeigen() der abgeleiteten Klasse aufgerufen. Man sagt, die Methode der abgeleiteten Klasse *überschreibt* die Methode der Basisklasse.

Öffentliche und private Vererbung

Mit class TBruch:public TZahl wird die Vererbung zu Beginn als öffentlich angegeben. Bei einer öffentlichen Vererbung können Objekte der abgeleiteten Klasse tatsächlich auf Methoden der Basisklasse zugreifen. Möglich wäre dann hier auch ein Aufruf von br.setzen();, obwohl diese Methode in der abgeleiteten Klasse nicht

```cpp
TBruch::TBruch(int z1, int z2):TZahl(z1,z2)
{
    ganze = 0;
}

void TBruch::ganzeFinden()
{
    if (zahl2 != 0)
    {
        ganze = zahl1 / zahl2;
        zahl1 = zahl1 - zahl2 * ganze;
    }
}

void TBruch::anzeigen()
{
    cout << "Ganze: " << ganze << endl;
    TZahl::anzeigen();
}
```

Bild 1: Konstruktoren in der abgeleiteten Klasse und Überschreiben von Methoden

```cpp
int main(array<System::String ^> ^args)
{
    TZahl zahl(5,99);
    TBruch br(7,2);

    zahl.anzeigen();
    br.ganzeFinden();
    br.anzeigen();
    return 0;
}
```
br.ganze = 3
br.zahl1 = 1
br.zahl2 = 2

Bild 2: Hauptprogramm mit überschriebenen Methoden

implementiert ist. Bei der privaten Vererbung, die über class TBruch:private TZahl angegeben wird, können Objekte der abgeleiteten Klasse nicht mehr die Methoden der Basisklasse verwenden (Bild 3, vorhergehende Seite).

> Mit der öffentlichen oder der privaten Vererbung kann der Zugriff auf die öffentlichen Komponenten der Basisklasse gesteuert werden.

Die private Vererbung wird eingesetzt, wenn Objekte der abgeleiteten Klasse mit Methoden der Basisklasse fehlerhaft arbeiten würden und dieser Fehler durch eine überschriebene Methode in der abgeleiteten Klasse nicht beseitigt werden kann.

K   Kompetenzorientierung

1. **Erläutern Sie Schlüsselbegriffe der objektorientierten Programmierung.**
2. **Welche Aufgabe haben die Zugriffsschlüsselworte private, public und protected?**
3. **Erklären Sie die Begriffe Klasse, Objekt und Methode.**
4. **Welche Vorteile bietet die Vererbung?**

8.4.8 Das Entwicklungssystem Visual Studio

Visual Studio ist ein Entwicklungssystem, mit dem Programme in verschiedenen Programmiersprachen z. B. Visual Basic, C#, F# oder C++, erstellt werden können. Visual Studio verwendet dabei das .NET Framework (sprich: dotNET) von Microsoft. .NET Framework beinhaltet eine umfangreiche Sammlung von Klassenbibliotheken, Programmierschnittstellen, Dienstprogrammen und eine Laufzeitumgebung um die erstellten Programme auszuführen.

Wird das Entwicklungssystem Visual Studio gestartet, erscheint der Startbildschirm **(Bild 1)**. Hier kann ein neues Projekt angelegt oder ein bestehendes Projekt geöffnet werden. Ein neues Projekt kann z. B. eine Konsolenanwendung oder eine Windows-Forms-Anwendung mit Erzeugung eines Windows-Fensters sein **(Bild 2)**. Die gewünschte Programmiersprache wird links ausgewählt. Um ein neues Projekt anzulegen, muss der Name des Projekts eingetragen und dessen Speicherort gewählt werden.

Die Oberfläche von Visual Studio ist in mehrere Bereiche unterteilt **(Bild 3)**.

Projektmappen-Explorer
Im Projektmappen-Explorer werden alle zum Projekt gehörenden Dateien aufgelistet. In den Quelldateien wird der Quellcode des Programmes gespeichert.

Bild 1: Startbildschirm Visual Studio

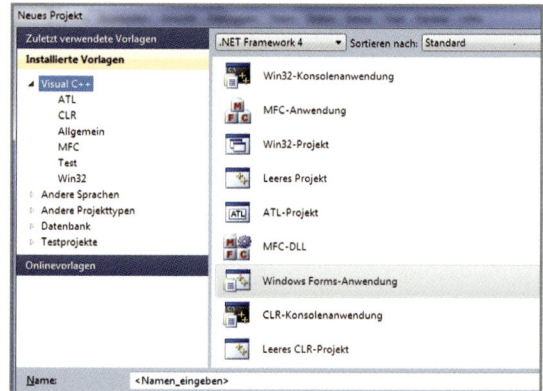

Bild 2: Auswahl des zu erstellenden Programms

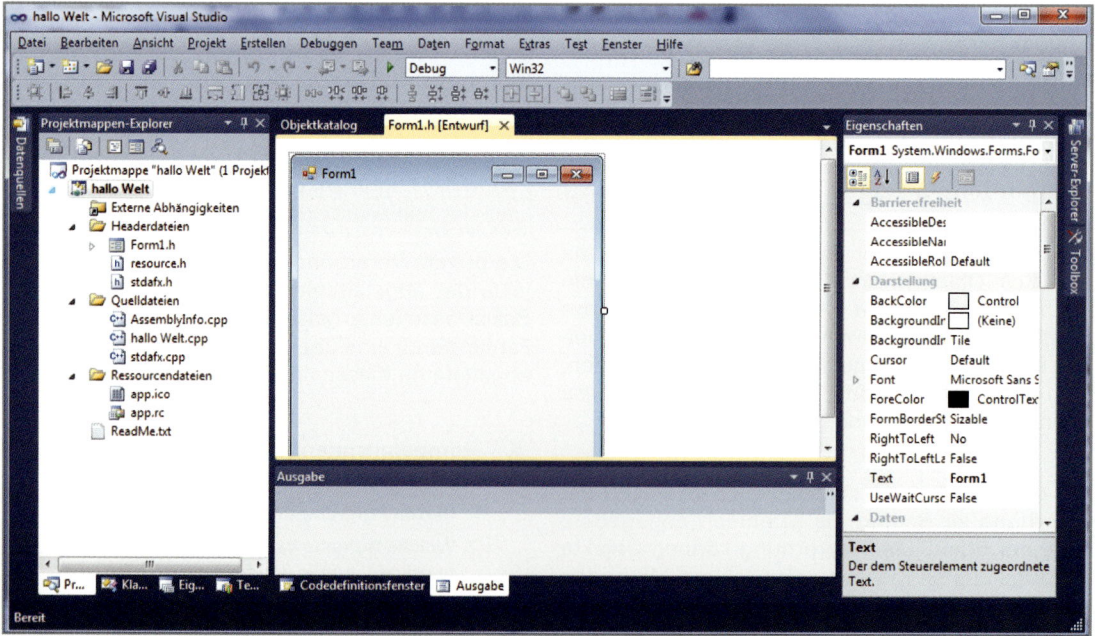

Bild 3: Entwicklungsumgebung Visual Studio

Header-Dateien enthalten alle notwendigen Deklarationen, d. h. Vereinbarungen. Die Formulardatei, z. B. `form1.h`, bestimmt das Aussehen des Windows-Fensters. In die Header-Datei werden Bibliotheksdateien mit eingebunden, in denen die vordefinierten Klassen vereinbart sind. Die Ressourcen-Dateien enthalten z. B. selbst erstellte Programmicons.

Die Toolbox
In der Toolbox sind alle Komponenten zusammengefasst, mit denen eine Windows-Oberfläche gestaltet werden kann **(Tabelle 1)**. Die Objekte sind in Gruppen eingeteilt. So beinhaltet die Gruppe `Allgemeine Steuerelemente` häufig verwendete Komponenten, z. B. Buttons und Textfelder. Sie werden durch Anklicken ausgewählt. Ein weiterer Klick auf das Windows-Fenster erzeugt das Objekt.

Das Eigenschaftenfenster
Über das Eigenschaftenfenster kann das Aussehen und das Verhalten des gerade angeklickten Objektes, das sich auf dem Windows-Fenster befindet, und auch das Fenster selbst beeinflusst werden. Dabei wird das Aussehen über freigegebene Attribute des Objektes nach Anklicken der Schaltfläche `Eigenschaften` festgelegt, und das Verhalten, d. h. die gewünschten Methoden des Objektes, nach Anklicken der Schaltfläche `Ereignisse` eingegeben **(Bild 1)**.

> Das Aussehen und die Verhaltensweise eines Objektes wird über das Eigenschaftenfenster eingetragen.

Die wichtigste Eigenschaft eines Objektes ist sein Name (`Name`), über den es angesprochen werden kann **(Tabelle 2)**. Über die Eigenschaften `Height` und `Width` wird z. B. die Größe des Objektes bestimmt.

Übung 1: Fensterdesign erzeugen und prüfen

a) Erzeugen Sie ein Windows-Fenster und ändern Sie die Eigenschaften wie in Bild 1 angegeben.
b) Fügen Sie einen Text über die Komponente `Label` in das Windows-Fenster ein und verändern Sie die Schriftgröße.
c) Führen Sie das Programm aus.

Lösung:
a) **Bild 1**.
b) Text über die Eigenschaft `Text` des Objektes `Label` eingeben, Schrift über die Eigenschaft `Font.Size` verändern.
c) Über die Menüzeile durch `Debuggen` ⇒ `Debugging` starten, es erscheint **Bild 2**.

Tabelle 1: Komponenten (Auswahl)

Komponente		Erklärung
A	Label	Textfeld, zur Ausgabe von Text, der vom Benutzer nicht bearbeitet werden darf.
abl	Text-Box	Eingabefeld, zur Eingabe von Text durch den Benutzer oder zur Ausgabe von Text durch das Programm.
ab	Button	Schaltfläche, über die der Benutzer eine Aktion auslösen kann.
✓	Check-Box	Kontrollkästchen, über das der Benutzer eine Option wählen kann.
⊙	Radio-Button	Radiobutton, über den der Benutzer zwischen sich ausschließenden Optionen wählen kann.

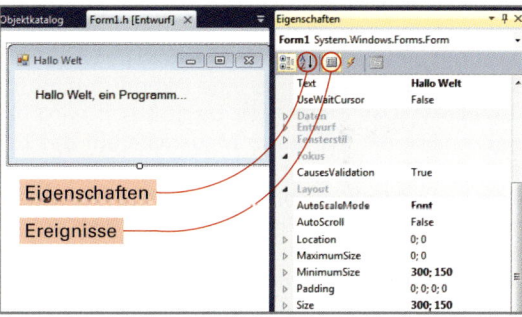

Bild 1: Eigenschaften Windows-Fenster festlegen

Tabelle 2: Eigenschaften (Auswahl)

Eigenschaft	Erklärung
Name	Bezeichner des Objektes
Text	Beschriftung einer Komponente
Height	Höhe in Pixel
Width	Breite in Pixel
Enabled	Steuerung, ob Komponente für Benutzer verfügbar ist. true = verfügbar, false = nicht verfügbar.
Font	Attribute des Textes, z. B. Schriftart, Schriftgröße.

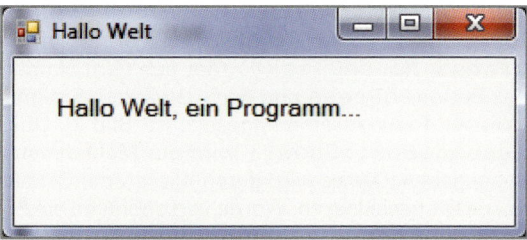

Bild 2: Ausgeführtes Programm

Das erzeugte Fenster kann vergrößert, jedoch nicht verkleinert werden, da die Eigenschaft `Minimum-Size` die selben Werte besitzt wie die Eigenschaft `Size`. Der im Fenster ausgegebene Text kann durch den Benutzer nicht verändert werden.

Übung 1: Schaltfläche einfügen

Fügen Sie einen Button auf das Windows-Fenster ein. Der Button soll folgende Eigenschaften bekommen: `Name bPress`, `Text Drücken`.

Lösung: **Bild 1**

Der Button ist ein Objekt der Klasse `Button`, in der z. B. die Eigenschaften der Schaltflächen als Attribute implementiert sind.

Das Verhalten eines Objektes, wie einer Schaltfläche, wird auch im Eigenschaftenfenster eingetragen. Dazu wird die Schaltfläche `Ereignisse` gedrückt und vordefinierte Ereignisse erscheinen. Die Ereignisse werden z. B. ausgelöst, wenn der Benutzer des Programms eine Aktion durchführt **(Tabelle 1)**. Das Ereignis `MouseClick` wird bei einem Klick mit der linken Maustaste auf das betreffende Objekt hervorgerufen. Mit `MouseDown` kann auch auf die rechte oder mittlere Maustaste reagiert werden. Das Ereignis `Enter` wird aufgerufen, wenn das Objekt den Eingabefokus erhält. Der Eingabefokus gibt das gerade aktivierte Objekt an. Immer nur ein Objekt eines Fensters erhält ihn. Für die jeweiligen Ereignisse lassen sich dann bei Bedarf Methoden implementieren.

Das Codefenster

Um die jeweiligen Methoden mit Programmcode zu belegen, wird das Codefenster genutzt. Das Ereignis wird im Eigenschaftenfenster doppelt angeklickt und die dazugehörige Methode erscheint **(Bild 2)**. In den Methodenrumpf können die gewünschten Anweisungen eingetragen werden.

Übung 2: Meldefenster verwenden

a) Es soll ein Meldefenster erscheinen sobald ein Benutzer den Button `bPress` drückt. Dazu ist das Ereignis `MouseClick` zu verwenden.

b) Führen Sie das Programm aus.

Lösung: a) **Bild 2**, b) **Bild 3**

Die Methode erhält automatisch den Namen `bPress_MouseClick()`, der aus dem Namen des Buttons `bPress` und dem gewählten Ereignis `MouseClick` zusammengesetzt ist (Bild 2). Über `MessageBox::Show()` wird ein Meldefenster ausgegeben. Dieses wird durch Klicken der Schaltfläche OK geschlossen. Wurde versehentlich ein Ereignis im Eigenschaftenfenster angeklickt, das gar nicht mit Programmcode hinterlegt werden soll, so

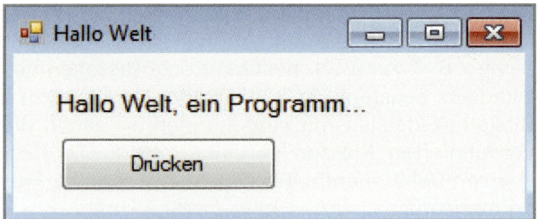

Bild 1: Fenster mit Schaltfläche

Tabelle 1: Ereignisse (Auswahl)	
Ereignis	Erklärung
MouseClick	Die Komponente wurde mit linker Maustaste angeklickt.
FormClosed	Das Formular wurde geschlossen.
Enter	Das Steuerelement erhält den Eingabefokus.
Leave	Das Steuerelement verliert den Eingabefokus.
KeyPress	Der Benutzer hat eine Taste gedrückt.
MouseDown	Der Benutzer hat eine beliebige Maustaste angeklickt.

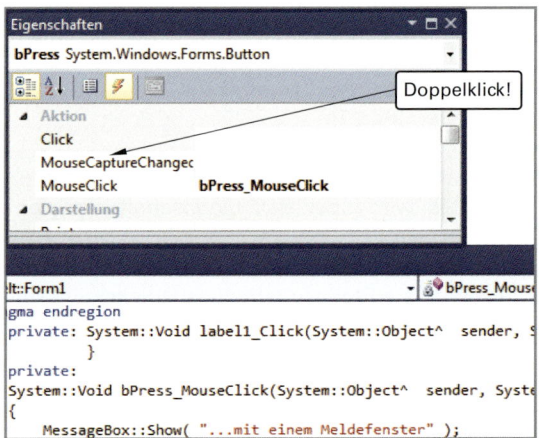

Bild 2: Quelltexteditor

Bild 3: Ausführen einer Methode

kann dies wieder rückgängig gemacht werden. Dazu wird auf dem geklickten Ereignis das Kontextmenü aufgerufen und zurücksetzen gewählt.

8.4.9 Projekt Addition zweier Zahlen

Schritt 1: Projekt anlegen
In Visual Studio wird ein neues Projekt über das Menü Datei gefolgt von Projekt... angelegt. Als Projekttyp wird Windows Forms-Anwendung gewählt. Als Name des Projekts wird z. B. Addi eingegeben (siehe auch Bild 3, Seite 306).

Schritt 2: Windows-Fenster entwerfen
Im erscheinenden Entwurfs-Fenster kann das Windows-Fenster gestaltet werden.

Übung 1: Formular entwerfen

Entwerfen Sie mit Visual Studio eine Windows-Oberfläche, über die zwei Zahlen addiert werden können. Die Berechnung erfolgt über eine Schaltfläche. Über weitere Schaltflächen sollen die Eingaben und Ausgaben gelöscht und das Programm beendet werden können.

Lösung: **Bild 1**, **Tabelle 1**, die Methoden sind noch nicht implementiert.

Auf dem Formular werden die benötigten Objekte nach Bild 1 platziert und über das Eigenschaftenfenster die gewünschten Eigenschaften eingetragen (Tabelle 1). Dazu ist jeweils das entsprechende Objekt auf dem Windows-Fenster anzuklicken. Die Objekte, die während der Programmierung der Methoden angesprochen werden müssen, erhalten einen eindeutigen Namen zugewiesen. Z. B. erhalten die Textboxen, in die später die Zahlen eingegeben werden, die Namen tB1 und tB2. Das Windows-Fenster hat den nicht veränderbaren Namen Form1. Die Beschriftungen aller Objekte, die auf dem Windows-Fenster angezeigt werden, werden geändert. Die Eigenschaft FormBorderStyle bestimmt den Rahmen des Windows-Fensters. Über den Wert FixedSingle kann das Windows-Fenster in der Größe nicht mehr verändert werden. Die Schaltflächen für Minimieren und Maximieren am oberen rechten Rand des Fensters werden durch Setzen der Eigenschaften MinimizeBox und MaximizeBox auf den Wert False unterdrückt. Wird nur eine der Eigenschaften auf False gesetzt, ist diese Schaltfläche inaktiv aber sichtbar.

Schritt 3: Methoden implementieren

Übung 2: Schaltfläche Beenden entwerfen

Implementieren Sie die Methode zum Schließen der Anwendung. Die Methode wird über die Schaltfläche Beenden aufgerufen.

Lösung: **Bild 2**

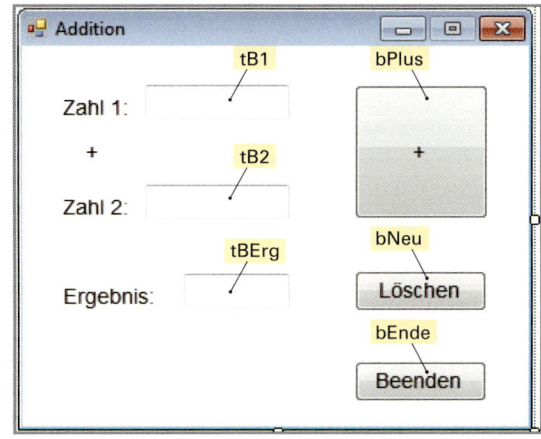

Bild 1: Windows-Fenster entwerfen

Tabelle 1: Vorgaben für Projekt-Fenster

Objekt	Eigenschaft	Wert
Formular	Text Font.Name Font.Size Size.Width Size.Height MinimizeBox MaximizeBox FormBorderStyle	Addition Arial 10 340 280 False False FixedSingle
Label	Text	Zahl 1:
Label	Text	Zahl 2:
Label	Text	+
Label	Text	Ergebnis:
TextBox	Text TextAlign Name	(leer) Right tB1
TextBox	Text TextAlign Name	(leer) Right tB2
TextBox	Text TextAlign ForeColor Name	(leer) Right Red tBErg
Button	Text Name	+ bPlus
Button	Text Name	Löschen bNeu
Button	Text Name	Beenden bEnde

```
private: System::Void bEnde_MouseClick
         (System::Object^  sender,
         System::Windows::Forms::
         MouseEventArgs^  e)
    {
         this->Close();
    }
```

Bild 2: Listing der Methode bEnde_MouseClick()

Über das Ereignis `MouseClick` der Schaltfläche `bEnde` wird durch Doppelklick die Methode `bEnde_MouseClick()` im Eigenschaftenfenster aufgerufen. Die Methode verfügt über die Funktionsbeschreibung und nur der Funktionsrumpf muss eingetragen werden (Bild 2, vorhergehende Seite). Im Funktionsrumpf wird das Taschenrechnerfenster über `this` angesprochen und über die Methode `Close()` geschlossen.

Übung 1: Methode Addition implementieren

Implementieren Sie eine Methode zur Berechnung der Addition. Sofern keine Zahlen eingegeben wurden, soll ein Meldungsfenster ausgegeben werden. Die Methode wird durch Klicken auf die Schaltfläche + aufgerufen.

Lösung: **Bild 1**

Im Eigenschaftenfenster wird für die Schaltfläche `bPlus` die Karteikarte Ereignisse aufgerufen und doppelt auf das Ereignis `MouseClick` geklickt, um die Methode `bPlus_MouseClick()` zu erzeugen. Die in die Textbox `tB1` eingegebene Zahl kann in Textform über `tB1->Text` angesprochen werden. Stehen in beiden Eingabefeldern Werte, wird die Berechnung durchgeführt. Über `Convert::ToDouble(tB1->Text)` wird der Text in eine Kommazahl im Format `double` gewandelt. `tBErg->Text=erg.ToString();` gibt das Ergebnis als Zeichenkette in die entsprechende Textbox aus.

Wurde in eine der Textboxen keine Zahl eingegeben, wird ein Meldefenster ausgegeben und über die Methode `Focus();` der Eingabefokus zurück auf die Textbox gesetzt.

Übung 2: Methode Löschen implementieren

Implementieren Sie die Methode zum Löschen der Eingaben und Ausgaben. Diese Methode soll durch Klicken auf die Schaltfläche `Löschen` aufgerufen werden.

Lösung: **Bild 2**

Im Eigenschaftenfenster wird für die Schaltfläche `bNeu` das Ereignis `MouseClick` doppelt geklickt und so die Methode `bNeu_MouseClick()` erzeugt, in der die Texte der Textboxen gelöscht werden. Der Eingabefokus wird über `tB1->Focus();` auf die Textbox `tB1` gesetzt (Bild 2).

Schritt 4: Programm ausführen
Das erstellte Programm wird über das Menü Debuggen gefolgt von `Debugging starten` ausgeführt **(Bild 3)**. Die Zahlen werden eingetragen und auf die Schaltfläche + gedrückt. Das Ergebnis wird angezeigt. Eingaben von Text werden nicht als Fehler erkannt.

```
private:
    System::Void bPlus_MouseClick
        (System::Object^ sender,
        System::Windows::Forms::
        MouseEventArgs^ e)
    {
        double erg;
        if ((tB1->Text!="") && (tB2->Text!=""))
        {
            erg=Convert::ToDouble(tB1->Text)+
                Convert::ToDouble(tB2->Text);
            tBErg->Text=erg.ToString();
        }
        else
            if (tB1->Text=="")
            {
                MessageBox::Show(
                    "Bitte geben Sie Zahl 1 ein.");
                tB1->Focus();
            }
            else
            {
                MessageBox::Show(
                    "Bitte geben Sie Zahl 2 ein.");
                tB2->Focus();
            }
    }
```

Bild 1: Listing der Methode `bPlus_MouseClick()`

```
private:
    System::Void bNeu_MouseClick
        (System::Object^ sender,
        System::Windows::Forms::
        MouseEventArgs^ e)
    {
        tB1->Clear();
        tB2->Clear();
        tBErg->Clear();

        tB1->Focus();
    }
```

Bild 2: Listing der Methode `bNeu_MouseClick()`

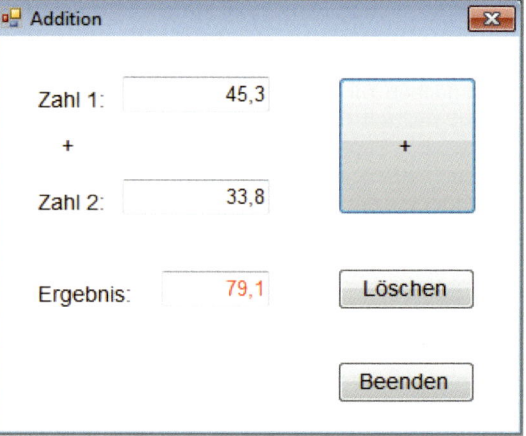

Bild 3: Ausführen des Programms

Schritt 5: Projekt abspeichern
Speichern Sie das Projekt ab, indem Sie über das Menü den Punkt Datei gefolgt von Alle Speichern wählen. So werden alle zugehörenden Dateien gespeichert.

Schritt 6: Projekt erweitern
Hauptfenster erstellen. Das Fenster Addition soll nun über die Menüzeile eines weiteren Fensters gestartet werden.

> **Übung 1: Taschenrechnerfenster erzeugen**
>
> Erstellen Sie ein neues Formular mit der Beschriftung Taschenrechner.
>
> *Lösung:* **Bild 1**

Ein neues Fenster wird durch Drücken der Schaltfläche Neues Element hinzufügen... in der Symbolleiste erzeugt. Das Windows-Form-Element wird angeklickt und als Name z. B. Taschenrechner eingetragen. Die Auswahl wird durch Betätigen der Schaltfläche Hinzufügen bestätigt. Die Beschriftung wird im Eigenschaftenfenster verändert.

> **Übung 2: Hauptmenü erstellen**
>
> Erstellen Sie für das Fenster Taschenrechner ein Hauptmenü. Folgende Einträge sollen vorhanden sein: Berechnen und Beenden. Über Berechnen erreicht man die Einträge Addition und Multiplikation. Benutzen Sie die Vorgaben der **Tabelle 1**.
>
> *Lösung:* **Tabelle 1, Bild 2**

Um das Hauptmenü einzufügen, wird die Toolbox geöffnet und ein MenuStrip auf das Fenster Taschenrechner gezogen.

Es wird die gewünschte Stelle für den Menüeintrag angeklickt (Bild 2) und über das Eigenschaftenfenster sowohl der dazugehörende Name sowie die Beschriftung eingetragen **(Bild 3)**.

Fenster miteinander verknüpfen. Wird das Programm gestartet, so erscheint nach wie vor das Fenster Addition. Deshalb muss in der Hauptprojektdatei z. B. Addi.cpp das erscheinende Hauptfenster abgewandelt werden **(Bild 1, folgende Seite)**. Die Header-Datei Taschenrechner.h muss anstelle von Form1.h eingebunden werden. Zudem muss das Taschenrechnerfenster über gcnew Taschenrechner() erzeugt werden.

Methoden implementieren. Im Formular fHaupt wird der jeweilige Menüpunkt im Eigenschaftenfenster aufgerufen und die dazugehörende Methode erscheint im Quelltexteditor. Jeder Menüpunkt wird durch einmaliges Klicken auf den entsprechenden Menüeintrag gewählt.

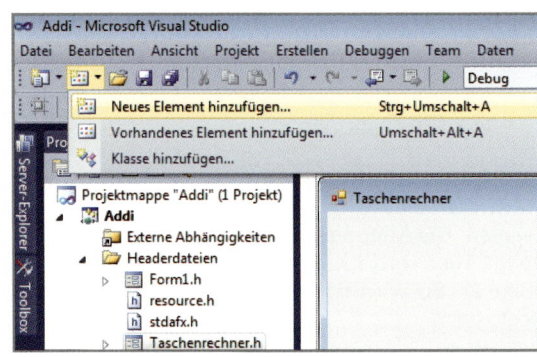

Bild 1: Neues Fenster erzeugen

Tabelle 1: Vorgaben für Hauptfenster		
Objekt	Eigenschaft	Wert
Formular	Text	Taschenrechner
Hauptmenü	Name	mHaupt
Menüeintrag	Text	Berechnen
Menüeintrag	Text	Addition
	Name	mAdd
Menüeintrag	Text	Multiplikation
	Name	mMal
Menüeintrag	Text	Beenden
	Name	mEnde

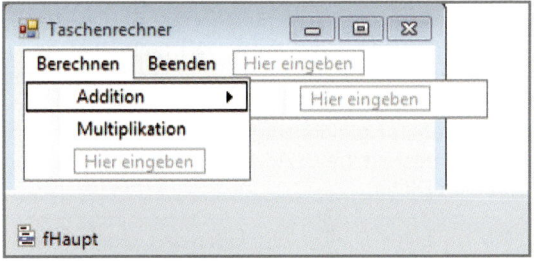

Bild 2: Menü erzeugen

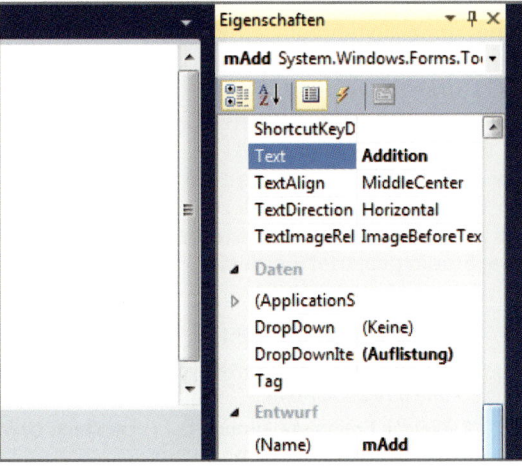

Bild 3: Eigenschaftenfenster eines Menüeintrags

Übung 1: Programm beenden

Durch Anklicken des Menüpunkts Beenden soll das Programm geschlossen werden.

Lösung: **Bild 2**

Im Eigenschaftenfenster ist für den Menüeintrag Beenden die Aktion Click durch Doppelklick zu wählen. Die Methode mEnde_Click() wird erzeugt. Hier wird this->Close(); eingetragen (Bild 2). So wird das Taschenrechnerfenster geschlossen.

Um das Fenster für die Addition nach Klick auf den Menüeintrag Addition zu öffnen, muss dieses Fenster erst in das Taschenrechnerfenster eingebunden werden **(Bild 3)**. Deshalb wird in der Klasse Taschenrechner über Form1 ^add; und den Eintrag add = gcnew Form1(); im Konstruktor ein Fenster Addition erzeugt. Die Klasse Form1 wird durch Einbinden der Datei Form1.h über den Eintrag #include „Form1.h" bekannt gemacht.

Übung 2: Fenster aufrufen

Über den Menüpunkt Addition soll das Fenster für die Addition aufgerufen werden.

Lösung: **Bild 4**

Die Methode mAdd_Click() wird durch Anklicken der Aktion Click für den Menüeintrag Addition erstellt. Über add->ShowDialog(); wird das Fenster Addition angezeigt. Die Methode ShowDialog() sorgt dafür, dass das Taschenrechnerfenster gleichzeitig gesperrt wird. Es handelt sich deshalb beim Additions-Fenster um einen modalen Dialog.

> Ein modaler Dialog blockiert das Ursprungsfenster und sorgt dafür, dass das aktuelle Fenster erst bearbeitet werden muss.

Programm ausführen: Das Programm wird über den Menüpunkt Debugging starten im Menü Debuggen ausgeführt **(Bild 5)**.

Ausführbare Datei erstellen: Eine ausführbare Datei wird über den Menüpunkt Erstellen gefolgt von z. B. Addi erstellen erstellt. Die Datei ist im Verzeichnis Debug des zugehörenden Projektes zu finden. Die ausführbare Datei kann ohne Visual Studio gestartet werden.

K   Kompetenzorientierung

1. Nennen Sie Eigenschaften von Fenster-Objekten und ihre Bedeutung.
2. Welche Ereignisse können bei Formularen bzw. Schaltflächen eintreten?
3. Wodurch zeichnet sich ein modaler Dialog aus?

```
// Addi.cpp: Hauptprojektdatei.

#include "stdafx.h"
#include "Form1.h"         ersetzen durch:
                           Taschenrechner.h
using namespace Addi;

[STAThreadAttribute]
int main(array<System::String ^> ^args)
{
    // Aktivieren visueller Effekte von Windows XP, bevor
    Application::EnableVisualStyles();
    Application::SetCompatibleTextRenderingDefault(false);

    // Hauptfenster erstellen und ausführen
    Application::Run(gcnew Form1());
    return 0;              ersetzen durch:
}                          Taschenrechner()
```

Bild 1: Quelltexteditor

```
private: System::Void mEnde_Click(System::Object^ sender,
             System::EventArgs^ e)
         {
             this->Close();
         }
```

Bild 2: Listing der Methode mEnde_Click()

```
#pragma once
#include "Form1.h"

namespace Addi {

    // hier fehlen die using namespace |
    /// <summary>
    /// Zusammenfassung für Taschenrechner
    /// </summary>
    public ref class Taschenrechner : public System::Windo
    {
    private:
        Form1 ^add;
    public:
        Taschenrechner(void)
        {
            InitializeComponent();
            add = gcnew Form1();
        }
    }
```

Bild 3: Auszug aus der Klasse Taschenrechner

```
private: System::Void mAdd_Click(System::Object^ sender,
             System::EventArgs^ e)
         {
             add->ShowDialog();
         }
```

Bild 4: Listing der Methode mAdd_Click()

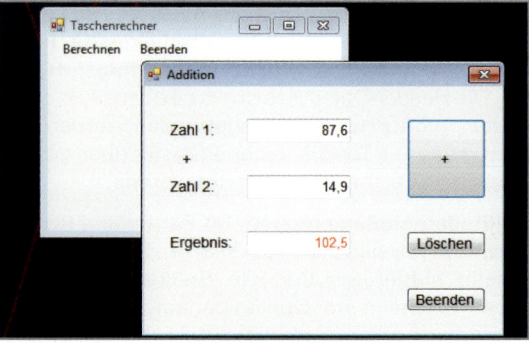

Bild 5: Ausführen des Programms

8.5 Programmieren in Java

8.5.1 Plattformabhängige Programmierung

Programmiersprachen wie z. B. C# oder C++ übersetzen Quelltexte mit Compilern, die für eine bestimmte Hardware (Maschine) entwickelt wurden (**Bild 1**). Für jede Hardware und jede Programmiersprache ist ein eigener Compiler zur Erzeugung ausführbarer Dateien notwendig. Diese Art der Programmierung nennt man deshalb plattformabhängige Programmierung. So erzeugte Programme sind nicht ohne Eingriff portierbar (von portable = tragbar, hier übertragbar).

> Programmiersprachen erzeugen ausführbare Dateien, die nicht portierbar sind.

Ein Quelltext, der z. B. auf einem PC zu einer ausführbaren Datei `hallo1.exe` compiliert wurde, muss für eine Workstation entsprechend zu einer ausführbaren Datei `hallo3.exe` neu compiliert werden.

Für die weltweite Übertragung von Daten, z. B. im Internet, benötigt man deshalb ein plattformunabhängiges Datenformat.

8.5.2 Programmieren mit Bytecode

Quelltexte für die Programmiersprache Java (am. Java = Kaffee, sprich: tschawa) werden für das verwendete Computersystem im entsprechenden Java-Compiler in portierbaren *Java-Bytecode* übersetzt (**Bild 2**).

> Java-Compiler erzeugen portierbaren Java-Bytecode.

Dieser Java-Bytecode wird als Transportmittel im Internet verwendet und an den Empfänger gesendet. Auf der Empfangsseite muss der Java-Bytecode an das verwendete Computersystem angepasst werden. Dazu verwendet man Interpreter (Interpreterprogramme), die den Java-Bytecode stückweise ausführen. Diese Interpreter nennt man Browser (von to browse = schmökern). Browser sind z. B. Edge, Firefox oder Chrome.

> Browser führen Programme im Java-Bytecode aus.

Interpreter arbeiten langsamer als Compiler, da sie Programme stückweise ausführen.

Java-Programme können mit einem Editorprogramm und dem JDK (von Java Development Kit = Java-Entwicklungswerkzeug) der Firma Sun erzeugt werden. Der JDK enthält z. B. den Java-Compiler, einen Debugger und einen Browser. Meist

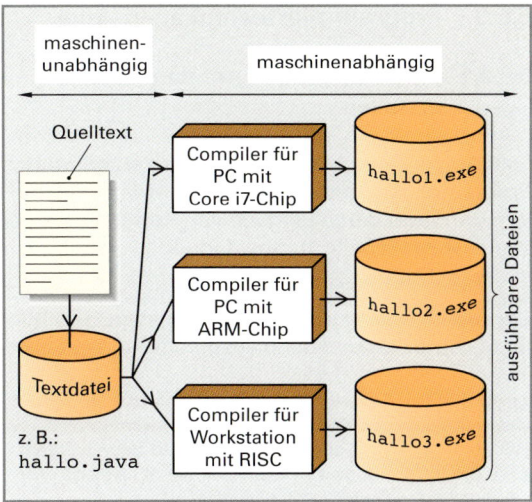

Bild 1: Plattformabhängige Programmentwicklung

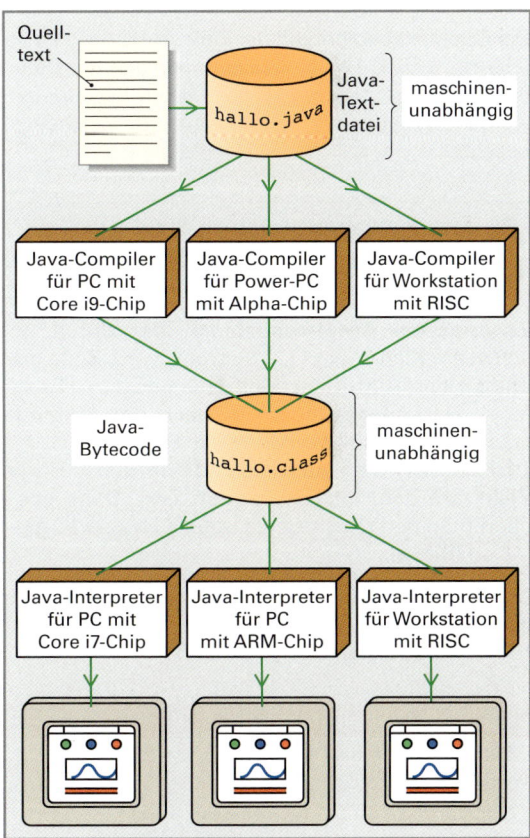

Bild 2: Java-Programmierung

verwendet man zur Programmentwicklung eine integrierte Entwicklungsumgebung (IDE) wie Eclipse, den JBuilder oder Visual J#.

8.5.3   Programmiertechniken in Java

8.5.3.1 Java-Applikation mit dem JDK erstellen

Eine Applikation (Anwendung) ist ein ausführbares Programm, das in der Eingabeaufforderung (cmd) von Windows durch Eingabe von Kommandos gestartet wird **(Tabelle 1)**. Anwendungen erstellt man in drei Schritten.

Der Quelltext wird als erstes geschrieben, anschließend compiliert und dann ausgeführt und getestet.

Übung 1: Editor WordPad verwenden
Schreiben Sie mit dem Editor WordPad den Quelltext für die Anwendung mit dem Namen `Klasse1` zur Ausgabe des Textes "Hallo Java".   *Lösung:* **Bild 1**

Der Quelltext beginnt mit der Zeile `public class Klasse1` (Bild 1). Der Klassenname und der Dateiname müssen gleich sein und gleich geschrieben werden. Dabei ist die Schreibweise der Zeichen zu beachten.

Bei Java-Programmen werden Groß- und Kleinbuchstaben unterschieden (case sensitive).

Es folgt ein Anweisungsblock, der durch geschweifte Klammern { ... } begrenzt wird. Zeile drei enthält den Aufruf der Methode `main()` (Tabelle 1). Der Anweisungsblock nach der Methode `main()` enthält die Methode `System.out.println()` (von out = aus und print line = drucke Zeile) mit dem auszugebenden Text. Dann speichert man den Quelltext als Datei `Klasse 1.java` ab **(Bild 2)**.

Im nächsten Schritt wird die Datei compiliert. Dazu ruft man vom DOS-Fenster aus den Java-Compiler mit `javac Klasse1.java` auf.

Übung 2: Compilieren
Compilieren Sie die Quelldatei `Klasse1.java`.   *Lösung:*   Eingabe von `javac Klasse1.java`.

Durch das Compilieren wird die ausführbare Datei `Klasse1.class` erzeugt (Bild 2).

Zum Ausführen des Programms ruft man vom Eingabefenster (cmd) aus den Java-Interpreter auf.

Tabelle 1: Begriffe beim Programmieren in Java	
Begriff	Erklärung
`class`	Class = Klasse. Klassen bestehen aus einem Vereinbarungsteil und einem Anweisungsblock mit Variablen und Methoden.
`main()`	main = Haupt. Programmausführung beginnt durch Aufruf der Methode main().
`public`	public = öffentlich. Diese Klasse kann von jedem Objekt aufgerufen werden.
`static`	static = statisch. Bedeutet, main() ist eine Methode innerhalb einer Klasse.
`void`	void = leer. Bedeutet, die Methode main() liefert keinen Rückgabewert.
`args[ ]`	Zeichenkettenfeld. Zur Übergabe von Zeichenketten an die Methode main().

```
314-1.txt - Editor                        —    □    ×
Datei  Bearbeiten  Format  Ansicht  ?
public class Klasse1
{
  public static void main(String[] args)
  {
    System.out.println(" Hallo Java");
  }
}
```

Bild 1: Quelltextdatei HalloJava

▼d:\jdk-10.0.2\bin*.*			* ▼
Name	Erw.	Größe	↓Datum
Klasse1	class	419	01.10.2018 15:27
Klasse1	java	116	01.10.2018 11:49
zip	dll	77.152	21.07.2018 16:37

Bild 2: Anzeige der erzeugten Dateien

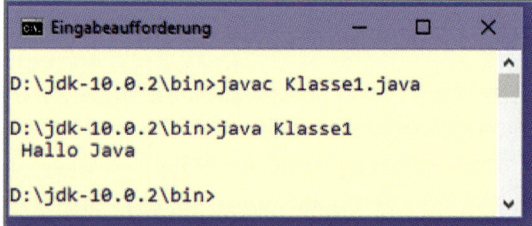

```
Eingabeaufforderung                        —    □    ×

D:\jdk-10.0.2\bin>javac Klasse1.java

D:\jdk-10.0.2\bin>java Klasse1
 Hallo Java

D:\jdk-10.0.2\bin>
```

Bild 3: Ergebnisanzeige Klasse1.class

Übung 3: Programm ausführen
Führen sie das Programm `Klasse1.class` aus.   *Lösung:*   Eingabe von `java Klasse1`, **Bild 3**.

Es wird auf dem Bildschirm der Text `Hallo Java` ausgegeben.

8.5.3.2 Programmieren mit der Eclipse-Plattform

Eclipse ist ein Programmiersystem für die objektorientierte Programmierung in Java. Programme bezeichnet man als Projekte mit verschiedenen Dateien **(Bild 1)**.

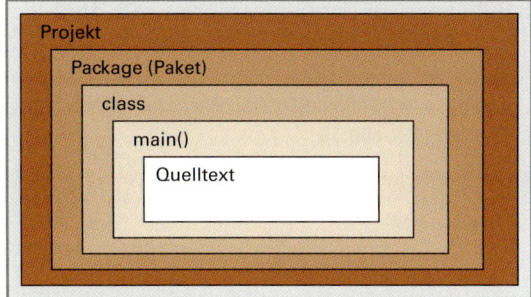

Bild 1: Projektaufbau in Java

Erste Konsolenanwendung mit Eclipse erstellen

Nach dem Start des Programms Eclipse erscheint die integrierte Entwicklungsumgebung IDE (von

---

Übung 1: Text Hallo Java ausgeben

Erstellen Sie schrittweise das `Projekt1` zur Ausgabe des Textes `Hallo Java` im Konsolenfenster.

Lösung: **Bild 2**, Schritt 1 bis 3

■ **Schritt 1:**
Im Menü `Datei` wählt man `Neu` und erstellt interaktiv nacheinander das `Projekt1`, das `Paket1` und die `Klasse1`.

■ **Schritt 2:**
Quelltext im Editorfenster schreiben.

■ **Schritt 3:**
Ausführen mit 🔘 oder im Menü `Ausführen` in der Zeile `Ausführen als Java-Anwendung` anklicken.

Im Fenster `Konsole` (Bild 2, unten) wird der Text `Hallo Java` ausgegeben.

Sprachenpaket installieren

Die Eclipse-IDE kann auf deutsche Beschriftung umgestellt werden. Dies erfolgt über `Neue Software  installieren` im Menü `Hilfe`. Im Fenster `Verfügbare Software` trägt man bei `Site eingeben oder Auswählen` folgende Download-Adresse für die Sprachpakete Babel ein und klickt sie an.

http://download.eclipse.org/technology/babel/update-site/R0.16.0/photon/

Anschließend wählt man aus der Sprachliste z.B. German aus und installiert das Programm.

Nach einem Neustart von Eclipse erhält man z.B. die übersetzten Begriffe (Bild 2).

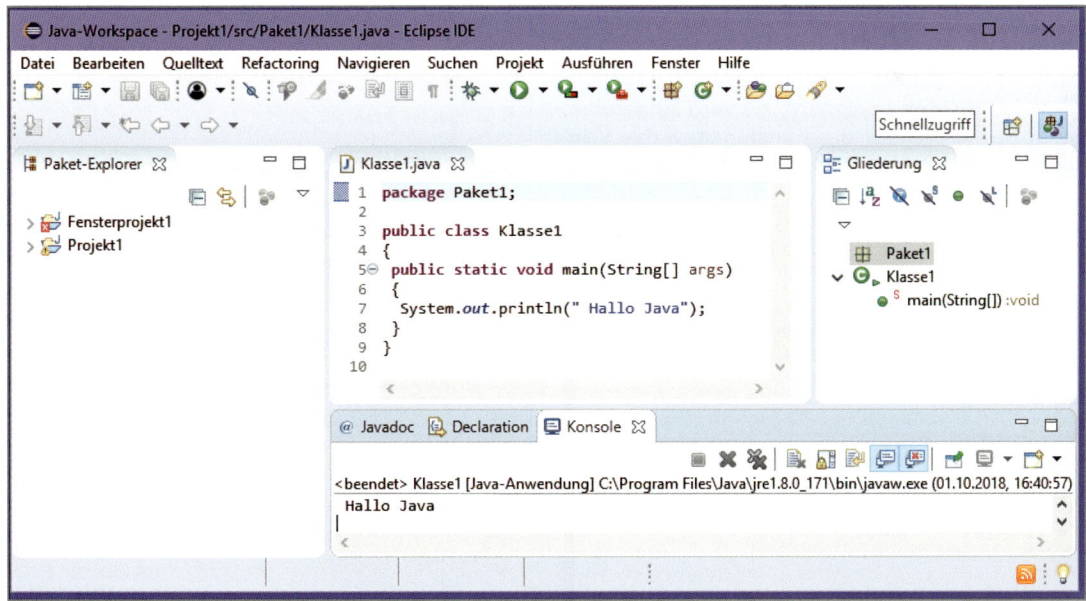

Bild 2: Integrierte Entwicklungsumgebung mit Editorfenster

8.5.4 Fenster programmieren mit dem AWT

Ein Fenster wird in Java Frame (Rahmen) genannt. Die Klasse `Frame` ist in der Package `java.awt` enthalten **(Tabelle 1)**.

Übung 1: Textfenster mit Frame-Klasse

Erstellen Sie ein Programm, das den Text `Hallo Java` in einem Textfenster **(Bild 1)** ausgibt.

Lösung: **Bild 2**

Klasse Rahmen

Mit `extends Frame` werden die Eigenschaften und Methoden der Klasse `Frame` an die Klasse Rahmen vererbt.

Textfenster

Mit `new Label()` wird ein neues Objekt der Klasse Label mit dem Namen `label1` zur Ausgabe des Textes `Hallo Java` gebildet.

Aufbau der Methode Rahmen()

Die Klasse Rahmen enthält die Methode `public Rahmen()`. In ihr werden die Fenstereigenschaften durch weitere Methoden, z. B. die Labeleigenschaften, festgelegt. Die Methode `set.Alignment(label1.CENTER)` zentriert den Text, `setFont()` wählt Schriftart, Schriftstärke und Zeichengröße und `add(label1)` übergibt die Einstellungen. Der Text in der Titelleiste wird mit `setTitle("Textfenster")` ausgegeben, `setSize(350,200)` gibt die Größe des gesamten Fensters in Pixeln an und `setVisible(true)` macht das Fenster sichtbar.

Fenstersteuerung

Die Klasse `WindowListener` enthält die Methoden zum Schließen des Fensters. `window-Closing (WindowEvent e)` wird aufgerufen, wenn der Anwender das Fenster über das Windows-Menü mit Mausklick schließen will **(Bild 3)**. Mit `e.getWindow().dispose()` wird das Fenster gewählt, die Ressourcen freigegeben und mit `System.exit(0)` geschlossen.

> **!** Startpunkt für das Fensterprogramm ist der Aufruf von new `Rahmen()` in der `main()`-Methode.

Tabelle 1: Begriffe für die Fensterprogrammierung

Begriff	Übersetzung, Erklärungen
import	Fügt Pakete oder Klassen ein.
awt	**A**bstract **W**indow **T**oolkit = abstrakter Fensterbausatz. Sammlung für die Grafikprogrammierung.
event, e	Ereignis. Ereignissteuerungsklasse.
Frame	Rahmen. Rahmenklasse.
Label	Textfeld. Ausgabe von Text.
Window-Listener	Fensterhorcher. Schnittstelle für Klassen, die Ereignisse auswerten.
Window-Adapter	Zur Auswahl einzelner Methoden des WindowListeners.
System	Klasse für Eingaben und Ausgaben.
exit(0)	Beendet das laufende, fehlerfreie Programm.
e.get-Window()	Gibt das ereignisauslösende Fenster zurück.
dispose()	Gibt die Windows-Ressourcen frei.

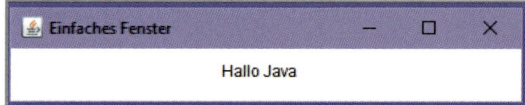

Bild 1: Textfenster (nicht maßstäblich)

```
 1  package Paket1;
 2  import java.awt.*;
 3  import java.awt.event.*;
 4
 5
 6  public class SimplePanel extends Frame
 7  {
 8    public SimplePanel()
 9    {
10      setTitle("Einfaches Fenster");
11      setSize(400,100);
12      addPanel();
13      addWindowListener(new WindowAdapter()
14      {
15       public void windowClosing(WindowEvent e)
16       { System.exit(0);}
17      });
18    }
19    public void addPanel()
20    {
21     Panel panel = new Panel();
22     add(panel);
23     panel.add(new Label("Hallo Java"));
24    }
25      public static void main(String[] args)
26      {
27       Frame rahmen = new SimplePanel();
28       rahmen.setVisible(true);
29      }
30  }
```

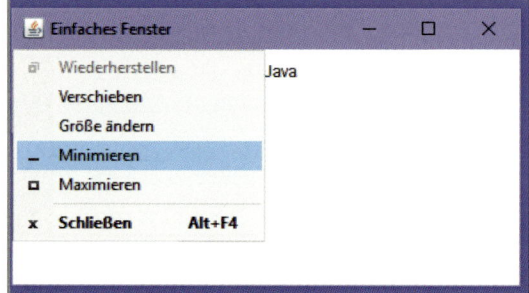

Bild 3: Textfenster mit Systemmenü

Bild 2: Programm für Textfenster

8.5.5 Applet programmieren mit dem AWT

Mit Applets können Texte und Bildobjekte auf eine grafische Oberfläche gezeichnet werden. Ein Applet ist kein eigenständiges Java-Programm **(Tabelle 1)**. Es enthält deshalb keine Methode `main()`. Für den Test von Applets verwenden wir den in Eclipse vorhandenen Appletviewer.

Der Text `Hallo Java` soll nun mit einem Applet dargestellt werden.

Übung 1: Text mit Applet darstellen

Erstellen Sie ein Applet zur Ausgabe des Textes `Hallo Java`, **Bild 1, unten**.

Lösung: **Bild 2**

Klasse Applet

Mit `extends Applet` werden die Eigenschaften und Methoden der Klasse `Applet`, z. B. die Erzeugung des Rahmens, an die neue Klasse `Applet1` vererbt.

Klasse Graphics

`Graphics g` stellt seine geometrischen Figuren der Methode `paint()` zur Verfügung. Zuerst werden Schriftart, Schriftstärke und Zeichengröße gewählt. Anschließend wird mit `g.setColor()` die Farbe Blau mit dem Objekt `Color.BLUE` eingestellt. Die nächste Zeile gibt den Text `Hallo Java` an der Stelle x = 45, y = 80 aus **(Bild 3, links)**.

Übung 2: Grafische Objekte und Rahmen zeichnen

Ergänzen Sie das Applet von Übung 1 entsprechend Bild 2, mit Rechteck und Kreis.

Lösung: **Bild 2**

Methoden mit `Rect()` verwenden die Koordinatenzuordnung von **Bild 3**.

```
…Rect(xLinks, yOben, xRechts, yUnten)
```

Mit `fillRect()` und `fillOval()` werden Rechteck und Kreis eingefärbt. Der schwarze Rahmen wird mit `drawRect()` für die angegebenen Koordinaten erzeugt.

Applets werden von HTML-Dateien mit ihrem Appletnamen, z. B. `Applet1.class` aufgerufen. Die HTML-Datei kann, z.B. im Internet-Explorer oder FireFox mit ihrem HTML-Dateinamen aufgerufen werden.

Tabelle 1: Begriffe bei der Erstellung von Applets

Begriff	Bedeutung, Erklärungen
Applet	von little application = kleine Anwendung. Programmteil, der in ein HTML-Programm eingebunden wird.
Applet-viewer	Appletbetrachter. Applets ohne Browser anschauen.
paint()	to paint = malen. Methode zum Darstellen einer Fläche zum Zeichnen.
Graphics g	Grafikklasse g. Stellt grafische Objekte mit g.__ zur Verfügung.
setColor()	Methode, um Farbe einzustellen.
fillRect()	Methode, um Fläche zu füllen.
drawString()	Methode, um String zu zeichnen.
drawRect()	Methode, um Rechteck zu zeichnen.

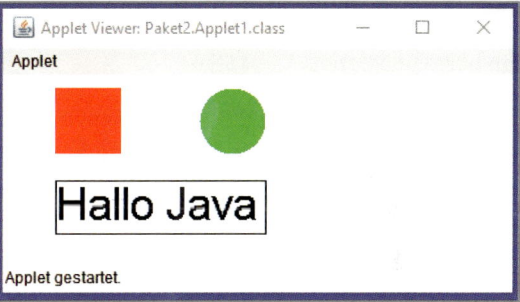

Bild 1: Applet-Ansicht

```
package Paket2;

import java.awt.*;
import java.applet.Applet;

public class Applet1 extends Applet {
    public void paint(Graphics g) {
        g.setColor(Color.RED);
        g.fillRect(40, 10, 50, 50);
        g.setColor(Color.GREEN);
        g.fillOval(150, 10, 50, 50);
        g.setFont(new Font("Dialog", Font.PLAIN, 34));
        g.setColor(Color.BLUE);
        g.setColor(Color.BLACK);
        g.drawString("Hallo Java", 45, 110);
        g.drawRect(40, 80, 160, 40);
    }
}
```

Bild 2: Applet-Programm

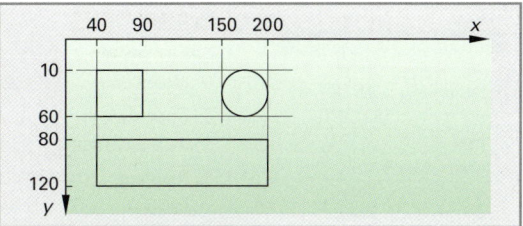

Bild 3: Bildschirmkoordinaten

8.5.6 WindowBuilder-Editor

Der WindowBuilder-Editor stellt eine Arbeitsfläche zur Verfügung, die auch Formular oder Form genannt wird **(Bild 1)**. Auf dem Formular können Komponenten aus einer Palette per Mausklick eingefügt werden. Der zugehörige Quelltext wird vom Visual-Editor automatisch erzeugt. Diese Automatik hat aber den Nachteil, dass die Fenstergestaltung oft nachgebessert werden muss.

> Automatisch erzeugte Fenster müssen häufig von Hand nachgebessert werden.

Für Java stehen die GUI-Pakete (Graphical User Interface), AWT (Abstract Window Toolkit), Swing und SWT (Standard Widget Toolkit) zur Verfügung. Für das Verstehen der Wirkungsweise ist der AWT am besten geeignet.

Nach Erstellen des Projektes und des Paketes wählt man im Menü Datei, Zeile Neu aus der Liste Andere… das Verzeichnis WindowBuilder an. Man wählt dann im Swing Designer JFrame und erstellt das Grafic-Projekt, GUI **(Bild 2)**.

> **Übung 1: Grafische Elemente zufügen**
>
> Fügen Sie dem Fenster Visual-Editor Rahmen in Bild 1 die Komponenten Label1, Button1, TextField1 aus der Palette Swing Components hinzu und führen Sie das Programm aus.
>
> *Lösung:* **Bild 1** und **Bild 3**

> ! • **GUI** von Graphical User Interface = Grafische Benutzerschnittstelle.
> • **Swing**, ein Paket mit erweiterter grafischer Benutzerschnittstelle.
> • **SWT** von Standard Widget Toolkit = Paket mit erweiterter grafischer Benutzerschnittstelle für Eclipse entwickelt.

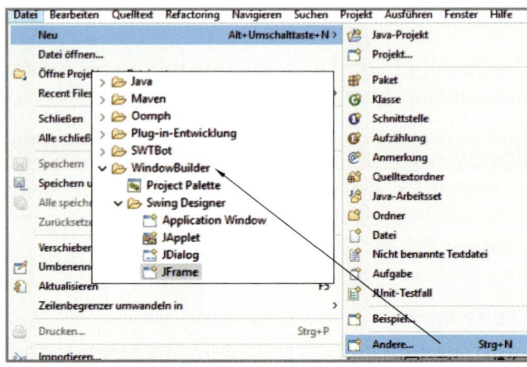

Bild 2: Menü-Ausschnitte

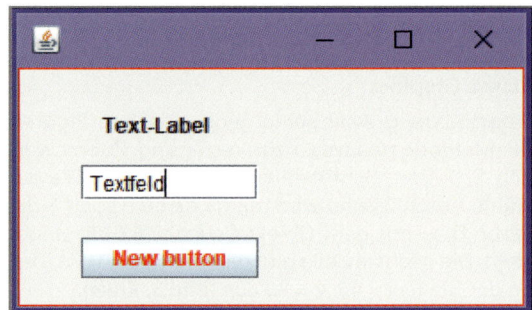

Bild 3: Fenster mit GUI-Elementen

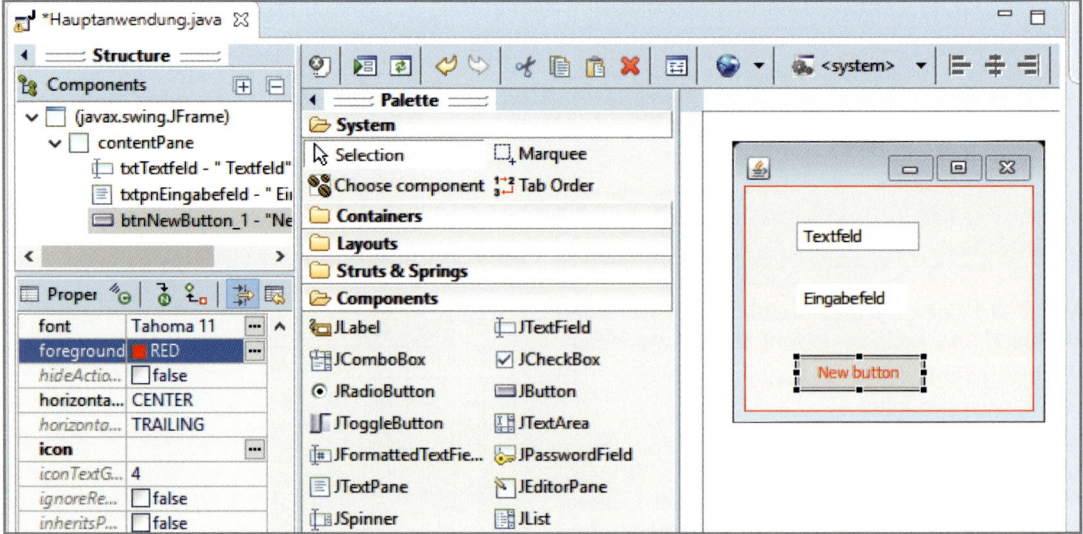

Bild 1: Arbeitsfenster für WindowBuilder-Editor

8.5.7 Klassenbibliotheken und Anwendungs-Programmierschnittstelle API

Klassenbibliotheken

Der objektorientierte Aufbau von Java bedingt die Auslagerung des Sprachumfangs in Klassenbibliotheken. Die Klassenbibliotheken werden auch packages (Pakete) genannt. Klassenbibliotheken enthalten nach Einsatzgebieten geordnete Klassen.

> Klassenbibliotheken sind nach Einsatzgebieten geordnete Sammlungen von Klassen.

Beim Arbeiten mit Java verwendet man verschiedene Pakete von Klassen. Die Pakete sind in Java im JDK dokumentiert. Die Klassen sind auf HTML-Seiten beschrieben. Zum Lesen wird ein Browser, z. B. der Firefox oder der Internet-Explorer, verwendet.

> **Übung 1: Klassenbibliothek öffnen**
>
> Öffnen Sie die Klassenbibliothek des JDK.
>
> *Lösung:* **Bild 1, Bild 2.**

Nach Doppelklick auf `index.html` (Bild 1) klickt man im Fenster JDK 6 an und und gibt im Suchfenster `Class` ein (Bild 2).

Anwendungs-Programmierschnittstelle API

Als API bezeichnet man die Programmierschnittstelle einer Klasse, eines Paketes oder einer ganzen Bibliothek. Hier findet man Auskunft zu allen

> ! **API** von Application Programming Interface = Anwendungs-Programmierschnittstelle.
> **JDK** von Java Development Kit = Java-Entwicklungsbaukasten.

Name	Erw.	Größe	↓Datum
⌂ [..]		<DIR>	02.10.2018 19:50
[api]		<DIR>	02.10.2018 19:50
[legal]		<DIR>	02.10.2018 19:50
[resources]		<DIR>	02.10.2018 19:50
[specs]		<DIR>	02.10.2018 19:50
index	html	115	27.06.2018 17:53

EU_Si\IT-Fachkunde\Java-Unterlagen\docs*.*

Bild 1: Docs-Verzeichnis

vorhandenen Paketen, Klassen, Methoden und Variablen. Ein Klick auf ALL CLASSES zeigt eine Liste aller Klassen anr.

Im Verzeichnis Label findet man z. B. die Klasse `Class Label` und die Elternklassen.

K Kompetenzorientierung

1. Nennen Sie die Schritte zur Entwicklung eines Java-Projektes.
2. Welche Bedeutung hat die Abkürzung AWT?
3. Welcher Unterschied besteht zwischen einer Applikation und einem Applet?
4. Wie werden die Bildschirmkoordinaten vereinbart?

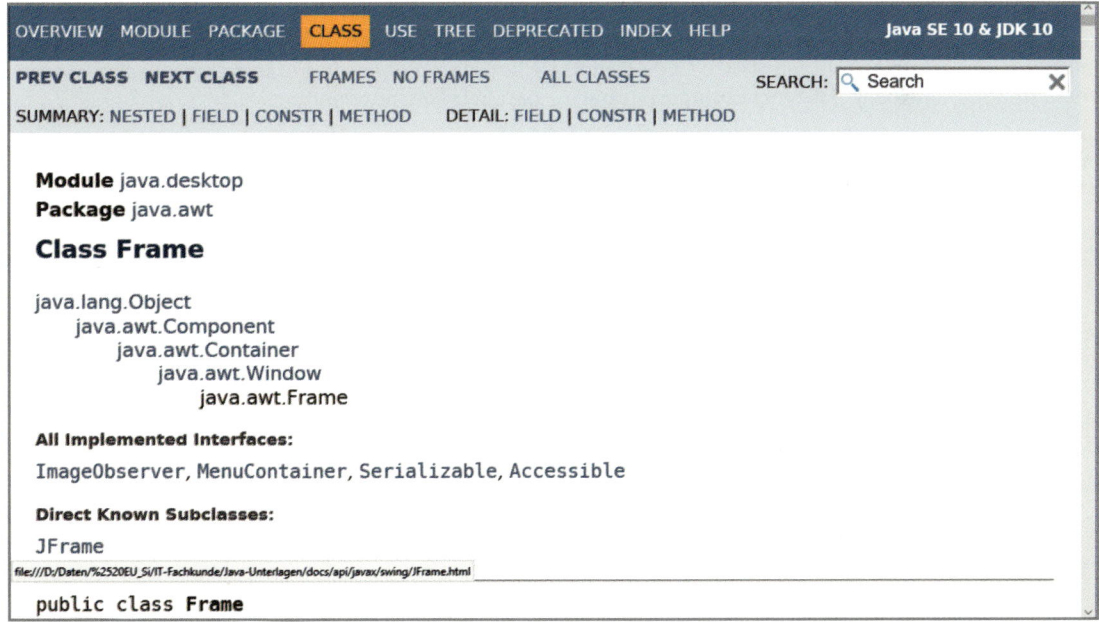

Bild 2: Java-Klassendokumentation

8.6 HTML

HTML ist die Abkürzung von HyperText Markup Language. Ein Hypertext verknüpft mit einer netzartigen Struktur Textinformationen durch Hyperlinks, kurz Links (**Bild 1**). Hyperlinks sind Verweise auf andere Dokumente oder Webseiten. HTML ist keine Programmiersprache, sondern eine Auszeichnungssprache (Markup Language) zur Strukturierung von Inhalten für Webseiten. Mit HTML können Grafiken, Audio-Dateien und Videos in ein Dokument eingebettet werden.

> HTML-Dateien enthalten die Struktur der Webseite und Befehle zu ihrer Formatierung.

Manche Webseiten sind vollständig in HTML erstellt. Um dort Inhalte in das gewünschte Layout zu integrieren, werden Tabellen mit Bildern ausgestattet und mit Text angereichert. Dies führte zu aufgeblähtem Code und großer Unübersichtlichkeit.

HTML wird in der Regel nur noch zur Strukturierung verwendet. Für die Gestaltung werden Cascading Style Sheets (CSS) eingesetzt. Dies ermöglicht eine bessere Übersicht und bietet einfachere Gestaltungsmöglichkeiten (**siehe Abschnitt 8.7.2**).

HTML-Editoren

Einfache Texteditoren reichen aus, um für HTML-Dokumente den Quellcode direkt zu editieren, dies ist aber recht mühsam.

Spezielle HTML-Editoren bieten Hilfe bei der Erzeugung der Grundkonstrukte der HTML-Elemente **(Bild 2)**. Diese markieren den HTML-Code durch verschiedene farbliche Hervorhebungen, über-

> ! HyperText Markup Language (HTML) ermöglicht das Erstellen von Webseiten, die im World Wide Web unabhängig von Betriebssystemen und Browsern angezeigt werden können.

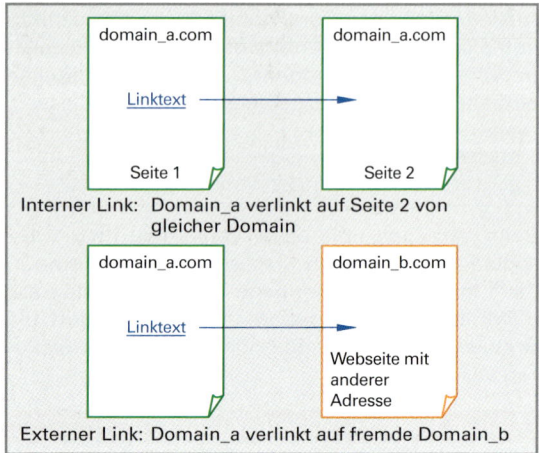

Bild 1: Verlinkung zwischen HTML-Dokumenten

prüfen direkt nach der Eingabe die Syntax und weisen auf Fehler hin.

> HTML-Editoren unterstützen den Anwender bei der Erstellung von Webseiten im Quellcode.

Häufig arbeiten HTML-Editoren nach dem WYSIWYG-Prinzip (von What you see is what you get = Was du siehst, bekommst du). Sie betonen den Aspekt der Gestaltung mit Kontrolle am Bildschirm. Anwender können auch eine Art Web-Baukasten benutzen und so die Seiten zusammenstellen. Hierbei sind aber oft umfangreiche Nachbesserungen in HTML notwendig.

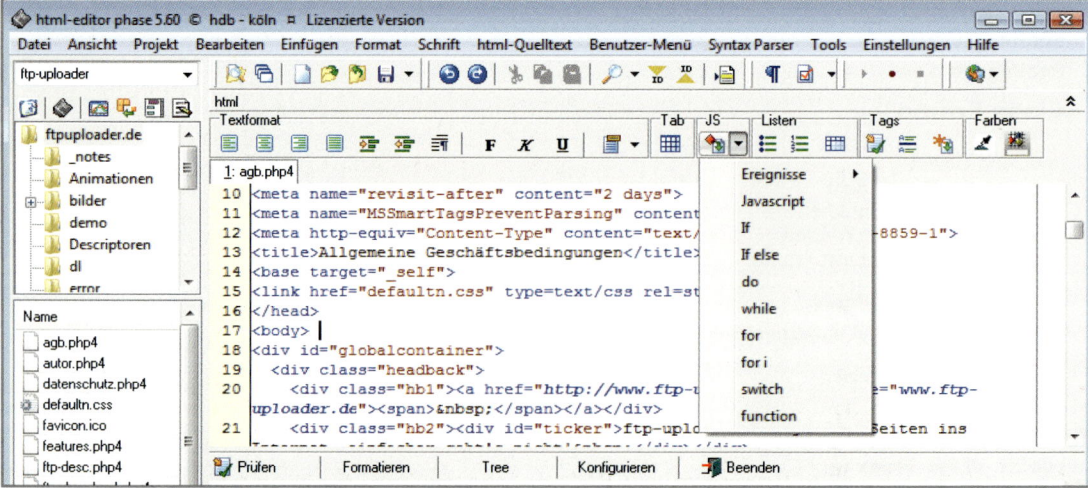

Bild 2: Fensterausschnitt des HTML-Editors Phase 5

HTML-Dokumente

HTML-Dokumente werden durch das Internetprotokoll HTTP (von Hypertext Transfer Protocol = Hypertext-Übertragungsprotokoll) übertragen und bestehen aus ASCII-Text **(Bild 1)**. Die Startseite einer Webpublikation muss den Dateinamen index.html oder index.htm erhalten. Die Dateiendung html bzw. htm benötigen auch die anderen Textdateien. Alle Dateinamen und die HTML-Sprachelemente sollten klein geschrieben werden, damit die Dokumente unter verschiedenen Betriebssystemen darstellbar sind. Die HTML-Anweisungen (Marken) sind in spitze Klammern eingeschlossene Schlüsselwörter und werden Tags genannt (von to tag = anheften). Sie bestehen überwiegend aus einer öffnenden Markierung <Marke> und einer schließenden Markierung mit Schrägstrich </Marke>. Diese können wie mathematische Klammern ineinander geschachtelt werden.

Die gesamte Seite wird mit <html> als HTML-Dokument markiert **(Bild 2)** und gliedert sich in den Kopfteil (head) und den Rumpfteil (body).

Bild 1 zeigt den Quellcode und das Browserbild eines HTML-Dokumentes nebeneinander:

- Angaben im title-Element machen die Webseite im Internet identifizierbar,
- Überschriften können in sechs Größen (h1 bis h6) gewählt werden **(Bild 3)**,
- Bild- und Grafikdateien (Dateiformate PNG, JPEG und GIF) sollten möglichst klein sein, um die Ladezeiten zu verkürzen,
- Sonderzeichen, z. B. deutsche Umlaute, werden durch besondere Zeichenketten ersetzt **(Bild 4)**,
- Hyperlinks (Querverweise) verweisen auf eine www-Adresse. Sprungziele können alle Internetdienste, Dokumente im eigenen Verzeichnis, aber auch Textmarken (Anker) im eigenen Dokument sein.

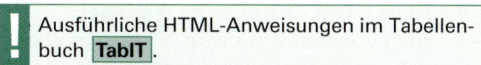
! Ausführliche HTML-Anweisungen im Tabellenbuch **TabIT**.

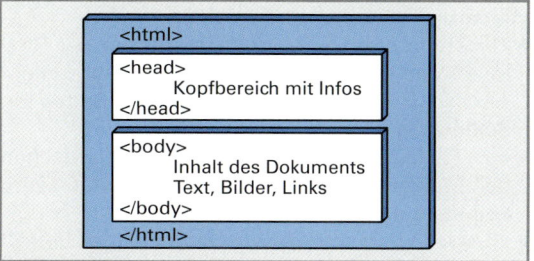
Bild 2: Aufbau eines HTML-Dokumentes

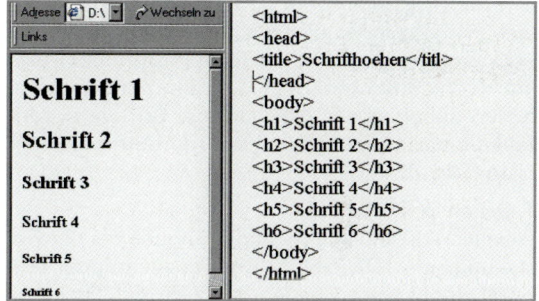
Bild 3: Größe von Überschriften

Zeichen	HTML-Code	Zeichen	HTML-Code
ä	ä	"	&#034
Ä	Ä	&	&#038
ö	ö	<	&#060
Ö	Ö	>	&#062
ü	ü	§	&#167
Ü	Ü	ß	ß

Bild 4: Sonderzeichen im HTML-Code

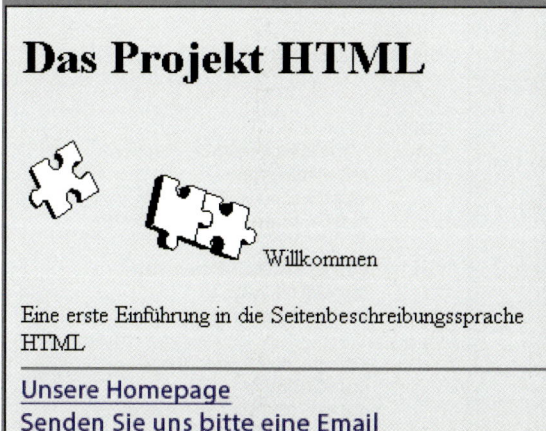
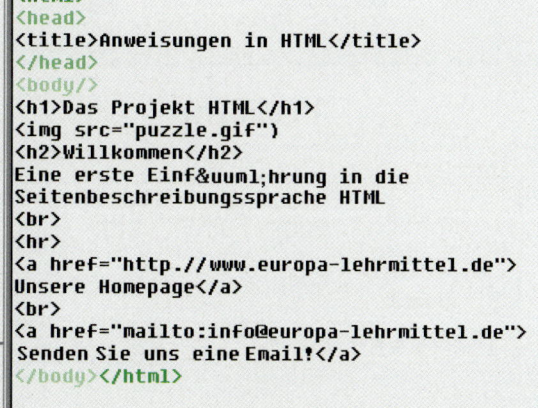

Bild 1: Browserbild und Quellcode eines HTML-Dokuments

Struktur eines HTML-Dokuments festlegen

Texte werden von den Browsern als Fließtext dargestellt und automatisch, je nach Fensterbreite, umgebrochen. Von den zahlreichen Tags zur Textgliederung bedeuten z. B.:

-
 (von break = Bruch) erzwingt an der Stelle, an der es im Text vorkommt, einen Zeilenwechsel (siehe Bild 1, vorhergehende Seite). Ein Schlusstag ist nicht erforderlich.
- <p> Textabschnitt </p> stellt den Text zwischen den Marken mit einem sichtbaren Abstand zum Folgetext dar.
- <hr> (von horizontal rule = waagerechtes Lineal) fügt statt einer Leerzeile einen waagerechten Strich ein (Bild 1, vorhergehende Seite).

Um Informationen oder Argumente aufzuzählen, bietet HTML die Möglichkeit der Listendarstellung. <ol> (von ordered list = nummerierte Liste) und <ul> (von unnumbered list = unnummerierte Liste) bilden dabei jeweils die Klammer um die Listenzeilen einer nummerierten oder unnummerierten Liste (**Bild 1**).

Tabellen in HTML

Tabellen erfüllen eine wichtige Aufgabe bei der Gestaltung einer HTML-Seite. Das Tabellenmodell von HTML kennt keine Spalten, sondern nur Tabellenzeilen mit Zellen (**Bild 2**). Die Elemente zur Strukturierung einer Tabelle (**Bild 3**) umschließen die Zelleninhalte schalenartig. Durch die Verwendung von Tabellen ohne Rand ist auch bei HTML-Dokumenten ein mehrspaltiger Text möglich. (Weitere HTML-Anweisungen im Tabellenbuch **TabIT**).

Übung 1: HTML-Tabelle erstellen

Erstellen sie eine Computerpreisliste mit drei Zeilen und jeweils drei Zellen in HTML.

Lösung: **Bild 4**

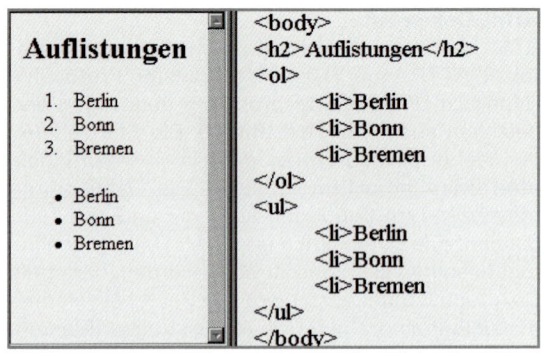

Bild 1: Listenaufbau bei HTML

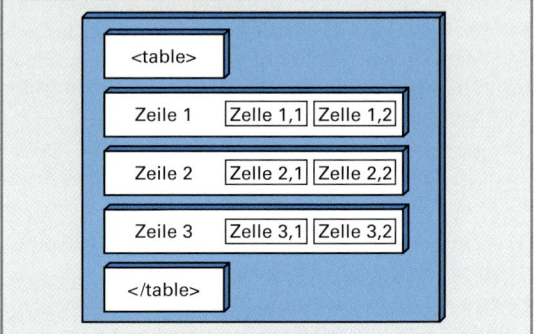

Bild 2: Tabellenaufbau bei HTML

HTML-Tabellenelemente	
Elemente	Beschreibungen
<table> ... </table>	Legt eine HTML-Tabelle fest. Der Zusatz border bewirkt einen Rand.
<caption> ... </caption>	Überschrift zu einer Tabelle.
<tr> ... </tr>	Legt eine Tabellenzeile fest.
<th> ... </th>	Enthält den Text einer Zelle in fetter Schrift.
<td> ... </td>	Enthält den Inhalt einer Tabellenzelle.

Bild 3: Tabellenelemente bei HTML

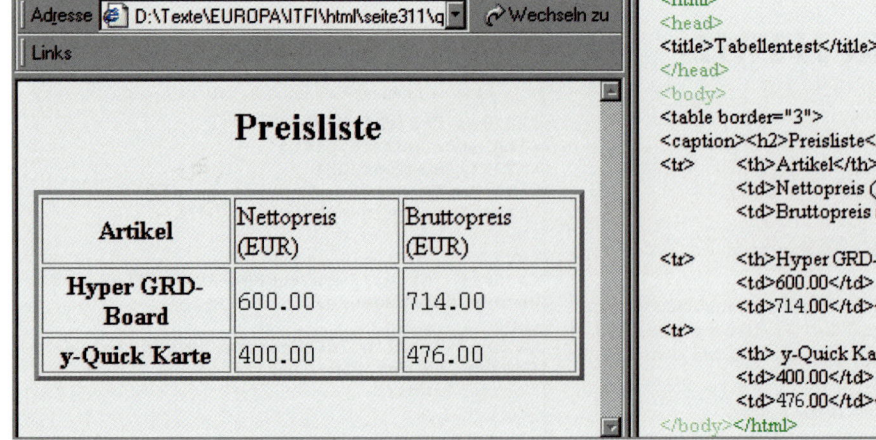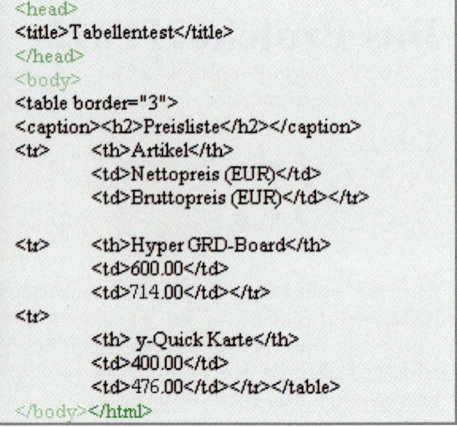

Bild 4: Browserbild und Quellcode einer HTML-Tabelle

8.7 Skriptsprachen

Skriptsprachen sind Programmiersprachen, die nicht wie JAVA-Programme oder C-Programme compiliert werden. Die Anweisungen des Quelltextes werden während der Programmausführung, also mit jedem Programmstart, Zeile für Zeile interpretiert und ausgeführt. Dies ist vergleichbar mit Batchdateien unter DOS oder Shellscripts bei UNIX.

Der Programmentwickler erstellt den Quelltext, unabhängig von der PC-Architektur oder dem Betriebssystem des PCs, mit einem Editor. Der Anwender eines Skriptprogramms benötigt neben dem Quelltext noch eine Interpreter-Software, die z. B. in einem Browser enthalten ist.

> Programme, die in Skriptsprachen geschrieben sind, benötigen zur Programmausführung eine Interpreter-Software.

> ! Die Deutsche Schreibweise nach Duden: Skript (lat. scriptum = Schriftstück)
> Eigenname und englische Schreibweise: JavaScript

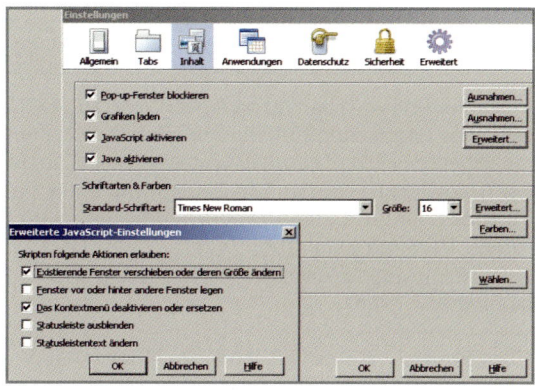

Bild 1: Einstellungen beim Browser

8.7.1 JavaScript

JavaScript (JS) wird innerhalb von HTML-Dokumenten verwendet. Dadurch können z. B. dynamische und interaktive Web-Seiten erzeugt werden. Um JavaScript-Programme zu erstellen, genügt ein Texteditor. Wir verwenden im Folgenden den HTML-Editor Phase 5, der unter anderem die JavaScript-Syntax farblich hervorhebt. Zum Betrachten der Skriptseiten wird ein Internetbrowser benötigt. In den Browser-Einstellungen muss JavaScript aktiviert sein **(Bild 1)**. Durch Mausklick auf die Schaltfläche `Erweitert`, werden die erweiterten JavaScript-Einstellungen, z. B. Statusleiste ausblenden, aufgerufen. Werden Seiten mit JS-Code ins Internet gestellt, sollten diese mit mehreren Browsern getestet werden, um eine fehlerfreie Darstellung zu garantieren.

> Erkennt der JS-Interpreter den Befehl nicht, kann eine Fehlermeldung am Bildschirm, ein Programmabsturz des Browsers oder gar ein Systemabsturz des PCs die Folge sein.

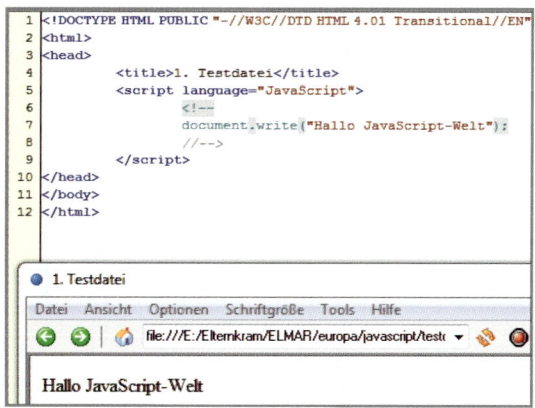

Bild 2: JavaScript mit HTML-Editor und Test im Browser

> **Übung 1: JavaScript-Programm testen**
>
> a) Erstellen Sie mit dem HTML-Editor Phase 5 den Quelltext aus Bild 2 und speichern Sie diesen unter dem Namen testdatei1.html ab.
> b) Rufen Sie die Seite testdatei1.html im Browser auf.
>
> *Lösung:* **Bild 2**

JavaScript-Anweisungen in einer HTML-Datei

Mit `<script language="JavaScript">` wird der Bereich für JavaScript innerhalb einer HTML-Datei eingeleitet **(Bild 2)**. Dahinter folgt der Kommentaranfang mit den Zeichen `<!--` . Dadurch wird erreicht, dass Browser, die JavaScript nicht erkennen, den JavaScript-Code `document.write` ignorieren und nicht als Text in der HTML-Seite anzeigen.

In Bild 2 wird mithilfe von JavaScript der Text `Hallo Javascript-Welt` am Bildschirm ausgegeben. Am Ende eines JS-Bereichs wird mit `//-->` der Kommentar und mit `</script>` der Bereich für den JS-Programmcode geschlossen. Kommentare, die zwischen den Zeichen `<!--` und `//-->` stehen, werden bei JS ausgeführt.

Verwenden von Variablen

Bevor eine Variable verwendet werden kann, muss sie deklariert werden. Dies bedeutet, dass für die Variable nach dem Schlüsselwort var ein geeigneter Name eingeführt wird **(Bild 1)**.

> JavaScript unterscheidet bei Variablennamen die Groß- und Kleinschreibung.

Anschließend wird der Variablen ein Wert zugewiesen, dies nennt man Initialisierung. In JavaScript muss bei der Deklaration der Variablen kein Datentyp zugewiesen werden. Die Zuordnung einer Variablen zu einem Datentyp übernimmt JavaScript selber. Dadurch kann auch während der Laufzeit eines Programms der Datentyp einer Variablen geändert werden.

> Die Zuordnung einer Variablen zu einem Datentyp erfolgt bei JavaScript automatisch.

Dialogboxen

Mithilfe von Dialogboxen können Texte in vordefinierten Fenstern ausgegeben oder eingelesen werden und der Anwender zu einer Interaktion aufgefordert werden. Man unterscheidet verschiedene Typen.

Einfache Dialogbox

Mit der Anweisung alert() (= wachsam) können Texte oder der Inhalt von Variablen in einem Fenster ausgegeben werden. Dieses Fenster enthält ein Ausrufezeichensymbol und den OK-Button **(Bild 2)**. Die Fensterbreite passt sich automatisch der Länge des Ausgabetextes an. Zum Schließen des Fensters muss der Anwender den OK-Button anklicken.

Übung 1: Einfache Dialogbox erstellen

Erstellen Sie mit dem HTML-Editor Phase 5 einen Quelltext mit JavaScript.
a) Geben Sie alert(„Sie verlassen meine Homepage."); als JS-Code ein. Speichern Sie den Quelltext.
b) Rufen Sie die HTML-Datei in Ihrem Browser auf.
Lösung: a) und b) **Bild 2**

Dialogbox mit zwei Schaltflächen

Die Anweisung confirm() (= bestätigen) öffnet ein Dialogfenster, das den Ausgabetext, ein Frage-zeichensymbol und zwei Buttons enthält **(Bild 3)**. Dieses Dialogfenster wird verwendet, um vom Anwender eine Entscheidung herbeizuführen, die im weiteren Programmablauf verarbeitet wird. Wenn der OK-Button betätigt wird, wird an das JavaScript-Programm der Wert true zurückgegeben.

```
<script language="JavaScript">
  <!--
  var t1;                      [Variablen]
  var p;
  var n=1.6;
  t1="Hallo";                  [Initialisierung]
  p=n*2;
  document.write(t1);
  document.write(n);           [Aufgabe]
  document.write(p);
  //-->
</script>
```

Bild 1: Verwendung von Variablen

Bild 2: Quellcode und Ansicht des alert-Meldefensters

```
<!--var Eingabe;
Eingabe = confirm ("Button drücken");
if (Eingabe == 1)
        document.write("OK-Button gedrückt");
else
        document.write("Abbrechen gedrückt");
```

Bild 3: Quellcode und Ansicht der confirm-Dialogbox

Übung 2: Dialogbox mit Schaltflächen erstellen

Erstellen Sie mit einem HTML-Editor, z.B. Phase 5, einen Quelltext mit JavaScript und geben Sie den Quelltext aus Bild 3 als JS-Code ein.
a) Speichern Sie den Quelltext.
b) Rufen Sie die HTML-Datei in Ihrem Browser auf.
Lösung: a) und b) **Bild 3**

Dies entspricht der Anweisung `Eingabe ==1`. Wird der Abbrechen-Button gedrückt, wird an das JavaScript-Programm der Wert `false` zurückgegeben.

Dialogbox mit Eingabefeld
Die Anweisung `prompt()` (= eingeben) öffnet ein Dialogfenster mit einem Eingabefeld, einem OK-Button und einem Abbrechen-Button **(Bild 1)**. Der Anwender kann in das Eingabefeld einen Text eingeben, der beim Drücken des OK-Buttons an das JavaScript-Programm zurückgegeben wird. Der Abbrechen-Button liefert wieder den Wert `false` zurück.

Funktionen
Eine Funktion ist ein eigenständiger Programmteil mit eigenem Namen und einem Block von Befehlen. Beim Aufruf können Parameter übergeben werden und die Funktion kann mit `return` Rückgabewerte erzeugen.

> Die Syntax einer Funktion lautet:
> `function funktionsname (Parameter){Befehlsblock;`
> `}`

Übung 1: Mehrwertsteuer mit JavaScript berechnen

In einer HTML-Seite soll die Mehrwertsteuer berechnet werden. Erstellen Sie die HTML-Seite mit einem JavaScript-Programm, das die Berechnung in einer Funktion durchführt. Als Parameter werden der Nettobetrag und der Mehrwertsteuersatz an die Funktion übergeben.

Lösung: **Bild 2**

Funktionen sollte man möglichst immer im Head-Bereich der HTML-Datei definieren. Damit ist sichergestellt, dass sämtliche Funktionen geladen werden, bevor sie vom Anwender ausgeführt werden. Im Head-Bereich ist die Funktion zur Mehrwertsteuerberechnung definiert. Diese Funktion liefert durch die `return`-Anweisung den Bruttowert und den Steuerbetrag zurück.

Im Body-Bereich werden zuerst die Rechenwerte Betrag und Steuersatz mithilfe von Dialogfenstern eingelesen. Der Funktionsaufruf erfolgt mit dem Funktionsnamen und der Übergabe der Parameterliste.

Lokale Variablen, die innerhalb einer Funktion deklariert sind, stehen in den anderen Programmteilen nicht zur Verfügung.

Bild 1: Quellcode und Ansicht einer Dialogbox mit Eingabefeld

```
<html>
 <head>
  <title>Javascript MwSt</title>
  <script language="JavaScript">
  <!--
  function brutto(netto,steuer)   //Funktionsdeklaration
  {
    return (netto*steuer/100+netto); //Rückgabe Bruttowert
  }
  //-->
  </script>
 </head>
 <body>
  <h1>Funktion</h1>
  <script>
  <!--
  var n_betrag=150;           //Variable für Nettowert
  var st_satz=19;             //Variable für Steuersatz
  document.write("Nettobetrag:",n_betrag," Euro<br>");
  document.write("MwSt-Satz:",st_satz," %<br>");
  document.write("Bruttobetrag:",brutto(n_betrag,st_satz),"
Euro");
  //-->
  </script>
 </body>
</html>
```

Bild 2: Quellcode zu Mehrwertsteuer berechnen

```
1: mwst_br.html   2: mwst_br.js

1  function mwst(netto,steuer) {

2    var brutto;

3    brutto = (netto*steuer/100+netto);

4    return brutto;

5  }

6
```

Bild 3: Quellcode der Datei `mwst_br.js`

Soll eine JavaScript-Funktion in mehreren HTML-Dateien verwendbar sein, so definiert man diese als eigene Datei. Diese Datei muss eine ASCII-Datei mit der Dateinamenerweiterung .js sein, z. B. `mwst_br.js` **(Bild 3)**.

In der HTML-Datei, die diese JavaScript-Funktion aufruft, muss die .js-Datei eingebettet sein. Dies erfolgt im `<script>`-Tag durch die Angabe `src=` (src von source = Quelle) und dahinter der Name der Datei z. B. `mwst_br.js`, in Anführungszeichen (**Bild 1**).

Übung 1: JS-Datei mwst einbinden

In einer HTML-Seite soll die Mehrwertsteuer berechnet werden. Erstellen Sie diese HTML-Seite und binden Sie die Datei `mwst_br.js` ein.

Lösung: **Bild 1**

Mit der Funktion `parseFloat()`, werden Zeichenketten in Kommazahlen umgewandelt, um mit diesen rechnen zu können. Ist die Zeichenkette nicht als Zahl interpretierbar, gibt `parseFloat` NaN (von Not a Number = keine Zahl) zurück.

Event-Handler

Ein Event-Handler (Event = Ereignis, to handle = behandeln) ist ein Befehl, der durch eine Anwenderaktion, z. B. einen Mausklick, freigegeben wird (**Tabelle 1**). Event-Handler werden in bestimmten HTML-Tags verwendet. Sie sind daran zu erkennen, dass sie mit on beginnen. Hinter dem Namen des Event-Handlers folgt ein Gleichheitszeichen und dahinter in Anführungszeichen eine oder mehrere JavaScript-Anweisungen. So kann z. B. mit `onAbort` ein Ereignis ausgelöst werden, wenn der Anwender den Stopp-Button gedrückt hat.

Für jeden der möglichen Event-Handler ist festgelegt, in welchen HTML-Tags er vorkommen darf.

Übung 2: Event-Handler verwenden

Erstellen Sie eine HTML-Datei, die ein Bild auf einer Web-Seite darstellt. Ein geeigneter Event-Handler-Befehl soll im Fehlerfall, z. B. wenn die Grafikdatei nicht existiert, ein entsprechendes Meldungsfenster zeigen.

Lösung: **Bild 2**

Arbeiten mit Formularfeldern

Eine HTML-Seite mit einem Formular (siehe Abschnitt 8.6), besteht aus Textfeldern und Buttons (Schaltern). Auf der Seite können Daten direkt eingegeben werden (**Bild 1, folgende Seite**). Ein JavaScript-Programm kann diese Textfelder auslesen oder beschreiben. Die Namen der Textfelder müs-

---

Event-Handler in JavaScript
- beginnen mit dem Schlüsselwort on,
- erstellen eine Verbindung zwischen einer Anwenderaktion und JavaScript,
- Weblink: http://de.selfhtml.org/html/attribute/event-handler.htm.

```
1: mwst_br.html   2: mwst_br.js
 1  <html>¶
 2  <head>¶
 3    <title>Javascript MwSt</title>¶
 4    <script language="JavaScript"¶
 5                src="mwst_br.js" type="text/jacascript">¶
 6  ¶
 7    </script>¶
 8  </head>¶
 9  <body>¶
10    <h1>Mehrwertsteuerberechnung</h1>¶
11    <script>¶
12      <!--¶
13      var n_betrag;      //Variable für Nettowert¶
14      var st_satz;       //Variable für Steuersatz¶
15      n_betrag = prompt("Nettobetrag eingeben","");¶
16      n_betrag = parseFloat(n_betrag);¶
17      st_satz = prompt("MwSt-Satz eingeben", "20");¶
18      st_satz = parseFloat(st_satz);¶
19      document.write("Nettobetrag: ",n_betrag, " Euro<br>");
20      document.write("MwSt-Satz: ",st_satz, " %<br><br>");¶
21      document.write("Bruttobetrag: ",mwst(n_betrag,st_satz)
22      //-->¶
23    </script>¶
24  </body>¶
25  </html>¶
```

Bild 1: Einbinden der Datei `mwst_br.js` in eine HTML-Datei

Tabelle 1: Event-Handler-Befehle (Auswahl)		
Event-Handler	Event (Auslöser)	Vorkommen in den HTML-Tags
onAbort	Anwender hat im Browser den Stopp-Button gedrückt.	`<img>`
onChange	Der Wert eines Eingabefeldes wurde geändert.	`<a> <area> <textarea>`
onClick	Ein Objekt wurde angeklickt.	`<a> <area> <textarea> <input>`
onMouseOver	Ein Objekt wurde mit der Maus überfahren.	`<a> <area>`

```
1: eingabefeld.html   2: mwst1.html   3: mwst_br.html   4: MwSt.html   5: event_haendler.html
 1  <html>
 2    <head>
 3      <title>Event-Händler: onError</title>
 4    </head>
 5    <body>
 6      <h1>Homepage</h1>
 7      <p></p>
 8      HTML-Seite mit Bild
 9      <p></p>
10      <img src="gibtsnicht.gif"
11      onError="alert('Grafik fehlt!')"
12    </body>
13  </html>
```

Meldung von Webs...   ⚠ Grafik fehlt!   OK

Bild 2: JS-Datei mit Event-Handler

sen bekannt sein. Ein Ereignis (Event-Handler) z. B. `onClick` startet das Java- Script-Programm (Tabelle 1, vorhergehende Seite).

Übung 1: Währungsrechner erstellen

Eine HTML-Seite soll ein Formular für eine Euro-Dollar- Umrechnung enthalten. Der Betrag in Euro, und der Dollarkurs sollen in Textfeldern eingegeben werden. Die Umrechnungsfunktion soll per Klick auf den Formularbutton ausgeführt werden. Das Ergebnis soll auf derselben Seite erscheinen. Erstellen Sie die HTML-Seite mit einem JavaScript- Programm.

Lösung: **Bild 1**

Im JavaScript Anweisungsblock Zeile 6 bis Zeile 11 wird mit `function rechnen()` die Umrechnung durchgeführt. In Zeile 7 werden die Variablen `euro`, `dollar` und `kurs` vereinbart. Mit `document.devisen` werden die Elemente aus den Formularfeldern mit Namen e, k ausgelesen und den Variab-len zugewiesen. Nun wird der Dollar Betrag in Zeile 10 berechnet und dem Formularfeld zugewiesen. `onClick = „rechnen()"` wird durch Mausklick die Berechnung gestartet. Die Funktion `rechnen()` in Bild 1 gibt den ermittelten Dollar-Betrag im Textfeld des Formulars aus.

Cookies

Cookies sind Textinformationen, die manche Internetseiten zunächst im Arbeitsspeicher des lokalen Computers speichern.

> Ein Cookie hat eine eingestellte Lebensdauer nach der es gelöscht wird.

Wenn der Browser geschlossen wird, werden alle Cookies, deren Lebensdauer noch nicht abgelaufen ist, in einer Datei auf der Festplatte gespeichert. Mithilfe von JavaScript Programmen können Cookies gesetzt, gelesen oder gelöscht werden **(Bild 2)**.

Übung 2: Cookie erstellen

Eine HTML-Seite cookie.html soll ein Cookie erstellen, das einen aktuellen Zeitstempel enthält.
Erstellen Sie diese HTML-Seite mit einem Java-Script-Programm.

Lösung:
Bild 2 bei mehrfachem Aufruf von cookie.html.

Mit der Anweisung `if (document.cookie)` wird überprüft, ob schon ein Cookie gesetzt ist. Ist ein Cookie bereits vorhanden, wird der Variablen deren Wert zugewiesen. Ist noch kein Cookie vor-

> **!** **Cookie = Keks**
> Der Inhalt eines Cookies kann aus einem Namen, einem Informationswert oder einer URL-Adresse bestehen.

```
1  <html>
2   <head>
3    <title>Formular</title>
4    <script language="JavaScript">
5    <!--
6    function rechnen() {
7    var euro, dollar, kurs;
8    euro = document.devisen.e.value;
9    kurs = document.devisen.k.value;
10   dollar = euro*kurs;
11   document.devisen.d.value = dollar;
12   }
13   //-->
14   </script>
15  </head>
16  <body>
17   <form name="devisen">
18   Euro Betrag: <input type="Text" name="e"><p>
19   Dollarkurs: <input type="Text" name="k"><p>
20   <input type="button" value="Umrechnen"
21   onClick="rechnen()"><p>
22   Dollar Betrag: <input type="Text" name="d"><br>
23   </form>
24  </body>
25 </html>
26
```

Bild 1: JavaScript-Datei zur Formularbearbeitung

```
1  <html>
2  <head>
3  <title>Cookietest</title>
4  <script type="text/javascript">
5  var gespeichert = "nichts gespeichert";
6     if (document.cookie) {
7        gespeichert = document.cookie;
8        } else {
9        document.cookie = "Zeitstempel="
10       + document.lastModified;
11       }
12  alert(document.lastModified + " - " + gespeichert);
13  </script>
14  </head>
15  <body>
16  </body>
17  </html>
18
```

Meldung von Webseite

⚠ 03/24/20XX 08:38:28 - Zeitstempel=03/24/20XX 08:38:28

OK

Bild 2: Erstellen eines Cookies

handen, werden diesem der Zeitstempel und die letzte Änderung zugewiesen.
Mit `alert()` werden der Wert von `document.lastModified` und der Wert der Variablen gespeichert und angezeigt.

8.7.2 Cascading Stylesheets CSS

CSS ist eine Sprache zur Definition von Format-
eigenschaften einzelner HTML-Elemente. In der
HTML-Datei wird der Seiteninhalt gespeichert, alle
Anweisungen für Formate oder Stile werden in der
CSS-Datei gespeichert. Beim Aufruf der HTML-Seite im Browser werden die Formatanweisungen,
z. B. Schriftart, Größe und Farbe der Überschrift,
interpretiert und dem Nutzer angezeigt **(Bild 1)**.

Mithilfe von Stylesheets kann z. B. Überschriften
1. Ordnung ein großer Schriftgrad zugewiesen
werden, in der Schriftart Helvetica, nicht fett und
mit einem Abstand von 1,75 Zentimeter zum darauf folgenden Absatz.

Mit Stylesheets werden z. B.:

- HTML-Elemente wie Textabsätze, Listen oder
  Formulare mit einer eigenen Hintergrundfarbe, einem eigenen Hintergrundbild (Wallpaper)
  oder mit diversen Rahmen ausgestattet,
- Elemente im Anzeigefenster des WWW-Brow-
  sers positioniert und Abstände definiert,
- Drucklayouts (Print-Layouts) für das Seiten-Lay-
  out und Textflusskontrolle vorbereitet,
- Web-Seiten für die künstliche Sprachausgabe
  gesteuert oder
- das Anzeigefenster des Browsers beeinflusst.

Eine externe `.css-Datei` kann z. B. zentrale
Definitionen eines Elements enthalten. Dieses
Stylesheet kann in viele HTML-Seiten parallel eingebunden werden. Alle Elemente der entsprechenden HTML-Dateien erhalten dann die Formateigen-
schaften, die einmal zentral definiert sind.

> Cascading Stylesheets einer Website in HTML-
> Code enthalten keine Formatierungsbefehle.

CSS-Anweisungen können beim jeweiligen Objekt (Inline), im Header einzelner HTML-Dateien
(Intern) oder in einem eigenen Stylesheet-File, der
`*.css-Datei` (Extern) verwendet werden **(Bild
2)**.

Externe Stylesheets

Externe Stylesheets werden in eine eigene Datei
mit Endung `*.css` gespeichert. Die Browser-Software kombiniert den HTML-Code und den CSS-Co-
de. So können sich z. B. drei Webseiten mit HTML-
Code auf dasselbe Stylesheet beziehen **(Bild 3)**.

In jedem HTML-Dokument muss entweder
- ein Link auf die CSS-Seite stehen, oder
- mit einer Import-Methode der Style importiert
  werden **(Tabelle 1)**.

Anweisungen in einem Stylesheet beschreiben,
wie bestimmte Objekte in einem HTML-Dokument
dargestellt werden **(Bild 4)**.

> **!** **CSS** spart Codierungsarbeit, verkleinert die
> HTML-Datei und vereinfacht den professionellen
> Entwurf für ein einheitliches Projekt-Layout.

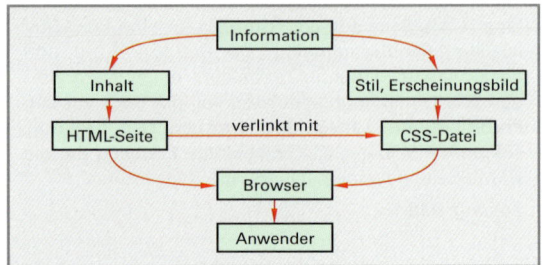

Bild 1: Zusammenwirken von HTML und CSS

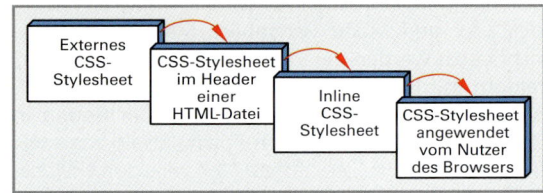

Bild 2: Verwendung von CSS-Dateien

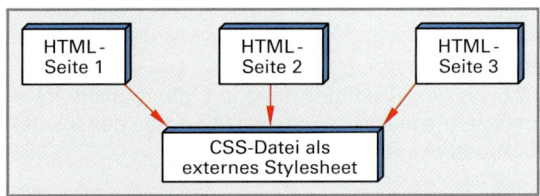

Bild 3: Zugriff von HTML-Seiten auf ein externes Stylesheet

Tabelle 1: Import-Methoden	
Beschreibung	Codierung
Direkter Link zum Stylesheet styles.css	`<link type="text/css" rel="stylesheet" href="styles.css" />`
Mit Import-Methode Link zum Stylesheet styles.css	`<style type="text/css"> <!-- @import url (styles.css); --> </style>`

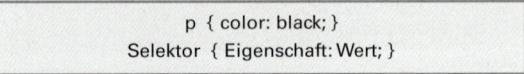

Bild 4: CSS-Anweisung

Eine Anweisung besteht z. B. aus:
- dem Selektor p zur Beschreibung der Elemente
  durch die Anweisung und
- einem Eigenschaft-Werte-Paar {color: black};

Zuerst wird eine Webseite mit Standard-HTML-Tags erstellt. Anschließend werden einem HTML-Tag, z. B. der Überschriftenmarkierung `<h2>` bestimmte Attribute zugewiesen. Diese Attribute sollen auf der ganzen Seite für das Tag gelten. Dies kann z. B. eine bestimmte Farbe oder eine Schriftgröße sein. CSS-Definitionen werden als Formatierungsoptionen in geschweiften Klammern innerhalb der `<style>` ... `</style>` Tags eingebettet **(Bild 1)**. Das Attribut `type` gibt an, um welche Stylesheet-Definition es sich handelt.

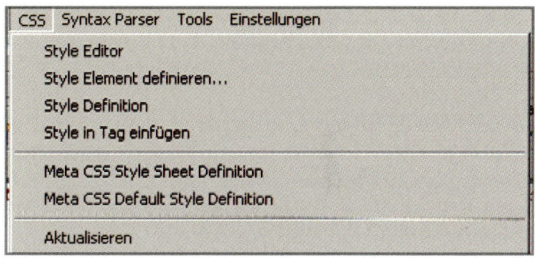

Bild 1: Beispiel eines CSS-Dokumentes

Übung 1: Formatieren mit CSS

Erstellen Sie mithilfe von CSS eine HTML-Datei mit Namen CSS Beispiel und weisen Sie folgende Formate zu: Überschrift h2 Farbe rot, Textabschnitt p Farbe blau und Schriftart Arial.

Lösung: **Bild 1**

CSS mit Phase 5

Mit dem HTML-Editor können CSS-Style-Vorlagen einfach gestaltet werden. Unter dem Menüpunkt CSS findet man Befehle um einzelne Elemente oder ganze Styles zu definieren **(Bild 2)**.

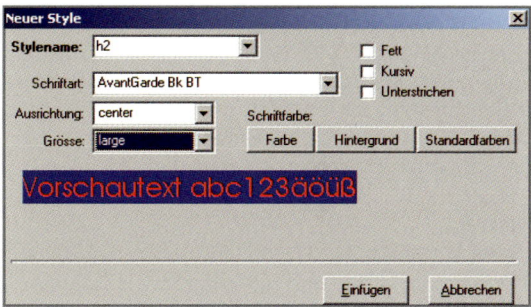

Bild 2: Menüpunkt CSS bei Phase 5

Style-Element definieren

In diesem Dialogfeld kann ein neuer Schrift-Style definiert werden. Zuerst gibt man einen Namen für den Style an. Um den Style für ein Standard-HTML-Tag zu definieren, kann dieser aus der Dropdown-Liste ausgewählt werden.

Eventuell sind nicht alle Schriftarten auf dem PC des Homepage-Besuchers installiert.

Sicherheitshalber nur Standardschriftarten verwenden, z. B. Arial.

Übung 2: CSS-Formatierung mit Phase 5

Definieren Sie mit Phase 5 einen Style für eine Überschrift h2 mit folgenden Eigenschaften: Schriftart AvantGarde Bk BT, Ausrichtung mittig, Größe large, Schriftfarbe rot und Hintergrund blau.

Lösung: **Bild 3**

Der neue Style wird im Quelltext, wie in **Bild 4** dargestellt, in Zeile 5 bis 13 eingefügt. Mit dem Style-Editor (Bild 2) können dem Stylesheet weitere Eigenschaften zugewiesen werden.

Bild 3: Neuer Style definieren

```
1  <!DOCTYPE HTML PUBLIC "-//W3C//DTD HTML 4.01 Transiti
2  <html>
3  <head>
4  <title>CSS Beispiel</title>
5  <style type="text/css">
6  h2 {
7    font-family: AvantGarde Bk BT;
8    font-size: large;
9    text-align: center;
10   color: #FF0000;
11   background: #0000FF;
12 }
13 </style>
14 </head>
15 <body text="#000000" bgcolor="#FFFFFF" link="#FF0000"
16
17 </body>
18 </html>
```

Bild 4: Quelltext zum Style aus Übung 2

8.7.3 XML

XML (von Extensible Markup Language = erweiterbare Auszeichnungssprache) wird verwendet, um komplexe Datenstrukturen, z. B. Warenkorbsysteme oder mathematische Formeln, im Internet abbilden zu können. Jedes Dokument und jedes Element des Dokumentes selber ist ein Objekt. Bei einem Zeitschriftenartikel sind z. B. der Artikel selbst und Titelzeile, Unterzeile, Autor, Vorlauftext und Haupttext mögliche Objekte (**Bild 1**).

Viele Dokumententypen, z. B. Bücher oder Facharttikel, lassen sich unter einer gemeinsamen Formatvorlage zusammenfassen. Dazu können in DTDs (von Document Type Definitions = Definitionsmuster von Dokumenten) grammatikalische Regeln für den Einsatz von XML-Tags definiert werden.

> XML ist keine Programmiersprache, sondern ein plattformunabhängiges Austauschformat für Informationen.

Da bei XML eine Trennung zwischen dem Inhalt (Bedeutung) eines Dokuments und dessen Aussehen (Design) erfolgt, müssen Stylesheets die Designaufgabe erfüllen. Den in XML selbstgeschaffenen Tags können mithilfe von CSS Formatierungen zugewiesen werden. Auf diese Weise lässt sich angeben, dass z. B. der Inhalt von allen <autor> – Elementen im Fettdruck erscheinen soll. Der vom W3C-Consortium (www.w3.org) entwickelte Stylesheet Mechanismus heißt XSL (von Extensible Stylesheet Language). Mit XML ergeben sich noch bessere Möglichkeiten, auf im Web gespeicherte Informationen zuzugreifen, da sie einfach aus Datenbanken heraus generiert werden können.

XHTML

Der W3C-Standard XHTML (von Extensible HyperText Markup Language = erweiterbare HTML) ist eine textbasierte Auszeichnungssprache. Diese wird zur Strukturierung und semantischen Auszeichnung von Inhalten wie Texten, Bildern und Hyperlinks in Dokumenten verwendet (**Tabelle 1**).

> XHTML ist eine striktere Neuformulierung von HTML 4.01 in XML.

Übung 1: Umwandlung HTML in XML

Bild 2 zeigt ein HTML-Dokument der Version 4.01. Html-Tag und body-Tag wurden weggelassen. Das head-Tag wurde nicht geschlossen, genauso wie viele andere (p, li). Bei dem Bild ist das src-Attribut ohne Anführungszeichen angegeben. Schreiben Sie den Quellcode um in gültiges XHTML.

Lösung: **Bild 3**

```
<artikel>
<titelzeile>Eine neue Websprache?</titelzeile>
<unterzeile>HTML auf dem Rueckzug</unterzeile>
<autor>Peter Panter</autor>
<vorlauf>Eine Revolution im Web wird
angekuendigt. XML ist das Schlagwort, das …
</vorlauf>
<haupttext>Die erweiterbare
Auszeichnungssprache XML wird verwendet, um
komplexe Datenstrukturen.......</haupttext>
</artikel>
```

Bild 1: Beispiele für XML-Formatierung

Tabelle 1: Wichtigste Unterschiede zwischen HTML und XHTML		
Beschreibung	HTML	XHTML
Groß- und Kleinschreibung	Nicht relevant, z.B. , , 	Immer klein z. B.
Elemente ohne Inhalt	 oder <img/>	Immer mit Endetag z. B. </br>
Starttag oder Endetag	Weglassen teilweise erlaubt	Immer beide angeben
Attribute z. B. checked	<input type = "radio" checked>	Immer Attributname als Attributwert angeben <input type = „radio" checked = „checked">
Attributwerte	Anführungszeichen optional	Immer in Anführungszeichen

```
 1  <!DOCTYPE HTML PUBLIC "-//W3C//DTD HTML 4.01//EN"
 2      "http://www.w3.org/TR/html4/strict.dtd">
 3  <head>
 4    <title>Beispiel für HTML 4</title>
 5
 6  <h1>Beispielseite</h1>
 7  <p>Dies ist ein Absatz
 8  <P>und jetzt noch ein<br />
 9  Absatz
10  <ol>
11    <li>Listelement 1
12    <li>Listelement 2
13  </ol>
14  <p><img src=picture.gif alt="Bildmotiv">
```

Bild 2: HTML 4.01 Quellcode – Auszug

```
 5    <title>Beispiel</title>
 6  </head>
 7  <body>
 8    <h1>Beispielseite</h1>
 9    <p>Dies ist ein Absatz</p>
10    <p>und jetzt noch ein<br />
11    Absatz</p>
12    <ol>
13      <li>Listelement 1</li>
14      <li>Listelement 2</li>
15    </ol>
16    <p>
17      <img src="picture.gif" alt="Bildmotiv" />
18    </p>
19  </body>
```

Bild 3: XHTML-Quellcode

Testen Sie Ihre Fachkompetenz!

Aufgabe 1

Eine Webseite, bestehend aus einzelnen HTML-Dateien, soll von Ihrer IT-Firma entwickelt werden. Sie werden beauftragt, eine Internetpräsenz aufzubauen. Das Projekt soll aus den HTML-Seiten `index.htm`, `start.htm`, `titel.htm` und `navigation.htm` bestehen.

a) Erstellen Sie eine HTML-Seite mit Namen `start.htm` gemäß der Vorlage in **Bild 1**. Der Link unter Kontaktadresse soll als Email-Link funktionieren.

b) Die in a) erstellte HTML-Seite soll nun in einen Frame mit Namen `index.htm` eingebunden werden. Der obere Inhalt, `titel.htm` und der linke Inhalt `navigation.htm` fehlen noch. Erstellen Sie den Frame gemäß **Bild 2**.

c) Erstellen Sie den oberen Frameinhalt `titel.htm` als Tabelle gemäß **Bild 3, oben**. Jede Spalte hat 25 % des zur Verfügung stehenden Platzes. In der 2. und 4. Spalte soll ein Bild mit Namen `x.jpg`, bzw. `y.jpg` eingefügt werden.

d) Erstellen Sie den linken Frameinhalt zur `navigation.htm` als Liste mit Bullets gemäß **Bild 3, links**. Die Listenpunkte sollen jeweils als Link funktionieren. `Startseite` führt

Bild 1: Seite start.htm

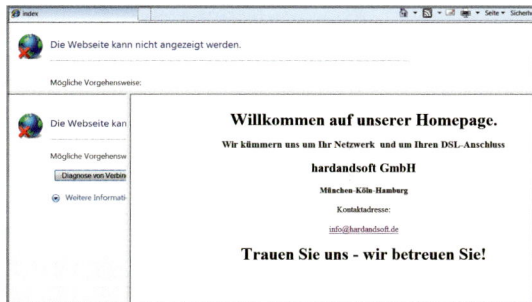

Bild 2: Frame zur Internetpräsenz

zu `start.htm`, `Cloudcomputing` und `DSL-Support` zu beliebigen Seiten Ihrer Wahl.

Bild 3: Internetpräsenz

9   **Datenbanken**

9 Datenbanktechnik

Eine Datenbank ist eine systematische Sammlung von Daten. Damit der Nutzer diese Daten übersichtlich und einfach verwalten kann, benötigt er ein Datenbankverwaltungssystem, DBMS (database management system, **Bild 1**).

> Ein Datenbanksystem besteht aus der Datenbank und einem Datenbankverwaltungssystem.

9.1 Relationale Datenbanksysteme

Die Daten einer Datenbank, z. B. Kunden- oder Produktdaten, werden als verknüpfte Tabellen gespeichert. Diese Tabellen enthalten Daten, die aufgrund ihrer Struktur zueinander in Beziehung stehen, z. B. die Bauteile eines Fahrrades. Deshalb werden die Tabellen als Relationen bezeichnet.

> Relationale Datenbanksysteme verwalten Daten in voneinander abhängigen Tabellen (Relationen).

Die Spalten (Attribute) dieser Tabellen enthalten untereinander vergleichbare Daten (Attributswerte) der einzelnen Datensätze, z. B. den Preis (**Bild 2**). Die Werte der Daten sind in Feldern (Datenfeldern) gespeichert. Die Attributswerte einer Spalte sind jeweils in einem festzulegenden Datentyp, dem Format, zu speichern. Datenbanksysteme verfügen über verschiedene Datentypen (**Tabelle 1**).

Schlüssel und Beziehungen

Die einzelnen Zeilen einer Tabelle, d. h. die Datensätze entsprechen jeweils z. B. einer Person, einem Gegenstand (Objekt) oder einem Ereignis. Dies wird Entität (entity = Einheit) genannt (Bild 2). Entitäten dürfen mit einer zweiten Entität nicht verwechselt werden, in der Tabelle `Teilestamm` also nicht mit einem anderen Datensatz (Bild 2). Um dies sicherzustellen, wird z. B. die TeilNr. als eindeutiges Attribut festgelegt.

Dieses Attribut wird als **Primärschlüssel** einer Tabelle bezeichnet.

> **!** **Primärschlüsselfelder** dienen zur eindeutigen Identifizierung eines Objektes in einer Tabelle. Sie bestehen
> - aus einem Attribut, dessen Inhalt in den einzelnen Datensätzen unterschiedlich ist, oder
> - aus mehreren Attributen, deren Kombination jeweils nur einmal vorkommt
>   → zusammengesetzter Primärschlüssel.

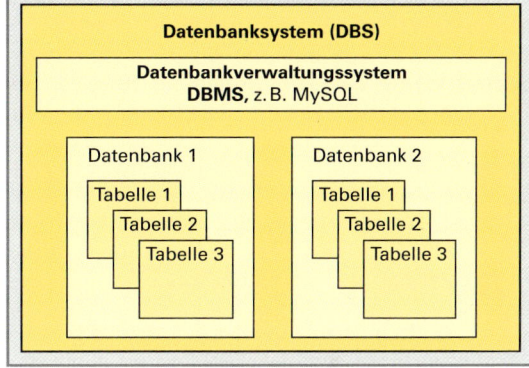

Datenbanksystem (DBS)

Datenbankverwaltungssystem DBMS, z. B. MySQL

Datenbank 1
- Tabelle 1
- Tabelle 2
- Tabelle 3

Datenbank 2
- Tabelle 1
- Tabelle 2
- Tabelle 3

Bild 1: Komponenten eines Datenbanksystems

Tabelle 1: Datentypen (Auswahl)

Datentyp	Inhalt
Boolean	Ja-/Nein-Wert
Char(n)	Alphanumerische Daten mit n Stellen
Date	Datum/Uhrzeit
Currency	Währung
Integer	Ganzzahl
Single/Double	Gleitkommazahl mit einfacher/doppelter Genauigkeit

Auftragsposten: Tabelle

PosNr	AuftrNr	TeilNr	Anzahl	Gesamtpreis
11	10	500002	2	220,00 €
21	2	100002	3	3.750,00 €
22	2	200001	1	700,00 €
31	3	100001	1	1.350,00 €
32	3	500002	2	220,00 €

Bild 3: Tabelle Auftragsposten

Teilestamm: Tabelle

Primärschlüsselattribut

TeilNr	Bezeichnung	Preis	Mass	Einheit	Typ	Liefer	Zeit	AVOnr
200003	He-Rahmen geschw.	650,00 €	0	ST	Z			1
200004	Da-Rahmen geschw.	650,00 €	0	ST	Z			2
200005	Raeder	105,00 €	25 Zoll	ST	Z			7
500001	Rohr 25CrMo4 9mm	12,50 €	9 mm	CM	F	5	1	
500002	Sattel	110,00 €	0	ST	F	2	4	
500003	Gruppe Deore LX	110,00 €	LX	ST	F	3	6	

Datensatz = Entität

Feld, Datenfeld

Bild 2: Tabelle Teilestamm (Auszug)

Wird ein Auftrag bearbeitet, wird nur die eindeutige Teilnummer des Fahrradteils gespeichert. Jeder Datensatz der Tabelle `Auftragsposten` enthält somit eine Teilnummer, (`TeilNr`), z. B. 500 002, die eindeutig einem Bauteil aus der Tabelle `Teilestamm` zugeordnet ist (**Bild 3, vorhergehende Seite**).

1:m-Beziehung

Umgekehrt kann jedes Fahrradteil aus der Tabelle `Teilestamm` in mehreren Zeilen der Tabelle `Auftragsposten` angesprochen werden. Die Tabellen `Teilestamm` und `Auftragsposten` besitzen somit eine 1:m-Beziehung (**Bild 1**). Die Teile, die in der Tabelle `Teilestamm` durch den Primärschlüssel (`TeilNr`) eindeutig bezeichnet werden, werden auch in der Tabelle `Auftragsposten` durch diese `TeilNr` festgelegt. Dieses Feld `TeilNr` verweist auf das entsprechende Feld der Tabelle `Teilestamm` und wird deshalb als **Fremdschlüssel** bezeichnet (**Bild 2**).

> Ein Fremdschlüssel verweist auf einen Primärschlüssel einer anderen Tabelle und stellt so eine Beziehung zwischen diesen Tabellen her.

1:1-Beziehung

Eine Personaltabelle enthält Daten, z. B. das Gehalt, die nicht jedem Nutzer zur Einsicht offen sein sollen. Dazu wird eine neue Tabelle `Personal_diskret` angelegt. Da auch hier die Datensätze über den Primärschlüssel `PersNr` gefunden werden, steht einem Datensatz der ersten Tabelle genau ein Datensatz der zweiten Tabelle gegenüber (**Bild 3**). Eine solche Beziehung wird 1:1-Beziehung genannt. Die beiden Tabellen dieser Beziehung können fehlerfrei wieder in einer Tabelle zusammengeführt werden.

m:n-Beziehungen

Besteht ein Auftrag aus mehreren Posten mit einzelnen Bauteilen, so steht einem Auftrag nicht nur genau eine Teilenummer gegenüber. Eine bestimmte Bauteilnummer kann in mehreren Aufträgen angesprochen werden. Eine solche Beziehung zwischen Tabellen heißt m:n-Beziehung. Sie kann in einem relationalen Datenbankmodell nicht eindeutig dargestellt werden. Deshalb ist eine Zwischentabelle notwendig, die diese m:n-Beziehung in zwei 1:n-Beziehungen aufteilt. In **Bild 4** ist dies die neue Tabelle `Auftragsposten`. Ein Bauteil, das in einem Auftragsposten genannt wird, kann eindeutig in der Tabelle `Teilestamm` identifiziert werden. Umgekehrt kann ein Bauteil in mehreren Auftragsposten angesprochen werden. Somit liegt zwischen den Tabellen `Teilestamm` und `Auftragsposten` eine 1:m-Beziehung vor.

> ! Eine m:n-Beziehung wird in einer relationalen Datenbankumgebung in eine 1:m-Beziehung und eine 1:n-Beziehung über eine geeignete Zwischentabelle aufgelöst (m,n,∞ ≙ viele).

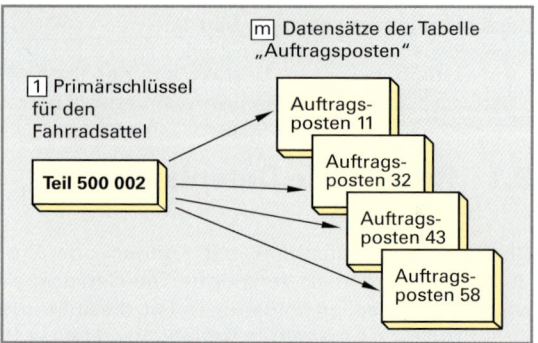

Bild 1: 1:m-Beziehung beim Fahrradsattel 500 002

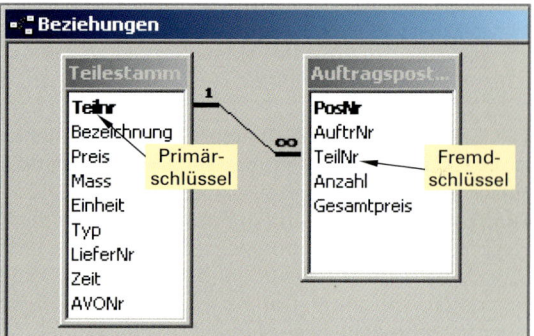

Bild 2: Primärschlüssel und Fremdschlüssel

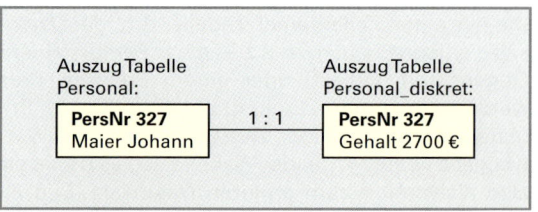

Bild 3: 1:1-Beziehung

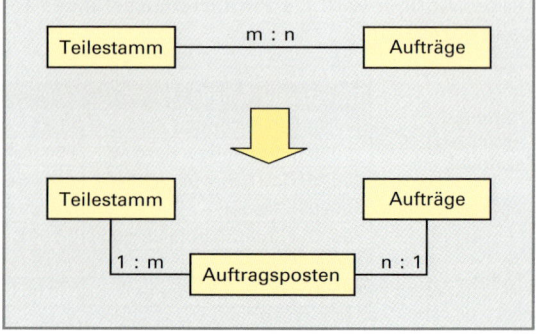

Bild 4: Auflösung einer m:n-Beziehung

Auch die Tabellen `Auftragsposten` und `Aufträge` sind über eine 1:n-Beziehung verbunden.

Beispiel 1: Felder, Tabellen und Beziehungen entwerfen

In einem Unternehmen ist für jeden Auftrag jeweils ein Mitarbeiter oder eine Mitarbeiterin zuständig.
a) Entwerfen Sie Tabellen für die Entitäten Kunde, Auftrag und Personal mit geeigneten Attributen, die in einzelnen Feldern gespeichert sind.
b) Legen Sie geeignete Primärschlüsselfelder fest.
c) Bestimmen Sie die Beziehungen zwischen diesen Tabellen.

Lösung: a), b) und c) **Bild 1**

9.2 Verfahren zur Datenbankentwicklung

Der Entwicklungsprozess einer Datenbank vollzieht sich in drei Schritten.

- Festlegen der Informationsstruktur:

  Welche Informationen erwartet der Anwender vom Datenbanksystem?

- Festlegen der Datenstruktur:

  Welche Beziehungen besitzen die Daten und Tabellen untereinander?

- Festlegen der Aufnahmestruktur:

  Die Tabellen und die einzelnen Datenfelder werden mit ihren Datentypen festgelegt.

Die Informationsstruktur der Datenbank kann durch das Bottom-up-Verfahren oder das Top-down-Verfahren ermittelt werden.

Bottom-up-Verfahren
Das Bottom-up-Verfahren (bottom up = von Grund auf) geht von einer Anwendung oder Aufgabe aus **(Bild 2)**. Im Unternehmen vorhandene Daten, z.B. Belege, werden untersucht, um die Informationen zu erhalten, die das Datenbanksystem liefern soll.

Diese Entwurfsmethode kann zu einer Vielzahl unterschiedlicher Lösungen führen. Es besteht die Gefahr, dass sich die Lösungen überschneiden und Daten in verschiedenen Tabellen gespeichert werden. Das nennt man Redundanz. Redundanzen müssen vermieden werden, da Änderungen, z.B. einer Adresse, nur in einem einzigen Datensatz in der Datenbank erfolgen dürfen.

In relationalen Datenbanken darf es keine mehrfach gespeicherten Informationen (Redundanzen) geben, um gültige Daten zu erreichen.

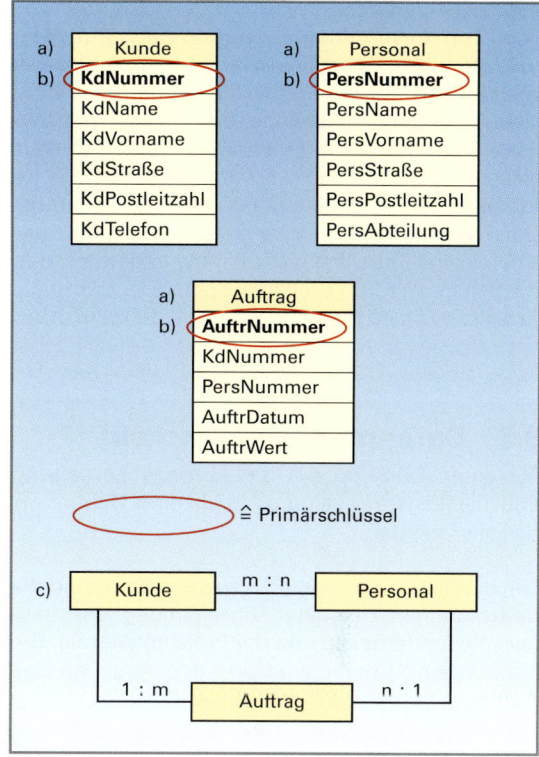

Bild 1: Felder und Beziehungen von Tabellen

! **Verfahren zur Datenbankentwicklung**
Bottom-up (= von Grund auf): Einzelattribute sammeln, potentielle Schlüsselattribute erkennen, zu Objekttypen gruppieren, Beziehungen bilden.

Top-down (= von der Spitze abwärts): Objekttypen erkennen, Beziehungen bilden, Elementarattribute erkennen.

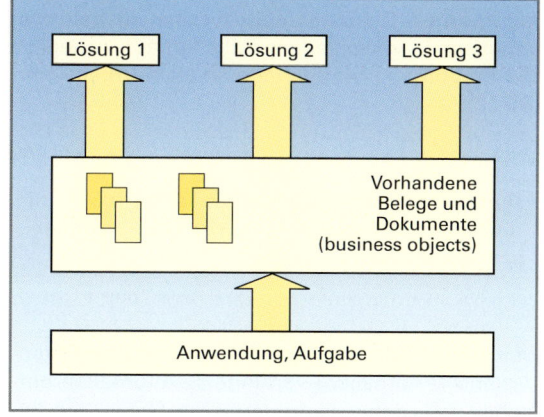

Bild 2: Bottom-up-Verfahren

Top-down-Verfahren

Beim Top-down-Verfahren werden die Anforderungen möglichst aller Datenbankanwender festgestellt **(Bild 1)**. So geben z. B. die Verkaufsabteilung sowie die Serviceabteilung an, welche Informationen sie über die Kunden wissen müssen. Aus diesen Anforderungen wird abgeleitet, welche Informationen in der Datenbank enthalten sein müssen. Für alle Datenbankanwendungen gibt es nur eine einzige Tabelle Kunden. Alle anderen Daten werden in weitere Tabellen ausgelagert, z. B. in die Tabelle Auftrag oder in die Tabelle Personal.

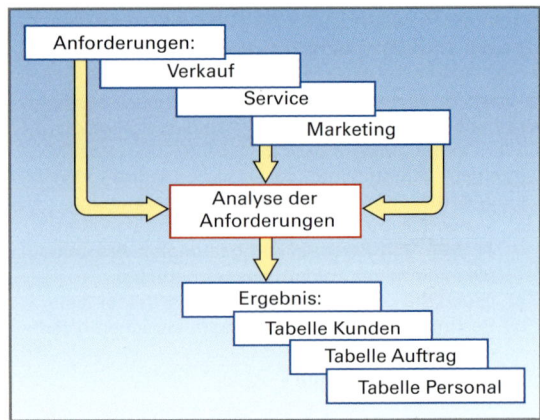

Bild 1: Top-down-Verfahren

9.3   Datenmodell entwickeln

Für einen PC-Shop soll die Auftragsbearbeitung und die Lagerverwaltung durch eine Datenbank realisiert werden.

Um die Baugruppen der PCs zu verwalten, sind die Informationen Hersteller, Bezeichnung des Bauteils, Besonderheiten und der Preis notwendig. Die Informationsstruktur wird aus den Angaben des Auftraggebers abgeleitet **(Tabelle 1)**.

Bestellt ein Kunde einen PC, so werden außer seinen persönlichen Daten, Name, Adresse auch Daten der Bauteile benötigt, z. B. Bezeichnung, Hersteller und Lieferant.

> Die Informationen des Auftragsgebers ergeben die Informationsstruktur der Datenbank.

Tabelle 1: Struktur einer Datenbank	
Datenfeld	**Bedeutung**
Bauteilnummer	Eindeutige Identifikation der Baugruppe
Bezeichnung	genauere Beschreibung
Hersteller	Name, Anschrift
Lieferant	Großhändler, Alternativhändler
Besonderheiten	Normabweichungen
Gewicht	in g oder kg
Preis	Bezugspreis
Verkaufspreis	kalkuliert, ohne Steuer
Kundennummer	Eindeutige Identifikation
Kundenname	Name des Kunden
Vorname	Vorname des Kunden
Adresse	Straße, Postleitzahl, Wohnort
Bezugs-bedingungen	Sonderbedingungen, Rabatte

Normalisieren

Die in der Informationsstruktur festgelegten Datenfelder können nicht direkt in eine Tabelle übernommen werden. Die Datenfelder werden deshalb systematisch in verschiedene Tabellen aufgegliedert. Diesen Vorgang bezeichnet man als Normalisieren **(Bild 2)**.

> Durch Normalisieren werden Datenfelder in mehreren Schritten und logisch richtig auf verschiedene Tabellen verteilt.

Durch Normalisieren lassen sich Fehler im Datenbestand (Anomalien) verhindern. Anomalien entstehen z. B. durch Einfügen neuer Daten, die bereits bestehenden Daten widersprechen.

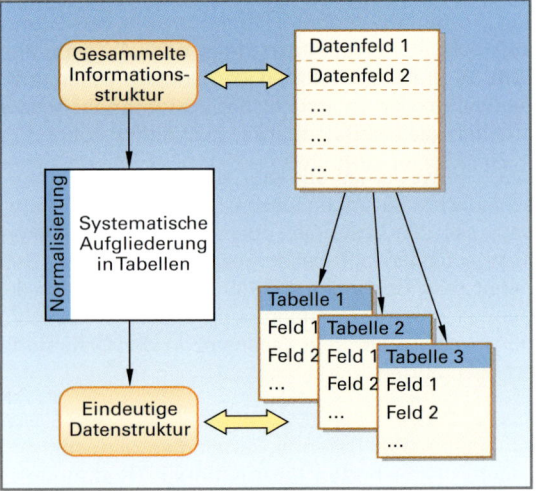

Bild 2: Normalisieren einer Datenbank

Werden z B. in einem Feld `Wohnort` zusammengesetzte Informationen, z. B. die Postleitzahl und ein Ortsname gespeichert, so ergeben sich Anomalien. Vielen Orten sind mehrere Postleitzahlen zugeordnet. Es ist dann schwierig, nach den Ortsnamen zu sortieren und zu suchen. Ebenso ist es nicht möglich nach den Waren zu sortieren, wenn alle lieferbaren Waren in einem einzigen Feld aufgelistet werden **(Tabelle 1)**.

Deshalb werden zusammengesetzte Informationen in verschiedenen Feldern einer Tabelle als einfache atomare, nicht mehr aufteilbare Werte gespeichert. Das Ergebnis ist die **erste Normalform**.

Beispiel 1: 1. Normalform erstellen

Leiten Sie aus den Daten der Tabelle 1 die erste Normalform ab.

Lösung: **Tabelle 2**

Kunden, Objekte, z. B. lieferbare Waren und Vorgänge, z. B. Bestellungen, sind über die Angabe des Primärschlüsselfeldes eindeutig festgelegt. Über eine Lieferantennummer erhält man die Firmenbezeichnung, die Straße und die Postleitzahl des Lieferanten. Alle drei Attribute sind damit direkt, d. h. funktional von der Lieferantennummer abhängig (Tabelle 2).

Der Primärschlüssel einer Tabelle kann auch aus mehreren Feldern zusammengesetzt sein **(Bild 1)**. So enthält die Tabelle Auftragsposten **(Tabelle 3)** sowohl die Nummer des Auftrages als auch die Nummer des Teiles. Die Kombination der beiden Nummern kann hier als zusammengesetzter Primärschlüssel vereinbart werden.

Weitere Angaben zum Bauteil selbst sind nicht mehr nötig.

Um Anomalien zu vermeiden, ist die Aufteilung in mehrere Tabellen besonders bei Tabellen mit zusammengesetzten Primärschlüsseln wichtig. Das Ergebnis der Aufteilung wird als **zweite Normalform** bezeichnet.

! Eine Tabelle befindet sich dann in der ersten Normalform, wenn alle Datenfelder Werte enthalten, die nicht mehr aufteilbar sind.

Tabelle 1: Lieferanten

Feld	Inhalt
Lieferanten-Nummer	34194 635
Firmenbezeichnung	TK-Inform GmbH
Straße	Auweg 12-14
Postleitzahl, Ort	89073 Lehr
Waren	Smartphone LM346, Netzwerkkarte NW56xdsl, Monitor GZLCD25
Ansprechpartner	Frau Hölzel, Herr Fricke
Telefon-Nummern	0171-345123xx 0171-345123xx

Tabelle 2: Erste Normalform (1. NF)

Feld	Inhalt
Lieferanten-Nummer	34194635
Firmenbezeichnung	TK-Inform GmbH
Straße	Auweg 12-14
Postleitzahl	89073
Ort	Lehr
Ware 1	Smartphone LM346
Ware 2	Netzwerkkarte NW56xdsl
Ware 3	Monitor GZLCD25
Ansprechpartner 1	Frau Hölzel
Ansprechpartner 2	Herr Fricke
Telefon-Nr. 1	0171-345123xx
Telefon-Nr. 2	0171-345123xx

Tabelle 3: Auftragsposten

PosNr	AuftrNr	TeilNr	Anzahl	Gesamtpreis
11	10	500002	2	220,00
21	2	100002	3	3.750,00
22	2	200001	1	700,00
31	3	100001	1	1.350,00
32	3	500002	2	220,00

Primärschlüssel

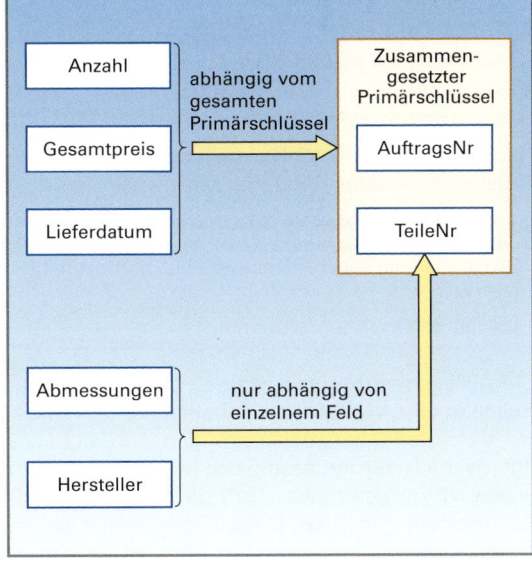

Bild 1: Abhängigkeiten von Feldern einer Datenbank

Beispiel 1: 2. Normalform erzeugen

Teilen Sie die Tabelle `Bestellposition` (**Bild 1, links**) so auf, dass zwei Tabellen `Bestellposition` und `Bauteile` in der zweiten Normalform entstehen.

Lösung: **Bild 1, rechts**

Eine weitere Stufe der Normalisierung bezieht sich auf Tabellen mit einfachem Primärschlüssel. Datenfelder, die von Nichtschlüsselfeldern abhängen, werden in eigene Tabellen ausgegliedert. Das Ergebnis dieser Normalisierung wird als **dritte Normalform** bezeichnet.

Die Tabelle Hersteller kann in die dritte Normalform umgewandelt werden. Dort scheint die Postleitzahl abhängig vom Ort zu sein (**Bild 2**). Für kleinere Orte ist dies richtig, bei größeren Orten wie Ulm oder Stuttgart gilt dies jedoch nicht. Dort hängt die Postleitzahl auch von der Straße oder dem Postfach des Kunden ab.

Es gilt jedoch eine umgekehrte Abhängigkeit: Der Ort ist abhängig von der Postleitzahl, jeder Postleitzahl ist genau ein Ortsname zugeordnet. Somit kann das Feld Ort aus dieser Tabelle ausgegliedert werden und in einer eigenen Tabelle Ort gespeichert werden.

> Eine Tabelle ist dann in der dritten Normalform, wenn zwischen den Feldern, die nicht den Primärschlüssel bilden, keine Abhängigkeiten bestehen.

Regeln der Normalisierung:

1. Inhalte von Datenfeldern dürfen nicht mehr aufteilbar sein.
2. Jedes Feld einer Tabelle muss vom Primärschlüssel abhängig sein.
3. Felder, die nicht den Primärschlüssel bilden, dürfen nicht voneinander abhängen.

Nach diesen Regeln der Normalisierung abgeleitete Tabellen vermeiden Redundanzen sicher.

Beispiel 2: 3. Normalform erstellen

Bringen Sie die Tabelle Hersteller (Bild 2) in die dritte Normalform.

Lösung: **Bild 3**

Die Aufgliederung der einzelnen Informationselemente in eine Vielzahl von Tabellen hat den Nachteil, dass der PC bei Suchvorgängen viel Zeit benötigt. Deshalb werden bestimmte Normalisierungen wieder zurückgenommen, um die Leistungsfähigkeit (Performance) des Datenbanksystems zu erhöhen. Diesen Vorgang bezeichnet man als Denormalisierung.

> **!** Eine Tabelle befindet sich in der zweiten Normalform, wenn jedes Feld dieser Tabelle vom gesamten Primärschlüssel abhängt.

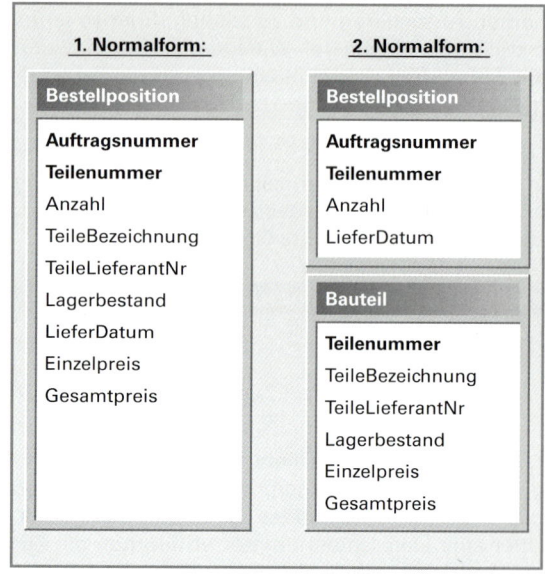

Bild 1: Erzeugen der zweiten Normalform durch Aufteilung von Tabellen

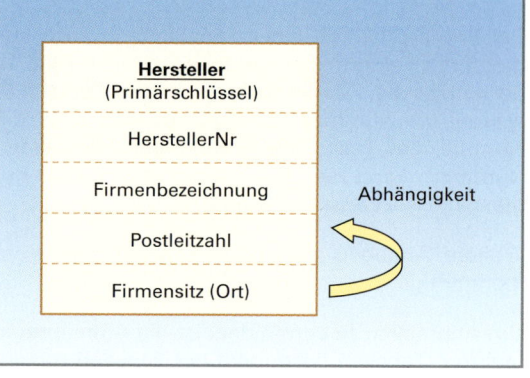

Bild 2: Nicht erfüllte dritte Normalform

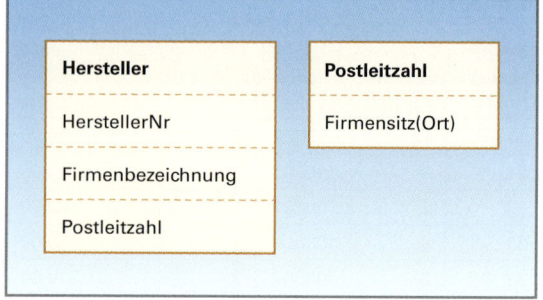

Bild 3: Dritte Normalform

Festlegen der Datentypen

Für die einzelnen Tabellenfelder müssen die Datentypen entsprechend dem DBMS festgelegt werden (**Tabelle 1**). Gewählte Datentypen müssen einen geeigneten Wertebereich aufweisen. Werden z. B. für eine laufende Nummer LfNr mehr als 256 Möglichkeiten unterschieden, muss z. B. der Datentyp Integer gewählt werden (Tabelle 1). Die Feldlängen von Text- und Memo-Feldern sind an den Verwendungszweck anzupassen, um Speicherplatz zu sparen. Auch bei Fließkommazahlen ist zu prüfen, ob der Datentyp Single oder Double benötigt wird. Bei einer großen Datenmenge wirkt sich dies auf die Geschwindigkeit der Datenbearbeitung aus.

> **!** Die Wahl des richtigen Datentyps spart Speicherplatz und verringert die Bearbeitungszeiten des Datenbanksystems.

$$M = n \cdot (d_1 + d_2 + \dots d_n)$$

M Speicherplatz $\qquad$ n Zahl der Datensätze
d_1, d_2, d_n Datenfeldbreite in Byte

Beispiel 1: Speicherplatz für Datensätze berechnen

In einer Tabelle sind 100 000 Datensätze gespeichert. Jeder Datensatz enthält je ein Datenfeld des Typs LongInteger, Double, Währung und fünf Felder des Typs Text mit je 50 Stellen (= 50 Byte). Wie viel Speicherplatz in MB wird belegt?

Lösung:
$M = 100\,000 \cdot (4\,\text{B} + 8\,\text{B} + 4\,\text{B} + 5 \cdot 50\,\text{B}) = \textbf{26,6 MB}$

K Kompetenzorientierung

1. Worin besteht der Unterschied zwischen einem Datenbanksystem und einer Datenbank?
2. Beschreiben Sie den grundsätzlichen Aufbau einer relationalen Datenbank.
3. Wozu sind Primärschlüssel notwendig?
4. Welche Arten von Beziehungen zwischen Tabellen kennen Sie?

Tabelle 1: Speicherbedarf der Datentypen

Datentyp	Wertebereich	Dezimal-stellen	Byte
Byte	0 bis 255	keine	1
Integer	−32.767 bis +32.767	keine	2
Long-Integer	−2.147.483.648 bis +2.147.863.647	keine	4
Single	−3,4 · 10E38 bis +3,4 · 10E38	7 Stellen	4
Double	−1.797 · 10E308 bis +1.797 · 10E308	15 Stellen	8
Date	01.01.0100 bis 31.12.9999	–	8
Währung	92.233.337.203.685.477.5808 bis +92.233.337.203.685.477.5808	4 Stellen	4
Text	bis 256 Zeichen	–	variabel
Memo	bis 64000 Zeichen	–	variabel

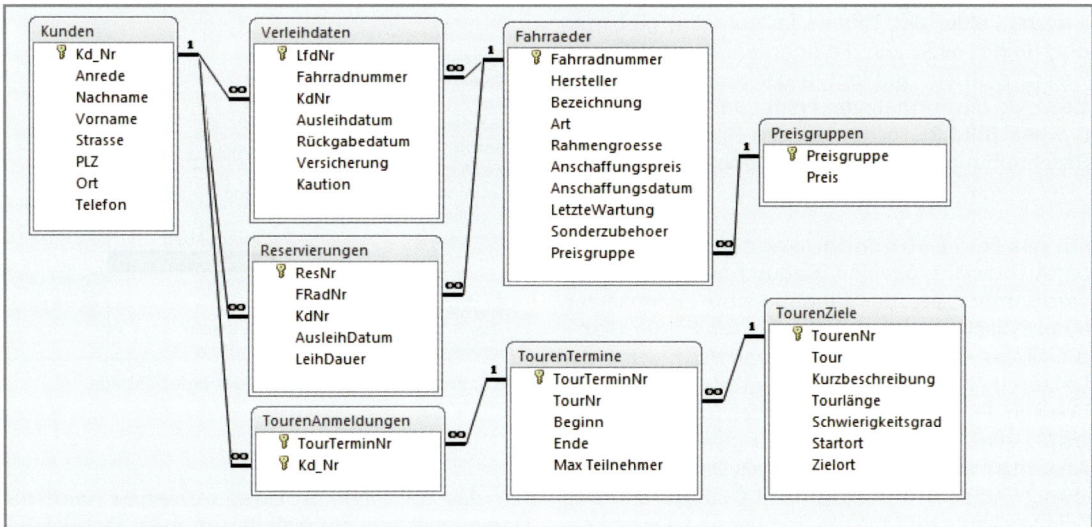

Bild 1: Struktur der Datenbank Faradiso

9.4 Entwicklung einer Datenbank mit Access

> ! Beschreibungen der Feldeigenschaften erleichtern die spätere Administration.

Mit dem Datenbanksystem MS-Access wird schrittweise eine Datenbank für die Verwaltung des Fahrradverleihs Faradiso aufgebaut (**Bild 1, vorhergehende Seite**).

9.4.1 Tabellen erstellen

1. Öffnen oder Anlegen einer Datenbank

Beim Start von Access öffnet sich ein Fenster zum Auswählen einer Datenbank. Zum Neuanlegen wird die Schaltfläche `Leere Datenbank` gewählt. Im folgenden Fenster wird nach Eingabe des gewünschten Speicherortes und des Namens `Faradiso` durch Anklicken von `Erstellen` die Datenbank angelegt (**Bild 1**).

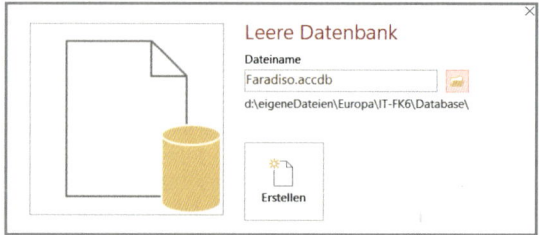

Bild 1: Anlegen einer neuen Datenbank

2. Anlegen einer neuen Tabelle

Übung 1: Neue Tabelle anlegen

a) Erzeugen Sie eine neue Tabelle Fahrraeder.
b) Legen Sie Felder und Felddatentypen für diese Tabelle fest und beschreiben Sie die Feldeigenschaften.

Lösung: **a) Bild 2** und **b) Bild 3**

Nach Auswahl der Registerkarte `Erstellen` und Anklicken des Buttons `Tabellenentwurf` (**Bild 2**) erscheint die Entwurfsansicht einer neuen Tabelle.

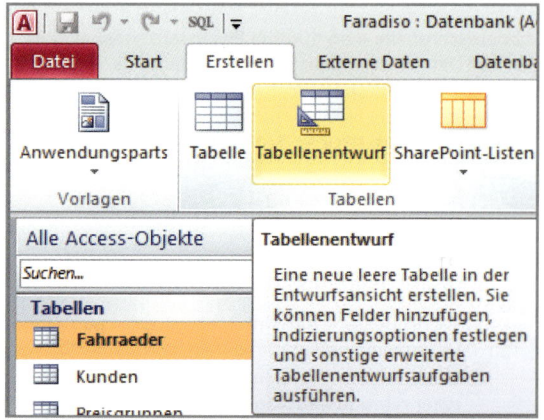

Bild 2: Anlegen einer neuen Tabelle

3. Felder und Datentypen festlegen

Um die Felder der Tabelle festzulegen, gibt man der Reihe nach die Feldnamen in der Spalte `Feldname` ein und legt in der Spalte `Felddatentyp` die Formate der Felder und deren Datentyp fest (**Bild 3**). In der rechten Spalte wird eine Beschreibung des Feldes angegeben.

Für das Feld `Fahrradnummer` wird der Datentyp `Autowert` gewählt. Dadurch wird die Datensatznummer bei der Eingabe von Datensätzen automatisch um eins erhöht. Für die Felder `Hersteller`, `Bezeichnung` und `Art` wird der Datentyp `Text` mit der Feldgröße 20 Zeichen gewählt. Für den Inhalt des Feldes `Rahmengroesse` wird der Datentyp `Byte` gewählt. Im Feld `Anschaffungspreis` wird als Datentyp `Währung` und als Währungseinheit € eingestellt. Den Feldern `Anschaffungsdatum` und `LetzteWartung` wird der Datentyp `Datum` zugewiesen.

Bild 3: Entwurfsansicht der Felder einer Tabelle

Für das Datenfeld `Sonderzubehör` wird der Datentyp Memo eingestellt, um auch längere Beschreibungen aufnehmen zu können.

Um bei einem Zahlenfeld Fehleingaben zu vermeiden, werden Gültigkeitsregeln festgelegt.

Bild 1: Festlegen von Gültigkeitsregeln und Eingabeformat

Übung 1: Gültigkeitsbereich festlegen

Legen Sie für das Feld Rahmengröße den Gültigkeitsbereich 12 Zoll bis 28 Zoll fest.

Lösung: **Bild 1**, Zeile Gültigkeitsregel

Im Feld Rahmengröße wird ein Eingabeformat festgelegt. Nach den Ziffern 00 werden die anzuzeigenden Zeichen ' ' in Anführungszeichen gesetzt **(Bild 1)**. Die Gültigkeitsmeldung weist auf den zulässigen Wertebereich hin **(Bild 2)**.

4. Primärschlüssel festlegen

Um die einzelnen Fahrräder eindeutig zu identifizieren, wird das Feld Fahrradnummer als Primärschlüssel festgelegt. Nach Klicken in die Zeile Fahrradnummer wird in der Symbolleiste der Button Primärschlüssel betätigt **(Bild 3)**. Vor dem Feldnamen erscheint ein Schlüsselsymbol.

Zum Speichern der Tabelle wird das Diskettensymbol auf der Symbolleiste angeklickt. Als Name wird z. B. Fahrraeder eingegeben und mit Speichern bestätigt.

5. Daten in die Tabelle Fahraeder eingeben

Die Tabelle wird durch Doppelklick auf den Tabellennamen oder über die Schaltflächen Ansicht – Datenblattansicht geöffnet **(Bild 4)**. Solange in einem Datensatz Daten eingegeben werden, erscheint in der entsprechenden Zeile vorn ein symbolischer Schreibstift **(Bild 5)**. Beim Verlassen des Datensatzes verschwindet dieser Stift und der Datensatz wird automatisch gespeichert.

Übung 2: Datensätze eingeben

Geben Sie sechs Datensätze in die Tabelle Fahrraeder ein.

Lösung: Bild 5

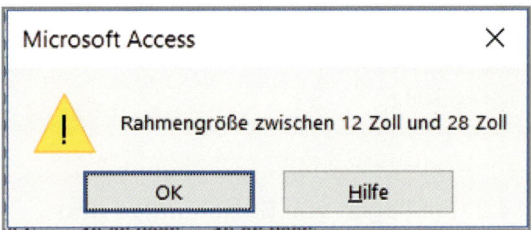

Bild 2: Hinweise auf den Gültigkeitsbereich

Bild 3: Festlegen eines Primärschlüsselfeldes

Bild 4: Umschalten in die Datenblattansicht

		F	Hersteller	Bezeichnung	Art	Rahm	Anschaffun	Anschaffun	LetzteWar
	+	1	Staiger	Orkan	Tourenrad	20"	630,00 €	08.05.2016	08.05.2018
🔑	+	2	Raleigh	Executive	Tourenrad	28"	560,00 €	09.05.2017	09.05.2019
	+	3	Panasonic	FirstClass	Mountain-Bike	28"	1.960,00 €	20.08.2018	20.08.2019
	+	4	Miyata		Tourenrad	26"	2.800,00 €	21.08.2017	29.11.2018
	+	5	Mercier	Velo Mercier	Rennrad	24"	750,00 €	30.09.2018	08.01.2019
	+	6	Scott		Rennrad	28"	2.350,00 €	22.08.2019	30.11.2020

Bild 5: Dateneingabe in eine Tabelle

Für das Fahrradgeschäft sind die Kundendaten und die Reservierungsdaten notwendig. Dafür werden die Tabellen Kunden (**Bild 1**) und Reservierungen (**Bild 2**) erzeugt.

In der Entwurfsansicht der Tabelle Kunden werden die Feldnamen und die Felddatentypen festgelegt. Die Spalte Beschreibung enthält Informationen für das Feld.

> **Übung 1: Tabelle Reservierungen erstellen**
>
> Entwerfen Sie eine Tabelle Reservierungen mit den Feldern ResNr, FRadNr, KdNr, Ausleih-Datum und LeihDauer. Legen Sie das Feld ResNr als Primärschlüssel fest und geben Sie in der Datenblattansicht Datensätze ein.
>
> *Lösung:* **Bild 2**

9.4.2 Festlegen von Beziehungen und referenzieller Integrität

Die Verknüpfung der Tabellen Kunden und Reservierungen erfolgt in Access auf grafische Weise. Dazu wählt man in der Menüleiste den Reiter `Datenbanktools` und die Schaltfläche `Beziehungen` (**Bild 3**). Es öffnet sich ein Fenster zur Auswahl der Tabellen (**Bild 4**). Hier werden alle angezeigten Tabellen ausgewählt und die Taste `Hinzufügen` betätigt. Anschließend wird das Fenster `Tabelle anzeigen` wieder geschlossen.

Um die Beziehung festzulegen, wird in der Tabelle `Kunden` der Eintrag `KdNr` angeklickt und mit gedrückter Maustaste auf den Eintrag `KdNr` in der Tabelle `Reservierungen` gezogen (**Bild 5**). Es öffnet sich ein Fenster zur Bearbeitung der Beziehungseigenschaften (**Bild 1, folgende Seite**).

> Beziehungen werden in Access auf grafische Weise erzeugt.

Die Checkbox `Mit referenzieller Integrität` (referenziell = sich beziehend auf) veranlasst das Datenbanksystem, die logischen Zusammenhänge zwischen den Datensätzen zu überprüfen. Ein Kunde, der noch nicht in die Tabelle `Kunden` aufgenommen ist, kann nicht in die Tabelle `Reservierungen` eingetragen werden. Zum anderen kann ein Kundendatensatz, auf den sich Dateneinträge einer anderen Tabelle beziehen, nicht gelöscht werden, ohne dass auch die zugehörigen Datensätze, z. B. in der Tabelle Reservierungen, gelöscht werden.

> ❗ Referenzielle Integrität stellt sicher, dass die Beziehungen zwischen den Tabellen logisch richtig sind und dass es keine beziehungslosen Datenbestände gibt.

Kunden

Feldname	Felddatentyp	Beschreibung
🔑 Kd_Nr	AutoWert	Nummer des Kunden
Anrede	Text	Herr; Frau; Firma
Nachname	Text	
Vorname	Text	
Strasse	Text	Straße mit Hausnummer
PLZ	Text	Postleitzahl 5-stellig
Ort	Text	
Telefon	Text	

Bild 1: Ausschnitt aus der Tabelle Kunden – Entwurfsansicht

Reservierungen

ResNr	FRadNr	KdNr	AusleihDatum	LeihDauer
7	8	8	18.01.20XX	9
8	14	17	15.04.20XX	6
9	23	2	16.10.20XX	15
10	21	5	16.10.20XX	9

Datensatz: ◄ ◄ 7 von 16 ► ►► ►* 🗶 Kein Filter   Suchen ◄│►

Bild 2: Ausschnitt aus der Tabelle Reservierungen – Datenblattansicht

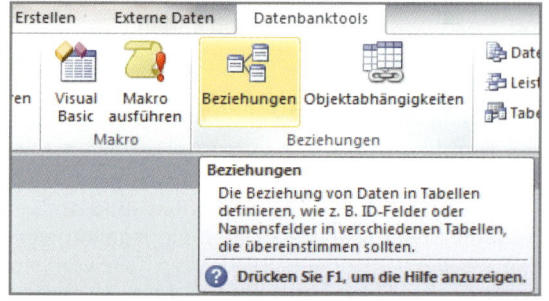

Bild 3: Befehlsschaltfläche Beziehungen

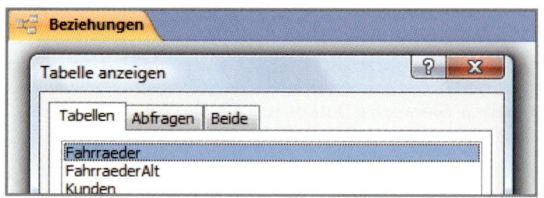

Bild 4: Auswahl von Tabellen

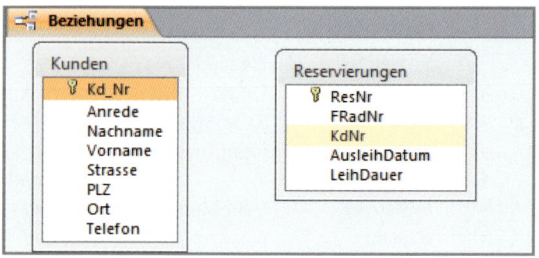

Bild 5: Festlegen der Beziehungsfelder

Um die Daten z. B. der ausgeschiedenen Kunden aus der Datenbank löschen zu können, wird die Checkbox Löschweitergabe an verwandte Datensätze aktiviert (Bild 1). Wird nun ein Datensatz aus einer Tabelle gelöscht, dessen Primärschlüssel, z. B. die Kundennummer, auf einen anderen Datensatz verweist, so werden auch alle Datensätze in anderen Tabellen gelöscht, die z. B. die gleiche Kundennummer enthalten.

Das Aktivieren von Aktualisierungsweitergabe an verwandte Felder (Bild 1) bewirkt, dass beim Ändern des Bezugsfeldes, z. B. der Kundennummer in der Tabelle Kunden, auch die Inhalte der anderen Tabellenfelder mit Bezug zu diesem Feld geändert werden.

> **Drei wichtige Eigenschaften von Beziehungen sind:**
>
> - Referenzielle Integrität, stellt die logische Richtigkeit der Daten sicher,
> - Aktualisierungsweitergabe, ermöglicht spätere Änderungen der Feldnamen,
> - Löschweitergabe, ermöglicht späteres Löschen von abhängigen Datensätzen.

Wird nun der Button Erstellen betätigt, so wird im Fenster Beziehungen die 1:n-Beziehung zwischen den beiden Tabellen mit einer Linie und den Symbolen 1 und ∞ dargestellt **(Bild 2)**.

> **Übung 1: Beziehung erzeugen**
>
> Stellen Sie eine Beziehung zwischen der Fahrradnummer in der Tabelle Fahrraeder und der Fahrradnummer in der Tabelle Reservierungen her. Legen Sie sowohl die Prüfung auf referenzielle Integrität als auch die Möglichkeit der Löschweitergabe und der Aktualisierungsweitergabe fest.
>
> *Lösung:* **Bild 2** und **Bild 1**

9.4.3 Formulare

Zur Eingabe von Daten sind Formulare geeignet. Sie dienen zur Dateneingabe, zur Ansicht, zur Bearbeitung und zur Navigation.

Zum Anlegen eines neuen Formulars wird die Registerkarte Erstellen und im Bereich Formulare die Schaltfläche Formular-Assistent gewählt **(Bild 3)**. Im folgenden Dialog wird das Aussehen des Formulars festgelegt.

> **Übung 2: Eingabeformular**
>
> Erstellen Sie ein Eingabeformular für die Tabelle Fahrraeder.
>
> *Lösung:* **Bild 4**

> ⚠ Formulare dienen sowohl zur Dateneingabe, Datenansicht und Bearbeitung als auch zur Navigation innerhalb der Datenbank.

Bild 1: Festlegen der Beziehungseigenschaften

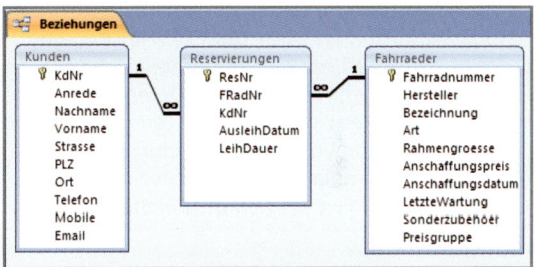

Bild 2: Beziehungen zwischen den Tabellen

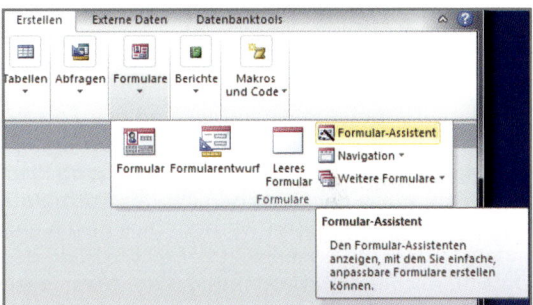

Bild 3: Anlegen eines neuen Formulars

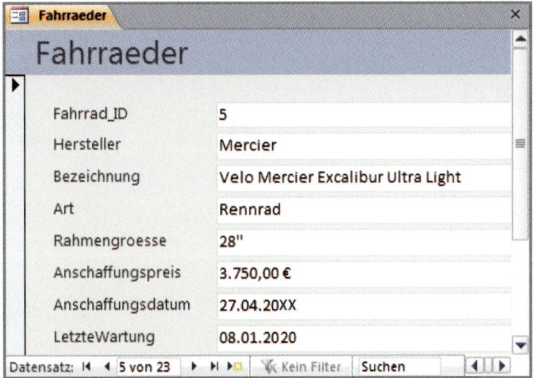

Bild 4: Formular Fahrraeder

Unterformulare
Unterformulare sind Hilfsmittel, um 1:n-Beziehungen von Tabellen in Formularen abzubilden. Während das Hauptformular den Datensatz anzeigt, der das Primärschlüsselfeld der Beziehung enthält, werden im Unterformular die in Bezug stehenden Detaildatensätze angezeigt.

> **!** In Unterformularen werden Detaildatensätze zu einem Datensatz ausgegeben.

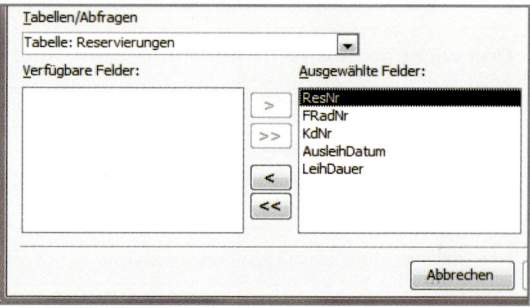

Bild 2: Unterformular Reservierungen

Übung 1: Formular mit Unterformular

Erstellen Sie ein Formular Kunden mit Unterformular, das zum jeweils angezeigten Kunden auch die zugehörigen Reservierungen zeigt.

Lösung: **Bild 1**

Es wird ein Formular angelegt, das Reservierungsdatensätze anzeigen kann **(Bild 2)**. Auf der Registerkarte `Erstellen` wird die Befehlsschaltfläche Formular-Assistent betätigt. Als Datenquelle wird die Tabelle `Reservierungen` eingestellt und mit der Schaltfläche >> alle Felder hinzugefügt **(Bild 3)**. Das Formular wird z. B. unter dem Namen `UFormReservierungen` gespeichert.

> In Unterformularen werden Daten ausgegeben, die zu einem Hauptdatensatz gehören.

Als Hauptformular wird ein einspaltiges Formular Kunden mit dem Formularassistenten erstellt **(Bild 4)**. Um für das Unterformular genügend Platz zu finden, muss der Detailbereich des Formulars entsprechend vergrößert werden. Dies geschieht, indem in der Entwurfsansicht der rechte Rand des Detailbereiches angeklickt und mit der Maus nach rechts gezogen wird.

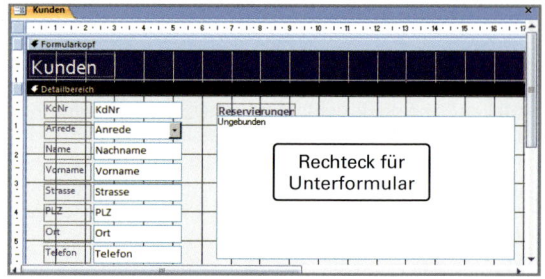

Bild 3: Auswahl der Felder für das Unterformular Reservierungen

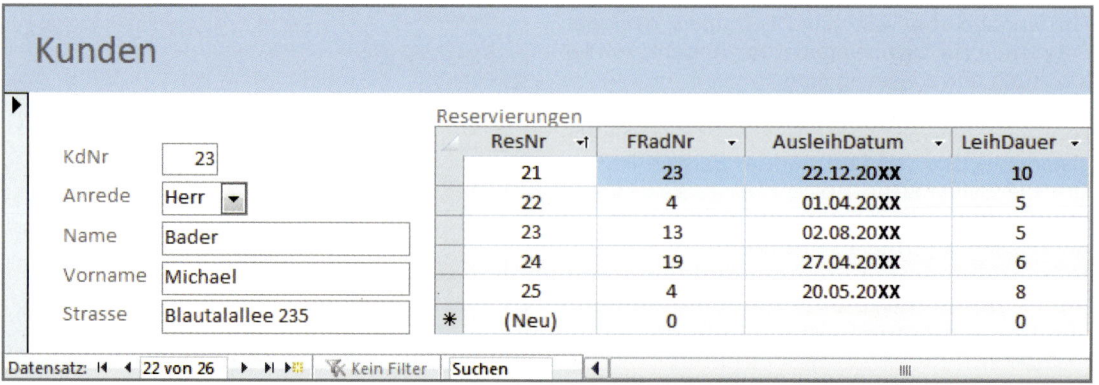

Bild 4: Entwurfsansicht des Formulars Kunden

Bild 1: Formular Kunden mit Unterformular Reservierungen

Auf der Registerkarte Formularentwurfstools – Entwurf wird die Schaltfläche Unterformular gewählt (Bild 1). Auf dem freien Raum des Formulars wird ein geeignet großes Rechteck gezogen. Es startet ein Assistent, der die Wahl des Unterformulars ermöglicht (Bild 2). Nach dem Speichern des Formulars wird jeweils ein Kunde mit den dazu gehörenden Reservierungen angezeigt (Bild 1, vorhergehende Seite).

Bild 1: Registerkarte Entwurf mit der Schaltfläche Unterformular

Übung 1: Unterformular als Endlosformular

Das Unterformular Reservierungen soll als Endlosformular und mit transparenten Gitternetzlinien dargestellt werden. Die Linienbreite des Gitternetzes soll 1 pt sein.

Lösung: **Bild 1, vorhergehende Seite**

Datenbanksteuerung mit Schaltflächen

Über Schaltflächen auf Formularen kann der Nutzer in die Arbeitsbereiche der Datenbankanwendung verzweigen.

Übung 2: Formular Zentrale erstellen

Erstellen Sie ein Formular Zentrale mit einem Beschriftungsfeld Fahrradverleih Faradiso und den drei Befehlsschaltflächen Fahrraeder, Kunden und Reservierungen.

Lösung: **Bild 3**

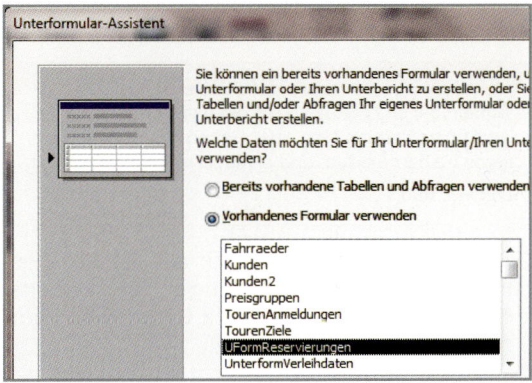

Bild 2: Assistent zur Auswahl des Unterformulars

Das Formular Zentrale steuert über Befehlsschaltflächen die Bearbeitung verschiedener Tabellen. Zunächst wird ein neues Formular erzeugt, welches nicht mit einer bestimmten Tabelle verbunden ist. Für das Erstellen der Überschrift wird in der Ansicht Entwurf – Steuerelemente das Bezeichnungsfeldsymbol Aa angeklickt, dann mit der Maus der Rahmen im Detailbereich des Formulars gezogen und die Beschriftung eingegeben (Bild 4).

Durch Klick mit der rechten Maustaste auf das Bezeichnungsfeld öffnet sich ein Menü, aus dem Eigenschaften ausgewählt wird. Im Eigenschaftenblatt können z. B. die Breite und die Höhe des Feldes und die Eigenschaften der Schrift bestimmt werden.

Befehlsschaltflächen werden ins Formular eingebaut, indem in der Registerkarte Formularentwurfstools – Entwurf der Button Befehlsschaltfläche angeklickt wird und die Größe der Schaltfläche im Formular gezogen wird.

> Unterformulare können über Schaltflächen auf Formularen geöffnet werden.

Bild 3: Formular Zentrale

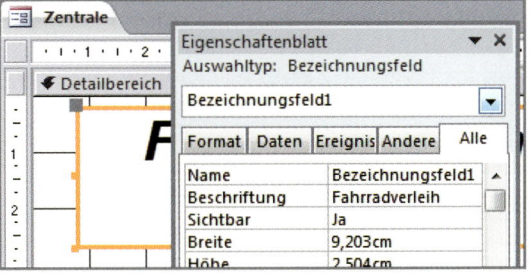

Bild 4: Entwurf des Formulars Zentrale

9.4.4 Makros

Makros verwendet man, um z. B. mithilfe des Buttons Fahrräder (Bild 3, vorhergehende Seite)
des Formulars Zentrale das Formular Fahrraeder zu öffnen und gleichzeitig das Formular
Zentrale zu schließen.

> Makros enthalten Anweisungen und Deklara-
> tionen unter einem Namen.

Durch Wahl der Registerkarte Erstellen im
Datenbankfenster und Betätigen des Buttons
Makro öffnet sich das Fenster zum Erzeugen von
Makros.

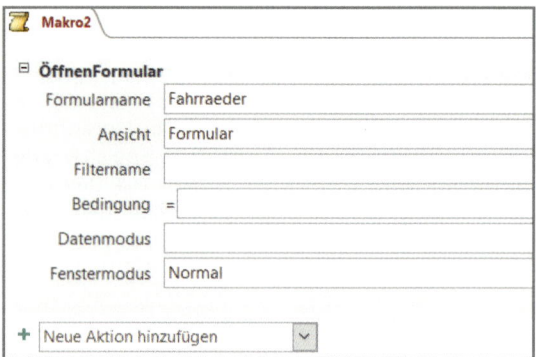

Bild 1: Entwurf eines Makros

Übung 1: Formular mit Makro öffnen

Wählen Sie im Feld Aktion die Aktion
OeffnenFormular aus. Geben Sie als Formular-
name Fahrraeder und als Ansicht Formular ein.

Lösung: **Bild 1**

Zuerst öffnet man durch Klick auf die Schaltfläche Neue Aktion hinzufügen eine Liste der
möglichen Aktionen und wählt ÖffnenFormu-
lar **(Bild 1)**. Dann gibt man den Formularnamen
Fahrraeder und die Ansicht Formular ein.
Das Formular Zentrale wird geschlossen, indem als weitere Aktion des Makros z. B. Schließen gewählt wird und als Argumente für Objekt-
typ Formular und für Objektname Zentrale
eingestellt wird. Anschließend schließt man das
Makrofenster und speichert es unter Oeffnen-
Fahrraeder ab.

> Aussagekräftige Objektnamen erleichtern die
> spätere Administration einer Datenbank.

Formular Zentrale mit Makro verbinden

Nun wird das Makro OeffnenFahrraeder mit
dem entsprechenden Button im Formular Zentrale verknüpft. Dazu öffnet man das Formular
Zentrale in der Entwurfsansicht und öffnet durch
Klick auf die Befehlsschaltfläche Fahrraeder das
Eigenschaftsblatt. Unter der Registerkarte Ereignis
wird für das Ereignis Beim Klicken das Makro
OeffnenFahrraeder eingestellt. Klickt man
nun im Formular Zentrale auf diese Befehlsschaltfläche, so wird das Makro ausgeführt.

Übung 2: Formular mit Makro

Ergänzen Sie das Formular Fahrraeder mit einer
Befehlsschaltfläche und einem hinterlegten Makro,
welches zu dem Formular Zentrale zurückführt.

Lösung: **Bild 2**

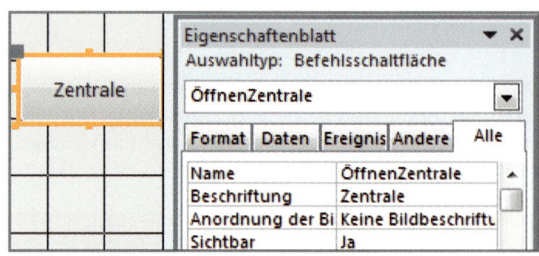

**Bild 2: Anlegen einer Befehlsschaltfläche mit hinterleg-
tem Makro**

Dazu erstellt man zunächst das Makro Oeffnen-
Zentrale auf dem gleichen Weg wie das Makro
OeffnenFahrraeder. Als erste auszuführende
Aktion wird Schließen ohne zusätzliches Argu-
ment gewählt, um das aktuelle Objekt zu schließen.
Als zweite Aktion wird OeffnenFormular ein-
gestellt mit den Aktionsargumenten Zentrale
und Formular.

Die Befehlsschaltfläche Zentrale wird in der Entwurfsansicht des Formulars Fahrraeder positioniert und nach Doppelklick mit den geeigneten
Eigenschaften versehen. In der Eigenschaft Beim
Klicken wird das Makro OeffnenZentrale
festgelegt (Bild 2).

K   Kompetenzorientierung

1. **Wie wird eine neue Tabelle erstellt?**
2. **Welche Datentypen können für Felder gewählt
   werden?**
3. **Wozu dient ein Primärschlüssel?**
4. **Wie legt man in Access Beziehungen zwischen
   Tabellen fest?**
5. **Wozu werden Formulare verwendet?**
6. **Wozu dienen Unterformulare?**

9.4.5 Erstellen eines Berichtes

Berichte können mit dem Berichts-Assistenten erstellt werden.

Übung 1: Bericht erstellen

Erstellen Sie für die gespeicherten Reservierungen einen Bericht, mit Nachname und Vorname, Reservierungsnummer, Daten des Fahrrades, das Ausleihdatum und die Leihdauer. Je Kunde soll die gesamte Leihdauer (Summe Leihdauer) angezeigt werden.

Lösung: **Bild 1 bis Bild 4**.

Nach Auswahl der Registerkarte `Erstellen` wird im Bereich `Berichte` des Menübandes die Schaltfläche `Berichts-Assistent` angeklickt (Bild 1). Im nächsten Fenster werden die in den Bericht zu übernehmenden Felder festgelegt (Bild 2).

Hier werden alle Felder durch Betätigen der Schaltfläche > in die rechte Bildhälfte übernommen mit Ausnahme des Feldes `KdNr`. Um den Nachnamen und Vornamen des Kunden zu übernehmen, wird im Fenster `Tabellen/Abfragen` die Option `Tabelle: Kunden` gewählt und die gewünschten Felder in die rechte Bildhälfte bewegt (Bild 2). Entsprechend werden aus der Tabelle `Fahr-rae-der` die Felder `Hersteller` und `Be-zeichnung` übernommen. Nach Betätigen der Schaltfläche `Weiter` wird die Gruppierung der Datensätze festgelegt. Um alle einen Kunden betreffenden Datensätze untereinander anzuzeigen, wird nach Kunden festgelegt und mit `Weiter` bestätigt.

Um die Summe der gesamten Leihdauer eines jeden Kunden anzuzeigen, wird im Fenster `Zu-sammenfassungsoption` die Checkbox unter `Summe` angeklickt (Bild 3). Nach Betätigen der Schaltfläche `Fertig stellen` wird der Bericht angezeigt (Bild 4).

> **!** **Berichte** bereiten Daten für die Druckausgabe auf. Anwendungen sind z. B.:
> - Kundenlisten und Adresslisten
> - Kataloge, interne Übersichten,
> - Rechnungen.

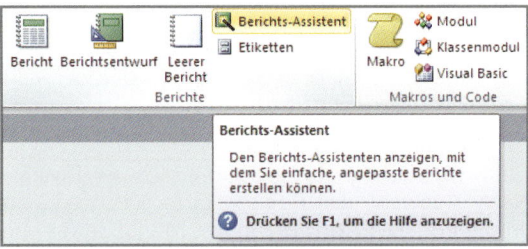

Bild 1: Auswahl des Berichts-Assistenten

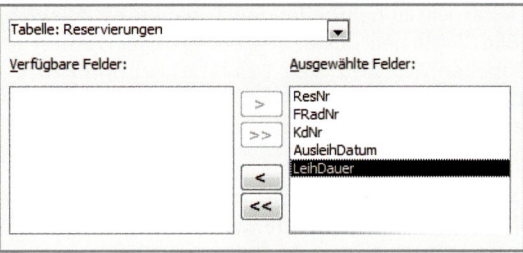

Bild 2: Ausschnitt Auswahl der Felder für einen Bericht

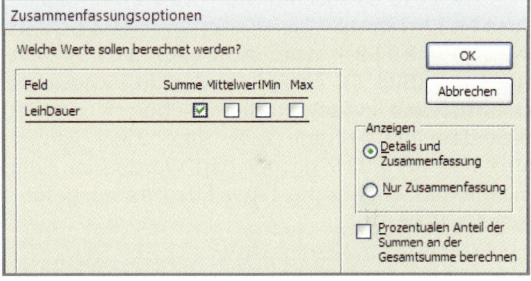

Bild 3: Festlegen der Zusammenfassung

Reservierungen

Name	Vorname	ResNr	FRadNr	Hersteller	Bezeichnung	AusleihDatum	LeihDauer
Adler	Astrid						
		16	23	Hercules	Davos	18.01.20XX	31
		12	19	Hirsch	Klettergemse	15.12.20XX	6
					Summe Leihdauer		37
Bader	Michael						
		24	19	Hirsch	Klettergemse	27.04.20XX	6
		23	13	Systemo	Hurrican	02.08.20XX	5
		22	4	Miyata	Devant	01.04.20XX	5
		21	23	Hercules	Davos	22.12.20XX	10
		25	4	Miyata	Devant	20.05.20XX	8
					Summe Leihdauer		34

Bild 4: Ausschnitt des Berichts Reservierungen

9.4.6 Erstellen von Datenbankabfragen

Abfragen dienen zur Auswertung und Bearbeitung der Datenbestände. So können Tabellen nach bestimmten Kriterien, z. B. Kundenliste, durchsucht werden.

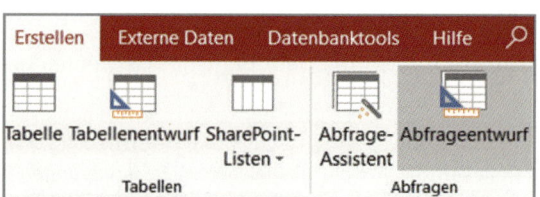

Bild 2: Abfrageentwurf erstellen

Übung 1: Abfrage entwerfen

Entwerfen Sie eine Abfrage `Verleihe_2019`, die alle Kunden des Jahres 2019 mit den Verleihdaten und den entliehenen Fahrrädern anzeigt.

Lösung: **Bild 1**

Nach Auswahl der Registerkarte `Erstellen` wird im Bereich `Abfragen` des Menübandes von Access die Schaltfläche `Abfrageentwurf` gewählt **(Bild 2)**. Im Fenster `Tabelle anzeigen` stehen die zu bearbeitenden Tabellen zur Auswahl **(Bild 3)**. Mit gedrückter Steuerungstaste werden die Tabellen `Kunden`, `Verleihdaten` und `Fahrraeder` ausgewählt. Nach Bestätigen mit `Hinzufügen` öffnet sich die Entwurfsansicht der Abfrage **(Bild 4)**.

Bild 3: Fenster zur Auswahl der Tabellen

Die gewünschten Felder wie z. B. `Nachname`, `Vorname`, `Ausleihdatum` werden in den einzelnen Spalten durch Pulldown-Menüs ausgewählt. Um die Abfrage auf die Entleihvorgänge im Jahr 2019 einzuschränken, wird in der Spalte `Ausleihdatum` als Kriterium `Zwischen #01.01.2019#` und `#31.12.2019#` eingetragen **(Bild 5)**. Dabei werden in Access die Datumswerte zwischen die Zeichen # gesetzt. Nachdem die Abfrage z. B. unter dem Namen `Verleihe_2019` gespeichert worden ist, kann sie mit der Schaltfläche `!Ausführen` ausgeführt werden **(Bild 6)**.

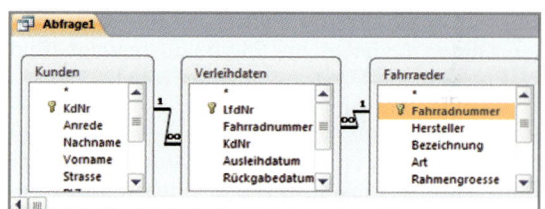

Bild 4: Entwurfsansicht der Abfrage

Feld:	Nachname	Vorname	Ausleihdatum
Tabelle:	Kunden	Kunden	Verleihdaten
Sortierung:			
Anzeigen:	☑	☑	☑
Kriterien:			Zwischen #1.1.2019# und #31.12.2019#

Bild 5: Eingabe der Abfragekriterien

Gespeicherte Abfragen enthalten nicht die Daten der einzelnen Tabellen, sondern nur die Anweisung zum Finden dieser Daten.

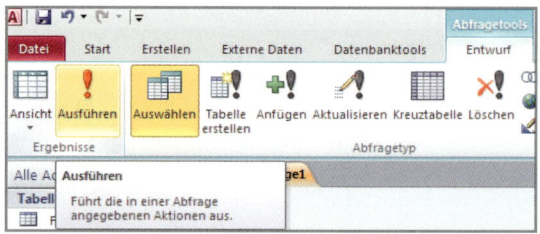

Bild 6: Ausführen der Abfrage

K   Kompetenzorientierung

1. Wozu werden Berichte erstellt?
2. Welche Inhalte enthalten gespeicherte Abfragen?
3. Wie werden Kriterien in Abfragen festgelegt?

Verleihe_2019								
Name ▾	Vorname ▾	PLZ ▾	Ort ▾	Ausleihdatum ▾	Rückgabedatum ▾	Fahrradnu ▾	Hersteller ▾	Bezeichnung ▾
Palmert	Carlo	89348	Jettingen	25.05.2019	25.05.2019	10	Meier	Jakob
Klapper	Stefan	89075	Ulm	21.01.2019	21.01.2019	14	Hitachi	DownHillRacer
Palmert	Carlo	89348	Jettingen	14.03.2019	24.03.2019	16	Hitachi	Superrenner
Adler	Astrid	89075	Ulm	18.11.2019	18.11.2019	8	Panasonic	Galata

Bild 1: Auszug aus der Datenblattansicht der Abfrage `Verleihe_2019`

9.5 Die Datenbanksprache SQL

9.5.1 SQL als Datenbanksprache

SQL ist für Datenbankentwickler ein wichtiges Softwarewerkzeug. Auch als Schnittstellensprache und als Zugriffssprache auf andere Datenbanksysteme hat sie Bedeutung, da sie nahezu unabhängig von Betriebssystem, Betriebsart und Oberfläche ist.

Man unterscheidet verschiedene SQL-Standards **(Tabelle 1)**. Gegenwärtig ist in den Datenbanksystemen vor allem der SQL-2-Standard verwirklicht, während die neueren Standards nur in ausgewählten Systemen umgesetzt werden.

Die Sprache SQL besteht aus verhältnismäßig wenig Befehlen, die sehr vielseitig verwendet werden können.

Anwendungen von SQL (Tabelle 2):
1. Erstellen von Suchabfragen.
2. Erzeugen von Datenbanken, Tabellen, Definition der Felder und der Schlüssel.
3. Speichern von Daten, verändern und löschen von Datensätzen.
4. Festlegen der Datenbanksicherheit und der Zugriffsberechtigungen auf die Daten.

9.5.2 Auswahlabfragen mit SELECT

Für Auswahlabfragen wird der Befehl SELECT verwendet.

Übung 1: SQL-Abfrage erstellen

Entwerfen Sie eine SQL-Abfrage, die alle Fahrräder mit einer Preisgruppe kleiner als 5 sucht und ausgibt.

Lösung: **Bild 1**

Nach dem Schlüsselwort SELECT werden die anzuzeigenden Spalten, durch Kommas getrennt, festgelegt, z. B. Fahrradnummer, Hersteller, Bezeichnung, Preisgruppe. Die Ausgabe erfolgt dabei in der Reihenfolge hinter SELECT **(Bild 2)**. Zu beachten ist die gleiche Schreibweise der Feldnamen wie in den Tabellen, da sie sonst nicht erkannt werden. Auch werden bestimmte Sonderzeichen wie der Bindestrich „-" z. B. als Rechenanweisung minus interpretiert.

Sonderzeichen und Leerzeichen verursachen in Tabellennamen und Feldnamen Ausführungsfehler.

Das Zeichen * kann als Platzhalter für sämtliche Felder einer Tabelle eingesetzt werden, z. B. SELECT*FROM Fahrraeder.

! **SQL** (von Structured Query Language = strukturierte Abfragesprache ist die bedeutendste Sprache für relationale Datenbanksysteme.
SQL unterscheidet Groß- und Kleinschreibung.

Tabelle 1: SQL-Standards

Jahr	Norm	Standard
1986	ISO 9075	SQL-1-Standard
1989	ISO 9075	SQL-1 mit Integritätserweiterungen
1992	ISO 9075 – Entry-Level – Intermediate-Level – Full-Level	SQL-2-Standard in drei Stufen
1999	ISO/IEC 9075:1999	SQL-3-Standard
2003	ISO/IEC 9075-2003	Verknüpfung mit XML (eXtensible Markup Language)
2007	ISO/IEC 9075-2007	Erweiterung des XML-Datentyps

Tabelle 2: Anwendungsbereiche von SQL

Bereich	Aufgabe
DQL (Data Query Language)	Formulierung von Suchabfragen.
DDL (Data Description Language)	Festlegen von Tabellen, Feldern und Schlüsseln sowie deren Eigenschaften.
DML (Data Manipulation Language)	Speichern, Lesen, Ändern und Löschen von Daten.
DCL (Data Control Language)	Steuerung der Datensicherheit und Festlegen der Zugriffsberechtigungen.

```
BilligeFahrraeder
SELECT Fahrradnummer, Hersteller, Bezeichnung, Preisgruppe
FROM Fahrraeder
WHERE Preisgruppe<5;
```

Bild 1: SQL-Syntax einer einfachen Abfrage

BilligeFahrraeder

Fahrradnummer	Hersteller	Bezeichnung	Preisgruppe
8	Panasonic	Galata	2
3	Panasonic	FirstClass	3
15	Technobike		3
16	Hitachi	Superrenner	3

Bild 2: Ausgabe der SQL-Abfrage (Ausschnitt)

Die Tabellen, mit denen gearbeitet werden soll, z. B. Fahrraeder, wird nach dem Schlüsselwort FROM (= von, aus) angegeben. Nach dem reservierten Wort WHERE (= wo) steht eine Bedingung, mit der die Auswahl der angezeigten Datensätze eingegrenzt wird. Sie besteht in der Regel aus einem Spaltennamen, gefolgt von einem Vergleichsoperator und einem Vergleichswert **(Tabelle 1)**. Das Datenbanksystem prüft bei jedem Datensatz der Tabelle Fahrraeder, ob die Bedingung `Preisgruppe <5` „true" (wahr) oder „false" (falsch) ist. Als Ergebnis der Abfrage werden die Datensätze, für die die Bedingung wahr ist, am Bildschirm ausgegeben (Bild 2, vorhergehende Seite).

> **Where-Bedingungen** müssen immer aus einem logischen Vergleich bestehen, der mit „true" oder „false" beantwortet werden kann

Das Schlüsselwort `DISTINCT` (= verschieden) unterdrückt die Ausgabe gleicher Datensatzinhalte. Mit `SELECT DISTINCT Hersteller FROM Fahrraeder` wird jeder betroffene Hersteller nur einmal angezeigt.

Darstellung von Feldinhalten in WHERE-Bedingungen

Inhalte von Zahlenfeldern, auch Währungsfelder, werden ohne weitere Kennzeichnung verwendet, z. B. Preis = 150.

Inhalte von Textfeldern werden innerhalb der WHERE-Bedingung in Hochkommas eingeschlossen, z. B. Wohnort = „Stuttgart".

Textfelder können auf Textmuster durchsucht werden. Als Platzhalter werden in Access z. B. das Fragezeichen ? für genau ein beliebiges Zeichen oder der Stern * für ein oder mehrere Zeichen verwendet **(Tabelle 2)**.

Beispiel 1: Kundennamen mit U suchen

Geben Sie mit einer SELECT-Anweisung alle Kunden aus, deren Wohnort mit dem Buchstaben U beginnt.
 	
Lösung:
`SELECT Nachname, Vorname, Strasse,`
`PLZ, Ort, Telefon`
`FROM Kunden`
`WHERE Ort LIKE „U*.`

Beim Vergleich eines Textfeldes mit einem Textmuster stellt der Operator LIKE klar, dass mit einem Textmuster verglichen werden soll und somit im Beispiel alle Orte mit dem Anfangsbuchstaben U ausgegeben werden sollen.

> Bei Vergleichen von Textfeldern ist der Operator LIKE statt = zu verwenden.

Tabelle 1: Vergleichoperatoren und logische Operatoren

Operator	Beispiel	Bedeutung, Wirkung, Beispiel
=	Preis = 150	gleich
<	Preisgruppe < 5	kleiner als
>		größer als
<>		ungleich
<=		kleiner gleich
>=		größer gleich
LIKE	Ort LIKE „U*"	Vergleicht das Feld Ort mit dem Textmuster; es werden alle Orte berücksichtigt, die mit U beginnen.
AND	PLZ = 89077 AND Ort LIKE „Ulm"	Datensatz wird nur berücksichtigt, wenn PLZ = 89077 UND Ort LIKE 'Ulm' erfüllt sind.
OR	Nr > 200 OR Nr < 100	Datensatz wird berücksichtigt, wenn Nr > 200 ODER Nr < 100 erfüllt sind.
NOT	NOT (PLZ = 89077)	Datensatz wird berücksichtigt, wenn die Bedingung nicht erfüllt ist.

Tabelle 2: Platzhalter in Textmustern

Beispiel	Ergebnis
'M??er'	'Meier', 'Maier', 'Mayer', 'Meyer'; es werden genau zwei Zeichen ersetzt.
'M*er'	Maier, Mittersberger, Müller … ; alle Felder, deren Inhalt mit 'M' beginnt und mit 'er' endet.

Tabelle 3: Schreibweise in Datumsfeldern

Datenbanksystem	Datumsfeld
Oracle, Informix, DB2	'2023/10/03'
Access	#2023/10/03#
MySQL	'2023-10-03'

Datumsfelder werden in Datenbanksystemen unterschiedlich gehandhabt **(Tabelle 3)**.

Meist wird die amerikanische Schreibweise (Jahr/Monat/Tag), z. B. #2023/10/04# bevorzugt.

Der Operator BETWEEN

Der Operator BETWEEN (= zwischen) wird zur Formulierung von Bereichsabfragen eingesetzt. Er kann bei Textfeldern, Datumsfeldern und bei numerischen Feldern eingesetzt werden. BETWEEN wählt die Daten zwischen einem unteren und einem oberen Grenzwert aus. Die Grenzwerte sind in der Auswahl mit enthalten.

Übung 1: Fahrräder auflisten

Listen Sie mit der BETWEEN-Anweisung alle Fahrräder aus der Tabelle Fahrraeder auf, welche im Jahr 2020 angeschafft wurden **(Bild 1)**.

Lösung: **Bild 2**

Fahrradr ↴	Hersteller ↴	Bezeichnung ↴	Anschaffu ↴	Anschaffung ↴
1	Staiger	Orkan	03.12.2020	630,00 €
7	Hercules	GoClimb	26.04.2020	850,00 €
8	Panasonic	Galata	26.04.2020	960,00 €
10	Meier	Jakob	07.09.2020	1.200,00 €
13	Systemo	Hurrican	30.07.2020	2.800,00 €

Bild 1: Verwenden von BETWEEN

Der Operator IN

Der Operator IN kann auf Text-, Datums- und numerische Felder angewendet werden. Er dient zum Vergleich eines Feldinhaltes mit einer Liste von möglichen Inhalten. Um z. B. alle Kunden aus dem Großraum Stuttgart zu erfassen, kann folgende Bedingung verwendet werden.

```
BETWEEN
SELECT Fahrradnummer, Hersteller, Bezeichnung, Anschaffungsdatum,
       Anschaffungspreis
FROM Fahrraeder
WHERE Anschaffungsdatum Between #2020/01/01# And #2020/12/31#;
```

Bild 2: SQL-Syntax der Abfrage mit BETWEEN

```
. . . WHERE Wohnort IN ('Stutt-
gart', 'Esslingen', 'Sindelfin-
gen', 'Waiblingen');
```

Mit dem Operator IN wird ein Feldinhalt mit einer Liste möglicher Inhalte verglichen. Es können nur Felder und Listen verglichen werden, die denselben Datentyp besitzen.

```
IN
SELECT Nachname, Vorname, Strasse, PLZ, Kunden.Ort
FROM Kunden
WHERE Ort In ('Stuttgart','Karlsruhe','Tübingen','Freiburg');
```

Bild 3: Abfrage mit dem Operator IN

Übung 2: Ortsabfrage

Suchen Sie mithilfe einer Abfrage alle Kunden aus den Städten mit Sitzen der baden-württembergischen Regierungsbezirke.

Lösung: **Bild 3**

```
NULL
SELECT  Nachname, Vorname, Strasse, PLZ, Ort, Email
FROM    Kunden
WHERE   Email IS NOT NULL;
```

Bild 4: Suche nach nicht leeren Feldern

Umgang mit NULL-Werten

Felder, in denen keine Werte eingegeben worden sind, haben den Wert NULL (sprich: nall). Dem Wert NULL entspricht weder die Zahl 0 noch eine Zeichenfolge mit Leerzeichen. Rechenoperationen mit einem Feld, das einen NULL-Wert enthält, ergeben als Ergebnis den Wert NULL. Mit der Eigenschaft NOT NULL werden Felder mit einem Eintrag gesucht.

Tabelle 1: Aggregatfunktionen in SQL

Funktion	Ergebnis
MIN(Spaltenname)	Minimalwert
MAX(Spaltenname)	Maximalwert
COUNT(Spaltenname)	Anzahl der vorhandenen Einträge in einer Spalte
COUNT(*)	Anzahl aller Datensätze
SUM(Spaltenname)	Summe der Feldinhalte einer Spalte
AVG(Spaltenname)	Arithmetischer Mittelwert der Feldinhalte, AVG von engl. average

Übung 3: Kunden mit E-Mail

Wählen Sie mit einer Abfrage alle Kunden mit E-Mail-Adressen aus.

Lösung: **Bild 4**

Darf ein Feld einer Tabelle keinen NULL-Wert enthalten, so ist dies beim Entwurf der Tabelle vorzusehen.

Primärschlüsselfelder dürfen z. B. nicht leer sein. Auch für andere Felder, z. B. Nachname oder Postleitzahl, kann es wichtig sein, dass sie keine NULL-Werte enthalten.

9.5.3 Funktionen in SELECT-Abfragen

Aggregatfunktionen

Aggregatfunktionen (auch: Gruppenfunktionen) werten eine oder mehrere Spalten einer Tabelle aus. Das Ergebnis, z. B. die Summe einer Spalte, wird in einem Feld ausgegeben **(Tabelle 1)**.

Übung 1: Summe der Anschaffungspreise

Geben Sie mit einer SQL-Anweisung die Summe der Anschaffungspreise aller Fahrräder aus.

Lösung: **Bild 1**

Bild 1: Anwendung der Summenfunktion

Um eine Spalte bei der Ausgabe mit einer gewünschten Überschrift zu versehen, wird die Anweisung AS (= wie), gefolgt von der neuen Überschrift, z. B. Summe verwendet.

Eine Aggregatfunktion gibt Inhalte in einem einzigen Feld aus.

> Aggregatfunktionen dienen z. B. der statistischen Auswertung eines Datenbestandes. Sie fassen mehrere Datensätze zu einem einzigen Wert zusammen.

In einer einfachen SELECT-Anweisung mit Aggregatfunktion können keine weiteren Spaltenwerte angezeigt werden.

Die Funktion COUNT (Spaltenname) zählt die Anzahl der Felder in der Spalte, die nicht leer sind. Die Anweisung SELECT COUNT(Email) FROM Kunden ermittelt die Anzahl der Kunden, für die eine Email-Adresse bekannt ist. Durch die Anweisung SELECT COUNT(*) FROM Kunden werden alle Datensätze der Tabelle Kunden gezählt.

Die Funktionen SUM() und AVG() können nur bei numerischen Spalteninhalten angewendet werden. Die Funktionen MIN() und MAX() können auch bei Text- und Datumsfeldern verwendet werden, wobei Textfelder nach dem ASCII-Code behandelt werden: A ist „kleiner" als Z und Kleinbuchstaben sind „größer" als Großbuchstaben, allerdings „kleiner" als Sonderzeichen. Ein späteres Datum ist „größer" als ein früheres.

Beispiel 1: Anschaffungsdatum

Ermitteln Sie durch eine SQL-Anweisung das Anschaffungsdatum des neuesten Fahrrades.

Lösung:
```
SELECT MAX(AnschaffungsDatum)
FROM Fahrraeder;
```

Rechenoperationen

Mit den Werten aus numerischen Spalten können Rechenoperationen wie Addition, Subtraktion,

Multiplikation und Division durchgeführt werden. Dies gilt auch für Datumswerte, da diese als Integerzahlen abgelegt sind.

Datumsfunktionen

Beispiel 2: Wartungsdatum

Listen Sie alle Fahrräder auf, deren Wartungsdatum länger als 100 Tage zurückliegt.

Lösung:
```
SELECT FahrradNr, Bezeichnung,
WartungsDatum
FROM Fahrraeder
WHERE WartungsDatum < DATE()-100;
```

Die Funktion DATE() liefert das heutige Datum. Von diesem Wert wird die Zahl 100 subtrahiert und das Ergebnis jeweils mit dem Inhalt des Feldes WartungsDatum verglichen. Alle Datensätze mit einem kleineren Wert werden ausgegeben.

Datumsfunktionen gehören nicht zum SQL-Standard, sind jedoch in nahezu allen Datenbanksystemen vorhanden **(Tabelle 1)**.

Tabelle 1: Datumsfunktionen in SQL

Funktion	Ergebnis
DATE()	Aktuelles Datum
DAY(datum)	Tag vom Feldinhalt 'datum' als Zahl zwischen 1 und 31
MONTH(datum)	Monat als Zahl zwischen 1 und 12
YEAR(datum)	Jahr als vierstellige Zahl
ISDATE(datum)	Prüft, ob die Datumsangabe korrekt ist
FORMAT(ausdruck, 'format')	Formatiert das Datum in ausdruck nach Vorgabe: D, DD: Tageszahl, DDD, DDDD: Wochentag, M, MM: Monatszahl, MMM, MMMM: Monatsname, YY, YYYY: Jahreszahl

Mit der Anweisung FORMAT(ausdruck, 'format') können z.B. Datumswerte formatiert ausgegeben werden.

Übung 1: Rechnungsdatum formatieren

Es soll das Rechnungsdatum der Felder der Tabelle Verleihdaten in der Form „Freitag, 27. April 2019" ausgegeben werden.

Lösung: **Bild 1**

Bild 1: Formatieren von Datumswerten

Zeichenkettenfunktionen

Datenbanksysteme stellen unterschiedliche Funktionen für die Bearbeitung und Umwandlung von Zeichenketten zur Verfügung **(Tabelle 1)**. So liefert im Datenbanksystem Oracle die Funktion ASCII(n) die Codenummer eines ASCII-Zeichens, während in Access die Funktion ASC(n) lautet und das gleiche bewirkt.

Übung 2: Korrekte Schreibweise erzeugen

Geben Sie mit Stringfunktionen unabhängig von der gespeicherten Schreibweise die Nachnamen der Kunden so aus, dass der erste Buchstabe als Großbuchstabe erscheint, die folgenden Buchstaben jedoch in Kleinschrift.

Lösung: **Bild 2**

Umwandlungsfunktionen

Mit Umwandlungsfunktionen werden z. B. Zeichenketten in Zahlen und umgekehrt gewandelt **(Tabelle 2)**. Die Funktion CDATE('datum') wandelt eine aus Zahlen bestehende Zeichenkette oder eine Ganzzahl in ein Datum um, soweit es möglich ist.

Übung 3: Datum erzeugen

Wandeln Sie mit der SQL-Funktion CDATE() die Zeichenfolge „31.12.2020" in einen Datumswert um.

Lösung: SELECT CDATE('31.12.2020')
      FROM Verleihdaten;

Beispiel 1: Preiserhöhung

Schreiben Sie mit CINT() eine SQL-Anweisung, die den Verleihpreis der einzelnen Fahrräder in der Tabelle Preisgruppen um 5 % erhöht anzeigt und auf volle €-Beträge rundet.

Lösung: SELECT CINT(Preis*1.05)
      FROM Preisgruppen;

Tabelle 1: Stringfunktionen in SQL

Funktion	Wirkung, Beispiele
ASC(n)	Liefert die ASCII-Codenumme von n, ASC('M') → 77.
LCase(string)	Wandelt um in Kleinbuchstaben, LCASE('Müller') → 'müller'
LEFT(string, länge)	Gibt linksbündige Teilzeichenkette aus, LEFT('Müller', 2) → 'Mü'.
LEN (string)	Gibt die Zeichenzahl aus, LEN ('Müller') → 6.
RIGHT(string, länge	Gibt rechtsbündige Teilzeichenketten aus, siehe LEFT().
UCASE(string) &	Wandelt in Großbuchstaben um. Operator zur Verkettung 'Hans' & 'Müller' → 'Hans Müller'

Bild 2: Ändern der Groß-/Kleinschreibung

Tabelle 2: Umwandlungsfunktionen

Funktion	Wirkung, Beispiele
CDATE('datumsstring')	Zeichenkette, Zahl in Datumstyp DATE CDATE('12.03.20') → 12.03.20
STR(zahl)	Zahl in Zeichenkette, STR(89077) → '89077'
VAL(string)	Zeichenkette in Zahl, VAL('34') → 34
CINT(zahl)	Wandelt um in INTEGER, rundet auf CINT(45,8) → 46 CINT(-67,4) → -67

CINT() rundet auf den nächsthöheren Ganzzahlwert auf und gibt diesen als Ergebnis zurück.

Mathematische und logische Funktionen

Um mathematische Aufgaben zu lösen, z. B. die Quadratwurzel eines Feldinhaltes zu bilden, werden Funktionen verwendet **(Tabelle 1)**.

Beispiel 1: Durchmesser berechnen

Aus einer Tabelle mit Leiterquerschnitten sollen die Durchmesser errechnet werden.

Lösung:
```
SELECT Flaeche, 2*SQR(Flaeche/
(3.1415*2))
AS Durchmesser FROM Leitung;
```

Die Funktion `RND()` erzeugt eine Zufallszahl als Gleitkommazahl > 0 und < 1.

Die Funktion `ISNULL(ausdruck)` prüft, ob der Ausdruck, z. B. ein Feldinhalt, leer ist. Trifft dies zu, so liefert die Funktion den Wert 1 ('wahr'), sonst den Wert 0 ('falsch').

9.5.4 Gruppieren von Daten

Gruppieren bedeutet, die Daten nach Feldern mit gleichen Feldinhalten zusammenzufassen. Dies geschieht mit dem SQL-Ausdruck GROUP BY (= zusammenfassen aufgrund ...) gefolgt von einem Feldnamen.

Übung 1: Einzugsgebiet

Stellen Sie das Einzugsgebiet des Unternehmens „Faradiso" fest, indem Sie Wohnort und die Anzahl der Kunden aus den einzelnen Orten ausgeben.

Lösung: **Bild 1**

Alle Felder, die nach dem Schlüsselwort SELECT aufgelistet werden, müssen auch hinter der Gruppierungsanweisung GROUP BY angegeben werden, da es sonst zu einer Fehlermeldung kommt. Aus den Datensätzen mit gleichen Inhalten in diesen Feldern, hier dem Feld `Ort`, wird jeweils eine Gruppe gebildet.

Die Aggregatfunktion COUNT() bewirkt, dass das in der Aggregatfunktion angegebene Feld gruppenweise ausgewertet wird. COUNT(`Nachname`) bewirkt somit, dass die innerhalb einer Gruppe vorhandenen Datensätze anhand des Feldes `Nachname` gezählt werden.

Die Anzeige der einzelnen Gruppen kann durch die Anweisung HAVING `Bedingung` zusätzlich von Bedingungen abhängig gemacht werden. Die

Tabelle 1: Mathematische und logische Funktionen

Funktion	Ergebnis
ABS(zahl)	Absoluter Wert (ohne negatives Vorzeichen)
SQR(zahl)	Wurzel einer Zahl SQR(16) → 4
RND()	Zufallszahl zwischen 0 und 1
ISNULL (ausdruck)	Wert = 1, wenn z. B. Feldinhalt leer ist, Wert = 0, wenn der Feldinhalt nicht leer ist.

Bild 1: Gruppierung von Datensätzen

Anweisung HAVING COUNT (Nachname) >3 (Bild 1) bewirkt, dass nur die Gruppen, die aus mehr als drei Datensätzen zusammengefasst wurden, ausgegeben werden.

K   Kompetenzorientierung

1. Wofür wird die Sprache SQL verwendet?
2. Erläutern Sie die Elemente einer Auswahl-Abfrage mit SELECT.
3. Welche Forderung müssen WHERE-Bedingungen erfüllen?
4. Welcher Vergleichsoperator wird beim Vergleich mit Textmustern verwendet?
5. Wozu dient der Operator IN?
6. Welche Aggregatfunktionen werden in SQL verwendet?
7. Mit welcher Aggregatfunktion werden Datensätze gezählt?
8. Welche Eigenschaft besitzen die Ergebnisse von Aggregatfunktionen?
9. Mit welchen Funktionen werden mathematische Ergebnisse gerundet?
10. Welche Ausgabe erfüllt die Funktion GROUP BY?
11. Mit welcher Anweisung werden Gruppierungsergebnisse gefiltert?

9.5.5 Abfragen über mehrere Tabellen

Für Abfragen, die mehrere Tabellen betreffen, werden Equi-Joins (equi = gleich, to join = verknüpfen) verwendet. Dies sind Verknüpfungen auf Gleichheit. Um z. B. alle Verleihdaten mit den dazugehörigen Kundennamen auszugeben, müssen Felder beider Tabellen angezeigt werden. Im Beispiel dürfen nur die Kunden berücksichtigt werden, deren Kundennummer auch in der Tabelle `VerleihDaten` aufgeführt ist. Die Verknüpfung geschieht durch die Bedingung `WHERE Kunden.KdNr=VerleihDaten.KdNr` (**Bild 1**).

Um gleichnamige Felder in den verschiedenen Tabellen zu unterscheiden, muss der Tabellenname, gefolgt von einem Punkt, dem Spaltennamen vorangestellt werden.

> Die Joins mehrerer Tabellen werden in einer SQL-Abfrage in Form einer `WHERE`-Bedingung beschrieben.

Übung 1: Reservierung und Gesamtleihpreis

a) Geben Sie alle Reservierungen mit den Kundendaten (Kundennummer, Nachname, Vorname, Wohnort) und die Fahrraddaten (Fahrradnummer, Hersteller, Bezeichnung) aus.

b) Berechnen Sie in einem zusätzlichen Feld `GesPreis` den Gesamtleihpreis mit LeihDauer*Preis.

Lösung: a) und b) **Bild 2**

Da die Tabelle `Reservierungen` über einen Equi-Join mit der Tabelle `Kunden` verbunden ist, muss dies ebenso als `WHERE`-Bedingung angegeben werden wie die Beziehungen der Tabellen `Reservierungen – Fahrraeder – Preisgruppen`. Deshalb muss beim Entwurf einer komplexen SQL-Abfrage über mehrere Tabellen hinweg die Art der Beziehungen und der betroffenen Felder bekannt sein.

Mit dem Schlüsselwort `AS` können Tabellennamen zur Vereinfachung der SQL-Syntax innerhalb der Abfrage umbenannt werden. Dazu wird in der `FROM`-Anweisung dem Tabellennamen ein neuer (temporärer) Name zugewiesen, am einfachsten ein kennzeichnender Buchstabe, z. B. K, P, F, R (Bild 2, oben). Die Tabelle ist dann in der Abfrage allein durch diesen Buchstaben ansprechbar.

!	Join	= Verknüpfung von Spalten einer relationalen Datenbank in SQL.
	Equi-Joins	= Auch Inner-Joins, Abfragen über mehrere Tabellen, bei denen nur die Schnittmenge der Daten angezeigt wird.
	Left-Joins	= Außer der Schnittmenge wird auch der linke Bereich der Mengen eingeschlossen.
	Right-Joins	= Schnittmenge und rechter Bereich der Menge sind eingeschlossen.

MehrereTab

```
SELECT Verleihdaten.KdNr, Nachname, Vorname, AusleihDatum
FROM Kunden, Verleihdaten
WHERE Kunden.KdNr=Verleihdaten.KdNr;
```

Bild 1: Abfrage von zwei Tabellen

PreisProAusleihe

```
SELECT K.KdNr, Nachname, Vorname, Ort,
    AusleihDatum, LeihDauer AS LDauer, F.Fahrradnummer AS FNr,
    Hersteller, P.Preis*LDauer AS GesPreis
FROM Kunden K, Preisgruppen P, Fahrraeder F, Reservierungen R
WHERE K.KdNr = R.KdNr
    AND F.Fahrradnummer = R. FRadNr
    AND P.Preisgruppe = F.Preisgruppe;
```

KdNr	Name	Vorname	LDauer	FNr	Hersteller	GesPreis
13	Metz	Tatjana	3	13	Systemo	81,00 €
8	Zwiebel	Karl	9	8	Panasonic	99,00 €
17	Klapper	Stefan	9	14	Hitachi	171,00 €
2	Müller	Herta	9	23	Hercules	108,00 €

Bild 2: Abfrage von mehreren Tabellen

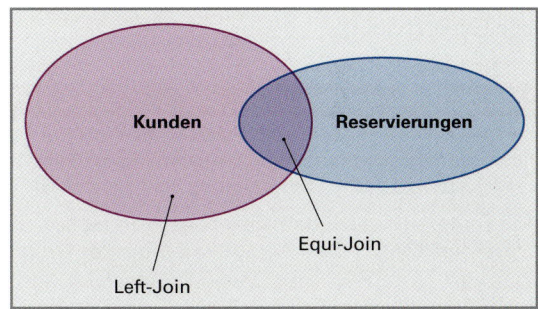

Bild 3: Mengenbereiche von Left-Join und Equi-Join

Sollen in die Abfrage der Reservierungen auch die Kunden mit aufgenommen werden, die bisher noch kein Fahrrad reserviert haben, so muss die Verknüpfungsbedingung geändert werden. Während der Equi-Join der Schnittmenge der beiden Bereiche Kunden und Reservierungen entspricht, muss nun der linke Bereich der beiden Mengen mit eingeschlossen werden (**Bild 3**). Ein solcher Left Join kann in SQL mit der Syntax `tab1 LEFT-JOIN tab2 ON tab1.feld=tab2.feld` definiert werden.

Übung 1: Reservierungs- und Kundendaten

Geben Sie die Reservierungsdaten und die entsprechenden Kundendaten aus. Listen Sie zusätzlich auch die Kunden auf, die noch kein Fahrrad reserviert haben.

Lösung: **Bild 1**

Während der Equi-Join festgelegt werden kann, indem in der WHERE-Bedingung Felder gleichgesetzt werden, wird die Ausgabe aller Kunden, auch derjenigen, die keine Fahrräder geliehen haben, erreicht, indem bereits in der FROM-Klausel die Beziehung definiert wird. Dazu wird die Tabelle Kunden über den Schlüsselbegriff LEFT JOIN mit der Tabelle Reservierungen verbunden. Als Kriterium für die Beziehung dieser beiden Tabellen werden nach dem Schlüsselwort ON die Inhalte der Kundennummern gleichgesetzt. Dadurch erkennt das Datenbanksystem die Art der Beziehung.

Entsprechend dem Left-Join kann ebenso ein Right-Join definiert werden.

9.5.6 Unterabfragen

Unterabfragen (Subqueries) benötigt man, wenn die Suchbedingung vom Ergebnis einer anderen Abfrage abhängig ist. Sie liefern nur solche Daten, die innerhalb des WHERE-Abschnittes zu einer logisch bewertbaren Bedingung führen, sonst erfolgt eine Fehlermeldung.

Übung 2: Kundendaten

Erstellen Sie eine Abfrage, die den Namen des Kunden, die Fahrradnummer und Bezeichnung des Fahrrades anzeigt, dessen Reservierung als nächstes fällig ist.

Lösung: **Bild 2**

Zweckmäßig ist es, zunächst eine Abfrage zu bilden, die das nächste Reservierungsdatum liefert. Die Funktion min(Ausleihdatum) gibt das früheste Datum zurück, die WHERE-Bedingung AusleihDatum >= DATE() schränkt dann auf das kleinste Datum ab heute ein.

Nun muss der Datensatz in der Tabelle Reservierungen gesucht werden durch die Bedingung WHERE AusleihDatum = [Subquery] (Bild 2). Sind die beiden Tabellen Kunden und Fahrraeder über die notwendigen Equi-Joins verbunden, können die richtigen Daten angezeigt werden.

> ❗ Eine Unterabfrage (Subquery) ist eine in Klammern eingeschlossene SELECT-Anweisung innerhalb der WHERE-Bedingung einer anderen SELECT-Anweisung.

Bild 1: Auswahlabfrage mit Left Join

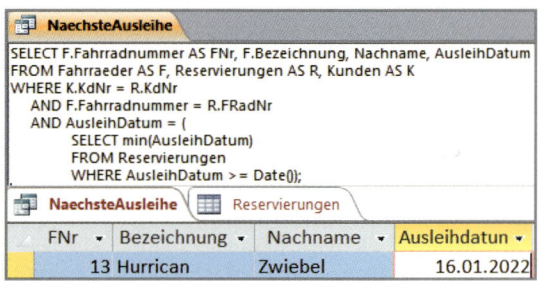

Bild 2: Abfrage mit Unterabfrage

Das Ergebnis der Unterabfrage muss vom Datentyp her mit dem Vergleichsfeld übereinstimmen.

> Eine Bedingung mit einer Unterabfrage liefert nur dann Ergebnisse, wenn der Datentyp des Vergleichswerts mit dem Datentyp der Unterabfrage übereinstimmt.

Auch darf eine Unterabfrage nur dann mehrere Ergebnisse liefern, wenn sie z. B. Bestandteil einer Bedingung mit dem IN-Operator ist und somit einer Feldliste entspricht. Der IN-Operator ermöglicht, dass der Vergleichswert mit einer Liste von Werten verglichen wird.

Beispiel 1: Kunde und Fahrradhersteller

Listen Sie alle Kunden auf, die in einem Ort von Fahrradherstellern wohnen.

```
Lösung:  SELECT*FROM Kunden
         WHERE Kunden.Ort IN
         (
         SELECT Hersteller.Ort
         FROM Hersteller
         )
```

9.5.7 Daten bearbeiten mit SQL

Die Anweisungen INSERT, DELETE und UPDATE

Einfügen von Datensätzen mit INSERT

Neue Daten werden in SQL mit der Anweisung INSERT INTO ... in bestehende Tabellen eingefügt.

Die Syntax der INSERT-Anweisung lautet:

```
INSERT INTO Tabelle (Feld1, Feld2, …)
VALUES (Inhalt1, Inhalt2, …);
```

> ! SQL bearbeitet Daten mit den Befehlen INSERT, DELETE und UPDATE.

```
INSERT INTO FahrraederAlt
SELECT *
FROM Fahrraeder
WHERE AnschaffungsDatum<#2014/01/01#;
```

Bild 1: Einfügen von Datensätzen in Tabellen

Beispiel 1: Datensatz einfügen

Fügen Sie mit einer SQL-Anweisung einen neuen Datensatz für das Tourenrad „Easygo" des Herstellers Stiegl und der Fahrrad_ID 12 in die Fahrradtabelle ein.

Lösung:
```
INSERT INTO Fahrraeder (Fahr-
radnummer, Hersteller, Be-
zeichnung, Art)
VALUES (12, 'Stiegl', 'Easy-
go', 'Tourenrad');
```

Übung 1: Fahrräder ausmustern

Fahrräder, die vor 2014 angeschafft wurden, sollen ausgemustert werden. Schreiben Sie eine Anweisung, die zur Sicherung die Fahrraddaten in eine Tabelle `FahrraederAlt` einfügt.

Lösung: **Bild 1**

Es wird eine Tabelle `FahrraederAlt` benötigt mit der gleichen Tabellenstruktur. Die bestehende Tabelle `Fahrraeder` kopiert man, indem man im Kontextmenü erst Kopieren und dann Einfügen wählt. Dort wird die Option Nur Struktur markiert **(Bild 2)**.

In der Übung 1 werden über die SELECT-Anweisung alle Datensätze der Fahrräder gesucht, die vor 2014 angeschafft wurden, und anschließend in die neue Tabelle gespeichert. Datentypen und Namen der Felder müssen übereinstimmen.

Löschen von Datensätzen

Das Löschen der ausgelagerten Datensätze geschieht mit dem SQL-Befehl DELETE:

```
DELETE * FROM Tabelle
WHERE Bedingung;
```

> Der Löschvorgang mit DELETE ist nicht rückgängig zu machen. Deshalb sollten Daten vorher gesichert werden.

Übung 2: Fahrraddaten löschen

Schreiben Sie eine SQL-Anweisung, die die Fahrräder, die vor 2014 angeschafft wurden, aus der Tabelle `Fahrraeder` löscht.

Lösung: **Bild 3**

Bild 2: Kopieren einer Tabellenstruktur

```
DELETE *
FROM Fahrraeder
WHERE AnschaffungsDatum < #2014/01/01#;
```

Bild 3: Löschen von Datensätzen aus einer Tabelle

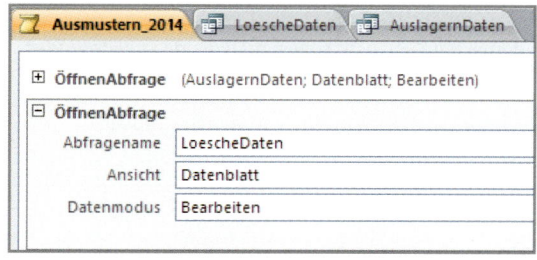

Bild 4: Makro zur Ausmusterung alter Fahrräder

Übung 3: Makro zum Ausmustern

Das Ausmustern der älteren Fahrräder soll mittels Makro automatisiert werden.

Lösung: **Bild 4**

Im Menüband Erstellen wird auf Makro geklickt. Als auszuführende Aktionen werden die Abfragen AuslagernDaten und LoescheDaten festgelegt **(Bild 4)**.

Konsistenz der Daten
Löschvorgänge von Daten können nicht mehr rückgängig gemacht werden. Dadurch werden Anomalien (logische Widersprüche im Datenbestand) verhindert.

Löschanomalien entstehen, wenn ein Datensatz gelöscht wird, auf dessen Primärschlüsselwert sich ein abhängiger Datensatz einer anderen Tabelle bezieht.

Änderungsanomalien entstehen z. B. durch Mehrfachspeicherung von Daten. Werden die Daten, z. B. die Kundenadresse, in einer Tabelle geändert, so widersprechen sie den Daten in einer anderen Tabelle.

Eine **Einfügeanomalie** entsteht dann, wenn nach dem Einfügen von Datensätzen Werte mehrfach in der Datenbank vorkommen und sich dadurch widersprechen.

Um Anomalien zu verhindern, werden bereits beim Entwurf der Datenbank die Beziehungen so festgelegt, dass Löschvorgänge überwacht werden.

Wird z. B. in der Tabelle `Fahrraeder` ein Fahrrad gelöscht, auf dessen Fahrradnummer ein Datensatz in der Verleihtabelle verweist, so müssen die Verleihdatensätze dieser Fahrradnummer gelöscht werden. Dies geschieht durch Auswahl der Checkbox `Löschweitergabe an verwandte Datensätze` im Fenster `Beziehungen bearbeiten` **(Bild 1)**.

> ### Übung 1: Verleihdatensätze sichern
> Vor dem Löschen der Fahrraddaten für die Anschaffungsjahre vor 2014 sollen auch die dazu gehörenden Verleihdatensätze gesichert werden.
> Schreiben Sie eine SQL-Anweisung zum Auslagern dieser Datensätze in eine vorhandene Tabelle.
> *Lösung:* **Bild 2**

Aktualisieren von Daten
Zum Verändern von Feldinhalten dient der Aktualisierungsbefehl UPDATE, z. B. wenn viele Datensätze gleichzeitig geändert werden sollen.

> ### Übung 2: Preisgruppe ändern
> Die Preisgruppen der Fahrräder, die vor 2020 angeschafft wurden, sollen um eine Preisgruppe vermindert werden. Speichern Sie die Änderungen in den betroffenen Datensätzen.
> *Lösung:* **Bild 3**

> **!** **Konsistenz** (von lat. consistere = zusammenhalten), d. h. der Datenbestand einer Datenbank ist frei von logischen Widersprüchen.

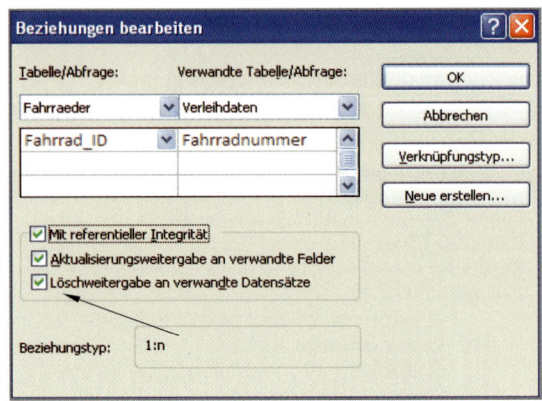

Bild 1: Einschalten der Option Löschweitergabe

Bild 2: Auslagern der Verleihdaten

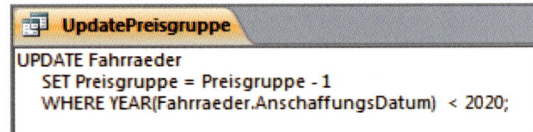

Bild 3: Ändern von Daten

In allen Datensätzen der Tabelle `Fahrraeder`, die der WHERE-Bedingung entsprechen und vor dem Jahr 2020 angeschafft wurden, wird der Inhalt des Feldes `Preisgruppe` um 1 vermindert.

K   Kompetenzorientierung

1. **Wie werden Abfragen mit mehreren Tabellen gebildet?**
2. **Was ist eine Unterabfrage?**
3. **Welchen Datentyp muss eine Unterabfrage liefern?**
4. **Mit welchem Befehl werden Daten hinzugefügt?**
5. **Wie werden Daten gelöscht?**
6. **Mit welcher Anweisung werden Preise in einer Tabelle geändert?**

9.5.8 Transaktionen

Datenbanken müssen zu jedem Zeitpunkt, auch nach einem Hardware- oder Softwarefehler, konsistent sein. Bei einer Überweisung zwischen Konten zweier Banken darf die Überweisung nur dann gültig sein, wenn das Konto A um den Betrag vermindert worden ist und dem Konto B dieser Betrag zugute geschrieben worden ist **(Bild 1)**. Erfolgt nach der Buchung 1 ein Stromausfall, wären die Kontostände nicht mehr konsistent, da der Kontostand A bereits um 250 € vermindert wurde, der Kontostand B aber noch nicht erhöht wurde.

> Konsistenz stellt sicher, dass beide Konten bearbeitet werden.

Um sicher zu gehen, dass die Überweisung vollständig durchgeführt wird, werden die beiden Buchungen in Form einer Transaktion ausgeführt.

Die nachfolgenden Anweisungen werden nur dann ausgeführt, wenn die vorhergehenden erfolgreich durchgeführt wurden.

Um Datenbestände gültig zu halten, wird in einzelnen Schritten vorgegangen **(Tabelle 1)**.

Erst werden die Daten gelesen, also der Kontostand A mit 1300 €. Die noch nicht geänderten Daten werden nun als Before-Image (= Abbild vor der Änderung) zur Sicherung in die Logdatei geschrieben **(Bild 2)**. Dies ist eine nicht flüchtige Datei innerhalb des Datenbanksystems. Jetzt werden die Änderungen der Daten im Arbeitsspeicher mit den notwendigen Befehlen (UPDATE, DELETE, INSERT) durchgeführt. Dabei entstehen **Metadaten** (= vorläufige geänderte Daten), die für andere Benutzer gesperrt sind. Der Kontostand A wird also mit Update um 250 € auf 1050 € vermindert. Dieser geänderte Kontostand wird innerhalb der Logdatei als After-Image (= Abbild nach der Änderung) gesichert. Die entsprechenden Vorgänge müssen nun mit dem Kontostand B durchgeführt werden. Die neuen Daten stehen somit als After-Image in der Logdatei zur Verfügung. Ist bisher kein Fehler aufgetreten, so wird mit dem Befehl COMMIT das Ende der Transaktion in der Logdatei vermerkt. Sperren werden freigegeben. Anschließend werden die Metadaten in die Datenbank geschrieben.

> Beim Ausführen einer Transaktion wird sichergestellt, dass die Transaktion komplett ausgeführt, oder im Fehlerfall völlig rückgängig gemacht wird.

> **!** **Transaktion** = Folge von SQL-Anweisungen, die nur dann ausgeführt werden, wenn jede einzelne ausgeführt wird.

Bild 1: Buchungen einer Überweisungen

Tabelle 1: Transaktion ausführen	
Schritte	Aufgabe
1. Lesen der Daten	Die Daten werden von Platte eingelesen.
2. Merken der bisherigen Daten	Die zu ändernden Daten werden in die Logdatei geschrieben (Before-Image)
3. Ändern der Daten	Ändern der Daten im Arbeitsspeicher, Sperren dieser Einträge für andere Benutzer.
4. Merken der geänderten Daten	Die geänderten Daten werden in die Logdatei geschrieben (After-Image).
5. Transaktionsende mit COMMIT (= Bestätigung) freigeben.	Schreiben aller Images und Metadaten in die Logdatei. Transaktionsende. In der Logdatei vermerken. Sperren
6. Transaktionsende mit ROLLBACK (= zurückdrehen)	Rücksetzen der Metadaten der Transaktion. Geänderte Daten, die bereits in die Datenbank geschrieben wurden, werden für ungültig erklärt. Sperren freigeben.
7. Änderungen speichern	Die geänderten Daten werden in die Datenbank geschrieben.

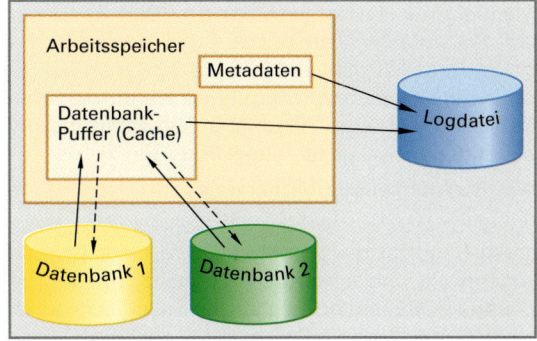

Bild 2: Funktionen der Logdatei und des Datenbankpuffers

Ist vor dem COMMIT-Befehl ein Fehler aufgetreten, so wird mit der Anweisung ROLLBACK die gesamte Transaktion mit allen Metadaten zurückgesetzt. Die bisherigen Daten sind noch in den Before-Images innerhalb der Logdatei gesichert. Da bei einem Ende einer Transaktion ein Vermerk in die Logdatei geschrieben wird, kann bei einem Systemabsturz jederzeit erkannt werden, welche Änderungen zu einer bereits beendeten Transaktion gehören.

Wird die Logdatei nicht auf demselben Speichermedium angelegt, auf dem sich auch die Datenbank befindet, ist es unwahrscheinlich, dass beide Datenbestände, Logdatei und Datenbank, gleichzeitig zerstört werden. Deshalb kann mithilfe der letzten Sicherung und der weitergeführten Logdatei der Datenbestand wieder hergestellt werden.

> **!** Transaktionen verhindern Datenverluste, indem eine Folge von Programmschritten zu einer logischen Einheit zusammengefasst wird, um sie fehlerfrei auszuführen.

9.5.9 Datenbanken schützen

Wenn mehrere Personen Zugang zu den Daten einer Datenbank haben, müssen die Daten vor unberechtigtem Zugriff gesichert werden. Dies geschieht in den einzelnen Datenbanksystemen auf unterschiedliche Weise.

Datenbanksysteme bieten Aufteilungen in verschiedene Nutzergruppen. Jeder Gruppe werden bestimmte Rechte innerhalb der Datenbank zugewiesen **(Bild 1)**.

> **Übung 1: Datenbankzugriff**
>
> Legen Sie fest, dass die Gruppe Personal Daten lesen, aktualisieren und einfügen sowie Entwürfe lesen darf.
>
> *Lösung:* **Bild 2**

Dazu wählt man auf der Registerkarte Datei den Menüeintrag Informationen **(Bild 3)**. Unter der Schaltfläche Benutzer und Berechtigungen öffnet sich ein Menü, in dem man Benutzer- und Gruppenberechtigungen wählt. Im Fenster wird die Gruppe Personal ausgewählt und die benötigten Checkboxen angeklickt (Bild 2).

Alle Rechte stehen üblicherweise nur der Gruppe der Administratoren zu.

Jeder Benutzer der Datenbank wird einer Gruppe zugeordnet und erhält damit gleichzeitig die der Gruppe zustehenden Rechte. Er muss sich durch einen Namen und ein Passwort bei der Anmeldung identifizieren.

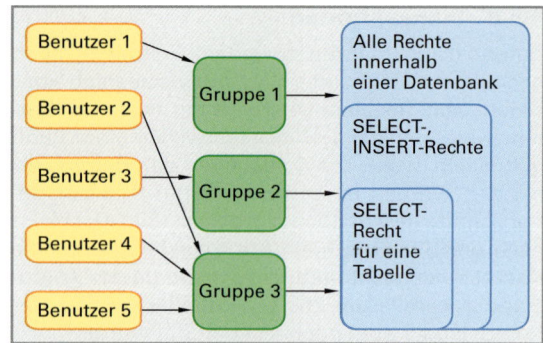

Bild 1: Zuordnung von Gruppen und Rechten

Bild 2: Berechtigungen festlegen

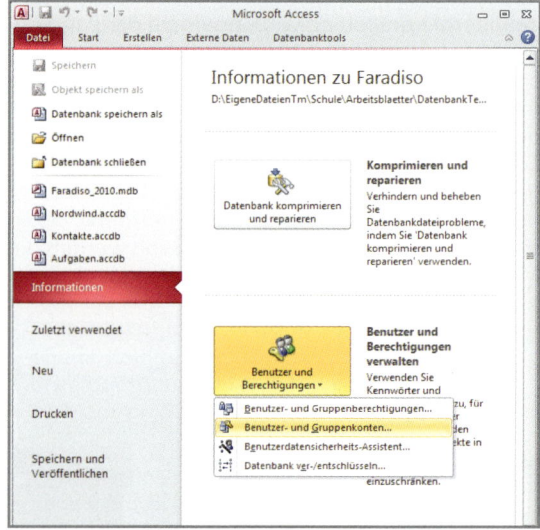

Bild 3: Benutzer und Berechtigungen verwalten

Mit GRANT werden einzelnen Benutzern oder Gruppen Zugriffsrechte, z. B. SELECT, UPDATE oder DELETE, für einzelne Tabellen, Abfragen oder Bereiche erteilt **(Tabelle 1)**.

> Für Anwenderberechtigungen stehen in SQL-Datenbanksystemen die Befehle GRANT und REVOKE zur Verfügung.

Beispiel 1: Rechte zuweisen

Den Benutzern Daniel und Mirjam soll das Lesen und Einfügen neuer Datensätze in die Tabelle Adressen ermöglicht werden. Außerdem soll es ihnen erlaubt sein, ihre Rechte auch an Dritte weiterzugeben.

Lösung:
```
GRANT Select, Insert
      ON Adressen
      TO Daniel, Mirjam
      WITH GRANT OPTION.
```

Beispiel 2: Rechte entziehen

Entziehen Sie dem Benutzer Xaver alle Rechte auf die Tabelle Verleihdaten.

Lösung:
```
REVOKE ALL PRIVILEGES ON Verleihdaten
FROM Xaver.
```

Der Zusatz ALL PRIVILEGES vergibt an den Benutzer alle Rechte an einer Tabelle oder einem Bereich. Die Option WITH GRANT OPTION ermöglicht dem Anwender, der diese Rechte erhält, diese Rechte auch an Dritte weiterzugeben.

Übung 1: Neue Benutzergruppe

Fügen Sie in einer Datenbank zu den Standard-Benutzergruppen Administratoren und Benutzer die Benutzergruppe Abteilungsleiter mit der persönlichen ID Abteilungsleiter hinzu.

Lösung: **Bild 1**

Rechte können für eine gesamte Gruppe vergeben werden, aber auch für einzelne Benutzer. Werden sie jedoch für die einzelnen Personen individuell festgelegt, so erschwert dies die Übersicht über bestehende Rechte.

> Rechte sollten möglichst nicht für die einzelnen Benutzer vergeben werden, sondern für jeweils eine Gruppe.

Die einzelnen Benutzergruppen sollten möglichst genau festgelegt werden. Jede Abteilung kann eine eigene Gruppe darstellen. Auch innerhalb einer Abteilung kann noch differenziert werden, um z. B. den Vertrieb in Außendienst und Innendienst zu gliedern.

Tabelle 1: GRANT-Zugriffsrechte in SQL

Befehl	Zugriffsrecht
SELECT	Lesender Zugriff auf die angegebene Relation
UPDATE	Ändern von Inhalten der angegebenen Relation
UPDATE (x)	Ändern des Attributswertes x der angegebenen Relation
DELETE	Löschen von Datensätzen
INSERT	Einfügen neuer Datensätze

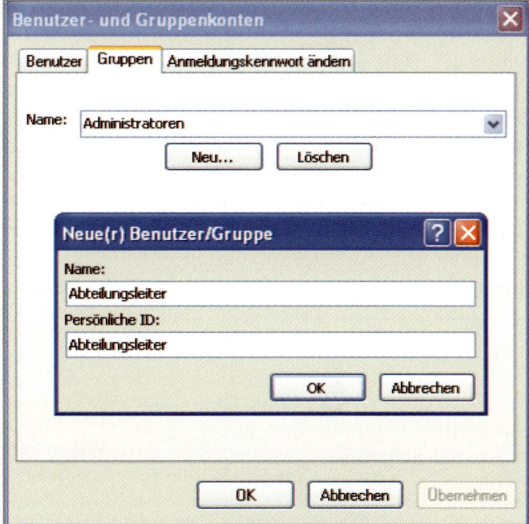

Bild 1: Neue Benutzergruppe einrichten

K Kompetenzorientierung

1. Welche verschiedenen Arten von Abfragen gibt es?
2. Welche Bedeutung haben Transaktionen?
3. Mit welchem Befehl wird eine Transaktion erfolgreich abgeschlossen?
4. Wie macht man eine fehlgeschlagene Transaktion rückgängig?
5. Erklären Sie das Rechtesystem einer Datenbank.
6. Wie können mit SQL Rechte von Gruppen vergeben oder entzogen werden?

9.6 Web-Datenbanken

Zur Entwicklung einer Web-Datenbank benötigt man eine lokale Entwicklungsumgebung, z. B. den Webserver Apache, das Datenbanksystem MySQL (von My Structured Query Language) und die Programmiersprache PHP von **P**HP **H**ypertext **P**reprocessor) **(Bild 1)**. Diese Elemente sind in der Entwicklungsumgebung XAMPP zusammengefasst.

9.6.1 Funktionsweise der Komponenten

Der Webserver
Der Webserver, z. B. Apache, organisiert das Zusammenwirken der einzelnen Internet-Komponenten (Bild 1).
Die vom Client (= Kunde) angeforderte URL ① wird vom Webserver als Adresse identifiziert und am Speicherort abgeholt ② und ③. An der Dateiendung erkennt der Webserver, ob es sich um eine reine HTML-Seite handelt oder ob andere Dateitypen, z. B. php-Dateien, angefordert werden.
Dateien mit der Endung `.php` leitet der Webserver zunächst an das PHP-Programm zur Interpretation weiter ④. Dort werden alle PHP-Code-Anteile erkannt und interpretiert. Sind z. B. Anfragen an eine Datenbank enthalten, so werden diese vom PHP-Interpreter an das Datenbanksystem weitergegeben ⑤. Das Datenbanksystem führt die SQL-Anweisungen in der Datenbank aus ⑥ und ⑦ und liefert die Daten an den PHP-Interpreter ⑧. Diese Ergebnisse z. B. einer SQL-Abfrage werden in HTML-Code umgewandelt und an den Webserver zurückgeleitet

> Web-Datenbanken benötigen
> - einen Webserver zur Steuerung der Datenflüsse im Internet,
> - ein internetfähiges Datenbanksystem, z. B. MySQL, und
> - eine im Internet anwendbare Programmiersprache, z. B. PHP.

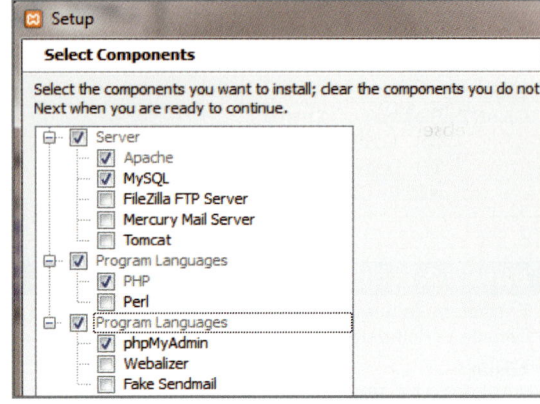

Bild 2: Auswahl der XAMPP-Komponenten

⑨. Von dort erhält der Client ein reines HTML-Dokument ⑩, das mit einem üblichen Browser, z. B. Mozilla Firefox, am Bildschirm dargestellt wird.
Webserver, Interpreter-Programme und Datenbankserver müssen nicht zwingend auf dem gleichen Rechner verfügbar sein, sondern können bei entsprechender Initialisierung auf verschiedenen Servern im Internet weltweit verteilt sein.

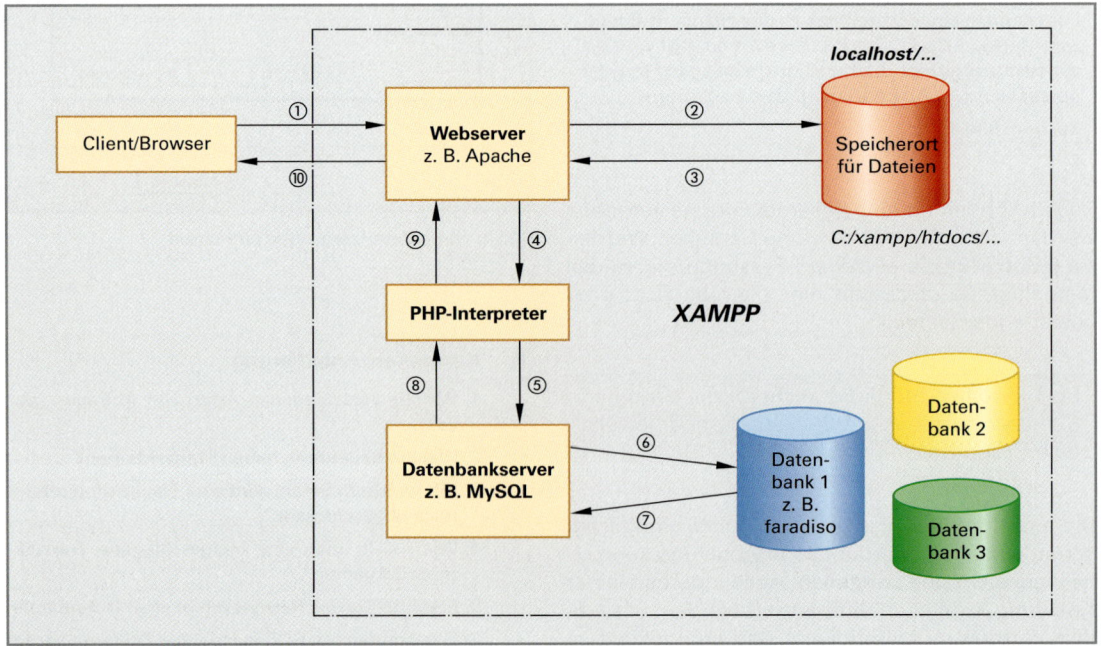

Bild 1: Die Entwicklungsumgebung XAMPP

Installation der Entwicklungsumgebung XAMPP
Nach Herunterladen der frei verfügbaren Entwicklungsumgebung XAMPP, z. B. von der Seite Apache Friends, wird das Installationsprogramm gestartet und die benötigten Komponenten gewählt (**Bild 2, vorhergehende Seite**)

> **Übung 1: Server starten**
>
> Starten Sie die XAMPP-Entwicklungsumgebung. Öffnen Sie durch Doppelklick auf die Datei `xampp_control.exe` das Control-Panel von XAMPP. Starten Sie durch Klick auf die Schaltflächen `Start` den Webserver `Apache` sowie den Datenbankserver `MySQL`.
>
> *Lösung:* **Bild 1**

9.6.2 Die Skriptsprache PHP

9.6.2.1 Einführung

PHP ist eine Skriptsprache (von scriptum = Schriftstück, im deutschen Skript), die in HTML-Code eingebettet werden kann. Eine Skriptsprache wird nicht compiliert, sondern das Skript wird interpretiert und ausgeführt. Im Unterschied zu JavaScript überträgt der Webserver diesen Code jedoch nicht zum Client, sondern führt ihn auf der Serverseite aus.

> PHP verhindert den Diebstahl von Code, indem der Quellcode (das Skript) nicht zum Client übertragen wird, sondern auf dem Server interpretiert wird.

Der Client erhält das Ergebnis des Programmlaufes als HTML-Datei, die keinen PHP-Quellcode mehr enthält (siehe Abschnitt 8.6).

Während zum Verarbeiten von Seiten mit Java-Code der HTML-Browser des Clients dafür geeignet und eingestellt sein muss, stellt PHP keine Anforderungen an den Browser.

In der Entwicklungsumgebung XAMPP ist der PHP-Interpreter enthalten.

Um PHP-Quellcode in XAMPP auszuführen
- müssen die Skripte im Unterverzeichnis `c:\xampp\htdocs` mit der Extension `.php` gespeichert sein,
- muss der Webserver gestartet sein und
- muss der Aufruf eines Skripts über den Webserver mit der IP 127.0.0.1/... oder der URL localhost/... erfolgen.

Würde die Datei `test-php` direkt vom Browser an der Speicheradresse z. B. `C:\xampp\htdocs`... gelesen, so würde der PHP-Interpreter umgangen werden und der PHP-Quelltext direkt im Browser angezeigt.

> **!** Damit PHP-Skripte interpretiert werden, muss der Aufruf immer über den Webserver erfolgen.

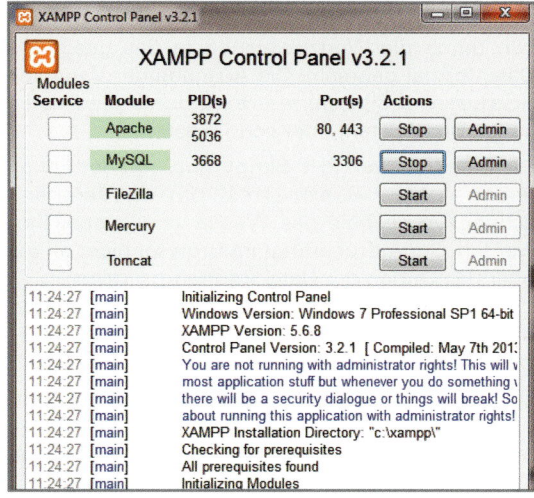

Bild 1: Das XAMPP-Control-Panel

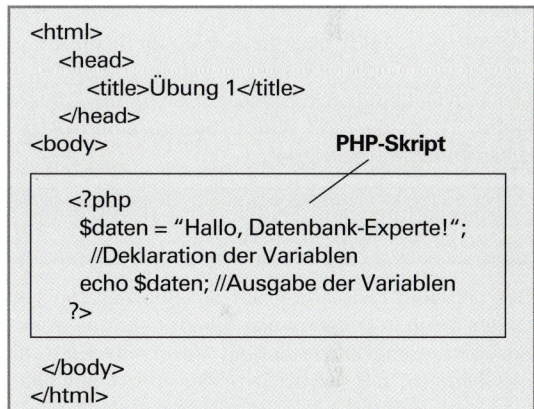

Bild 2: Skript zur Ausgabe einer Textvariablen

9.6.2.2 Sprachelemente von PHP

Die Sprachelemente von PHP sind weitgehend von den Programmiersprachen C, Java und Perl abgeleitet.

> **Übung 2: Begrüßungsdatei**
>
> Schreiben Sie eine Datei, die am Bildschirm den Inhalt einer Textvariablen, z. B. „Hallo, Datenbank-Experte!", ausgibt.
>
> *Lösung:* **Bild 2**

Mit einem Texteditor erstellt man zunächst das Grundgerüst einer HTML-Datei. Das PHP-Skript wird zwischen die Tags (= Markierungen) `<?php` und `?>` in den Body-Bereich eingefügt. Jede Anweisungszeile muss mit einem Strichpunkt beendet werden. Kommentare werden mit `//` begonnen.

Variablen in PHP

Variablen werden in PHP durch ein vorangestelltes $-Zeichen benannt, z. B. `$daten`. Sie müssen nicht ausdrücklich deklariert werden, sondern werden durch die Wertzuweisung in das geeignete Datenformat gebracht. Die Ausgabe der Variablen `$daten` am Bildschirm erfolgt durch die Anweisung print ($daten) oder echo ($daten).

Die Datei mit dem PHP-Skript muss mit der Erweiterung `.php`, z. B. `script1.php`, im Veröffentlichungsverzeichnis des Webservers gespeichert werden. Der Aufruf erfolgt im Browser nicht offline über das Öffnen der Datei im Pfad `c:\xampp \ htdocs…`, sondern im Online-Modus, z. B. über die Adresse `http://localhost/script1. php` (**Bild 1**).

Damit PHP-Skripte in HTML-Seiten interpretiert werden, müssen die Dateien mit der Dateierweiterung `.php` gespeichert werden und über einen Webserver ausgeführt werden.

Arrays

Ein Array (= Feld) besteht aus einer bestimmten Anzahl von Feldelementen, die jedoch nicht vom gleichen Datentyp sein müssen. So können Zahlenfelder, Textfelder und Bildobjekte zu einem Array zusammengefasst werden.

> Arrays können aus Feldelementen mit unterschiedlichen Datentypen bestehen.

Deshalb sind PHP-Arrays für die Bearbeitung von Datensätzen in Datenbanken besonders geeignet. Ein Array besitzt, wie andere Variablen auch, einen Namen, z. B. `$kunden`. Die einzelnen Feldelemente werden bei numerischen Arrays durch einen fortlaufenden Index unterschieden, z. B. $kunden[1] = "Huber". Der Index beginnt bei PHP standardmäßig bei [0].

Übung 1: Array anlegen

Legen Sie einem Skript ein numerisches Array für den Kunden Huber an mit den folgenden Daten:
Nr. 1; Name: Huber; Vorname: Wilhelm;
Strasse: Hauptstr. 345; Land: D;
PLZ: 76567; Ort: Oberberg;
Tel: 07654-3210; Fax: 07654-3211;
E-Mail: Wilhelm.Huber@mail.com;

Lösung: **Bild 2** und **Bild 3**

Assoziative Arrays

Assoziative (mit Vorstellungen verbindende) Arrays verwenden als Index ihrer Elemente nicht Zahlen, sondern Zeichenfolgen oder Worte, Keys genannt. Anstatt $kunden[0] und $kunden[1] erhalten die Arrayelemente die Bezeichnung $kunden[Nr] und $kunden[Name].

> **!** **Offline-Modus:** Datei wird über den Speicherpfad, z. B. c:\xampp\htdocs…, geöffnet.
> **Online-Modus:** Datei wird über die Adresse http:// localhost/script1.php geöffnet.

Bild 1: Ausgabe einer Textvariablen mit PHP

```
<?php
$kunden[0]= 1;
$kunden[1]= "Huber";
$kunden[2]= "Wilhelm";
$kunden[3]= "Hauptstr. 345";
$kunden[4]= "D";
$kunden[5]= "76567";
$kunden[6]= "Oberberg";
$kunden[7]= "07654-3210";
$kunden[8]= "07654-3211";
$kunden[9]= "Wilhelm.Huber@mail.com";
?>
```

Bild 2: Numerisches Array

Bild 3: Ausgabe eines numerischen Arrays

Durch Indizierung mit diesem Key, [Nr] oder [Name], wird die Bedeutung des einzelnen Elementes einfacher vermittelt. Assoziative, mit Vorstellungen verbundene Arrays sind wegen ihrer „sprechenden" Indizes numerischen Arrays vorzuziehen.

Übung 1: Assoziativ-Array

Entwerfen Sie ein PHP-Skript, mit dem a) die Daten des Kunden Huber in einem assoziativen Array gespeichert und b) ausgegeben werden.

Lösung: a) **Bild 1** und b) **Bild 2**

Die Ausgabe der Feldinhalte erfolgt z. B. durch eine foreach-Schleife. Die allgemeine Syntax dieser Schleife (bei assoziativem Array) lautet:

```
foreach($arrayname as $keyname
        => $elementname)
        Anweisung;
```

Bei numerischen Arrays entfällt die Angabe des Schlüssels. Die Syntax der Schleife lautet:

```
foreach ($arrayname as $elementname)
        {Anweisung 1;
        Anweisung 2;
        Anweisung 3
        }
```

Anstelle einer einzelnen Anweisung können mehrere mit geschweiften Klammern umschlossene Anweisungen zu einem Anweisungsblock zusammengefasst werden.

Zur Vereinbarung assoziativer Arrays stellt man den Arrayname voran und gibt das Schlüsselwort `array` an. Die Keys der einzelnen Elemente werden in Anführungszeichen genannt, z. B. „`Name`", und nach dem Zuweisungsoperator => mit Werten gefüllt:

```
$kunden=array(
        "Nr"=>1,
        "Name"=>"Huber",
        "Vorname"=>"Wilhelm",
        ...
        "E-Mail"=>"Wilhelm.
        Huber@mail.com");
```

Mehrdimensionale Arrays

Einfache numerische oder assoziative Arrays können beliebig erweitert werden. Um jedoch bei mehreren Kunden die Übersicht zu bewahren, empfiehlt es sich, für jeden Kunden ein neues Array anzulegen. Die Arrays der einzelnen Kunden (entsprechend der Datensätze einer Datenbank) werden zu einem übergeordneten Array zusammengefasst **(Bild 3)**.

```php
<?php
$kunden[Nr]= 1;
$kunden[Name]= "Huber";
$kunden[Vorname]= "Wilhelm";
$kunden[Strasse]= "Hauptstr. 345";
$kunden[Land]= "D";
$kunden[PLZ]= "76567";
$kunden[Ort]= "Oberberg";
$kunden[Tel]= "07654-3210";
$kunden[Fax]= "07654-3211";
$kunden[EMail]= "Wilhelm.Huber@mail.com";
foreach($kunden as $key => $element)
  echo $key,':   ',$element,'<br>';
?>
```

Bild 1: Verarbeitung eines assoziativen Arrays

Bild 2: Ausgabe eines assoziativen Arrays

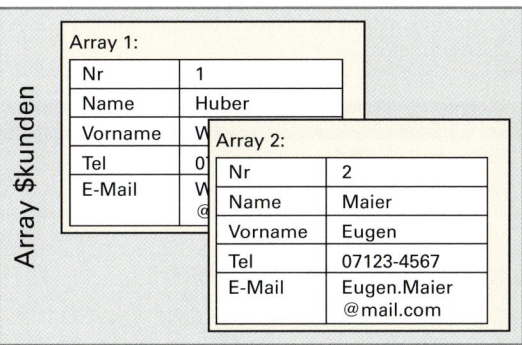

Bild 3: Prinzip eines mehrdimensionalen Arrays

Mehrdimensionale Arrays sind ihres Aufbaus wegen geeignet, den Inhalt einer Tabelle einer relationalen Datenbank aufzunehmen.

Übung 1: Datensätze speichern und ausgeben

Durch ein PHP-Skript sollen zwei Datensätze mit unterschiedlichen Adressen a) gespeichert und b) am Bildschirm ausgegeben werden.

Lösung: a) **Bild 1** und b) **Bild 2**

Nach der Festlegung der beiden Arrays `$kunde[1]` und `$kunde[2]` werden die Daten über ein doppelt verschachtelte `foreach`-Schleife ausgegeben. Dabei wird in der äußeren Schleife zunächst der interne Zähler `$zaehler` auf das erste Element gesetzt. Dieses erste untergeordnete Array `$kunde[1]` wird nun der Variablen `$datensatz` übergeben. Nach der Ausgabe von „`Datensatz 1:`" wird die innere Schleife begonnen. Hier wird der Zähler `$index` gestartet und das erste Element des aktiven Arrays `$datensatz` der Variablen `$feldinhalt` übergeben. Mit `echo`... werden der Index und der Feldinhalt am Bildschirm angezeigt (Bild 2).

Wenn der Zähler `$index` die gesamten Array-Elemente durchlaufen hat, wird der Zähler der übergeordneten Schleife `$zaehler` um 1 erhöht und der Vorgang wiederholt sich mit dem nächsten Sub-Array `$kunde[2]` (Bild 2).

Arbeiten mit Arrays

PHP bietet für die Verarbeitung von Arrays spezielle Funktionen **(Tabelle 1)**.

Übung 2: Zahlen quadrieren

Speichern Sie die Zahlen 10 bis 20 in einem Array. Quadrieren Sie die Elemente dieses Arrays mithilfe einer selbstdefinierten Funktion und geben Sie die Ergebnisse am Bildschirm aus.

Lösung: **Bild 1, folgende Seite**

> **!** Mehrdimensonale Arrays fassen einzelne gleich strukturierte Arrays zu einem übergeordneten Array zusammen.

```
>html><head>
    <title>Mehrdimensonales Array</title><head>
<body text=#00000 bgcolor=#00FFFF
<?php
$kunden[1]=array(
  "Nr"=>1,
  "Name"=>"Huber",
  "Vorname"=> "Wilhelm",
  "Tel"=>"07654-3210",
  "E-Mail"=> "Wilhelm.Huber@mail.com"
  );
$kunden[2]=array(
  "Nr"=>2,
  "Name"=>"Maier",
  "Vorname"=> "Eugen",
  "Tel"=> "07123-4567",
  "EMail"=> "Eugen.Maier@mail.com"
  );
foreach($kunden as $zaehler=>$datensatz) {
  echo 'Datensatz', '$zaehler,' ',', <br>',
    foreach($datensatz as $index=>$feldinhalt) {
      echo $index, ': ',$feldinhalt,' <br>';
      }
  echo '<br>';}
?>
</body> </html>
```

Bild 1: Skript zur Verarbeitung eines mehrdimensionalen Arrays

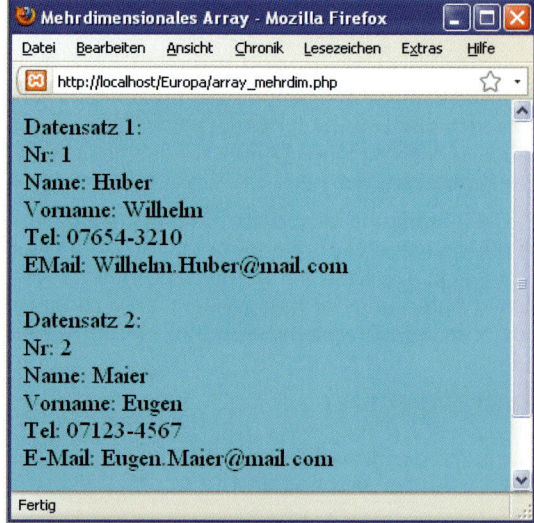

Bild 2: Ausgabe der beiden Datensätze

Tabelle 1: Array-Funktionen von PHP (Auswahl)

Funktion	Beispiel	Wirkung
array_walk	$ergebnis=array_walk ($zahlen, 'quadrat');	Verändert die Elemente des Arrays, indem eine benutzerdefinierte Funktion (z. B. 'quadrat') auf die einzelnen Elemente angewendet wird.
key	$schluessel=key($array);	Gibt den Schlüssel der aktuellen Position des Arrayzeigers zurück.
array_pop	$element=array_pop($kunden);	Entfernt das letzte Element eines Arrays.
array_push	$an1=array_push($kunden, $elem);	Fügt $elem als weiteres Element an ein Array an.

Bearbeiten von Zeichenketten

PHP stellt verschiedene Funktionen zur Bearbeitung von Zeichenketten zur Verfügung **(Tabelle 1)**.

> **!** Eingabefehler durch Groß- und Kleinschreibung werden mit den Funktionen strtolower() und ucfirst() abgefangen.

Übung 1: Daten in Array speichern

Unabhängig von der Groß- und Kleinschreibung sollen die Daten des Kunden Huber in einem Array gespeichert werden. Bei der Ausgabe soll der erste Buchstabe von Textelementen groß geschrieben werden, alle anderen Buchstaben klein.

Lösung: **Bild 2**

```
<?
function quadrat (&$x) {
 $x=$x*$x;}
$zahlen=array(10,11,12,13,14,15,16,17,18,19,20);
$ergebnis = array_walk($zahlen,'quadrat');
foreach($zahlen as $element) {
  echo $element,'';
}
?>
```

Bild 1: Anwendungsbeispiel einer Array-Funktion

Innerhalb der foreach-Schleife wandelt die Funktion `strtolower($feldinhalt)` den Inhalt der Variablen in Kleinbuchstaben um und speichert ihn wieder unter gleichen Namen. Zahlenvariablen werden nicht bearbeitet.

Um Konsistenzfehler zu vermeiden wird mit der Funktion `ucfirst()` der erste Buchstabe in einen Großbuchstaben umgewandelt und anschließend der Feldinhalt am Bildschirm ausgegeben.

> Zeichenkettenfunktionen dienen zur Bearbeitung oder zum Auswerten von Zeichenketten. Zeichenketten können mit diesen Funktionen gesucht werden und verändert werden.

```
<?
$kunden = array(
  "Nr"=> 1,
  "Name"=> "HubEr",
  "Vorname"=> "WilHelm",
  "Strasse"=> "hauptstr. 345",
  "Land"=> "d",
  "PLZ"=> "76567",
  "Ort"=> "OberBerg",
  "Tel"=> "07654-3210",
  "Fax"=> "07654-3211",
  "E-Mail"=> "Wilhelm.Huber@mail.com"
  );
foreach($kunden as $zaehler=> $feldinhalt) {
  $feldinhalt = strtolower($feldinhalt);
  $feldinhalt = ucfirst($feldinhalt);
  echo $zaehler,': ',$feldinhalt,'<br>';
}
?>
```

Dateioperationen mit PHP

Für Dateioperationen stehen verschiedene Funktionen zur Verfügung **(Tabelle 1, folgende Seite)**.

Bild 2: Skript zur Bearbeitung der Groß/Kleinschreibung

Übung 2: Besucher zählen

Um die Besucher einer Hompage zu zählen, soll ein Zähler programmiert werden, der den Zählerstand in einer eigenen Textdatei `counter.txt` speichert und am Bildschirm ausgibt **(Bild 3)**.

Lösung: **Bild 1, folgende Seite**

Bild 3: PHP-Zähler

Tabelle 1: Funktionen zur Bearbeitung von Zeichenketten		
Funktion	Beispiel	Beschreibung
strtolower()	$name=strtolower($name);	Wandelt in Kleinbuchstaben um.
strtoupper()	$name=strtoupper($name);	Wandelt in Großbuchstaben um.
ucfirst()	$name=ucfirst($name);	Wandelt das erste Zeichen in Großbuchstaben um.
ucwords()	$str1=strtolower($str);	Wandelt das erste Zeichen eines jeden Wortes in Großbuchstaben um.
ord()	$wert=ord("A")	Gibt den ASCII-Wert eines Zeichens zurück.

In der Datei counter.txt wird nur der Zählerstand als Ganzzahl abgelegt. Der Name dieser Datei wird in einer Variablen festgelegt.

Wenn diese Datei (noch) nicht existiert, wird die `if`-Anweisung durchlaufen. Es wird diese Datei erzeugt und im Modus w+ geöffnet. Diese Betriebsart der Datei legt fest, dass sie zum Lesen und Schreiben geöffnet wird und – falls sie nicht existiert – zunächst erstellt wird **(Tabelle 2)**. Mit der Funktion `fwrite()` wird die Zahl 0 in die Datei geschrieben. `fclose()` schließt die Datei wieder.

Die Funktion `fopen()` öffnet die existierende Datei im Modus r+ zum Lesen und Schreiben. Mit `fgets()` wird die maximal 12 Zeichen lange Zahl als String ausgelesen und mit `int()` in eine Ganzzahl umgewandelt. Sie wird in der Variablen `$zaehler` zwischengespeichert und mit `$zaehler++` um Eins erhöht. Die Funktion `rewind()` setzt den internen Zeiger auf den Anfang der Datei. Dorthin wird nun die um Eins erhöhte Zahl mit `fwrite()` geschrieben und die Datei wieder geschlossen.

Die Ausgabe erfolgt im HTML-Format, wobei der Zählerstand durch Einbinden der Datei mittels der Funktion `require($zaehlerstand)` angezeigt wird **(Bild 1)**.

Dateien können in verschiedenen weiteren Modi geöffnet werden. Die Betriebsart a öffnet die Datei und setzt den internen Dateizeiger auf das Ende der Datei. Dort sind jedoch nur Schreibvorgänge zugelassen. Im Modus a+ ist diese Einschränkung nicht vorhanden, es kann auch gelesen werden. In beiden Betriebsarten wird die gewählte Datei erstellt, falls sie noch nicht existiert.

> Dateioperationen können Dateien anlegen, öffnen, bearbeiten, schließen und löschen.

```
<html><head>
        <title>PHP-Zähler</title>
        </head>
<body bgcolor="#87ceff">
<?
$zaehldatei="counter.txt";
    if(!file_exists($zaehldatei)) {
        $fp=fopen($zaehldatei,"w+");
        fwrite($fp, "0");
        fclose($fp);
        }
$fp=fopen($zaehldatei,"r+");
$zaehler=(int)fgets($fp, 12);
$zaehler++;
rewind($fp);
fwrite($fp,$zaehler);
fclose($fp);
?>
<div align="Center">
 <font size="+2">Sie sind der
        <? require($zaehldatei); ?>
                Besucher!!</font></div>
</body></html>
```

Bild 1: PHP-Skript eines Zählers

Tabelle 2: Attribute für Dateioperationen

Betriebsart	Erläuterung
"r"	Öffnet eine Datei nur zum Lesen.
"r+"	Öffnet eine Datei zum Lesen und zum Schreiben.
"w"	Öffnet eine Datei nur zum Schreiben.
"w+"	Öffnet eine Datei zum Lesen und Schreiben. Der Inhalt wird zunächst gelöscht. Falls die Datei nicht existiert, wird sie erstellt.
"a+" und "a"	Öffnet die Datei nur zum Schreiben und setzt den Dateizeiger auf das Ende der Datei. Falls die Datei nicht existiert, wird sie bei Verwendung von "a" erstellt.

Tabelle 1: Funktionen für Dateioperationen

Funktion	Bedeutung	Beispiel
fopen()	Öffnet eine Datei in einer bestimmten Zugriffsart.	$fp=$fopen('filename', $mode);
fclose()	Schließt eine geöffnete Datei.	fclose($fp);
fgets()	Liest eine Zeile mit maximaler Länge 12 aus einer Datei.	fgets($fg,12);
fgetc()	Liest ein einzelnes Zeichen einer Datei.	fgetc($fp);
fwrite()	Schreibt eine Zeichenkette $str in eine Datei.	fwrite($fp.$zaehler);
file_exists()	Prüft, ob eine Datei existiert.	if(!file_exists($zaehldatei)...;
rewind	Setzt den Dateizeiger auf den Anfang einer Datei.	rewind($fp);
unlink()	Löscht eine Datei.	unlink('filename');
require	Fügt eine Datei in das PHP-Skript ein.	require($zaehldatei);

Zugriffsrechte auf Dateien

PHP bietet Funktionen für die Verwaltung von Dateien und Zugriffsrechten (**Tabelle 1**).

> **!** Zugriffsrechte von Dateien informieren über die Berechtigungen der Benutzer.

Übung 1: Zugriffsberechtigungen ermitteln

Schreiben Sie ein PHP-Skript, mit dem die Zugriffsberechtigungen und der Dateityp z. B. für die Datei `C:\xampp\htdocs\europa\array.php` ermittelt werden.

Lösung: **Bild 1** und **Bild 2**

Nach der Festlegung des Pfades der Datei in einer Variablen ermittelt die Funktion `fileperms()` die Zugriffsrechte auf diese Datei. Da das Ergebnis in dezimaler Schreibweise vorliegt, aber erst in oktaler Schreibweise richtig interpretiert werden kann, muss es mithilfe der Funktion `decoct()` umgewandelt werden. Die ersten drei Ziffern, hier 100, informieren über den Dateityp. Die Funktion `filetype()` gibt diesen Dateityp in einer Textvariablen aus als `file` (Bild 2).

Die Ziffernfolge 666 informiert über die Rechte des Besitzers, der Gruppe und der Anderen (**Tabelle 2**). Dabei bedeutet die erste Ziffer 6, dass der Besitzer der Datei lesen (4) und schreiben (2), aber nicht ausführen darf. Die zweite Ziffer 6 informiert über die – hier gleichen – Rechte der Gruppe und die letzte Ziffer über die aller anderen Benutzer.

Beispiel 1: Zugriffsrechte auswerten

Für eine Datei wird als Schlüssel für die Zugriffsrechte die Zahl 755 geliefert. Ermitteln Sie die einzelnen Berechtigungen.

Lösung:
7 = Besitzer: lesen (4) + schreiben (2) + ausführen (1);
5 = Gruppe: lesen (4) + ausführen (1);
5 = Andere; lesen (4) + ausführen (1).

Ändern der Zugriffsrechte einer Datei

Die Funktion chmod() ändert die Zugriffsrechte auf eine Datei.

Übung 2: Zugriffsrechte ändern

Schreiben Sie ein PHP-Skript, das die Zugriffsrechte auf die Datei `nachricht.txt` ändert.

Der Besitzer soll alle Rechte erhalten, die Gruppe darf nur lesen und andere sollen keine Berechtigungen besitzen.

Lösung:
```php
<?php
    $mode = 740;
    chmod ( string $nachricht.txt , int $mode );
?>
```

Tabelle 1: Funktionen für die Verwaltung von Dateien und Zugriffsrechten

Funktion	Beschreibung
filegroup();	Gibt die Gruppe des Dateibesitzers zurück.
fileowner();	Ermittelt den Besitzer der Datei.
fileperms();	Ermittelt die Zugriffsrechte der Datei.
filesize();	Ermittelt die Größe der Datei.
filetype();	Gibt den Datei-Typ zurück.
decoct();	Wandelt Dezimalzahl in Oktalzahl um.

```
<?
$datei="c:/xampp/htdocs/europa/array.php";
$erg=fileperms ($datei);
echo"Zugriffsrechte der
Datei $datei: ", decoct($erg), "<br>";
echo "Dateityp: ", filetype($datei);
?>
```

Bild 1: Skript zum Bestimmen der Zugriffsrechte einer Datei

Bild 2: Ausgabe der Zugriffsrechte auf eine Datei

Tabelle 2: Zugriffsrechte auf Dateien

Besitzer			Gruppe			Andere		
r	w	x	r	w	x	r	w	x
4	2	1	4	2	1	4	2	1

r von read = lesen, w von write = schreiben,
x von execute = ausführen

Arbeiten mit Formularen

Mit PHP-Skripten können Daten aus HTML-Formularen verarbeitet werden.

> ! HTML-Formulare werden zur Eingabe von Daten an ein PHP-Skript verwendet.

Übung 1: HTML-Formular entwerfen

Entwerfen Sie ein HTML-Formular nach **Bild 1, links** zur Eingabe einer Adresse (Name, Vorname, Straße, PLZ, Ort). Über eine Befehlsschaltfläche sollen die Daten an ein PHP-Skript gesendet werden und dort angezeigt werden **Bild 1, rechts**.

Lösung: **Bild 2** und **Bild 3**

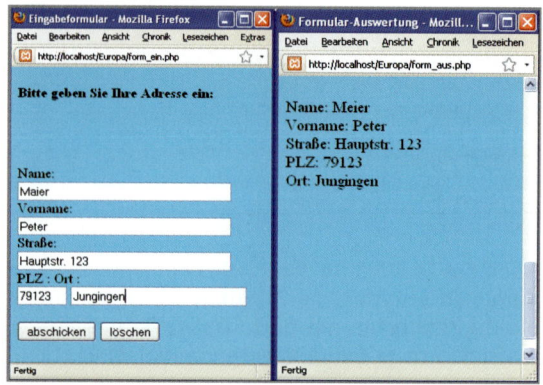

Bild 1: HTML-Formular und PHP-Ausgabe

Zunächst erstellt man ein Formular im HTML-Code (Bild 2). Dort wird festgelegt, dass z. B. durch die Methode post die Formulardaten an ein PHP-Skript, z. B. form_aus.php gesendet werden. Dies geschieht durch die HTML-Anweisung

```
<form action="form_aus.php" method=
"post">.
```

Durch Betätigen der Schaltfläche abschicken werden die Daten gesendet.

Die Standardvariable $_POST[] überträgt die Daten im Datenformat eines Arrays. Die Elemente werden z. B. mit $vorname=$_POST[Vorname] ausgelesen und einer lokalen Variablen zugewiesen. Mithilfe des Befehls echo... können sie angezeigt werden (Bild 3).

Mit der Methode POST werden Daten vom Browser zum Server übertragen. Die Methode überträgt die Parameter und Parameterwerte unter Verwendung des HTTP-Headers.

Die Daten werden nicht in der URL angezeigt, deshalb ist die Methode auch für Passwörter geeignet.

```
<html><head>
<title>Eingabeformular</title></head>
<body text="#000000" bgcolor="#00E0FF">
<h4>Bitte geben Sie Ihre Adresse ein:</h4>
<form action="form_aus.php" method="post">
Name:<br><input type="Text"name="Name"
size="35"><br>
Vorname:<br><inputtype="Text"name="Vorname"
size="35">
<br>
Straße:<br><input type="Text"name="Strasse"
size="35"><br>
PLZ: Ort:<br><input type="Text"name="PLZ" size=
"5">
<input type="Text"name="Ort" size="28"><br><br>
<input type="Submit"name="submit" value="abschi-
cken">
<input type="reset" name=loeschen value=löschen>
</form>
</body> </html>
```

Bild 2: Quelltext eines HTML-Formulars zur Adresseingabe

K   Kompetenzorientierung

1. Erläutern Sie die Aufgaben eines Webservers.

2. Welchen Vorteil bietet die Verwendung von PHP gegenüber Java und JavaScript?

3. Worin unterscheiden sich numerische und assoziative Arrays?

4. Nennen Sie ein Beispiel für die Verwendung mehrdimensonaler Arrays.

5. Beschreiben Sie ein Anwendungsbeispiel von Funktionen für Dateioperationen.

6. Beschreiben Sie die Datenübergabe von einem Formular zu einem PHP-Skript.

7. Wie werden die Übergabedaten aus der Standardvariablen $_POST[] ausgelesen?

```
<html><head>
<title>Formular-Auswertung</title><head>
<body text="#000000" bgcolor="#00E0FF">
<?php
$name = $_POST[Name];
$vorname = $_POST[Vorname];
$strasse = $_POST[Strasse];
$plz = $_POST[PLZ];
$ort = $_POST[Ort];
echo "<br>Name: ", $name;
echo "<br>Vorname: ", $vorname;
echo 2<br>Straße: ",$strasse;
echo "<br>PLZ: ", $plz;
echo "<br>Ort: ", $ort;
?>
</body></html>
```

Bild 3: PHP-Skript zum Übertragen und Anzeigen der Formulardaten

9.6.3 Das Datenbanksystem MySQL

MySQL ist ein relationales Datenbanksystem. Es wird eine Client-Server-Architektur benutzt. Der Datenbankserver mysqld.exe läuft als Hintergrundprozess auf einem Server. Es können beliebig viele Clients auf den Server zugreifen (Multithreading).

Eine MySQL-Distribution ist in dem freien Datenbank-Entwicklungstool XAMPP enthalten. Starten lässt sich der Server-Prozess z. B. über das XAMPP Control Panel durch Betätigen der Schaltfläche Start (**Bild 1**).

9.6.3.1 Mit MySQL-Clients arbeiten

Das Client-Programm mysql (Kleinschreibung) verbindet mit dem MySQL-Server und erlaubt Befehle an den Server zu senden.

Übung 1: Client verbinden

Starten Sie den Client mysql und verbinden Sie ihn mit dem Datenbankserver auf dem eigenen Rechner. Die Parameter lauten localhost, Benutzer root ohne Passwort.

Lösung: **Bild 2**

Der Client mysql startet über die Windows-Eingabeaufforderung im Installationsverzeichnis von XAMPP. Die Verbindungsparameter werden beim Aufruf angegeben. Nach dem Attribut –h folgt der Ort des Datenbankservers, z. B. localhost, nach –u der Benutzer, z. B. root. Ein Passwort folgt hinter dem Schalter –p. Für den Benutzer root ist kein Passwort festgelegt.

Passwörter sollten aus verschiedenen Arten von Zeichen bestehen und nicht zu erraten sein.

Nach einem Begrüßungstext werden Befehle an den Client eingegeben. Monitorbefehle enden immer mit dem Zeichen ;. Der Aufruf der Hilfe erfolgt durch den Befehl \h (**Bild 3**).

Alle Textkommandos mit mysql-Client müssen am Zeilenanfang mit einem Backslash \ beginnen und mit einem Strichpunkt enden.

Wertvolle Befehle sind \clear, der die aktuelle Eingabe wieder löscht oder \status, der Statusmeldungen des MySQL-Servers ausgibt. Beendet wird der mysql-Client mit dem Befehl \exit oder \quit.

! Zum Verbinden mit dem MySQL-Server werden folgende Attribute angegeben:
- –h Zu verbindener Rechner, z. B.
  server@europa.de oder localhost
- –u MySQL-Benutzer
- –p Passwort des Benutzers.

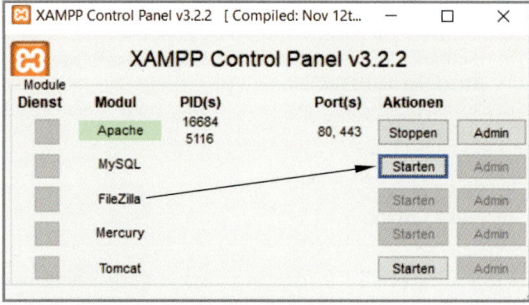

Bild 1: Starten des MySQL-Servers

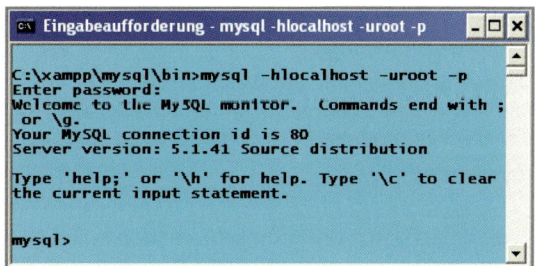

Bild 2: Aufrufen des Clients mysql

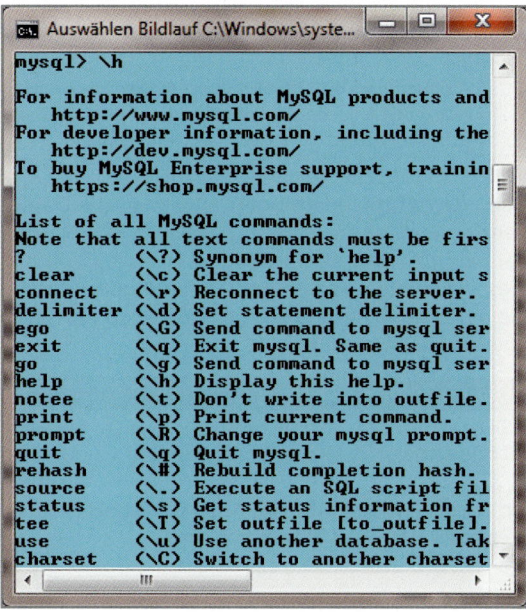

Bild 3: Ausschnitt aus mysql-Monitor-Kommandos

Hinter dem Prompt `mysql` werden Anweisungen an den Datenbankserver eingegeben. Der Befehl `show databases` gibt alle auf dem Server liegenden Datenbanken aus (**Bild 1**).

mysqladmin

Der Client mysqladmin ermöglicht, Administrationsaufgaben am Datenbankserver zu erledigen.

Übung 1: Passwort einrichten

a) Richten Sie für den Benutzer `root` das Passwort `Hus89adRBSiU` ein.
b) Ändern Sie das Passwort in das neue Passwort `geheim`.

Lösung:
a) **Bild 2 oben**
b) **Bild 2 unten**

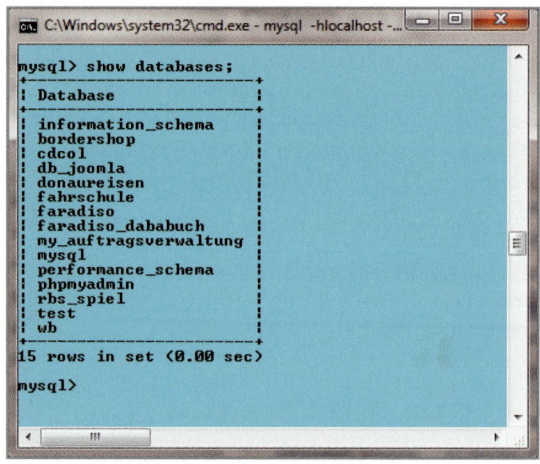

Bild 1: Ausgabe der vorhandenen Datenbanken

In der Eingabeaufforderung des mysql-Verzeichnisses ruft man das Programm `mysqladmin` auf, mit den Attributen für den Server `localhost` und dem Benutzer `root`. Der Schlüsselbegriff `password` legt das nachgestellte Passort für den Datenbankserver fest.

Die zweite Anmeldung am Datenbankserver erfordert das festgelegte Programm hinter dem Attribut `-p`, um anschließend das Passwort ändern zu können.

mysqldump

Der Client mysqldump wird zur Datensicherung verwendet. Das Programm schreibt den Inhalt von Datenbanken in eine Textdatei.

Übung 2: Backup anlegen

Sichern Sie den Inhalt der Datenbank `faradiso` in der Datei `backup_file.sql`.

Lösung:
`C:\xampp\mysql\bin>mysqldump`
`-hlocalhost-uroot-pgeheim`
`faradiso>backup_file.sql` und **Bild 3**

Nach den Anmeldeattributen gibt man die Datenbank an und legt nach dem Zeichen > den Namen der Exportdatei, z. B. `backup_file.sql` fest. In diese Textdatei werden SQL-Befehle geschrieben, die beim Ausführen wieder die Tabellen erzeugen und die Daten einfügen.

Übung 3: Alles sichern

Sichern Sie alle Datenbanken des MySQL-Servers `localhost`.

Lösung:
`C:\>mysqldump -hlocalhost -uroot`
`-pgeheim -A>sicherung.sql`

Die Option `-A` sichert alle Datenbanken des aktiven MySQL-Servers in der Datei `sicherung.sql`.

Bild 2: Password ändern

```
C:\xampp\mysql\bin>mysqladmin -hlocalhost
-uroot password Hus89adRBSiU

C:\xampp\mysql\bin>mysqladmin -hlocalhost
-uroot -pHus89adRBSiU password geheim

C:\xampp\mysql\bin>
```

Bild 3: Ausschnitt aus der Exportdatei faradiso.sql

```
1   -- MySQL dump 10.13    Distrib 5.1.41, for Win
2   --
3   -- Host: localhost      Database: faradiso
4   -- ------------------------------------------
5   -- Server version      5.1.41
6   --
7   -- Table structure for table `fahrraeder`
8   --
10  DROP TABLE IF EXISTS `fahrraeder`;
11  /*!40101 SET @saved_cs_client     = @@charac
12  /*!40101 SET character_set_client = utf8 */;
13  CREATE TABLE `fahrraeder` (
14    `FNr` mediumint(9) NOT NULL DEFAULT '0',
15    `Hersteller` varchar(30) DEFAULT NULL,
16    `Bezeichnung` varchar(50) DEFAULT NULL,
17    `Art` varchar(20) DEFAULT NULL,
18    `Rahmengroesse` varchar(10) DEFAULT NULL,
19    `Anschaffungspreis` decimal(10,2) DEFAULT
20    `Anschaffungsdatum` date DEFAULT NULL,
21    `Letzte_Wartung` date DEFAULT NULL,
22    `Sonderzubehoer` text,
23    `Preisgruppe` tinyint(4) DEFAULT NULL,
24    PRIMARY KEY (`FNr`),
25    KEY `PG_FK` (`Preisgruppe`),
26    CONSTRAINT `fahrraeder_ibfk_1` FOREIGN KEY
    preisgruppen` (`Preisgruppe`)
27  ) ENGINE=InnoDB DEFAULT CHARSET=latin1;
```

phpMyAdmin

Die Entwicklungsumgebung XAMPP bietet standardmäßig den Client phpMyAdmin an. Er startet durch Aufruf der Adresse `localhost/phpmyadmin` im Browser **(Bild 1)**. Mit ihm können nahezu alle Administrationsaufgaben am MySQL-Datenbankserver durchgeführt werden.

9.6.3.2 Zugriffsrechte verwalten

MySQL speichert Rechte der Benutzer in der Datenbank mysql.

Übung 1: Benutzer einrichten

Richten Sie mit dem Client phpMyAdmin einen neuen Benutzer Angestellter mit dem Passwort Angestellter ein. Er soll sich nur von Hosts der Domäne 212.211.130.xxx anmelden können.

Lösung: **Bild 2**

Bild 1: Startseite des Clients phpMyAdmin

Über die Karteikarte Rechte auf der Startseite gelangt man zur Ansicht bestehender Benutzer in der Datenbank mysql. Hier wählt man Neuen Benutzer hinzufügen und gibt die gewünschten Anmeldinformationen ein. In der Zeile Host muss die Option Textfeld verwenden eingestellt werden, um einen konkreten Host einzugeben, von dem aus sich der Benutzer am Datenbankserver anmelden darf. Soll sich der neue Benutzer von allen Rechnern eines bestimmt Netzes anmelden können, fügt man an die Adresse den Platzhalter % an.

Im Bereich globale Rechte werden die Rechte ausgewählt, z. B. SELECT zum Lesen von Daten, INSERT zum Einfügen von Datensätzen in Tabellen und UPDATE zum Verändern vorhandener Daten. Mit Klick auf die Schaltfläche OK startet man den Vorgang. Die erfolgreiche Ausführung wird gemeldet, indem der ausgeführte Befehl im SQL-Code angezeigt wird **(Bild 3)**.

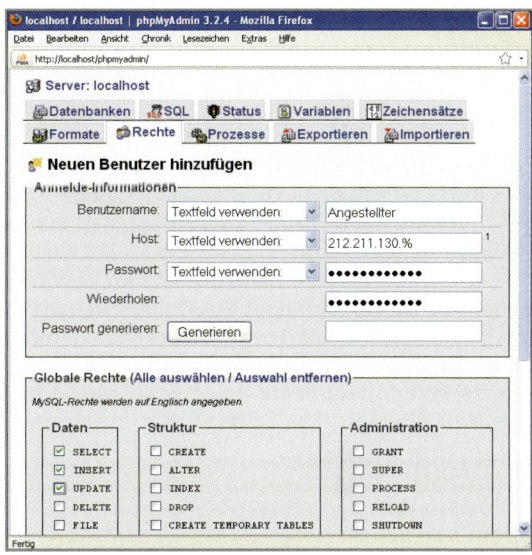

Bild 2: Neuen Benutzer festlegen

Übung 2: Benutzer mit SQL einrichten

Schreiben Sie einen SQL-Befehl, der einen neuen Benutzer schueler mit dem Passwort schueler20 anlegt. Er soll sich nur von Host der Domäne rbs-ulm.de anmelden können und nur die Datenbank faradiso mit allen Rechten bearbeiten können.

Lösung:
```
GRANT All ON faradiso.*
TO "schueler"@"%.rbs-ulm.de"
IDENTIFIED BY "schueler20".
```

Man ruft in der Eingabeaufforderung den Client mysql auf. Nach der Anmeldung z.B. als admin geben wir am Prompt den SQL-Befehl der Übung 2, ein. Das Schlüsselwort GRANT leitet den SQL-Befehl zur Gewährung von Benutzerrechten ein.

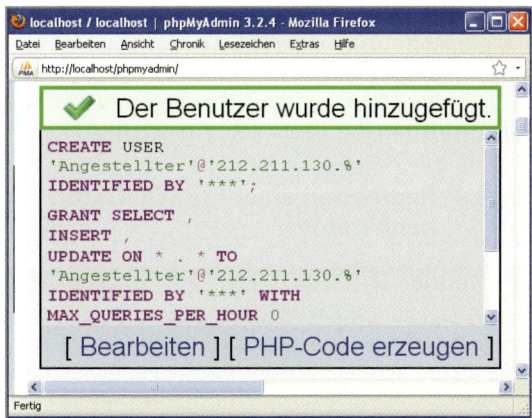

Bild 3: Bestätigung des neuen Benutzers

Das Wort ALL legt alle Rechte für den Benutzer fest. Mit dem Attribut ON faradiso.* werden diese gewährten Rechte begrenzt auf alle Tabellen der Datenbank faradiso. Mit *.* könnten alle Datenbanken bearbeitet werden. Nach dem Begriff TO steht der Anmeldename der neuen Benutzers, z.B. schueler und nach dem Zeichen @ der Host oder der Netzbereich, von dem aus der Benutzer sich anmelden darf. Das Anmeldepasswort folgt nach dem Schlüsselbegriff IDENTIFIED BY.

Der Vorteil dieser Methode der Rechtefestlegung mit SQL-Befehlen gegenüber der direkten Bearbeitung der Rechtedatenbank mysql ist, dass der Administrator die Inhalte der Tabellen dieser Rechtedatenbank nicht kennen muss und nicht entscheiden muss, in welcher dieser Tabellen die Einträge verteilt werden müssen.

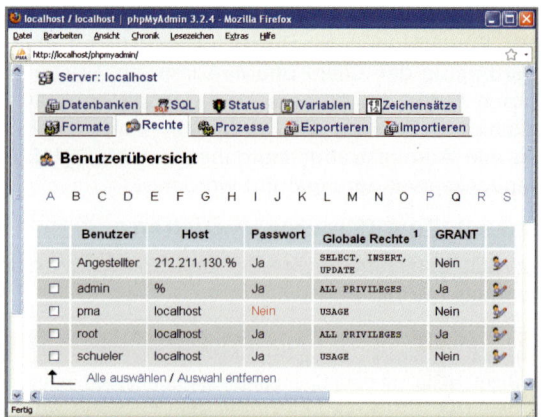

Bild 1: Benutzer des MySQL-Servers localhost

> Globale Berechtigungen gelten für alle Datenbanken auf einem Server.

Die Rechte des Benutzers schueler der Übung 2, vorhergehende Seite, erscheinen in der Benutzerübersicht des Clients phpmyadmin mit dem Begriff USAGE (**Bild 1**). Dieses Schlüsselwort sagt aus, dass der Benutzer schueler keine globalen Rechte innerhalb dieses Datenbankservers besitzt. Seine Rechte auf die Datenbank faradiso sind in der Tabelle db hinterlegt (**Bild 2**). Allerdings hat er nicht das Recht Grant_priv erhalten (Eintrag ist N), da er sonst anderen Benutzern Rechte zuweisen könnte und somit seine Beschränkungen umgehen könnte.

Übung 1: Rechte entziehen

Schreiben Sie einen SQL-Befehl, der dem Benutzer schueler die Berechtigung DROP auf die Datenbank faradiso entzieht.

Lösung: **Bild 3**

Der Befehl REVOKE leitet einen SQL-Befehl ein, um einem Benutzer Rechte zu entziehen. Damit der Benutzer keine Tabellen oder Datenbanken löschen kann, wird ihm das Recht DROP entzogen.

9.6.3.3 Bearbeiten einer MySQL-Datenbank mit PHP

Übung 2: Daten vom Datenbankserver

Schreiben Sie einen PHP-Skript, das eine Verbindung zum Datenbankserver herstellt und die Anzahl der Datensätze der Tabelle Kunden aus der Datenbank faradiso ausgibt.

Lösung: **Bild 1, folgende Seite**

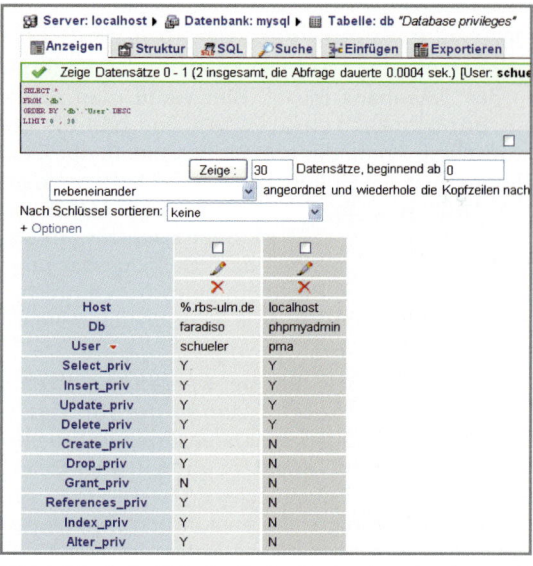

Bild 2: Inhalt der Tabelle db der Rechtedatenbank mysql

Bild 3: mysql-Monitor-Kommandos

PHP stellt verschiedene Funktionen zur Arbeit mit MySQL zur Verfügung **(Tabelle 1)**.

Die Anmeldung des Benutzers am Datenbankserver erfolgt mit der Funktion mysql_connect ($host, $user, $passwd). Eine SQL-Abfrage wird mit der Funktion `mysql_db_query ($db, $sql)` abgeschickt. Die Funktion `mysql_num_ rows($erg_sql)` liest die Anzahl der Datensätze aus und speichert sie in der Variablen `$anz`. Die Funktion `mysql_clo se()` trennt die Verbindung zum Datenbankserver.

```
<?
$db=mysql_connect('localhost''root'');
$erg_sql=mysql_db_query('faradiso', 'select*from
        kunden');
$anz=mysql_num_rows($erg_sql);
echo$anz;
mysql_close();
?>
```

Bild 1: Feststellung der Datensatzanzahl

Entwerfen Sie ein PHP-Skript, welches die Tabelle Kunden der Datenbank faradiso am Bildschirm als HTML-Tabelle ausgibt.

Lösung: **Bild 2**

Das Skript baut zunächst die Verbindung auf und schickt die SQL-Anweisung ab. Die Anzahl der benötigten Spalten wird mit der PHP-Funktion `mysql_num_fields($erg_sql)` ermittelt und der Variablen `$anzahl` übergeben. Mit der for-Schleife wird der Tabellenkopf erzeugt, der mittels der Funktion `mysql_field_name($erg_ sql,$i)` mit den Feldnamen beschriftet wird.

Innerhalb der While-Schleife wird mithilfe der Funktion `mysql_fetch_array($erg_sql, MYSQL_ASSOC)` bei jedem Durchlauf ein Datensatz des Abfrageergebnisses in ein assoziatives Array `$zeile` eingelesen. Die Foreach-Schleife ermöglicht für jeden einzelnen Datensatz den Zugriff auf die einzelnen Felder des Datensatzes und die Ausgabe innerhalb der HTML-Tabelle. Nachdem die Tags für das Tabellenende angegeben worden sind, wird die Verbindung zum Datenbankserver durch `mysql_close()` geschlossen.

```
<?
$db=mysql_connect('localhost','root');
$erg_sql=mysql_db_query('faradiso', 'select'*from
        kunden'); ?>
<table width=80%border=1>
<tr bgcolor='#CFCFCF'>
<? $anzahl=mysql_num_fields($erg_sql);
for ($i=0;$i<$anzahl;$i++) {
        ?> <th>?
        echo mysql_field_name($erg_sql,$i);
        ?> </th> <? } ?>
</tr>
<tr> <?
while ($zeile=mysql_fetch_array($erg_sql,
        MYSQL_ASSOC)) {
        foreach ($zeile as $elem) {
        echo "<td bgcolor='#EFEFEF'> <font
        size='1'>$elem</font> </td>",
        }
        ?> </tr>?
} ?> </table> <?
mysql_closed(),
?>
```

Bild 2: PHP-Skript zur Ausgabe einer Tabelle

K **2. Welche Besonderheit weist das Rechtesystem von MySQL auf?**

3. Wo werden die Rechte auf MySQL-Datenbanken verwaltet?

4. Wie werden Rechte auf MySQL-Datenbanken zugewiesen?

5. Mit welcher PHP-Funktion können SQL-Abfragen an eine MySQL-Datenbank geschickt werden?

K **Kompetenzorientierung**

1. Wie kann mit PHP eine Verbindung zum Datenbankserver aufgebaut werden?

Tabelle 1: PHP-Funktionen zur Bearbeitung von Datenbanken

PHP-Funktion	Beschreibung	Beispiel
mysql_connect()	Stellt eine Verbindung zum Datenbankserver her.	$erg=mysql_connect($host,$user, $pass-word);
mysql_db_query()	Schickt eine SQL-Abfrage an den Datenbankserver.	$erg=mysql_db_query („faradiso",select*from kunden");
mysql_fetch_array()	Liefert ein Datensatz als Array zurück.	$an=mysql_fetch_array($erg, $type);
mysql_num_rows()	Liefert die Anzahl der Datensätze einer Abfrage zurück.	$anzahl=mysql_num_rows($erg);
mysql_num_fields()	Liefert die Anzahl der Felder eines Datensatzes der Abfrage.	$anzahl=mysql_num_fields($erg);
mysql_close()	Schließt eine Verbindung zum Datenbankserver.	mysql_close();
mysql_fetch_array()	Liefert einen Datensatz als Array.	$liste=mysql_fetch_array($ergebnis, $typ)

9.6.3.4 Daten über ODBC-Schnittstellen tauschen

Der direkte Austausch von Daten aus Datenbanken verschiedenen Formates ist in der Regel nicht vorgesehen. Deshalb wurde ein ODBC-Standard (von Open Database Connectivity = offene Datenbankverbindung) geschaffen, der über spezielle ODBC-Treiber den Austausch ermöglicht. Dabei übergibt das Datenbanksystem, z.B. MySQL, die Daten an den ODBC-Treiber, der sie dann in das Format des zweiten Datenbanksystems, z.B. Access, umsetzt. Durch diese Datenbankschnittstelle kann ein Datenbankadministrator seine Anwendung unabhängig vom verwendeten Datenbankmanagement-System (DBMS) entwickeln.

Für den Informationsaustausch zwischen Access und MySQL stehen im Internet passende Treiber für Linux und für Windows zur Verfügung, z.B. als Installationsdatei `mysql-connector-odbc--8.0.18-winx64.msi`.

> Um mit einem für das Datenbanksystem fremden Datenformat arbeiten zu können, muss ein passender ODBC-Treiber installiert sein.

Installation des MyODBC-Treibers

Die Installation erfolgt durch Starten der Installationsdatei. Der Begrüßungsbildschirm wird mit `Next>` bestätigt. Anschließend fordert das Programm zur Auswahl der gewünschten Installationsart auf **(Bild 1)**. Hier klickt man auf die Checkbox `Typical` und bestätigt mit `Next>`. Das anschließende Fenster zeigt den Verlauf der Installation und bestätigt den erfolgreichen Abschluss.

Bearbeitung einer MySQL-Datenbank mit Access

Nach dem Start von Access und dem Anlegen einer neuen Datenbank kann über die ODBC-Schnittstelle auf die Tabellen einer bestehenden MySQL-Datenbank zugegriffen werden **(Bild 2)**.

Dazu wählt man im Menü `Externe Daten` die Option `ODBC-Datenbank` (Bild 2). Der folgende Bildschirm lässt die Auswahl zwischen dem Import von Daten und dem Erstellen einer Verknüpfung zu **(Bild 4)**. Man klickt auf die Auswahl `Erstellen Sie eine Verknüpfung…` und bestätigt mit OK.

> **ODBC** (von Open Database Connectivity = Offene Datenbank-Verbindungsfähigkeit) ist eine standardisierte Datenbankschnittstelle der Datenbanksprache SQL.
>
> **ODBC-Treiber** Programm, das eine Anwendung mit einem bestehenden Datenbanksystem verbindet.

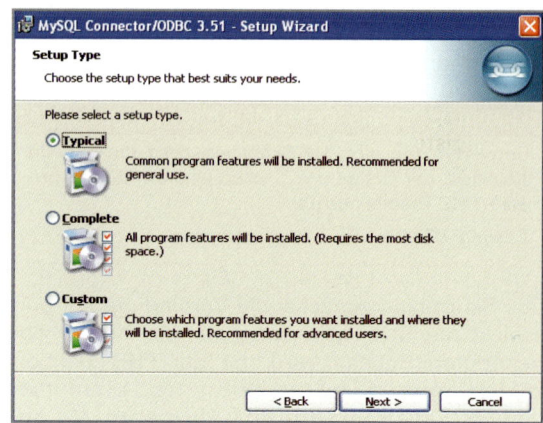

Bild 1: Auswahl der Installationsart

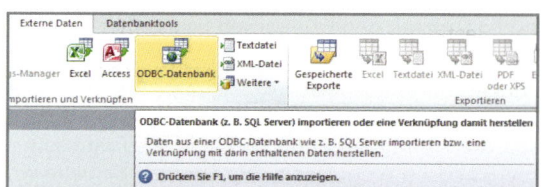

Bild 2: Verbindung zu einer ODBC-Datenbank

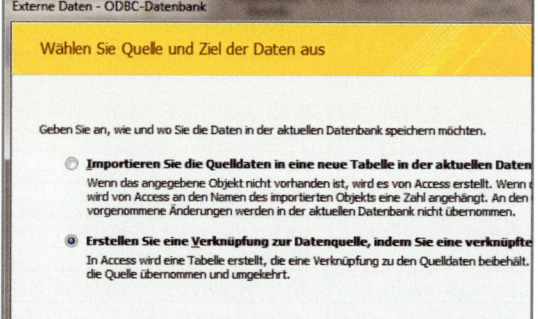

Bild 3: Bearbeitung einer MySQL-Tabelle mit Access

Externe Daten - ODBC-Datenbank

Wählen Sie Quelle und Ziel der Daten aus

Geben Sie an, wie und wo Sie die Daten in der aktuellen Datenbank speichern möchten.

○ **Importieren Sie die Quelldaten in eine neue Tabelle in der aktuellen Daten**
Wenn das angegebene Objekt nicht vorhanden ist, wird es von Access erstellt. Wenn ... wird von Access an den Namen des importierten Objekts eine Zahl angehängt. An den ... vorgenommene Änderungen werden in der aktuellen Datenbank nicht übernommen.

● **Erstellen Sie eine Verknüpfung zur Datenquelle, indem Sie eine verknüpfte** ...
In Access wird eine Tabelle erstellt, die eine Verknüpfung zu den Quelldaten beibehält. ... die Quelle übernommen und umgekehrt.

Bild 4: Erstellen einer Verknüpfung zur Datenquelle

Die Daten werden dadurch nicht in die Access-Datenbank importiert, sondern bleiben in der MySQL-Datenbank, können aber über die ODBC-Schnittstelle von Access aus bearbeitet werden.

Im folgenden Bildschirmfenster können die Datenquelle und der Datentyp gewählt werden. Es wird die Option Dateityp: ODBC-Datenbanken() gewählt.

Das folgende Fenster stellt einen Dialog zur Auswahl der Datenquelle zur Verfügung (**Bild 1**). Auf der Registerkarte Computerdatenquelle wird der Dateiquellenname MySQL-Verbindung gewählt und mit OK bestätigt.

Um sich am MySQL-Server anzumelden, ist im nächsten Fenster der Name der Datenbank faradiso und der Benutzername, z. B. root, einzutragen (**Bild 2**). Gegebenenfalls muss noch ein Passwort angegeben werden. Nach Bestätigung mit OK ist Access am MySQL-Datenbankserver angemeldet und zeigt die in der MySQL-Datenbank faradiso vorhandenen Tabellen (**Bild 3**). Nach Bestätigen der Schaltfläche Alle auswählen und Bestätigung mit OK stehen alle Tabellen der MySQL-Datenbank zur Bearbeitung zur Verfügung (**Bild 4**).

> Über ODBC-Schnittstellen können verschiedene Datenbanksysteme zusammenarbeiten.

Änderungen, die nun z. B. in der Tabelle Kunden durchgeführt werden, werden nicht in der Access-Datenbank gespeichert, sondern werden über die ODBC-Schnittstelle an die MySQL-Datenbank weitergegeben und dort gespeichert.

Wird die Option Importieren gewählt, werden die Daten als eigenständige Tabelle in die Access-Datenbank kopiert. Die MySQL-Datenbank kann durch Bearbeiten nicht mehr verändert werden.

K Kompetenzorientierung

1. Beschreiben Sie die Aufgaben einer ODBC-Schnittstelle.

2. Welche Schritte sind zu Installation eines ODBC-Treibers notwendig?

3. Worin besteht der Unterschied zwischen verknüpften und importierten Tabellen?

4. Wie kann Access als Frontend zur Bearbeitung von MySQL-Datenbanken eingesetzt werden?

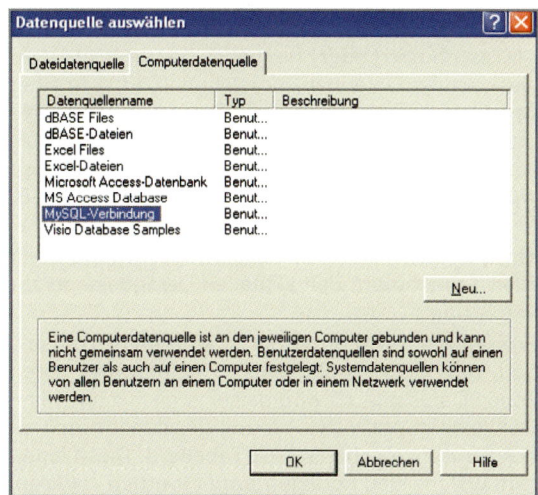

Bild 1: Wahl der ODBC-Datenquelle

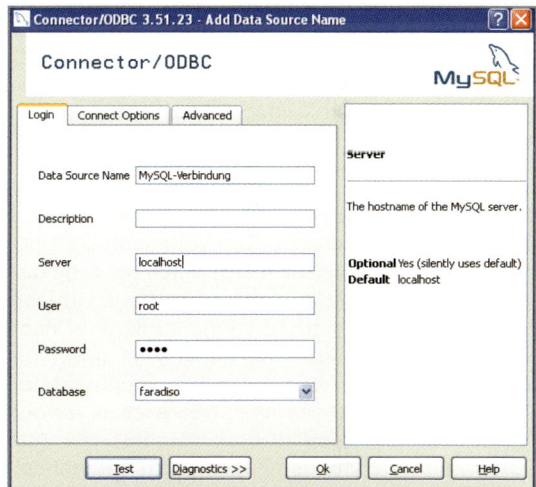

Bild 2: Anmeldedialog am MySQL-Server

Bild 3: Auswahl der Tabellen der MySQL-Datenbank

Bild 4: MySQL-Tabellen in Access

9.7.1 Distributed-Ledger-Technologie (DLT)

Als **Distributed Ledger** (verteiltes Kontenbuch) wird eine verteilte Datenbank bezeichnet **(Bild 1)**. In einer verteilten Datenbank sind die Daten auf jedem teilnehmenden Rechner gespeichert. Neue Datensätze können von jedem Teilnehmer selbst hinzugefügt werden, jeder Teilnehmer hat Schreibrechte, z. B. für die Bestätigung eines Wertübertrages **(Bild 2)**.

Ein anschließender Aktualisierungsvorgang stellt allen Teilnehmern den aktuellen Datenbestand zur Verfügung.

Erzeugt ein Teilnehmer durch eine neue Transaktion, z. B. Übertragung eines Geldbetrages einen neuen Datensatz, so wird dieser zunächst auf seine Gültigkeit geprüft. Die Prüfung geschieht durch einen Konsensmechanismus **(Tabelle 1)**. Diese legen fest, welche Bedingungen erfüllt werden müssen, um dem Kontenbuch (ledger) eine neue gültige Transaktion hinzuzufügen.

Mit **Proof-of-Work** wird die Rechenkapazität und die aufgewendete Zeit eines Teilnehmers gewichtet.

Proof-of-Stake gewichtet die Teilnahmedauer und das Vermögen eines Teilnehmers.

PBFT erfordert eine Mindestanzahl von Teilnehmern für die Gültigkeit einer Transaktion.

Offene und geschlossene Distributed Ledgers

Offene und geschlossene Netzwerke von Distributed Ledgers unterscheiden sich durch die Möglichkeit des Zugangs der Teilnehmer. In offenen (unpermissioned = unregistriert) Ledgers hat jeder nach einfacher Authentifizierung Zugang. In geschlossenen (permissioned = auf einen angemeldeten Teilnehmerkreis beschränkte) Netzwerken werden die Teilnehmer registriert und müssen bestimmte Voraussetzungen für den Zugang zum Kontenbuch erfüllen. Es kann zum Beispiel ein geschlossenes Distributed Ledger für alle Kunden oder Lieferanten eingerichtet werden.

In offenen Netzwerken mit einem unbeschränkten Teilnehmerkreis ist Proof-of-Work üblich. Der Teilnehmer muss eine bestimmte Rechenleistung oder eine Zeitverzögerung erlauben.

Bei der Kryptowährung Bitcoin wird Proof-of-Work angewendet.

Proof-of-Stake wird bei **permissioned ledgers** angewendet, z. B. bei der Kryptowährung Ethereum. So wird weniger Rechenkapazität benötigt, da die Teilnehmer bereits durch die mehrstufige Anmeldung legitimiert sind.

Vorteile der Distributed-Ledger-Technologie

DLT zeigt gegenüber herkömmlicher Datenverwaltung folgende Vorteile:

• Transparenz und Unveränderbarkeit: Jeder Teilnehmer kann die gesamten Datenänderungen

> **!** **Byzantinische Fehlertoleranz,** benannt nach der Kampfstrategie byzantinischer Generäle.
> ⇒ Bei einem verteilten Netzwerk muss die Mehrheit der Teilnehmer (≈ 70 %) einen Konsens finden, wenn Netzwerkteilnehmer versagen oder „unehrlich", d. h. falsch handeln.

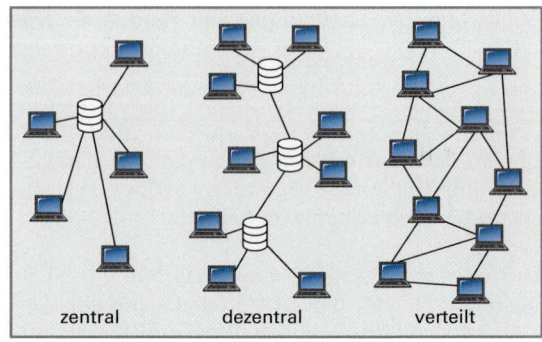

zentral   dezentral   verteilt

Bild 1: Datenbankstrukturen

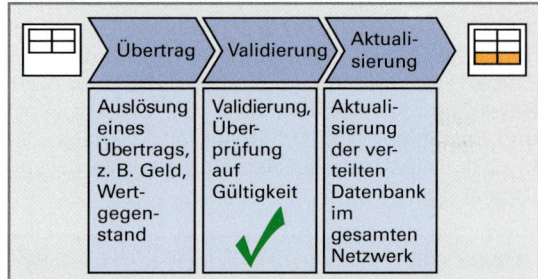

Übertrag → Validierung → Aktualisierung

| Auslösung eines Übertrags, z. B. Geld, Wertgegenstand | Validierung, Überprüfung auf Gültigkeit ✔ | Aktualisierung der verteilten Datenbank im gesamten Netzwerk |

Bild 2: Aktualisierung eines Distributed Leger

Tabelle 1: Konsensmechanismen

Name	Beschreibung
Proof-of-Work = Arbeitsnachweis	Arbeitsnachweis durch den Einsatz von Rechenkapazität oder Zeit eines Teilnehmers.
Proof-of-Stake = Anteilsnachweis	Anteilsnachweis durch Gewichtung der einzelnen Teilnehmer aus Teilnahmedauer und Vermögen („Stake").
PBFT (Practical Byzantine Fault Tolerance = Praktische byzantinische Fehlertoleranz)	Einigung einer Mindestanzahl von Teilnehmern auf die Gültigkeit einer Transaktion.

sehen. Dadurch werden die Transaktionen für alle nachvollziehbar.

• Transaktionen können ohne vorgesetzte Instanzen abgewickelt werden (P2P = peer to peer).

• Sicherheit: auch bei Ausfall eines Teils des Netzwerks sind die gesamten Daten vorhanden.

• Nachteilig sind die hohe Rechenleistung und der hohe Energieverbrauch.

9.7.2 Blockchain

Blockchain (= Blockkette) verwendet Distributed-Ledger-Technologie (DLT). Eine Blockchain ist eine stetig erweiterbare Liste von Datensätzen, die zu Blöcken verbunden werden **(Bild 1)**. Diese Blöcke werden durch kryptografische Verfahren miteinander verkettet. Am Ende eines jeden Blocks wird eine Prüfsumme gebildet. Die Startsequenz des nächsten Blocks enthält vor dem ersten Datensatz einen Verweis auf die Prüfsumme des vorhergehenden Blocks.

Bei einer Blockchain können anders als bei einer Relationalen Datenbank (rDB) Daten nur hinzugefügt, aber nicht gelöscht werden **(Tabelle 1)**.

> Das Löschen von Daten wird aufgrund der blockweisen Prüfsummen durch andere Teilnehmer bemerkt und rückgängig gemacht.

! • Die Einträge in einer **Blockchain** kann jeder Teilnehmer vornehmen, aber nicht mehr löschen. Sie werden bei jedem Teilnehmer gespeichert.

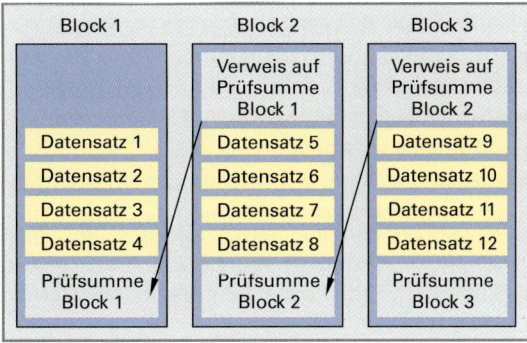

Bild 1: Aufbau einer Blockchain

Kryptowährung Bitcoin

Mit Bitcoin (= digitale Münze) wird sowohl ein Zahlungssystem als auch eine Geldeinheit bezeichnet.

Der Besitz von Bitcoin wird durch den Besitz von kryptografischen Schlüsseln nachgewiesen, die auf dem Client in der Wallet (= elektronische Geldbörse) aufbewahrt werden. Die persönliche Wallet muss gegen Verlust und Diebstahl durch Schadsoftware geschützt werden. Online-Dienste bieten die Verwaltung der persönlichen Wallet gegen Gebühren an.

Für Zahlungen (Transaktion) ist eine Wallet-Software notwendig, z. B. Bitcoin Core. Transaktionen finden unter pseudonymen (verschleierten) Adressen statt, die von der Software generiert werden. Das Ergebnis der Transaktion wird von Netzwerk-Clients als Datensatz an die Blockchain angehängt **(Bild 2)**.

Mining

Alle zehn Minuten werden im Blockchain-Netzwerk durch Clients neue Blöcke mit Daten der neuen Transaktionen geschaffen. Dazu ist erhebliche Rechnerleistung der Bitcoin-Teilnehmer aufzuwenden. Als Preis für diese Rechnerleistung erhalten diese Miners (= Schürfer) die Gebühren für die verbuchten Transaktionen als neue Bitcoin-Einheiten. Dieser Vorgang wird als Mining (= schürfen) bezeichnet.

Durch die stetig anwachsende Zahl an Buchungen sind die kryptografischen Berechnungen zunehmend energieintensiv. 2018 wurden dafür nach Schätzungen weltweit bereits mehrere TWh aufgewendet.

Tabelle 1: Vergleich Relationale Datenbank und Blockchain	
Relationale Datenbank (rDB)	Blockchain
Daten in Tabellen gespeichert Daten veränderbar	Daten in Blöcken zusammengefasst Daten nur hinzufügbar, nicht löschbar.
Zentraler Server verwaltet gesamten Datenbestand	Einträge führt jeder Teilnehmer aus. Eintrag erfolgt nach zusätzlicher Validierung.
Kopie der Datenbank z. B. als Backup	Jeder Teilnehmer besitzt Kopie des gesamten Datenbestandes.
Prüfsummen werden für einzelne Datensätze generiert, nicht aber für die gesamte Datenbank.	Datensätze und Datenblöcke mit kryptografischen Prüfsummen.

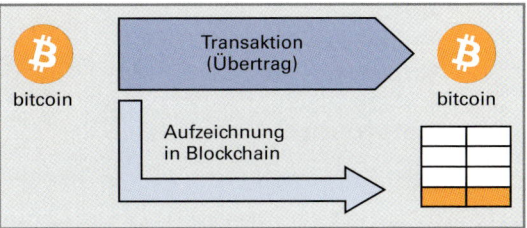

Bild 2: Transaktion von Bitcoin

Testen Sie Ihre Fachkompetenz!

Wiederholungsaufgaben, Prüfungsaufgaben

Aufgabe 1:

Für eine **Arztpraxis** soll eine Datenbank entworfen werden. Folgende Eigenschaften sind zu erfüllen:

- Die einzelnen Behandlungen der Patienten werden verwaltet.

- Pro Behandlung können bis zu fünf und mehr Medikamente verschrieben werden.

- Zusatzleistungen, z.B. Blutabnahme, Blutdruckkontrolle, Laboruntersuchungen, eingehende Untersuchung, Überweisung, Krankheitsbescheinigung werden direkt in der Praxis durchgeführt. Zuweilen werden bei einem Behandlungstermin mehrere Zusatzleistungen erbracht.

- Für jeden Patienten sollen die Kosten jeder Behandlung abrufbar sein. Kostensteigerungen bleiben unberücksichtigt.

a) Entwerfen Sie ein geeignetes ER-Diagramm für die Datenbank in der dritten Normalform.

b) Geben Sie für jede Entität die wesentlichen Attribute an. Kennzeichnen Sie dabei die Primär- und Fremdschlüssel.

c) Schreiben Sie eine SQL-Anweisung, die alle verordneten Medikamente für den Patienten Horst Weiherhofer anzeigt.

d) Eine SQL-Abfrage soll die Kosten der Behandlungen vom 04.10.20xx mit den Namen der Patienten ausgeben.

e) Geben Sie die Daten (Patientenname, Vorname, Bescheinigungsdatum Beginn, Ende) aller Krankheitsbescheinigungen des Jahres 20xx am Bildschirm aus.

Aufgabe 2:

Für die Lohnabrechnung des Personals in der Arztpraxis dient eine Datenbank mit dem erweiterten ER-Diagramm **(Bild 1)**.

Dabei werden neben den Personaldaten auch die gültigen Tarifgruppen und die Eingruppierungen der Mitarbeiter sowie die täglichen Arbeitszeiten gespeichert.

a) In welchen Punkten verstößt dieser Entwurf gegen die Normalisierungsregeln der ersten, zweiten und dritten Normalform?

Begründen Sie Ihre Antwort und machen Sie jeweils Verbesserungsvorschläge.

b) Warum ist es sinnvoll und wichtig, die Regeln der Normalisierung einzuhalten?

c) Entwickeln Sie eine SQL-Anweisung, die für die Personalnummer 5 den Namen und Vornamen sowie die Tarifgruppennummer und den Stundenlohn ausgibt.

d) Entwerfen Sie eine SQL-Anweisung, welche die Anzahl der Arbeitsstunden und den Lohn für Frau Lilo Wachter im August 20xx berechnet und anzeigt.

e) Eine SQL-Anweisung soll eine Telefon- und E-Mailliste der Beschäftigten erstellen.

f) Erstellen Sie eine SQL-Abfrage, die die Tarifgruppen aller Angestellten um 1 erhöht.

g) Entwickeln Sie schrittweise eine SQL-Anweisung, die die gesamten Lohnkosten des Jahres 20xx als Summe ausgibt.

h) Welche Beschäftigten werden nach der höchsten Lohngruppe bezahlt?

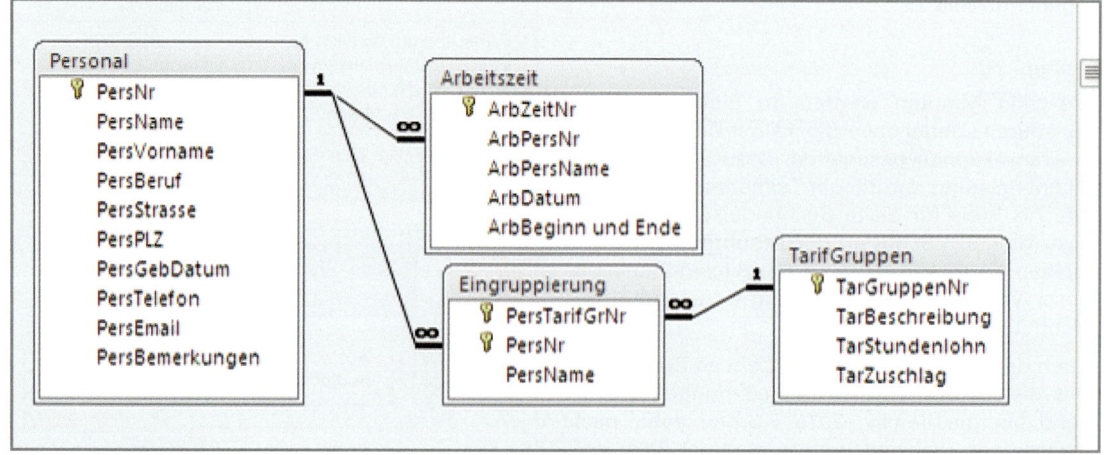

Bild 1: ER-Diagramm

Aufgabe 3:

Projektverwaltung entwerfen

Ein Unternehmen der IT-Systemkomponenten-Entwicklung plant neue Projekte. Dazu werden verschiedene Mitarbeiter der einzelnen Abteilungen zur Mitwirkung benötigt.

Die Projektverwaltung soll mithilfe einer Datenbank erstellt werden. Die einzelnen Mitarbeiter sollen mit unterschiedlichen Rechten Zugang zu dieser Datenbank besitzen. Jeder Mitarbeiter muss sich an dieser Datenbank mit einem Passwort anmelden. Zudem werden die Stammabteilung und die Funktion des Mitarbeiters gespeichert.

Für jedes Projekt werden der Name, eine genauere Beschreibung, der Auftraggeber sowie das Startdatum, das geplante Enddatum und der Projektleiter gespeichert. Jeweils ein Mitarbeiter wird als Projektleiter ausgewählt.

Es soll möglich sein für jeden Mitarbeiter die Arbeitszeit (Dauer in Stunden) und eine Beschreibung der ausgeführten Arbeiten zu erfassen, die dieser an einem bestimmten Tag für ein bestimmtes Projekt erledigt hat.

a) Stellen Sie die Beziehungen der Tabellen grafisch mit einem erweiterten ER-Diagramm dar und geben Sie den jeweiligen Beziehungstyp (Kardinalität) zwischen den einzelnen Tabellen an.

b) Entwerfen Sie die Tabellen mit notwendigen Attributen in der 3. Normalform und kennzeichnen Sie dabei eindeutig die Primärschlüssel und die Fremdschlüssel.

c) Wie viele Mitarbeiter arbeiten am Projekt 2 mit? Erstellen Sie eine SQL-Anweisung, die die Projektnummer und die Anzahl der beteiligten Mitarbeiter ausgibt.

Aufgabe 4:

Datenbank überprüfen

Für ein Seniorenwohnheim wird eine Datenbank entwickelt.

Der Auftraggeber gibt folgende Vorgaben.

- Das Wohnheim besteht aus nur einem Bereich (Station).
- Es soll auch für vergangene Jahre die Zimmerbelegung aufrufbar sein.
- Es stehen sowohl Einzelzimmer als auch Doppelzimmer zur Verfügung.
- Die notwendige Pflegestufe (I, II, III, IV, V) der einzelnen Bewohner soll – auch für vergangene Zeiträume – abrufbar sein.
- Bestimmte Einzelzimmer sind nur für schwere Pflegefälle (Stufe III) vorgesehen.
- Über die Grundversorgung hinausgehende Pflegeleistungen müssen mit der entsprechenden Personalnummer des Pflegepersonals abrufbar sein.
- Arztbehandlungen und Kostenberechnungen brauchen nicht berücksichtigt werden.

a) Sind die Vorgaben mit dem Entwurf **Bild 1** erfüllt?

b) Warum sind die Tabellen `Belegungen` und `Plaetze` notwendig?

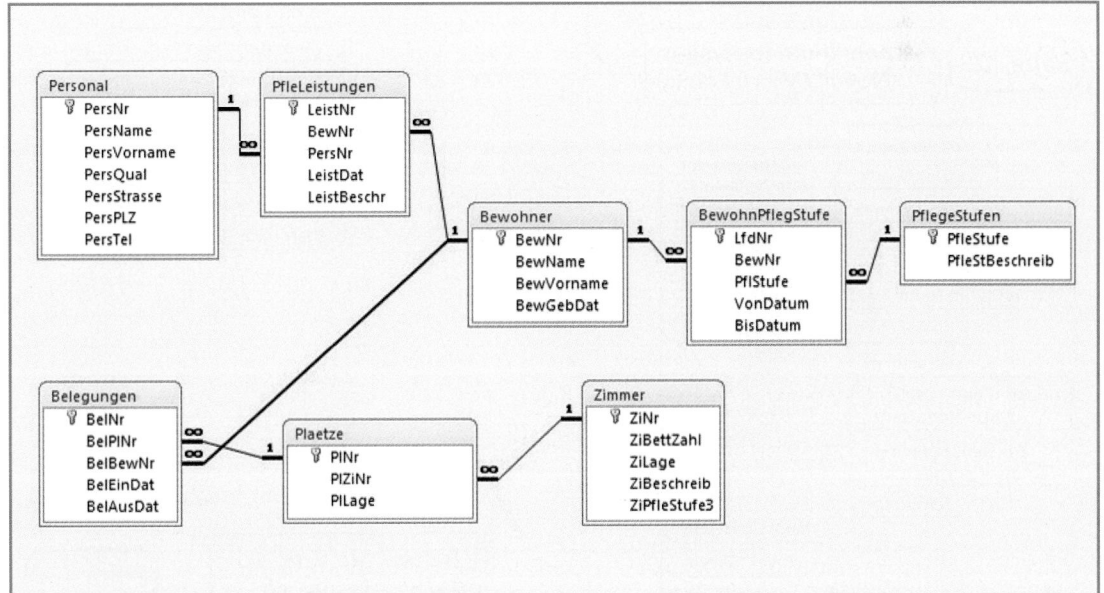

Bild 1: Seniorenwohnheim

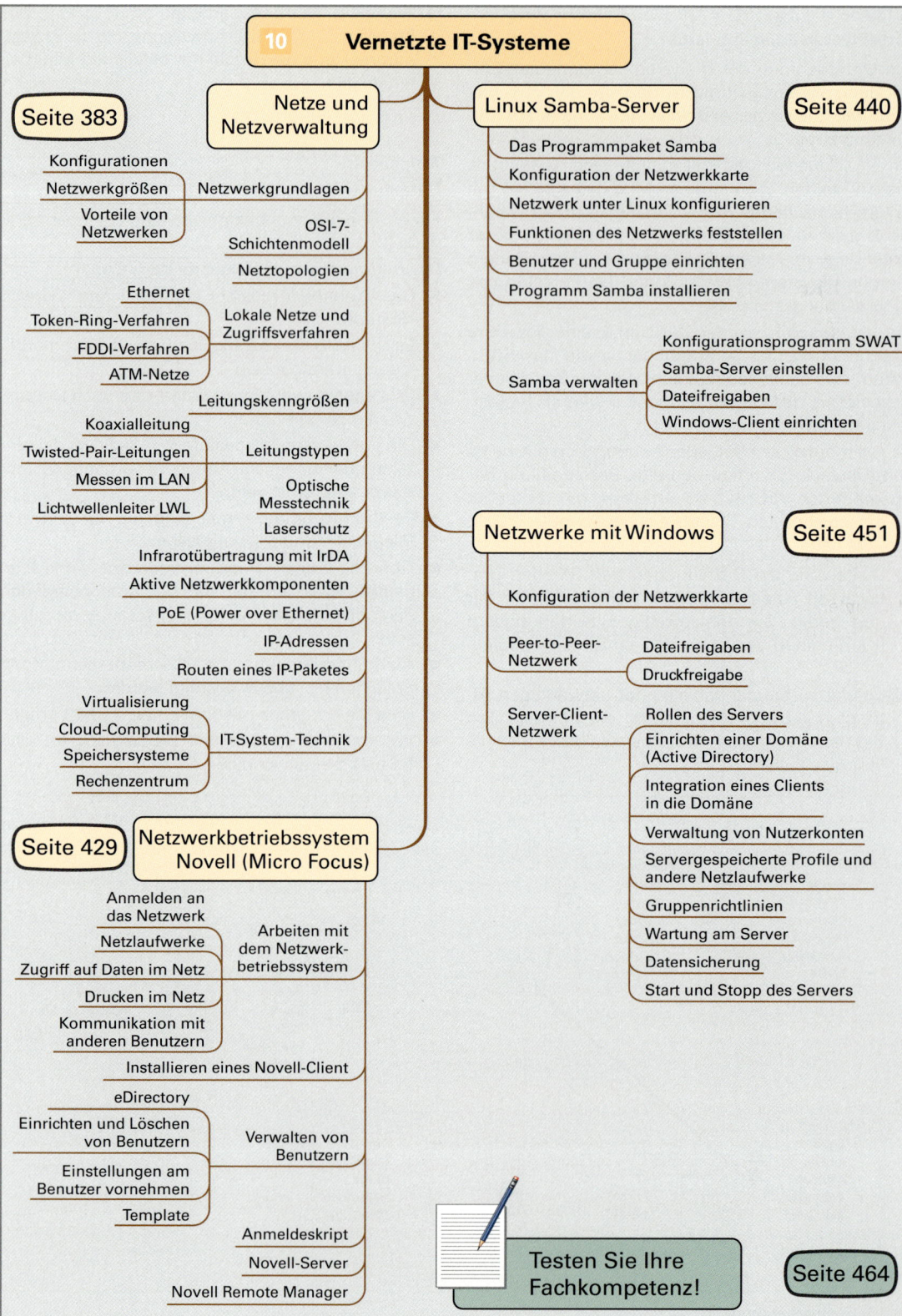

10 **Vernetzte IT-Systeme**

Seite 383

Netze und Netzverwaltung

Konfigurationen

Netzwerkgrößen — Netzwerkgrundlagen

Vorteile von Netzwerken

OSI-7-Schichtenmodell

Netztopologien

Ethernet

Token-Ring-Verfahren — Lokale Netze und Zugriffsverfahren

FDDI-Verfahren

ATM-Netze

Leitungskenngrößen

Koaxialleitung

Twisted-Pair-Leitungen — Leitungstypen

Messen im LAN

Lichtwellenleiter LWL — Optische Messtechnik

Laserschutz

Infrarotübertragung mit IrDA

Aktive Netzwerkkomponenten

PoE (Power over Ethernet)

IP-Adressen

Routen eines IP-Paketes

Virtualisierung

Cloud-Computing — IT-System-Technik

Speichersysteme

Rechenzentrum

Linux Samba-Server

Seite 440

Das Programmpaket Samba

Konfiguration der Netzwerkkarte

Netzwerk unter Linux konfigurieren

Funktionen des Netzwerks feststellen

Benutzer und Gruppe einrichten

Programm Samba installieren

Konfigurationsprogramm SWAT

Samba verwalten — Samba-Server einstellen

Dateifreigaben

Windows-Client einrichten

Netzwerke mit Windows

Seite 451

Konfiguration der Netzwerkkarte

Peer-to-Peer-Netzwerk — Dateifreigaben

Druckfreigabe

Server-Client-Netzwerk — Rollen des Servers

Einrichten einer Domäne (Active Directory)

Integration eines Clients in die Domäne

Verwaltung von Nutzerkonten

Servergespeicherte Profile und andere Netzlaufwerke

Gruppenrichtlinien

Wartung am Server

Datensicherung

Start und Stopp des Servers

Seite 429

Netzwerkbetriebssystem Novell (Micro Focus)

Anmelden an das Netzwerk

Netzlaufwerke — Arbeiten mit dem Netzwerkbetriebssystem

Zugriff auf Daten im Netz

Drucken im Netz

Kommunikation mit anderen Benutzern

Installieren eines Novell-Client

eDirectory

Einrichten und Löschen von Benutzern — Verwalten von Benutzern

Einstellungen am Benutzer vornehmen

Template

Anmeldeskript

Novell-Server

Novell Remote Manager

Testen Sie Ihre Fachkompetenz!

Seite 464

10 Vernetzte IT-Systeme
10.1 Netze und Netzverwaltung

Ein Netz (Netzwerk) ist eine Gruppe von Komponenten, die miteinander verbunden sind und untereinander kommunizieren können. In vielen Unternehmen sind IT-Netze das Rückgrat der Informationsstruktur.

10.1.1 Netzwerkgrundlagen
10.1.1.1 Konfigurationen

Das einfachste Computernetz besteht aus zwei PCs, die über ein gemeinsames Übertragungsmedium Informationen austauschen **(Bild 1)**. Generell können vernetzte Computer in zwei Kategorien eingeteilt werden:

- *Server* stellen Dienste und Ressourcen, z. B. Speicherplatz, für andere Computer zur Verfügung.

- *Clients* nutzen die Ressourcen und Dienste eines Servers für eigene Zwecke.

Man unterscheidet die zwei Netzarten:
Peer-to-Peer-Netz und **Client-Server-Netz**

Im Peer-to-Peer-Netz (P2P-Netz) arbeiten PCs gleichberechtigt miteinander und bilden zusammen eine Arbeitsgruppe. Alle PCs sind gleichzeitig Server und Client. Jeder Benutzer legt für seinen PC fest, in welcher Form er eigene Ressourcen im Netz zur Verfügung stellt. Somit ist jeder Benutzer auch für die Zugriffsfreigabe seines PCs verantwortlich. P2P-Netzwerke eignen sich für kleine Arbeitsgruppen, z. B. 10 PCs, oder für kleinere Firmen zum Datenaustausch und Nachrichtenaustausch sowie zur gemeinsamen Nutzung von Ausgabegeräten.

> Bei einem Peer-to-Peer-Netzwerk ist ein angeschlossener PC sowohl Client als auch Server.

In einem Client-Server-Netzwerk befinden sich die Ressourcen auf einem Server oder einer Gruppe von Servern **(Bild 2)**. Diese Server werden von berechtigten Personen, den Administratoren, gewartet. Server-basierte Netzwerke werden verwendet, wenn viele PCs verbunden werden sollen, die zum Teil räumlich weit entfernt stehen **(Tabelle 1)**.

> Der Begriff Server bezeichnet sowohl den PC, auf dem das Serverprogramm installiert ist, als auch den Serverdienst selbst.

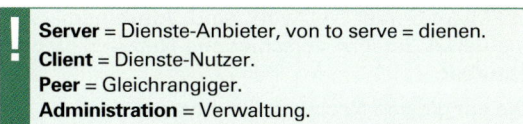

> ! **Server** = Dienste-Anbieter, von to serve = dienen.
> **Client** = Dienste-Nutzer.
> **Peer** = Gleichrangiger.
> **Administration** = Verwaltung.

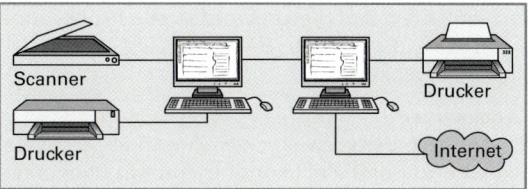

Bild 1: Netzwerk aus 2 PCs

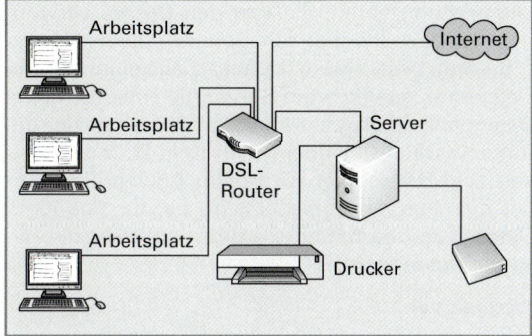

Bild 2: Client-Server-Netzwerk

Tabelle 1: Vergleich der Netzarten		
Merkmale	Peer-to-Peer-Netz	Serverbasiertes Netz
Anzahl der PCs	Für bis zu 10 PCs geeignet.	Ist durch die Server- und Netzhardware begrenzt.
Administration	Jeder Benutzer ist selbst für die Verwaltung seines PCs verantwortlich.	Administrator für das gesamte Netzwerk, oft auch Fernwartung.
Datensicherheit	Die Datensicherheit wird durch die Benutzer der einzelnen PCs selbst eingerichtet.	Hohe Ressourcen- und Benutzersicherheit.
Administrationskosten je Arbeitsplatz	gering	Mit zunehmender Netzgröße werden die Kosten geringer.
Investitionskosten je Arbeitsplatz	gering	

Im Client-Server-Netzwerk sind von einem oder mehreren Servern verschiedene Netzwerkdienste abrufbar.

Die gängigsten Netzwerkdienste sind:

Dateiserver
Ein Dateiserver verwaltet mehrere große, schnelle Festplatten. Auf diesen werden alle Programme und Daten, die von den Benutzern erstellt worden sind, gespeichert.

Druckserver
Ein Druckserver verwaltet den Zugriff auf die Netzwerkdrucker und stellt somit mehreren Clients die gleichen Drucker zur Verfügung **(Bild 1)**.

Anwendungsserver
Der Anwendungsserver stellt Programme und Rechenleistung bereit, die von den Clients verwendet werden. Benötigt ein Benutzer eines Clients z. B. einen bestimmten Datensatz aus einer großen Datenbank, so wird vom Server die entsprechende Datenbank durchsucht und dem Client nur der gefundene Datensatz übermittelt **(Bild 2)**. Im Gegensatz zum Dateiserver wird beim Anwendungsserver das Netz weniger belastet, da nur benötigte Datensätze übermittelt werden und nicht die gesamte Datenbank.

Proxyserver
Der Proxyserver ist ein Server-PC, der allen angeschlossenen PCs einen Zugang zum Internet anbietet.

> Auf einem Server können mehrere Dienste, z. B. Fileserver, Printserver und Proxyserver gleichzeitig installiert sein.

10.1.1.2 Netzwerkgrößen

LAN
Netzwerke, die sich in ihrer geografischen Ausdehnung auf ein Firmengelände oder einen Privathaushalt begrenzen, werden als LAN (von Local Area Network) bezeichnet. Im Normalfall werden keine Leitungen öffentlicher Anbieter genutzt.

> Ein lokales Netz ist auf das Gelände (Grundstück) des Benutzers begrenzt und befindet sich vollständig in seinem rechtlichen Entscheidungsbereich.

Die einzelnen Computer sind durch Leitungen miteinander verbunden und die Datenübertragung erfolgt meist bitseriell. Werden lokale Netze nur vorübergehend benötigt, z. B. bei einer Messeveranstaltung oder wenn das Verlegen von Leitungen nicht möglich oder zu aufwendig ist, werden die PCs durch Funknetze verbunden.

> **!** **Netzbegriffe:**
> **Fileserver** = Dateiserver,
> **Printserver** = Druckserver,
> **Applicationserver** = Anwendungsserver,
> **proxy** = Stellvertreter,
> **Local Area Network** = lokales Netzwerk,
> **Metropolitan Area Network** = großstädtisches Netzwerk,
> **Basisband** = Datenübertragung im Frequenzbereich des Nutzsignals.

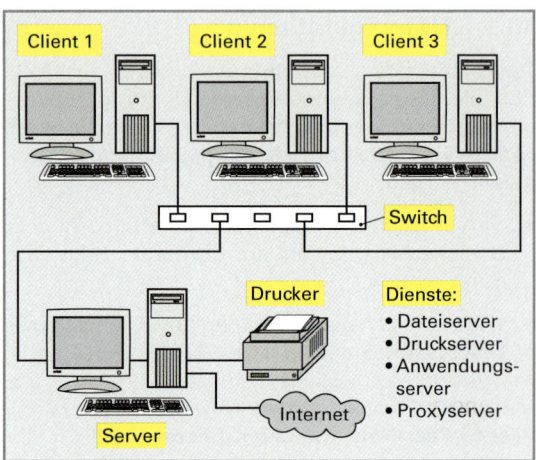

Bild 1: Netzwerk mit Server

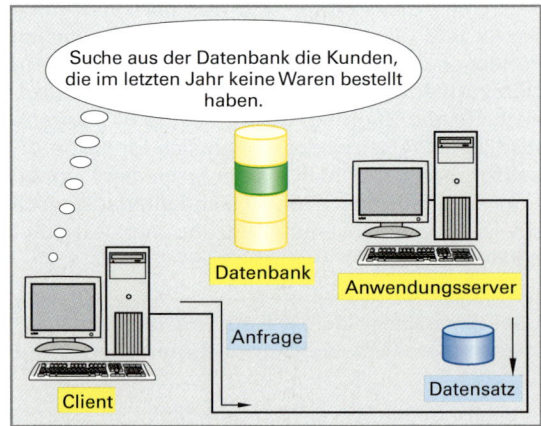

Bild 2: Anwendungsserver für Client-Applikationen

MAN
Ein MAN (von Metropolitan Area Network = großstädtisches Netz) stellt die Datenkommunikation innerhalb eines Stadtgebietes sicher. MAN werden in Deutschland z. B. für computergestützte Verkehrsleitsysteme oder bei Stadtverwaltungen verwendet.

WAN

Ein WAN (von Wide Area Network) erstreckt sich über größere Entfernungen und die Verbindungsleitungen sind meist über öffentliche Flächen und Wege geführt. Der Datenverkehr dieser Netze erfolgt häufig über Fernmeldenetze. Für die Datenübertragung wird die Breitbandtechnologie verwendet. Dadurch können zu einem Zeitpunkt mehrere unterschiedliche Übertragungen über dieselbe Leitung erfolgen (**Tabelle 1**).

GAN

Das GAN (von Global Area Network) ist ein Kontinente übergreifendes Netzwerk, wie z. B. das Internet (**Bild 1**).

> Mit WAN und GAN erfolgt der weltweite Datenaustausch.

> ❗ **Wide Area Network** = weitflächiges Netzwerk,
> **Global Area Network** = weltumspannendes Netzwerk.

Tabelle 1: Technische Parameter von Netzarten

Netzwerkarten		Merkmale	
		Geschwindigkeit	Anwendungen
Öffentl. Netze / Private Netze	LAN	10 Mbit/s bis 100 Mbit/s	Daten, Bilder
		1 Gbit/s bis 10 Gbit/s	Daten, Multimediaanwendungen
	MAN	155 Mbit/s bis 622 Mbit/s	Daten, Sprache
	WAN	bis 2,5 Gbit/s	Daten, Sprache, Video
	GAN	2,5 Gbit/s	Sprache, Daten, Bilder

10.1.1.3 Vorteile von Netzwerken

Der Einsatz von Computernetzwerken bietet viele Vorteile (**Bild 2**). Ein Benutzer muss meistens einen Benutzernamen und ein Passwort eingeben, um Zugang zum Netzwerk zu erhalten. Durch diesen Login-Prozess erhalten nur berechtigte Personen Zugang zum System (Useridentität). Durch weitere Zugriffsrechte können z. B. der Zugriff auf bestimmte Dateien, Drucker oder der Zugang zum Internet an bestimmte Personen oder Personengruppen gekoppelt sein.

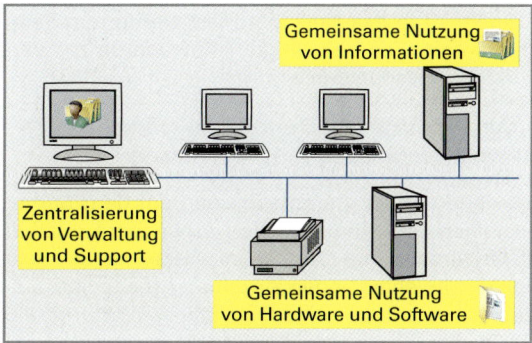

Bild 2: Vorteile von Netzwerken

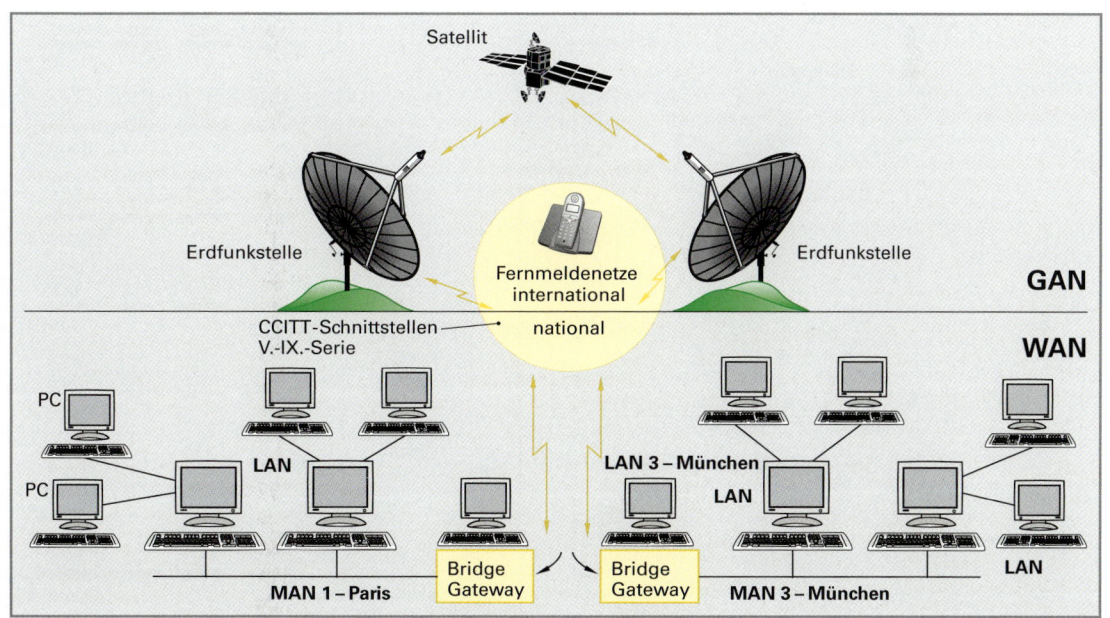

Bild 1: Zusammenschluss von verschiedenen Netzen

Durch die zentrale Speicherung von Daten stehen Änderungen und Aktualisierungen der Daten sofort für alle Anwender zur Verfügung. Die Integrität ist gewährleistet, da nicht mehrere Versionen einer Datei existieren können.

Datensicherung

Der Administrator kann auf einfache Weise regelmäßige Backups der Daten durchführen. Aufgrund der Ablage von Daten auf einem zentralen Server muss dieser mit einer großen Speicherkapazität ausgestattet sein.

> Regelmäßige Backups verhindern, dass wichtige Datenbestände, z. B. Kundendaten, durch Beschädigung verloren gehen können.

Der Internetanschluss kann von allen berechtigten Anwendern des LANs genutzt werden **(Bild 1)**. Weiterhin können z. B. Laserdrucker, Fax oder optische Laufwerke in das Netz integriert werden und stehen somit allen berechtigten Anwendern zur Verfügung (Ressourcensharing).

> Mit zunehmender Netzgröße werden durch Ressourcensharing Kosten vermieden.

Anwendungsprogramme werden auf dem Server installiert und sind von allen Anwendern nutzbar (Softwaresharing). Auf diese Weise ist es nicht mehr notwendig, jeden einzelnen Arbeitsplatz aufzusuchen, um dort eine Installation, Wartung und

! **Integrität** von lat. integritas = Unversehrtheit, Unverletzlichkeit. Die Datenintegrität stellt sicher, dass die Daten immer aktuell und nicht widersprüchlich sind.
To back up = sichern, **Backup** = Datensicherung.
Ressource = Mittel, **sharing** von to share = teilen.

Aktualisierung der Programme durchzuführen. Außerdem können meist preisgünstigere Netzwerklizenzen gekauft werden.

> Mit zunehmender Nutzeranzahl werden durch Softwaresharing Kosten vermieden.

K Kompetenzorientierung

1. **Für welche Anwendungen werden Peer-to-Peer-Netze eingesetzt?**
2. **Nennen Sie Vorteile eines serverbasierten Netzes.**
3. **Nennen Sie verschiedene Serverarten.**
4. **Erklären Sie die Aufgabe eines Proxyservers.**
5. **Warum wird bei einem Datenbankserver das Netz mit weniger Datenverkehr belastet?**
6. **Welcher Unterschied besteht zwischen WANs und LANs?**
7. **Warum wird in einem WAN die Datenübertragung in Breitbandtechnologie durchgeführt?**
8. **Welche Vorteile bietet ein Computernetz?**
9. **Erklären Sie den Begriff Ressourcensharing.**

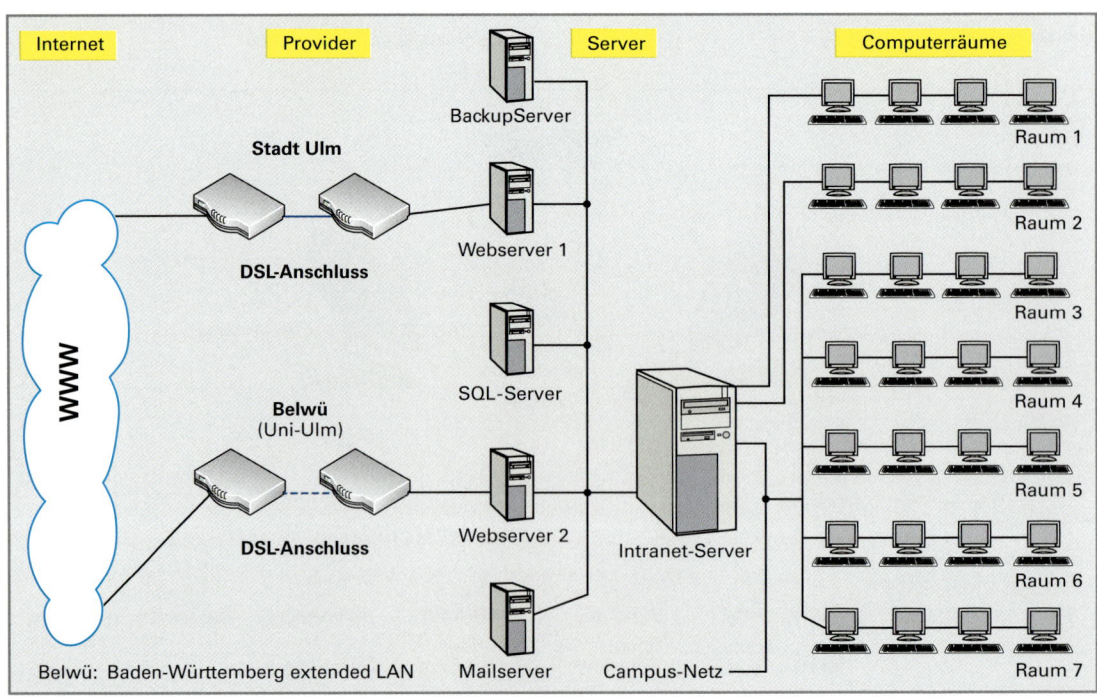

Bild 1: Netzstruktur eines LANs mit Anschluss ans Internet

10.1.2 OSI-7-Schichtenmodell

Um die Kompatibilität und Kommunikation von Netzen untereinander zu gewährleisten, hat die ISO das OSI-7-Schichtenmodell der Kommunikation in offenen Systemen entwickelt **(Bild 1)**. Auf der Grundlage des 7-Schichten-Netzmodells können die verschiedenen Netze miteinander kommunizieren **(Tabelle 1)**. Jede Schicht (Layer) im OSI-7-Schichtenmodell nutzt Dienste der darunterliegenden Schichten und stellt den höheren Schichten Dienste zur Verfügung.

> **!** **Merksatz für die 7 Schichten:**
> von oben nach unten gelesen
> **all people seem to need data processing**
> oder von unten nach oben
> **please do not throw salami pizza away.**

> **!** **ISO** International Standardization Organization
> **OSI** Open Systems Interconnection
> OSI-Schichtenmodell beschrieben in ISO/IEC 7498-1

7	Anwendungsschicht	Telnet, HTTP, FTP, Browser
6	Darstellungsschicht	ASCII, JPEG, MPEG, MIDI
5	Sitzungsschicht	SQL, NFS, RPC
4	Transportschicht	TCP, UDP, SPX
3	Vermittlungsschicht	IP, IPX
2	Sicherungsschicht	IEEE 802.3/802.2, ATM, HDLC
1	Bitübertragungsschicht	EIA/TIA 232, RJ45, NRZ

Bild 1: OSI-7-Schichtenmodell und Protokolle (Beispiele)

Tabelle 1: Schichten des OSI-7-Schichtenmodells

Art	Schicht	Bezeichnung	Beschreibung
Anwendungsprotokolle	**7A**	Anwendungs-schicht, Application Layer	Die Anwendungsschicht ist die OSI-Schicht, mit der der Benutzer in Berührung kommt. Den Anwendungen des Benutzers werden Netzdienste zur Verfügung gestellt. Sie stellt keiner anderen OSI-Schicht Dienste zur Verfügung, sondern nur den Anwendungen, z. B. Browser oder Officeprogrammen. Sie realisiert die Verfügbarkeit von Kommunikationspartnern, synchronisiert Prozeduren und sorgt für die Einigung auf Verfahren zur Fehlerbehebung und Steuerung der Datenintegrität.
	6P	Darstellungs-schicht, Presentation Layer	Die Darstellungsschicht gewährleistet, dass Daten, die von der Anwendungsschicht eines Systems gesendet werden, von der Anwendungsschicht eines anderen Systems gelesen werden können (Übersetzerfunktion in ein verständliches Datenformat).
	5S	Sitzungsschicht, Kommunikations-Steuerungs-schicht, Session Layer	Die Sitzungsschicht baut die Sitzungen zwischen zwei kommunizierenden Hosts auf, verwaltet und beendet diese. Sie synchronisiert Dialoge zwischen den Darstellungsschichten der beiden Hosts und verwaltet den stattfindenden Datenaustausch. Die Sitzungsschicht bietet Möglichkeiten für die effiziente Datenübertragung und die Dienstgüte (Quality of Service).
	4T	Transport-schicht, Transport Layer	Die Transportschicht segmentiert vom sendenden Host-System empfangene Daten und setzt sie auf dem System des empfangenden Host wieder zu einem Datenstrom zusammen (Realisierung eines zuverlässigen Datentransports zwischen zwei Hosts). Virtuelle Verbindungen werden aufgebaut, verwaltet und ordnungsgemäß beendet. Transportfehler können erkannt und behoben und der Datenfluss gesteuert werden.
Transportprotokolle	**3N**	Vermittlungs-schicht, Netzwerkschicht, Network Layer	Die Vermittlungsschicht sorgt für den Verbindungsaufbau und die Pfadauswahl (Routing) zwischen zwei Hostsystemen, die sich in Netzen an verschiedenen geografischen Standorten befinden können (Internetworking). Sie stellt die Adressierung der Zielsysteme (IP-Adressen, logische Adressen) sicher.
	2D	Sicherungs-schicht, Data Link Layer	Die Sicherungsschicht sorgt für die zuverlässige Übertragung der Daten über eine physikalische Verbindung. Sie ist für die physikalische Adressierung (MAC-Adressen), die Netztopologie, den Netzzugang, die Benachrichtigung bei Fehlern, die Übertragung der Frames in der richtigen Reihenfolge und die Flusskontrolle zuständig.
	1P	Bitübertragungs-schicht, physikalische Schicht, Physical Layer	Die Bitübertragungsschicht definiert die elektrischen, mechanischen, prozeduralen und funktionalen Spezifikationen für die Aktivierung, Aufrechterhaltung und Deaktivierung der physikalischen Verbindung zwischen Endsystemen. Hierzu gehören Spannungspegel, Datenraten, Entfernungen, Anschlüsse.

Kapselung von Daten mit OSI-7-Schichtenmodell

Bei der Datenkapselung (Encapsulation) werden die Daten mit den Protokollinformationen gepackt **(Bild 1)**. Jede OSI-Schicht fügt hierbei Protokollinformationen an den Anfang (Header) und Protokollinformationen an das Ende (Trailer) eines Datenpaketes an und reicht anschließend die gesamten Informationen eine Schicht weiter nach unten. Damit Datenpakete von der Quelle zum Ziel übertragen werden, muss jede Schicht des Senders mit der gleichrangigen Schicht des Zieles kommunizieren.

Jede Schicht tauscht hierbei Protokollinformationen (PDU = Protocol-Data-Unit) mit der gleichrangigen Schicht aus.

Im TCP/IP-Modell werden die OSI-Schichten zum Teil zusammengefasst **(Bild 2)**.

> **!** Vor der Übertragung werden die Daten schrittweise von oben nach unten, von Schicht zu Schicht gekapselt und dann versendet. Beim Empfang werden die Daten von unten nach oben entkapselt und der Anwendung zugeführt.

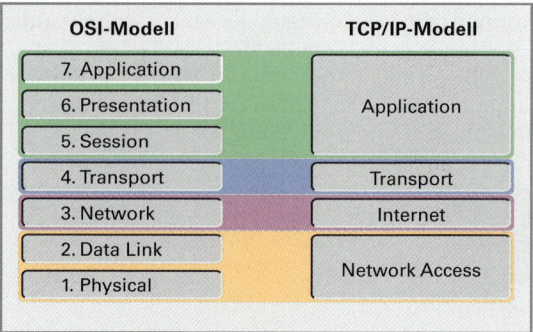

Bild 2: Vergleich OSI-7-Schichtenmodell mit TCP/IP-Modell

Schritte bei der Datenkapselung (Senden)

Schritt 1: Daten erzeugen

Ein Benutzer, der z. B. eine E-Mail schreibt und versendet, verwendet alphanumerische Zeichen. Diese werden in Daten, die auf dem Netzwerk transportiert werden können, gewandelt. Die beteiligten Schichten sind meist die Sitzungsschicht, die Darstellungsschicht und die Anwendungsschicht.

Schritt 2: Daten für den Transport packen

Die Daten werden für den Ende-zu-Ende-Transport in Segmente verpackt. Durch die Segmentierung garantiert die Transportschicht, dass Sender und Empfänger zuverlässig miteinander kommunizieren können.

Schritt 3: Netzwerkadressen hinzufügen

Die Segmente werden in ein Paket, das die Netzwerkadressen der Quelle und des Senders enthält, eingepackt. Die Pakete werden auch Datagramme genannt. Durch die Netzwerkadressen können die

Netzwerkkomponenten einen Pfad zum Versenden bestimmen.

Schritt 4: MAC-Adressen hinzufügen

Jede Netzwerkkomponente packt die Pakete in einen Rahmen (Frame), welcher die Ziel-MAC-Adresse und die Sender-MAC-Adresse enthält. Der Rahmen ermöglicht eine Verbindung zum nächsten direkt angeschlossenen Netzwerk.

Schritt 5: Konvertierung in Bits

Die im Rahmen enthaltenen Daten werden in Bits konvertiert. Die einzelnen Bits werden über das Medium versandt.

Schritt 1 bis 5 bei Empfang:

Beim Empfang werden die Schritte in umgekehrter Reihenfolge durchlaufen, die Daten werden hierbei schrittweise entkapselt (Decapsulation).

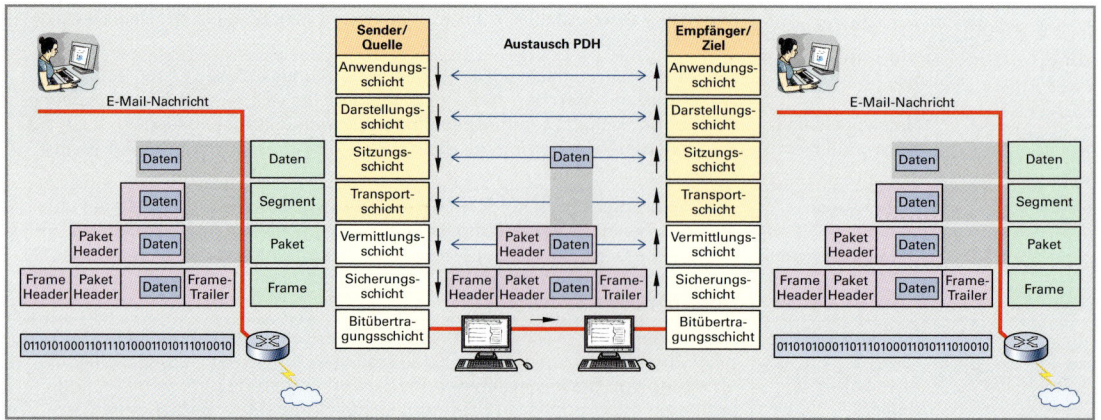

Bild 1: Prinzip der Datenkapselung

10.1.3 Netztopologien

Die räumliche Anordnung und Platzierung der an einem Netzwerk angeschlossenen Computer und ihre Verkabelung wird als Topologie bezeichnet. Wichtige Netztopologien sind Bus, Ring und Stern.

Bus

Die Busstruktur verwendet eine gemeinsame, zentrale Leitung, die als Bus bezeichnet wird. An diese Busleitung werden alle Geräte mit einer eigenen Anschlussleitung über ein T-Stück angeschlossen (**Bild 1**). Bei der Datenübertragung werden Nachrichten an alle Endgeräte gesendet. Es kann immer nur ein Teilnehmer gleichzeitig senden, die Signalausbreitung erfolgt ausgehend von der sendenden Station in beide Richtungen. Wenn zwei Rechner gleichzeitig senden, treten Kollisionen auf. Der Bus wird durch Buszugriffsverfahren den einzelnen Teilnehmern zur Übertragung zugeteilt. Anwendung findet das Bussystem z. B. in der Automatisierungstechnik.

> Die Enden der Busleitung müssen mit Widerständen abgeschlossen werden (terminert werden), um Signalreflexionen zu verhindern.

Eine Erweiterung des Netzwerks durch zusätzliche PCs ist möglich. Dabei darf die zulässige Länge der Busleitung nicht überschritten werden. Der Ausfall einer Station führt zu keiner Störung des übrigen Netzes. Wenn die Busleitung unterbrochen wird, fällt das gesamte Netzwerk aus, da an der Unterbrechungsstelle kein Abschlusswiderstand vorhanden ist.

Ring

Beim Ring besitzt jede Station genau einen linken und einen rechten Nachbarn (**Bild 2**). Der Datenverkehr ist gerichtet. Er durchläuft den Ring in einem vorbestimmten Umlaufsinn. Die Daten werden von einem Teilnehmer aufgenommen und dieser prüft, ob die Daten für ihn bestimmt sind. Wenn nicht, gibt der Teilnehmer die Daten an seinen Nachbarn weiter, bis der Zielteilnehmer erreicht ist. Jeder PC regeneriert und verstärkt die Datensignale. Dies ermöglicht eine große räumliche Netzausdehnung.

Die PCs werden physikalisch im Ring angeordnet. Logisch ist die Ringtopologie fast immer eine Sterntopologie mit einem zentralen Ringverteiler (**Bild 3**).

Baumstruktur

Die Baumstruktur ist eine hierarchische Topologie (**Bild 4**). Ausgehend von einer Wurzel (Zentrale) werden die einzelnen Teilnehmer (Endstellen) über Knoten erreicht. Ein Ausfall des Hauptstammes bedeutet einen Signalausfall bei allen Endstellen nach der Störungsstelle, davor bleiben die Signale unbeeinflusst.

> **Topologie** (griech. Topos = Ort.
> * Die physikalische Topologie kennzeichnet den realen Aufbau und die Verbindungen eines Kommunikationsnetzes.
> * Die logische Topologie kennzeichnet das Zugriffsverfahren, wie ein Teilnehmer den Zugriff zum Netz realisiert.

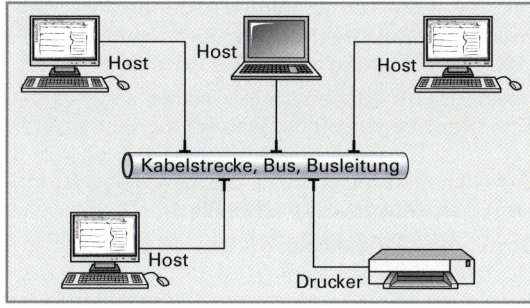

Bild 1: Busstruktur

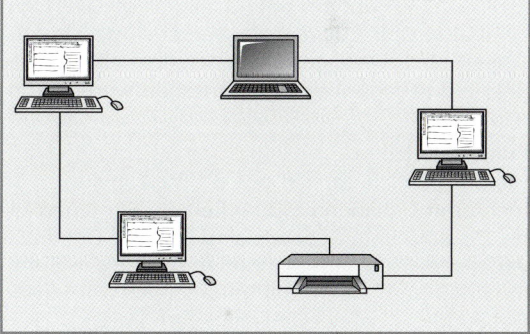

Bild 2: Ringstruktur

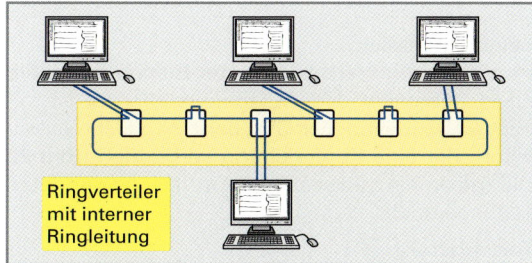

Bild 3: Logischer Ring in physikalischer Sternform

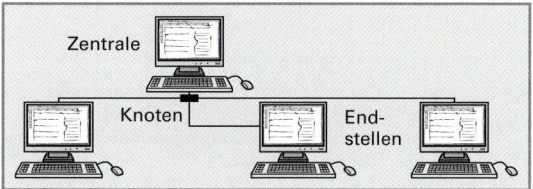

Bild 4: Hierarchische Struktur

Stern

Bei der Sterntopologie ist jedes angeschlossene Gerät über eine eigene Leitung mit einem zentralen Verteiler (Sternverteiler) verbunden **(Bild 1)**.

Beim Stationsausfall oder bei Leitungsdefekt bleibt im Sternnetz die Funktionalität des restlichen Netzwerks erhalten. Ein Ausfall des Sternverteilers setzt das gesamte Teilnetz außer Betrieb.

Die erweiterte Sterntopologie (Extended Star) verknüpft einzelne Sterntopologien miteinander. So lässt sich die Größe des Netzes erweitern.

In einem LAN können auch Mischformen aus den Grundformen verwendet werden. So können z. B. bei einem größeren Firmennetz die besonderen Eigenschaften und Vorteile der jeweiligen Grundform ausgenutzt werden **(Tabelle 1)**.

Strukturierte Verkabelung

Über ein Netzwerk können nicht nur Daten, sondern auch Sprache, Video und Bilder übertragen werden. Die Richtlinien für eine hersteller- und anwendungsneutrale Verkabelung sind in der Norm ISO/IEC 11801 und EN 5017.3 festgelegt. Die Norm beinhaltet drei Ebenen der Verkabelungsstruktur **(Tabelle 2)**. Es wird gewährleistet, dass alle Dienste über die verlegte Leitung übertragen werden können.

Primärbereich

Hierbei handelt es sich um die Verkabelung von mehreren Gebäuden z. B. auf einem Firmengelände. Die einzelnen Gebäude sind über die Gebäudeverteiler GV mit dem Standortverteiler SV in Sterntopologie verbunden. Im Primärbereich werden die Gebäude mit Lichtwellenleitern verbunden.

> Mit Lichtwellenleitungen können Datenraten über große Entfernungen übertragen werden.

Sekundärbereich

Bezeichnet die Verkabelung der Etagen innerhalb eines Gebäudes. Jeder Etagenverteiler EV ist mit dem Gebäudeverteiler GV über einen Lichtwellenleiter oder eine Kupferleitung verbunden **(Bild 2)**. Die maximale Länge hängt von der verwendeten Leitungsart ab.

Tertiärbereich

Bei der Verkabelung auf der Etage werden die Endgeräte mit dem Etagenverteiler EV verbunden. Als Leitungen werden Twisted-Pair-Leitungen oder Lichtwellenleiter verwendet.

K   Kompetenzorientierung

1. Welches sind die wichtigsten Netztopologien?
2. Worauf muss bei den Leitungsenden einer Busleitung geachtet werden?
3. In welche Bereiche wird die strukturierte Verkabelung eingeteilt?

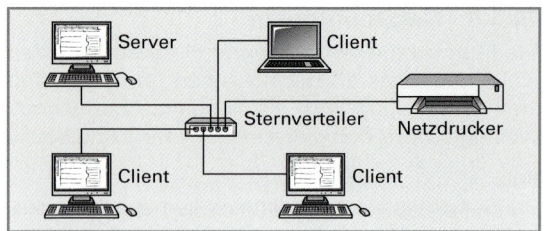

Bild 1: Sterntopologie

Tabelle 1: Vorteile und Nachteile der Netztopologien		
Topologie	Vorteil	Nachteil
Bus	Einfacher Aufbau, einfacher Betrieb.	Leitungsausfall bedeutet Netzausfall.
Ring	Geringer Verkabelungsaufwand, garantierte Übertragungsrate, keine Kollisionen.	Leitungsausfall oder Stationsausfall bedeutet Netzausfall.
Stern	Relativ hohe Ausfallsicherheit, leichte Erweiterbarkeit, einfache Verkabelung.	Ausfall des Sternverteilers bedeutet Netzausfall.

Tabelle 2: Bereiche der strukturierten Verkabelung			
Ebene	Verkabelungsbereich	Deutsche Bezeichnung	Amerikanische Bezeichnung
1	Zwischen den Gebäuden.	Primärbereich	Campus
2	Zwischen den Etagen.	Sekundärbereich	Riser (Building) Backbone
3	In der Etage, im Arbeitsplatzbereich.	Tertiärbereich	Horizontal

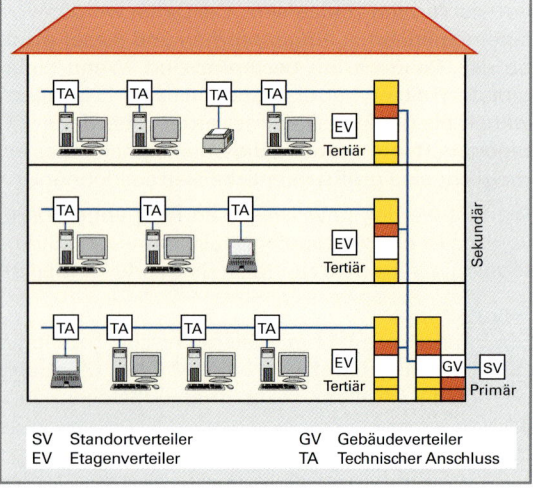

SV Standortverteiler   GV Gebäudeverteiler
EV Etagenverteiler   TA Technischer Anschluss

Bild 2: Prinzip der strukturierten Verkabelung

10.1.4 Lokale Netze und Zugriffsverfahren

Datennetze unterscheiden sich unter anderem in der Art, wie sie auf die Übertragungsleitung zugreifen. Durch Protokolle ist festgelegt, wann und wie lange ein Netzteilnehmer die Leitung nutzen darf. Alle am Netz angeschlossenen Stationen können Daten senden und empfangen. Wenn gleichzeitig mehrere Teilnehmer Daten senden, kommt es zu einer Kollision und die zu übertragende Information wird zerstört.

> Zugriffsverfahren regeln den Datenaustausch zwischen den Teilnehmern im Computernetz.

10.1.4.1 Ethernet

Ethernet ist eine Netzwerktechnologie für lokale Netze (LANs). Durch IEEE (von Institute of Electrical and Electronics Engineers) wurde der Firmenstandard unter der Bezeichnung 802.3 standardisiert. Die Bitrate beträgt bei Standard-Ethernet 10 Mbit/s, bei Fast-Ethernet 100 Mbit/s, bei Gigabit-Ethernet 1 Gbit/s und bei 10GbE 10 Gbit/s.
Ethernet verwendet das Zugriffsverfahren CSMA/CD (**Bild 1**).

Überwachen der Leitungsaktivität:
Ein sendewilliger Teilnehmer z. B. PC1 hört in das Datennetz hinein, ob gerade eine andere Station sendet, also das Netz belegt ist (**c**arrier **s**ense = Trägerabfrage).

Sendevorgang:
Ist das Netz frei, so sendet der PC. Anschließend hört er die Datenleitung ab, ob nicht ein anderer PC gleichzeitig gesendet hat. Alle PCs empfangen die Nachricht. Jedoch nur der adressierte PC, z. B. PC 5, nimmt die Nachricht auf, da sie an ihn adressiert ist (**Bild 2**).

Kanalbelegung:
Ist das Netz belegt, so wird abgewartet und ständig mitgehört, bis das Netz frei wird, und dann gesendet. Da dies auch andere PCs tun, ist die Wahrscheinlichkeit groß, dass mehrere PCs gleichzeitig mit Senden beginnen, also dass mehrere auf das Netz zugreifen (**m**ultiple **a**ccess = Mehrfachzugriff).

Kollisionserkennung:
Greifen mehrere PCs gleichzeitig auf das Netz zu, führt dies zu einer Kollision (**Bild 3**). Der PC, der die Kollision zuerst erkannt hat (**c**ollision **d**etection = Kollisionserkennung), sendet ein 32-Bit-JAM-Signal. Jeder PC stoppt das Senden und beginnt, nach Ablauf einer von einem Zufallsgenerator bestimmten Dauer (Backoff-Algorithmus), mit einem erneuten Sendeversuch.

> CSMA/CD verwendet man bei allen Ethernet-Technologien.

> **!** **Protocol** (= Protokoll) Protokolle in der Kommunikationstechnik und Informatik sind Regeln, welche das Format, den Inhalt, die Bedeutung und die Reihenfolge gesendeter Nachrichten festlegen.
>
> **Ethernet** von ether = Himmel und net = Netz.
>
> **CSMA/CD** von Carrier Sense Multiple Access with Collision Detection.
>
> **jam** = Verklemmung

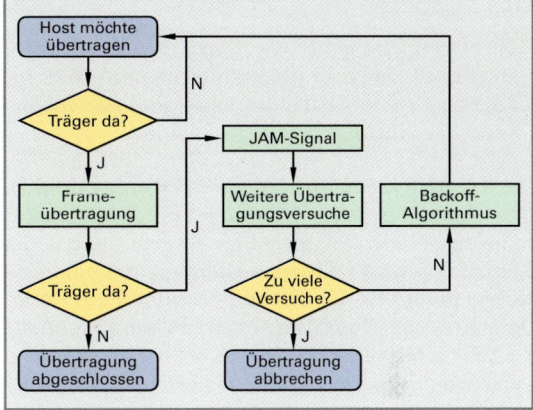

Bild 1: CSMA/CD

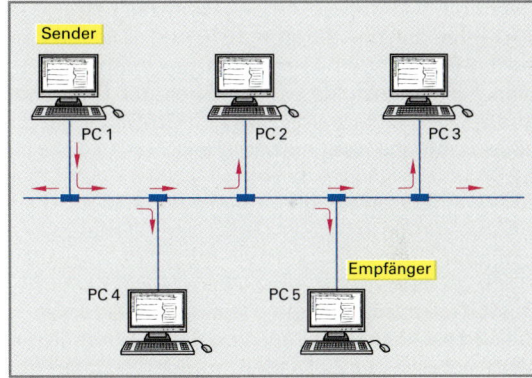

Bild 2: Senden bei freier Leitung

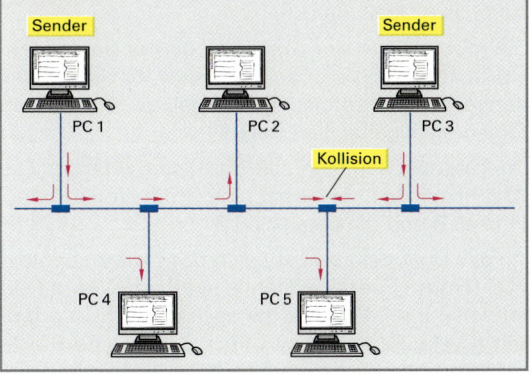

Bild 3: Kollision, wenn mehrere Stationen senden

Der Ethernet-Frame

Beim Datenaustausch werden die Daten nicht in einem Stück übertragen, sondern in kleinere Pakete, Frames (frame = Rahmen, Block) zerlegt. Dies hat den Vorteil, dass bei der Übertragung einer großen Datenmenge der Netzwerkzugriff für die anderen Teilnehmer nicht gesperrt ist. Zudem muss bei einem Übertragungsfehler nicht die gesamte Datei wiederholt werden, sondern nur der fehlerhafte Frame erneut gesendet werden.

> Ein Frame besteht aus Kopfdaten (header), Nutzdaten (data) und Abschlussdaten (trailer). Kopfdaten und Abschlussdaten sind der overhead, die Nutzdaten sind die payload.

Die Kopfdaten beginnen mit der Präambel **(Bild 1)**. Das ist eine Folge von 7 Oktetten, d.h. 56 Bits = 7 B mit wechselnder Folge der Signalwerte 1 und 0. Die Signalfolge wird im Manchestercode mit einer Periodendauer von $T = 200$ ns gesendet. Eine Periodendauer von $T = 200$ ns entspricht einer Frequenz $f = 1/T = 5$ MHz **(Bild 2)**. Dieses 5 MHz-Signal wird verwendet, um die Empfangselektronik der Netzwerkkarte auf den 100-ns-Takt zu synchronisieren.

Den Kopfdaten folgt ein SFD-Byte (Start of Frame Delimiter = Rahmen-Anfangskennzeichen). Das SFD-Byte hat die Bitfolge 10101011. Die beiden letzten Bits mit dem Wert 1 kennzeichnen den Beginn des Adressfeldes. Die 7 Bytes der Präambel und das SFD-Byte werden bei den Größenangaben eines Rahmens nicht mitberechnet.

> MAC-Adressen werden im lokalen Netz für die Adressierung und Zustellung der Frames verwendet.

Das DA-Adressfeld (von Destination Address = Zieladresse) hat eine Länge von 6 B und enthält die MAC-Adresse der Zielstation, zu der die Daten gelangen sollen. Nach der Zieladresse folgt mit weiteren 6 B die MAC-Adresse der Quelle SA (Source Address = Quelladresse).

Sie gibt an, wer der Absender dieses Datenpaketes ist. Im 2-Byte großen Typ-Feld wird die Art des verwendeten Protokolls angegeben. Schließlich folgen die eigentlichen Daten.

Im Datenbereich sind alle Bitmuster zulässig. Die Anzahl der Datenbytes hat eine Größe von mindestens 48 B und maximal 1500 B.

An das Datenfeld schließt sich das Prüfzeichenfeld FCS (Frame Check Sequence field) an. Dieses Feld enthält 4 B mit Prüfbits, die nach dem CRC-Verfahren (Cyclic Redundancy Check = zyklische Blockprüfung) berechnet werden **(Bild 3)**. Ein Beispiel zur Prüfsummenberechnung mit CRC zeigt **Bild 4**.

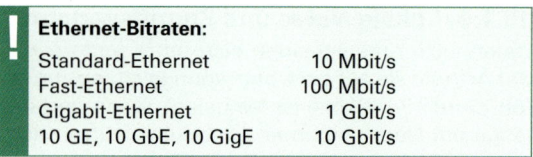

Ethernet-Bitraten:

Standard-Ethernet	10 Mbit/s
Fast-Ethernet	100 Mbit/s
Gigabit-Ethernet	1 Gbit/s
10 GE, 10 GbE, 10 GigE	10 Gbit/s

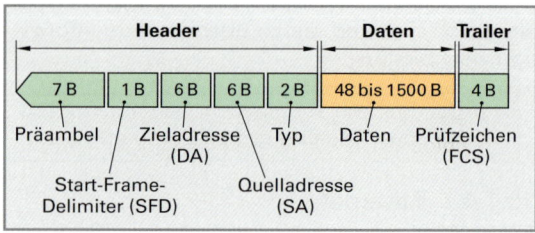

Bild 1: Ethernet-Frame

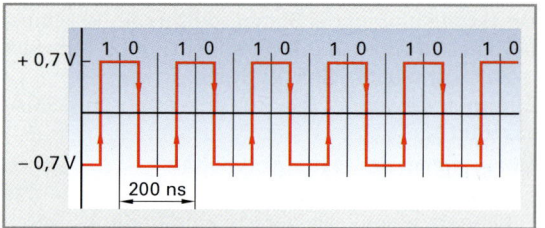

Bild 2: Präambel im Manchestercode bei einer Bitrate von 10 Mbit/s

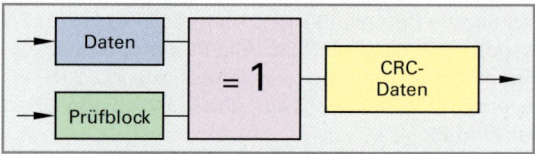

Bild 3: Prinzip CRC mit XOR-Schaltung

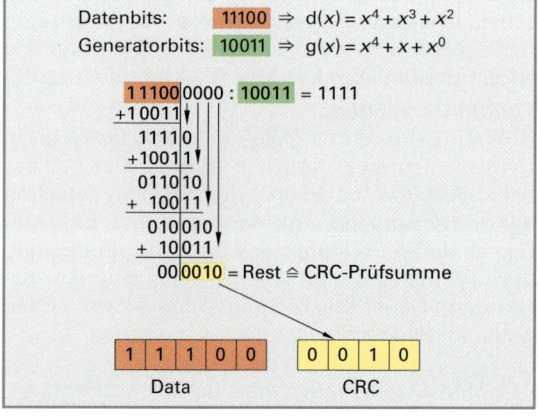

Bild 4: Beispiel einer Prüfsummenberechnung

Ethernet-Technologien

Bei Ethernet stehen verschiedene Übertragungsmedien zur Verfügung **(Tabelle 1)**. Verdrillte Doppeladern (Twisted-Pair) sind aufgrund ihres günstigen Preises und ihrer einfachen Konfektionierung und Verlegung weit verbreitet. Lichtwellenleiter LWL bieten höhere Bitraten, sind aber teurer und schwieriger zu konfektionieren.

10 Base-T

Standard-Ethernet ist eine Netzwerktechnologie mit einer Bitrate von 10 Mbit/s, die Twisted-Pair-Leitungen verwendet. Die Teilnehmer sind sternförmig angeschlossen **(Bild 1)**. Die einzelnen Segmentlängen betragen maximal 100 m. Die Übertragung erfolgt Halbduplex mit CSMA/CD.

10 Base-F

Bei diesem Standard werden als Übertragungsmedien Lichtwellenleiter (fiber) eingesetzt. Dies ermöglicht eine deutlich größere Reichweite. Mit Monomodefasern sind bis zu 2000 m Länge möglich.

100 Base-TX und 100 Base-FX (Fast Ethernet)

Beim Fast Ethernet erfolgt eine Vollduplex-Übertragung mit 100 Mbit/s, d. h. kollisionslose Übertragung zwischen zwei Stationen mithilfe von Switches, z. B. 100 BaseT **(Bild 2)**.

Der Vollduplex-Ethernet-Switch verwendet zwei Adernpaare und schaltet (switcht) eine direkte Verbindung zwischen dem Sender und dem Empfänger. Es können keine Kollisionen entstehen, somit steht die volle Bandbreite in Senderichtung und in Empfangsrichtung zur Verfügung.

Es gibt unterschiedliche Verkabelungs-Standards. 100 Base-T4 verwendet Kategorie 3 Twisted-Pair-Leitungen, wobei auf 4 Adernpaaren 25 Mbit/s übertragen werden.

Zur Übertragung werden beim 100 Base-TX Twisted-Pair-Leitungen der Kategorie 5 und höher mit Bitraten von 100 MBit/s eingesetzt.

Bei 100 Base-FX werden zwei Lichtwellenleiter verwendet, eine für jede Richtung. Vollduplexübertragung ist somit möglich.

> **Halbduplex:** Senden eines Paketes und Empfangen eines anderen Paketes nicht gleichzeitig möglich. Es wird ein Übertragungsmedium verwendet.
>
> **Vollduplex:** Senden eines Paketes und das Empfangen eines anderen Paketes zur selben Zeit möglich. Es werden zwei Übertragungsmedien verwendet.

Tabelle 1: Ethernet-Standards

Standard	Kabeltyp	Max. Leitungslänge	Adernpaare
10 Base-5	Dickes Koaxialkabel, 50 Ω	500 m	–
10 Base-2	Dünnes Koaxialkabel, 50 Ω	185 m	–
10 Base-T	UTP, Kategorie 3, 4 oder 5	100 m	2
10 Base-FL (Fiber Link)	Multimode Glasfaser 62,5 µm/125 µm	2000 m	1
10 Base-FB (Fiber Backbone)	Multimode Glasfaser 62,5 µm/125 µm	2000 m	1
10 Base-FP (Fiber Passive)	Multimode Glasfaser 62,5 µm/125 µm	1000 m	1
100 Base-TX	UTP, Kategorie 5	100 m	2
100 Base-T4	UTP, Kategorie 3, 4 oder 5	100 m	4
100 Base-T2	UTP, Kategorie 3, 4 oder 5	100 m	2
100 Base-FX	Multimode Glasfaser 62,5 µm/125 µm	400 m – 2000 m	1
100 Base-FX	Monomode Glasfaser	10000 m	1

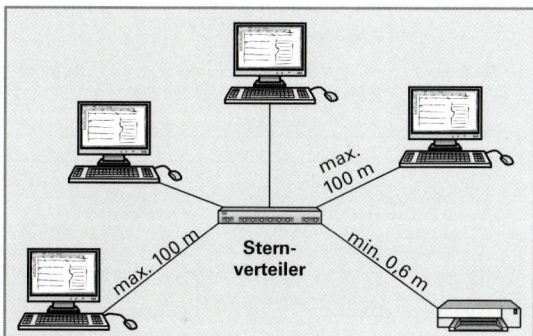

Bild 1: Sternförmige Verkabelung

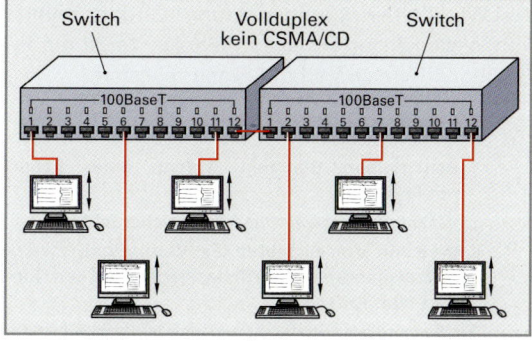

Bild 2: Verbindung zweier Netzsegmente mit Switches

Gigabit-Ethernet

Gigabit-Ethernet (GbE) verwendet zwei verschiedene Codiervarianten, z. B. 8B/10B-Code und PAM-5.

Bei 1000 Base-X wird der Datenstrom in 8-Bit breite Einheiten zerlegt und mit 10 Bit blockcodiert (8B/10B-Code). Damit wird ein gleichspannungsfreier Datenstrom erzeugt, aus dem der Takt zurückgewonnen werden kann. Der Datenstrom gelangt auf einem verdrillten Adernpaar als elektrisches Signal oder bei LWL 1000 Base-SX/LX/ZX als Lichtwelle moduliert zum Empfänger.

Vollduplexverfahren

Bei 1000 Base-T wird der Datenstrom in vier Teilströme mit je 500 Mbit/s unterteilt, die Übertragung erfolgt im Vollduplex über vier Adernpaare. Als Leitungscodierung wird eine Puls-Amplitudenmodulation mit 5 Amplitudenstufen (PAM-5) verwendet.

> Je Richtung werden zwei Adernpaare verwandt.

Somit können mit unterschiedlichen Übertragungsmedien maximale Distanzen überbrückt werden **(Tabelle 1)**.

Ausgedehnte Netzwerk-Topologien lassen sich mit 10 Gigabit-Ethernet realisieren (Tabelle 1). Durch die Beibehaltung von Format und Längen der Ethernet-Frames ergibt sich gegenüber bestehenden WAN-Techniken, z. B. ATM ein schnelleres Switching, da weder eine Anpassung der Frames (Segmentation & Reassembly) noch der MAC-Adressen vorgenommen werden muss.

Wie bei 1000 Base-T werden bei der Übertragung von 10 Gbit/s über Twisted-Pair-Kupferleitungen je zwei Paare für die Übertragung (Vollduplex) in beiden Richtungen verwendet **(Bild 1)**. Der Datenstrom wird in vier mal 5 Gbit/s (10 Gbit/s Tx und 10 Gbit/s Rx) auf die vier Adernpaare verteilt.

40-Gigabit-Ethernet und 100-Gigabit-Ethernet

Über mehrere 10 Gbit-Ethernet-Verbindungen lassen sich die Bitraten weiter erhöhen. Auf 4 oder 10 LWL je Übertragungsrichtung werden mithilfe von Wellenlängen-Division-Multiplex-Verfahren im Backbone-Bereich Verbindungen realisiert.

K   Kompetenzorientierung

1. **Beschreiben Sie den Aufbau eines Ethernet-Frames.**
2. **Welche Aufgabe hat das Prüfzeichenfeld FCS?**
3. **Welchen Vorteil bietet die Verbindung zweier Netzsegmente mit Switches gegenüber dem Einsatz von Hubs?**
4. **Wie wird bei Gigabit-Ethernet Vollduplexübertragung realisiert?**

Tabelle 1: Gigabit-Ethernet-Standards			
Standard	Kabeltyp	Max. Leitungslänge	Steckverbinder
1000 Base-SX	Multimode Glasfaser (770 nm bis 860 nm)	220 m bis 550 m	Duplex-MIC (SC)
1000 Base-LX	Monomode Glasfaser (10 µm) oder Multimode Glasfaser (1270 nm bis 1355 nm)	3000 m	Duplex-MIC (SC)
1000 Base-CX	Twinax-Cu-Kabel	25 m	RJ-45
1000 Base-TX	UTP Kategorie 5	100 m	RJ-45
10 Gbase-EX	Monomode Glasfaser (1550 nm)	40000 m	Duplex-MIC (SC)
10 GbaseL-W	Monomode Glasfaser (1310 nm)	10000 m	Duplex-MIC (SC)
10 Gbase-EX	Monomode Glasfaser (1310 nm)	10000 m	Duplex-MIC (SC)
10 GBase-LX4	Monomode Glasfaser (1550 nm)	40000 m	Duplex-MIC (SC)
40 GBase-KR4	Twinax-Cu-Kabel mit 4 Adernpaaren	1 m	RJ-45
40 GBase-CR4	Twinax-Cu-Kabel mit 4 Adernpaaren	10 m	RJ-45
40 GBase-SR4	Multimode Glasfaser mit 4 Faserpaaren	100 m	Duplex-MIC (SC)
40 GBase-LR4	Monomode Glasfaser mit 4 Wellenlängen	10 km	Duplex-MIC (SC)
100 GBase-CR10	Twinax-Cu-Kabel mit 10 Adernpaaren	10 m	RJ-45
100 GBase-SR10	Multimode Glasfaser mit 10 Faserpaaren	100 m	Duplex-MIC (SC)
100 GBase-SR10	Monomode Glasfaser mit 4 Wellenlängen	10 km	Duplex-MIC (SC)
100 GBase-ER4	Monomode Glasfaser mit 4 Wellenlängen	40 km	Duplex-MIC (SC)

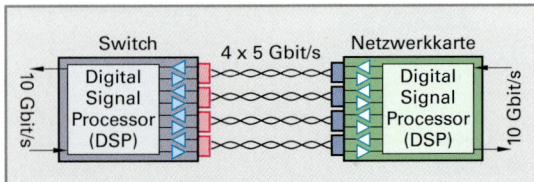

Bild 1: 10 Gigabit-Ethernet-Standard

10.1.4.2 Token-Ring-Verfahren

Beim Token-Ring sind alle PCs hintereinandergeschaltet und somit ringförmig verbunden **(Bild 1)**. Beim Abkoppeln bzw. beim Abschalten einer Teilnehmerstation wird durch einen Kontakt im Ringleitungsverteiler die Anschlussbuchse des Teilnehmerabgriffs überbrückt.

Beim Token-Ring zirkuliert ein Freigabezeichen, das Token. Diese Nachricht wird von einem PC an den nächsten weitergesendet. Ein sendender PC hängt ein Datenpaket an das Token, der damit vom Frei-Token zum Belegt-Token wird **(Bild 2)**.

> Nur der PC, der im Besitz des Frei-Token ist, kann eine Nachricht versenden.

Dieser Datenblock wird von Station zu Station weitergereicht, bis er beim Empfänger angekommen ist. Der Empfänger kopiert die Nachricht und hängt seine Bestätigungsmeldung an das Token. Der Absender empfängt diese Bestätigungsmitteilung und schickt nun wieder das Frei-Token ins Netz.

Als Datenleitungen werden Twisted-Pair-Leitungen verwendet. Die Datenübertragung erfolgt mit 4 Mbit/s bzw. 16 Mbit/s. Die maximale Entfernung der Ringleitungsverteiler beträgt 200 m. Mit Zwischenverstärkern können bis zu 750 m überbrückt werden. Ein Ring umfasst maximal 260 Teilnehmerstationen.

10.1.4.3 FDDI-Verfahren

FDDI überträgt die Datenpakete mit 100 Mbit/s über weite Entfernungen, z. B. 200 km, mittels Lichtwellenleiter übertragen. Der Ring ist doppelt ausgeführt und besteht aus dem Primärring für den Normalbetrieb und dem Sekundärring für den Ersatzbetrieb bei Leitungsunterbrechung. FDDI wird meist im Backbone-Bereich zur Verbindung von Ethernet-Netzwerken oder Token- Ring-Netzwerken eingesetzt.

Als Stationen gibt es A-Stationen mit Anschluss an den Doppel-Ring und B-Stationen, die sternförmig an einen Verteiler angeschlossen sind.

> Der Netzzugriff wird bei FDDI mit einem Token gesteuert.

Die Codierung erfolgt mit dem 4B/5B-Code. Dabei wird nach 4 Bit ein fünftes Bit so eingeschoben, dass innerhalb von 3 Bitzeiten ein Zeichenwechsel erfolgt.

> **!** **Token** = Zeichen, Marke.
> **FDDI** von **F**iber **D**istributed **D**ata Interface = verteilte Glasfaserdatenschnittstelle.

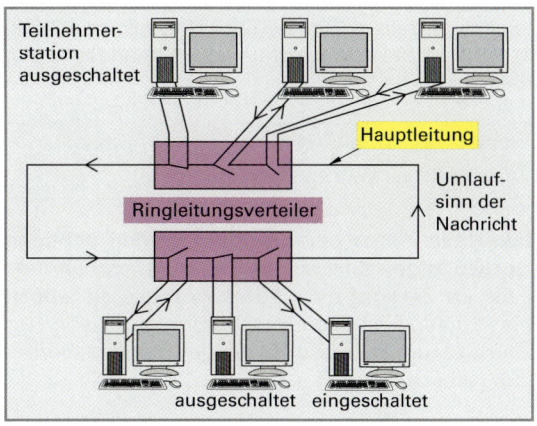

Bild 1: Aufbau eines Token-Rings

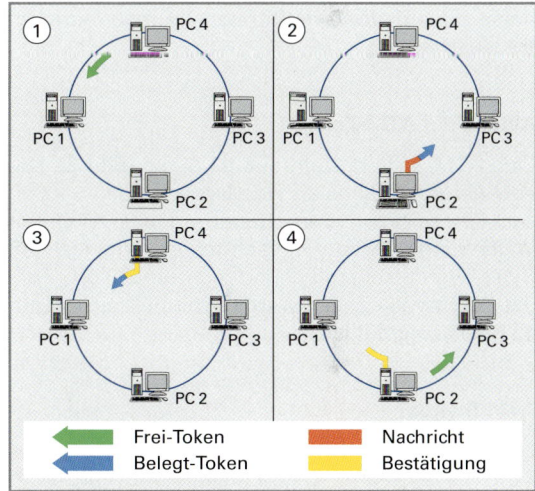

Bild 2: Nachrichtenübertragung von PC 2 zu PC 4

10.1.4.4 ATM-Netze

ATM-Netze (von Asynchron Transfer Mode) übertragen gleichzeitig Daten, digitalisierte Audiosignale und digitalisierte Videosignale von unterschiedlichen Datenquellen zu unterschiedlichen Datensenken **(Bild 1, folgende Seite)**. Die Daten werden in kleine Pakete (ATM-Zellen) mit 53 Byte gepackt und nur dorthin gesendet, wohin diese adressiert sind, d. h. die Übertragung ist paketorientiert und geschaltet (geswitcht). Als Zieladresse dient z. B. die IP-Adresse. Innerhalb des ATM-Netzes hat jedes Datenpaket eine eigene Kennung.

Die ATM-Bitrate beträgt 155 Mbit/s, 622 Mbit/s oder 2,488 Gbit/s.

Asynchrones Zeitmultiplexverfahren

Das UNI (von User Network Interface) teilt die Daten der einzelnen Quellen in ATM-Zellen auf (**Bild 1**). Eine ATM-Zelle wird nur dann gebildet, wenn dafür Daten vorliegen.

> **ATM** verwendet zur Datenübertragung ein asynchrones Zeitmultiplexverfahren.

Damit die Zellen beim Empfänger den richtigen Quellen zugeordnet werden können, enthält jede Zelle im Zellkopf eine Adresse. Diese ist jedoch nicht die Zieladresse des Empfängers, sondern eine Ordnungsadresse für den jeweiligen Übertragungsabschnitt.

In einem ATM-Netz werden Mindestbitraten garantiert, sodass z. B. die Videoübertragung ohne unangenehme Wartezeiten in hoher Qualität erfolgt. Je höher die angeforderte Bitrate ist, umso teurer ist die Übertragung.

Aufbau der ATM-Zelle

Eine ATM-Zelle besteht aus 53 Bytes (**Bild 2**). Davon werden 5 Bytes als Header (von head = Kopf) zur Adressierung und Steuerung der ATM-Zelle verwendet. Sind die Nachrichten länger als 48 Bytes, werden entsprechend mehrere Zellen gebildet. Nicht volle Zellen werden mit Füllzeichen auf 48 Bytes aufgefüllt.

ATM-Switch

Der ATM-Switch erfasst den aktuellen Datenverkehr der einzelnen Datenquellen und vergleicht diesen mit den vereinbarten und zu bezahlenden Bitraten (**Bild 3**). Der Switch schaltet die ATM-Zellen entsprechend deren Adresse zum jeweils nächsten Switch durch und adressiert innerhalb des Netzabschnitts die ATM-Zellen neu.

Verwendung von ATM

Die ATM-Technik wird in Deutschland z. B. im Backbone-Bereich in Sende- und Rundfunkanstalten verwendet. Ton- und Bildmaterial wird über Glasfasernetze oder über Satellitenverbindungen in Echtzeit übertragen. Beim Multiplexverfahren bestehen die Übergabepunkte aus einem Encoder und einem Decoder. Die ATM-Technik wird in Kommunikationsnetzen durch IP-Lösungen ersetzt.

> **!** **ATM** von **A**synchron **T**ransfer **M**ode Network = Netzwerk mit asynchronem Übertragungsverfahren. asynchron von griech. syn = mit und chronos = Zeit.

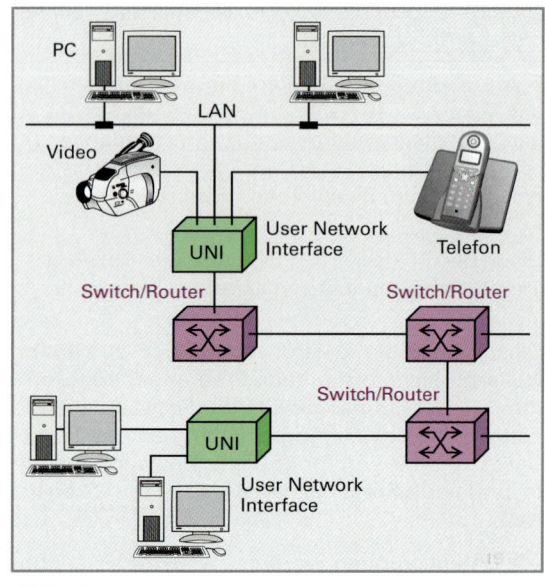

Bild 1: ATM-Netz

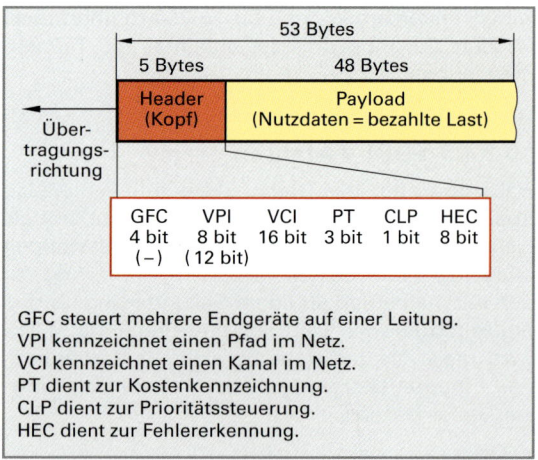

GFC steuert mehrere Endgeräte auf einer Leitung.
VPI kennzeichnet einen Pfad im Netz.
VCI kennzeichnet einen Kanal im Netz.
PT dient zur Kostenkennzeichnung.
CLP dient zur Prioritätssteuerung.
HEC dient zur Fehlererkennung.

Bild 2: Aufbau einer ATM-Zelle

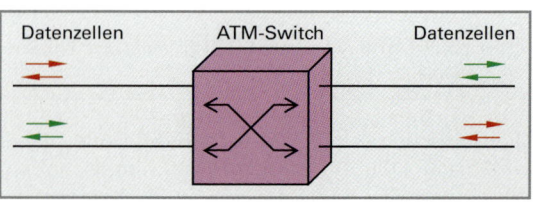

Bild 3: ATM-Switch

10.1.5 Leitungskenngrößen

Aufbau von Übertragungsleitungen

Die Übertragung von elektrischen Signalen erfolgt mit Hinleiter und Rückleiter in einen geschlossenen Stromkreis (**Bild 1**). Der Stromfluss und die Spannung erzeugen dabei ein magnetisches bzw. elektrisches Feld.

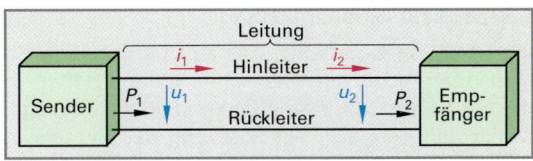

Bild 1: Übertragungsleitung im geschlossenen Stromkreis

Dämpfung

Die Amplitude eines Signals am Leitungsende ist immer kleiner als die Amplitude des am Leitungsanfang eingespeisten Signals. Dies wird als Dämpfung bezeichnet.

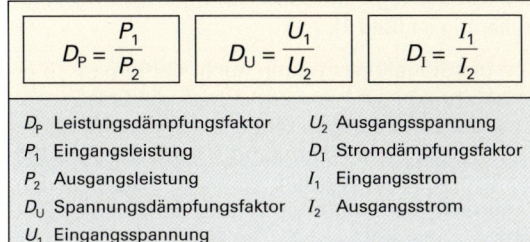

$$D_P = \frac{P_1}{P_2} \qquad D_U = \frac{U_1}{U_2} \qquad D_I = \frac{I_1}{I_2}$$

D_P Leistungsdämpfungsfaktor U_2 Ausgangsspannung
P_1 Eingangsleistung D_I Stromdämpfungsfaktor
P_2 Ausgangsleistung I_1 Eingangsstrom
D_U Spannungsdämpfungsfaktor I_2 Ausgangsstrom
U_1 Eingangsspannung

> Die Abnahme der Spannungs-, Strom- und Leistungswerte bei einer Übertragung bezeichnet man als Dämpfung.

Der Grund liegt in den stets vorhandenen Leitungsverlusten. Zusätzlich nimmt bei Wechselstrom die Stromdichte zur Leitermitte hin ab. Die Stromverdrängung nimmt mit der Frequenz des Wechselstromes und mit dem Durchmesser des Leiters zu. Die Verluste des Leiters werden durch die Stromverdrängung vergrößert.

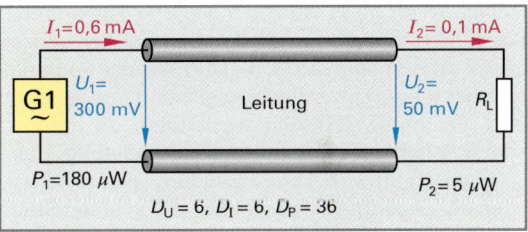

Bild 2: Dämpfungsfaktor bei einer Übertragungsleitung

Dämpfungsfaktor und Dämpfungsmaß

Ein Maß für die Dämpfung ist der Dämpfungsfaktor D (**Bild 2**). In der Praxis verwendet man statt des Dämpfungsfaktors D das Dämpfungsmaß A in Bel[1] (B) oder in Dezibel (dB) (**Tabelle 1**). Dabei gilt 1 B = 10 dB.

$$A = 10 \cdot \lg \frac{P_1}{P_2} \text{ dB} \qquad A = 10 \cdot \lg \frac{U_1^2 \cdot R_2}{U_2^2 \cdot R_1} \text{ dB}$$

für $R_1 = R_2$
(Leitungsanpassung)
$$A = 20 \cdot \lg \frac{U_1}{U_2} \text{ dB} \qquad A = A_1 + A_2 + \dots$$

A Dämpfungsmaß in dB U_2 Ausgangsspannung
P_1 Eingangsleistung R_1, R_2 Widerstand
P_2 Ausgangsleistung $A_1, A_2, \dots$ Einzeldämpfungsmaße
U_1 Eingangsspannung

> Die Dämpfung einer Leitung wird in dB/100 m oder dB/km angegeben, da die Dämpfung mit der Leitungslänge zunimmt.

Die Verwendung des logarithmischen Maßes bietet den Vorteil, Einzeldämpfungen einfach zu addieren.

> Das Gesamtdämpfungsmaß ist die Summe aller Einzeldämpfungsmaße.

Beispiel 1: Dämpfungsmaß berechnen

Auf einer angepassten Übertragungsleitung beträgt die Eingangsspannung 300 mV, die Ausgangsspannung beträgt 50 mV. Wie groß ist das Dämpfungsmaß?

Lösung:
$$A = 20 \cdot \lg \frac{U_1}{U_2} \text{ dB} = 20 \cdot \lg \frac{300 \text{ mV}}{50 \text{ mV}} \text{ dB} = \textbf{15,6 dB}$$

Tabelle 1: Dämpfungsmaß und Dämpfungsfaktor

Dämpfungsmaß A in dB	0	1	3	6	10	20	26	30	40
Spannungsdämpfungsfaktor D_U	1	1,12	1,41	2	3,16	10	20	31,6	100
Leistungsdämpfungsfaktor D_P	1	1,25	2	4	10	100	400	1 000	10 000

---

[1] Bel ist abgeleitet von Alexander G. Bell, amerikanischer Wissenschaftler, 1847 bis 1922

Ersatzschaltung einer Leitung

Jede Leitung beeinflusst das zu übertragende Signal durch seine physikalischen Eigenschaften in der Signalform, der Amplitude und der Phasenlage. Durch den Vergleich der Messung des Signals u_1 am Leitungsanfang und der Messung des Signals u_2 am Leitungsende ist eine Veränderung erkennbar, die von der Signalfrequenz und der Leitungslänge abhängig ist (**Bild 1**).

Um die Signalübertragung auch mathematisch erfassen zu können, verwendet man die Ersatzschaltung mit Leiterbelägen **Bild 2**. In Längsrichtung der Leitung kann der Widerstand R' und die Induktivität L' gemessen werden, während zwischen dem Leiterpaar eine Kapazität C' und der Isolationsleitwert G' feststellbar sind. Der Isolationsleitwert ergibt sich durch den geringen Strom, der durch die Isolation von einer Ader der Leitung zur anderen fließt. Nimmt man nun die Leitung auf der ganzen Länge als homogen an, d. h. gleiches Leitermaterial, gleicher Leiterquerschnitt, gleicher Leiterabstand und gleichmäßige Isolation, können die gemessenen Leiterkenngrößen auf einen beliebigen Leitungsabschnitt Δl bezogen werden. Die Formelzeichen der Leitungsbeläge werden durch einen Strich gekennzeichnet (**Tabelle 1**).

> Die elektrischen Eigenschaften einer Leitung sind durch die Leitungsbeläge R', L', C' und G' eindeutig charakterisiert.

Die Leitungsbeläge eines Kabels sind von den verwendeten Materialien und den geometrischen Abmessungen der Leitung abhängig. Bei einem Mehrleiterkabel beeinflusst auch die angewendete Verseilart die Werte der Leitungsbeläge. Die Leitungsbeläge sind frequenzabhängig. Mit zunehmender Frequenz steigen die Leitungsverluste. Das bedeutet, dass die hohen Frequenzanteile eines Signals am Leitungsende nur noch mit geringer Amplitude vorhanden sind.

> Eine Leitung wirkt durch ihren physikalischen Aufbau als Tiefpass.

Nichtsinusförmige Signale bestehen aus einer Überlagerung zahlreicher Sinusschwingungen unterschiedlicher Frequenz (siehe TablGSA , Fourier-Analyse). Durch die Leitung werden die höherfrequenten Teilschwingungen stärker gedämpft als die Grundschwingung. Dadurch ändert sich die Signalform, z. B. nimmt bei einem Rechteck die Flankensteilheit ab. Ist die Übertragungsleitung genügend lang, erhält man am Leitungsende ein Signal, das im Wesentlichen nur noch aus der Grundschwingung besteht.

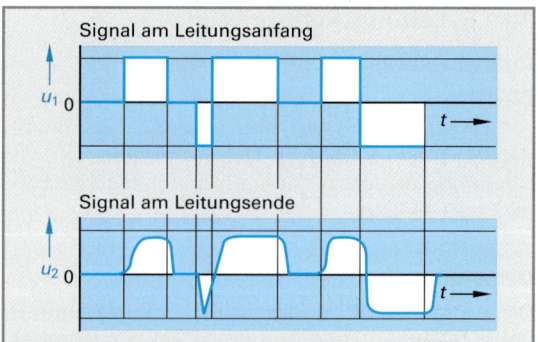

Bild 1: Signalbeeinflussung durch eine Leitung

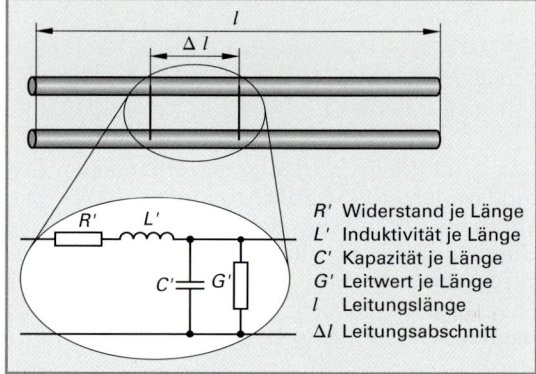

R' Widerstand je Länge
L' Induktivität je Länge
C' Kapazität je Länge
G' Leitwert je Länge
l Leitungslänge
Δl Leitungsabschnitt

Bild 2: Ersatzschaltung mit Leiterbelägen

Tabelle 1: Leitungsbeläge			
Art	Formel	Einheit	In der Praxis verwendete Einheit
Widerstands-belag	$R' = \dfrac{R}{l}$	$\dfrac{\Omega}{m}$	$\dfrac{\Omega}{km}$
Induktivitäts-belag	$L' = \dfrac{L}{l}$	$\dfrac{H}{m}$	$\dfrac{mH}{km}$
Kapazitäts-belag	$C' = \dfrac{C}{l}$	$\dfrac{F}{m}$	$\dfrac{nF}{km}$
Ableitungs-belag	$G' = \dfrac{G}{l}$	$\dfrac{S}{m}$	$\dfrac{\mu S}{km}$

Beispiel 1: Leitungsbeläge berechnen

Bei einem zweiadrigen Kabel mit einer Länge von $l = 100$ m werden die folgenden Kennwerte gemessen: $R = 12\ \Omega$, $L = 3{,}3\ \mu H$, $C = 330\ pF$, $G = 0{,}95\ \mu S$.

Wie groß sind die Leitungsbeläge des Kabels?

Lösung:

$R' = \dfrac{R}{l} = \dfrac{12\ \Omega}{100\ m} =$ **120 Ω/km**, $L' = $ **33 µH/km**

$C' = $ **3,3 nF/km**, $G' = $ **9,5 µS/km**

Wellenwiderstand

Aus der Signalfrequenz f und der Lichtgeschwindigkeit c kann die Wellenlänge $\lambda = c/f$ berechnet werden. Mit zunehmender Frequenz wird die Wellenlänge kleiner, sodass es bei HF-Signalen (Hochfrequenzsignalen) vorkommen kann, dass die Wellenlänge kleiner ist als die mechanische Länge der verwendeten Übertragungsleitung. Um nun die am Leitungsanfang eingespeiste Sendeenergie maximal über die Leitung übertragen zu können, muss das Leitungsende mit einem bestimmten Widerstandswert abgeschlossen sein. Dieser Widerstandswert wird als Wellenwiderstand Z_W bezeichnet und stellt eine weitere Kenngröße einer Leitung dar. Der Wellenwiderstand einer Leitung gibt an, mit welchem Widerstand das Leitungsende abgeschlossen werden muss, damit keine Reflexionen von Wellen auf der Übertragungsleitung auftreten, z. B. bei Twisted-Pair-Leitungen mit 100 Ω.

> Der Wellenwiderstand einer Leitung ist unabhängig von der Leitungslänge.

Bei richtigem Abschluss verhält sich eine verlustfreie Leitung so, als ob der Abschlusswiderstand direkt am Spannungserzeuger angeschlossen wäre (**Bild 1**).

> Der passende Abschlusswiderstand einer Übertragungsleitung ist ein Wirkwiderstand von der Größe ihres Wellenwiderstands.

Der Wellenwiderstand von Übertragungsleitungen ist stark von dem Aufbau der Leitung abhängig. Bei Koaxialleitungen liegt der Wellenwiderstand zwischen 50 Ω und 100 Ω. Bei symmetrischen Leitungen für den Netzwerkbereich beträgt der Wellenwiderstand 100 Ω.

Fehlanpassung und Reflexionen

Die Stromverteilung und die Spannungsverteilung entlang der Leitung hängen vom Abschlusswiderstand der Leitung ab. Für eine störungsfreie Signalübertragung muss am Ende der Leitung ein Widerstand angeschlossen sein, dessen Wert dem Wellenwiderstand entspricht. Wird die Übertragungsleitung nicht mit Widerstandsanpassung betrieben, so wird ein Teil der Signalspannung am Leitungsende reflektiert (**Bild 2**). Neben der fortschreitenden Welle tritt noch eine zum Leitungsanfang rücklaufende Welle auf. Die rücklaufende Welle überlagert sich der fortlaufenden Welle und stört die Signalübertragung. Man spricht bei dieser Art des Leitungsabschlusses von Fehlanpassung.

R' und G' sind vernachlässigbar für $f > 10$ kHz:

$$Z_W = \sqrt{\frac{L'}{C'}}$$

Koaxialleitung:

$$Z_W = \frac{60\ \Omega}{\sqrt{\varepsilon_r}} \ln \frac{D}{d}$$

f Frequenz	L' Induktivitätsbelag
Z_W Wellenwiderstand	C' Kapazitätsbelag

D Innendurchmesser des Außenleiters
d Außendurchmesser des Innenleiters
ε_r Dielektrizitätszahl des Isolators

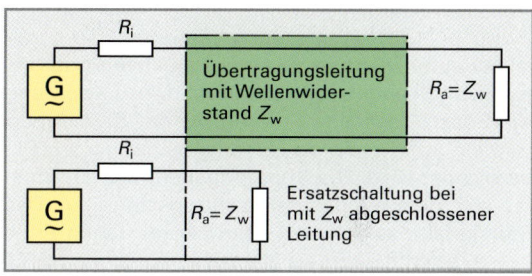

Bild 1: Leitung bei Abschluss mit Wellenwiderstand

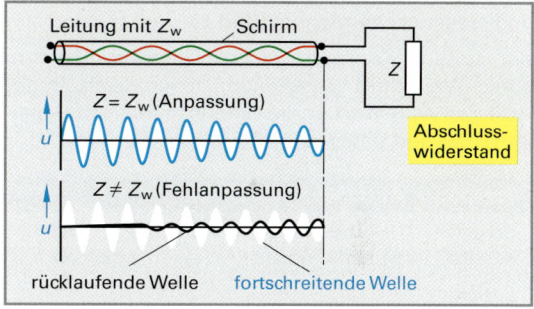

Bild 2: Augenblickswerte der Signalspannung bei Anpassung und bei Fehlanpassung

Beispiel 1: Wellenwiderstand berechnen

Wie groß ist der Wellenwiderstand einer Leitung, die einen Kapazitätskennwert von 3,3 pF/m und einen Induktivitätskennwert von 33 nH/m hat?

Lösung:

$$Z_W = \sqrt{\frac{L'}{C'}} = \sqrt{\frac{33\ \text{nH/m}}{3,3\ \text{pF/m}}} = 100\ \Omega$$

K Kompetenzorientierung

1. Wodurch unterscheiden sich Dämpfungsfaktor und Dämpfungsmaß?
2. Beschreiben Sie die Ersatzschaltung einer Leitung.
3. Was versteht man unter Leitungskennwerten?
4. Welche Eigenschaft hat der Wellenwiderstand einer Leitung?

Bei Fehlanpassung wird eine Leitung nicht mit dem Wellenwiderstand betrieben.

Ein Maß für die bei Fehlanpassung auftretenden Reflexionen ist der Reflexionsfaktor r, der das Verhältnis zwischen der fortschreitenden Spannungswelle und der rücklaufenden Spannungswelle angibt.

Ein Kurzschluss oder Leerlauf am Leitungsende bedeutet, dass der Reflexionsfaktor r den Wert −1 (Kurzschluss) bzw. +1 (Leerlauf) annimmt und die Amplitude der rücklaufenden Welle gleich groß ist wie die Amplitude der fortschreitenden Welle.

Nebensprechen
Zwischen zwei benachbarten Leitungen, die parallel verlaufen, kann es zu einer induktiven oder kapazitiven Beeinflussung kommen. Diese Kopplung führt dazu, dass eine Störung bei der Signalübertragung auftritt, die als Nebensprechen (crosstalk) bezeichnet wird. Die Kopplungsbeiträge summieren sich über die gesamte Leitungslänge auf. Das Störsignal, das auf der Leitung 2 am nahen Ende ($x = 0$) eintrifft, wird als **Nahnebensprechen NEXT** (von Near end crosstalk) und das Signal am fernen Ende ($x = l$) als **Fernnebensprechen FEXT** (von Far end crosstalk) bezeichnet (**Bild 1**).

Ein weiterer Kennwert ist das Dämpfung-Nebensprech-Verhältnis (Attenuation to crosstalk Ratio) **ACR**. Der **ACR-Wert** ist die Differenz von Nahnebensprechen und Dämpfung.

Beispiel 1: ACR-Wert berechnen

Bei einem UTP-Kabel ist die Kabeldämpfung 21 dB und der NEXT-Wert 79 dB. Welcher ACR-Wert ergibt sich?

Lösung:
$ACR = NEXT - A = 79\ dB - 21\ dB = $ **58 dB**

Die Nebensprechdämpfung auf der gestörten Leitung sollte möglichst groß sein, z. B. 70 dB.

Gute Übertragungsleitungen weisen hohe Nebensprechdämpfungswerte auf.

Um unerwünschte Kopplungen zu vermeiden bzw. zu kompensieren, werden die Leitungen geschirmt und verseilt. Das bedeutet, dass die beiden Adern systematisch miteinander verdrillt werden (**Bild 2**). Diese Leitung wird als Twisted-Pair-Leitung (twisted pair = verdrilltes Paar) bezeichnet. Dadurch heben sich die induktiven und kapazitiven Kopplungen größtenteils auf. Die Länge, die für eine volle Umdrehung der Verseilung nötig ist, wird als **Schlaglänge** bezeichnet.

$$ r = \frac{R_a - Z_W}{R_a + Z_W} \qquad U_r = r \cdot U_h $$

r Reflexionsfaktor R_a Abschlusswiderstand
Z_W Wellenwiderstand der Leitung
U_r Spannungsamplitude der rücklaufenden Welle
U_h Spannungsamplitude der hinlaufenden Welle

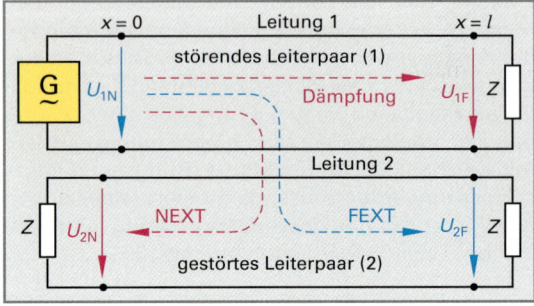

Bild 1: Einstreuung auf ein zweites Aderpaar

$$ NEXT = 20 \cdot \lg \frac{U_{1N}}{U_{2N}}\ dB $$

$NEXT$ Nahnebensprechdämpfung in dB
U_{1N} Nutz-Eingangsspannung auf Leitung 1
U_{2N} Eingekoppelte Störspannung auf Leitung 2

$$ ACR = NEXT - A = 20\lg \frac{U_{1N}}{U_{2N}} - 20\lg \frac{U_{1F}}{U_{1N}}\ db $$

ACR Attenuation to crosstalk Ratio in dB
$NEXT$ Nahnebensprechdämpfung in dB
A Durchgangsdämpfungsmaß in dB
U_{1N}, U_{2N} Nahnebensprechwechselspannungen
U_{1F}, U_{2F} Fernnebensprechwechselspannungen

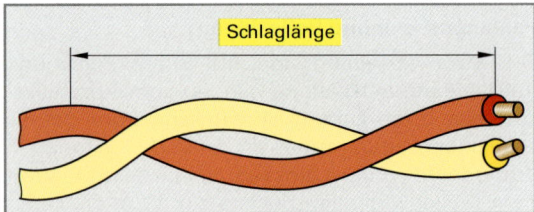

Bild 2: Verseilen eines Twisted-Pair-Leiterpaares

K   Kompetenzorientierung

1. Weshalb soll bei einer Übertragungsleitung am Leitungsende ein Abschlusswiderstand mit dem Wert von Z_U angeschlossen sein?

2. Wodurch kann das Nebensprechen verringert werden?

10.1.6 Leitungstypen

10.1.6.1 Koaxialleitung

Eine Koaxialleitung besteht meist aus einem massiven Innenleiter (Seele) aus Kupferdraht und einem kreisförmig umhüllenden Außenleiter (**Bild 1**). Der Außenleiter besteht aus einer massiven Kupferhülse, einer Kupfer- oder Aluminiumfolie, aus einem Geflecht von Kupferdrähten oder aus einer Kombination von Geflecht und Folie. Der Zwischenraum besteht aus einem Isolatormaterial, dem Dielektrikum. Die Übertragung erfolgt als elektromagnetisches Feld zwischen Innenleiter und Außenleiter.

> Eine Koaxialleitung hat geringe Verluste und ist selbstabschirmend.

Koaxialleitungen werden in der LAN-Technik bei Neuinstallationen nicht mehr verwendet.

10.1.6.2 Twisted-Pair-Leitungen

Twisted-Pair-Leitungen (TP-Leitungen) bestehen aus zwei oder mehreren isolierten Adern, die immer paarweise miteinander verdrillt sind (**Bild 2**). Die Schlaglänge gibt die Länge der Strecke an, die ein einziger Draht in der Litze für eine 360°-Drehung benötigt. Nach EN 60317-11 beträgt die maximale Schlaglänge z. B. 60 mm. Bei den im Netzwerkbereich verwendeten Twisted-Pair-Leitungen gibt es unterschiedliche Varianten (**Bild 3**).

> Bei mehradrigen Twisted-Pair-Leitungen wird bis 1000 MBits/s eine Doppelader zum Senden und eine Doppelader zum Empfangen der Daten verwendet.

Verdrillte, verseilte Adernpaare bieten durch Abschirmung Schutz gegen den störenden Einfluss von äußeren magnetischen und elektromagnetischen Wechselfeldern.

Die Verdrillung der Adernpaare reduziert dabei ein Nebensprechen (Crosstalk, X-talk) zwischen benachbarten Adernpaaren im Kabel. Beim Nebensprechen induziert das sendende Signal Störungen in einem benachbarten Leiterpaar.

UTP-Leitungen haben nur verdrillte Doppeladern ohne Abschirmung (**Tabelle 1**). S/UTP-Leitungen haben einen Gesamtschirm aus einem Kupfergeflecht zur Reduktion der äußeren Störeinflüsse. FTP-Leitungen besitzen zur Abschirmung einen Gesamtschirm aus alubeschichteter Kunststofffolie. S/FTP-Leitungen haben einen Gesamtschirm aus alubeschichteter Kunststofffolie und ein darüberliegendes Kupfergeflecht. Bei STP-Leitungen ist jedes Aderpaar für sich abgeschirmt. S/STP-Leitungen besitzen eine Abschirmung für jedes Aderpaar sowie eine Gesamtschirmung.

> **!** **Schirmung**
> oder Abschirmung ist eine Maßnahme gegen elektromagnetische Störungen (EMI, von Electromagnetic Interference). Die Abhörsicherheit wird erhöht. Wechselwirkungen mit anderen Leitungen und Geräten werden vermindert.

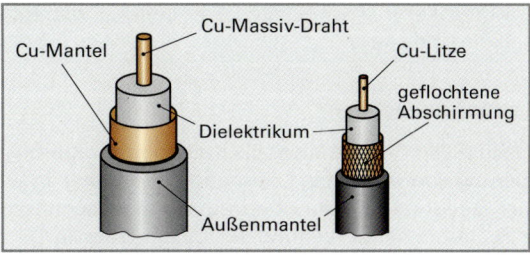

Bild 1: Aufbau von Koaxialleitungen

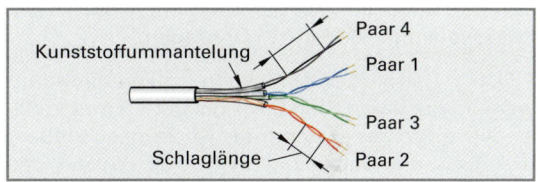

Bild 2: Twisted-Pair-Leitung

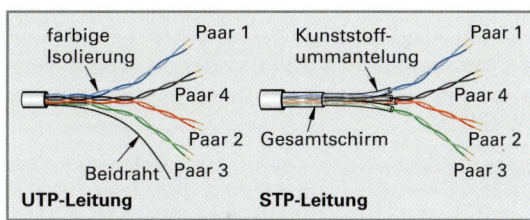

Bild 3: UTP-Leitung und STP-Leitung

Tabelle 1: Twisted-Pair-Leitung			
Kabeltyp	Vorteile	Nachteile	Einsatz
UTP	Geringe Kosten, kleine Durchmesser und geringes Gewicht	Hohes Nebensprechen	Ethernet, Fast-Ethernet, ISDN
S/UTP ScTP FTP	Verbesserte EMV-Eigenschaften	Hohes Nebensprechen	Ethernet, Fast-Ethernet, ISDN
STP S/STP	Geringes Nebensprechen	Höhere Kosten	Fast-Ethernet, Gigabit-Ethernet

S	Shielded = geschirmt
U	Unshielded = ungeschirmt
TP	Twisted Pair = verdrillte Doppelader
Sc	Screened = mit Geflecht ummantelt
F	Foiled = mit Folie ummantelt
S/S	Shielded/Shielded = Einzelschirm und Gesamtschirm

Die maximale Leitungslänge variiert mit der Dämpfung und ist abhängig davon, ob die Drähte abgeschirmt sind oder nicht. Twisted-Pair-Leitung haben einen Wellenwiderstand von 100 Ω und eignen sich für verschiedene Netzwerktypen, z. B. Ethernet.

> Bei einer Datenrate von 100 Mbit/s bis 1000 Mbit/s kann eine Twisted-Pair-Leitung bis zu 100 m lang sein.

Leitungskategorien

Nach ISO/IEC 11801 dient die Kategorie zur Klassifizierung von verdrillten Leitungen (TP-Kabeln). In jeder Kategorie sind die Übertragungseigenschaften, z. B. Bitrate der TP-Leitung, festgelegt **(Tabelle 1)**.

Die Kategorien sind abwärtskompatibel. So lassen sich z. B. auf Leitungen der Kategorie 7 auch Telefonsignale und 100 BaseT übertragen.

TP-Leitungen sind entsprechend der Leitungskennwerte in die Kategorien Cat 1 bis Cat 8.2 eingeteilt. In den einzelnen Kategorien ist vorgeschrieben, wie groß die Dämpfung in dB/100 m und das Nahnebensprechen (NEXT) bei unterschiedlichen Übertragungsfrequenzen sein darf **(Bild 1)**.

Für den Anschluss von Twisted-Pair-Leitungen an die Netzwerkkarte eines PCs oder an andere Netzwerkkomponenten werden RJ-45-Stecker verwendet **(Bild 2)**.

Nach TIA/EIA-Norm kann die Belegung des Steckers entweder nach T568A oder nach T568B, mit entsprechenden Farbcodierungen, erfolgen **(Bild 3)**.

Hierbei ist zu beachten:

- 1:1-Verkabelung (nicht gekreuztes Kabel): beide Kabelenden werden nach T568A oder beide Kabelenden nach T568B aufgelegt.

- Gekreuzte Leitungen: ein Leitungsende nach T568A und ein Leitungsende nach T568B auflegen.

> **!** Standardisierungsgremien für Kabelnormen:
> **ISO** von International Standards Organization
> www.iso.org
> **IEC** von International Electrotechnical Commission
> www.iec-normen.de
> **TIA** von Telecommunications Industry Association
> www.tiaonline.org
> **EIA** von Electronic Industries Alliance
> www.ecaus.org/eia

Tabelle 1: Übliche Leitungskategorien

Kategorien	max. Übertragungsfrequenzen	Anwendungsbereich
Cat 5	100 MHz	Datenübertragung bis 100 Mbit/s z. B. 100 BaseT.
Cat 5e	100 MHz	Datenübertragung bis 1000 Mbit/s z. B. 1000 BaseT.
Cat 6	250 MHz	Datenübertragung bis 250 Mbit/s z. B. 155 Mbit ATM
Cat 6a	500 MHz	Datenübertragung bis 10 Gbit/s z. B. 10 GBaseT.
Cat 7	600 MHz	Datenübertragung bis 600 Mbit/s z. B. 622 Mbit ATM, 1000 BaseT
Cat 7A	1 GHz	Datenübertragung bis 10 Gbit/s
Cat 8.1	2 GHz	Datenübertragung bis 40 Gbit/s
Cat 8.2	2 GHz	Datenübertragung bis 40 Gbit/s ohne RJ45-Stecker

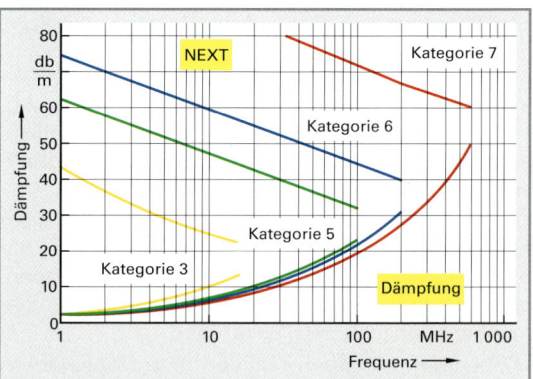

Bild 1: Dämpfungswerte und NEXT-Werte für Kabelkategorien

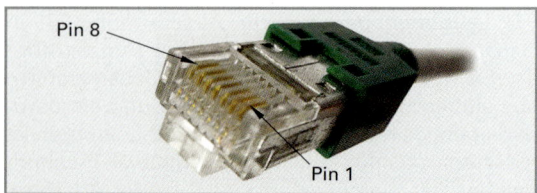

Bild 2: RJ-45-Stecker

Pin	Ader-Farben	
1	weiß/grün	
2	grün	
3	weiß/orange	
4	blau	
5	weiß/blau	
6	orange	
7	weiß/braun	
8	braun	

TIA/EIA-568-A
Pinbelegung nach T568A

Pin	Ader-Farben	
1	weiß/orange	
2	orange	
3	weiß/grün	
4	blau	
5	weiß/blau	
6	grün	
7	weiß/braun	
8	braun	

TIA/EIA-568-A
Pinbelegung nach T568B

Bild 3: Farbcodierungen nach TIA/EIA-Norm

Leitungsinstallation

Um für spätere Änderungen im Netz flexibel zu bleiben, werden bei Neuinstallationen mindestens Leitungen vom Typ Cat 7 verlegt und alle 4 Aderpaare angeschlossen. Damit die Übertragungsrate der Gesamtinstallation nicht verringert wird, müssen beim Verlegen und Anschließen der Leitung die folgenden Punkte berücksichtigt werden:

- Leitung nicht zu stark dehnen,
- Leitung nicht quetschen,
- Leitung nicht knicken (Biegeradius beachten),
- beim Anschließen die Abschirmung nicht zu weit auftrennen,
- die Verdrillung der Aderpaare nicht zu weit öffnen.

Fertig installierte Verkabelungen sind zu überprüfen und mit einem Kabelmessgerät zu vermessen. Die Qualität der Arbeit ist in einem Messprotokoll nachzuweisen. So muss jeder Link (= Bindeglied) bzw. Übertragungskanal mit den darin enthaltenen Leitungen, Steckern und Anschlussbuchsen in einem Messprotokoll enthalten sein (**Bild 1**). Dem Kunden wird eine Funktionsgarantie für die geforderte Linkklasse (Leistungsklasse) übergeben (**Tabelle 1**).

Ein Link ist die Ende-zu-Ende-Verbindung einer Übertragungsstrecke. Die Linkklasse beschreibt das Übertragungsverhalten für eine komplette Übertragungsstrecke bis zur Anschlussdose. Die Beschreibung beinhaltet alle Übertragungsmedien, Steckelemente und Patchfelder.

Linkklassen beziehen sich auf das Leistungsvermögen der Gesamtinstallation, während sich die Einstufung in Kategorien nur auf Einzelkomponenten bezieht.

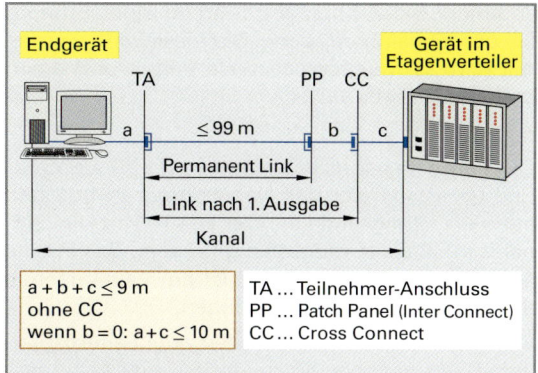

Bild 1: Übertragungskanal

a + b + c ≤ 9 m
ohne CC
wenn b = 0: a + c ≤ 10 m

TA … Teilnehmer-Anschluss
PP … Patch Panel (Inter Connect)
CC … Cross Connect

Tabelle 1: Linkklassen		
Klasse	Beschreibung	Übertragungsfrequenz
A	Niedrige Datenraten und Frequenzen z. B. ISDN Basisanschluss	100 kHz
B	Sprachanwendungen z. B. ISDN	1 MHz
C	Sprach- und Datenübertragung z. B. 10 Base-T	16 MHz
D	Sprach- und Datenübertragung z. B. Fast Ethernet	100 MHz
E	Sprach- und Datenübertragung z. B. Multimedia	200 MHz
F	Sprach- und Datenübertragung	600 MHz
F_A	Sprach- und Datenübertragung	1 GHz
I	Sprach- und Datenübertragung	2 GHz
II	Sprach- und Datenübertragung, nicht steckkompatibel zu RJ45	2 GHz

10.1.6.3 Messen im LAN

Mit LAN-Leitungstestern werden der korrekte Anschluss der Datenleitungen und die geforderte Bandbreite überprüft und dann zertifiziert (**Bild 1**).

LAN-Kabeltester bieten:

- Schnelle Messzeiten, z.B. nach ISO-Klasse F in 18 Sekunden zertifizieren inkl. speichern,
- DualMode-Funktion, d.h. gleichzeitige Zertifizierung einer Verkabelung nach zwei Standards innerhalb eines Testlaufes,
- Messdatenaufbereitung mit Software.

Zwischen zwei benachbarten Leitungen, die über eine längere Strecke parallel verlaufen, kann es zu einer induktiven oder kapazitiven Beeinflussung

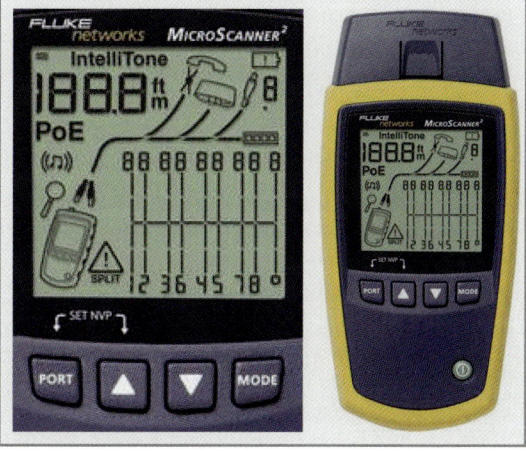

Bild 2: LAN-Leitungstester

kommen. Diese Kopplung führt zu einer Störung bei der Signalübertragung. Die Messwerte werden mit dem LAN-Leitungstester ermittelt und dokumentiert **(Tabelle 1)**.

FEXT

Die Fernnebensprech-Dämpfung (FEXT von: Far End Crosstalk) gibt das Nebensprechen bezogen auf das Leitungsende an. Der FEXT-Wert des Signales in dB sollte möglichst groß sein. Das in eine Leitung eingespeiste Signal ist am Leitungsende um die Kabeldämpfung verringert.

FEXT wird immer nur zwischen zwei Leiterpaaren gemessen, unabhängig davon, wie viele Leiterpaare im Kabel vorhanden sind.

Beispiel 1: FEXT-Wert berechnen

Bei einer Datenleitung wird am sendenden Adernpaar eine Spannung von 0,5 V gemessen. Am gestörten Adernpaar werden am fernen Ende 0,002 V Spannung gemessen. Berechnen Sie den FEXT-Wert.

Lösung:
FEXT = 20 lg (0,5 V/0,002 V) = **47,95 dB**

ACR (von: Attenuation to Crosstalk Ratio = Dämpfung-Nebensprech-Verhältnis) ist ein Maß für die Qualität eines Übertragungskanals. ACR gibt das Verhältnis zwischen der Stärke des ankommenden Signals und der Stärke des Rauschens auf der Leitung bei einer bestimmten Frequenz an. Für eine fehlerfreie Übertragung ist ein möglichst großer ACR-Wert erforderlich.

Die **Dämpfung A** ist die Abnahme der übertragenen Energie eines Signals im Verlauf einer Übertragungsstrecke. Die Dämpfung eines metallischen Leiters hängt von der Länge, dem Material und der Bauform ab. Die Dämpfung eines Kabels hat verschiedene Ursachen, z. B. den elektrischen Widerstand der Leitung.

ELFEXT (von : Equal Level Far End Crosstalk = Fernnebensprech-Dämpfung) ist das Verhältnis des übersprechenden Ausgangspegels zum eigentlichen Ausgangspegel. ELFEXT ist unabhängig von der Kanallänge. ELFEXT berechnet für jedes Adernpaar das Verhältnis zwischen FEXT und Dämpfung.

PSFEXT (von Powersum Fext) bildet die Summe von allen Störsignalen, die in einem Leitungspaar eingekoppelt werden.

PSNEXT (von: Powersum Near End Crosstalk = Leistungssumme der Nahnebensprech-Dämpfung) bildet die Summe von allen Störsignalen, die in einem Leitungspaar eingekoppelt werden **(Bild 1)**. Bei zweiadrigen Leitungen ist PSNEXT = NEXT und PSFEXT = FEXT, bei mehradrigen Kabeln werden die Unterschiede immer größer.

Tabelle 1: Messergebnisse LAN-Kabeltester

gemessenes Paar	Ende	Wert in dB	Frequenz in MHz
7,8 - 3,6	NE	47,6	250
7,8 - 5,4	NE	54,7	226
7,8 - 1,2	NE	50,4	200
7,8 - 3,6	FE	47,0	249
7,8 - 5,4	FE	50,8	220
7,8 - 1,2	FE	54,4	210
FE = Far End, NE = Near End			

$$ACR = 20 \cdot \lg \frac{U_{2F}}{U_n} \, [dB] \qquad A = 20 \cdot \lg \frac{U_{1N}}{U_{1F}} \, [dB]$$

$$ELFEXT = 20 \cdot \lg \frac{U_{2F}}{U_{1F}} \, [dB]$$

$$PSFEXT = 20 \cdot \lg \frac{U_{1N}}{U_{4F}} + 20 \cdot \lg \frac{U_{2N}}{U_{4F}} + 20 \cdot \lg \frac{U_{3N}}{U_{4F}} \, [dB]$$

ACR	Dämpfungs-Nebensprech-Verhältnis in dB
U_{2F}	induzierte Spannung am fernen Ende in V
U_n	Nutzsignal in V
U_{1N}	induzierte Spannung am nahen Ende in V
U_{1F}	induzierte Spannung am fernen Ende in V
Index 1 bis 4	Zahl der Adernpaare

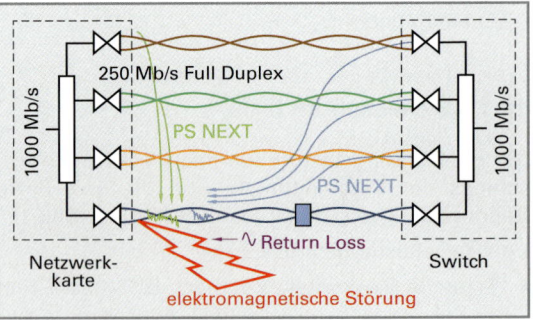

Bild 2: Rausch- und Störquellen

RL (von: Return Loss = Rückflussdämpfung) misst die Differenz zwischen Messsignal und der Signalreflexion. Die RL-Messung zeigt, wie der Wellenwiderstand der Leitung mit deren Bemessungsimpedanz über einen Frequenzbereich übereinstimmt.

SNR (von: Signal to Noise Ratio = Signal-Rausch-Verhältnis) gibt an, wie stark das Rauschen das Signal beeinflusst. Bei SNR-Werten > 20 dB kann das Signal klar vom Rauschen getrennt werden. Bei SNR-Werten kleiner 20 dB wird die Bitrate reduziert.

Alle Messungen im LAN können als Basic Link-Messung oder als Kanalmessung erfolgen **(Bild 2)**.

10.1.6.4 Lichtwellenleiter LWL

LWL verwenden zur Signalübertragung Licht oder Infrarotstrahlung, die in einer Faser aus Quarzglas oder Acrylglas (PMMA) geführt wird. Die physikalische Grundlage des LWL ist das Prinzip von Brechung und Reflexion. Zur Signalübertragung wird Licht bzw. IR-Stahlung auf den Kern gerichtet **(Bild 2)**. Die innerhalb des Akzeptanzwinkels einfallende Strahlung 1 (Intensity) wird im Kern weitergeleitet, weil am Mantel Totalreflexion (völlige Reflexion) eintritt. Der Sinuswert des Akzeptanzwinkels wird numerische Apertur NA genannt und für die LWL angegeben. Die NA liegt bei LWL im Bereich zwischen 0,1 und 0,25. Strahlen, die denselben Reflexionswinkel α haben, werden als Mode (= Erscheinungsform) bezeichnet.

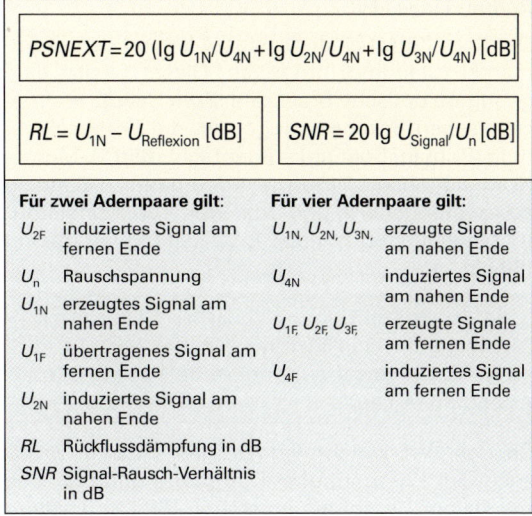

$$PSNEXT = 20 \left(\lg U_{1N}/U_{4N} + \lg U_{2N}/U_{4N} + \lg U_{3N}/U_{4N} \right) [dB]$$

$$RL = U_{1N} - U_{Reflexion} \ [dB]$$

$$SNR = 20 \lg U_{Signal}/U_n \ [dB]$$

Für zwei Adernpaare gilt:

U_{2F}	induziertes Signal am fernen Ende
U_n	Rauschspannung
U_{1N}	erzeugtes Signal am nahen Ende
U_{1F}	übertragenes Signal am fernen Ende
U_{2N}	induziertes Signal am nahen Ende
RL	Rückflussdämpfung in dB
SNR	Signal-Rausch-Verhältnis in dB

Für vier Adernpaare gilt:

$U_{1N}, U_{2N}, U_{3N,}$	erzeugte Signale am nahen Ende
U_{4N}	induziertes Signal am nahen Ende
$U_{1F}, U_{2F}, U_{3F,}$	erzeugte Signale am fernen Ende
U_{4F}	induziertes Signal am fernen Ende

$$N_A = n \cdot \sin \alpha$$

N_A, NA	Numerische Apertur
n	Brechungsindex
α	Akzeptanzwinkel

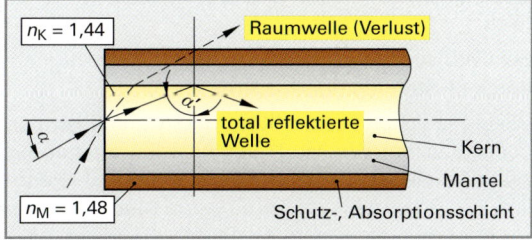

Bild 2: Reflexion und Brechung am LWL

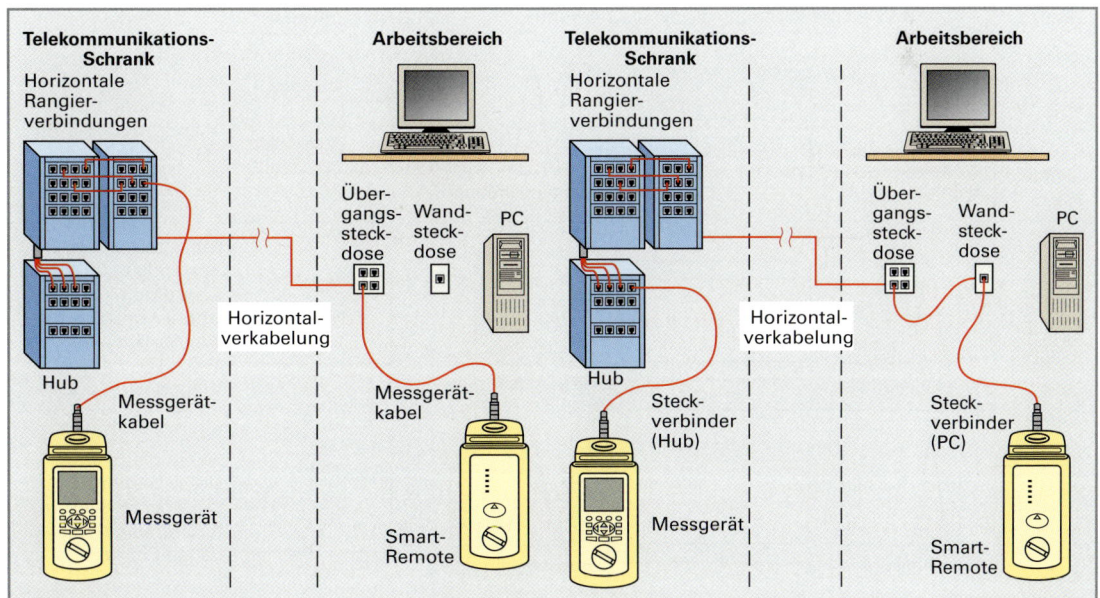

Bild 2: Messungen im LAN

Aufbau eines LWL

Der Kern (Core) einer Glasfaser ist von dem Kernmantel (Cladding) umgeben. Dieser besitzt eine geringere optische Brechzahl. Zum Schutz vor mechanischen Beschädigungen ist die Vorbeschichtung (Primary Coating) aufgebracht **(Bild 1)**. Mehrere so aufgebaute Fasern werden dann zu Bündeln zusammengefasst und mit weiteren Kunststoffummantelungen zu einer LWL-Leitung verarbeitet **(Bild 2)**.

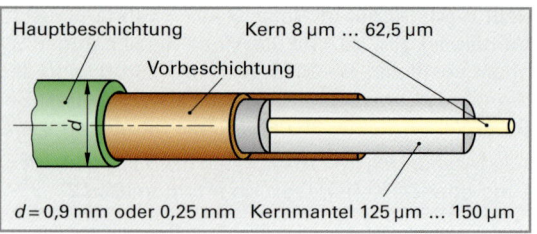

Bild 1: Aufbau eines LWL

> Die Signalübertragung in einer Glasfaser erfolgt nur in eine Richtung, daher besteht ein LWL-Kabel meist aus mehreren Fasern in getrennten Hüllen.

Bei den LWL können wegen ihrer Zusammensetzung Bereiche mit hoher Dämpfung und Bereiche mit kleiner Dämpfung entstehen **(Bild 3)**. Letztere werden als optische Fenster bezeichnet. Bei Acrylfasern liegen die Fenster im sichtbaren Bereich, bei Quarzglasfasern liegen alle drei Fenster im IR-Bereich.

Bei LWL aus Quarzglasfasern werden alle Signale durch IR-Strahlen übertragen.

Die eigentlichen Fasern (Kern und Mantel) können beim gleichen Werkstoff verschieden ausgeführt sein **(Tabelle 1)**. Je nach Brechzahlverlauf (Kennlinie der Brechzahl von Kern n_K und Mantel n_M) bezeichnet man die Fasern als Stufenindexfaser oder Gradientenindexfaser.

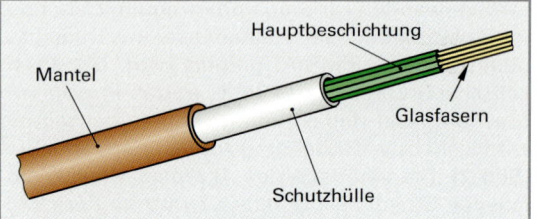

Bild 2: Aufbau eines LWL-Kabels

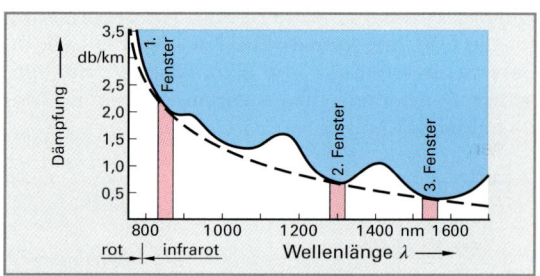

Bild 3: Dämpfung einer LWL-Quarzglasfaser

Tabelle 1: Mode-Arten von Glasfaserleitern

Faser	Wellenausbreitung, Impulsverbreitung			Brechzahlverlauf	Bemerkungen
Stufenindex, Singlemode	I_1 Eingangsimpuls	n_K n_M n_M	I_2 Ausgangsimpuls	n_M = konstant n_K = konstant	Für lange Strecken, kleine Dämpfung (< 1 dB/km), keine Impulsverbreitung, Bandbreite-Länge-Produkt < 10 Gbit/s · km
Stufenindex, Multimode	I_1 Eingangsimpuls	n_M n_K n_M	I_2 Ausgangsimpuls	n_M = konstant n_K = konstant	Für Strecken bis etwa 500 m, mittlere Dämpfung, große Impulsverbreitung Bandbreite-Länge-Produkt < 100 Mbit/s · km
Gradientenindex, Multimode	I_1 Eingangsimpuls	n_M $n(r)$ n_M	I_2 Ausgangsimpuls	$n_M = n_2$ = konstant $n_K = n(r)$ n_1	Für Strecken von 500 m bis 10 km, kleine Dämpfung, kleine Impulsverbreiterung, Bandbreite-Länge-Produkt < 1 Gbit/s · km
I Impuls		n Brechzahl			t Zeit

Ist bei der Stufenindexfaser der Kern sehr dünn ausgeführt z. B. 5 µm bis 10 µm, kann nur eine Mode (möglicher Ausbreitungsweg des Lichtstrahls), übertragen werden. Bei dieser Singlemodefaser (Einzelmodefaser, Monomodefaser) haben alle Moden dieselbe Laufzeit, sodass keine Impulsverbreiterung auftritt. Bei der Multimodefaser (Vielmodefaser) haben die Moden verschieden lange Wege zurückzulegen. Der Ausgangsimpuls ist breiter als der Eingangsimpuls. Man bezeichnet diese Impulsverbreiterung als Modendispersion.

Bei Glasfaserkabeln ist die nutzbare Bandbreite umgekehrt proportional zur Entfernung. Das Bandbreiten-Längenprodukt BL (bandwidth-length-product = Produkt aus Bandbreite und Länge) ist ein Maß für die Qualität des LWL. Das BL ist hauptsächlich von der Art des verwendeten LWL abhängig.

Typische Bandbreiten-Längenprodukte:
- 100 MHz · km für Stufenindex-Multimode-Fasern,
- 1 GHz · km für Gradientenindex-Multimode-Fasern und
- 10 GHz · km für Stufenindex-Singlemode-Fasern.

Beispiel 1: Bandbreite berechnen

Welche Bandbreite kann man bei einem Bandbreiten-Längenprodukt von 625 MHz · km über eine Übertragungsstrecke von 5 km realisieren?

$$\text{Lösung:} \quad B = \frac{BL}{l} = \frac{625 \text{ MHz} \cdot \text{km}}{5 \text{ km}} = \mathbf{125\ MHz}$$

Wird vom Hersteller z. B. 100 MHz · km oder 100 Mbit/s · km angegeben, dann ist eine Signalübertragung von 100 Mbit/s über 1 km oder aber von 10 Mbit/s über 10 km möglich.

LWL-Duplexfaser
Zur Duplexübertragung, d. h. gleichzeitig empfangen (Receiver) und senden (Transmitter), sind zwei LWL notwendig (**Bild 1**).

LWL-Steckverbinder
Stecker ermöglichen eine lösbare Verbindung zwischen zwei Faserenden oder einem Faserende mit einer Systemkomponente. Stecker werden in verschiedenen Bauformen angeboten (**Bild 2**).

Spleißverbindungen
Eine nicht lösbare Verbindung zwischen zwei Leiterstücken erfolgt durch Spleißen. Hier muss mit großer Sorgfalt gearbeitet werden.

Aufgrund der geringen Faserabmessungen ist beim Spleißen eine optische Vergrößerungseinrichtung z. B. eine Lupe oder ein Mikroskop erforderlich.

! Vorteile von LWL
- hohe Bitraten (Gigabit- bis Terabit).
- sehr große Reichweiten durch geringe Dämpfung.
- kein Nebensprechen (ungewollte Signaleinstreuung auf benachbarte Fasern).
- keine Beeinflussung durch äußere elektrische oder elektromagnetische Störfelder (EMV).
- keine Erdung nötig.

$$B = \frac{BL}{l}$$

B   Bandbreite
BL   Bandbreiten-Längenprodukt
l   Länge der Übertragungsstrecke

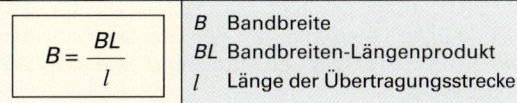

Bild 1: LWL-Duplexfaser

Bild 2: LWL-Stecker

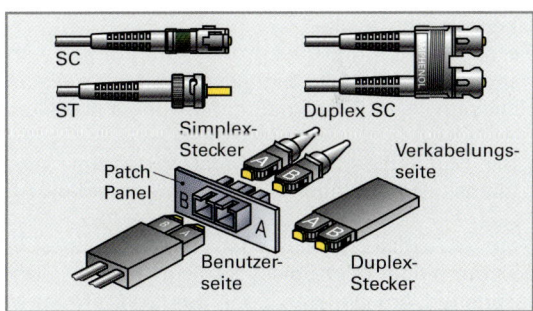

Bild 3: Fehlerquellen bei LWL-Verbindungen

Vor dem Spleißen sind folgende Arbeitsgänge durchzuführen:
- Abmanteln und Auftrennen des LWL,
- Entfernen der Primärbeschichtung der Faser,
- Herstellen einer planen Stirnfläche und
- Reinigen der Fasern.

Bei LWL-Verbindungen können viele Fehler auftreten, die meist eine zu hohe Dämpfung verursachen (**Bild 3**). Je nach Ausführung hat eine Spleißverbindungen eine Dämpfung von 0,1 dB bis 0,5 dB.

Sender und Empfänger
Der Sender (TX) setzt elektrische Signale in optische Signale (Lichtpulse) um, er wird als EO-Umsetzer bezeichnet. Als Sender werden IRED, LED oder LD verwendet. EO-Umsetzer haben eine angebaute Steckerkupplung, oder besitzen ein kurzes Kabelstück (Pigtail) zum Anspleißen des LWL. Hier wird dann der längere LWL durch Spleißen angeschlossen **(Bild 1)**.
Als Empfänger (RX) werden PIN-Fotodioden mit der Schichtfolge (P-Leiter, Eigenleiter, N-Leiter) verwendet. Der Übergang von der Glasfaser auf den OE-Umsetzer erfolgt entsprechend wie bei den Sendedioden.
Obwohl die Dämpfung der LWL klein ist, sind bei größeren Entfernungen, z. B. 10 km, Verstärker erforderlich. Das kann durch OE-Umsetzung, elektrische Verstärkung und abschließende EO-Umsetzung erfolgen oder durch spezielle optische Verstärker.

Übertragungsstrecke
Bei der Übertragung über große Entfernungen werden die Signale in der Signalaufbereitung meist in Binärsignale mit Amplitudenumtastung aufbereitet.

> Die Signalübertragung über LWL erfolgt mit Intensitätsmodulation (Amplitudenumtastung).

Vom EO-Umsetzer gelangen die Signale über Steckverbinder oder Spleiß zum eigentlichen Glasfaserleiter. Am anderen Ende des LWL erfolgt in umgekehrter Reihenfolge die Umsetzung. Für den Duplexbetrieb werden meist zwei LWL verwendet. Ein einziger LWL kann auch in beiden Richtungen arbeiten, z. B. bei verschiedenen Wellenlängen (Wellenlängenmultiplex) oder durch Zeitmultiplex. Davon wird wegen der niedrigen Kosten der LWL selten Gebrauch gemacht.
Die Übertragungsstrecken unterscheiden sich je nach erforderlicher Länge durch die verwendeten Sendedioden und die LWL. Für Strecken bis 100 m Länge werden Laser mit rotem Licht und Acrylglasfasern verwendet. Darüber werden Sender und Empfänger mit IR-Strahlung und Multimode-Quarzglasfasern oder Singlemode-Quarzglasfasern verwendet.

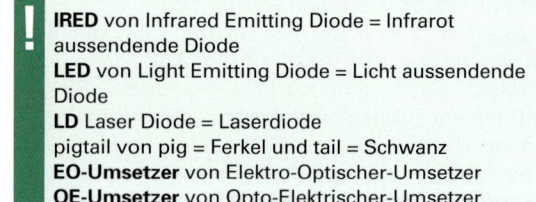

IRED von Infrared Emitting Diode = Infrarot aussendende Diode
LED von Light Emitting Diode = Licht aussendende Diode
LD Laser Diode = Laserdiode
pigtail von pig = Ferkel und tail = Schwanz
EO-Umsetzer von Elektro-Optischer-Umsetzer
OE-Umsetzer von Opto-Elektrischer-Umsetzer

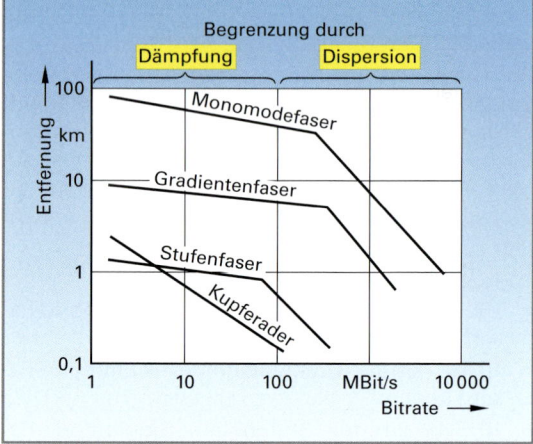

Bild 2: Verwendungsbereich von Kupferleitungen und LWL

Tabelle 1: Vergleich von Leitungen		
Art	LWL	Kupferleitungen
Vorteile	höhere Bandbreiten	höhere mechanische Festigkeit
	höhere Reichweiten	leichtere Verarbeitung
	keine EMV-Probleme	Sprachsignale sofort integrierbar
	keine Erdung notwendig	strukturierte Verkabelung mit universeller Technik
	geringer Kabelumfang	
	kein Nebensprechen	
	weniger Kabelmasse	

LWL zeichnen sich durch hohe Übertragungsgeschwindigkeiten und geringe Dämpfung aus **(Bild 2)**. Im Gegensatz zu Kupferleitungen muss bei LWL ein größerer Biegeradius beim Verlegen eingehalten werden und das Anbringen von Steckern und Spleißen ist aufwendiger **(Tabelle 1)**.

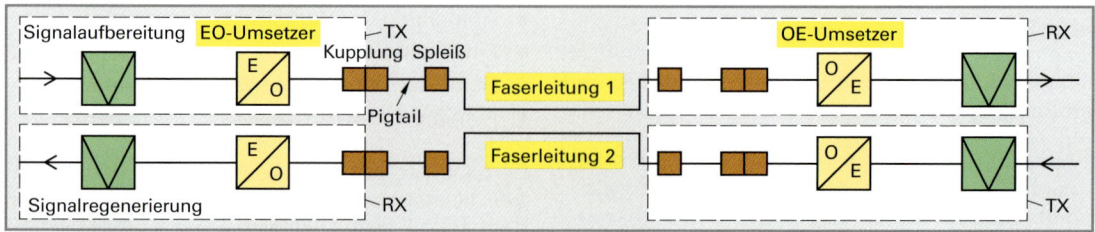

Bild 1: Kanal für Duplexbetrieb in LWL-Technik

10.1.7 Optische Messtechnik

Mithilfe der optischen Messtechnik werden LWL-Verkabelungen gemessen. Das Messprinzip beruht darauf, dass kurze Lichtpulse gesendet werden, die den Prüfling durchlaufen. Beim Durchlaufen der Faser wird von jedem Ort ein kleiner Teil des Lichts auf Grund der Rayleigh[1]-Streuung zum Messgerät zurückgeleitet. Die optischen Reflexionen werden auf Laufzeit, Amplitude und Impulsbreite ausgewertet.

Grundlegende Messungen zur Zertifizierung der optischen Übertragungsstrecke (Tier 1 = Rang 1) bestimmen z.B. die Dämpfung (attenuation oder insertion loss) und die Leitungslänge. Jeder Faserlink muss gemessen und dokumentiert werden. Dies garantiert eine Übertragungsstrecke mit geringeren Verlusten als maximal erlaubt.

Erweiterte Messungen (Tier 2 = Rang 2) werden mit OTDR-Messgeräten durchgeführt (**Bild 1**). Das Messgerät zeichnet den Dämpfungsverlauf einer LWL-Strecke auf. Die Qualität sämtlicher Link-Komponenten z.B. Stecker und Spleiße kann bestimmt werden (**Bild 2**). Um den Eingangsstecker eines Prüflings beurteilen zu können, ist eine Vorlauffaser zu verwenden. Die Vorlauffaser muss der jeweiligen OTDR-Pulslänge angepasst sein. Für Singlemode-Messungen werden häufig Vorlauflängen von 1000 m, für Multimode-Messungen Vorlauflängen von 200 m verwendet.

Grundsätzlich ist die Messkurve eine abfallende Gerade, auf der lokale Dämpfungsstellen erkannt werden können. Von entfernteren Orten kommt die Streuung später und um die Faserdämpfung abgeschwächt zum Messgerät zurück. Die Anzeige des Messgerätes stellt den Intensitätsverlauf über einer Zeitachse dar, wobei die Zeitachse in Entfernung umgerechnet ist.

An Steckverbindern entstehen auf Grund der Fresnelreflexion[2] vergleichsweise starke Signale, die auf der OTDR-Kurve als positive Ausschläge sichtbar sind. Werden unterschiedliche Fasertypen verbunden und mit einem OTDR gemessen, kann es zu richtungsabhängigen Dämpfungswerten kommen. Deshalb werden Glasfaserstrecken meist bidirektional, d.h. von beiden Seiten, gemessen (**Bild 3**).

Angeboten werden OTDR-Messgeräte sowohl für Multimodefasern und Messwellenlängen von 850 nm und 1300 nm als auch für Singlemodefasern mit Messwellenlängen von 1310 nm, 1383 nm, 1490 nm, 1550 nm, 1625 nm und 1650 nm.

---

[1] John Rayleigh, engl. Physiker 1842 bis 1919
[2] Augustin Fresnel, franz. Physiker 1788 bis 1827

> **!** **OTDR** von Optical Time Domain Reflectometer = optischer Zeitbereichsreflektometer.
>
> **Rayleigh-Streuung** Streuung und damit Reflexion von Licht an kleinen Molekülen.
>
> **Fresnelreflexion** Lichtstrahlen können an einer Grenzfläche sowohl positiv (verstärkend) als auch negativ (abschwächend) reflektiert werden.

Bild 1: OTDR-Messgerät

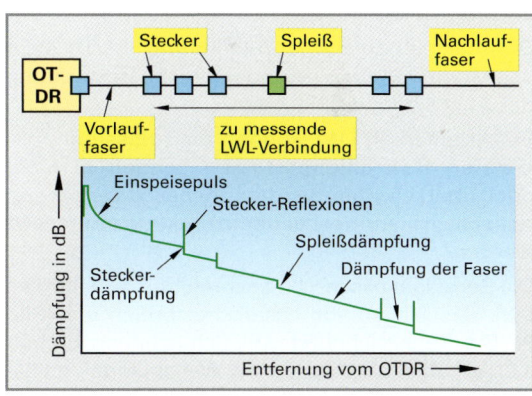

Bild 2: OTDR-Messung und Dämpfungsverlauf

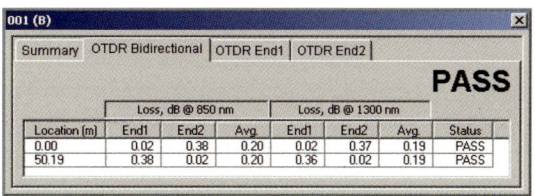

Bild 3: OTDR-Messergebnis

10.1.8 Laserschutz

Bei Verwendung von optischen Übertragungseinrichtungen werden Sender mit LED, Laserdioden LD und optische Verstärker eingesetzt. Diese erzeugen energiereiche optische Strahlungen im sichtbaren und unsichtbaren Bereich. Die Strahlen werden mit LWL übertragen.

> Energiereiche optische Strahlung schädigt das menschliche Auge und die Haut.

Den Umgang mit Laserstrahlung regelt die VBG 93 und die DIN EN (**Bild 1**).

Auszug DGUV

(1) Lasereinrichtungen im Sinne dieser Unfallverhütungsvorschrift sind Geräte, Anlagen oder Versuchsaufbauten, mit denen Laserstrahlung erzeugt, übertragen oder angewendet wird.

(2) Laserstrahlung im Sinne dieser Unfallverhütungsvorschrift ist jede elektromagnetische Strahlung mit Wellenlängen im Bereich zwischen 100 nm und 1 mm, die als Ergebnis kontrollierter, stimulierter Emission entsteht.

Die Klasse einer Lasereinrichtung im Sinne der Unfallverhütungsvorschrift kennzeichnet das durch die zugängliche Laserstrahlung bedingte Gefährdungspotenzial (**Tabelle 1**).

Der Grenzwert der zugänglichen Strahlung (GZS) ist der Maximalwert, der für eine bestimmte Klasse nach den allgemein anerkannten Regeln der Technik zulässig ist.

Die maximal zulässige Bestrahlung (MZB) stellt den Grenzwert für eine ungefährliche Bestrahlung des Auges oder der Haut dar.

Bei Arbeiten an LWL können die zulässigen maximalen Bestrahlungsstärken schnell erreicht oder überschritten werden, insbesondere wenn optische Hilfsmittel bei der Inspektion eingesetzt werden.

Die Berufsgenossenschaft schreibt für Arbeiten an LWL das Tragen von Laserschutzbrillen vor (**Bild 2**). Die Kennzeichnung von Schutzbrillen enthält z.B. Angaben zur Schutzstufe, Wellenlänge und Laserbetriebsart (**Bild 3**).

> **!** **LED** Light Emitting Diode = lichtemittierende Diode
> **GZS** Grenzwert der zugänglichen Strahlung in Watt ohne schädigende Folgen.
> **VBG** Verwaltungs-Berufsgenossenschaft ist als gewerbliche Berufsgenossenschaft der größte Träger der gesetzlichen Unfallversicherung in Deutschland.
> **DGUV** Deutsche Gesetzliche Unfallversicherung.
> **MZB** maximal zulässige Bestrahlung in Watt innerhalb einer Laserklasse.
> **cw-Wert** (cw von continuous wave) Strahlungsgrenzwert in Watt.

Laserstrahlung

VBG 93 Unfallverhütungsvorschrift „Laserstrahlung"	DIN EN 60825 1 2 Strahlungssicherheit von Lasereinrichtungen	Regeln für spezielle Bereiche
• MZB-Grenzwerte für Haut und Augen • Laserklassensystem • Anforderungen an Laseranlagen über – Betrieb – bes. Anwendungen • Ausführliche Durchführungsanweisungen • Laserschutzbeauftragte für Klassen 3B und 4	• Laserklassensysteme mit GZS-Werten • MZB-Werte für Augen und Haut • Benutzerrichtlinien • Anforderungen an die Laseranlage	• DIN 56912 (Showlaser) • DIN EN 60601 2 22 • LaserBW (Militäreinsatz) • • •
Laserstrahl- Materialbearbeitung DIN EN 31553	Laserschutzfilter und -brillen DIN EN 207 208	Leistungs- und Energie-Messgeräte DIN EN 61040

Bild 1: Vorschriften für den Umgang mit Laserstrahlung

Tabelle 1: Laserklassen

Klasse	Beschreibung
1 cw < 0,6 µW	Die zugängliche Laserstrahlung ist ungefährlich.
2 cw < 1mW	Die zugängliche Laserstrahlung liegt nur im sichtbaren Spektralbereich (400 bis 700 nm). Bei kurzzeitiger Bestrahlungsdauer (bis 0,25 s) ungefährlich auch für das Auge.
3A cw < 5 mW	Die zugängliche Laserstrahlung wird für das Auge gefährlich, wenn der Strahlungsquerschnitt durch optische Instrumente verkleinert wird. Ist dies nicht der Fall, ist die ausgesandte Laserstrahlung im sichtbaren Spektralbereich (400 nm bis 700 nm) bei kurzzeitiger Bestrahlungsdauer (bis 0,25 s), in den anderen Spektralbereichen auch bei Langzeitbestrahlung, ungefährlich.
3B cw < 500 mW	Die zugängliche Laserstrahlung ist gefährlich für das Auge und für die Haut.
4 cw > 500 mW	Die zugängliche Laserstrahlung, auch diffus gestreut, ist sehr gefährlich für das Auge und gefährlich für die Haut. Die Laserstrahlung kann Brand- oder Explosionsgefahr verursachen.

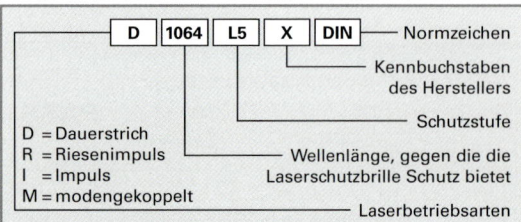

D = Dauerstrich
R = Riesenimpuls
I = Impuls
M = modengekoppelt

D 1064 L5 X DIN — Normzeichen
— Kennbuchstaben des Herstellers
— Schutzstufe
— Wellenlänge, gegen die die Laserschutzbrille Schutz bietet
— Laserbetriebsarten

Bild 3: Kennzeichen von Laserschutzbrillen

Bild 2: Laserschutzbrille

10.1.9 Infrarotübertragung IrDA

Für eine Datenübertragung über kurze Entfernungen, bei der ein Kabel unpraktisch oder unerwünscht ist, wird die Übertragung durch IR-Strahlung (Infrarotstrahlung) einer Leitungsverbindung
vorgezogen. Der Übertragungsstandard wird durch
die IrDA festgelegt. Anwendungsgebiete sind z. B.
PDA's, Smartphone, Notebooks oder Fernbedienungen (**Bild 1**).

> Infrarotdatenübertragung erfolgt drahtlos über
> eine kurze Entfernung.

Zur Signalübertragung werden ein Infrarotsender
und ein Infrarotempfänger benötigt. Als Sender
wird eine IRED verwendet, die Strahlung mit einer
Wellenlänge zwischen 850 nm und 900 nm ab-
strahlt. Der Abstrahlbereich ist keulenförmig und
hat einen Winkel von etwa 30° (**Bild 2**). Als IR-Empfänger werden PIN-Fotodioden (Intrinsic- Dioden)
oder Fototransistoren eingesetzt.

> Zur Datenübertragung müssen Sender und
> Empfänger mit Sichtverbindung direkt aufein-
> ander ausgerichtet werden.

Die Datenübertragung kann im Normalfall über eine
Entfernung von 1 m erfolgen. Manche batteriebe-
triebene Geräte verwenden spezielle Niederstrom-
varianten, die weniger Strom verbrauchen. Damit
ist aber nur eine Übertragung über 20 cm bis 30 cm
möglich. Wenn Entfernungen über 1 m zu überbrü-
cken sind, werden in dem IR-Sender mehrere IRED
in Reihe geschaltet. Durch gebündelte Infrarotstrahlung mit einer Linse im IR-Sender kann die Übertra-
gungsentfernung weiter vergrößert werden.

Bei der IR-Datenübertragung stören die Infrarotan-
teile von fremden Strahlungsquellen wie Sonnen-
licht oder Glühlampen (**Bild 3**). Um diese Störungen
zu verringern, wird vor die Fotodiode ein optisches
Filter angeordnet. Da dieses Filter sichtbares Licht
vollständig absorbiert und daher schwarz aussieht,
bezeichnet man es auch als Schwarzfilter.

Die Bitrate r_B ist abhängig vom verwendeten Übertragungsstandard (**Tabelle 1**). Bei Geräten wie Tastaturen oder Fernbedienungen, die nur geringe
Bitraten benötigen, werden die IrDA-Control-Pro-
tokolle verwendet. Diese ermöglichen es, dass ein
Host mit bis zu acht Client-Geräten gleichzeitig
kommuniziert, z. B. mit einem IR-Empfänger am
PC, der die Signale von der Tastatur, der Maus und
dem Joystick empfängt.

> Der Verbindungsaufbau kann von jedem belie-
> bigen IrDA-Gerät ausgehen. Ist ein anderes
> IrDA-Gerät in Sichtnähe, kommt es zu einer
> Verbindung.

> **!** **IrDA** von Infrared Data Association = Vereinigung
> zur Standardisierung der Datenübertragung mit
> Infrarot-Strahlung.
> **PIN** von positive intrinsic negative
> intrinsic = eigenleitend

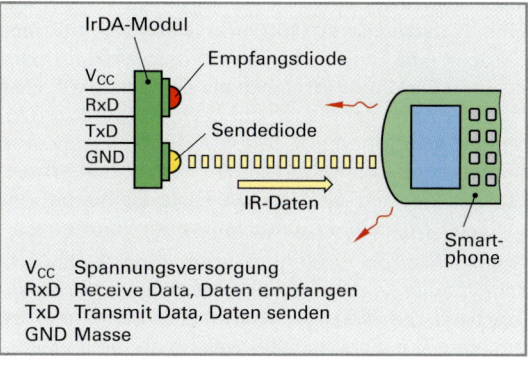

V_{CC} Spannungsversorgung
RxD Receive Data, Daten empfangen
TxD Transmit Data, Daten senden
GND Masse

Bild 1: Übertragung mit Infrarot

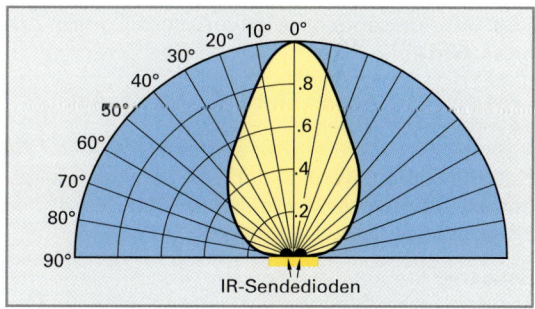

Bild 2: Abstrahlbereiche von IR-Sendedioden

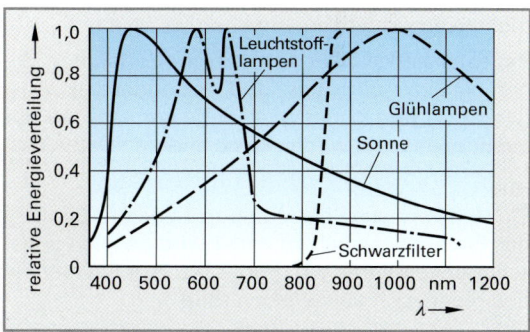

Bild 3: Spektrale Energieverteilung

Tabelle 1: IrDA-Standards und Bitraten r_B	
Standard	r_B in Mbit/s
SIR (Slow IR)	0,115
MIR (Middle IR)	1,15
FIR (Fast IR)	4
VIR (Very FIR)	16
UFIR (Ultrafast IR)	96
GIR (Giga IR)	512 oder 1024

10.1.10　Aktive Netzwerkkomponenten

Aktive Netzwerkkomponenten sind Geräte mit einer komplexen Hardware, die mit elektrischer Energie versorgt werden. Meist werden Symbole für die Darstellung dieser Komponenten verwendet (**Bild 1**).

Netzwerkkarte

Eine Netzwerkkarte (NIC von Network Interface Card) ist eine Steckkarte, die auf dem Motherboard in einen Erweiterungssteckplatz gesteckt wird. Eine Netzwerkkarte kann auch auf dem Motherboard integriert sein (onboard). Mithilfe der Netzwerkkarte und einem RJ-45-Kabel können Komponenten verbunden werden. Die Netzwerkkarte stellt eine Verbindung zwischen PC und Netzwerkmedium her.

Netzwerkkarten verfügen über eine Netzwerkschnittstelle, welche für den jeweiligen Netzwerktyp bzw. die Netzwerk-Architektur ausgelegt ist, und eine Bus-Schnittstelle, welche an die jeweilige Computer-Architektur angepasst ist.

Jede Netzwerkkarte hat eine eindeutige, 6 Byte große MAC-Adresse (von Media Access Control-Adresse, **Bild 2**).

> Mit der MAC-Adresse wird die Datenkommunikation des PCs im Netz gesteuert.

Netzwerkkarten werden der OSI-Schicht 2 zugeordnet. Die Netzwerkkarte steuert den Zugriff des Hosts auf das Netzwerkmedium.

Repeater

Mit Repeatern (Signalregeneratoren) werden Signale regeneriert, verstärkt und synchronisiert. Die räumliche Ausdehnung eines Netzwerkes kann mithilfe von Repeatern erweitert werden.

Repeater haben zwei Anschlüsse (Ports), von denen einer als Eingangs- und der andere als Ausgangsport bezeichnet wird. Repeater arbeiten nur auf Bitebene und werten keine anderen Daten aus.

Hub

Ein Hub wird auch als Multiport-Repeater bezeichnet. Ein Sendesignal am Port 1 wird an allen angeschlossenen Ports, z.B. Port 2 bis Port 8, verstärkt und regeneriert ausgegeben (**Bild 3**).

> Hubs können wegen der Datenlaufzeiten in einem Ethernet nicht beliebig oft hintereinander geschaltet (kaskadiert) werden.

Beim Ausfall eines einzelnen Kabels kann das gesamte Netz ohne Unterbrechung weiterarbeiten. Hubs werden der OSI-Schicht 1 zugeordnet.

Die maximale RTDT darf nicht überschritten werden. Die RTDT ist die Zeit, die ein Netzwerkpaket benötigt, um von einem Ende des Netzes zum anderen Ende des Netzes zu gelangen – und um-

> ⚠ Der Begriff Segment hat je nach OSI-Schicht verschiedene Bedeutungen:
> **OSI-Schicht 1**: Ein Segment entspricht der gemeinsamen Leitung = Kollisionsdomäne.
> **OSI-Schicht 2**: Segment entspricht hier den Netzen an den Schnittstellen (Interfaces).
> **OSI-Schicht 3**: Segment gleichbedeutend mit einem Subnetz oder einem Gesamtnetz.
> **RTDT** von Round-Trip-Delay-Time = Rundlaufzeit.

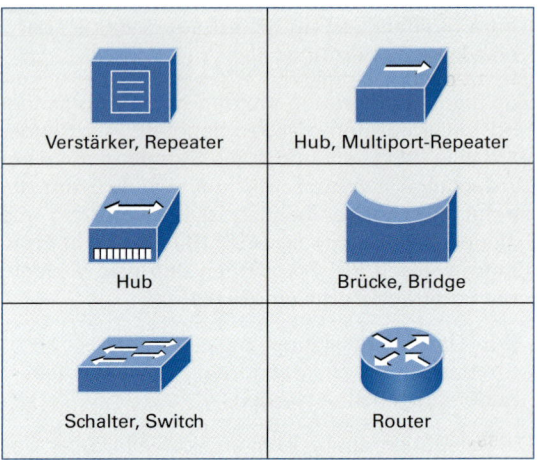

Verstärker, Repeater	Hub, Multiport-Repeater
Hub	Brücke, Bridge
Schalter, Switch	Router

Bild 1: Symbole für aktive Netzwerkkomponenten

80-E8-6F-AB-4D-EF

3 Byte für die Herstellerkennung z. B. CISCO　　3 Byte für die Seriennummer der Karte

Bild 2: Aufbau einer MAC-Adresse

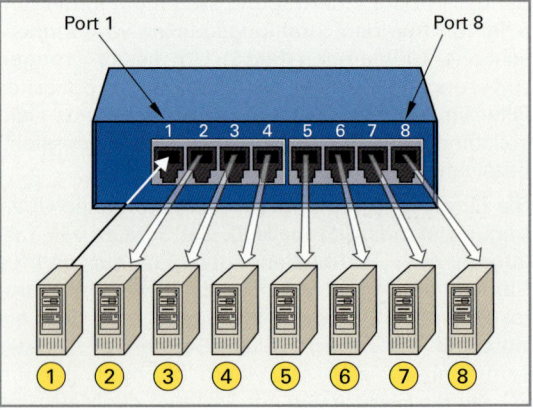

Bild 3: Hub

gekehrt. Dies wird als 5-4-3-Regel bezeichnet. Es dürfen maximal 5 Segmente mit 4 Hubs verbunden werden. Nur in 3 Segmenten dürfen Geräte angeschlossen sein.

Bridge

Eine Bridge verbindet zwei Teilnetze (LAN-Segmente) miteinander **(Bild 1)**. Die beiden verbundenen Segmente bilden hierbei zwei Kollisionsdomänen. Der Verkehr in einem LAN wird anhand der MAC-Adressen gefiltert. Die Bridge stellt sicher, dass sich lokaler Datenverkehr auch nur innerhalb lokaler Grenzen, z.B. im LAN 1, bewegt. Jedes Teilnetz empfängt nur die Pakete, deren Empfänger sich auch in diesem Netz befindet. Gleichzeitig ermöglicht eine Bridge die Verbindung zu anderen Teilnetzen (Segmenten) des LANs und leitet Daten weiter, die dorthin gesendet wurden.

Die Bridge speichert in der Filtertabelle, welche MAC-Adressen sich an welchem Anschluss befinden und trifft Entscheidungen auf der Basis der Filtertabelle.

Da Bridges MAC-Adressen verwenden, werden sie der Schicht 2 zugeordnet.

Switch

Ein Switch wird auch als Multiport-Bridge bezeichnet. Die MAC-Adressen und der zugehörige Port werden in der Filtertabelle (SAT von Source-Address-Table) verwaltet, die sich im RAM-Speicher des Switches befindet. Netzwerkpakete (Frames) werden nur an den Port weitergeleitet, der für die entsprechende Zieladresse in der Filtertabelle gelistet ist und an den der entsprechende Host angeschlossen ist **(Bild 2)**.

- Switches tragen entscheidend zu einer höheren Effizienz von lokalen Netzen bei.

- Switches ermöglichen den Anschluss vieler Geräte an einen Punkt im Netz.

- Ein Switch leitet Datenpakete mit der gesamten Bitrate (Bandbreite) von den Eingängen an die Ausgänge weiter.

Gibt es in der Filtertabelle keine passenden Einträge, wird der Frame an alle angeschlossenen Ports weitergeleitet (Flooding).

Die Verzögerungszeit, die ein Switch zur Weiterleitung braucht, bezeichnet man als Latenz (latency). Die Latenz wird in Bit angegeben.

Switching-Operationen

Die Weiterleitung von Daten kann beim Switch auf unterschiedliche Arten erfolgen.

Beim **Cut-Through-Verfahren** liest der Switch beim eingetroffenen Frame nur die Ziel-MAC-Adresse, trifft eine Forwarding-Entscheidung und schickt den Frame entsprechend weiter. Es findet keine Fehlerüberprüfung statt. Die Latenz ist sehr gering.

Kollisionsdomäne:
der Bereich eines Netzwerkes, in dem bei gleichzeitigem Senden mehrerer Stationen Kollisionen auftreten. Kollisionen entstehen, da die Stationen auf einem gemeinsamen physikalischen Medium (Kabel) senden.

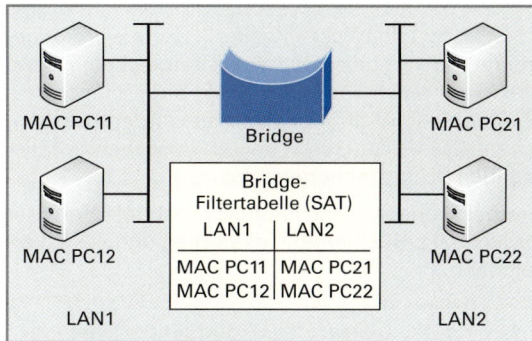

Bild 1: Netzwerk mit Bridge

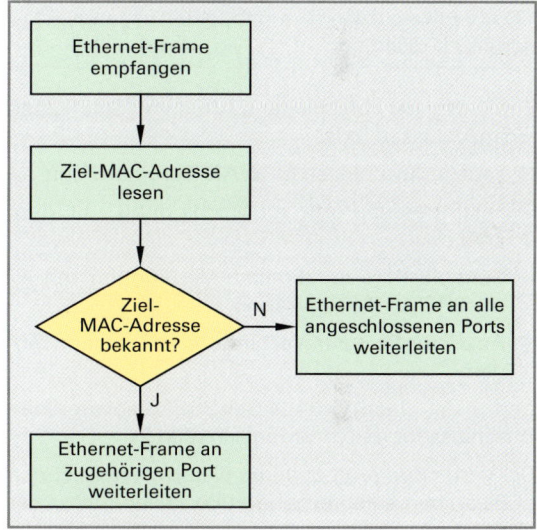

Bild 2: Switching-Operationen

Beim **Store-and-Forward-Verfahren** wird der ganze Frame empfangen (Store). Die Forwarding-Entscheidung wird anhand der Ziel-MAC-Adresse getroffen. Der ganze Frame wird anhand des CRC-Wertes auf Fehler überprüft. Bei Fehlern wird der Frame verworfen. Die Latenzdauer ist so groß wie das gesamte Datenpaket lang ist.

Das **Fragment-Free-Verfahren** ist schneller als Store-and-Forward, aber langsamer als Cut-Through. Geprüft wird lediglich, ob ein Frame die angegebene Länge in Bytes hat. Weitergeleitet wird ohne eine CRC-Prüfung. Fragmente sind meist „Trümmer" einer Kollision, die kein sinnvolles Paket mehr ergeben.

Router

Der Router ist ein Gerät, das Netzwerke miteinander verbindet **(Bild 1)**. Dies entspricht der OSI-Vermittlungsschicht 3. Vermittlungsentscheidungen werden auf der Grundlage von IP-Adressen getroffen (im Gegensatz zum Switch, der MAC-Adressen der Schicht 2 nutzt).

Der Router leitet Pakete weiter (Pakete werden geroutet) oder er blockt diese. Weitergeleitete Pakete gelangen entweder in ein direkt angeschlossenes Zielnetz (auch Ziel-Subnetz) oder werden zu einem ebenfalls in einem direkt angeschlossenen Netz liegenden Router weitergereicht.

Router können verschiedene Technologien der Schicht 2, z. B. Ethernet, Token-Ring und FDDI, verbinden.

> Ein Router überprüft ankommende Datenpakete (Schicht-3-Daten), wählt den besten Pfad innerhalb des Netzes (Routing) und leitet die Datenpakete dann zum richtigen Ausgangsport weiter (Switching)

Ein Router hat verschiedene Arten von Schnittstellenanschlüssen, z. B.

① serielle Anschlüsse für WAN-Verbindungen,

② FastEthernet Ports zur Verbindung mit dem LAN,

③ Console Port zur direkten Verbindung mit einem PC zur Konfiguration,

④ Auxiliary Port zur Verbindung mit einem Modem

und meist einen Ein-Aus-Schalter ⑤ sowie einen Anschluss für das Stromnetz ⑥ **(Bild 2)**.

Bei Verbindung mit anderen Netzen kennzeichnen LEDs an den entsprechenden Ports den Status der Verbindung.

Folgende Statusmeldungen sind üblich:

- Blinkende LED kennzeichnet die Aktivität der zugehörigen Schnittstelle.

- LED AUS bei aktiver und korrekt verbundener Schnittstelle, deutet auf ein Konfigurationsproblem hin.

- LED AN, Schnittstelle ist extrem belastet, die LED bleibt dauernd an.

- Eine grüne LED leuchtet nach korrekter Initialisierung des Systems, d. h. alles OK.

Die Direktverbindung Router mit PC zur einfachen Routerkonfiguration erfolgt z. B. mit einem Konsolenkabel oder Rollover Cable, das vom Hersteller geliefert wird **(Bild 3)**.

> **!** **Routen** = Weiterleiten von Datenpaketen
> **Routing-Protokolle**, z. B. RIP, sind Protokolle, mit denen Router untereinander Informationen austauschen.
> **Geroutete Protokolle**, z. B. TCP/IP, sind Protokolle, deren Datenpakete von Routern weitergeleitet werden.
> **RIP** von Routing Internet Protocol = Internetprotokoll für das Routing.

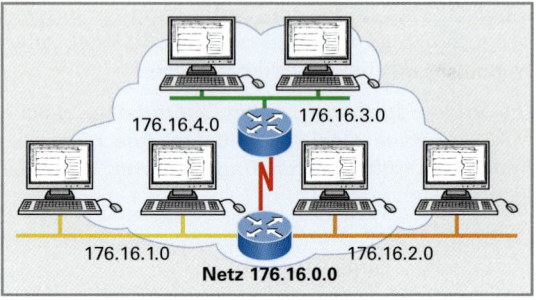

Bild 1: Router und angeschlossene Netze

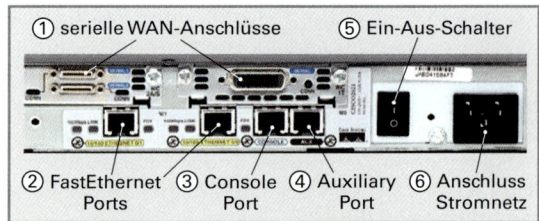

① serielle WAN-Anschlüsse   ⑤ Ein-Aus-Schalter
② FastEthernet Ports   ③ Console Port   ④ Auxiliary Port   ⑥ Anschluss Stromnetz

Bild 2: Anschlüsse auf Router-Rückseite

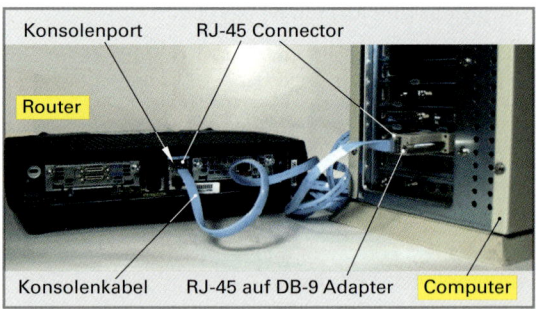

Konsolenport   RJ-45 Connector   Router   Konsolenkabel   RJ-45 auf DB-9 Adapter   Computer

Bild 3: Verbindung Router mit PC

Anhand von Routing-Protokollen, z. B. RIP, tauschen Router Informationen über angeschlossene Netzwerke und Pfade untereinander aus. Beim Eintreffen von Datenpaketen bestimmt ein Router den Weg zum Ziel und damit die passende Schnittstelle, über welche er die Daten weiterleitet. Es kann auch eine Standardroute (Default-Route) in der Routingtabelle festgelegt sein, diese verbindet meist mit einem Router höherer Ordnung (Standard-Gateway oder Default-Gateway).

10.1.11 PoE (Power over Ethernet)

PoE versorgt über Kupfer-LAN-Kabel Ethernet-End-geräte gleichzeitig mit Daten und Energie.

Leistungsversorgung

Die Einspeisung der Leistung für die PDs kann durch ein eigenes Netzteil (PoE-Injektor für Swit-ches ohne PoE-Technik) ①, durch Midspan-Devices ②, oder über einen Switch mit integriertem PSE ③ erfolgen **(Bild 1)**. Bei Midspan wird eine PSE zwi-schen Switch und Endgeräte geschaltet.

Einspeisungsarten für PoE-Endgeräte

Für die Übertragung der Energie werden zwei Schaltungen verwendet.

Bei der **Phantomschaltung** nutzen Energie und Da-ten die Leiter gemeinsam. Die negative Spannung wird über die Adern 1 und 2 (-) und die positive Spannung über die Adern 3 und 6 mit Transforma-toren eingekoppelt **(Bild 2, oben)**. Die Schaltung ist auch für Gigabit-Ethernet geeignet.

Bei der **Spare-Pairs-Schaltung** werden die freien Aderpaare 4 und 5 (+) und 7 und 8 (-) benutzt **(Bild 2, unten)**.

Leistungsklassen und Klassifizierungssignatur

Die Versorgungsgleichspannung am Ausgang der PSE ist U_{PSE} = 48 V. Zulässig sind 44 V bis 54 V. Die Ausgangsleistung der PSE kann je nach Klasse zwischen 4 W und 96 W liegen **(Tabelle 1)**. Da die Netzwerkkabel unterschiedlich belegt sein können, werden vor dem Einschalten der PoE-Leistungsver-sorgung alle Endgeräte auf PoE-Fähigkeit geprüft.

PoE-Aktivierungsschritte durch die PSE

1. Im Ruhezustand, PSE bereit: U_{PSE} = 0 V bis 2,8 V.

2. Mit dem Erkennungsstrom prüfen, ob der Ein-gangswiderstand des PD bei 25 kΩ liegt, zuläs-sig 15 kΩ bis 33 kΩ (U_{PSE} = 2,7 V bis 10,1 V).

3. Wenn ja, wird der R_{PD} genau gemessen, um die PoE-Klassifizierung nach Tabelle vorzunehmen.

4. Die eigentliche Stromversorgung wird aktiviert.

5. Es liegen im Normalbetrieb Spannungen zwi-schen 36 V und 57 V an.

Wirkungsgrad

Für PDs ab Klasse 4 sind LAN-Kabel mit größeren Leiterquerschnitten vorzusehen, um die Span-nungsverluste gering zu halten. Es werden z.B. AWG-Werte (American Wire Gauge) von 24 bis 22 verwendet. Dies entspricht Querschnitten von 0,2 mm² bis 0,32 mm². Mit Kabeln der Klasse Cat 6 können z.B. IP-fähige LED-Leuchten mit P_{ges} = 75 W betrieben und über Ethernet gesteuert werden.

> **!** **PoE** von Power over Ethernet = Leistung über das Ethernet.
> **PD** von Power Device = energieversorgtes Endgerät.
> **PSE** von Power Sourcing Equipment = Netz-gerät, kann PD-Eigenschaften prüfen.
> **Endspan = Endbereich**
> **Midspan = Mittelbereich**
> **Spare pairs** = freie Leitungspaare

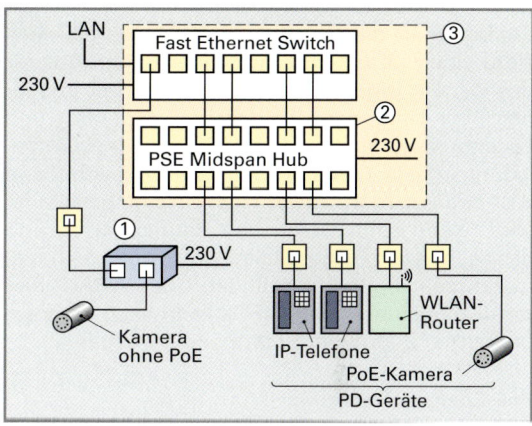

Bild 1: Versorgung von PoE-Geräten

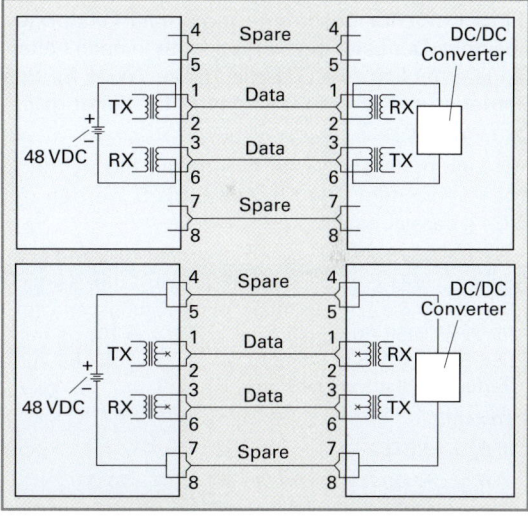

Bild 2: Einspeisungsarten

Tabelle 1: PoE-Standards				
IEEE 802._	Klasse	Erkennungs-stom in mA	P_{PSEmin} in W	P_{PDmax} in W
af	0	0 bis 4	15,4	0,44 bis 12,95
af	1	9 bis 12	4,0	0,44 bis 3,84
af	2	17 bis 20	7,0	3,84 bis 6,49
af	3	26 bis 30	15,4	6,49 bis 12,95
at	4	36 bis 44	25,5	12,95 bis 21,90
bt	5 bis 8	600 bis 1000	49/96	bis 96

PoE-Beleuchtungssysteme mit LED

Die PoE-Technik ist geeignet Lichtsysteme per LAN mit Strom zu versorgen, zu vernetzen und zu steuern. LED-Beleuchtungssysteme werden so zu Bestandteilen von IT-Netzwerken. IP-fähige Leuchten PoE-LED-Devices werden über RJ45-Steckverbinder angeschlossen **(Bild 1)**. Dies ermöglicht die Lichtsteuerung über das vorhandene Netzwerk.

Smart-LED-Hub

Ergänzt man die Leuchte durch Sensoren, wird siezu einem Smart-LED-Hub, einer Baugruppe für das IoT. Ein Smart-LED-Hub kann z. B. Informationen über Umgebungshelligkeit, Temperatur und Feuchte sowie anonymisierte Daten zur Raumbelegung erfassen **(Bild 2)**. Ein Präsenzdetektor kann z. B. dafür sorgen , dass Licht erst eingeschaltet wird, wenn eine Person den Raum betritt, und dass es wieder ausgeschaltet wird, wenn sich niemand mehr im Raum befindet. Über WPAN, hier das Nahfeldfunkmodul (NFC), kann auch ein lokal begrenzter Zugriff per Smartphone erfolgen.

PoE-Energieversorgung

Twisted-Pair-Leitungen sind aufgrund ihres geringen Leiterquerschnitts und der RJ45-Steckverbindungen nur für bestimmte maximale Leistungen geeignet. Der Leistungsverlust kann je nach Leiterlänge erheblich sein **(Tabelle 1)**. Die Werte für den Betrieb von PDs mit 60 W gelten für Leitungslängen von 100 m.

Für Leitungen ab Klasse 4 wird die Bezeichnung PoE+ verwendet. Die Klassen 5 bis 8 werden mit PoE++ bezeichnet.

Beispiel 1: Leistungsverlust berechnen

Berechnen Sie a) die Leitungs- und Leistungsverluste, für eine Cat5-Leitung mit einer Länge von 100 m, mit den Daten von Bild 3 und b) die an der PoE-LED zur Verfügung stehende Leistung.

Lösung:

a) $R_{Ader} = 20\ \Omega \rightarrow$

$R_{Leitung} = (20\ \Omega \parallel 20\ \Omega) + (20\ \Omega \parallel 20\ \Omega) = 20\ \Omega$

$P_{Leitung} = I^2 \cdot R_{Leitung} = (350\ mA)^2 \cdot 20\ \Omega = \textbf{2,45 W}$

b) $P_{PD} = P_{PSE} - P_{Leitung} = 15,4\ W - 2,45\ W = \textbf{12,95 W}$

RJ45-Buchsenkontakte für PoE+

PoE+ werden mit Gleichspannungen bis 60 V und Gleichströmen bis 0,6 A betrieben. Die Kontakte werden deshalb so geformt, dass entstehende Abreißfunken beim Öffnen der Steckverbindung in einem Bereich • auftreten, der weit entfernt von den Kontaktflächen • ist, die für die Datenübertragung genutzt werden **(Bild 4)**.

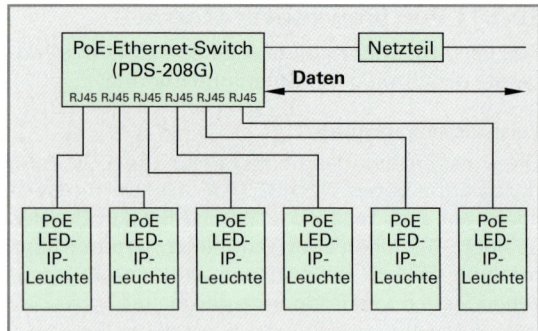

Bild 1: Switch mit LED-Power Devices

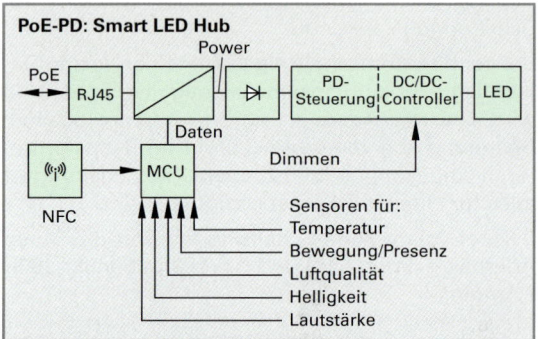

Bild 2: Blockschaltplan Smart-LED-Hub

Tabelle 1: Leitungsverluste bei 600 mA je Adern-paar		
Leitungstyp	Max. Widerstand bei 60°C	Leistungsverlust
Cat 5e, UTP (24AWG)	10,9 Ω	7,8 W
Cat 6, UTP (23AWG)	9,0 Ω	6,5 W
Cat 6$_A$, UTP (23AWG)	8,7 Ω	6,3 W
Cat 6$_A$, F/UTP (23AWG)	8,8 Ω	6,3 W
Cat 7$_A$, S/FTP (22AWG)	6,3 Ω	4,5 W

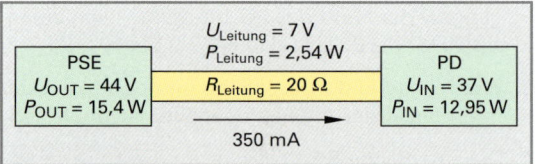

Bild 3: Berechnung der Verlustleistung

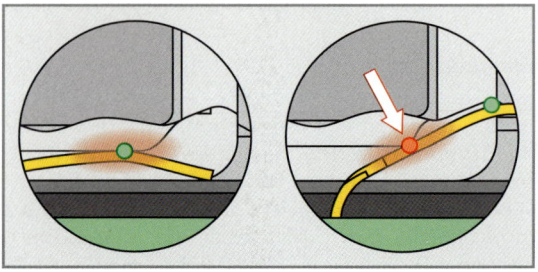

Bild 4: Kontaktbelastung bei PoE+

10.1.12 IP-Adressen

Um einen Computer in einem Netz zu adressieren, ist die weltweit einmalige MAC-Adresse mit 48 Bit der Netzwerkkarte nicht praktikabel. Es werden logische Adressen, die zwischen der Netzwerk-Hardware und der Netzwerk-Software vermitteln, verwendet. Zur Unterscheidung von Computern im Internet oder in einem Intranet werden ihnen IP-Adressen zugeteilt. Die IP-Adresse besteht bei IPv4 aus 32 Bit **(Bild 1)**.

Der vordere Teil adressiert das Netz, in dem sich der Computer befindet, der zweite Teil adressiert den Computer selbst.

Subnetze

Da die Anzahl der IP-Adressen begrenzt ist und da sehr große Computernetze schwierig zu verwalten sind, werden diese in kleinere Subnetze (Teilnetze) unterteilt. Die Subnetzmaske legt fest, wie groß der Netzanteil (Net-ID-Anteil) bzw. der Hostanteil (Host-ID-Anteil) ist.

> Die Subnetzmaske legt fest, welche Bits der IP-Adresse für die Net-ID und welche für die Host-ID gültig sind.

Für jedes Bit, das zur Net-ID gehört, ist die Subnetzmaske mit 1 maskiert. Für die Bits, die zur Host-ID gehören, sind die Bits in der Subnetzmaske auf 0 gesetzt.

Durch bitweise UND-Verknüpfung von IP-Adresse und Subnetzmaske werden Netzanteil und Hostanteil ermittelt. Die Subnetzmaske legt außerdem die Anzahl der Hostbits fest. Es gibt verschiedene Netzwerkklassen **(Tabelle 1)**.

Zwei Adressen finden keine Verwendung. IP-Adressen mit lauter Nullen im Hostanteil sind die Netzwerkadresse, IP-Adressen mit lauter Einsen im Hostanteil sind die Broadcastadresse für das Teilnetz.

Beispiel 1: IP-Adressen berechnen

Geben Sie zu der IP-Adresse 199.46.36.5 die Netzwerkklasse, die Netzadresse, mögliche weitere Hostadressen, die Anzahl der möglichen Hosts und die Broadcastadresse, sowohl dezimal als auch binär, an.

Lösung: **Bild 2**

IP-Adressen und Subnetzmasken werden, z. B. in Eingabefeldern von Betriebssystemen, nicht in der Binärschreibweise angegeben, sondern in Dezimalschreibweise (DDN). Dabei werden immer 8 Binärstellen in eine maximal 3-stellige Dezimalziffer umgewandelt. Es entstehen immer 4 Dezimalzahlen, die durch Punkte getrennt sind. Eine übersichtliche Schreibweise für die IP-Adresse mit Subnetzmaske ist die CIDR-Maske oder Slash-Maske. Diese Schreibweise wird z. B. bei der Konfiguration von Routern verwendet.

> **!** **IP** von Internet Protokoll.
> **Subnet** = Subnetz.
> **DDN** von Dotted Decimal Notation = Dezimaldarstellung mit Punkten.
> **CIDR** sprich Caider; von Classless Internet Domain Routing

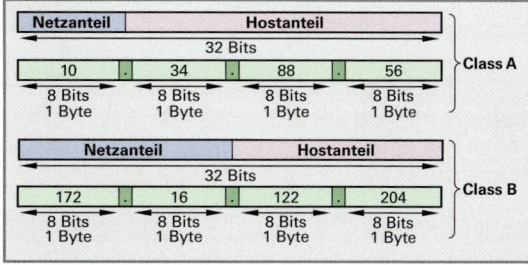

Bild 1: IPv4-Adressen mit Netzwerkanteil und Hostanteil

Tabelle 1: Netzwerkklassen A, B und C

Klasse	A	B	C
Werte des ersten Oktetts	Dezimal 1 bis 126, dual 0XXXXXXX	Dezimal 128 bis 191, dual 10XXXXXX	Dezimal 192 bis 223, dual 110XXXXX
Gültige Netzwerknummern	1.0.0.0 his 126.0.0.0	128.0.0.0 bis 191.255.0.0	192.0.1.0 bis 223.255.254.0
Anzahl möglicher Netzwerke	2^7 minus zwei spezielle Fälle	2^{14} minus zwei spezielle Fälle	2^{21} minus zwei spezielle Fälle
Anzahl Hosts je Netzwerke	2^{24} minus zwei spezielle Fälle	2^{16} minus zwei spezielle Fälle	2^8 minus zwei spezielle Fälle
Standard Subnetzmaske	255.0.0.0	255.255.0.0	255.255.255.0
Größe von Netzwerkanteil und Hostanteil	Netzwerkanteil 8 Bit, Hostanteil 24 Bit	Netzwerkanteil 16 Bit, Hostanteil 16 Bit	Netzwerkanteil 24 Bit, Hostanteil 8 Bit

```
1) IP-Adresse: 199.46.36.5

| 199      | 46       | 36       | HOST     |

| 11000111 | 00101110 | 00100100 | 00000000 |  1 Netzwerk-
                                              Adresse
| 11000111 | 00101110 | 00100100 | 00000001 |
| 11000111 | 00101110 | 00100100 | 00000010 |  254
| 11000111 | 00101110 | 00100100 | 00000011 |  Host-
| 11000111 | 00101110 | 00100100 | ...       |  Adressen
| 11000111 | 00101110 | 00100100 | 11111110 |  2^8 - 2

| 11000111 | 00101110 | 00100100 | 11111111 |  1 Broadcast-
                                              Adresse
```

Netzwerk: 199.46.36.0
Hosts: 199.46.36.1 bis 199.46.36.254
Broadcast: 199.46.36.255
Klasse C

Bild 2: IP-Adressen als Lösung zu Beispiel 1

> Bei der CIDR-Maske X.X.X.X/Y gibt X die IP-Adresse in Dezimalschreibweise an und Y die Anzahl der Bits der IP-Adresse, die zur Net-ID gehören.

Private IP-Adressen

Private IP-Adressen sind IP-Adressen, die von Routern im Internet nicht weitergeleitet (geroutet) werden. Diese können im eigenen Netzwerk an die Hosts verteilt werden. Wollen Hosts mit privaten IP-Adressen mit dem Internet verbunden werden, dann muss ein Router mit Network Address Translation (NAT) die private Adresse in eine öffentliche IP-Adresse umwandeln.

Private Adressbereiche sind:

Klasse A: 10.0.0.0 bis 10.255.255.255.
Klasse B: 172.16.0.0 bis 172.31.255.255.
Klasse C: 192.168.0.0 bis 192.168.255.255.

Beispiel 1: Netzwerk konfigurieren

Der Router in **Bild 1** verbindet die Netzwerke A, B, C und D. a) Geben Sie mögliche IP-Adressen der Router-Schnittstellen an und b) beschreiben Sie wie Host A1 mit Host C4 kommuniziert.

Lösung:
a) ein Router-Interface hat immer eine IP-Adresse des zugehörigen Netzwerkes z. B. A5 192.168.1.5, B5 170.0.0.5, C1 10.0.0.1 und D1 192.168.2.1.
Diese IP-Adresse des Router-Interfaces wird bei den Hosts jeweils als Standard-Gateway eingetragen.

b) Will nun Host A1 mit dem Host C4 im Netzwerk C kommunizieren, dann wird ein IP-Paket mit Sender-IP des Host A1 z. B. 192.168.1.1 und der Ziel-IP des Host C4 z. B. 10.0.0.3 versendet.

Subnetting

Beim Bilden von Unternetzen (Subnetting) kann ein physikalisches Netz in kleinere Unternetze geteilt werden. So können z. B. Bereiche und/oder Räume eines Unternehmens mithilfe der IP-Adressräume abgebildet werden **(Bild 2)**. Die IP-Adresse besteht aus einem Netzwerkanteil N und einem Hostanteil H, der weiter unterteilt wird. Betrachtet wird beim Subnetting nur der Hostanteil der Subnetzmaske.

Es ergeben sich folgende Vorteile:

- Subnetting ermöglicht das Routing innerhalb großer Teilnetze.
- Aufteilung in Subnetze ist für den Rest des Internets unsichtbar.
- Die Hosts der einzelnen Subnetze werden weiterhin von externen Hosts und Routern als Teile des Gesamtnetzes betrachtet.
- Andere Router müssen nicht umkonfiguriert werden.
- Trennung der Zugriffsrechte zwischen Subnetzen.
- Geringere Netzwerklast.

Das Subnetting erfolgt nach RFC 1878, wobei m die Anzahl der für den Netzwerkanteil genutzten Bits des Hostanteils ist.

> **!** Ein Router muss die IP-Adresse des zugehörigen Netzwerks auf seiner entsprechenden Schnittstelle (Interface) zugewiesen haben.
> **RFC** (von Request for Comments) sind Dokumente über Standards im Internet.

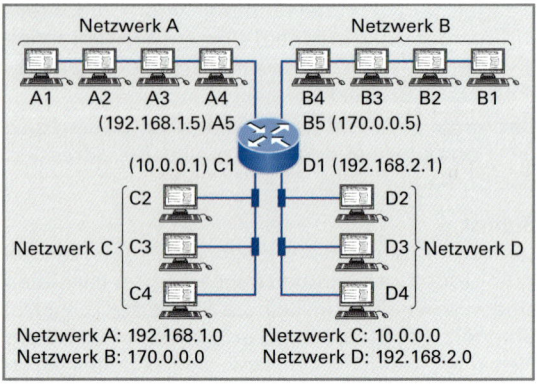

Netzwerk A: 192.168.1.0   Netzwerk C: 10.0.0.0
Netzwerk B: 170.0.0.0   Netzwerk D: 192.168.2.0

Bild 1: Adressierung von Netzwerken und Hosts

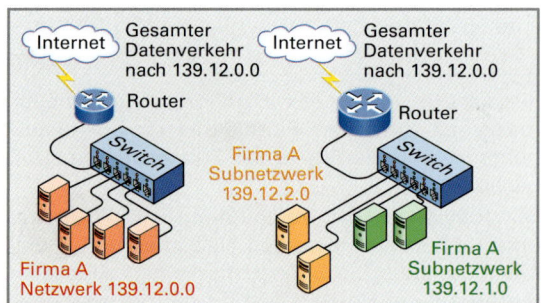

Bild 2: Firmennetz ohne und mit Subnetting

Erstes Host-oktett	Anzahl Sub-netze	Host-anzahl Klasse A	Host-anzahl Klasse B	Host-anzahl Klasse C
.192	2	4,194,302	16,382	62
.224	6	2,097,150	8,190	30
.220	14	1,048,574	4,094	14
.248	30	524,286	2,046	6
.252	62	262,142	1,022	2
.254	126	131,070	510	–
.255	254	65,534	254	–

Bild 3: Anzahl Hosts je Subnetz

Es ergeben sich ausgehend von den Standardsubnetzmasken in der Klasse A, B und C eine entsprechende Anzahl m von möglichen Hosts je Subnetz **(Bild 3)**.

$$K = 2^m$$

K   Anzahl der Subnetze
m   Anzahl der für den Netzwerkanteil genutzten Bits des Hostanteils

Classless Inter-Domain Routing (CIDR)

CIDR nutzt den bestehenden 32-Bit-IP-Adressraum (IPv4) effizienter. Die Größe der Routingtabellen wird reduziert und die verfügbaren Adressbereiche werden besser ausgenutzt.

Mit CIDR entfällt die feste Zuordnung einer IP-Adresse zu einer Netzklasse und die eventuelle Unterteilung (Subnetting) in weitere Netze oder die Zusammenfassung (Supernetting) mehrerer Netze einer Klasse.

Das Suffix, z. B. /17 gibt die Anzahl der Bits mit dem Wert 1 in der Netzmaske an **(Tabelle 1)**.

Beispiel 1: Adressen berechnen

Die IP-Adresse 213.144.143.192 soll mit einer /27-Maske maskiert werden. Geben Sie die niedrigste und die höchste Hostadresse, die Broadcastadresse dual und dezimal, und die Anzahl der möglichen Hosts an.

Lösung: **Bild 1**

Bei hierarchischem Routing sind über nur einen Routereintrag eine große Anzahl von Netzen erreichbar.

Hierarchisches Routing ist nur mit CIDR möglich. In **Bild 2** hat Router A nur den Eintrag für Router B in seiner Routingtabelle für 6 verschiedene Endnutzernetze, die über die Router F bis Router K erreicht werden. Router B hat nur 3 Einträge für Router C, Router D und Router E, für die verschiedenen Endnutzernetze (in der Realität ist das Verhältnis hier z. B. 1:10 000). Router C, D, E bedienen jeweils die Endnutzernetze. Jeder dieser Router könnte bis zu 10 000 Endnutzernetze verwalten.

IP-Address-Aggregation, Zusammenfassung von IP-Adressen

IP-Address-Aggregation heißt, verschiedene Netzwerke können mit einem einzigen Eintrag in einer Routing-Tabelle erreicht werden.

Beispiel 2: Routing-Eintrag erstellen

Ein Router verbindet durch ein Gateway mit der IP-Adresse 194.1.1.1 acht Netzwerke. Die mögliche Routing-Tabelle mit je einem einzelnen Eintrag für jedes individuelle Netz zeigt **Bild 3**. Erstellen Sie einen Routing-Eintrag mit CIDR, der die acht Netzwerke abbildet.

Lösung: Am Router eintippen:
ip route 66.100.50.0 255.255.255.0 194.1.1.1
oder in CIDR-Schreibweise:
ip route 66.100.50.0/24 194.1.1.1

Variable Length of Subnet Mask (VLSM)

VLSM ist eine Subnetzmaske mit variabler Länge für ein erweitertes Subnetting. Dieses Verfahren erlaubt eine effizientere Nutzung von Subnetzen.

> **!** Die IP-Adresse in der CIDR-Schreibform ersetzt die Dotted Decimal Notation.
> CIDR wird auch als **asymmetrische Segmentierung** bezeichnet.

Tabelle 1: Schreibformen

Anzahl 1-Bits	CIDR	Dotted Decimal Notation
17	172.17.0.0/17	172.17.0.0/255.255.128.0
24	192.168.2.7/24	192.168.2.7/255.255.255.0
28	10.43.8.67/28	10.43.8.67/255.255.255.240

Adresse: 213.144.143.192
11010101.10010000.10001111.110 00000
Netzmaske: 255.255.255.224 ≙ 27
11111111.11111111.11111111.111 00000
Netzwerk: 213.144.143.192/27
11010101.10010000.10001111.110 00000
Broadcast: 213.144.143.223
11010101.10010000.10001111.110 11111
Niedrigster Host: 213.144.143.193
11010101.10010000.10001111.110 00001
Höchster Host: 213.144.143.222
11010101.10010000.10001111.110 11110
Hosts/Netz: 30

Bild 1: Subnetting mit CIDR (Beispiel)

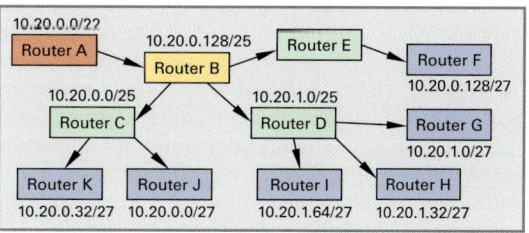

Bild 2: Hierarchisches Routing (Beispiel 1)

---

ip route 66.100.50.0   255.255.255.224 194.1.1.1
ip route 66.100.50.32   255.255.255.224 194.1.1.1
ip route 66.100.50.64   255.255.255.224 194.1.1.1
ip route 66.100.50.96   255.255.255.224 194.1.1.1
ip route 66.100.50.128 255.255.255.224 194.1.1.1
ip route 66.100.50.160 255.255.255.224 194.1.1.1
ip route 66.100.50.192 255.255.255.224 194.1.1.1
ip route 66.100.50.224 255.255.255.224 194.1.1.1

Bild 3: Routing-Tabelle zu Beispiel 2

Individuelle Teilnetzmasken z. B. 10.1.0.0/16 werden an die erstellten Teilnetze (Subnet) zugewiesen.

Durch mehrfache, verschachtelte Teilung des Adressbereiches entstehen Adressblöcke z. B. für Punkt-zu-Punkt-Netze, die eine minimale Größe haben.

Aus diesem 10.1.1.0/24-Subnetz werden z. B. 10.1.1.0/30 und 10.1.1.4/30 für die jeweiligen Subnetze gebildet. Die Vorteile sind eine effektivere Nutzung von Adressbereichen, die Verkleinerung von Routing-Tabellen und eine erhöhte Anzahl möglicher Subnetze.

10.1.13 Routen eines IP-Paketes

Beim Routen werden Datenpakete zwischen Netzwerken gesendet. In einem Netzwerk mit 2 Routern will Host PC0, verbunden mit dem Router0, eine Nachricht, z. B. E-Mail, an Host PC1, verbunden mit Router1, senden **(Bild 1)**.

Die Daten der oberen OSI-Schichten werden in Schicht 2 gekapselt, z. B. mit der Sender-IP-Adresse und der Empfänger-IP-Adresse. Jedes Gerät im Netzwerk hat eine MAC-Adresse und eine IP-Adresse **(Tabelle 1)**.

Auf der Schicht 2 werden die eigene MAC-Adresse von PC0 und die MAC-Adresse von Router0 (Standard-Gateway) eingetragen **(Bild 2)**.

Router0 empfängt nun die Daten, da seine MAC-Adresse im Header steht, er entfernt den MAC-Header in Schicht 2. In Schicht 3 steht die Ziel-IP-Adresse von Host PC1.

Router0 ermittelt anhand seiner Routingtabelle den Pfad für das Paket und ermittelt eine neue MAC-Adresse, die von Router1. Diese wird in dem IP-Paket von Router0 an Router1 gekapselt **(Bild 3)**. Router1 nimmt die Daten, da seine MAC-Adresse im Header steht, entfernt den MAC-Header in Schicht 2 und in Schicht 3 wird die IP-Adresse von Host PC1 erkannt. Anhand der Routing-Tabelle erkennt Router1, dass PC1 mit der Schnittstelle Fa0/0 verbunden ist. Router1 ermittelt die MAC-Adresse von Host PC1 und sendet die Daten an die MAC-Adresse von Host PC1. Die neue Sender-MAC-Adresse ist die von Router1 **(Bild 4)**. PC1 empfängt das Paket und nimmt es entgegen.

> ❗ Die Quell-IP-Adresse und Ziel-IP-Adresse werden im IP-Paket niemals geändert, nur die MAC-Adressen.
> Ein **Switch** ist der Schicht 2 zugeordnet und prüft nur die MAC-Adressen.
> Ein **Router** ist der Schicht 3 zugeordnet und prüft die IP-Adressen und ändert die MAC-Adressen.

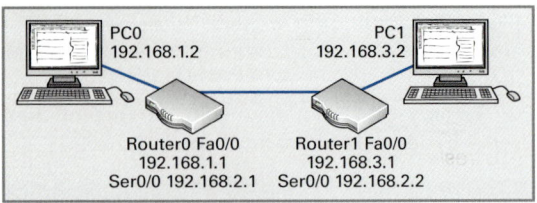

Bild 1: Netzwerk mit 2 Routern

Tabelle 1: Adressen zu Bild 3

Namen	IP-Adressen	MAC-Adressen
PC0	192.168.1.2/24	0001.9625.1AC6
Router0 Fa0/0 Ser0/0	192.168.1.1/24 192.168.2.1/24	0001.C903.E378 0001.C928.B5D1
Router1 Fa0/0 Ser0/0	192.168.3.1/24 192.168.2.2/24	000B.BED3.15C4 0040.0B3D.3825
PC1	192.168.3.2/24	0001.C9B3.09C0
* Fa von Fast Ethernet, Ser von Seriell		

In der Routing-Tabelle der verbundenen Router nach **Bild 5** stehen die direkt verbundenen Netzwerke (C = connected) und die durch Datenübertragung mittels Protokoll erlernten (z. B. R = RIP von Routed Internet Protocol). Außerdem beinhaltet sie die jeweils verwendete Schnittstelle (Port) und Daten zur Metrik. Die Metrik ist ein numerisches Maß für die Güte einer bestimmten Route.

At Device: PC1   Source: PC0   Destination: PC1

Layer 3: IP Header Src. IP: 192.168.1.2, Dest. IP: 192.168.3.2	Layer 3: IP Header Src. IP: 192.168.3.2, Dest. IP: 192.168.1.2
Layer 2: Ethernet II Header 000B.BED3.15C4 >> 0001.C9B3.09C0	Layer 2: Ethernet II Header 0001.C9B3.09C0 >> 000B.BED3.15C4
Layer 1: Port FastEthernet	Layer 1: Port(s): FastEthernet

Bild 2: IP-Pakete von PC1

At Device: Router0   Source: PC0   Destination: PC1

Layer 3: IP Header Src. IP: 192.168.1.2, Dest. IP: 192.168.3.2	Layer 3: IP Header Src. IP: 192.168.1.2, Dest. IP: 192.168.3.2
Layer 2: Ethernet II Header 0001.9625.1AC6 >> 0001.C903.E378	Layer 2: HDLC Frame HDLC
Layer 1: Port FastEthernet0/0	Layer 1: Port(s): Serial0/0

Bild 3: IP-Pakete von Router0

At Device: Router1   Source: PC0   Destination: PC1

Layer 3: IP Header Src. IP: 192.168.1.2, Dest. IP: 192.168.3.2	Layer 3: IP Header Src. IP: 192.168.1.2, Dest. IP: 192.168.3.2
Layer 2: HDLC Frame HDLC	Layer 2: Ethernet II Header 000B.BED3.15C4 >> 0001.C9B3.09C0
Layer 1: Port Serial0/0	Layer 1: Port(s): FastEthernet0/0

Bild 4: IP-Pakete von Router1

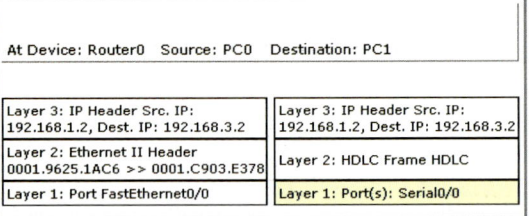

Routing Table for Router0

Type	Network	Port	Next Hop If	Metric
C	192.168.1.0/24	FastEthernet0/0	---	0/0
C	192.168.2.0/24	Serial0/0	---	0/0
R	192.168.3.0/24	Serial0/0	192.168.2.2	120/1

Routing Table for Router1

Type	Network	Port	Next Hop If	Metric
C	192.168.2.0/24	Serial0/0	---	0/0
C	192.168.3.0/24	FastEthernet0/0	---	0/0
R	192.168.1.0/24	Serial0/0	192.168.2.1	120/1

Bild 5: Routing-Tabellen von Router0 und Router1

Vergabe von IP-Adressen und Protokolle

IP-Adressen können manuell am PC konfiguriert oder automatisiert durch spezialisierte Server verteilt werden.

Manuelle Vergabe von IP-Adressen

Die IP-Adressen können in den einzelnen PCs in einem Netzwerk manuell vom Netzwerkadministrator vergeben werden. Dies ist sehr aufwendig und fehleranfällig. Sowohl Fehleingaben als auch doppelte Vergaben von IP-Adressen können auftreten. Besser ist eine automatisierte Vergabe der IP-Adressen im Netzwerk.

Automatisierte Vergabe von IP-Adressen

Bei der automatisierten Vergabe von IP-Adressen werden drei Verfahren unterschieden **(Tabelle 1)**.

RARP

Der PC sendet einen RARP Request-Broadcast mit der eigenen MAC-Adresse als Inhalt an die am Netzwerk angeschlossenen Rechner. Ein Server, der die Zuordnungen von IP-Adressen zu MAC-Adressen kennt, sendet daraufhin eine IP-Adresse an den anfragenden PC (RARP-Reply).

Broadcasts sind auf Subnetze beschränkt, so dass RARP nur in einem Subnetz eingesetzt werden kann. Wird ein lokales Netzwerk (LAN) in Subnetze aufgeteilt, muss in jedem Subnetz ein RARP-Server vorhanden sein. Durch RARP erfährt ein Rechner nur seine IP-Adresse.

BootP

Beim BootP versendet der PC einen Broadcast, um vom Server eine IP-Adresse zu erhalten. Der Server sendet die IP-Adresse per Broadcast zurück. BootP übermittelt z. B. die Subnetzmaske, das Standard-Gateway sowie den Namen des Bootservers.

DHCP

Das Dynamic Host Configuration Protocol ermöglicht die Zuweisung der Netzwerkkonfiguration. Ein DHCP-Server bestätigt anhand von Kommandos eine Anfrage **(Bild 1)**.

Anschließend erfolgt die automatische Einbindung des PCs in das bestehende Netzwerk. Am PC muss der automatische Bezug der IP-Adresse eingestellt sein. Beim Start des PCs am Netz können z. B. die IP-Adresse, die Netzmaske, das Standard-Gateway und ein DNS-Server vom DHCP-Server bezogen werden **(Tabelle 2)**.

DHCP wird meist in großen Netzwerken mit wechselnder Topologie und bei wechselnden Anwendern eingesetzt.

! Vorteile von DHCP:
- Bei Topologieänderungen müssen die betroffenen PCs nicht von Hand konfiguriert werden.
- PCs mit häufig wechselnden Standort, z. B. Notebooks, werden an das Netzwerk angeschlossen und erhalten ihre Netzwerkeinstellungen vom DHCP-Server.
- Merkwort für Ablauf von DHCP: **DORA** (discover, offer, request, acknowledge)

Tabelle 1: Protokolle zu IP-Adressvergabe

Protokolle	Beschreibungen
RARP (Reverse Address Resolution Protocol)	Ein RARP-Server teilt den PCs über eine vorhandene Adresstabelle (addresspool) eine IP-Adresse zu.
BOOTP (Bootstrap Protocol)	Jeder PC fordert beim Booten eine IP-Adresse beim BOOTP-Server an.
DHCP (Dynamic Host Configuration Protocol)	Ein PC sendet eine Konfigurationsanfrage an den DHCP-Server.

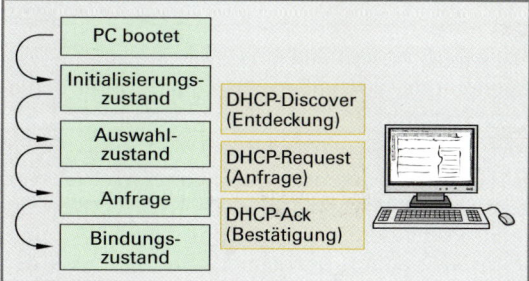

Bild 1: Ablauf einer DHCP-Anfrage

Tabelle 2: DHCP-Kommandos (Beispiele)

Kommandos	Beschreibungen
DHCPDISCOVER	Ein Client ohne IP-Adresse sendet eine Anfrage an den DHCP-Server.
DHCPOFFER	Der DHCP-Server antwortet mit entsprechenden Werten.
DHCPREQUEST	Der Client fordert eine IP-Adresse, weitere Daten sowie die Verlängerung der Lease-Zeit vom DHCP-Server.
DHCPACK	Bestätigung des DHCP-Servers zu einer DHCPREQUEST-Anforderung.
DHCPNAK	Ablehnung einer DHCP-REQUEST-Anforderung durch den DHCP-Server.

NAT, PAT

NAT und PAT sind Verfahren, die private IP-Adressen in lokalen Netzwerken in öffentliche, registrierte IP-Adressen umsetzen.

NAT

Ein Router oder eine Firewall ist in der Lage, die IP-Adressen in den Datenpaketen zu ändern. In der Routingtabelle speichert der Router diese Änderungen. Mithilfe der Einträge in der Routingtabelle (Zuordnungstabelle) können die Antwortpakete den Weg zurück finden **(Bild 1)**. Hierbei muss der Router/die Firewall die Adressen zurück ändern, bevor er die Dateien ins eigene Netz zurückgibt. Die Übersetzung ist eins zu eins. So können 5 PCs in einem privaten Adressbereich z. B. 10.1.1.X untereinander voll kommunizieren. Einige von ihnen werden mit NAT nach außen in das Internet in gültige IP-Adressen z. B. 197.1.17.1, vom Provider zugewiesen, umgesetzt und sind so voll mit dem Internet kommunikationsfähig.

> NAT bietet neben dem Vorteil des Einsparens von IP-Adressen auch erhöhte Sicherheit, nur ein Router/Firewall ist aus Sicht des Internets (von außen) sichtbar.

Nicht jeder PC ist somit direkt mit dem Internet verbunden oder von außen erreichbar. Die firmeninterne Netzwerkstruktur bleibt verborgen.

PAT, Port Address Translation

PAT ist die Weiterentwicklung von NAT. PAT wird auch als NAT-Overload, NPAT/NAPT (Network [and] Port Address Translation), 1-to-n-NAT oder IP-Masquerading bezeichnet. Bei PAT werden mehrere private IP-Adressen z. B. 10.1.1.X in eine einzelne gültige IP-Adresse z. B. 147.19.23.17 umgesetzt **(Bild 2)**. Dies ist möglich, wenn zusätzlich zu den Adressen auch die Portnummern umgeschrieben werden.

In jedem Datenpaket sind die Source-IP-Adresse und der Source-Port genauso wie die Destination-IP-Adresse und der Destination-Port z. B. Port 80 für http enthalten.

> Die Verbindung der IP-Adresse mit Portnummer nennt man Socket.

Ersetzt nun der Router/die Firewall in jedem Datenpaket nach außen die Angaben zu den Adressen und zum Source-Port des Senders und merkt sich dies in der Routingtabelle, können die Antworten auf dem Rückweg wieder zu den entsprechenden PCs zurückgeleitet werden.

Hardware-Router sind leistungsfähiger und bei PAT Softwarelösungen vorzuziehen. ASICs (Application-Specified Integrated Circuits) übernehmen

> **!** deutsch: Adresse   englisch: address
> **NAT** von Network Address Translation = Übersetzung der Netzwerkadressen.
> **PAT** von Port Address Translation = Übersetzung der Portadresse.
> **Socket** IP-Adressen in Verbindung mit Portnummern.

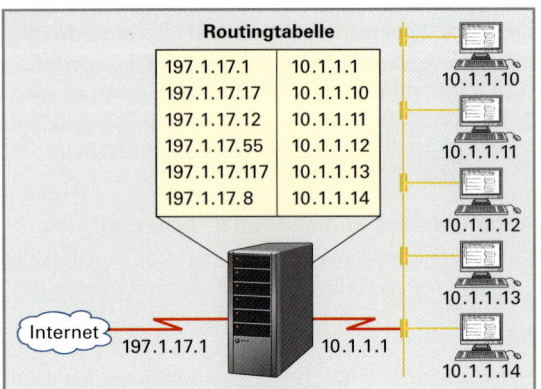

Bild 1: Network Address Translation

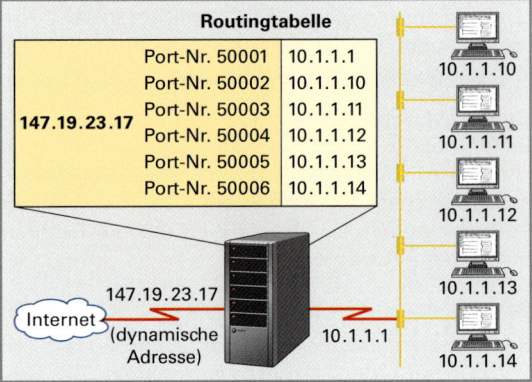

Bild 2: Port Address Translation

als Hardware-Decoder die rechenintensive Umsetzung der Adressen.

Der Router in Bild 2 ersetzt die Portnummern der Pakete und trägt dies in die Routingtabelle ein. Gleichzeitig schreibt er alle privaten IP-Adressen in eine öffentliche IP-Adresse mit einer neuen Portnummer um. Kommen die Antworten zurück, weiß der Router anhand seiner Tabelle, welche Quelladresse gemeint ist.

Dadurch, dass der gesamte Socket gespeichert wird, kann auf dem Rückweg eindeutig eine Zuordnung der Datenpakete unterschieden werden.

Sollen im privaten Netz befindliche PCs, z. B. ein Web-Server auch aus dem Internet erreichbar sein, muss der diesem Service zugeordnete TCP-Port z. B. Port 80 für den eingehenden Verkehr statisch einem bestimmten PC (dem Web-Server) zugeordnet werden.

WAN-Router

Provider versorgen ihre Kunden mit Netzwerkdiensten, das Netzwerk des Providers erscheint in Darstellungen als Wolke. Der Übergabepunkt wird als Demarkationslinie (Demarc) bezeichnet und befindet sich meist im Datenschaltschrank des Kunden **(Bild 1)**. Von hier aus beginnt die „letzte Meile", die Verkabelung vom Übergabepunkt zum Hausanschluss. Der Router befindet sich im Kundenbesitz oder wird vom Provider gemietet. Zwischen den Routern der Endkunden werden die Daten über das WAN des Providers auf synchronen seriellen Verbindungen transportiert.

Typische Verbindungen der Netzwerkgeräte im WAN sind:

- PPP, HDLC, SLIP leitungsverbunden,
- PPP, HDLC, SLIP leitungsvermittelt,
- Frame-Relay, ATM paketvermittelt.

HDLC

HDLC ist ein von der ISO normiertes Schicht-2-Netzwerkprotokoll. HDLC basiert in seiner Grundstruktur auf dem SDLC-Protokoll von IBM, es gibt auch das proprietäre Cisco-HDLC.

Der HDLC-Rahmen beginnt mit dem Opening flag ① (Blockbegrenzung) '01111110', das mit 8 Bits dargestellt wird **(Bild 2)**. Danach folgt das Destination Address field (Adressfeld) mit nochmal 8 Bits ②. An dritter Stelle kommt das Control field (Steuerfeld) mit 8 oder 16 Bits ③. Dann folgt das Information field (Datenfeld), mit Vielfachen von 8 Bit ⑤. Das Frame check sequence field (Blockprüfung) besteht aus 16 Bits und enthält eine CRC-Prüfsumme der übertragenen Daten Adress, Control, Protocol und Payload (CCITT CRC-16) ⑥.

PPP

PPP ist ein Protokoll zum Verbindungsaufbau über Wählleitungen. Das Protokoll basiert auf HDLC und ist der Nachfolger von SLIP.

PPP ist das Standardprotokoll für DSL-Verbindungen das Internetprovider für die Einwahl der Kunden verwenden. Mithilfe von PPP teilt der Provider dem Kunden-Router, z. B. FritzBox bei der Einwahl ins Internet wichtige Daten, z. B. IP-Adresse oder DNS-Server mit.

Der Protokollaufbau entspricht dem von HDLC.

Frame Begrenzung 01111110b, HDLC-Adresse, HDLC-Steuerung (Control), Protokoll.

Meistverwendete Codes sind: Internet Protocol IP, Compression Control Protocol CCP, IP Control Protocol IPCP, Link Control Protocol LCP, Password Authentication Protocol PAP und Challenge Handshake Authentication Protocol CHAP.

HDLC und PPP können nur auf seriellen Schnittstellen und nicht auf Ethernet-Schnittstellen kon-

! **HDLC** High-Level Data Link Control
PPP Point-to-Point Protocol = Punkt-zu-Punkt Protokoll.
SLIP Serial Line Internet Protocol, serielles Netzwerkprotokoll der Sicherungsschicht, Vorgänger von PPP.

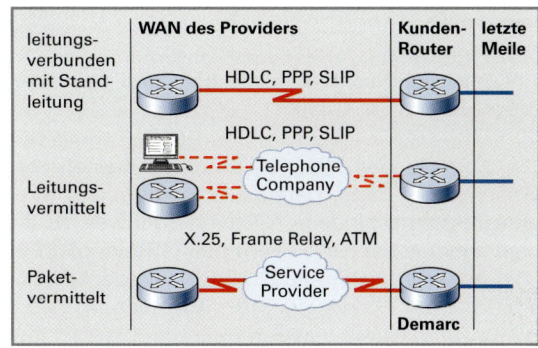

Bild 1: Datenkapselung im WAN

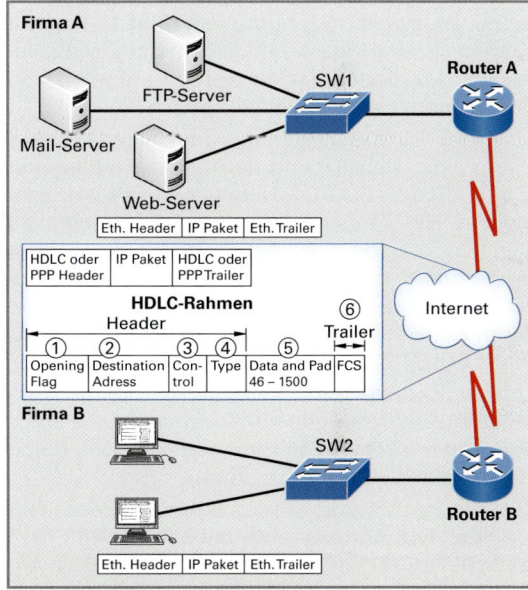

Bild 2: WAN-Übertragung mit HDLC

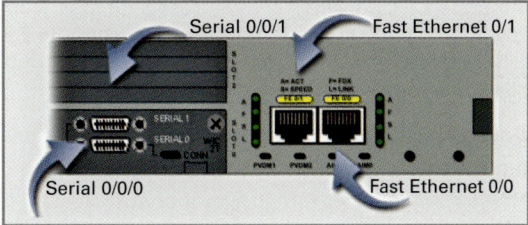

Bild 3: Router-Schnittstellen

figuriert werden **(Bild 3)**. Zur Verbindung der Router untereinander werden serielle Leitungen verwendet.

IPv6 Internet Protokoll Version 6

IPv6 ist für die Vermittlung von Datenpaketen durch ein paketvermittelndes Netz, die Adressierung von Netzknoten und -stationen, sowie die Weiterleitung von Datenpaketen zwischen Teil- netzen zuständig. IPv6 vermittelt auf der Schicht 3 des OSI-7-Schichtenmodells.

> IPv6 ist der Nachfolger von IPv4 und Teil der Protokollfamilie TCP/IP.

Die Aufgabe des Internet-Protokolls besteht im Wesentlichen darin, Datenpakete von einem System über verschiedene Netzwerke hinweg zu einem anderen System zu vermitteln (Routing). Eine IPv6-Adresse besteht aus 128 Bits. Diese Adresslänge bietet 2^{128} oder $3,4 \times 10^{38}$ Adressen.

Damit sind IPv6-Adressen genügend groß, um möglichst viele Netzwerk-Topologien abbilden zu können. Die 128 Bit der IPv6-Adresse werden in 8 Blöcke zu jeweils 16 Bit unterteilt **(Bild 1)**. Je 4 Bit werden als eine hexadezimale Zahl dargestellt. Jeweils 4 Hexadezimalzahlen werden gruppiert und durch einen Doppelpunkt („:") getrennt.

Eine IPv6-Adresse besteht aus dem Network Prefix (Präfix oder Netz-ID) und dem Interface Identifier (Suffix, IID oder EUI). Der Network Prefix kennzeichnet das Netz, Subnetz bzw. den Adressbereich. Der Interface Identifier kennzeichnet einen Host in diesem Netz. Er wird aus der 48-Bit-MAC-Adresse des Interfaces gebildet und dabei in eine 64-Bit-Adresse umgewandelt. Dies nennt man Modified-EUI-64-Format.

Um die Schreibweise zu vereinfachen, können führende Nullen in den Blöcken wegfallen. Eine Folge von 8 oder mehr Nullen kann man einmalig durch zwei Doppelpunkte („::") ersetzen.

Die Netzwerkmaske bzw. Subnetzmaske fällt z.B. bei der Adresse 2001:0ab9:85b3:08d3:1318 :2e8a:0370:7347/64. ersatzlos weg. Um den Adressbereich bzw. das Subnetz zu kennzeichnen wird ein Präfix verwendet, z.B. /64. Meist stehen die ersten 64 Bit einer IPv6-Adresse für das Netz 2001:0ab9:85b3:08d3::/64 und die restlichen 64 Bit 1318:2e8a:0370:7347 für den Host. Somit beträgt die Präfix-Länge /64.

Link-lokale Adresse, globale Adresse und temporäre Adresse

Ein IPv6-Host hat nicht nur eine IPv6-Adresse, sondern meist drei IPv6-Adressen **(Bild 2)**.

Die **link-lokale Adresse** ist nur im lokalen Netzwerk gültig **(Bild 3)**.

Eine **globale IPv6-Adresse** ermöglicht Verbindungen ins öffentliche Netz.

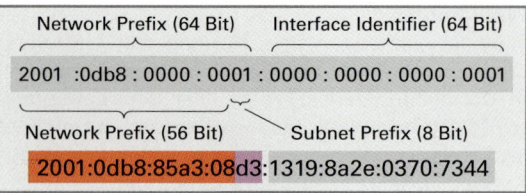

Bild 1: IPv6-Addressbeispiele

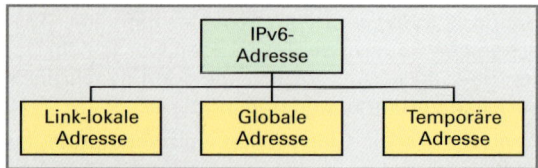

Bild 2: IPv6-Adressen

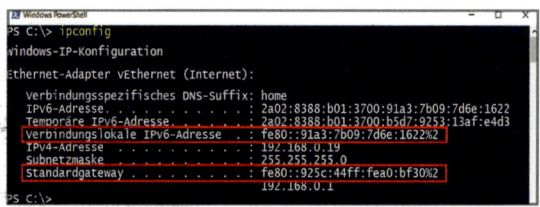

Bild 3: Link-lokale und globale IPv6-Addressen

Eine **temporäre IPv6-Adresse** enthält anstelle der MAC-Adresse der Schnittstelle eine zufällig erzeugte 64-Bit-Zahl als Schnittstellen-ID. Die temporären Adressen können für alle Schnittstellen verwendet werden, die anonym bleiben sollen, z.B. beim Zugriff auf öffentliche Webserver.

Regeln für IP-Adressen

- Führende Nullen innerhalb eines Blockes dürfen ausgelassen werden:
  2001:0db8:0000:08d3:0000:8a2e:0070:7344
  ist gleichbedeutend mit
  2001:db8:0:8d3:0:8a2e:70:7344.

- Ein oder mehrere aufeinander folgende Blöcke, deren Wert 0 (bzw. 0000) beträgt, dürfen ausgelassen werden. Dies wird durch zwei aufeinander folgende Doppelpunkte angezeigt:
  2001:0db8:0:0:0:0:1428:57ab
  ist gleichbedeutend mit
  2001:db8::1428:57ab.

- Es darf höchstens eine zusammenhängende Gruppe aus Null-Blöcken ersetzt werden.
  Aus   2001:0db8:0:0:8d3:0:0:0   wird
  2001:db8:0:0:8d3:: oder 2001:db8::8d3:0:0:0.

- Für die letzten vier Bytes der Adresse kann die IPv4 dezimale Notation verwendet werden. So ist ::ffff:127.0.0.1 eine alternative Schreibweise für ::ffff:7f00:1.
  Diese Schreibweise wird vor allem bei Einbettung des IPv4-Adressraums in den IPv6-Adressraum verwendet.

10.2. IT-Systemtechnik

10.2.1 Virtualisierung

Auf einem physikalischen PC können zeitgleich mehrere VM sowohl als Client oder auch als Server betrieben werden.

Softwarevirtualisierung

Mit Virtualisierungssoftware kann ein Betriebssystem oder nur eine einzelne Anwendung durch eine VM realisiert werden (**Bild 1**).

Mithilfe eines Virtual Machine Monitors (VMM) wird die reale, physische Hardware auf eine oder mehrere VM aufgeteilt. Jede VM scheint ein eigener kompletter PC mit kompletter Hardware zu sein. Typische Beispiele sind: VMware Workstation, Microsoft Hyper-V oder VirtualBox.

Hardwarevirtualisierung

Virtuelle Netzwerke (VLAN) sind Netzwerke, die in Rechenzentren reale physische Netzwerke mithilfe von virtuellen Maschinen nutzen.

Aufbau eines VLAN

Lokale virtuelle Maschinen sind über einen oder mehrere virtuelle Switches miteinander und mit dem externen Unternehmensnetzwerk verbunden (**Bild 2**). Der virtuelle Switch emuliert einen herkömmlichen physischen Ethernet-Netzwerk-Switch (**Tabelle 1**).

> Zur Verbindung der virtuellen Switches mit dem physischen Netzwerk werden Ethernet-Adapter verwendet.

In einem VLAN werden Switch-Ports von beliebigen Switches im Netz gruppiert. Dies ermöglicht die Kommunikation zwischen den PCs, als befänden sich diese im gleichen physischen LAN. Jedes VLAN ist eine durch Software konfigurierte Broadcast-Domäne. Wird ein PC im Netzwerk an einen anderen Standort verlagert, verbleibt er im selben VLAN.

Im VLAN muss die Hardware bei Verlagerung des Standortes nicht neu konfiguriert werden. Typische Beispiele sind: VMware, Citrix Xen Server- oder IBM LPAR.

Vorteile von VLAN:

- Flexible Netzwerkpartitionierung und Netzwerkkonfiguration, da das Netzwerk bei VLANs anhand von logischen Gruppierungen und nicht anhand der physischen Topologie partitioniert wird.
- Zur Partitionierung von LANs in mehrere Broadcast-Domänen sind im VLAN keine Router erforderlich.
- Bessere Performance, Frames werden nicht an alle Hosts innerhalb des Netzwerks gesendet. Durch die Segmentierung der übertragenen Daten in Port-Gruppen werden Bandbreite und Prozessorzeit gespart.

> **!** **Virtuelle Maschine (VM):**
> Ist ein virtueller PC, der nicht aus Hardware, sondern nur aus Software besteht.
> **emulieren** = nachbilden

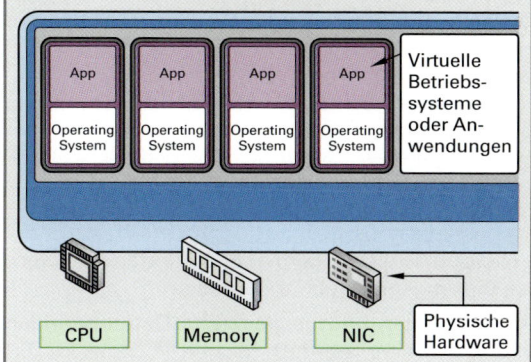

Bild 1: Aufbau einer virtuellen Maschine

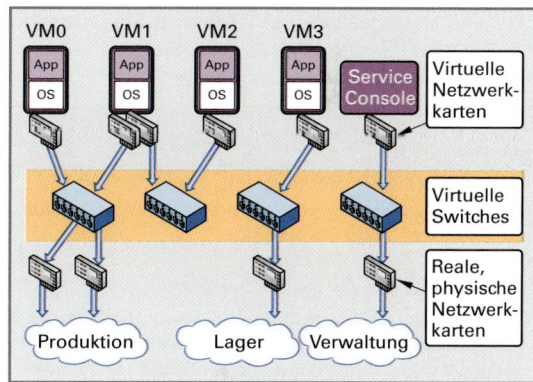

Bild 2: Aufbau eines virtuellen Netzwerkes

Tabelle 1: Vergleich virtueller Switch und physischer, realer Switch	
Virtueller Switch	Physischer Switch
Pflegt Weiterleitungstabelle mit MAC-Adressen/-Ports.	Pflegt Weiterleitungstabelle mit MAC-Adressen/-Ports.
Führt Frame-Zielsuche und Frame-Weiterleitung durch.	Führt Frame-Zielsuche und Frame-Weiterleitung durch.
Unterstützt Segmentierung in Virtuelle LANs (VLAN).	VLANs nur mit Spanning Tree Protocol.
Jeder Port kann zu einem oder mehreren VLANs gehören.	Jeder Port kann zu einem oder mehreren VLANs gehören.
Weiterleitungstabellen werden nicht ausgetauscht.	Weiterleitungstabellen werden ausgetauscht.
Weiterleitungstabellen enthalten keine Netzwerkparameter.	Weiterleitungstabellen enthalten Netzwerkparameter.

10.2.2 Cloud-Computing

Beim Cloud-Computing steht IT-Hardware, z. B. Rechenkapazität, Datenspeicher, Netzwerkkapazitäten oder auch fertige Software über ein Netzwerk, die Cloud, zur Verfügung **(Bild 1)**.

Die von der Cloud bereitgestellten Dienste und Hardware werden vom Nutzer nicht mehr selbst betrieben und gewartet. Das Netzwerk kann dynamisch an den Bedarf des Nutzers angepasst werden.

> Beim Cloud-Computing werden Hardware (On-Demand-Hardware) und Software (On-Demand-Software) von der Cloud bereitgestellt.

Die Cloud wird bei einem oder mehreren Anbietern als Dienst gegen Gebühr gemietet.

Anwendungen und gespeicherte Daten befinden sich nicht mehr auf dem lokalen PC oder im Firmennetzwerk **(Tabelle 1)**. Der Zugriff auf die entfernte Hardware und Software der Cloud erfolgt in der Regel über das Internet. Typische Anbieter sind z. B. Google (Google Drive), Microsoft (OneDrive) oder T-Online (Magenta CLOUD).

Beispiel 1: E-Mail als Anwendung für Cloud-Computing

Vergleichen Sie die Nutzung eines öffentlichen E-Mail-Services, z. B. von Yahoo oder GMX, mit der Nutzung von Cloud-Computing.

Lösung:
Beim Nutzer werden ein PC mit Betriebssystem und eine Browser-Software benötigt. Beim Dienstleister wird in der Cloud ein Mailserver verwaltet, dieser ermöglicht den Zugriff auf die E-Mails. Ein Datenbankserver speichert die gesendeten und empfangenen Mails, der Zugriff erfolgt über das Internet.

Arten von Clouds

- **Private Clouds.** Die Bereitstellung der Cloud erfolgt firmenintern über das Intranet. Dies erlaubt einen schrittweisen und wirtschaftlich verträglichen Start. Unternehmenskritische Prozesse und sensible Daten sollten ausschließlich über private Clouds abgewickelt werden.

- **Public Clouds.** Sie werden von externen Dienstleistern über einen gesicherten Webzugang bereitgestellt.

- **Hybrid Clouds.** Diese kombinieren die Vorteile der beiden obigen Lösungen.

> Die Nutzung von Cloud-Computing setzt virtualisierte Systeme voraus.

Dienste beim Cloud-Computing

Bei den Diensten (Services) werden Infrastruktur, Plattform und Software unterschieden, sie sind

> **!** **Cloud** = Wolke, wird als Begriff für das Internet verwendet, zur Bereitstellung von Rechenkapazität und Speicher.

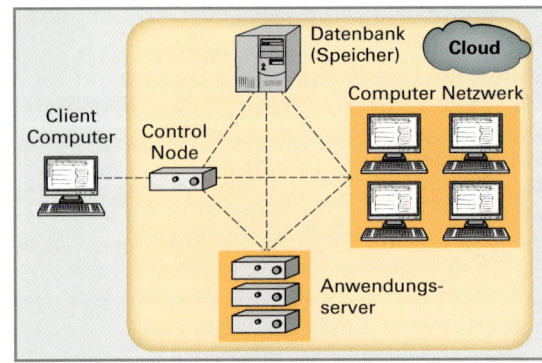

Bild 1: Aufbau einer Cloud

Tabelle 1: Cloud-Computing	
Vorteile	Nachteile
Einsparungen bei der Anschaffung von PC-Hardware, Thin Clients[1] sind ausreichend.	Kosten für Bereitstellung der Cloud.
Einsparungen bei der Netzwerk-Hardware.	IT-Schlüsselkompetenzen werden an Provider abgegeben.
Einsparungen bei der Software-Beschaffung.	Datensicherheit wird vom Provider geboten.
Cloud-Dienste können von jedem beliebigen Ort der Welt aus genutzt werden.	Auf Datenschutz muss vertraut werden.
Weniger Raum für Server und Datenspeicher benötigt.	keine

[1] Thin Client, hier Benutzerschnittstelle, Datenverarbeitung im Server.

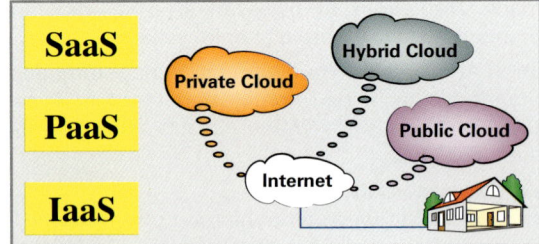

Bild 2: Service-Dienste

verfügbar, wenn sie benötigt werden **(Bild 2). Infrastructure as a Service** (IaaS) bietet virtualisierte Server und Speicher als Ressourcen-Pool. **Platform as a Service** (PaaS) ermöglicht die Nutzung von Programmierumgebungen und Datenbankdiensten. Bei **Software as a Service** (SaaS) greift der Nutzer direkt über das Netz auf die Anwendungs-Software zu.

10.2.3 Speichersysteme

Speichersysteme speichern große Datenmengen zuverlässig und mit hoher Geschwindigkeit.

Direct Attached Storage DAS
Anwendungen und Personal Computer verfügen über einen Festplattenspeicher, der direkt in das Gehäuse eingebaut ist, den direkt zugeordneten Speicher.

Network Attached Storage NAS
Soll ein Festplattenspeicher mit den darauf abgelegten Dateien im gesamten lokalen Netzwerk ohne angeschlossenen Server oder PC zur Verfügung stehen, muss das Speichersystem zunächst an das Netzwerk angeschlossen sein **(Bild 1)**. Netzwerkprotokolle, z. B. SMB/CIFS und NFS, ermöglichen den Zugriff auf NAS-Systeme. NAS wird eingesetzt, um ohne hohen Aufwand Speicherkapazität in einem Netzwerk bereitzustellen.

> NAS-Systeme sind direkt am Netzwerk angeschlossen und arbeiten ohne einen PC oder Server zu benötigen.

Das TCP/IP-Protokoll hat einen relativ geringen Durchsatz und verwendet dabei einen großen Protokoll-Overhead. Der Einsatz von NAS-Systemen kann eine hohe Belastung des LANs zur Folge haben. Die Verwendung mehrerer Gigabit-Ethernet-Anbindungen an einen Gigabit-Switch reduziert die Belastung **(Bild 1)**.

Je nach Größe und Art unterstützen die NAS-Systeme RAID 0/1 bis RAID 5.

Wegen der relativ niedrigen Datenübertragungsrate sollten die Daten mithilfe der inkrementellen Datensicherung gesichert werden. NAS-Systeme können als Netzlaufwerk wie Fileserverdienste „gemapt" (zugefügt) werden.

Storage Attached Network SAN
Beim SAN werden die Speicher hinter den Servern über ein eigenes Netzwerk mit hoher Übertragungsgeschwindigkeit, z. B. Fibre-Channel, angebunden **(Bild 2)**.

> NAS bietet sowohl Speicher als auch Dateisystem, bei SAN wird nur blockbasierte Speicherung verwendet.

Das Dateisystem wird auf Seite des Clients realisiert. Typische SAN-Protokolle sind: Fibre-Channel, iSCSI, ATA over Ethernet (AoE) und HyperSCSI.

In einem SAN erfolgen Datenzugriffe blockweise, die Zugriffe auf das Speichergerät und ein eventuell auf diesem befindliches Dateisystem werden

> **!** **DAS** von Direct Attached Storage = direkt verbundener Speicher.
> **NAS** von Network Attached Storage = über Netzwerk verbundener Speicher.
> **SAN** von Storage Attached Network = Speicher über Netzwerk verbunden.
> **SMB** Server Message Block ist ein Kommunikationsprotokoll für Serverdienste.
> **CIFS** Common Internet File System ist eine proprietäre Microsoft-Erweiterung von SMB.
> **NFS** Network File System ist ein Kommunikationsprotokoll für Serverdienste der Fa. SUN.

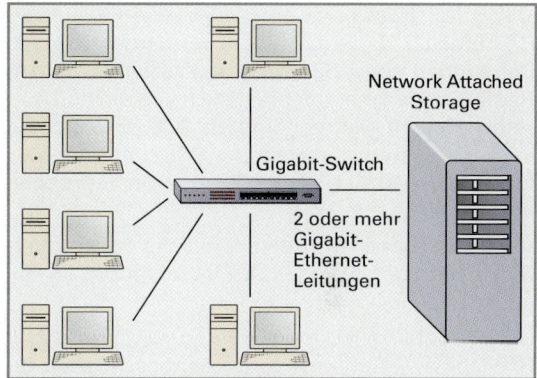

Bild 1: NAS im lokalen Netzwerk

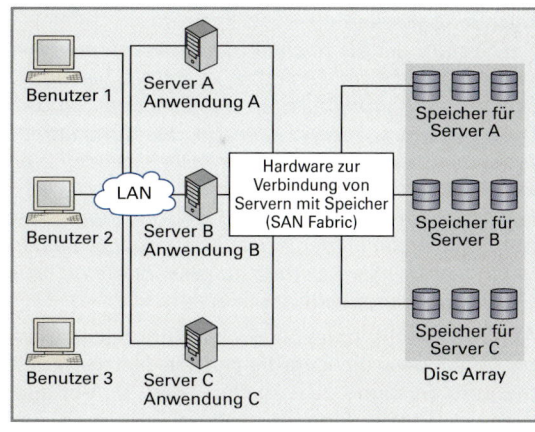

Bild 2: SAN-Anbindung an das lokale Netzwerk

also durch den zugreifenden PC verwaltet. Bei NAS dagegen erfolgen Zugriffe auf ganze Dateien. Das dazugehörige Dateisystem wird in diesem Fall vor allem im Server verwaltet.

SAN-Systeme bieten Geschwindigkeitsvorteile beim Zugriff auf große Datenmengen.

SAN und NAS können als SAN-NAS hybrid kombiniert werden. So stehen sowohl File-Level-Protokolle (NAS) als auch Block-Level-Protokolle (SAN) von nur einem Speichersystem zur Verfügung.

10.2.4 Rechenzentrum

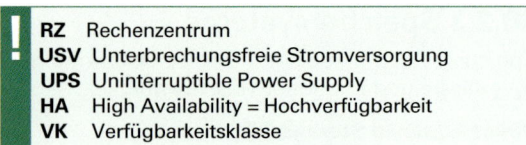

Im Rechenzentrum RZ eines Unternehmens ist die zentrale Rechentechnik, z. B. Server, Router, Switche, untergebracht. Die Organisation selbst, die sich um diese zentrale Rechentechnik kümmert, wird Rechenzentrum genannt.

Folgende Anforderungen werden erfüllt:
- hochredundante Infrastruktur bereitstellen,
- minimale, geplante Ausfallzeiten,
- redundante Klimageräte zur Kühlung der Hochleistungsrechner,
- ausfallsichere Stromversorgung mit eigener USV (UPS).

RZ Aufbau

Der Aufbau eines RZ erfolgt meist gemäß **Bild 1**. Häufig werden die Aufgaben auch von ein und derselben Person wahrgenommen. Alle Maßnahmen im Rechenzentrum dienen der Erhöhung der Verfügbarkeit und der Verhinderung von Störungen und Ausfällen.

Verfügbarkeitsklassen definieren die Mindestverfügbarkeit bei zulässigen Ausfallzeiten pro Monat oder pro Jahr.

Die Verfügbarkeitsklassen werden vom Provider in Service-Level-Agreements (SLAs) beschrieben für die Verfügbarkeit der Hardware, der Services oder der Internetanbindung **(Tabelle 1)**.

Hochverfügbarkeit

Ein System gilt als hochverfügbar, wenn eine Anwendung auch im Fehlerfall weiterhin verfügbar ist und ohne unmittelbaren menschlichen Eingriff weiter genutzt werden kann. In der Konsequenz heißt dies, dass der Anwender keine oder nur eine kurze Unterbrechung wahrnimmt. Hochverfügbarkeit HA bezeichnet also die Fähigkeit eines Systems, bei Ausfall einer seiner Komponenten einen uneingeschränkten Betrieb zu gewährleisten (aus Oracle 10g Handbuch).

Ab VK 3 spricht man von Hochverfügbarkeit. **Cluster** versuchen, die Zugriffe auf ein Netzwerk auf mehrere Systeme zu verteilen **(Bild 2)**. Vorteile: Weniger Last auf den einzelnen Systemen des Clusters, für jedes System steht ein Ersatzsystem bereit, Loadbalancer verteilen Anfragen auf mehrere Geräte im Hintergrund (Server oder Switche).

Hardware oder Software

Software oder virtuelle Systeme sind meist günstiger und flexibler. Leistungen lassen sich in einer virtuellen Umgebung leichter erhöhen und oft hat man kurze Vertragslaufzeiten.

Hardware-Systeme haben meist Performance-Vorteile und höhere Verfügbarkeit. Dafür sind die Kosten normalerweise etwas höher und die Laufzeiten länger.

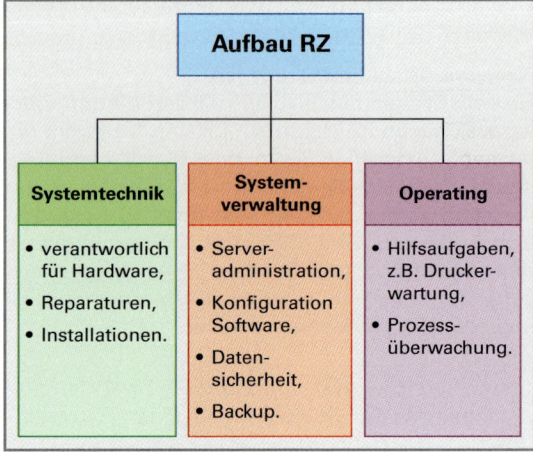

Bild 1: Aufbau Rechenzentrum

Tabelle 1: Verfügbarkeitsklassen VK		
Klassen VK	garantierte Verfügbarkeiten/ Jahr in %	Mögliche Ausfallzeiten/ Jahr
1	99	3d, 15 h
2	99,9	8,45 h
3	99,99	< 1 h
4	99,999	< 6 Min
5	100	0

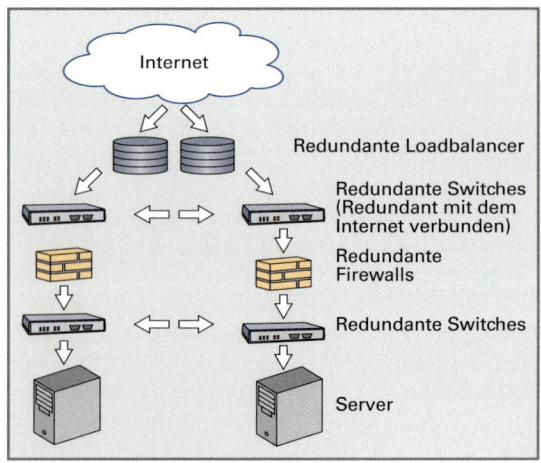

Bild 2: Hochverfügbarkeit mit Clustern

10.3 Netzwerkbetriebssystem Novell (Micro Focus)

10.3.1 Arbeiten mit dem Netzwerkbetriebssystem

Ein Netzwerk besteht aus Computern, die meist über Hubs oder Switches miteinander verbunden sind. Ist ein Computer der Mittelpunkt, auf den von allen anderen Computern zugegriffen werden kann, wird er als *Server* (von to serve = dienen) bezeichnet. Auf dem Server sind Daten abgelegt, auf welche die Benutzer des Netzwerkes zugreifen können. Zusätzlich bietet der Server *Dienste* an, wie das Speichern von Daten auf seiner Festplatte, sodass sie von allen Computern im Netzwerk abgerufen werden können, oder das Ausdrucken von Dokumenten auf einem entfernten Drucker.

> Ein Server stellt Daten und Dienste in einem Netzwerk bereit.

Die an den Server angeschlossenen Computer werden als *Clients* (von client = Kunde) bezeichnet.

> Ein Client ist eine Arbeitsstation, mit der Daten und Dienste vom Server abgerufen werden.

Verfügt ein Netzwerk über einen Server und angeschlossene Clients, wird es als *serverbasiertes* Netzwerk bezeichnet. In solchen Netzen findet der Datenaustausch zwischen den Clients nur über den Server statt.

Der Server benötigt ein Netzwerkbetriebssystem, wie den Open Enterprise Server OES von Micro Focus, ehemals Novell, oder Windows. OES wird dabei auf dem Server installiert, die Clients können über ihr eigenes Betriebssystem, z. B. Windows, verfügen.

10.3.1.1 Anmelden an das Netzwerk

Wird ein an ein Netzwerk angeschlossener Client gestartet, erscheint nach dem Hochfahren des Computers ein Anmeldefenster **(Bild 1)**. Dort muss der Benutzer sich durch Eingabe seines Anmeldenamens und seines persönlichen Passwortes ausweisen. Dabei wird nicht zwischen Groß- und Kleinbuchstaben unterschieden, denn Novell ist nicht keysensitiv.

Erst nach erfolgter Anmeldung stehen dem Benutzer die Dienste des Servers zur Verfügung, falls für ihn eine entsprechende Zugriffsberechtigung eingetragen ist. Dass der Benutzer an einem Netzwerk angemeldet ist, wird z. B. im Windows-Explorer sichtbar **(Bild 2)**.

> **! Netzwerklaufwerke**
> - decken verschiedene Bereiche eines Volumes ab,
> - können flexibel zugeordnet werden.

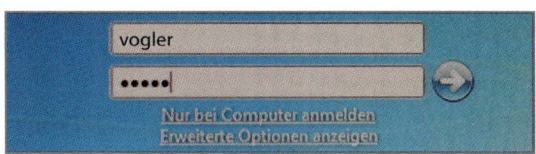

Bild 1: Anmelden an das Netz

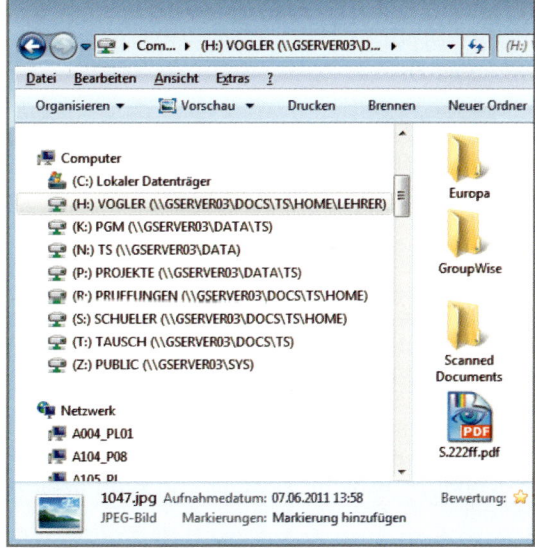

Bild 2: Netzlaufwerke im Explorer

10.3.1.2 Netzlaufwerke

Im Explorer ist zu erkennen, dass viele Laufwerke vorhanden sind (Bild 2). Laufwerk C: ist ein Laufwerk, über das die lokale Festplatte auf dem Client angesprochen wird. Die weiteren Laufwerke werden als Netzlaufwerke bezeichnet und decken Speicherbereiche auf dem Server, sogenannte Volumes (von volume = Volumen, Inhalt) ab.

> Volumes sind Speicherbereiche auf Festplatten, DVDs oder CD-ROMs.

Ein Volume kann sich dabei über mehrere Festplatten oder nur über einen Teil einer Festplatte erstrecken. Volumes können z. B. Benutzerdaten, Programme, das Server-Betriebssystem und Datensicherungen enthalten.

Das erste Netzlaufwerk ist meist das Laufwerk `F:`. Mit dem Laufwerk `F:` wird auf ein Volume verwiesen. Andere Laufwerke können Teilbereiche dieses Volumes oder weitere Volumes abdecken **(Bild 1)**. Ein Netzlaufwerk, das jeder Benutzer besitzen sollte, ist das sogenannte Homelaufwerk `H:`, auf dem der Benutzer nach Belieben Daten abspeichern, löschen und bearbeiten kann.

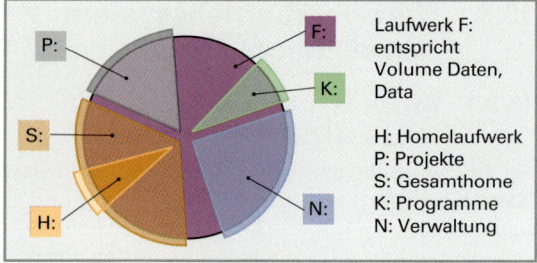

Bild 1: Zuordnung der Netzlaufwerke

> In seinem Homelaufwerk kann der Benutzer Dateien ablegen und Ordner erstellen.

Die Netzlaufwerke können auch auf den Clients vom Benutzer zugeordnet werden, indem im Windows-Explorer das Menü `Extras` gefolgt von `Netzlaufwerk verbinden...` aufgerufen wird **(Bild 2)**.

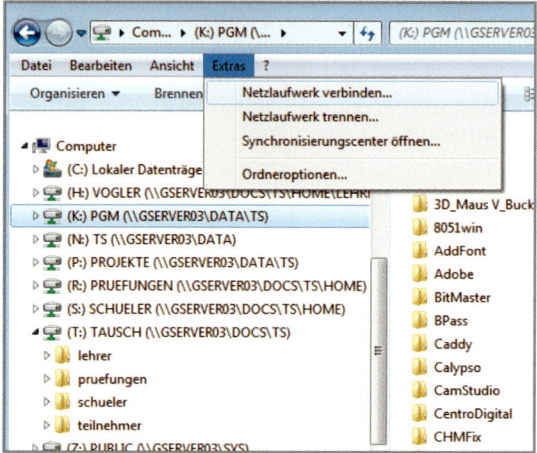

Bild 2: Netzlaufwerk verbinden

Übung 1: Laufwerksbuchstaben zuweisen

Weisen Sie einem Verzeichnis auf dem Volume DATA des Servers `GServer03` den Laufwerksbuchstaben `Y` zu.

Lösung: **Bild 3**. Das Verzeichnis lautet `_Purge`.

Bei `Laufwerk:` wird der Laufwerksbuchstabe aus einer Liste gewählt. Das gewünschte Verzeichnis des Servers wird über Klicken auf `Durchsuchen...` eingetragen. Die Verzeichniswahl wird anschließend über OK bestätigt. Durch einen Klick auf `Fertig stellen` wird das Laufwerk im Windows-Explorer sichtbar und kann benutzt werden.

10.3.1.3 Zugriff auf Daten im Netzwerk

Nicht jeder Benutzer darf die gesamten Daten auf einem Server einsehen und verändern. Vertrauliche Daten müssen geheim gehalten, Programme und Einstellungen sollten nur durch bestimmte Personen verändert werden. Aus diesem Grund ist der Zugriff auf die Daten eines Servers variabel zu gestalten. Für Dateien bzw. Verzeichnisse können verschiedene Benutzer unterschiedliche Rechte erhalten **(Tabelle 1, folgende Seite)**.

> Der Zugriff auf Daten im Netzwerk wird über Rechtevergabe gesteuert.

Die Rechte reichen vom ausschließlich Lesen (Read) einer Datei oder eines Verzeichnisses über Verändern (Modify) zu dem mächtigsten Recht, dem Supervisor-Recht (von supervisor = Aufseher). Mit dem Supervisor-Recht werden dem Benutzer auf das betreffende Verzeichnis oder die Datei alle möglichen Rechte vergeben.

Bild 3: Fenster Netzlaufwerk zuordnen

Für sein Homelaufwerk reichen einem Benutzer die Rechte Lesen, Schreiben, Erstellen, Löschen, Verändern und Dateiabfrage. Das Supervisor-Recht sollte nur vergeben werden, wenn ein Verändern der voreingestellten Rechte erwünscht ist.

Die Zugriffsrechte auf eine Datei, die auf dem Server gespeichert wurde, können z. B. über den Explorer angezeigt werden. Dazu muss über das Kontextmenü (rechte Maustaste) einer Datei oder eines Verzeichnisses das Eigenschaften-Fenster aufgerufen werden.

Tabelle 1: Dateirechte	
Dateirechte	Bedeutung
R Read	Lesen (Datei lesen)
W Write	Schreiben (vorhandene Datei verändern)
C Create	Erstellen (neue Datei erstellen)
E Erase	Löschen (Datei löschen)
M Modify	Modifizieren (Datei umbenennen)
F File Scan	Dateiabfrage (Suchen und Auflisten der Datei, z. B. mit dem Explorer möglich)
A Access Control	Zugriffssteuerung (kann Rechte an dieser Datei an andere weitergeben)
S Supervisor	Alle Rechte vorhanden

Übung 1: Zugriffsrechte anzeigen

Lassen Sie sich die Zugriffsrechte einer Datei, z. B. `handout.doc`, anzeigen.

Lösung: **Bild 1**

Die Karteikarte `OES-Rechte` gibt Aufschluss über die erhaltenen Rechte (Bild 1).

10.3.1.4 Drucken im Netz

Um Ressourcen in einem Netzwerk zu sparen, wird als weiterer Dienst eines Netzwerkbetriebssystems ein Drucker für viele Benutzer bereitgestellt. Hat der Benutzer das Recht, an dem Drucker Dokumente auszudrucken, so ist die Vorgehensweise entsprechend wie bei einem lokalen Drucker.

Der Druckdienst von Micro Focus heißt iPrint.

Zum Drucken über einen Server sind mehrere Komponenten nötig:

- Der Drucker muss netzwerkfähig sein und z. B. über einen internen Printserver verfügen.
- Der Driver Store auf dem Server, der die Treiber des Druckers aufnimmt und verwaltet.
- Der Druckmanager auf dem Server: Jeder Netzwerkdrucker benötigt einen Druckagenten. Der Druckmanager verwaltet diese Druckagenten.
- Das Druckerabbild auf dem Server: Über dieses Objekt wird der Drucker im Netzwerk verwaltet.

Der Drucker wird mit den dazu gehörenden Treibern im Driver Store verknüpft.

Damit ein Drucker als Netzwerkdrucker eingesetzt werden kann, muss auf dem Server der Driver Store, der Druckmanager und ein Drucker-Objekt installiert werden.

Auf dem Client muss der `iPrint-Client` installiert sein. Der `iPrint-Client` regelt die Kommunikation zwischen dem Client und den Serverkomponenten.

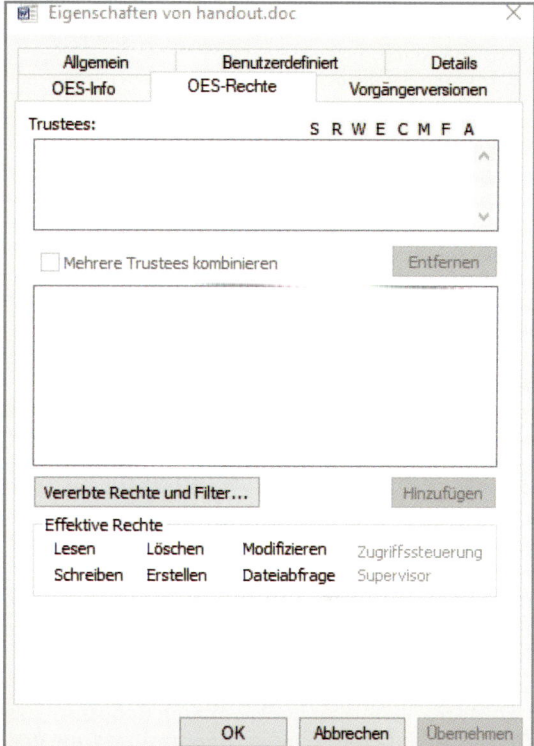

Bild 1: Anzeigen der Rechte auf eine Datei

Bild 2: Installation Client

10.3.2 Installieren eines Client

Soll über einen Client der Server konfiguriert oder ein Benutzer eingerichtet werden, muss unter Novell auf dem Client eine spezielle Software, der `Client`, installiert sein. Der Client kann über die Homepage von microfocus.com herunter geladen werden. Dazu ist ein Account notwendig.

Übung 1: Client installieren

Installieren Sie den Client auf Ihrer Arbeitsstation.

Lösung:
1. Rufen Sie das Installationsprogramm über einen Doppelklick auf die Datei `Client x for Windows.exe` auf und entpacken Sie die Datei nach Bedarf mit Drücken der Schaltfläche `Unzip` **(Bild 2, vorhergehende Seite)**. (x steht hierbei für eine gängige Versionsnummer.)
2. Drücken Sie die Schaltfläche `Weiter`.
3. Akzeptieren Sie die Lizenzvereinbarung und klicken Sie auf `Weiter`.
4. Entscheiden Sie sich für die Expressinstallation, werden die Installationsoptionen automatisch gesetzt **(Bild 1)**.
5. Leiten Sie die Installation mit Klicken der Schaltfläche `Installieren` ein **(Bild 1)**. Ein erneutes Bestätigen mit `Installieren` schließt die Installation ab.
6. Ist die Installation abgeschlossen, muss der Computer neu gestartet werden **(Bild 2)** und der Novell Client ist einsatzbereit.

10.3.3 Verwalten von Benutzern

Um Benutzer einzurichten oder die Rechte für Benutzer auf vorhandene Ressourcen, z. B. die zugewiesene Speicherkapazität, zu verändern, muss die angemeldete Person dazu die Rechte haben. Der Benutzer, der seit der Installation alle Rechte besitzt, wird *Administrator* (= Verwalter) genannt und besitzt den Anmeldenamen `admin`. Der Administrator kann aber auch weiteren Benutzern das Recht zur Einrichtung neuer Benutzer und zur Veränderung der Einstellungen geben.

> Der Administrator hat das Recht, das Netzwerk einzurichten und Konfigurationen zu verändern.

10.3.3.1 eDirectory

Die Verwaltung von Benutzern und Ressourcen wird in der eDirectory (von directory = Verzeichnis) vorgenommen. Die eDirectory wird über das Verwaltungsprogramm ConsoleOne **(Bild 3)** oder über die webbasierte Verwaltungskonsole `iManager` sichtbar **(Bild 4)**.

> **Die eDirectory**
> - hat eine hierarchische Baumstruktur,
> - listet alle Benutzer und Ressourcen auf,
> - beinhaltet alle Berechtigungen und Passwörter,
> - ist eine Datenbank.

Bild 1: Expressinstallation Novell Client

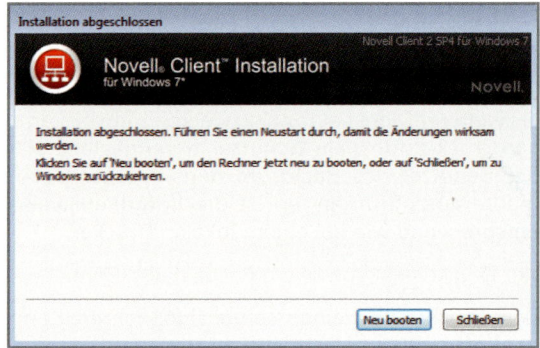

Bild 2: Installation Client

Bild 3: ConsoleOne

Bild 4: iManager

Bei der eDirectory handelt es sich um eine Datenbank, in der alle Einstellungen des Netzwerkes abgespeichert sind und über die alle Zugangsberechtigungen zu den einzelnen Ressourcen geregelt werden. Die eDirectory ist hierarchisch aufgebaut und in Form einer Baumstruktur angeordnet (Bild 3, vorhergehende Seite).

> Die eDirectory ist die Grundlage zur Verwaltung von Benutzern und Ressourcen.

Die Einträge der eDirectory, wie Benutzer, Server, Volumes und Drucker, werden als Objekte bezeichnet **(Tabelle 1)**. Es wird dabei zwischen **Behälterobjekten**, die zur Ordnung der Objekte dienen und andere Objekte enthalten können, und **Blattobjekten**, den eigentlichen Objekten, unterschieden. Blattobjekte können keine weiteren Objekte enthalten. Das oberste Objekt im eDirectory ist der Baum.

Wer Berechtigungen für die einzelnen Objekte erhält, wird in den Rollenzuweisungen festgelegt. Rollen können z. B. einem Benutzer oder einem Behälter zugewiesen werden.

> **!** **Rollen** regeln die Berechtigungen der Benutzer im Novell-Netzwerk.

Tabelle 1: Objekte einer eDirectory

Symbol	Bedeutung	Erklärung
	Baum	Das Baum-Objekt ist der oberste Behälter des Baumes.
	Organisation	Behälter, der weitere Objekte enthalten kann.
	Oranisatorische Einheit	Behälter, der weitere Objekte enthalten kann.
	Benutzer	Blattobjekt, das Benutzer im Netzwerk darstellt.
	Server	Blattobjekt, das Einstellungen des Servers zeigt.
	Volume	Blattobjekt, das Volume repräsentiert.
	Drucker	Blattobjekt für Hardwarekomponente Drucker.
	Druckserver	Blattobjekt für Druckserver.
	Druckerwarteschlange	Blattobjekt für Druckerwarteschlange.

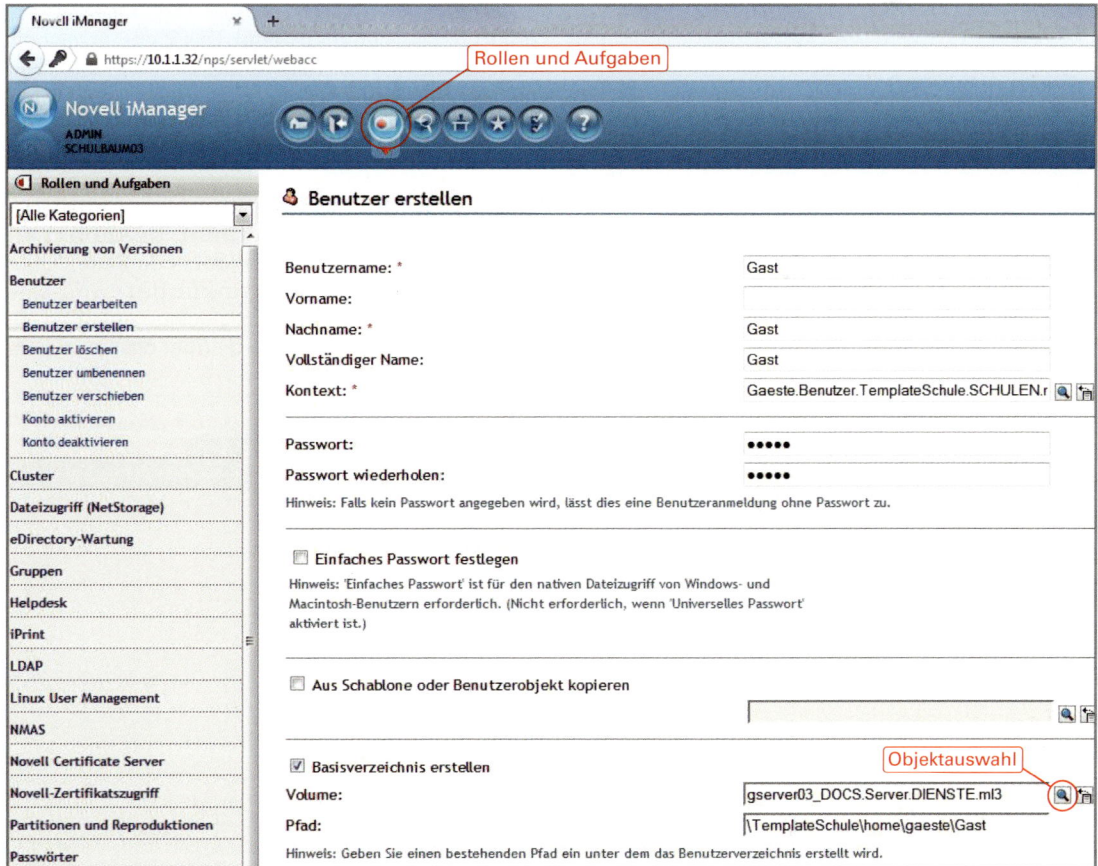

Bild 1: Benutzer erstellen

10.3.3.2 Einrichten und Löschen von Benutzern

Über den iManager können neue Benutzer (User) eingerichtet werden. Ist der iManager gestartet, wird die Schaltfläche Rollen und Aufgaben in der Symbolleiste angeklickt **(Bild 1, vorhergehende Seite)**. Nun kann neben dem Anmeldenamen (Benutzernamen) der vollständige Vorname und Nachname eingetragen werden.

Jeder Benutzer kann Dateien in einem eigenen Verzeichnis ablegen, das geschieht im Bereich Basisverzeichnis erstellen. Der Name des Basisverzeichnisses ist der Anmeldename des Benutzers.

> In seinem Basisverzeichnis, auch Homeverzeichnis genannt, kann jeder Benutzer seine Daten auf dem Server ablegen.

Bei Volume: kann über die Schaltfläche Objektauswahl das Basisverzeichnis gewählt werden (Bild 1, vorhergehende Seite). Im erscheinenden Fenster wird auf dem gewünschten Volume das Homeverzeichnis gewählt und die Auswahl bestätigt **(Bild 1)**. Der gewünschte Speicherort ist bei Volume und Pfad eingetragen (Bild 1, vorhergehende Seite). Die Eingaben zum Benutzer werden mit OK übernommen und bestätigt **(Bild 2)**.

Übung 1: Benutzer erstellen

Erstellen Sie einen Benutzer Gast in einer beliebigen Organisation mit eigenem Homeverzeichnis.

Lösung: **Bild 1, vorhergehende Seite**

Um einen Benutzer zu löschen, wird die Schaltfläche Benutzer löschen im iManager gewählt

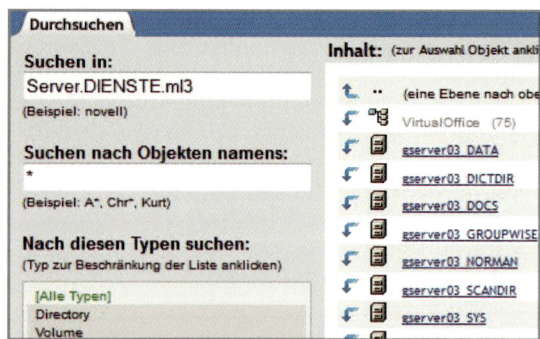

Bild 1: Verzeichnis wählen

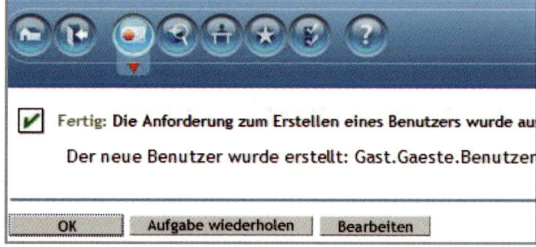

Bild 2: Benutzer bestätigen

(Bild 1, vorhergehende Seite). Das Basisverzeichnis des Benutzers muss nachträglich, z. B. im Explorer, entfernt werden.

10.3.3.3 Einstellungen am Benutzer vornehmen

Einstellungen am Benutzer werden im iManager über die Schaltfläche Benutzer bearbeiten vorgenommen (Bild 1, vorhergehende Seite). Über die Registerkarte Beschränkungen wird eine Passwortbeschränkung festgelegt **(Bild 3)**. So werden zu kurze Passwörter über die Angabe ei-

---

Objekt bearbeiten: Gast.Gaeste.Benutzer.TemplateSchule.SCHULEN.ml3

Allgemein | NMAS | Sicherheit | iPrint Client Management | Kerberos | Linux-Profil | Zertifikate | Beschränkungen

Passwortbeschränkungen | Anmeldebeschränkungen | Zeitbeschränkungen | Adressbeschränkungen | Kontostand | Sperre des unbefugten Benutzers

☑ Passwortänderung durch Benutzer zulassen

☐ Passwort anfordern
   Mindestlänge des Passworts: [   ]

Kontext

☐ Periodische Passwortänderungen erzwingen
   Tage zwischen erzwungenen Änderungen: [   ]
   Ablaufdatum des Passworts:
   Tag: [   ] Monat: Januar [   ] Jahr: [   ] Uhrzeit: [00 ▾] : [   ]

☐ Eindeutige Passwörter anfordern

☐ Kulanzanmeldungen beschränken
   Zulässige Kulanzanmeldungen: [   ]
   Verbleibende Kulanzanmeldungen: [   ]

Passwort festlegen

Bild 3: Passwortbeschränkungen festlegen

ner Mindestlänge ausgeschlossen. Periodische Passwortänderungen können aus Sicherheitsgründen erzwungen werden. Deshalb kann hier die Anzahl der Tage festgelegt werden, die höchstens zwischen einem Passwortwechsel liegen darf.

Kontext
Der Kontext gibt die Position eines Objekts im eDirectory an.

Beispiel 1: Kontext des Benutzer Gast

Geben Sie den Kontext des Benutzers Gast an.

Lösung:
`Gaeste.Benutzer.TemplateSchule.`
`SCHULEN.ml3` (**Bild 3, vorhergehende Seite**)

Der Kontext gibt die Liste der Behälter zwischen dem Objekt, z. B. Gast, und dem obersten Baumobjekt an. Der Benutzer `Gast` liegt im Behälter `Gaeste`, der wiederum im Behälter `Benutzer`. Dann folgen die Behälter `TemplateSchule`, `SCHULEN` und `ml3`. Der Behälter `ml3` ist genau unterhalb des Baumobjekts.

10.3.3.4 Template

Manche Vorgaben wie Sicherheitseinstellungen bei der Anmeldung oder Einstellungen zum Basisverzeichnis können nicht in der organisatorischen Einheit zugewiesen und auf deren Mitglieder vererbt werden. Diese Einstellungen müssten für jeden neuen Benutzer separat vorgenommen werden. Sollen mehrere gleichartige Benutzer erstellt werden, eignet sich die Benutzung von Templates (von template = Schablone). In einem Template können dann die Einstellungen vorgenommen werden, die für alle damit zu erzeugenden Benutzer gelten sollen und die z. B. nicht in der übergeordneten organisatorischen Einheit eingetragen werden können.

Ein Template ist eine Schablone, die sich für die Erstellung gleichartiger Benutzer eignet.

Ein Template kann im iManager über die Schaltfläche `Rollen und Aufgaben` gefolgt von Ob-

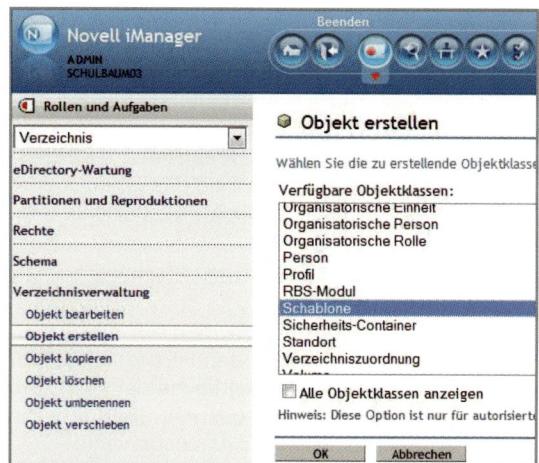

Bild 1: Objekt erstellen

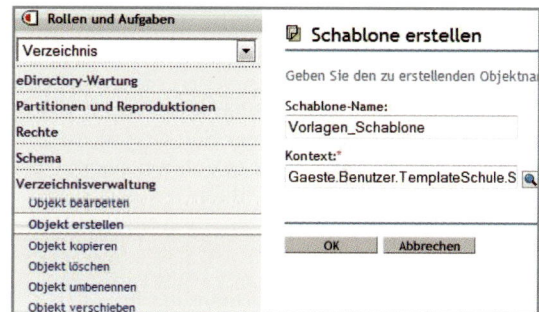

Bild 2: Template erstellen

jekt erstellen im Bereich `Verzeichnisverwaltung` erstellt werden. Als Objekt wird aus der Liste die `Schablone` gewählt und mit `OK` bestätigt (**Bild 1**). Der gewünschte Name des Templates und der Kontext wird eingetragen und mit `OK` übernommen (**Bild 2**). Der Kontext kann auch über die `Objektauswahl`-Schaltfläche ausgewählt werden.

Übung 1: Template erstellen

Erstellen Sie eine Schablone in der organisatorischen Einheit `Gaeste`.

Lösung: **Bild 1, Bild 2**

Rollen und Aufgaben

☑ **Fertig:** Die Anforderung zum Erstellen des 'Schablone'-Objekts wurde ausgeführt

Das folgende neue 'Schablone'-Objekt wurde erstellt: Vorlagen_Schablone.Gaeste.Benutzer.Te

Verzeichnis
eDirectory-Wartung
Partitionen und Reproduktionen
Rechte
Schema
Verzeichnisverwaltung
  Objekt bearbeiten
  Objekt erstellen

OK   Aufgabe wiederholen   Bearbeiten

Bild 3: Template bestätigt

Um das Template zu bearbeiten, wählt man die Schaltfläche Bearbeiten oder im Bereich Verzeichnisverwaltung den Link Objekt bearbeiten **(Bild 3, vorhergehende Seite)**. Über die Registerkarten können die einzelnen Rubriken aufgerufen werden **(Bild 1)**. Wählt man die Registerkarte Allgemein, kann man das Template näher beschreiben und z. B. die Mitglieder des Templates bestimmen.

Über die Registerkarte Neues Objekt – FS-Rechte können Verzeichnisse dem Template zugeordnet werden. Dazu klickt man auf die Schaltfläche Neu…. Im erscheinenden Fenster wird über die Objektauswahl-Schaltfläche der Pfad zum gewünschten Verzeichnis gesucht **(Bild 2)**. Die Rechte werden durch Anklicken ausgewählt.

Dem Template können Speicherplatzbeschränkungen zugeordnet werden, die beim Erzeugen neuer Benutzer dann auf den Benutzer übergehen. Dazu wird auf die Registerkarte Speicherplatzbeschränkungen des Volumes geklickt **(Bild 3)**. Wählt man die Schaltfläche Neu…, öffnet sich ein Fenster, in dem über den Objektauswahl-Button das gewünschte Volume ausgewählt wird.

> **Übung 1: Speicherplatzbeschränkung**
>
> Tragen Sie für das Template Vorlagen_Schablone eine Speicherplatzbeschränkung von 100 000 KB für das Volume DOCS des Servers ein.
>
> *Lösung:* **Bild 3**

Die Speicherplatzbegrenzung wird in KB eingegeben und mit OK bestätigt (Bild 3). Die Speicherplatzbegrenzung wird in die Liste bestehender Beschränkungen eingetragen **(Bild 4)**.

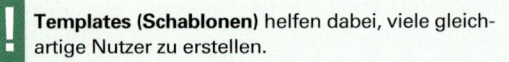

> ! **Templates (Schablonen)** helfen dabei, viele gleichartige Nutzer zu erstellen.

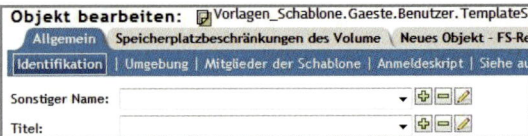

Bild 1: Template bearbeiten

Bild 2: Dateirechte festlegen

Bild 3: Speicherplatzbeschränkung

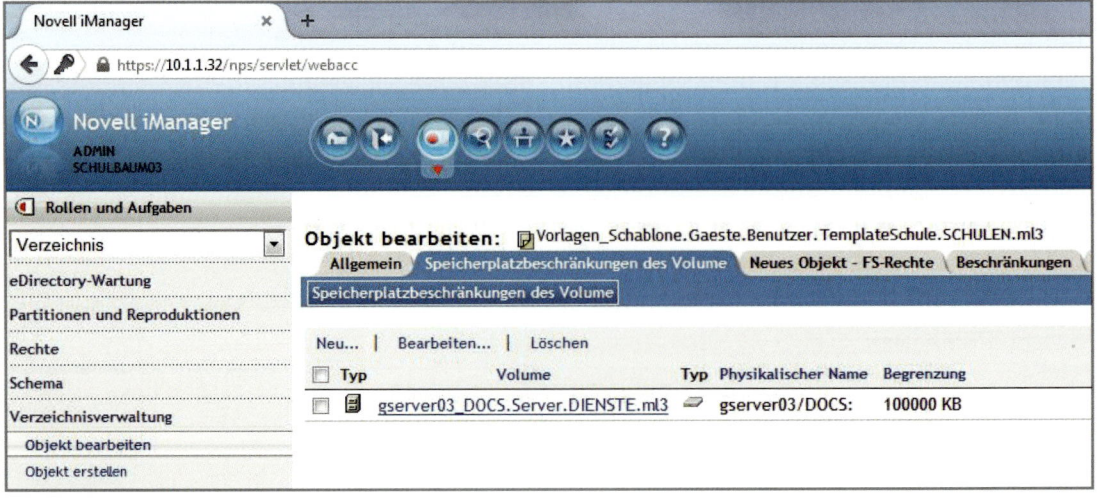

Bild 4: Objekt bearbeiten

Erzeugen von Benutzern mit einem Template
Um einen neuen Benutzer mit einem vorhandenen Template zu erzeugen, muss bei der Erstellung des Benutzers die Schablone ausgewählt werden (Bild 1, S. 433). Die Schablone kann auch über die Objektauswahl-Schaltfläche gesucht werden.

> Alle Einstellungen innerhalb eines Templates gelten nur für die damit erzeugten Benutzer.

10.3.4 Anmeldeskript

Bei der Anmeldung des Benutzers an ein Netzwerk kann ein Anmeldeskript abgearbeitet werden, um z. B. Netzlaufwerke zuzuordnen. Das Anmeldeskript wird für einzelne Benutzer aber auch für alle Benutzer in organisatorischen Einheiten erstellt.

> **Übung 1: Anmeldeskript anzeigen**
> Lassen Sie sich ein Anmeldeskript anzeigen.
> *Lösung:* **Bild 1**

Im iManager wird im Bereich `Verzeichnisverwaltung` der Link `Objekt bearbeiten` gewählt und die Objektauswahl-Schaltfläche angeklickt. In der Registerkarte `Allgemein` wird die Schaltfläche `Anmeldeskript` aktiviert und das Anmeldeskript erscheint (Bild 1).

Im Anmeldeskript kommen Befehle **(Tabelle 1)** und Variablen **(Tabelle 2)** zum Einsatz. Den Variablen wird bei der Ausgabe stets ein Prozentzeichen % vorangestellt. Über `%<schulserver>` wird der Name des Servers angesprochen. `%<schule>` enthält den Schulnamen. Mit dem Befehl `WRITE` wird ein in Anführungszeichen stehender Text auf dem Bildschirm ausgegeben, z. B. ist `WRITE „Hallo!"` möglich.

Das Anmeldeskript kann auch über bedingte Anweisungen verfügen (Tabelle 1). So wird mit `IF USERNAME = GAST...` abgefragt, ob der sich anmeldende Benutzer Gast ist und nur dann werden daran anschließende Bedingungen ausgeführt.

> **Übung 2: Laufwerk zuweisen**
> Weisen Sie allen Gästen der organisatorischen Einheit Gaeste ein Homelaufwerk zu.
> *Lösung:* **Bild 1**

Mit dem Befehl `MAP` (to map = Karte anlegen) können Netzwerklaufwerke zugewiesen werden. `MAP ROOT h:=%home_directory` weist das Basisverzeichnis des angemeldeten Benutzers dem Laufwerk H: zu (Bild 1). `ROOT` bewirkt, dass das Basisverzeichnis als oberste Ebene im Laufwerk H: angezeigt wird und nicht alle übergeordneten Ver-

> ! **Anmeldeskripte**
> - werden beim Anmelden ausgeführt,
> - weisen Benutzern Homelaufwerke zu,
> - können individuell gestaltet werden.

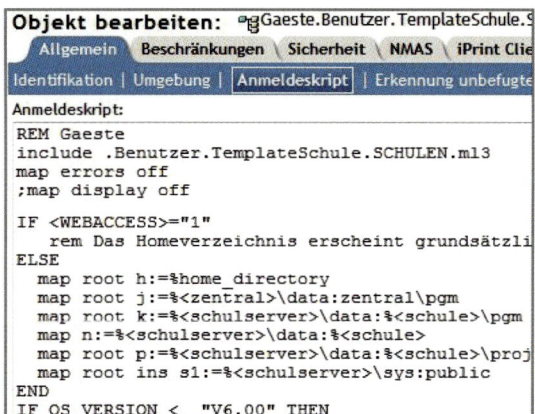

```
Objekt bearbeiten:  Gaeste.Benutzer.TemplateSchule.S
  Allgemein  Beschränkungen  Sicherheit  NMAS  iPrint Clie
 Identifikation | Umgebung | Anmeldeskript | Erkennung unbefugte
Anmeldeskript:
REM Gaeste
include .Benutzer.TemplateSchule.SCHULEN.ml3
map errors off
;map display off

IF <WEBACCESS>="1"
    rem Das Homeverzeichnis erscheint grundsätzli
ELSE
    map root h:=%home_directory
    map root j:=%<zentral>\data:zentral\pgm
    map root k:=%<schulserver>\data:%<schule>\pgm
    map n:=%<schulserver>\data:%<schule>
    map root p:=%<schulserver>\data:%<schule>\proj
    map root ins s1:=%<schulserver>\sys:public
END
IF OS VERSION <  "V6.00" THEN
```

Bild 1: Anmeldeskript

Tabelle 1: Befehle im Anmeldeskript

Befehl	Bedeutung
; oder REM	Leitet einen Kommentar ein.
WRITE	Gibt den in Anführungszeichen stehenden Text auf dem Bildschirm aus.
MAP	Legt auszuführende Mappings fest.
PAUSE	Unterbricht die Abarbeitung des Anmeldeskripts bis zu einem beliebigen Tastendruck.
IF... [ELSE]...END	Bedingte Anweisung

Tabelle 2: Variablen im Anmeldeskript

Variable	Bedeutung
schule	Name der Schule
schulserver	Name des Servers
computername	Name des Computers
username	Name des Benutzers

zeichnisse des Volumes gelistet werden. Mit `MAP DISPLAY OFF` werden die folgenden Mappings am Bildschirm nicht angezeigt, wenn das Anmeldeskript ausgeführt wird.

Dem Netzlaufwerk, das über das Anmeldeskript zugewiesen werden soll, wird nur dann ein Laufwerksbuchstabe zugewiesen, wenn der Benutzer auf dem Verzeichnis mindestens das Leserecht und das Dateiabfragerecht erhalten hat.

> Anmeldeskripte sorgen für die notwendige Arbeitsumgebung der Benutzer.

10.3.5 OES-Server

Das Netzwerk-Betriebssystem Micro Focus OES (von Micro Focus Open Enterprise Server) setzt auf einem Suse Linux Enterprise Server auf.

Wird der Server neu gestartet, erscheint eine Text-basierte Oberfläche **(Bild 1)**. Hier kann mit Linux-Befehlen gearbeitet werden (vergleiche Abschnitt Linux). Der Befehl `ls – l` listet z. B. den Inhalt des aktuellen Verzeichnisses auf.

> Der Administrator für Arbeiten am Server heißt root.

Der Server wird mit dem Befehl `shutdown – h now` heruntergefahren. Mit `shutdown – r now` wird der Server neu gebootet.

Über die Eingabe von `startx` am Server wird der KDE-Desktop gestartet **(Bild 2)**. Auf der grafischen Oberfläche kann über den Icon YaST das Programm YaST zur Konfiguration des Servers gestartet werden. Über das K-Menü sind weitere Werkzeuge erreichbar (vergleiche Abschnitt 5.4.5). So kann mit YaST2 die Software-Installation geändert werden **(Bild 3)**.

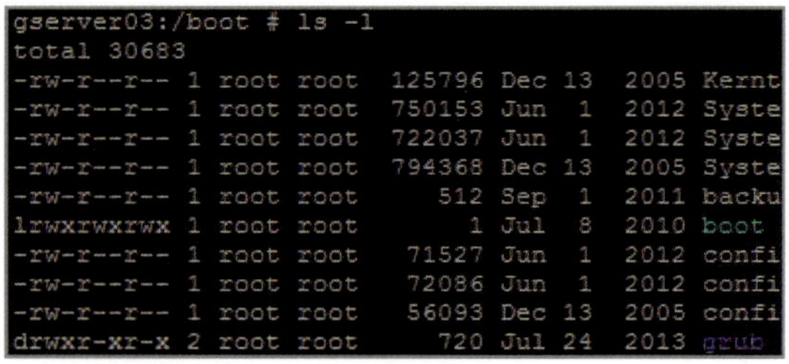

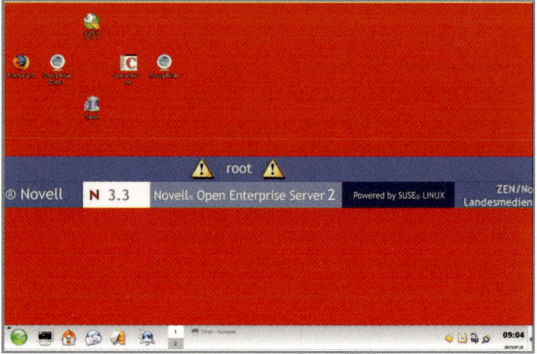

Bild 1: Textbasierte Serveroberfläche

Bild 2: Grafische Benutzeroberfläche

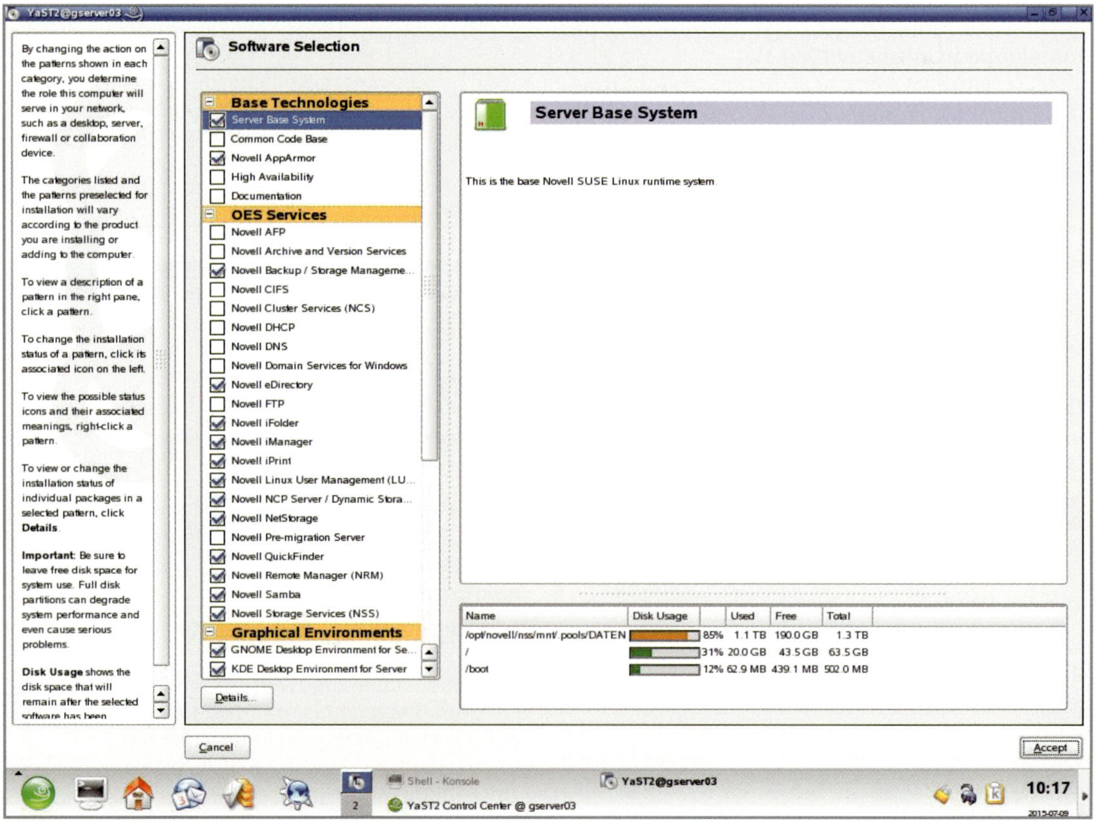

Bild 3: Installationen am OES-Server vornehmen

10.3.6 Remote Manager

Der Remote Manager ist ein webbasiertes Werkzeug, um den Server zu verwalten. Er kann auf jeder Arbeitsstation z. B. im Internet Explorer, gestartet werden **(Bild 1)**. Eine Anmeldung als admin ist erforderlich.

Im rechten Bereich des Remote Managers sind alle Volumes und die vorhandenen Verzeichnisse gelistet **(Bild 2)**. Der Name des Verzeichnisses und der Pfad sind angegeben. Die Prozentzahl rechts gibt an, wieviel Speicherplatz noch zur Verfügung steht. Wird die Schaltfläche ⓘ gewählt, wird die angezeigte Zeile (Volume oder Verzeichnis) genauer beschrieben. Klickt man z. B. auf die Schaltfläche ⓘ des Verzeichnisses DOCS, erhält man detailliertere Informationen zu diesem Verzeichnis.

Der Remote Manager gibt auch Aufschluss über den Zustand des Servers. Ein grüner Punkt zeigt an, dass der Server keine Probleme aufweist (Bild 2). Wird im linken Navigationsmenü der Link Diagnose gefolgt von Health Monitor angeklickt, kann der Serverzustand genauer präzisiert werden. Der Zustandsmonitor (Health Monitor) gibt z. B. Aufschluss über die CPU-Auslastung (CPU Utilization), den Arbeitsspeicher (Physical Memory) und die Anzahl der Prozesse (Process Count) **(Bild 3)**. Wenn die Statusanzeige links grün ist, dann arbeitet der Server gut. Ist die Statusanzeige gelb, so ist der Zustand bedenklich und ist eine rote Zustandsanzeige abgebildet, so liegt ein Problem am Server vor.

Übung 1: Zustandsmonitor anzeigen

Zeigen Sie den Zustand des Servers an.

Lösung: **Bild 3**

Daneben kann mit dem Remote Manager das Server-Betriebssystem und die Hardware verwaltet werden.

K Kompetenzorientierung

1. Welche Dienste können in einem Netzwerk angeboten werden?
2. Erklären Sie die Begriffe Netzlaufwerk, Basisverzeichnis und Volume.
3. Geben Sie den Aufbau eines eDirectories an.
4. Welche Rechte können auf Netzwerkverzeichnisse und Netzwerkdateien vergeben werden?
5. Auf welche Weise können Benutzer und Benutzergruppen eingerichtet werden?
6. Welche Komponenten sind für den Aufbau eines Netzwerkdruckers notwendig?

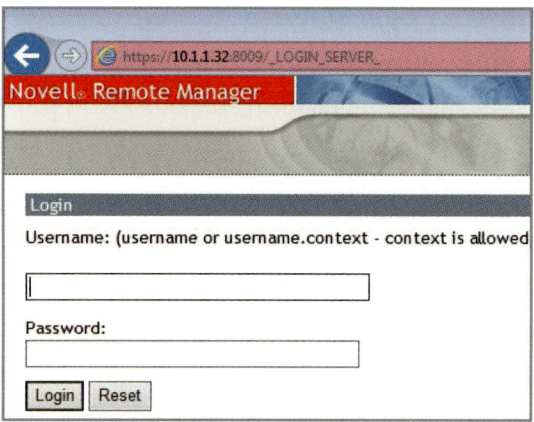

Bild 1: Remote Manager anmelden

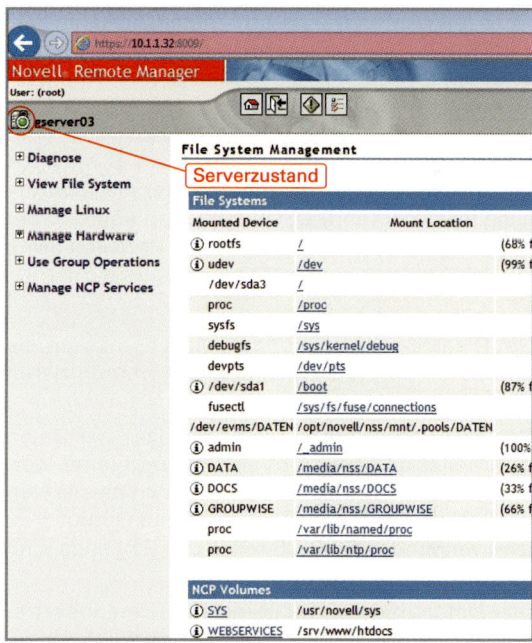

Bild 2: Remote Manager Startbildschirm

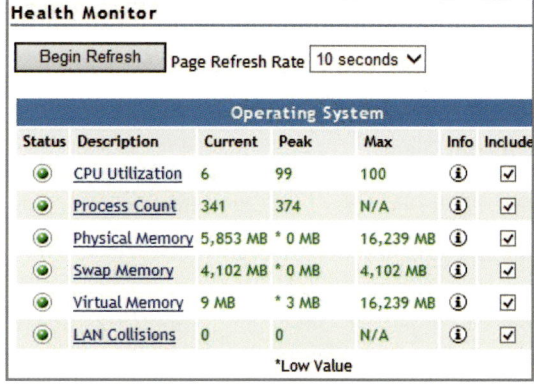

Bild 3: Zustandsmonitor anzeigen

10.4 Linux Samba-Server

10.4.1 Das Programmpaket Samba

Unter Linux steht mit dem Programmpaket Samba ein leistungsfähiger File- und Printserver zur Verfügung. Wird das Programmpaket Samba auf dem Server installiert, können sowohl Computer mit dem Betriebssystem Linux als auch Computer mit dem Betriebssystem Windows auf diesen Linux Samba-Server zugreifen. Andere Serverpakete unter Linux stehen oft nur Linux-basierten Computern zur Verfügung.

> Samba arbeitet als Brücke zwischen Windows und Linux.

Nach der Installation von Samba kann ein Computer mit dem Betriebssystem Linux Dienste über das SMB-Netzwerk-Protokoll anbieten. Als Dienste kommen z. B. Aufbau eines Mailservers, Anbieten eines Webbrowsers oder ein mit Benutzerrechten gesteuerter Zugriff auf Speicherplätze und Drucker infrage. Das Protokoll SMB wird z. B. auch bei Windows eingesetzt, damit Computer im Netzwerk gegenseitig auf ihre Daten zugreifen können. Bei Linux ohne Samba-Server wird das Protokoll SMB, z. B. im Dateimanager, verwendet.

Datenübertragung

Um Dienste zur Verfügung zu stellen, müssen die Computer im Netz miteinander kommunizieren **(Bild 1)**.

Das Betriebssystem sorgt dafür, dass die Daten verarbeitet und für den Versand vorbereitet werden. Dabei wird z. B. die Software-Schnittstelle NetBIOS (NetBIOS = Network Basic Input/Output System) verwendet. NetBIOS regelt den Eingangs- und Ausgangsdatenverkehr.

Die Datenübertragung wird mit Datenübertragungsprotokollen, z. B. SMB-Protokoll, durchgeführt. Samba benutzt das SMB-Protokoll der Firma Microsoft. Dabei setzt Samba mit dem SMB-Protokoll auf das TCP/IP-Protokoll (TCP/IP = Transmission Control Protocol/Internet Protocol) auf. Mit diesen Protokollen wird der Datentransport geregelt **(Bild 2)**.

Server – Client

Werden Computer vernetzt, so unterscheidet man den Server-Rechner und Client-Rechner. Der Server stellt Dienste zur Verfügung, ein Client fordert Dienste an.

In **Bild 3** wird ein Peer-to-Peer-Netz mit zwei Computern dargestellt. Um einen Computer als Server zu benutzen und den anderen Computer als Client, sind Installationen und Konfigurationen an beiden Computern nötig **(Tabelle 1)**.

> ! Der Name **Samba** ergibt sich aus der Abkürzung SMB (Server Message Block).

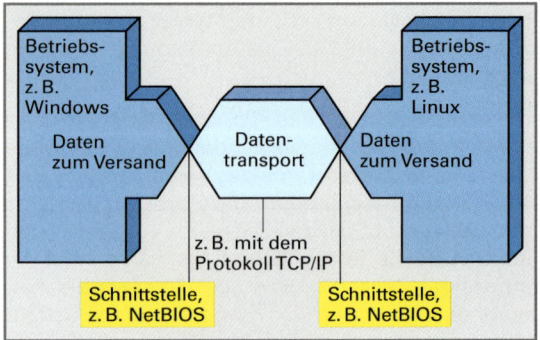

Bild 1: Daten- und Transportschicht

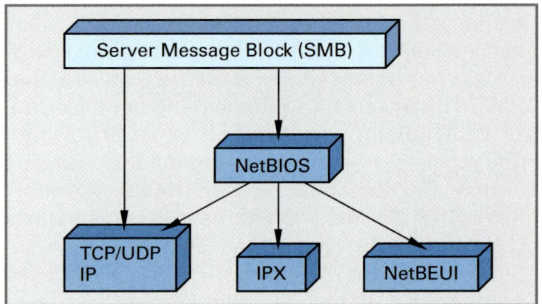

Bild 2: Protokolle

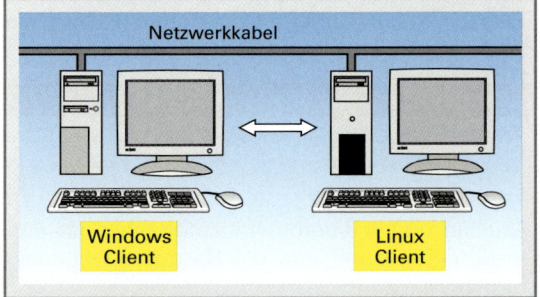

Bild 3: Peer-to-Peer-Netz

Tabelle 1: Einrichten eines Samba-Server mit Windows Client	
Schritt	Beschreibung
1	Netzwerkkarten konfigurieren.
2	Netzwerk unter Linux konfigurieren.
3	Funktionalität des Netzwerks feststellen.
4	Benutzer (user) und Gruppe (group) einrichten.
5	Samba installieren.
6	Samba-Server konfigurieren.
7	Netzwerkkarten verbinden.
8	Windows-Client einrichten und konfigurieren.

10.4.2 Konfiguration der Netzwerkkarte

Jede Netzwerkkarte benötigt einen freien IO-Adressbereich und einen freien IRQ (IRQ = Interrupt Request). Das System-BIOS weist dies zu.

> Eine Netzwerkkarte benötigt einen IO-Adressbereich und einen IRQ.

Um zu überprüfen, ob die Netzwerkkarte richtig erkannt wurde, wird das Programm YaST gestartet und das Passwort des Systemadministrators eingegeben. Das Programm ruft man über das K-Menü im Bereich Rechner auf (**Bild 1**). Wird im YaST-Kontrollzentrum links auf Hardware geklickt und im rechten Bereich Hardware-Informationen gewählt, findet eine Überprüfung der Hardware statt. Die Überprüfung nimmt eine gewisse Zeit in Anspruch. Alle Hardware-Informationen werden anschließend als eine Baumstruktur dargestellt.

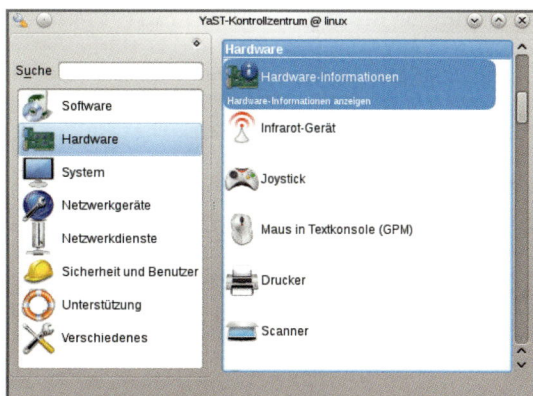

Bild 1: YaST-Kontrollzentrum

> **Übung 1: IO-Bereich und IRQ**
>
> Lassen Sie sich die Informationen zum IO-Adressbereich und zum IRQ der Netzwerkkarte anzeigen.
>
> *Lösung.* **Bild 2**

Die Hardware-Informationen werden über die Schaltfläche Schließen geschlossen.

10.4.3 Netzwerk unter Linux konfigurieren

Für die korrekte Übertragung der Datenpakete in Netzen ist die richtige Konfiguration des TCP/IP-Protokolls erforderlich. Dies betrifft die Festlegung der IP-Adressen des Hosts, die Netzwerkmaske und das Routing.

IP-Adresse und Host
Damit die einzelnen Computer in einem Netzwerk Verbindung untereinander aufnehmen können, wird jedem Computer eine IP-Adresse zugeordnet, z. B. 10.181.216.10. Sie besteht auf vier Gruppen zu je 8 bit in dezimaler Schreibweise.

Ebenso wie eine Telefonnummer in Vorwahl und Rufnummer aufgeteilt ist, so wird die IP-Adresse in einen Netzteil und einen Hostanteil gegliedert (**Bild 3**).

Netzwerkmaske
Die Grenze zwischen Netz und Host wird durch die Netzwerkmaske festgelegt. Hierbei wird die IP-Adresse mit der Netzwerkmaske (netmask) durch ein logisches UND verknüpft. Dadurch wird festgelegt, in welchem Teilnetz (Subnet) sich diese IP-Adresse befindet (**Bild 1, folgende Seite**).

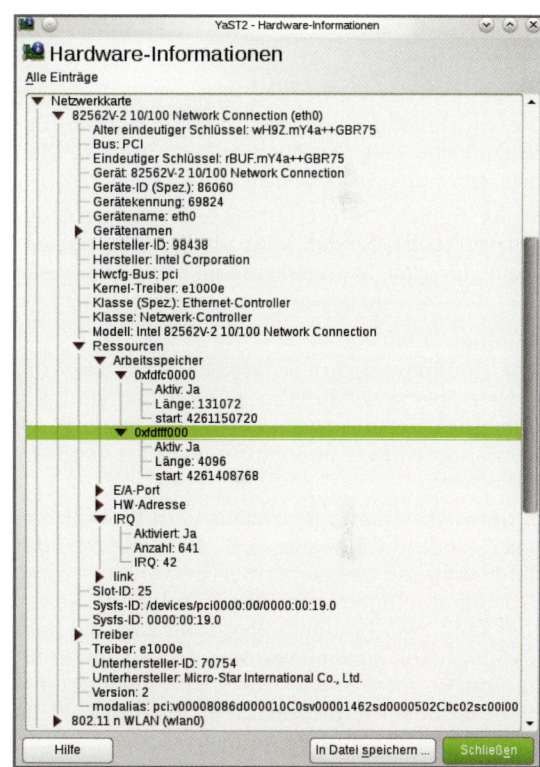

Bild 2: Hardware-Informationen

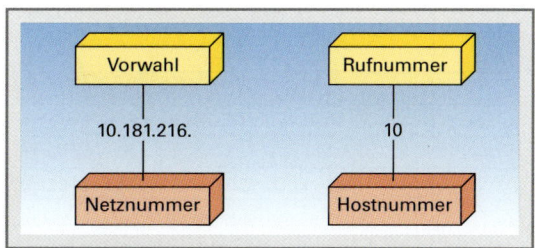

Bild 3: Netzanteil und Hostanteil der IP-Adresse

Konfiguration des Netzwerks mit YaST

Zur Konfiguration des Netzwerks startet man das YaST-Kontrollzentrum und wählt dort links `Netzwerkgeräte` und rechts den Eintrag `Netzwerkeinstellungen`. Die Netzwerkkonfigurationen werden initialisiert und die Netzwerkeinstellungen angezeigt (**Bild 2**). In der Übersicht sind alle Netzwerkkarten aufgelistet.

Um eine Netzwerkkarte zu konfigurieren, wird diese in der Übersicht ausgewählt und die Schaltfläche `Bearbeiten` gedrückt. Im erscheinenden Fenster werden die Einstellungen der Netzwerkkarte eingetragen (**Bild 3**).

> **Übung 1: IP-Adresse festlegen**
>
> Geben Sie für die IP-Adresse des Computers z. B. 10.181.216.10 und für die Subnetzmaske z. B. 255.255.255.0 ein.
>
> *Lösung:* **Bild 3**

Die Einstellungen werden durch Drücken der Schaltfläche `Weiter` übernommen (Bild 3). Man gelangt wieder zur Übersicht.

In der Registerkarte `Globale Optionen` der Netzwerkeinstellungen wird als Einrichtungsmethode für den Netzwerkaufbau die traditionelle Methode mit ifup gewählt.

Routing

Das Routing beschreibt, welche Ziele im TCP/IP-Netz über welchen Weg zu erreichen sind. Ein Computer, der das Weiterleiten von Daten zu einem anderen Netz übernimmt, wird als Gateway bezeichnet.

In der Registerkarte `Routing` wird die Adresse des Standard-Gateways, z. B. 192.168.0.1 (oder die IP-Adresse des Name-Servers eines Internet Providers), eingetragen (**Bild 1, folgende Seite**). Hier kann zwischen dem IPv4-Protokoll und dem IPv6-Protokoll gewählt werden. Dabei steht IP für Internet Protocol und v4 bzw. v6 für die Versionsnummer des IP-Protokolls. IPv6 löst IPv4 ab, da mit IPv6 mehr Adressen angesprochen werden können und es zudem einen einfacheren Protokollrahmen hat.

> **!** **YaST** von Yet another Setup Tool = Installationsroutine und Konfigurationswerkzeug für Linux von openSUSE.

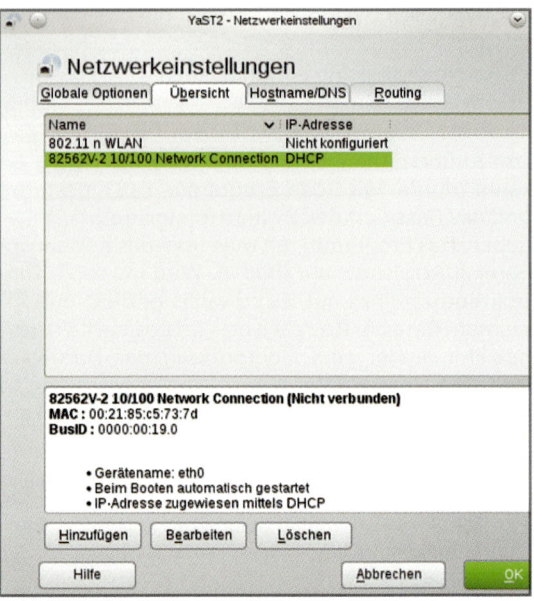

Bild 2: Netzwerkeinstellungen

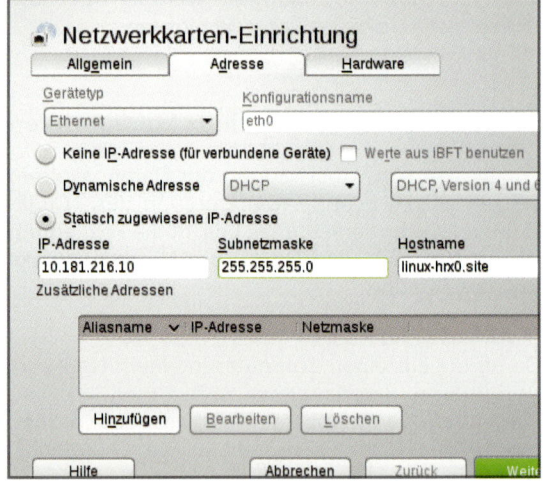

Bild 3: Netzwerkkarten-Einrichtung

Grenze	Subnetmaske binär	Subnetmaske hex	Subnetmaske dezimal	Nutzbare IP-Adressen
/8	1111 1111 0000 0000 0000 0000 0000 0000	FF.00.00.00	255.0.0.0	max. 16777214
/16	1111 1111 1111 1111 0000 0000 0000 0000	FF.FF.00.00	255.255.0.0	max. 65534
/24	1111 1111 1111 1111 1111 1111 0000 0000	FF.FF.FF.00	255.255.255.0	max. 254
/28	1111 1111 1111 1111 1111 1111 1111 0000	FF.FF.FF.F0	255.255.255.240	max. 14
	Netzanteil Hostanteil			

Bild 1: Subnetmaske für IP-Adressen

Hostnamen und Domainnamen vergeben
Damit die Computer im Netzwerk identifizierbar sind, benötigen sie einen Rechnernamen (Hostnamen) und einen Domänennamen (Domainnamen). Wird die Registerkarte Hostname/DNS aufgerufen, kann der Hostname und der Domainname geändert bzw. vergeben werden **(Bild 2)**.

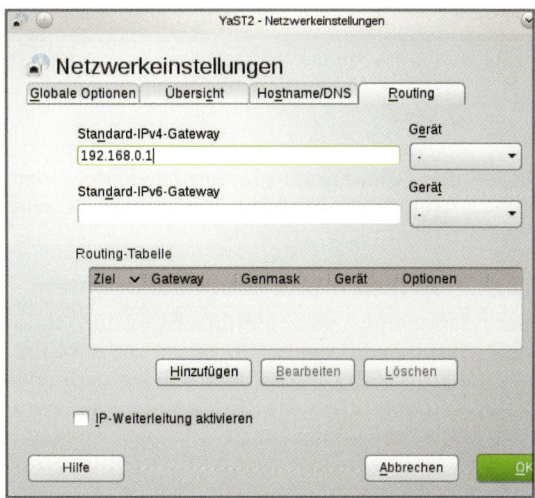

Übung 1: Hostname und Domainname

Legen Sie als Hostname `linux` und als Domainname `site` fest.

Lösung: **Bild 2**

Hostname
Der gewählte Hostname darf in einem lokalen Netzwerk nur einmal vorkommen und dient zur Identifizierung des Computers im Netz.

Domainname
Damit ein großes Netz in einzelne Teile (Domains) aufgeteilt werden kann, wird der Domainname benötigt.

In einem Netzwerk benötigt jeder Computer einen Hostnamen und einen Domainnamen.

Alle Einstellungen werden durch Betätigen der Schaltfläche OK übernommen und die Netzwerkkonfiguration gespeichert.

10.4.4 Funktionen des Netzwerks feststellen

Die Funktionstüchtigkeit der Netzwerkkonfiguration und die Netzwerkkarte können z.B. mit den Befehlen `ifconfig`, `route` und `ping`, für die Administratorrechte notwendig sind, getestet werden. Um die Befehle einzugeben, öffnet man ein Konsolenfenster, z. B. Terminal, über das K-Menü. Das Konsolenfenster befindet sich z.B. in den Favoriten oder im Bereich `Anwendungen System`. Mit dem Befehl `ifconfig` (von interface configurator) werden im Konsolenfenster alle Parameter des Netzes ausgegeben.

Übung 2: ifconfig anwenden

Ermitteln Sie die Parameter des Ethernet-Netzes.

Lösung: **Bild 3**

Durch Eingabe des Befehls `route` im Konsolenfenster wird das Routing dargestellt **(Bild 1, folgende Seite)**. Dieser Befehl liefert eine Liste aller Informationen über die Router und wie diese erreichbar sind.

Mit dem Befehl `ping` und der IP-Adresse der Netzwerkkarte kann diese angesprochen werden.

Bild 1: Einstellungen Routing

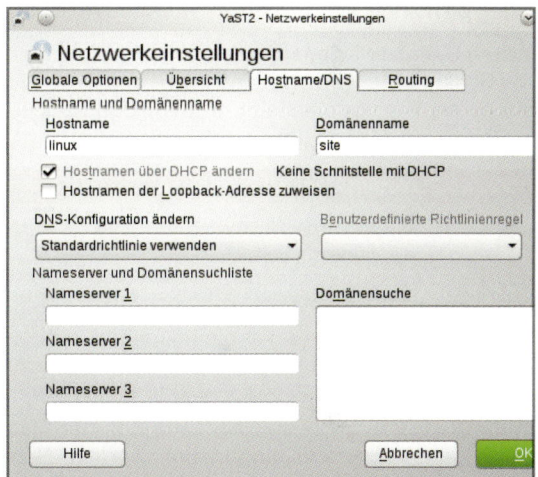

Bild 2: Einstellungen Hostname/DNS

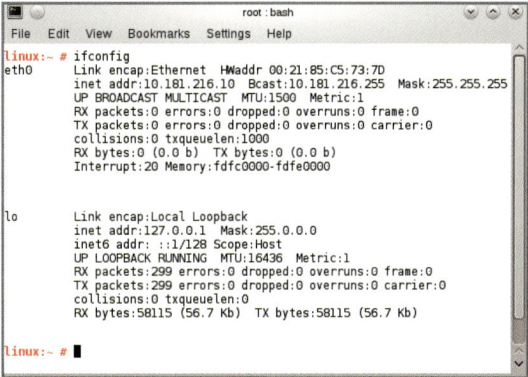

Bild 3: Ausgabefenster der Befehle `ifconfig`

Übung 1: route anwenden

Überprüfen Sie, ob die Netzwerkkarte Ihres Computers angesprochen werden kann.

Lösung: **Bild 2**

Es werden Datenpakete zur Netzwerkkarte gesendet. Durch Betätigen der Tasten `Strg` und `C` wird die Datenübertragung beendet.

10.4.5 Benutzer und Gruppe einrichten

Das Einrichten von Benutzern oder einer User-Gruppe wird bei SUSE Linux mit dem Programm YaST-Kontrollzentrum als Systemadministrator vorgenommen. Das Programm YaST wird über das K-Menü im Bereich `Rechner` gestartet (**Bild 3**). Links wird `Sicherheit und Benutzer` gewählt und im rechten Bereich `Benutzer- und Gruppenverwaltung`. Die Benutzer- und Gruppenkonfiguration wird initialisiert und das Fenster `Verwaltung von Benutzern und Gruppen` angezeigt (**Bild 4**).

Neuen Benutzer anlegen
Die Schaltfläche `Hinzufügen` wird gedrückt und ein neues Fenster erscheint, in dem Benutzer erstellt werden können (**Bild 1, folgende Seite**).

Übung 2: Neuen Benutzer anlegen

Legen Sie einen Benutzer `mustermann` an.

Lösung: **Bild 1, folgende Seite**

Der vollständige Name des Benutzers, der Login-Name und das Passwort kann eingegeben werden (Bild 1, folgende Seite). Um eine Falscheingabe zu vermeiden, muss das Passwort wiederholt werden.

In der Registerkarte `Details` kann z. B. der Pfad zum Home-Verzeichnis eingegeben werden. Normalerweise heißt das Homeverzeichnis `/home/<loginname>`, z. B. `/home/mustermann`.

In der Registerkarte `Passworteinstellungen` können Details zum Passwort eingetragen werden. Ein Passwortwechsel wird z. B. nach einer einzugebenden Anzahl von Tagen erzwungen.

User-ID
Jeder Benutzer ist dem System durch die User-ID UID bekannt. Die User-ID wird unter Benutzerkennung in der Registerkarte Details eingetragen. Benutzer erhalten UIDs größer als 1000. Die UID-Nummer von 1 bis 999 sind Server-Diensten und Dämonen reserviert.

Benutzer benötigen unter Linux eine User-ID.

Durch Betätigen der Schaltfläche OK ist die Erstellung des Benutzers abgeschlossen und das Fenster

! **Dämonen** von daemons (dead at monitor) Dämonen sind Prozesse zur Systemverwaltung, die im Hintergrund ablaufen.

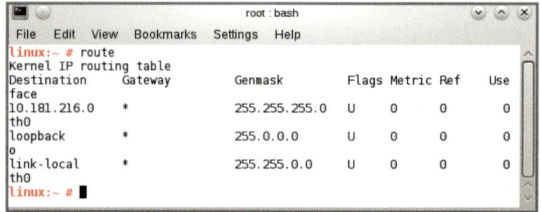

Bild 1: Ausgabe des Befehls `route`

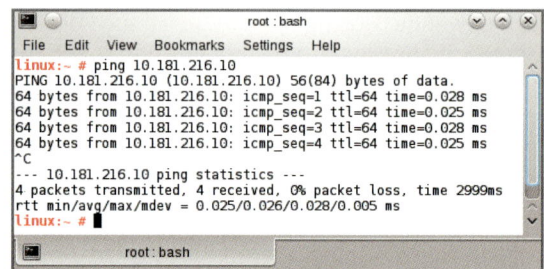

Bild 2: Ausgabe des Befehls `ping`

Bild 3: YaST-Kontrollzentrum

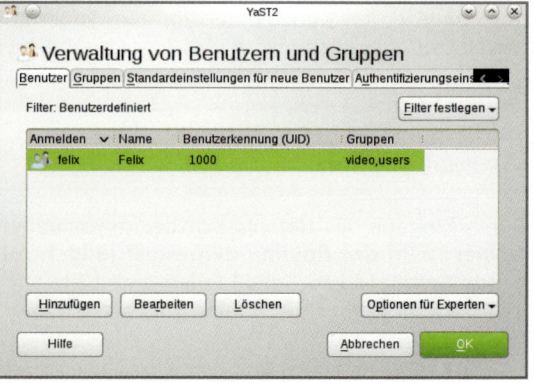

Bild 4: Verwaltung von Benutzern und Gruppen

Verwaltung von Benutzern und Gruppen erscheint erneut. Gab es vorher einen Benutzer, für den die automatische Anmeldefunktion aktiviert war, erscheint eine Meldung, und die Funktion kann bei Bedarf ausgeschaltet werden.

Gruppe anlegen
In einem Rechnernetz können mehrere Benutzer (user) arbeiten. Arbeiten mehrere Benutzer in einer gemeinsamen Arbeitsgruppe, so werden diese einer Gruppe (group) zugeordnet.

Gruppenmitglieder einer Gruppe erhalten eine gemeinsame Gruppenkennung (Gruppen-ID, GID). Gruppen-IDs von 1 bis 99 sind für Systemdienste vorgesehen. Gruppen-IDs ab 100 dürfen für eigene Zwecke festgelegt werden.

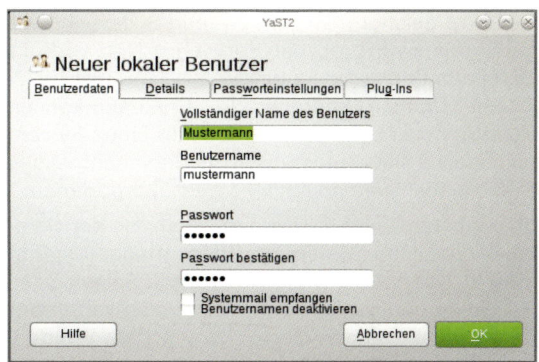

Bild 1: Neuer Benutzer anlegen

> **Übung 1: Gruppe und Gruppenmitglieder**
>
> Legen Sie eine Gruppe mit dem Namen `produktion` mit der Gruppen-ID GID 1000 an. Fügen Sie als Gruppenmitglieder die Benutzer `felix` und `mustermann` hinzu.
>
> *Lösung:* **Bild 2**

Im Fenster `Verwaltung von Benutzern und Gruppen` wird die Registerkarte `Gruppen` aufgerufen (Bild 4, vorhergehende Seite). Eine neue Gruppe kann im Fenster `Neue lokale Gruppe` angelegt werden, das durch Drücken der Schaltfläche `Hinzufügen` erscheint (Bild 2). Ein Gruppenname und eine Gruppen-ID müssen eingetragen werden. Im Bereich `Mitglieder der Gruppe` können Benutzer per Haken ausgewählt werden, die der Gruppe angehören sollen. Wird die Schaltfläche OK betätigt, ist die Gruppe erstellt **(Bild 3)**.

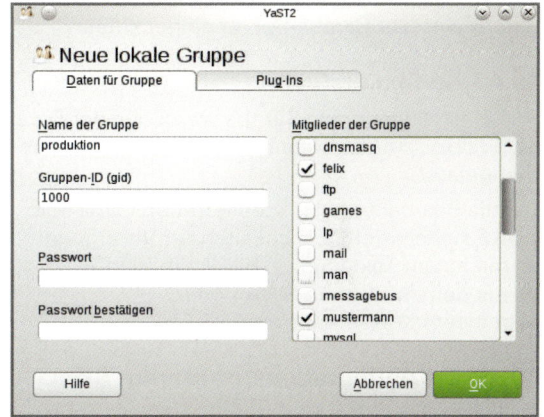

Bild 2: Neue lokale Gruppe

10.3.6 Programm Samba installieren

Ob Samba installiert ist, kann im Programm YaST2 überprüft werden. Das Programm wird über das K-Menü in dem Bereich `Rechner` durch Anklicken von `Software installieren oder löschen` gestartet. Samba befindet sich in der Paketgruppe `Netzwerk`. Sofern Samba nicht installiert ist, muss wie in Abschnitt 5.4.6 beschrieben, vorgegangen werden. Die Grundpakete `samba` und `samba-client` müssen installiert sein.

Die erste Einrichtung und Konfiguration des Samba-Servers wird mit YaST vorgenommen. YaST wird über das K-Menü im Bereich `Rechner` gestartet. Im linken Bereich wird `Netzwerkdienste` und im rechten Bereich `Samba-Server` angeklickt (Bild 3, vorhergehende Seite). Die Einrichtung des Samba-Servers beginnt.

Im ersten Schritt wird der Name der Arbeitsgruppe oder Domäne festgelegt, z. B. TEST **(Bild 4)**. Über

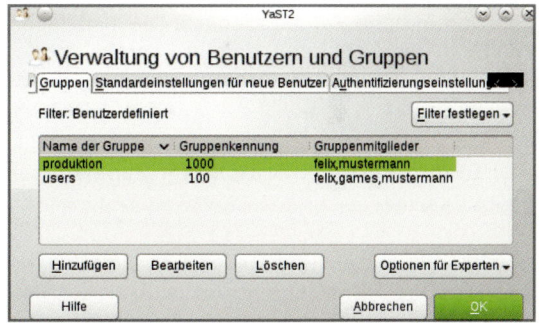

Bild 3: Verwaltung von Benutzern und Gruppen

Bild 4: Samba-Installation: Schritt 1

Weiter gelangt man zum zweiten Schritt, in dem konfiguriert wird, ob der Server im Netzwerk als Domänen-Controller fungieren soll oder nicht, z. B. Primary Domain Controller PDC. Erst dann können sich Windows-Benutzer, die auch im Linux-System eingerichtet sind, automatisch am Server anmelden. Die Eingaben werden mit Weiter übernommen.

Im nächsten Fenster wird eingestellt, ob der Samba-Server beim Systemstart oder manuell startet **(Bild 1)**. Der Firewall-Port muss durch Setzen eines Häkchens geöffnet werden. Ansonsten kann vom Client nicht auf den Server zugegriffen werden. Wird die Schaltfläche OK gedrückt, wird das Administrator-Passwort für den Samba-Server verlangt. Nach einer Wiederholung des Passworts und Klick auf OK wird der Samba-Server eingerichtet.

10.4.7 Samba verwalten

Alle Einstellungen von Samba werden in der Datei smb.conf im Verzeichnis /etc/samba zusammengefasst.

Für die Bearbeitung der Konfigurationsdatei smb. conf stehen drei Möglichkeiten zur Verfügung:
* mit einem Texteditor, z. B. KWrite **(Bild 2)**,
* mit dem Programm SWAT oder
* mit dem Kontrollzentrum YaST.

10.4.7.1 Konfigurationsprogramm SWAT

Das Konfigurationsprogramm SWAT arbeitet auf der Basis des HTTP-Protokolls und lässt sich mit jedem Webbrowser bedienen. Dadurch ist eine Fernwartung von Samba möglich. Die Installation von SWAT ist nicht nötig, da diese bereits mit der Installation von Samba automatisch vorgenommen wird.

> Mit SWAT ist eine Fernwartung von Samba-Servern möglich.

Das Samba-Verwaltungswerkzeug SWAT kann über das YaST-Kontrollzentrum aktiviert werden (Bild 3, Seite 444). Dazu wird links Netzwerkdienste und rechts Netzwerkdienste (xinetd) gewählt. Im erscheinenden Fenster wird die Schaltfläche Aktivieren gedrückt, der Dienst in der Liste gesucht und bei Bedarf Status wechseln geklickt **(Bild 3)**. Bei Status von SWAT muss An stehen. Die Änderungen werden mit Beenden ausgeführt.

SWAT starten

Um das Programm SWAT zu starten, wird zuerst ein Webbrowser, z. B. Firefox, gestartet. In der Adress-Eingabezeile wird der Servername, z. B. localhost und die Anforderung an den Port 901 eingetragen **(Bild 4)**. Nach Betätigen der Ein-

> **!** **PDC** (von Primary Domain Controller = primärer Domänencontroller) ist notwendig, um in Windows-Netzwerken eine zentrale Benutzer- und Dateiverwaltung einzurichten.
> **SWAT** von Samba Web Administration Tool.

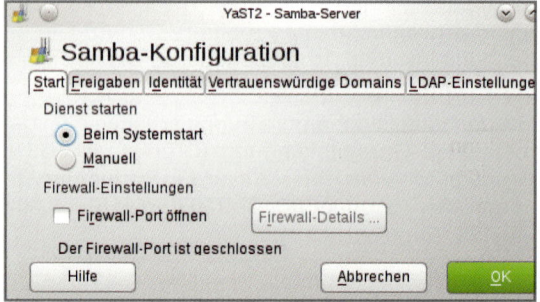

Bild 1: Samba-Konfiguration

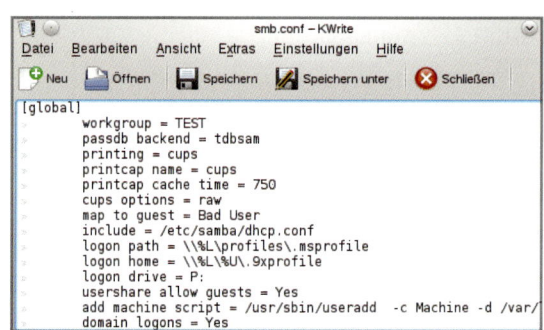

Bild 2: Texteditor KWrite mit Samba-Konfigurationsdatei

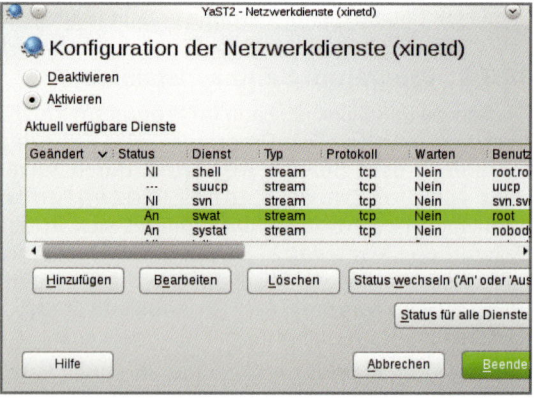

Bild 3: SWAT aktivieren

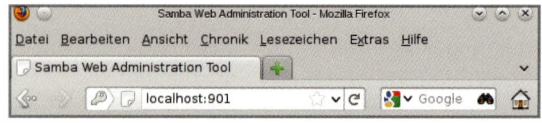

Bild 4: Programm SWAT starten

gabetaste wird ein Login als Administrator verlangt und SWAT geladen (**Bild 1**).

Die SWAT-Oberfläche zeigt Schaltflächen, deren Bedeutung in **Tabelle 1** zusammengefasst sind. So wird z. B. über die Schaltfläche STATUS der Samba-Server überwacht und gesteuert. Über VIEW kann die Konfigurationsdatei smb.conf eingesehen werden.

10.4.7.2 Samba-Server einstellen

Über die Schaltfläche GLOBALS werden alle Einstellungen für die Daemons smbd und nmbd vorgenommen. Der Daemon smbd ist für Dateifreigaben (shares) und Dienste an den nachfragenden Client zuständig, und der Daemon nmbd regelt den Datentransport.

Übung 1: Samba-Server konfigurieren
Stellen Sie den Samba-Server ein.
Lösung: **Schritt 1 und Schritt 2**

Schritt 1: Globale Einstellungen vornehmen
Innerhalb der SWAT-Oberfläche wird auf die Schaltfläche GLOBALS gedrückt. Hier werden die geforderten Einstellungen eingegeben (Bild 1). Die IP-Adresse, z. B. 10.181.216.10, und die Netzmaske, z. B. 255.255.255.0 entsprechen den Eingaben beim Einrichten des Netzwerks. Damit die Eingaben in der Datei smb.conf gespeichert werden, muss mit der Maus die Schaltfläche Änderungen speichern angeklickt werden.

Schritt 2: Eingaben an Samba übergeben
Samba muss die konfigurierte Datei smb.conf neu einlesen. Dazu müssen die Daemons smbd und nmbd neu gestartet werden. Man klickt mit der Maus auf die Schaltfläche STATUS und anschließend auf die Schaltflächen Starte smbd neu und Starte nmbd neu (**Bild 2**).

10.4.7.3 Dateifreigaben

Ein Server verfügt im Allgemeinen über mehr Festplattenspeicher als ein Client. Werden Dateiverzeichnisse auf dem Server für Clients zur Verfügung gestellt, spricht man von Austauschverzeichnissen (shares).

Für jede Datei bzw. Verzeichnis speichert Linux die Zugriffsrechte. Dabei werden die Rechte lesen (r = read), schreiben (w = write), ausführen (x = execute) oder keine Rechte unterschieden. Diese Zugriffsberechtigungen werden an drei verschiedene Benutzerebenen, Besitzer (user), Gruppe (group) und andere (others) verteilt.

Lesen, Schreiben, Ausführen sind Rechte, die für Dateien und Verzeichnisse vergeben werden können.

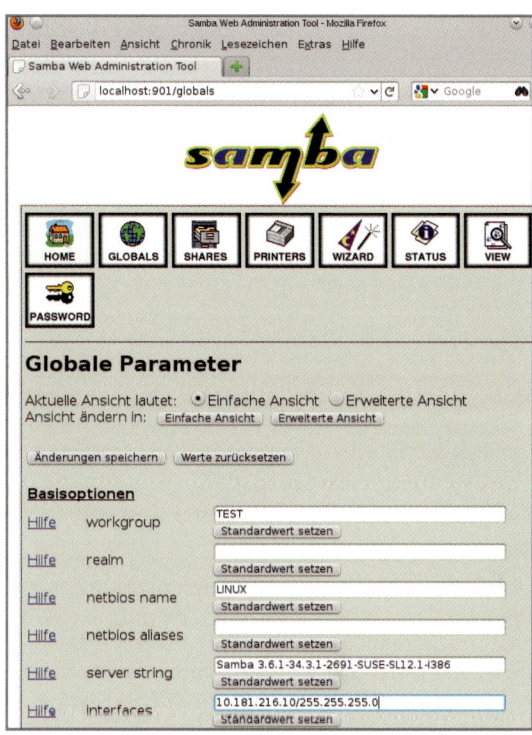

Bild 1: Konfigurationsoberfläche von SWAT

Tabelle 1: Bedeutung des SWAT-Menüs	
Schaltflächen	Inhalt der HTML-Seite
HOME	Links zu Hilfetexten.
GLOBALS	Konfiguration des Servers.
SHARES	Einstellung von verwendeten Verzeichnissen.
PRINTERS	Einstellung von Samba-Druckern.
WIZARD	Samba Konfigurations-Assistent.
STATUS	Steuerung und Überwachung des Samba-Servers.
VIEW	Inhalt der Konfigurationsdatei smb.conf.
PASSWORD	Passwortverwaltung von Samba.

Bild 2: Server-Status im SWAT

Die Zugriffsberechtigungen werden vom Betriebssystem Linux und vom Samba-Server vergeben.

> Rechte, die unter Linux vergeben werden, haben Vorrang vor den Rechten, die unter Samba vergeben werden.

Das bedeutet, dass die Zugriffsberechtigungen von Linux Vorrang haben, wenn mit der Samba-Konfigurationsdatei `smb.conf` gewisse Rechte für Dateien vergeben werden, die aber von Linux nicht freigegeben sind.

Übung 1: Datei und Zugriffsberechtigungen

Erzeugen Sie eine Datei `test` und zeigen Sie die Zugriffsberechtigungen der erzeugten Datei `test` an.

Lösung: **Schritt 1 und Schritt 2**

Schritt 1: Testdatei erzeugen

Über das K-Menü wird im Bereich Anwendungen, Dienstprogramme, Editor der Texteditor KWrite gestartet. Nach Eingabe einer kurzen Textzeile wird die Datei unter dem Dateinamen `test` im Verzeichnis `/home/BENUTZERNAMEN`, z. B. `/home/felix`, gespeichert **(Bild 1)**. Der Name des Benutzerverzeichnisses hängt davon ab, welcher Benutzer am Computer angemeldet ist.

Schritt 2: Zugriffsberechtigungen anzeigen

Nach Start der Terminal-Emulation gibt man folgenden Befehl ein: `ls –l/home/felix`. Dadurch werden die Zugriffsberechtigungen der Datei `test` angezeigt **(Bild 2)**. Der Typ von `test` ist Datei. Der Eigentümer dieser Datei darf diese lesen und in sie schreiben, während Mitglieder der Gruppe und andere Benutzer nur das Recht zu lesen haben **(Bild 3)**.

Die einzelnen Bits für die Zugriffe auf eine Datei oder Verzeichnis können auch über eine Oktalzahl beschrieben werden **(Tabelle 1)**. Dabei addieren sich die einzelnen Rechte zu einer Zahl, welche jeweils eine Benutzerebene repräsentiert.

Übung 2: Zugriffsberechtigung ändern

Die Zugriffsberechtigung für die Datei `test` soll wie folgt geändert werden:

Typ	Eigentümer			Gruppe			Andere		
–	r	w	x	r	w	–	r	–	–

Lösung: **Schritt 1 bis Schritt 3**

Schritt 1: Oktalzahl berechnen

Typ = 0, Eigentümer 4 + 2 + 1 = 7, Gruppe 4 + 2 = 6, Andere 4. Somit ergibt sich die Oktalzahl 0764.

> Die Oktalzahl, um die Zugriffsrechte zu steuern, ist eindeutig.

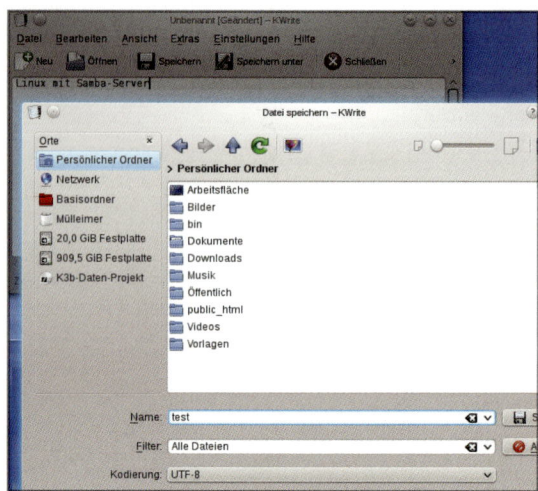

Bild 1: Textdatei `test` speichern

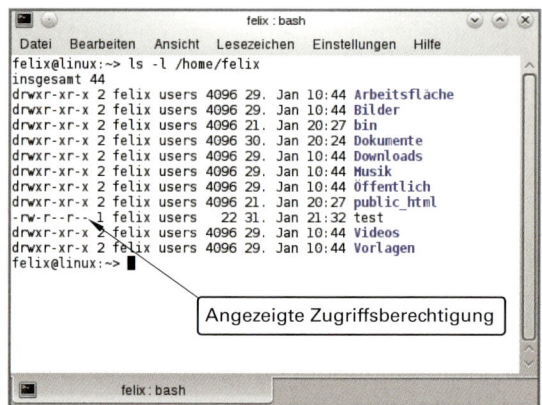

Bild 2: Terminal-Emulation mit Zugriffsberechtigungen

Typ	Eigentümer			Gruppe			Andere		
–	r	w	–	r	–	–	r	–	–

Hinweis: – in der Spalte von Typ bedeutet Datei
d in der Spalte von Typ bedeutet Verzeichnis

Bild 3: Zugriffsberechtigung der Datei `test`

Tabelle 1: Zugriffsrechte über Oktalzahlen darstellen	
Oktalzahl	Bedeutung
0	Nichts
1	Ausführen
2	Schreiben
4	Lesen

Schritt 2: Mit Linux die Dateirechte verändern
In der Terminal-Emulation gibt man folgenden Befehl ein: chmod 0764 /home/felix/test (chmod von change mode = verändere Modus).

Schritt 3: Änderungen überprüfen
Der Befehl ls −l /home/felix/test zeigt die Zugriffsberechtigungen der Datei test an.

Übung 1: Verzeichnis anlegen und freigeben
Das Verzeichnis projekt soll im Netzwerk angelegt und unter Samba freigegeben werden. Der Eigentümer und die Mitglieder einer Gruppe erhalten Leserechte, Schreibrechte und Ausführungsrechte. Andere sind nur befugt zu lesen.

Lösung: **Schritt 1 bis Schritt 4**

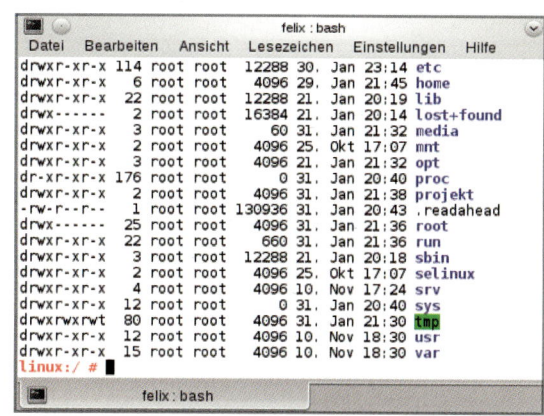

Bild 1: Zugriffsberechtigung des Verzeichnisses projekt

Schritt 1: Verzeichnis unter Linux anlegen
In der Terminal-Emulation gibt man den Befehl su für super user ein. Darauf erfolgt die Passwortabfrage für den Systemadministrator. Nach Eingabe des Passwortes kann das Verzeichnis mit dem Befehl mkdir /projekt erstellt werden. Bei Bedarf sollte ins Wurzelverzeichnis / gewechselt werden. Dazu wird der Befehl cd.. verwendet.

Schritt 2: Zugriffsrechte des Verzeichnisses feststellen und anpassen
Mit dem Befehl ls −l / erhält man eine Liste aller Verzeichnisse im Pfad /. Hier sucht man nach dem Verzeichnis projekt (**Bild 1**). Es ist zu sehen, dass der Eigentümer alle Rechte besitzt, während die Mitglieder einer Gruppe nur Leserechte und Ausführungsrechte besitzen und andere nur lesen dürfen. Mit dem Befehl chmod 0774 /projekt werden die Zugriffsrechte angepasst (**Bild 2**).

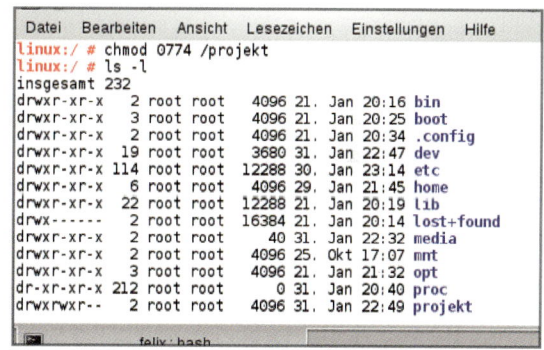

Bild 2: Zugriffsrechte anpassen

Schritt 3: Austauschverzeichnis in SWAT anlegen
Nach dem Starten von SWAT klickt man mit der Maus auf SHARES. In dem Eingabefeld neben der Schaltfläche Erstelle Freigabe wird der Sharename, z. B. projekt, eingegeben (**Bild 3**). Nach einem Mausklick auf Erstelle Freigabe kann der Pfad bei path zum Verzeichnis eingetragen werden.

Ein Austauschverzeichnis ist ein Verzeichnis, in dem mehrere Benutzer Daten miteinander austauschen können.

Schritt 4: Datei smb.conf neu einlesen
Nach einem Mausklick auf die Schaltfläche STATUS und die Schaltflächen Starte smbd neu und Starte nmbd neu wird die Konfigurationsdatei neu eingelesen.

Nun steht das Austauschverzeichnis projekt in der Netzwerkumgebung von Samba zur Verfügung.

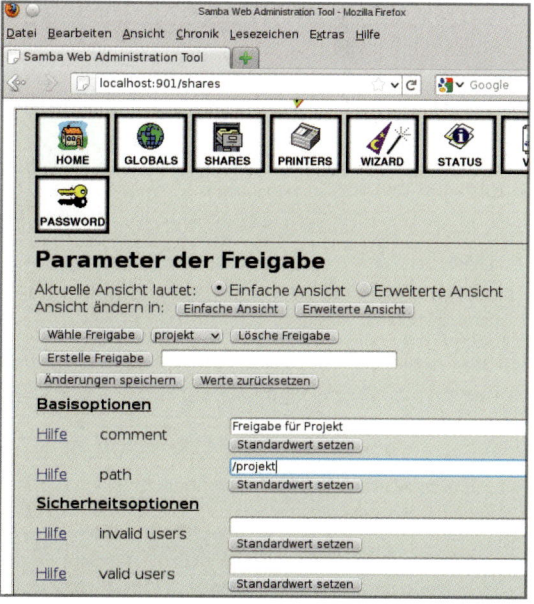

Bild 3: Eingaben für das Austauschverzeichnis in SWAT

Übung 1: Benutzer in Samba und Linux

Erzeugen Sie einen Samba-Benutzer, der bereits unter Linux existiert, z.B. `felix`.

Lösung: **Bild 1**

Um einen Samba-Benutzer zu erzeugen, kann in der Konsole der Befehl `smbpasswd — a` gefolgt vom Benutzernamen eingegeben werden (Bild 1). Das Passwort wird abgefragt und muss nochmals wiederholt werden.

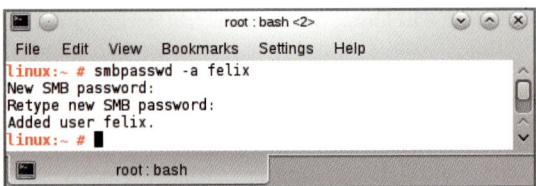

Bild 1: Samba-Benutzer in der Konsole anlegen

10.4.7.4 Windows-Client einrichten

Wird ein Windows-Client an den Linux-Server angeschlossen, muss das Netzwerk dem Client bekannt gemacht werden. Dazu muss das TCP/IP-Protokoll installiert sein, der Client eine eindeutige IP-Adresse erhalten und der Name der Arbeitsgruppe dem der Linux-Workgroup entsprechen.

Unter Windows wird die IP-Adresse in der `Systemsteuerung` in der Gruppe `Netzwerk und Internet` eingetragen. Dazu wird `Netzwerkstatus und Aufgaben anzeigen` angeklickt, die `LAN-Verbindung` gewählt und über die Schaltfläche `Eigenschaften` die Eigenschaften der LAN-Verbindung angezeigt. Nach Anklicken von `Internetprotokoll Version 4` und Drücken der Schaltfläche `Eigenschaften` kann die IP-Adresse, z.B. 10.181.216.20, und die Subnetzmaske, z.B. 255.255.255.0, eingetragen werden **(Bild 2)**.

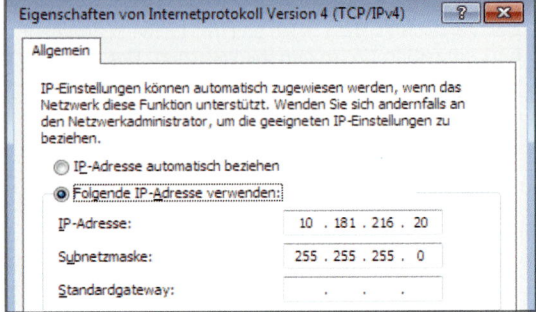

Bild 2: IP-Adresse und Subnetzmaske eintragen

Um den Namen der Arbeitsgruppe einzutragen, öffnet man in der Systemsteuerung in der Gruppe `System und Sicherheit` den Eintrag `System`. Durch Anklicken des Links `Einstellungen ändern` erscheint ein Fenster, in dem die Arbeitsgruppe eingetragen werden muss, z.B. TEST **(Bild 3)**.

Nach einem Neustart des Computers wird im Netzwerk des Windows-Client der Server und der eigene Client sichtbar **(Bild 4)**. Dazu kann über das Startmenü des Windows-Client der Windows-Explorer aufgerufen werden.

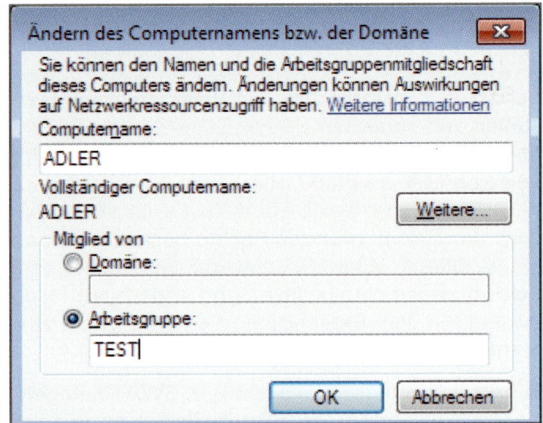

Bild 3: Arbeitsgruppe einstellen

Damit ein Benutzer sich vom Windows-Client aus automatisch an einem Linux-Server anmelden kann, müssen Login-Namen und Passwort an beiden Systemen übereinstimmen.

Ist dies nicht der Fall, erscheint bei Anklicken des Server-Symbols ein Login-Fenster, in dem sich der Benutzer am Linux-Server identifizieren kann.

K   Kompetenzorientierung

1. **Welche Dienste bietet ein Samba-Server an?**
2. **Mit welchem Befehl kann geprüft werden, ob die Netzwerkkarte erkannt wird?**
3. **Welchen Vorteil bietet das Programm SWAT?**

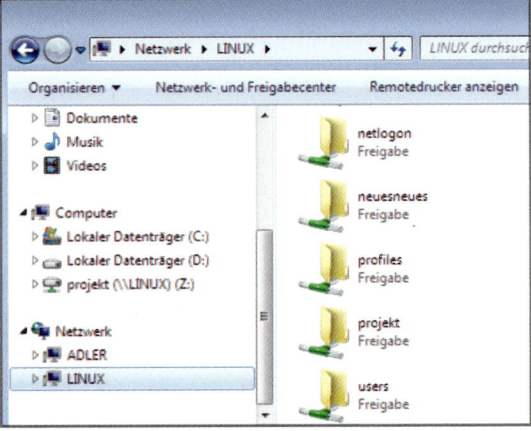

Bild 4: Linux-Server unter Windows

10.5 Netzwerke mit Windows

Prinzipiell kann Windows sowohl in einem Peer-to-Peer- als auch in einem Server-Client-Netzwerk eingesetzt werden. Das aktuelle Betriebssystem von Microsoft für den Server ist „Windows Server 2019" und für den Client bzw. den Peer „Windows 10".

Bei „Windows Server 2019" gibt es verschiedene Varianten, hier wird auf die Standardvariante mit grafischer Oberfläche und auf die Core-Variante ohne grafische Oberfläche (Desktopdarstellung) eingegangen (**Bild 1**).

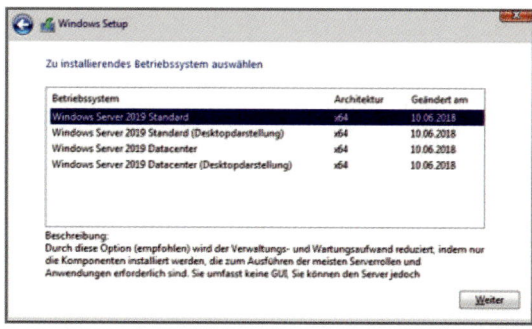

Bild 1: Installation von Windows Server 2019

> Windows-Server gibt es mit grafischer Oberfläche sowie ohne grafische Oberfläche.

10.5.1 Konfiguration der Netzwerkkarte

Sowohl in einem Peer-to-Peer- als auch in einem Server-Client-Netzwerk ist die richtige Konfiguration der Netzwerkschnittstelle(n) erforderlich. Dies betrifft vor allem die Festlegung der IP-Adressen der Rechner und der entsprechenden Subnetzmaske. Alle Arbeitsplatzrechner (Clients bzw. Peers) als auch der Server müssen sich dabei im selben Netz befinden (siehe Abschnitt 10.1.11). Meist werden zudem der verwendete DNS-Server und das Standard-Gateway angegeben.

Die Konfiguration über die grafische Oberfläche wird in den Einstellungen „Netzwerk und Internet" und dort unter „Adapteroptionen ändern", festgelegt (**Bild 2**). Die jeweilige Netzwerkschnittstelle kann hier mit einem Doppelklick bearbeitet werden: Unter „Eigenschaften" finden sich die Auswahlfelder für die IPv4-Konfiguration (**Bild 3**) als auch für die IPv6-Konfiguration (**Bild 4**).

Die Konfiguration der Netzwerkkarte kann auch über die Kommandozeile, hier die PowerShell erfolgen.

Die Windows PowerShell stellt eine erweitere Konsole dar. In der PowerShell stehen zahlreiche Befehlssätze, sogenannte Cmdlets für die Konfiguration zur Verfügung. Diese können auch zu Skripten zusammengefasst werden **Tabelle 1, folgende Seite)**.

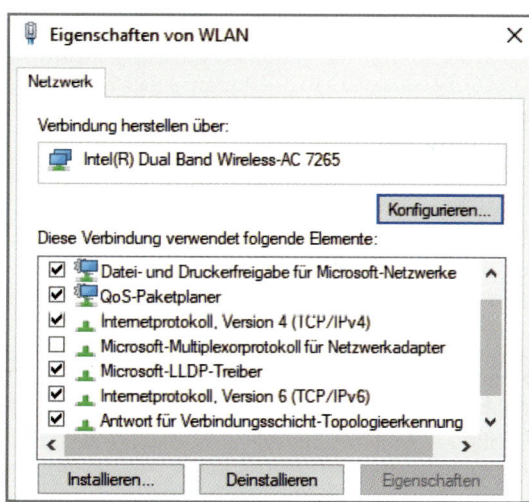

Bild 2: Netzwerk konfigurieren

Bild 3: IPv4-Konfiguration

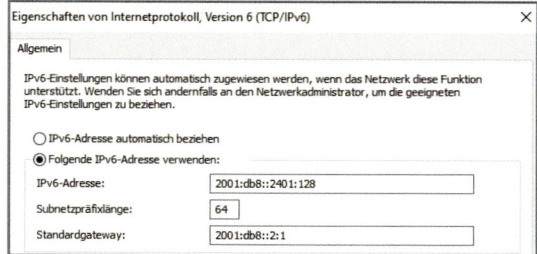

Bild 4: IPv6-Konfiguration

Neben normalen Skriptbefehlen können auch .NET-Funktionen für wiederkehrende Aufgaben von Windows genutzt werden.

Der Befehl „Get-NetAdapter" zeigt eine Übersicht der vorhandenen Netzwerkkarten **(Bild 1)**. Die jeweilige ID (ifIndex) wird für den nächsten Befehl „New-NetIPAddress" zur IP-Konfiguration benötigt.

Ein Beispiel für IPv4 und IPv6:

```
New-NetIPAddress  -IPAdress  10.0.0.10
-PrefixLength   24   -DefaultGateway
10.0.0.1 -InterfaceIndex 13 -AddressFa-
mily IPv4

New-NetIPAddress -IPAddress 2001:db8::2
-PrefixLength 64 -DefaultGateway fe80::1
-InterfaceIndex 13 -AddressFamily IPv6
```

Der DNS-Server wird über den Befehl „Set-DnsClientServerAddress" festgelegt:

```
Set-DnsClientServerAddress  -InterfaceIn-
dex 13 -ServerAddresses 10.0.0.1
```

Mit dem Befehl „ipconfig -all" kann die Konfiguration überprüft werden **(Bild 2)**.

10.5.2 Peer-to-Peer-Netzwerk

Ein Peer-to-Peer-Netzwerk besteht aus gleichberechtigten Arbeitsplatzrechnern, die jeweils individuelle Ressourcen im Netzwerk zur Verfügung stellen. Aktuelles Betriebssystem für Arbeitsplatzrechner von Microsoft ist Windows 10.

10.5.2.1 Dateifreigaben

Jeder Peer kann Ordner- oder Dateifreigaben im Netzwerk anbieten. Dies geschieht im Kontextmenü des jeweiligen Ordners bzw. der jeweiligen Datei über den Punkt Eigenschaften **(Bild 3)**. Im Reiter „Freigabe" ist es möglich Zugriffsrechte für ausgewählte Personen zuzuordnen **(Bild 4)**.

Tabelle 1: Cmdlets für die Netzwerkkonfiguration	
Befehl	Erklärung
Get-NetAdapter	Übersicht der vorhandenen Netzwerkschnittstellen.
New-NetIPAdress	Konfiguration der Netzwerk-schnittstelle mit IPv4 und IPv6.
Set-DnsClient ServerAdress	Konfiguration des DNS-Servers auf der jeweiligen Netzwerkschnittstelle.
Get-NetIP Configuration	Anzeige der aktuellen Netzwerkkonfiguration (Äquivalent zu „ipconfig").

cmdlet, sprich commandlet, Skript für einen spezifischen Zweck.

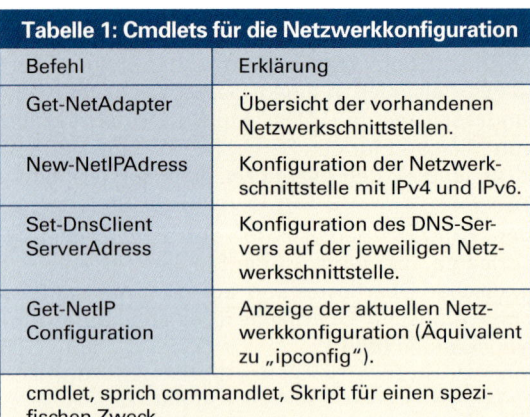

Bild 1: Übersicht der Netzwerkkarten

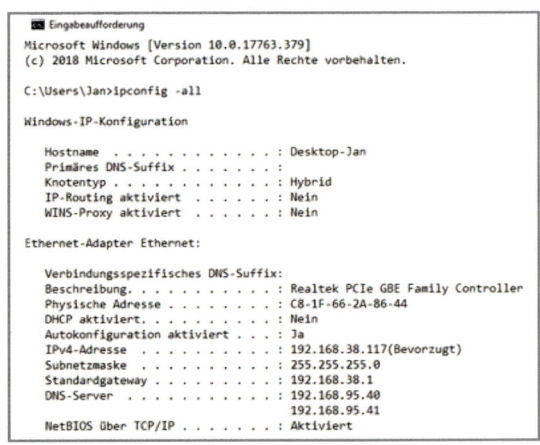

Bild 2: Anzeige der aktuellen IP-Konfiguration

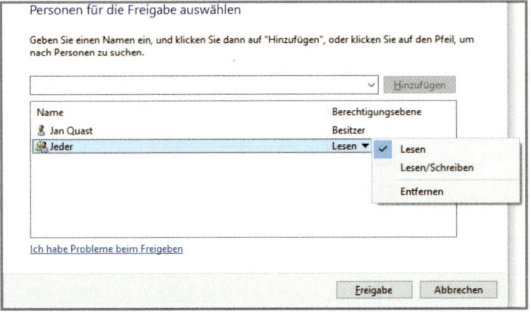

Bild 4: Freigabe-Einstellungen

Bild 3: Dateifreigabe erstellen

Zusätzlich können unter dem Reiter „Sicherheit" die NTFS-Berechtigungen angepasst werden **(Bild 1)**. Die strengere Richtlinie der beiden wirkt hierbei. Für den Zugriff wird dann evtl. der Nutzername und das Passwort abgefragt.

Lesen: Nur Lesen des Ordnerinhalts

Ändern: Berechtigung zum Lesen, Schreiben, aber nicht den Besitz übernehmen

Vollzugriff: Berechtigung zum Lesen, Schreiben, Besitz übernehmen und Rechte ändern

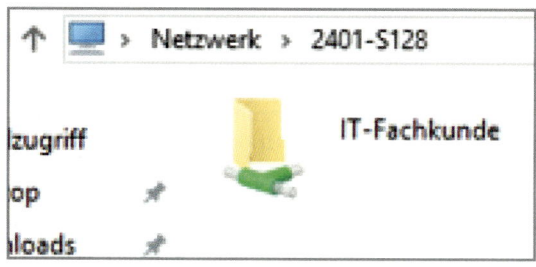

Bild 2: Ordnerfreigabe im Netzwerk

Im Explorer-Fenster sind die Freigaben im Verzeichnisbaum unter Netzwerk aufgelistet **(Bild 2)**. In der Netzwerkliste sind alle Rechner im lokalen Netzwerk aufgeführt. Unter jedem Eintrag sind nach dem Anklicken des Dreiecksymbols die freigegebenen Ordner aufgelistet.

Bild 3: Freigabe als Netzlaufwerk

Häufig genutzte Freigaben können als Netzlaufwerke verwendet werden **(Bild 3)**. Zur Benutzung wird der Freigabe ein freier Laufwerksbuchstabe zugeordnet **(Bild 4)**. Bei der Zuordnung werden der Laufwerksbuchstabe und der Pfad in der Form

`\\Rechnername\Freigabe-Name`

benötigt.

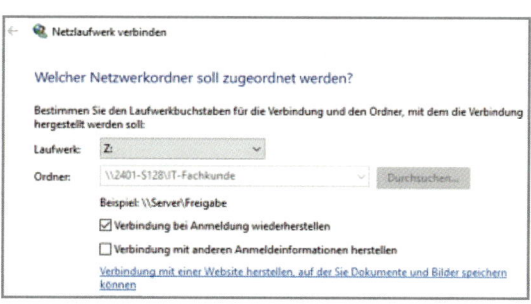

Bild 4: Laufwerksbuchstabe der Freigabe zuordnen

10.5.2.2 Druckfreigabe

An einzelnen Arbeitsplätzen werden Arbeitsplatzdrucker aufgestellt. Diese Arbeitsplatzdrucker sind direkt, zum Beispiel per USB mit einem Arbeitsplatzrechner verbunden und können im Netzwerk freigegeben werden **(Bild 5)**. Hier erfolgt die Verwaltung auf dem Arbeitsplatzrechner.

Zur Nutzung eines Arbeitsplatzdruckers muss der zugehörige Arbeitsplatzrechner eingeschaltet sein.

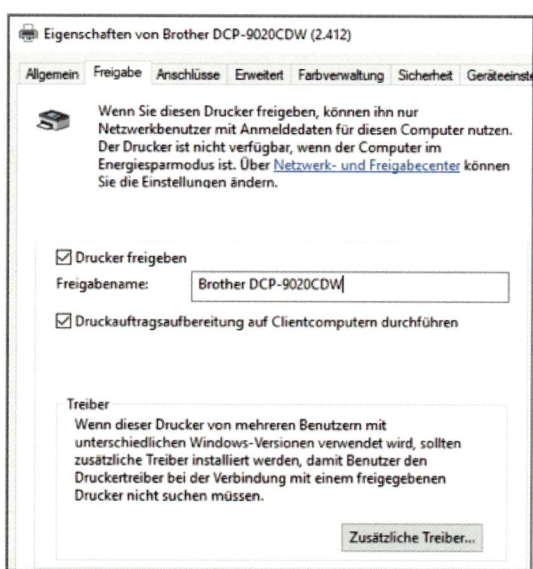

Bild 5: Einrichten einer Druckerfreigabe

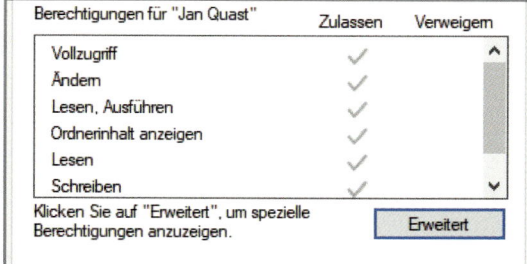

Bild 1: NTFS-Berechtigungen

10.5.3 Server-Client-Netzwerk

In einem Client-Server-Netzwerk gibt es zwei Typen von Computern, die Clients dienen als reine Arbeitsplatzrechner, während die Server Dienste wie beispielsweise zentrale Datenspeicherung, Benutzerverwaltung, Informations- und Kommunikationsdienste im Netzwerk zur Verfügung stellen. Aktuelles Betriebssystem von Microsoft für Server ist Windows Server 2019. Der Server wird über Server-Manager **(Bild 1)** oder die Powershell verwaltet.

10.5.3.1 Rollen des Servers

Microsoft bezeichnet die im Netzwerk bereitgestellten Server-Dienste als Rollen. Die am meisten genutzte Rolle ist die eines Domänencontrollers. Der Domänencontroller (DC) verwaltet das Active Directory in einem Netzwerk. Active Directory (AD) ist der Verzeichnisdienst von Microsoft und ermöglicht, ein Netzwerk entsprechend der realen Struktur des Unternehmens oder seiner räumlichen Verteilung zu gliedern. Dazu verwaltet es verschiedene Objekte wie beispielsweise Benutzer, Gruppen, Computer, Organisationseinheiten, Dateifreigaben und andere Geräte wie Drucker in einem Verzeichnis (Directory). Mit Hilfe eines AD kann ein Administrator die Informationen der Objekte organisieren, bereitstellen und überwachen.

Ein AD nutzt verschiedene von Microsoft unabhängige Dienste, die bei der Einrichtung einer AD automatisch mit installiert werden:

DNS: Erlaubt die Übersetzung zwischen Domain-Namen und IP-Adressen, d. h. allen Ressourcen in einer AD werden Namen zugwiesen (z. B. rechner1.domäne.local), über den diese aufgerufen werden können.

> **!** **Server:** Computer (Hardware) und Software. Es wird im Netzwerk ein Serverdienst bereitgestellt.
> **Server-Dienste** z. B. ein Webserver werden bei Microsoft als Rollen bezeichnet.
> **Client:** Computer (Hardware) und Software mit Zugriff auf Server-Dienste, z. B. Browser.

☐ Active Directory Certificate Services
☐ Active Directory Domain Services
☐ Active Directory Federation Services
☐ Active Directory Lightweight Directory Services
☐ Active Directory Rights Management Services
☐ Device Health Attestation
☐ DHCP Server
☐ DNS Server
☐ Fax Server
▷ ■ File and Storage Services (1 of 12 installed)
☐ Host Guardian Service
☐ Hyper-V
☐ Network Policy and Access Services
☐ Print and Document Services
☐ Remote Access
☐ Remote Desktop Services
☐ Volume Activation Services
☐ Web Server (IIS)
☐ Windows Deployment Services
☐ Windows Server Update Services

Bild 2: Auswahl der Server-Rollen

LDAP: Stellt die „Datenbank" für die AD zur Verfügung bzw. den Zugriff auf diese. Hier werden alle Informationen über Ressourcen und Objekte der AD gespeichert.

SMB: Erlaubt den Zugriff auf Datei- und Ordnerfreigaben in einem Netzwerk.

Kerberos: Erlaubt die sichere Authentifizierung in einem Netzwerk.

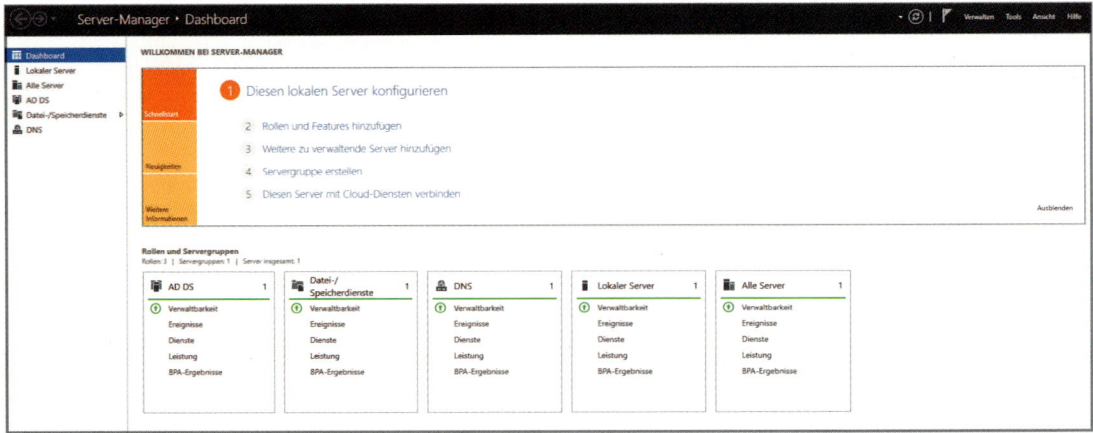

Bild 1: Server-Manager

Die weiteren Rollen (Dienste) des Servers integrieren sich in die Rolle als DC, können aber auch ohne eine AD eingerichtet werden.

Eine häufig verwendete Rolle ist die als DHCP-Server (Dynamic Host Configuration Protocol). Über diese werden Informationen an den Client ausgeliefert. Der DHCP-Server vergibt IP-Adressen an die angeschlossenen Clients **(Bild 1)**. Optional können weitere Informationen an den Client übergeben werden, wie z. B. den DNS-Server und das Gateway. Im Assistenten werden alle benötigten Daten sowohl für IPv4 als auch für IPv6 eingetragen.

Die Rolle WSUS (Windows Server Update Services) ermöglicht es, Updates für alle Clients des Netzwerks bzw. der Domäne zentral zu verwalten **(Bild 2)**. Der Server lädt alle notwenigen Updates aus dem Internet, die Clients beziehen die Updates automatisch vom Server. Mithilfe des WSUS-Managers ist es beispielsweise möglich kritische Updates für einzelne Rechner oder Gruppen von Rechnern auszuschließen.

Weitere Rollen sind z. B. „Hyper-V" zum Verwalten von virtuellen Maschinen, „IIS" zum Betreiben eines Webservers, „Remote Access" zum Einrichten von sicheren VPN-Verbindungen sowie als Druckserver.

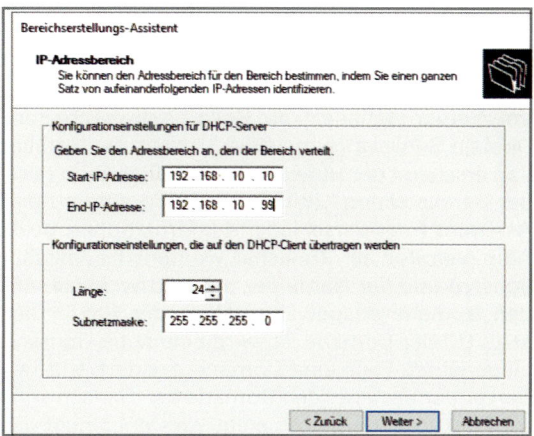

Bild 1: Konfiguration DHCP-Server

K Kompetenzorientierung

1. Welche Funktion haben Server und Clients in einem Netzwerk?
2. Definieren Sie die Rolle eines Domänencontrollers.
3. Welche Aufgabe hat DNS in einer Active Directory?
4. Nennen und erläutern Sie drei weitere Rollen des Servers.

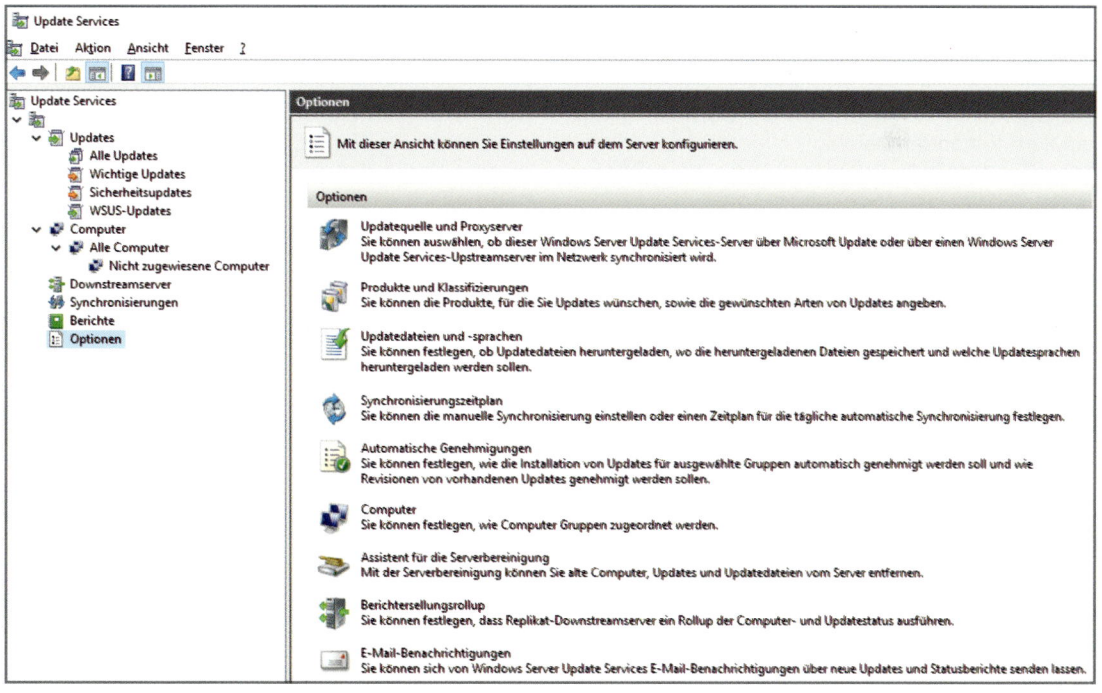

Bild 2: WSUS-Server

10.5.3.2 Einrichten einer Domäne (Active Directory)

Um den Verzeichnisdienst zu installieren, fügen Sie im „Server-Manager" die Rolle „Active Directory Domain Services" hinzu **(Bild 1)**. Nach der Installation erscheint der Hinweis zur „Konfiguration nach der Bereitstellung" **(Bild 2)**. Der nun aufgerufene Assistent fragt verschiedene Informationen beim Administrator ab: Zunächst werden der Installationstyp und der Name der neuen bzw. bestehenden Domäne ausgewählt. Wenn der Server der erste DC der Domäne ist, wird eine neue Domäne eingerichtet. Falls eine Domäne existiert, tritt der Server der bestehenden Domäne bei. Danach wird die Funktionsebene festgelegt, dies entspricht der ältesten Serverversion innerhalb der Domäne. Zwingend erforderlich für ein AD ist die Rolle DNS (siehe Abschnitt 12.6.4). Sofern bereits ein geeigneter DNS-Server im Netzwerk existiert, kann dieser hier angegeben werden. Ansonsten wird der DNS-Dienst mit installiert und der DC ist gleichzeitig DNS-Server in der Domäne.

Nach dem Bestätigen der Übersicht wird der Server zu einem Domänencontroller (DC) heraufgestuft **(Bild 3)**.

Ein Active Directory lässt sich auch über die Kommandozeile (Powershell) einrichten, zum Beispiel bei der Variante von Windows Server 2019 ohne grafische Oberfläche. Für die Installation von Server-Diensten wie die „Active Directory Domänendienste" dient der Befehl:

```
Install-WindowsFeature -Name
AD-Domain-Services -IncludeManagement-
Tools
```

Die eigentliche Konfiguration der Domäne erfolgt mit dem folgenden Befehl:

```
Install-ADDSDomainController -InstallDns
-DomainName it-fachkunde.local
```

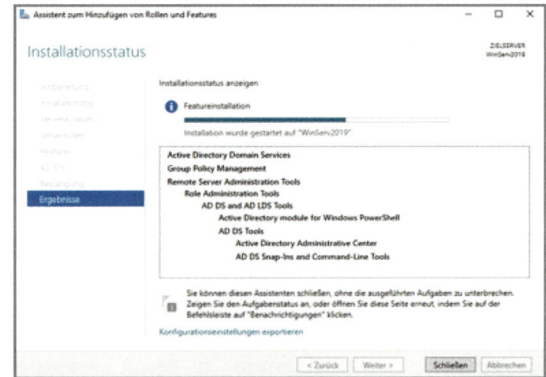

Bild 1: Installation des Active Directory

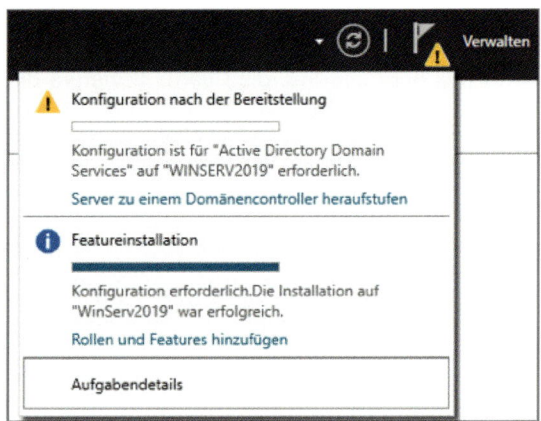

Bild 2: Link zur Konfiguration des Active Directory

Wenn sich mehrere Domänencontroller in derselben Domäne befinden, hat jeder Domänencontroller eine Kopie des AD, d. h. Änderungen werden automatisch an alle anderen DC übertragen.

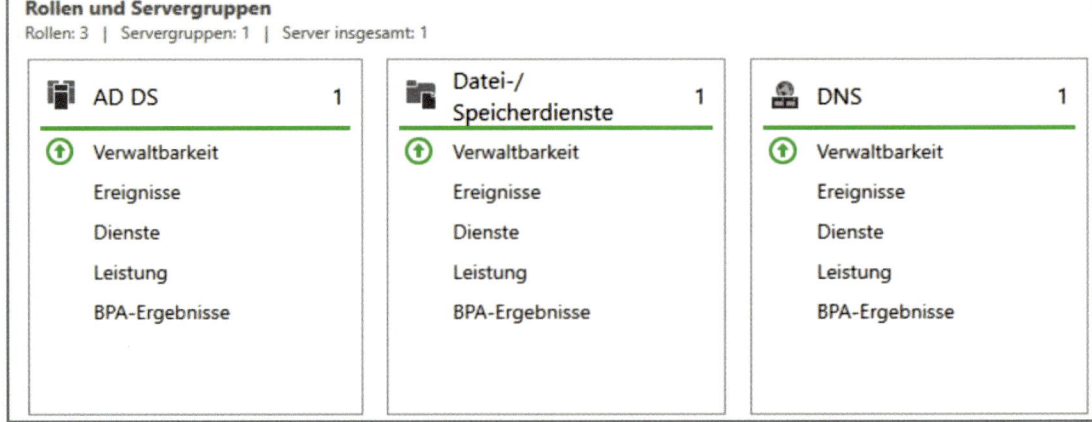

Bild 3: Erfolgreich installierte AD incl. DNS

10.5.3.3 Integration eines Clients in die Domäne

Erst wenn ein Computer in die Domäne integriert ist, d.h. ein Konto für diesen Computer angelegt wird, kann ein Domänenbenutzer sich über diesen anmelden. Anders herum kann jeder Benutzer der Domäne sich in der Regel an allen Clients der Domäne anmelden. In einem AD werden Computer als eigene Objekte mit verschiedenen Eigenschaften verwaltet. Dies hat den Vorteil, dass Computer auch in Organisationseinheiten (OUs) zusammengefasst und mit Sicherheitsmerkmalen und Richtlinien versehen werden können.

Zur Integration in die Domäne ist die lokale Anmeldung am Computer als Administrator erforderlich. In den Einstellungen unter System und dort Info findet sich der Button „Domäne beitreten". Hier kann der Name der Domäne eingetragen werden, in die der Client als Mitglied beitreten soll **(Bild 1)**. Alternativ ist der Beitritt zu einer Domäne über die Systemsteuerung möglich. Hier findet sich der Punkt „Einstellungen für Computernamen, Domänen und Arbeitsgruppen" unter System. Hier kann der Name des Computers geändert und der Name der Domäne angegeben werden **(Bild 2)**. Anschließend ist eine Authentifizierung als Domänenadministrator und ein Neustart notwendig.

10.5.3.4 Verwaltung von Nutzerkonten

In einem Active Directory werden die Nutzer und deren Berechtigungen zentral verwaltet. Zur Vereinfachung dieser Aufgabe werden Gruppen und Organisationseinheiten (OUs) genutzt, die Nutzer- und auch Computerkonten zusammenfassen. Beides wird in der AD über das Tool „Active Directory Benutzer und Computer" verwaltet **(Bild 3)**.

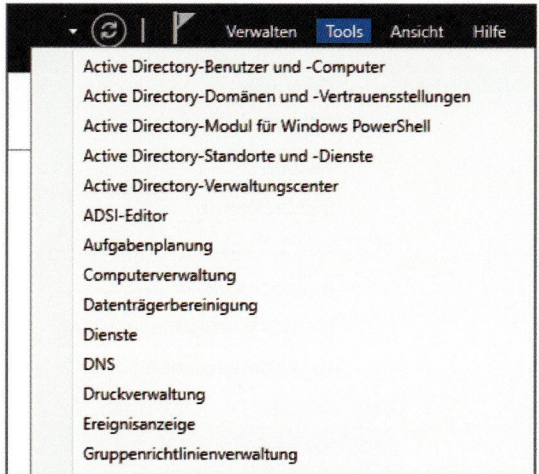

Bild 3: Verwaltungstools für die AD

> **!** **OU** von Organizational Unit = Organisationseinheit. Mit OUs werden Konten und Ressourcen der AD strukturiert und zusammengefasst.

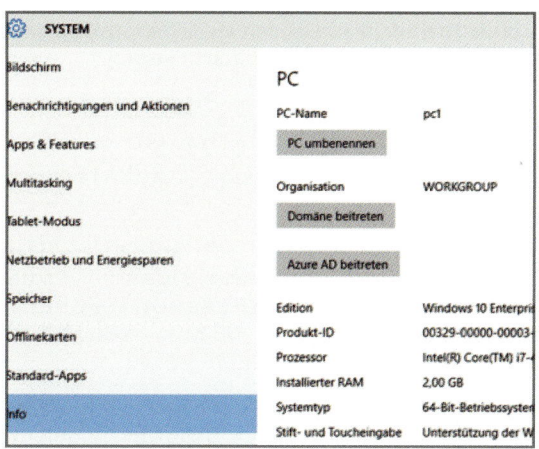

Bild 1: Domäne beitreten in den Einstellungen

Bild 2: Domäne beitreten in der Systemsteuerung

Mit einem Rechtsklick auf die Domäne bzw. die Organisationseinheit kann im Kontextmenü unter „Neu" ein neuer Nutzer angelegt werden. Mit dem Nutzerkonto erhält jeder einen eigenen Zugang mit eigenem Anmeldenamen und Passwort zum Anmelden an der Domäne **(Bild 2, folgende Seite)**.

Für jeden Nutzer können allgemeine Informationen (Name, Anschrift und Kontaktdaten) und Anmeldeinformationen (Name, Passwort) **(Bild 1)**.

Auch mit der PowerShell lassen sich Benutzer, Gruppen und Organisationseinheiten generieren. Vorteil hierbei ist, dass sich viele Benutzer mit einem Skript automatisiert erstellen lassen.

Folgende Befehle sind notwendig:

```
$password = „Start12345" | Con-
vert-To-SecureString -AsPlainText
-Force

New-ADUser -Name jan.quast -Gi-
venName Jan -Surname Quast -Path
-AccountPassword $Password -Chan-
gePasswordAtLogon $True -Enabled
$True
```

Hier wird erst ein Passwort generiert und mit dem Befehl „New-ADUser" ein Benutzer angelegt, der beim ersten Anmelden sein Passwort ändern muss.

Mit Gruppen (Sicherheitsgruppen) wird der Zugriff auf Ressourcen, z.B. auf Ordnerfreigaben gesteuert. Dabei werden folgende Arten von Gruppen unterschieden:

Bild 1: Konfiguration der neuen Nutzer

- Globale Gruppen dienen dazu, Benutzer nach Art ihrer Tätigkeit zusammenzufassen.
- Domänenlokale Gruppen dienen dazu, bestimmte Zugriffe auf Ressourcen einzurichten.
- Universale Gruppen dienen zur Verwaltung von globalen Gruppen in verschiedenen Domänen.

Gruppen werden wie die Nutzerkonten mit einem Rechtsklick auf die Domäne im Kontextmenü unter

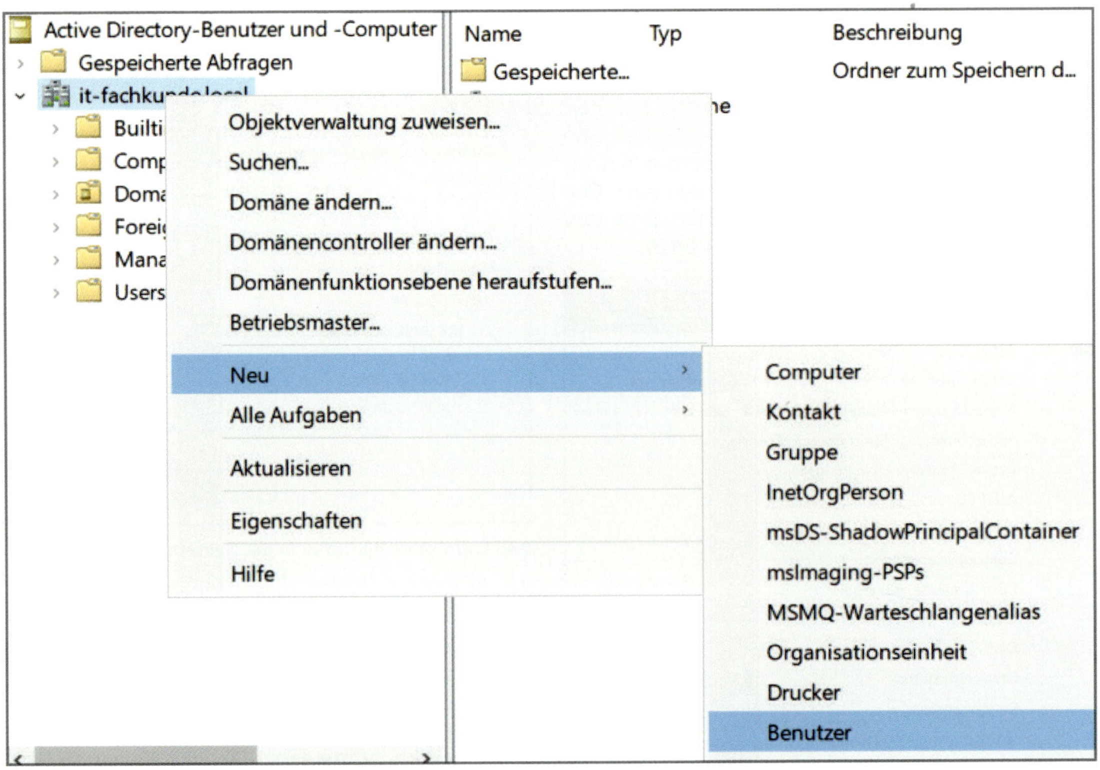

Bild 2: Anlegen neuer Nutzer in der AD

„Neu" eingerichtet. Hier können auch die Nutzerkonten der Gruppe hinzugefügt werden. Ein Nutzer kann mehreren Gruppen angehören und erhält dann die Rechte aller dieser Gruppen.

Mit der PowerShell werden Gruppen wie folgt angelegt:

`New-ADGroup -Name „Arbeitsgruppe Windows" -GroupScope DomainLocal`

`Add-ADGroupMember -Identity „Arbeitsgruppe Windows" -Members Quast,Schiemann`

Mit dem ersten Befehl wird eine domänenlokale Gruppe angelegt. Mit dem zweiten Befehl werden die Benutzer Mitglieder der angegebenen Gruppe.

Eine weitere Möglichkeit der Verwaltung stellen Organisationseinheiten (OU, Organizational Units) dar. In einer OU können Gruppen von Nutzer- und Computerkonten verwaltet werden. Organisationseinheiten dienen der strukturierten Speicherung der Nutzer- und Computerkonten. Hiermit ist es möglich organisatorische Strukturen eines Betriebs abzubilden. Alle bisher eingerichteten Nutzer sind in der OU „User" gespeichert, z. B. das Konto „Administrator". Weiterhin kann man einer Organisationseinheit Gruppenrichtlinien zuordnen.

Das Einrichten einer Organisationseinheit funktioniert über das Kontextmenü der Domäne und dem Menüeintrag „Neu" (**Bild 1**) und über die Kommandozeile mit folgendem Befehl:

`New-ADOrganizationalUnit -Name Autoren`

Tabelle 1: Cmdlets für die Active Directory	
Name	**Erklärung**
Install-WindowsFeature	Installation von Rollen und Features des Windows Servers.
Install-ADDSDomainController	Stuft den Server zu einem Domänencontroller hoch.
New-ADUser	Erzeugt ein Nutzerkonto in der Active Directory.
New-ADGroup	Erzeugt eine Gruppe in der Active Directory.
Add-ADGroupMember	Fügt der Gruppe einzelne (bereits vorhandene) Nutzerkonten hinzu.
New-ADOrganizationalUnit	Erzeugt eine Organisationseinheit in der Active Directory.

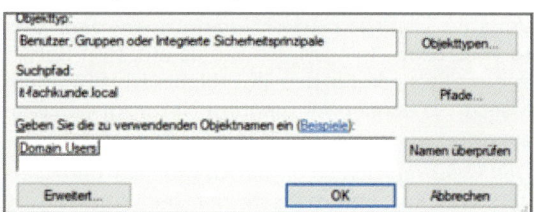

Bild 1: Anlegen einer Organisationseinheit

Bild 3: Freigabe für Servergespeicherte Profile

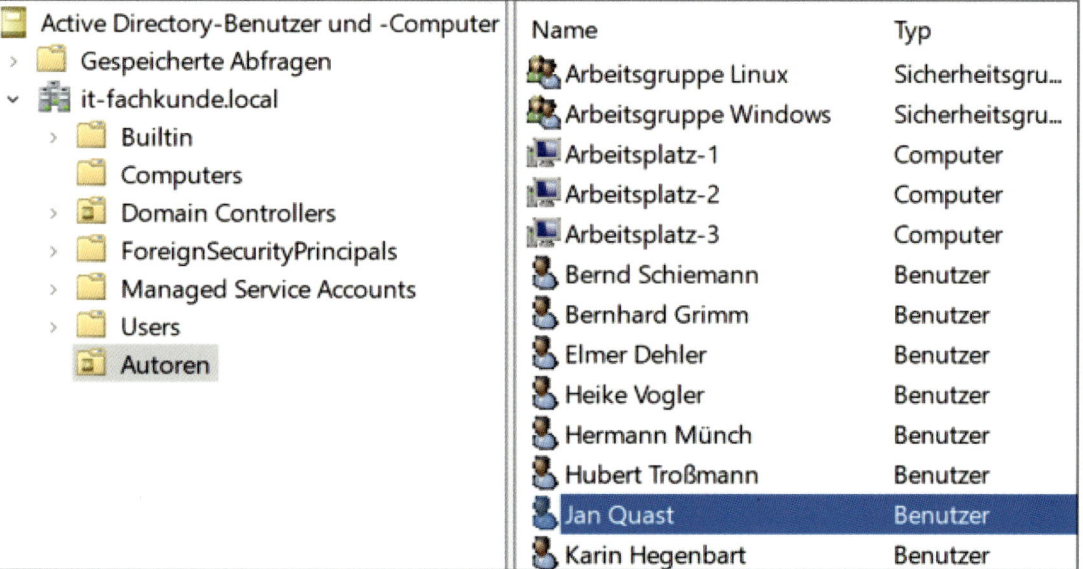

Bild 2: Nutzer- und Computerkonten, Gruppen und Organisationseinheiten

10.5.3.5 Servergespeicherte Profile und andere Netzlaufwerke

Servergespeicherte Profile bedeuten, dass die Nutzerprofile an einer zentralen Stelle gespeichert werden, d.h. der jeweilige Nutzer kann sich an jedem Rechner innerhalb der Domäne anmelden und kann mit allen Daten und Einstellungen aus seinem Profil weiterarbeiten. Dies können z.B. auf dem Desktop gespeicherte Dateien, die „Eigenen Dateien" aber auch das Hintergrundbild sein.

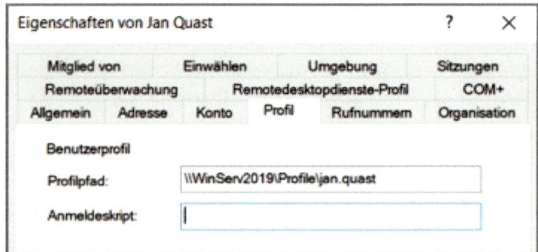

Bild 1: Servergespeichertes Profil beim Nutzer

Zur Einrichtung von servergespeicherten Profilen muss auf dem Server ein geeigneter Ordner, z.B. „Profile" angelegt werden, in dem die Profile gespeichert werden sollen. Der Ordner muss dann freigeben werden, damit alle Nutzer (Gruppe „Domain Users") auf diesen Ordner lesend und schreibend zugreifen dürfen (**Bild 3, vorhergehende Seite**).

Die Einrichtung der servergespeicherten Profile erfolgt in den einzelnen Nutzerkonten im AD. Dabei wird der Pfad zum Profilordner nach folgendem Schema in das entsprechende Feld eingetragen (**Bild 1**):

`\\Server-Name\Ordnername\Nutzername`

Statt des jeweiligen Nutzernamens kann auch die Variable „`%username%`" genutzt werden. Diese wird beim Anlegen des Profils auf dem Server automatisch durch den jeweiligen Nutzernamen ersetzt. So können für mehrere Nutzer gleichzeitig servergespeicherte Profile angelegt werden.

Das Basisverzeichnis ist ein Ordner auf dem Server, welcher automatisch bei der Anmeldung eines Nutzers an der Domäne als Netzlaufwerk eingebunden wird. Zu diesem Ordner hat allein der jeweilige Nutzer die Zugangsberechtigung. Auch hier kann sich der Nutzer an jedem Rechner innerhalb der Domäne anmelden und bekommt seine Daten vom Server zur Verfügung gestellt.

Die Arbeitsschritte zur Einrichtung von Basisverzeichnissen sind ähnlich wie bei den servergespeicherten Profilen. Zuerst wird auf dem Server ein Ordner erstellt, beispielsweise „Mitarbeiter", der für alle Nutzer (Domain Users) lesend und schreibend freigegeben wird (**Bild 2**). In den Profileinstellungen der einzelnen Nutzer wird mit der Option „Verbinden von" dem Basisverzeichnis ein Laufwerksbuchstabe zugewiesen. Anschließend muss nach dem obigen Muster der Pfad zu den Basisverzeichnissen angegeben werden. Auch hier kann die Variable „`%username%`" statt des Namens genutzt werden (**Bild 3**):

`\\Server-Name\Ordnername\Nutzername`

In einigen Fällen ist es hilfreich nutzerabhängige Einstellungen beim Starten oder Herunterfahren ausführen zu lassen. Windows bietet hierfür das

Bild 2: Freigabe für die Basisverzeichnisse

Bild 3: Basisverzeichnis beim Nutzer

Anmeldeskript an. Das Skript kann eine Batchdatei oder ein Programm sein. Hier können z.B. Freigaben für einzelne Gruppen automatisch als Netzlaufwerk eingebunden werden.

K   Kompetenzorientierung

1. **Warum sollten alle Arbeitsplatzrechner mit einem eigenen Konto in der Active Directory angemeldet werden?**
2. **Wofür steht die Abkürzung OU?**
3. **Nennen Sie die verschiedenen Gruppen in einer Active Directory.**
4. **Erläutern Sie die Funktion von Gruppen und Organisationseinheiten in einer Active Directory.**
5. **Welche Funktion bieten servergespeicherte Profile?**

Dazu wird wie beim Basisverzeichnis ein entsprechender Ordner auf dem Server angelegt und für die jeweilige Gruppe freigegeben. Nun wird eine Batchdatei mit dem Namen der Gruppe und den entsprechenden Anweisungen erstellt (Gruppenname.bat). Die Freigabe wird mit folgender Anwei-sung als Netzlaufwerk Y: eingebunden:

`net use Y: \\Server-Name\Ordnername`

Die Datei wird auf dem Server in das Verzeichnis `C:\Windows\SYSVOL\sysvol\domä-nen-name\scripts` gespeichert und in den jeweiligen Nutzerprofilen als Anmeldeskript eingetragen (**Bild 2**).

10.5.3.6 Gruppenrichtlinien

Gruppenrichtlinien (engl. Policier) sind Konfigurationsanweisungen, mit deren Hilfe bestimmte Einstellungen erzwungen werden können. Gruppenrichtlinien stellen ein mächtiges Instrument zur Konfiguration, Verwaltung und Absicherung der Domäne dar. Sie bieten eine Vielzahl an Einstellungsmöglichkeiten für Computer und Benutzer. Folgende Aufgaben können von Gruppenrichtlinien ausgeführt werden:

- Handlungsmöglichkeiten von Benutzern beschränken
- Aufrechterhaltung von Computerkonfigurationen
- Pflege und Verfügbarkeit der verwendeten Anwendungsprogramme
- Verwaltungsaufwand der Administratoren senken

Bild 1: Anmeldeskript für ein Gruppenlaufwerk

Bild 2: Anmeldeskript beim Nutzer

Das Programm zur „Gruppenrichtlinienverwaltung" ist über den Server-Manager unter „Tools" zu finden (**Bild 3, Seite 457**). Hier können für die Domäne Gruppenrichtlinienobjekte (Group Policy Objects, GPOs) angelegt werden, die dann für die ganze Domäne gelten oder einzelnen Organisationseinheiten zugeordnet werden können. Im Gruppenrichtlinien-Editor können Richtlinien erstellt bzw. bearbeitet werden. Hier stehen in einer Baumstruktur alle Einstellungsmöglichkeiten für die Computer- als auch für die Benutzerkonfiguration bereit.

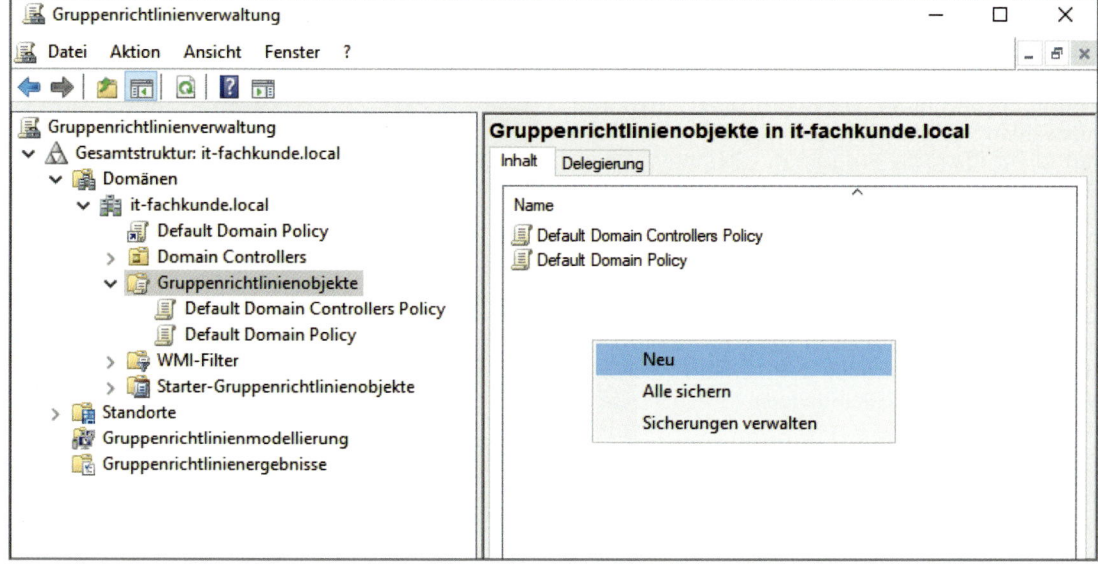

Bild 3: Gruppenrichtlinienverwaltung

10.5.3.7 Wartung am Server

Das Programm Server-Manager wird beim Login am Server automatisch gestartet. Es enthält eine Zusammenfassung wichtiger Verwaltungsprogramme. Mit dem Server-Manager lassen sich die Rollen des Servers verwalten.

Unter dem Punkt Ereignisse sind die Ereignisanzeigen abgelegt. In den Ereignissen protokolliert der Windows-Server wichtige Ereignisse. Sie werden in die Gruppen Information, Warnung, Fehler und kritisch eingestuft. Die Ereignisse werden in zwei Gruppen aufgeteilt: Windows-Protokolle und Protokolle von Anwendungen und Diensten.

> Ereignisse werden in die Gruppen Windows-Protokolle und Protokolle von Anwendungen und Diensten aufgeteilt.

Neben dem Server-Manager gibt es weitere Programme zur Wartung des Servers. Die Programme sind im Startmenü unter Verwaltung zu finden.

In einigen Fällen ist es angenehmer Wartungsarbeiten nicht direkt am Server vorzunehmen. Dazu bietet Microsoft die browsergestützte Oberfläche „Windows Admin Center", die Powershell, die Remotedesktopverbindung und für das jeweilige Client-Betriebssystem die Remoteserver-Verwaltungstools (RSAT). Der Server kann in allen Fällen von einem beliebigen Arbeitsplatzrechner gewartet werden.

Der Zugriff über die Remotedesktopverbindung muss am Server erst erlaubt werden. Die Aktivierung erfolgt über den Eintrag Systemsteuerung – System – Remote (**Bild 1**). Unter Remotedesktop kann der Zugriff ausgewählt werden. Im Normalfall ist nur der Administrator berechtigt die Verbindung herzustellen. Es ist möglich weiteren Nutzern Zugriff zu gewähren. Dies wird unter „Benutzer auswählen" eingetragen. Der Zugriff erfolgt dann am Client über das Programm „Remotedesktopverbindung", hier muss der Name des Servers bzw. die IP-Adresse des Servers angegeben werden (**Bild 2**). Bei der Sitzung wird der Desktop des Servers auf dem Client angezeigt.

Um die Remoteverbindung über die Powershell mit dem Server zu starten wird der Befehl Enter-PSSession verwendet, z. B. Enter-PSSession. WinServer2019.it-fachkunde.local.

Die Nutzung von RSAT verfolgt einen anderen Ansatz zur Fernverwaltung. Die Installation auf dem Client, stellt alle Verwaltungswerkzeuge (Server-Manager, etc.) lokal im Startmenü zur Verfügung (**Bild 3**). Mit diesen Tools kann der Server verwaltet werden.

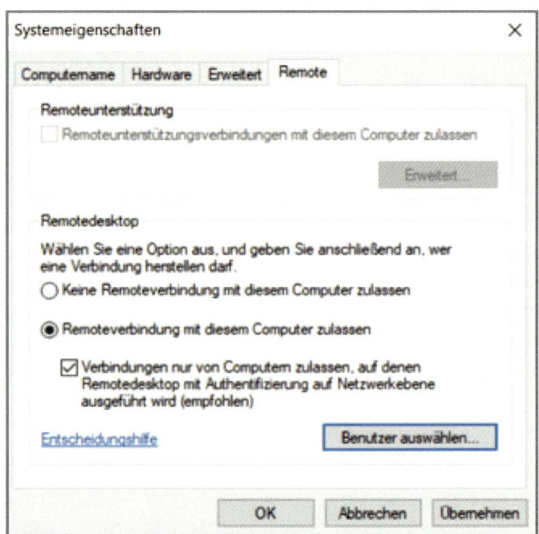

Bild 1: Remoteverbindung am Server erlauben

Bild 2: Remotedesktopverbindung aufbauen

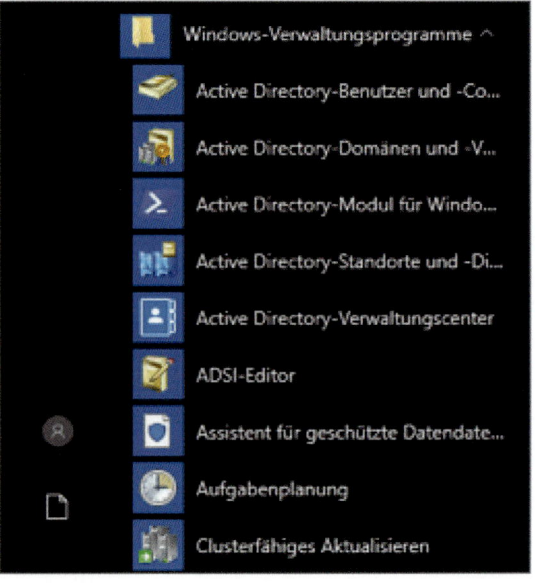

Bild 3: RSAT-Tools beim Client

10.5.3.8 Datensicherung

Der Verlust von gespeicherten Daten kann einen Betrieb in die Insolvenz treiben. Um schwerwiegende Folgen eines Hardwaredefekts oder eines Virenbefalls zu verhindern, sollte man die Daten des Servers regelmäßig sichern.

Windows Server 2019 bietet das Feature „Windows Server Backup" an, dieses wird über den Server-Manager installiert.

Im Tool „Windows Server Sicherung" kann die Art der Sicherung ausgewählt werden (**Bild 1**). Zur Auswahl stehen eine Einmalsicherung oder eine regelmäßige Sicherung nach vorher festgelegtem Zeitplan. Das Programm erstellt in beiden Fällen entweder die vollständige Sicherung des Servers oder eine benutzerdefinierte Sicherung, bei der einzelne Ordner ausgewählt werden können (**Bild 2**).

Im Fall eines Datenverlustes können die Daten aus den bisherigen Sicherungen wiederhergestellt werden (**Bild 3**).

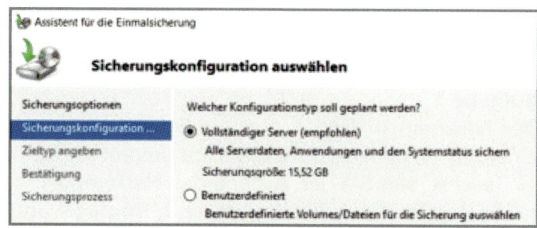

Bild 1: Tool zur „Windows Server-Sicherung"

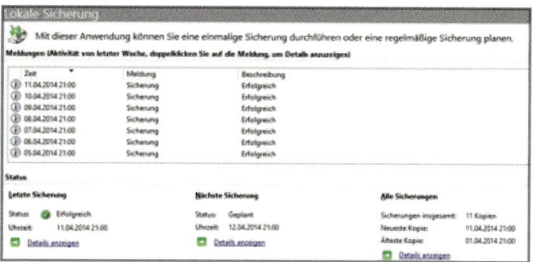

Bild 3: Übersicht der bisherigen Sicherungen

10.5.3.9 Start und Stopp des Servers

Nach dem Starten des Servers kann man sich anmelden. Zum Betrieb ist die Anmeldung nicht nötig. Vor dem Beenden fragt Windows nach dem Grund (**Bild 4**). Dies wird in den Protokollen in der Ereignisanzeige (Abschnitt 10.5.3.7) vermerkt. Falls der Server unerwartet abgeschaltet wurde, fragt Windows beim nächsten Start nach dem Grund.

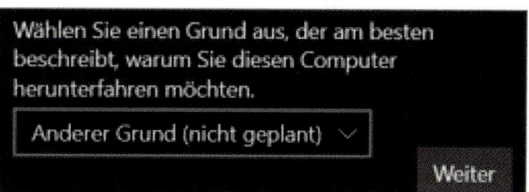

Bild 4: Auswahl beim Herunterfahren des Servers

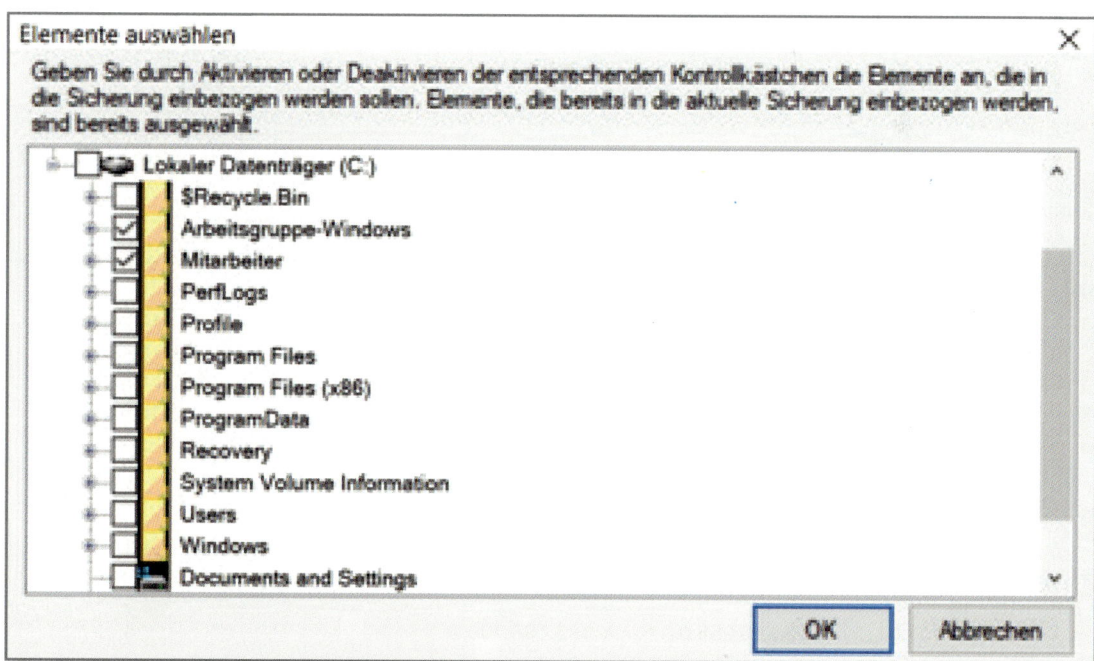

Bild 2: Auswahl von Ordnern für die Sicherung

Testen Sie Ihre Fachkompetenz!

Aufgabe 1
Der Netzplan in **Bild 1** beschreibt das Netzwerk einer Firma, die von Ihrer IT-Firma betreut wird.
a) Beschreiben Sie den Aufbau des Netzwerkes.
b) Welche Funktion haben Router 1, Router 2 und Router 3?
c) Welche Fehler befinden sich in Bild 1?
d) Verbessern Sie die Fehler mithilfe der **Tabelle 1**.

Aufgabe 2
Die Routingtabelle in **Bild 2** gehört zu einem PC im Netzwerk.

Tabelle 1: Fehler und Korrekturen			
PC	Fehlerbe-schreibung	Korrektur-vorschlag	Bemerkung

a) Zu welchem PC gehört diese Routingtabelle?
b) Begründen Sie Ihre Auswahl.
c) Erläutern Sie die Bedeutung der Zeilen 02 und 11.

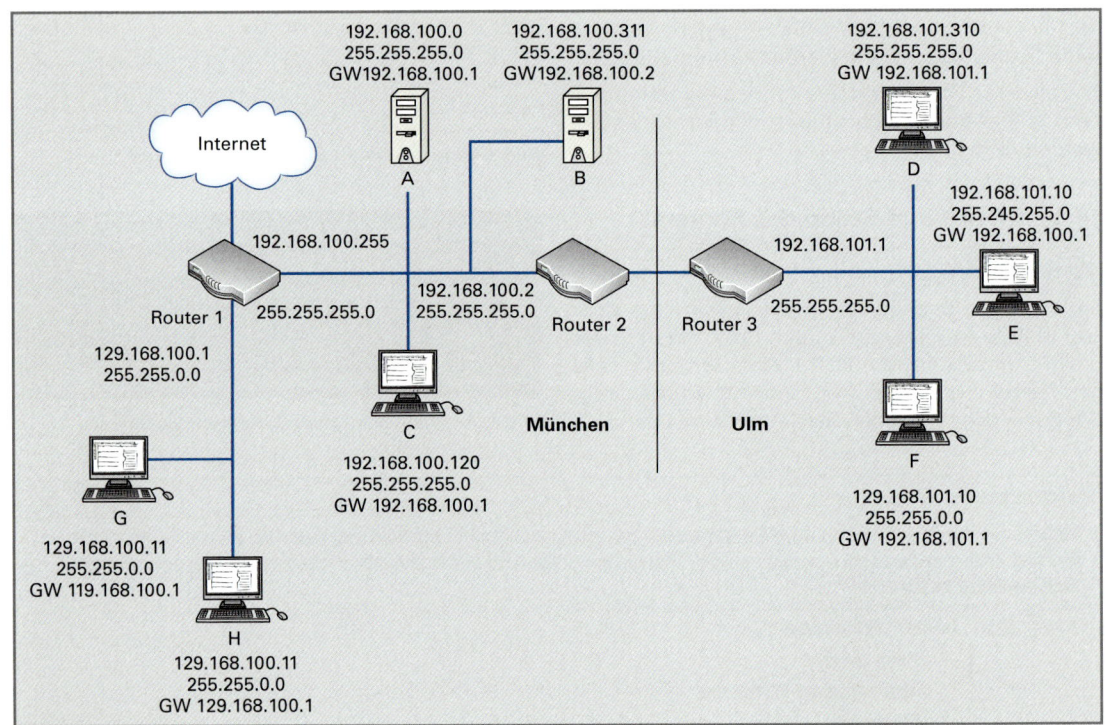

Bild 1: Netzplan

```
01 Netzwerkziel        Netzwerkmaske       Gateway            Schnittstelle        Anzahl
02 0.0.0.0             0.0.0.0             192.168.100.1      192.168.100.120      1
03 127.0.0.0           255.0.0.0           127.0.0.1          127.0.0.1            1
04 192.168.100.0       255.255.255.0       192.168.100.120    192.168.100.120      20
05 192.168.100.120     255.255.255.255     127.0.0.1          127.0.0.1            20
06 192.168.100.255     255.255.255.255     192.168.100.120    192.168.100.120      20
07 224.0.0.0           240.0.0.0           192.168.100.120    192.168.100.120      20
08 255.255.255.255     255.255.255.255     192.168.100.120    192.168.100.120      1
09 Standardgateway:    192.168.100.2
10 Ständige Routen:
11 192.168.101.0       255.255.255.0       192.168.100.2                           4
```

Bild 2: Routingtabelle

Aufgabe 3: Gegeben ist ein Netzwerk mit der IP-Adresse 220.8.9.0.

a) Wie viele IP-Adressen kann man den PCs im Subnetz zuweisen, wenn die Subnetzmaske 255.255.255.240 verwendet wird?

b) Wie viele Subnetze gibt es, wenn für alle Subnetze die gleiche Subnetzmaske verwendet wird?

Aufgabe 4: Erstellen Sie das Netzwerkdesign für einen Kunden der in jedem Subnetzwerk dieselbe Subnetzmaske verwenden möchte. Der Kunde verwendet das Netzwerk 11.0.0.0 und braucht 200 Subnetze mit jeweils bis zu 200 Hosts.

a) Welche Subnetzmaske setzen Sie ein um möglichst viele Subnetze einrichten zu können?

b) Welche Maske erfüllt obige Anforderungen und erlaubt möglichst viele Hosts pro Subnetz?

Aufgabe 5: Gegeben sei das Netzwerk nach **Bild 1**. PC A ist mit der IP-Adresse 10.1.1.1 konfiguriert. Der Webserver verwendet die IP-Adresse 10.1.1.201.
An allen Netzwerkkomponenten wird die Subnetzmaske 255.255.255.192 benutzt.

a) Welcher Fehler wurde bei der Netzkonfiguration gemacht?

b) Wie kann der Fehler am einfachsten behoben werden?

Aufgabe 6: PC A in **Bild 2** hat die IP-Adresse 10.1.1.1/24. Der Webserver verwendet die IP-Adresse 10.1.1.201/27.

a) Welche Fehler wurden bei der Netzkonfiguration gemacht?

b) Wie kann der Fehler am einfachsten behoben werden?

Aufgabe 7: Fragen zu Subnetting

a) Welche Netzwerkadresse hat ein PC der die IP-Adresse 191.168.12.6 und die Subnetzmaske 255.255.255.0 konfiguriert hat?

b) Die IP-Adresse 162.53.21.12 soll in einem Netzwerk mit nicht mehr als 126 PCs je Subnetz verwendet werden.
Welche Subnetzmaske ist zu wählen?

c) In einem Klasse-B-Netzwerk ist die Subnetzmaske 12 Bit lang. Geben Sie die Anzahl der verfügbaren Subnetze und Hosts je Subnetz an.

d) Wie viele mögliche Hostadressen gibt es im Netzwerk 166.22.40.17/30?

e) Welcher Adressbereich ist bei einer IP-Adresse 169.70.3.55/12 möglich?

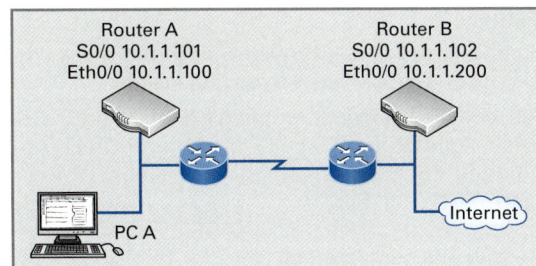

Bild 1: Netzkonfiguration für Aufgabe 5

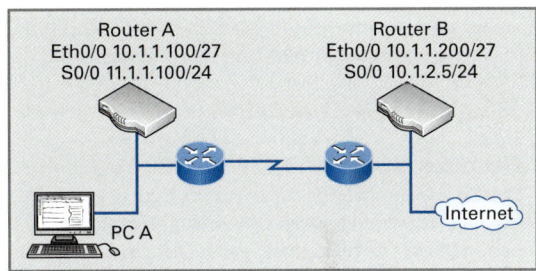

Bild 2: Netzkonfiguration für Aufgabe 6

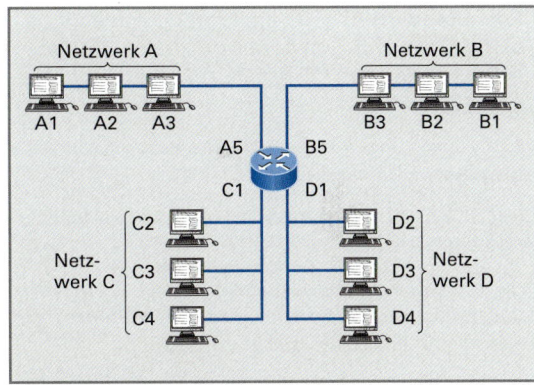

Bild 3: Netzkonfiguration für Aufgabe 8

Aufgabe 8: Gegeben ist das Netzwerk **Bild 3**. Folgende Adressen wurden vergeben: Netzwerk A 192.168.1.0, Netzwerk B 170.0.0.0, Netzwerk C 10.0.0.0 und Netzwerk D 192.168.2.0.

a) Welche Aufgabe hat der Router im Netzwerk?

b) Geben Sie mögliche IP-Adressen der Router-Schnittstellen an.

c) Beschreiben Sie, wie Host A1 mit Host C4 kommuniziert.

Aufgabe 9:

Eine IT-Firma ist als Provider tätig und auf Komplettlösungen für Netzwerke spezialisiert.

Als aktuelles Angebot empfiehlt die Firma für Geschäftskunden eine Small-Office/Home-Office-Anbindung (SOHO-Anbindung) mit einem Router Cisco SOHO 96 **(Bild 1)**.

Auszug aus dem Internet:

Bild 1: SOHO 96-Router der Firma Cisco

Cisco SOHO 96 router has an integrated ADSL modem that supports ADSL a four-port 10/100 Ethernet LAN switch for connecting multiple PCs or network devices in a small office network, and an integrated port that can be used for remote management and troubleshooting.

SECURE INTERNET ACCESS

The Cisco SOHO 96 ADSL Secure Broadband Router, recommended for up to five users, allows all users in a small office to share a secure broadband connection with an integrated stateful-inspection firewall. Corporate teleworkers or small-office users can also take advantage of the Cisco SOHO 96 router for VPN connections to the corporate network. The router can set up secure Triple Data Encryption Standard (3DES) encrypted connections using Cisco IOS Software or users can initiate VPN tunnels from PC-based VPN clients on the LAN **(Tabelle 1)**.

Hinweise:

Dem SOHO 96 wird dynamisch eine IP-Adresse zugewiesen.

In jedem SOHO sind üblicherweise ein PC, ein Notebook, ein Drucker (alle mit Netzwerkanschluss), ein Telefon und ein G3-Faxgerät vorhanden.

a) Erstellen Sie eine Skizze des Netzwerkes. Beginnen Sie beim Übergabepunkt des Netzbetreibers und stellen Sie alle benötigten Netzkomponenten übersichtlich dar.

b) Geben Sie zu jeder Netzkomponente die notwendigen Netzwerkeinstellungen an.

c) Erläutern Sie welche Sicherheitsaspekte, die verwendete Lösung bietet.

Tabelle 1: Key Product Features and Benefits of the Cisco SOHO 96 Router

Features	Benefits
Stateful Packet In-spection Firewall (Cisco IOS Firewall Feature Set)	• Offers internal users secure, per-application dynamic access control (stateful inspection) for all traffic across perimeters. • Defends and protects router resources against denial-of-service (DOS) attacks. • Checks packet headers and drops suspicious packets. • Protects against unidentified, malicious Java applets. • Details transactions for reporting on a per-application, per-feature basis.
Software-Based IP Security (IPSec) 3DES Encryption	Provides perimeter network security to prevent unauthorized network access.
Enables VPN tunnels to terminate in the router allowing all users connected to the router a secure connection from the remote site to a corporate network	Supports teleworkers or multiple agents using VPN client software on their PCs, allowing IPSec tunnels to pass through the router when VPN PC software clients are used.
Multiuser IPSec Pass-Through	
Multiuser Point-to-Point Tunneling Protocol (PPTP) Pass-Through	Support for PPTP tunnels, encrypted or unencrypted, initiated from the PC.
IPSec NAT Pass-Through and NAT Traversal	Allows IPSec tunnels to be established from PC VPN clients in a LAN environment that uses NAT. Full-Function NAT (one-to-many and many-to-many).

Hinweise: Installieren Sie die Server für die folgenden Aufgaben in einer virtuellen Maschine. Microsoft bietet für den Server 2019 und den Client Windows 10 den Download einer Demoversion an. Wenn Sie weitere Server im Netzwerk haben, achten Sie darauf, dass dort kein weiterer DHCP-Server aktiviert ist.

Aufgabe 10:

Richten Sie einen Windows-Server als Domänencontroller (DC) ein **(Bild 1)**.

a) Der Server soll als nach folgenden Vorgaben eingerichtet werden:
- Name des Servers: Server1
- IPv4: 10.0.2.1 /16
- IPv6: fe80:1::1 /64

b) Richten Sie auf dem Server das AD und den DNS-Server ein. Stufen Sie den Server zum DC hoch. Der DC soll eine neue Domäne verwalten.
- Domäne: test.example.

c) Richten Sie die Rolle als DHCP-Server ein. Der DHCP soll für IPv6 den Bereich fe80:1::/64 und für IPv4 den Bereich 10.0.2.100 bis 10.0.2.254 /16 verwalten.

d) Legen Sie eine Arbeitsgruppe Mitarbeiter und zwei Nutzerkonten an. Ordnen Sie die Nutzerkonten der Gruppe Mitarbeiter zu.

e) Richten Sie einen Arbeitsplatz-PC ein (Client). Heben Sie den PC in die Domäne test.example. Prüfen Sie, ob Sie sich mit beiden Nutzerkonten an dem Arbeitsplatz-PC und dem Server anmelden können.

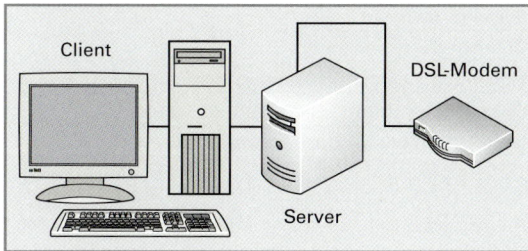

Bild 1: Ein Test-Server

Aufgabe 11:

Richten Sie einen zweiten Windows-Server als Domänencontroller ein **(Bild 2)**.

a) Der Server soll als nach folgenden Vorgaben eingerichtet werden:
- Name des Servers: Server2
- IPv4: 10.0.2.2 /16
- IPv6: fe80:1::2 /64

b) Richten Sie auf dem Server das AD und stufen den Server zum DC hoch. Der DC soll der bestehenden Domäne test.example beitreten.

c) Richten Sie einen Server zur Verwaltung eines Druckers ein. Richten Sie den Drucker auf dem Arbeitsplatz-PC ein. Prüfen Sie die Druckfunktion, ob Sie berechtigt sind Druckaufträge zu stoppen und den Drucker anzuhalten.

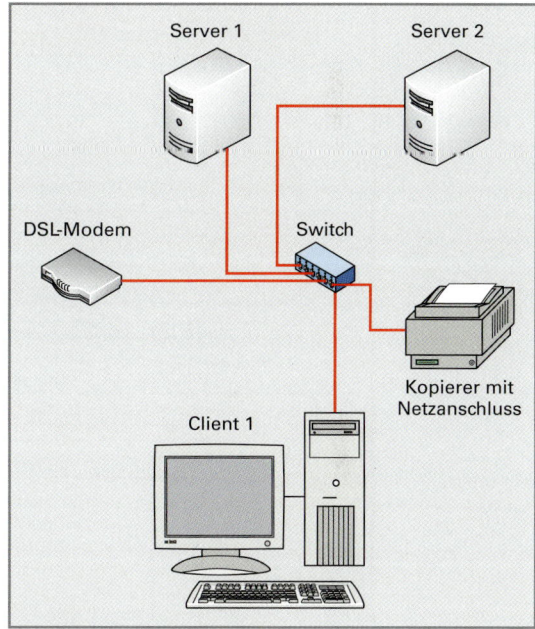

Bild 2: Zwei Testserver

11 **Marktbeziehungen und Kundenbeziehungen**

Mitwirkung bei Marktbeobachtungen und Marktforschungen — Seite 470

- Ziele, Aufgaben und Methoden der Marktforschung
- Grundnutzen und Zusatznutzen
- Marktsegmente

Mitwirkung bei Marketing und Verkaufsfördermaßnahmen — Seite 472

- Marketinginstrumente
  - Kontrahierungspolitik
  - Kreditkarten
  - Produktpolitik
  - Distributionspolitik
  - Kommunikationspolitik
- Strategien und Absatzmarketing
- Kontrolle des Werbeerfolgs

Kundenberatung, Angebotsgestaltung und Vertragsgestaltung — Seite 483

- Angebot und Nachfrage
  - Anfrage
  - Angebot
  - Bestellung und Lieferung
  - Besondere Vereinbarungen
  - Angebotsverfolgung
- Kaufrecht und Werkvertragsrecht
  - Kaufrecht
  - Verbrauchsgüterkauf
  - Werkvertragsrecht
  - Besondere Vertriebsformen
- Leistungsstörungsrecht
- Produkthaftung

Beschaffung von Fremdleistungen — Seite 491

- Einordnung der Beschaffung in die betriebliche Wertschöpfung
- Beschaffung
  - Mengenplanung
  - Lieferantenbewertung und Lieferantenauswahl
  - ABC-Analyse
  - XYZ-Analyse
  - Bestellverfahren
  - Optimale Bestellmenge
  - Eigenfertigung oder Fremdbezug (Make or buy)
  - Ökologische Gesichtspunkte der Beschaffung
  - Lagerkennziffern
- Wertschöpfungsketten-management

Service und Servicelogistik — Seite 498

- Service als Produkt
- Service als Marketinginstrument

Testen Sie Ihre Fachkompetenz! — Seite 500

11 Marktbeziehungen und Kundenbeziehungen

Unternehmen haben in einem Käufermarkt Erfolg, wenn sie die Wünsche und Meinungen der Kunden, der Geschäftspartner und des Marktes (der Anspruchsgruppen) mit den eigenen Zielen weitgehend in Einklang bringen. Für die Umsetzung ist das Marketing zuständig und verantwortlich (**Bild 1**).

> Die Aufgabe des Marketing ist es, die Wünsche der Anspruchsgruppen mit den Unternehmenszielen in einem Regelkreis abzustimmen.

In der Praxis kann jede Handlung eines Unternehmensangehörigen im Zusammenhang mit einem Außenstehenden dessen Meinung zum Unternehmen positiv oder negativ beeinflussen. Die Marketingabteilung sollte auf alle Abteilungen und Abläufe des Unternehmens Einfluss ausüben können.

Gleichzeitig besteht auch ein Anspruch der Controllingabteilung, zur Optimierung des internen Aufbaues und der internen Abläufe des Unternehmens, ebenfalls in alle Abteilungen und Abläufe einzugreifen (**Bild 2**).

Die Marketing- und Controllingabteilung werden durch ERP-Software unterstützt. Die ERP-Software (von Enterprise Resource Planning = Planung der Verwendung der Unternehmensressourcen) hilft, die in einem Unternehmen zu erledigenden Aufgaben erfolgreich auszuführen. ERP-Programme unterstützen z B.

- CRM (Customer Relationship Management = Kundenbeziehungsmanagement),

! **Marketing** analysiert die Wahrnehmungen, Einstellungen und das Verhalten der Marktteilnehmer und leitet daraus Konsequenzen für das unternehmerische Handeln ab.

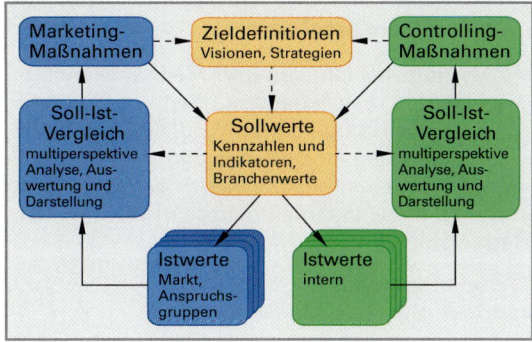

Bild 1: Marketing, Controlling und Unternehmenszielwerte

- SCM (Supply Chain Management = Wertschöpfungskettenmanagement),

- ERM (Enterprise Relationsship Management = Unternehmensbeziehungsmanagement) und

- e-Commerce-Lösungen.

Der Einfluss von Marketing oder dem Controlling wird in der Unternehmensleitung bestimmt.

In der Vergangenheit bedeutete Marketing vor allem Produktmarketing für den Verkauf. Begriffe wie Beziehungsmarketing, Beschaffungsmarketing und Dienstleistungsmarketing zeigen aber, dass Marketing im Käufermarkt wichtige neue Ziele verfolgt.

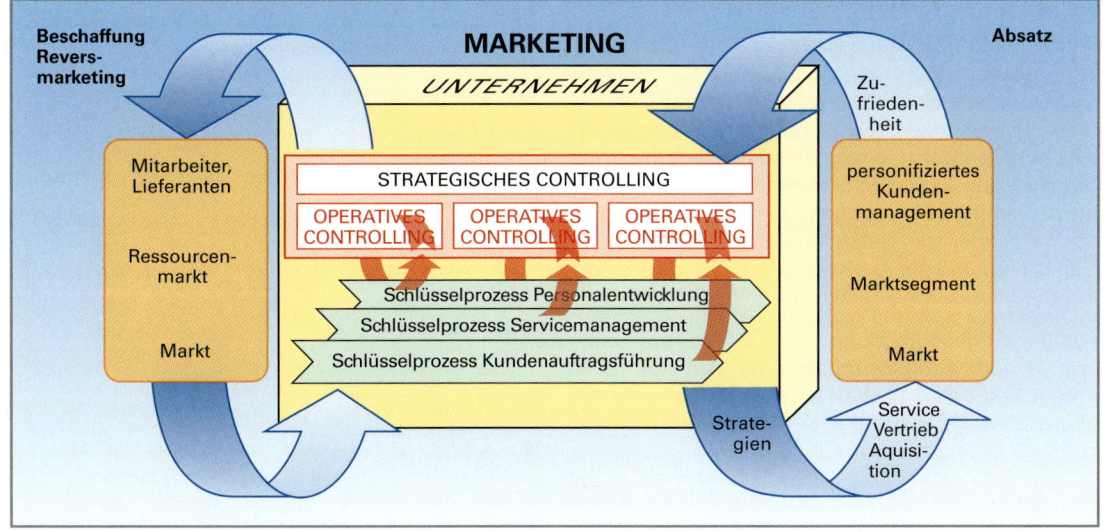

Bild 2: Marketingregelungskreise

11.1 Mitwirkung bei Marktbeobachtungen und Marktforschungen

11.1.1 Ziele, Aufgaben und Methoden der Marktforschung

Mit Marktbeobachtungen und Marktuntersuchungen versucht man herauszufinden, was und wie der Markt die nachgefragten Produkte und Dienstleistungen haben möchte. Aus diesem Wissen heraus werden dann entsprechende Strategien entwickelt, um das unternehmerische Verhalten dem Markt anzupassen.

Typische Kaufprozesse für komplexe Güter kann man in fünf Phasen einteilen (**Bild 1**).

Die Marktforschung untersucht jede Phase dieser Kaufprozesse. So die Rahmenbedingungen nach dem Einfluss objektiver Merkmale, z. B. Preise, Anbieterstruktur, Nachfragerstruktur, Marktanteil, und subjektiver Merkmale, z. B. Motive, Verwendungsverhalten, Markentreue und Produktbeurteilung, um daraus Marktstrategien abzuleiten (**Bild 2**).

Zur Informationsgewinnung über dieses Käuferverhalten gibt es zwei Wege (**Bild 3**).

Die erste Möglichkeit besteht darin, dass man im zu untersuchenden Marktsegment Daten unmittelbar und neu ermittelt. Es werden z. B. Befragungen, Beobachtungen, Interviews und Experimente durchgeführt.

Diese als **Primärforschung** (= field research) bezeichnete Methode ist meistens zeitaufwendig und teuer. Sie kann aber zielspezifische Kundeninformationen und Marktinformationen liefern.

Die zweite Möglichkeit besteht darin, die Daten aus vorhandenem Material zu gewinnen. So versucht man z. B. aus Kundenkarteien, Kundendienstberichten, Statistiken, Fachzeitschriften geeignete Informationen abzuleiten. Diese als **Sekundärforschung** (= desk research) bezeichnete Methode ist meist weniger zeitaufwendig und kostengünstiger. Sie birgt aber die Gefahr, dass die Zahlen nicht aktuell sind und die Analysekriterien für die eigentlichen Fragestellung nicht optimal geeignet sind.

Für die Primärforschung ist aus Kos-ten-, Zeit- und Organisationsgründen eine Abfrage aller möglichen Daten (Vollerhebung) weder sinnvoll noch notwendig. Für übliche Teilerhebungen wird eine repräsentative Auswahl getroffen.

Wird aufgrund vorhandener Marktuntersuchungen die zukünftige Entwicklung abgeschätzt oder vorausberechnet, so spricht man von Marktprognosen.

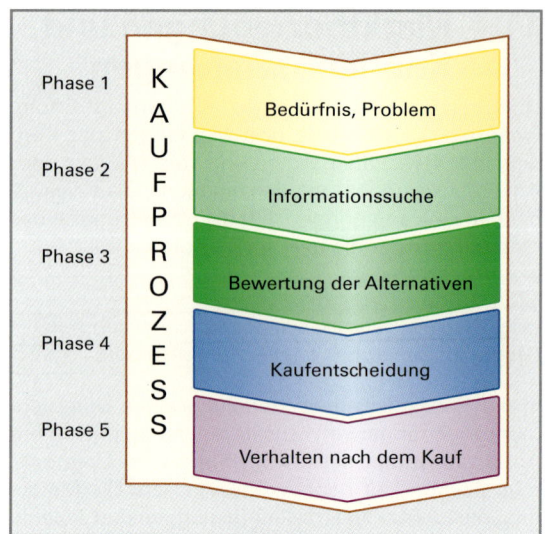

Bild 1: Phasenmodell eines Kaufprozesses

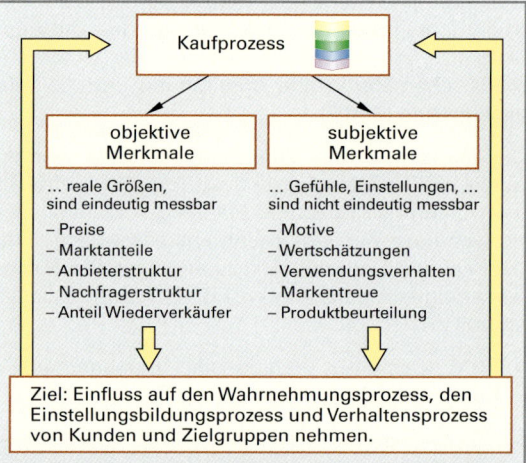

Bild 2: Analyse des Kaufprozesses

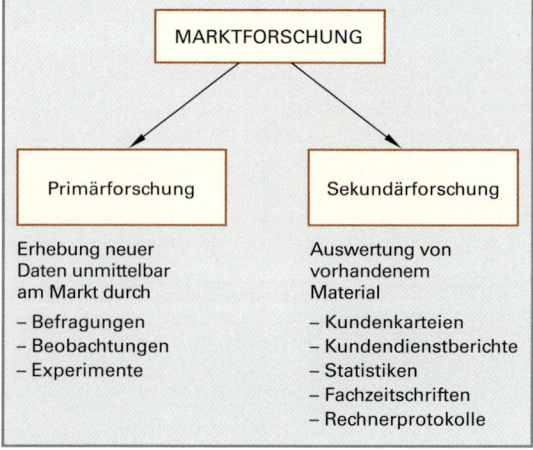

Bild 3: Methoden der Marktforschung

11.1.2 Grundnutzen und Zusatznutzen

Über den Kauf oder Nichtkauf eines Produktes oder einer Leistung entscheidet der Kunde nicht über den eigentlichen Grundnutzen, z. B. bei einem Smartphone die Sprachverbindung von A nach B, denn den bieten alle entsprechenden Produkte. Entscheidend ist vielmehr, dass der Kunde sich einen Zusatznutzen, z. B. soziale Anerkennung, Neid, Sicherheit oder Gesundheit aus dem Besitz verspricht.

Bei der „Means-End-Theorie" (Means-End = emotionale Zielwerte, Grundwerte) geht man davon aus, dass der Kunde ein Produkt stets als ein Bündel von Eigenschaften und Attributen wahrnimmt und die Zielwerte die Handlung bestimmen **(Bild 1)**. Wichtige Means-Ends sind Sicherheit, soziale Akzeptanz, Erfolg, Selbstwertgefühl, langes Leben, Gesundheit, Glück, Lebensfreude und Selbstverwirklichung.

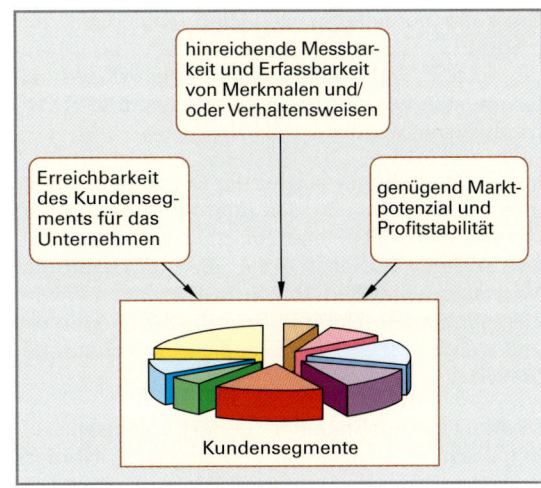

Bild 2: Voraussetzungen für eine erfolgreiche Marktsegmentierung

> Über den Kauf oder Nichtkauf einer Produkts entscheidet ein Bündel von erwarteten **Zusatznutzen**.

Für den Erfolg eines Unternehmens ist es entscheidend, diese kaufentscheidenden Zusatznutzen frühzeitig zu erkennen und seine Marketingmaßnahmen darauf auszurichten.

11.1.3 Marktsegmente

Da die Einschätzung von Zusatznutzen und die Gewichtung der einzelnen Phasen eines Kaufprozesses bei verschiedenen Kunden recht unterschiedlich sind, stimmt man die Marketingmaßnahmen auf verschiedene Kundengruppen (Marktsegmente) und Kunden ab.

Marktsegmentierung bedeutet, dass der Gesamtmarkt in möglichst homogene Teilmärkte, z. B. mit gleichartigen Ansprüchen und Wünschen, aufgeteilt wird. Traditionell üblich sind Marktsegmentierungen nach geografischen, soziodemografischen Merkmalen, z. B. Beruf, Alter, Geschlecht, Bildung, Kaufkraft und psychografischen Merkmalen, z. B. Persönlichkeitsstruktur, soziale Schicht, Lebensstil **(Bild 2)**.

> Durch Marktsegmentierung kann die Positionierung von Produkten und Leistungen zielgerichteter an die Kundenwünsche angepasst werden.

Das Beispiel des Sportwagenfahrers, der beim Billigdiscounter einkauft zeigt aber, dass das reale Verhalten der Verbraucher zunehmend nicht mehr in diese Muster passt (die Verbraucher verhalten sich bipolar).

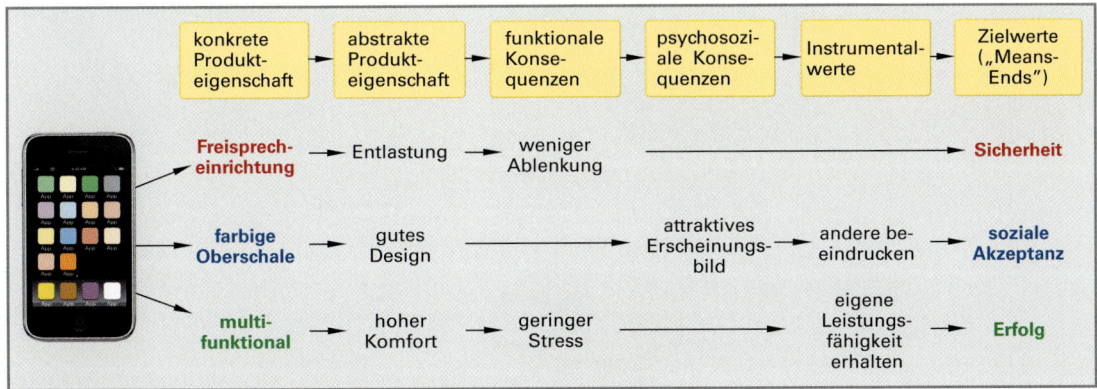

Bild 1: Ableitung der Zielwerte aus konkreten Produkteigenschaften

Das kundenorientierte Marketing reagiert mit vermehrter Clusterung (Kundensegmentierung) auf die nutzen- und zusatznutzenorientierten Verhaltensmuster, wie sie z. B. in der Means- End- Theorie analysiert werden.

Viele Unternehmen setzen die Erkenntnisse über ihre Kunden auch in der internen Organisation um und bilden SGE (strategische Geschäftseinheiten, Strategy Business Area, SBA) für bestimmte Marktsegmente (**Bild 1**). Die SGE erhalten eigene Zieldefinitionen (Unternehmen im Unternehmen) und werden oft als eigenständige Profitcenter betrieben.

Die Marketingmaßnahmen für die Kundensegmente müssen so ausgewählt und eingesetzt werden, dass möglichst viele entscheidenden Unique Selling Positions (einmalige Verkaufspositionen, USP) im Marktsegment besetzt werden können.

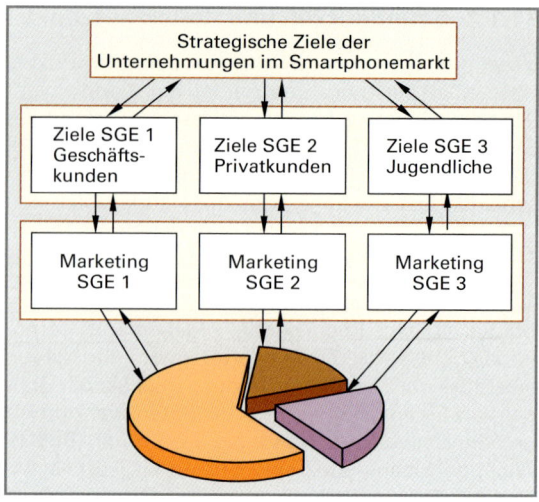

Bild 1: Marktsegmente

1. Erläutern Sie die Phasen eines Kaufprozesses für die private Anschaffung a) eines Smartphones und b) eines PCs.

2. Stellen Sie den Grundnutzen und mögliche Zusatznutzen eines Notebooks dar.

   a) Nutzen Sie zur Ideensammlung und Strukturierung für den Zusatznutzen eine Kreativitätstechnik wie Mindmap (Abschnitt 3.3.2.5) oder Lotusblütentechnik.

   b) Zeigen Sie anhand ausgewählter Zusatznutzenmerkmale, welche Zielwerte damit vom Käufer erhofft werden.

3. Wozu werden Marktsegmente gebildet?

11.2 Mitwirkung bei Marketing und Verkaufsfördermaßnahmen

Folgende Fragen sollten geklärt sein, bevor über weitere Strategien und Maßnahmen entschieden wird:
● Wer sind unsere Kunden?
● Welche Probleme sollen/können wir für unsere Kunden lösen, wo liegen unsere Kompetenzen?
● Welche Ziele hat unser Unternehmen und wie soll die weitere Entwicklung unseres Unternehmens sein?
● Welches Corporate Identity wollen wir vermitteln?

11.2.1 Marketinginstrumente

Üblicherweise unterteilt man die Marketinginstrumente in vier Hauptgruppen (4 P's, **Bild 2**):

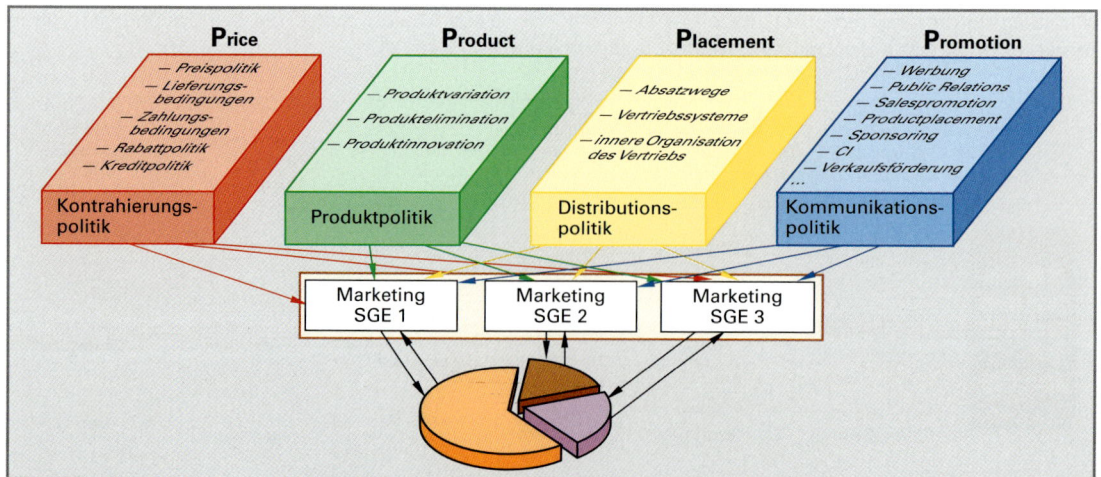

Bild 2: Marketingmix für verschiedene Kundensegmente

- Price (Preispolitik, Kontrahierungspolitik),
- Product (Produktpolitik),
- Placement (Distribution, Vertriebspolitik),
- Promotion (Kommunikationspolitik).

In der Marketingstrategie wird entschieden, durch welche Kombination von Marketinginstrumenten (Marketingmix) der Kunde erreicht werden soll (Bild 2, vorhergehende Seite).

Entscheidungskriterien für die Marketingstrategie bilden neben den Erkenntnissen der Marktforschung die Zieldefinition des Unternehmens. Aggressive Ziele zum Erobern neuer Marktanteile und Verdrängen von Mitwettbewerbern erfordern andere Marketingstrategien als defensive Ziele wie Halten von Kunden, Halten von Marktanteilen, Einführen von Produkten bei Stammkunden.

Ebenso sind unternehmensspezifische Werte wie Image, Produktangebot, Unternehmensgröße und das Verhalten der Mitbewerber und die Wettbewerbssituation zu berücksichtigen.

11.2.1.1 Kontrahierungspolitik

Preispolitik. Grundsätzlich geht man für den Regelfall davon aus, dass zwischen der Nachfrage der Kunden und dem Preis eines Produktes/einer Leistung eine direkte Beziehung besteht. Im Normalfall gilt, dass bei steigenden Preisen die Nachfrage sinkt **(Bild 2)**.

Eine wichtige Größe in diesem Zusammenhang ist die Preiselastizität der Nachfrage.

Sie gibt an, wie stark die Nachfrager auf eine Preisänderung reagieren. Eine elastische Nachfrage ($E>1$) bedeutet z. B., dass bei einer Preiserhöhung von p_1 auf p_2 der Gesamtumsatz fällt, weil die Nachfrage prozentual stärker nachlässt als der Preis steigt.

Beispiel 1: Elastizität bestimmen

Durch eine Preiserhöhung Δp bei den Speicherchips der Firma A um 5 % verringert sich die Umsatzmenge um 10 %. Wie hoch ist die Elastizität der Nachfrage?

Lösung:

$$E = \frac{|\Delta m|}{|\Delta p|} = \frac{|10\,\%|}{|-5\,\%|} = \frac{10}{5} = 2$$

Dies ist z. B. der Fall, wenn der Kunde aufgrund der Wettbewerbssituation leicht auf andere Anbieter ausweichen kann und es dem Anbieter nicht gelungen ist, beim Kunden eine einmalige Verkaufsposition einzunehmen. Das Unternehmen muss sich dann erst einmal am Branchenpreis orientieren.

Man darf bei der mitbewerberorientierten Preisgestaltung die Kostensituation in einem Unternehmen nicht unbeachtet lassen. Über geeignete

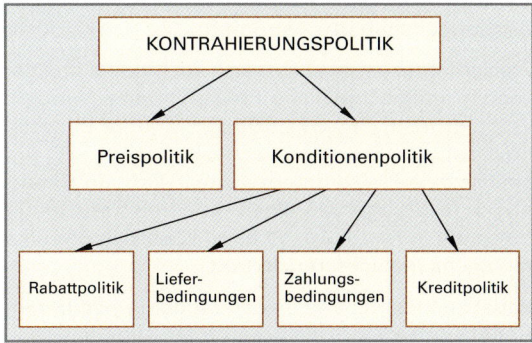

Bild 1: Kontrahierungspolitik

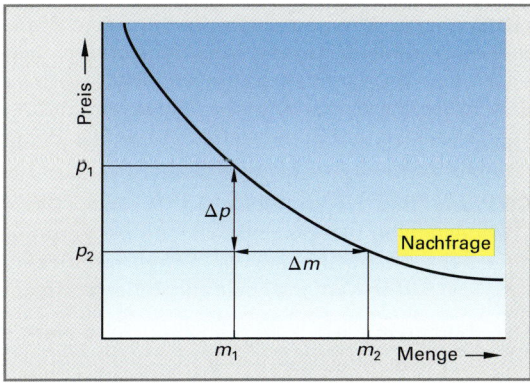

Bild 2: Preisabhängigkeit der Nachfrage

$$E = \frac{|\Delta m|}{|\Delta p|}$$

Δm Mengenänderung in %
Δp Preisänderung in %
E Preiselastizität der Nachfrage

Kostenrechnungsverfahren (siehe Kapitel 14) muss der Spielraum für preispolitische Entscheidungen ermittelt werden. Durch Kombination der Preispolitik mit anderen Marketinginstrumenten ergeben sich z. B. folgende Strategien:

Hochpreispolitik (Premiumstrategien). Durch ein besonderes Markenimage oder exklusive Distribution werden zuerst Opinionleader (Meinungsführer) mit sehr hohen Preisen angesprochen (Skimming-Preisstrategie = Abschöpfungsstrategie). Diese Strategie wird z. B. im Smartphone-Markt angewendet.

Niedrigpreispolitik. Niedrige Preise sollen die Nachfrager zum Ausprobieren verleiten. Im Extremfall, wie bei Browser-Software, werden Produkte verschenkt. Bei einem Markterfolg werden die Preise erhöht (Penetrationspolitik) oder es werden durch konstant niedrige Preise Mitwettbewerber ferngehalten bzw. verdrängt.

Preisdifferenzierung. Lässt sich ein Markt aufteilen, können unterschiedliche Preise verlangt werden. Verlangt man z. B. von Schülern andere Eintrittspreise als von Erwachsenen, so handelt es sich um eine **soziale Preisdifferenzierung**. Wird ein Smartphone in Stuttgart zu einem anderen Preis angeboten als in Hamburg, so handelt es sich um eine **räumliche Preisdifferenzierung**.

Rabattpolitik. Rabatte dienen oft der Preisdifferenzierung und fördern ein bestimmtes Kundenverhalten. Saisonrabatte sind z. B. eine **zeitliche Preisdifferenzierung** und sollen den Absatz gleichmäßiger gestalten. Mit Mengenrabatten erfolgt eine Preisdifferenzierung in Groß- und Kleinkunden. Insbesondere Großkunden sollen angelockt werden. Einführungsrabatte erleichtern die Neueinführung von Produkten und Sonderrabatte fördern z. B. bei Auslaufmodellen den Abverkauf.

Strategie des psychologischen Preises. Diese Preisgestaltung berücksichtigt, dass viele Verbraucher beim Überschreiten von Schwellenpreisen, z. B. 9,99 €, ihre Kaufentscheidung ändern.

Lieferbedingungen. Die Verpflichtung des Lieferers zur Zahlung einer Konventionalstrafe bei unpünktlicher Lieferung, die Möglichkeit der kurzfristigen Lieferung 7 Tage die Woche, 24 h am Tag, die Übernahme des Transportrisikos usw. kann bei wettbewerbsgleichen Produkten deutliche Vorteile bei der Einnahme der USP bringen.

Zahlungsbedingungen. Neben den Zahlungsfristen sind z. B. Barzahlung, Überweisung, Lastschrift, Scheck- und Kreditkartenzahlungen, Online-Zahlungen und Ratenzahlungen wichtig.

Kreditpolitik. Damit ein Kunde ein Produkt früher bzw. überhaupt kauft, kann es notwendig sein, die Kaufsumme oder Teile davon als Kredit vorzufinanzieren (**Bild 1**).

Beim **Lieferantenkredit** wird das Zahlungsziel durch einen entsprechenden Vertragsinhalt, meistens in zwei Stufen, verlängert (**Bild 2**). Für die Inanspruchnahme des Lieferantenkredits sind keine Zinsen zu zahlen.

Durch den Verzicht auf das im Verkaufspreis einkalkulierte Skonto entsteht jedoch ein Kostenfaktor, der meistens wesentlich höher liegt, als ein Finanzkredit.

> ! **Skonto** = Preisnachlass auf Rechnungsbetrag bei Zahlung innerhalb einer Frist.

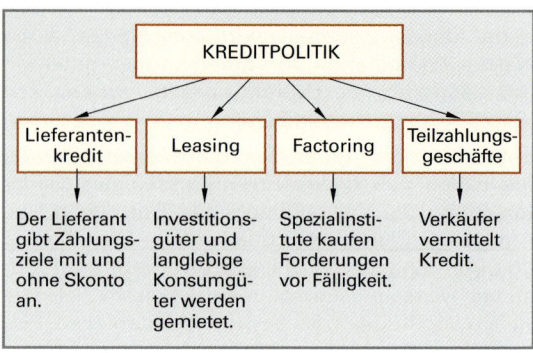

Bild 1: Kreditpolitik

	Summe	4520,00 €
	+ 19 % USt	858,80 €
	Zahlbetrag	5378,80 €
Zahlungsziel 30 Tage netto.		
Bei Zahlung innerhalb 10 Tage gewähren wir 2 % Skonto.	Summe	4520,00 €
	−2 % Skonto	−90,40 €
		4429,60 €
	+ 19 % USt	841,62 €
	Zahlbetrag	5279,24 €

Bild 2: Zahlungsbedingungen

$$Z = \frac{k \cdot t \cdot p}{360}$$

k	Kapital in €
t	Zeit in Tagen
p	Zinssatz in %
Z	Zinsen in €

Beispiel 1: Skonto und Zins berechnen

Berechnen Sie für die Rechnung Bild 2
a) das Skonto,
b) die Zinsen bei einer Bankfinanzierung mit 12 % Sollzinsen.
c) Was ist günstiger?

Lösung:

a) Skonto = 4.520 € · 2% = **90,40 €**

b) Eine Bankfinanzierung bei 12 % Sollzinsen für 20 Tage kostet

$$z = \frac{k \cdot t \cdot p}{100 \cdot 360} \Rightarrow z = \frac{5.279,24 \cdot 20 \cdot 12\%}{360} \text{ € } = \textbf{35,19 €}$$

c) Ersparnis ist 90,40 € − 35,19 € = **55,21 €**, mit Skonto ist es günstiger.

Zur Verminderung des Kreditrisikos erfolgt die Lieferung meist mit Eigentumsvorbehalt bis zur vollständigen Bezahlung.

Leasing ist die mittel- oder langfristige Nutzungs-
überlassung von beweglichen oder unbeweglichen
Investitionsgütern und langlebigen Konsumgütern
gegen Zahlung eines Mietzinses (Leasing-Rate).

Beim **Operate Leasing** handelt es sich um einen
Mietvertrag nach §§ 535 ff. BGB **(Bild 1)**. Damit trägt
der Leasing-Geber das Risiko für Neuvermietung,
die Aufwendungen für Versicherung, Wartung und
Reparatur. Diese Vertragsform wird normalerweise
für universell einsetzbare Güter mit großem Kun-
denkreis gewählt. Steuerlich bleibt das Leasing-Ob-
jekt Eigentum des Leasing-Gebers.

Financial Leasing wird oft für nicht marktgängige
Güter gewählt. Beim Financial Leasing (Finanzie-
rungsleasing) handelt es sich um längerfristige
Leasingverträge mit oft fester Laufzeit und ohne
Kündigungsmöglichkeit. Der Leasingnehmer trägt
z. B. die Kosten für Reparatur und Versicherung und
ist steuerlich meist Eigentümer des Gutes.

Die Vorteile des Leasing sind z. B., dass die Liqui-
dität und das Eigenkapital geschont werden und
Beleihungsgrenzen nicht beachtet werden müssen.
Insbesondere beim Operate Leasing ist eine sichere
Kalkulationsbasis vorhanden.

Im Endkundenbereich sind **Teilzahlungsgeschäfte**
● ohne Anzahlung,
● mit Anzahlung
und
● mit Anzahlung und Wechselabsicherung
üblich **(Bild 2)**.

Beim **Factoring** sind drei Beteiligte notwendig
(Bild 3). Neben der Finanzierungsfunktion (= vor-
zeitiger Ausgleich der Lieferantenforderungen)
übernimmt der Factor je nach Vertragsgestaltung
oft auch weitere Funktionen z. B. Buchführung, Beratung, Inkasso und Forderungsausfallrisiko.

11.2.1.2 Kreditarten

Grundvoraussetzung für Kreditvergabe ist eine
positive Bonitätsbeurteilung des Kreditgebers als
Ergebnis eines Ratings.

Unter **Bonität** versteht man die Eigenschaft eines
Schuldners, aufgenommene Schulden zurückzahlen zu können (wirtschaftliche Rückzahlungsfähig-
keit) und zurückzahlen zu wollen (Zahlungswillig-
keit).

Unter **Rating** (engl. Bewertung, Einschätzung) versteht man eine nach einheitlichen (standardisierten) Bewertungsmaßstäben durchgeführte Einstufung von Kreditnehmern.

Die Beurteilungskriterien im Rating werden unterteilt in **Hard Facts**, das sind messbare, materielle
Gesichtspunkte, z. B. Kostenstruktur und Wirtschaft-
lichkeitskennzahlen und **Soft Facts**, das sind nicht

| ! | **Bonität** = Eigenschaft eines Kreditnehmers aufge-
nommene Schulden zurückzahlen zu können und
zurückzahlen zu wollen. |

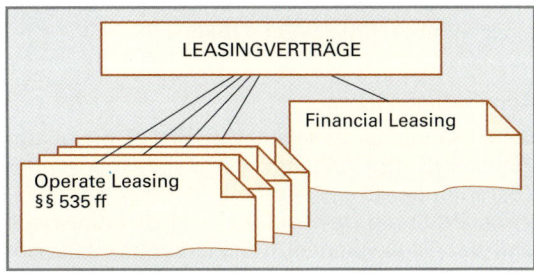

Bild 1: Leasingverträge

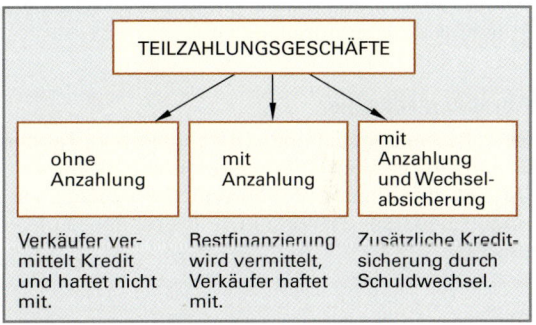

Bild 2: Teilzahlungsgeschäfte

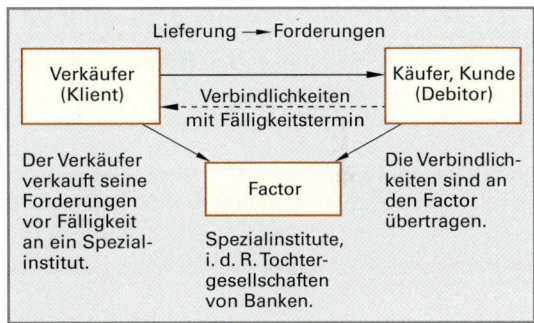

Bild 3: Factoring

quantifizierbare, immaterielle Werte z. B. Manage-
mentqualität, Organisationsqualität und Kunden-
fokus.

Im Bankenbereich müssen für das Rating die Regeln von Basel II und Basel III angewendet werden.
Die Ratingbewertung geht z. B. von AAA für höchste Sicherheit und ohne Risiko bis D für Schuldner in
Konkurs. Zur Finanzierung über Kreditinstitute stehen drei alternative Kreditformen zur Verfügung:

● Festgelddarlehen,
● Annuitätendarlehen und
● Abzahlungsdarlehen.

Festgelddarlehen

Bei Festgelddarlehen (endfälligen Darlehen, **Tabelle 1**) werden während der Laufzeit keine Rückzahlungen geleistet. Es wird nur Zins bezahlt. Am Ende der Laufzeit wird der gesamte Kreditbetrag in einer Summe zurückbezahlt **(Bild 1)**.

Annuitätendarlehen

Beim Annuitätendarlehen **(Tabelle 2)** bleibt der Zahlbetrag (die Annuität, der Kapitaldienst, der Teilzahlungsbetrag) während der Laufzeit konstant. Während der Laufzeit sinkt der Zinsanteil und der Tilgungsanteil (Rückzahlungsanteil, Abzahlungsanteil) steigt **(Bild 2)**. Privatdarlehen und Geschäftsdarlehen werden oft als Annuitätendarlehen vergeben, da die gleichbleibende Rate eine gute Kalkulationsgrundlage ist.

Abzahlungsdarlehen

Beim Abzahlungsdarlehen (Ratendarlehen, **Tabelle 3**) wird in gleichen Tilgungsraten zurück bezahlt. Da sich der Zinsanteil während der Laufzeit verringert sinkt der Zahlbetrag während der Laufzeit **(Bild 3)**.

Disagio

Disagio (Damnum oder Abgeld) ist ein Ausgabeabschlag. Das Disagio wird in Prozent des Kreditbetrages angegeben. Ein Disagio ermöglicht einen niedrigeren Nominalzinssatz (Effektivzins ändert sich nicht) und damit niedrigere Monatszahlungen. Außerdem ist das Disagio steuerlich absetzbar.

95 % Auszahlungskurs oder 5 % Disagio bedeuten, dass von 100 Euro Kreditbetrag nur 95 Euro Kredit ausgezahlt werden. Es müssen aber insgesamt 100 Euro plus Zinsen zurückgezahlt werden.

Tabelle 1: Festgelddarlehen

Kreditbetrag	10.000,00 €		
Zinssatz	10 %		
Abzahlungsbetr.			

Jahr	Restschuld	Tilgung	Zinsen	Zahlbetrag
0	10.000,00 €			
1	10.000,00 €	– €	1.000,00 €	1.000,00 €
2	10.000,00 €	– €	1.000,00 €	1.000,00 €
3	10.000,00 €	– €	1.000,00 €	1.000,00 €
4	10.000,00 €	– €	1.000,00 €	1.000,00 €
5		10.000,00 €	1.000,00 €	11.000,00 €
				15.000,00 €

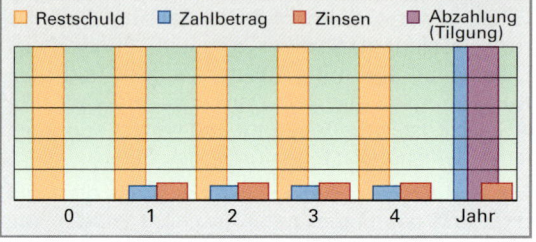

Bild 1: Festdarlehen

Tabelle 2: Annuitätendarlehen

Kreditbetrag	10.000,00 €		
Zinssatz	10 %		
Abzahlungsbetr.	2.637,97 €		

Jahr	Restschuld	Tilgung	Zinsen	Zahlbetrag
0	10.000,00 €			
1	8.362,03 €	1.637,97 €	1.000,00 €	2.637,97 €
2	6.560,26 €	1.801,77 €	836,20 €	2.637,97 €
3	4.578,32 €	1.981,94 €	656,03 €	2.637,97 €
4	2.398,18 €	2.180,14 €	457,83 €	2.637,97 €
5	0,03 €	2.398,15 €	239,82 €	2.637,97 €
				13.189,85 €

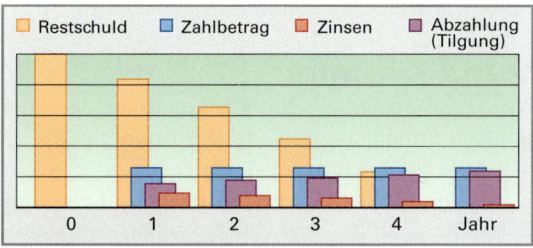

Bild 2: Annuitätendarlehen

Tabelle 3: Abzahlungsdarlehen

Kreditbetrag	10.000,00 €		
Zinssatz	10 %		
Abzahlungsbetr.	2.000,00 €		

Jahr	Restschuld	Tilgung	Zinsen	Zahlbetrag
0	10.000,00 €			
1	8.000,00 €	2.000,00 €	1.000,00 €	3.000,00 €
2	6.000,00 €	2.000,00 €	800,00 €	2.800,00 €
3	4.000,00 €	2.000,00 €	600,00 €	2.600,00 €
4	2.000,00 €	2.000,00 €	400,00 €	2.400,00 €
5		2.000,00 €	200,00 €	2.200,00 €
				13.000,00 €

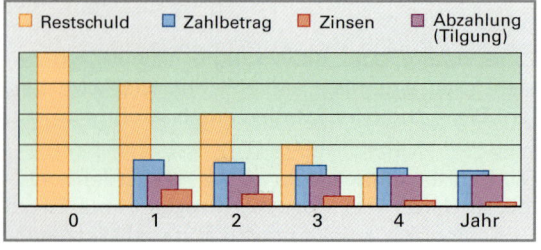

Bild 3: Abzahlungsdarlehen

Leasing als Finanzierungsalternative zum Kredit

Vorteile

+ Bilanzneutralität (keine Veränderung der Eigenkapitalquote).
+ Liquiditätsschonung (kein Abfluss von Kapital für Anschaffungen).
+ Vereinbarter Kreditrahmen bei der Bank bleibt erhalten.
+ Leasing erleichtert es, Anlageobjekte eines Unternehmens stets auf dem neuesten technischen Stand zu halten.
+ Die Leasingraten sind als Betriebsausgaben steuerlich voll absetzbar.
+ Die periodischen Leasingzahlungen sind eine sichere Kalkulations- und Planungsgrundlage.
+ Eine Entsorgung oder Verwertung bei Vertragsende durch den Leasingnehmer entfällt – das Leasingobjekt kann nach Ablauf der Leasingzeit an den Leasinggeber zurückgegeben werden.

Nachteile

– Der Leasingnehmer wird nicht Eigentümer. Bei wirtschaftlichen Schwierigkeiten hat er somit keine Möglichkeiten, das Anlagegut zu verkaufen.
– Im Falle des Verlustes des Objektes während der Leasingvertragslaufzeit, beispielsweise bei Diebstahl oder einem Unfallschaden, ersetzen Versicherungen den Objektverlust des Leasinggebers zum Verkehrswert. Gebühren und Schadensersatz aus dem Leasingvertrag sind aber i. R. nicht versichert.
– Bei der Rückgabe der geleasten Geräte sind zusätzliche Kosten möglich. Häufig gibt es Streit um die Unterscheidung von normalem Verschleiß und vom Leasingnehmer zu tragende Instandhaltungskosten.
– Leasingunternehmen drohen bei Liquiditätsproblemen schnell mit dem Entzug der Leasingobjekte.

Nach Ablauf der vertraglich festgelegten Leasingdauer werden dem Leasingnehmer meistens drei Optionen geboten:

Er kann das Leasingobjekt

• zum Vertragsende in dem vereinbarten Zustand (Arbeitsstunden, Gebrauchsspuren) wieder an den Leasinggeber zurückgeben,
• gegen ein neues Modell eintauschen und seinen Leasingvertrag erneuern,
• am Ende der Vertragslaufzeit zu dem vertraglich festgelegten Restwert kaufen (**Tabelle 1**).

Im Baugewerbe sind über 80 %, im Handel über 30 % und im verarbeitenden Gewerbe über 20 % der Anlagegüter geleast.

Tabelle 1: Leasing

Kreditbetrag	10.000,00 €
monatliche Leasingrate	210,00 €
Laufzeit (Monate)	48
kalkulierter Restwert	5.000,00 €

Jahr	Leasingrate	Restwert	Zahlbetrag
0			
1	2.520,00 €		2.520,00 €
2	2.520,00 €		2.520,00 €
3	2.520,00 €		2.520,00 €
4	2.520,00 €		2.520,00 €
		5.000,00 €	5.000,00 €
			15.080,00 €

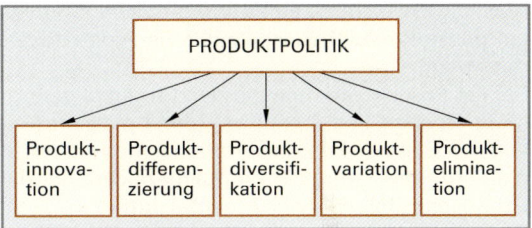

Bild 1: Produktpolitik

11.2.1.3 Produktpolitik

Die meisten Produkte lassen sich nur für einen begrenzten Zeitraum (Lebenszyklus des Produktes) erfolgreich absetzen. Der Lebenszyklus eines Produktes wird in die vier Zeitabschnitte Forschungsphase, Anlaufphase, Reifephase und Auslaufphase eingeteilt (**Bild 1, folgende Seite**). In jeder Phase verfolgt die Produktpolitik spezifische Ziele. Gemessen wird der Erfolg des Produktes häufig mit dem Cash-Flow.

> Der Cash-Flow vergleicht alle einem Produkt zurechenbaren Einnahmen und Ausgaben.

Sobald Mitbewerber mit neuen Produkten am Markt sind oder sich der Kundenwille ändert, wird der Erfolg eines Produktes geringer. Die Unternehmen versuchen dann mit Methoden der Produktpolitik ihre Marktposition zurückzugewinnen oder zu verbessern (**Bild 1** und **Bild 1, folgende Seite**).

> Die Produktpolitik ist für die marktgerechte Gestaltung und Ausführung der Produkte verantwortlich.

Bei der **Produktdiversifikation** werden neue Produkte oder Leistungen zur Ergänzung des bisherigen Angebots ins Programm aufgenommen.

Bei der horizontalen Diversifikation werden Produkte der gleichen Wirtschaftsstufe angeboten, z. B. bietet ein PC-Händler zusätzlich PC-Drucker an. Bei der vertikalen Diversifikation werden nachfolgende oder vorgelagerte Leistungen zusätzlich angeboten, z. B. werden PC-Komponenten selbst hergestellt. Bei der **Produktdifferenzierung** werden von einem Produkt für verschiedene Kundensegmente gleichzeitig mehrere Ausführungen angeboten (Füllen strategischer Lücken). So bietet ein Unternehmen verschiedenfarbige Oberschalen für ein Smartphone an oder vertreibt dasselbe Produkt auf einem anderen Vertriebsweg unter anderem Namen als so genannte Zweitmarke („No-Name-Produkt" bzw. „Weißes Produkt").

Auch die Erweiterung eines erfolgreichen Produkts auf ganze Produktbereiche zählt als Produktdifferenzierung.

Bei der **Produktvariation** werden Produkte geringfügig erneuert und erneut am Markt platziert (Relaunch). Gängige Produktvariationen betreffen z. B. die Form, die Farbe, die Produktbezeichnung, die Größe, das Material oder Zusatzleistungen.

Eventuell wird auch nur der Name oder die Aufmachung (Verpackung) des Produktes geändert und

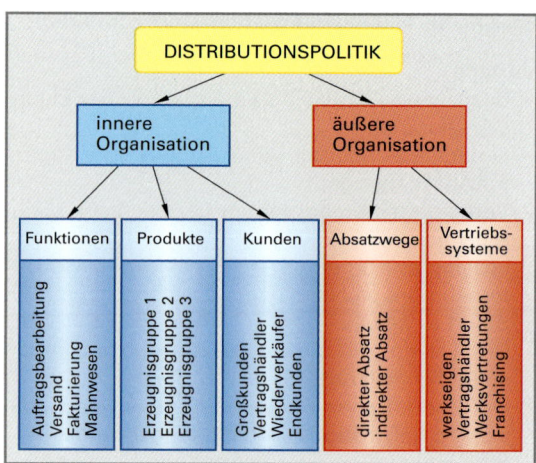

Bild 2: Distributionspolitik

damit die Lebensdauer des Produkts verlängert. Bei der **Produktelimination** werden Produkte aus dem Programm genommen. Gründe für die Elimination können z. B. sein, dass die Produkte keinen Deckungsbeitrag mehr liefern (siehe Kapitel 11), das Image der Firma gefährden oder gesetzlichen Bestimmungen nicht mehr genügen.

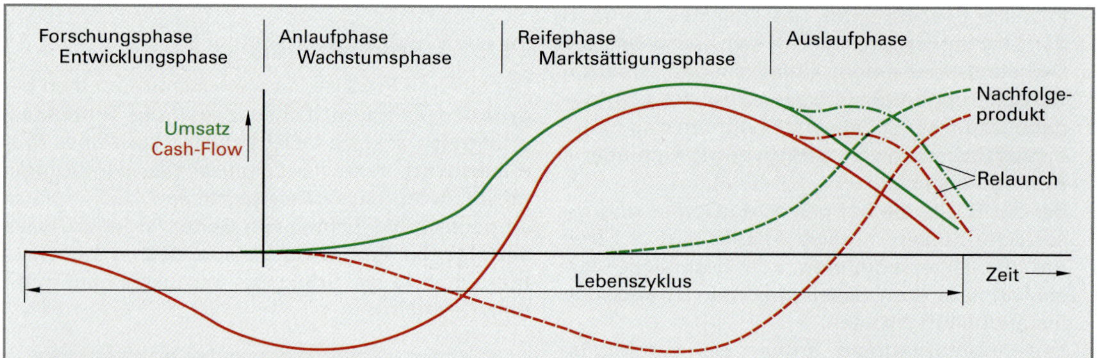

| Forschungsphase Entwicklungsphase | Anlaufphase Wachstumsphase | Reifephase Marktsättigungsphase | Auslaufphase |

Umsatz Cash-Flow

Nachfolge-produkt

Relaunch

Lebenszyklus

Zeit →

Kennzeichen der Produktlebensphase

Forschungs- und Entwicklungskosten, Vorfinanzierungen von Produktionsanlagen etc. führen zu einem negativen Cash-Flow.	negativer Cash-Flow, geringer Marktanteil.	Anfangs hohes, dann abschwächendes Wachstum, hoher Marktanteil, Cash-Flow wird positiv.	Sinkender Umsatz, sinkender Marktanteil, Cash-Flow wird geringer.
Marketingaufgabe Entwicklung und Produktion marktgerechter Produkte initiieren, Distribution aufbauen, Erstkäufer gewinnen.	Bekanntheitsgrad erhöhen, Distribution anpassen.	Kunden erhalten, Wiederholungskäufer gewinnen.	Käuferrückgang, z. B. Preispolitik und Relaunch bremsen.
Produktstrategie Innovative, kundengerechte Produkte und Problemlösungen als Erster an den Markt bringen.	Einführungspreise nicht zu hoch wählen, sonst kommen wegen der hohen Gewinnerwartung schnell weitere Wettbewerber.	Produkte optimieren.	Ausstieg vorbereiten, Ablöseprodukte zum richtigen Zeitpunkt anbieten.

Bild 1: Produktlebensphasen

11.2.1.4 Distributionspolitik

Unter Distribution (= Verteilung, Zerstreuung, Aufteilung) sind alle Entscheidungen und Maßnahmen zu verstehen, die den Weg eines Produktes zum Käufer betreffen **(Bild 2, vorhergehende Seite)**. Die Art und Weise der Distribution ist z.B. abhängig vom Produktpreis, vom Image, der Haltbarkeit, der Erklärungsbedürftigkeit, der räumlichen Konzentration und Entfernung der Empfänger, der Betriebsgröße, den Vertriebskosten, von gesetzlichen Bestimmungen und absatzpolitischen Entscheidungen.

11.2.1.5 Kommunikationspolitik

Zielgruppen der Kommunikationspolitik sind
* die Käufer z. B. Endverbraucher, Handel, Weiterverarbeiter,
* die Nichtkäufer mit Einfluss auf die Kaufentscheidung z. B. Berater, Kinder, Fachabteilungen, Fachzeitschriften, Journalisten, Stars und
* Personen aus Abteilungen, die den Kauf verhindern könnten (Finanzabteilung, Controlling).

Je nach Zielsetzung, Zielgruppe und Budget werden hierzu spezifische Kommunikationsinstrumente eingesetzt **(Bild 1)**.

Für eine erfolgreiche Kommunikation sollte man über Einfallsreichtum, Kreativität, Stilgefühl, klare Zielabsichten, möglichst vollständige Zielgruppenkenntnisse und ein gutes Image verfügen.

Durch ein immer größer werdendes Angebot von Waren und Dienstleistungen, die alle den Grundnutzen erfüllen, wird es immer wichtiger, sich durch Zusatznutzen für den Kunden von den Mitbewerbern abzuheben. Mit der Kommunikationspolitik versucht man alle Entscheidungsträger und Entscheidungsbeeinflusser mit entsprechenden Botschaften zu erreichen.

Werbung

Unabhängig davon wo Menschen sich aufhalten und bewegen, versucht die Werbung sie mit absatzsteigernden und meinungsbildenden Informationen zu beeinflussen.

> Ziel der Werbung ist die gezielte Beeinflussung von „anonymen" Menschen.

Voraussetzung für eine erfolgreiche Werbung ist eine gute Planung mit der Beantwortung der **5 M's (Bild 2)**:

(1) **M ission:** Ziel der Werbekampagne. Werbeziele sind z. B. Absatzsteigerungen bestimmter Produkte oder Leistungen innerhalb einer Zeit t um x% (monetäres Ziel), Erhöhen des Bekanntheitsgrades eines Produktes im Marktsegment auf x% oder Ver-

> Inhalt der **Kommunikation** können Gefühle, Informationen, Ideen und Anweisungen sein.

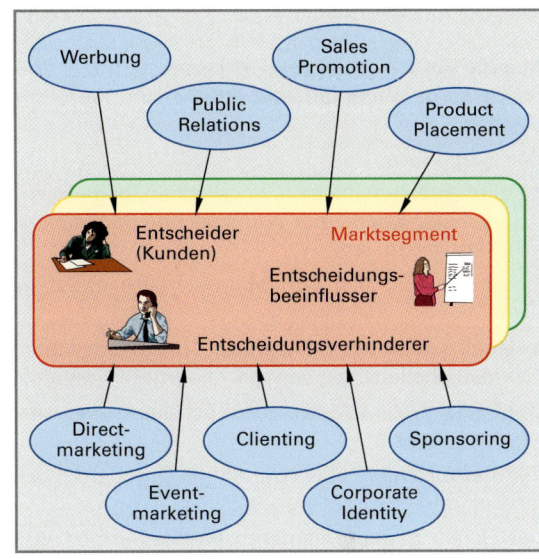

Bild 1: Kommunikationsinstrumente

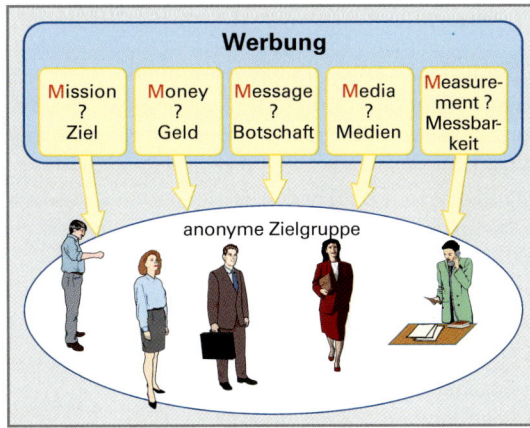

Bild 2: Die 5 M's erfolgreicher Werbung

bessern des Unternehmensimages (nichtmonetäre Ziele).

(2) **M oney:** Wieviel Geld ist notwendig bzw. steht zur Verfügung? Normalerweise sollte der Etat an der Zielsetzung orientiert sein. Fragwürdige Kriterien für das Marketingbudget sind z. B. der Prozentanteil am Umsatz oder die Nachahmung von Mitbewerbern.

(3) **M essage:** Welche Botschaft, welche Aussage soll übermittelt werden? Die Aussagen der Werbebotschaften müssen für den Angesprochenen einen Zusatznutzen in Aussicht stellen und das Werbesubjekt/-objekt rational oder emotional positiv

von den Mitbewerbern abheben. Werbebotschaften sollten glaubhaft und prägnant sein.

Eines der bekanntesten Werbewirksamkeitsmodelle ist die AIDA-Formel.

Aus der AIDA-Formel **(Bild 1)** lassen sich z. B. folgende Forderungen an eine erfolgreiche Werbung ableiten:

Werbung muss

● zielgruppengerecht sein, ansprechen, begeistern, die Erfüllung geheimer Wünsche und Sehnsüchte in Aussicht stellen,

● orginell sein, sich von Mitbewerbern abheben und

● aktuell sein, muss Geschmacks- und Modewandlungen, technischen Fortschritt berücksichtigen.

(4) **M edia:** Welche Medien, Werbeträger sollen eingesetzt werden?

(5) **M easurement:** Wie können die Ergebnisse gemessen und bewertet werden?

Das Gesetz gegen unlauteren Wettbewerb (UWG) bildet den gesetzlichen Rahmen für die Werbung. Darüber hinaus erfolgt eine Selbstkontrolle der Werbewirtschaft durch den „Deutschen Werberat".

Öffentlichkeitsarbeit (Public relation PR)

Public Relation soll ein Unternehmen in der Öffentlichkeit bekannt machen und für ein positives Image sorgen.

Maßnahmen des PR sind z. B.

● Pflege der Kontakte zur Presse,
● Vorträge,
● Tag der offenen Tür,
● Kundenzeitschriften,
● Förderung des Gemeinwohls,
● Geschäftsberichte sowie
● Spenden und Förderungen.

Verkaufsförderung (Sales Promotion)

Unter **Promotion** versteht man eine zeitlich begrenzte Aktion mit zusätzlichen Kaufanreizen. Die Händlerpromotion (dealer promotion) richtet sich mit Schulungen (Rhetorik, Waren-, Verkaufskunde, Verkaufspsychologie, ...) Hausmessen, Händlertreffen, Verkaufsseminaren (Sales meetings), Händlerwettbewerben, Verkaufsraumberatung oder -ausstattung (Prospekte, Videos, CD's, ...), Unterlagen (Kataloge, Datenblätter, ...), Incentives (Verkaufsanreize, z. B. Provisionen) an den Verkäufer **(Tabelle 1)**.

Ziel der Konsumentenpromotion (consumer promotion) ist der Endverbraucher. Wendet sich der Produzent oder Großhändler eines Produktes z. B.

!	Attention:	Aufmerksamkeit erregen,
	Interest:	Interesse wecken,
	Desire:	Begierde wecken, das Produkt besitzen zu wollen und
	Action:	Aktionen, d. h. den Kauf bewirken.

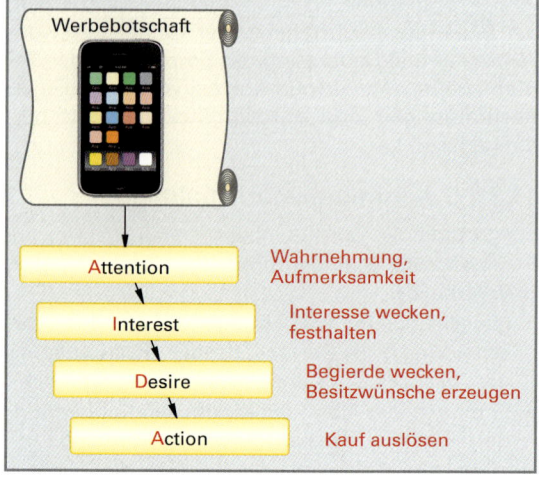

Bild 1: AIDA-Formel

Tabelle 1: Objekte der Verkaufsförderung

Aus dem Printbereich:	Zur Demonstration:
Kataloge, Prospekte	Messestände
Produktbeschreibungen	Hausmessen
Handbücher	Hausausstellungen
Wirtschaftlichkeitsberechnungen	Produktvorführungen
	Proben
Wirtschaftlichkeitsvergleiche	Muster
	Modelle
Diagramme, Ablaufbeschreibungen	Multimedia
	Pressekonferenzen
Zeichnungen	Werksführungen
Veröffentlichungen	**Für Verkäufer:**
Testberichte	Verkaufsseminare
Referenzlisten	Warenkunde
Musterbriefe	Rhetorikkurse
Kundenzeitschriften	Rollenspiele
Informationsdienste	Falldiskussionen
redaktionelle Unterstützung	Übungen
	Verkaufswettbewerbe

durch Preisausschreiben, Gutscheinaktionen, Vorteilspackungen ohne Beteiligung des Handels an den Endverbraucher, so spricht man von Sales Promotion (direkte Verkaufsförderung). Finden Verkaufsfördermaßnahmen wie Vorführungen, Fragestunden, Kostprobenverteilung am Verkaufsort (Point of Sale, POS) statt, so spricht man von Merchandising (indirekte Verkaufsförderung).

Produktplacement

Beim Produktplacement werden Produkte werbewirksam in Filmen und in TV-Sendungen „eingebaut".

Sponsoring

Sponsoring unterstützt Sport-, Kultur- und Sozialprojekte. Risiko und Wirkung der Maßnahmen sind beim Sponsoring besonders schwierig zu kontrollieren. Oft ist Sponsoring die einzige Möglichkeit das Werbeverbot in öffentlich rechtlichen TV-Sendern zu umgehen.

Corporate Identity CI

Das Selbstverständnis des Unternehmens wird den Interessensgruppen und Zielgruppen über das CI kommuniziert und ist deshalb ein wichtiger Marketingfaktor **(Bild 1)**.

Clienting

Für die Unternehmen wird es zunehmend schwieriger, mit den Kunden eine langfristige Beziehung aufzubauen. Im Clienting (Beziehungsmarketing) wird durch

- materielle Anerkennungen (Stammkundenrabatt, Gegengeschäfte cross sellings), Events, bevorzugte Belieferung,
- soziale Anerkennung (emotionale Beziehung der Unternehmensvertreter zum Kunden z. B. durch gemeinsame Erlebnisse) und
- produktbegleitende Dienstleistungen, wie günstige, z. T. kostenlose Beigaben wie Treiber und Beratung, versuchen, diese Lieferanten-Kundenbeziehung entstehen zu lassen.

Speziell für diesen Bereich ausgebildet sind Key Account Manager, die wichtige Kunden betreuen.

Eventmarketing

Bei besonderen Ereignissen mit hoher Publikumswirksamkeit wird (oft in Kombination mit anderen Kommunikationsmitteln) z. B. die Leistungsfähigkeit der Produkte demonstriert.

Direktmarketing

Insbesondere durch immer kleinere und speziellere Marktsegmente ist es oft unwirtschaftlich mit traditionellen Marketingmaßnahmen mit geringer Zielgenauigkeit zu arbeiten. Durch Direct-Mailings, Telefon-Marketing, E-Mails, dialogfähige Werbung im Internet usw. können potenzielle Kunden direkt angesprochen werden.

Zunehmend bieten große Unternehmen auch Kundenclubs, Kundenkarten und Kundenveranstaltungen, die für die notwendigen Bindungsbeziehungen sorgen sollen.

Ein weiterer Trend des Direktmarketing sind Werksverkäufe, Hausmessen mit Verkauf, Parks mit Einkaufsmöglichkeiten und Erlebnismöglichkeiten.

Bild 1: CI als Marketinginstrument

CI als Marketinginstrument		
Corporate Design	**Corporate Communication**	**Corporate Behavior**
Das äußere Erscheinungsbild aller mit dem Unternehmen zusammenhängenden Personen, Unterlagen, Werbemittel, Produkte usw. soll positiv, prägnant und wieder erkennbar sein.	Alle Kommunikationsmittel sind aufeinander abgestimmt und bedienen sich weitgehend derselben Argumente, derselben Musik, desselben Slogans, derselben Werbeträger.	Das Verhalten aller Mitarbeiter gegenüber der Interessengruppen entspricht dem Unternehmensstandard und erzeugt ein Wir-Gefühl.

K Kompetenzorientierung

1. **Durch eine Preiserhöhung bei Speicherbaugruppen von 56,00 € auf 67,20 € je Stück geht der monatliche Umsatz im Marktsegment 1 von 400 Stück auf 280 Stück und im Marktsegment 2 von 2000 auf 1800 zurück.**

   a) **Bestimmen Sie jeweils die Preiselastizität der Nachfrage.** *Lösung:* $E_1 = 1,5$, $E_2 = 0,5$

   b) **Wie wirkt sich die Preiserhöhung jeweils auf den Umsatz und den Gewinn in den Marktsegmenten aus?**

2. **Eine Lieferantenrechnung ist innerhalb 30 Tage rein netto, oder innerhalb 10 Tage mit zwei Prozent Skonto zu begleichen.**

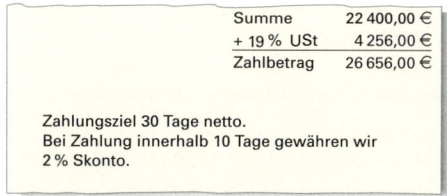

Summe	22 400,00 €
+ 19 % USt	4 256,00 €
Zahlbetrag	26 656,00 €

Zahlungsziel 30 Tage netto.
Bei Zahlung innerhalb 10 Tage gewähren wir 2 % Skonto.

   a) **Welcher Betrag ist bei Inanspruchnahme des Skontoabzuges zu überweisen?** *Lösung:* **26.122,88 €**

   b) **Zu welchem Jahreszinssatz bietet der Lieferant seinen Lieferantenkredit?** *Lösung: 36 %*

3. **Ihr Unternehmen bietet dieselben PC-Komponenten in der Orginalverpackung eines bekannten Markenherstellers und gleichzeitig als No-name-Produkt an.**

   a) **Wie nennt man diese Marketingmaßnahme?**

   b) **Welches Ziel soll damit erreicht werden?**

   c) **Erläutern Sie, an welches Kundensegment sich die Angebote jeweils richten.**

11.2.2 Strategien im Absatzmarketing

Für die Großhändler und Hersteller stellt sich auch die Frage, an welcher Stelle des Verkaufsweges wirksameres Marketing möglich ist.

Bei der **Pull-Strategie** (to pull = ziehen) versucht man durch entsprechende Maßnahmen beim Endnutzer einen Nachfragesog zu erzeugen **(Bild 1)**.

Überspringt der Werbende den Handel, indem er z. B. direkt mit Massenmedien beim Endnutzer wirbt, spricht man von *Sprungwerbung*. Markenartikelhersteller mit entsprechendem Werbebudget nutzen diese Methoden, um damit den Einfluss der Händler abzuschwächen.

Anonyme Markenartikelhersteller und Kleinunternehmen ohne entsprechende Mittel für die Sprungwerbung bedienen sich eher der **Push-Strategie (Bild 2)**. Hier versucht man durch absatzfördernde Maßnahmen beim Handel ein Verkaufsdruck zu erzeugen.

!	**Push-Strategie:** Marketingmaßnahmen richten sich an Händler.
	Puii-Strategie: Marketingmaßnahmen richten sich an Kunden.

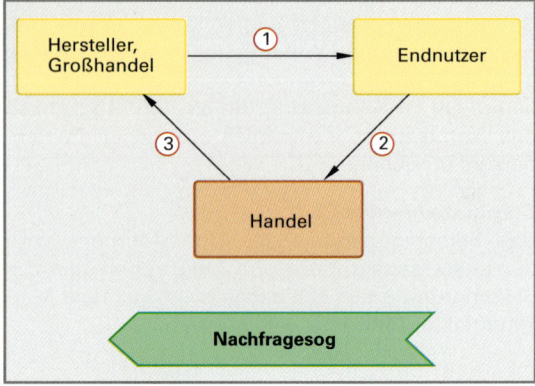

Bild 1: Pull-Strategie

11.2.3 Kontrolle des Werbeerfolgs

Die Kontrolle des Marketingerfolgs ist wichtig, aber auch mit vielen Unsicherheitsfaktoren verbunden.

In vielen Fällen ist kaum nachweisbar, in welchem Maße Umsatzzahlen oder Marktanteile von einer gerade laufenden Marketingaktion, einer allgemeinen Wirtschaftsentwicklung, dem Verhalten der Mitbewerber oder sonstigen Einflüssen bestimmt werden.

Zur Messung des Marketingerfolgs benutzt man Testmärkte. Hierzu werden zuerst Teilmärkte mit möglichst übereinstimmenden Merkmalen erfasst und dann die Wirkung unterschiedlicher Marketing-Aktivitäten erfasst und ausgewertet.

Eine Messzahl für den ökonomischen Erfolg einer Produktwerbung ist z. B. das Verhältnis von Umsatzzuwachs zu Werbeaufwand:

$$\text{Wirtschaftlichkeit der Werbung} = \frac{\text{Umsatzzuwachs}}{\text{Werbeaufwand}}$$

Man kann auch Umsatzwachstum des beworbenen Produkts mit dem der Mitbewerberprodukte vergleichen.

Besser und genauer lassen sich nichtökonomische Erfolge von Marketingmaßnahmen messen. Durch Blickbewegungsregistrierung und Befragung von Kunden in Verkaufsräumen und beim Lesen von Zeitschriften, durch das Analysieren von Mausbe-

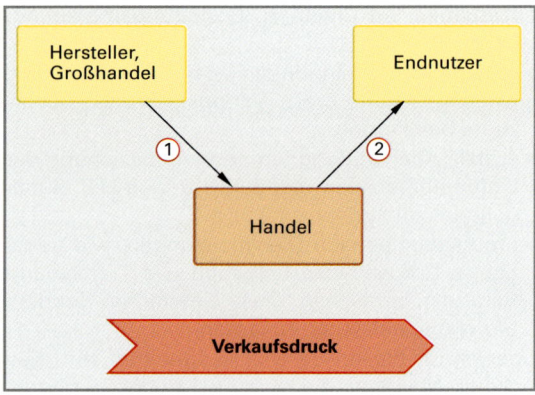

Bild 2: Push-Strategie

wegungen auf Internetseiten und das Erfassen von Aufenthaltsdauern und Klickraten von Werbebannern, kann man die Wirksamkeit von Werbemaßnahmen z. B. mit an die AIDA-Formel angelehnten Messzahlen, erfassen:

$$\text{Attention} = \frac{\text{erreichte Adressaten}}{\text{Gesamtzahl der Adressaten}}$$

$$\text{Interest} = \frac{\text{interessierte Adressaten}}{\text{Gesamtzahl der Adressaten}}$$

$$\text{Desire} = \frac{\text{überzeugte Adressaten}}{\text{Gesamtzahl der Adressaten}}$$

$$\text{Action} = \frac{\text{neue Käufer}}{\text{Gesamtzahl der Adressaten}}$$

Attention = Aufmerksamkeit, Interest = Interesse, Desire = Wunsch, Action = Handlung

11.3 Kundenberatung, Angebotsgestaltung und Vertragsgestaltung

11.3.1 Anfrage und Angebot

11.3.1.1 Anfrage

Rechtlich können aus Anfragen keine Pflichten und Rechte abgeleitet werden. Anfragen enthalten Mindestinhalte (**Tabelle 1**).

Mit **allgemeinen Anfragen** wird der Kontakt zu möglichen zukünftigen Geschäftspartnern hergestellt. So bittet man bei allgemeinen Anfragen z. B. um die Zusendung von Katalogen, Preislisten, Allgemeinen Geschäftsbedingungen (AGB), Lieferbedingungen, Referenzen oder auch um eine Kontaktaufnahme.

Bei **speziellen Anfragen** werden Informationen zu konkreten Produkten oder Leistungen erfragt und oft sind bereits Mengenangaben und Terminangaben enthalten.

> Anfragen sind rechtlich unverbindlich.

11.3.1.2 Angebot

Angebote (Anträge) führen zu rechtlichen Pflichten und sollten entsprechend sorgfältig ausgearbeitet werden (**Tabelle 2**). Der Anbieter bleibt so lange an das Angebot gebunden, wie unter verkehrsüblichen Umständen eine Antwort eingehen kann. Dies bedeutet, dass ein mündlich abgegebenes Angebot sofort nach dem Gespräch seine Gültigkeit verloren hat. Ein per E-Mail oder Fax abgegebenes Angebot hat eine Gültigkeit von wenigen Arbeitstagen. Um Unsicherheiten über die Gültigkeitsdauer auszuschließen, wird bei vielen Angeboten eine Gültigkeitsdauer angegeben.

Da sich Preise, z. B. für Speicherchips, täglich ändern und auch die Marktversorgung sich schnell ändern kann, sieht der Gesetzgeber für den Anbieter die Möglichkeit vor, seine Angebotsverpflichtungen mit Freizeichnungsklauseln einzuschränken (**Bild 1**).

Angebote an die Allgemeinheit sind eine Aufforderung zur Abgabe einer Bestellung (Anpreisungen) und keine rechtskräftigen Willenserklärungen. So sind z. B. Schaufensterauslagen, Kataloge, Prospekte und Zeitungsbeilagen rechtlich nicht bindend. Es besteht kein Anspruch, diese Ware zu dem angegeben Preis auch zu erhalten.

> Angebote sind rechtsverbindlich, wenn sie direkt an eine Person oder eine Firma gerichtet sind und nicht durch besondere Klauseln eingeschränkt werden.

Tabelle 1: Anfrage

Mindestinhalte	Formulierungsbeispiel
Grund der Anfrage	... Ihre Produkte wurden von ... empfohlen ...wir haben den Testbericht über Ihr ... in der ... gelesen
Gewünschter Artikel, Leistung	... bitte schicken Sie uns unverbindlich ein Angebot über ... ... unser Interesse gilt ...
Mengenangaben, Lieferfristen, Häufigkeit	... benötigen ... Stk. je Monat ... ... benötigen bis zum 14.05. ... ... regelmäßig ...
Qualitätsansprüche	... sind ein zertifiziertes Unternehmen ... ... zu unseren Kunden zählen nur die ...
Fragen nach Preisen, Zahlungs-, Lieferungsbedingungen, ...	... können Sie innerhalb ... Tagen 2000 Stück auf Europaletten frei Haus liefern ...
Terminhinweise	... Vorauswahl für unsere Modellreihe ab 2020 ... ... innerhalb 6 Stunden...

Tabelle 2: Angebot (Antrag)

Mindestinhalte	Formulierungsbeispiel
Die Anfrage, den Bezug angeben	Entsprechend Ihrer Anfrage vom ... bieten wir ... an Entsprechend Ihrer bisherigen Bestellungen ...
Art, Preis, Menge und Qualität der Ware angeben	40 CD-ROM-Laufwerke Artikel-Nr. yxyxxxxx zum Preis von ...
Liefertermin- und Lieferungsbedingungen nennen, Zahlungsbedingungen	Bis zum 22.10. ... frei Haus, ... Einschränkungen, Vorbehalte nennen, Gerichtsstand
Freundliche Grüße und Hoffnung auf Geschäftsbeziehungen zum Ausdruck bringen	Wir freuen uns auf Ihre Bestellung ... Gerne stehen wir für weitere Fragen zur Verfügung ...

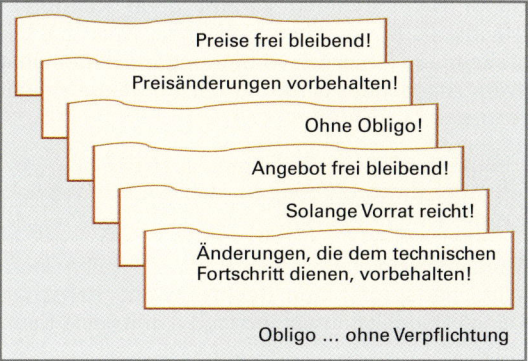

Preise frei bleibend!

Preisänderungen vorbehalten!

Ohne Obligo!

Angebot frei bleibend!

Solange Vorrat reicht!

Änderungen, die dem technischen Fortschritt dienen, vorbehalten!

Obligo ... ohne Verpflichtung

Bild 1: Freizeichnungsklauseln

Aus marketingtechnischen Gründen wie Glaubwürdigkeit, Zuverlässigkeit und Distributionsverfahren halten sich Anbieter aber ungeachtet der

Rechtslage im Normalfall an die Angebote. Sobald der Angebotsempfänger dem Angebot zustimmt, ist ein Vertrag entstanden **(Bild 1)**.

> Ein Kaufvertrag entsteht durch zwei überein-stimmende Willenserklärungen.

Zum Vertragsabschluss gibt es eine Reihe wichtiger Paragraphen **(Bild 2)**. Bei allen Willenserklärungen kommt es nicht auf den Buchstaben an, sondern auf den Sinn und Willen der Willenserklärung (§§ 157, 242 BGB).

Beispiel 1: Willenserklärung

Der Verkäufer sagt zum Kunden: „Wollen Sie nicht auch noch eine Ersatztintenpatrone mitnehmen?" Der Kunde antwortet: „Nein". Trotz der doppelten Verneinung ist kein Vertrag entstanden.

11.3.1.3 Bestellung und Lieferung

Die Zustimmung zu einem Angebot (Antrag) kann durch Worte, Handlungen oder auch teilweise Nichthandlung (Stillschweigen) abgegeben werden.

Ist der Kunde im Besitz eines gültigen Angebotes, so gilt seine Zustimmung als Annahme des Vertrages. Wird das Angebot in seinem Inhalt abgeändert oder hat der Kunde kein Angebot, so kommt der Vertrag durch die Zustimmung des Verkäufers zum Antrag des Kunden zustande.

Wenn ein Kunde z. B. eine Ware aus dem Verkaufsregal nimmt, stimmt er dem Angebot (Antrag) des Handelsgeschäfts zu, die angebotene Ware zu den Bedingungen des Handelsgeschäftes zu kaufen. Er muss in der vereinbarten Art und Weise den Kaufpreis bezahlen und die Allgemeinen Geschäftsbedingungen (AGB) anerkennen, solange diese gesetzlichen Vorschriften genügen. Der Händler muss im Gegenzug den Kaufpreis annehmen und die Ware übereignen.

Durch Nichthandlung kommt beim Kaufmann (Händler) z. B. ein Vertrag zustande, wenn bei bestehenden Geschäftsverbindungen unbestellte Ware zugesendet wird und der Empfänger nicht reagiert.

> Kaufmann ist, wer im Sinne des HGB §1 (1) ein Handelsgewerbe betreibt, d. h. im Handelsregister eingetragen ist.

Mitglieder freier Berufe, z. B. Ärzte, Architekten, Wirtschaftsprüfer und Rechtsanwälte betreiben keinen Handelsbetrieb und sind damit keine Kaufleute.

11.3.1.4 Besondere Vereinbarungen

Kauf auf Probe
Dies ist ein Kauf mit Rückgaberecht innerhalb einer bestimmten Frist. Der Verkäufer überlässt die Ware

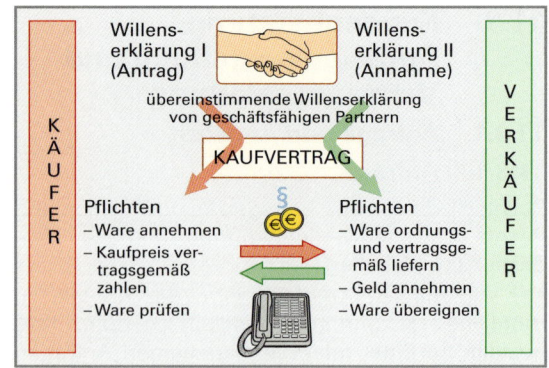

Bild 1: Vertragsabschluss

§ 145	Bindung an den Antrag
§ 146	Erlöschen des Antrags
§ 147	Annahmefrist
§ 148	Bestimmung einer Annahmefrist
§ 149	Verspätet zugegangene Annahmefrist
§ 150	Verspätete und abändernde Annahme
§ 151	Annahme ohne Erklärung gegenüber dem Antragenden
§ 157	Auslegung von Verträgen
§§ 433ff	Kaufrecht
§ 453	Rechtskauf (gilt z. B. für Software)
§ 651	Anwendung des Kaufrechts

Bild 2: Wichtige Paragraphen zum Vertragsabschluss

für einen fest vereinbarten Zeitraum „zur Probe" bzw. zur Ansicht. Lehnt der Käufer den Kauf nicht innerhalb der Frist ausdrücklich ab, so stimmt er dem Vertrag durch Stillschweigen zu.

Spezifikationskauf (Bestimmungskauf)
Der Käufer vereinbart mit dem Verkäufer die Lieferung einer bestimmten Menge einer Gattungsware. Der Käufer hat das Recht innerhalb festgelegter Fristen die zu liefernde Ware festzulegen. Ein Druckerproduzent und ein Druckertintenvertreiber vereinbaren z. B. die Lieferung von 30 000 Stück Tintenpatronen in die folgenden 6 Monaten. Der Käufer kann zwischen 10 verschiedenen Sorten Druckerpatronen auswählen.

Ramschkauf
Beim Ramschkauf ersteht der Käufer eine bestimmte Menge von Waren, ohne dass im Einzelnen bestimmte Qualitätsmerkmale zugesichert sind.

Faq-Kauf
Wird eine Warenlieferung ohne ausdrückliche Spezifizierung der Qualität vereinbart, so ist von durchschnittlicher Qualität auszugehen. Im Außenhandel nennt man solche Verträge faq-Kauf (faq = fair average quality).

11.3.1.5 Angebotsverfolgung

In der Praxis führt nur ein Teil der Angebote auch zu Aufträgen. Durch Aufzeichnungen und Auswertungen z. B. des Zeitaufwandes für Angebotserstellungen, das Verhältnis von erstellten Angeboten zu erhaltenen Aufträgen, die mittlere Auftragsgröße usw., kann man Erkenntnisse für Marketingmaßnahmen, Kostenrechnungen und Verfahren der Geschäftsabwicklung gewinnen.

Bei erteilten Aufträgen muss gegenüber dem Kunden eine hohe Auskunftbereitschaft sichergestellt werden. Er sollte sich jederzeit über den Fortschritt seines Auftrages informieren können und auch bei Ablaufstörungen rechtzeitig über z. B. mögliche Terminänderungen informiert werden.

11.3.2 Kaufrecht und Werkvertragsrecht

11.3.2.1 Kaufrecht

Das Kaufrecht (§§ 433ff BGB) gilt grundsätzlich für alle Kaufverträge zwischen Verbraucher und Verbraucher, Unternehmer und Unternehmer und Unternehmer und Verbraucher (**Bild 1**). Es gilt für bewegliche und unbewegliche Sachen und sonstige Gegenstände, z. B. herzustellende oder zu erzeugende Sachen, Know-how, Software, Ideen und Energie (**Bild 2**).

Erfüllungsort und Gerichtsstand
Mit dem Erfüllungsort wird festgelegt, wo z. B. bei einem Kaufvertrag der jeweilige Schuldner seine Leistungen zu erbringen hat.

§ 269 BGB bestimmt, dass der Erfüllungsort für die Warenschuld (der Leistungsort) der Wohnsitz bzw. Firmensitz des Warenschuldners ist. Soll die Ware dem Käufer geliefert werden, so muss er die Risiken und Kosten der Warenlieferung tragen (**Bild 3**).

> Warenschulden sind Holschulden.

Für die Geldschuld legt § 270 BGB fest, dass der Zahlungsort der Wohnsitz des Gläubigers (hier des Verkäufers) ist. Der Käufer trägt damit ebenfalls das Risiko und die Kosten der Geldübergabe.

> Geldschulden sind Bringschulden.

Der Erfüllungsort ist entscheidend für den Gerichtsstand bei Streitigkeiten. Bei Klagen wegen unerfüllter Geldverpflichtungen ist also der Wohnort des Käufers entscheidend, bei Klagen bzgl. der Warenschulden der Geschäftssitz des Lieferanten. Der Erfüllungsort und der Gerichtsstand kann nur zwischen Kaufleuten vertraglich geregelt werden. Gegenüber Nichtkaufleuten (Privatkunden) sind sol-

§ 433 Abs. 1 BGB Vertragstypische Pflichten beim Kaufvertrag
[1]Durch den Kaufvertrag wird der Verkäufer einer Sache verpflichtet, dem Käufer die Sache zu übergeben und das Eigentum an der Sache zu verschaffen. Der Verkäufer hat dem Käufer die Sache frei von Sach- und Rechtsmängeln zu verschaffen.

§ 453 Abs. 1 BGB Rechtskauf
Die Vorschriften über den Kauf von Sachen finden auf den Kauf von Rechten und sonstigen Gegenständen entsprechende Anwendung.

Bild 1: Kaufrecht

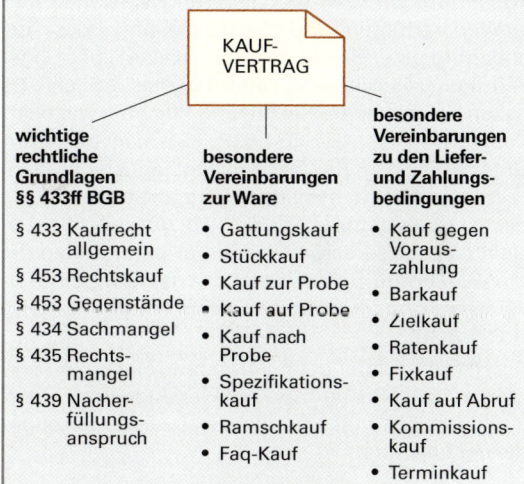

Bild 2: Merkmale eines Kaufvertrages

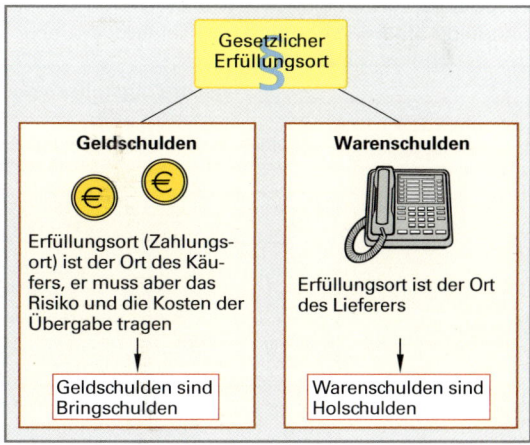

Bild 3: Gesetzlicher Erfüllungsort

che vertraglichen Änderungen ungültig, auch wenn der Kunde z. B. über die Allgemeinen Geschäftsbedingungen einer Änderung zugestimmt hat.

11.3.2.2 Verbrauchsgüterkauf

Beim Endverkauf an den Verbraucher, dem Verbrauchsgüterkauf, gelten wenige Sondervorschriften (§§ 474ff). Gegenüber dem Verbraucher muss der Händler auf Neuwaren eine Gewährleistung von 2 Jahren garantieren und in den ersten sechs Monaten gilt eine Beweislastumkehr **(Bild 1)**. Der Händler muss bei Beanstandungen durch den Käufer also nachweisen, dass die gelieferte Sache mängelfrei war.

11.3.2.3 Werkvertragsrecht

Kaufverträge treten häufig in Verbindung mit Werkverträgen bzw. Werklieferungsverträgen auf. In Werkverträgen wird die Herstellung oder Veränderung einer Sache geregelt, in Werklieferungsverträgen zusätzlich die Lieferung dieser Sache. Es gelten vergleichbare Rechte und Pflichten wie beim Kaufvertrag (§§ 437, 631,632, 633, 634 BGB). Im Unterschied zum Kaufvertrag liegt jedoch die Wahl zwischen Mängelbeseitigung und Neuerstellung beim Unternehmer (§ 635 BGB). Außerdem besteht nach angemessener Frist für den Kunden die Möglichkeit zur Selbstvornahme der Mängelbeseitigung mit Anspruch auf Aufwandsentschädigung (§ 637 BGB).

Die Haftungsdauer beim Verändern, Herstellen und Warten einer Sache bzw. bei Planungs- und Überwachungsleistungen beträgt zwei Jahre ab Abnahme der Leistung.

11.3.2.4 Besondere Vertriebsformen

Das BGB (§§ 312-312f) beinhaltet Regelungen für besondere Vertriebsformen wie E-Commerce, TV-Shopping, Internetshopping und Telefonvertrieb.

> **!** Das **Fernabsatzwiderrufsrecht** gilt nicht für Audioaufzeichnungen, Videoaufzeichnungen und Software.

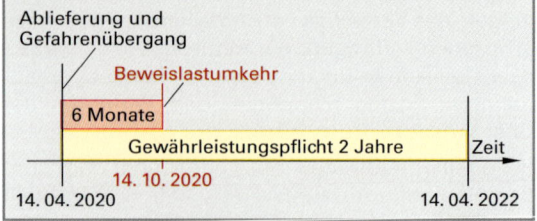

Bild 1: Gewährleistungspflicht

Sie bestimmen, dass der Unternehmer verpflichtet ist, den Verbraucher rechtzeitig vor Abschluss eines Fernabsatzvertrags in einer dem eingesetzten Fernkommunikationsmittel entsprechenden Weise klar und verständlich zu informieren.

Zu den wesentlichen Informationspflichten gehört eine unmissverständliche Beschreibung aller wesentlichen Eigenschaften der Ware, die Identität des Liefernden und die Angabe aller entstehenden Kosten. Erfüllt der Anbieter diese Forderungen nicht, so hat der Verbraucher ein viermonatiges Widerrufsrecht.

Käufer haben bei Fernabsatzverträgen ein Widerrufsrecht und Rückgaberecht (§§ 312d, §§ 355, §§ 356 BGB).

Das Widerrufs- und Rückgaberecht gilt z.B. nicht, wenn es sich um Software, Audioaufnahmen, Videoaufnahmen, nach Kundenspezifikation angefertigte Waren, eindeutig auf persönliche Bedürfnisse zugeschnittene Waren oder die Lieferung von Zeitschriften und Zeitungen handelt.

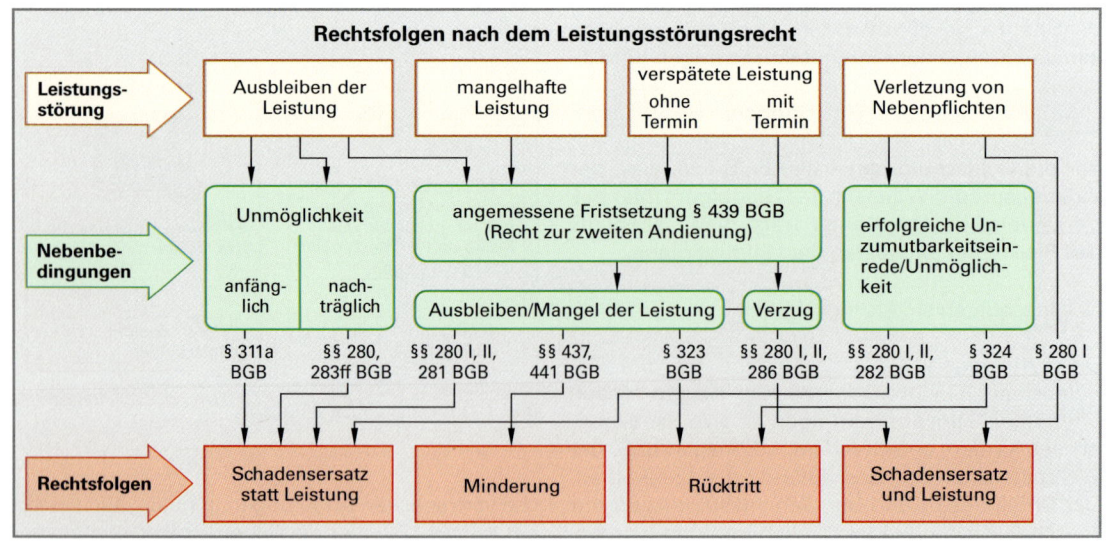

Bild 2: Leistungsstörungsrecht

11.3.3 Leistungsstörungsrecht

Das Leistungsstörungsrecht behandelt verschiedene Fälle von Schuldverhältnissen, in denen der Schuldner seine Pflichten nicht oder nur teilweise erfüllt **(Bild 2, vorhergehende Seite)**. Pflichtverletzungen liegen vor, wenn objektiv die Pflichten aus dem Vertrag schuldhaft nicht, oder nicht vollständig erfüllt werden. Können z. B. zugesagte Waren nicht geliefert werden, oder ist die gelieferte Ware mangelhaft, so liegt eine Pflichtverletzung des Verkäufers vor. Es zählt auch als Pflichtverletzung, wenn Eigenschaften fehlen, die aufgrund öffentlicher Äußerungen, z. B. in Werbematerialien, erwartet werden können.

> ! Im BGB werden sieben Arten von Sachmängeln unterschieden:
> Beschaffenheit, Eignung zur vertraglichen Verwendung, Eignung zur gewöhnlichen Verwendung, unsachgemäße Montage, mangelhafte Montageanleitung, Lieferung anderer Sachen und Lieferung einer Mindermenge.

Als primärer Rechtsbehelf steht dem Käufer dann z. B. bei Sachmängeln nach seiner Wahl Ersatzlieferung oder Mängelbeseitigung innerhalb einer angemessenen Frist zu **(Bild 1)**. Aus Verkäufersicht spricht man hier vom Recht der zweiten Andienung. Diese Wahlmöglichkeit kann bei Unverhältnismäßigkeit oder Unzumutbarkeit, z. B. wenn die Mängelbeseitigung wesentlich teurer ist als eine Ersatzlieferung, durch den Verkäufer eingeschränkt werden.

Liegt Unzumutbarkeit vor, ist die Mängelbeseitigung fehlgeschlagen, verweigert der Verkäufer die Nacherfüllung endgültig oder liegt Unmöglichkeit vor, bzw. tritt Unmöglichkeit ein, so werden die sekundären Rechtsbehelfe ohne Fristsetzung wirksam.

Der Käufer kann dann vom Vertrag zurücktreten und Schadensersatz oder Ersatz seiner Aufwendungen verlangen, einer Minderung zustimmen oder Schadensersatz statt Leistung verlangen. Der Verkäufer seinerseits kann bei seinem Lieferanten ohne Fristsetzung den Ausgleich seiner Aufwendungen beanspruchen.

> **Beispiel 1: Sachmangel geltend machen**
>
> K kauft beim PC-Händler einen neuen Komplett-PC. Nach einem Monat stellt er fest, dass der DVD-Brenner nicht ordnungsgemäß funktioniert. Welche Rechte hat er?
>
> *Lösung:*
> 1. Da weder Unverhältnismäßigkeitseinrede noch Unmöglichkeit für den Verkäufer vorliegt hat K nach §§ 434, 437 Nr. 1, 439 BGB Anspruch auf Nacherfüllung, dabei kann er grundsätzlich zwischen **Nachbesserung** und **Neulieferung** wählen (Bild 1).
> 2. Liegt nach einer angemessenen Nachfrist immer noch ein Mangel vor, kann K nach §§ 323, 434, 437 Nr. 2 BGB sein **Rücktrittsrecht** in Anspruch nehmen oder nach §§ 434, 437 Nr. 2 und 441 **Minderung** verlangen.

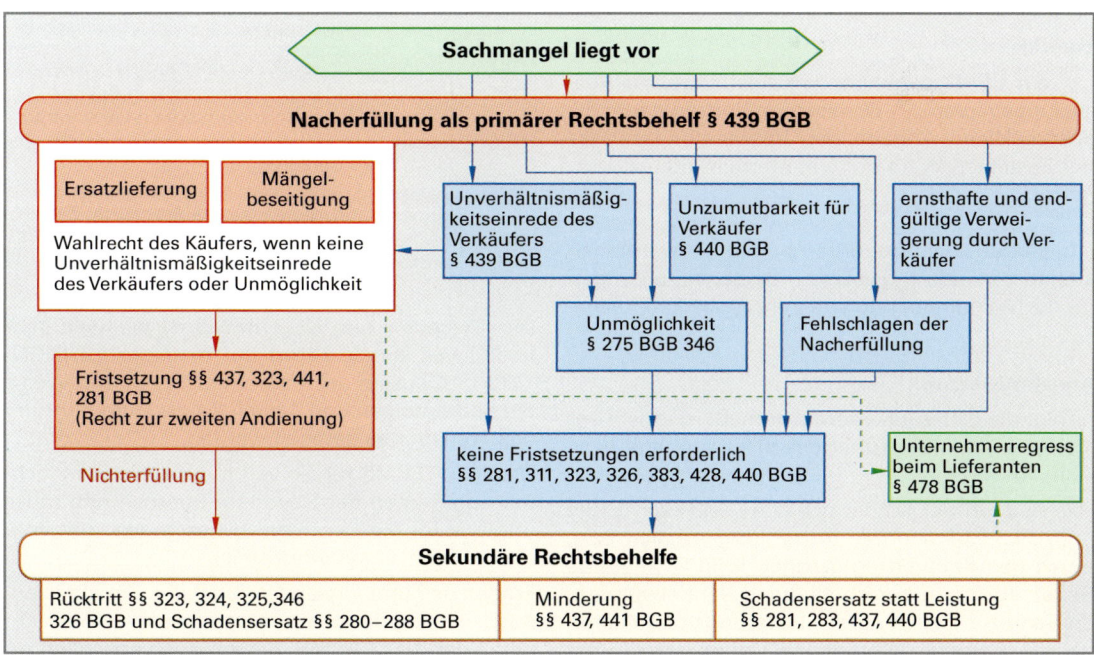

Bild 1: Rechtsfolgen bei Sachmangel

Fälligkeit

Wenn eine Fälligkeit kalendermäßig nicht festgelegt ist (z. B. ... Lieferung ab Februar 20xx.., oder ... frühstens 14 KW 20xx..) oder aus dem Vertragsinhalt bestimmbar ist, so gerät der Lieferant nur dann in Lieferverzug, wenn ein kalendermäßig genau festgelegter angemessener Nachtermin mit Leistungsaufforderung und Ablehnungsandrohung erfolgt (Mahnung, **Bild 1**). Außerdem gerät er nur in Verzug, wenn er für die Gründe der Nichtleistung schuldhaft verantwortlich ist.

In vielen Fällen ist man auf eine zuverlässige und zeitgenaue Lieferung angewiesen und gestaltet die Bestellung bereits als Fixkauf, Terminkauf bzw. Zweckkauf. Bei diesen Vertragsarten gerät der Lieferant automatisch mit Ablauf des Liefertermins in Verzug.

Fixkauf

Die Lieferung hat vertraglich an oder bis zu einem genau festgelegten Termin zu erfolgen. Die Vertragsklauseln lautet z.B. „ ... Lieferung bis 16. Februar 20xx fix ...“.

Terminkauf

Die Lieferung hat zu einem späteren Termin oder innerhalb einer vereinbarten Frist zu erfolgen. Der Vertragstext lautet z. B. „ ... Lieferung innerhalb 10 Arbeitstage nach Auftragseingang ...“.

Zweckkauf

„ ... zur CEBIT benötigen wir zwei Tage vor Ausstellungsbeginn ...“. Damit ist im Vertrag durch die ausdrückliche Angabe des Verwendungszwecks der bestellten Ware der Liefertermin indirekt festgelegt.

Oft werden auch im Vertrag bereits Konventionalstrafen vereinbart. Das sind festgelegte Zahlungen für die Nichteinhaltung von Vertragsbestandteilen.

Annahmeverzug

Erfolgt die Lieferung vertragsgemäß, muss sie der Käufer annehmen. Tut er das nicht, so gerät er in Annahmeverzug.

Wie und wo der Käufer die Ware und das Transportrisiko übernehmen muss, ist gesetzlich bzw. durch den Kaufvertrag geregelt (**Bild 1, folgende Seite**). Im grenzüberschreitenden Handel verwendet man zur Regelung der Lieferungsmodalitäten üblicherweise die International Commercial Terms (INCOTERMS, **Tabelle 1**).

> 22. Febr. 20xx
>
> Lieferungsverzug der Bestellung Nr. 23 839 vom 4. 1. 20xx
>
> Sehr geehrter Herr Meinhard,
>
> mit der Auftragsbestätigung vom 8. 1. 20xx haben Sie uns die Lieferung zum obigen Auftrag für Mitte Februar zugesagt.
>
> Da wir die bestellten Festplatten dringend für einen Kundenauftrag benötigen, setzen wir Ihnen eine Nachfrist.
> Sollte die Lieferung nicht bis zum 26. Februar 20xx bei uns eingetroffen sein, werden wir uns anderweitig eindecken und behalten uns Schadensersatzforderungen ausdrücklich vor.

Bild 1: Lieferungsverzug

Tabelle 1: INCOTERMS	
E-Klauseln: Abholklausel	
EXW	ex works = ab Werk
F-Klauseln: Haupttransport vom Verkäufer bezahlt	
FCA	free carrier = frei Frachtführer
FAS	free alongside ship = frei Längsseite Schiff
FOB	free on board = frei an Bord
C-Klauseln: Haupttransport vom Verkäufer bezahlt (ohne Risiko für Verlust und Beschädigung)	
CFR	cost and freight = Kosten und Fracht
CIF	cost, insurance and freight = Kosten, Versicherung und Fracht.
CPT	carriage paid = Fracht
CIP	carriage and insurance paid to = Fracht und Versicherung.
D-Klauseln: Ankunftsklauseln	
DAF	delivered at frontier = Lieferung an Grenze
DES	delivered ex ship = Lieferung zum Bestimmungshafen inkl. Dokumente und Meldung.
DEQ	delivered ex quay = Lieferung bis zum Kai, inkl. Einfuhrabfertigung.
DDU	delivered duty unpaid = Lieferung bis zum Einfuhrland, ohne Einfuhrabfertigung, Zoll.
DDP	delivered duty paid = Lieferung mit Einfuhrabfertigung.

Die Akzeptanz der INCOTERMS ist weltweit sehr hoch, weil durch Bezug auf eine der 13 INCOTERMS-Klauseln auf sehr einfache Art und Weise die Bedingungen und Regeln für die Durchführung des Transportes geregelt werden.

Die INCOTERMS regeln verbindlich, welche Pflichten und Kosten der Exporteur übernehmen muss und wer für die Geschäftsabwicklungen, z. B. Zollerklärungen, verantwortlich ist.

Fragen der Zahlungsabwicklung, des Gerichtsstandes, der Eigentumsübertragung usw. sind nicht Inhalt der INCOTERMS. Sie müssen vertraglich zusätzlich geregelt werden.

Zahlungsverzug

Mit den Zahlungsbedingungen wird zum einen festgelegt, in welcher Art und Weise die Zahlung zu erfolgen hat (bar, bargeldlos, in einem Betrag, in Raten) und zum anderen, zu welchem Zeitpunkt die Zahlung zu erfolgen hat (**Bild 2**).

Bei unsicheren Kunden und wenn große Summen vorfinanziert werden müssen, verlangt man oft Vorauszahlung. Die Zahlung bei Lieferung ist vor allem noch im Einzelhandel üblich.

Die Bezahlung nach der Lieferung ist heute bei vielen unbaren Zahlungen üblich. Sie setzt die Kreditwürdigkeit des Kunden und die Finanzierungsfähigkeit des Verkäufers voraus. Oft werden solche Lieferungen mit einem Eigentumsvorbehalt („ ... bleibt bis zur vollständigen Bezahlung unser Eigentum ...") geliefert.

Bei Zahlungsverzug kann der Gläubiger neben einem sonstigen Schaden auch Verzugszinsen geltend machen. Die Höhe der maximalen Verzugszinsen wird nach § 288 BGB. über den Basiszinssatz der EU-Zentralbank bestimmt. Er liegt für Verträge mit Endverbrauchern 5% über dem Basiszinssatz und für alle anderen Fälle 8 % über dem Basiszinssatz.

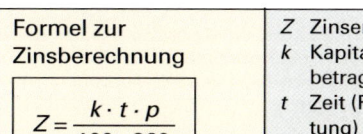

Formel zur Zinsberechnung

$$Z = \frac{k \cdot t \cdot p}{100 \cdot 360}$$

Z Zinsen in €
k Kapital (Rechnungsbetrag) in €
t Zeit (Fristüberschreitung) in Tagen
p Zinssatz in %

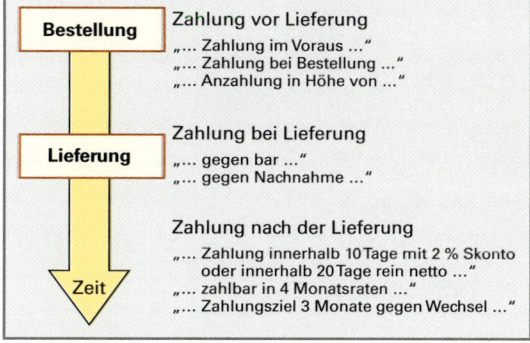

Bestellung

Zahlung vor Lieferung
„... Zahlung im Voraus ..."
„... Zahlung bei Bestellung ..."
„... Anzahlung in Höhe von ..."

Lieferung

Zahlung bei Lieferung
„... gegen bar ..."
„... gegen Nachnahme ..."

Zahlung nach der Lieferung
„... Zahlung innerhalb 10 Tage mit 2 % Skonto oder innerhalb 20 Tage rein netto ..."
„... zahlbar in 4 Monatsraten ..."
„... Zahlungsziel 3 Monate gegen Wechsel ..."

Zeit

Bild 2: Zahlungsbedingungen

Banken und Kaufleute gehen für Zinsrechnungen immer von 30 Zinstagen im Monat bzw. 360 Zinstagen im Jahr aus.

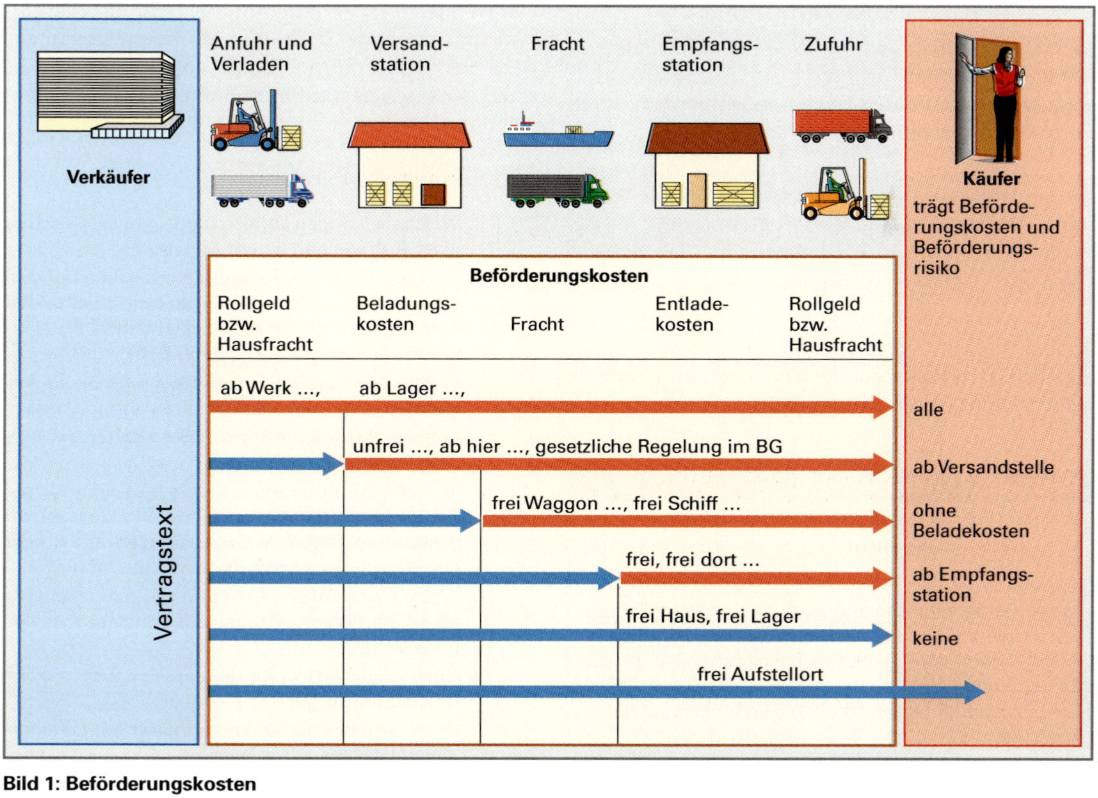

Verkäufer | Anfuhr und Verladen | Versandstation | Fracht | Empfangsstation | Zufuhr | Käufer

Käufer trägt Beförderungskosten und Beförderungsrisiko

Beförderungskosten

Rollgeld bzw. Hausfracht	Beladungskosten	Fracht	Entladekosten	Rollgeld bzw. Hausfracht	
ab Werk ...,	ab Lager ...,				alle
	unfrei ..., ab hier ..., gesetzliche Regelung im BG				ab Versandstelle
		frei Waggon ..., frei Schiff ...			ohne Beladekosten
			frei, frei dort ...		ab Empfangsstation
			frei Haus, frei Lager		keine
				frei Aufstellort	

Vertragstext

Bild 1: Beförderungskosten

Beispiel 1: Verzugszinsen berechnen

Versehentlich wurde eine Rechnung der Firma netguard über 12.400 € mit Fälligkeit 10. Februar nicht vertragsgemäß bezahlt.

Am 12. April erhält e-education eine Mahnung, die außer dem Rechnungsbetrag Verzugszinsen in Höhe von 21,36 € enthält. In den AGB von netguard werden die Verzugszinsen mit 6 % festgelegt. Sind die Verzugszinsen berechtigt?

Lösung:
Zeitberechnung

Februar: 10. Febr. bis Monatsende	20 Tage
März:	30 Tage
April: 1. Apr.-12. Apr.	12 Tage
	62 Tage

Zinsberechnung

$$z = \frac{k \cdot t \cdot p}{100 \cdot 360} \, € = \frac{12.400 \, € \cdot 62 \cdot 6}{100 \cdot 360} \, € = 21{,}36 \, €$$

Die Verzugszinsen sind berechtigt.

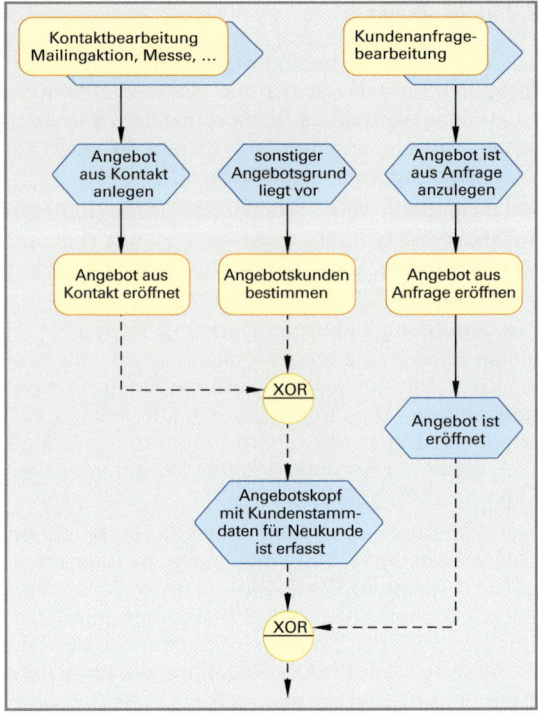

Bild 1: EPK Kundenangebotsbearbeitung (Ausschnitt)

11.3.4 Produkthaftung

Mit dem Produkthaftungsgesetz (ProdHaftG) werden Hersteller auch für Schäden haftbar gemacht, die durch Fehler des Produktes an Personen und Sachen verursacht werden.

Neben dem eigentlichen Hersteller haften auch alle, die das Produkt in den Verkehr bringen, wenn sie nicht innerhalb von vier Wochen den wirklichen Hersteller nennen können. Die Produkthaftung kann weder durch AGB-Bestimmungen noch durch Vertrag ausgeschlossen werden.

> Produkthaftung bedeutet für Hersteller und auch Händler, dass sie für Schäden haften müssen, die durch Fehler des Produktes an Personen und Sachen verursacht werden.

Ausgeschlossen von der Haftung sind nur Fehler, die nach dem Stand der Wissenschaft und Technik nicht erkannt werden konnten.

Beispiel 2: Produkthaftung

Welche Hinweise muss die Bedienungsanleitung eines Laserpointers haben?

Lösung:
In der Bedienungsanleitung von Laserpointern muss der Verwendungszweck beschrieben sein. Aus Sicherheitsgründen wird zusätzlich beschrieben, wozu der Laserpointer nicht benutzt werden darf. Seine Strahlungsleistung muss angegeben sein und ist auf einen nach dem Stand der Wissenschaft ungefährlichen Wert von < 1 mW beschränkt.

Der Hersteller ist verpflichtet, Bedienungsanleitungen und sonstige Darbietungen so zu gestalten, dass der Verwendungszweck deutlich ist und er muss auch vorhersehbaren Fehlgebrauch berücksichtigen.

K   Kompetenzorientierung

1. **Welche wichtigen Unterschiede gibt es zwischen einer Anfrage und einem Angebot?**
2. **Erstellen Sie einen Serienbrief mit einem Sonderangebot für einen in beschränkten Stückzahlen vorhandenen PC an eine ausgewählte Kundengruppe aus einer Kundendatenbank.**
3. **Welche besonderen Vorschriften müssen bei Angeboten im e-Commerce berücksichtigt werden?**
4. **Welche besonderen Vorschriften gelten bei Verbrauchsgüterkaufverträgen?**
5. **In einem Unternehmen verwendet man für die Kundenangebotsbearbeitung die Prozessablaufdarstellung Bild 1. Welche Auswertungen sind damit bzgl. der Angebotsverfolgung möglich?**
6. **Welche wesentliche Unterschiede bestehen zwischen dem Werkvertragsrecht und dem Kaufvertragsrecht?**
7. **Nennen Sie Artikel für die das Fernabsatzwiderrufsrecht nicht gilt.**
8. **Unter welchen Bedingungen gerät ein Lieferant ohne Nachfrist in Verzug und es können sekundäre Rechtsbehelfe angewendet werden?**

11.4 Beschaffung von Fremd-leistungen

11.4.1 Einordnung der Beschaffung in die betriebliche Wertschöpfung

Die Beschaffung ist der erste Teilprozess betrieblicher Wertschöpfung (**Bild 1**). Ziel der Beschaffung ist die Bereitstellung von Mitteln, die der Betrieb zur Realisierung seiner Ziele benötigt.

Arbeitskräfte, Betriebsmittel (z. B. Maschinen, Anlagen, Werkzeuge, Rohstoffe, Halbfertigwaren), Dienstleistungen (z. B. Beratungen, Patente, Versicherungen) und Kapital sind Voraussetzung betrieblicher Wertschöpfung. Sie müssen

- zur richtigen Zeit,
- in der richtigen Menge,
- am richtigen Ort,
- in der richtigen Art, Qualität und Weise sowie
- zu richtigen Kosten bereitgestellt werden (**Bild 2**).

> Ziel der Beschaffung ist die optimierte Sicherstellung der Produktionsfähigkeit und Lieferfähigkeit.

Beispiel Materialbeschaffung

Die Materialwirtschaft lässt sich in die vier Teilbereiche Disposition, Einkauf, Lagerwesen und Logistik einteilen (Bild 1). Software, die diese Bereiche abdeckt, nennt man Warenwirtschaftssysteme.

Als strategische Grundsatzentscheidung muss im Unternehmen entschieden werden, welche Vor- und Nachteile der Lagerhaltung Vorrang bekommen (**Tabelle 1**). Viele Unternehmen im Produktionsbereich und im Handel arbeiten heute bei kostenintensiven Teilen z. B. nach dem „Just-in-Time"-Prinzip. Sie minimieren ihr Lagerrisiko und ihre Lagerkosten durch weitgehenden Verzicht auf eigene Lagerhaltung und versuchen, durch entsprechende Vertragsgestaltung und Lieferantenauswahl, das entstehende Produktions- und Lieferrisiko klein zu halten.

11.4.2 Beschaffung

11.4.2.1 Mengenplanung

Die Bedarfsermittlung kann grundsätzlich verbrauchsorientiert oder produktions-absatzorientiert erfolgen.

Die verbrauchsorientierte Bedarfsplanung ermittelt den zukünftigen Bedarf nach bisherigen Erfahrungswerten. Sie wird z. B. angewendet, wenn der Zeitpunkt des Bedarfs nicht genau vorherbestimmbar ist, wie bei z. B. Ladengeschäften und Reparaturteilen, oder es sich um Waren mit geringem Wert handelt.

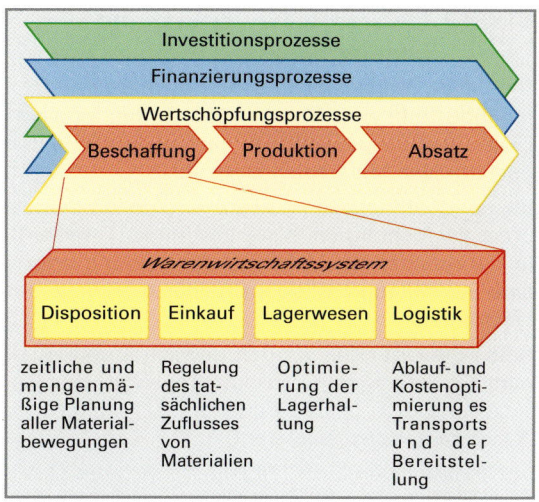

Bild 1: Einordnung der Beschaffung in die betrieblichen Prozesse

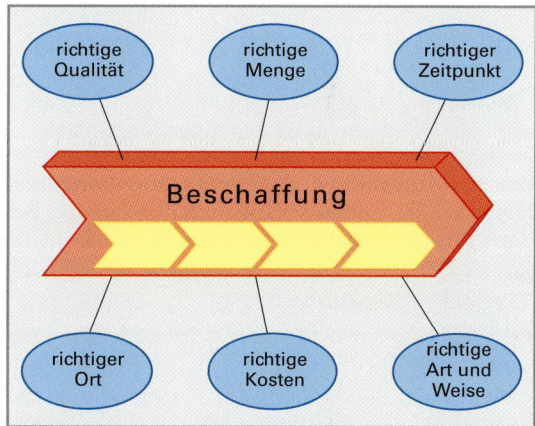

Bild 2: Ziele der Materialbeschaffung

Tabelle 1: Vor- und Nachteile der Lagerhaltung	
Vorteil großer Lager(-bestände)	Vorteil kleiner (keiner) Lager(-bestände)
• Lieferschwierigkeiten, Fehllieferungen, unerwartete Nachfrageschübe z. B. können leicht ausgeglichen werden, • störungsfreier Betriebsablauf, Lieferbereitschaft, • spekulative Ausnutzung von Preis- und Wechselkursschwankungen.	• Keine bzw. niedrige Kapitalbindung, • kein Lagerrisiko (durch techn. Fortschritt, Mode-, Modelländerung, Preisschwankungen, Mengenrisiko) • geringere Kosten für Lagereinrichtungen, Lagerverwaltung und Lagervorräte.

Bei der produktions- und absatzorientierten Bedarfsermittlung liegen bereits Aufträge vor. Der konkrete Bedarf wird dann z. B. anhand von Stücklisten und Konstruktionszeichnungen ermittelt.

11.4.2.2 Lieferantenbewertung und Lieferantenauswahl

Die Lieferantenauswahl erfolgt in mehreren Stufen (**Bild 1**). In einer Vorauswahl werden mögliche Lieferanten ausgewählt und nach qualitativen und quantitativen Merkmalen bewertet.

Bei der quantitativen Auswahl wird der Einstandspreis der benötigten Ware bestimmt (**Tabelle 1**). In der qualitativen Lieferantenbeurteilung erfolgt eine Beurteilung wichtiger Qualitätsmerkmale des Lieferanten.

Beide Bewertungen werden gewichtet und zu einem Gesamtergebnis zusammengefügt. Der Lieferant mit dem besten Bewertungsergebnis wird A-Lieferant (Vorzugslieferant).

Im Angebotsvergleich (Tabelle 1) wird die Qualität mit dem Gewichtungsfaktor 5 gegenüber dem Einstandspreis sehr stark gewichtet, da der Ausfall und der Austausch der Speichermodule in der beabsichtigten Anwendung hohe Folgekosten verursacht.

> Die Lieferantenauswahl erfolgt nach gewichteten quantitativen und qualitativen Merkmalen.

Welcher Aufwand bei der Lieferantenauswahl angemessen ist, richtet sich nach der Bedeutung der Ware für das Gesamtergebnis des Betriebs.

11.4.2.3 ABC-Analyse

Als Werkzeug zur Bestimmung der Bedeutung bestimmter Probleme setzt man in der Betriebswirtschaft häufig die ABC-Analyse ein. Auf die Lagerhaltung angewendet untersucht die ABC-Analyse z. B. den Zusammenhang zwischen Umsatzmengenanteil und Umsatzwertanteil einer Ware am Gesamtumsatz.

> Die ABC-Analyse ist ein Werkzeug der Betriebswirtschaft, um Rangfolgen zur Bedeutung bestimmter Probleme zu ermitteln.

Es ist für die meisten Betriebe typisch, dass eine geringe Anzahl von Warenarten einen Großteil des wertmäßigen Warenumsatzes ausmachen. Diese so genannten A-Artikel rechtfertigen einen großen Aufwand bei der Beschaffung durch regelmäßige Beschaffungsanalysen, genaue Lagerbestandskontrollen und Entnahmeüberwachungen und Sichern der Verfügbarkeit durch langfristige Lieferverträge.

C-Artikel haben nur unbedeutende Wertanteile am Umsatz, sind für die Produktion aber nötig oder müssen aus Marktgründen im Sortiment sein. Man versucht daher, den Beschaffungsaufwand und den Lagerhaltungsaufwand möglichst gering zu halten.

> **ABC-Analyse** = Methode zur Bestimmung der Bedeutung bestimmter Aufgaben, Personen oder Probleme.

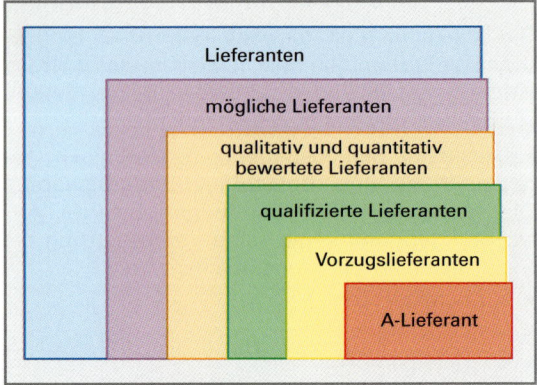

Bild 1: Lieferantenauswahl

Tabelle 1: Angebotsvergleich				
Artikel: Speichermodule	**Artikel-Nr.** 242306	**Datum:** 16.03.	**Bearbeiter:** Rippler	
Quantitativ				
Lieferer	ABC Trad.	PC-Spezi	Huber GbR	Alfred EDV
Angebot vom:	12.03.	12.03.	14.03.	15.03.
Anfragemenge:	100	100	100	100
Listenverkaufspreis:	121,00 €	112,00 €	90,00 €	150,00 €
./. Rabatt	0 %	12 %	0 %	5 %
Zieleinkaufspreis	121,00 €	98,56 €	90,00 €	142,50 €
./. Liefererskonto	2 %	4 %	0 %	3 %
Bareinkaufspreis	118,56 €	94,62 €	90,00 €	138,23 €
+Verpackungskosten	10,00 €	15,00 €	34,00 €	12,00 €
+Transport	7,00 €	7,00 €	12,00 €	5,00 €
Einstandspreis	135,58 €	116,62 €	136,00 €	155,23 €
Rangfolge	2	1	3	4
Qualitativ keine Mängel = 1 extreme Mängel = 10				
Liefertreue	2	2	3	2
Qualität	1	2	1	2
Termintreue	1	3	2	2
Reklamationshandling	2	3	2	2
Sondermengen	2	3	2	1
Kompetenz	1	2	1	2
Support	1	2	2	2
Abrechnung	2	2	2	2
Durchschnitt:	1,50	2,38	1,88	1,88
Rang Preis (1x)	2	1	3	4
Qualität: (5x)	7,50	11,88	9,38	9,38
Gesamturteil:	**3,38**	3,72	4,59	5,34

Da aber auch fehlende C-Artikel eine Produktion verhindern können, muss auch hier der Bestand überwacht werden. B-Artikel bilden den fließenden Übergang zwischen den Artikelgruppen. Die Grenzen für A-, B- und C-Artikel werden betriebsspezifisch festgelegt (**Tabelle 1 und Bild 1, folgende Seite**), üblicherweise haben A-Artikel einen Wertanteil zwischen 70 % und 90 %.

11.4.2.4 XYZ-Analyse

Es gibt auch Artikel im Sortiment, bei denen eine ABC-Analyse für verschiedene Zeiträume durch stark schwankende Absatzzahlen zu völlig unterschiedlichen Ergebnissen führen würde. Aus diesem Grund ist es sinnvoll, auch die Veränderungen des Absatzes bestimmter Güter in Abhängigkeit von der Zeit zu untersuchen. Diese Analyse nennt man XYZ-Analyse **(Bild 2)**.

X-Artikel:
Der Absatz unterliegt nur geringen Schwankungen im Jahresdurchschnitt und der Bedarf ist gut kalkulierbar.

Y-Artikel:
Diese Artikel haben starke Schwankungen in den Absatzmengen.

Z-Artikel:
Z-Artikel unterliegen extremen Schwankungen. Soweit offensichtliche Gründe für die Schwankungen vorliegen, z. B. bei Saisonware, kann das Bestellverfahren angepasst werden, ansonsten ist der Bedarf sehr schwierig einzuschätzen.

11.4.2.5 Bestellverfahren

Übliche Bestellverfahren sind das Bestellpunktverfahren und das Bestellrhythmusverfahren.

Beim Bestellpunktverfahren wird beim Erreichen des Meldebestandes bestellt **(Bild 1, folgende Seite)**.

Der Meldebestand ist so gewählt, dass bei normalen Verbrauchsmengen das Lager bis zum regulären Lieferzeitpunkt bis auf den eisernen Bestand abnimmt.

> Der Meldebestand bestimmt beim Bestellpunktverfahren den Bestellzeitpunkt.

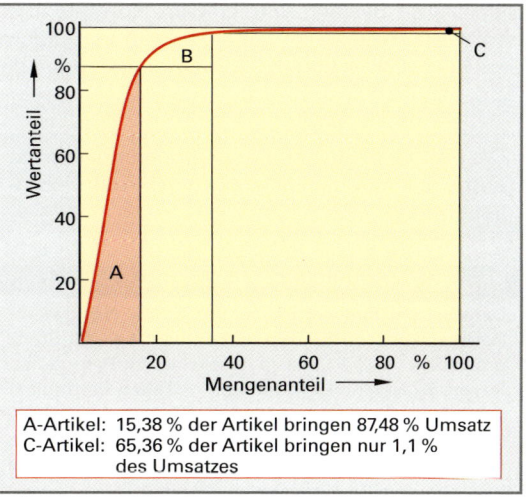

A-Artikel: 15,38 % der Artikel bringen 87,48 % Umsatz
C-Artikel: 65,36 % der Artikel bringen nur 1,1 %
des Umsatzes

Bild 1: ABC-Analyse

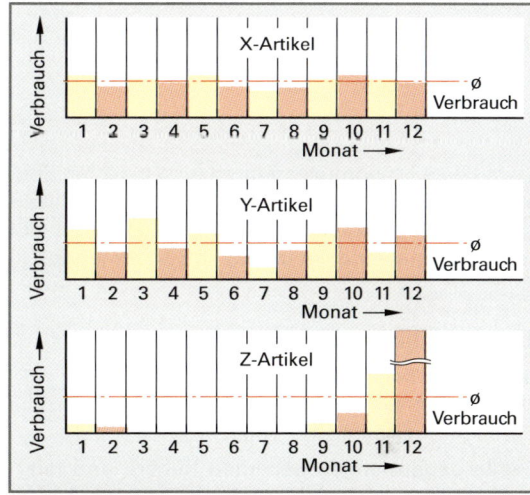

Bild 2: XYZ-Analyse

Tabelle 1: ABC-Analyse							
Material	Verbrauchs-menge	Verbrauchs-mengen-anteil in %	EK-Preis in €	Verbrauchs-wert in €	Verbrauchs-wert in %	Σ Verbrauchs-wert in %	ABC-Klasse
Prozessoren	750	6,42	320,00	240 000	57,65	57,65	A
Motherboard	500	4,28	162,00	81 000	19,46	77,10	A
Speicherbaugruppen	600	5,13	72,00	43 200	10,38	87,48	A
Netzwerkkarte	900	7,70	30,00	27 000	6,49	93,96	B
Gehäuse	500	4,28	25,00	12 500	3,00	96,96	B
PC-Maus	800	6,84	10,00	8 000	1,92	98,89	C
CD-R	4000	34,22	0,80	3 200	0,77	99,65	C
Druckerkabel	100	0,86	6,00	600	0,14	99,80	C
3,5" Disk	2500	21,39	0,20	500	0,12	99,92	C
Wechselrahmen	40	0,34	8,00	320	0,08	100,00	C
Schrauben	1000	8,55	0.02	20	0,00	100,00	C
Summe	11690			416 340			

Der eiserne Bestand verbleibt im Normalbetrieb immer als Reserve im Lager. Er soll verhindern, dass bei Fehllieferungen und Falschlieferungen der Betriebsablauf gestört wird.

> Der eiserne Bestand garantiert den ungestörten Betriebsablauf bei Fehllieferungen und Falschlieferungen.

Beispiel 1: Bestellpunktverfahren

Der Durchschnittsverbrauch der Firma Netcom an Netzwerkkarten (NIC) Typ 45 654 liegt bei 10 Stück pro Woche, also 2 Stück je Arbeitstag. Im Rahmenliefervertrag ist eine Lieferzeit von 2 Tagen vertraglich vereinbart. Der eiserne Bestand soll für 3 Arbeitstage ausreichen.
a) Bestimmen Sie den eisernen Bestand.
b) Bestimmen Sie den Meldebestand.
c) Bestimmen Sie die Bestellmenge.
d) Stellen Sie die Ergebnisse zeitabhängig grafisch dar.

Lösung:
a) $LB_e = t_e \cdot V_\phi = 3$ Tage $\cdot$ 2 NIC/Tag = **6 NIC**
b) $LB_M = LB_e + t_L \cdot V_\phi = (6 + 2 \cdot 2)$ NIC = **10 NIC**
c) $m_B = L_{BH} - L_{BE} = 20 - 6 =$ **14**
d) **Bild 1**

Beim Bestellrhythmusverfahren wird in festen Zeitabständen, z. B. immer montags, bestellt. Bestellpunktverfahren und Bestellrhythmusverfahren gibt es jeweils mit variabler und fixer Bestellmenge.

11.4.2.6 Optimale Bestellmenge

Bei laufend benötigten Teilen ist zu überlegen, welche Stückzahlen bestellt werden sollen, damit die Beschaffungskosten minimiert werden.

Große Lagermengen bedeuten höhere und langfristigere Kapitalbindung und höhere Lagerkosten als kleine Lager. Kleine Lager verursachen häufige, oft kostenintensive Bestellvorgänge.

Beispiel 2: Optimale Bestellmenge

Die Firma Netcom hat einen Gesamtjahresbedarf an Netzwerkkarten Typ 45 654 von 520 Stück mit einem Einstandspreis von 87 €, die Bestellkosten je Bestellung im Rahmenliefervertrag betragen 40 €, der durchschnittlicher Lagerbestand ist 50 % der Bestellmenge, als Lagerkosten werden 12 % des Lagerwertes angenommen. Bestimmen Sie die optimale Bestellmenge.

Lösung: **Tabelle 1 und Bild 2**

Aus dem Diagramm ist auch zu erkennen, dass sich die Gesamtkosten bei Bestellmengen zwischen 30 und 70 Stück nur unwesentlich ändern. Da bei Netzwerkkarten eher mit sinkenden Preisen

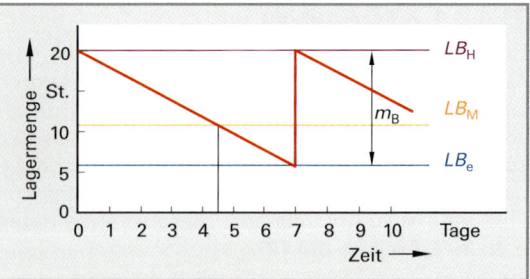

Bild 1: Bestellpunktverfahren

$$LB_e = t_e \cdot V_\phi \qquad LB_M = LB_e + t_L \cdot V_\phi$$

$$K_{LG} = K_B + K_L \qquad m_B = LB_H - LB_E$$

LB_e	eiserner Lagerbestand in Stück
LB_M	Lager-Meldestand in Stück
LB_H	Lager-Höchstbestand in Stück
V_ϕ	Durchschnittsverbrauch in Stück pro Tag
t_e	Reichweite des eisernen Bestandes in Tagen
t_L	Lieferzeit in Tagen
K_{LG}	Gesamtkosten Lager
K_B	Bestellkosten
K_L	Lagerkosten
m_B	Bestellmenge

Tabelle 1: Optimale Bestellmenge

Anzahl der Bestellungen	Bestellmenge	Einstandspreis in €	Bestellkosten K_B in €	Durchschnittl. Lagerbestand	Lagerwert in €	Lagerkosten K_L in €	Gesamtkosten K_{LG} in €
52	10	87	1040	5	435	52,2	1092
26	20	87	520	10	870	104	624,4
13	40	87	260	20	1740	209	**468,8**
10	52	87	200	26	2262	271	471,4
5	104	87	100	52	4524	543	642,9
2	260	87	40	130	11310	1357	1397
1	520	87	20	260	22620	2714	2734

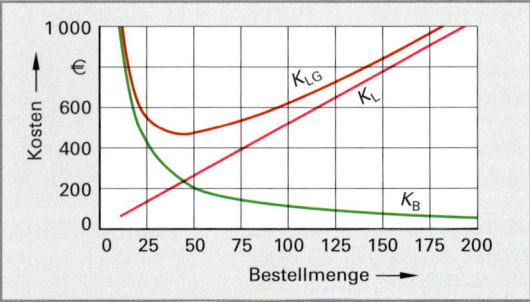

Bild 2: Optimale Bestellmenge

zu rechnen ist, wird man sich vorzugsweise an der unteren Bestellmenge orientieren.

11.4.2.7 Eigenfertigung oder Fremdbezug (Make or buy)

Unter Berücksichtigung aller Faktoren des Beschaffungsvorgangs wie Preis, Qualität, Flexibilität und betriebsinterner Bedingungsfaktoren wie Kernkompetenzen und Beschäftigungsgrad wird entschieden, ob Produkte und Leistungen eingekauft werden oder ob man selbst produziert.

Beispiel 1: Kostenvergleich

Ein Unternehmen benötigt jährlich 40 000 vorkonfektionierte Anschlussleitungen für Schaltnetzteile.
Ein bewerteter Lieferant bietet die Anschlussleitungen schließlich zu einem Einstandspreis von 1,67 €/Stk an.
Betriebsintern wurden für eine Eigenproduktion Fixkosten (feste Kosten) von 25.000 € pro Jahr und variable Kosten (mengenabhängige Kosten) von 0,95 €/Stk ermittelt.
Erstellen Sie
a) eine Kostenvergleichstabelle und
b) stellen Sie den Kostenvergleich grafisch dar.

Lösung:
Trägt man für verschiedene Stückzahlen die Werte in die Formeln ein, erhält man a) **Tabelle 1**. b) Die grafische Auswertung zeigt **Bild 1**.

11.4.2.8 Ökologische Gesichtspunkte der Beschaffung

Die Bestimmung der optimalen Bestellmenge und Make-or-buy-Entscheidungen sind rein betriebswirtschaftliche Kennzahlen. Sie berücksichtigen also nur Kosten, die der Betrieb zu tragen hat.

Wenn z. B. durch die Just-in-time-Zulieferung die eigene Lagerhaltung optimiert und das Lager auf die Straße verlegt wird, stimmen zwar die kurzfristigen betriebswirtschaftlichen Kennzahlen, ökologisch gesehen entstehen jedoch nicht kalkulierte Kosten und Probleme. Die durch vermehrte Straßenstaus, Straßenabnutzung und Transportkilometer hervorgerufenen Umweltschäden werden nicht direkt den Verursachern aufgerechnet, sondern nach verschiedenen Gesetzen und Methoden im Wesentlichen der Allgemeinheit aufgebürdet.

Auch die Verpackungen der transportierten Waren werden zunehmend ein Kosten- und Umweltproblem. Deshalb verwenden Unternehmen zunehmend recyclingfähige Verpackungsmaterialien und Mehrwegverpackungen (**Bild 2**).

Durch die Kennzeichnung und Sortierung der verwendeten Werkstoffe können Unternehmen neben ökologischen Verdiensten echte Kosteneinsparungen und Marketingerfolge erzielen.

> **!** Bei der Beschaffung müssen auch ökologische Gesichtspunkte berücksichtigt werden.

Tabelle 1: Make or buy

Stück-zahl	Kosten für Fremdbezug in €		Kosten für Eigenfertigung in €			
	je Stk.	gesamt	Fix-kosten	var. Stück-kosten	Gesamt-kosten	Stück-kosten
5000	1,67	8350	25000	0,95	29750	5,95
10000	1,67	16700	25000	0,95	34500	3,45
15000	1,67	25050	25000	0,95	39250	2,62
20000	1,67	33400	25000	0,95	44000	2,20
25000	1,67	41750	25000	0,95	48750	1,95
30000	1,67	50100	25000	0,95	53500	1,78
35000	**1,67**	**58450**	**25000**	**0,95**	**58250**	**1,66**
40000	1,67	66800	25000	0,95	63000	1,58
45000	1,67	75150	25000	0,95	67750	1,51

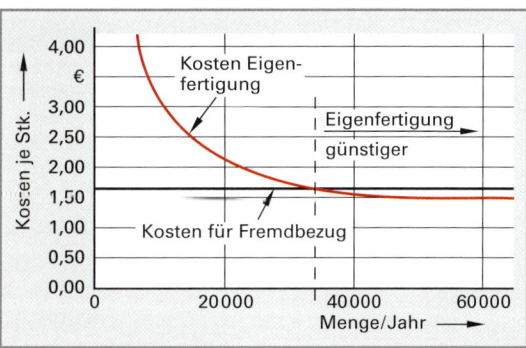

Bild 1: Kostenvergleich

$$EP \cdot m_k = K_f + m_k \cdot k_v \qquad m_k = \frac{K_f}{EP - k_v}$$

EP Einstandspreis; K_f gesamte Fixkosten
m_k kritische Menge; k_v variable Kosten je Stück

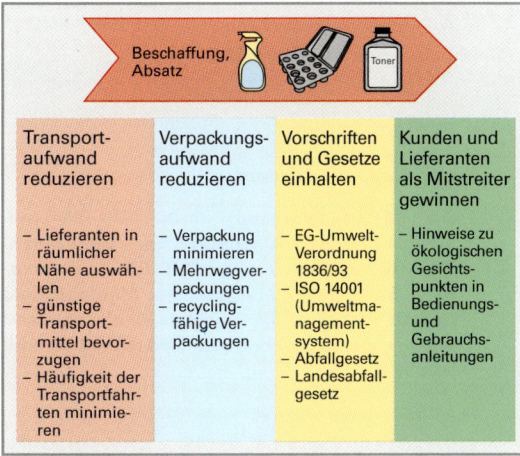

Bild 2: Ökologische Gesichtspunkte der Beschaffung

11.4.2.9 Lagerkennziffern

Zur Beurteilung der Lagerhaltung gibt es eine Vielzahl von Lagerkennziffern. Durch den Vergleich der Lagerkennziffern mit vergleichbaren Unternehmen bekommt man Ansatzpunkte für eine optimierte Lagerhaltung und gewinnt Erkenntnisse für eine genauere Kalkulation.

Lagerkennziffern sind z. B. der durchschnittliche Lagerbestand, die Umschlagshäufigkeit und die durchschnittliche Lagerdauer.

Aus diesen Lagerkennzahlen können Größen für die Kalkulation abgeleitet werden.

Mit dem Lagerzinssatz kann z. B. berechnet werden, welche Zinsen einer Ware bei durchschnittlicher Lagerdauer zugerechnet werden müssen.

Beispiel 1: Lagerzins berechnen

Für die Lagerhaltung an Controllern, Einstandspreis 52,00 €, sind die Lagerkennzahlen durchschnittlicher Lagerbestand, Umschlagshäufigkeit, durchschnittliche Lagerdauer und der Lagerzinssatz je Karte zu bestimmen **Tabelle 1**. Es ist von einem kalkulatorischen Lagerzinssatz von 10 % auszugehen.

Wieviel Lagerzinsen sollten für eine genaue Kostenkalkulation jedem Controller zugerechnet werden?

Lösung:

$$LB_\phi = \frac{LB_A + \Sigma LB_{Ei}}{n+1} = \frac{12 + 266}{13} = \textbf{21,4} \text{ [Stück]}$$

$$LUH = \frac{GV}{LB_\phi} = \frac{174}{21,4} = \textbf{8,1}$$

$$LD_\phi = \frac{360}{LUH} = \frac{360}{8,1} \approx \textbf{44} \text{ [Tage]}$$

$$Z_L = \frac{Z_K}{LUH} = \frac{10\,\%}{8,1} = \textbf{1,2 \%}$$

LZ für eine Karte

$$LZ = EP \cdot Z_L = 52\,€ \cdot 1,2\,\% = \textbf{0,62 €}$$

K   Kompetenzorientierung

1. Die Bestell-Lieferdauer eines DVD-RW-Laufwerkes beträgt 3 Arbeitstage bei einem durchschnittlichen Absatz von 3 DVD-RW-Laufwerke/Arbeitstag. Bestimmen Sie den Meldebestand und die Bestellmenge für einen Mindestbestand von 6 und eine Lagerkapazität (Maximalbestand) von 30.

Lösung:

$$L_{BM} = LB_E + t_L \cdot V_\phi = 6 + 3 \cdot 3 = \textbf{15}$$

$$m_B = LB_H - LB_E = 30 - 6 = \textbf{24}$$

bei jährlicher Erfassung (n=1)

$$LB_\phi = \frac{LB_A + \sum_{i=1}^{n} LB_{Ei}}{n+1}$$

$$LB_\phi = \frac{LB_A + LB_E}{2}$$

$$LUH = \frac{GV}{LB_\phi}$$

$$LD_\phi = \frac{360}{LUH}$$

$$Z_L = \frac{Z_k \cdot LD_\phi}{360} = \frac{Z_k}{LUH}$$

$$LZ = LB_\phi \cdot EP \cdot Z_L$$

EP	Einstandspreis in €
GV	Gesamtverbrauch pro Jahr
K_B	Bestellkosten
K_L	Lagerhaltungskosten
KL_g	Lagergesamtkosten
LB_ϕ	durchschnittlicher Lagerbestand
LB_A	Anfangsbestand
LB_e	eiserner Bestand
LB_{Ei}	Endbestand, z. B. am Monatsende
LD_ϕ	durchschnittliche Lagerdauer in Tagen
LUH	Lagerumschlagshäufigkeit
LZ	Lagerzinsen in €
Z_k	kalkulatorischer Lagerzinssatz
Z_L	Lagerzinsen je Karte in %
$\sum LB_{Ei}$	Summe der Lagerendbestände, bei monatlichen Lagerbestandserfassungen n = 12

Tabelle 1: Auszug aus der elektronischen Lagerkarte

Artikel-Nr.   12 873 45   *PC-Elektronik GbR*
Bezeichnung: Controller   NM UW
Lieferant: Sandok GmbH

Datum	Einstandspreis in €	Zugang (Stück)	Abgang (Stück)	Monatsendbestand (Stück)
Anfangsbestand	52,00			12
31. Jan	52,00	28	20	20
28. Feb	52,00	20	10	30
31. Mrz	52,00	10	0	40
30. Apr	52,00	0	40	0
31. Mai	52,00	35	0	35
30. Jun	52,00	0	24	11
31. Jul	52,00	24	20	15
31. Aug	52,00	20	15	20
30. Sep	52,00	15	15	20
31. Okt	52,00	15	0	35
30. Nov	52,00	0	15	20
31. Dez	52,00	15	15	20
		182	174	
Durchschnittlicher Lagerbestand in Stk.				21,4
Lagerumschlagshäufigkeit in 1 Jahr				8,1
Durchschnittliche Lagerdauer in Tagen				44
Lagerzinssatz in %				1,2
Lagerzinsen pro Netzwerkkarte in €				0,62

11.4.3 Wertschöpfungsketten-management

Im Bereich der Materialwirtschaft sind Zielkonflikte häufig. Beispielsweise bedeutet hohe Verfügbarkeit hohe Lagerkosten und hohe Kapitalbindung.

Versucht man die hohen Lagerkosten durch häufiges Bestellen kleinerer Mengen zu umgehen, so steigen die Bestellkosten und Mengenrabatte gehen verloren.

Durch die sinkende Fertigungstiefe der Unternehmen werden Lieferanten-Kundenbeziehungen immer häufiger und wichtiger.

Die Entwicklungen der modernen Informationstechnologie eröffnen Möglichkeiten zur Optimierung dieses unternehmensübergreifenden, verteilten Wertschöpfungskettenmanagements (Supply Chain Management = SCM). Nur mit EDV-Hilfe ist die komplexe Aufgabe realisierbar, gleichzeitig Produkte, Finanzmittel, Informationen und Prozessabläufe zu überwachen und zu optimieren **(Bild 1)**.

> Im Wertschöpfungskettenmanagement integrieren Unternehmen alle an der Wertschöpfung Beteiligten in einen Regelkreis.

Als Erfolgsrezept für diese Zusammenarbeit entlang der Wertschöpfungskette gilt die Auswahl kompetenter Partner, eine optimierte IT-Unterstützung und ständige Weiterentwicklung der Lieferantenbeziehung. Dies nennt man Reversmarketing (Rückwärtsabsatzpolitik, **Bild 2**).

Wesentliche Einsparungen bzgl. Kosten und Geschwindigkeit der Beschaffung erwartet man auch aus der Weiterentwicklung im Bereich elektronischer Märkte (e-Commerce) und elektronischer Geschäftsabwicklungen (e-Business, **Tabelle 1**). Insbesondere in B2B-Märkte (business to business Märkte) wird aufgrund der hohen Erwartungen viel Geld investiert **(Bild 3)**.

Alle Anbieter betriebswirtschaftlicher Standardsoftware (ERP-Systeme) haben Module für eine Ankopplung an elektronische Märkte. Sie ermöglichen damit die durchgängige Planung, Steuerung und Kontrolle der gesamten Wertschöpfung.

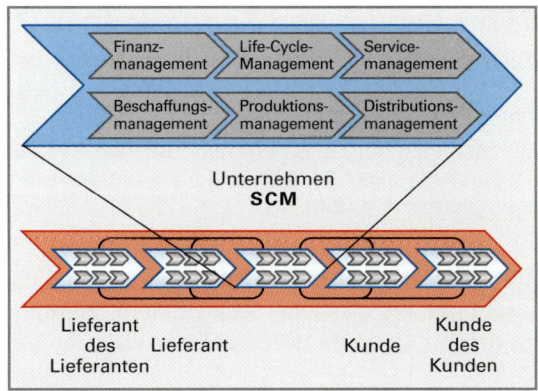

Bild 1: Wertschöpfungskettenmanagement

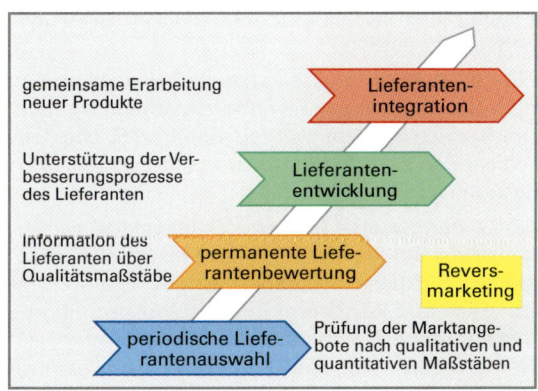

Bild 2: Reversmarketing

Tabelle 1: Marktformen elektronischer Märkte

Vertrags-partner	administration	business	consumer
administration	A2A	B2A	C2A
business	A2B	B2B	C2B
consumer	A2C	B2C	C2C
employee	A2E	B2E	C2E

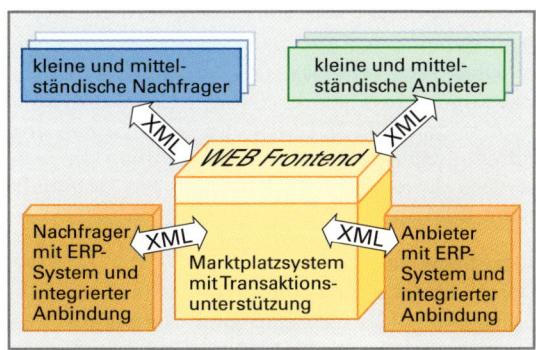

Bild 3: Elektronischer Marktplatz

11.5   Service und Servicelogistik

Service gilt nur bei wenigen Billiganbietern als unerwünschte Nebenleistung, die nur wegen gesetzlicher Verpflichtungen erbracht werden muss.

Die Mehrzahl der Unternehmen nutzt den Service als eigenständiges Produkt und als wichtiges Marketinginstrument **(Bild 1)**.

11.5.1   Service als Produkt

Viele Produkte verlangen eine ständige Wartung im Betrieb. Über die Lebenszeit der Produkte gerechnet sind die Ertragschancen dieser Betreuung oft höher als die Erträge aus dem Verkauf des eigentlichen Produktes. Hersteller versuchen daher, den Nutzer durch Serviceverträge und Servicebetreuung über die Garantiezeit hinaus an das Unternehmen zu binden.

Für den Kunden müssen sich im Einzelfall aus einem Servicevertrag erkennbare Vorteile ergeben. Die Serviceverträge werden daher z. B. mit verschiedenen Leistungsstufen und unterschiedlichen Leistungszeiten angeboten.

Als Leistungsstufen können z. B. Inspektionsverträge (Istzustand feststellen), Wartungsverträge (pflegende Tätigkeiten, z. B. regelmäßiges Reinigen von Druckern und Kopierern) und Instandsetzungsverträge (Erneuern und Ausbessern) abgeschlossen werden. Diese Verträge sind teilweise mit zusätzlichen Versicherungen kombinierbar. Ein Wartungsvertrag kann z. B. mit einer Ausfallsicherung kombiniert werden. Die Ausfallsicherung übernimmt dann Reparaturkosten und eventuelle Ausfallkosten der Anlage, wenn sie trotz fachgerechter und regelmäßiger Wartung ausfällt.

> Service und Servicemitarbeiter sind ein wichtiges Bindeglied zwischen Kunden und Unternehmen.

11.5.2   Service als Marketinginstrument

Servicemitarbeiter sind vor Ort beim Kunden und erhalten zahlreiche wichtige Informationen über den Kunden bzw. können Informationen zum Kunden bringen **(Bild 2)**. Durch ihre Fach-, Sozial- und Kommunikationskompetenz bestimmen sie wesentlich das Image und den Erfolg des Unternehmens **(Bild 3)**.

After-Sales-Service
Durch die Inspektion und Wartung soll der Gebrauchswert der Anlagen und Geräte für den Kunden gewährleistet werden. Dies nennt man After-Sales-Service (= Betreuung nach dem Kauf).

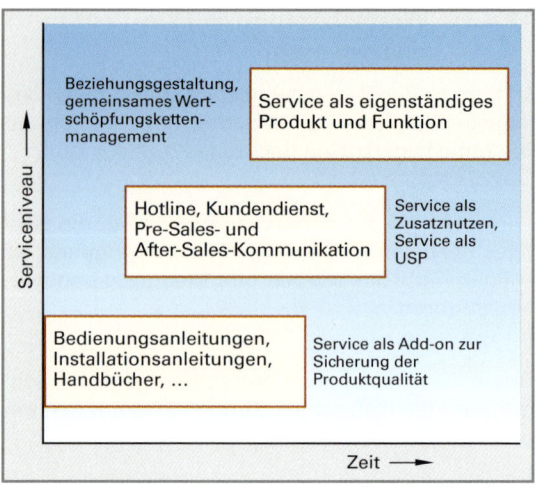

Bild 1: Serviceniveau

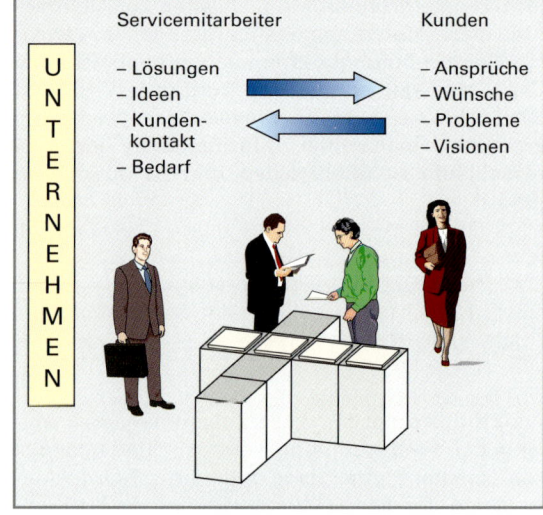

Bild 2: Servicemitarbeiter als Bindeglied zwischen Kunden und Unternehmen

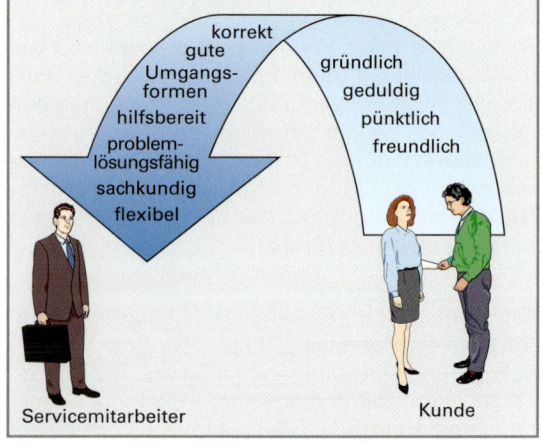

Bild 3: Kundenansprüche an den Servicemitarbeiter

Fällt eine Anlage oder ein Gerät trotzdem aus, reagieren Kunden in der Regel sehr sensibel. Der Service ist zu diesem wichtigen Zeitpunkt der entscheidende technische und psychologische Beistand. Durch eine schnelle, sachkundige und freundliche Reaktion kann er das Image der Firma und des Produktes nachhaltig beeinflussen.

Für die Verbesserung des Service im Sinne der Wartung und Instandsetzung gibt es grundsätzliche Lösungsansätze. Ein Teil der Unternehmen versucht z. B. die Optimierung der Serviceeinsätze. Andere Unternehmen versuchen die Anzahl der Serviceeinsätze zu minimieren, indem sie z. B. Kunden möglichst gut schulen **(Bild 1)**.

Oft kann mit IT-Unterstützung die Qualität des Services durch den Einsatz innovativer Servicemethoden gesteigert werden. Durch rechtzeitiges und regelmäßiges Systemmonitoring lassen sich viele Fehler und notwendige Wartungsarbeiten so rechtzeitig erledigen, dass Betriebsstörungen erst gar nicht auftreten. Computerunterstützte Ferndiagnosen lokalisieren Fehler und können diese beseitigen oder bieten Möglichkeiten, die Fehlerquelle zu umgehen bzw. zu korrigieren.

Ist der Kunde mit der Qualität dieser Serviceleistungen zufrieden, bildet sich im Laufe der Zeit ein Vertrauensverhältnis mit partnerschaftlichen Beziehungen zwischen Lieferant (Servicemitarbeiter) und Kunde **(Bild 2)**.

> Guter Service führt zu erhöhter Produkttreue und Firmentreue.

Pre-Sales-Service

Durch gezielte Informationssammlung kann der Servicemitarbeiter frühzeitig die Bedürfnisse und Probleme des Kunden erkennen und eventuell leiten. Dies nennt man Pre-Sales-Service (Betreuung vor dem Kauf).

Je nach Organisation des Unternehmens kann der Service selbst unaufgefordert Informationen und Lösungsvorschläge bereitstellen oder den Vertrieb entsprechend einbeziehen. Damit wird das Unternehmen Mitbewerbern zuvorkommen und kann durch Kenntnis der Bedingungen frühzeitig Präferenzen (= Bevorzugungen) erzeugen.

Bei Bedarf können auch frühzeitige Kundenschulungen und Finanzierungsangebote die Entscheidungsphase des Kunden begünstigen.

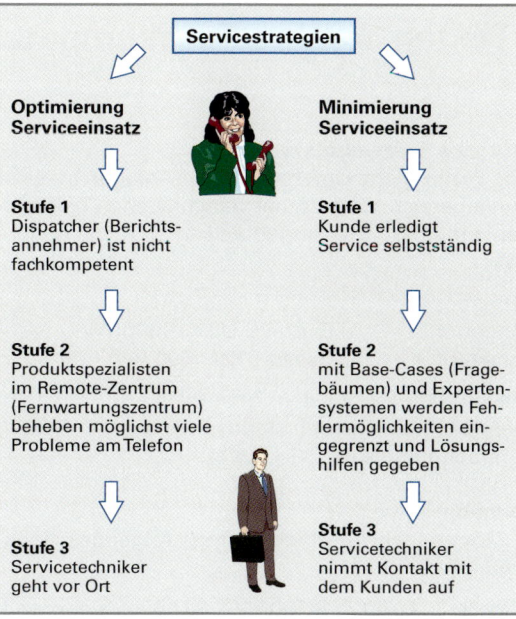

Servicestrategien

Optimierung Serviceeinsatz

Stufe 1
Dispatcher (Berichtsannehmer) ist nicht fachkompetent

Stufe 2
Produktspezialisten im Remote-Zentrum (Fernwartungszentrum) beheben möglichst viele Probleme am Telefon

Stufe 3
Servicetechniker geht vor Ort

Minimierung Serviceeinsatz

Stufe 1
Kunde erledigt Service selbstständig

Stufe 2
mit Base-Cases (Fragebäumen) und Expertensystemen werden Fehlermöglichkeiten eingegrenzt und Lösungshilfen gegeben

Stufe 3
Servicetechniker nimmt Kontakt mit dem Kunden auf

Bild 1: Beispiele für Servicestrategien

Erfolgskritische Kennzahlen für den Servicebereich

- Kundenzufriedenheit (Notenskala)
- Antwortzeiten bei Anfragen
- Antwortzeiten bei Reklamationen
- Wartezeiten bei der Hotline
- Anteil nicht angenommener Anrufe bei der Hotline
- Fehlerquote bei Anfragebeantwortungen
- Durchlaufzeit von Ersatzteilaufträgen
- Anteil erfolgreicher Instandsetzungen/ Störungsbeseitigungen beim Erstversuch
- Termintreue

Bild 2: Erfolgskritische Kennzahlen für den Servicebereich

K   Kompetenzorientierung

1. **Analysieren Sie die Serviceverträge ihres Unternehmens und von Zulieferern. Welche Serviceklassen werden jeweils angeboten?**

2. **Im IT-Service werden sowohl Dienstverträge als auch Werkverträge geschlossen. Informieren Sie sich über den Unterschied beider Vertragsarten und stellen Sie den Unterschied in einem Kurzreferat dar.**

3. **Erläutern Sie die Aussage „Service-Garantien für den Kunden sind bei Dienstleistungen besonders wichtig ...".**

Testen Sie Ihre Fachkompetenz!

Aufgabe 1: Angebotsvergleich

Die Firma Mertz GbR hat 10 USV-Anlagen im Leistungsbereich 1500 VA bei verschiedenen Lieferanten angefragt. Drei Angebote kamen in die engere Wahl:

Angebot 1　　　　APCC S 1500 VA
Angebot 2:　　　　Earton C USV / 1500 VA
Angebot 3:　　　　Sweez 9120 1500 VA

Bestimmen Sie für den (quantitativen) Angebotsvergleich den Nettoeinstandspreis für die 10 USV. Umrechnungskurs 1 € = 1,30 $.

Angebot 1

… können wir für obige Anfrage folgendes Angebot unterbreiten:

Pos 1　　　1 APCC S 1500 VA 847,00 € netto zzgl. geltende USt
Pos 2　　　3 Jahre Bring in Garantie 0,00 €
Pos 3　　　Lieferkosten unabhängig von der Bestellmenge 30,00 € zzgl. geltende USt

Wir gewähren Ihnen den im Rahmenliefervertrag vereinbarten Rabatt von 10 %. Bei Abnahme von 10 Geräten erhalten Sie einen zusätzlichen Mengenrabatt von 3 %.

Angebot 2

… Earton C USV / 1500 VA 845,00 € netto zzgl. geltende USt

Wir gewähren Ihnen eine 2-jährige „Vor Ort" Garantie …

Ihr derzeitiger Wiederverkäuferrabatt beträgt 8 %. Bei Zahlung innerhalb von 14 Tagen erhalten Sie 2 % Skonto.

Offer Nr. 3

… according to your kind request we are happy to offer you the following appliance:

1 Sweez 9120 1500 VA　　　980 $

As agreed on phone this offer includes the V.A.T. applicable in Germany as well as the german terms of guarantee.

The device will be delivered to you by our Partner DHL without extra charge. Upon payment within 20 days you will receive a cash discount of 2 %.

Aufgabe 2: Finanzierung

Die Firma Rolf Gerhard möchte sich als Vertragsservicewerkstatt für Elektrofahrräder ein zweites Standbein schaffen. Dazu ist eine Ausrüstung im Wert von 55.000 € zuzüglich USt erforderlich. Das Finanzamt schreibt eine Nutzungsdauer (Abschreibungszeitraum) von 8 Jahre vor.

Zur Finanzierung liegen zwei Alternativen vor:

A　Finanzierung durch die örtliche Hausbank

Auszahlung　　　　　　　　100 %
Zinssatz　　　　　　　　　　10 %
Laufzeit　　　　　　　　　　5 Jahre
Tilgung in gleichen Jahresraten
Zinszahlung und Tilgung jeweils zum Jahresende.
Darlehen ist am Ende der Laufzeit getilgt.

B　Leasingangebot Byke-Equipment Leasing-GmbH

Monatlicher Leasingbetrag　　998,00 €
Grundmietzeit　　　　　　　　7 Jahre
Am Ende des 7. Jahres muss die Werkstattausrüstung zu 9,6 % des Anschaffungswertes erworben werden.

Beurteilen Sie beide Angebote hinsichtlich Liquidität (Geldabfluss).

Aufgabe 3: Verzugszinsen

Ein Kunde hat trotz Zahlungserinnerung bisher nicht bezahlt und soll wegen Überschreitung des Zahlungsziels angemahnt werden.

Daten der Originalrechnung:
Zahlbetrag 16.200 € brutto,
USt 19%
Rechnungsdatum: 20. März
Bei Zahlung bis 30. März 2% Skonto
Zahlungsziel: 20. April
Aktuelles Datum: 15. Juni

Berechnen Sie die angefallenen Verzugszinsen, die dem Kunden zusätzlich in Rechnung gestellt werden können.

Aufgabe 4: Optimale Bestellmenge

Bestimmen Sie die optimale Bestellmenge für folgende Daten und erstellen Sie ein anschauliches Diagramm.

Gesamtbedarf (Stück/à)	600
Listenpreis	30,00 €
Bestellkosten	80,00 €
Lagerkosten des Ø Lagerwertes	12 %

Aufgabe 5: Eigenfertigung oder Fremdbezug

Für den Vertrieb der Softwareprodukte benötigt das Unternehmen SCMS aktuell 25.000 Datenträger pro Jahr. Die Zahl der Datenträger steigt jährlich um 2000 (**Bild 1**).

a) Lohnt es sich für das Unternehmen eine eigene Fertigung aufzubauen?

b) Erstellen Sie ein aussagekräftiges Diagramm.

Aufgabe 6: Mengenplanung für die Bestellung

a) Erläutern Sie, nach welchen Kriterien man die eiserne Menge festlegt.

b) Welche ökologischen Kriterien sprechen gegen eine Optimierung der Beschaffung nach ökonomischen Grundsätzen?

Daten Eigenfertigung:	
Fixkosten Anlage	20.000 €
Variable Kosten	0,85 €/Stk

Daten Fremdbezug:		
Basispreis zuzüglich		
mengenabhängig €/Stk		500 €
	bis 4999	2,30 €/Stk
	ab 5000	10 % Rabatt
	über 15000	14 % Rabatt

Bild 1: Eigenfertigung oder Fremdbezug

Aufgabe 7: ABC-Analyse

Ein IT-Großhändler hat folgende Daten über den Verkauf von Festplatten und Festplattenzubehör dokumentiert (**Bild 2**).

a) Führen Sie mit einem Tabellenkalkulationsprogramm für die vorliegenden Daten eine ABC-Analyse durch.

b) Stellen Sie den Zusammenhang zwischen Umsatzanteil und Mengenanteil mit einem Pareto-Diagramm grafisch dar.

Definition:

A Artikel = kumuliert bis 75 % Umsatzanteil
B Artikel = kumuliert ab 75 % bis 95 % Umsatzanteil
C Artikel = kumuliert ab 95 % Umsatzanteil

Typ	Bestell-nummer	verkaufte Menge	Verkaufs-preis	Umsatz	Umsatz-anteil	kumulierter Umsatz-anteil	ABC-Klasse	kumulierte Menge	kumulierter Mengen-anteil
HD735	34366	3412	498,00 €						
ST310	34655	2104	296,00 €						
WD1000	34346	1224	442,00 €						
WDH1C	34416	2016	160,00 €						
WDML25	34386	2240	125,00 €						
WD5001	34356	1705	95,00 €						
ST350	34406	1439	90,00 €						
HDP72	34396	42	135,00 €						
HDP70	34426	742	80,00 €						
WD40	34376	661	65,00 €						
ST375	33406	1421	8,50 €						
HD75	34226	4200	6,20 €						
HDP66	35426	5200	4,90 €						
ST322	35502	4200	3,50 €						
ST312	45345	4400	4,00 €						

Bild 2: Liste Festplatten und Festplattenzubehör

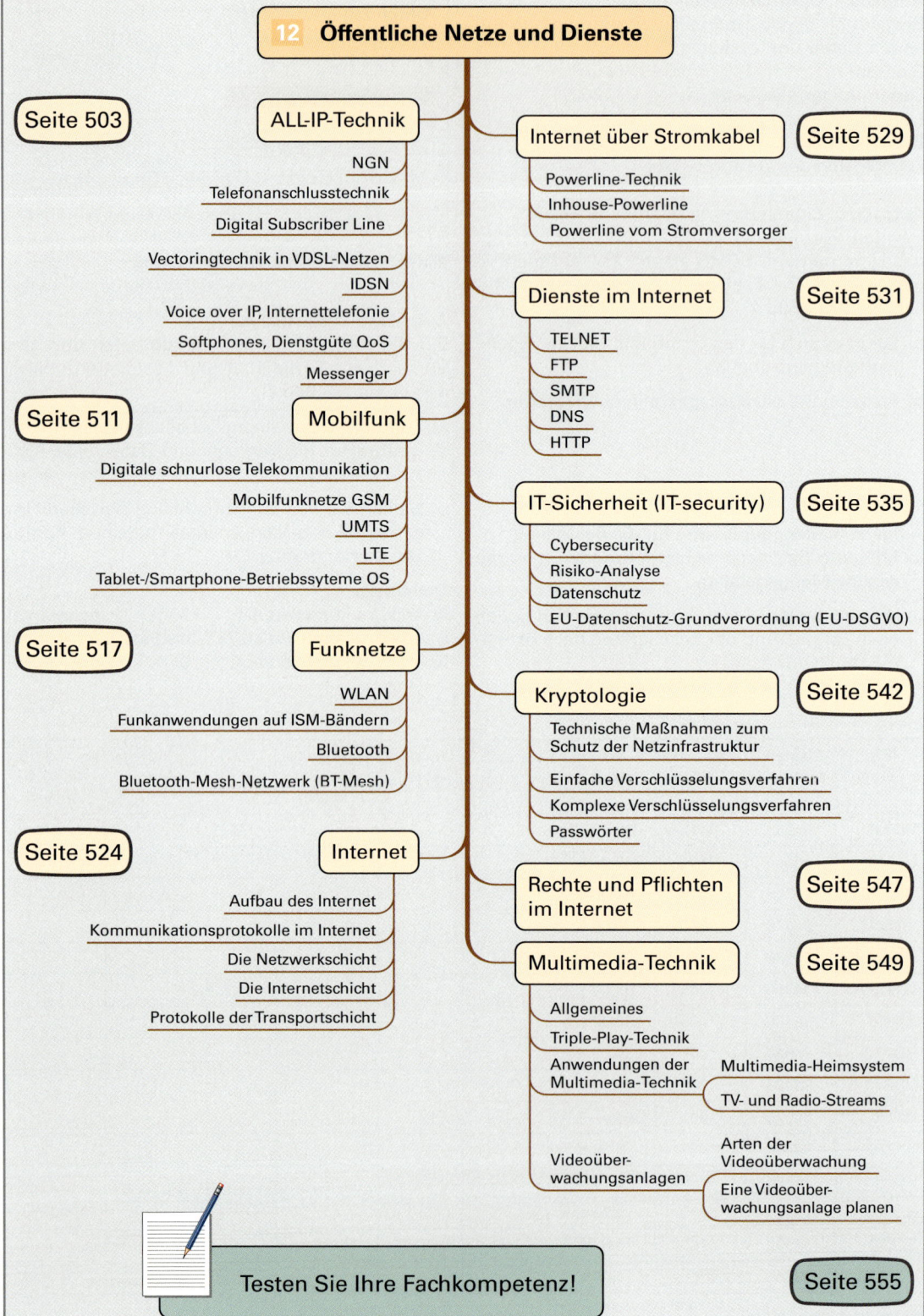

12 Öffentliche Netze und Dienste

Seite 503

ALL-IP-Technik

NGN
Telefonanschlusstechnik
Digital Subscriber Line
Vectoringtechnik in VDSL-Netzen
IDSN
Voice over IP, Internettelefonie
Softphones, Dienstgüte QoS
Messenger

Seite 511

Mobilfunk

Digitale schnurlose Telekommunikation
Mobilfunknetze GSM
UMTS
LTE
Tablet-/Smartphone-Betriebssyteme OS

Seite 517

Funknetze

WLAN
Funkanwendungen auf ISM-Bändern
Bluetooth
Bluetooth-Mesh-Netzwerk (BT-Mesh)

Seite 524

Internet

Aufbau des Internet
Kommunikationsprotokolle im Internet
Die Netzwerkschicht
Die Internetschicht
Protokolle der Transportschicht

Internet über Stromkabel   Seite 529

Powerline-Technik
Inhouse-Powerline
Powerline vom Stromversorger

Dienste im Internet   Seite 531

TELNET
FTP
SMTP
DNS
HTTP

IT-Sicherheit (IT-security)   Seite 535

Cybersecurity
Risiko-Analyse
Datenschutz
EU-Datenschutz-Grundverordnung (EU-DSGVO)

Kryptologie   Seite 542

Technische Maßnahmen zum
Schutz der Netzinfrastruktur
Einfache Verschlüsselungsverfahren
Komplexe Verschlüsselungsverfahren
Passwörter

Rechte und Pflichten
im Internet   Seite 547

Multimedia-Technik   Seite 549

Allgemeines
Triple-Play-Technik
Anwendungen der   Multimedia-Heimsystem
Multimedia-Technik
                         TV- und Radio-Streams

                         Arten der
                         Videoüberwachung
Videoüber-
wachungsanlagen   Eine Videoüber-
                         wachungsanlage planen

Testen Sie Ihre Fachkompetenz!   Seite 555

12 Öffentliche Netze und Dienste

12.1 All-IP-Technik

Mit der All-IP-Technik stellen die Telekommunikationsanbieter ihren Kunden im NGN Telefonie, Fax, TV, Internet und Mobilfunk in einem Netz zur Verfügung. Die früheren Kommunikationsdienste übertrugen Sprache und Daten leitungsgebunden in einer vertikalen Netzstruktur **(Bild 1, oben)**. Durch die Umstellung der bisher verwendeten Systeme auf ein einheitliches Telekommunikationsnetz für alle Dienste vereinfachen sich Dienste und Produkte. Die All-IP-Technik bietet eine integrierte Plattform auf Basis des Internet-Protokolls und überträgt alle Informationen digital und paketvermittelt **(Bild 1, unten)**.

12.1.1 NGN

Das NGN ersetzt das analoge Telefonnetz und das ISDN-Netz. Das Ziel ist, die Vielfalt der Zugangstechniken, z. B. für Endgeräte und die Vielfalt der Kommunikationstechnologien, z. B. Video-Dienste zu vereinheitlichen und zu verbessern **(Bild 2)**. Das NGN ist aus mehreren unabhängigen Modulen aufgebaut. Dazu zählen der Zugangsbereich, der Kernbereich, die Steuerungsebene und die Netzübergänge **(Bild 3)**.

Zugangsnetz: Kupferleitungen, Glasfaser, Mobilfunk ①.

Routing-Instanz: Einspeisen der Daten in das IP-Netz oder Internet ②.

Steuerungszentrale: Rechenzentrum für Netz- und Nutzerprofile steuert das Routing ③.

> **!** **All-IP** von All Internet Protocol = Alles über Internet-Protokoll.
> **NGN** von Next Generation Network = Nächste Netzwerk Generation.

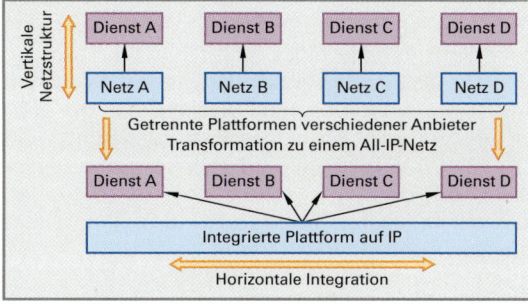

Bild 1: Horizontale Integration im NGN

Bild 2: Struktur des NGN

Kernnetz (NGN-Core): Steuert die Übertragung der Daten.

Internet: Ist ein eigenes, vom NGN-Kernnetz getrenntes Netz, für Dienste wie E-Mail oder Zugriff auf öffentliche Clouds.

Optisches Netz: Mietdienste für breitbandige Vernetzung, z. B. von Firmenrechenzentren (RZA, RZB).

Virtuelle private IP-basierte Netze: Netzverbindungen mit hoher Sicherheit, schnell, zuverlässig.

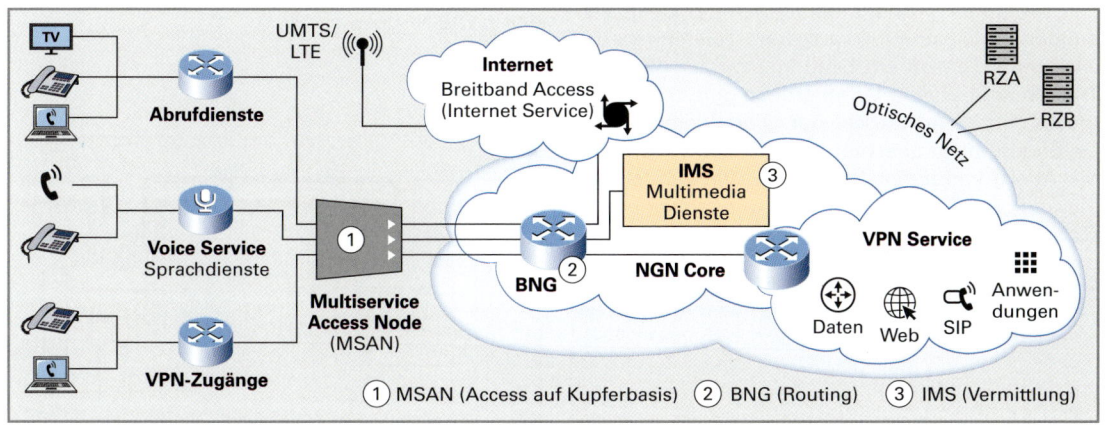

Bild 3: Aufbau des NGN (Quelle T-Systems)

12.1.2   Telefonanschlusstechnik

Die Anschlussleitungen des Ortsnetzes enden in Verbindungsdosen von rechteckiger Form, die sich normalerweise im Keller der Gebäude befinden **(Bild 1)**. Sie heißen Abschlusspunkte des Liniennetzes (APL). Von dort führt ein vieradriges Kabel zum Netztrennabschluss NTA (Network Termination für Analogabschluss). Die angeschlossenen Adern werden mit La und Lb bezeichnet. Der NTA ist als normale Anschlussdose ausgeführt und stellt die erste Telekommunikations-Anschluss-Einheit (TAE) dar, die zwischen dem Netzbetreiber, z. B. der Deutschen Telekom AG (DTAG) und dem privaten Kundenbereich trennt.

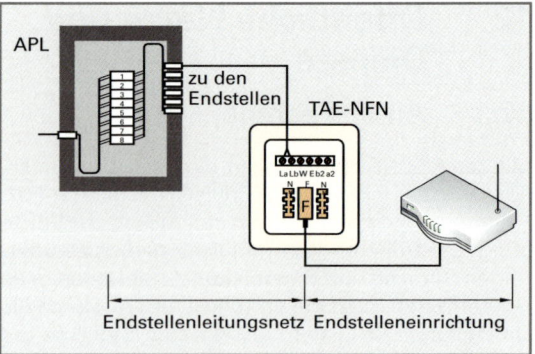

Bild 1: Abschlusspunkte im Liniennetz

Codierungen bei TAE-Dosen

Für die verschiedenen Endgeräte werden unterschiedliche Codierungen für die Anschlussdosen verwendet **(Bild 2)**. Bei der F-Codierung (F steht für Fernsprechen) befindet sich eine Nut unten. Bei der N-Codierung für alle anderen Endgeräte, also die Nicht-Telefone wie z. B. Anrufbeantworter und Faxgerät, befindet sich die Nut in der Mitte. Die Stecker sind entsprechend geformt.

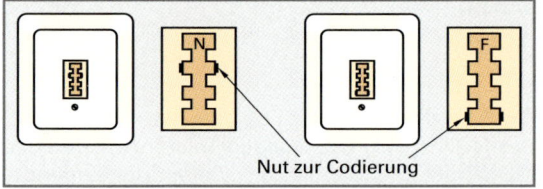

Bild 2: TAE-Dosen mit Vergrößerung der Anschlussbuchsen

> Die erste Anschlussdose (TAE) ist meist Eigentum des Netzbetreibers und Schnittstelle zwischen Netzbetreiber und Kunde.

Installation von TAE-Dosen

Die Doseninnenbeschaltung zeigt, dass N-codierte Geräte dem F-Anschluss vorgeschaltet sind **(Bild 3)**. Alle gesteckten N-codierten Endgeräte müssen deshalb die Leitungen La und Lb wieder zur TAE-Dose zurückführen, damit das Telefon noch funktionsfähig ist.

Zusätzliche TAE-Dosen werden zu schon installierten Dosen in Reihe geschaltet **(Bild 4)**. Hierzu werden die Klemmen 5 und 6 der ersten Dose mit den Klemmen 1 und 2 der folgenden Dose verbunden. Es ist sinnvoll vieradrige Telefonkabel zu verwenden, da oft ein Leitungspaar zur nächsten TAE-Dose über eine Verteilerdose geführt werden muss (Bild 3). Auf Strich- oder Farbcodierung der Leitungen muss geachtet werden. Die Verdrillung der Adern verhindert Störungen. Die Leitungscodierung der einzelnen Hersteller unterscheidet sich **(Tabelle 1)**.

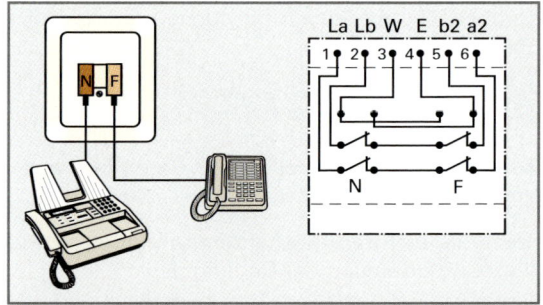

Bild 3: TAE-NF-Dose

Tabelle 1: Leitungscodierung bei Telefonleitungen			
Signal	Klemme	Telekomleitung	Siemensleitung
La	1	ohne Ring	rot
Lb	2	ein Ring	schwarz
a2	6	zwei Ringe, weit	weiß
b2	5	zwei Ringe, eng	gelb

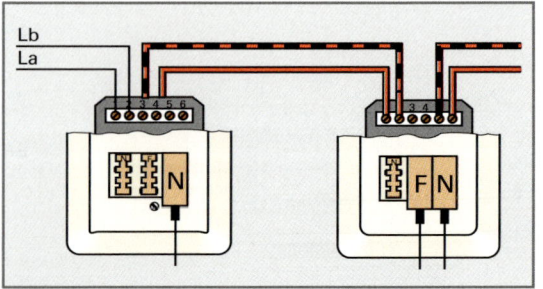

Bild 4: Hintereinanderschaltung von TAE-Dosen

12.1.3 Digital Subscriber Line DSL

Die DSL-Protokolle der ITU beschreiben technische Konzepte für breitbandige, digitale Datenübertragung über das vorhandene Kupferkabel-Anschlussnetz. Damit lassen sich Daten mit einer Bitrate von 10 bit/s je Hertz Bandbreite über die vorhandenen Leitungen übertragen. DSL benutzt die flexible Multiträger-Modulation DMT (von Discrete Multitone Technique). DMT teilt den Übertragungsbereich in einzelne Kanäle mit je 4 kHz Bandbreite ein **(Bild 1)**. Jeder Kanal kann mit 10 bit bis 15 bit langen Datenworten moduliert werden. Vor der Übertragung werden gestaffelte Prüftöne in die Leitung eingespeist und die Informationsbits auf die Kanäle mit dem größten Nutz-Rauschsignal-Verhältnis verteilt.

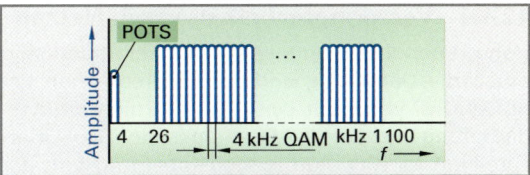

Bild 1: Kanalaufteilung bei DSL

> Je kürzer die Kupferleitung vom Endverzweiger zum Teilnehmer ist, desto größer ist die erzielbare Bitrate.

Die inzwischen installierten und in der Entwicklung befindlichen Systeme werden als xDSL **(Tabelle 1)** bezeichnet und sind durch folgende Merkmale charakterisiert:

- Große Bandbreite und hohe Datenraten,

- unidirektional, nur in Richtung Teilnehmer (downstream) oder bidirektional verlaufende Datenströme (downstream und upstream),

- Anzahl der benötigten Doppeladern,

- Modulationsverfahren,

- Reichweitenbeschränkung,

- Anwendungsgebiete, z. B. Internetanwendungen und Video-on-demand.

Der ADSL-Standard ADSL2+ (ITU-Norm G.992.5) ermöglicht eine Datenrate im Downstream von bis zu 50 Mbit/s bei einer Reichweite von drei Kilometern zur Vermittlungsstelle.

VDSL2 (ITU-TG 993.2) bietet Fernsehprogramme (IPTV) in HDTV-Qualität.

> Das ADSL-Verfahren eignet sich insbesondere zur Internet-Nutzung.

Ein Splitter (DSL-Frequenzweiche) trennte den klassischen Telefonverkehr (Plain Old Telephone Service = POTS) bzw. den ISDN-Anschluss vom ADSL-Signal **(Bild 2)**. An zentralen Punkten befindet sich häufig ein vorgelagerter DSL-Aufschalt-

Tabelle 1: DSL-Systeme		
Bezeichnung	Bitrate in kbit/s	Anwendungen
Digital Subscriber Line (DSL)	160	Sprache und Datenkommunikation
High Data Rate Digital Subscriber Line (HDSL)	2048	T1/E1-Dienste Zubringernetze, WANs, LAN-Zugriff, Server-Zugriff
Single Line Digital Subscriber Line (SDSL)	2048	wie bei HDSL, zusätzlich bevorzugter Zugriff für symmetrische Dienste
Asymmetric Digital Subscriber Line (ADSL)	bis 25 000 vorwärts, bis 640 rückwärts	INTERNET-Zugriff, Video on Demand, Simplex-Video, LAN-Zugriff, Telefonie per Voice over IP (VoIP)
Very High Data Rate Digital Subscriber Line (VDSL)	bis 52 000 vorwärts, bis 2300 rückwärts	wie bei ASDL, zusätzlich HDTV
Very High Bitrate Digital Subscriber Line (VHDSL)	bis 200 000	Triple-Play-Dienste. Telefon, breitbandiges Internet und IPTV.

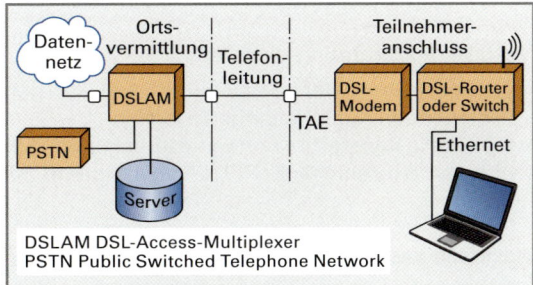

DSLAM DSL-Access-Multiplexer
PSTN Public Switched Telephone Network

Bild 2: ADSL-Netzaufbau

punkt, um die Modulation an den Frequenzbereich der Kupferleitungen anzupassen und um eine große Datenübertragungsrate bereitzustellen.

12.1.4 Vectoringtechnik in VDSL-Netzen

Hohe Datenübertragungsraten auf Leitungen sind durch die Dämpfung und das Übersprechen begrenzt. Bei verlegten Leitungen ist die Leitungsdämpfung nicht mehr beeinflussbar. Das Übersprechen ist vom Aufbau der Kabel und von der Signalart abhängig. Beim Übersprechen (Crosstalk) beeinflussen sich die Adernpaare in einem Kabel elektrisch gegenseitig und begrenzen die maximale Übertragungsrate durch Störspannungen. Man unterscheidet das Nah- und das Fernnebensprechen: NEXT und FEXT **(siehe Abschnitt 10.1.5)**.

Verfahren

Zuerst werden beim Vectoring die Datenströme gemessen, verschlüsselt und anschließend um inverse Signale ergänzt (ITU-Norm G.993.5). Dies erfolgt beim Downlink im DSLAM und beim Uplink in einem speziellen Router beim Teilnehmer **(Bild 1)**. Nur wenn alle Einzelleitungen eines Kabelbündels zu einem Anbieter gehören und damit die Signale bekannt sind, können Übersprechstörungen auf allen Doppeladern aus den VDSL2-Signalen herausgerechnet und kompensiert werden **(Bild 2)**. Der Signal-Rauschabstand steigt und ermöglicht eine höhere Datenübertragungsrate.

> Das Vectoringverfahren verringert den FEXT (Far End Crosstalk) auf Teilnehmeranschlussleitungen.

Regulierung

Die Bundesnetzagentur (BnetzA) reguliert den Ausbau des Festnetzes mit Vectoring zum Breitbandnetz. Das Zugangsverfahren für TK-Anbieter im Nahbereich der TAL legt fest, dass nur ein einziger Netzbetreiber oder Provider den VDSL-Slam im Kabelverzweiger einrichten und verwalten darf.

Vorteile des Vectoringverfahrens

● Es sind hohe Datenübertragungsraten auf den bestehenden Kupferleitungen möglich.
● Die Baukosten der Vectoringnetze belaufen sich etwa auf ein Zehntel der FTTH-Netze (Fibre to the home).

Nachteile des Vectoringverfahrens

● Trotz Auflagen durch EU und BnetzA werden Wettbewerbsnachteile befürchtet.
● DSL-Router, die nicht demselben Vectoringsystem zugehören, können stören (Alien-Störung).
● Durch notwendige Umrüstungen sind auch bestehende Anschlüsse mit DSL betroffen. Die ISDN-NTBA und die DSL-Splitter in Vectoringnetzen sind entfallen.

> **!** **Vectoring** ist eine Signalaufbereitungstechnik für die Bereitstellung hoher Datenübertragungsraten auf der Teilnehmeranschlussleitung (TAL), der sogenannten letzten Meile.

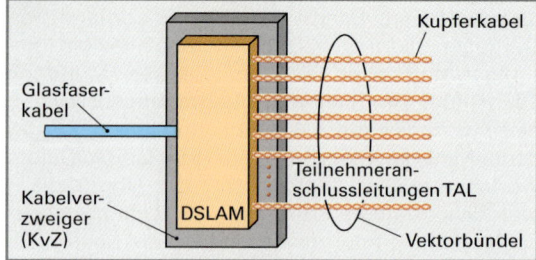

Bild 1: Prinzip der VDSL-Vectoring Technik im Downlink

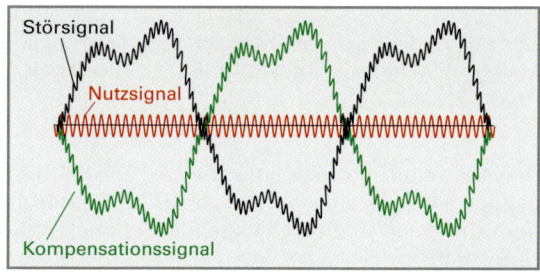

Bild 2: Kompensation von Übersprechstörungen

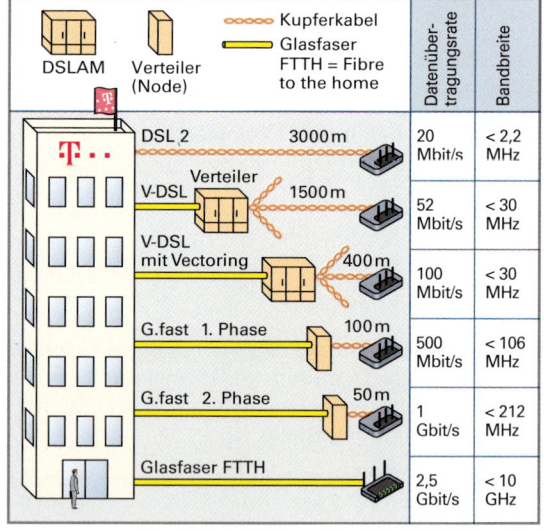

Bild 3: Entwicklungsphasen zum Breitbandnetz NGN

Nachfolgestandard G.fast

Der Nachfolgestandard zu VDSL2 ist Gfast (ITU-Norm G.9700 und G.9701). Er verwendet auch Vectoring und soll 1 Gbit/s auf kurze Entfernungen (120 m) auf herkömmlichen Telefonleitungen ermöglichen. Dadurch erspart man sich Grabungs- und Verlegungsarbeiten, wie sie für FTTH-Netze notwendig wären **(Bild 3)**.

12.1.5 ISDN

Die Deutsche Telekom stellt ihre Telekommunikationsnetze auf All-IP-Technik um. Neuere DSL-Router stellen eine S_0-Schnittstelle zur Verfügung. So können bestehende ISDN-Anlagen intern weiter betrieben werden. Es lassen sich unterschiedliche Endgeräte mittels entsprechender Endgeräteanpassungen an der Standardschnittstelle des ISDN betreiben (**Bild 1**).

Ein Netzabschluss NTA verbindet den DSLAM über den DSL-Router mit dem DSL-Modem oder einem Netzwerk-Switch (**Bild 2**). Der Anschluss von PCs erfolgt über Ethernet oder WLAN. DSL-Systeme werden durch die VoIP-Technik ersetzt.

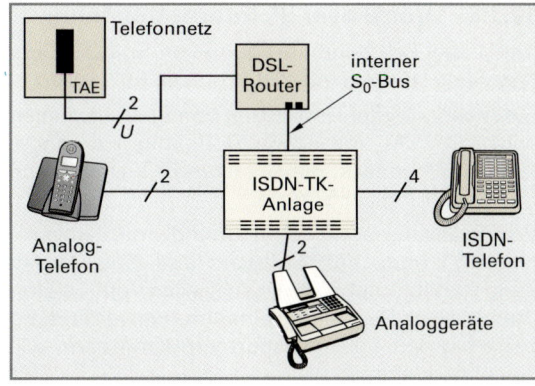

Bild 1: Beispielkonfiguration für ISDN am VoIP-Router

Interner ISDN-S_0-Bus

Die S_0-Schnittstelle a1, b1 und a2, b2 ist durch einen S_0-Bus erweiterbar (**Bild 2**). Als Leitungscode wird ein veränderter AMI-Code (Alternate Mark Inversion Code) verwendet. Der logische Wert 0 wird hier alternierend durch +750 mV und –750 mV, der logische Wert 1 durch 0 V dargestellt. Die einzelnen Kanäle werden in einer festen Rahmenstruktur übertragen.

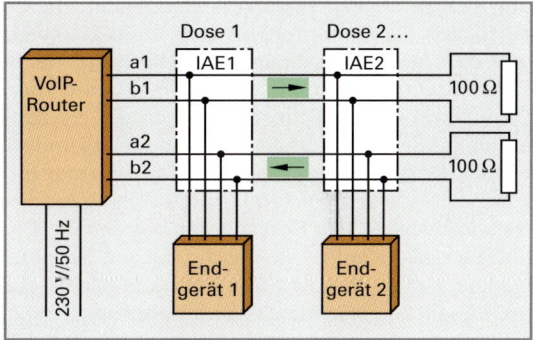

Bild 2: NTBA S_0-Schnittstelle und S_0-Bus

ISDN-Basisanschluss

Der vieradrige S_0-Bus wird für die Senderichtung an den Anschlussklemmen 4 und 5 der IAE/UAE-Dosen (IAE von ISDN-Anschluss-Einheit, UAE von Universal-Anschluss- Einheit), und für die Empfangsrichtung an den Klemmen 3 und 6 angeschlossen (**Bild 3**). Die Enden der Businstallation müssen mit Abschlusswiderständen abgeschlossen sein, um Reflexionen zu vermeiden. Die Polarität der Leitungen ist in der gesamten Installation einzuhalten.

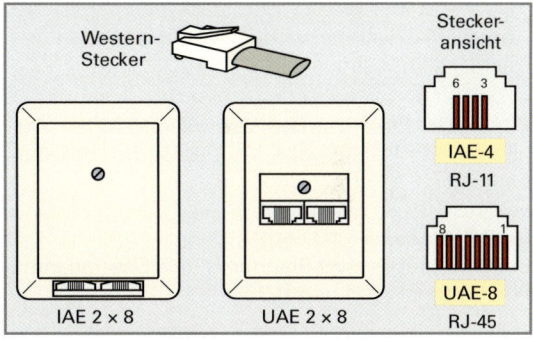

Bild 3: Weitere Installationsarten des S_0-Busses

> Die Anschlussleitung der Endgeräte darf 10 m nicht überschreiten.

An einen ISDN-Basisanschluss, der als **Mehrgeräteanschluss** geschaltet ist, können bis zu 12 ISDN-Anschlussdosen installiert werden. An diesen Anschlussdosen dürfen bis zu acht verschiedene Endgeräte TE (von Terminal Equipment) angesteckt werden, wovon aber nur zwei gleichzeitig betrieben werden können. Jedem angeschlossenen Endgerät lassen sich eine oder mehrere Mehrfachrufnummern (MSN = Multiple Subscriber Number) zuordnen. (**Bild 4**).

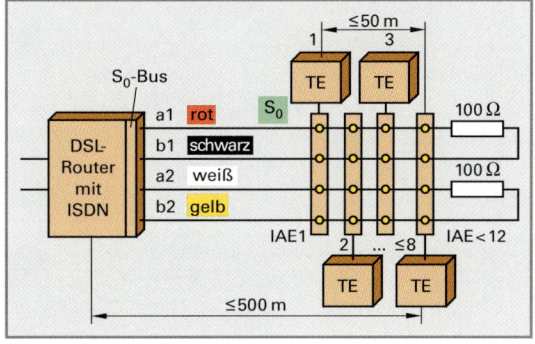

Bild 4: Mehrgeräteanschluss

12.1.6   Voice over IP, Internettelefonie

VoIP bietet Echtzeitübertragung von Sprache über Netzwerke, die das Internet Protokoll (IP) nutzen.

Die Analog-Digital-Umsetzung von Sprachsignalen wird mit PCM (Pulsecode-Modulation) durchgeführt. PCM umfasst die Abtastung, Quantisierung und Codierung der Signale.

Voraussetzung ist ein PC mit Soundkarte, Lautsprecher, Mikrofon, VoIP-Software und eine Verbindung zum Internet oder ein spezielles VoIP-Telefon (**Bild 1**). Nach Herstellung einer Internetverbindung zwischen den Gesprächspartnern kann dann wie gewohnt telefoniert werden.

Der Vorteil der Internettelefonie liegt in den geringen Kosten für Fern- und Auslandsgespräche. Es fallen nur die Gebühren für den Internetzugang und die Verbindungsdauer an. Nachteilig macht sich die relativ geringe Sprachqualität bemerkbar. Dazu kommen deutliche Verzögerungen. Es dauert einige Zehntelsekunden oder sogar Sekunden, bis das Gesprochene beim Gesprächspartner ankommt. Ursache der Verzögerungen ist die Art des Datentransports. Der Sprachdaten werden in TCP/IP-Datenpakete aufgeteilt, durch mehrere Subnetzwerke geleitet (geroutet) und am Ende wieder zur ursprünglichen Nachricht zusammengesetzt.

> Durch Verzögerungen und Paketverluste im Netzwerk wird die Sprachqualität negativ beeinflusst. IP-Telefonie ist nur mit Breitband-Internetanschluss sinnvoll nutzbar.

Für IP-Telefonie werden zur gleichzeitigen Aufnahme und Wiedergabe Vollduplex-Soundkarten benötigt.

VoIP-Protokolle
Bei VoIP-gibt es zwei Standards, das Session Initiation Protocol (SIP) und H.323.

> **!** Voice over IP = Sprachübertragung über das Internet Protokoll. Wird auch als IP-Telefonie bezeichnet.

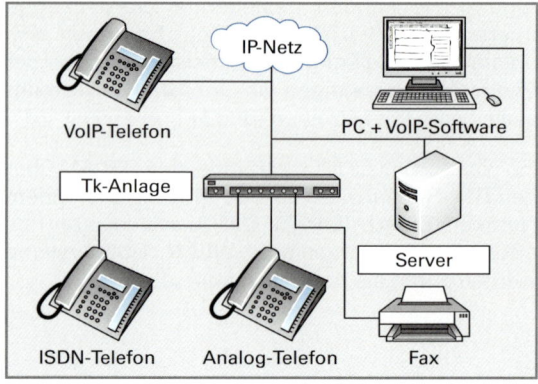

Bild 1: Aufbau eines VoIP-Netzwerkes

SIP konzentriert sich ausschließlich auf die Signalisierung. Deshalb ist das Protokoll flexibel für unterschiedliche Zwecke, z.B. VoIP, Instant Messaging einsetzbar. SIP stellt von der Struktur her eine Mischung aus HTML- und E-Mail-Übertragungsformat dar.

Der H.323-Standard wird außer für Sprache auch für Videokonferenzanwendungen eingesetzt und behandelt nicht nur die Signalisierung sondern alle Aspekte einer Sprach- oder Videoverbindung.

Verbindung von IP-Netzwerk und Telefonnetz
Ein IP-Telephony-Gateway (IP-Telefonübergang) ermöglicht die Verbindung zwischen Computernetz und Telefonnetz. Es hat eine LAN-Schnittstelle und eine ISDN-Schnittstelle (**Bild 2**).

Eine direkte Verbindung der Tk-Anlagen steht als weitere Alternative zur Verfügung.

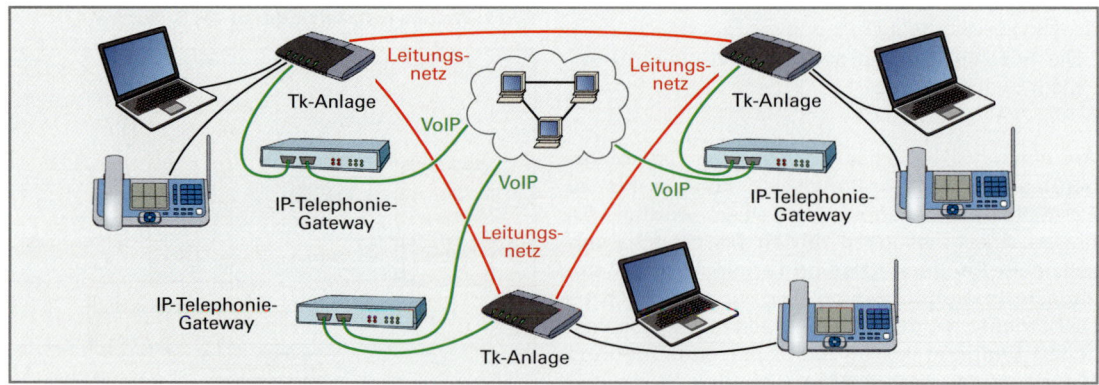

Bild 2: VoIP-Netzwerk mit Verbindung zum Telefonnetz

12.1.7 Softphones, Dienstgüte QoS

Softphones
Internettelefonie kann mittels Router mit Hardware oder mit einem Einwahlprogramm (Dialer), realisiert werden (**Bild 1**). Für die Telefonie mit Software wird ein Headset, d.h. ein Mikrofon und ein Ohrhörer/PC-Lautsprecher benötigt.

Wählprogramm (Dialer)
Auf dem PC wird ein Software-Gateway 1 installiert, der eine direkte Verbindung zwischen dem Dialer und dem Provider herstellt (Bild 1).

Bei der Installation des Wählprogramms, z.B. Phoner-Lite, muss der Benutzer den Proxi-Server, z.B. tel.t-online.de, seinen Benutzernamen, den STUN-Server, die E-Mail-Adresse und ein Kennwort eingeben.

Für die Anwahl eines Festnetzanschlusses gibt man die Telefonnummer im Feld Zielrufnummer (**Bild 2**) ein. Der Dialer ergänzt diese zur SiP-Rufnummer, ähnlich einer Internetadresse, z.B. die SIP-Nummer sip:078197060589@t-online.de. des Providers T-online zu sehen. SIP-Adressen sind den E-Mail-Adressen ähnlich. Auf SIP-Telefonen kann meist auch die SIP-Adresse, z.B. sip:info@ VEL.de eingegeben werden.

Dienstgüte (QoS)
Die Dienstgüte (Quality of Service, QoS) umfasst alle Verfahren, die den Datenfluss in lokalen Netzen (LAN) und Weitverkehrsnetzen (WAN) so beeinflussen, dass der Dienst mit einer festgelegten, messbaren Qualität beim Empfänger ankommt. Die Dienstgüte wird in QoS-Klassen eingeteilt (**Tabelle 1**). Wichtig für die Übertragung sind z.B. Paket-Verzögerungen, die Paketverlustrate und der Jitter. Zum Ausgleich der Laufzeitunterschiede der ankommenden Datenpakete werden Jitter-Buffer eingesetzt (**Bild 3**). Die Dienstgüte wird verbessert durch z.B. Erhöhen der Bandbreite bei Engpässen, Reservieren von Bandbreite für bestimmte Anwendungen, vorrangige Übertragung (Priorisierung) von Datenpaketen und Verwenden von verbindungsorientierten Protokollen, z.B. VLAN oder ATM.

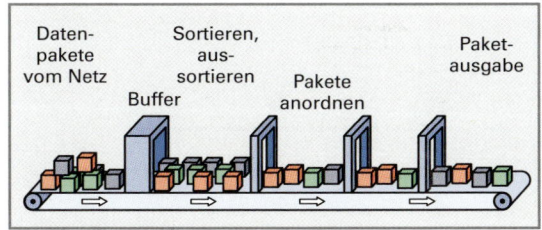

Bild 2: Wirkungsweise des Jitter-Buffers

> **Proxi-Server** = Stellvertreter-Server.
> **STUN-Server** (Session Traversal Utilities for NAT), Server ermittelt die IP-Adresse des Anschlusses, für die Gegenstelle.
> **SIP** von Session initiation protocol = Netzprotokoll, Verbindungsaufbau zwischen Teilnehmern.

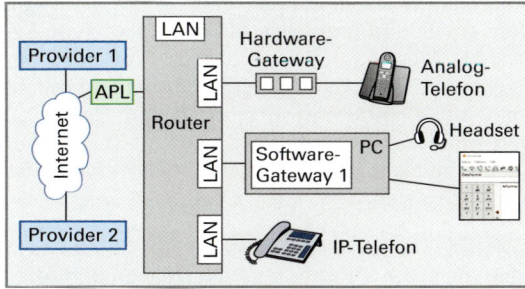

Bild 1: Anwendungen der IP-Telefonie

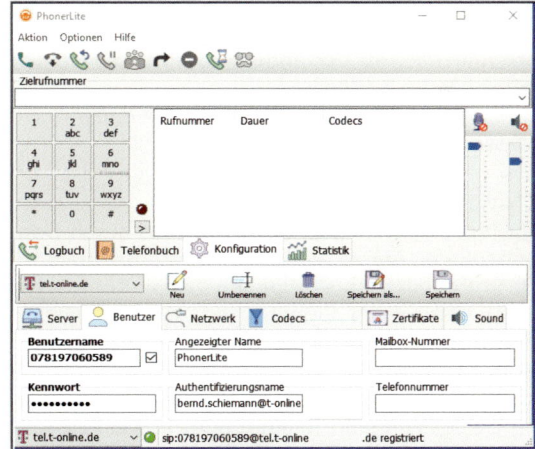

Bild 2: Wählprogramm PhonerLite

Tabelle 1: QoS-Klassen für Dienste nach ITU-T Y.1541				
QoS-Klasse	Anwendungen	Paket-verlust-rate	Lauf-zeit	Jitter
0 und 1	Interaktiver Echtzeit-verkehr, VoIP, Video-konferenzen	10^{-3}	100 ms	50 ms
2 und 3	Interaktiver, trans-aktionsorientierter Datenverkehr	10^{-3}	100 ms	nicht spezi-fiziert
4	Datenverkehr mit geringen Paketver-lusten, Massendaten, Streaming	10^{-3}	nicht spezi-fiziert	nicht spezi-fiziert
5	Best-Effort-Datenver-kehr, IP-Daten	nicht spezi-fiziert	nicht spezi-fiziert	nicht spezi-fiziert
6 und 7	Interaktiver, bitfehler-sensibler Echtzeitver-kehr, IPTV	10^{-5}	100 ms	50 ms

12.1.8   Messenger

Instant Messaging

Bei Instant Messaging IM unterhalten sich zwei oder mehr Teilnehmer durch Textnachricht oder durch Sprach- und Videonachricht. Die Übertragung findet im Push-Verfahren statt, so kommt die Nachricht unmittelbar beim Empfänger an. Verwendet wird meist das XMP-Protokoll (von Extensible Messaging and Presence Protocol). Um zu chatten (von to chat = sich unterhalten) braucht man ein Computerprogramm (Client-Software) und eine Netzwerkverbindung. Die IM-Teilnehmer können direkt oder über einen Server miteinander verbunden sein.

> Die IM-Clientsoftware bietet neben Chatdiensten meist die Übertragung von Dateien und Audio- und Video-Streams.

In einer Kontaktliste können sich Nutzer gegenseitig verwalten. Anhand der Präsenzinformation erkennt man, ob der andere zu einem Gespräch bereit ist, d. h. online ist.
Typische IM-Dienste sind: Skype, Windows Live Messenger oder ICQ.

Chatten mit Skype

Nach der Installation von Skype wird durch Doppelklick der Anmeldebildschirm sichtbar **(Bild 1)**. Nach Erstellen eines eigenen Skype-Kontos gelangt man durch Eingabe des selbstgewählten Skype-Namens und des Kennwortes zu **Bild 2**. In der Kontaktliste nimmt man Freunde und Bekannte auf und erkennt an Bildschirmsymbolen, ob sie präsent sind (online) oder abwesend sind (offline). Die Personen in der Kontaktliste können über Skype per Sprachanruf, Videoanruf oder Sofortnachricht kontaktiert werden **(Bild 3)**. Durch Anklicken eines Namens in der Kontaktliste werden die Skype-Optionen angezeigt. Mit der Schaltfläche Chat&SMS öffnet sich das Instant-Messaging Chatfenster und der schriftliche Nachrichtenaustausch in Echtzeit kann beginnen **(Bild 4)**. Der Text wird mit der Tastatur eingegeben und durch Anklicken der Schaltfläche Senden auf dem Bildschirm des Chatpartners sichtbar.
Der Livechatdienst und Telefonie über das Internet (VoIP) sind kostenlose Dienste, das Versenden von SMS und Telefongesprächen außerhalb von Skype sind kostenpflichtig.

> Skype ist kein Ersatz für das normale Telefon und kann nicht für Notrufe verwendet werden.

Die Instant-Messaging-Software kann auch auf einem Smartphone oder auf einem dafür geeigneten Fernsehgerät genutzt werden.

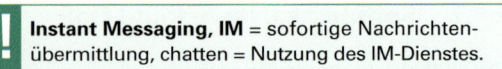

> **!** Instant Messaging, IM = sofortige Nachrichtenübermittlung, chatten = Nutzung des IM-Dienstes.

Bild 1: Skype-Anmeldebildschirm

Bild 2: Skype-Kontakte

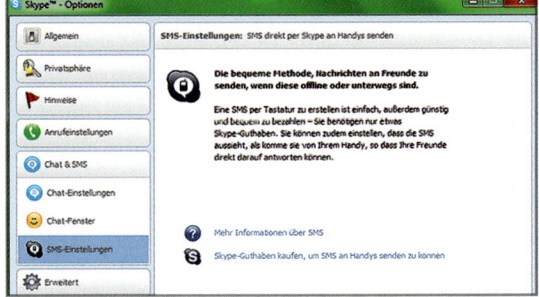

Bild 3: Skype-Optionen

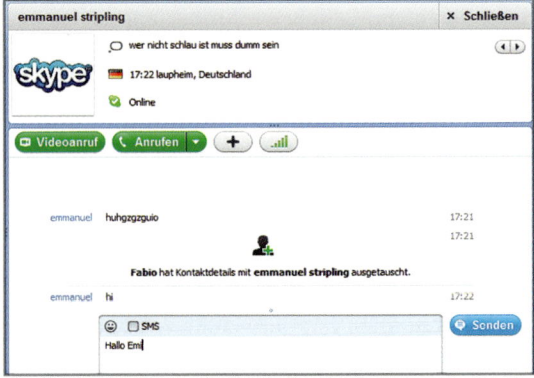

Bild 4: Skype-Chatbildschirm

12.2 Mobilfunk

12.2.1 Digitale schnurlose Telekommunikation

Für den mobilen Telefonverkehr innerhalb von Gebäuden werden schnurlose Telefonanlagen nach dem DECT-Standard verwendet (**Tabelle 1**). Eine solche Telefonanlage besteht aus einer Feststation und Mobilstationen (**Bild 1**). Die Verbindung zwischen der Feststation (FS) und den Mobilstationen (MS) wird über Funk hergestellt. Je nach Geräteausführung können zwischen sechs und 120 Mobilstationen an eine Feststation angeschlossen werden.

Als Zellgröße wird die Fläche bezeichnet, in der eine sichere Funkverbindung zwischen Feststation und Mobilstation hergestellt werden kann.

Die Funkverbindungen werden im Frequenzbereich 1880 MHz bis 1900 MHz auf 10 verschiedenen, gleichzeitig benutzbaren Trägerfrequenzen durchgeführt (**Bild 2**). Die gleichzeitige Verwendung verschiedener Trägerfrequenzen nennt man Frequenzmultiplexverfahren. Die Bandbreite je Kanal (Kanalraster) beträgt 1278 kHz. Moduliert werden die Trägerfrequenzen durch PSK mit Bandbegrenzung. Jede der 10 Trägerfrequenzen überträgt zeitlich nacheinander 12 Kanäle im Zeitmultiplexverfahren. Die Zeit für die Übertragung eines Kanals wird auch Zeitschlitz genannt.

> Schnurlose Telefonanlagen nach dem DECT-Standard verwenden ein kombiniertes Frequenz-Zeit-Multiplexverfahren.

Es stehen 120 Kanäle zur Verfügung. Jede Sprechverbindung benötigt einen Kanal. Eine Feststation kann somit Verbindungen mit höchstens 120 Mobilstationen je Anlage im Duplexbetrieb durchführen.

Im ersten Zeitabschnitt sendet die Feststation auf einer Trägerfrequenz zeitlich nacheinander an die Mobilstationen auf den Kanälen 1 bis 12 (Bild 2). Dann schaltet die Feststation auf Empfang und die Mobilstationen senden an die Feststation.

> Beim Duplexbetrieb wird auf den Kanälen 1 bis 12 gesendet und auf den Kanälen 13 bis 24 empfangen.

Die Zeit für das Senden und Empfangen der 24 Kanäle wird Rahmenzeit genannt. Die Rahmenzeit beträgt 10 ms. In dieser Zeit werden in jedem Kanal 320 Bits an Informationen, z. B. Sprache, und 100 Bits an Steuerdaten übertragen (**Bild 3**).

Tabelle 1: DECT-Standard	
Begriff	Daten, Erklärung
DECT	Digital European Cordless Telecommunication = digitale europäische schnurlose Telekommunikation
Frequenzbereich	1880 MHz bis 1900 MHz
Kanalzahl	120 Duplexkanäle
Modulation	PSK mit Bandbegrenzung (von Phase Shift Keying = Phasenumtastung)
Trägerfrequenzen	10
Bitrate der Sprachcodierung	32 kbit/s
Sendeleistung	≤ 250 mW, meist 10 mW je Station
Zellgröße (Radius)	$r_{max} \leq 300$ m

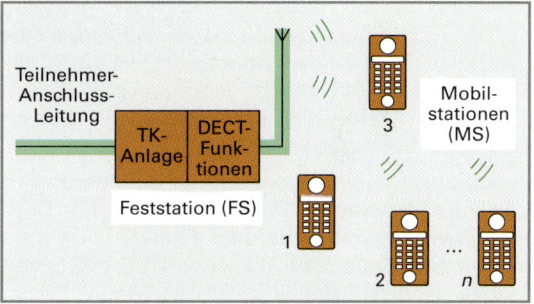

Bild 1: Telefonanlage mit Schnurlostelefonen

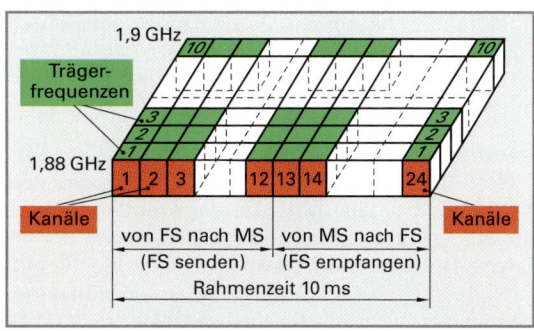

Bild 2: Frequenzmultiplex und Zeitmultiplex nach DECT

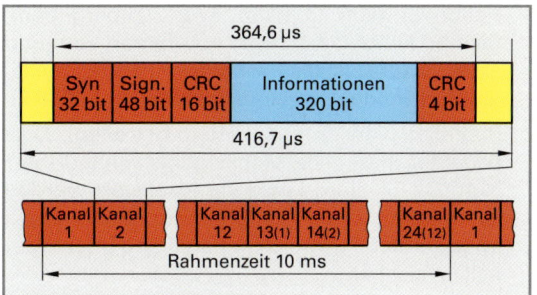

Bild 3: Aufbau des Zeitmultiplexsignals

12.2.2 Mobilfunknetze GSM[1]

Funknetze, bei denen die Teilnehmer über bewegliche Stationen miteinander telefonieren oder Daten übertragen können, heißen Mobilfunknetze.

D-Netze (GSM 900)

D1 ist das digitale Funknetz von T-Mobile (Telekom AG) und D2 das digitale Funknetz von Vodafone. Beide Funknetze werden im Frequenzbereich 890 MHz bis 960 MHz betrieben **(Tabelle 1)**. Dieser Bereich ist in ein Oberband und ein Unterband eingeteilt. Im Oberband findet die Übertragung von der Sender-Empfängerstation BTS (von BTS = Base Transceiver Station = Basis Sende-Empfänger-Station) zur Mobilstation (MS) statt. Im Unterband wird von der Mobilstation zur BTS übertragen. Der Bereich, den eine BTS räumlich abdeckt, wird Funkzelle genannt. Bei dem verwendeten Kanalraster stehen 124 Trägerfrequenzen zur Verfügung. Das Netz D1 verwendet die Trägerfrequenzen 13 bis 49 und 81 bis 103, das Netz D2 die Trägerfrequenzen 1 bis 12, 50 bis 80 und 104 bis 119. Die Trägerfrequenz 1 verwendet also im Unterband die Frequenz 890 MHz und im Oberband die Frequenz 935 MHz.

Jede Funkzelle eines bestimmten Bereiches wird von einer BSC-Station (BSC von Basic Station Control = Basis-Station-Steuerung) gesteuert. Mehrere solcher Stationen sind mit einer MSC (MSC von Mobile Services Switching Center = Mobile Dienste Schaltzentrale) verbunden. Die MSC sind über Richtfunk oder über das Leitungsnetz der Telekom miteinander verbunden. Jeder Träger wird durch PSK mit Bandbegrenzung moduliert. Mithilfe des Zeit-Multiplexverfahrens werden die Trägerfrequenzen mehrfach genutzt **(Bild 1)**.

E-Netze (GSM 1800)

E-Netze verwenden den Frequenzbereich von 1710 MHz bis 1880 MHz. Da der Frequenzbereich größer ist, gibt es mehr Trägerfrequenzen als im D-Netz. Die Kanalzahl ist deshalb auch größer (Tabelle 1). Da Signale mit höheren Frequenzen stärker gedämpft werden, ist die Reichweite kleiner als 10 km.

Wichtige Eigenschaften von Mobilfunknetzen sind:

- Handover (von to hand over = übergeben). Dies bedeutet, dass beim Autofahren während eines Gesprächs, die Funkzelle ohne Gesprächsunterbrechung gewechselt werden kann **(Bild 2)**.

- Roaming (von to roam = herumstreifen). Dies bedeutet, dass jede Mobilstation anhand ihrer Nummer in einer Funkzelle lokalisiert werden kann. Damit ist der Teilnehmer ortsunabhängig im gesamten Funknetz (national und international) erreichbar.

[1] GSM von Global System for Mobile Communications

 Die Funknetze D1 und D2 benutzen den Frequenzbereich von 890 MHz bis 960 MHz gemeinsam.

Tabelle 1: GSM-Netze

Netze	D1 und D2 (GSM)	Telefonica
Unterband	890 MHz bis 915 MHz	1710 MHz bis 1785 MHz
Oberband	935 MHz bis 960 MHz	1805 MHz bis 1880 MHz
Kanalzahl	1984	2976
Kanalraster	200 kHz	
Modulation	PSK mit Bandbegrenzung	
Sendeleistung der Feststation	10 W Sendeleistung	
Sendeleistung Mobilstation	1 W	0,25 W
Zellgröße (Radius)	von $r_{min} \geq 250$ m bis $r_{max} \leq 35$ km	

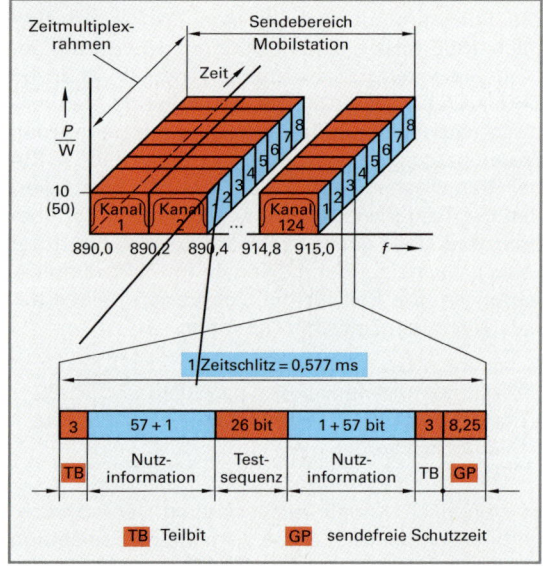

Bild 1: Frequenzmultiplex, Zeitmultiplex und Aufbau eines Zeitschlitzes

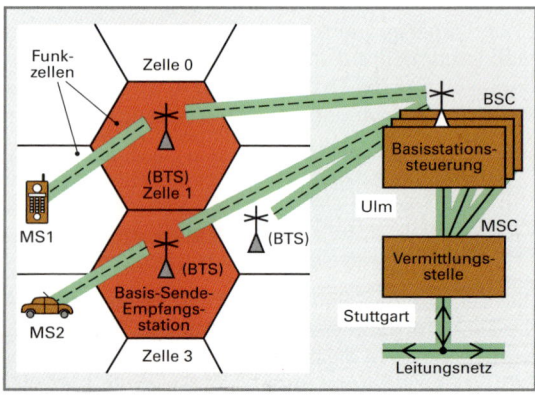

Bild 2: Aufbau von Mobilfunknetzen

12.2.3 UMTS

UMTS (von Universal Mobile Telecommunication System = universelles Mobil-Telekommunikationssystem) ist die europäische Variante des digitalen Mobilfunksystems der dritten Generation **(Tabelle 1)**. Geräte der ersten und zweiten Generation wurden für die Sprachkommunikation optimiert. UMTS ist für die Übertragung von Bild-, Video-, Text-, Datenkommunikation und Sprachkommunikation geeignet. Es ist noch weit verbreitet, obwohl es bereits Nachfolgegenerationen gibt.

> UMTS ist für multimediale Datenübertragung mit großen Datenmengen geeignet.

Systemaufbau von UMTS

UMTS ist aus einem zellularen Funknetz und einem Festnetz aufgebaut. Das zellulare Netz besteht aus einem satellitengestützten Funknetz und einem erdgestützten Funknetz **(Bild 1)**. Das erdgestützte Funknetz besteht aus Funkvermittlungsstellen RNC (von Radio Node Controller), den BTS, welche die Funkverbindung zum UMTS-Endgerät herstellen, und den UMTS-Endgeräten, z. B. Handys oder PDAs. Die Funkvermittlungsstellen sind untereinander über ATM-Netze und zusätzlich mit den MSCs verbunden. Jede Funkvermittlungsstelle hat dadurch einen direkten Zugang zum GSM-Kernnetz. Die höheren Bitraten für UMTS erfordern eine Nachrüstung der GSM-Netze bei der Hardware und der Software. Die Schnittstellen vom GSM-Netz zum Festnetz, IP-Netzen und anderen Netzen bleiben so verfügbar.

> UMTS basiert auf geänderter GSM-Software bei höheren Bitraten.

Frequenzbereiche für UMTS

Der Frequenzbereich für UMTS liegt, in 5-MHz-breite Blöcke unterteilt, zwischen 1 900 MHz und 2 200 MHz **(Tabelle 2)**. Für Funkverbindungen zwischen Endgeräten und Satellit sind für Uplink und Downlink je 30 MHz vorgesehen. Für die terrestrische Funkübertragung im Nahbereich sind fünf Kanäle in zwei Frequenzbereichen vorgesehen. Hier wird das von GSM her bekannte Zeitmultiplexverfahren angewendet. Allerdings werden für Senden und Empfangen verschiedene Zeitschlitze bei gleicher Frequenz verwendet. Für die Übertragung in den Frequenzbereichen 1 920 MHz bis 1 980 MHz und 2 110 MHz bis 2 170 MHz wird ein Frequenzmultiplexverfahren kombiniert mit Code-Multiplex durch Code-Spreizung verwendet (CDMA = **C**ode **D**ivision Frequency **M**ultiplex **A**ccess).

Tabelle 1: Entwicklung des Mobilfunks

Entwicklungsstufen	Namen und Anwendungszeit	Modulation
Generation 1	A-Netz 1958 bis 1977	analog
	B-Netz 1972 bis 1995	analog
	C-Netz 1986 bis 2000	analog
Generation 2	GSM seit 1992 bis ...	digital
	HSCSD seit 1999 bis ...	digital
	GPRS seit 2001 bis ...	digital
Generation 3	UMTS seit 2003 bis ...	digital
Generation 3.9	LTE seit 2011	digital
Generation 4 und 4,5	Siehe Abschnitt 12.2.4	digital
Generation 5	seit 7.2019 im Ausbau	digital

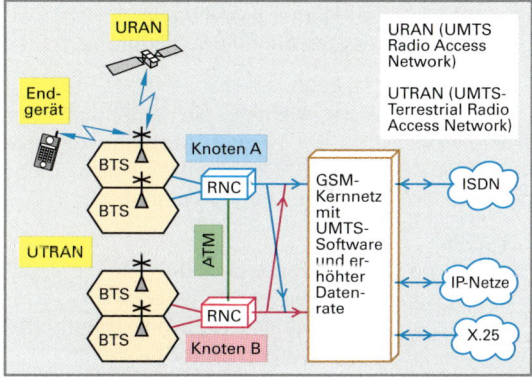

Bild 1: UMTS und GSM-Netz

Tabelle 2: UMTS-Frequenzspektrum

Frequenzbereiche	Betriebsarten, Zugriffsverfahren
UTRAN-Frequenzen[1]	
1 920 MHz bis 1 980 MHz uplink	TDD, Time Division Duplex
2 110 MHz bis 2 170 MHz downlink	CDMA, Code Division Frequency Multiplex Access (FDD)
1900 MHz bis 1 920 MHz	TDD, Time Division Duplex
2 010 MHz bis 2 025 MHz	CDMA, Code Division Frequency Multiplex Access (FDD)
URAN-Frequenzen[2]	
1980 MHz bis 2 010 MHz uplink	MSS, Mobile Satellite Service
2 170 MHz bis 2 200 MHz downlink	MSS, Mobile Satellite Service

[1] UTRAN: UMTS Terrestrial Radio Access Network = erdgebundener UMTS-Netzzugang über Funk
[2] URAN: UMTS Radio Access Network = UMTS-Netzzugang über Satellit

12.2.4 LTE

LTE 3.9G ermöglicht Datenübertragungsraten von 300 Mbit/s im Download und bis 100 Mbit/s im Upload. LTE setzt auf vorhandenen zellularen UMTS-Strukturen auf, die „nur" softwaremäßig umzurüsten sind. LTE ist ein rein IP-basiertes Netz. Sprache wird über GSM, UMTS oder mit VoLGA (VoIP) übermittelt.

LTE-Frequenzbereiche in Europa

LTE nutzt die Frequenzbereiche 700 MHz, 800 MHz, 900 MHz, 1,8 GHz, 2 GHz und 2,6 GHz **(Bild 1)**.

LTE 700 bis LTE 900

Der Frequenzbereich ist für die Versorgung von ländlichen Räumen mit großen Entfernungen vorgesehen, die keine DSL-Breitbandanschlüsse haben, d.h. Bitraten kleiner 1 MBit/s. In diesem Frequenzbereich arbeiten auch Funkmikrofone.

LTE 1800 und LTE 2000

Die Reichweite ist kleiner, sie entspricht der E-Netz-Abdeckung der zweiten Mobilfunkgeneration GSM 1800. Bei LTE 2000 wurden nicht mehr genutzte UMTS-Frequenzen verwendet.

LTE 2600

Es wird der Frequenzbereich 2,50 GHz bis 2,690 GHz mit geringerer Reichweite verwendet. Dieser Frequenzbereich eignet sich für große Datenmengen, z.B. in Ballungsräumen oder Stadtteilen.

LTE-Netzstruktur

Über die X2-Schnittstelle können die Basisstationen (eNodeB von evolved Node Base = weiterentwickelte Basisstation) Daten austauschen **(Bild 2)**. Verbindungen vom eNodeB zum Kernnetz erfolgen über die S1-Schnittstelle getrennt nach Signalisierung S1C oder Daten S1U.

Modulationsverfahren

LTE arbeitet mit OFDM (Orthogonal Frequency Division Multiplex) und der Quadraturamplitudenmodulation QAM **(Bild 3)**. Es wird eine Vielzahl von Trägern verwendet, die zueinander orthogonal sind. Die einzelnen Träger sind mit QAM moduliert.

> **!** **LTE von Long Term Evolution** = langfristige Entwicklung, Kürzel für die 3. Mobilfunk-Generation mit hoher Bitrate 3.9G von Third Generation, Release 9.
>
> **LTE-Advanced**, Mobilfunk der 4. Generation, 4G.
>
> **VoLGA** von Voice over LTE via GAN = Sprache über LTE via Generic Access Network
>
> **OFDM** von Orthogonal Frequency Division Multiplexing = Orthogonales Frequenzmultiplexverfahren.
>
> **OFDMA** von Orthogonal Frequency Division Multiple Access = Frequenzmultiplex mit Vielfachzugriff, wobei die Trägersignale zueinander eine Phasendrehung von 90° aufweisen.

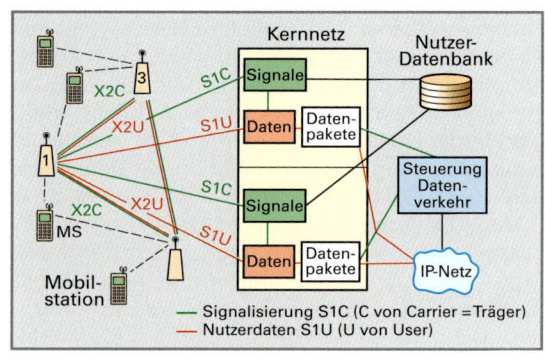

Bild 2: LTE-Netzstruktur

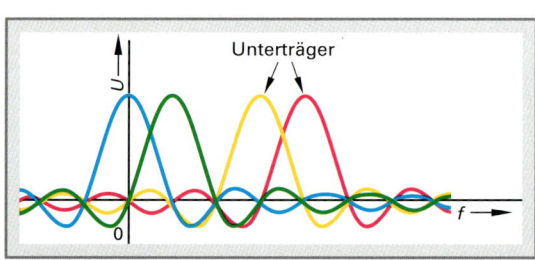

Bild 3: OFDMA

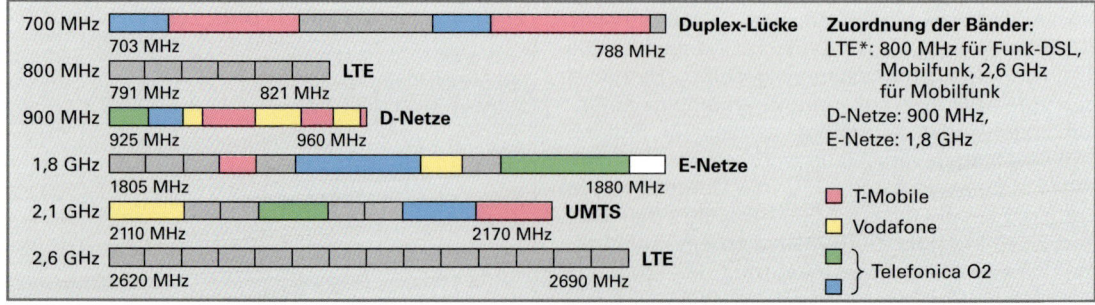

Bild 1: Mobilfunk-Frequenzen

❗ Für den Downlink wird OFDMA verwendet. LTE kann das zur Verfügung stehende Frequenzband (optimal 20 MHz) in viele schmale Bänder (Kanäle) aufteilen.

LTE arbeitet entfernungsabhängig mit skalierbaren Kanälen von 5 MHz, 10 MHz oder 20 MHz.

Für große Entfernungen werden 4 Bits je Signal, für geringe Entfernungen bis zu 64 Bits je Signal übertragen (**Bild 1**). Die zugeordnete Bandbreite richtet sich ähnlich wie bei HSDPA nach dem vorhandenen Nutzer-Bedarf.

Für den Uplink wird SC-FDMA verwendet. Das ist ein Einträgerzugriffsverfahren. Diese Modulationsart weist geringere Sendeleistungsschwankungen auf und ermöglicht einfachere Leistungsverstärker. Das erhöht die Betriebszeit der Endgeräte. Erzeugung und Demodulation der OFOM-Signale erfolgt mit digitalen Signalprozessoren (DSPs).

Im Downlink sind Bitraten von 100 Mbit/s und im Uplink von 50 Mbit/s erreichbar.

Eine LTE-Funkzelle kann bis zu 200 aktive Teilnehmer bei einer Kanalbreite von 5 MHz versorgen. Die verfügbare Bandbreite müssen sich aber alle Teilnehmer teilen.

Betriebsarten

Für LTE 700 bis 900 und LTE 1800 wird Duplexbetrieb mit Frequenzmultiplex (Frequency Division Duplex, FDD) verwendet (**Bild 2, oben**). Auf der Uplink-Frequenz (Aufwärtsstrecke) wird gesendet und auf der Downlink-Frequenz (Abwärtsstrecke) empfangen.

Für LTE 2600 ist im Frequenzbereich 2,570 GHz bis 2,620 GHz Duplexbetrieb mit Zeitmultiplex (Time Division Multiplex, TDD) vorgesehen. Es wird nur eine Frequenz für Senden und Empfangen verwendet (**Bild 2, unten**).

Antennentechnik

Geräte mit GSM- oder UMTS-Technik verwenden SISO-Technik (Single Input/Single Output, **Bild 3**).

LTE verwendet dagegen die MIMO-Technik. Es können mit verschiedenen Antennen mehrere Datenströme gleichzeitig auf der gleichen Frequenz übertragen werden (Raum-Diversity). LTE (3.9G) sieht bis zu 4 Sender mit Antennen in der Basisstation und 2 Empfänger mit je einer Antenne in den Endgeräten vor. Derzeit sind 2 x 2-MIMO-Systeme mit 2 Sendern und 2 Empfängern üblich. Die Bitrate wird dadurch etwa verdoppelt.

❗ **SC-FDMA** von Single Carrier FDMA = Einträger-FDMA, baut auf OFDM auf.

SISO von Single Input/Single Output = Ein Eingang/ein Ausgang, d. h. eine Empfangsantenne und eine Sendeantenne.

MIMO von Multiple Input/Multiple Output = Eingangsvielfach/Ausgangsvielfach, d. h. mehrere Sende- und mehrere Empfangsantennen.

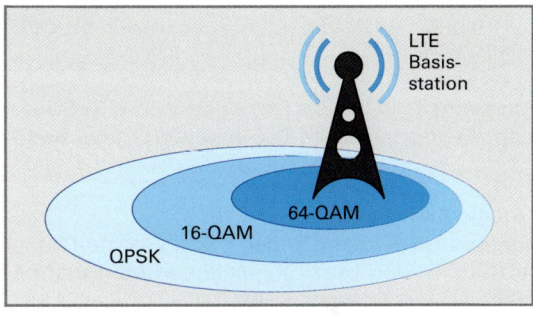

Bild 1: Modulationsart in Abhängigkeit von der Entfernung

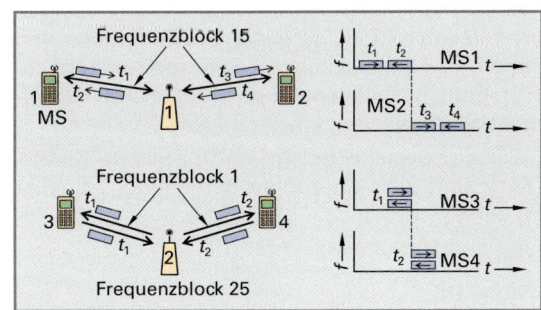

Bild 2: Betriebsarten von LTE

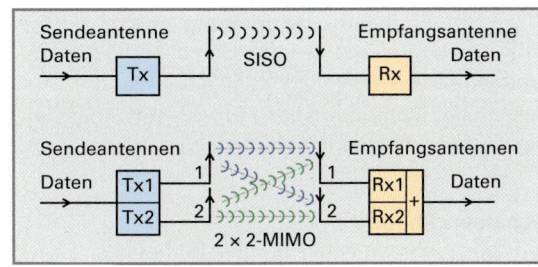

Bild 3: Antennensysteme

K Kompetenzorientierung

1. Welche Frequenzbereiche verwendet LTE?
2. Welche Modulationsverfahren verwendet LTE?
3. Wie viele Teilnehmer kann eine LTE-Funkzelle versorgen?
4. Welche Antennentechnik verwendet LTE?

12.2.5 Tablet-/Smartphone-Betriebssysteme OS

Tablet-Computer oder Smartphone verwenden verschiedene Betriebssysteme (OS). Wie intuitiv ein Gerät bedienbar ist, wird durch die Menüstruktur des OS festgelegt. Anwendungsprogramme, die Apps, werden für die Geräte als Freeware oder zum Kauf in App-Stores angeboten.

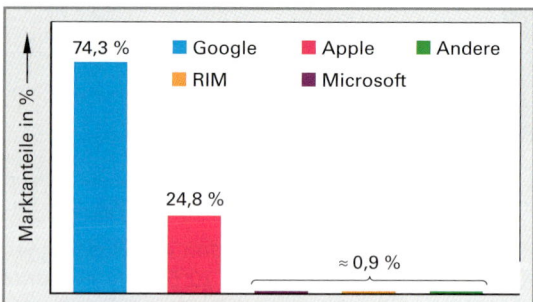

Bild 1: Marktanteile von OS Ende 2019

> Für Tablets und Smartphones lassen sich je nach verwendetem OS die passenden Apps aus dem App-Store kostenlos oder gegen Entgelt herunterladen.

Marktanteile wichtiger Betriebssysteme fürSmartphones und Tablets im Dezember 2017 zeigt **Bild 1**.

Google Android OS

Android OS ist das OS der Firma Google **(Tabelle 1)**. Es ist von Linux abgeleitet worden und besteht aus vier Schichten **(Bild 2)**.

Vorteile: Weit verbreitet, moderne, funktionale Bedienoberfläche, die sich auch individuell anpassen lässt. Google-Produkte wie z. B. Mail, Maps und andere sind einfach nutzbar. Sehr großes Angebot von Apps. Auch eigene Apps programmierbar (offenes System).

Nachteile: System-Updates nur für neuere Geräte. Diese sind aber für zügige Bedienung schneller Prozessoren nötig.

iPhone OS

Auch aus Linux entstanden, aber nur für Apple-Geräte verwendbar.

Vorteile: Einfache Handhabung, sehr großes App-Angebot. Apps virenfrei durch Apple-Kontrolle. Sehr gute Multimedia-Eigenschaften.

Nachteile: Apps nur über iTunes, mit Zulassung von Apple, kein Speicherkartenslot.

Windows Phone

Vorteile: Sehr einfache, intuitive Bedienung, ähnelt Windows 10.

Nachteile: Geringere App-Anzahl, diese sind aber vor dem Kauf testbar, Support ist eingestellt.

BlackBerry ist ein auf Business-Anwender abgestimmtes Smartphone mit eigenem Blackberry-OS.

BADA ist ein von Samsung verwendetes OS, dass einfach bedienbar ist, aber mit geringer Verbreitung und wenigen Apps.

Tabelle 1: Tablet-/Smartphone-Betriebssyteme OS	
Art	Kennwerte, Übersetzung
Google Android	OS der Firma Google. Android = menschähnlicher Roboter
iOS	von iPhone OS. iOS der Firma Apple für portable Apple-Geräte.
Windows Phone	OS der Firma Microsoft für Nokia-, Samsung-, HTC- und Huawei-Smartphones.
BlackBerry	Blackberry = Brombeere. Alter Name RIM von Research in Motion
BADA	koreanisch = Ozean, von Samsung

Bild 2: Schichtenaufbau von Android OS

12.3 Funknetze

12.3.1 WLAN

WLANs werden z. B. in den USA, Spanien und Frankreich mit Wi-Fi bezeichnet. Die Reichweite von WLANs kann bis zu mehreren hundert Metern betragen. Sie eignen sich deshalb für Heimnetzwerke mit Internet-Anschluss.

WLAN-Betriebsarten
Ad-hoc-Modus. Alle Teilnehmer (Clients) sind gleichrangig. Jeder kann mit jedem direkt kommunizieren, aber nicht gleichzeitig **(Bild 1)**. Die Teilnehmer müssen sich die Datenrate teilen. Die Ad-Hoc-Betriebsart wird z. B. für das Übertragen von Bildern einer Digitalkamera an einen Laptop benutzt. Bei mehr Teilnehmern stören sich die Funkstellen gegenseitig.

> ❗ Der Ad-Hoc-Modus entspricht den Peer-to-Peer-Verbindungen von Computern.

Infrastruktur-Modus. Ein Zugangspunkt (Access-Point, AP) oder Router übernimmt die Koordination im Funknetz **(Bild 2)**.

> ❗ Der Infrastruktur-Modus ist vergleichbar mit dem Client-Server-Prinzip, LAN mit Switch und wird am häufigsten verwendet.

Der Zugangspunkt sendet in regelmäßigen Intervallen, z. B. 10 mal je Sekunde kleine Datenpakete (Beacons = Leuchtfeuer) an alle Stationen, die entsprechend antworten. Die Beacons enthalten u. a. die SSID, eine Liste der Bitraten nach dem IEEE-Standard und die Verschlüsselungsart **(Tabelle 1)**. Beacons arbeiten mit einer Bitrate von 1 Mbit/s. Ein Kontakt mit dem Leuchtfeuer garantiert noch keine stabile Verbindung mit dem Netzwerk bei höherer Übertragungsrate. Die Entfernung zwischen den Geräten und Störungen durch fremde Funknetze verringern die Bitrate. Meist wird knapp die Hälfte der maximalen Werte erreicht (Tabelle 1). Zusätzlich müssen sich alle Geräte im Netz die Bandbreite für Upload und Download teilen.

Punkt-zu-Punkt-Modus (WLAN-Relay)
Der Punkt-zu-Punkt-Modus (AP von Access-Point zu Access-Point) kann zur Verbindung (Bridging) von zwei oder mehreren APs verwendet werden **(Bild 3)**. Die Daten werden z. B. untereinander zwischen AP1 und AP2 übermittelt.

In großen Büros oder Lagerhallen werden oft mehrere APs verwendet, um die Reichweiten zu vergrößern.

> ❗ **WLAN** von **W**ireless **L**ocal **A**rea **N**etwork = Lokales Funknetz.
> **Wi-Fi** von Wireless Fidelity, Funknetzwerk nach IEEE-802.11.
> **ad hoc** (lat.) zu diesem, hierfür sinngemäß: für diesen Augenblick gemacht.
> **modus** (lat.) = Art, Weise, sinngemäß: Betriebsart.
> **SSID** von **S**ervice **S**et **I**dentifier Netzwerkname.

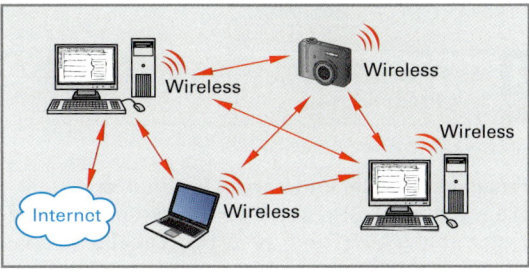

Bild 1: Ad-Hoc-Betriebsart

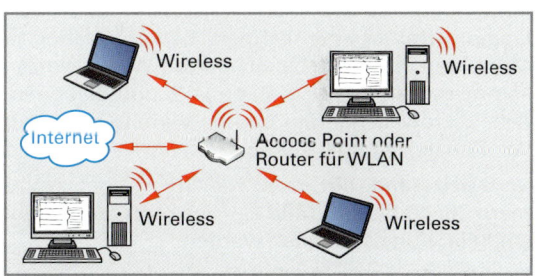

Bild 2: Infrastruktur-Betriebsart

Tabelle 1: WLAN-Bitraten nach IEEE 802			
Standards	Band in GHZ	Bitraten (Übertragungsraten)	
		theoretisch	praktisch
802.11	2,4	2 Mbit/s	< 1 Mbit
802.11a	5	54 Mbit/s	20 Mbit/s bis 22 Mbit/s
802.11b	2,4	11 Mbit/s	5 Mbit/s bis 6 Mbit/s
802.11g[1]	2,4	54 Mbit/s	20 Mbit/s bis 22 Mbit/s
802.11n[2]	2,4/5	300 Mbit/s	100 Mbit/s bis 120 Mbit/s
802.11ac[2]	5	6,936 Gbit/s	bis 1733 Mbit/s
802.11ad	60	6,936 Gbit/s	bis 7 Gbit/s

[1] abwärtskompatibel zu 802.11b
[2] mit Frequenz- und Antennendiversity (MIMO)

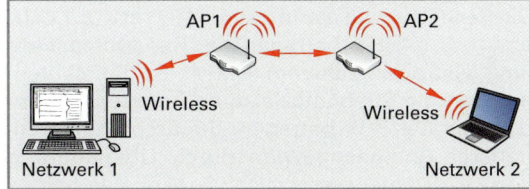

Bild 3: Punkt-zu-Punkt-Betriebsart

WLAN-Erweiterung mit Repeater

Mit einem Repeater (= Wiederholer) lässt sich die Reichweite des WLAN-Netzes vergrößern **(Bild 1)**. Da AP und Repeater auf derselben Frequenz arbeiten halbiert sich die Bitrate. Repeater werden meist mit WPS (von Wi-Fi Protected Setup = geschützte Einrichtung bei Wi-Fi) eingerichtet. Auf Knopfdruck am AP und dann am Repeater verbinden sich die Geräte miteinander. Der AP übergibt dabei das Passwort an den Repeater.

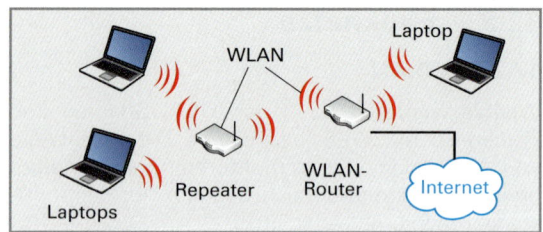

Bild 1: Repeater

 WPS nach der Geräteaktivierung im Router sicherheitshalber abschalten.

Frequenzbereiche und Kanäle für WLANs

Die Bänder 2,4 GHz und 5 GHz verwenden Kanalraster mit 5 MHz und 20 MHz **(Tabelle 1)**. Eine WLAN-Verbindung benötigt aber eine Bandbreite von 20 MHz. Das bedeutet, dass im 2,4-GHz-Band mit 13 Kanälen nur drei WLAN-Netze überlappungsfrei arbeiten können. Es kann daher zu Störungen zwischen benachbarten WLAN-Netzen kommen, wenn diese z. B. Kanal 5 und 6 verwenden. Mikrowellengeräte können Verbindungen auf den Kanälen 7 und 8 stören.

Im 5-GHz-Band gibt es 19 Kanäle, mit den Nummern 36, 40 bis 140 **(Bild 2)**. Hier kann fast immer ein freier Kanal gefunden werden.

Nachteilig ist, dass die Reichweite deutlich geringer ist.

Das 60-GHz-Band (Wireless Gigabit) ist für Datenraten bis 2 Gigabit geplant, z. B. für Videoübertragungen mit 4 K-Auflösung.

Tabelle 1: WLAN-Frequenzbereiche und Kanäle				
Frequenzbereiche in GHz	Kanäle	Raster in MHz	Breite in MHz	Überlappungsfrei
2,4 bis 2,4835	13	5	20	1, 7, 13
5,15 bis 5,725	19	20	20	Alle 19
57 bis 66	4	2 160	1 760	Alle

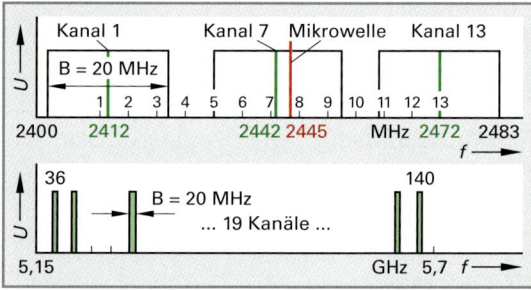

Bild 2: Frequenzbereiche

Authentifizieren und Verschlüsseln

Am Router kann zwischen **Preshared-Key** (vorher vereinbarter Schlüssel) und **Open System** gewählt werden. Beim Preshared-Key-Verfahren schickt die mobile Station eine Authentifizierungsanforderung an den AP. Stimmen SSID und Passwort überein, wird die Verbindung aufgebaut. Bei der Einstellung Open System genügt die SSID für den Verbindungsaufbau, d. h. jeder kann eine Verbindung aufbauen **(Bild 3)**.

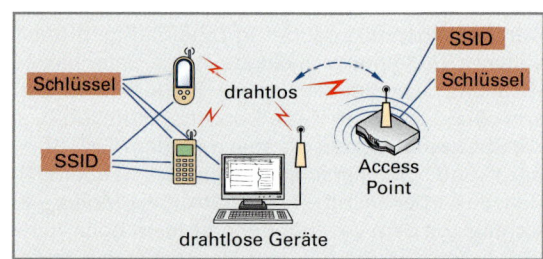

Bild 3: Authentifizierung

Sendeleistung und Antennen

Die Sendeleistung darf maximal 100 mW (2,4 GHz) und 1 W (5 GHz) betragen bei Rundumabstrahlung (isotrope Strahlung) **(Bild 4)**. Bei Richtantennen darf die Strahlungsleistung in Antennenrichtung nur 100 mW betragen. Bei Empfang ist ein höherer Antennengewinn durch Überlagerung von z. B. 3 Antennen erreichbar. Wobei in beiden Fällen störende Reflexionen vermindert werden.

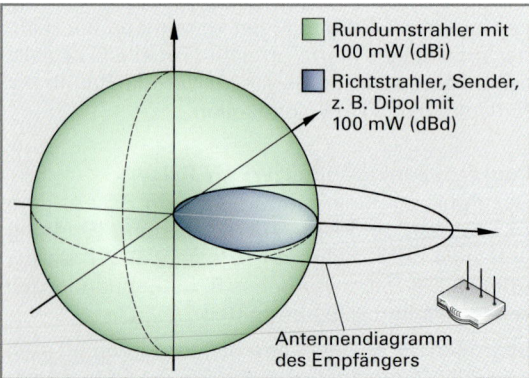

Bild 4: Antennendiagramm für WLAN

WLAN-Eigenschaften

Für den Empfang von WLAN-Funkwellen sind die Effekte Dämpfung, Reflexion und Streuung von Bedeutung **(Bild 1)**.

> ❗ Abhören und Protokollieren von Funkverbindung oder Einloggen in Netze ist nicht zulässig.

Dämpfung

Zusätzlich zur Dämpfung im freien Raum (Luft) werden Wellen auch durch im Wege befindliche Materialien gedämpft **(Tabelle 1)**.

Wassermoleküle haben etwa bei 2,4 GHz eine Resonanzfrequenz. Deshalb ist Nässe in Ausbreitungsrichtung, z. B. durch Wäscheständer, Wäschekörbe oder Boiler zu vermeiden.

Tabelle 1: Dämpfungsfaktoren *d* bei 2,4 GHz

Materialien	*d* in %	Materialien	*d* in %
Holzwand	5	Beton	40
Aluminium	10	Rigips	60
Glas	25	Wasser	80[1]
Ziegelstein	30	[1] von der Wasser-schichtdicke abhängig	

Reflexion

Metallflächen im Funkweg, z. B. Kühlschranktüren oder Dunstabzugshauben können die Wellen reflektieren. Hinter dem Reflektor ist dann kein Empfang möglich („Funkloch").

Streuung

Je nach Reflektorform werden Wellen auch in verschiedene Richtungen umgelenkt (Bild 1). Das kann zu einer größeren Feldstärke führen.

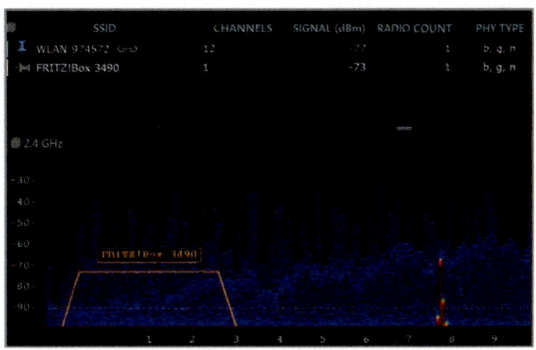

Bild 2: WLAN-Sniffer InSSIDerOffice

WLAN-Sniffer

Ein WLAN-Sniffer (von Sniffer = Schnüffler) ist ein Programm, das zum Auffinden von WLAN-Netzen und zum Abhören nicht gesicherter Netze dient.

Das Programm InSSIDerOffice liefert z. B. eine Liste der WLANs **(Bild 2, oben)**. Es werden die SSIDs, die gerade benutzten Kanäle, die RSSI, das Verschlüsselungsverfahren, die MAC-Adressen, die maximalen Bitraten, der Hersteller des APs und der Netzwerktyp ermittelt **(Tabelle 2)**. Die Kanalbelegungen der WLANs und die Feldstärke der Kanäle können grafisch angezeigt werden **(Bild 2, unten)**.

Aus den OFDM-Signalen extrahiert das Programm die Kanalbelegung, z. B. für den Kanal 1. Im Bild sieht man die Trägersignale im Frequenzbereich.

Tabelle 2: WLAN-Begriffe

Begriffe	Beispiele	Erklärungen
SSID, Service Set Identifier	Frei wählbarer Name des Funknetzes	Namenslänge bis 32 Zeichen.
Channel, Kanal	Bandbreiten von 20 MHz bis 40 MHz	Kanäle von 1 bis 13, Kanalabstand 5 MHz.
RSSI, Received Signal Strength Indication	Empfangsfeldstärke in dBm	30 dBm sehr gut, 74 dBm noch brauchbar.
Security, Sicherheit	WPA2	Verschlüsselungsverfahren.
MAC-Adresse, Media Access Control	7V:AF:B5: 1A: E8:D4	Hardware-Adresse des Netzwerkadapters.
Maximale Datenrate	54 Mbit/s bis 300 MBit/s	Ist von der Feldstärke abhängig.
Vendor	AVM, Netgear	Hersteller
Network Type, Netzwerktyp	Infrastructure	AP oder Router koordinieren das Funknetz.

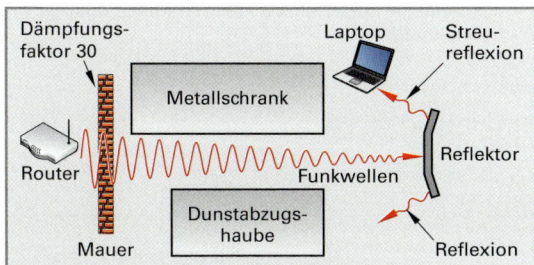

Bild 1: Dämpfung, Streuung, Reflexion

12.3.2 Funkanwendungen auf ISM-Bändern

Überblick

Die ISM-Frequenzen sind international zur Nutzung durch Hochfrequenzgeräte z. B. Mikrowellenherde oder Radar zugewiesen **(Bild 1)**. ISM-Frequenzen können auch zur Nachrichtenübertragung genutzt werden. Um einen störungsfreien Betrieb zu ermöglichen, müssen technische Maßnahmen, wie das Frequenzsprungverfahren verwendet werden.

 Funkgeräte auf ISM-Bändern sind ohne besondere Frequenzzuteilung gebührenfrei von jedermann nutzbar.

ISM-Anwendungen

Alarmfunkanlagen
Alarmfunkanlagen sind Funkanwendungen zum Zwecke der Alarmierung. Sie werden von hilfsbedürftigen Personen in Notfällen verwendet **(Tabelle 1)**.

Audio-Anwendungen
Sie ermöglichen die drahtlose Übertragung von Audio-Signalen z. B. im Heimbereich.

Aufspüren und Orten von Personen
Für Fernmessen sowie Erkennen und Aufspüren und Orten von Personen und Objekten. Zur Suche von Lawinenverschütteten wird die Frequenz 457 kHz verwendet.

Babyüberwachungsanlagen
Babyüberwachungsanlagen dienen der akustischen Überwachung von Personen. Sie dürfen nur senden, wenn ein Nutzsignal vorliegt.

BFWA
BFWA (Broadband Fixed Wireless Access = Fester Breitbandfunkzugang) wird für gewerbliche, öffentliche, breitbandige, ortsfeste Informationsverteilsysteme auf Funkbasis verwendet.

BWA (Wireless Gigabit)
BWA (Broadband Wireless Access = Breitbandfunk-Zugang) soll die Festnetzzugänge zum Endverbraucher (last mile) durch Funk ersetzen.

! ISM von Industrial Scientific and Medical
= Industrie, Wissenschaft und Medizin.
- ISM-Frequenzen sind in der Regel anderen Funkdiensten zugewiesen.
- ISM-Nutzer dürfen diese Dienste nicht stören.
- ISM-Nutzer haben Störungen durch andere Funkdienste hinzunehmen.

Tabelle 1: Einige ISM-Frequenzbereiche

Bänder	Anwendungen
Frequenzbereiche in MHz	
① 13,553 – 13,567	Funketiketten (RFID)
② 26,957 – 27,283	Modellfunk, Babyphone
③ 40,66 – 40,70	Modellfunk, CB-Funk
④ 169,4 – 169,475	Fernmessen, Datenerfassung
169,475 – 169,000	Alarmfunkanlagen
⑤ 433,05 – 434,79	Funksteckdosen, Alarmanlagen, Autoschlüssel
⑥ 863,0 – 865,0	Audio-Anwendungen
868,6 – 869,70	Datenübertragung, Alarmfunkanlagen, RFID
Frequenzbereich in GHz	
⑦ 1,880 – 1,900	DECT, Digital Cordless
⑧ 2,4 – 2,5	Drahtlose Video-Übertragung, WLAN, Bluetooth, ZigBee, Mikrowellengeräte, RFID
⑨ 5,15 – 5,25 und 5,25 – 5,35 5,470 – 5,725	WLAN in geschlossenen Räumen WLAN außerhalb geschlossener Räume
⑩ 5,755 – 5,850	BFWA
⑪ 10,00 – 66	BWA, WiMAX

Diese Technik wird auch als WiMAX (Worldwide Interoperability for Microwave Access = Weltweite Fähigkeit zur Zusammenarbeit im Mikrowellenbereich) bezeichnet.

K Kompetenzorientierung

1. Was bedeutet die Abkürzung ISM?
2. Welche Einschränkungen gelten in ISM-Bändern?
3. Welche Funktechnik kann Festnetzzugänge ersetzen?

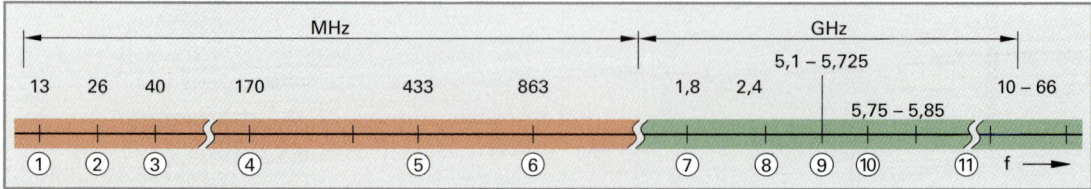

Bild 1: ISM-Frequenzdiagramm

12.3.3 Bluetooth

Netzaufbau. Bluetooth ist ein WLAN und ersetzt Leitungsverbindungen zwischen Geräten im Nahbereich. Anwendung finden Bluetooth-Netze zur Verbindung von Peripheriegeräten mit dem PC und zwischen Peripheriegeräten **(Bild 1)**. Die Funkverbindung zwischen den Geräten erfolgt über Bluetooth-Module **(Bild 2)**. Diese bestehen aus einem HF-Teil mit Sender und Empfänger, einem Basisband-Controller mit einer MAC-Adresse und einem Interface zum Anschluss der Host-Systeme. Bluetooth-Module gibt es in drei Leistungsklassen von -30 dBm bis 20 dBm für Entfernungen von 3 m bis 100 m.

Verbindungsaufbau. Eingeschaltete Geräte, die nicht zu den Nutzern eines Pikonetzes gehören, überprüfen vom Stand-by-Modus aus periodisch, ob Suchanfragen von einem Master für sie vorliegen. Die Anwahl eines solchen Gerätes wird durch eine Inquiry-Nachricht (inquiry = Erkundigung) mit anschließender Page-Message (= Seitennachricht) hergestellt **(Bild 3)**. Im Page-Modus sendet der Master alle 1,28 s 32 gleiche Botschaften an die Slaves auf 32 verschiedenen Frequenzen. Antwortet ein Slave, wird er mit dem Pikonetz verbunden. Andernfalls wiederholt der Master den Page-Modus. Das Einschalten eines Gerätes kann also länger als 2,56 s dauern.

Werden keine Daten übertragen, kann der Master in seinem Pikonetz die Slaves zum Stromsparen in einen Hold-Modus versetzen. Die Slaves können zum Strom sparen mit verringerter Abfragerate im Sniff-Modus (von to sniff = schnüffeln) zuhören. Im Park-Modus ist der Slave mit dem Pikonetz synchronisiert, überträgt aber keine Daten.

> Jedes Pikonetz hat nur einen Master, dieser kann aber in einem anderen Pikonetz auf einem anderen Kanal auch als Master am Funkverkehr teilnehmen.

Frequenzsprungverfahren. Der Wechsel erfolgt zwischen den 79 Kanälen mit 1600 Sprüngen (Hops) in der Sekunde **(Bild 4)**. Die Sprungfolge wird vom Master vorgegeben und von den Slaves übernommen. 1600 Hops je Sekunde bedeutet, dass Bluetooth Zeitschlitze mit der Länge $t = 1/(1600\ 1/s) = 625\ \mu s$ verwendet. Durch das abwechselnde Umschalten aufeinander folgender Zeitschlitze von Senden auf Empfangen entsteht ein TDD-Verfahren (von Time Division Duplex = Zeitmultiplex-Duplex).

> Bluetooth-Geräte verwenden ein Zeitmultiplex-Verfahren, bei dem abwechselnd gesendet und empfangen wird.

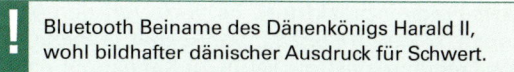

! Bluetooth Beiname des Dänenkönigs Harald II, wohl bildhafter dänischer Ausdruck für Schwert.

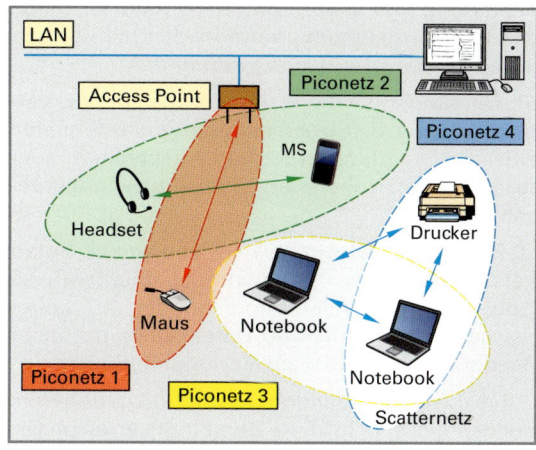

Bild 1: Aufbau von Bluetooth-Netzen

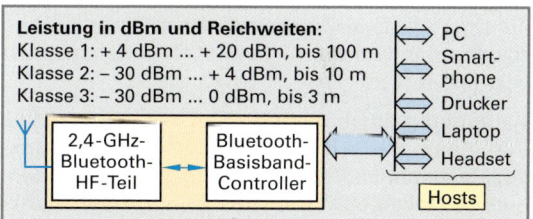

Leistung in dBm und Reichweiten:
Klasse 1: + 4 dBm ... + 20 dBm, bis 100 m
Klasse 2: – 30 dBm ... + 4 dBm, bis 10 m
Klasse 3: – 30 dBm ... 0 dBm, bis 3 m

2,4-GHz-Bluetooth-HF-Teil — Bluetooth-Basisband-Controller

PC, Smartphone, Drucker, Laptop, Headset — Hosts

Bild 2: Bluetooth-Modul

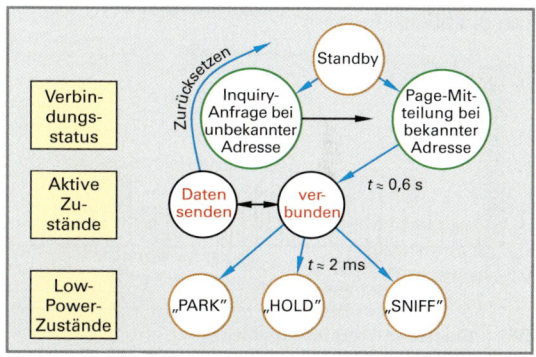

Bild 3: Betriebszustände

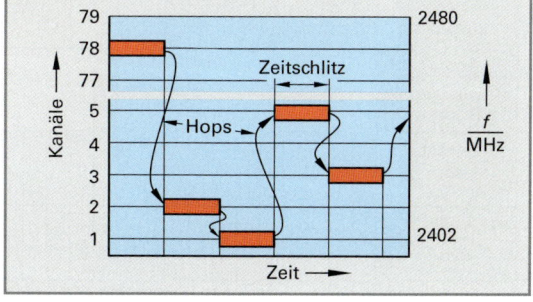

Bild 4: Frequenzsprungverfahren

Basis-Frequenzspektrum. Es wird von den Versionen 1, 2.0/2.01 bis 4.0 verwendet **(Tabelle 1)**. Das Frequenzspektrum ist in 79 Kanäle mit einer Bandbreite von 1 MHz unterteilt **(Bild 1)**. Durch das Frequenz-Hopping kann es zu Qualitätsverlusten bei der Übertragung kommen.

Anwendungen sind z. B. länger bestehende Verbindungen, z. B. Streamen von Audio-Signalen zwischen Rundfunkgerät und Lautsprechern oder zwischen Smartphone und Freisprecheinrichtungen in Kfz.

LE-Frequenzspektrum. Es wird von den LE Smart Versionen 4.0 bis 4.2 verwendet. Bluetooth LE (Low Energy) sendet Impulsbündel mit hoher Reichweite. Es stehen 40 Datenkanäle mit einer Bandbreite von 2 MHz zur Verfügung **(Bild 2)**.

Durch die höhere Bandbreite wird mit geringerem Sendepegel eine größere Bandbreite erreicht. Die Advertising-Kanäle (Anbieter) bieten auch lokale Informationen an. Bluetooth LE wird im Internet der Dinge (IoT) für Sensorik-Infrastrukturen, ohne Dauerverbindungen mit langen Batterielaufzeiten verwendet.

Verbindung durch Pairing. Dies ist ein manuelles Verbinden mit z. B. einem Lautsprecher: Funktionstaste am Lautsprecher **(Bild 3)** 3 s betätigen, bis die Anzeige-LED schnell blinkt, dann Funktionstaste am Sender betätigen (auch schnelles LED-Blinken). Ist die Verbindung aufgebaut, blinken die LEDs langsam.

Tabelle 1: Bluetooth-Version

Daten Version	Bit-raten r_{core}	Bit-raten r_{EDR}	Bit-raten r_{Hs}	Reich-weite max	Low Energy (LE)-Mode
Bluetooth 1.x	1 Mbit/s	–	–	100 m	nein
Bluetooth 2.x	1 Mbit/s	3 Mbit/s	–	100 m	nein
Bluetooth 3.x	1 Mbit/s	3 Mbit/s	54 Mbit/s	100 m	nein
Bluetooth 4, LE	1 Mbit/s	3 Mbit/s	54 Mbit/s	100 m/ 10 m	ja

core = EDR von Enhanced Date Rate = erhöhte Datenrate, HS von High Speed = hohe Geschwindigkeit, LE mode von Low Energy = Niedrigenergie-Betriebsart

Bild 3: Kopplung durch Pairing

Verbindung durch Bonding. Verbindung kommt automatisch zustande, z. B. zwischen Smartphone und Freisprechanlage im Auto oder Smartwatch mit Fitnessband.

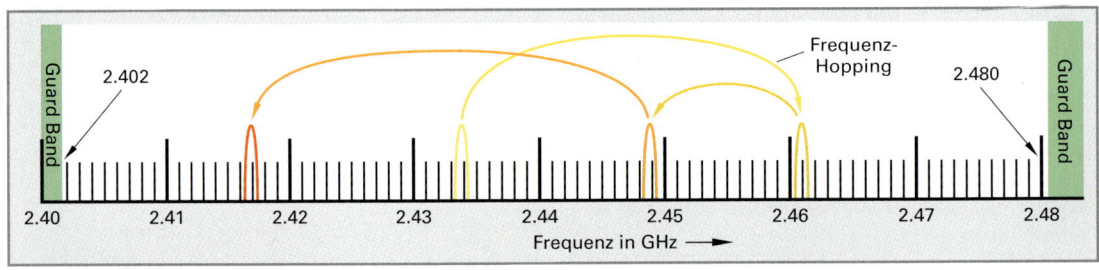

Bild 1: Bluetooth-Frequenzspektrum

Bild 2: Frequenzspektrum von Bluetooth LE

Bluetooth-Mesh-Netzwerk (BT-Mesh)

BT-Mesh ist eine Netzwerktechnologie. Das Netzwerk baut auf der Hardware von Bluetooth LE (BLE) auf und soll die Reichweite erhöhen (**Bild 1**). BT-Mesh kann eine Many-to-Many-Beziehung (m:m) zwischen drahtlosen Geräten, die als Knoten (nodes) bezeichnet werden, herstellen. BT-Mesh wird in der Gebäudeautomation und in Sensornetzwerken angewendet. Die BT-Netzwerke sind für sehr viele Maschen auslegbar (**Bild 2**).

Je nach Aktivierungsart senden BT-Mesh-Netzwerke Nachrichten an einzelne Knoten, eine Gruppe von Knoten oder alle Knoten (**Bild 3**). Das kann z. B. WAN im ganzen Haus sein. Als Relais-Knoten betriebene Geräte leiten Nachrichten an Geräte weiter, die zu weit vom ursprünglich sendenden Knoten entfernt sind. Eine Nachricht kann über Relais-Knoten mehrfach weitergeleitet werden. Es gibt so mehrere Wege, auf denen eine Nachricht an ihrem Ziel ankommen kann. Es sind bis zu 127 Sprünge (hops) möglich. Bei Ausfall eines bestimmten Knotens bleibt das Netzwerk funktionsfähig.

> Bei Ausfall eines Knotens bleibt das BT-Mesh-Netzwerk funktionsfähig.

Ein Knoten mit niedriger Leistung LPN (low-power node) arbeitet mit einem Freund-Knoten zusammen (**Bild 4**). Der Freund-Knoten, z. B. eine BT-Mesh-Leuchte, speichert die an den Knoten adressierten Nachrichten und liefert an diesen nur auf Nachfrage. Ein Sensor für Tag-Nacht-Schaltungen sendet z. B. stromsparend nur 4 x täglich Informationen.

> **!** **Mesh** = Netz, Masche im Netz
> **BT LE** von Bluetooth und Low Energy, kurz BLE.

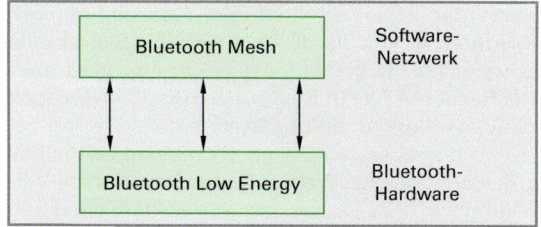

Bild 1: Zusammenwirken von Bluetooth LE und BT-Mesh

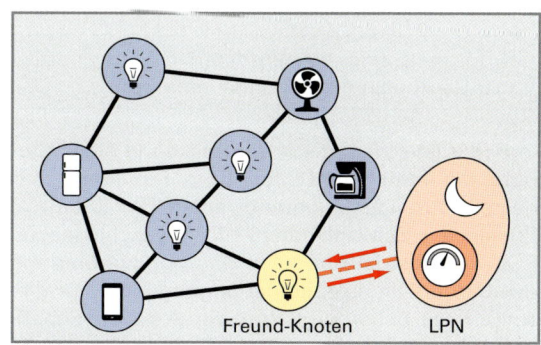

Bild 3: Adressierungsarten bei BT-Mesh

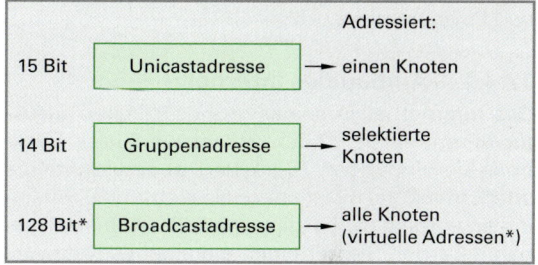

Bild 4: Freundknoten und LPN

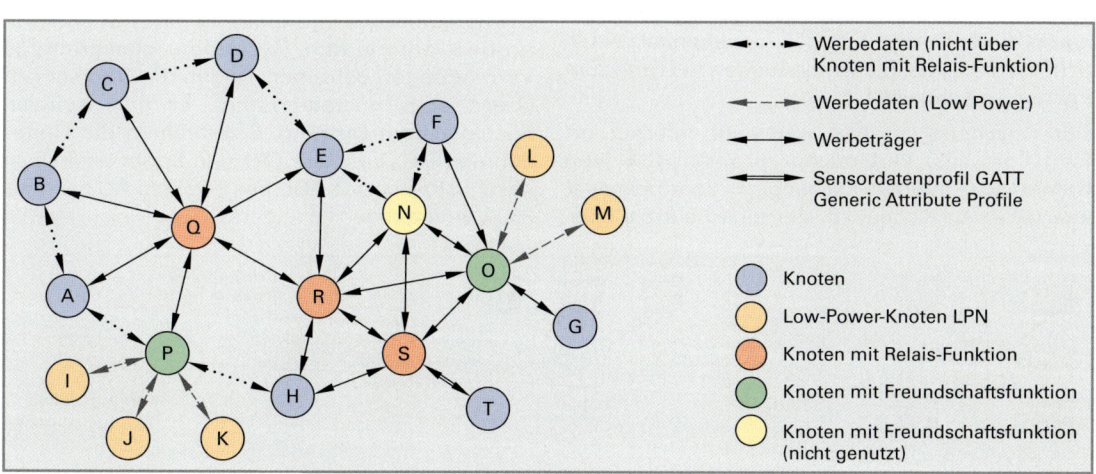

Bild 2: Beispiel eines BT-Mesh-Netzwerk

12.4   Internet

Das Internet (von international network) ist ein weltweiter Verbund von Computernetzwerken auf Basis der TCP/IP-Technologie. Koordiniert wird das Internet von der ICANN (**Bild 1**). Sie ist eine privatrechtliche gemeinnützige Organisation nach US-Recht mit Sitz in Kalifornien. Die ICANN regelt die Verwaltung und Koordination der Adressenbereiche der obersten Ebene (Top-Level-Domains), z. B. .com, .de, .us. Weitere Aufgaben sind die Verteilung von IP-Adressen bzw. Adressbereichen und die Entwicklung und Standardisierung von den im Internet nötigen Protokollen, Protokollparametern und Portnummern.

12.4.1   Aufbau des Internet

Das Internet ist in seiner grundsätzlichen Struktur dezentral. Der Datenverkehr wird über Backbone-Verbindungen (Rückgrat) abgewickelt, die interkontinental meist nationale Netzwerke miteinander verbinden. Es gibt spezielle Anbieter, genannt Carrier. Sie betreiben ein eigenes Netzwerk und ermöglichen kleineren Providern einen Anschluss an dieses Netzwerk.

> Im Internet sind die einzelnen großen Netze über Backboneverbindungen verknüpft.

In **Bild 2** ist schematisch der Backbone eines Carriers mit zwei angeschlossenen Providern dargestellt. Provider A betreibt einen PoP (Point of Presence = Einwahlknoten) mit angeschlossenen PCs. Er selbst ist über eine Backboneverbindung des Carriers an das Internet angebunden. Für diesen Zweck beherbergt Provider A einen Schaltschrank des Carriers, der als Gegenstelle für die Backbone-Verbindung zum Provider B dient. Auch Provider B betreibt einen PoP mit angeschlossenen PCs. Der Carrier unterhält hier ebenfalls einen Schaltschrank, der die Verbindungen zu A und zum Internet gewährleistet.

Der Anschluss an das weltweite Internet erfolgt über eine Verbindung zu einem CIX (von Commercial Internet Exchange = kommerzieller Internet-Austauschpunkt), der eine neutrale Aus-

> **!** **ICANN** Internet Coorporation for Assigned Numbers and Names
> **Carrier** Träger, hier: Betreiber von Tk-Diensten
> **Provider** Anbieter und Lieferant von Internetdiensten
> **CIX** Commercial Internet Exchange = kommerzieller Internet-Austauschpunkt

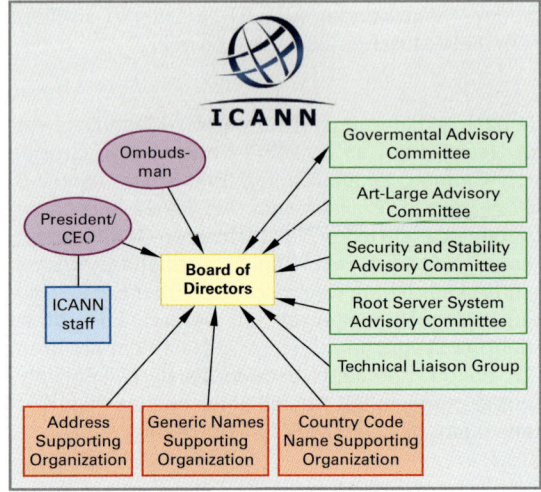

Bild 1: ICANN-Organisation

tauschstelle als Übergang zu anderen autonomen Systemen (AS) darstellt. Der bedeutendste Austauschpunkt in Deutschland ist das DECIX (Deutscher Commercial Internet Exchange, http://www.de-cix.net in Frankfurt am Main.

> Das Internet besteht aus mehr als 21.000 unabhängigen Netzen, den Autonomen Systemen (AS).

Große autonome Systeme, die nur mit anderen großen autonomen Systemen gleichrangige Verbindungen betreiben, bilden die Oberschicht (Tier 1 engl. = erster Rang). Es gibt weltweit höchstens ein Dutzend. Dazu zählen die Unternehmen MCI, Level3, AT&T und Sprint, aber auch Mischkonzerne wie AOL. Die Telekom AG hat etwa 350 Verbindungen zu anderen AS.

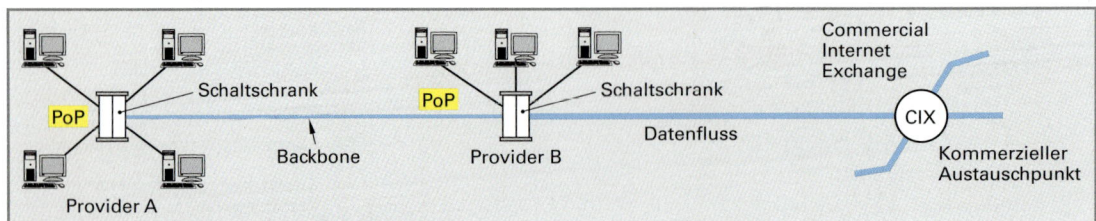

Bild 2: Prinzip eines Backbones mit zwei angebundenen Providern

12.4.2 Kommunikationsprotokolle im Internet

Protokolle sind Konventionen und Regeln über den Austausch von Informationen zwischen Computern mit dem Ziel, eine vollständige, fehlerfreie und effektive Datenübertragung zu gewährleisten. Die Kommunikationsprotokolle des Internet bilden ähnlich wie das OSI-7-Schichten-Referenzmodell eine Abfolge von Schichten (**Bild 1**). Sie entstanden vor der Veröffentlichung des OSI-Referenzmodells und decken sich deshalb nicht vollständig.

> Das Internet-Schichtenmodell besteht im Gegensatz zum OSI-Referenzmodell nur aus vier Schichten.

Jede Schicht stellt der darüberliegenden Ebene definierte Funktionen zur Verfügung (**Tabelle 1**). Die beiden grundlegenden Protokolle TCP (Transport Control Protocol) und IP (Internet Protocol) haben der TCP/IP-Internet Protocol Suite den Namen gegeben. Die Protokollspezifikationen sind in den RFC-Dokumenten (RFC von Request for Comment = Bitte um Kommentare) festgehalten. Aufgrund ihrer weltweiten Anwendung stellen die hier veröffentlichten Regeln Quasi-Standards dar.

> TCP/IP ist eine Softwaresammlung, die unabhängig von der zugrunde liegenden Hardware der Netze Informationen verarbeitet.

TCP/IP-Daten werden über vorhandene Trägernetze, z. B. Ethernet oder Token Ring, übertragen.

Tabelle 1: Internet-Protokollschichten

Bezeichnungen	Aufgaben	Daten
Anwendungs-schicht	Enthält Anwendungen und Prozesse, die auf das Netzwerk zugreifen.	Stream
Transportschicht	Stellt Ende-zu-Ende-Datendienste zur Verfügung.	Segment
Internetschicht	Definiert den Aufbau von Datagrammen und routet Daten.	Data-gramm
Netzwerkschicht	Enthält Routinen für den Zugriff auf physikalische Netze.	Frame

> Die Aufgabe des TCP/ IP-Protokolles ist es, die Verbindung zwischen unterschiedlichen Netzwerken zu ermöglichen.

12.4.2.1 Die Netzwerkschicht

Die Netzwerkschicht ist die unterste Schicht des TCP/IP-Modells. Es werden bestehende Standards, wie z. B. das Ethernet-Protokoll, verwendet.

Für eine Netzwerkkarte bestehen die ankommenden Daten des Datenrahmens (Frame) aus dem Ethernet-Header (header = Kopfteil) und einem Datenteil. Dieser Datenteil wird vom Kartentreiber an die nächst höhere Schicht weitergereicht. Die Internetadressen werden auf die physikalischen Adressen abgebildet. Jeder Netzwerkstandard braucht sein eigenes Protokoll.

Internet-Protokolle								
OSI-Schicht		Internet-Protokoll-Suite						Internet-Schicht
7	Anwendung	File Transfer	Electronic Mail	Terminal Emulation	Usenet News	Domain Name Service	World Wide Web	Art der Kommunikation
6	Darstellung	File Transfer Protocol (FTP) RFC 959	Simple Mail Transfer Protocol (SMTP) RFC 821	Telnet Protocol (Telnet) RFC 854	Usenet News Transfer Protocol (UNTP) RFC 977	Domain Name Service (DNS) RFC 1034	World Wide Web (WWW) RFC	Anwendung Applikation
5	Sitzung							
4	Transport	Transmission Control Protocol (TCP) RFC 793					User Datagram Protocol (UDP) RFC 768	Transport Host to Host Kommunikation
3	Netzwerk	Address Resolution Protocol (ARP) RFC 826	Internet Protocol (IP) RFC 791				Internet Control Message Protocol RFC 792	Internet
2	Sicherung	Ethernet		Token Ring	DQDB	FDDI	ATM	Netzwerk-Schicht / lokales Netzwerk
1	physikalische Übertragung	Twisted Pair	Lichtwellen-leiter	Koaxialkabel		Funk	Laser	Netzzugriff

Bild 1: Wichtige Kommunikationsprotokolle im Internet

12.4.2.2 Die Internetschicht

Das Internet-Protokoll IP dient als Träger der Transportprotokolle TCP (von Transmission Control Protocol) oder UDP (von User Datagram Protocol). IP ist verbindungslos und nicht garantiert (**Bild 1**). Verbindungslos bedeutet, dass zwischen Absender und Empfänger keine Vereinbarung hinsichtlich der Steuerung des Kommunikationsverlaufs getroffen wird. Nicht garantiert bedeutet, dass auf dieser Protokollschicht keine Kontrolle vorgesehen ist, die für eine wiederholte Übertragung von verlorenen Paketen sorgt (Quittierungsmechanismus).

> Das Internet-Protokoll (IP) überträgt die Daten verbindungslos und nicht garantiert.

Die zu übertragenden Informationen werden paketiert, d. h. zerlegt und wie bei einem Briefumschlag mit Ziel- und Absenderadresse versehen. Da dies verbindungslos erfolgt, heißen IP-Pakete auch Datagramme. Die einzelnen IP-Pakete werden voneinander unabhängig versendet. Sie können über unterschiedliche Trägernetze gehen und infolgedessen am Ziel in einer anderen Reihenfolge ankommen. Einzelne Datagramme können außerdem aufgrund von Hard- und Softwarefehlern oder bei sehr hohem Datenaufkommen im Netz verlorengehen. Daher ist das IP kein zuverlässiges Protokoll mit Empfangsgarantie.

> Das Internet-Protokoll überträgt die Daten paketorientiert.

Für die Einordnung der empfangenen IP-Pakete in ihre korrekte Reihenfolge und deren Zusammensetzung zu einer Nachricht sind die Protokolle TCP bzw. UDP verantwortlich.

Das Protokoll IP fügt den zu übertragenden Daten einen Protokollkopf (Header) hinzu (**Bild 2**). Er enthält als wesentliche Information die logischen IP-Adressen des Quell- und des Zielcomputers. Damit wird das eigenständige Versenden der Pakete möglich. Hinzu kommen einige weitere Steuerungsinformationen. Die Integrität des IP-Headers wird durch Hinzufügen einer Prüfsumme sichergestellt.

> Die Funktionen des Protokolls IP sind im Header der IP-Pakete festgelegt.

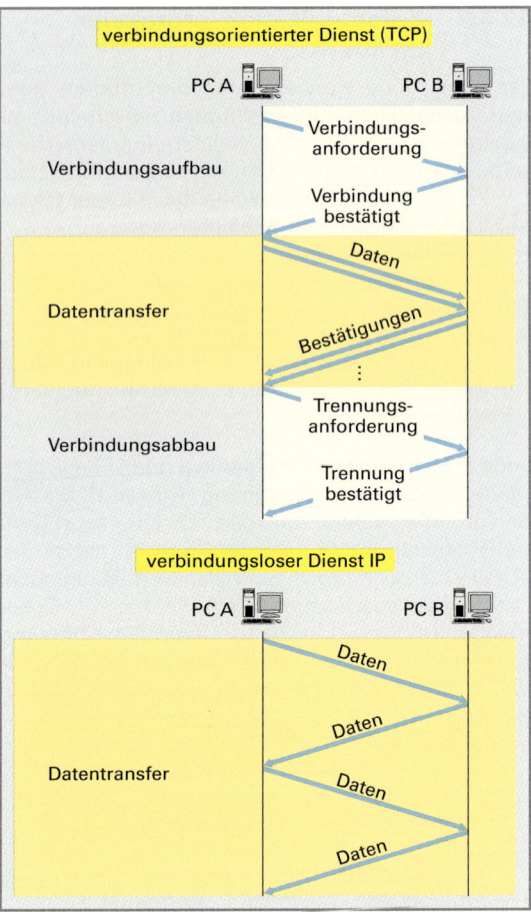

Bild 1: Kommunikationsphasen für verbindungsorientierte Dienste und verbindungslose Dienste

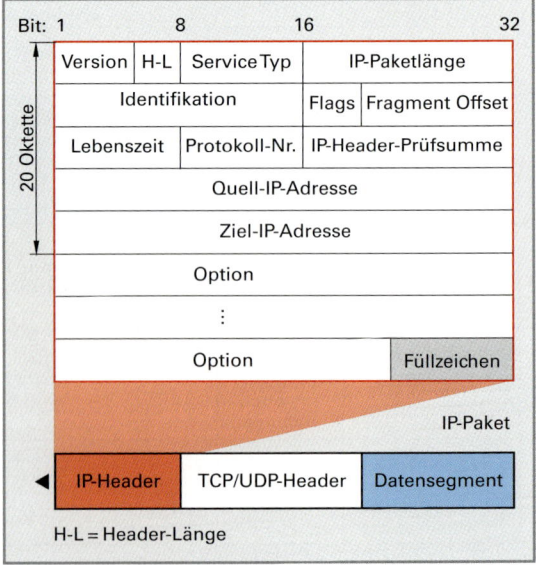

H-L = Header-Länge

Bild 2: Aufbau des IP-Headers

Adressen und Klassen

Die Nutzung des Protokolls IP ist für den Anwender in erster Linie mit der Vergabe einer IP-Adresse für seinen Rechner verknüpft. Jedes IP-Paket enthält im IP-Header die Absenderadresse und die Empfängeradresse als 32-Bit-Binärzahl. Sie wird in Form von vier durch Punkte getrennte Bytes notiert. Jedes Byte kann der besseren Lesbarkeit wegen in dezimaler Schreibweise als eine Zahl von 0 bis 255 dargestellt werden, z. B. als 196.23.155.113.

> IP-Adressen werden in vier durch Punkte getrennte Bytes in Dezimalnotation dargestellt.

Um die Zustellung von IP-Paketen zu vereinfachen, unterteilt man die Adressen in zwei Teile, den Netzwerkteil zur Netzwerkidentifikation und den Rechnerteil zur Benutzeridentifikation (**Bild 1**). Ein Vermittlungsrechner (Router) muss nun, um ein Datenpaket zu vermitteln, nur den Netzwerkteil einer Adresse kennen. Den restlichen Teil, die Hostnummer (von Host = Wirt, Gastgeber, im Sinne von angerufenem Computer), wertet erst der Router im Zielnetzwerk des Paketes aus. Dies gleicht der Vorwahlnummer und der Durchwahlnummer beim Telefonnetz.

Insgesamt gibt es fünf verschiedene Netzwerkklassen, von denen jedoch nur drei benutzt werden (Bild 1). Je länger der Netzwerkanteil einer Adresse ist, desto weniger lokale Computer können adressiert werden (**Tabelle 1**).

Grundsätzlich gilt für die Zustellung von IP-Paketen:

- Alle PCs mit der gleichen Netz-ID (Netzwerkadresse) gehören zu einem Netz und
- zur Koppelung von Netzen unterschiedlicher Netzwerkadressen wird ein Router benötigt.

Für Testzwecke und Netze ohne Internetanschluss sind die Adressbereiche A, B, C reserviert (**Tabelle 2**). Diese „privaten" Adressen sind im RFC 1597 festgelegt,

Öffentliche und private Adressen

Für die Verwaltung von IP-Adressen ist IANA allgemein zuständig, für Europa heißt diese Organisation RIPE. In der Praxis erfolgt die Reservierung der Adressen immer über einen Internet-Provider.

> **Host-ID** = Computeradresse
> **Netz-ID** = Netzwerkadresse
> **IANA** = Internet Assigned Numbers Authority
> **RIPE** = Réseaux IP Européens

Bild 1: Klassen von IP-Adressen

Tabelle 2: Adressen ohne Internetanbindung

Klasse	Adressbereiche	Anzahl der Netze
A	10.0.0.0 – 10.255.255.255	1
B	172.16.0.0 – 172.31.255.255	16
C	192.168.0.0 – 192.168.255.255	255

IPv6

Durch das starke Wachstum des Internet reicht das gegenwärtige Adressierungssystem des IPv4 (Internet Protocol Version 4) nicht aus. Bei der IP-Version 6 (IPv6) wird die Länge der Adressen von 4 Byte auf 16 Byte erhöht. Damit ergibt sich ein Adressraum von $2^{128} = 3,4028 \cdot 10^{38}$ möglichen Adressen. Für jeden Menschen auf der Erde stehen dann $6,5 \cdot 10^{28}$ Adressen bereit! IPv6 teilt die 128 Bit in acht Viererblöcke mit Hexadezimalnotation, getrennt durch Doppelpunkte.

> 2001:0db8:85a3:08d3:1319:8a2e:0370:7344

Dieses Format vereinfacht die Paketweiterleitung zwischen Teilnetzen. Die Vergabe von IPv6-Adressen an ein Netzwerk-Interface funktioniert automatisiert. Das Endgerät muss lediglich am Netzwerk angeschlossen sein und gestartet werden. Es integriert sich danach automatisch in die IPv6-Netzwerkstruktur.

Tabelle 1: Merkmale der Adressklassen im Internet

Klasse	Kennzeichnung in den ersten Bit	Adressbereich des ersten Byte	Anzahl der Netzwerkadressen	Anzahl der Hostadressen
A	0	0 – 127	126	16 387 064
B	10	128 – 191	16 384	64 516
C	110	192 – 223	2 097 152	254
D	1110	224 – …	nicht verfügbar	reserviert
E	1111		nicht verfügbar	reserviert

12.4.2.3 Protokolle der Transportschicht

TCP Transmission Control Protocol

Dieses Protokoll baut einen verbindungsorientierten und gesicherten Transportdienst auf. Die Sicherheit wird durch positive Rückmeldungen (acknowledgements) und Wiederholung fehlerhafter Datensegmente garantiert **(Bild 1)**.

> Standardanwendungen vieler Betriebssysteme nutzen TCP (Schicht 4) und IP (Schicht 3) als Transportprotokoll.

Die TCP-Datenblöcke werden als Segment bezeichnet. Jedem TCP-Block ist ein umfangreicher Header vorangestellt **(Bild 2)**.

Zur Realisierung der Flusskontrolle wird ein Fenstermechanismus (sliding windows) verwendet. Die Fenstergröße gibt an, wie viele Bytes gesendet werden dürfen, bis die Übertragung quittiert werden muss. Erfolgt keine Quittierung, werden die Daten nochmals gesendet. Die empfangene Quittierung enthält die Nummer des Bytes, das als nächstes vom Empfänger erwartet wird. Mit ihm werden auch alle vorhergehenden Bytes quittiert.

Wie bei allen verbindungsorientierten Diensten muss zunächst eine Verbindung aufgebaut und bei Beendigung der Kommunikation wieder abgebaut werden (Bild 1). Verbindungsaufbau bedeutet eine Vereinbarung beider Stationen über die Parameter der Übertragung z. B. Fenstergröße und Akzeptieren eines bestimmten Dienstes.

> TCP-Verbindungen sind vollduplex.

Ausgangs- und Endpunkte einer Verbindung werden durch Port-Nummern identifiziert. Allgemein verfügbare Dienste sind über Wellknown-Ports, z. B. Port 80 (http), erreichbar. Andere Portnummern werden beim Verbindungsaufbau vereinbart.

Beim Öffnen einer TCP-Verbindung tauschen beide Kommunikationspartner Kontrollinformationen aus. Dazu schickt der Client (Kunde) ein Segment mit der Aufforderung, die Folgenummern auf die Anfangsnummern zu synchronisieren (Bild 1). Der Empfänger (Server) bestätigt und legt seinerseits eine Folgenummer für Übertragungen in die Gegenrichtung fest. Auch beim Abbau einer Verbindung wird auf diese Weise festgestellt, dass beide Seiten alle Daten vollständig empfangen haben.

> **!** **UDP** baut im Unterschied zu TCP keine gesicherten Verbindungen zwischen kommunizierenden Hosts auf.
> **Wellknown Ports** = feste zugeordnete Portnummern.

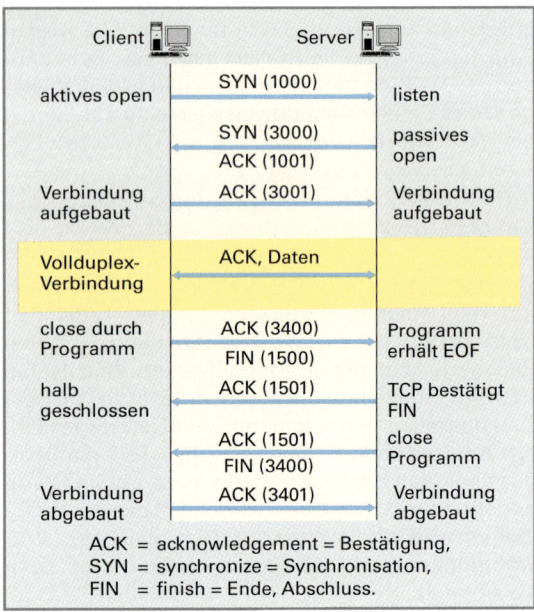

Bild 1: Ablauf einer TCP-Kommunikation

Bits 0	4	10	16	24	31
Sendeport			Empfangsport		
Sequenz-Nummer					
Bestätigungsnummer (Acknowledgement-Number)					
Header-länge	Reserviert	Codebits	Fenster		
Prüfsumme			Prioritätszeiger		
TCP-Optionen				Füllbits	
… Daten …					
… Daten …					

Bild 2: Format des TCP-Headers

Bits 0	4	10	16	24	31
Sendeport			Empfangsport		
Paketlänge			Prüfsumme		
… Daten …					
… Daten …					

Bild 3: Format des UDP-Headers

UDP User Datagram Protocol

UDP stellt als einfaches Protokoll (Schicht 4) einen nicht gesicherten Transportdienst ohne Flusskontrolle zur Verfügung. Der Empfang von Datenpaketen wird nicht quittiert. Ein UDP-Header ist nur 8 Byte lang **(Bild 3)**. UDP eignet sich für Echtzeit-Anwendungen, z. B. Multimediakommunikation.

12.5 Internet über Stromkabel

Schon früher nutzten die Energieversorgungsunternehmen die PLC-Technik zum unidirektionalen Datentransport, z. B. von Kontrollsignalen. Verfahren zur Übertragung von Sprache und Daten über Stromleitungen dienen als Alternative zum Netz der anderen Telekommunikationsanbieter.

Das Stromnetz kann damit als Datenübertragungsmedium für die bidirektionale Kommunikation zwischen PCs oder zwischen PC und Internet verwendet werden.

12.5.1 Powerline-Technik

In Europa regelt die Norm EN 50065-1 die Signalübertragung auf elektrischen Niederspannungsnetzen im Frequenzbereich von 3 kHz bis 148,5 kHz. Dies ist das CENELEC-Band (von Comité Européen de Normalisation Electronique = europäischer Ausschuss zur Normung der Elektrotechnik). Zum Schutz von Störungen und zur Gewährleistung der elektromagnetischen Verträglichkeit (EMV) beschreibt die CENELEC-Norm vier Frequenzbereiche **(Tabelle 1)**. Das A-Band nutzen Energieversorgungsunternehmen, das B-Band dient Anwendungen ohne Zugriffsprotokoll, das C-Band teilen sich z. B. alle Hausnetzwerke, die das vorgeschriebene Zugriffsprotokoll CSMA/CA (von Carrier Sense Multiple Access/Collision Avoidance = Vielfachzugriff mit Leitungsabfrage und Kollisionserkennung) verwenden. Das D-Band dient Alarm- und Sicherheitssystemen ohne Zugriffsprotokoll. Außerdem legt die Norm maximale Ausgangspegel für die Signalübertragung fest, z. B. 116 dB(µV) für das C-Band.

Für Anwendungen, die eine höhere Bandbreite erfordern, ist der Frequenzbereich 150 kHz bis 30 MHz vorgesehen, der aber bereits mit anderen Diensten belegt ist, z. B. Lang-, Mittel- und Kurzwellensendern **(Bild 1)**.

Bei allen Powerline-Technologien werden zusätzlich zur festen Stromfrequenz von 50 Hz weitere Frequenzen auf die Stromleitung aufmoduliert **(Bild 2)**.

> **!** Das **CENELEC-Band** definiert vier Frequenzbereiche zur Datenkommunikation auf Niederspannungsnetzen.
> **PLC** von Powerline Communications = Datenaustausch in Niederspannungsnetzen.

Tabelle 1: Informationsübertragung auf Niederspannungsnetzen

CENELEC-Bänder	Frequenzbereiche	Nutzer
A	9 kHz - 95 kHz	Energieversorger
B	95 kHz - 125 kHz	Kundenanlagen
C	125 kHz - 140 kHz	Kundenanlagen mit CSMA
D	140 kHz - 148,5 kHz	Kundenanlagen

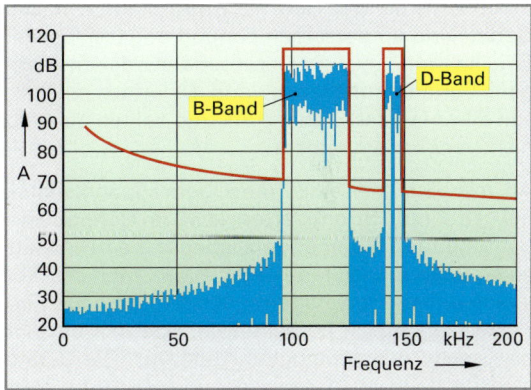

Bild 2: Frequenzspektrum im CENELEC B- und D-Band

12.5.2 Inhouse-Powerline

Die Powerline-Technik kann eine Alternative zu den herkömmlichen Netzwerktechniken wie z. B. Ethernetverkabelung und WLAN (Wireless Local Area Network) sein. Sie wird oft auch als Strom-LAN oder dLAN (direct LAN) bezeichnet. Die Übertragung der Daten erfolgt bei Inhouse-Powerline als Hochgeschwindigkeits-Ethernet über das vorhandene Stromnetz **(Bild 1, folgende Seite)**.

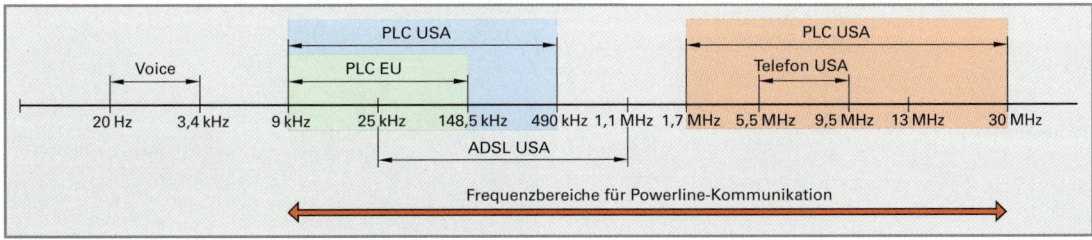

Bild 1: Frequenzbereiche der Powerline-Technik

Die Verbindung zwischen Stromnetz und PC erfolgt über einen Adapter mit Netzwerkanschluss **(Bild 2)**. Es werden mindestens zwei Adapter benötigt. Einer für die Verbindung von DSL-Modem oder Router mit der Steckdose und einer für die Verbindung zwischen PC und Stromnetz **(Bild 3)**. Es werden Übertragungsgeschwindigkeiten bis zu 500 Mbit/s erreicht. Die Übertragungsgeschwindigkeit nimmt jedoch mit steigender Adapteranzahl stark ab. Maximal können 10 bis 15 Adapter in einem Netzwerk sinnvoll betrieben werden (Bild 1).

Funktionsweise
Die vorhandene Netzspannung von 230 V und 50 Hz wird mit hohen Trägerfrequenzen überlagert, die mit dem Nutzsignal im OFDM-Verfahren (Orthogonales Frequenz-Divisions-Multiplex-Verfahren) moduliert sind. Das Netz hat Busstruktur, d. h. alle Geräte sind an derselben Leitung angeschlossen. Es kann immer nur ein Gerät senden oder empfangen. Verlängerungskabel und Mehrfachsteckdosen dämpfen das Signal stark und sollten deshalb nicht verwendet werden.

An ihre Grenzen stößt die Übertragungstechnik bei getrennten Stromkreisen, etwa im Büro oder in benachbarten Wohnungen, ebenso beim Einsatz eines Spannungsfilters. Theoretisch kann die Abstrahlung von Powerlinefrequenzen Störungen im Kurzwellenbereich herbeiführen. Dadurch besteht die Gefahr, des unbefugten Abhörens. Die Geräte sind deshalb mit Netzwerkkennworten und Verschlüsselungsverfahren ausgestattet.

12.5.3 Powerline vom Stromversorger
Die Versorgung von Haushalten mit Internet-Zugängen über die Stromleitung von außen erfolgt zur Zeit nur in Feldversuchen **(Bild 4)**. Die Überbrückung der letzten Meile beginnt am Ortsnetz-Transformator. Ein im Niederspannungsnetz integrierter Signalverstärker sorgt dafür, dass die Daten die Kunden mit dem notwendigen Signalpegel erreichen. Der hier notwendige Einsatz größerer Pegel auf den ungeschirmten Leitungen bewirkt eine größere Abstrahlung unerwünschter hochfrequenter elektromagnetischer Strahlung.

> **!** Vorteile von Powerline:
> • einfache Software-Installation (Plug&Play)
> • Vermeidung von Kabelneuverlegungen
> • höhere Reichweite gegenüber WLAN

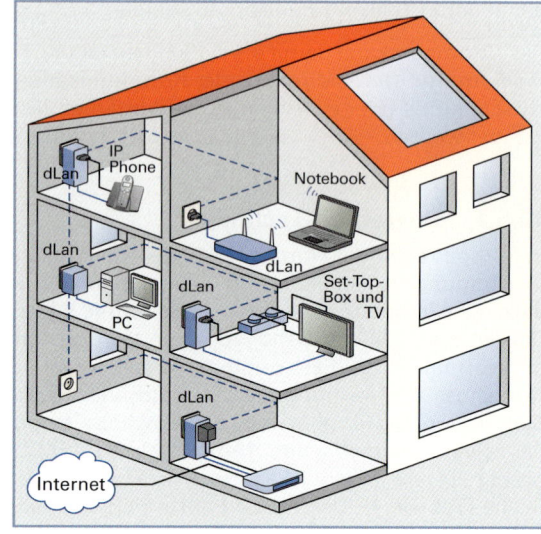

Bild 1: Inhouse-Powerline

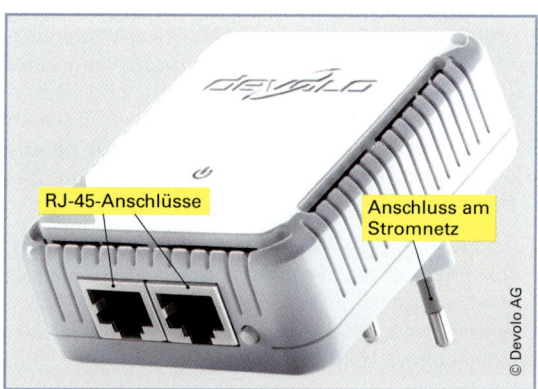

Bild 2: Netzwerkadapter

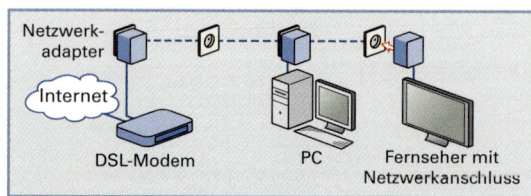

Bild 3: Powerline Mehrplatzlösung

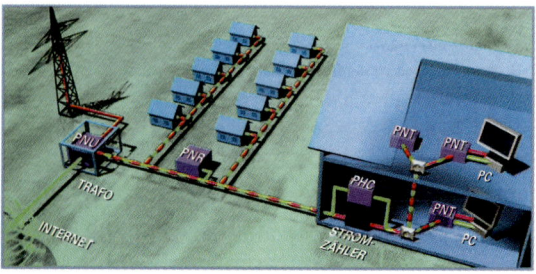

Bild 4: Powerline vom Stromversorger

12.6 Dienste im Internet

Internetdienste sind Anwendungen, die auf den TCP/IP-Protokollen basieren. Dazu hat die ICANN Ports (Portnummern) festgelegt. Über die Portnummern erfolgt der gesamte Datenaustausch über TCP oder UDP mit den Anwendungen. Um mehr als eine Anwendung zeitgleich zu nutzen, werden Sockets (Fassung, Muffe) als Programmschnittstelle festgelegt. Sie enthalten die IP-Adresse und die Portnummer des Senders bzw. Empfängers für die Zeitdauer der Verbindung **(Bild 1)**.

> Ein Socket enthält die IP-Adresse und die Portnummer von Sender und Empfänger.

12.6.1 TELNET

Das TELNET-Protokoll (RFC 854) arbeitet auf der Grundlage von TCP und erlaubt das Einloggen (Verbindung aufnehmen) und das zeichenorientierte, interaktive Arbeiten auf einem entfernten, über TCP/IP erreichbaren Zielsystem **(Bild 2)**.

Der TELNET-Client PC 1 als Initiator der Verbindung nimmt die Verbindung zum TELNET-Server PC 2 auf. Der Server ist unter dem TCP-Port 23 zu erreichen (Bild 1). TELNET unterstützt das Einloggen auf einem entfernten System durch die Übermittlung einer Benutzerkennung, der Übertragung eines unverschlüsselten Kennwortes sowie einer Account-Kennung (Berechtigung).

> Das TELNET-Protokoll arbeitet halbduplex.

Der Client sendet Kommandos, auf die der Server mit zeilenweisen Änderungen der Bildschirminhalte reagiert. Anschließend werden diese vom Server an den Client übertragen und auf dem realen Bildschirm angezeigt.

12.6.2 FTP

FTP (von File Transfer-Protocol = Dateien-Übertragungsprotokoll) ist ein Dateien-Übertragungsprotokoll (RFC 959). Es setzt auf TCP auf und ist so aufgebaut, dass es auch bei schlechten Übertragungsstrecken und unterschiedlichen Computer-Betriebssystemen eine sichere Datenübertragung gewährleistet. Als freie Server- und Client-Software wird z. B. FileZilla verwendet. Die Arbeitsweise von FTP zeigt **Bild 3**. FTP nutzt jeweils getrennte TCP-Verbindungen für die Kommandoverbindung (Port 21) und die Datenübertragung (Port 20).

> FTP-Verbindungen arbeiten vollduplex.

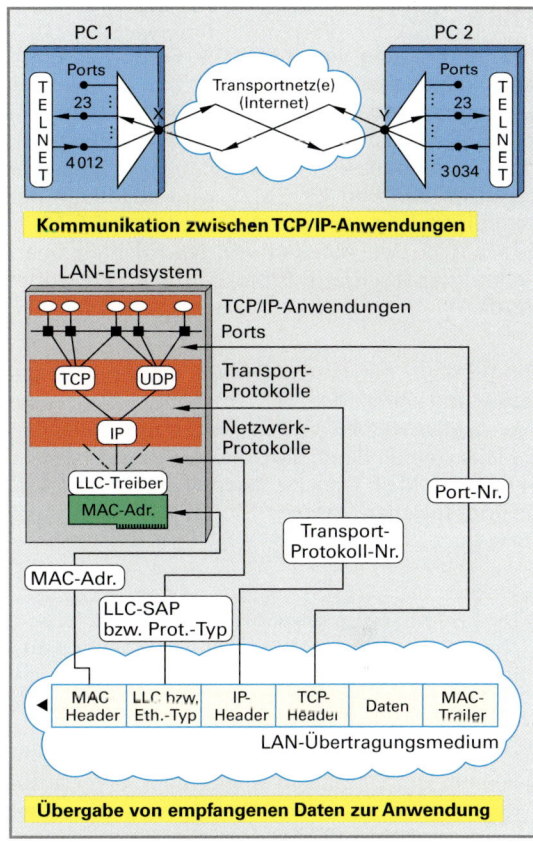

Kommunikation zwischen TCP/IP-Anwendungen

Übergabe von empfangenen Daten zur Anwendung

Bild 1: Adressierung von TCP/IP-Anwendungen

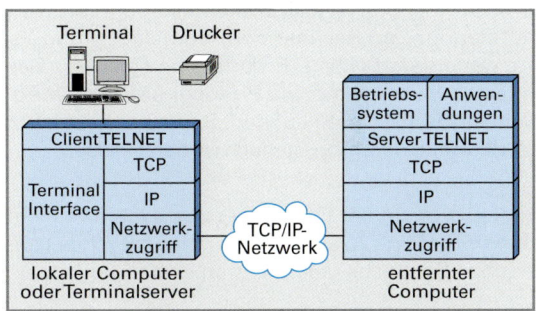

Bild 2: Arbeiten mit TELNET auf einem entfernten PC

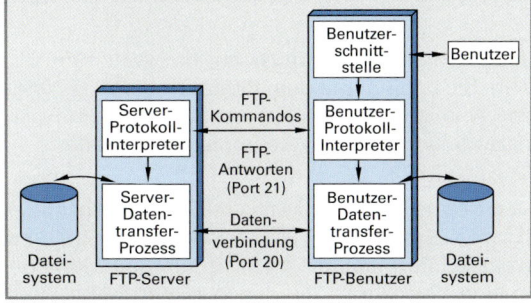

Bild 3: Arbeitsweise von FTP

12.6.3 SMTP

Die Übertragung von E-Mails in Computernetzen wird mithilfe des SMTP-Protokolls (von Simple Mail Transport Protocol = einfaches Nachrichtenprotokoll, RFC 821) auf Grundlage einer TCP/IP-basierten Datenkommunikation durchgeführt. SMTP-Server benutzen den Port 25. SMTP wird allgemein nur zum Einspeisen und zum Weiterleiten von E-Mails verwendet. Das Abholen von Nachrichten übernehmen spezialisierte Protokolle wie POP3 oder IMAP.

Programme, mit denen E-Mails empfangen, gelesen und versendet werden, heißen Mail User Agent (MUA) oder E-Mail-Client. Die zuzustellenden E-Mails werden durch die Software eines Mail-Servers, dem Mail Transfer Agenten (MTA) im Mitteilungsspeicher Message Store (MS) gespeichert (**Bild 1**).

> Die E-Mail-Kommunikation beruht auf der speicherorientierten Übertragung von Postfach zu Postfach.

SMTP ist für Systeme ohne Direktanbindung nicht geeignet. Um E-Mail von einem Mail-Server abzuholen, ist ein besonderes Dienstprogramm (User Agent) notwendig (**Bild 2**). Hierzu gibt es zwei Protokolle. Das Post Office Protocol, Version 3, (POP3) arbeitet lokal, d. h. alle E-Mails werden komplett auf den lokalen Rechner heruntergeladen und lokal weiterverarbeitet, z. B. sortiert und gefiltert. Das Internet Message Access Protocol (IMAP) ermöglicht das Vorsortieren auf dem Server, sodass nicht alle E-Mails heruntergeladen werden müssen.

Hierzu braucht der Empfänger der Nachricht nicht dauernd online zu sein. Durch gelegentliches Leeren des Postfachs gelangt er an seine Mails.

> E-Mail-Adressen erkennt man am @-Zeichen.

Jede E-Mail-Adresse muss auf der Welt einmalig sein. Sie beginnt mit dem Benutzernamen, es folgt das @-Zeichen (sprich ätt) und endet mit der Hostbezeichnung, z. B. info@europa-lehrmittel.de.

Der Kopfteil einer E-Mail enthält den Absender (From:), Empfänger (To:), Betreff (Subject:) und weitere Informationen wie z. B. die Routing-Information (Received:), die den Weg der E-Mail über die verschiedenen Mailserver angibt (**Bild 3**).

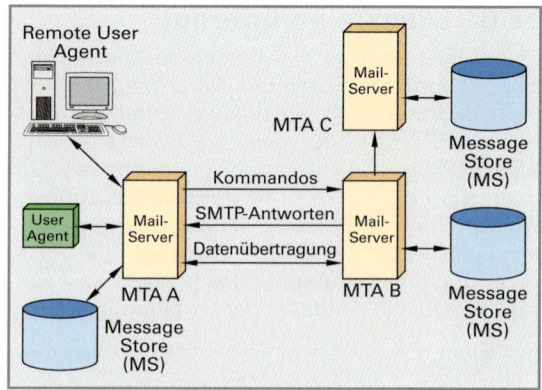

Bild 1: Struktur eines SMTP-Systems

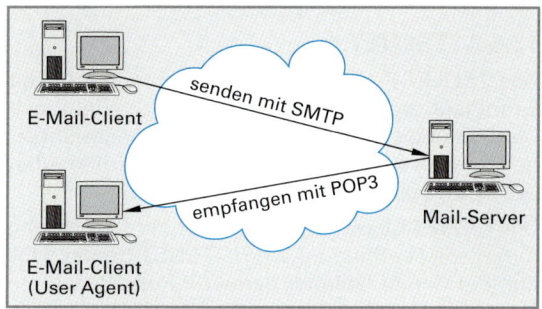

Bild 2: Anwendung von SMTP und POP3

Thema: Vielen Dank für Ihre Bestellung
Datum: 09. 03. XX 14:24:42 (MEZ) Mitteleuropäische Zeit
From: Service@europa.de
To: maybaum@aol.com

Liebe Kundin, lieber Kunde,

vielen Dank für Ihre Bestellung.
Wir bestätigen Ihnen dazu folgende Angaben:
Auftragsnummer: 31421263
Versandart: Deutschland-Standard

Ihre Bestellung wird so schnell wie möglich
von uns bearbeitet.

Mit freundlichen Grüßen,
Ihr Europa-Team

------------------------------ **Headers** ------------------------------
Return-Path: <Service@europa.de>
Received: from rly-zd05.mx.aol.com
[172.31.33.229] by air-zd03.mail.aol.com with ESMTP;
Fr, 09 Mar 20XX 08:24:42 -0500
Received: ....
From: Service@europa.de
Message-Id:
<2001024.OAA24340@debmu229.europa.de>
To: maybaum@aol.com
Subject: Vielen Dank für Ihre Bestellung
Date: Fr, 9 Mar 20XX 14:24:19 +0100

Bild 3: Bestandteile einer E-Mail

12.6.4 DNS

Das DNS (von Domain Name System = Gebietsnamensystem) setzt die IP-Adressen der weltweit vernetzten Computer in eine für Menschen leicht zu merkende Form um. Ein Webserver kann statt mit der numerischen Adresse 149.219.195.51 mit dem Namen **www.wdr.de** angewählt werden.

> Das Domain-Name-Service-Protokoll ersetzt numerischen Internet-Adressen durch logische Namen.

Der Namensraum des DNS verfügt über eine Baumstruktur mit hierarchischen Ebenen **(Bild 1)**. Die Knoten im Namensraum, die auf der höchsten Hierarchieebene liegen, werden Top Level Domains (TLD) genannt. Hierzu gehört auch der Country Code als Kürzel aus zwei Buchstaben, z. B. für Deutschland .de und für Frankreich .fr oder drei Buchstaben für Verwaltung (.gov) oder Kommerz (.com) und weitere. Sie werden von nationalen Vergabestellen (Registries) verwaltet. Domain Name Server sind die Datenhaltungs- und Auskunftssysteme im DNS. Sie halten jeweils Informationen für einen Zweig des DNS-Netzes bereit.

12.6.5 HTTP

Das Protokoll HTTP (von Hypertext Transfer Protocol = Protokoll zum Austausch von Multimediadaten, RFC 1945 und RFC 2068) ist der Übertragungsmechanismus, der es ermöglicht, im Internet durch einfache Interaktion mit Texten und Bildern im Browser zu anderen Informationen zu gelangen. Seine Hauptaufgabe auf Serverseite besteht darin, über Hyperlinks verknüpfte Dokumente für den Abruf durch HTTP-Clients zur Verfügung zu stellen.

Jede HTTP-Nachricht besteht aus dem Nachrichtenkopf (HTTP-Header) und dem Nachrichtenkörper (Message Body). Der HTTP-Header enthält Informationen über den Nachrichtenkörper wie z. B. verwendete Codierungen oder den Inhaltstyp, damit dieser vom Empfänger korrekt interpretiert werden kann. Der Nachrichtenkörper enthält die Nutzdaten.

Der HTTP-Standard verwendet die einheitliche Adressierung von Dokumenten auf Servern mit einer speziellen Adressierungsform, der URL-Adresse (Uniform Resource Locator = einheitliche Quellen-adresse). In dieser Adresse sind das Übertragungsprotokoll, der Server, der die Information bereithält und der Pfad zu den Informationen auf dem Rechner angegeben **(Bild 2)**.

> Eine URL-Adresse adressiert weltweit eindeutig Informationsressourcen im Internet.

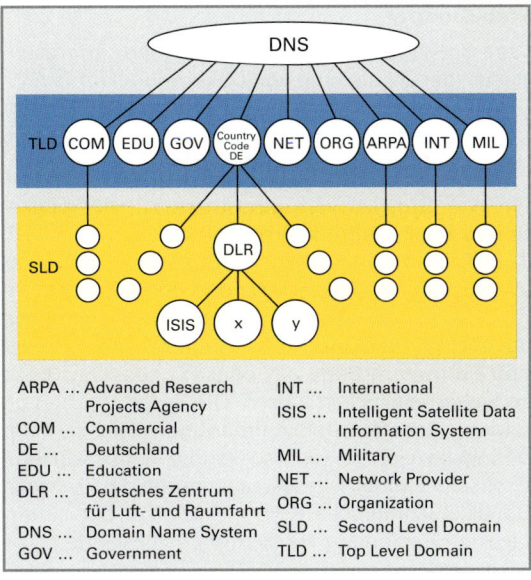

Abkürzung	Bedeutung	Abkürzung	Bedeutung
ARPA ...	Advanced Research Projects Agency	INT ...	International
COM ...	Commercial	ISIS ...	Intelligent Satellite Data Information System
DE ...	Deutschland	MIL ...	Military
EDU ...	Education	NET ...	Network Provider
DLR ...	Deutsches Zentrum für Luft- und Raumfahrt	ORG ...	Organization
DNS ...	Domain Name System	SLD ...	Second Level Domain
GOV ...	Government	TLD ...	Top Level Domain

Bild 1: Organigramm des DNS

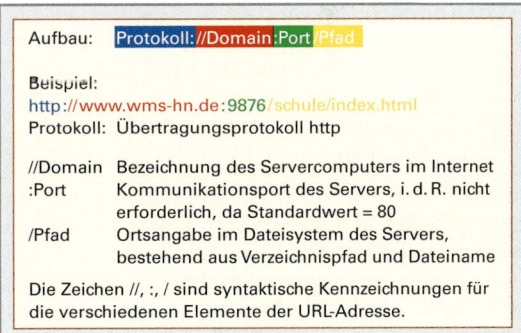

Bild 2: Aufbau einer URL-Adresse

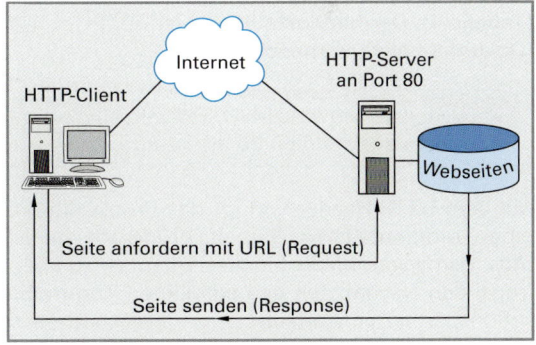

Bild 3: Vereinfachter Ablauf einer HTTP-Sitzung

Die Dateneinheiten zwischen HTTP-Server und HTTP-Client (Browser) werden als **Nachrichten** bezeichnet. Es gibt zwei unterschiedliche Arten: die **Anfrage** (Request) vom Client an den Server und die **Antwort** (Response) als Reaktion darauf vom Server zum Client **(Bild 3)**.

Web-Browser

Web-Browser (to browse = umsehen, abgrasen) dienen der Darstellung von Dokumenten im WWW. Browsersoftware z. B. für Tablets oder Smartphones, erlauben auch bei mobilen Endgeräten den Zugriff auf das World Wide Web.

Ein Web-Browser verfügt mit den TCP/IP-Applikationen über mehrere Protokollstapel, z. B. HTTP, TELNET und FTP **(Bild 1)**. Zusätzlich muss er Web-Sprachen, z. B. HTML und XML interpretieren können. Erweiterte Browser-Funktionen wie JavaScript, Java, Active-X führen heruntergeladenen Programm-Code auf dem PC aus. Dies kann zu Sicherheitslücken führen. Die Aufbereitung von Bildern, Schriften und Animationen wird als Rendering bezeichnet (von to render = übersetzen). Grafische Elemente lassen sich durch die grafische Benutzerschnittstelle (GUI = Graphical User Interface) zur Bedienung von Software verwenden.

Abwicklung der Client-Server-Interaktionen

HTTP-Kommandos werden in Textdateien zwischen Client und Server ausgetauscht. Jeder Informationsaustausch besteht aus drei Teilen:

- Anforderungszeile,
- Header-Teil und
- Body-Abschnitt.

In der Anforderungszeile teilt der Client z. B. mit dem GET-Befehl dem Server mit, welche Datei gewünscht wird, welche HTTP-Version er verwendet und welche Datenformate akzeptiert werden. Mit einer vorangestellten Header-Information sendet der Server dann die entsprechende Information im Body-Abschnitt der Antwort. Bei Fehlern erscheinen Fehlermeldungen im Browserfenster **(Tabelle 1)**. Der häufigste Fehler ist der Error 404 (Dokument nicht vorhanden).

> Eine URL-Adresse adressiert weltweit eindeutig Informationsressourcen im Internet.

Mit dem HTTP-Header verfügt das Protokoll über einen umfangreichen Signalisierungsmechanismus. Damit werden die Eigenschaften der zu übertragenden Nachrichten den beteiligten Kommunikationspartnern mitgeteilt.

HTTP ist ein asymmetrisches Protokoll, da die Anfragen (Request) nur wenige hundert Bytes und die Antworten (Response) in der Regel mehrere Kilobytes umfassen.

> HTTP arbeitet unverschlüsselt und sendet alle Informationen im Klartext.

> **!** Für verschlüsselte Übertragungen von Informationen verwenden Web-Browser das Protokoll HTTPS.

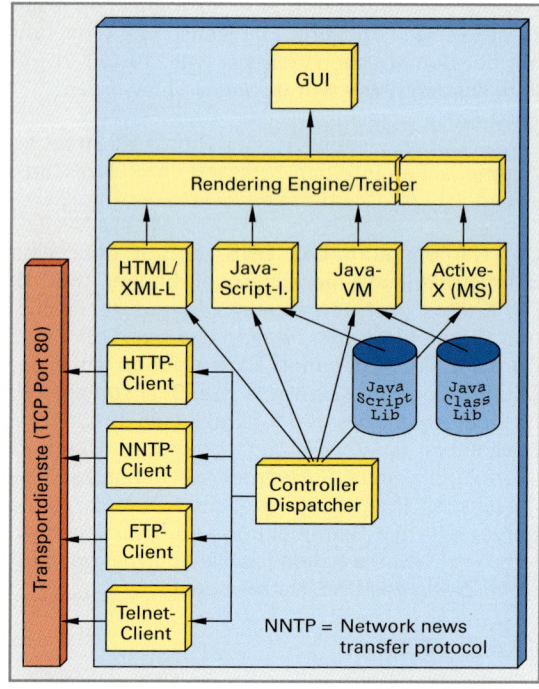

Bild 1: Aufbau eines Web-Browsers für Windows

Tabelle 1: Meldungen im HTTP-Protokoll

Fehlercodes	Bedeutung
100 - 199	Information
200 - 299	Client-Anfrage erfolgreich
300 - 399	Client-Anfrage umgeleitet
400 - 499	Fehlen des Dokuments
500 - 599	Serverfehler

Das HTTP-Protokoll unterstützt die Anpassung der Datenformate. Die ist für das Internet von besonderer Wichtigkeit, da hier verschiedene Zeichensätze z. B. Unicode und natürliche Sprachen z. B. UTF-8 Encoding miteinander arbeiten sollen.

K   Kompetenzorientierung

1. **Welche Aufgaben haben die TCP/IP-Protokolle?**
2. **Warum ist 125.256.123.1 keine gültige IP-Adresse?**
3. **Welchen Dienst bietet TELNET?**
4. **Welcher Unterschied besteht zwischen einer E-Mail-Adresse und einer URL-Adresse?**
5. **Erklären Sie die Arbeitsweise von FTP.**
6. **Wie ist ein Web-Browser aufgebaut?**

12.7 IT-Sicherheit (IT-Security)

12.7.1 Cybersecurity

Als Cybersicherheit[1] bezeichnet man die Praxis der Verteidigung von Computern, Servern, Mobilgeräten, elektronischen Systemen, Netzwerken und Daten vor böswilligen Angriffen. Sie umfasst auch die Sicherheit von Informationstechnologien und elektronischen Informationen. Der Begriff gilt für alles von der Computersicherheit bis zur Disaster Recovery, also die Wiederherstellung nach einem Vorfall, bis hin zur Schulung von Endbenutzern. Den Stand der Technik beschreibt die Norm IEC62443 **(Tabelle 1)**. Sie ist in vier Gruppen eingeteilt. Ein wesentlicher Aspekt ist die Langzeitarchivierung mit Integritätsschutz nach ICAS

Phasen der IT-Sicherheit

Ein wirkungsvoller Schutz gegen Cyberangriffe wird nicht durch einmaliges Umsetzen von Maßnahmen erreicht, sondern durch einen fortlaufenden Prozess **(Bild 1)**. Beginnend mit einer Bewertung der Risiken (Assess) werden Maßnahmen am Gerät realisiert (Implemented). Diese Maßnahmen werden überwacht (managed). Es muss kontinuierlich geprüft werden, ob wegen einer geänderten Gefährdungslage die geltenden Maßnahmen überarbeitet werden müssen.

> Die Verantwortung für IT-Sicherheit liegt stets beim Anlagenbetreiber, auch bei Outsourcing von Betriebsteilen oder des ganzen Betriebs.

Angriffe können sehr unterschiedlich erfolgen. Die Vorgehensweise für den Schutz zeigt **Bild 2**. Bei der Objektauswahl werden alle Systeme der Anlage erfasst und dokumentiert. Die Gefährdungen ergeben sich aus den kritische Anwendungsfällen, z. B. durch Zugriff per Fernwartung auf ein System. Für alle Anwendungsfälle wird das Gefährdungsrisiko bestimmt, z. B. ob ein eine unberechtigte Person den Fernwartungszugang benutzt.

Nach der Identifikation möglicher Gefährdungen wird eine Risikobewertung bezüglich Schadenshöhe und Eintrittswahrscheinlichkeit vorgenommen **(Bild 3)**. Gefährdungen mit hoher Eintrittswahrscheinlichkeit und hohem potenziellen Schaden werden rechts oben in Rot eingetragen. Geringe Gefährdung, d. h. geringes Risiko wird links unten in Grün dargestellt. Für die nötigen Maßnahmen wird ein Schutzkonzept erstellt und die nötigen Maßnahmen umgesetzt. Für die Auditierung müssen diese Maßnahmen nachgewiesen werden. Die Dokumentation muss vollständig sein und die Checklisten ausgefüllt.

[1] Cyber von cyberneticcs = Wissenschaft von den Steuerungs- und Regelvorgängen

Tabelle 1: Cybersecurity nach IEC62443	
Teile	Erklärungen, Unterpunkte
1 Allgemeines (General)	Begriffe, Konzepte, Anwendungsfälle, Modelle nach ICAS
2 Umsetzung (Policy, procedures)	Umsetzung von Security-Managementsystemen nach ICAS, Patchmanagement.
3 Systemtechnologie für Anlagenbetreiber	Sicherheitstechnologien für Steuerungen und Netzwerkkomponenten nach ICAS
4 Entwicklung (Components)	Vorgaben für Hersteller, bzgl. Entwicklungsprozess

ICAS von iTernity Compliant Archive Software, Firmenname.

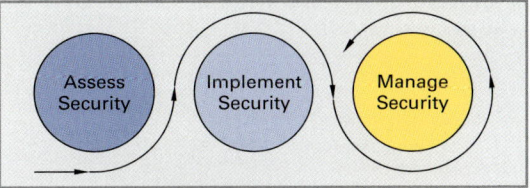

Bild 1: Phasen der IT-Sicherheit

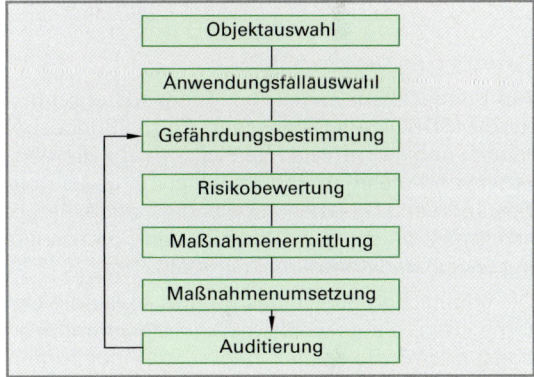

Bild 2: Vorgehensweise zur Umsetzung von Cybersecurity

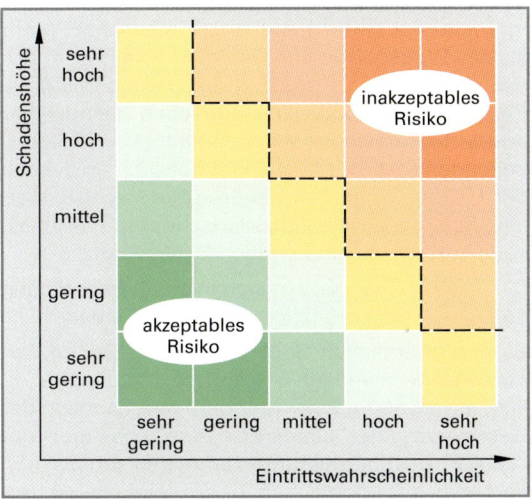

Bild 3: Risikomatrix nach BSI-Standard 200-3

12.7.2   Datenschutz

Der Datenschutz schützt personenbezogene Daten vor Missbrauch durch Dritte **(Bild 1)**. Jeder Mensch kann grundsätzlich selbst entscheiden, wem, wann und in welchem Umfang seine persönlichen Daten zugänglich sein sollen. Der Datenschutz garantiert die informelle Selbstbestimmung. Personen dürfen durch den Umgang mit personenbezogenen Daten in ihrem Recht auf informationelle Selbstbestimmung nicht beeinträchtigt werden **(Bild 2)**.

Es gibt nach der Rechtsprechung des Bundesverfassungsgerichts ein Datenschutz-Grundrecht. Personenbezogene Daten sind nach Datenschutz-Grundverordnung und nach der EU-DSGVO geschützt.

| ! | **Privacy** = Schutz der Privatsphäre. **Data Privacy** = Datenschutz personenbezogener Daten. **Data Protection** = Datenschutz allgemein. **Informelle Selbstbestimmung** = Jeder Mensch kann über die Verarbeitung seiner personenbezogenen Daten selbst bestimmen. |

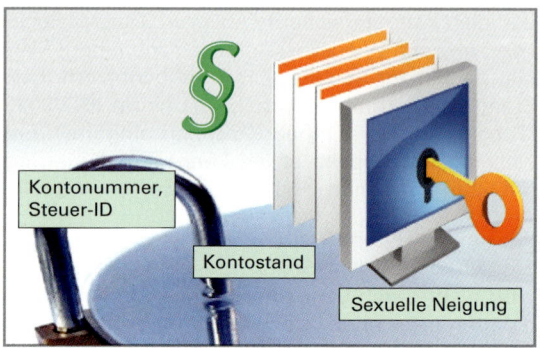

Bild 2: Datenschutz

Gesetze zum Datenschutz?

Auf Bundesebene regelt das Bundesdatenschutzgesetz (BDSG) den Datenschutz für die Bundesbehörden und den privaten Bereich, d.h. für alle Wirtschaftsunternehmen und Privatperson gegenüber Privatperson. Daneben regeln die Landesdatenschutzgesetze der Bundesländer den Datenschutz in Landes- und Kommunalbehörden.

Die öffentlichen Stellen des Bundes sowie die Unternehmen, die geschäftsmäßig Telekommunikations- oder Postdienstleistungen erbringen, unterliegen der Aufsicht durch den Bundesbeauftragten für den Datenschutz.

Im Sinne der Gesetzgebung ist Datenschutz mehr als das Wegsperren von Daten. Er erfordert in seiner praktischen Umsetzung die gleichberechtigte Berücksichtigung organisatorischer, technischer und wirtschaftlicher Aspekte, sowohl bei der verarbeitenden Stelle als auch beim Betroffenen. Neben der IT-Datensicherheit gehören die Rechtssicherheit, Personalsensibilität, Wertschöpfung und Ressourcenerhalt zu einem guten Datenschutz.

Der Datenschutz gliedert sich in einen öffentlichen und einen nicht-öffentlichen Bereich **(Tabelle 1)**.

Zu den öffentlichen Stellen zählen Behörden, Organe der Rechtspflege und andere öffentlich-rechtlich organisierte Einrichtungen des Landes, der Gemeinden, der Landkreise und sonstiger der Aufsicht des Landes unterstehenden juristischen Personen des öffentlichen Rechts sowie deren Vereinigungen, ungeachtet ihrer Rechtsform.

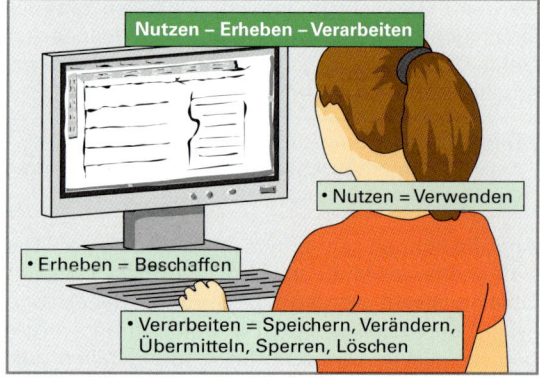

Bild 2: Datenschutz personenbezogener Daten

Tabelle 1: Bereiche des Datenschutzes	
Öffentlicher Bereich	Nicht-öffentlicher Bereich
Das Datenschutzgesetz der Länder schützt den Einzelnen davor, dass er durch den Umgang öffentlicher Stellen des Landes mit seinen personenbezogenen Daten in seinem Persönlichkeitsrecht beeinträchtigt wird.	Das Bundesdatenschutzgesetz (BDSG) bewahrt den Einzelnen davor, durch unsachgemäßen Umgang mit seinen personenbezogenen Daten beeinträchtigt zu werden.

Die Einhaltung des Datenschutzes im öffentlichen Bereich überwacht der Landesbeauftragte für den Datenschutz. Ihm obliegt landesweit die Kontrolle des Datenschutzes gegenüber öffentlichen Stellen.

Bundesdatenschutzgesetz

Das Bundesdatenschutzgesetz (BDSG) regelt im nicht-öffentlichen Bereich den Umgang mit personenbezogenen Daten **(Bild1)**.

Natürliche Personen, z.B. Privatpersonen gelten als nicht-öffentliche Stellen, ebenso wie alle privatrechtlich organisierten Unternehmen und Vereinigungen z.B. GmbH, OHG, KG, Vereine, Stiftungen und Parteien.

Das BDSG findet keine Anwendung, sofern die Erhebung, Verarbeitung oder Nutzung von Daten ausschließlich für persönliche oder familiäre Tätigkeiten erfolgt.

Datenschutzbeauftragter

Öffentliche Stellen z.B. Behörden und nicht-öffentliche Stellen z.B. Firmen, Vereine und Rechtsanwaltskanzleien, sind verpflichtet, einen Datenschutzbeauftragten zu bestellen, wenn sie personenbezogene Daten erheben, verarbeiten oder nutzen.

Bei nicht-öffentlichen Stellen fällt diese Verpflichtung allerdings erst an, wenn

- bei einem automatisierten Verfahren mindestens 10 Personen mit der Verarbeitung dieser Daten beschäftigt sind,
- bei einem automatisierten Verfahren mindestens 10 Personen Zugriff auf diese Daten haben,
- bei einer nicht automatisierten Datenverarbeitung 20 Beschäftigte obige Kriterien erfüllen.

> Ein Datenschutzbeauftragter ist immer zu bestellen, wenn sensible personenbezogene Daten verarbeitet werden.

Sensible Daten gemäß Art. 9 und 10 DSGVO umfassen z.B. Daten über Rasse, Ethnie, politische Meinung, Religion, Straftaten, sexuelle Orientierung, Genetik oder Bionik.

Bei der Berechnung der Mitarbeiteranzahl gibt es keine Unterschiede zwischen Teilzeitkraft und Vollzeitkraft, einzig die Zahl der Personen ist ausschlaggebend.

> Der bestellte Datenschutzbeauftragte (DSB) muss die notwendigen Fachkenntnisse und Zuverlässigkeit besitzen.

Firmen und Institutionen ohne ausreichenden Datenschutz setzen sich fahrlässig zahlreichen Bedrohungen aus **(Bild 2)**.

> **!** Personenbezogene Daten sind z.B. Kundendaten, Mitgliederdaten in Vereinen oder Arbeitnehmerdaten in der Personalabteilung.

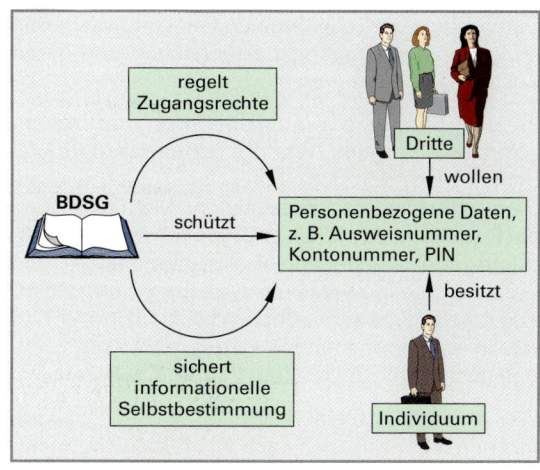

Bild 1: Zuständigkeiten BDSG

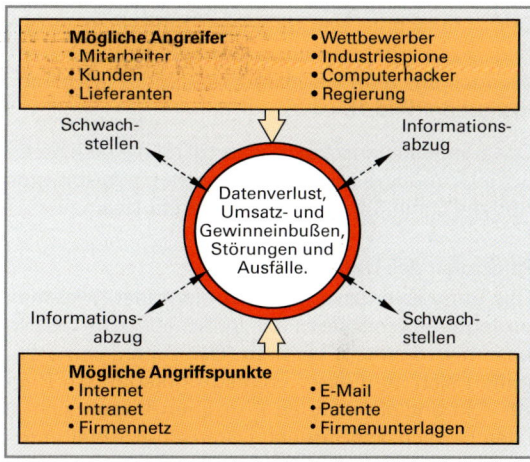

Bild 2: Bedrohungen bei fehlendem Datenschutz

Das Bundesdatenschutzgesetz legt in § 4f Abs. 2 und 3 BDSG fest, welche Anforderungen an die Person zu stellen sind, die als Datenschutzbeauftragter bestellt werden soll. Die relevanten Passagen lauten wie folgt:

Zum Beauftragten für den Datenschutz darf nur bestellt werden, wer die zur Erfüllung seiner Aufgaben erforderliche Fachkenntnis und Zuverlässigkeit besitzt. Das Maß der erforderlichen Fachkenntnis bestimmt sich insbesondere nach dem Umfang der Datenverarbeitung der verantwortlichen Stelle und dem Schutzbedarf der personenbezogenen Daten, die die verantwortliche Stelle erhebt oder verwendet. (…)

Der Beauftragte für den Datenschutz ist dem Leiter der (…) nicht-öffentlichen Stelle unmittelbar zu unterstellen. (…) Zur Erhaltung der zur Erfüllung seiner Aufgaben erforderlichen Fachkunde hat die verantwortliche Stelle dem Beauftragten für den Datenschutz die Teilnahme an Fort- und Weiterbildungsveranstaltungen zu ermöglichen und deren Kosten zu übernehmen.

Es gibt Seminare zur Fortbildung zum Datenschutzbeauftragten. Wer im Unternehmen niemanden hat, der sich eignet, kann auch externe Datenschutzbeauftragte bestellen. Wichtig ist, dass die Bestellung schriftlich erfolgen muss, der Beauftragte dem Arbeitgeber direkt unterstellt ist und keine Nachteile aus seiner Berufung ziehen darf. Zusätzlich muss er unabhängig sein, also nicht direkt in die verarbeitenden Prozesse integriert sein und auch nicht zur Geschäftsführung gehören.

Wer es versäumt, einen DSB zu bestellen obwohl es nötig ist, macht sich nach §43 I BDSG bußgeldpflichtig. Das Bußgeld kann bis zu 250.000 Euro betragen.

Der Datenschutzbeauftragte hat zahlreiche Aufgaben. Diese ergeben sich sowohl aus den Gesetzen, als auch aus dem Geschäftsbereich der jeweiligen Institution (**Bild 1**).

Das Bundesdatenschutzgesetz (BDSG) ist die rechtliche Grundlage für den Datenschutzbeauftragten und die Durchführung des Datenschutzes.

Prinzipien des Datenschutzes
Das Bundesverfassungsgericht legt fest, was man als legitime Eingriffe in das informationelle Selbstbestimmungsrecht versteht. Der Datenschutz orientiert sich an diesem rechtsgrundlegenden Prinzip. Die entsprechenden Prinzipien finden sich in allen bereichsspezifischen Datenschutzregelungen wieder.

Subsidiaritätsprinzip
Die Subsidiarität legt die Rangfolge für die Anwendung von Gesetzen fest. In §1 Abs. 3 BDSG ist festgelegt, dass andere Rechtsvorschriften des Bundes, z.B. Telekommunikationsgesetz, die sich auf personenbezogene Daten beziehen, Vorrang vor den Vorschriften des BDSG haben (**Bild 2**). Ähnliches gilt auch in den jeweiligen Landesdatenschutzgesetzen.

Erlaubnisvorbehalt
Das Erheben, Verarbeiten oder Nutzen personenbezogener Daten ist im deutschen Datenschutzrecht verboten, wenn keine ausdrückliche, persönliche Gestattungserlaubnis vorliegt.

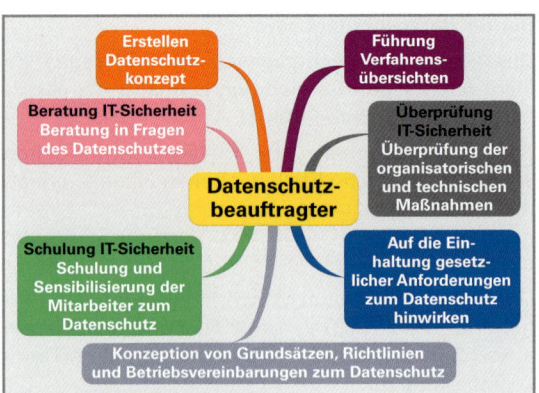

Bild 1: Zuständigkeiten BDSG

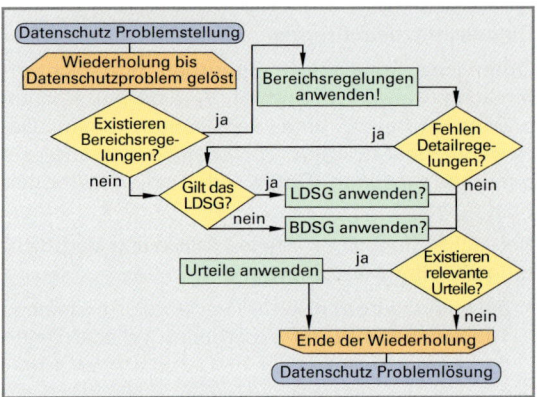

Bild 2: Kenntnisse des Datenschutzbeauftragten

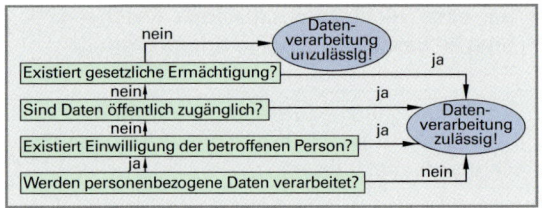

Bild 3: Bedrohungen bei fehlendem Datenschutz

Größte Rechte liefert nach §4a BDSG die persönliche, freiwillige Einwilligung des Betroffenen. Außerdem muss eine umfassende Information über den geplanten Zweck erfolgen (**Bild 3**).

Zweckbindung
Der Datenschutz legt fest, dass der geplante Zweck bereits bei der Erhebung festzulegen und der betroffenen Person mitzuteilen ist. Der Zweck ist dabei abhängig von der geplanten Verwendung der erhobenen und gespeicherten personenbezogenen Daten. So sollte von Anfang an klar sein, wie mit datenschutzrelevanten Daten, z.B. Lieferantendaten oder Kundendaten im Gegensatz zu Personaldaten verfahren wird.

Jegliche Verarbeitung von datenschutzrelevanten Daten unterliegt der Zweckbindung.

Transparenz
Um das informationelle Selbstbestimmungsrecht
überhaupt nutzen zu können, muss ein Betroffe-
ner ihn betreffende Verfahren kennen. Deshalb
hat eine verantwortliche Stelle einige Vorschriften
zur Nachvollziehbarkeit für Betroffene einzuhalten.
Jede verantwortliche Stelle hat nach § 4g Abs. 2
BDSG eine Übersicht über die durchgeführten Verfahren mit personenbezogenen Daten zu erstellen
(Verfahrensverzeichnis).

Datenschutzrisiko
Das Datenschutzrisiko kann abhängig vom Schutzgrad in **Tabelle 1** und von der Einstrittsstufe in **Tabelle 2** berechnet werden.

Datenschutzrisiko = Eintrittsstufe ∗ Schutzgrad

Videoüberwachung öffentlicher Räume und Plätze
Videoüberwachungsanlagen oder CCTV (von Closed Circuit Television = Fernsehen mit geschlossener Leitung) senden die aufgenommenen Bilder an
eine begrenzte Zahl von Empfangsgeräten. Bei Videoüberwachungsanlagen für Sicherungsanwen-
dungen gilt die Normenreihe EN 62676 für Video
Surveillance Systems (VSS).

Die Beobachtung öffentlich zugänglicher Räume
und Plätze, z.B. Bahnhöfe, Schulen oder Stadien,
mit optisch-elektronischen Einrichtungen (Videoüberwachung) ist nur zulässig, soweit sie

• zur Aufgabenerfüllung öffentlicher Stellen,
• zur Wahrnehmung des Hausrechts oder
• zur Wahrnehmung berechtigter Interessen,
   für konkret festgelegte Zwecke erforderlich ist.

Bei der Videoüberwachung gilt der Schutz von
Leben, Gesundheit oder Freiheit von sich dort
aufhaltenden Personen als ein besonders wichtiges Interesse.

Der Umstand der Beobachtung und der Name und
die Kontaktdaten des Verantwortlichen sind durch
geeignete Maßnahmen zum frühestmöglichen
Zeitpunkt erkennbar zu machen **(Bild 1)**.

Die Speicherung oder Verwendung der erhobenen
Daten ist zulässig. Werden durch Videoüberwachung erhobene Daten einer bestimmten Person
zugeordnet, so besteht die Pflicht zur Information
der betroffenen Person. Die Daten sind unverzüglich zu löschen, wenn sie zur Erreichung des
Zwecks nicht mehr erforderlich sind.

! Videoüberwachung darf in öffentlichen Räumen
nur eingesetzt werden zum Schutz von Leben,
Gesundheit oder Freiheit der sich dort aufhaltenden Personen.

Tabelle 1: Schutzgrade

Schutz-grad	Bedeutung
1	Die Daten weisen keinen Personenbezug auf (kein Schutzbedarf).
2	Ein Personenbezug kann nur mit erhebli-chem Aufwand hergestellt werden (niedriger Schutzbedarf).
3	Die Daten sind mit vertretbarem Aufwand repersonalisierbar oder weisen bereits einen Personenbezug auf (mittlerer Schutzbedarf).
4	Die Daten sind personenbezogen und stam-men nicht aus allgemein zugänglichen Quel-len (hoher Schutzbedarf).
5	Die Daten sind personenbezogen und beson-ders sensibel, z.B. Amtsgeheimnisse (sehr hoher Schutzbedarf).

Tabelle 2: Eintrittsstufen

Stufe	Bedrohungswahrscheinlichkeit
1	Große technische und organisatorische Maßnahmen bzw. hoher Schutzaufwand.
2	Angreifer braucht erhebliche Ressourcen oder Kenntnisse.
3	Angreifer braucht begrenzte Ressourcen oder Kenntnisse.
4	Es sind keine Ressourcen oder Kenntnisse erforderlich, die man sich nicht leicht be-schaffen kann.
5	Bereits mit üblicher Basisausstattungen kön-nen Kenntnisse erlangt werden.

Bild 1: Hinweisschild auf Videoüberwachung

12.7.3 EU-Datenschutz-Grundverordnung (EU-DSGVO)

Die EU-Datenschutz-Grundverordnung (EU-DSGVO) gilt seit 25. Mai 2018. Sie regelt den Datenschutz europaweit einheitlich als unmittelbar geltendes Recht. In Deutschland ersetzt sie weitgehend das Bundesdatenschutzgesetz und die Datenschutzgesetze der Bundesländer.

> **Ziele der EU-DSGVO**
> Die Ziele der EU-DSGVO sind der Schutz der Grundrechte und Grundfreiheiten natürlicher Personen und deren Recht auf Schutz ihrer personenbezogenen Daten (Art. 1 Abs. 2 DSGVO) **(Bild 1)**.

Der freie Verkehr personenbezogener Daten ist durch Art. 1 Abs. 3 DSGVO geregelt. Danach darf die Weitergabe von Daten nicht mehr mit dem Argument abgeleht werden, dass innerhalb der EU unterschiedliches Recht gilt.

Personenbezogene Daten
Alle Informationen, die eine identifizierte oder identifizierbare lebende Person betreffen, werden als personenbezogene Daten bezeichnet und fallen unter die Datenschutz-Grundverordnung. Dazu gehören zum Beispiel Name, die Privatanschrift, die Personalausweisnummer, die E-Mail-Adresse, Standort oder Angaben zur Gesundheit.

Als identifizierbar wird eine natürliche Person angesehen, wenn sie durch Zuordnung zu einer Kennung wie einem Namen, zu einer Kennnummer, zu Standortdaten, zu einer Online-Kennung oder zu einem oder mehreren besonderen Merkmalen identifiziert werden kann.

> **Anwendungsbereich**
> Die EU-DSGVO muss auf alle Daten angewendet werden, die automatisiert gespeichert oder verarbeitet werden oder dafür vorgesehen sind (Art. 2 Abs. 1 DSGVO).

Werden persönliche Daten wie Adressen, Telefonnummern, Kontodaten handschriftlich gesammelt, um sie später in einer Datenbank abzulegen und zu verarbeiten, müssen die Vorschriften der EU-DSGVO beachtet werden.

Grundsätze der Verarbeitung personenbezogener Daten
Im Artikel 5 werden sechs Grundsätze für die Verarbeitung personenbezogener Daten genannt **(Bild 2)**:

- **Rechtmäßigkeit**, Verarbeitung nach Treu und Glauben, Transparenz,
- **Zweckbindung** (Verarbeitung nur für festgelegte, eindeutige und legitime Zwecke),

Artikel 1 – Gegenstand und Ziele
[1] Diese Verordnung enthält Vorschriften zum Schutz natürlicher Personen bei der Verarbeitung personenbezogener Daten und zum freien Verkehr solcher Daten.

[2] Diese Verordnung schützt die Grundrechte und Grundfreiheiten natürlicher Personen und insbesondere deren Recht auf Schutz personenbezogener Daten.

[3] Der freie Verkehr personenbezogener Daten in der Union darf aus Gründen des Schutzes natürlicher Personen bei der Verarbeitung personenbezogener Daten werden eingeschränkt noch verboten werden.

Bild 1: Art. 1 EU-DSGVO

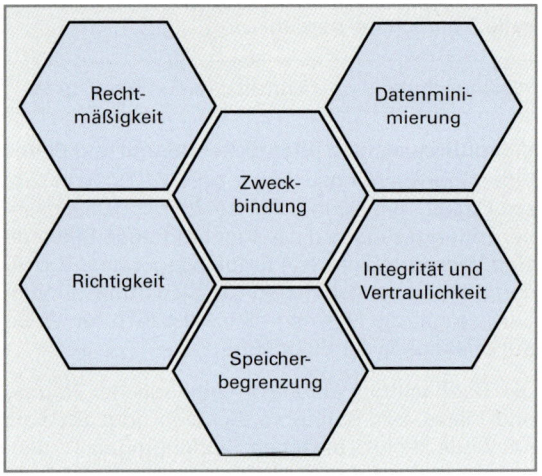

Bild 2: Grundsätze der Verarbeitung personenbezogener Daten (nach Art. 5 EU-DSGVO)

- **Datenminimierung** („dem Zweck angemessen und erheblich sowie auf das […] notwendige Maß beschränkt"),
- **Richtigkeit** („es sind alle angemessenen Maßnahmen zu treffen, damit [unrichtige] personenbezogene Daten unverzüglich gelöscht oder berichtigt werden"),
- **Speicherbegrenzung** (Daten müssen „in einer Form gespeichert werden, die die Identifizierung der betroffenen Personen nur so lange ermöglicht, wie es […] erforderlich ist"),
- **Integrität und Vertraulichkeit** („angemessene Sicherheit der personenbezogenen Daten […], einschließlich Schutz vor unbefugter oder unrechtmäßiger Verarbeitung und vor unbeabsichtigtem Verlust, unbeabsichtigter Zerstörung oder unbeabsichtigter Schädigung").

Die für den Datenschutz Verantwortlichen müssen nachweisen, dass sie diese Grundsätze einhalten.

Marktortprinzip

Das Marktortprinzip legt fest, dass die Regelungen des Landes anzuwenden sind, in dem die Geschäfte abgewickelt werden (**Bild 1**). Der Sitz des Unternehmens ist dabei unwichtig.

Beispiel 1: Marktortprinzip anwenden

Ein Wärmemessunternehmen mit Sitz in Köln, das den Heizungsverbrauch in Wohnungen erfasst und abrechnet, wird von dem Hongkonger Investor ABC übernommen.
Lösung: Auch wenn die Daten in Hongkong verarbeitet werden, muss der Konzern sich bei seinen Dienstleistungen an die EU-DSGVO halten (Art. 3 Abs. 1 DSGVO).

Pflichten für Unternehmen

Der Unternehmer muss durch geeignete und dokumentierte Maßnahmen den Schutz personenbezogener Daten sicherstellen (**Bild 2**). Man unterscheidet zwei Datenschutzarten (**Bild 3**).

Wird der Schutz der Daten verletzt, muss der Verantwortliche diese Verletzung möglichst innerhalb von 72 Stunden an die zuständige Aufsichtsbehörde, z.B. Landesbeauftragte für den Datenschutz melden. Nach Art. 34 EU-DSGVO muss auch der Betroffene informiert werden.

Datenschutz-Folgenabschätzung (DSFA)

Nach Art. 35 Abs. 1 DSGVO ist eine DSFA grundsätzlich immer dann durchzuführen, wenn die Verarbeitung der Daten ein hohes Risiko für die persönlichen Rechte und Freiheiten der Person zur Folge hat, z.B. Daten zur Bewertung der Persönlichkeit (Profiling) oder strafrechtlich relevante Daten. Die betroffenen Inhalte sind im Art 35, Abs. 7 beschrieben (**Bild 4**).

Auskunftsrecht

Jeder Betroffene hat ein Recht auf Auskunft über die personenbezogenen Daten und u. a. auf folgende Informationen:

- die Verarbeitungszwecke,
- die Kategorien personenbezogener Daten, die verarbeitet werden,
- die Empfänger, insbesondere bei Empfängern in Drittländern oder bei internationalen Organisationen,
- die geplante Dauer, für die die personenbezogenen Daten gespeichert werden,
- wenn die personenbezogenen Daten nicht bei der betroffenen Person erhoben werden, alle verfügbaren Informationen über die Herkunft der Daten.

Recht auf Vergessenwerden

Nach Artikel 17 Abs. 1 DSGVO sind personenbezogene Daten künftig unverzüglich zu löschen, wenn die personenbezogenen Daten nicht mehr notwendig sind und die betroffene Person ihre Einwilligung widerruft oder Widerspruch gegen die Verarbeitung einlegt.

Artikel 3 (1), Räumlicher Anwendungsbereich

Diese Verordnung findet Anwendung auf die Verarbeitung personenbezogener Daten, soweit diese im Rahmen der Tätigkeiten einer Niederlassung eines Verantwortlichen oder eines Auftragsverarbeiters in der Union erfolgt, unabhängig davon, ob die Verarbeitung in der Union stattfindet.

Bild 1: Marktortprinzip nach Art. 3, Abs. 1 EU-DSGVO

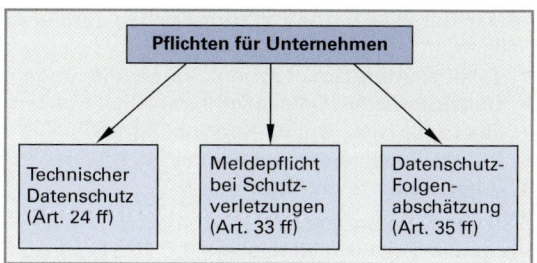

Bild 2: Pflichten für Unternehmen

- **data protection by design**

bezeichnet den Datenschutz durch technische Maßnahmen wie z. B. Minimierung der Daten, möglichst schnelle Anonymisierung und Zugangsbeschränkungen durch Rechtevergaben (Art. 25 Abs. 1 DSGVO)

- **data protection by default**

Die Voreinstellungen (default) bei technischen Geräten müssen so festgelegt sein, dass die Daten einer Person nicht ohne deren ausdrücklichen Eingreifen unbegrenzt veröffentlicht werden (Art. 25 Abs. 2 DSGVO).

Bild 3: Datenschutzarten

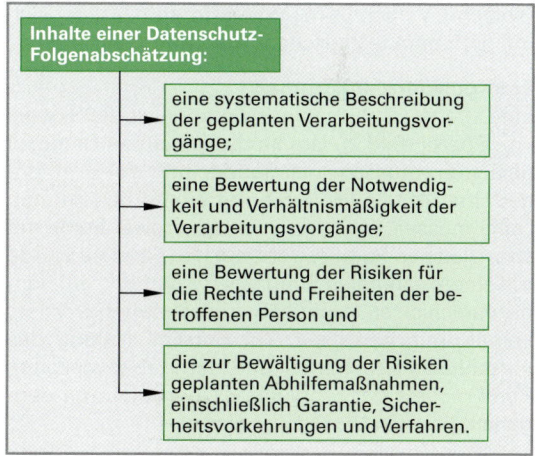

Bild 4: Inhalte einer Datenschutz-Folgenabschätzung

Die Löschung muss so erfolgen, dass eine Wiederherstellung der Daten nahezu unmöglich ist, z.B. durch Löschen von Verknüpfungen oder Codierungen oder Verwenden einer speziellen Löschsoftware.

12.8 Technische Maßnahmen zum Schutz der Netzinfrastruktur

12.8.1 Kryptologie

Die Kryptologie befasst sich mit der Verschlüsselung und mit der Entschlüsselung von Daten **(Tabelle 1)**. Sie besteht aus den zwei Teilbereichen Kryptografie und Kryptoanalyse.

Die Kryptografie wird überall im modernen Leben verwendet **(Bild 1)**. Die kryptografischen Verfahren findet man z. B. bei

- Telefonkarten, Smartphones, Fernbedienungen,
- Geldautomaten, Geldverkehr zwischen Banken,
- Electronic cash, Online-Banking, E-Mail,
- WLAN, Satellitenfernsehen, PayTV,
- Wegfahrsperre im Auto.

Ziele der Kryptografie sind
Vertraulichkeit (Confidentiality), d. h. das Lesen des eigentlichen Inhalts ist für Unbefugte unmöglich,

Authentifizierung (Authentication), d. h. die Identität des Senders gegenüber dem Empfänger einer Nachricht ist bewiesen,

Integrität (Integrity), d.h. die Nachricht wurde inhaltlich nicht verändert und

Verbindlichkeit (Non-Repudiation), d. h. der Empfänger kann den Nachweis erbringen, dass der Sender die Nachricht mit identischem Inhalt abgeschickt hat.

12.8.2 Einfache Verschlüsselungsverfahren

Einfache Verschlüsselungsverfahren lassen sich mit geringem technischem Aufwand realisieren.

Transpositionsalgorithmen
Eine alte Verschlüsselungsmethode ist die Skytale von Sparta **(Bild 2)**. Um an die geheimen Daten zu gelangen, mussten der Sender und der Empfänger eine Skytale (Holzstab mit einem bestimmten Durchmesser) besitzen. Dies waren zwei Stäbe mit dem gleichen Radius. Der Stab des Senders wurde mit einem schmalen Band aus Pergament, auf dem die verschickten Nachrichten geschrieben wurden, spiralförmig gewickelt. Zur Entschlüsselung des verschlüsselten Textes auf dem abgewickelten Band musste der Empfänger einen Stab mit dem genau gleichen Umfang besitzen.

Substitutionsalgorithmen
Ein anderes Verfahren, Nachrichten geheim zu halten, bestand darin, alle Buchstaben des Textes um die gleiche Anzahl von Buchstaben in der Position im Alphabet zu verschieben. Der Schlüssel ist dann genau diese Zahl, um welche die Buchstaben verschoben werden.

> **!**
> - **Kryptografie:**
>   Die Wissenschaft von der Datenverschlüsselung und -entschlüsselung. Ein Klartext wird mithilfe eines Schlüssels in einen Geheimtext umgewandelt und umgekehrt.
> - **Kryptoanalyse:**
>   Brechen der Verschlüsselung ohne Kenntnis des Schlüssels.

Tabelle 1: Begriffe der Kryptologie

Begriff	Erklärung
Klartext	Unverschlüsselter Text
Geheimtext	Verschlüsselter Text
Chiffre	Regel, nach der Zeichen des Klartexts gegen andere Zeichen vertauscht werden, damit ein Geheimtext entsteht.
Schlüssel	Zeichenkette, die den Verschlüsselungs- oder Entschlüsselungs-Algorithmus steuert.
Codebrecher	Versucht, Geheimtext zu entschlüsseln, ohne im Besitz des Schlüssels zu sein.
Digitale Signaturen	Bestätigen, dass der Text während der Übertragung nicht verändert wurde und vom Besitzer des öffentlichen Schlüssels stammt.
Zertifizierung	Stellt sicher, dass ein Schlüssel wirklich zu einer bestimmten Person oder Institution gehört.

Bild 1: Einsatzbereiche der Kryptografie

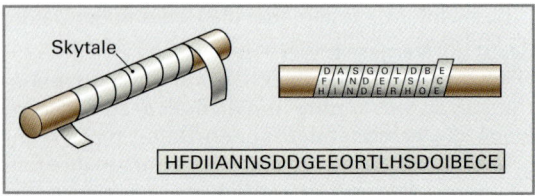

Bild 2: Skytale von Sparta

Beispiel 1: Wort verschlüsseln

Verschlüsseln Sie das Wort „Europaverlag" mit dem Schlüssel 5.

Lösung: Alphabet und das verschobene Alphabet

ABCDE FGHIJ KLMNO PQRST UVWXYZ
FGHIJ KLMNO PQRST UVWXY ZABCDE

JZWTUFAJWQFL

Es gibt einfache Maschinen mit drehbaren Scheiben zum Verschlüsseln von Informationen (**Bild 1**). Das Durchprobieren aller möglichen Schlüssel wird brute force genannt.

Will man ohne brute force auskommen, kann man die Häufigkeitsverteilung von einzelnen Buchstaben in einem verschlüsselten Text analysieren. Vergleicht man diese mit der Häufigkeitsverteilung von nichtverschlüsselten Texten kann man den Schlüssel erkennen.

In der deutschen Sprache tritt z. B. der Buchstabe e mit 18,0 %, n mit 11,1%, r mit 8,0 % und das s mit 7,5 % Häufigkeit auf.

Alberti-Verfahren

Das Alberti-Verfahren verschlüsselt eine Nachricht mit zwei oder mehr Geheimtextalphabeten so, dass den Klartextbuchstaben alternierend der entsprechende Buchstabe der Geheimtextalphabete 1 und 2 zugeordnet wird (**Bild 2**).

Beispiel 2: Wort verschlüsseln

Verschlüsseln Sie das Wort „Europaverlag" mit dem Alberti-Verfahren.

Lösung: **KCOJHGQFOPGT**

Vigenère-Verfahren

Das Vigenère-Verfahren verwendet ein Schlüsselwort, dessen Buchstaben die Verschiebung der Geheimtextbuchstaben bestimmen. Jeder Buchstabe des Schlüsselworts verweist auf ein anderes Geheimtextalphabet im Vigenère-Quadrat (**Bild 3**). Bei einem Schlüsselwort der Länge sieben, z. B. „chiffre", kommen also sieben Geheimtextalphabete zur Anwendung.

Anwendung des Vigenère-Quadrates:

Das Klartextzeichen z. B. V wird ersetzt durch das Zeichen in der Zeile des Klartextes und in der Spalte des Schlüsselwortzeichens z. B. c. Das verschlüsselte Zeichen ist ein X.

Sobald man beim letzten Zeichen des Schlüssel-

Beispiel 3: Verschlüsseln mit Vigenère-Verfahren

Verschlüsseln Sie das Wort „Europaverlag" mit dem Vigenère-Verfahren. Das zu verwendende Schlüsselwort sei Chiffre.

Lösung: **GBZTURZFYSIL**

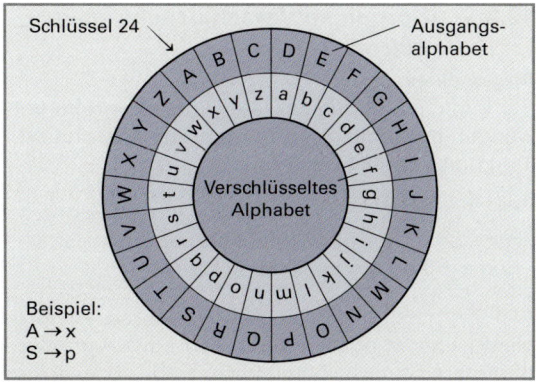

Bild 1: Einfache Chiffriermaschine

Klartextalphabet	a	b	c	d	e	f	g	h	i	j	k	l	m	n
Geheimtextalphabet 1	F	Z	B	V	K	I	X	A	Y	M	E	P	L	S
Geheimtextalphabet 2	G	O	X	B	F	W	T	H	Q	I	L	A	P	Z

Klartextalphabet	o	p	q	r	s	t	u	v	w	x	y	z		
Geheimtextalphabet 1	D	H	J	O	R	G	N	Q	C	U	T	W		
Geheimtextalphabet 2	J	D	E	S	V	Y	C	R	K	U	H	A		

Bild 2: Alberti-Verfahren

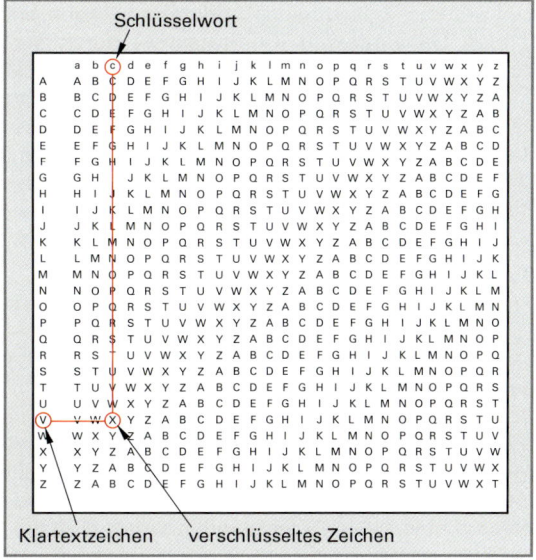

Bild 3: Vigenère-Quadrat

wortes angekommen ist, beginnt man wieder mit dem ersten Zeichen des Schlüsselwortes.

Die Verschlüsselung kann „geknackt" werden. Beim Kasiski-Test können gleiche Klartextzeichenkombinationen mit jeweils der gleichen Geheimtextzeichenkombination auftreten. Der Abstand dieser Muster und eine anschließende Häufigkeitsanalyse kann dann den Schlüssel bestimmen.

12.8.3 Komplexe Verschlüsselungsverfahren

Allgemeines

Die berechnungssichere, starke Kryptografie verwendet bekannte Algorithmen zur Verschlüsselung und Entschlüsselung.

> Die Publikation von Verschlüsselungsalgorithmen und Entschlüsselungsalgorithmen garantiert Verfahren ohne Schwachstellen.

Alle Kryptoalgorithmen können durch Ausprobieren überwunden werden. Ob ein Kryptoalgorithmus sicher ist, hängt davon ab, ob der zum „Knacken" des Algorithmus notwendige Aufwand in Relation gesehen höher ist als der Wert der verschlüsselten Nachricht.

> Ein Algorithmus gilt als sicher, wenn das Ausprobieren weitaus länger dauert, als die zu lesende Nachricht bedeutsam ist.

So ist z. B. die Geheimhaltung der Konstruktionspläne eines neuen Autos spätestens nach dessen Markteinführung bedeutungslos. Somit kann die Schlüssellänge auch gering sein **(Tabelle 1)**.

Da in jeder Sprache die verschiedenen Buchstaben unterschiedlich häufig vorkommen, kann bei langen Geheimtexten (Chiffretexten) durch statistische Analysen die Verschlüsselung geknackt werden (= statistische Kryptoanalyse). Um dies zu verhindern, komprimieren moderne Verschlüsselungsverfahren den Text, bevor sie ihn chiffrieren. Die Kompression entfernt einen großen Teil der Redundanz des Textes und macht somit statistische Kryptoanalyseverfahren weitgehend sinnlos.

Symmetrische Verschlüsselung

Bei symmetrischen Algorithmen sind Chiffrierschlüssel und Dechiffrierschlüssel entweder identisch, oder der Dechiffrierschlüssel lässt sich aus dem Chiffrierschlüssel berechnen und umgekehrt. Bei symmetrischen Algorithmen benutzen Sender und Empfänger einen gemeinsamen (geheimen) Schlüssel **(Bild 1)**. Dieser geheime Schlüssel muss vor Beginn der verschlüsselten Kommunikation auf eine sichere Weise vereinbart und ausgetauscht werden.

Symmetrische Verfahren mit einem Schlüssel sind schnell und, solange der Schlüssel geheim bleibt, auch sicher **(Tabelle 2)**.

Die Schwäche des Systems liegt darin, dass dieser Schlüssel zwischen den Beteiligten ausgetauscht werden muss und dabei abgehört werden kann **(Bild 2)**. Wenn sich die Teilnehmer an verschiedenen geografischen Orten befinden, müssen sie einer dritten Person oder einem Kommunikationsmittel vertrauen.

> **!** Jede Person, die den Schlüssel bei der Übertragung abfängt, kann die mit diesem Schlüssel verschlüsselten oder authentifizierten Informationen lesen, verändern und fälschen.

Tabelle 1: Schlüssellängen

Informationen	Lebensdauer	Minimale Schlüssellängen in bit
Produktankündigungen	Tage/Wochen	56 bis 64
Wirtschaftsgeheimnisse	Jahrzehnte	112
Personenbezogene Daten	> 50 Jahre	128 bis 256

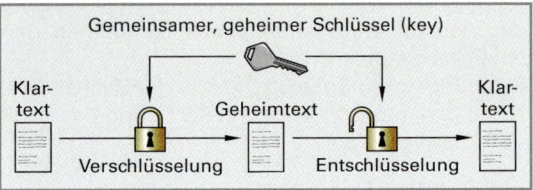

Bild 1: Symmetrische Verschlüsselung

Tabelle 2: Symmetrische Verschlüsselungsverfahren

Bezeichnung	Beschreibung	Bewertung
DES Data Encryption Standard	verschlüsselt immer Blocks von jeweils 64 bit, Schlüssellänge 56 bit, also $2^{56} = 7 \cdot 10^{16}$ Kombinationen.	Code kann durch Ausprobieren mit hohem Rechenaufwand entschlüsselt werden.
Triple DES	verwendet DES drei Mal mit zwei verschiedenen Schlüsseln, womit der Schlüssel auf 112 bit verlängert wird.	Nach heutigem technischem Stand nicht zu entschlüsseln.
AES Advanced Encryption Standard	Schlüssellänge 128 bit und schneller als Triple DES	Nach heutigem technischen Stand nicht zu entschlüsseln.

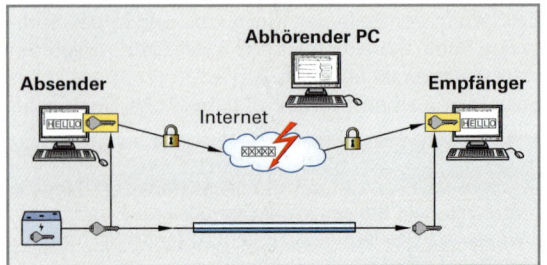

Bild 2: Datenübertragung mit symmetrischer Verschlüsselung

Asymmetrische Verschlüsselung

Bei der asymmetrischen Verschlüsselung (Public-Key-Verfahren) gibt es einen öffentlichen und einen persönlichen (privaten, geheimen) Schlüssel. Mit einem öffentlichen Schlüssel werden die Daten verschlüsselt, mit einem privaten oder geheimen Schlüssel werden die Daten entschlüsselt **(Bild 1)**. Der öffentliche Schlüssel wird weitergegeben, der private Schlüssel muss geheimgehalten werden.

> Die Verschlüsselung ist mithilfe des öffentlichen Schlüssels möglich. Die Entschlüsselung ist nur mit dem privaten Schlüssel möglich.

Der private Schlüssel lässt sich nicht mithilfe des öffentlichen Schlüssels herausfinden. Sender und Empfänger müssen keine geheimen Schlüssel über einen sicheren Übertragungsweg austauschen. Für die Kommunikation sind lediglich öffentliche Schlüssel erforderlich. Ein privater Schlüssel wird nicht mehr übertragen bzw. ausgetauscht **(Tabelle 1)**.

Beispiele für asymmetrische Verschlüsselungsverfahren sind:

Elgamal, nach dem Namen des Entwicklers Taher Elgamal,

RSA, nach dem Namen der Entwickler Ron Rivest, Adi Shamir und Leonard Adleman,

Diffie-Hellman, nach den Namen der Entwickler benannt und

DSA, der Algorithmus für die digitale Signatur, entwickelt von David Kravitz.

Schaltet sich ein Dritter so in die Kommunikation zwischen den beiden Kommunikationspartnern ein, dass er Nachrichten von beiden entschlüsseln kann (Man-in-the-Middle), dann kann die Verschlüsselung geknackt werden. Wichtig ist, dass die Information über den öffentlichen Schlüssel und den zugehörigen Besitzer von einer vertrauenswürdigen Quelle (Trust Center oder Zertifizierungsstelle) stammt **(Bild 2)**.

RSA-Verfahren

Das RSA-Verfahren basiert auf der Faktorisierung einer großen Zahl, also ihre Zerlegung in ihre Primfaktoren, die sehr aufwendig ist. Das Erzeugen einer Zahl durch Multiplikation zweier Primzahlen ist recht einfach. Wenn nun eine Nachricht verschlüsselt wird, generiert der Sender einen öffentlichen Schlüssel. Der Nachrichtensender verwendet diesen öffentlich bekannten Schlüssel, indem er damit seine Botschaft verschlüsselt. Nur der Empfänger kann diese entschlüsseln, da nur er die „Zusammensetzung" des von ihm erzeugten (öffentlichen) Schlüssels kennt.

Mit der Software Cryptool (www.cryptool.de) kann die RSA-Verschlüsselung getestet werden.

> **! Public-Key-Verfahren:**
> - Jeder Kommunikationsteilnehmer besitzt einen öffentlichen Schlüssel **(Public Key)** und einen persönlichen Schlüssel **(Private Key)**.
> - Der Public Key darf öffentlich bekannt sein, der Private Key muss geheimgehalten werden.
> - Es ist unmöglich, aus dem Public Key den Private Key zu berechnen.
> - Der Sender einer vertraulichen Nachricht muss den Public Key des Empfängers kennen.
> - **Einwegfunktionen (one-way function)**, Funktionen wie die Multiplikation/Faktorisierung, bei denen eine Richtung leicht, die andere schwierig zu berechnen ist.
> - **Falltürfunktionen (trap door one-way function)**, sind mithilfe einer Zusatzinformation auch rückwärts leicht zu berechnen, um die Entschlüsselung tatsächlich möglich zu machen.

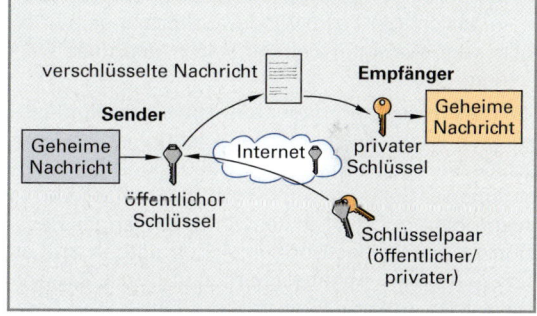

Bild 1: Asymmetrische Verschlüsselung

Tabelle 1: Vorteile und Nachteile des Public-Key-Verfahrens	
Vorteile	Nachteile
Jeder Kommunikationspartner benötigt nur einen Schlüssel (Private Key).	hohe Komplexität der durchzuführenden mathematischen Operationen.
Hohe Sicherheit.	nicht eindeutige Zuordnung des öffentlichen Schlüssels zu seinem Besitzer.

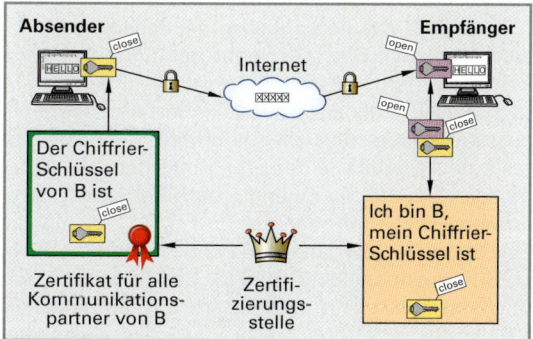

Bild 2: Einsatz einer Zertifizierungsstelle

12.8.4 Passwörter

Für viele PC-Anwendungen sind Passwörter erforderlich oder empfehlenswert **(Tabelle 1)**. Die Passwörter dienen entweder zum Schutz von Daten, die über das Internet weitergeleitet werden oder zum Schutz des Datenabsenders. Dieser kann Ziel einer Hackerattacke, z. B. auf Banknoten, oder Opfer einer Abmahnkanzlei, z. B. wegen Störerverhaltens durch einen unzureichend gesicherten Internetzugang, sein.

Ein sicheres Passwort sollte:
- lang genug sein, z.B. 10 Stellen,
- Zahlen und Sonderzeichen enthalten,
- nicht im Duden zu finden sein,
- leicht zu merken sein,
- schwer zu erraten sein,
- geheimgehalten werden,
- auf dem PC verschlüsselt gespeichert werden,
- in gesicherter Form wiederauffindbar sein und
- in regelmäßigen Zeitabständen geändert werden.

Die maximale Knackdauer aus **Tabelle 2** zeigt, dass vor allem die Zeichenlänge wichtig ist, da Entschlüsselungsprogramme 30000000 Zeichenvariationen je Sekunde zum Knacken des Passwortes ausprobieren. Oft ist es schwierig ein langes Passwort zu finden, das Sonderzeichen enthält und es sich zu merken. Abhilfe schafft ein Spruch, bei welchem man Anfangsbuchstaben, Zahlen und Satzzeichen für die Passwortbildung verwendet **(Bild 1)**. Auf die Verwendung bestimmter Sonderzeichen sollte man verzichten, da manche Passwortabfragen diese nicht erkennen, z. B. ß, Ä oder ü.

Für verschiedene Anwendungen sind unterschiedliche Passwörter zu verwenden. Denn wird immer dasselbe verwendet und ist dieses einmal geknackt, hat dessen Hacker zu sämtlichen Anwendungen Zugriff.

> Sicher sind Passwörter, wenn sie lang genug und bei jeder Anwendung verschieden sind.

Um bei Verwendung vieler Passwörter immer das richtige auszuwählen, müssen die Passwörter verwaltet werden. Dies geschieht bei Linux mit dem Betriebssystem, bei Windows meist mit dem Internetbrowser FireFox. Dieser speichert eingegebene Passwörter verschlüsselt ab und fügt ein Passwort bei erneuter Abfrage derselben Internetseite automatisch ein. Wer unabhängig vom Betriebssystem arbeiten will, benötigt zur Passwortverwaltung eine spezielle Software **(Bild 2)** oder einen mobilen USB-Passwortspeicher **(Bild 3)**. Bei diesem ist der Stick Kartenleser für eine SmartCard, auf welcher z.B. Passwörter, Benutzerprofile oder Zertifikate hinterlegt sind.

Tabelle 1: Passwortanwendungen	
Anwendungsart	Beispiele
Anmeldung	Betriebssystem, WLAN-Router, Online-Banking, eBay.
Registrierung	E-Mail, Facebook, Twitter, Teile von YouTube.
Datensicherung	Senden verschlüsselter E-Mails oder komprimierter E-Mails.

Tabelle 2: Maximale Knackdauer bei Windows-Passwörtern		
Stellen	benutzte Zeichen aus den Zeichenräumen	Knackdauer
6	A-Z, a-z, 0-9	1 Minute
6	A-Z, a-z, 0-9, typ. Sonderzeichen	6 Minuten
8	A-Z, a-z, 0-9	2,3 Tage
8	A-Z, a-z, 0-9, typ. Sonderzeichen	33 Tage
8	A-Z, a-z, 0-9 alle Sonderzeichen	82 Tage
11	A-z, a-z, 0-9	270 Jahre

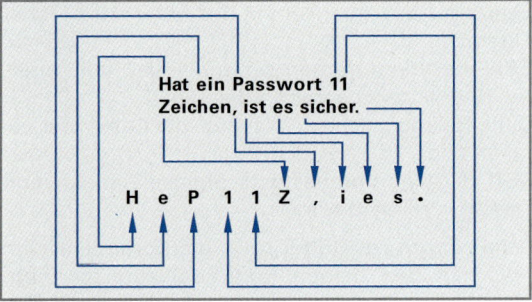

Bild 1: Passworterzeugung

Bild 2: Software zur Passwortverwaltung

Bild 3: Mobiler Passwortspeicher

12.9 Rechte und Pflichten im Internet

Das Internetrecht (Multimediarecht, Recht der Neuen Medien) ist ein unbestimmter Begriff, der die rechtlichen Probleme abdeckt, die mit der Verwendung des Internets einhergehen.

Das „Online-Recht" (Netlaw, Cyberlaw) umfasst alle rechtlichen Aspekte und Probleme, die sich aus dem Betrieb und der Nutzung von Computernetzen wie dem Internet ergeben.

Das Internetrecht bezieht sich nicht auf ein bestimmtes Rechtsgebiet oder gar ein bestimmtes Gesetz **(Bild 1)**. Als Internetrecht wird die interdisziplinäre Schnittstelle sämtlicher Rechtsgebiete im Bereich des Internets bezeichnet **(Tabelle 1)**.

> Das Internetrecht bezieht sich auf verschiedene Rechtsgebiete.

Kennzeichenrecht

Das Kennzeichenrecht regelt Domainstreitigkeiten im Inland und im Ausland. Die Nutzung einer Internet-Domain-Adresse stellt eine kennzeichenmäßige Verwendung dar. Die Domain hat nicht nur die technische Zuordnungsfunktion zu einem PC, sondern bezeichnet auch zumindest mittelbar den dahinterstehenden Anbieter.

Über die Einrichtung einer deutschen Domain unterhalb der Top-Level-Domain .de und ihre Anbindung an das Internet wacht die DENIC eG. Diesem Verband gehören die meisten IP-Provider in Deutschland und die DIGI an.

Aufgaben der DENIC sind der Betrieb des Primary-Nameservers für die Top-Level-Domain .de, die bundesweit zentrale Vergabe von Domains unterhalb der Top-Level-Domain .de und die Administration des Internets in Zusammenarbeit mit internationalen Gremien.

> Domain-Namen haben neben der technischen Zuordnungsfunktion auch eine Namensfunktion.

Das Namensrecht aus § 12 Satz 1 BGB umfasst auch einen Anspruch auf Nutzung dieses Namens als Domain-Name. Hat ein Dritter diesen Domain-Namen inne, so besteht ein Anspruch auf Freigabe und Unterlassung der Nutzung. Die Verwendung einer eingetragenen Marke als Teil einer Domain verstößt gegen § 15 MarkenG.

Der Top-Level-Domain .de kommt keine eigenständige, unterscheidbare Bedeutung zu. Sie ist lediglich regionales Zuordnungskriterium und findet bei der Bewertung einer Markenverletzung oder Namensverletzung keine Beachtung.

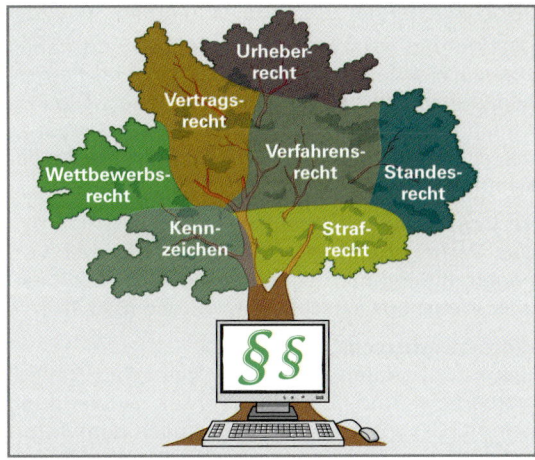

!	DENIC	Deutsches Network Information Center www.denic.de
	DIGI	Deutsche Interessengemeinschaft Internet

Bild 1: Rechtsbereiche des Internetrechts

Tabelle 1: Wichtige Gesetze zum Internetrecht

Gesetze	Inhalte
SigG, SignaturG	Gesetz über Rahmenbedingungen für elektronische Signaturen und zur Änderung weiterer Vorschriften
MDStV, Mediendienst-StaatsV	Staatsvertrag über das Erbringen von Medienleistungen
IuKDGI, Informations- und KommunikationsdiensteG	Gesetz zur Regelung der Rahmenbedingungen für Informationsdienste und Kommunikationsdienste
TDDSG, Teledienstedatenschutz G	Gesetz über den Datenschutz bei Telediensten
TDG, TelediensteG	Gesetz über die Nutzung von Telediensten
TKG, Telekommunikationsgesetz	Gesetz über die Nutzung der Telekommunikation
UrhG, UrheberG	Gesetz über Urheberrecht und verwandte Schutzrechte
TDSV, Telekommunikations-Dienstunternehmen, Datenschutz-Verordnung	Verordnung über den Datenschutz für Unternehmen, die Telekommunikationsdienstleistungen erbringen
GewO	Gewerbeordnung
MarkenG	Gesetz über den Schutz von Marken und sonstigen Kennzeichen

Verfahrensrecht

Das Verfahrensrecht regelt die Dringlichkeit bei Streitigkeiten um die Kennzeichnung von Domains und die örtliche Zuständigkeit. Für Klagen aus dem Markenrecht ist örtlich jenes Gericht zuständig, in dessen Bezirk die Verletzungshandlung begangen wurde.

Standesrecht

Das Standesrecht befasst sich mit der Präsentation verschiedener Berufsstände im Internet.

Das Internet ist allgemein zugänglich und daher, ebenso wie Zeitungen, Zeitschriften und Fernsehen, als öffentliches Medium anzusehen. Die Präsentation der Berufsstände im Internet ist nicht zu beanstanden, solange sie nicht im Verdacht der Kommerzialisierung steht.

Vertragsrecht

Das Vertragsrecht regelt Rechtsfragen bei Verträgen, die im Internet, z. B. bei Online-Auktionen oder Webshops, geschlossen wurden **(Bild 1)**.

Wettbewerbsrecht

Hier ist zu prüfen, wann das deutsche Wettbewerbsrecht und Kartellrecht zur Anwendung kommt. Grundsätzlich wird dies nach dem Tatort ermittelt. Im Wettbewerbsrecht ist dies der Ort der wettbewerbsrechtlichen Interessenkollision, der als Marktort bezeichnet wird.

Der Marktort ist zugleich Handlungs- und Erfolgsort. Im Internet tritt Werbung in Form von individuell oder massenhaft versandten E-Mails oder durch die Präsentation auf einer Website auf.

Typische Streitfälle sind wettbewerbswidrige Suchergebnisse, unlauterer Wettbewerb und unerlaubte Werbung. So ist z. B. unverlangte E-Mail-Werbung (Spamming) an ein Unternehmen als Eingriff in den eingerichteten und ausgeübten Gewerbebetrieb unzulässig.

> Die Zusendung unverlangter Werbung mittels E-Mail ist verboten.

Zu den großen Gewinnern des elektronischen Handels zählen Online-Auktionen. Hier gibt es zahlreiche Anbieter, die von Last-Minute-Reisen über Mietwagen bis hin zu Elektrogeräten Produkte über das Internet meistbietend verkaufen. Zweifelhaft ist allerdings die Zulässigkeit solcher Geschäfte. Eine Klausel vom Marktführer eBay, wonach ein Vertrag automatisch mit dem Höchstbieter zustande kommt, ist vom LG Berlin wegen Verstoßes gegen das BGB für nichtig angesehen worden. Das OLG Hamburg hat entschieden, dass die Eingabe eines Mindestangebotes von 1,00 Euro für ein Markengerät, das nach der unverbindlichen Preisempfehlung des Herstellers 2.500,00 Euro kosten soll, wegen übertriebenen Anlockens wettbewerbswidrig ist. Der Auktionator habe auf Kosten des Markenproduktes das „spielerisch spekulative Moment" einer solchen Online-Auktion eingesetzt, um mit dem kaum noch zu unterbietenden Mindestangebot besondere Aufmerksamkeit zu erregen.

> **! Schutzdauer Urheberrecht**
> 70 Jahre nach Tod des Urhebers.
> 50 Jahre Lichtbilder, Filme, Tonträger, Literatur, Musikstücke.
> 25 Jahre wissenschaftliche Werke nach Veröffentlichung.

Annahme der Zahlung, Übereignung der Ware Zeit, Ort, Art und Weise

Annahme der Ware, Zahlung des Kaufpreises Prüfung der Ware

Verkäufer   Käufer

Bild 1: Kaufverträge im Internet

Strafrecht

Das Strafrecht tritt immer dann in Kraft, wenn durch den Betrieb einer Online-Präsenz ein Straftatbestand entsteht. Ein typischer Straftatbestand ist z. B. die Verbreitung pornografischer Erzeugnisse über das Internet. Andere Straftaten sind die Downloadmöglichkeiten von unerlaubter Software oder beleidigende Äußerungen.

Urheberrecht

Das Urheberrecht schützt künstlerische oder wissenschaftlich-technische Leistungen, die eine gewisse Originalität und Kreativität repräsentieren, als geistiges Eigentum des Urhebers. Der Schutz besteht unabhängig von einer Registrierung, eines Copyright-Vermerks oder anderer Formalitäten.

Die Erstellung von Websites greift sehr weit in das Urheberrecht ein. Musik, Texte, Fotografien werden digitalisiert und in ein Online-System integriert. Jedem Hersteller drohen zivil- und strafrechtliche Sanktionen, sofern er in seinem Werk auf nicht lizensiertes oder freigegebenes Material zurückgreift.

K   Kompetenzorientierung

1. **Nennen Sie Rechtsgebiete, auf die sich das Internetrecht erstreckt.**
2. **Wer verwaltet in Deutschland die Domains?**
3. **Was versteht man rechtlich unter der Namensfunktion einer Domain?**
4. **In welchen Fällen wird das deutsche Recht auf eine Streitigkeit angewandt?**

12.10 Multimedia-Technik

12.10.1 Allgemeines

Multimedia-Technik ist die Anwendung von Text, Pixelbildern, Grafik, Video- und Tontechnik mit entsprechenden Geräten. Die Videotechnik mit künstlich erzeugter Grafik, z.B. in einem Trickfilm wird als Animation bezeichnet. In der Multimedia-Technik hat der Benutzer die Möglichkeit, durch eigenes Eingreifen Informationen zu beeinflussen, d.h. aktiv zu werden. Der Benutzer führt also einen interaktiven Dialog mit dem Multimedia-Gerät, z.B. dem PC oder dem Fernsehgerät.

> Benutzer können interaktiv Dialoge mit dem Multimedia-Gerät führen.

Media-Center

Media-Center sind Zentralen zum Steuern der Multimedia-Technik **(Bild 1)**. Sie bestehen z.B. aus einem PC, einem Festplattenverbund und einer Servereinheit.

An ein Media-Center können über entsprechende Umsetzer, z.B. STBs (Set-Top-Boxen = Kopfstellen), Modems, Router, Adapter und Teilnehmer-Endgeräte angeschlossen werden.

Set-Top-Boxen dienen z.B. für den Anschluss von Kabel-, Satelliten- und Internet-Fernsehen.

Für WLAN, WiMAX und VDSL werden Router verwendet. Meist enthalten sie auch Adapter für den Anschluss von Analogtelefonen, sodass auch Internet-Telefonie (VoIP) möglich ist. Manche Router ermöglichen eine Weiterleitung auf DECT-Telefone.

> Für die Übertragung der Daten der Multimedia-Technik werden Netze mit hohen Bitraten benötigt.

> **! Multimedia-Technik**
> - von lat. multus = viel, medium = Vermittler.
> - Integration verschiedener digitaler Medien durch Hard- und Software, verbunden mit Interaktivität zwischen Mensch und Gerät.
> - Animation = Belebung, hier Bewegung von Figuren.

Tabelle 1: Zugangsnetze für Multimedia-Technik

Art	Eigenschaften, Merkmale
Kabelnetze	Koaxialtechnik Bitrate $r_{max} \approx$ 3 GBit/s bei f_{max} = 862 MHz
Satellitennetze	Bitraten r_{max} = 10 MBit/s bis 18 MBit/s (MPEG-4, MPEG-2), f = 10,7 GHz bis 12,75 GHz.
Mobilfunknetze	Frequenzbereiche 800 MHz bis 2,6 GHz, Bitraten r_{max} = 14 MBit/s (UMTS), Endgeräte sind Handys, Smartphones, Tablet-PCs.
VDSL-Netze	Bitrate r_{max} = 100 MBit/s
WLAN	Lokale Funk-Datennetze im 2,4 GHz-Bereich und 5 GHz-Bereich.
WiMAX (Worldwide Interoperability for Microwaves)	Funknetze im Bereich 2 GHz bis 60 GHz. Standard gemäß 4. Mobilfunk-Generation.
Sendernetze	Terrestrische Sendernetze für DVB und Hörfunk. Frequenzen von 471 MHz bis 790 MHz im UHF-Bereich.

Zugangsnetze

Multimedia-Systeme kommunizieren mit verschiedenen Netzen unterschiedlicher Bitraten **(Tabelle 1)**.

Um interaktiv arbeiten zu können, wird ein Rückkanal benötigt. Bei Kabelnetzen, Satellitennetzen und VDSL-Netzen sind Rückkanäle vorhanden. Als Rückkanal kann auch ein anderes Netz genutzt werden, z.B. ein Mobilfunknetz.

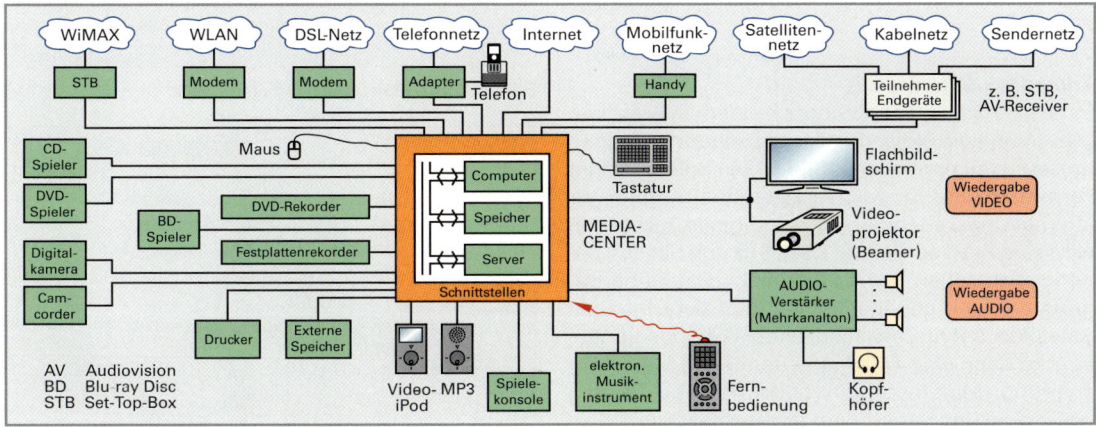

Bild 1: Media-Center mit Anschlussgeräten

12.10.2 Triple-Play-Technik

Triple-Play-Technik dient zur gleichzeitigen Nutzung eines VDSL/DSL-Netzanschlusses für Fernsehen, Internet und Telefon ohne gegenseitige Beeinflussung.

> **! Triple-Play**
> - engl. Dreifaches Spiel (Baseball-Spielzug)
> - Marketingbegriff für das Anbieten der drei Dienste: Fernsehen, IP-Telefonie und Internet.
> - VoD von Video-on-Demand = Video auf Anforderung.

Triple-Play über das Kabelnetz

Es ist eine Multimedia-Anschlussdose (MMADo) erforderlich **(Bild 1)**. Für das Fernsehen wird eine Set-Top-Box für DVB C (Digital Video Broadcasting Cable) verwendet, das Radio kann direkt angeschlossen werden. Ein Kabelmodem ermöglicht den interaktiven Betrieb für Internet und Telefonie **(Tabelle 1)**. Statt eines PCs kann auch ein WLAN-Router abgeschlossen werden. In Baumnetzen müssen sich die Teilnehmer die Bitrate für das Internet teilen (shared media = geteiltes Medium).

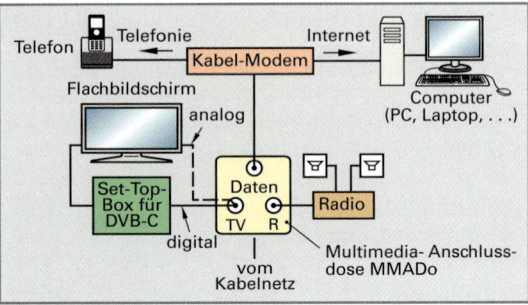

Bild 1: Triple-Play über Kabelnetz

Triple-Play über das Telefonnetz

Die Teilnehmer-Anschluss-Einheit TAE bleibt unverändert **(Bild 2)**. Das DSL-Modem ist meist Teil des DSL-Routers. DSL-Modem und DSL-Router sind für die interaktive Datenübertragung in Fernsehen, Internet und VoIP-Telefonie zuständig. Für das Fernsehen wird das Übertragungsverfahren IPTV (Internet Protocol Television) verwendet. Fernsehprogramme müssen einzeln vom Netzknoten als Video-Stream abgerufen werden (VoD). Für das Internet wird das Mehrträgerverfahren DMT (Discrete Multitone-Transmission) verwendet. Fernsehen ist über Zugangsprogramme auch im Internet möglich.

> Für eine gute Bildqualität (ruckelfreies Bild) ist ein DSL-Anschluss mit mindestens 6 Mbit/s notwendig.

Tabelle 1: Kenndaten von Triple-Play

Netzart	Eigenschaften, Kenngrößen
Kabel	Bitraten im Download bis 100 Mbit/s, im Upload 15 % davon. Frequenzen im Download 450 MHz bis 862 MHz, im Upload 5 MHz bis 65 MHz.
Telefon	Bitraten im Download 25 Mbit/s (ADSL). 50 Mbit/s (VDSL), im Upload 15 % davon.
Satellit	Bitraten im Download bis 10 Mbit/s, im Upload 15 % davon.

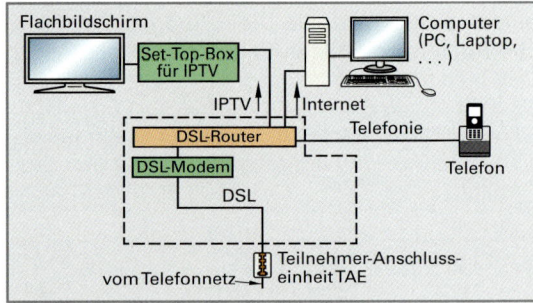

Bild 2: Triple-Play über das Telefonnetz

Triple-Play über Satellit

Es ist eine Satellitenantenne mit einem interaktiven LNB (von Low Noise Block = rauscharmer Signalumsetzer) zu verwenden **(Bild 3)**. Ein Splitter trennt Fernsehen und interaktive Datenübertragung für Internet und Telefonie. Für das digitale Fernsehen wird eine Set-Top-Box für DVB-S (S von Satellit) benötigt. Fernsehen und die interaktive Datenübertragung erfolgen gegebenenfalls über verschiedene Satelliten auf unterschiedlichen Orbitpositionen. Es wird dann eine Satellitenantenne mit Mehrfachspeisung (Multifeed) verwendet. PC und Telefon werden an das Sat-Modem angeschlossen.

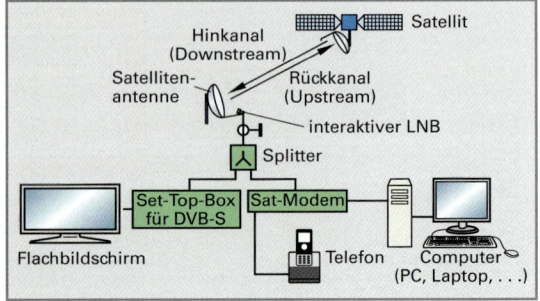

Bild 3: Triple-Play über Satellit

12.10.3 Anwendungen der Multimedia-Technik

12.10.3.1 Multimedia-Heimsystem

Ein einfaches Multimedia-Heimsystem besteht z. B. aus den Komponenten Media-Receiver, Fernsehgerät und dem Heimkino-Gerät **(Bild 1)**.

Media-Receiver. Der Media-Receiver überträgt digitales Fernsehen (IPTV) in HDTV-Qualität mit bis zu 1080 Pixel. Filme können gegen Gebühr heruntergeladen werden (Videoload). Der digitale Videorekorder erlaubt es, ein Programm aufzuzeichnen und ein anderes gleichzeitig anzusehen. Über die Funktion „Zeitversetztes Fernsehen" kann man laufende Sendungen anhalten und später weiter ansehen.

Heimkino-Gerät. Das Heimkino-Gerät stellt Surround-Sound 6.1 (= Mehrkanalton mit z. B. 6 Kanälen) zur Verfügung. Quellen sind z. B. Fernsehgerät, UKW-Radio, DVD-Spieler und USB-Geräte.

Fernsehgerät. Das Fernsehgerät muss HDTV-geeignet sein, damit die volle Bildauflösung von 1920 Pixeln x 1080 Pixeln dargestellt wird. Es können 50 Halbbilder/s (1080i) oder 50 Vollbilder/s (1080p) dargestellt werden.

Kinect
Kinect ist ein System zur Steuerung eines PCs ohne Maus und Tastatur. Das Kinect-Steuergerät enthält eine VGA-Kamera, einen Infrarot-Strahler (IR), einen IR-Sensor und vier Mikrofone **(Bild 2)**. Mit der VGA-Kamera können die Umrisse von Personen aufgenommen werden. Der IR-Sensor berechnet aus der reflektierten Strahlung ein Tiefenbild, d. h. den Abstand zum Steuergerät von 0,4 m bis zu 4 m. Die Software erlaubt die Bewegungen zweier Menschen mit jeweils 20 Skelett-Knotenpunkten zu verfolgen. Durch die Matrixanordnung der Mikrofone lassen sich Umgebungsgeräusche ausfiltern und Aufnahmen der Sprecher gut verständlich ausgeben oder nach Auswertung durch eine Spracherkennung zu Steuerkommandos verwenden. Es können mehrere Sprecher räumlich zugeordnet werden. Erkannte Gesten werden mit einem Vermittlungsprogramm (FAAST) in Maus- und/oder Tastatur-Ereignisse (events) umgewandelt und an die zu steuernde Anwendung geschickt **(Bild 3)**.

Anwendungen:
- berührungslose Bildnavigation in Kliniken,
- PC-Steuerung für Behinderte, Sturzwarner,
- Sport im Wohnzimmer,
- Spiele.

> **!** **Kinect** = Firmenbezeichnung, Kunstwort.
> - Steuerung eines PCs durch Sprache, Handgesten und Körperbewegungen.
> - **FAAST** von Flexible Action and Articulated Skeleton Toolkit = Baukasten für bewegliche Aktionen und Skelettgliederung.

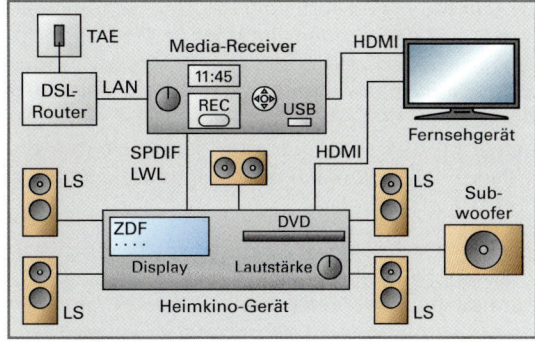

Bild 1: Multimedia-Heimsystem

Bild 2: Kinect-Steuergerät

Bild 3: Bewegungssteuerung

K Kompetenzorientierung

1. Was versteht man unter Multimedia-Technik?
2. Nennen Sie vier Zugangsnetze für die Multimedia-Technik.
3. Erklären Sie den Begriff Triple-Play.
4. Welche Netze werden für die Triple-Play-Technik verwendet?
5. Nennen Sie Komponenten eines Multimedia-Heimsystems.
6. Erklären Sie die Wirkung des Kinect-Systems.

12.10.3.2 TV- und Radio-Streams

Streaming

Die Datenübertragung bei Web-Radio und Web-TV nennt man Streaming. Die übertragenen (gestreamten) Programme bezeichnet man als Livestream oder kurz Stream.

Datenströme sind fortlaufende Abfolgen von Datensätzen, die aus dem Internet in Echtzeit empfangen werden und deren Ende nicht im Voraus abzusehen ist. Die einzelnen Datensätze sind meist Audio- oder Videodaten. Da die Bitrate nicht festgelegt ist und somit variieren kann, werden die Video- und Audiodaten nicht als ganzes, sondern fortlaufend verarbeitet.

> Beim herkömmlichen Download wird erst die komplette Audio/Videodatei auf dem PC gespeichert und kann dann abgespielt werden.
>
> Audio/Videoströme werden mit speziellen Wiedergabeprogrammen in Echtzeit verarbeitet und abgespielt, auf dem PC entsteht keine abgespeicherte Datei.

Der Streaming-Server und der Streaming-Client handeln ständig über RTSP die Verbindungsparameter aus. Die Streaming-Übertragung selbst wird über UDP realisiert. Beim progressiven Download beginnt die Übertragung bereits mit dem Empfang der ersten Teile einer Datei.

Arten von TV und Radio-Streams

On-Demand-Streaming. Die Daten werden via HTTP oder FTP vom Server über das Netz an den Client übertragen, die Wiedergabe erfolgt bereits während der Übertragung. Beim On-Demand-Streaming erscheinen zwei Download-Balken auf dem Bildschirm **(Bild 1)**. Für eine lückenlose Wiedergabe ist eine Datenpufferung notwendig. Vorspulen, Zurückspulen und Pausieren ist möglich. Beispiele: Podcasts, Spiegel TV, Kinoportale, YouTube.

Live-Streaming. Die Daten werden via RTP oder SIP vom Server in Echtzeit übertragen **(Bild 2)**. Mit spezieller Software, z. B. Radiograbbern, können Live-Streams aufgenommen werden. Beispiele: Web-Radio, Sky TV Fussball-Livestream, Online-Vorlesungen an Hochschulen. Bei Live-Streams, die nur passiv empfangen werden, darf der Nutzer diese legal ansehen.

> Das Urheberrecht ist bei Nutzung von Streaming-Diensten zu beachten.

> ❗ Data Streams = Datenströme
>
> Streaming Media, AV-Streaming = Oberbegriff für Streaming Audio und Streaming Video
>
> Web-Radio = Streaming Audio
>
> Web-TV = Streaming Video
>
> RTSP Real-Time Streaming Protcol = Echtzeit-Streaming-Protokoll

CRE137 AV Streaming

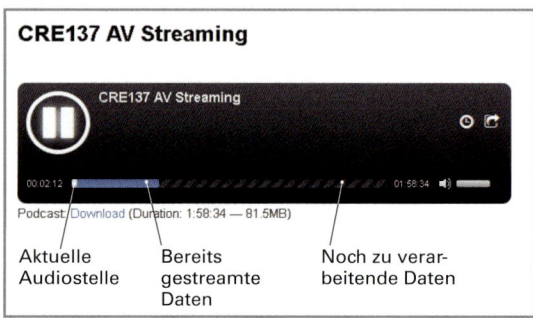

Aktuelle   Bereits   Noch zu verar-
Audiostelle   gestreamte   beitende Daten
                  Daten

Bild 1: Podcast einer Radiosendung

Bild 2: Beispiel für Web-Radio

Auf dem PC entsteht keine unerlaubte Kopie im Sinne des Urheberrechtes. Zwar werden während des Streamings Teile des Videos in den Arbeitsspeicher (RAM) des Computers geladen. Aber zu keinem Zeitpunkt wird die vollständige Video-Datei auf der Festplatte abgelegt.

Das Anschauen selbst ist dann überhaupt nicht mehr als urheberrechtliche Nutzung zu werten und deshalb legal. Weil es noch keine Gerichtsentscheidungen dazu gibt, handeln Nutzer aber in einer rechtlich unsicheren Grauzone.

Anbieter von Streaming-Clients: Real Networks (Real Player), Microsoft (Windows Media Player), Apple (QuickTime Player, iTunes), Nullsoft: (Winamp) und InterVideo (VideoLAN).

> Das Mitschneiden von Audio-Streams bezeichnet man auch als Rippen oder Grabben.

Als Hardware-Streaming-Clients können Internetradios oder auch internetfähige Fernsehgeräte verwendet werden.

12.10.4 Videoüberwachungsanlagen

12.10.4.1 Arten der Videoüberwachung

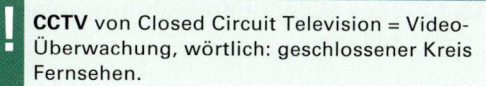

CCTV von Closed Circuit Television = Video-Überwachung, wörtlich: geschlossener Kreis Fernsehen.

Direkte Überwachung

Eine Video-Kamera überträgt einen festgelegten Sichtbereich auf mindestens einen Monitor. Bei mehreren Monitoren wird das gleiche Bild angezeigt **(Bild 1)**. Der Sichtbereich ist bei einem Bankomaten fest eingestellt. Schwenkbare Kameras gestatten eine Rundumsicht und werden z. B. für die Überwachung von Ski-Gebieten oder von Werksgeländen verwendet.

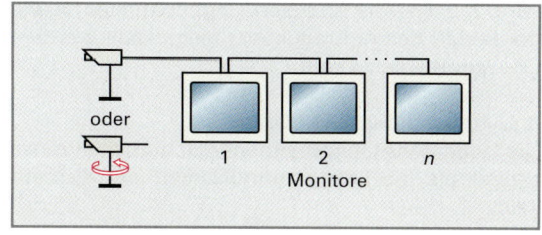

Bild 1: Direkte Überwachung

Überwachung mit Multiplexer

Die Kameras verschiedener Überwachungsbereiche werden bei ausgelöstem Alarm, auf den Monitor geschaltet **(Bild 2)**. Die Umschaltung kann mit mechanischen Schaltern oder mit elektronischen Schaltern erfolgen.

Elektronische Schalter ermöglichen es, die Überwachungsbilder nacheinander, z. B. im Abstand von 10 Sekunden, anzuschauen.

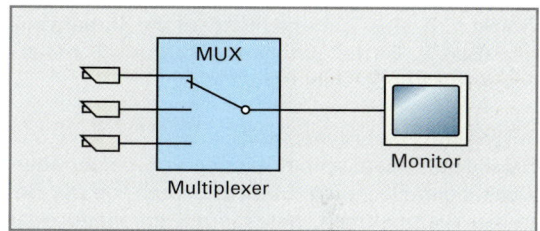

Bild 2: Überwachung mit Multiplexer

Vielfachüberwachung

Es können die Bilder von vier Video-Kameras gleichzeitig auf einem Bildschirm verkleinert dargestellt werden **(Bild 3)**. Dies wird als Vier-Quadranten-Darstellung bezeichnet. Die Darstellung eines Kamerabildes als Vollbild ist auch möglich. Dadurch sind genauere Informationen ersichtlich.

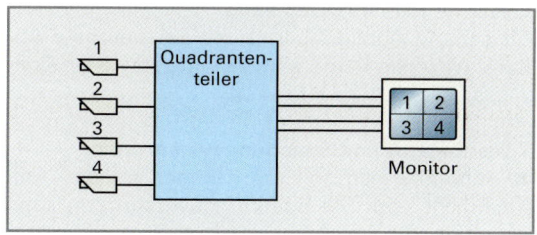

Bild 3: Vielfachüberwachung

Überwachung mit Netz

Die Überwachung von Bildern, Tonübertragung und Kamerafernsteuerung kann über das

- Festnetz, z. B. mit ISDN oder VoIP,
- Internet,
- Intranet oder über
- WLAN

erfolgen **(Bild 4)**.

Die Kameras werden z. B. über einen Switch geschaltet. Die Daten können auf einem Server gespeichert werden.

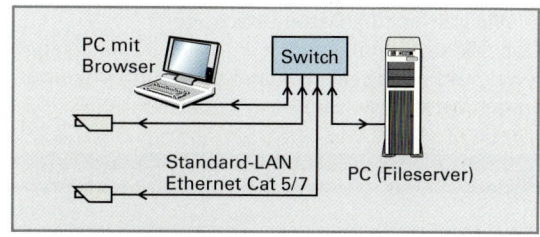

Bild 4: Überwachung mit Netz

Video-Kameras

Festausgerichtete Kameras verwenden Weitwinkel und/oder Teleobjektive **(Bild 5)**. Schwenkbare Kameras werden z. B. mit Web-Browsern über WLAN gesteuert.

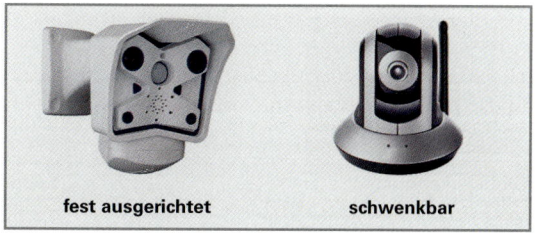

Bild 5: Video-Kameras

12.10.4.2 Eine Videoüberwachungsanlage planen

Bevor ein Videoüberwachungssystem installiert wird, müssen die örtlichen Gegebenheiten sowie der Bedarf des Auftraggebers festgestellt werden. Die Schritte hierzu sind:

1. Lichtverhältnisse vor Ort prüfen
Die Lichtintensität vorhandener Lichtquellen muss größer als die Lichtempfindlichkeit der Kamera sein.

2. Wie die Lichtquellen anordnen?
Die Lichtquellen sollen auf das zu überwachende Objekt, z. B. eine Tür, und nicht auf die Kamera zeigen (**Bild 1**). Ist die Umgebung zu dunkel, zusätzlichen Infrarot-Strahler verwenden.

3. Was soll erkannt werden?
Details im Bildausschnitt hängen von der zu überwachenden Fläche ab. Es ist zu klären, ob der Betreiber wahrnehmen, detektieren, erkennen oder identifizieren will (**Tabelle 1**).

4. Welche Kameras/Objektive?
Für scharfe Abbildungen muss der optimale Abstand zwischen Kamera und Motiv, sowie die Breite des Objekts bekannt sein.

5. Montageort und Spannungsversorgung?
Im Außenbereich soll die Kamera wasser- und staubdicht sein. Die Spannungsversorgung kann über Video-Kombi-Kabel oder bei Netzwerkkameras z. B. durch PoE (Power over Ethernet) erfolgen.

6. Wie werden die Daten übertragen?
Das Video-Signal kann z. B. über Koaxialkabel, Zweidrahtleitung, Datenkabel oder mit Funk übertragen werden.

> **!** Rechtsgrundlage für die Videoüberwachung in öffentlichen Räumen ist das **Bundesdatenschutzgesetz §6b**: Art. 6 DSGVO BDSG §4 Überwachung ist nur zulässig, wenn sie **der Wahrung des Hausrechtes** oder **anderen berechtigten Interessen** dient. Werden Daten nicht mehr benötigt, sind sie zu löschen.

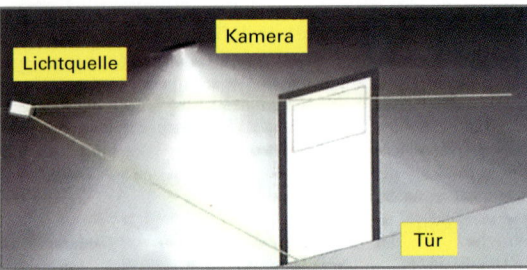

Bild 1: Anordnung von Kamera, Lichtquelle und Objekt

7. Wie werden die Aufnahmen gespeichert?
Die Speicherung kann im PC oder im Digitalrekorder erfolgen. Speichern von 25 Bildern/s (realtime) oder z. B. nur 1 Bild/s. Um die Datenmengen zu reduzieren, werden die Bilddaten komprimiert, z. B. mit H.264/AVC.

8. Welche Software?
Die Software muss viele Überwachungskanäle mit hohen Bildwiederholfrequenzen und Bildauflösungen verarbeiten können.

Gefahrenmeldesysteme
Durch Verknüpfung der Alarmeingänge und Alarmausgänge von Kameras und Aufzeichnungsgeräten sowie dem Einsatz entsprechender Software können Gefahrenmeldesysteme realisiert werden. An Alarmeingänge können z. B. Bewegungsmelder, Öffnungsmelder, Lichtschranken und Rauchmelder angeschlossen werden.

Tabelle 1: Bildausschnitte und Detailerkennung				
	Wahrnehmen	Detektieren	Erkennen	Identifizieren
Bildausschnitt				
Überwachte Fläche	50 m × 40 m	25 m × 20 m	5 m × 4 m	2 m × 1,5 m
So viel sieht man von der Person	5 %	10 %	50 %	100 %
Detailerkennung	Keine	Gering	Gut	Sehr gut
Brennweite des Objektivs bei einer Entfernung von 25 m	2,4 mm	4,8 mm	24 mm	60 mm

Testen Sie Ihre Fachkompetenz!

1. Unterscheiden Sie zwischen Kryptografie und Kryptoanalyse.
2. Was versteht man unter einem Schlüssel (Key)?
3. Wie wird aus einem Klartext ein Geheimtext?
4. Wieso werden Nachrichten und Daten mithilfe von kryptografischen Verfahren verschlüsselt?
5. Was versteht man unter der Integrität von Daten?
6. Verschlüsseln Sie das Wort „Europa" mit dem Substitutionsalgorithmus und verwenden Sie hierbei den Schlüssel 5.
7. Verschlüsseln Sie das Wort „Europa" mit dem Vigenère-Verfahren. Verwenden Sie hierbei das Vigenère-Quadrat in **Bild 1** und das Schlüsselwort „Chiffre".
8. Wann gilt ein Algorithmus zur Kryptographie als sicher?
9. Unterscheiden Sie zwischen symmetrischer Verschlüsselung und asymmetrischer Verschlüsselung.
10. Nennen Sie 3 verschiedene symmetrische Verschlüsselungsverfahren und deren typische Schlüssellänge.
11. Beim Public-Key-Verfahren werden ein öffentlicher Schlüssel und ein privater Schlüssel verwendet. Beschreiben Sie die Aufgabe der beiden Schlüssel.
12. Verschlüsseln Sie das Wort ABI mithilfe des RSA-Verfahrens, verwenden Sie hierzu die Anleitung **Bild 2**.

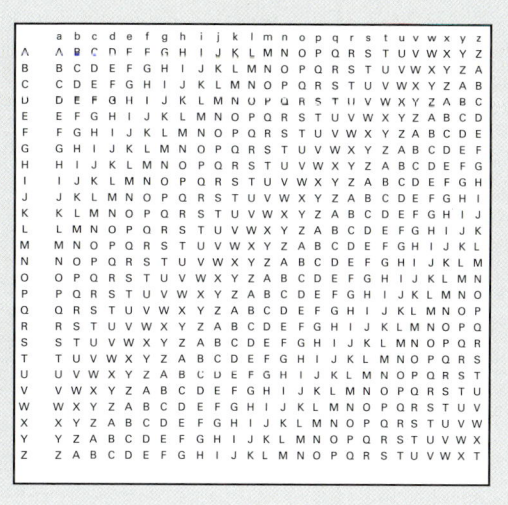

Bild 1: Vigenère-Quadrat

Schlüsselpaar generieren		
Nr.	Algorithmus	Beispiel
1	Primzahlen P und Q wählen	P = 7, Q = 13
2	Berechnung P · Q = N Berechnung (P – 1) · (Q – 1) = M	N = M =
3	Wahl einer Zahl E E < N und E keinen Teiler mit M	E = 29
4	Wahl von D und X so, dass D · E/M = XR1, D = (X · M + 1)/E	D = 29
5	Public Key = N und E Private Key = N und D	
Schlüsselpaar generieren		
1	Zu verschlüsselndes Wort	ABI
2	Buchstabenstelle als Zahl im Alphabet	
3	Chiffretext berechnen C = K exp E mod N	
4	Chiffretext des zu verschlüsselnden Wortes	
Text entschlüsseln		
1	Text berechnen K = C exp D mod N	
2	RSA entschlüsselte Zahlen	
3	Klartext	ABI

Bild 2: Anleitung zum RSA-Verfahren

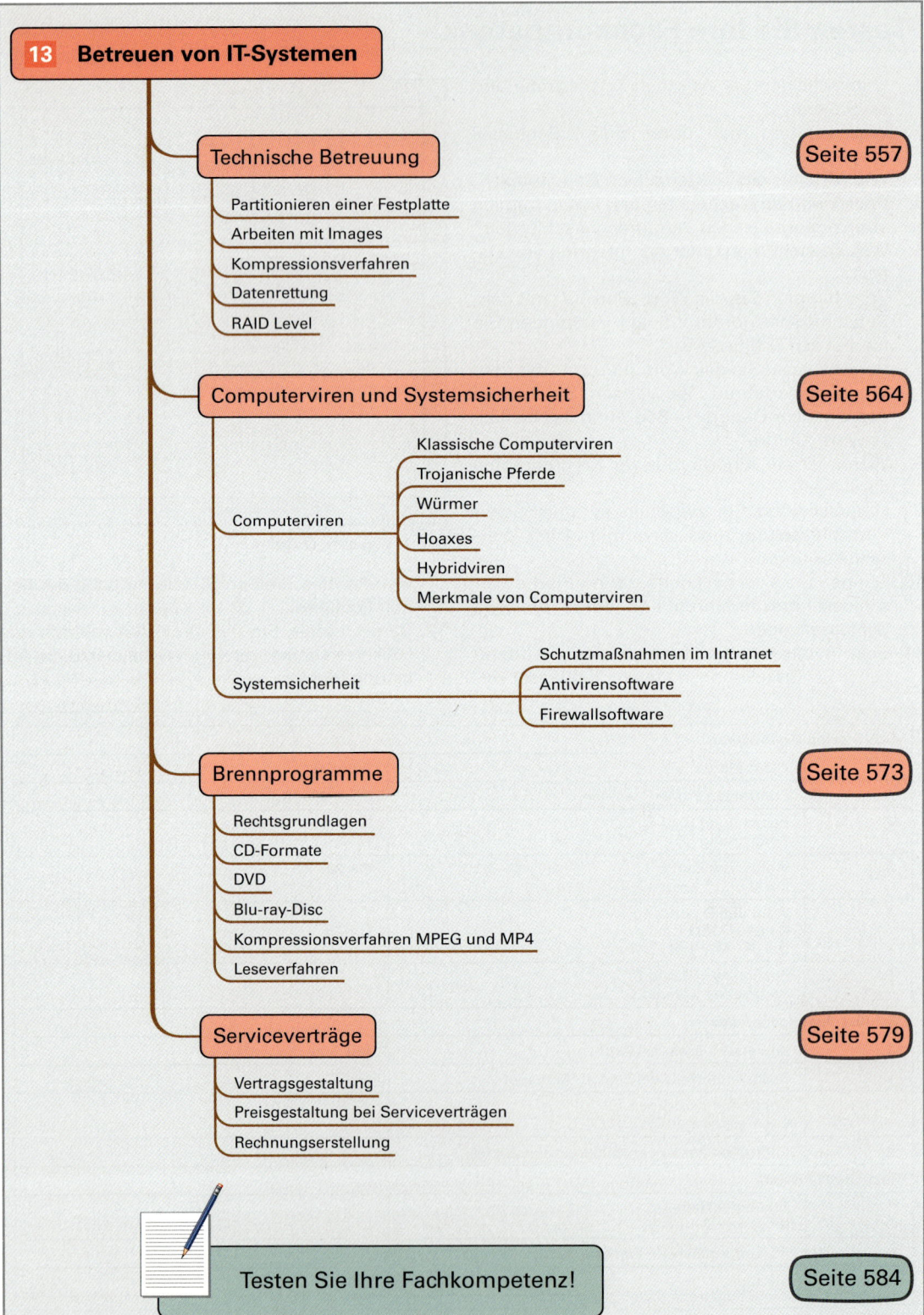

13 **Betreuen von IT-Systemen**

Technische Betreuung — Seite 557

- Partitionieren einer Festplatte
- Arbeiten mit Images
- Kompressionsverfahren
- Datenrettung
- RAID Level

Computerviren und Systemsicherheit — Seite 564

- Computerviren
  - Klassische Computerviren
  - Trojanische Pferde
  - Würmer
  - Hoaxes
  - Hybridviren
  - Merkmale von Computerviren
- Systemsicherheit
  - Schutzmaßnahmen im Intranet
  - Antivirensoftware
  - Firewallsoftware

Brennprogramme — Seite 573

- Rechtsgrundlagen
- CD-Formate
- DVD
- Blu-ray-Disc
- Kompressionsverfahren MPEG und MP4
- Leseverfahren

Serviceverträge — Seite 579

- Vertragsgestaltung
- Preisgestaltung bei Serviceverträgen
- Rechnungserstellung

Testen Sie Ihre Fachkompetenz! — Seite 584

13 Betreuen von IT-Systemen

13.1 Technische Betreuung

13.1.1 Partitionieren einer Festplatte

Vorbereitung und Start

Um z. B. verschiedene Betriebssysteme auf einer Festplatte einzurichten oder Programme von den Daten zu trennen, ist es sinnvoll, die Festplatte zu partitionieren (partition = Aufteilung).

Beim Start des Programms wird die Festplatte untersucht und die Struktur angezeigt **(Bild 1)**. Um bei einem Systemabsturz das Betriebssystem wieder starten zu können, empfiehlt sich das Erstellen von Notfalldatenträgern. Dies geschieht unter Windows in der Systemsteuerung im Bereich System und Sicherheit durch Anklicken des Links Sicherung des Computers erstellen. Im folgenden Fenster wird Systemreparaturdatenträger erstellen gewählt.

> Vor Änderungen an der Festplattenstruktur Daten sichern, um einem Datenverlust vorzubeugen.

> **Partition** (von lat. partitio = Einteilung) zusammenhängender Teil des Speicherplatzes eines Datenträgers. Partitionen sind voneinander unabhängig und werden von Betriebssystemen wie getrennte Laufwerke verwendet.
>
> **Primäre Partition** ist im Master-Boot-Record eingetragen, kann bootfähige Betriebssysteme enthalten.
> **Logisches Laufwerk** = mehrere zusammengefasste Partitionen, die das Betriebssystem wie ein physisches Laufwerk verwendet.

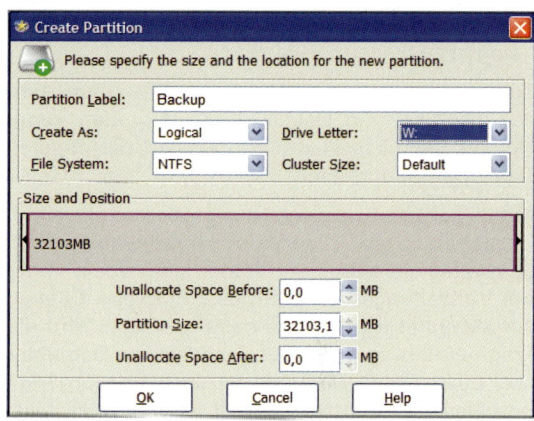

Bild 2: Einrichten einer neuen Partition

Neue Partition erstellen

Über den Menüeintrag Create wird ein Fenster geöffnet **(Bild 2)**. Hier kann der neuen Partition eine Bezeichnung (label) gegeben werden, z. B. Backup.

Soll auf der neuen Partition ein Betriebssystem installiert werden, dann muss der Partitionstyp primäre Partition gewählt werden (Create As – Primary).

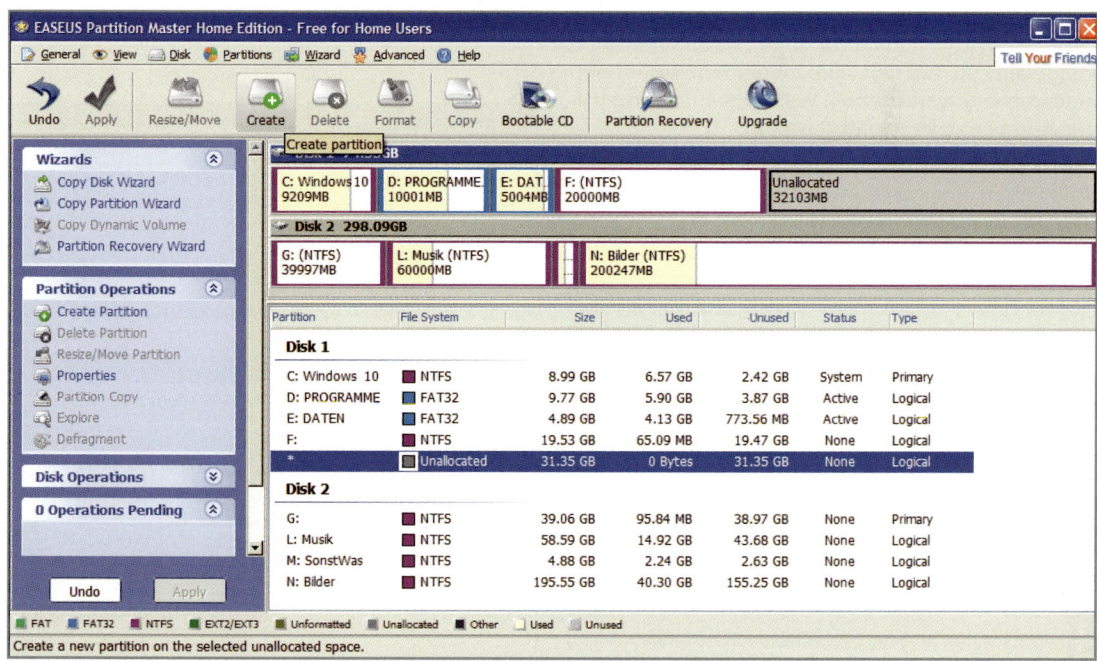

Bild 1: Fenster mit der Struktur einer Festplatte (EASEUS Partition Master)

Insgesamt kann eine Festplatte mit MBR vier primäre Partitionen enthalten. Sollen weitere Partitionen eingerichtet werden, so wird die vierte Partition in logische Laufwerke unterteilt. Für Partitionen zum Speichern von Daten wird der Partitionstyp logisch (Create As – Logical) gewählt.

Durch die Auswahl Drive Letter wird der neuen Partition ein Laufwerksbuchstabe zugewiesen, z. B. W.

Im PullDown-Menü File System wird der Dateisystemtyp ausgewählt, z. B. NTFS (von New Technology File System) (**Bild 1**).

Zu beachten ist, dass nicht jedes Betriebssystem auf die einzelnen Dateisysteme zugreifen kann. Neuere Betriebssysteme können auf die meisten Dateisysteme zugreifen.

Mit Cluster Size wird die Größe der einzelnen Cluster zwischen 512 Byte und 64 KByte festgelegt. Je größer die einzelnen Cluster sind, desto weniger Verwaltungsaufwand muss für große Dateien aufgewendet werden und desto geringer wird die Fragmentierung (verstreut gespeicherte Datenblöcke) einer Datei. Dadurch werden Lesevorgänge beschleunigt. Von Nachteil ist jedoch, dass auch kleinere Dateien mindestens einen Cluster belegen und somit Speicherplatz verschwendet wird. Durch die Auswahl von Default wird für die Clustergröße ein Standardwert z. B. 4 KByte eingestellt.

Als letzter Schritt wird der logische Standort für die neue Partition festgelegt. Empfohlen wird vom Programm der Bereich nach der letzten bestehenden Partition. Wird ein Platz vor einer anderen Partition festgelegt, so werden alle folgenden Partitionen entsprechend verschoben, was zu sehr zeitintensiven Kopiervorgängen führen kann.

Durch Betätigen der Befehlsschaltfläche Apply **(Bild 2)** und einer weiteren Sicherheitsabfrage werden die festgelegten Partitioniervorgänge auf der Festplatte ausgeführt.

> Partitioniervorgänge können zu zeitintensiven Kopiervorgängen führen.

Partitionsgröße ändern
Im Kontextmenü (öffnen mit rechter Maustaste) des zu ändernden Laufwerkes **(Bild 3)** wird die Option Resize/Move... gewählt. Im nun folgenden Fenster wird entweder durch Verschieben der Balkenbegrenzungen oder durch Eingabe anderer Werte die Größe der Partition geändert **(Bild 4)**.

> ! Außer Linux müssen alle anderen bootfähigen Betriebssysteme von einer primären Partition starten.

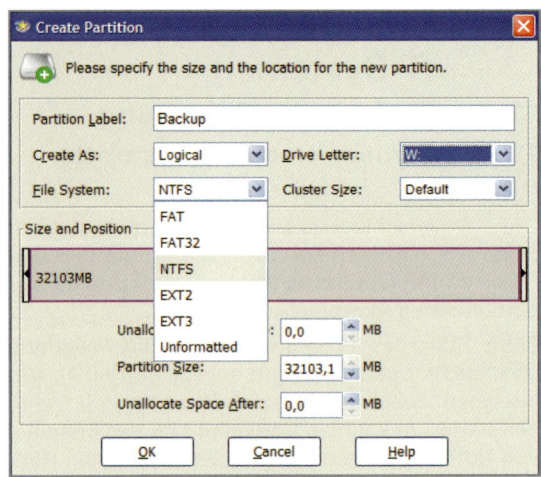

Bild 1: Auswahl des Dateisystems

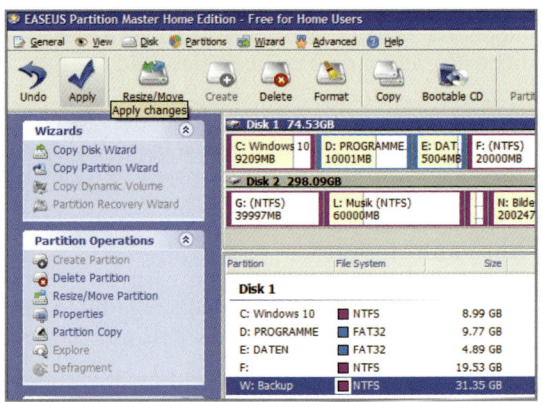

Bild 2: Änderungen ausführen

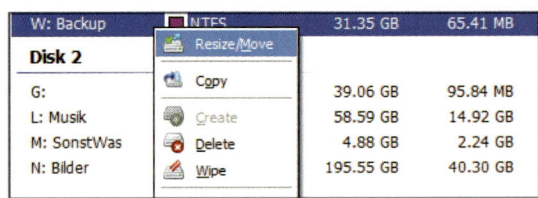

Bild 3: Kontextmenü eines Laufwerks (Ausschnitt)

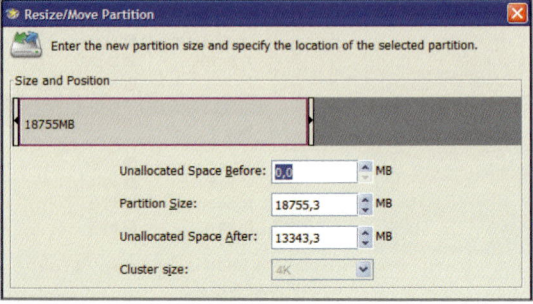

Bild 4: Ändern der Partitionsgröße

Löschen einer Partition

Vor dem Löschen einer Partition werden die Daten auf einer anderen Partition oder einem anderen Laufwerk gesichert.

Zum Löschen der Partition, wird im Kontextmenü des Laufwerkes die Option `Delete` gewählt. Um unbeabsichtigtem Löschen vorzubeugen, muss eine Sicherheitsabfrage mit `OK` bestätigt werden **(Bild 1)**.

Partitionen zusammenführen

Zum Zusammenführen zweier nebeneinanderliegender Partitionen wird der Inhalt der zweiten Partition zunächst auf einem externen Laufwerk gesichert. Anschließend wird diese Partition gelöscht.

Die erste Partition, z. B. Laufwerk `F`, wird durch Verschieben der rechten Begrenzungslinie nach rechts auf den Bereich der gelöschten Partition vergrößert **(Bild 2)**.

Mit Bestätigen der Befehlsschaltfläche `Apply` werden die Änderungen ausgeführt.

Sind viele Daten auf der Partition gespeichert, so kann es sehr lange dauern, die Laufwerke zusammenzuführen. Während dieser Zeit darf weder der Computer heruntergefahren werden, noch die Stromzufuhr unterbrochen werden, da sonst die Daten verlorengehen.

Partition verschieben

Um Platz zum Vergrößern einer Datenpartition zu schaffen, kann z. B. eine angrenzende Partition verschoben werden.

Zum Verschieben einer Partition muss sich vor oder hinter der Partition ein freier Festplattenbereich befinden.

Im Menü wird die Option `Resize/Move Partition` gewählt. Es öffnet sich ein Fenster, indem die Partition und der freie Bereich dargestellt wird **(Bild 3)**. Beim Überfahren des Partitionssymbols ändert sich der Mauszeiger zu einem gekreuzten Doppelpfeil. Bei gedrückter linker Maustaste kann der Partitionsbereich an die gewünschte Stelle geschoben werden. Nach Betätigen der Schaltfläche `Apply` wird der Verschiebevorgang ausgeführt. Dabei werden alle Daten erhalten. Wenn größere Kopiervorgänge notwendig sind, kann dieser Vorgang einige Zeit dauern.

Prüfen einer Partition

Im Kontextmenü wird die Option `Advanced-Check Partition` gewählt. Es öffnet sich ein Fenster, in welchem die verschiedenen Möglichkeiten der Prüfung eingestellt werden können **(Bild 4)**. Es können z. B. die Partitionseigenschaften geprüft werden oder Fehler repariert werden.

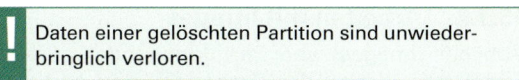

Daten einer gelöschten Partition sind unwiederbringlich verloren.

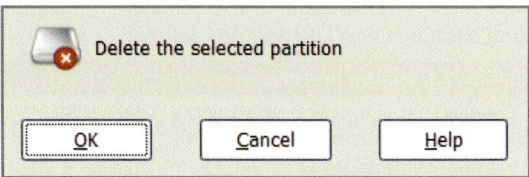

Bild 1: Löschen einer Partition

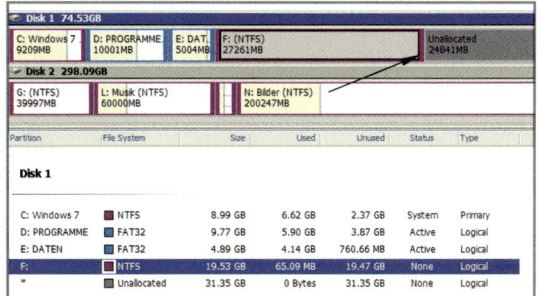

Bild 2: Zusammenführen von Partitionen

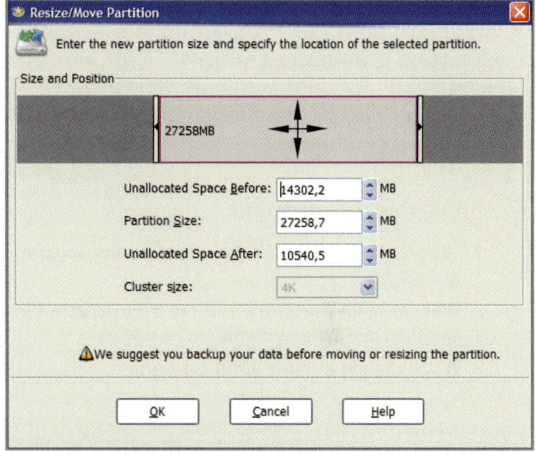

Bild 3: Verschieben einer Partition

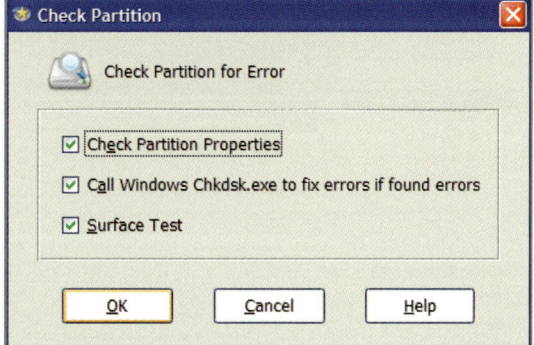

Bild 4: Prüfen einer Partition

13.1.2　Arbeiten mit Images

Abbilder (Images) von Partitionen oder ganzen Festplatten dienen der Datensicherung und der schnellen Wiederherstellung eines früheren, stabilen Zustandes von Festplatteninhalten.

Übung 1: Image erstellen

Erstellen Sie ein Image von Laufwerk C: als Sicherungskopie auf dem Laufwerk G:

Lösung: **Bild 1 bis Bild 4**

Nach dem Start des Programms EASEUS Todo Backup (**Bild 1**) wird im Fenster die Option Backup gewählt. Im folgenden Fenster wird die Quellpartition C: festgelegt (**Bild 2**). Als Name und Speicherort der Zieldatei wird G:\Backup_Windows10 eingegeben (**Bild 3**). Im folgenden Fenster wird Set the option manually zur manuellen Festlegung der Speicheroptionen gewählt. Die Priorität und der Kompressionsgrad werden z.B. auf Normal eingestellt (**Bild 4**). Nach Betätigen der Schaltfläche Proceed wird der Kopiervorgang gestartet und der Status angezeigt (**Bild 5**). Die Imagedatei wird mit der Erweiterung .PBD gespeichert. Zum Zurückspielen des Abbildes wird im Startbildschirm des Programms die Schaltfläche Restore angeklickt (Bild 1). Nun wird die Quelldatei z.B. auf dem Laufwerk G: ausgewählt. Anschließend wird die Partition angegeben, die mit dem Image überschrieben werden soll (**Bild 6**).

K　Kompetenzorientierung

1. Welche Aufgaben erfüllt ein Partitionierungsprogramm?
2. Was ist beim Partitionieren einer Festplatte hinsichtlich der Dateisysteme zu beachten?
3. Wozu dienen Images von Partitionen?

> ! **Images** (= Abbilder) von Partitionen oder Festplatten dienen der Datensicherung und die Wiederherstellung eines lauffähigen Betriebssystems.

Bild 1: Startauswahlfenster des Programms EASEUS Todo Backup

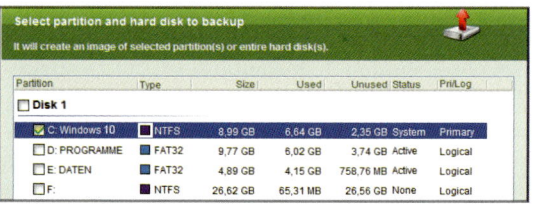

Bild 2: Festlegen der Quellpartition

Bild 3: Festlegen der Zieldatei

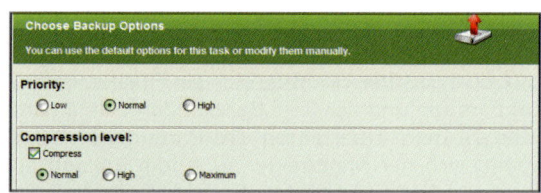

Bild 4: Auswahl der Speicheroptionen

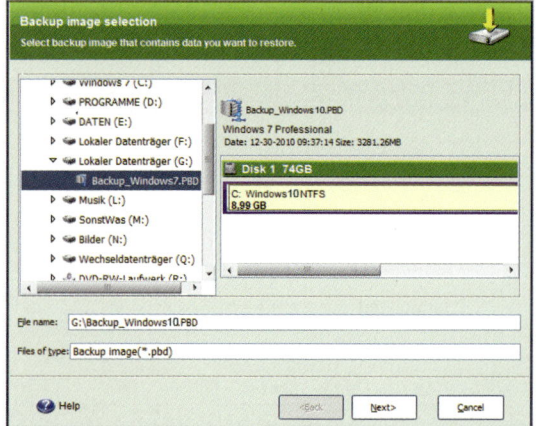

Bild 6: Zurückspeichern eines Abbildes

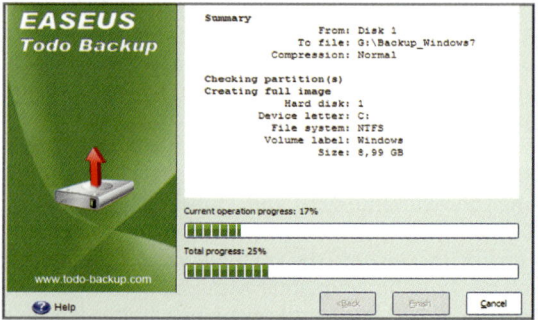

Bild 5: Status des Kopiervorgangs

13.1.3 Kompressionsverfahren

Bei der Datenkomprimierung werden verlustfreie und verlustbehaftete Kompressionsverfahren eingesetzt.

13.1.3.1 Verlustfreie Kompressionsverfahren

Wiederholungsbasierte Kompressionsverfahren

Beim einfachsten Verfahren, dem Word Coding, wird zuerst eine Liste mit den vorkommenden Wörtern angelegt **(Bild 1)**. Im Beispiel hat die Ausgangsdatei 6 Wörter, die Wortliste 4 Wörter. Der Encoder speichert nun lediglich die Listennummern und zusätzlich für die spätere Rekonstruktion die Wortliste. Der Zahlencode benötigt bei z. B. 2 bit pro Zahl weniger Speicherplatz als der gesamte Satz, der in Normalform schon pro Zeichen 8 bit benötigt. Es muss natürlich auch die Wortliste gespeichert werden, was aber bei längeren Texten mit vielen Wortwiederholungen trotzdem effektiv ist.

Das Verfahren der Lauflängen-Codierung (RLE = Run Length Encoding) wird für einfache und schnelle Bildkompression eingesetzt, z. B. für Bitmap-Bilder. Dabei werden mehrere gleiche Zeichen durch ein einziges Zeichen mit Angabe der Anzahl ersetzt **(Bild 2)**. Beim LZ77 Verfahren (Lempel-Ziv[1]-Verfahren von 1977) wird nicht die Wiederholung einzelner Zeichen, sondern die Wiederholung ganzer Sequenzen (Zeichenkombinationen) codiert **(Bild 3)**. Das LZ77-Verfahren wird in Kombination bei vielen klassischen Packprogrammen, z. B. WinZip, PKZIP eingesetzt. Die Weiterentwicklung LZ78 findet sich beim TIFF-Format für die verlustfreie Kompression von Bildern.

Häufigkeitsbasierte Kompressionsverfahren

Bei der Huffmann[2]-Codierung wird der am häufigsten vorkommende Datensatz, z. B. Buchstabe F oder N, durch ein kurzes Codewort ersetzt. Seltener vorkommende Datensätze erhalten längere Codewörter. Aufgrund dieser Daten erfolgt dann die Erstellung eines Binärbaums **(Bild 4)**.

13.1.3.2 Verlustbehaftete Kompressionsverfahren

Audiodateien im MP3-Format werden so komprimiert, dass Frequenzen außerhalb des Hörbereichs und kaum wahrnehmbare Töne entfernt werden.

Bei Bilddateien wird vor allem die Farbtiefe reduziert. Einige Bildbearbeitungsprogramme sind in der Lage, eine Datenkompression durchzuführen **(Bild 5)**.

Bei Videodateien werden mit der Differenzcodierung nur Bildteile oder Punkte gespeichert, die sich von bereits übertragenen Einzelbildern unterscheiden.

[1] Abraham Lempel, Jacob Ziv, israel. Informatiker
[2] David A. Huffmann, amerik. Mathematiker

! **Komprimierung** = Kompression
Verlustfreie Kompressionsverfahren sind auf alle Dateitypen anwendbar.
Verlustbehaftete Kompressionsverfahren wendet man bei Bild-, Audio- und Videodateien an.

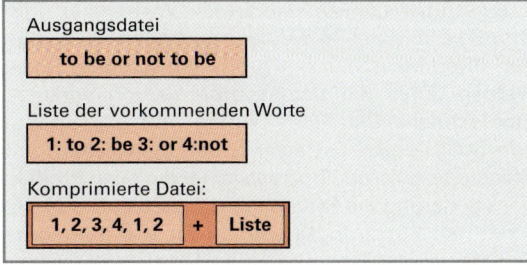

Bild 1: Beispiel für Word Coding

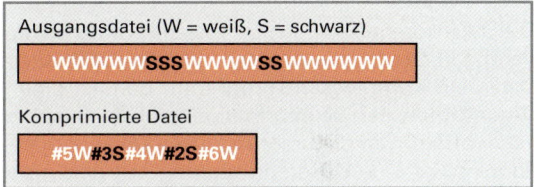

Bild 2: Lauflängencodierung RLE

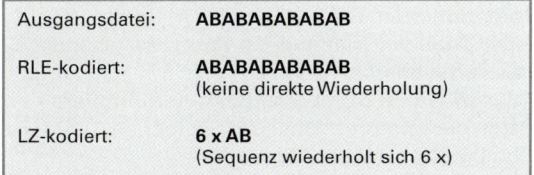

Bild 3: Das LZ77-Verfahren

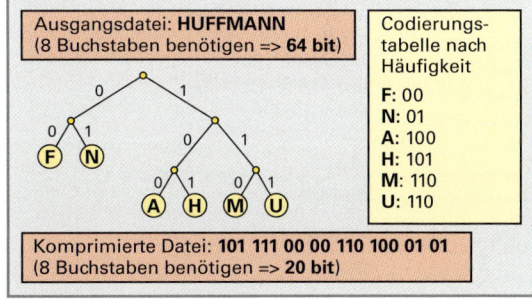

Bild 4: Huffmann-Codierung

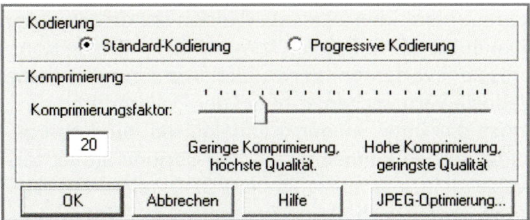

Bild 5: JPG-Komprimierung

13.1.3.3 Datenkomprimierung

Moderne Prozessoren sind leistungsstark und der Zugriff auf Solid-State-Speicherlaufwerke ist sehr schnell. Somit können große Datenmengen schnell bearbeitet, archiviert oder in RAID-Systemen verwaltet werden. Sollen große Datenmengen jedoch im Internet über Dienste, wie E-Mail, WeTransfer oder DropBox, übertragen werden, entstehen bei gängigen Internetanschlüssen große Wartezeiten. Diese werden durch die Datenkomprimierung verkürzt. Eine schnelle Datenübertragung und das Sparen von Speicherplatz ist auch beim Überwachen und Steuern technischer Prozesse in der digitalen Produktionssteuerung mit Systemen, wie MES und SCADA, sowie bei Steuerungssystemen für das autonome Fahren erforderlich.

Dateikomprimierung im Internet

Die Datenkompression (compression = Verdichtung) verringert das digitale Volumen, d.h. die Größe einer Datei. Ein Kompressionsprogramm benutzt einen Algorithmus, der die Informationen in eine kürzere Form bringt. Um die ursprünglichen Daten zurückzuholen, ist eine Dekomprimierung mit dem umgekehrten Algorithmus durchzuführen.

Der Kompressionsfaktor K_F gibt das Verhältnis der komprimierten Größe M_K zur Originalgröße M_O einer Datei an, während die Kompressionsrate K_R das Verhältnis der Originalgröße M_O zur komprimierten Größe M_K angibt. Beim Komprimieren ist damit der Kompressionsfaktor kleiner als 1 und die Kompressionsrate größer als 1.

K-Faktor	K-Rate
$$K_F = \dfrac{M_K}{M_O}$$	$$K_R = \dfrac{M_O}{M_K}$$

K_F Kompressionsfaktor
K_R Kompressionsrate
M_K Größe der komprimierten Datei
M_O Originalgröße der unkomprimierten Datei

Tabelle 1: Verlustfreie Kompression

Programme	Formate (Auswahl)	Betriebssysteme
WINZIP WINZIP plus	ZIP, 7z, ARJ, tar, gz, bz2, RAR	Windows, Mac Os X
7-zip	7z, arj, bzip2, cab, gzip, tar, LZMA, RAR, zip, RAR, LHA	Windows, Unix-Derivate
Rar, Unrar, WinR AR und Unrar X	7z, RAR, ZIP, ARJ, LZH, CAB, ACE, tar, gzip, UUE, bz2, JAR, ISO, Z	Windows, PocketPC, Unix-Derivate, Mac Os X

Tabelle 2: Komprimierungsverfahren

Verlustfreie Kompression	Verlustbehaftete Kompression
Datendekompression rekonstruiert die Ursprungsdaten vollständig.	Datendekompression rekonstruiert die Ursprungsdaten nicht vollständig.
Keine Verringerung der Informationsdichte	Verringerung der Informationsdichte
Für alle Arten von Daten prinzipiell geeignet.	Hauptsächlich verwendet bei der Kompression von Grafik-, Audio- und Videodateien.

Übung 1: Datenkompression berechnen

Eine Datei hat die Originalgröße von 360 MiB. Nach ihrer Komprimierung beträgt die Dateigröße noch 18 MiB. Berechnen Sie a) den Kompressionsfaktor K_F und b) die Kompressionsrate K_R.

Lösung:

a) $K_F = \dfrac{M_K}{M_O} = \dfrac{18 \text{ MiB}}{360 \text{ MIB}} = 1:20 = 0,05 = \textbf{5 \%}$

b) $K_R = \dfrac{M_O}{M_K} = \dfrac{360 \text{ MiB}}{18 \text{ MIB}} = 20:1 = \textbf{20}$

Die Höhe der Kompressionsrate hängt von der zu komprimierenden Datei ab. Werden Textdateien oder ausführbare EXE-Dateien komprimiert, müssen Kompressionsverfahren verwendet werden, die keine Verluste verursachen, d.h. bei der Dekomprimierung muss die Datei wieder originalgetreu wiederhergestellt werden können. Die Kompressionsrate ist teilweise klein, z.B. nur 1,25 bei PDF-Dateien. Mit Windows lassen sich Daten verlustfrei zu ZIP-Archiven verpacken **(Tabelle 1)**.

Die Bildinformationen eines hoch aufgelösten Films ohne Ton betragen unkomprimiert z.B. 150 GB. Um diese mit 7,5 GB auf eine DVD zu speichern, ist eine Kompressionsrate von $K_R = 20$ notwendig. Soll dieser Film mit 375 MB zum Streamen ins Internet gestellt werden, muss die Kompressionsrate $K_R = 400$ betragen. Solch große Kompressionsraten sind mit verlustfreien Kompressionsverfahren nicht möglich. Deshalb werden für Bild und Ton in der Regel verlustbehaftete Kompressionsverfahren verwendet, welche auf alles verzichten, was für das Auge und das Ohr nicht oder kaum wahrnehmbar ist **(Tabelle 2)**. Die erforderlichen Kompressionsprogramme bezeichnet man als Codecs (Codec von Codieren-Decodieren). Zu diesen gehören z.B. WMV, MPEG, MP4, AVI, MOV oder FLV.

13.1.3.4 Datenrettung

Sind auf einer Festplatte wichtige Daten, wie Konstruktionspläne oder Urlaubsfotos nicht mehr verfügbar, ist häufig ein finanzieller Schaden oder ein großer ideeller Verlust entstanden. Wer diese Erfahrung gemacht hat, wird stets ein Backup, d.h. eine zweite Datensicherung, von seinen Daten anlegen.

> Ein vorhandenes Daten-Backup ist die effektivste Datenrettung.

Ist kein Backup der Daten vorhanden, muss die Ursache für den Datenverlust gefunden werden. Erst wird geprüft, ob ein physischer Schaden oder ein logischer Schaden vorliegt.

Datenrettung bei physischen Schäden

Physische Schäden sind Hardwareschäden, z.B. einer Festplatte **(Tabelle 1)**. Betroffen ist meist die Elektronik der Laufwerksplatine oder der Schreiblesekopf der Platte bei einem Headcrash **(Bild 1)**. Der Schreiblesekopf fährt nicht mehr in die Ausgangsposition zurück.

> Setzt der Schreiblesekopf auf der Festplatte auf, führt jeder Leseversuch zu weiterem Datenverlust.

Eine Reparatur soll z.B. durch Auslöten schadhafter Bauelemente oder durch den Ausbau der rotierenden Platte und deren Einbau in ein anderes Festplattenlaufwerk von einer qualifizierten Datenrettungsfirma durchgeführt werden. Es sollte für ca. 100 € ein Kostenvoranschlag eingeholt werden. Eine anschließende Reparatur kann einen vierstelligen Eurobetrag kosten. Die Datenrettungsfirmen werben mit einer Erfolgsquote von ca. 90%.

Datenrettung bei logischen Schäden

Logische Datenträgerschäden sind Softwareschäden **(Tabelle 2)**. Fehlende Dateien werden mit der Suchfunktion im Windows-Explorer gesucht. Wurden sie gelöscht, schaut man zunächst im Ordner Papierkorb nach. Sind sie dort nicht und waren sie auf dem Laufwerk C gespeichert, kann man versuchen eine Dateiwiederherstellung mittels Schattenkopien im Datei-Explorer unter `vorherige Version` durchzuführen.

Die Wiederherstellung von Dateien darf nie auf demselben Datenträger erfolgen, auf welchem die gelöschten Daten liegen, denn diese werden dann unwiederbringlich überschrieben. Deshalb muss auf eine andere Platte gespeichert werden.

> Bei logischen Datenverlusten oder Datendefekten ist vor jeder Datenrettung zuerst eine 1:1-Kopie des Originaldatenträgers anzufertigen.

Tabelle 1: Physische Datenträgerschäden

Art	Auswirkungen	mögliche Ursachen
Festplattenelektronik ist defekt	Festplattenmotor läuft beim Einschalten nicht mehr an.	Bauelementeverschleiß, Überspannung durch Blitzeinschlag.
Headcrash	Lesekopf streift auf der Festplatte.	Absturz, Verschleiß der Mechanik.

Bild 1: Headcrash einer Festplatte

Tabelle 2: Logische Datenträgerschäden

Art	Auswirkungen	mögliche Ursachen
Dateien gelöscht.	Dateien sind nicht mehr auffindbar.	Versehentliches Löschen.
Platte formatiert.	Festplatte ist leer.	Bedienungsfehler
Schaden an der Partition.	Partition nicht mehr lesbar.	Stromausfall, Ausschalten beim Kopiervorgang.
Betriebssystem defekt.	Der Computer startet nicht mehr.	Defekte Systemdatei, eventuell durch Malware.
Befall durch Viren.	Langsamer Computer, Dateischäden, Systemschäden.	Schlechter Virenschutz, fehlende Firewall.

Eine 1:1-Kopie eines Datenträgers kann z.B. mit der Software dd-rescue erstellt werden. Darüber hinaus sollte von dem Datenträger auch nicht mehr gebootet werden. Dazu muss der Datenträger aus dem Computer ausgebaut und mit einer USB-Adapterbox an ein anderes System angeschlossen werden. Diese Maßnahme ist auch erforderlich, wenn das Betriebssystem auf einer Festplatte defekt ist.

Partitionsfehler, wie verlorene Zuordnungseinheiten oder fehlerhafte Sektoren können durch Eingabe des Befehls `chkdsk C: /f /r` in die Kommandozeile von Windows repariert werden.

Wenn Viren aktiv waren und z.B. Dateien verschlüsselt haben, hilft nur noch eine Datenrettungsfirma.

13.1.4 RAID-Level

Um die Geschwindigkeit und die Datensicherheit eines Computersystems zu erhöhen, wird oft mit mehreren Festplatten gleichzeitig gearbeitet. Die dabei verwendeten Konfigurationen nennt man RAID (von Redundant Array of Independent Disks = überflüssige Anordnung von unabhängigen Laufwerken). Die verschiedenen Verfahren nennt man RAID-Level (level = Stufe).

Die Speicherkapazität C, die Lesebitrate r_{RAIDL} und die Schreibrate r_{RAIDS} eines RAID-Verbundes hängen von der Zahl der verwendeten Festplatten ab, siehe RAID-Systeme im Tabellenbuch **TabIT** .

RAID Level 0

Beim RAID Level 0 verwaltet ein RAID-Controller zwei oder mehrere Festplatten **(Bild 1)**. Der Controller teilt vor dem Abspeichern logisch zusammenhängende Daten in einzelne Datenblöcke auf. Diese werden auf physikalisch getrennte Laufwerke verteilt. Das Verfahren nennt man auch Data Striping (Datenzerlegung).

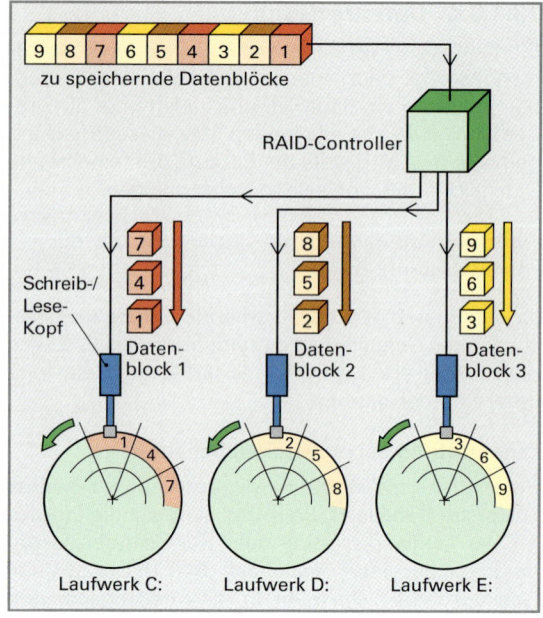

Bild 1: RAID Level 0

> Der Einsatz von RAID Level 0 erhöht die Bitrate beim Speichern und beim Lesen von Daten.

RAID Level 0 führt zu keiner erhöhten Datensicherheit, da beim Ausfall einer Platte, die zerteilten Datenblöcke nicht mehr zusammengefügt werden können.

RAID Level 1

Beim RAID Level 1 wird kein Data Striping angewendet. Die Daten werden von einem RAID-Controller immer auf Plattenpaaren doppelt verwaltet **(Bild 2)**. Es existiert damit zu jeder Festplatte ein Spiegellaufwerk. Dieses Verfahren nennt man Data Mirroring (Datenspiegelung). Man benötigt immer eine geradzahlige Anzahl von Festplatten.

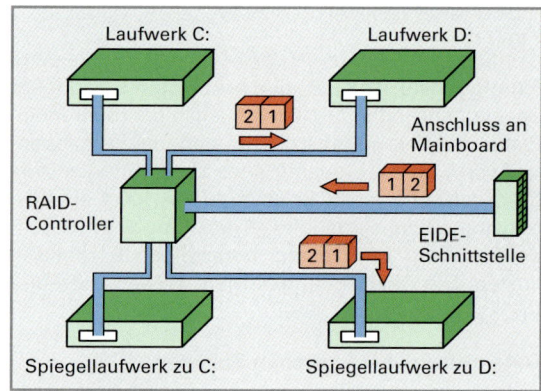

Bild 2: RAID Level 1

> Der Einsatz von RAID Level 1 erhöht die Datensicherheit.

Arbeitet man beim RAID Level 1 mit mehreren RAID-Controllern, spricht man vom Data Duplexing (Datenverdoppelung) anstelle von Data Mirroring.

RAID Level 0+1

Der RAID Level 0+1 wird oft RAID Level 10 genannt. Bei ihm kommt sowohl Data Striping als auch Data Mirroring zum Einsatz **(Bild 3)**. Dadurch erreicht man höhere Datensicherheit bei höherer Bitrate. Man benötigt mindestens vier Festplatten.

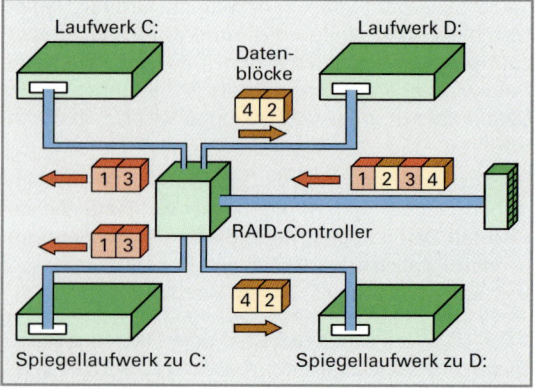

Bild 3: RAID Level 0+1

RAID Level 4

Der RAID Level 4 ist die Weiterentwicklung des RAID Level 3. Bei beiden Verfahren kommt das Data Striping, aber nicht das DATA Mirroring zum Einsatz. Anstelle der Datenspiegelung wird eine Paritätsprüfung vorgenommen (**Bild 1**). Während z. B. immer drei Datenblöcke auf drei Datenlaufwerke geschrieben werden, werden gleichzeitig über XOR-Operatoren gewonnene Paritätsbits auf ein Prüfsummenlaufwerk geschrieben. Mithilfe der Prüfsummen lassen sich verlorene Daten wiederherstellen. Bei RAID Level 4 benötigt man in der Minimalkonfiguration gegenüber RAID Level 0+1 drei statt vier Festplatten.

> Bei RAID Level 4 ist der Hardware-Aufwand geringer als bei RAID Level 0+1.

Der Nachteil von RAID Level 4 ist, dass bei jedem Schreibvorgang die Parität neu berechnet und auf die Prüfsummenplatte geschrieben werden muss, was Zeit kostet. Die Paritätsermittlung kann dabei durch Hardware oder durch Software erfolgen. Die Hardware-Lösung erhöht die Leistungsfähigkeit des Rechnersystems.

RAID Level 5

Beim RAID Level 5 wird hat kein Prüfsummenlaufwerk. Die ermittelten Prüfsummen werden immer zyklisch auf die Laufwerke mit den Nutzdaten verteilt (**Bild 2**). Man nennt dieses Verfahren auch Rotating Parity Array (rotierendes Prüfsummenfeld).

> RAID Level 5 besitzt eine sehr hohe Datensicherheit und wird am häufigsten eingesetzt.

RAID-Technologie

Neben den genannten RAID-Leveln kommen noch einige weitere zum Einsatz, die untereinander auch kombiniert werden können, z. B. RAID Level 5 mit RAID Level 0 zum RAID Level 50.

Eine höhere Datensicherheit eines RAID Levels hat immer eine höhere Redundanz zur Folge, die als Kapazitäts-Overhead ausgedrückt wird. Der Kapazitäts-Overhead wird in Abhängigkeit der verwendeten Laufwerkszahl n in Prozent angegeben, z. B.:

- $\dfrac{100}{n}$ % beim RAID Level 5 oder
- $\dfrac{50}{n}$ % beim RAID Level 50.

Die Verwaltung der RAID-Level kann durch die Speicherverwaltung des Betriebssystems (Software-RAID) oder durch einen zusätzlichen RAID-Controller (Hardware-RAID) erfolgen. Hardware-RAID hat Vorteile, z. B. die Möglichkeit des

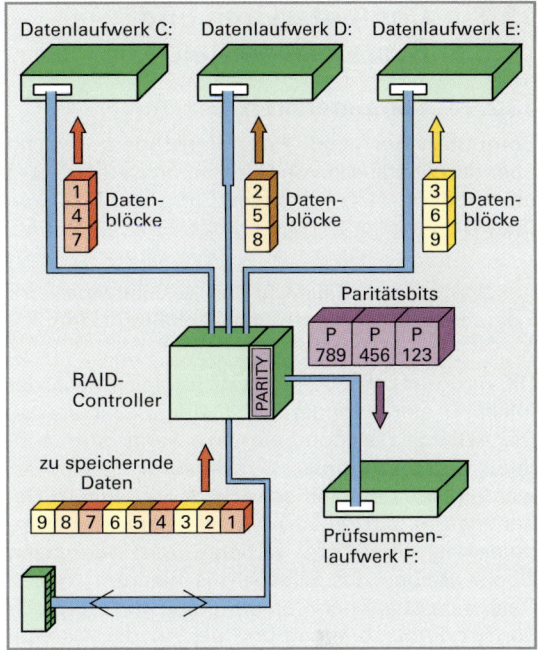

Bild 1: RAID Level 4

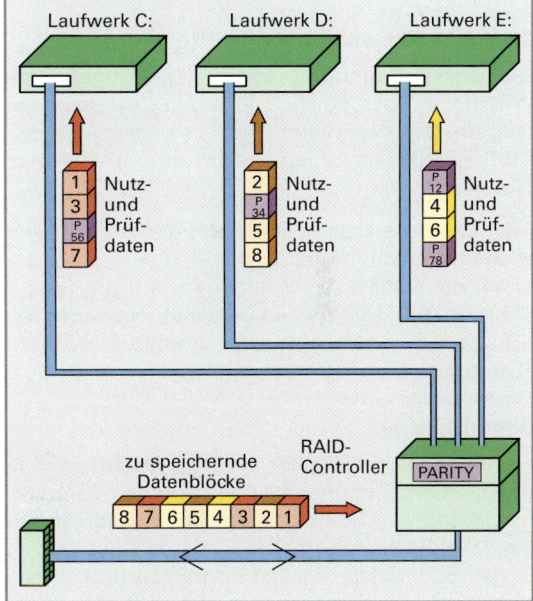

Bild 2: RAID Level 5

Austauschs von defekten Festplatten bei laufendem Betrieb durch Ersatzlaufwerke (hot-swapping).

Alle RAID-Level sind Kompromisse zwischen Datensicherheit durch Redundanz, Zugriffsgeschwindigkeit auf die Daten und finanziell vertretbarem Hardwareeinsatz. Eine vollkommene Absicherung gegen Festplattenausfälle gibt es nicht.

13.2 Computerviren und Systemsicherheit

13.2.1 Computerviren

Computerviren sind Programmcodes, welche über den Austausch von Dateien mit Datenträgern oder über ein Netzwerk einen Computer infizieren (**Bild 1**).

> In den meisten Fällen finden Virusinfektionen durch das Öffnen von E-Mail-Anhängen statt.

Oft wird der Computervirus nicht gleich nach der Infektion aktiv, sondern erst einige Zeit später. Die Aktivität des Computervirus kann dann z. B. durch ein bestimmtes Systemdatum ausgelöst werden, wie dem Jahreswechsel oder einem Geburtsdatum. Die Schäden, die ein aktivierter Computervirus verursacht, variieren vom harmlosen Überschreiben des Bildschirms bis zum totalen Datenverlust auf den Datenträgern. Abhängig von der Art der Verbreitung und der Art der Aktivität werden verschiedene Computerviren unterschieden (**Bild 2**).

13.2.1.1 Klassische Computerviren

Die klassischen Computerviren benötigen eine Wirtsdatei, über welche sie in den Computer gelangen. Dort vermehren sie sich selbstständig. Sie bestehen meist aus vier Programmmodulen (**Tabelle 1**).

Man kann die klassischen Computerviren in vier Hauptgruppen unterteilen, das sind die Bootblockviren, die Dateiviren, Makroviren und die Scriptviren (Bild 2). Hybridviren bestehen aus einer Mischung von mindestens zwei Virenarten aus den Hauptgruppen.

Bootblockviren

Sie gelangen meist über infizierte Datenträger in den PC. Beim Zugriff auf einen infizierten Datenträger gelangt der Bootblockvirus in den Arbeitsspeicher des Rechners. Von dort aus schreibt er sich in den Boot-Sektor (Master Boot Record) der Festplatte, wo er speicherresident verbleibt. Um sich zu verbreiten, infiziert er zunächst alle Datenträger, auf die zugegriffen wird. Erst nach einiger Zeit wird er aktiv. Der Bootblockvirus Michelangelo z. B. löscht am Geburtstag Michelangelos, dem 6. März, alle infizierten Festplatten.

> Bootblockviren infizieren keine Dateien und können sich nicht in Netzwerken ausbreiten.

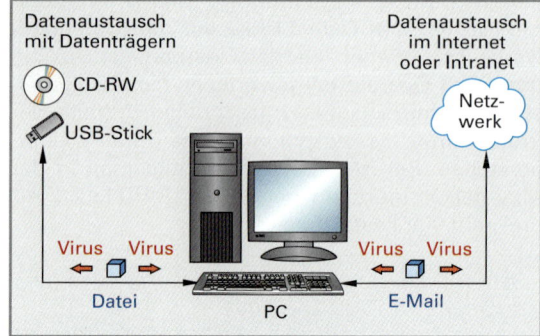

> **!** Das Bundesamt für Sicherheit in der Informationstechnik berät Internetnutzer über Sicherheit in IT-Systemen.
> www.bsi-fuer-buerger.de

Bild 1: Verbreitung von Computerviren

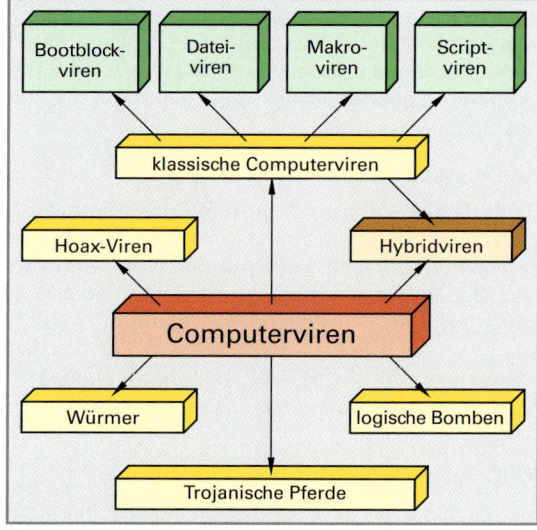

Bild 2: Arten von Computerviren

Tabelle 1: Module eines Virenprogrammes

Modul	Eigenschaft
Kennungsmodul	Enthält eine Bitfolge, an welcher sich der Virus selbst erkennt.
Infektionsmodul	Es sucht nach noch nicht infizierten Dateien, unterbricht den vom Anwender ausgelösten Programmablauf und infiziert die ausgekundschafteten Dateien mit dem Viruscode.
Schadensmodul	Enthält eine den Computer schädigende Aktivität und führt diese aus.
Rücksprungmodul	Setzt den durch den Anwender ausgelösten Programmablauf fort, nachdem Dateien infiziert worden sind und sich der Virus somit selbst vermehrt hat.

Dateiviren

Sie infizieren ausführbare Dateien mit der Extension (Dateiendung) .EXE oder .COM sowie auch Programmbibliotheksdateien, z. B. mit der Extension .DLL. In diese Dateien schreiben die Viren ihren Code und bilden Attachments (= Anhänge). Wird eine infizierte Datei ausgeführt, wird die Ausführung an einer Stelle kurz unterbrochen und der Virencode aufgerufen. Bei Dateiviren werden drei Gruppen unterschieden **(Tabelle 1)**. Zur Gruppe der Direct-Action-Viren gehört z. B. der Virus `Oropax`.

Makroviren

Sie infizieren Dokumente, die mit Textverarbeitungsprogrammen oder Tabellenkalkulationsprogrammen erstellt wurden. In Microsoft-Word werden Makros infiziert, die mit der Datei `normal.dot` verbunden sind. Dadurch werden alle Dokumente infiziert, die mit Word geöffnet werden. Makroviren können eigene Texte in Dokumente einfügen oder z. B. mit `format.c` die Festplatte formatieren.

Scriptviren

Sie gelangen über Browser in den PC und versenden z. B. automatische E-Mails.

13.2.1.2 Trojanische Pferde, BOT-Viren

Trojanische Pferde, auch Trojaner, (benannt nach dem hölzernen Pferd des Odysseus, in welchem dieser seine Soldaten unbemerkt in die belagerte Stadt Troja einschleuste) unterscheiden sich von den klassischen Computerviren dadurch, dass sie nicht in der Lage sind, sich selbst zu vervielfältigen. Sie gelangen mit einem Wirtsprogramm in den Computer und setzen sich im Betriebssystem fest. Dort verbleiben sie, auch wenn das Wirtsprogramm inzwischen deinstalliert wurde. Die meisten Trojaner spähen Zugangsberechtigungen oder Passwörter eines Programmbenutzers aus, welche sie an den Schadensverursacher, den Hacker, zurücksenden. Bei Trojanern werden drei Gruppen unterschieden **(Tabelle 2)**. Bei Backdoor-Trojanern (von backdoor = Hintertür) übernimmt das Trojanische Pferd die Funktion eines Servers, der befallene PC ist sein Client **(Bild 1)**. Somit erhält der Hacker die Kontrolle über den fremden PC.

> Mit einem Backdoor-Trojaner kann gezielte Datenmanipulation an einem fremden PC durchgeführt werden.

Mit BOT-Viren (Roboter-Viren) können Hacker z. B. ein paar tausend PCs zu einem BOT-Netz zusammenschließen und deren Rechnerleistung missbrauchen, z. B. zum Versenden von Spam-Mails oder um einen PC über das Internet so zu attackieren, dass dessen Netzwerkdienste außer Kraft treten.

Tabelle 1: Arten von Dateiviren	
Art	**Merkmale**
Speicher-residente Dateiviren	Setzen sich resident im Speicher fest und sind ständig aktiv. Dadurch infizieren die Viren alle ausführbaren Dateien.
Direct-Action-Dateiviren (direkte Aktion)	Führen sofort ihren Code aus, nachdem sie in den Arbeitsspeicher gelangt sind und infizieren dadurch andere Dateien. Anschließend verlassen sie den Arbeitsspeicher wieder.
Companion-Dateiviren (Companion = Begleiter)	Erzeugen zu einer Datei vom Dateityp .EXE, z. B. Outlook.exe, eine gleichnamige Datei vom Dateityp .COM, z. B. Outlook.com, welche den Virencode enthält. Wird Outlook geöffnet, wird zuerst die Datei Outlook.com mit dem Viruscode ausgeführt und anschließend die Datei Outlook.exe

Tabelle 2: Arten von Trojanern	
Art	**Merkmale**
Nicht ständig aktive Trojaner	Sie werden erst bei bestimmten Ereignissen aktiv, z. B. wenn sich der PC-Benutzer in einen Online-Dienst, wie FTP-Mail, einwählt.
Ständig aktive Trojaner	Sie werden bei jedem Systemstart mit gestartet und laufen ständig im Hintergrund mit. Manche zeichnen so sämtliche Tastatureingaben des PC-Benutzers mit.
Backdoor-Trojaner, Roboterviren	Sind Serverprogramme. Befallene PCs werden deren Clients. Der Hacker hat vollen Zugriff auf den befallenen PC, wenn dieser online mit dem Internet verbunden ist.

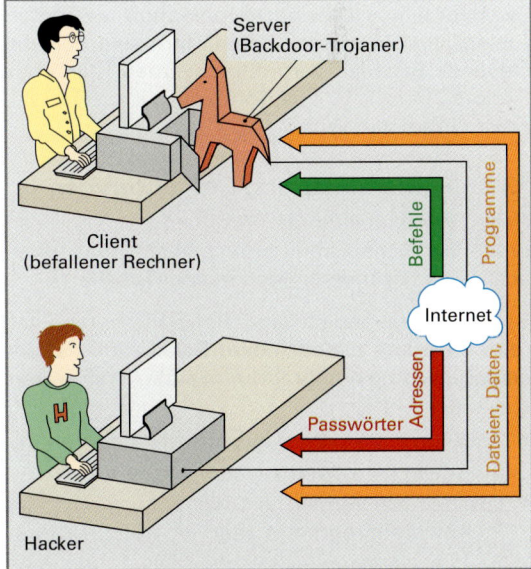

Bild 1: Arbeitsweise eines Backdoor-Trojaners

13.2.1.3 Würmer

Würmer (worms) befallen keine Dateien. Sie nutzen private und öffentliche E-Mail-Verzeichnisse im Internet, um sich automatisch an diese Adressen zu versenden. Dabei vermehren sie sich (**Bild 1**). Oft hängen sich Würmer auch an Internetseiten an, z. B. an HTML-Seiten oder Java-Skripte.

> Würmer vermehren sich selbstständig über Netzwerkverbindungen.

Dringen Würmer in ein Firmennetz ein, befallen sie möglichst viele Computer, in welchen sie ihre Schadensroutine aktivieren. Ziel vieler Würmer sind die Server des Netzwerks bzw. die Schädigung der Netzwerkseinstellungen. Der Wurm `Nimda` z. B. gibt Laufwerke im Netzwerk frei, d. h. der Passwortschutz wird umgangen. Außerdem erhält der Gast-Account (von account = Rechenschaftsbericht) alle Zugriffsrechte, der Gast wird zur Gruppe der Administratoren hinzugefügt.

13.2.1.4 Hoaxes

Hoaxes (von hoax = Streich) sind Viren ohne eigentliche Schadensroutine. Sie gelangen über E-Mails in Netze, wo sie Virenalarm auslösen. Außerdem fordern sie auf, die Meldung weiterzuleiten, wodurch ein elektronischer Kettenbrief ausgelöst wird. Ihr eigentlicher Schaden besteht darin, dass Administratoren unnötig der Falschmeldung nachgehen.

13.2.1.5 Hybridviren

Ein Hybridvirus ist eine Kombination aus unterschiedlichen Virenarten. Durch ihn kann der entstehende Schaden vergrößert werden. Der Virus Explore-Zip ist z. B. eine Kombination aus Trojanischem Pferd und Wurm.

13.2.1.6 Merkmale von Computerviren

Neben der Einteilung der Viren aufgrund des Verbreitungsmechanismus unterscheidet man Viren auch nach besonderen Merkmalen (**Tabelle 1**).

Besonders gefährlich sind Retro-Viren (von lat. retro = zurück), die nach dem Befall zunächst das eingesetzte Antivirenprogramm außer Kraft setzen, z. B. durch

- Änderung von Einträgen zum Antivirenprogramm in der Registry,
- Löschen von Vergleichsmustern des Virencodes im Antivirenprogramm oder
- Ändern der Dateiarten, nach welchen das Antivirenprogramm sucht, z. B. von EXE nach EXX.

Bild 1: Vermehrung eines Wurmes

Tabelle 1: Vireneinteilung nach Merkmalen	
Virus	**Erklärung**
Residente Viren	lat. resido = bleiben. Die Viren verbleiben nach der Infektion im Speicher des befallenen Rechners.
Polymorphe Viren	Von griech. polymorph = vielgestaltig. Sie werden auch mit amorph (gestaltlos) oder mit mutierend (sich verändernd) bezeichnet. Die Viren verändern mit jeder Neuinfektion ihren eigenen Code. Sie sind somit von Antivirenprogrammen an festen Strukturen nicht erkennbar.
Stealth-Viren	Von stealth = verstohlen. Sie werden auch Tarnkappen-Viren genannt. Sie täuschen mittels Algorithmen den Virenscannern die originalen Dateilängen beim Lesezugriff auf befallene Dateien vor. Dies geschieht, indem sie den Lesezugriff auf zuvor im RAM gespeicherte Werte umleiten oder indem sie beim Lesezugriff ihre eigene Codelänge von der tatsächlichen Dateilänge subtrahieren.
Multipartite-Viren	Von multipartite = vielteilig. Andere Bezeichnung für Hybridvirus.
Destruktive Viren	Von lat. destruere = zerstören. Zielen auf die Zerstörung von Daten und Systemen ab.
Direkte Viren	Aktivieren unmittelbar nach der Infektion den Schadenscode.

13.2.2 Systemsicherheit

Zum Schutz der Dateien und der ganzen PC-Systeme eines Netzwerkes vor fremden Attacken gehört nicht nur das Entfernen von Viren bei einem Virenbefall, sondern ein Paket von Schutzmaßnahmen, z. B. der Schutz vor ungewolltem Eindringen in das Netzwerk oder das Erstellen regelmäßiger Datensicherungen **(Bild 1)**.

13.2.2.1 Schutzmaßnahmen im Intranet

Ein Antivirenprogramm sollte nicht nur auf Servern installiert sein, die Dateien aus dem Internet prüfen. Denn wird ein Client durch einen Virus auf einem USB-Stick infiziert, kann sich der Virus von Client zu Client über E-Mails, z. B. mit Outlook, im Netz ausbreiten.

> Auf jedem Client eines Netzwerkes muss eine Antivirensoftware installiert sein.

E-Mails mit Dateianhängen (Attachments) vieler Dateiformate, z. B. exe, com, docx, vbs, scr oder html können Viren enthalten. Deshalb sind diese E-Mails vor dem Öffnen auf Viren zu prüfen. Da die Dateiendungen von Windows in der Standardeinstellung nicht angezeigt werden, ist im Explorer in der Registerkarte Ansicht im Menü Ein-/ausblenden der Haken vor Dateinamenerweiterungen einzufügen **(Bild 2)**. Der Einsatz eines Mail-Sniffers (von to sniff = schnüffeln) ermöglicht es, zunächst nur die Kopfdaten einer E-Mail vom Mail-Server zu laden. Bei zweifelhaftem Absender kann die E-Mail sofort gelöscht werden.

Trojanische Pferde bedienen sich z. B. häufig Java-Scripte oder ActiveX-Steuerelementen auf Webseiten, um PCs zu befallen. Durch die Einstellung einer hohen Sicherheitsstufe im Internet-Browser lassen sich befallene Internetseiten unterdrücken **(Bild 3)**. Damit werden aber auch harmlose Seiten mit multimedialen Inhalten ganz oder teilweise unterdrückt.

> Durch die Wahl einer hohen Sicherheitsstufe im Browser wird beim Surfen die Qualität multimedialer Internetseiten beschnitten.

Werden in einem Intranet Visual-Basic-Skripte deaktiviert, laufen alle mit Visual-Basic erstellten Viren, z. B. der Virus iloveyou.vbs, ins Leere.

Bild 1: Wichtige Schutzmaßnahmen

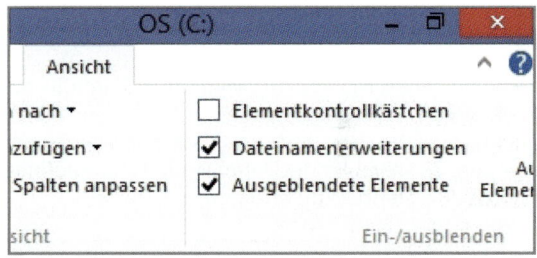

Bild 2: Fenster Ordneroptionen (Ausschnitt)

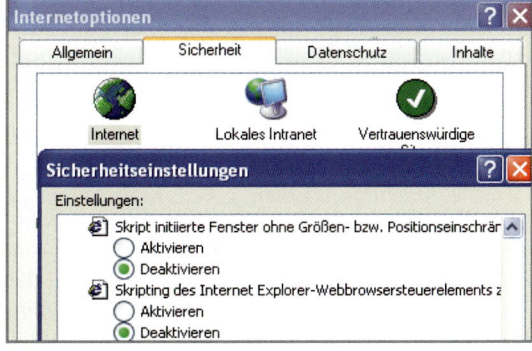

Bild 3: Fenster Internetoptionen

Da viele Antivirenprogramme Probleme haben, zuverlässig z. B. Backdoor-Trojaner zu erkennen, werden oft zusätzliche Schutzprogramme angeboten, z. B. Netzwerk-Sniffer **(Tabelle 1)**. Die von einem Netzwerk-Sniffer ermittelte IP-Adresse eines Hackers kann auch vom Hacker vorgetäuscht sein (IP-Spoofing, von spoof = verspottende Nachahmung). Ein Netzwerk-Sniffer kann auch von einem Hacker zum Ausspionieren von Adressen missbraucht werden.

Äußerst wichtig für die Sicherheit in einem Netzwerk ist die Vergabe von Rechten, die an Passwörter gekoppelt sind. Vor allem das Schreibrecht sollte für Mitarbeiter nur in einem notwendigen Rahmen vergeben werden.

> Ein Mitarbeiter sollte nur die für seine Arbeit erforderlichen Rechte im Netzwerk erhalten.

Die Mitarbeiter selbst können ihre Dateien schützen, indem sie keine Freigabe auf diese zulassen. Dazu muss sichergestellt werden, dass in der Windows-Systemsteuerung die Datei- und Druckerfreigabe nicht aktiviert ist. Man klickt mit der rechten Maustaste auf das Icon Start und dann mit der linken auf Netzverbindungen. Im nächsten Fenster klickt man Freigabeoptionen an. Die Datei- und Druckerfreigabe erscheint **(Bild 1)**.

Reparieren Antivirenprogramme infizierte Dateien, löschen sie in der Regel nur Teile des Virencodes. Oft werden Dateien von einem Virus auch irreparabel zerstört oder ganz vom Datenträger entfernt. Deshalb müssen alle unverzichtbaren Daten in regelmäßigen Abständen auf einem für einen Virus nicht erreichbaren Backup-System gespeichert werden. Je sensibler die Daten sind, desto häufiger muss der Datenbackup erfolgen, z. B. täglich.

> Das beste Antivirenkonzept ersetzt nicht den regelmäßigen Backup des Datenbestandes.

Bei einer Attacke von einem völlig neuen Virus auf ein Firmennetz ist es wichtig, so schnell wie möglich ein neu erstelltes Update der Antivirensoftware zu erhalten. Das Herunterladen von Updates erfolgt meist automatisch in voreingestellten Zeitintervallen. Bei Virenbefall legt der Firewall-PC der Firma verdächtige Dateien, z. B. E-Mails, in einen isolierten Quarantänebereich **(Bild 2)**. Gleichzeitig wird der Mail-Server heruntergefahren. Die infizierte Datei wird an das Programmierzentrum des Antivirenprogrammherstellers per HTTP (Hypertext Transfer Protocol) gesendet. Dort wird eine Virenerkennung erstellt, z. B. innerhalb einer Stun-

Tabelle 1: Zusätzliche Antivirenprogramme

Art	Merkmale
Anti-Trojaner	Durch Überwachen der Portadressen und der Registry-Einträge sind sie spezialisiert Trojanische Pferde zu lokalisieren und zu beseitigen.
Netzwerk-Sniffer	Netzwerkschnüffler. Sie arbeiten ähnlich wie Antitrojaner und sind darüber hinaus spezialisiert bei einer Trojanerattacke die IP-Adresse des Hackers zu erschnüffeln. Mit dieser kann der Hacker identifiziert werden.
Web-crawler	Netzkrabbler, z. B. Seeker (= Sucher). Spüren potenzielle Virenherde in Netzen auf. Hat der Webcrawler eine Webadresse ins Visier genommen, überprüft er alle Dateien der Adresse sowie alle über Links erreichbare Seiten.

Freigabeoptionen für unterschiedliche Netzwerkprofile ändern

Für jedes von Ihnen verwendete Netzwerk wird unter Windows ein separates Netzwerkpro
einzelnen Profile können Sie bestimmte Optionen auswählen.

Privat

Gast oder Öffentlich (aktuelles Profil)

Netzwerkerkennung

Wenn die Netzwerkerkennung eingeschaltet ist, kann dieser Computer andere N
und -geräte sehen, und er ist selbst sichtbar für andere Netzwerkcomputer.

○ Netzwerkerkennung einschalten
◉ Netzwerkerkennung ausschalten

Datei- und Druckerfreigabe

Wenn die Freigabe von Dateien und Druckern aktiviert ist, können Netzwerkben
und Drucker zugreifen, die Sie von diesem Computer freigeben.

◉ Datei- und Druckerfreigabe aktivieren
○ Datei- und Druckerfreigabe deaktivieren

Bild 1: Fenster Freigabeoptionen (Ausschnitt)

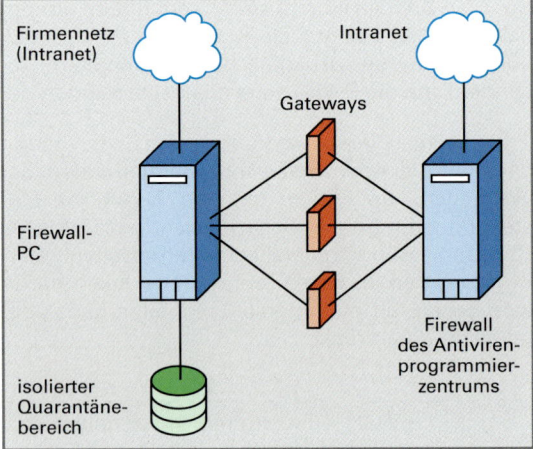

Bild 2: Konfiguration für Antiviren-Update

de. Diese wird an den IT-Administrator der Firma gesendet, der die neue Software zunächst im Quarantänebereich testet und später auf dem Mail-Server im Netz installiert.

Werden Datenträger, wie USB-Sticks, externe Fest-platten oder DVDs, in Laufwerken von Clients vergessen, kann das dazu führen, dass beim Booten eines Clients Bootviren den Computer befallen oder dass Rechnereinstellungen durch Fremdsoftware verändert werden. Im schlimmsten Fall muss dann ein Image (Abbild) der Festplatte vom Server auf den Client zurückgespielt werden. Um dies zu vermeiden, wird die Boot-Reihenfolge im UEFI (BIOS) geändert. Um das UEFI zu öffnen, wird nach dem Einschalten des PCs je nach PC-Typ eine spezielle Taste, z. B. F2, gedrückt. Im UEFI wird dann entweder die Bootreihenfolge C, USB oder besser noch C only (nur von Festplatte) eingestellt.

> In Intranetzen sind nur Datenträger mit zuge-lassenen Programmen und Daten zu verwenden.

Wichtig bei einem Netzwerk ist, dass eine überge-ordnete Schutzkonzeption eingesetzt wird. Dazu gehört, dass Server mit spezieller Antivirensoftware oder einem Antiviren-Plug-In (Antivirenhilfspro-gramm, von plug in = einstöpseln) ausgestattet sind und dass das gesamte Netzwerk nur über einen PC an das Internet angeschlossen wird, auf dem ausschließlich eine Firewall-Software (firewall = Brandmauer) installiert ist **(Bild 1)**. Firewalls blocken unerwünschte Software ab und verhindern deren Eindringen. Firewallrechner können in unterschiedlichen Ebenen des 7-Schichtenmodells arbeiten und können auch in anderer Richtung eingesetzt werden, um das Ausschleusen z. B. geheimer Dokumente aus einer Firma zu verhindern.

> Antivirensoftware sollte nicht auf Firewallrech-nern eingesetzt werden, da Antivirenprogram-me im Dauereinsatz zu Abstürzen führen kön-nen.

Auf einem File-Server werden nur geänderte Datei-en und neu angelegte Dateien überprüft, lediglich über Nacht ist ein Scannen (von to scan = genau prüfen) des ganzen Dateibestandes sinnvoll, da der Scanvorgang die Performance (Datendurchsatz) des Systems reduziert.

Mit Mail-Filtern (Milter) für Mail-Server werden E-Mails mit Attachments gescannt oder auf einen zentralen Helpdesk (Hilfs-PC) weitergeleitet, wo sie in isolierter Umgebung geöffnet und getestet werden.

> In vielen Softwarefirmen muss man sich als Mit-arbeiter zum Schutz des Intranets per Unterschrift dazu verpflichten, keine privaten Datenträger am Arbeitsplatz-PC zu verwenden. Manchmal werden auch die USB-Anschlüsse des PCs im BIOS deakti-viert.

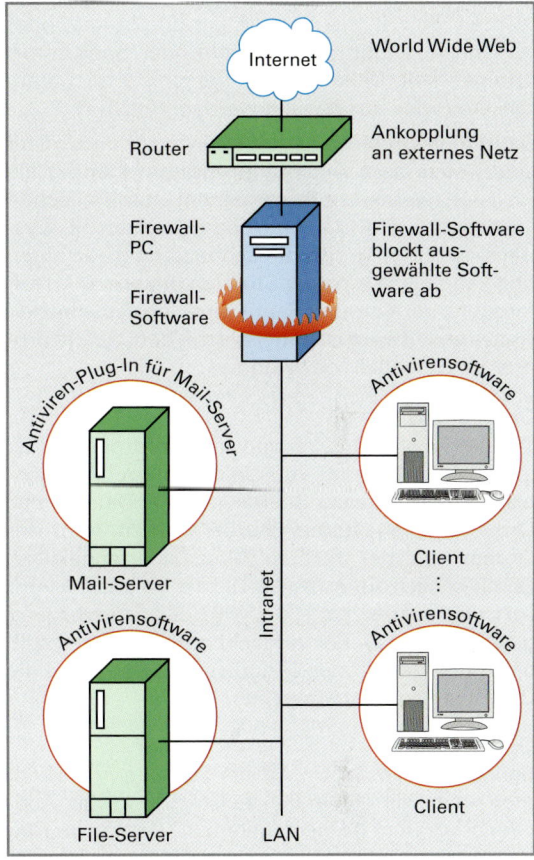

Bild 1: Antivirensoftware im Intranet

Diese Virenbekämpfung mit Mailfiltern ist sehr wirkungsvoll, jedoch müssen dazu die E-Mails geöffnet werden, d. h. die zentrale Kontrolle von E-Mails bedeutet ein Eindringen in die Privatsphä-re. Diesem kann man sich entziehen, indem man die E-Mails vor dem Absenden mit einem Krypto-grafie-Programm (von griech. krypto = geheim) verschlüsselt. Gängige Komprimierungs- und Ver-schlüsselungsroutinen stellen dabei aber keinen sicheren Schutz dar.

> In kryptografisch gesicherten Dateien können mitverschlüsselte Viren unbemerkt in Netze vor-dringen.

13.2.2.2 Antivirensoftware

Antivirenprogramme enthalten Datenbanken, in welchen die Signaturen, das sind kurze charakteristische Zeichenketten des Viruscodes, enthalten sind. Wie beim Gentest bei Menschen sucht die Scanning-Engine (Abtastmaschine) des Antivirenprogramms nach diesen Fingerabdrücken (Signaturen). Im Antivirenprogramm kann ausgewählt werden, ob z. B. alle Dateien geprüft werden oder ob eine Auswahl nach Dateityp oder Speicherort erfolgen soll. Dabei können verschiedene Gefahrenkategorien ausgewählt werden **(Bild 1)**.

Da immer Viren mit neuen Virencodes im Umlauf sind, muss dass Antivirenprogramm ständig aktualisiert werden, z. B. mit einem automatischen LiveUpdate. Ein Scannen des gesamten PC-Systems sollte in größeren Zeitabständen erfolgen und kann bis zu ein paar Stunden dauern. Die Trefferquote bei Virenbefall mit einer professionellen Antivirensoftware ist höher als mit dem Schutzprogramm Defender von Windows.

On Demand

Die Betriebsart On Demand (auf Anforderung) ist die gezielte Prüfung von Datenträgern, Verzeichnissen oder Dateien. Sollten z. B. alle Dateien des Ordners `Programme` geprüft werden, wird der Ordner mit der rechten Maustaste angeklickt. Durch Klicken auf `Ausgewählte Dateien mit AntiVir überprüfen` wird der Scanvorgang gestartet **(Bild 2)**. Bei Verdacht auf Virenbefall sollten zuerst der Ordner Windows\System32 und die Downloads gescannt werden.

On Access

Bei der Betriebsart On Access (auf Zugriff) spricht man auch von einem Echtzeitschutz, da das Antivirenprogramm bei gestartetem PC ständig im Hintergrund mitläuft. Wird auf eine infizierte Datei oder auf den infizierten Bootsektor eines Datenträgers zugegriffen, reagiert das Antivirenprogramm sofort. Dieser Echtzeitschutz kann in der Statusleiste von Windows aktiviert oder deaktiviert werden. Den aktiven Zustand erkennt man am aufgespannten Avira-Schirm (Programmsymbol).

Im Report des Antivirenprogramms können in der Tabelle in der Spalte Modul unter Guard (Wächter) die Aktivitäten des Echtzeitschutzes nachverfolgt werden **(Bild 3)**.

Eine als infiziert erkannte Datei kann entweder gelöscht, vom Virus befreit oder in den Isolationsbereich verschoben werden. Dateien (Objekte) im Isolationsbereich (Quarantänebereich) können eingesehen werden **(Bild 4)**. Diese können mit dem Antivirenprogramm später bereinigt, endgültig gelöscht oder erneut überprüft werden.

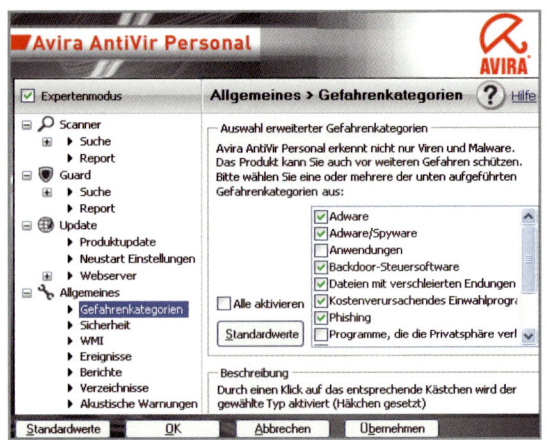

Bild 1: Konfiguration von Avira Antivir

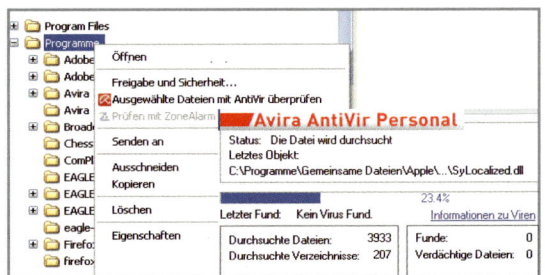

Bild 2: Betriebsart On Demand

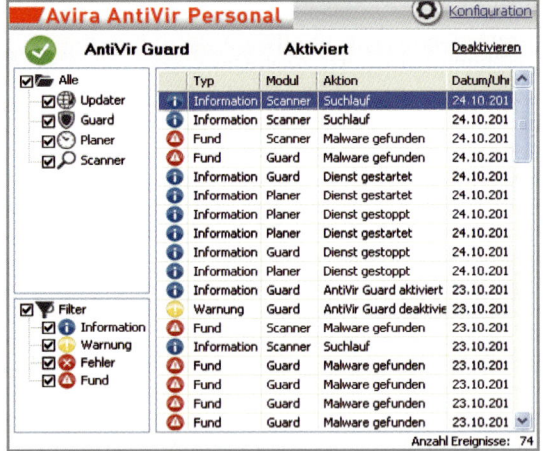

Bild 3: Betriebsart On Access

Bild 4: Isolationsbereich (Quarantänebereich)

13.2.2.3 Firewallsoftware

Eine Firewall-Software bietet im Gegensatz zu einem klassischen Antivirenprogramm außer dem Schutz vor Viren noch zusätzliche Schutzfunktionen. Sie überwacht alle Daten, die den Rechner verlassen und die in den Rechner gelangen und macht den Rechner gegenüber Spionagesoftware aus dem Internet unerkennbar. Zur Installation von einer Firewall-Software ist sicherzustellen, dass der Computer frei von Viren ist.

> Die Firewall-Software wird beim Booten mitgestartet und ist ständig aktiviert.

Konfiguration

Nach der Installation einer Firewall-Software, z.B von Zone Alarm, muss eine Programmkonfiguration vorgenommen werden. Durch Doppelklick auf das Start-Icon Zone Alarm öffnet sich der Startbildschirm (Bild 1). In ihm können Programmmodule aktiviert werden. Das Antivirenmodul ist verfügbar, aber nicht zu installieren, wenn schon ein anderes Antivirenprogramm verwendet wird. Durch Mausklick auf die Schaltfläche Fix Now wird das Anti-Phishing eingeschaltet (Bild 2). Phishing ist ein Kunstwort aus password fishing (Passwort angeln). Man beschreibt damit den Identitätsdiebstahl von Daten des Internet-Benutzers über gefälschte Webseiten, E-Mail oder Kurznachrichten. Wechselt die Farbe der Programmmodulanzeige Identity & Data von rot auf grün, ist man davor geschützt (Bild 2).

Steuerung der Anwenderprogramme

Durch Klicken auf die Schaltfläche View Details in der Programmmodulanzeige Firewall öffnet sich die Karteikarte Firewall (Bild 3). Durch einen weiteren Mausklick auf den Link 349 programs secured öffnet sich das Fenster Application Control Settings (Anwenderprogramm-Steu- erung) (Bild 4).

In diesem sind alle Programme aufgelistet, die es bereits versucht haben, das Internet zu kontaktieren. Der Zugang zum Internet sowie auch der Zugang zum lokalen Intranet kann durch das Einfügen eines grünen Hakens immer freigegeben werden. Das Einfügen eines roten Kreuzes sperrt den Zugang zu den Netzen grundsätzlich, während beim Fragezeichen der Zugang auf Anfrage manuell freigegeben werden muss, wenn z.B. ein Programm Daten ins Internet senden will. Klickt man z.B. ein vorhandenes rotes Kreuz im Fenster Settings an, öffnet sich eines Dialogbox, in welcher das Symbol verändert werden kann.

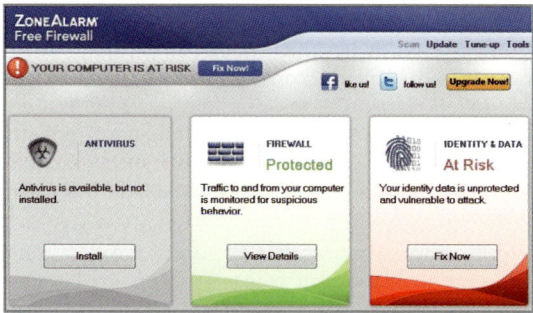

Bild 1: Programmübersicht

Bild 2: Programmeinstellungen

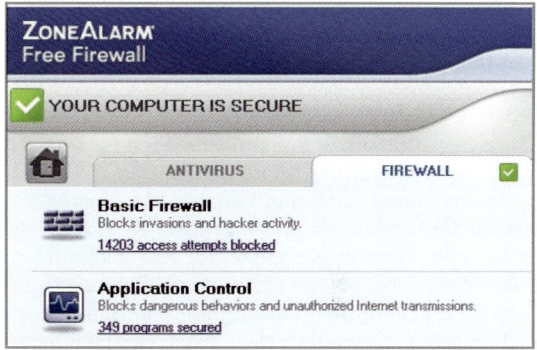

Bild 3: Firewall-Fenster

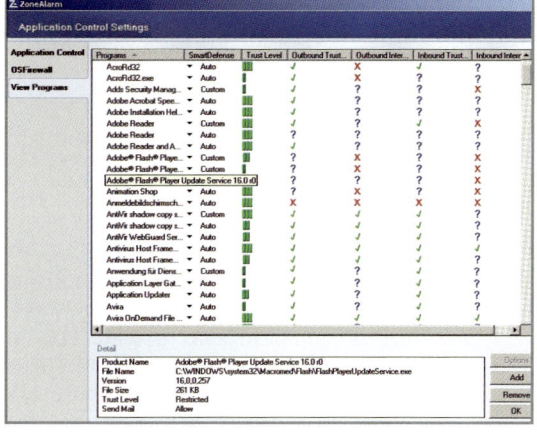

Bild 4: Anwenderprogramm-Steuerung

Sicherheitswarnungen

Versucht ein Programm, für welches noch keine Rechte vergeben wurden, z.B. weil es neu auf dem PC installiert wurde, auf das Internet zuzugreifen, löst Zone Alarm eine Sicherheitswarnung aus **(Bild 1)**. Durch Wahl der entsprechenden Schaltfläche kann man diesen Zugriff zulassen oder verweigern.

Wurde einem Programm der Zugriff auf das Internet durch Setzen von roten Kreuzen im Fenster Settings verweigert, gibt Zone Alarm standardmäßig in einem Dialogfeld die Sicherheitswarnung aus, dass dem Programm der Zugriff verweigert wurde. Solche Warnmeldungen können durch Einfügen eines Hakens im Dialogfeld unterdrückt werden.

Durch Klicken auf den Link 14203 access attempts blocked (14203 Zugriffsversuche abgeblockt) im Fenster in Bild 3, vorhergehende Seite, öffnet sich das Fenster Alerts and Logs (Warnmeldungen und Aufzeichnungen, **Bild 2**). Zunächst werden in der Karteikarte Log Viewer die geblockten Zugriffsversuche auf den PC mit Angabe der IP-Adressen angezeigt. In der Karteikarte Main kann eingestellt werden, ob alle, nur als gefährlich eingestufte oder keine Warnmeldungen angezeigt und aufgezeichnet werden (Bild 2).

Sicherheitsstufen

Durch Anklicken der Schaltfläche Basic Firewall der Karteikarte Firewall (Bild 3, vorhergehende Seite) wird das Fenster zur Einstellung der Sicherheitsstufen geöffnet **(Bild 3)**. Diese Einstellungen werden gesondert für das lokale Intranet (Trusted Zone) über den unteren Schieberegler und für das Internet (Public Zone) über den oberen Schieberegler vorgenommen. Nach der Neuinstallation von Zone Alarm wird empfohlen, für das Internet zunächst die mittlere Sicherheitsstufe zu wählen, damit Zone Alarm die Arbeitsweise der darauf zugreifenden Programme kennen lernt.

> Nachdem Browser, E-Mail und Chat-Programme mindestens einmal verwendet wurden, ist die hohe Sicherheitsstufe zu wählen.

Sicherung der Firewall-Einstellungen

Vorgenommene Sicherheitseinstellungen in Zone Alarm können vor Veränderung mit einem Passwort geschützt werden. Dazu klickt man auf Tools in der Menüleiste von Bild 3 und auf Preferences (Prioritäten). Mit Klicken auf Set Passwort öffnet sich das Fenster Passwort, in welchem das Passwort eingegeben wird **(Bild 4)**.

Bild 1: Sicherheitswarnung

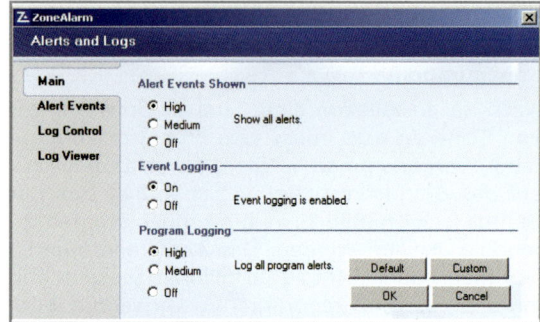

Bild 2: Einstellung der Warnmeldungen

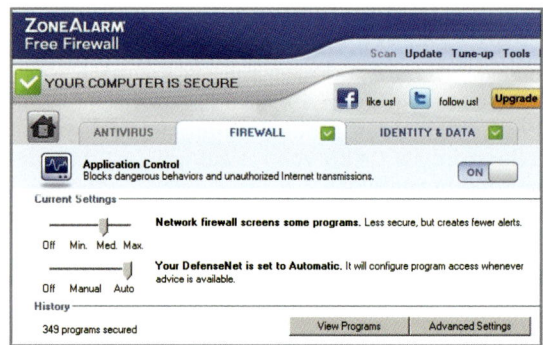

Bild 3: Sicherheitsstufen

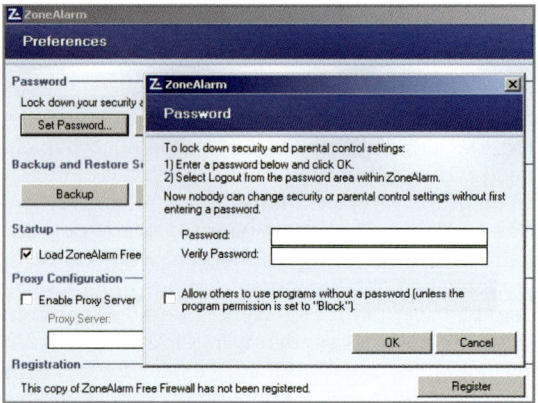

Bild 4: Passwortvergabe

13.3 Brennprogramme

Daten, Texte, Bilder und Töne können auf verschiedenen Formen von beschreibbaren und wieder beschreibbaren optischen Speichern gesichert werden. Mithilfe von Brennprogrammen und einer entsprechenden Hardwareausstattung lassen sich diese Informationen von jedem PC-Benutzer wirtschaftlich und sicher auf CDs (Compact Disks) und DVDs (Digital Versatile Disks = digitale vielseitige Scheibe) vervielfältigen und verteilen.

13.3.1 Rechtsgrundlagen

Wie bei jeder Art der Verwertung von fremden Informationen ist das Urhebergesetz (UrhG) zu beachten. So darf laut § 53 UrhG der Käufer ohne Zustimmung des Urhebers nur in bestimmten Fällen und zu eigenen Zwecken Sicherungskopien anfertigen. Für solche erlaubten Vervielfältigungen wird von den Verwertungsgesellschaften ein pauschaler Beitrag auf Geräte und Datenträger eingefordert (**Bild 1**). Für die wirtschaftliche Nutzung von fremdem geistigem Eigentum muss vorher eine Genehmigung eingeholt werden.

> Beim Vervielfältigen von Datenträgern müssen die Urheberrechte beachtet werden.

13.3.2 CD-Formate

Die Daten werden in Form einer Spirale gespeichert, die von innen nach außen gelesen wird.
CDs sind physikalisch in Tracks und Sessions unterteilt. Jede Session (Sitzung) kann nur einen Datentrack, jedoch mehrere Audiotracks und Videotracks enthalten.
Brennprogramme und Rekorder lassen in unterschiedlichem Maße Eingriffe in den Brennvorgang und die Formatierungen bzw. Organisation auf dem Medium zu (**Bild 2**).
Im einfachsten Fall einer CD-R beginnt das Disk-Layout mit einer Power Calibration Area (PCA) zur optimalen Einstellung des Brennlasers, der PMA (von Program Memory Area = Bereich zur Zwischenspeicherung des Inhaltsverzeichnisses bei bestimmten Brennverfahren), dem Lead-In (= Einführung) mit dem TOC (von Table of Content = Inhaltsverzeichnis), dem Nutzendatenteil und einem Lead-Out als Merkmal für das Ende der CD bzw. der Session (Sitzung, **Bild 3**).
Bei der **Disc-at-Once-Methode** (DAO) wird die CD in einer Session beschrieben und sofort abgeschlossen. Da das Inhaltsverzeichnis zu Beginn der Session geschrieben wird, kann es sein, dass der spätere Inhalt gewollt oder ungewollt nicht genau mit dem Inhaltsverzeichnis übereinstimmt. Die Methode DAO ist günstig für Subkanaleintragungen, dies sind z. B. Copyrightinformationen, freie

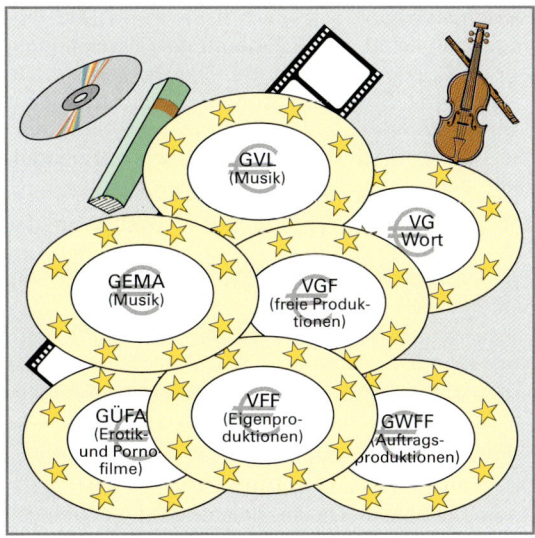

Bild 1: Verwertungsgesellschaften für Schutzrechte

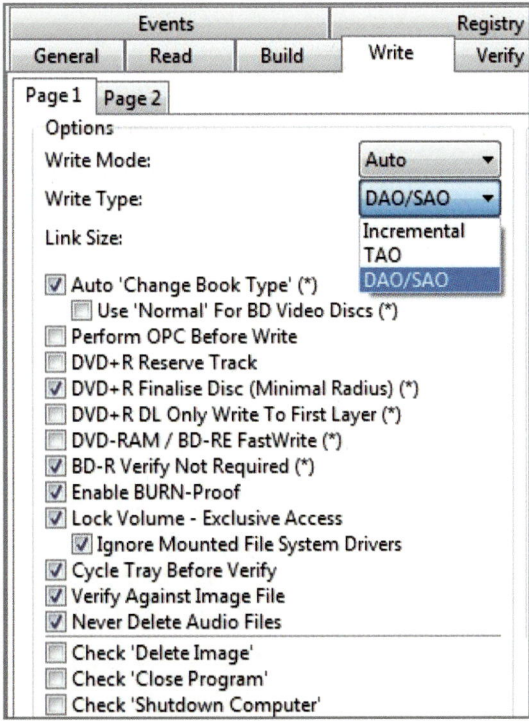

Bild 2: Rekorderinformationen

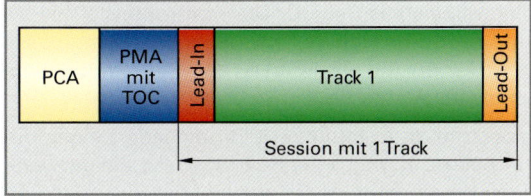

Bild 3: Disk-Layout einer einfachen Single-Session-CD

Pausengestaltung, Kopierschutzflags und ISRC-Eintragungen (Ländercode, Eigentümer, Herstellungsjahr und Seriennummer). Bei DAO96 werden alle 96 Byte der Subkanäle kopiert. Dies ermöglicht z. B. das Verarbeiten von CDs mit Text- und Karaoke-Tracks. DAO wird grundsätzlich verwendet, wenn die CD später gepresst werden soll.

Bei der Methode **Track-at-Once** (TAO) wird der Schreiblaser nach jedem Track abgeschaltet, um das TOC im Lead-In zu aktualisieren **(Bild 1)**. TAO benötigt zwischen den Tracks grundsätzlich eine Pause von 2 Sekunden (Track-Gap = Track-Pausen). Nur wenn der Recorder „TAO/Zero Gap" unterstützt, können die Tracks direkt aufeinander folgen. Die Subkanäle können mit diesem Verfahren nicht verändert werden.

Die Methode **Session at Once** (SAO) ist wichtig für Audio-CD-Spieler. Da die meisten Audio-CD-Player nur die erste Session erkennen, werden bei Audio-CDs die Tracks, durch Track-Gaps getrennt, in einer Session auf die CD gebrannt (Single-Session).

Multi-Session-CDs werden in mehreren Sitzungen beschrieben. Jede Session wird durch ein Lead-In und ein Lead-Out abgegrenzt **(Bild 2)**. Dadurch gehen jeweils etwa 15 MB Nutzspeicherplatz verloren (Overhead). Multi-Session-CDs können, solange sie nicht abgeschlossen sind, nur auf dem System gelesen und ergänzt werden, auf dem sie gebrannt wurden.

Audio-Tracks und Daten-Tracks

Die Datenblöcke auf einer CD sind in Sektoren gleicher Länge (3234 Byte) organisiert. Bei Audio-CDs nutzt man 2352 Byte je Sektor für Nutzdaten. Bei Daten-CDs ist der Datenverwaltungsaufwand und die Anzahl zulässiger Bitfehler wesentlich geringer, was einen deutlich größeren Aufwand an Kontrollbytes für Fehlerkorrekturen und Organisation erforderlich macht. Deshalb bleiben z. B. bei Daten-CDs (im Mode 1) nur 2048 Bytes je Sektor für Nutzdaten übrig **(Bild 3)**.

Die Kontrollbytes stehen in den Subkanälen. Jedem Bit eines Kontrollbytes ist einer der Subkanäle P bis W zugeordnet. Der P-Kanal beinhaltet z. B. das Flag (Markierung) für den Beginn eines Tracks (Spur), der Q-Subkanal im Lead-in-Bereich das Inhaltsverzeichnis der CD. Die Kontrollbits R bis W sind im R Through W-Channel zusammengefasst und dienen bei Audio-CDs der Synchronisation und Fehlerkorrektur.

Möchte man in die innere Organisation einer CD eingreifen, so muss die Software und die verwendete Hardware in der Lage sein, die Subkanäle zu lesen und zu beschreiben.

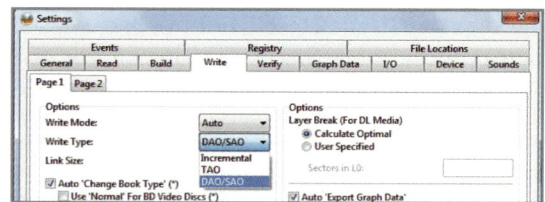

Bild 1: Einstellung der Schreibmethode

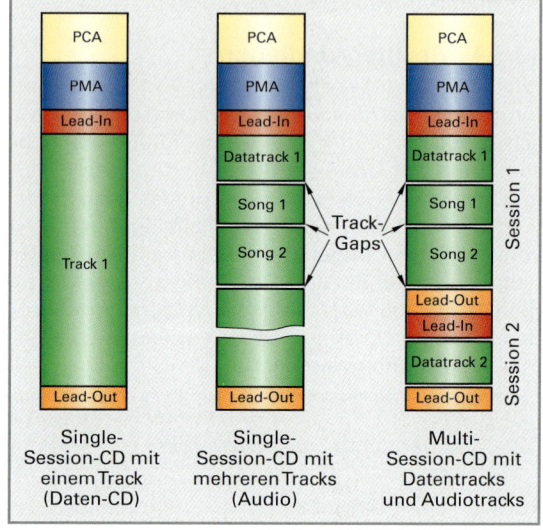

Bild 2: CD-Formate

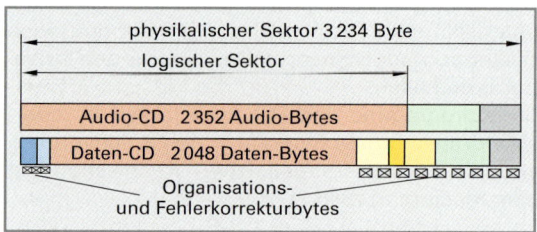

Bild 3: Nutzdatenanteil in den Sektoren einer CD

Buffer Underrun

Beim Brennen muss ein großer Datenstrom kontinuierlich an den Brenner übergeben werden. Werden die Daten aus der Quelle zu langsam ausgelesen oder zu langsam konvertiert und bereitgestellt, so besteht die Gefahr, dass der Schreibpuffer des Brenners leer läuft (Buffer Underrun). Der Brennvorgang wird dann abgebrochen. In der Praxis gibt es verschiedene Methoden, solche Buffer Underruns zu vermeiden.

Burn-Proof ist ein Verfahren, das mit einer Kombination aus Hard- und Softwarelösung dieses Problem vermeiden soll. Die Software überwacht konti nuierlich den (die) Schreibpuffer und unterbricht bei Bedarf an einer geeigneten Stelle den Schreibvorgang. Sobald der Datenfluss wieder gesichert ist, wird der Schreibvorgang fortgesetzt.

IPW (Incremental Packet Writing) schreibt jeweils nur sehr kleine Datenpakete (incremental packets) in vorformatierte Sektoren. Unterstützt der Brenner IPW und ist auf dem Rechner ein entsprechender Treiber installiert, z. B. PacketCD von CeQuadrat, so kann man CD-Rs und CD-RWs wie eine Festplatte ohne das Risiko eines Buffer Underruns beschreiben **(Bild 1)**.

Die CD-Formate sind in den bunten Büchern (Rainbow Books = Regenbogenbücher) festgelegt **(Bild 2)**.

Dateisysteme

CD-ROM (ISO) 9660 ist der gemeinsame Standard für verschiedene Plattformen, z. B. Unix, Macintosh und Windows, und unterliegt deshalb den stärksten Einschränkungen **(Bild 3)**. Dateinamen müssen im Format „8.3" sein und dürfen nur Großbuchstaben, die Ziffern „0" bis „9" und den Unterstrich „_" enthalten. Verzeichnisse dürfen nicht tiefer als 8 Ebenen verschachtelt sein.

Das **Joliet-Format** ist eine Erweiterung der ISO 9660. Es erlaubt Dateinamen bis 64 Zeichen im Unicode. Da Joliet nicht von allen Betriebssystemen unterstützt wird, befindet sich auf jeder CD im Joliet-Format zusätzlich ein ISO 9660 Dateisystem.

Boot-CDs können von vielen Brennprogrammen erzeugt werden. In der Praxis verhindern aber viele Betriebssysteme bzw. das BIOS den Start von einer CD, indem sie z. B. den Schreibzugriff auf das Bootlaufwerk verlangen.

Hybrid-CDs (Janus-CDs) funktionieren sowohl in der PC-Umgebung (ISO 9660) als auch in der Macintosh-Umgebung (HFS). Non-shared-Hybrids (non-shared = ungeteilt) enthalten die gesamten Daten doppelt in zwei voneinander unabhängigen Partitionen. Shared-Hybrids haben einen gemeinsamen Datenbereich für beide Betriebssysteme und getrennte Bereiche für den betriebssystemspezifischen Inhalt der CD.

Die **CD-I** ist eine interaktive, meist multimediale CD, die für Spielekonsolen und Lernprogramme verwendet wird.

Die VIP-Card (von Very Important Person = sehr wichtige Persönlichkeit) ist ein Produkt, das im Marketingbereich eingesetzt wird. Hierbei handelt es sich um Visitenkarten im Format 80 mm x 55 mm, die in jedem CD-Laufwerk gelesen bzw. beschrieben werden können, wenn dieses Single-CDs unterstützt. Je nach Kompression können z. B. 12 MB bis 50 MB Text, Fotos, Musik und Videos auf solche VIP-Cards aufgespielt sein.

> ❗ Das Dateisystem einer CD bestimmt die Einschränkungen für die Datenstruktur des Mediums.

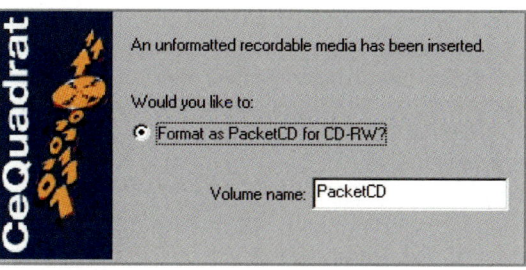

Bild 1: IPW-Treiber

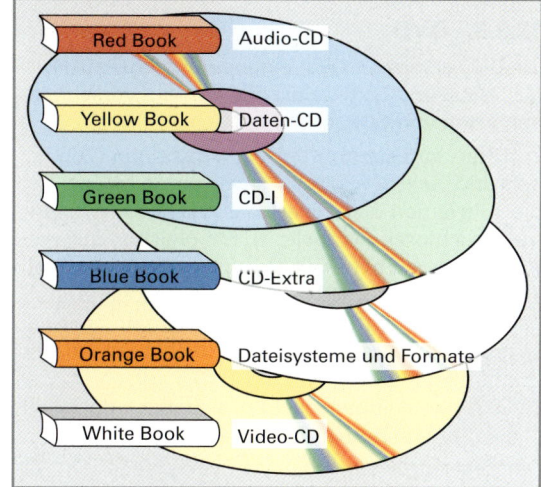

Bild 2: CD-Spezifikationen

Bild 3: CD-Dateisystemauswahl eines Brennprogramms

UDF-CDs verwenden das von der OSTA (Optical Storage Technology Association) entwickelte Plattform übergreifende Universal Disk Format (UDF). Damit lassen sich CDs wie Festplatten verwalten.

Bei wiederbeschreibbaren Speichermedien wie CD-RW oder DVD ± RW lassen sich die gespeicherten Daten blockweise löschen oder umbenennen. Damit sind sie wie „langsame" Wechsel-Festplatten verwendbar.

CD-A bzw. **Audio-CD** sind Musik-CDs.

Mixed Mode Disks beinhalten sowohl Audiotracks wie auch Datentracks. Für Audio-CD-Player ist wichtig, dass die Audiotracks als erste Session kommen (CD-Extra), da die meisten Audiogeräte nur auf diese zugreifen.

13.3.3 DVD

Die DVD ersetzt als DVD-Video für Filme, DVD-ROM für Daten und DVD-Audio für Ton die verschiedenen Arten von CDs.

Zur Standardisierung der verschiedenen DVD-Typen und Schreib- bzw. Leseverfahren haben sich die führenden Hersteller im DVD-Forum zusammengeschlossen **(Tabelle 1)**. Bei gleichen äußeren Abmessungen haben DVDs einen deutlich komplizierteren Aufbau **(Bild 1)**. Durch eine gegenüber der CD bedeutend höhere Spurdichte und teilweise mehrere Schreibschichten erreicht man wesentlich höhere Kapazitäten **(Bild 2)**. Die verschiedenen DVD-Varianten unterscheiden sich durch ihre Speicherkapazität **(Tabelle 2)**.

Der Lesezugriff zwischen den verschiedenen Verfahren und DVD-Typen ist weitgehend möglich. Das Beschreiben der Medien ist aber oft auf spezielle Typen beschränkt, da unterschiedliche Laserwellenlängen **TabIT** und unterschiedliche Verfahren angewendet werden (Tabelle 1).

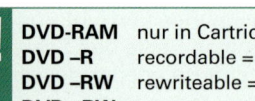

DVD-RAM	nur in Cartridge beschreibbar
DVD –R	recordable = beschreibbar
DVD –RW	rewriteable = wiederbeschreibbar
DVD +RW	

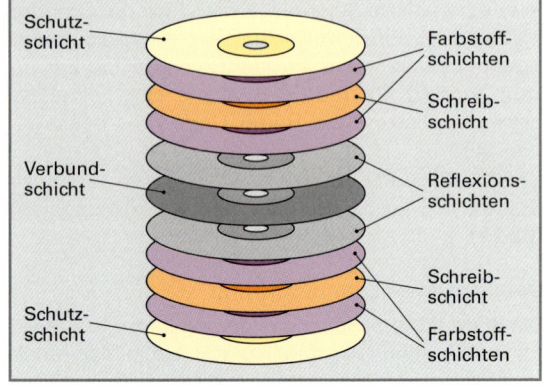

Bild 1: Aufbau einer Double-Sided, Single-Layer DVD

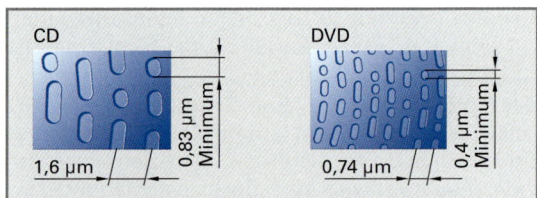

Bild 2: Spurdichten von CD und DVD

Tabelle 1: DVD-Schreibverfahren				
Merkmal	DVD-RAM	DVD-R	DVD-RW	DVD+RW
Rewrites	100 000	0	1000	1000
Schreib-laser Wellen-länge λ	650 nm	635 nm 650 nm	650 nm	650 nm
Leselaser Wellen-länge λ	650 nm			
Reflexi-onsgrad	15 % - 35 %	45 % - 85 %	18 % - 30 %	10 % - 20 %
Speicher-methode	wobbled[1] land and groove[2]	wobbled groove	wobbled groove	high frequency wobbled groove

[1] von to wobble = wackeln, schwanken;
[2] groove = Furche, Rinne

Tabelle 2: DVD-Varianten		
Variante	Aufbau	Kapazität
Single-Sided Single-Layer DVD-5	Laser	bis 4,7 GByte
Single-Sided Dual-Layer DVD-9		bis 8,5 GByte
Double-Sided Single-Layer DVD-10		bis 9,4 GByte
Double-Sided Dual-Layer DVD-18		bis 17 GByte

13.3.4 Blu-ray Disc

Blu-ray Discs (BD) sind optische Speichermedien mit hoher Kapazität und hoher Datentransferrate **(Bild 1, Tabelle 1)**. Das Hauptanwendungsgebiet der Blu-ray Disc ist die Speicherung hochaufgelöster Filme. Mit entsprechenden Monitoren oder Beamern wird bei der Filmwiedergabe eine sehr hohe Bildqualität erreicht.

Blu-ray Discs gibt es in verschiedenen Ausführungen:

- BD-ROM, nur lesbare Speichermedien,

- BD-RW, einmal beschreibbare Speichermedien für PC,

- BD-R, einmal beschreibbare Speichermedien für HDTV-Recorder und

- BD-RE, vielfach wiederbeschreibbare Speichermedien.

Mit der beim Schreiben verwendeten Phase-Change-Technik werden Datentransferraten (Datenraten) bis 72 Mbit/s erreicht.

Einlagige Blu-ray Discs haben bei einem Durchmesser von 12 cm eine Kapazität von bis zu 25 GB, zweilagige bis zu 50 GB **(Tabelle 1)**. Im Laborbetrieb werden wesentlich höhere Speicherkapazitäten erreicht.

Bei der Blu-ray Disc ist der Abstand des Lasers zum Datenträger nur 0,1 mm **(Bild 2)**. Die verwendeten Laser arbeiten mit einer Wellenlänge von 405 nm (tief violett).

Durch den geringeren Abstand des Laserkopfes und die geringe Wellenlänge kann ein besser fokussierter Strahl erzeugt werden. Mit diesem effizienteren Laserstrahl entstehen weniger Schreib- und Lesefehler und es ist eine höhere Datendichte erreichbar. Außerdem können Discs aus anderen Materialien als Polycarbonat, z. B. Metalllegierungen, hergestellt werden. Mit solchen Discs sind höhere Drehzahlen und damit höhere Datentransferraten möglich.

Blu-ray Discs mit der Bezeichnung BD-J enthalten interaktive Anwendungen. Sie ermöglichen z. B. die Wahl unterschiedlicher Handlungsverläufe, Spielvarianten oder multimedialer Zusatzinformationen.

Teilweise enthalten Blu-ray Discs und DVDs einen Regionalcode **(Bild 3)**. Er soll verhindern, dass z. B. eine in Asien erworbene Blu-ray Disc in Europa verwendet werden kann.

Bild 1: Logo der Blu-ray Disc

Tabelle 1: Schreibdauer für Blu-ray Discs			
Laufwerks-geschwin-digkeit	Datenrate	Single Layer 25 GB Mbit/s in min	Dual Layer 50 GB Mbit/s in min
4x	18	22	44
6x	27	15	30
8x	36	11	22
12x	54	7	14

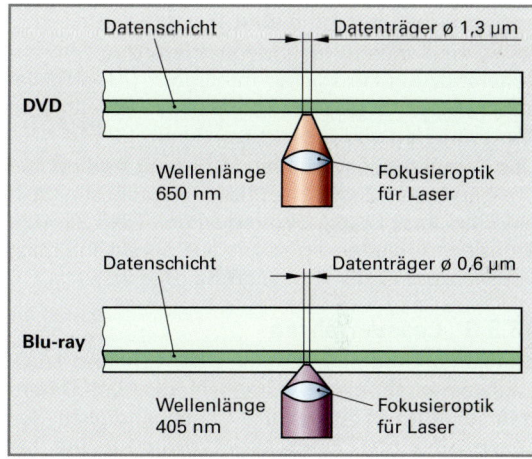

Bild 2: Laser bei DVD und Blu-ray

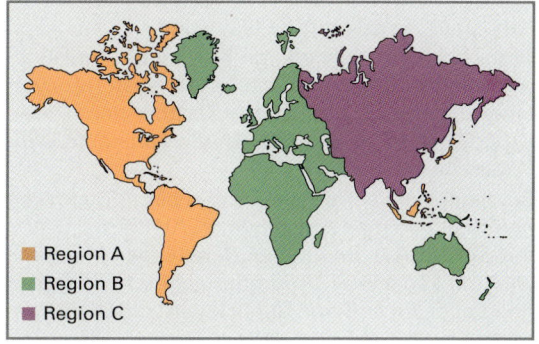

Bild 3: Regionalcodes

13.3.5 Kompressionsverfahren MPEG und MP4

Für die Speicherung und den Transfer von großen Datenmengen, insbesondere im Audiobereich und Videobereich, sind Kompressionsverfahren sehr wichtig (siehe Abschnitt 13.1.3). Sie ermöglichen z. B. auf einer CD oder DVD wesentlich längere Filme und Audiosequenzen unterzubringen.

Das Kompressionsverfahren MPEG steht für Motion Pictures Expert Group (= Bewegtbilder-Expertengruppe). Diese Gruppe stellt Dateiformate und Kompressionsverfahren für Video- und Multimediadaten bereit. Es gibt die Standards MPEG1, MPEG2, MPEG3 und MPEG4.

MP3 (MP3 steht für MPEG-1 Layer3) nützt die psychoakustischen Effekte der Wahrnehmung des Menschen aus. Menschen hören z. B. zwei unterschiedliche Töne erst ab einem gewissen Mindestunterschied der Tonhöhe und können nach sehr lauten Geräuschen für kurze Zeit leisere Geräusche schlechter oder gar nicht wahrnehmen. Man muss das Originalsignal also nicht exakt abspeichern und transportieren. Es reicht, die Signalanteile dem Zuhörer zu übertragen, die das menschliche Gehör auch wahrnehmen kann (**Bild 1**).

MPEG4 ist wichtig für Videokonferenzen und zur Unterstützung künstlicher Intelligenz (AI, artificial intelligence), da es auch interaktive Medieninhalte komprimieren und unterstützen kann.

Das Kompressionsverfahren MP3 kann Audiodaten ohne hörbaren Qualitätsverlust, auf durchschnittlich ein Elftel ihrer Dateigröße reduzieren (**Bild 2**). MP4 reduziert Audiodateien sogar auf durchschnittlich ein Sechzehntel der Orginalgröße (Bild 2).

13.3.6 Leseverfahren

Konstante Umdrehungszahlen bei CD- und DVD-Laufwerken führen zu unterschiedlichem Datentransfer (**Bild 3**). Wenn die Geschwindigkeit des Lasers über der Pregroove (Vorrinne), wie bei Audio-CD-Playern konstant geregelt wird, spricht man von CLV (Constant Linear Velocity = konstante Lineargeschwindigkeit). Die Datentransferrate ist dann über die gesamte Zeit konstant.

Dreht sich das Laufwerk mit konstanter Winkelgeschwindigkeit, so nimmt die Datentransferrate von innen nach außen zu. Diese Technik nennt man CAV (Constant Angular Velocity = konstante Winkelgeschwindigkeit).

Bei schnellen Laufwerken werden beide Techniken gemischt und man spricht von PCAV (Partial CAV = teilweises CAV). Im inneren Bereich des Mediums wird mit konstanter Umdrehungsgeschwindigkeit gearbeitet, im äußeren Bereich wird die Winkelgeschwindigkeit auf einen Wert geregelt, der noch fehlerfreies Arbeiten ermöglicht.

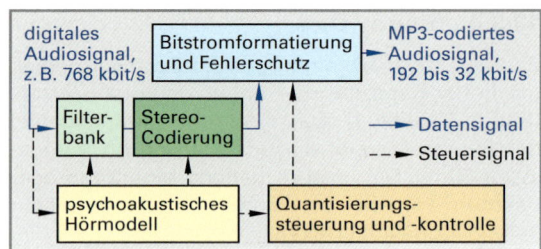

Bild 1: Blockschaltbild MP3-Codierung

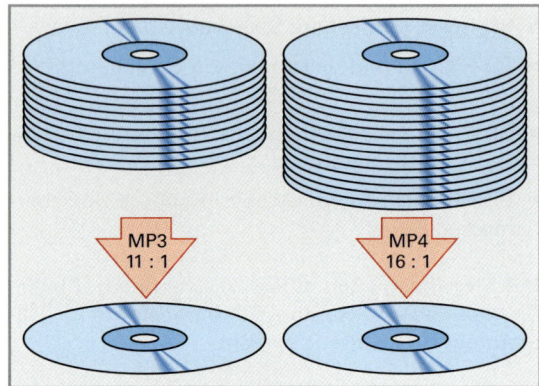

Bild 2: Kompressionsverfahren

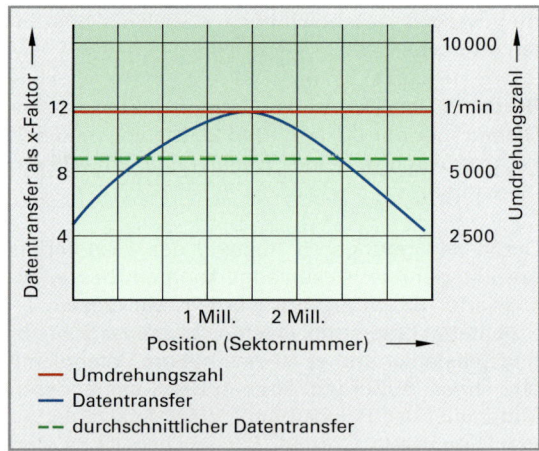

Bild 3: Datentransfer eines DVD-Laufwerkes

K   Kompetenzorientierung

1. **Welche gesetzlichen Einschränkungen sind beim Vervielfältigen von Daten zu berücksichtigen?**

2. **Warum beinhalten CDs mit verschiedenen Dateisystemen unterschiedliche Nutzdatenmengen?**

3. **Audio-CDs arbeiten nach dem CLV-Verfahren. Welcher Sachverhalt wird damit beschrieben?**

4. **Wodurch unterscheidet sich eine DVD von einer CD?**

13.4 Serviceverträge

Supportprozesse wie Finanzwesen, Rechnungswesen, Personal- und Rechtswesen sowie die Informations- und Kommunikations-Services erfordern einen enormen Aufwand an Know-how und Organisation. Im Zuge einer Besinnung auf die Kernkompetenzen und einer Erhöhung der Effizienz der Wertschöpfungsprozesse werden diese unterstützenden Funktionen häufig an Profitcenter oder Fremdunternehmen ausgegliedert.

Insbesondere der kontinuierliche Ausbau und die Weiterentwicklung der Informations- und Kommunikationsprozesse in nahezu allen Prozessen hat wesentlichen Anteil an der Wettbewerbsfähigkeit eines Unternehmens. Unter diesem Gesichtspunkt spielen IT-Serviceverträge und Service-Management-Prozesse eine wichtige Rolle in der Partnerschaft zwischen Kunde und IT-Dienstleister.

> Service ist die Kundenbetreuung durch ein Unternehmen.

13.4.1 Vertragsgestaltung

Serviceverträge im IT-Bereich beinhalten meistens Bestimmungen zur fortlaufenden Erbringung einer IT-Leistung bzw. einer IT-gestützten Leistung, z. B. Helpdesk, Konfigurationsmanagement, Update-Service, Datenbankmanagement, Bereitstellung von Rechenzeiten, Bereitstellung von Leitungskapazitäten, Erstellen und Pflegen von Webauftritten **(Bild 1)**.

Diese Verträge unterliegen im Wesentlichen dem Werkvertragsrecht (BGB §§ 631 ff), Dienstvertragsrecht (BGB §§ 611 ff) und dem Mietvertragsrecht (BGB §§ 535 ff).

> Werkvertrag, Werklieferungsvertrag, Dienstvertrag und Mietvertrag sind gesetzliche Grundlage vieler Serviceverträge.

Werkverträge

Die Erfüllung von Werkverträgen ist an einen Erfolg gebunden **(Bild 2)**.

Bei einem Servicevertrag für eine IT-Anlage steht die Erfolgsbezogenheit im Vordergrund, die Anlage soll funktionsfähig und aktuell erhalten werden.

Bei einem Webhosting-Vertrag steht die Erreichbarkeit des Kunden als Erfolg im Vordergrund.

Beim Erstellen von Individualsoftware oder dem Customizing von Standardsoftware besteht der Erfolg in der Erfüllung individueller Ansprüche des Kunden.

Service-Level-Agreement: User Helpdesk

1.1 Leistungsbeschreibung

Annahme und Qualifizierung telefonischer, schriftlicher oder elektronisch übermittelter Anfragen, Probleme, Anforderungen und Anliegen (Calls) des Anwenders bzw. systemgenerierter Meldungen.

Telefonische Sofortunterstützung im Umgang mit PC-Hardware und Peripherie-Komponenten, PC-Software und Netzbetriebssystem.

Vorbeugende Maßnahmen bei bekannten Fehlern vorschlagen und durchführen.

Betroffene Anwender über Störungen informieren. Bei telefonisch nicht im Zeitlimit zu lösenden Problemen und Anliegen die nächste Serviceebene einschalten und den Bearbeitungsstatus verfolgen.

Aufbereitung, Klassifizierung, Kategorisierung und Dokumentation der Calls zur Weiterverarbeitung.

Bild 1: Beispiel für eine Servicevereinbarung

---

§ 631 BGB Vertragstypische Pflichten beim Werkvertrag

[I]Durch den Werkvertrag wird der Unternehmer zur Herstellung des versprochenen Werkes, der Besteller zur Entrichtung der versprochenen Vergütung verpflichtet.

[II]Gegenstand des Werkvertrages kann sowohl die Herstellung oder Veränderung einer Sache als ein anderer durch Arbeit oder Dienstleistung herbeizuführender Erfolg sein.

Bild 2: Wesen des Werkvertrages

---

§ 535 BGB Inhalt und Hauptpflicht des Mietvertrages

[I]Durch den Mietvertrag wird der Vermieter verpflichtet, dem Mieter den Gebrauch der vermieteten Sache während der Mietzeit zu gewähren.

[II]Der Mieter ist verpflichtet, dem Vermieter den vereinbarten Mietzins zu entrichten.

Bild 3: Wesen des Mietvertrages

Mietvertrag

Wird Hard- oder Software gegen regelmäßige Zahlung zum Nutzen überlassen, so handelt es sich um einen Mietvertrag **(Bild 3)**. Das Mietrecht gilt auch, wenn im Rahmen eines Webhosting-Vertrages Plattenkapazität eines Web-Servers zur Verfügung gestellt wird.

Nach dem Mietrecht muss der Vermieter gewährleisten, dass die Mietsache alle vertraglich zugesicherten und marktüblichen Eigenschaften aufweist. Der Mieter muss die Mietsache in brauchbarem Zustand erhalten. Erfüllt die Mietsache die zugesicherten Eigenschaften nicht, so kann der Mietzins vermindert werden (§ 537 BGB) und bei Verschulden des Vermieters Schadensersatz gefordert werden.

Dienstvertrag

Dienstverträge verpflichten den Auftragnehmer zum Tätigwerden (**Bild 1**). Im Unterschied zum Werkvertrag wird also nicht zwangsweise ein Erfolg geschuldet.

Bietet zum Beispiel ein Provider auch das Einrichten eines E-Mail-Dienstes an, so ist das Einrichten Werkvertragsbestandteil, das Übermitteln der Mails über das Internet Dienstvertrag. Diese Regelung ist sinnvoll, da die Übertragung im Internet nicht in seiner Verfügungsgewalt liegt.

Obwohl Dienstverträge keinen Erfolg garantieren, können Haftungsansprüche entstehen. Immer wenn gesetzlich bei Leistungsstörungen keine Gewährleistungsansprüche geregelt sind, sieht die Rechtssprechung den Tatbestand der positiven Vertragsverletzung (pVV) vor. Die pVV ist im Gesetz nicht geregelt, sondern ist gewohnheitsrechtlich anerkannt.

> Die positive Vertragsverletzung ist die schuldhafte Störung der Leistung durch den Schuldner.

Hieraus entsteht kein Anspruch auf Gewährleistung, sondern auf Ersatz des Schadens. Wenn z. B. bei dienstvertraglichen Arbeiten an einem Computersystem vom Auftragnehmer Viren eingeschleppt werden, macht er sich nach pVV schadensersatzpflichtig.

Serviceverträge

Nach § 243 BGB (Gattungsschuld, **Bild 2**) sind beim Fehlen spezieller Vertragsregelungen stets Waren und Dienstleistungen mittlerer Art und Güte zu liefern. Da weder klar ist, was im IT-Bereich unter „mittlerer Art und Güte" zu verstehen ist, noch ob dieser Anspruch der jeweiligen Situation gerecht wird, muss darauf geachtet werden, dass alle wichtigen Servicebedingungen in einem Service-Level-Agreement (Stufenvereinbarung, SLA) eindeutig vertraglich geregelt werden. **Bild 3** zeigt ein Beispiel für ein solches Service-Level-Agreement.

Wichtige Inhalte eines Service-Level-Agreements werden meistens nicht technisch, sondern auf Geschäftsprozessebene des Auftraggebers definiert:

---

§ 611 BGB Vertragstypische Pflichten beim Dienstvertrag

[I]Durch den Dienstvertrag wird derjenige, welcher Dienste zusagt, zur Leistung der versprochenen Dienste, der andere Teil zur Gewährung der vereinbarten Vergütung verpflichtet.

[II]Gegenstand des Dienstvertrages können Dienste jeder Art sein.

Bild 1: Wesen des Dienstvertrages

---

§ 243 BGB Gattungsschuld

[I]Wer eine nur der Gattung nach bestimmte Sache schuldet, hat eine Sache von mittlerer Art und Güte zu leisten.

[II]Hat der Schuldner das zur Leistung einer solchen Sache seinerseits Erforderliche getan, so beschränkt sich das Schuldverhältnis auf diese Sache.

Bild 2: Gattungsschuld

---

3. Leistungskenngrößen, Service-Levels

Service-Level	SL 1	SL 2
Servicezeiten	Mo – Fr 8 – 16 Uhr	Mo – Fr 0 – 24 Uhr
telefonische Erreichbarkeit während der Servicezeiten	durchschnittlich innerhalb 3 min, max. 2 % über 15 min	
Entgegennahme von E Mails während der Servicezeiten	durchschnittlich innerhalb 3 min, max. 2 % über 30 min	
Direktlösungsrate	> 80 %	
Reaktionszeit und Weiterleitung	98 % innerhalb 5 min Weiterleitungsquote an 2nd Level < 3 %	

Bild 3: Service-Level-Vereinbarungen

Verfügbarkeit des Systems bzw. von Funktionen, Antwortzeiten, Reaktionszeiten und Bearbeitungszeiten.

Die technische Sicht, also wie diese Bedingungen hard- und softwaretechnisch erfüllt werden können, ist meistens in der Verantwortung des Auftragnehmers. Wie folgende Beispiele zeigen, ist für alle vertraglichen Inhalte eine genaue Begriffsbestimmung und die Messbarkeit der Kriterien sehr wichtig.

Verfügbarkeit: Bei der Verfügbarkeit sollte festgelegt sein, wie der Begriff verstanden wird. Gilt ein System als verfügbar, wenn es während einer aufwendigen Prozedur keine Reaktionen auf Eingaben zeigt? Welcher Messzeitraum wird zur Bestimmung der Verfügbarkeit herangezogen?

Eine Verfügbarkeit von 99,5 % pro Arbeitstag mit 10 Stunden bedeutet, dass ein Ausfall von 3 Minuten je Arbeitstag zulässig ist. Dieselbe Verfügbarkeit von 99,5 % bei einem Messzeitraum von einem Monat bedeutet, dass das System einmalig 90 Minuten an einem Arbeitstag ausfallen darf.

Antwortzeiten des IT-Systems: Oft wird, insbesondere bei Host-basierten und bei Client-Server-basierten Netzwerken, zur Sicherung der Leistungsfähigkeit des Systems vom Auftraggeber eine Antwortzeit für bestimmte Vorgänge vertraglich vereinbart. Es ist dann wichtig, festzulegen, wie häufig, zu welchen Zeiten (Nebenzeiten, Hauptzeiten) und mit welchen Messverfahren diese Zeiten gemessen werden. Der Vertrag sollte auch regeln, wie weit die Verantwortung des Auftragnehmers reicht, also wer z. B. für WAN-Zeiten verantwortlich ist.

Bei allen Vertragspunkten ist auch zu klären und z. B. mit einer Zuständigkeitsmatrix darzulegen, welche Mitwirkungsrechte und Mitwirkungspflichten Auftraggeber und Auftragnehmer haben (**Bild 1** und **Tabelle 1**). Welche Informationen muss er wann bereitstellen? Welche Beistellleistungen, z. B. Klimatisierung eines Serverraumes und USV, muss er erbringen?

> Bei Serviceverträgen ist auf genaue Begriffsdefinitionen, Zuständigkeiten und messbare Zielvereinbarungen zu achten.

Vertragsstrafen, Schadensersatz
Bei schuldhaft mangelhaft erbrachten Dienstleistungen kann Schadensersatz gefordert werden. Der Nachweis der Schuld und des Schadens ist aber gerade im IT- Bereich sehr schwierig. In den meisten Verträgen wird deshalb eine Vertragsstrafe für den Fall der Nichterfüllung von Vertragsbestandteilen festgelegt (**Bild 2**). Bei diesen vertraglich vereinbarten Vertragsstrafen (Konventionalstrafen) muss der Schaden im Einzelfall nicht nachgewiesen werden. Es genügt, dass der Tatbestand erfüllt ist, also z. B. ein zugesagter Fertigstellungstermin nicht eingehalten wurde. Übersteigt der Schaden die Vertragsstrafe, so können höhere Schäden mit konkretem Nachweis geltend gemacht werden (**Bild 3**).

> Bei Vertragsstrafen muss der Schaden durch den Auftraggeber nicht nachgewiesen werden.

4. Zuständigkeitsmatrix			
Leistung	AN	AG	Externe Dienstleister
Problemaufnahme	D/E	I	
Problemlösungen Stufe 1	D/E	I	
Problemlösungen Stufe 2	D/E	I	
Problemlösungen Stufe 3	B	I	
Weiterleitung an Externe	B	E	D
Pflege Fehlerdatenbank	D	I	
Klimatisierung	B	E	D

AN ... Auftragnehmer
AG ... Auftraggeber
D ... Durchführung
E ... Entscheidung
B ... Beratung/Projektmanagementleistung
I ... Information

Bild 1: Zuständigkeitsmatrix

Tabelle 1: Eskalationsstufen und Informationen		
Eskalationsstufe	Information AN	Information AG
1	sofort	sofort
2	5 min	10 min
3	1 h	2 h

Eskalationsstufen
Klasse 1: Gesamtausfall des Systems
Klasse 2: Ausfall wesentlicher Funktionen
Klasse 3: Ausfall einzelner Arbeitsplätze oder Ausfall unwesentlicher Teilfunktionen
AN: Auftragnehmer, AG: Auftraggeber

§ 339 BGB Verwirkung der Vertragsstrafe

Verspricht der Schuldner dem Gläubiger für den Fall, dass er seine Verbindlichkeiten nicht oder nicht in gehöriger Weise erfüllt, die Zahlung einer Geldsumme als Strafe, so ist die Strafe verwirkt, wenn er in Verzug kommt. Besteht die geschuldete Leistung in einem Unterlassen, so tritt die Verwirkung mit der Zuwiderhandlung ein.

Bild 2: Verwirkung der Vertragsstrafe

§ 340 BGB Strafversprechen bei Nichterfüllung

[I]Hat der Schuldner die Strafe für den Fall versprochen, dass er seine Verbindlichkeiten nicht erfüllt, so kann der Gläubiger die verwirkte Strafe statt der Erfüllung verlangen. Erklärt der Gläubiger dem Schuldner, dass er die Strafe verlange, so ist der Anspruch auf Erfüllung ausgeschlossen.

[II]Steht dem Gläubiger ein Anspruch auf Schadensersatz wegen Nichterfüllung zu, so kann er die verwirkte Strafe als Mindestbetrag des Schadens verlangen. Die Geltendmachung eines weiteren Schadens ist nicht ausgeschlossen.

Bild 3: Strafversprechen bei Nichterfüllung

Schadensersatzpauschalen sind oft bereits in den AGBs (Allgemeinen Geschäftsbedingungen) enthalten. Sie dürfen allerdings nicht beliebig hoch sein (§ 138 BGB, Sittenwidrigkeit), sondern müssen sich an typischen Schadenshöhen orientieren.

Flexibilität

Trotz der Bedeutung eindeutiger und vollständiger Vertragsinhalte sollten Serviceverträge flexibel sein. Wenn sich wesentliche Randbedingungen ändern, z. B. die Anzahl der PCs in einem Netz unerwartet stark steigt, die Auslastung eines Netzes oder einer Funktion sich wesentlich verändert, sollte es zur gegenseitigen Zufriedenheit möglich sein, den Vertrag entsprechend anzupassen.

Qualitätsmessung des Serviceprozesses

Wie für alle betrieblichen Leistungen ist es auch im Servicebereich wichtig, aussagekräftige Kennwerte zur Bewertung der Leistung und als Ansatzpunkt für Verbesserungsmaßnahmen zu definieren. Diese Kennwerte sollten verschiedene Perspektiven enthalten, wie sie z. B. in Balanced Scorecards (siehe Abschnitt 14.3) vorgesehen sind (**Bild 1**).

13.4.2 Preisgestaltung bei Serviceverträgen

Bei Serviceverträgen muss der Auftraggeber für Leistungen bezahlen, die er in nicht genau vorhersehbarem Umfang in Anspruch nehmen wird. Der Auftraggeber ist gezwungen, entsprechende Leistungsfähigkeit und Leistungsbereitschaft vorzuhalten und übernimmt teilweise Risiken für den Auftraggeber, z. B. das Risiko der Systemverfügbarkeit in einem Hochverfügbarkeitsnetz, das 99,99 % Betriebssicherheit bieten soll.

Aus diesen und anderen Gründen ist eine Kalkulation der Kosten zur Preisbestimmung sehr problematisch. In der Praxis versucht man dieses Problem z. B. mit Conjoint Measurement (Verbundmessung) zu lösen. Das ist eine Methode, mit der man die Zahlungsbereitschaft der Kunden für bestimmte Merkmale einer Leistung, z. B. des Servicevertrages, ermittelt (**Bild 2**).

Das Instrument Conjoint Measurement ist eine geeignete Methode, um für Produkte und Dienstleistungen die Konzeption zu bestimmen oder bei bestehenden Produkten kundenorientierte Anpassungen vorzunehmen. Es hilft, die Fragen zu beantworten, mit welchen Merkmalsausprägungen und zu welchem Preis die Leistung positioniert werden muss, um maximale Erfolge zu erbringen.

Damit ist es auch möglich, kundenspezifisch zugeschnittene Serviceverträge anzubieten und die Preise nach Merkmalsausprägungen festzulegen.

Servicemerkmal	Kundenbewertung	
	Gewichtung	Erfüllungsgrad in %
Systemverfügbarkeit	80	92
Antwortzeit-Verhalten	30	90
Userzufriedenheit	40	75
Problemlösungszeit	30	60
Leistungsqualität	50	80

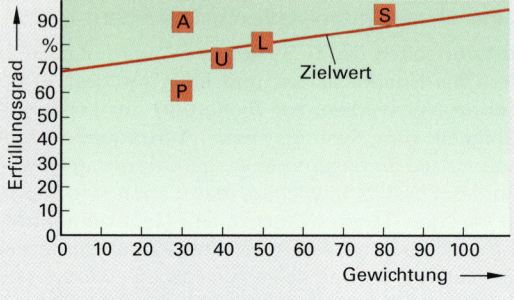

Bild 1: Qualitätsmerkmale Helpdesk

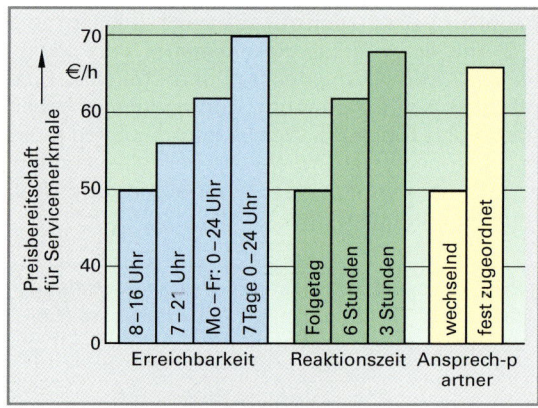

Bild 2: Ermittlung der Preisbereitschaft

K Kompetenzorientierung

1. **Welche Vorschriften gelten bei den meisten Serviceverträgen?**

2. **Welche wesentlichen Unterschiede gibt es zwischen Werkvertrag und Dienstvertrag.**

3. **Warum legen viele Auftraggeber Wert darauf, Vertragsstrafen zu vereinbaren?**

4. **Worauf sollte beim Abschluss von Serviceverträgen geachtet werden?**

5. **Bestimmen Sie Messgrößen für die Leistungsmessung bzw. Bewertung eines Web-Hosting-Vertrages.**

6. **Warum ist die Preisermittlung für Serviceverträge besonders schwierig?**

7. **Welche Ziele will man mit Conjoint Measurement erreichen?**

13.4.3 Rechnungsstellung

Pflichtangaben in Rechnungen

Unter Rechnung ist jedes Dokument zu verstehen, mit dem über eine Lieferung oder sonstige Leistung abgerechnet wird. Es ist gleichgültig, wie dieses Dokument im Geschäftsverkehr bezeichnet wird. Die Rechnung hat gemäß § 14 Abs. 4 in Verbindung mit § 14a Abs. 5 UStG (Umsatzsteuergesetz) folgende Angaben zu enthalten:

1. Vollständiger Name und vollständige Anschrift des leistenden Unternehmers und des Leistungsempfängers.

2. Finanzamtsbezogene Steuernummer oder Umsatzsteueridentifikationsnummer (USt.-IdNr.).

3. Ausstellungsdatum der Rechnung.

4. Fortlaufende Rechnungsnummer.

5. Menge und handlungsübliche Bezeichnung der gelieferten Gegenstände oder die Art und den Umfang der sonstigen Leistung.

6. Zeitpunkt der Lieferung bzw. sonstigen Leistung.

7. Nach Steuersätzen und -befreiungen aufgeschlüsseltes Entgelt für die Lieferung oder sonstige Leistung.

8. Im Voraus vereinbarte Minderungen des Entgelts.

9. Den anzuwendenden Steuersatz sowie den auf das Entgelt entfallenden Steuerbetrag oder im Falle einer Steuerbefreiung ist ein Hinweis auf die Steuerbefreiung erforderlich, z. B. „Innergemeinschaftliche Lieferung".

Gegebenfalls Hinweis auf die Umkehrung der Steuerschuld (Reverse-Charge-Verfahren), beispielsweise bei Bauleistungen sowie bei Werklieferungen eines im Ausland ansässigen Unternehmers (§ 13b UStG).

Besonderheiten für Rechnungen, deren Gesamtbetrag 150 Euro nicht übersteigt (z. B. Fahrscheine):

1. Vollständiger Name und vollständige Anschrift des leistenden Unternehmers.

2. Ausstellungsdatum der Rechnung.

3. Menge und Art der gelieferten Gegenstände oder die Art und den Umfang der sonstigen Leistung.

4. Entgelt und den darauf entfallenden Steuerbetrag für die Lieferung oder sonstige Leistung in einer Summe (nur Bruttoentgelt).

5. Den anzuwendenden Steuersatz oder im Fall einer Steuerbefreiung ein Hinweis darauf, dass für die Lieferung oder sonstige Leistung eine Steuerbefreiung gilt.

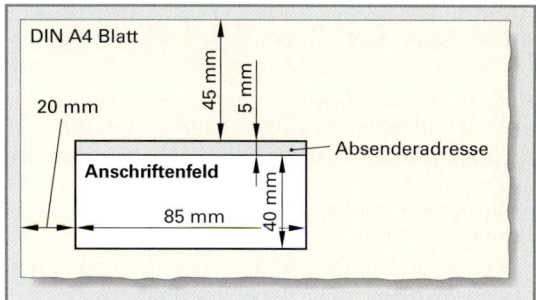

Bild 1: Lage Anschriftenfeld

Bild 2: Inhalte Anschriftenfeld

Besonderheiten einer Handwerkerrechnung

Bei Handwerkerrechnungen ist eine Aufschlüsselung zwischen Lieferungen und Arbeitslöhnen notwendig, damit Hauseigentümer als Leistungsempfänger die Handwerkskosten steuerlich absetzen können.

Die **DIN-Normen** 476, 676, 678, 680 und 5008 beinhalten Regelungen für Geschäftsbriefe. Die normgerechte Lage und Größe des Anschriftenfeld ist wichtig bei Fensterkuverts und das elektronische Lesen, z. B. in Sortiermaschinen **(Bild 1)**.

Das Anschriftenfeld ist 4 cm hoch und 8,5 cm breit, es hat einen Abstand von 20 mm vom linken Seitenrand. Die Abstand zum oberen Seitenrand beträgt 4,5 cm (Bild 1).

In der Zusatz- und Vermerkzone **(Bild 2)** stehen

- Vorausverfügungen, z. B. „Nicht nachsenden",

- Produktbezeichnungen, z. B. Büchersendung" oder „Einschreiben" und

- elektronische Freimachungsvermerke, z. B. Stampit der Deutschen Post AG.

Das Anschriftenfeld ist ohne Leerzeilen. Ein einzeiliger Vermerk beginnt also in der dritten Zeile.

Testen Sie Ihre Fachkompetenz!

Aufgabe 1: Partitionen
a) Was versteht man unter einer Partition **(Bild 1)**?
b) Welche besondere Eigenschaft hat eine primäre Partition?
c) Vor allem bei Laptops finden Sie in der Regel nur eine Partition vor. Bei Windows können Sie im laufendem Betrieb weitere Partitionen anlegen. Wie gehen Sie dabei vor **(Bild 2)**?
d) Wie löschen Sie eine Partition und legen sie mit einer anderen Partition zusammen?

Aufgabe 2: Image
Erläutern Sie den Begriff Image.

Aufgabe 3: Kompressionsverfahren
a) Was versteht man unter Datenkompression?
b) Beschreiben Sie die Funktionsweise der Huffman-Codierung **(Bild 3)**.

Aufgabe 4: RAID
a) Wofür steht die Abkürzung RAID?
b) Erläutern Sie die Vorgehensweise bei RAID Level 0.
c) Wie funktioniert RAID-Level 1?

Aufgabe 5: Computerviren
a) Wie wirkt ein Trojaner und wie kann man sich davor schützen?
b) Erläutern Sie den Begriff Makroviren.

c) Wie funktioniert ein Hoax?

Aufgabe 6: Systemsicherheit
Mit welcher Art von Programmen können Sie die Systemsicherheit der IT in Ihrem Unternehmen erhöhen?

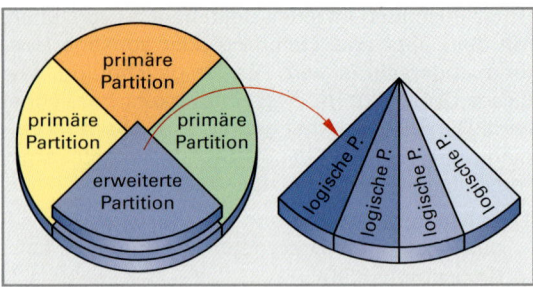

Bild 1: Partitionen

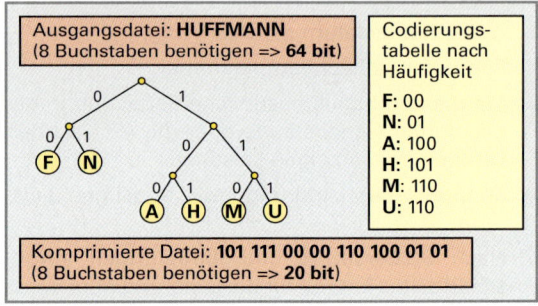

Bild 3: Huffman-Codierung

Aufgabe 7: Brennprogramme
a) Beschreiben Sie, wie eine Multi-Session-CD entsteht.
b) Wie kann man eine Mixed-Mode-CD erstellen (d. h. Musik und Daten auf einer CD)?
c) Erläutern Sie die ISO 9660 und das Joliet-Format.

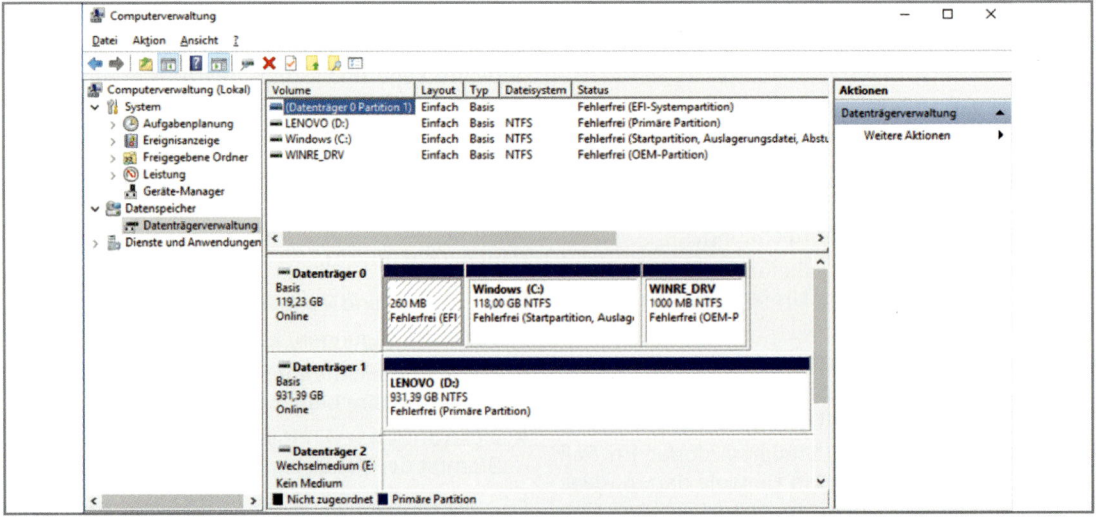

Bild 2: Datenträgerverwaltung

Wissenswertes zur IT-Technik

Maus

Die Idee zu einem Steuergerät für Bildschirme stammt von Douglas Engelbart[1] aus dem Jahr 1962. Der erste Prototyp einer Maus entstand 1964. Diese erste Maus war ein Holzkästchen mit einem Taster und einem Rad, das die Bewegungen in Cursorbewegungen auf dem Bildschirm umsetzte (**Bild 1**). 1979 zeigte die Firma XEROX eine verwendbare Maus, die Dateien öffnen sowie Texte markieren konnte, aber sehr teuer war. Im Jahre 1983 kam Apple mit der ersten Serienmaus mit nur einer Taste für den Macintosh-Rechner auf den Markt. Im gleichen Jahr folgte eine 2-Tasten-Maus von Microsoft.

E-Mail

Im Jahr 1969 entstand ARPANET, das erste dezentrale Netzwerk mit Paketvermittlung der Daten. Mit den Programmen CPYNET (Copynet) und SNDMSG (Send Message) konnten von einem Computer Daten in eine Datei auf einem anderen Computer kopiert werden. Diese Datei wurde als Mailbox bezeichnet. Ray Tomlinson[2] hatte dann 1971 die Idee, Nutzernamen und Namen des jeweiligen Computers durch das Sonderzeichen @ zu kombinieren (**Bild 2**). Die Herkunft des Schriftzeichens @ ist unklar. In Deutschland kam die erste E-Mail am 3.8.1984 an der Uni Karlsruhe an.

Smileys

Smileys (von to smile = lächeln) sind grafische Darstellungen von Gesichtsausdrücken. Das erste Smiley wurde von Harvey Ball[3] im Jahre 1963 gezeichnet (**Bild 3, links**). Im Schriftsatz zu Unicode 6.0 sind 63 Smileys enthalten.

Emoticons

Emoticons (Verbundwort von Emotion und Icon) sind Zeichenfolgen aus ASCII-Zeichen, die ein Smiley nachbilden (Bild 3, rechts). Damit sind in der schriftlichen Kommunikation Stimmungen und Gefühlszustände ausdrückbar.

Scott E. Fahlman[4] schlug 1982 vor, aus ASCII-Zeichen das Smiley-Signet nachzubilden, um humorvolle und ernst gemeinte Beiträge besser unterscheiden zu können (**Bild 4**).

> **!** **Douglas, C. Engelbart** erhielt 1970 das Patent „XY-Positionszeiger für ein Bildschirmsystem"
>
> **Apple** erhielt 1984 für seine Maus mit Rollkugel ein Patent.
>
> **ARPANET** von **A**dvanced **R**esearch **P**rojects **A**gency **N**etwork = Agentur für moderne Forschungsprojekte

© Stanford Research Institute

Bild 1: Bauform der 1. Maus

tomlinson@bbntenexa

QWERTYUIOP[1]

... ...

Ray Tomlinson, Ende 1971

[1]vermuteter Textteil, obere Tastaturzeile

Bild 2: Erste E-Mail der Welt

:-)

Bild 3: Smiley und Emoticon für Lächeln

---

[1] *Douglas, C. Engelbart,* 1925 bis 2013
[2] *Ray Tomlinson,* 1941 bis 2016
[3] *Harvey Ball,* 1921 bis 2001
[4] *Scott E. Fahlman,* 1948 in Medina, Ohio USA

```
19-Sep-82 11:44     Scott E  Fahlman              :-)
From: Scott E  Fahlman <Fahlman at Cmu-20c>
I propose that the following character sequence for joke markers:
:-)
Read it sideways.  Actually, it is probably more economical to mark
things that are NOT jokes, given current trends.  For this, use
:-(
=
```

Bild 4: Ursprungstext des ersten Emoticons

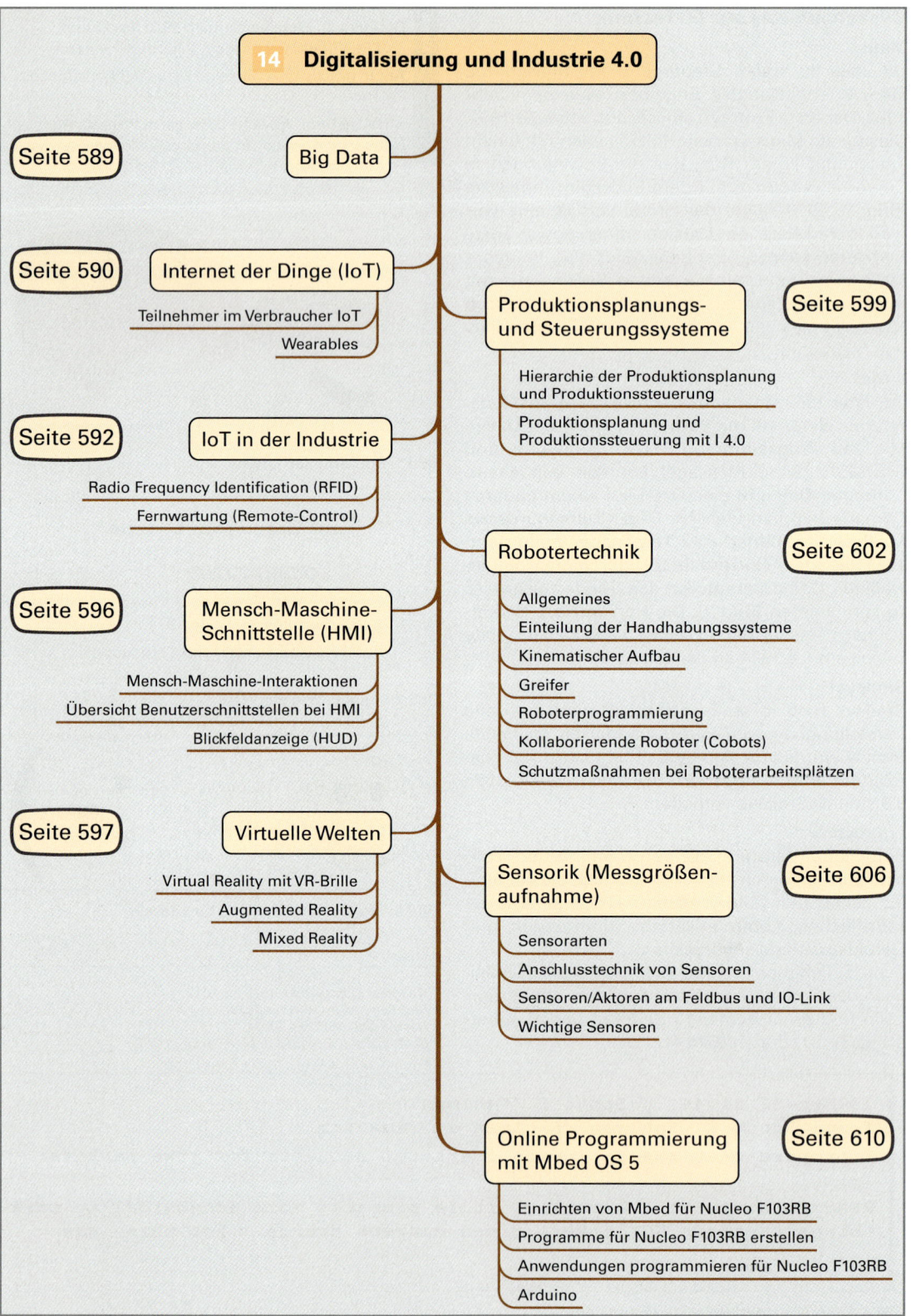

14　Digitalisierung und Industrie 4.0

Seite 589

Big Data

Seite 590

Internet der Dinge (IoT)

Teilnehmer im Verbraucher IoT

Wearables

Produktionsplanungs- und Steuerungssysteme

Seite 599

Hierarchie der Produktionsplanung und Produktionssteuerung

Produktionsplanung und Produktionssteuerung mit I 4.0

Seite 592

IoT in der Industrie

Radio Frequency Identification (RFID)

Fernwartung (Remote-Control)

Robotertechnik

Seite 602

Allgemeines

Einteilung der Handhabungssysteme

Kinematischer Aufbau

Greifer

Roboterprogrammierung

Kollaborierende Roboter (Cobots)

Schutzmaßnahmen bei Roboterarbeitsplätzen

Seite 596

Mensch-Maschine-Schnittstelle (HMI)

Mensch-Maschine-Interaktionen

Übersicht Benutzerschnittstellen bei HMI

Blickfeldanzeige (HUD)

Seite 597

Virtuelle Welten

Virtual Reality mit VR-Brille

Augmented Reality

Mixed Reality

Sensorik (Messgrößen-aufnahme)

Seite 606

Sensorarten

Anschlusstechnik von Sensoren

Sensoren/Aktoren am Feldbus und IO-Link

Wichtige Sensoren

Online Programmierung mit Mbed OS 5

Seite 610

Einrichten von Mbed für Nucleo F103RB

Programme für Nucleo F103RB erstellen

Anwendungen programmieren für Nucleo F103RB

Arduino

14 Digitalisierung (Industrie 4.0)

14.1 Big Data

Was ist Big Data?

Menschen und Maschinen produzieren weltweit ununterbrochen riesige Mengen an Daten **(Bild 1)**. Diese Datenmengen werden z. B. im Internetbrowser, beim Autofahren, in sozialen Netzwerken, beim Bezahlen, Shoppen und Telefonieren erzeugt. Die Datenmengen werden sich bis 2025 verzehnfachen. Für diese Mengen an Daten wird der Begriff Big Data verwendet **(Bild 2)**. Gemeint sind damit Datenmengen, die zu groß, zu komplex, zu schnelllebig und zu wenig strukturiert sind, um sie mit einem Standard-Computer zu bearbeiten. Um aus den Daten Erkenntnisse zu gewinnen, müssen diese nicht nur gesammelt, sondern auch ausgewertet werden.

> Die wirtschaftliche Verwertbarkeit macht Daten zu einem extrem wertvollen Rohstoff.

Data-Mining

Die Auswertung großer Datenmengen zum Erkennen bestimmter Regelmäßigkeiten, Gesetzmäßigkeiten und verborgener Zusammenhänge erfolgt automatisch mit entsprechenden Programmen. Mit dem Programm Apache Hadoop können große Datenmengen auf Rechnerverbünden (Computerclustern) parallel ausgewertet werden. Zur Anwendung kommt der MapReduce-Algorithmus zur Steuerung der Datenflüsse **(Bild 3)**. Der Suchbegriff z. B. D, A, T, A wird auf Maps (Karten) verteilt und ausgewertet. Dies führt zu neu sortierten reduzierten Zwischenergebnissen, die als Ausgabedaten X, Y, Z vom Nutzer verwendbar sind.

Datenschutz bei Big Data

Durch die riesigen Datenmengen und vor allem ihre Kombination lässt sich ein sehr umfassendes Bild einer Einzelperson erstellen. Das heißt: Menschen werden transparenter. Personen können so in bestimmte, errechnete Kategorien einsortiert werden und auf dieser Basis diskriminiert werden, etwa bei der Jobsuche oder der Vergabe von Krediten.

Zudem können Menschen in eine Filterblase geraten. Das heißt, sie bekommen etwa in Suchmaschinen nur noch die Informationen angezeigt, die ihre eigene Weltsicht bestätigen. Um Verbraucher zu schützen, haben Gesetze wie das europäische Datenschutzrecht deshalb festgelegt, dass Daten nur zweckgebunden verwendet werden dürfen.

> **!** **Big Data** = riesige Datenmenge; Technologien zur Verarbeitung und Auswertung riesiger Datenmengen.
> Datenmenge weltweit nach ITC:
> 2018: z. B. 33 Zetabyte, bis 2025: z. B. 175 Zetabyte = 163.000.000.000.000.000.000.000 Byte.
>
> **Data-Mining** = Daten abbauen und nutzbar machen. Sinngemäß: Aus großen Datenmengen Gesetze oder Trends erkennen.
>
> **MapReduce** = Karten-Verkleinerung.

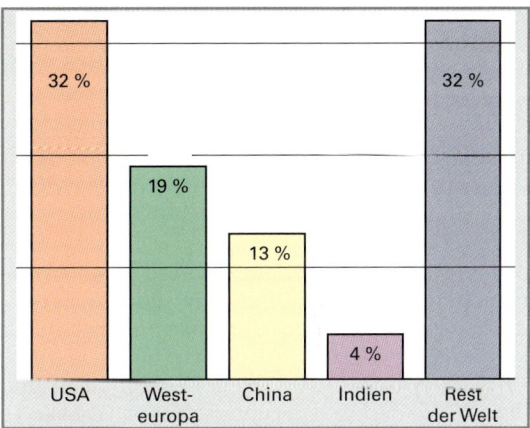

Bild 1: Datenproduzenten weltweit

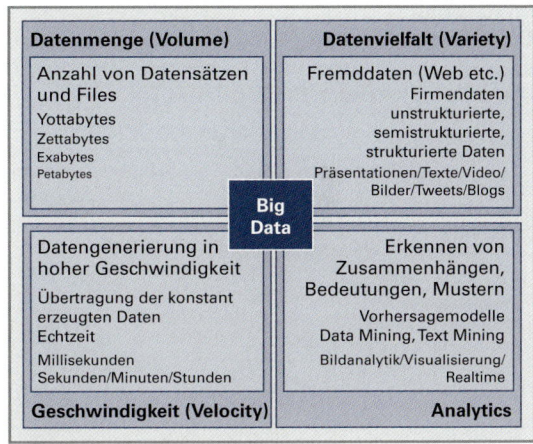

Bild 2: Merkmale von Big Data

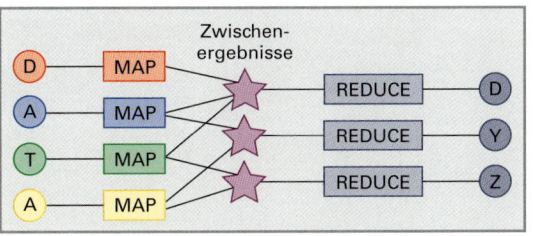

Bild 3: Aufbau des MapReduce-Algorithmus

14.2 Internet der Dinge (IoT)

Das IoT ist ein Konzept zur Vernetzung aller Lebensbereiche. Über die Vernetzung lassen sich viele Geräte und Systeme in den Bereichen Automotive (Automobiltechnik), Consumer (Verbraucher), Energietechnik, und Industrie über das Internet miteinander verbinden (**Bild 1**).

Im IoT-Konzept können intelligente elektronische Gegenstände (smart objects) miteinander kommunizieren und Informationen austauschen.

In der realen Welt haben Dinge einen bestimmten Zustand, z.B. die Druckerpatrone ist leer. Dieser Zustand wird als Zustandsinformation zur Weiterverarbeitung einem bestimmten Empfänger über das Internet zur Verfügung gestellt.

> Ziel des Internets der Dinge ist es, Informationslücken zwischen realer Welt und virtueller Welt durch Zustandsinformationen zu schließen.

Jeder IoT-Gegenstand enthält dazu einen Mikrocomputer. Die Gegenstände sind durch eine eindeutige Internetadresse (URL) gekennzeichnet und können über das Internet angesprochen werden. Oft wird zwischen dem IoT für Verbraucher und dem IoT für die Industrie unterschieden (**Tabelle 1**).

14.2.1 Teilnehmer im Verbraucher-IoT

Im Haushalt
Diese Geräte können z.B. über Internet zeitgesteuert geschaltet werden oder Kühlgeräte informieren über ihren Zustand, z.B. bei offener Tür.

> **!** **IoT** von Internet of Things = Internet der Dinge.
> **Kevin Ashton 1999**

Tabelle 1: Internet der Dinge (IoT)

Einsatzgebiete	Anwendungen
Verbraucher (Consumer)	Haushaltsgeräte, Geräte der Medientechnik, Kraftfahrzeuge, medizinische Geräte, Wearables, Energieversorgung.
Industrie, Industrie 4.0	Maschinen, Fabrikautomatisierung, Produktionseinrichtungen, Sensornetzwerke.

In der Medientechnik
- Steuerung der Geräte der Unterhaltungselektronik und der Informationstechnik, z.B. PCs fernsteuern.
- Geräte der Telekommunikationstechnik, z.B. Drucken auf Multifunktionsgeräten mit Apps.

In der Kraftfahrzeugtechnik (Automotives)
Die Fahrzeuge kommunizieren miteinander (C2C, car to car) oder z.B. mit der Werkstatt.

Im Gesundheitswesen
Geräte zur medizinischen Versorgung oder Überwachung, z.B. zur Mobilitätskontrolle.

Bei Wearables (am Körper tragbares)
Körperfunktionen aufnehmen, z.B. Puls messen oder z.B. Temperatur aufzeichnen.

In der Energieversorgung
Energieverteilung im Haus (smart grid), Energieverbrauchsmessung (smart metering) oder Energiespeicherung.

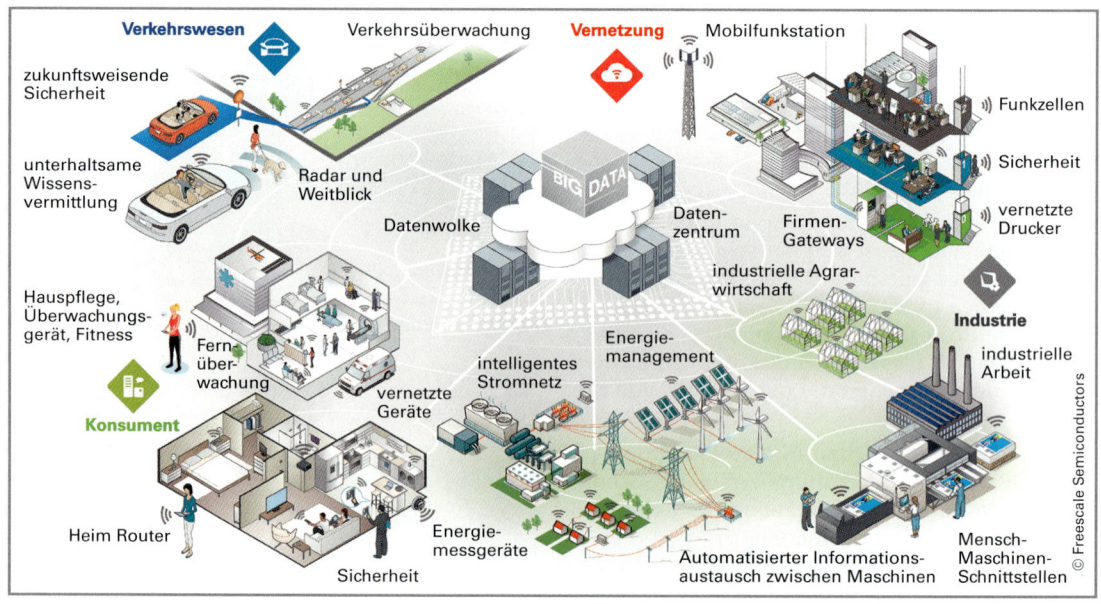

Bild 1: Übersicht über Internet der Dinge

14.2.2 Wearables

14.2.2.1 Historie

Von Menschen tragbare Geräte, z. B. Brillen, Hörrohr und Taschenuhren gibt es seit dem Mittelalter (**Bild 1**). Mit Erfindung des Transistors wurden im medizinischen Bereich Hörgeräte und Herzschrittmacher entwickelt. Ab 1970 wurden erste Consumer-Geräte entwickelt, z. B. die Digitaluhr Pulsar und der Walkman 1979. Der Vorläufer der Datenbrille ist das „Private Eye", ein am Kopf getragenes Display. Microsoft stellte 2004 die erste Smartwatch SPOT (Smart Personal Object Technology) vor, die Informationen über 12 FM-Radio-Kanäle erhielt.

Heute versteht man unter Wearables in Alltagsgegenstände eingebettete elektronische Systeme, die den Anwender umgeben, meist am Körper getragen werden und in Echtzeit Informationen über Funk übermitteln können.

14.2.2.2 Wearables nach Körperregionen

Im Körper

Es handelt sich meist um medizinische Anwendungen, z. B. künstliche Gliedmaßen, smarte Pillen (zum Daten messen), smarte Implantate (Zahn-Knochenschallhörgeräte) und elektronische Kontaktlinsen. Chips, die z. B. unter der Haut implantiert werden, erlauben das Aufzeichnen körperlicher Funktionen, können aber auch Passdaten oder Kreditkartendaten enthalten (**Bild 2**).

Am Körper

Körperliche Aktivitäten, z. B. Muskelaktivitäten können über aufgeklebte Sensorpflaster aufgezeichnet werden. Ohrhörgeräte verbessern das Hörvermögen und Datenbrillen erlauben die Aufnahme des Sichtfeldes. Datenhandschuhe für die Feuerwehr enthalten z. B. Temperatursensoren.

Nah am Körper

Fitnessarmbänder enthalten Schrittzähler und Pulsmesser, sowie eine Kalorienanzeige (**Bild 3**). Schlaftracker zeichnen die Körperfunktionen während des Schlafens auf. Mit Smartwatches kann man telefonieren, die eigene Wohnung fernüberwachen, navigieren und Apps ausführen. Das „Zifferblatt" ist ein kleiner Monitor, der auch die Zeit anzeigen kann. GPS-Tracker speichern die Daten zurückgelegter Strecken. GPS-Geräte in Schuhen erlauben eine Richtungsanzeige und zeigen die Entfernung auf.

In die Stoffe von Hemden und Hosen werden „Energiesammler" (Energy Harvester) integriert, mit denen die Energie für den Betrieb von Walkman oder Smartphone erzeugt wird.

> ❗ **Wearables**, von Wearable computing = tragbare Computer, meist in der Bedeutung: „anziehbare Computer".

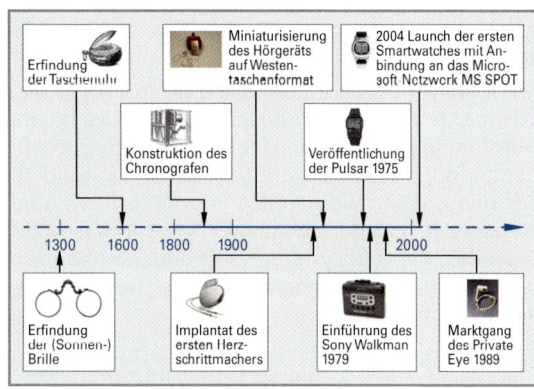

Bild 1: Entwicklung von Wearables

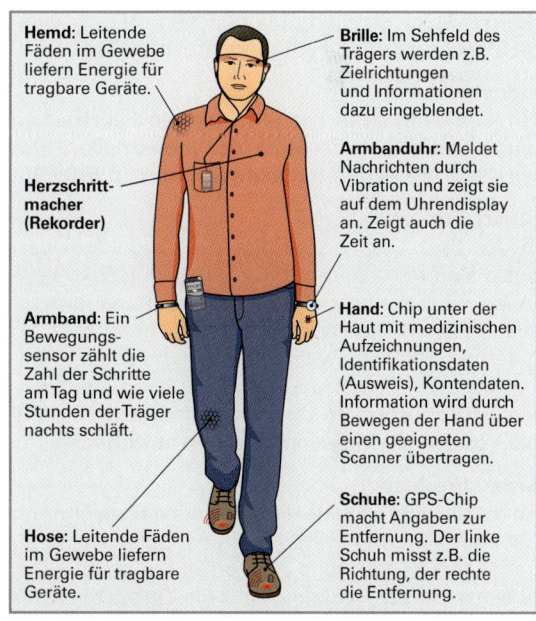

Bild 2: Wearable-Anwendungen

Bild 3: Fitnessarmband

14.3 IoT in der Industrie

14.3.1 Anwendungen

Im Industriebereich findet der Übergang von der M2M-Technik (Machine to Machine) zur Industrie-4.0-Technik statt.

Machine-to-Machine (M2M)

M2M steht für den automatisierten Informationsaustausch zwischen Endgeräten wie Maschinen, Automaten, Fahrzeugen oder Containern untereinander oder mit einer zentralen Leitstelle **(Bild 1)**. Für den Zugang werden das Internet und weitere Netze, z. B. das Mobilfunknetz verwendet. M2M eignet sich für die Fernüberwachung, Fernkontrolle und Fernwartung von Maschinen, und Produktionseinrichtungen.

> Die M2M-Technologie verknüpft Informationstechnik und Kommunikationstechnik.

Bei der M2M-Fertigung überwachen oft nur wenige Menschen einen Fertigungsprozess **(Bild 2)**.

Industrie 4.0

Für den Wandel in der industriellen Fabrikarbeit wurde als die vierte Stufe der industriellen Entwicklung der Begriff Industrie 4.0 geprägt **(Bild 3)**.

Smart Factory

In der Smart Factory erfolgt die Produktion vernetzt. Von der Planung bis zur Ergebnisdokumentation wird häufig mit Informationsmanagementsystemen auf Basis der RFID-Technik gearbeitet. So gefertigte Produkte werden als Smart Products bezeichnet. Die Vernetzung soll Produktion auf Nachfrage (production on demand) ermöglichen, ohne die Vorteile der Massenproduktion aufzugeben.

Smart Products

Smart Product ist in der Fertigung die Bezeichnung für physische Produkte, die selbst Daten für ihr eigenes virtuelles Abbild zur Verfügung stellen. Der Arbeitsplan zur Fertigung und die Geschichte des Produktes werden am Produkt selbst gespeichert und abgefragt. Durch Scannen der Produktdaten erkennt z. B. die Produktionsmaschine, welches CNC-Programm zu verwenden ist.

Cyber-Physical Production Systems CPPS

CPPS verbinden die physikalische Fertigungswelt mit der virtuellen Welt (Cyberspace). So entstehen in einer global vernetzten Welt Produkte, Geräte und Objekte mit eingebetteter Hardware und Software (Embedded systems). Diese Systeme verarbeiten die Daten aus der physikalischen Welt und stellen sie über netzbasierte Dienste zur Verfügung, die durch Aktoren wiederum direkt auf Vorgänge in der physikalischen Welt einwirken können.

> ! **CPS** von **C**yber-**P**hysical **S**ystem = künstliches physikalisches System.
>
> CPS ist ein Verbund informationstechnischer und softwaretechnischer Komponenten mit mechanischen und elektronischen Teilen, die über eine Dateninfrastruktur, z. B. das Internet oder das Mobilfunknetz kommunizieren.

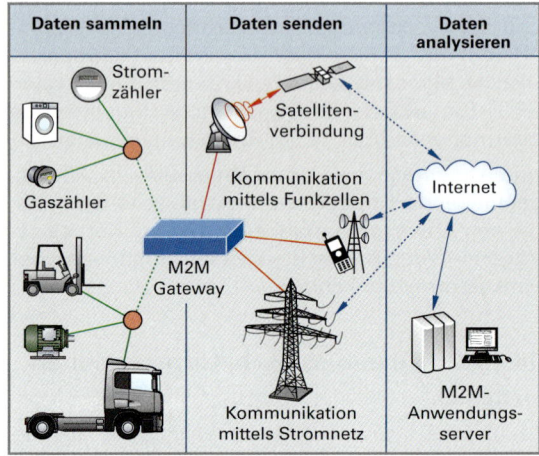

Bild 1: M2M-Automatisierung

Bild 2: M2M-Fertigung

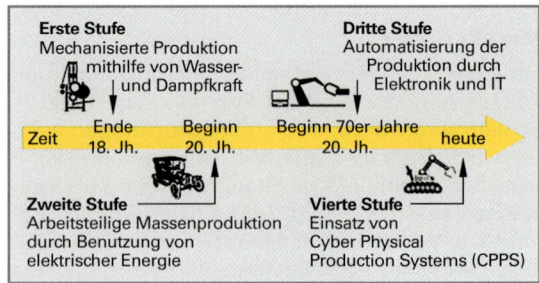

Bild 3: Industrielle Entwicklungsstufen

Ein Teil-CPS-System ist z.B. die Navigationssoftware, die aus Mobilfunkdaten Stauinformationen aktueller Verkehrsbewegungsprofile ableitet.

14.3.2 Radio Frequency Identification (RFID)

RFID ermöglicht die automatische Identifizierung und Lokalisierung von Gegenständen, z. B. Fahrzeugen mit Wegfahrsperre und Lebewesen, z. B. Tieren. Die Erfassung und Speicherung von Daten wird automatisch durchgeführt.

Ein RFID-System besteht aus einem Transponder (**Bild 1**), sowie einem Lesegerät zum Auslesen der Transponder-Kennung. Das Lesegerät enthält eine Software, das den eigentlichen Leseprozess steuert, und Schnittstellen zu weiteren IT-Systemen und Datenbanken (**Bild 2**).

Das Lesegerät (Sender) ② erzeugt ein elektromagnetisches Hochfrequenzfeld geringer Reichweite. Mit dem HF-Feld werden Daten übertragen und der Transponder ① mit Energie versorgt. Für größere Reichweiten stehen aktive Transponder mit eigener Stromversorgung zur Verfügung.

RFID-Transponder

Der RFID-Transponder befindet sich z. B. an einem Gegenstand oder einer Person und kennzeichnet und identifiziert diese. Der Transponder wird auch als Tag (sprich: „täg") bezeichnet.

> RFID-Transponder werden nach Übertragungsfrequenz, Hersteller und Verwendungszweck unterschieden.

Ein RFID-Transponder enthält meist eine Rahmenantenne, einen analogen Transceiver (von transmitter = Sender und receiver = Empfänger), einen digitalen Schaltkreis und einen permanenten Speicher (ROM) (**Bild 3**). Der digitale Schaltkreis ist bei komplexeren Modellen als Mikrocontroller ausgeführt.

RFID-Transponder verfügen über einen einmal beschreibbaren Speicher, der ihre unveränderliche Identität enthält. Die Transponder können über einen mehrfach beschreibbaren Speicher verfügen, in dem während der Lebensdauer Informationen abgelegt werden. Man unterscheidet passive und aktive Transponder. Passive Transponder verwenden die Energie des HF-Feldes zum Senden. Aktive Transponder verwenden eine Batterie als Energiequelle. Aktive Transponder bieten meist größere Reichweiten. Nach Anwendungsgebiet werden technische Kennwerte, z. B. Taktfrequenz, Übertragungsrate, Lebensdauer, Kosten pro Einheit, verfügbarer Speicherplatz, Reichweite und Funktionsumfang unterschieden (**Tabelle 1**).

Kapazität

Die Kapazität eines beschreibbaren RFID-Speichers reicht von wenigen Bit bis zu mehreren KBytes. Die 1-Bit-Transponder werden z. B. in Warensicherungsetiketten eingesetzt und lassen nur die Unterscheidung „da" oder „nicht da" zu. Der Datensatz des

> **!** **Radio Frequency Identification** = Identifizierung mithilfe elektromagnetischer Wellen.
> **Transponder** von Transmitter (= Sender) und Responder (= Antwortsender, Empfänger).

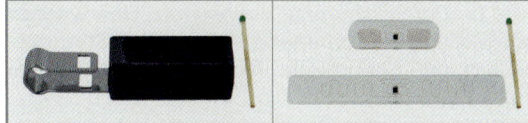

Bild 1: Transponder für RFID

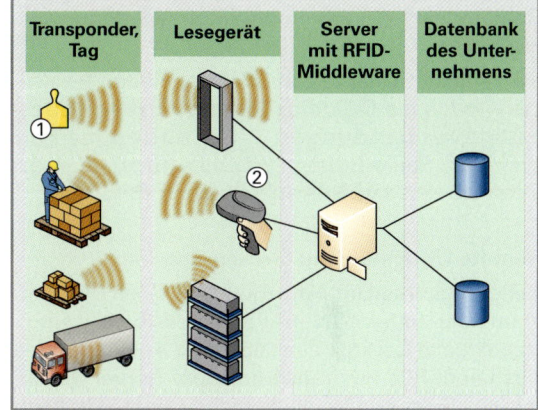

Bild 2: RFID-System

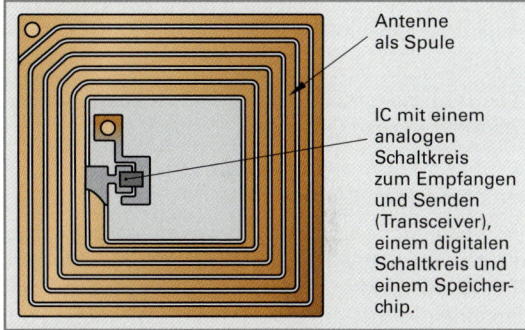

Bild 3: Aufbau RFID-Transponder (Beispiel)

Tabelle 1: RFID-Frequenzbereiche			
Frequenzen	10 kHz bis 135 kHz	13,56 MHz	2,45 GHz
Reichweite	< 2 m	< 1 m	< 100 m
Beispiel	Wegfahrsperre, Zutrittskontrolle, Tieridentifikation	Zutrittskontrolle, Elektronischer Ausweis	Mauterfassung

Transponders wird bei dessen Herstellung fest als laufende eindeutige Zahl oder bei dessen Applikation als nicht einmalige Daten (z. B. Chargennummer) abgelegt. Die Tags können auch später geändert oder mit weiteren Daten beschrieben werden.

14.3.3   Fernwartung (Remote Control)

Fernwartung ist der Zugriff auf Systeme der IT-Technik zur Wartung von Anlagen, Maschinen und Computern durch den Anwender. Fernwartung wird für Datensicherung, Virenschutz, Überwachen von Maschinen (Monitoring), Fehler- und Störungsanalyse und Support und Fernbedienung von Produktionsanlagen verwendet. Dabei findet die Fernwartung aus räumlicher Entfernung statt.

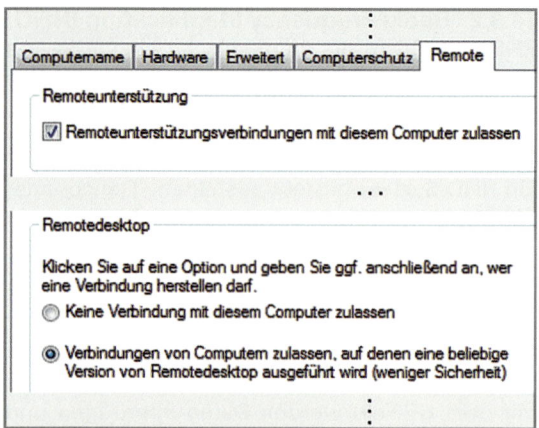

Bild 1: Fenster Systemeigenschaften

Remotedesktop-Verbindung unter MS Windows einrichten

Im Fenster Systemeigenschaften, Reiter Remote werden die Checkbox Remoteunterstützungsverbindungen … zulassen markiert und der Radio-Button Verbindungen von Computern zulassen … aktiviert (**Bild 1**).

Remote-Unterstützung (Screen-Sharing)

Bei der Remote-Unterstützung teilen sich der lokale und der entfernte Nutzer eine Session (Sitzung). Der aktuelle Desktop einschließlich Anwendungen des Client-PCs wird auch auf dem Server-PC angezeigt (**Bild 2**). Der Nutzer des Client-PCs kann dem Helfer z. B. die Kontrolle über den Mauszeiger überlassen. Eine Sitzung kann am Client durch Betätigen der Escape-Taste beendet werden.

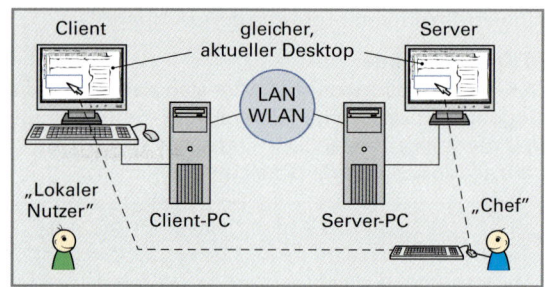

Bild 2: Sitzung mit Remote-Unterstützung

> Die Remote-Unterstützung kann bei der Problemlösung vor Ort helfen.

Remotedesktop-Betrieb

Die Einstellungen für den Remotedesktop-Betrieb müssen am Client-PC und am Server-PC erfolgen (**Bild 3**). Für beide Computer sind die Eingabe der Anmeldeinformation, der PC-Name, ein Kennwort und die Bestätigung des angegebenen Zertifikats nötig.

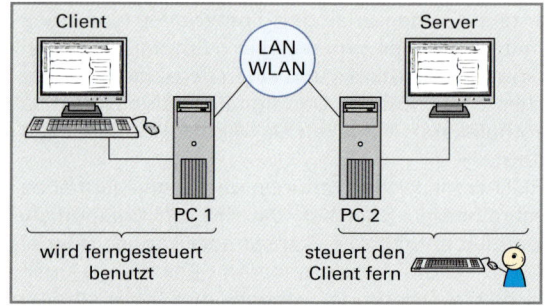

Bild 3: Remotedesktop-Betrieb

VPN

Ein virtuelles privates Netzwerk (VPN) ist eine Punkt-zu-Punkt-Verbindung, z. B. über das Internet, mit gesicherter Datenübertragung. Bei dem Remotezugriff-VPN hat ein Benutzer, der außerhalb seines Büros arbeitet, Zugriff auf den Server im eigenen privaten Netzwerk (**Bild 4**).

> **!** **RDP** von Remote Desktop Protocol = Fernsteuerprotokoll für Desktops, meist am Port 3389 (d3d hex) bereitgestellt.
>
> **VPN** von Virtual Private Network = virtuelles privates Netz

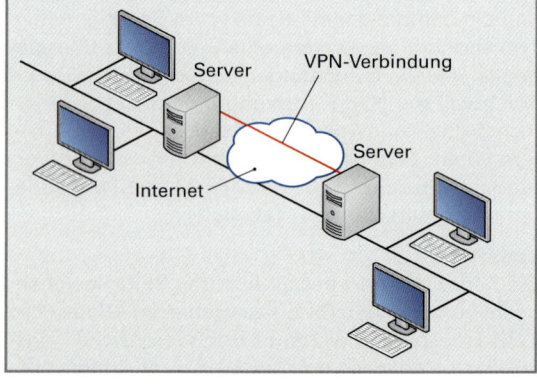

Bild 4: Verbindung mit Remotezugriff-VPN

Standort-zu-Standort-VPN

Eine standortübergreifende VPN-Verbindung (Router-zu-Router-Verbindung) auch Site-to-Site-VPN ermöglicht die Verwendung gerouteter Verbindungen zwischen örtlich getrennten Büros z. B. in zwei privaten Netzwerken **(Bild 1)**. Beide Router müssen sich jeweils beim „anderen" Router authentifizieren. Meist werden die zu sendenden Daten verschlüsselt übertragen.

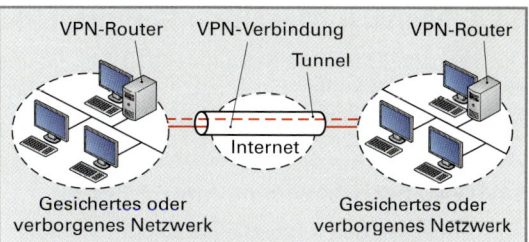

Bild 1: Standort-zu-Standort-VPN

Programm TeamViewer

Das Programm muss auf den beteiligten PCs installiert sein. Im Startfenster kann Fernsteuerung oder Meeting eingestellt werden **(Bild 2)**.

Fernsteuerung

Für das Fernsteuern sieht man die Bereiche:

- `Fernsteuerung zulassen` (dieser PC steuert),
- `Computer fernsteuern` (wird gesteuert) und
- `unbeaufsichtigter Zugriff` (Bild 2).

Das Programm vergibt nach der Installation tur den Computer eine feste ID (Identifikationsnummer). hier 795749594. Ein Kennwort, z. B. 5696, wird bei jedem Programmaufruf neu erzeugt.

Vom zu steuernden PC trägt man die Partner-ID ein und im nächsten Schritt das Kennwort zur Authentifizierung **(Bild 3)**.

> Partner-ID und Kennwort erhält man durch Anruf oder per E-Mail.

Der Desktop des gesteuerten PC ist nun zur Steuerung auf dem eigenen Bildschirm zu sehen.

Unbeaufsichtigter Zugriff

Über `Computer & Kontakte` (Bild 2, unten rechts) kann ein TeamViewer-Konto erstellt werden. Hier können PCs einer Liste zugefügt werden. Über diese Liste kann der Benutzer sich von jedem PC oder Smartphone mit diesem PC verbinden.

Das Fenster Meeting ist in die Bereiche **Meeting veranstalten** (starten) und **An Meeting teilnehmen** unterteilt.

Meeting

Im Bereich `Meeting starten` wählt man z. B. `Präsentation` **(Bild 4)**. Das folgende Fenster zeigt die Meeting-ID, z. B. m38-726-391, die vom Programm generiert wird und den Präsentator (Urheber) des Meetings, sowie einen Teilnehmer.

Bild 2: Fenster Fernsteuerung

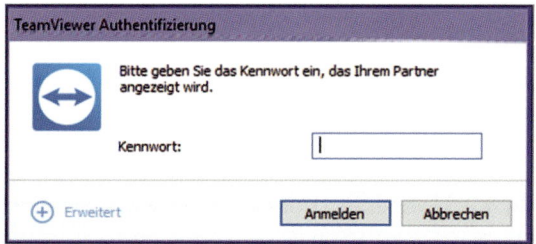

Bild 3: Authentifizierung

Bild 4: Fenster Meeting

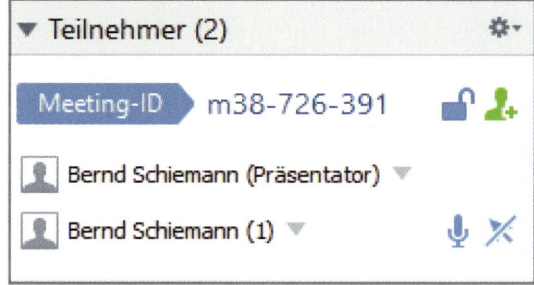

Bild 5: Fensterausschnitt Meeting-Teilnehmer

14.4 Mensch-Maschine-Schnittstelle

Die Mensch-Maschine-Schnittstelle (HMI) ist die Benutzerschnittstelle, die einen Dialog zwischen Mensch und Maschine ermöglicht.

> **!** **HMI** von Human machine interface = Mensch-Maschine-Schnittstelle oder
> **MMI** von Man machine interface.
> **Brailleschrift**, Blindenschrift.
> **EEG** von Elektroenzephalografie
> **HUD** von Head-up display = Blickfeldanzeige.
> **PGU** von Picture generating unit = Bildgeber.

14.4.1 Mensch-Maschine-Interaktionen

Verwendet werden folgende Interaktionsmedien:

- Mechanische Steuerelemente: Schalter, Hebel, Lenkräder und Tasten,
- Tastatur: Texteingaben über Kommandozeilen,
- Maus: Grafische Steuerung,
- Touchscreens: Menschen benutzen ihre Finger, um direkt auf dem Gerät Aktionen auszuführen,
- Multitouchscreens: Gestensteuerung durch Zweifingerbewegungen,
- Körpersensoren: In Wearables erheben sie automatisch Daten, werten diese aus und liefern Informationen an den Nutzer,
- Sprachsteuerung: Digitale Assistenten z. B. Amazon Alexa, MS Cortana oder Google Home führen Befehle aus, wenn sie der Nutzer ausspricht,
- Gestensteuerung: Intuitive Bedienmöglichkeiten, z. B. Fernseher bedienen, in dem eine Geste in der Luft ausgeführt wird,
- Gehirnsteuerung: Die Computersteuerung erfolgt durch das menschliche Gehirn.

Tabelle 1: HMI-Benutzerschnittstellen

Benutzer-schnittstelle	Merkmale
Character User Interface CUI	Textorientierte Benutzereingaben. Der Anwender gibt Kommandos in eine Textzeile ein. Beispiel: Command Line Interface (CLI).
Graphical User Interface GUI	Die Benutzeroberfläche ist in bestimmte Bereiche unterteilt, in denen Programme und Funktionen durch grafische Symbole abgelegt sind.
Voice User Interface VUI	Die Benutzerschnittstelle arbeitet mit Spracherkennung und mit Sprachsteuerung. Sie kann auch eine Sprachausgabe haben.
Natural User Interface NUI	Weiterentwicklung der GUI und VUI mit Gestenerkennung.
Brain Computer Interface BCI	Die Gehirn-Computer-Schnittstelle wird über Sensoren oder Gehirnströme gesteuert und soll geistig und körperlich Behinderte unterstützen.

14.4.2 Übersicht HMI-Benutzerschnittstellen

Die Benutzerschnittstellen unterscheiden sich durch den Grad ihrer Komplexität **(Tabelle 1)**.

Die textorientierte Eingabe mit speziellen Kommandos ist die CUI-Schnittstelle. Ersetzt wurde sie durch visualisierte Schnittstellen (GUI), bei denen die Eingaben manuell über Computermaus und Tastatur oder über Touchscreens ausgeführt werden.

Durch sprachgesteuerte (VUI) und gestengesteuerte Benutzerschnittstellen (NUI) hat sich HMI für unterschiedliche Anwendungen, z. B. Computer, Smartphone, numerische Steuerungen, Braille-Terminal, weiterentwickelt. Mittels EEG wird die Aktivität des Gehirns gemessen, mit dem Computer analysiert und über die BCI-Schnittstelle in Steuersignale umgewandelt **(Bild 1)**.

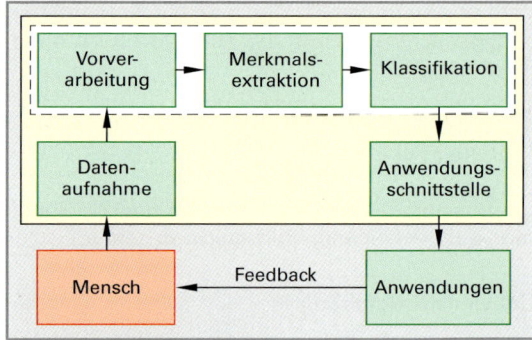

Bild 1: Blockdiagramm BCI

14.4.3 Blickfeldanzeige (HUD)

Mit Blickfeldanzeigen können auf der Frontscheibe eines Kfz wichtige Daten eingeblendet werden **(Bild 2)**. Die PGU projiziert das virtuelle Bild über ein Spiegelsystem auf die Scheibe. So ist der Blick des Fahrers weniger vom Verkehrsgeschehen abgelenkt.

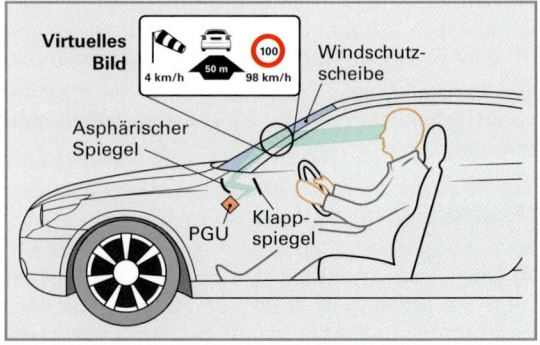

Bild 2: Aufbau eines HUD für Windschutzscheiben

14.5 Virtuelle Welten

Eine Welt, welche über den Computer und das Internet betreten werden kann, wird als virtuelle Welt bezeichnet. In ihr können sich mehrere Nutzer unabhängig in einem virtuellen Raum bewegen. Für die Darstellung digitalisiert man natürliche Objekte durch 3D-Scanner. Für die Betrachtung werden VR-Brillen, Bildschirme, Smartphone-Displays und Leinwände mit Beamer verwendet. Zum Anschauen der 3D-Bilder werden Polarisationsbrillen verwendet.

14.5.1 Virtual Reality mit VR-Brille

In der VR-Brille befinden sich zwei LCDs für die 3D-Grafiken, perspektivisch passend für das rechte und das linke Auge **(Bild 1)**. Zusätzlich hat die VR-Brille Sensoren zur Bewegungserfassung des Nutzers sowie zur Erfassung der Augenbewegung. Damit können die beiden Bildprojektionen passend zur Blickrichtung des Betrachters in schneller Folge, z. B. mit 120 Bildern/s, berechnet und angezeigt werden.

> Für VR-Brillen werden Computer mit hoher Rechenleistung benötigt.

Der Blickwinkel mit über 180° entspricht dem des menschlichen Auges. Dadurch nimmt man die virtuelle Umgebung beinahe wie die echte Welt wahr. Bei einer großen Eintauchtiefe (Immersion) in die virtuelle Welt wird diese nahezu als real empfunden. VR-Brillen werden als Headset auch mit Kopfhörern geliefert **(Bild 2)**.

Während des VR-Erlebnisses kann es durch zu große Immersion z. B. schnelle Szenenwechsel zu Unwohlsein kommen. Dies wird als VR-Krankheit bezeichnet.

Großflächige 3D-Projektionen ermöglichen dem Nutzer nicht nur das Betrachten der räumlich dargestellten Objekte, sondern auch ein verstärktes Eintauchen in die virtuell dargestellte Welt. Vor der Projektionswand kann man sich in einer Tiefe, die in etwa der Wandhöhe entspricht, in die virtuelle Welt hineinstellen.

Fügt man weitere Projektionswände hinzu, entsteht z. B. eine Drei-Wand-Cave **(Bild 3)**. Mit vier Wänden plus Decke plus Fußboden lässt sich eine rundum geschlossene Cave realisieren. Hier ist der Eindruck der Virtualisierung total. Die Steuerung kann z. B. mit 6D-Steuergeräten oder mit Gesten erfolgen. So kann man z. B. wie mit einem Lichtzeiger Objekte anwählen. Eine Anwendung ist z. B. das Einrichten von Roboterarbeitsplätzen.

!
VR von Virtual reality = scheinbare Realität; Begriff 1982 in einem Science-fiction Roman von Damien Broderick erstmals verwendet.
AR von Augmented reality = erweiterte Realität.
MR von Mixed reality= gemischte Realität.
VRS von **V**irtual **R**eality **S**ickness = VR-Krankheit.
Immersion = Eintauchen.
Cave – Höhle.

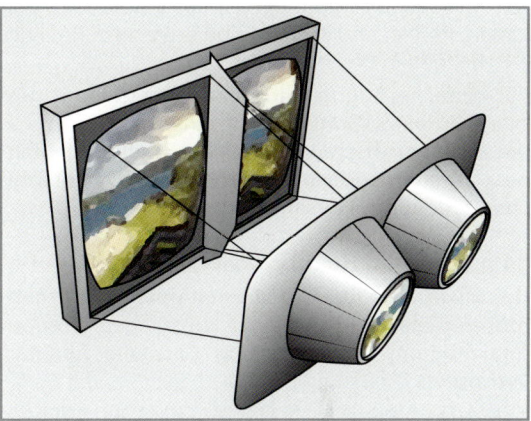

Bild 1: Prinzip einer VR-Brille

Bild 2: VR-Brille

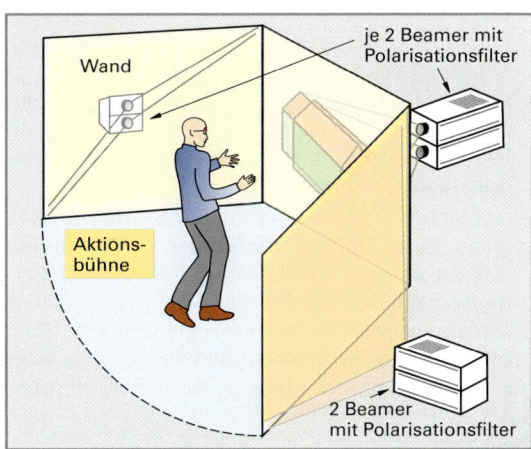

Bild 3: Drei-Wand-Cave

14.5.2 Augmented Reality

Unter Augmented Reality versteht man die computergestützte Erweiterung der Realitätswahrnehmung. Davon können alle menschlichen Sinne betroffen sein. Meist sind Informationen für Hören und Sehen gemeint, etwa das Hinzufügen von Bildern oder virtuellen Objekten. Die Informationen können z. B. eingeblendet oder überlagert werden. Bei Fussballübertragungen ist das Einblenden von Linien, Pfeilen und Kreisen eine erweiterte Realität, z. B. bei einem Freistoß **(Bild 1)**.

Für einfache Augmented Reality reicht eine Augmented-Reality-Software auf einem Smartphone, die auf dem Display zusätzliche Objekte einblendet. Bekanntes Beispiel: Stadtpläne, die entsprechend Standort, Wissenswertes einblenden.

14.5.3 Mixed Reality

Bei Mixed Reality wird die natürliche Wahrnehmung (reale Welt) mit einer künstlichen (computererzeugten) Wahrnehmung (virtuelle Realität) vermischt.

Eine Anwendung ist z. B. Google Glass, ein am Kopf tragbarer Minicomputer **(Bild 2)**. Er ist teilweise im Sichtfeld des Auges angeordnet. Der Bereich vor der Kamera wird erfasst und die Daten über USB, WLAN oder Bluetooth an ein Smartphone weitergeleitet. Informationen vom Smartphone werden über ein Glasprisma in das Sichtfeld des Nutzers eingeblendet. Eine leichte Kopfbewegung nach oben schaltet das Gerät ein. Fotos können z. B. per Augenzwinkern gemacht werden. Mit einem Laserstrahl kann eine virtuelle Tastatur auf z. B. die Handfläche projiziert werden, um Nachrichten zu verfassen. Dabei erfasst die Kamera die Position des tippenden Fingers und erkennt das eingegebene Zeichen.

Anwendungen:

- Beim Verfahren Pick-by-Vision können Informationen zu Waren, die im Blickfeld zu sehen sind, angezeigt werden **(Bild 3)**.

- Ein Techniker bekommt Informationen auf dem Smartphone zugesandt, um z.B. ihm unbekannte Geräte oder Maschinen zu bedienen, zu warten oder instand zusetzen.

- Ausbildungstraining. Die Blickverläufe z. B. eines Zugführers während der Fahrt können aufgezeichnet werden. Tätigkeiten, z. B. Sicherheitsschalter wird alle 30 Sekunden betätigt (Totmannschalter), können in Echtzeit vom Ausbilder kontrolliert werden **(Bild 4)**.

> **!** **Glass** von Glasprisma (Eigenname)
> **Pick-by-Vision** Bestellpositionen durch Sicht zusammenstellen (Kommissionierung).

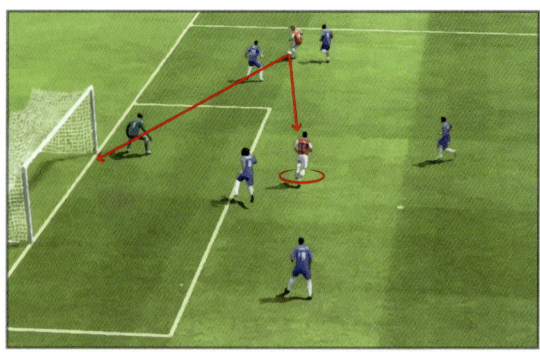

Bild 1: Beispiel für Augmented Reality

Bild 2: Google Glass, Brille mit Computer

Bild 3: Kommissionierung mit Pick-by-Vision

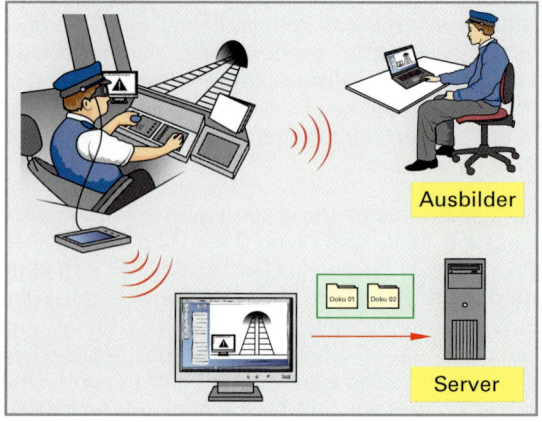

Ausbilder

Doku 01 Doku 02

Server

Bild 3: Sicherheitsüberwachung

14.6 Produktionsplanungs- und Steuerungssysteme (PPS)

Es ist eine globale Entwicklung, dass sich Produktlebenszyklen verkürzen und die Stückzahlen pro Produkt sinken. Gleichzeitig fordern Märkte kundenspezifische Produkte und die Variantenvielfalt steigt. Um wettbewerbsfähig zu sein, müssen die Unternehmen ihr Produktangebot schnell an die Marktbedingungen anpassen und gleichzeitig kostengünstig und in wirtschaftlicher Qualität produzieren. Für die neuen Produktionsmerkmale (**Bild 1**) bieten Informations- und Kommunikationstechnologien, steigende Datenverfügbarkeit und Transparenz in der Produktionsplanung und Produktionssteuerung das größte Optimierungspotenzial (**Tabelle 1, folgende Seite**).

14.6.1 Hierarchie der Produktionsplanung und Produktionssteuerung

Produktionsplanungs- und Steuerungssysteme unterstützen das operative Produktionsmanagement. In der Praxis wird die gesamte Planung hierarchisch in Teilprobleme zerlegt, die nacheinander gelöst werden.

Die Ergebnisse einer übergeordneten Planungsstufe sind Ausgangspunkte für die Planung der darunterliegenden Stufe (**Bild 2**). Nach wirtschaftlichen Gesichtspunkten wird bestimmt,

- welche Produkte in welchen Mengen im Planungszeitraum hergestellt werden sollen (Primärbedarf),

- welche Mengen an Vor- und Zwischenprodukten (Sekundärbedarf) dafür benötigt werden,

- in welchen Teilmengen (Losgröße) die End-, Zwischen-, und Vorprodukte beschafft bzw. hergestellt werden,

- zu welchen Zeitpunkten die Personal- und Maschinenkapazitäten die Herstellung ermöglichen (Termin- Kapazitätsplanung),

- in welcher Reihenfolge die End-, Zwischen- und Vorprodukte produziert bzw. beschafft werden sollen (Auftragsfreigabe),

- wie die Durchlaufzeiten der Produktion und die Leerzeiten minimiert werden können (Ablaufplanung) und

- welche Betriebsdaten zu erfassen sind, damit bei Planabweichungen Gegenmaßnahmen ergriffen werden können.

Bild 1: Produktionsmerkmale

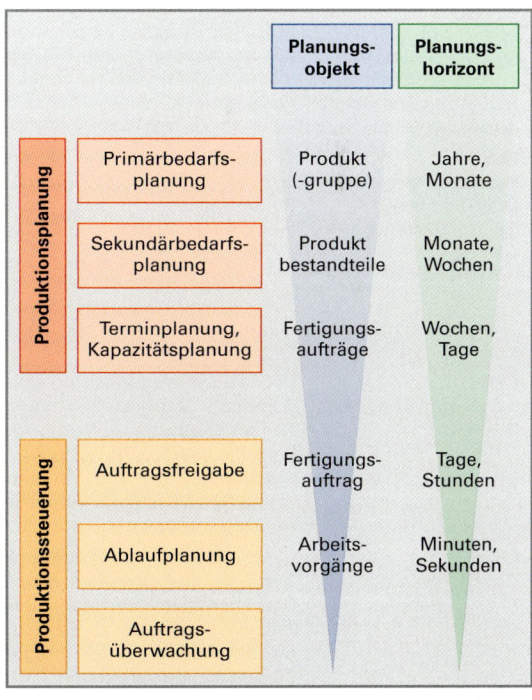

Bild 2: Hierarchie der Produktionsplanung und Produktionssteuerung

Tabelle 1: IT-Komponenten für die Produktionsplanung und Produktionssteuerung

Bezeichnung	Merkmale	Bild, Zuordnung
APS Advanced Planning and Scheduling = Planen und Steuern in Echtzeit	APS-Systeme integrieren die ERP-Systeme verschiedener Unternehmen entlang der Supply Chain und optimieren durch die Bereitstellung fortschritlicher („advanced") Algorithmen für unternehmensübergreifende Geschäftsprozesse.	
ERP II-Systeme Enterprise Resource Planning-Systeme = Geschäftsressourcenplanung	ERP II-Systeme beinhalten eine Erweiterung klassischer ERP-Systeme um Funktionen zur Unterstützung unternehmensübergreifender Prozesse.	
PPS-Systeme Produktionsplanungs- und Steuerungssystem	PPS-Systeme sind computergestützte Funktionalitäten zur operativen Planung und Steuerung der Produktion, vorwiegend bei verrichtungsbezogener industrieller Fertigung.	Unternehmensleitebene
MES-Systeme Manufacturing Execution Systeme = Fertigungsmanagementsystem	MES umfassen einen Fertigungsleitstand, die Betriebsdatenerfassung und Komponenten für das Qualitätsmanagement. Sie ermöglichen eine detailliertere Sicht auf Produktionsprozesse und unterstützen so die frühzeitige Erkennung von Planungsabweichungen sowie die rechtzeitige Ergreifung von Gegensteuerungsmaßnahmen. Sie sind über eine Funktionsschnittstelle mit der übergeordneten Planungsebene (PPS/ERP) verbunden.	
KPI Key Performance Indicator = Leistungskennzahl	KPI bezeichnet in der Betriebswirtschaftslehre Kennzahlen, anhand derer der Fortschritt oder der Erfüllungsgrad hinsichtlich wichtiger Zielsetzungen oder kritischer Erfolgsfaktoren innerhalb einer Organisation gemessen werden können.	Betriebsleitebene, Fertigungsleitebene
SCADA Supervisory Control and Data Acquisition = Übergeordnete Steuerung und Datenerfassung	SCADA ist das Überwachen und Steuern technischer Prozesse mittels eines Computer-Systems. Dazu werden laufend in Echtzeit Systemdaten erfasst, um dieses System nach vorgegebenen Zielgrößen zu optimieren.	
PLS Prozessleitsysteme **DCS** Distributed Control Systeme	Ein Prozessleitsystem (PLS, engl. Distributed Control System, DCS), ist ein digital arbeitendes industrielles Steuerungssystem (ICS), das verteilte Regelkreise in industriellen Anlagen oder Maschinen steuert.	Prozessleitebene, Steuerungsleitebene
CPS = Cyberphysikalisches System	CPS sind intelligente Werkstücke und Funktionskomponenten. Sie bestehen aus mechanischen Komponenten, Software und Informationstechnik. Einsatzbereiche sind z. B. industrielle Prozesssteuerungs- und Automationssysteme, Verkehrssteuerungs- und Verkehrslogistiksysteme, vernetzte Sicherheits- und Fahrerassistenzsysteme.	
CPPS Cyberphysikalische Produktionssysteme	CPPS steuern, regeln und überwachen komplexe Systeme. Sie bestehen aus CPS und intelligenten Betriebsmitteln, verfügen über Sensoren und Aktoren, erfassen Daten in Echtzeit und werten diese aus. Sie sind untereinander und global durch IT-Netze und Cloud-Dienste verbunden.	Prozessebene, Feldebene

14.2.6 Produktionsplanung und Produktionssteuerung mit I4.0

In den Produktionsmerkmalen von Industrie 4.0 sind flexible Losgrößen bis zur Losgröße 1 vorgesehen. Die Abläufe auf herkömmliche Weise verrichtungsbezogen zu optimieren ist nicht möglich. Beliebige Losgrößen wirtschaftlich herzustellen und anzubieten erfordert intelligente Produkte und intelligente Produktionsmittel, also eine Dezentralisierung der MES (Manufacturing Execution Systeme).

Durch die Daten- und Funktionsanbindung der MES-Systeme an die Prozessebene und ERP-Systeme (Enterprise Resource Planning-Systeme) wird das gesamte System echtzeitfähig **(Bild 1)**. Es kann „intelligente" Entscheidungen aufgrund aktueller Informationen treffen.

Das „intelligente" Werkstück (CPS, cyberphysikalisches System) hält Informationen über den eigenen Status, z. B. Verarbeitungsschritte, Bewegungsstrecken, Wartungspläne, mögliche Konfigurationen bereit. Es tauscht die Daten mit intelligenten Produktionsmitteln im CPPS cyberphysikalisches Produktionssystem aus. Das intelligente Produktionsmittel z. B. kennt Umformungsprozesse, Konfigurationen, Verfügbarkeit und den aktuellen Wartungsstand der Werkzeuge.

Die mit Industrie 4.0 erzeugten Kommunikationsdaten zwischen CPS und CPPS werden vom MES gesammelt. Das MES stellt zusätzliche Daten zur

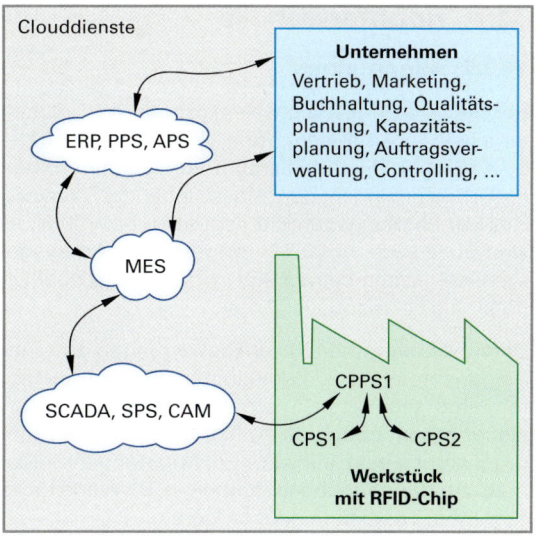

Bild 2: Cloud-Dienste bei Industrie

Verfügung, bringt sie in den passenden Kontext für umfassende Analysemöglichkeiten und übergibt sie an das ERP. Das ERP prüft, ob das Ergebnis korrekt ist. Werden technische oder wirtschaftliche Sollwerte verletzt, kann eine Korrektur- und Vorbeugungsmaßname (CAPA, corrective and preventive action) ergriffen werden. In den Fertigungssystemen von Industrie 4.0 wird die klassische Hierarchie (Bild 1) zunehmend durch modulare Cloud-Dienste ersetzt **(Bild 2)**.

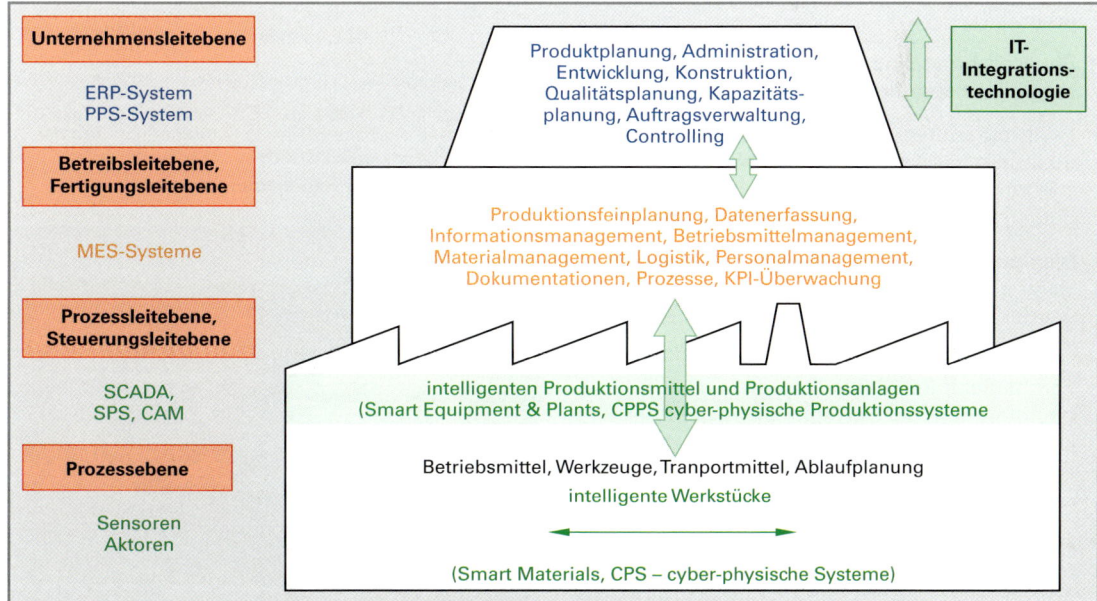

Bild 1: Klassische Einordnung der Produktionsplanungs- und Steuerungssysteme

14.7 Robotertechnik

14.7.1 Allgemeines

Roboter sind meist als Gelenkroboter mit „Schultergelenk", „Armgelenk" und „Handgelenk" aufgebaut **(Bild 1)**. Der Arbeitsraum von Geräten mittlerer Größe entspricht dem eines stehenden Werkers. Das Handhabungsgewicht liegt etwa bei 300 N, es sind aber auch 10 000 N möglich. Die Arbeitsgeschwindigkeiten beträgt etwa 1 m/s und ist deutlich höher als bei manueller Arbeit.

Damit die einzelnen Gelenkbewegungen zu einer zielgerichteten, z. B. geradlinigen Bewegung führen, sind sehr schnell rechnende Mehrprozessorsteuerungen nötig, da Millionen Rechenschritte pro Sekunde auszuführen sind. Roboter verwendet man zu Handhabungsaufgaben, z. B. Werkstücke bewegen, bearbeiten oder lackieren.

14.7.2 Einteilung der Handhabungssysteme

Handhabungsgeräte sehen sich äußerlich oft ähnlich. Sie unterscheiden sich aber bezüglich der Steuerung, der Programmierung und der Anwendung. Man unterscheidet zwischen Manipulatoren, Pick-and-Place-Geräten und den eigentlichen Industrie- und Servicerobotern **(Bild 2)**.

- **Roboter** sind universell einsetzbare Bewegungsautomaten mit mehreren Achsen. Die Bewegungsfolge und die Bewegungsbahnen sind frei programmierbar und auch über Sensoren steuerbar.

- **Serviceroboter** sind z. B. selbstfahrende Automaten für Transportaufgaben in Werkhallen.

- **Festprogrammierte Handhabungsgeräte** werden für immer gleiche Bewegungsabläufe verwendet, z. B. zur Montage von Teilen in der Serienfertigung.

- **Manipulatoren** sind Bewegungsgeräte, die von Hand unter Sichtkontrolle gesteuert werden. Sie werden z. B. zum Bewegen schwerer Schmiedewerkstücke an Schmiedepressen verwendet.

- **Fernbedienbare Manipulatoren** sind z. B. Teleoperatoren, deren Bewegungsabläufe über Bildschirme kontrolliert werden, z. B. bei Weltraumexperimenten, z. B. bei der Marserkundung oder Drohnen **(Bild 3)**.

- **Mikromanipulatoren** können Arbeiten an kleinsten Bauelementen, z. B. Mikroprozessoren oder im menschlichen Körper ausführen. Die Bewegungen werden über Mikroskope kontrolliert.

! **Roboter** von tschech. robota = Schwerarbeit leisten. Carel Capek, tschech. Schriftsteller 1921.

Unimate, erster Industrieroboter bei General Motors, George Devol. 1961.

Manipulator von lat. manus = die Hand. Pick-and-Place = aufnehmen und ablegen.

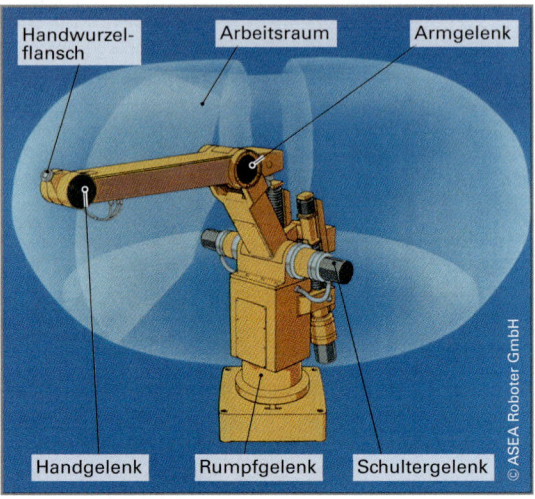

Bild 1: Industrieroboter

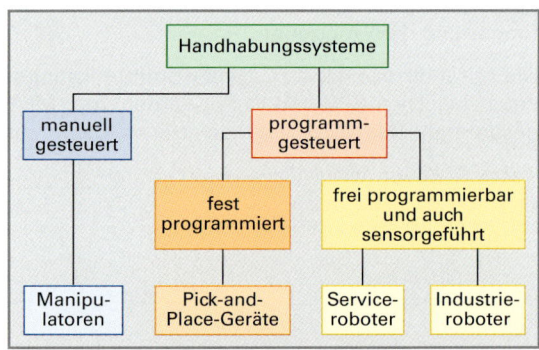

Bild 2: Einteilung der Handhabungssysteme

Bild 3: Roboter „Marsmobil"

14.7.3 Kinematischer Aufbau

Die Bewegungseinheiten von Robotern sind Drehgelenke (rotatorische Achsen, R-Achsen) und geradlinige Führungen (translatorische Achsen, T-Achsen). Zum Erreichen verschiedener Punkte im Raum sind drei Achsen erforderlich. Diese nennt man Hauptachsen, sie bilden den Roboterarm **(Bild 1)**. Zur Einstellung eines Greifers sind drei weitere Achsen erforderlich. Diese werden Handachsen genannt. Handachsen sind immer rotatorische Achsen.

> Roboter werden nach ihrer Kinematik, d.h. nach der Art ihrer Bewegungen eingeteilt.

TTT-Kinematik. Diese Roboter verwenden drei translatorische Hauptachsen. Sie werden z.B. als Portalgeräte zum Beladen und Entladen von Containern verwendet.

RTT-Kinematik. Es werden zwei translatorische Achsen für Auf-, Ab-Bewegungen und die Höheneinstellung auf eine rotatorische Achse aufgesetzt.

RRT-Kinematik. Die Roboter verwenden zwei rotatorische Achsen, eine Drehachse, eine Schwenkachse und eine translatorische Achse für die Abstandseinstellung. RRT-Roboter für die Montage haben oft einen waagrechten Arm und nur eine Handachse zur Werkstückdrehung. Sie werden als SCARA-Roboter bezeichnet.

RRR-Kinematik. Alle Bewegungen im Arbeitsraum werden über Drehgelenke ausgeführt **(Bild 2)**. Diese Roboter werden als Gelenkroboter bezeichnet. Die meisten Roboter sind Gelenkroboter. Diese Roboter gibt es als Leichtroboter für Handhabungsmassen von 1 N bis über 5000 N als Schwerlastroboter.

> Die Mehrzahl der Roboter haben einen Aufbau entsprechend der RRR-Kinematik.

14.7.4 Greifer

Für Handhabungsaufgaben sind Roboter mit Greifern ausgestattet. Greifer werden je nach ihrer Aufgabe meist mit elektrischem, für Sonderfälle auch mit hydraulischem oder pneumatischem Antrieb ausgeführt **(Bild 3)**. Für zylindrische Werkstücke werden auch 3-Fingergreifer verwendet.

> **!** **Kinematik** von griech.kinema= das bewegte, Beweglichkeitslehre.
> **SCARA** von Selective Compliance Assembly.
> **Robot Arm** = Montageroboter mit ausgewählter Nachgiebigkeit.

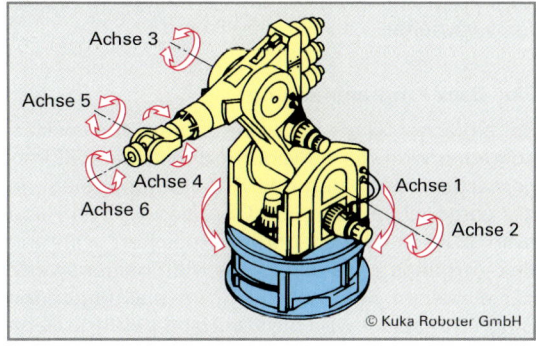

Bild 1: 6-Achsen eines Roboters

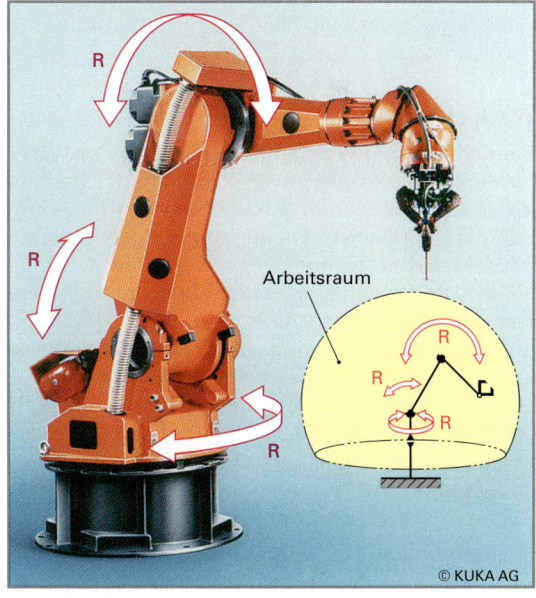

Bild 2: Gelenkroboter mit RRR-Kinematik

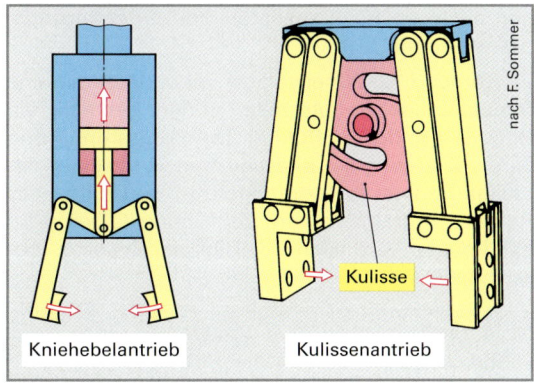

Bild 3: Zangengreifer

14.7.5   Roboterprogrammierung

Beim Programmieren von Robotern sind neben Positionspunkten auch Werkzeugorientierungen und Greiferorientierungen zu berücksichtigen.

Zum Programmieren werden verschiedene Verfahren verwendet.

Play-Back-Programmierung

Bei einfachen Geräten, z.B. Robotern für Lackieraufgaben wird die Bewegung direkt manuell vorgemacht, indem man das Roboterhandgelenk in der vorgegeben Bahn und Orientierung von Hand führt **(Bild 1)**. Die Steuerung speichert während des Vorgangs etwa alle 20 ms die Positionswerte der einzelnen Roboterachsen. Im nachfolgenden Programmablauf wird die von Hand geführte Bahn wiederholt. Die bei der Programmierung gespeicherten Positionswerte dienen dabei als Sollwerte. Der Vorgang wird als Play-Back-Programmierung bezeichnet.

Teach-In-Verfahren

Bei der Teach-In-Programmierung wird der Roboter durch den Programmierer mithilfe der Bedientasten oder mit einem 3D-Joy-Stick des Programmierhandgerätes zu den Handhabungspositionen oder Bearbeitungspunkten bewegt **(Bild 2)**. Dabei wird auch die gewünschte Orientierung der Achsen eingestellt. Sind eine gewünschte Position und die Orientierung eingestellt, werden die Werte unter der Adressnummer für einen Bewegungssatz abgespeichert und der nächste Bewegungssatz aufgenommen. Im Automatikbetrieb werden diese Positionen in der Reihenfolge der Satznummern abgefahren.

Grafisch-interaktive Programmierung

Am Arbeitsplatz werden neben den Programmablaufanweisungen und den Bewegungsanweisungen auch die Positionsdaten und Orientierungsdaten erzeugt.

Es werden CAD-Arbeitsplätze verwendet, die eine Simulation der Roboterzelle mit dem beweglichen Roboter ermöglicht **(Bild 3)**. Die Programmierung wird vollständig am Bildschirm in Form einer virtuellen Realität (VR) durchgeführt und dabei das Roboterprogramm automatisch erstellt. Der virtuelle Roboter wird auch als „digitaler Zwilling" bezeichnet.

> Die grafisch-interaktive Programmierung erfolgt durch Simulation der Roboterbewegung in der simulierten Roboterarbeitszelle.

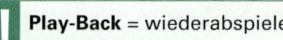

> **!** **Play-Back** = wiederabspielen.
> **Teach-In** = einlernen.
> **3D-Joy-Stick** = Steuergerät für räumliche Positionen.

Bild 1: Play-Back-Programmierung

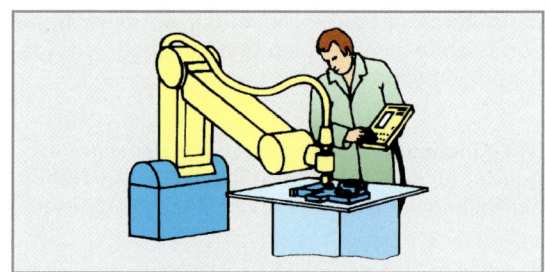

Bild 2: Teach-In-Programmierung

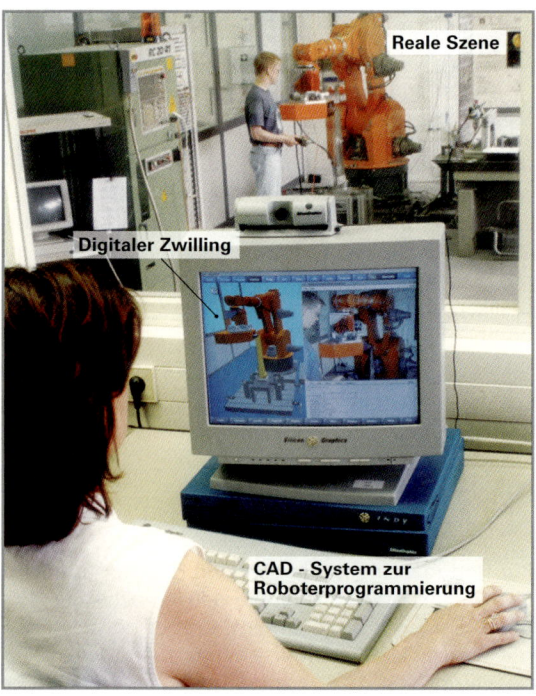

Reale Szene

Digitaler Zwilling

CAD - System zur Roboterprogrammierung

Bild 3: Programmierung des virtuellen Roboters

14.7.6 Kollaborierende Roboter (Cobots)

Kollaborierende Roboter arbeiten gemeinsam im Produktionsprozess mit Menschen zusammen und sind von diesen nicht durch Schutzeinrichtungen getrennt **(Bild 1)**.

Die Roboter verfügen über Sensor-Sicherheitssysteme. So enthält z. B. jede Achse eine Drehmoment-Sensorik. Diese verringert schon bei geringer Krafteinwirkung die Bewegungsgeschwindigkeit, so dass keine Verletzungsgefahr besteht. Andererseits hat der Roboter Servo-Berührbereiche, mit deren Hilfe der Roboter vom Menschen leicht bewegt und auch programmiert werden kann.

Neben dieser direkten Roboterarmbewegung können Eingaben über Tastenfelder, Touchpads, Spracheingabe und durch Körper-Gestik, z. B. mit Kinect erfolgen.

Zweiarmige Roboter

Den menschlichen Fähigkeiten kommen zweiarmige Roboter sehr nahe **(Bild 2)**. Sie werden in der Serienmontage für kleine Teile eingesetzt. Die Zweiarmigkeit ermöglicht eine schnelle Montage, die eine Roboterhand hält, die andere fügt an.

14.7.7 Schutzmaßnahmen bei Roboterarbeitsplätzen

Roboterarbeitsplätze sind wegen der schnellen Armbewegungen Gefahrenbereiche. Sie müssen durch Schutzmaßnahmen gesichert werden. Die sicherste Abtrennung ermöglicht eine Umzäunung mit Metallgittern **(Bild 3)**. So wird verhindert, dass Werkstücke, die z. B. bei Störungen vom Greifer während der Armbewegung weggeschleudert werden, Schäden anrichten oder Menschen verletzt werden.

> **!** **Cobot** von collaborative robot = Roboter, der mit Menschen gemeinsam arbeitet.
> **Kinect** von kinetic connect = kinetische Verbindung.

Bild 1: Getriebebau in der Kfz-Technik

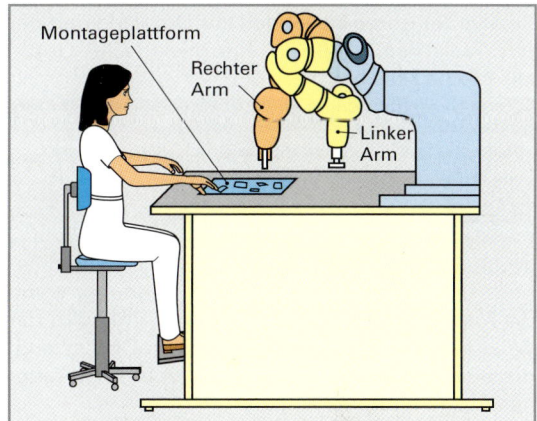

Bild 2: Zweiarmiger kollaborierender Roboter zur Teilemontage

K   Kompetenzorientierung

1. Wodurch unterscheiden sich Handhabungssysteme ?
2. Welche Arten von Hauptachsen gibt es?
3. Nennen Sie vier Roboter-Kinematiken.
4. Erklären Sie die Bezeichnung SCARA.
5. Welche Antriebe haben Greifer?
6. Nennen Sie drei Arten der Roboterprogrammierung.
7. Erläutern Sie den Begriff Cobot.
8. Wofür verwendet man zweiarmige Roboter?
9. Welche Gefahren gehen von sich schnell bewegenden Robotern aus?

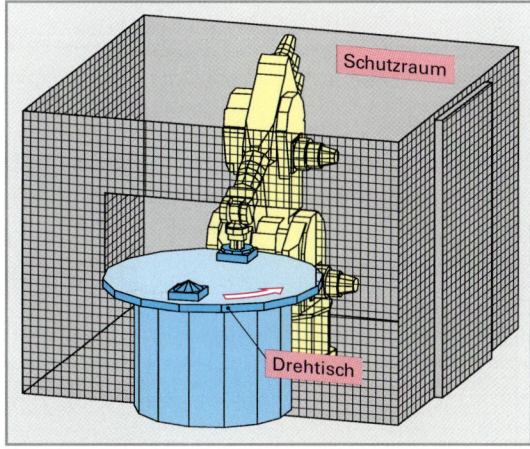

Bild 3: Abtrennung des Gefahrenbereichs durch Schutzraum

14.8   Sensor-Elemente (Messgrößenaufnehmer)

> ❗ **Sensor** von lat. sentire = fühlen, empfinden.

14.8.1   Sensorarten

Viele physikalische Messgrößen können mit Sensoren erfasst und verarbeitet werden. Die Ausgangssignale sind meist elektrische Größen (**Bild 1**).

Ausgangssignale

Je nach Anwendung unterscheidet man

- analoge Sensoren, mit kontinuierlicher Signaländerung,
- binäre Sensoren bzw. Sensoren mit Schaltfunktion und
- digitale Sensoren, Werte sind z. B. als Binärzahlen codiert.

Basissensorelement

Bauelemente, die eine Messgröße direkt in ein elektrisches Signal wandeln, bezeichnet man als Basissensoren (**Bild 2**). Je nach Wirkungsweise unterscheidet man passive und aktive Sensoren (**Tabelle 1**).

Passive Sensoren benötigen zur Umwandlung der physikalischen Größe in eine elektrische Größe elektrische Hilfsenergie.

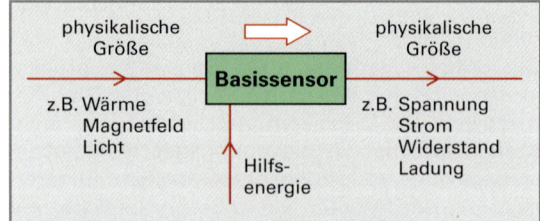

Bild 2: Wirkungsweise von Basissensoren

Tabelle 1: Sensorarten	
Passive Sensoren	Aktive Sensoren
Dehnungsmessstreifen DMS	Thermoelemente
Thermistoren	Piezokristall
Fotowiderstände	Tachogeneratoren
Tauchspulensensor	

Beispiel 1: Schaltung mit Dehnungsmessstreifen

Auf welche Weise entsteht die Brückenspannung U_{AB} als Wirkung der Biegekraft F_b?

Lösung: **Bild 3**

Wenn die Messgitterlänge von B1 größer wird, erhöht sich der Widerstand durch Dehnung, wenn die Messgitterlänge von B2 kleiner wird, wird der Widerstand durch Stauchung kleiner. Dies erzeugt die Brückenspannung U_{AB}. Ein Verstärker erzeugt das Ausgangssignal U_a.

Aktive Sensoren erzeugen abhängig von der physikalischen Größe eine Spannung, z. B. erzeugt Druck auf einen Piezokristall eine Ausgangsspannung.

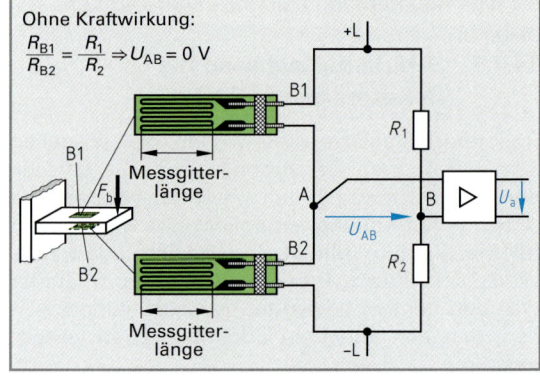

Bild 3: Halbbrückenschaltung mit DMS

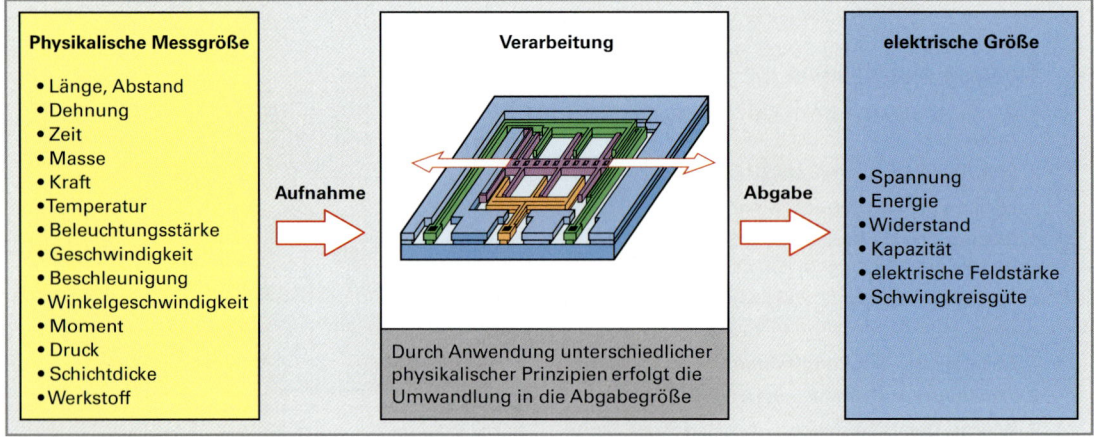

Physikalische Messgröße	Verarbeitung	elektrische Größe
• Länge, Abstand • Dehnung • Zeit • Masse • Kraft • Temperatur • Beleuchtungsstärke • Geschwindigkeit • Beschleunigung • Winkelgeschwindigkeit • Moment • Druck • Schichtdicke • Werkstoff	**Aufnahme** → ... ← **Abgabe** Durch Anwendung unterschiedlicher physikalischer Prinzipien erfolgt die Umwandlung in die Abgabegröße	• Spannung • Energie • Widerstand • Kapazität • elektrische Feldstärke • Schwingkreisgüte

Bild 1: Umwandlung physikalischer Messgrößen in elektrische Größen

Sensorsysteme mit Mikroprozessor

Sensorsysteme (smart sensor) verarbeiten das Ausgangssignal eines Basissensors (**Bild 1**). Das Signal wird z. B. verstärkt, gefiltert und kalibriert. Ein Mikroprozessor übernimmt die Codierung des Signals und steuert die Schnittstellensignale für die Übertragung in Netze.

14.8.2 Anschlusstechniken von Sensoren

Sensoren werden direkt über Leitungen, d. h. über Punkt-zu-Punkt-Verbindungen oder über Feldbussysteme an Anlagen angeschlossen.

14.8.2.1 Anschlüsse mit Leitungen

Über Zweidrahtleitungen werden z. B. Näherungsschalter oder Temperatursensoren mit der Auswerteeinheit von z. B. Industrie-PCs oder Automatisierungssystemen verbunden (**Bild 2**).

Zweidrahtausführungen gibt es als gepolte und unipolare Ausführungen (**Bild 3, oben**). Bei Sensoren mit Schaltausgängen werden Schließer mit NO (Normally Open) gekennzeichnet, Öffner mit NC (Normally Closed).

Dreidrahtausführungen haben zusätzlich eine Spannungsversorgung (**Bild 3, unten**). Die Ausgangsschaltung verwendet Transistoren vom Typ NPN oder PNP.

Vierdrahtausführungen besitzen einen Schließer und einen Öffner am Ausgang (Bild 3, unten).

14.8.2.2 Analoge Signale und Messkennlinien

Die Sensoren wurden oft mit Schnittstellen für Einheitssignale geliefert (**Tabelle 1**). Verwendet wird meist die Stromschnittstelle, da sie weniger störanfällig für induktive Einkopplungen ist.

In industriellen Anwendungen werden die Signale mit versetztem Nullpunkt verwendet. Wenn dem Messbereichsanfang ein von 0 verschiedenes elektrisches Signal zugeordnet wird, kann eine Drahtbruchüberwachung realisiert werden (**Bild 4**). Messbereiche können auch gedehnt oder komprimiert werden.

Namur-Sensoren ermöglichen der auswertenden Einheit zwischen Kurzschluss, Leerlauf und einem einstellbaren Messbereich zu unterscheiden. Die Kennlinien von z. B. kapazitiven und induktiven Näherungsschaltern zeigt **Bild 5**. Die Entfernung s zwischen Objekt und Sensor ist so einzustellen, dass die Schaltströme < 1,2 mA und > 2,1 mA werden.

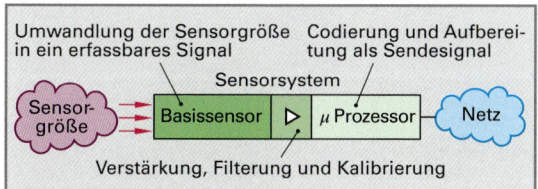

Bild 1: Aufbau eines Sensorsystems

> **!** **Namur N**ormarbeitsgemeinschaft für **Mess- u**nd **r**egelungstechnik in der Chemischen Industrie (vgl. DIN EN 60947-5, 6).

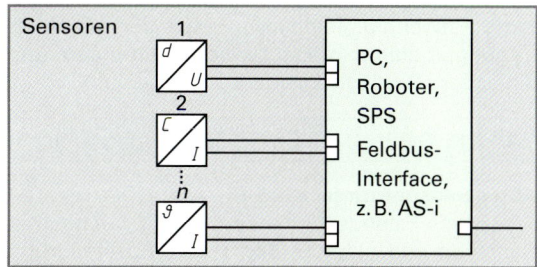

Bild 2: Punkt-zu-Punkt-Verbindungen

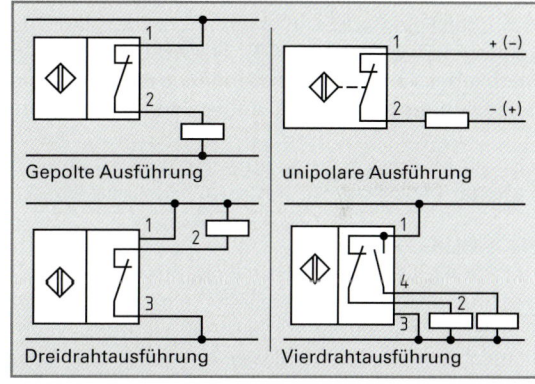

Bild 3: Ausführungsformen von Sensoren

Tabelle 1: Einheitssignale (DIN IEC 60381 - 1, 2)		
Signalart	Bereich	mit Zero offset
Spannung	0 V bis 5 V	2 V bis 10 V
Strom	0 mA bis 20 mA	4 mA bis 20 mA
Zero offset = Nullpunktverschiebung		

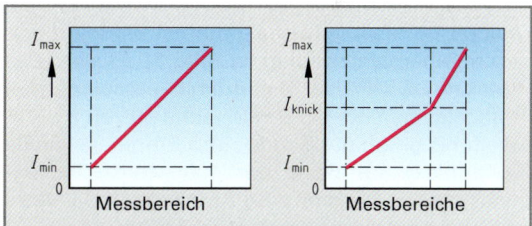

Bild 4: Messkennlinien von Sensoren

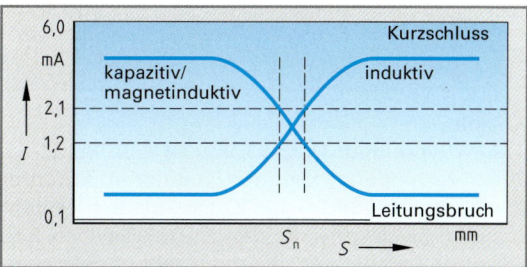

Bild 5: Namur-Kennlinien

4.11.3 Sensoren/Aktoren an Feldbus und IO-Link

Für die Vernetzung von Geräten mit Sensoren und Aktoren sind einfache und kostengünstige Bussysteme notwendig. Feldbusse verwenden als Übertragungsmedium meist Zweidrahtleitungen und einfachere Buszugriffsverfahren als bei LAN.

> AS-i, PROFIBUS, PROFINET sind Bussysteme.

Aktor-Sensor-Interface (AS-i)

AS-i ist ein Feldbus für die Vernetzung von binären Sensoren und Aktoren (**Bild 1**). Die Bussteuerung erfolgt über einen Master, z.B. als Einschubkarte für PC oder SPS. Die Sensoren und Aktoren werden über Feldmodule (Slaves) angeschlossen. Als Leitungen werden das AS-i-Flachkabel oder ein Rundkabel verwendet. Es können z.B. 31 Module in Entfernungen bis 100 m angeschlossen werden.

> Beim AS-i erfolgt die Steuerung über einen Master.

PROFIBUS

Der PROFIBUS (von Process Field Bus) ist ein Feldbus mit aktiven und passiven Teilnehmern (**Bild 2**). Aktive Teilnehmer können von sich aus Nachrichten senden. Die Sendeberechtigung wird über ein umlaufendes Token (Zeichen) zyklisch erteilt. Passive Teilnehmer quittieren die empfangenen Nachrichten oder senden auf Anforderung Daten. Für die Übertragung werden nach RS-485 z.B. zwei verdrillte Zweidrahtleitungen, mit Längen bis zu 750 m verwendet.

PROFINET

PROFINET (von Process Field Network) ist ein Feldbus, der dem Industrial Ethernet Standard entspricht, aber echtzeitfähig ist (**Bild 3**). Es wird das Protokoll UDP/IP/User Datagram Protocol/Internet Protocol) verwendet. Die Feldgeräte nutzen zur Anschaltung getrennte Sende- und Empfangskanäle (Vollduplex) auf Basis der 100 Mbit/s-Übertragungstechnik. Mit dem AS-i F-Link sind AS-i-Netze an Sicherheitssteuerungen anschließbar.

> Ein Feldbus ist ein Bussystem, das in einer Anlage Sensoren und Aktoren mit dem Automatisiergerät verbindet.

IO-Link

IO-Link (von Input Output Link) ist eine Punkt-zu-Punkt-Verbindung, die den Industrial Ethernet Standard nutzt (**Bild 4**). Ein IO-Link-System besteht aus dem IO-Link Master, den IO-Link Devices, z.B. Sensoren und Aktoren, die mit einem ungeschirmten 3-Leiterkabel angeschlossen werden.

> **!** **Aktor** von lat. actor = jemand, der (etwas) in Bewegung setzt.
> **Feldbus** ist der Oberbegriff für Bussysteme der Automatisierung, Fertigungstechnik und der Gebäudeautomation.

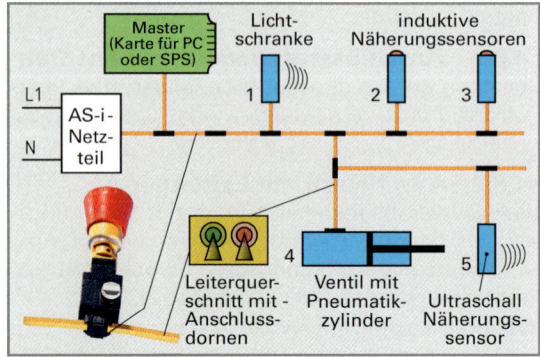

Bild 1: AS-i-Feldbus

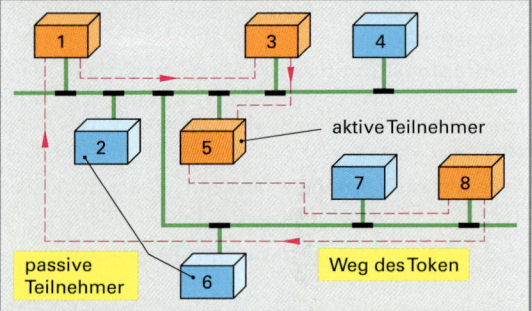

Bild 2: PROFIBUS

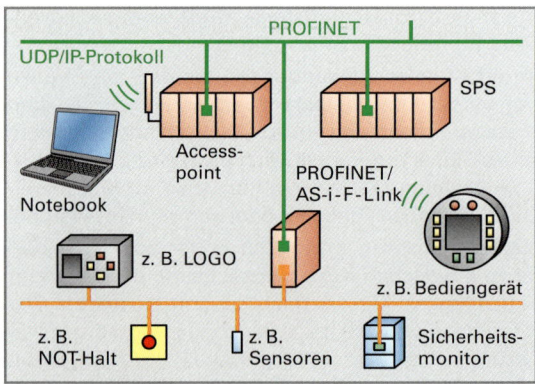

Bild 3: PROFINET

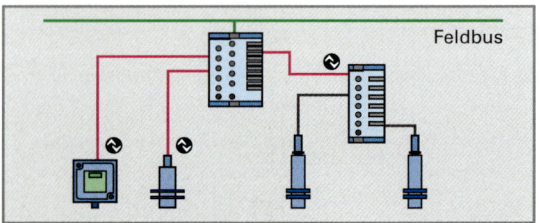

Bild 4: IO-Link-Feldbusebene

4.10.4 Wichtige Sensoren

Wegmessung und Winkelmessung

Durch Bewegen des Kontaktgebers wird ① ein zur Länge x verhältnisgleicher Widerstand oder ② ein Drehwinkel α abgegriffen und in eine Spannung U_x umgesetzt **(Tabelle 1)**.

Kraft und Druck

Durch Druck auf den Dehnmessstreifen wird ③ eine Widerstandsänderung erzeugt, die in eine Spannung umgesetzt wird. Durch Druck ④ erzeugt ein Piezokristall eine Spannung.

Bewegungssensoren

Die Zähne erzeugen bei Annäherung an den Hallsensor ⑤ Spannungsimpulse proportional zur Drehzahl. Durch Drehen des magnetischen Läufers ⑥ wird in einer Ständerwicklung eine drehzahlproportionale Wechselspannung erzeugt.

Näherungsschalter

Es gibt induktive ⑦, kapazitive ⑧, optoelektronische ⑨ und Ultraschall-Näherungsschalter ⑩. Beim induktiven Prinzip löst die Bedämpfung eines Schwingkreises durch ein metallisches Teil den Schaltvorgang aus.

Durch Annähern eines Objektes verändert sich das Dielektrikum eines Kondensators. Durch die Kapazitätsänderung wird der Schaltvorgang ausgelöst.

Die pulsierende Infrarotstrahlung einer IRED wird vom Objekt reflektiert. Ein Fototransistor erfasst die reflektierte Strahlung und löst den Schaltvorgang aus.

Ein Schwingquarz erzeugt Pulspakete mit einer Frequenz von 200 kHz. Das Echo nimmt derselbe Quarz auf. Die Schalllaufzeit wird mit einer einstellbaren Zeit verglichen und löst den Schaltvorgang aus.

Beschleunigungssensoren

Ein frei schwebende Masse übt eine zur Beschleunigung proportionale Kraft auf Piezokristalle aus. Beschleunigungssensoren werden z. B. in MEMS-Technik (Micro-Electromechanical System) mit Abmessungen im mm-Bereich ⑪ oder mit drei Piezo-Elementen ⑫ aufgebaut.

Temperatursensoren

Die Temperaturabhängigkeit von Widerständen, z. B. Platin oder Nickel wird zur Temperaturmessung verwendet ⑬. Thermoelemente ⑭ erzeugen aus Wärmeenergie eine elektrische Spannung.

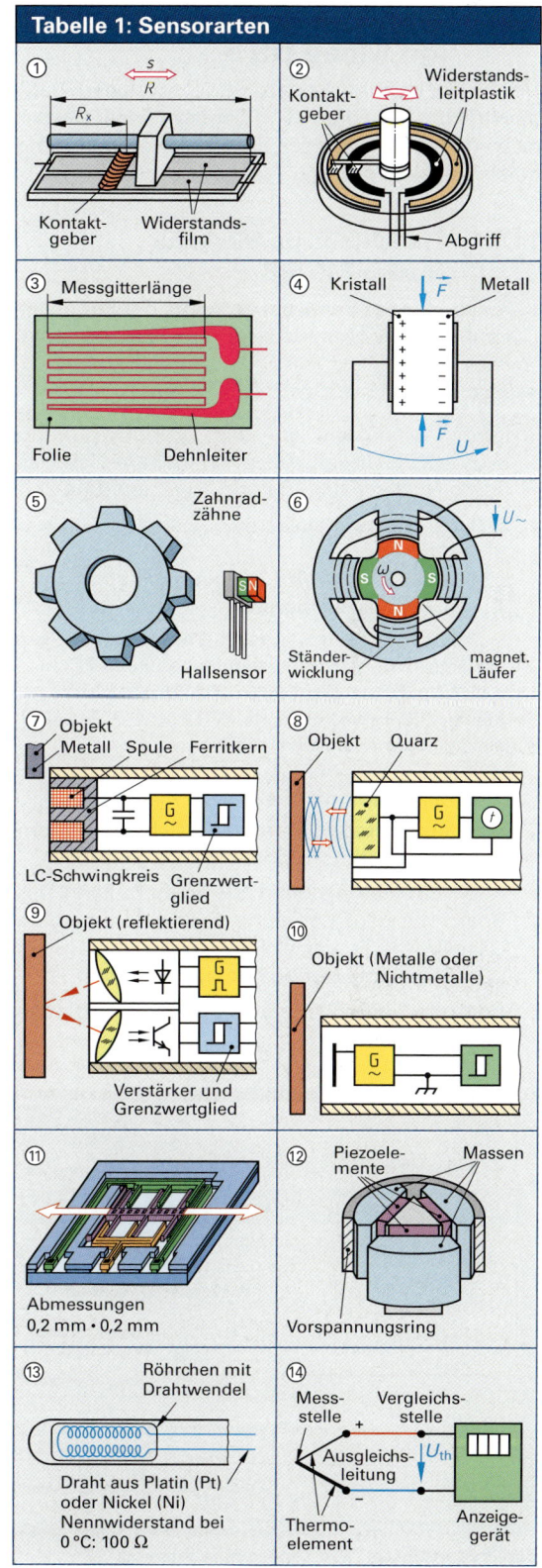

Tabelle 1: Sensorarten

14.9 Online-Programmierung mit Mbed OS 5

Mbed OS 5 heißt ein Echtzeitbetriebssystem (RTOS) für die Programmierung von Geräten im IoT. Gestartet wird Mbed im Browser, z. B. Firefox oder Chrome durch Eingabe von https://os.mbed.org/ **(Bild 1)**.

> ! **Mbed(ded) OS** = eingebettetes Betriebssystem.
> **RTOS** von Real Time Operating System = Echtzeitbetriebssystem.
> **IoT** von **I**nternet **o**f **T**hings = Internet der Dinge.
> **ARM** von Advanced Risc Machine = Erweiterte RISC-Maschine.
> **Nucleo(lus)** lat. = Kernchen.
> **ST(M)** von **S**GS-**T**homson (Microelectronics)

14.9.1 Einrichten von Mbed für Nucleo F103RB

1. Anlegen eines Benutzer-Accounts mit Benutzername, z. B. E-Mail-Adresse und Eingabe eines Passwortes.

2. Anmelden mit dem neuen Account.

3. In der Menüzeile auf das Dropdown-Menü `Hardware` klicken. Aus der Hardware-Liste das Board Nucleo F103 RB von ST wählen **(Bild 2)**.

4. ST-Link-Treiber installieren.

> ⚠ **Nucleo ST-LINK/V2 Treiberinstallation mit Firmware-Upgrade**
>
> • Installieren Sie den ST-Link/V2-Treiber, bevor Sie das Nucleo-Board zum ersten Mal an Ihren PC anschließen. Folgen Sie diesem LINK für alle Details.
> • Stellen Sie sicher, dass die ST-LINK/V2-Firmware auf die neueste Version aktualisiert wird.

Zusätzlich wird die Firmware für den Debugger installiert, dessen Hardware sich im oberen Drittel des Boards befindet (Bild 2, Seite 612).

Nach Einrichtung des USB-Treibers kann das Board mit dem Computer verbunden werden. Dabei wird das Verzeichnis NODE_F103 RB(G:) zum Speichern der Binärdateien angelegt.

5. Compiler **(Bild 3)** starten mit Schaltfläche `Compiler` **(Bild 1)**.

Bild 1: Mbed OS 5

Bild 2: Nucleo-Board auswählen

Bild 3: Startfenster , Workspace-Management

14.9.2 Programme für Nucleo F103RB erstellen

Mbed OS 5 verwendet zum Programmieren C/C++. Mit #include „mbed.h" stehen Programm-Bibliotheken von C/C++ zur Verfügung. Die Anwenderschnittstellen (APIs), z.B. die Klassen für Eingaben und Ausgaben findet man z.B. unter Docs.

Auf dem Board stehen eine LED L2 und ein Button B2 **(Bild 1, folgende Seite)** für Tests zur Verfügung. Durch Auswahl von Programmen aus der Template-Liste kann deren Funktion einfach überprüft werden.

Programm: LED-Test1

Nach Anklicken von New (Bild 3, vorhergehende Seite) öffnet sich das Fenster Create new program **(Bild 1)**. Als Template (Vorlage) verwendet man die Voreinstellung Blinky LED Hello World, die C-Funktionen und die Klasse DigitalOut. Mit myled (LED1) wird die LED L2 auf dem Board verwendet, wobei LED1 der Anschlusspin 1 ist. Nach Eingabe eines Programmnamens, z.B. LED_Test1 wird das Programm erstellt **(Bild 2)**.

Im Bereich Program Workspace werden die Funktion main.cpp und 🕸 Library Builds (Bbliothekseinbindungen) aufgelistet. Hier sind alle verwendbaren Klassen aufgeführt, z.B. die Schnittstellen für digitale Ausgaben (DigitalOut) und digitale Eingaben (DigitalIn).

Beim Compilierern der main-Funktion wird auch die Binärdatei erzeugt, die im Download-Verzeichnis gespeichert wird **(Bild 3)**.

Der Programmstart erfolgt durch Kopieren von LED_Test1.NUCLEO_F103.bin auf das Verzeichnis NODE_F103 RB(G:). Damit wird das Maschinensprachenprogramm zur Ausführung an das Board gesendet. → LED LD2 blinkt.

Beispiel 1: Blinkzeit der LED LD2 ändern
Stellen Sie ein: Einschaltzeit = 0,5 s, Ausschaltzeit = 0,5 s.
Lösung:
LED LD2 auf dem Board beobachten.

Nichtvergessen.
Nach dem Compilieren die neue Binärdatei auf Laufwerk G: laden.

Programm: Button1

Nach Anklicken von New gibt man z.B. Button1als neuen Namen ein und ändert das LED-Listing der main-Funktion ab **(Bild 4)**. Nach Speichern und Compilieren wird die Binärdatei geladen und durch Betätigen des Tasters geprüft ob die LED eingeschaltet werden kann.

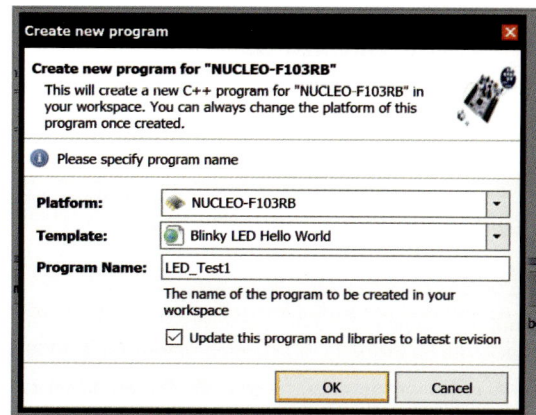

Bild 1: Fenster Create new program

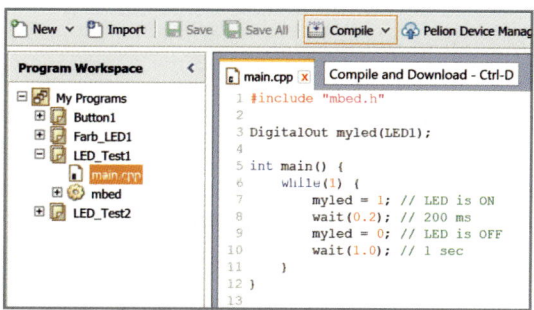

Bild 2: Programm LED_Test1

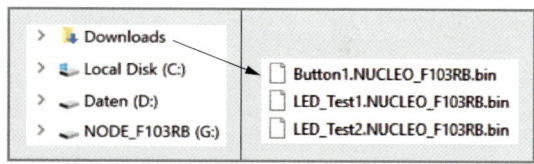

Bild 3: Binärdateien laden

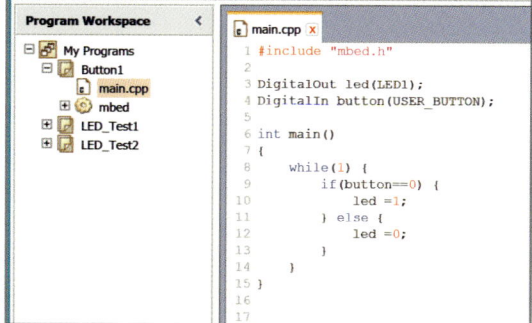

Bild 4: Programm Button1

14.9.3 Anwendungen programmieren für Nucleo-F103RB

Der F103 hat die Morpho-Header (Datenstecker)-Reihen CN7 und CN10 und damit Zugriff auf alle ST-F103 Pins **(Bild 1)**. Zusätzlich sind Steckerreihen CN6, CN8 und CN5 und CN9 im Arduino-Format vorhanden. Auf diese können z. B. LCD-Displays (Shields) gesteckt werden.

Lauflicht am Port C
Bei einem Lauflicht leuchten z. B. die 8 LEDs nacheinander für eine kurze Zeit. Dadurch entsteht der Eindruck, die Lichtquelle würde sich bewegen **(Bild 2)**.

Die 8 LEDs werden z. B. beim Erstellen eines Prototyps auf einem Steckbrett über Vorwiderstände mit 820 Ω mit den Pins PC7 bis PC0 verbunden **(Bild 3)**.

Die drei 16-Bit-Ports PA, PB, PC können gleichzeitig mehrere Pins steuern. Für das Lauflicht sollen die Pins PC0 bis PC7 verwendet werden, dies wird in der Klasse PortOut für Portmaske der Funktion led-Port() durch 1-Werte gekennzeichnet.

Bit 15						Portmaske									Bit 0
0	0	0	0	0	0	0	0	1	1	1	1	1	1	1	1

Die Portmaske kann für C-Programme in binärer Form mit 0b0000000011111111 oder in hexadezimaler Form mit 0x00FF geschrieben werden.

Beispiel 1: Lauflicht mit 8 LEDs

Erstellen Sie ein Programm, dass in wiederholter Folge die 8 LEDs jeweils für die Testzeit 0,5 s einschaltet.

Lösung: **Bild 4.**

Die Portmaske wird mit #define LED_Maske 0x00FF vereinbart. Die Pin-Nummern werden im Feld ledWerte[ ] mit der Zählervariablen pos übergeben. Ist der Zählwert pos = 8, wird dieser auf 0 zurückgesetzt und die Schleife wiederholt.

Beispiel 2: Balkenanzeigen-Lauflicht mit 8 LEDs

Ändern Sie das Programm (Bild 4), dass die LEDs entsprechend Bild 2, rechts leuchten.

Lösung:
```
const unsigned int ledWerte [] =
(0x01,0x03,0x07,0x0F,0x1F,0x3F,0x7F,0xFF);
```

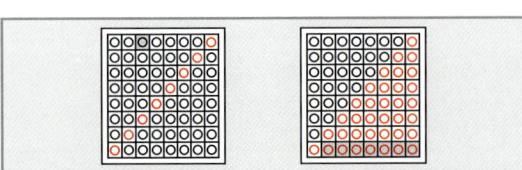

Bild 2: Lauflichtvarianten

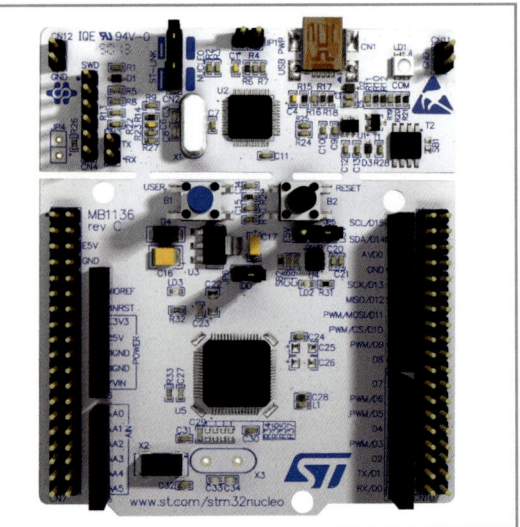

Bild 1: Nucleo-F103RB-Board

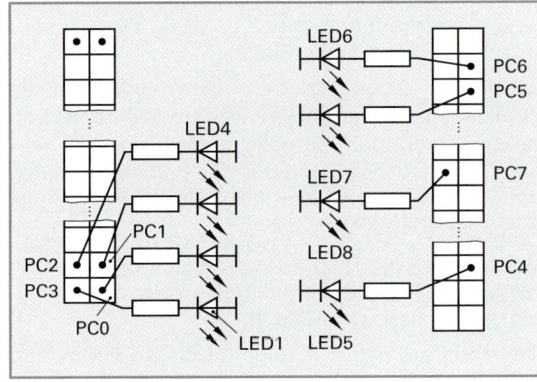

Bild 3: Verdrahtungsplan

```cpp
1  #include "mbed.h"
2  #define LED_MASKE 0x00FF
3  PortOut ledPort(PortC, LED_MASKE);
4  int pos = 0;
5  const unsigned int ledWerte[] =
6  {0x01,0x02,0x04,0x08,0x10,0x20,0x40,0x80};
7
8  int main()
9  {
10     while(true) {
11         ledPort = ledWerte[pos];
12         wait(0.5);
13         pos++;
14         if(pos==8) {
15             pos=0;
16         }
17     }
18 }
```

Bild 4: Programm Lauflicht 1

Im Feld ledWerte[ ] werden z. B. mit 0x03 die Pins PC0 und PC1 angesteuert.

14.9.4 ARDUINO

ARDUINO ist ein Open Source Projekt und bezeichnet ein System bestehend aus einer einfachen Mikrocontrollerplatine (Board) und einer integrierten Entwicklungsumgebung (IDE).

Hardware

Die Platine ARDUINO-UNO **(Bild 1)** enthält Anschlüsse für digitale EA-Leitungen, serielle Schnittstelle, PWM-Ausgabe, analoge Eingänge und der Versorgungsspannung. Meist werden 8-Bit-Mikrocontroller der AVR-Serie oder 32-Bit-Controller der Firma Atmel verwendet. Die Platinen unterscheiden sich z.B. durch Programmspeichergröße, Datenspeichergröße, Art und Anzahl der Anschlüsse, Betriebsspannung und der Abmessungen **(Tabelle 1)**.

Durch aufsteckbare Zusatzplatinen (Shields = Schild) lassen sich die Boards erweitern und so für eine bestimmte Aufgabe programmieren und nutzen. Shields enthalten z.B. Anzeigen, weitere Schnittstellen, Sensoren und Aktoren. Viele Zusatzplatinen kann man bestückt oder teilbestückt kaufen. Schaltpläne, Layouts und Beispielprogramme sind meist veröffentlicht und können für eigene Projekte verwendet und verändert werden.

Zum Programmieren wird der ARDUINO direkt über eine USB-Leitung an den PC angeschlossen. Diese Schnittstelle dient außerdem zur Kommunikation und zum Datenaustausch zwischen PC und Mikrocontroller.

Software

Die Entwicklungsumgebung ARDUINO IDE kann kostenlos z.B. unter www.arduino.org heruntergeladen werden. Unterstützt werden die Betriebssysteme Windows, Linux und Mac OS. Nach Installation sind Hardware-Treiber, Bibliotheken und Beispielprogramme verfügbar.

Nach dem Programmstart von ARDUINO IDE öffnet sich das Fenster **(Bild 2)**. Im Menü `Werkzeuge` (Tools) kann über den Eintrag `Platine:` (Board) das ARDUINO-Board ausgewählt werden, z.B. Arduino-Uno. Über den Eintrag `Port:` lässt sich die Schnittstelle für das Board einstellen, z.B. COM6.

Die Schaltflächen unterhalb der Menüzeile dienen zum Erstellen, Öffnen, Speichern, Compilieren und Hochladen der Programme (Sketche) **(Tabelle 2)**.

Andere Programmierumgebungen bieten ebenfalls Schnittstellen zu ARDUINO, z.B. Atmel-Studio.

Informationen und Software zu ARDUINO unter: www.arduino.org, www.arduino.cc, www.fritzing.org.

Bild 1: ARDUINO-UNO

Tabelle 1: Auswahl ARDUINO-Boards				
ARDUINO Controller	Flash KiB	SRAM KiB	digital IO	Schnittstellen
Uno ATmega328 (8bit)	32	2	14	USB, SPI, ICSP, I2C
Mega ATmega1280 (8bit)	128	8	54	USB, SPI, ICSP, I2C, UART
DUE AT91SAM3X8E (8bit)	512	96	54	USB, CAN, ICSP, 2 TWI, 4 UART, 2 DAC

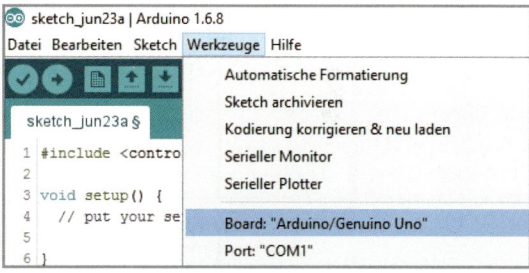

Bild 2: ARDUINO-IDE

Tabelle 2: ARDUINO-Schaltflächen		
	Verifizieren	Syntaxüberprüfung
	Hochladen	Übersetztes Programm in Mikrocontroller laden.
	Neu	Anlegen eines neuen Sketches (XXXX.ino).
	Öffnen	Öffnet Auswahlfenster mit verfügbaren Sketches aus dem Arbeitsverzeichnis.
	Speichern	Speichert den Sketch.
	Serieller Monitor	Öffnet Fenster zur seriellen Datenübertragung.

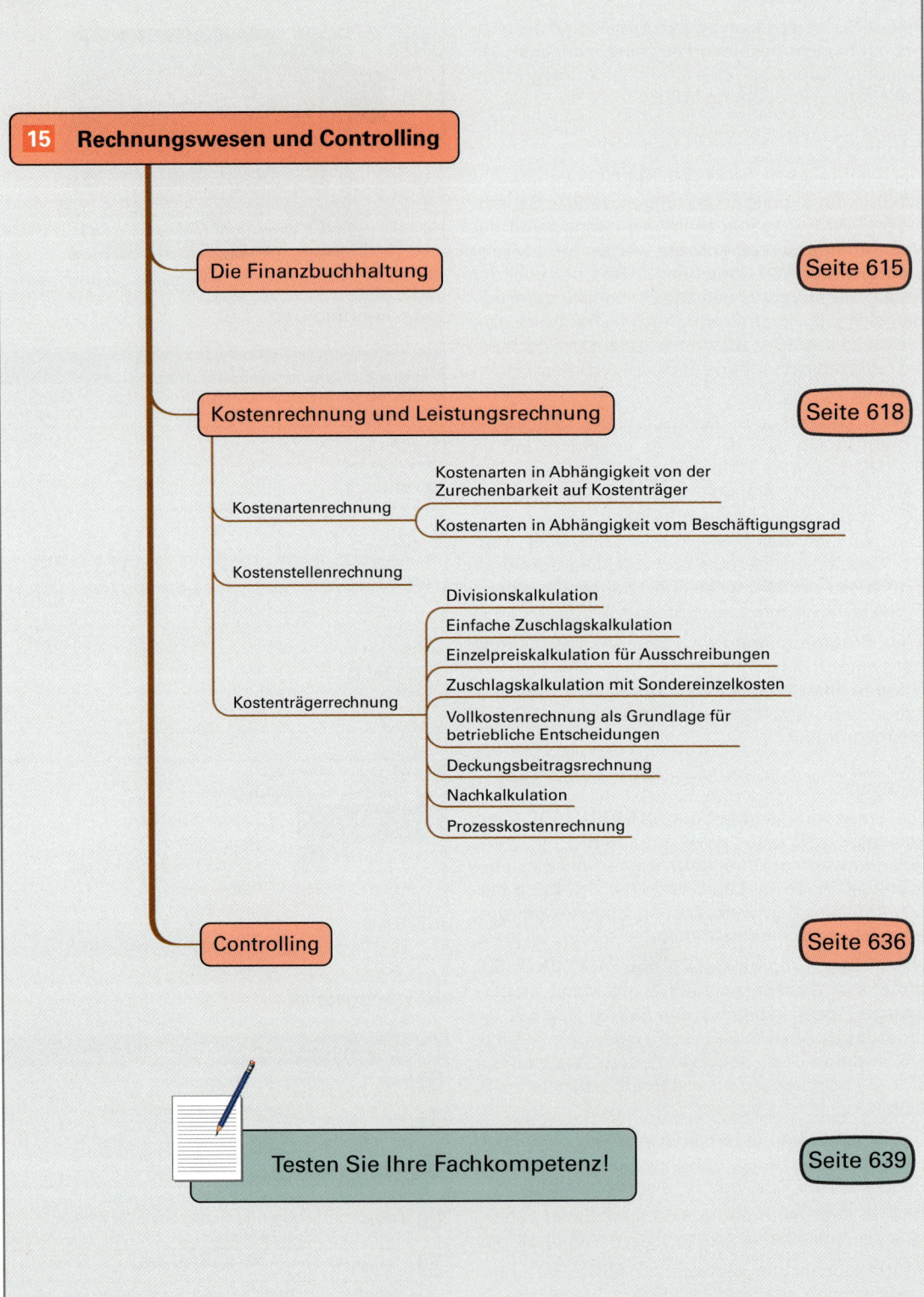

15 **Rechnungswesen und Controlling**

Die Finanzbuchhaltung — Seite 615

Kostenrechnung und Leistungsrechnung — Seite 618

Kostenartenrechnung
- Kostenarten in Abhängigkeit von der Zurechenbarkeit auf Kostenträger
- Kostenarten in Abhängigkeit vom Beschäftigungsgrad

Kostenstellenrechnung

Kostenträgerrechnung
- Divisionskalkulation
- Einfache Zuschlagskalkulation
- Einzelpreiskalkulation für Ausschreibungen
- Zuschlagskalkulation mit Sondereinzelkosten
- Vollkostenrechnung als Grundlage für betriebliche Entscheidungen
- Deckungsbeitragsrechnung
- Nachkalkulation
- Prozesskostenrechnung

Controlling — Seite 636

Testen Sie Ihre Fachkompetenz! — Seite 639

15 Rechnungswesen und Controlling

Das betriebliche Rechnungswesen erfasst die Geld- und Werteflüsse eines Unternehmens in Zahlen. Im Controlling werden die Zahlen zielgerichtet aufbereitet und den Entscheidungsträgern bereitgestellt. **(Bild 1)**.

Aufgaben des Rechnungswesens:

- das systematische Erfassen und Dokumentieren aller Einnahmen und Ausgaben,
- das Bereitstellen von aufbereiteten Informationen für andere Funktionsbereiche des Unternehmens, z. B. die Finanzbuchhaltung,
- die Kontrolle von unternehmerischen Abläufen der Abteilungen, z. B. Überwachung von Zahlungseingängen und Zahlungsterminen und
- das Erstellen von Planungsrechnungen und Vorschaurechnungen zur Unterstützung von betrieblichen Entscheidungen (Dispositionen).

Oft werden betriebswirtschaftliche Standardsoftwarepakete (ERP-Systeme = Enterprise Resource Planning System) für diese Aufgaben im Unternehmen verwendet. Sie sind meistens modular aufgebaut **(Bild 2)**.

In vielen Unternehmen ist das betriebliche Rechnungswesen in die Bereiche Finanzbuchhaltung, Controlling und Kosten- und Leistungsrechnung gegliedert **(Bild 3)**.

15.1 Die Finanzbuchhaltung

Die Finanzbuchhaltung erfasst den Wertefluss (Einnahmen und Ausgaben) des Unternehmens mit der Außenwelt und bilanziert nach gesetzlichen Grundlagen (§§ 238 ff HGB). Sie gibt monetäre Informationen zum Wertezuwachs (Einnahmen) bzw. Werteverzehr (Ausgaben) des Unternehmens und zur Vermögenslage.

Aus dem Handelsgesetzbuch (HGB §§ 286 ff) ergibt sich, dass jeder Betreiber eines Handelsgewerbes zur ordungsgemäßen Buchführung verpflichtet ist. Das Steuerrecht bzw. die Abgabenordnung erweitert die Buchführungspflicht auf Handwerker, Freiberufler und andere Gewerbetreibende.

Die Dokumente der Finanzbuchhaltung dienen der Rechenschaftslegung gegenüber Finanzbehörden, Kapitalgebern, Arbeitnehmern und bei juristischen Personen auch gegenüber der Öffentlichkeit.

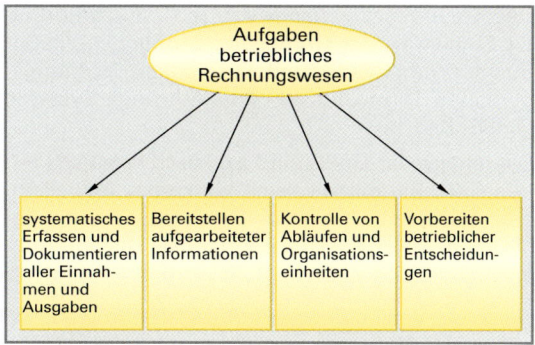

Bild 1: Aufgaben des betrieblichen Rechnungswesens

Bild 2: Modularer Aufbau betriebswirtschaftlicher Standardsoftware

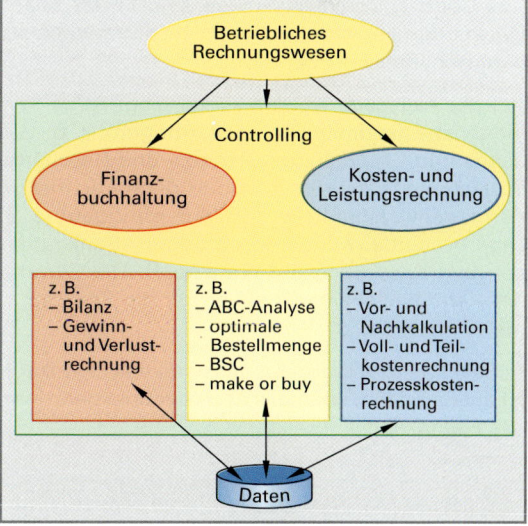

Bild 3: Teilbereiche des betrieblichen Rechnungswesens

Das Steuerrecht verlangt von jeder Buchführung die Einhaltung der **G**rundsätze **o**rdnungsgemäßer **B**uchführung (GoB) und **G**rundsätze **o**rdnungsgemäßer DV-gestützter **B**uchführungs-**S**ysteme (GoBS, **Bild 1**).

Die Inhalte der GoBS sind praktisch identisch mit den GoB. Sie enthält keine konkreten Anweisungen, sondern zielt auf das Ergebnis, dass die Bedingungen der Papier gebundenen Buchführung auch von DV-Systemen erfüllt werden.

Durch die Verknüpfungen mit anderen Anwendungen, z. B. ERP-Systeme, Warenwirtschaftssysteme, müssen alle diese Anwendungen die entsprechenden Vorschriften erfüllen. Gleiches gilt für mögliche Anpassungen und Einstellungen des Programms. Es muss klargestellt sein, wer entsprechende Einstellungen vornehmen darf und wer die Einstellungen verantwortet.

Zum Beginn seines Handelsgewerbes und jeweils zum Geschäftsjahresende muss jeder Kaufmann eine Inventur durchführen. Durch Messen, Zählen und Wiegen muss er sein Vermögen und seine Schulden zu einem Zeitpunkt erfassen und geordnet als Inventar aufzeichnen.

> Die geordnete Aufzeichnung aller Vermögensbestandteile und Schulden nennt man Inventar.

In der Bilanz **(Bild 2)** werden die Vermögenswerte und Schulden nach Bilanzierungsgrundsätzen **(Bild 3)** bewertet und einander gegenübergestellt. Die Differenz aus Vermögen und Schulden ergibt das Eigenkapital des Unternehmens.

Aus Übersichtlichkeitsgründen sind in der Bilanz gleichartige Inventarpositionen zusammengefasst und nach ihrer Frist geordnet.

Auf der Aktivseite werden zuerst langfristige Vermögensbestandteile (Anlagevermögen), z. B. Gebäude und Grundstücke, Betriebs- und Geschäftsausstattung, Kfz aufgelistet und dann kurzfristige Vermögensbestandteile (Umlaufvermögen), z. B. Lagerbestände, Kundenforderungen, Bankguthaben und Kassenbestand **(Tabelle 1)**. Die Summe der Vermögensbestandteile ergibt die Bilanzsumme.

Auf der Passivseite listet man zuerst das Eigenkapital auf und dann, ebenfalls nach der Frist geordnet, das Fremdkapital.

> In der Bilanz werden Vermögenswerte und Schulden geordnet gegenübergestellt.

- Alle Buchungen müssen vollständig, richtig und zeitlich geordnet sein.
- Änderungen an Buchungen dürfen nicht dazu führen, dass ursprüngliche Buchungen unleserlich werden.
- Keine Buchung ohne Belege.
- Fortlaufende Nummerierung.
- Die Buchhaltung muss so beschaffen sein, dass ein sachverständiger Dritter innerhalb angemessener Frist einen Überblick über Vermögenslage und Vorgänge erhalten kann.
- Konten, Vermögensbestandteile usw. sind eindeutig und gleichbleibend zu benennen.

Bild 1: Grundsätze ordnungsgemäßer Buchführung GoB (Auszug)

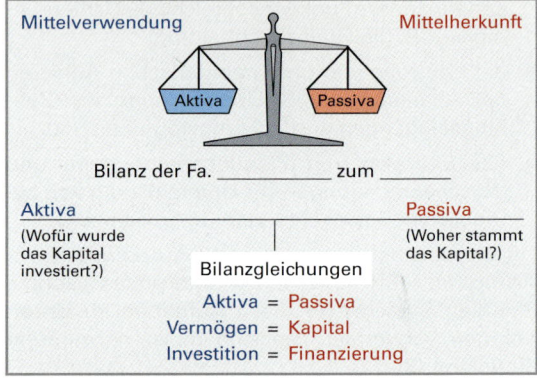

Bild 2: Bilanzgleichung

- Anschaffungswertprinzip: nur der wirklich bezahlte Nettoanschaffungswert darf bilanziert werden.
- Bilanzkontinuität: Begriffe, Bezeichnungen, Zuordnungen usw. sollen gleichbleibend sein.
- Vorsichtsprinzip: bei alternativen Bewertungsmöglichkeiten ist der niedrigere Wert anzunehmen.
- Periodenabgrenzungsprinzip: Erträge und Aufwendungen müssen dem richtigen Zeitraum zugeordnet werden.

Bild 3: Bilanzierungsgrundsätze

Tabelle 1: Bilanz der Firma Elektro-Metzger zum 31.12. 20xx			
Aktiva			**Passiva**
Anlagevermögen		**Eigenkapital**	325.099 €
Grundstücke und Gebäude	436.200 €	**Fremdkapital**	
Geschäftsausstattung	243.542 €	Hypotheken	382.121 €
Umlaufvermögen		Verbindlichkeiten an	
Warenbestände	24.353 €	Lieferanten	44.281 €
Forderungen	32.682 €		
Bankguthaben	12.381 €		
Kassenbestand	2.343 €		
Summe	**751.501 €**	**Summe**	**751.501 €**

$$AV + UV = FK + EK$$

AV	Anlagevermögen
EK	Eigenkapital
FK	Fremdkapital
UV	Umlaufvermögen

Konten

Jeder Geschäftsvorfall in einem Unternehmen verändert die Bilanz mindestens in zwei Positionen. Ein Rohstoffeinkauf in bar betrifft z. B. die Bilanzposten Rohstoffe, Vorsteuer und Kasse. Die gesamte Bilanz müsste also ständig neu erstellt werden. Wirtschaftlicher ist es, Geschäftsvorfälle über einen bestimmten Zeitraum z. B. Quartal oder Geschäftsjahr zu sammeln und dann die Summe aus den Veränderungen (Saldo) in die Bilanz zu übertragen. Für jeden Bilanzposten wird im Journal (Tagebuch) ein Konto eröffnet. Für Posten der Aktivseite Aktivkonten und für Positionen der Passivseite Passivkonten. In diesen Konten werden die Buchungen taggenau mit Betrag und kurzer Vorgangsbeschreibung eingetragen.

Am Ende der Abrechnungsperiode werden die Salden der Konten in die neue Bilanz übernommen (**Bild 1**).

Da gegenüber Kunden und Lieferanten ein erhöhter Auskunfts- und Informationsbedarf besteht, werden alle Buchungen, die Kunden (Debitoren) oder Lieferanten (Kreditoren) betreffen, zusätzlich in der Kreditoren- bzw. Debitorenbuchhaltung erfasst.

Am Schluss der Abrechnungsperiode werden alle Konten abgerechnet und mit ihrem neuen Kontostand (Saldo) in das Hauptbuch (Abschlussübersicht) übernommen. Im Hauptbuch wird die Schlussbilanz erstellt und eine Gewinn- und Verlustrechnung, d. h. Zusammenfassung aller Erlöse und Aufwendungen, durchgeführt.

Die Erträge E des Unternehmens berechnen sich aus den im Betrachtungszeitraum erwirtschafteten Werten der erstellten Güter und Leistungen (Verkauf, Lagerveränderungen und Eigenverbrauch, **Bild 2**).

Der steuerliche Gewinn G_S ist die Differenz von Erträgen E und Aufwendungen A in einer Rechnungsperiode.

Der betriebswirtschaftliche Gewinn G_B ergibt sich, wenn man die Zusatzkosten Z (z. B. kalkulatorische Kosten) vom steuerlichen Gewinn G_S abzieht.

> Wichtige Berichte der Finanzbuchhaltung sind das Inventar, die Bilanz und die Gewinn- und Verlustrechnung.

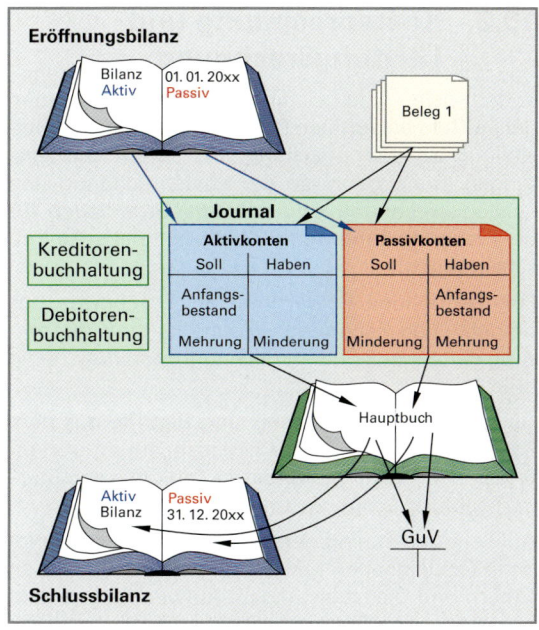

Bild 1: Ablauf der Buchungen

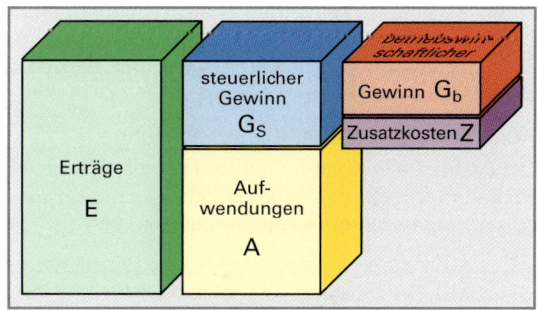

Bild 2: Ermittlung des steuerlichen und betriebswirtschaftlichen Gewinns

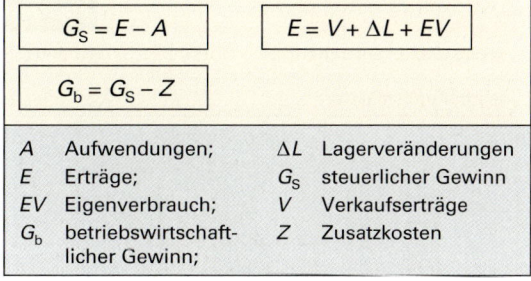

$$G_S = E - A \qquad E = V + \Delta L + EV$$

$$G_b = G_S - Z$$

A	Aufwendungen;	ΔL	Lagerveränderungen
E	Erträge;	G_S	steuerlicher Gewinn
EV	Eigenverbrauch;	V	Verkaufserträge
G_b	betriebswirtschaftlicher Gewinn;	Z	Zusatzkosten

K   Kompetenzorientierung

1. **Beschreiben Sie kurz die Aufgaben des betrieblichen Rechnungswesens.**
2. **Welche Funktionen erfüllt eine „betriebswirtschaftliche Standardsoftware"?**
3. **Bei der Inventur der Firma Schock GmbH wurden folgende Werte ermittelt: Grundstück und Gebäude 217.400 €, Warenbestände 24.810 €, Forderungen an Kunden 16.690 €, Verbindlichkeiten an**

K   **Lieferanten 14.460 €, Bankdarlehn 124.000 €, Bankguthaben 34.280 €, Kassenbestand 1.650 € und Betriebs- und Geschäftsausstattung 148.000 €. Erstellen Sie eine Bilanz und bestimmen Sie das Eigenkapital.**

Lösung: **Bilanzsumme 442.830 €**
        Eigenkapital 304.370 €

15.2 Kostenrechnung und Leistungsrechnung

In der Kosten- und Leistungsrechnung erfasst man den in Geld bewerteten Ressourceneinsatz zur Herstellung bzw. Bereitstellung von Gütern und Leistungen. Die Ergebnisse der Kostenrechnung und Leistungsrechnung sind wichtige Grundlagen für die Preisgestaltung und für unternehmerische Entscheidungen.

Für die richtige Bewertung der Ergebnisse des betrieblichen Rechnungswesens ist eine Abgrenzung der angewendeten Rechengrößen notwendig (**Bild 1**).

Ausgaben und Einnahmen sind Begriffe aus dem Zahlungsverkehr und der Finanzrechnung und erfassen alle baren und unbaren Zahlungsausgänge und Zahlungseingänge im Unternehmen.

Aufwendungen sind der in einer Rechnungsperiode in Geldeinheiten bewertete gesamte Einsatz an Gütern und Dienstleistungen. Aufwendungen können betrieblich bedingt sein, oder außerbetriebliche Ursachen haben (**Tabelle 1**).

Unter Kosten versteht man den in Geldeinheiten bewerteten Einsatz an Gütern und Dienstleistungen, die ausschließlich dem Zweck der betrieblichen Leistungserstellung dienen.

Aufgaben und Ziele der Kostenrechnung

Die traditionelle Kostenrechnung setzt sich aus der Kostenartenrechnung, Kostenstellenrechnung und Kostenträgerrechnung zusammen (**Bild 2**).

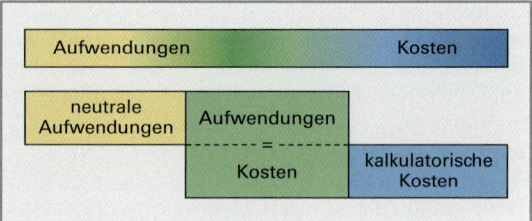

Bild 1: Unterscheidung von Kosten und Aufwand

Tabelle 1: Beispiele zum Zusammenhang zwischen Ausgaben, Kosten und Aufwendungen	
Zusammenhang	Beispiel
Ausgaben, die gleichzeitig Kosten und Aufwendungen sind.	Lohn- und Gehaltszahlungen, Mietzahlungen für Büroräume.
Ausgaben, die teilweise den Kosten und teilweise den Aufwendungen zuzurechnen sind.	Anschaffungen von Maschinen, die über mehrere Jahre anteilig abgeschrieben werden.
Ausgaben, die keine Kosten sind, aber Aufwand bedeuten.	Spende für wohltätige Zwecke.
Kosten, die gleichzeitig Aufwand bedeuten, aber keine Ausgaben verursachen.	Verbrauch von früher beschafftem Lagermaterial.
Kosten, die keinen Aufwand bedeuten und nicht zu Ausgaben führen.	Kalkulatorische Zinsen für das Eigenkapital in einem Einzelunternehmen.

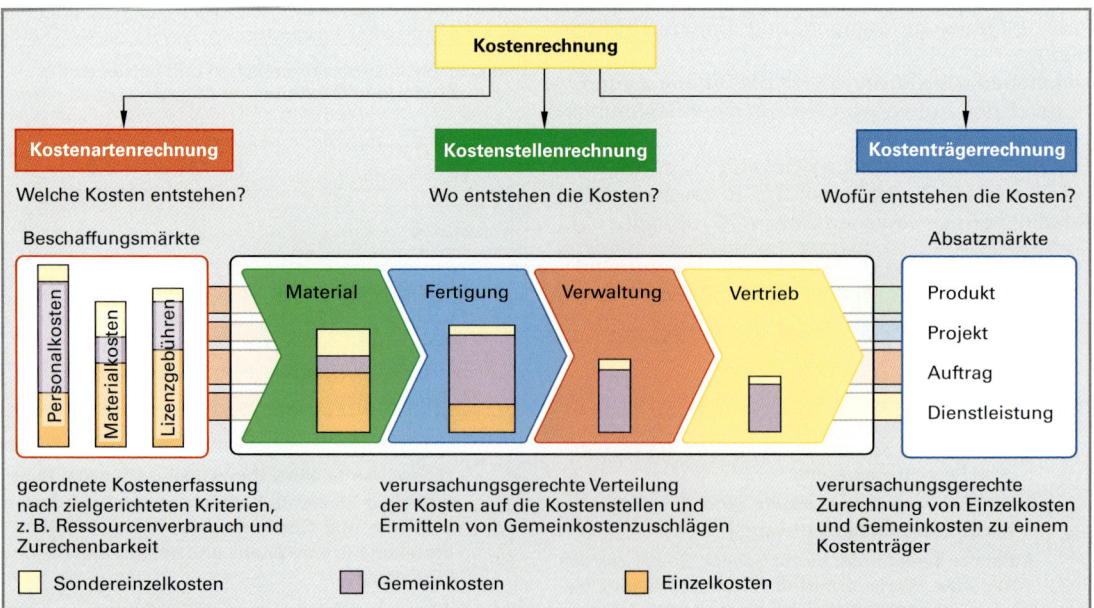

Bild 2: Betriebliche Kostenrechnung

Die Kostenartenrechnung erfasst die Kosten einer Abrechnungsperiode und unterteilt sie je nach Ziel der Untersuchung nach verschiedenen Kriterien (**Bild 1**).

Die Kostenstellenrechnung schafft Verantwortungsbereiche und ist Voraussetzung für die Verteilung verschiedener Kostenarten (Bild 2, vorhergehende Seite).

In der Kostenträgerrechnung werden die verursachten Kosten möglichst verursachungsgerecht auf die Kostenträger, z. B. Aufträge, Produkte und Projekte, verteilt und Preise ermittelt.

> Kostenträger sind z. B. Produkte, Aufträge, Projekte und Dienstleistungen.

15.2.1 Kostenartenrechnung

Die Kostenartenrechnung muss die Kosten einer Rechnungsperiode, z. B. eines Quartals erfassen und für die spätere Verwendung mit bestimmten Merkmalen (Attributen) versehen. Dies geschieht z. B. bei der Buchung durch die Zuordnung der Erlöse und Aufwendungen zu einem bestimmten Konto mit einer festgelegten Kontonummer (**Tabelle 1**).

> Die Kostenartenrechnung erfasst die Aufwendungen einer Rechnungsperiode nach unterschiedlichen, dem späteren Verwendungszweck entsprechenden Sortierkriterien.

15.2.1.1 Kostenarten in Abhängigkeit von der Zurechenbarkeit auf Kostenträger

Kosten, die für einen Kostenträger genau vorausbestimmbar oder zurechenbar sind, nennt man Einzelkosten. Beispiele hierfür sind die Materialkosten, die über Materialentnahmescheine (**Bild 2**) oder Konstruktionsunterlagen eindeutig einem Kostenträger zugeordnet werden können. Bei Löhnen entstehen Einzelkosten, wenn beispielsweise über Rapportzettel oder Zeitakkordsätze die Lohnkosten einem Kostenträger eindeutig zugeordnet sind.

> Einzelkosten können einem Kostenträger eindeutig zugeordnet werden.

Mieten, Wertminderungen bei Maschinen und Einrichtungen, Gehälter von Angestellten, Energiebereitstellungskosten u.a. können üblicherweise keinem Kostenträger eindeutig zugeordnet werden. Diese Kosten werden periodenweise erfasst und als Gemeinkosten bezeichnet. Sie müssen über einen in der Kostenstellenrechnung zu ermittelnden Verteilungsschlüssel als Gemeinkostenzuschlagssätze auf alle Kostenträger verrechnet werden.

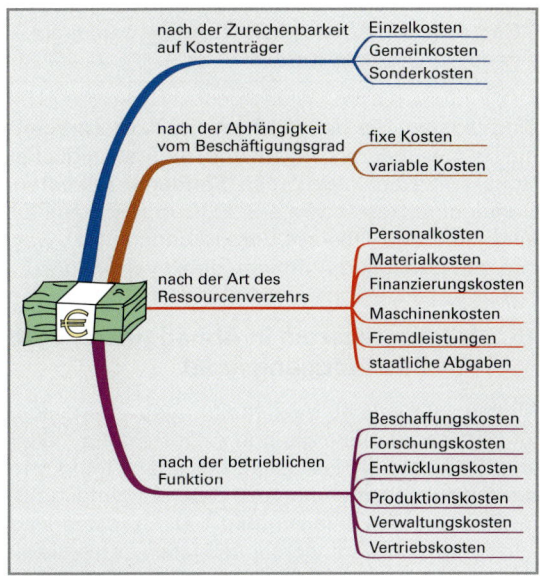

Bild 1: Kostenarten

Materialentnahmeschein			Auftrags-Nr./ Projekt-Nr. NW4 – N564
Bezeichnung:	**Anzahl**	**Artikel-Nr.**	**empfangen:**
NIC 3C905B	22	Z 455 642 3	Mn
Ethernet-Anschluss-dosen Scea-2.0	22	Z 345 869 2	Mn
Glasfaserkabel II/AD(ZH)H G 50/125	250 m	Z 345 347 7	Mn
		Datum:	24.2.20xx
Abteilung:	NW 4	**Kosten-stellen-Nr.**	NW 4-45
Ausgegeben	KL	**Empfänger:**	Mn

Bild 2: Auszug Materialentnahmeschein

Tabelle 1: Industrie-Kontenrahmen (Auszug)	
Konto	Kostenart
60	Aufwendungen für Roh-, Hilfs- und Betriebsstoffe und bezogene Waren.
6000	Aufwendungen für Rohstoffe, Fertigungsmaterial.
6010	Aufwendungen für Vorprodukte, Fremdbauteile.
6020	Aufwendungen für Hilfsstoffe.
6030	Aufwendungen für Betriebsstoffe, Verbrauchswerkzeuge.
6040	Aufwendungen für Verpackungsmaterial.
6050	Aufwendungen für Energie.
6060	Aufwendungen für Reparaturmaterial.
6070	Aufwendungen für sonstiges Material.

Gemeinkosten können keinem Kostenträger eindeutig zugeordnet werden.

Einzelkosten, die bei gleichartigen Kostenträgern nur in besonderen Fällen und unterschiedlicher Höhe auftreten, nennt man **Sondereinzelkosten**. Sondereinzelkosten wie z. B. Expresszuschläge für eilige Aufträge, Übersee-Verpackungen usw., werden den jeweiligen Aufträgen direkt verrechnet.

15.2.1.2 Kostenarten in Abhängigkeit vom Beschäftigungsgrad

Mieten, steuerliche Abschreibungen, Bereitstellungskosten der Energie und Angestelltengehälter sind Beispiele für Fixkosten, die unabhängig von der Produktionsmenge (vom Beschäftigungsgrad) in gleicher Höhe anfallen (**Bild 1 a**). Fixkosten sind kurzfristig nicht veränderbar und fallen durch die alleinige Sicherstellung der Produktionsfähigkeit an.

Fixkosten sind kurzfristig unabhängig von der Produktionsmenge (vom Beschäftigungsgrad).

Beispiel 1: Stückkosten

Für die Produktion eines neuen Schnittstellenchips sind Investitionen in Höhe von 2.000.000 € notwendig. Die variablen Kosten betragen 8 € je Stück.

a) Welche Stückkosten entstehen je Chip bei pessimistischen Absatzprognosen von 400.000 Stück und für optimistische Absatzprognosen von 4 Millionen Stück?

b) Welche Menge m muss mindestens abgesetzt werden, damit die Stückkosten unter 10 € sinken?

Lösung:

a) bei einer Absatzmenge von 400.000

$$k = \frac{K_f}{m} + k_v = \left(\frac{2.000.000}{400.000} + 8 \right) €$$

k = **13,00 €**

bei einer Absatzmenge von 4.000.000

$$k = \frac{K_f}{m} + k_v = \left(\frac{2.000.000}{4.000.000} + 8 \right) €$$

k = **8,50 €**

b)

$$m = \frac{K_f}{k - k_v} = \frac{2.000.000 €}{(10 - 8) €}$$

m = **1.000.000**

Produktionsmengenabhängige Kosten wie Rohstoffkosten, der Arbeitspreis für Energie und Fremdleistungen, werden als variable Kosten bezeichnet.

! Es ist in der Kostenrechnung üblich, für Gesamtgrößen Großbuchstaben und für Stückgrößen Kleinbuchstaben zu verwenden.

$$k = \frac{K_f}{m} + k_v \qquad \qquad K = K_f + m \cdot k_v$$

K	Gesamtkosten; $\qquad$ m Menge
k	Gesamtkosten je Stück (Stückkosten)
K_f	fixe Gesamtkosten
k_f	Fixkosten je Stück
K_v	variable Gesamtkosten
k_v	variable Kosten je Stück

Variable Kosten sind produktionsmengenabhängig.

Für Produktionen mit hohen Fixkosten, wie z. B. die Herstellung von Prozessoren, sind sehr hohe Stückzahlen wichtig, da mit steigender Stückzahl die Fixkosten je Stück immer geringer werden (Gesetz der Massenproduktion, **Bild 2**).

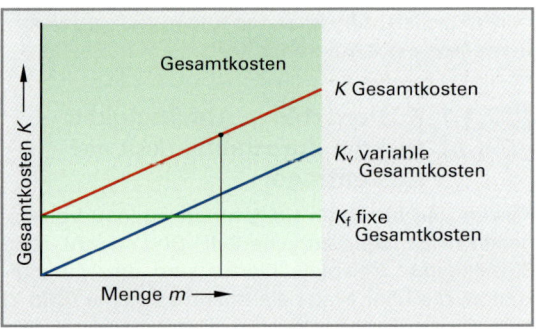

Bild 1: Gesamtkosten in Abhängigkeit von der Produktionsmenge

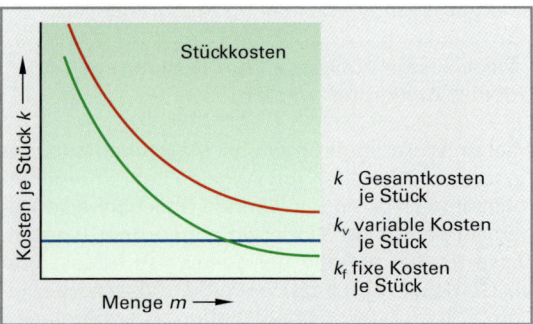

Bild 2: Stückkosten in Abhängigkeit von der Produktionsmenge

15.2.2 Kostenstellenrechnung

Die Kostenstellenrechnung unterteilt das Unternehmen in Verantwortungsbereiche. Sie schafft damit die Voraussetzungen für die Budgetierung, für leistungsorientierte Entlohnungssysteme und ist Grundlage für genauere Kostenträgerrechnungen.

Die Abgrenzung der Verantwortungsbereiche erfolgt nach räumlichen, kalkulatorischen oder funktionalen Merkmalen und Erfordernissen. Jeder Verantwortungsbereich erhält eine Kostenstellennummer **(Bild 1)**.

> Die Kostenstellenrechnung analysiert die Kosten in Verantwortungsbereichen.

Die Erfassung der Kostenstellen-Einzelkosten z. B. über Materialentnahmescheine und Stundenzettel und ihre Zurechnung ist in der Regel einfach. Schwieriger ist es, mit vertretbarem Aufwand die Gemeinkosten verursachungsgerecht auf die Kostenstellen zuzurechnen.

Die Verteilung dieser Gemeinkosten einer Rechnungsperiode auf die Kostenstellen erfolgt oft mit dem Betriebsabrechnungsbogen (BAB, **Bild 2**).

Die Gemeinkostenzuschlagssätze dienen der Kalkulation und sind ein wichtiger Ansatzpunkt für Vergleiche mit Mitwettbewerbern und für interne Verbesserungsansätze.
Der BAB beruht immer auf Vergangenheitszahlen

Bild 1: Kostenstellenplan

> Mit dem Betriebsabrechnungsbogen BAB werden die Gemeinkosten auf die Kostenstellen verteilt und Gemeinkostenzuschlagssätze ermittelt.

und sollte in regelmäßigen Abständen, z. B. jährlich, und bei wesentlichen Kostenveränderungen, neu erstellt werden. Alle Kosten im BAB sind Nettozahlen, also ohne Mehrwertsteuer.

Betriebsabrechnungsbogen Fa. ITA-Ziesel für die Zeit vom ... bis ...							
Materialeinzelkosten			84.000 €				
Lohneinzelkosten				70.400 €			
Gemein-kosten	Gesamt-betrag	Verteilungs-grundlage	Verteilungs-schlüssel	Kostenstellen			
				Material 0100	Fertigung 0200	Verwaltung 0300	Vertrieb 0400
Gehälter	152.000 €	Arbeitszeiterf.	20/40/20/20	30.400 €	60.800 €	30.400 €	30.400 €
Raumkosten	50.400 €	Grundflächen	50/100/25/25	12.600 €	25.200 €	6.300 €	6.300 €
Energiekosten	6.560 €	kWh-Zähler	56/400/120/80	560 €	4.000 €	1.200 €	800 €
Instandhal-tungskosten	24.000 €	Anlagen-karten	3/12/5/4	3.000 €	12.000 €	5.000 €	4.000 €
kalkulatori-sche AfA	32.000 €	Anlagen-karten		4.000 €	20.000 €	5.000 €	3.000 €
kalkulatori-sche Zinsen	8.000 €	nach Kapital-bindung		2.000 €	3.000 €	2.000 €	1.000 €
Gemeinkos-tenmaterial	42.000 €	Buchhaltungs-zahlen		3.000 €	30.000 €	6.000 €	3.000 €
Summe Ge-meinkosten	314.960 €			55.560 €	155.000 €	55.900 €	48.500 €
Materialgemeinkostenzuschlagssatz				66,1 %			
Lohngemeinkostenzuschlagssatz					220,2 %		
Herstellkosten des Umsatzes				364.960 €			
Verwaltungsgemeinkostenzuschlagssatz						15,3 %	
Vertriebsgemeinkostenzuschlagssatz							13,3 %
Selbstkosten				469.360 €			

Bild 2: Betriebsabrechnungsbogen BAB

Fallbeispiel

Die IT-Firma „ITA-Ziesel GbR" fertigt Komponenten für den IT-Bereich.

Zur Vorbereitung von Preisverhandlungen mit einem Auftraggeber will der Unternehmensleiter Herr Ziesel seine Kostensituation analysieren. Er möchte wissen, welche Gemeinkosten er auf Fertigungsmaterialeinzelkosten und Fertigungslohneinzelkosten aufschlagen muss, um seine Selbstkosten zu decken.

Bei den Preisverhandlungen geht es um eine Serie von Routern, die Materialeinzelkosten von 74,50 € und Lohneinzelkosten von 36,40 € verursachen.

Daten der Firma:

Personal: Unternehmensleiter und eine IT-Fachkraft. Der Unternehmensleiter Herr Ziesel verursacht Lohngesamtkosten von 152.000 €/Jahr, die er als Gemeinkosten verrechnen möchte, da eine genaue Erfassung seiner Arbeitszeiten für bestimmte Kostenträger aufgrund der oft wechselnden Tätigkeiten sehr aufwändig wäre. Er hat ermittelt, dass er 20 % seiner Arbeitszeit mit Lageraufgaben beschäftigt ist, 40 % mit der Fertigung und jeweils 20 % mit Verwaltung und Vertrieb.

Die IT-Fachkraft ist ausschließlich produktiv tätig und erfasst die Arbeitszeiten zu jedem Auftrag. Die Gesamtlohnkosten von 70 400 € können damit zu 100 % als Lohneinzelkosten verrechnet werden.

Räumlichkeiten: Materiallager 50 m², Fertigung 100 m², Verwaltung 25 m² und Vertrieb 25 m². Monatsmiete 4.200 €.

Energiekosten: Materiallager 5.600 kWh, Fertigung 40.000 kWh, Verwaltung 12.000 kWh und Vertrieb 8.000 kWh. Gesamtkosten 6.560 €.

Instandhaltungskosten vgl. BAB

Kalkulatorische Abschreibung (AfA) vgl. BAB (Bild 1).

Gemeinkostenmaterial: Materiallager 3.000 €, Fertigung 30.000 €, Verwaltung 6.000 € und Vertrieb 3.000 €.

Lösungsschritte zum Verteilen der Gemeinkosten auf die Kostenstellen und Ermitteln der Gemeinkostenzuschlagssätze mit dem BAB:

1. Gemeinkostenarten mit Gesamtbetrag im BAB eintragen **(Bild 2, vorhergehende Seite)**.
2. Ermitteln eines verursachungsgerechten Verteilungsschlüssels zur Verteilung der Gemeinkosten auf die Kostenstellen.
3. Verursachungsgerechtes Verteilen der Gemeinkosten auf die Kostenstellen. Für größere Unternehmen und genauere Untersuchungen kann die Anzahl der Kostenstellen durch Bilden von Unter- oder Vorkostenstellen erhöht werden.
4. Ermitteln der Gemeinkostensummen der Kostenstellen.
5. Ermitteln von Gemeinkostenzuschlagssätzen. Normalerweise sind die jeweiligen Einzelkosten

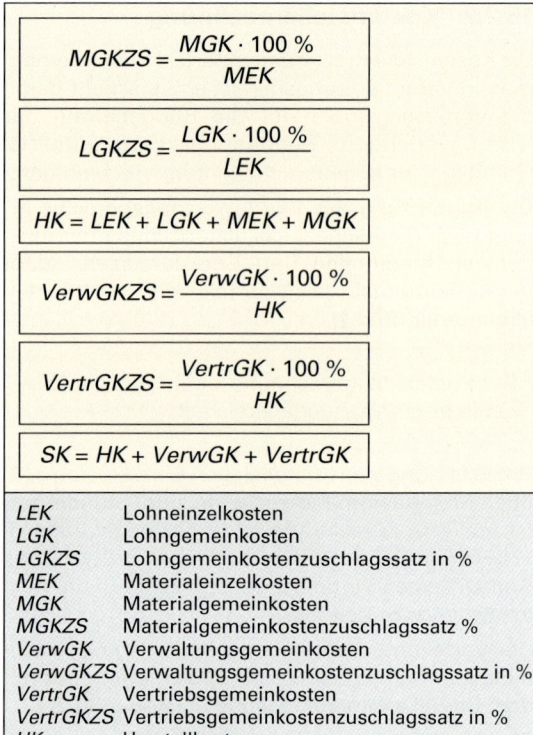

$$MGKZS = \frac{MGK \cdot 100\ \%}{MEK}$$

$$LGKZS = \frac{LGK \cdot 100\ \%}{LEK}$$

$$HK = LEK + LGK + MEK + MGK$$

$$VerwGKZS = \frac{VerwGK \cdot 100\ \%}{HK}$$

$$VertrGKZS = \frac{VertrGK \cdot 100\ \%}{HK}$$

$$SK = HK + VerwGK + VertrGK$$

LEK	Lohneinzelkosten
LGK	Lohngemeinkosten
LGKZS	Lohngemeinkostenzuschlagssatz in %
MEK	Materialeinzelkosten
MGK	Materialgemeinkosten
MGKZS	Materialgemeinkostenzuschlagssatz %
VerwGK	Verwaltungsgemeinkosten
VerwGKZS	Verwaltungsgemeinkostenzuschlagssatz in %
VertrGK	Vertriebsgemeinkosten
VertrGKZS	Vertriebsgemeinkostenzuschlagssatz in %
HK	Herstellkosten
SK	Selbstkosten

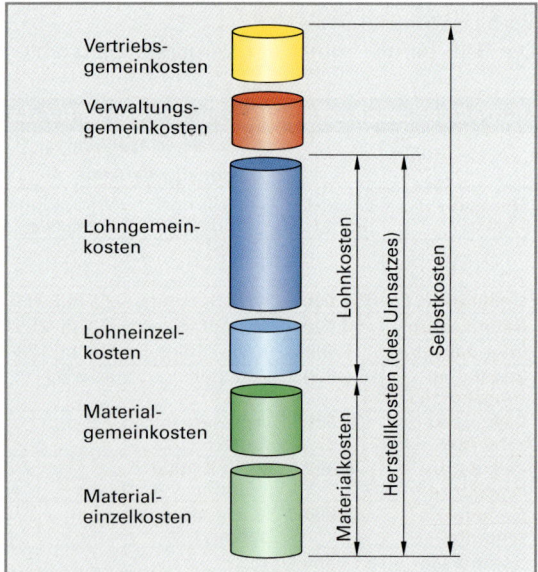

Bild 1: Kostenzusammensetzung in der einfachen Zuschlagskalkulation

bzw. die Herstellkosten die Bezugszahl für die Ermittlung der Zuschlagssätze **(Bild 1)**.

6. Herstellkosten des Umsatzes und Selbstkosten bestimmen (Bild 2, vorhergehende Seite).

K   Kompetenzorientierung

1. **Welche Kostenart wird im BAB auf die Kostenstellen verteilt?**

2. **Wodurch wird bestimmt, in wie viele Kostenstellen ein Unternehmen eingeteilt wird?**

3. **Ein Unternehmen stellt in zwei Betrieben dieselben Produkte her (Bild 1). Der Einkauf ist zusammengefasst. Lagerhaltung, Produktion, Verwaltung und Vertrieb sind eigenständig. Für beide Betriebe gilt: Fertigungsmaterial 114 €/Stk.**

   a) **Bestimmen Sie für beide Betriebe die Gemeinkostenzuschlagssätze, die Herstellkosten und Selbstkosten (je Stück).**

Lösung:	Betrieb 1	Betrieb 2
MGKZS	8,77 %	16,18 %
LGKZ	116,78 %	83,81 %
VerwGKZS	11,19 %	9,54 %
Vertr GKZS	8,97 %	5,65 %
HK	180,36 €	196,78 €
SK	216,73 €	226,67 €

   b) **Bewerten Sie die Ergebnisse im Vergleich beider Betriebe.**

   c) **Welcher Zusatznutzen kann aus diesen Zahlen gewonnen werden?**

4. **Welche betriebswirtschaftlichen Analysen können durchgeführt werden, wenn in der Kostenartenrechnung eine Trennung**

   a) **in fixe und variable Kosten und**

   b) **Einzel- und Gemeinkosten durchgeführt wird?**

Gemein-kosten	Ge-samt	Mate-rial	Ferti-gung	Verwal-tung	Vertrieb
Betrieb 1: 5500 Stk/a Fertigungslohnkosten 26,– €/Stk					
Kosten in €/a					
Heizung		12 000	10 000	2 000	6 000
Strom		3 000	7 000	1 000	1 000
Gehälter		20 000	30 000	68 000	42 000
sonst.		10 000	40 000	30 000	30 000
AfA		10 000	80 000	10 000	10 000
Betrieb 2: 4500 Stk/a Fertigungslohnkosten 35,– €/Stk					
Kosten in €/a					
Heizung		16 000	15 000	3 000	11 000
Strom		1 500	5 000	1 500	1 000
Gehälter		22 000	42 000	60 000	26 000
sonst.		15 000	50 000	15 000	2 000
AfA		15 000	20 000	5 000	10 000

Bild 1: Kostenübersicht

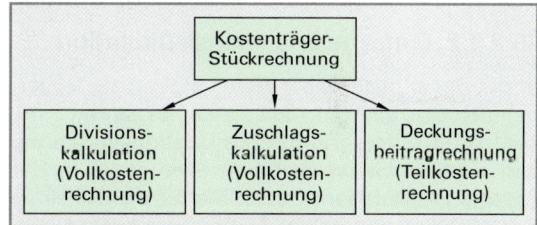

Bild 2: Kostenträger-Stückrechnung

$$k = \frac{SK}{n}$$

k Kosten je Leistungseinheit

SK Selbstkosten

n Anzahl der Leistungseinheiten

> In der Divisionskalkulation werden alle Kosten einer Berechnungsperiode durch die Anzahl der Leistungseinheiten geteilt.

Beispiel 1: Kosten Sicherheitsüberprüfung

Die VDE-Sicherheitsüberprüfungen von Geräten werden durch zwei Mitarbeiter, 1 IT-Fachkraft, 1 Helfer durchgeführt. Es entstanden im vergangenen Jahr folgende Kosten:

Personal 225.000 €, Kfz-Kosten 16.200 €, AfA-Messgeräte 8.200 €, Fortbildung 14.600 €, sonstige Kosten 84.800 €. Durchschnittlich werden pro Jahr 4360 Überprüfungen durchgeführt.

Berechnen Sie die Kosten je Leistungseinheit (k).

Lösung:

$$k = \frac{SK}{n} = \frac{348.000}{4.360} €$$

$$k = \mathbf{80\ €}$$

15.2.3   Kostenträgerrechnung

Die Kostenträgerrechnung bestimmt die Kosten einer Leistung, z. B. eines Produktes oder einer Dienstleistung, für eine Zeiteinheit (Kostenträger-Zeitrechnung) oder je Kostenträgereinheit (Kostenträger-Stückrechnung).

In der Kostenträgerzeitrechnung stellt man die gesamten Kosten und Erträge einer Zeitperiode einander gegenüber und bestimmt die Wirtschaftlichkeit des Gesamtbetriebes, dies bezeichnet man als kurzfristige Erfolgsrechnung.

Die Kostenträger-Stückrechnung ermittelt mit verschiedenen Verfahren die Kosten für eine Einheit eines Kostenträgers **(Bild 2)**.

15.2.3.1 Divisionskalkulation

Bei der Kostenträger-Stückrechnung kann man im einfachsten Fall die Divisionskalkulation anwenden. Sie ist dann möglich, wenn ein Unternehmen oder ein abgegrenzter Teil eines Unternehmens, z. B. ein Profit-Center, nur eine Leistung bereitstellt, bzw. die Kosten einer Leistungsart gesondert erfasst.

Ein Betrieb hat für einen angestellten Mitarbeiter die Arbeitszeiten (**Tabelle 1**) und die Kosten (**Tabelle 2**) erfasst. Der Stundenverrechnungssatz für den Mitarbeiter soll bestimmt werden. Die Gewinnerwartung beträgt 10 % der Lohnkosten.

a) Bestimmen Sie die direkt verrechenbaren Arbeitsstunden eines Jahres aus **Tabelle 1**.

b) Bestimmen Sie die Lohnkosten inklusive Gewinn aus **Tabelle 2**.

c) Bestimmen Sie die Kosten pro Arbeitsstunde.

Lösung:

a) **1224 h/Jahr** (Tabelle 1)

b) **76.135,10 €** (Tabelle 2)

c) $k = \dfrac{SK}{n} = \dfrac{76.135,10\ €}{1.224}$ €/h = **62,20 €/h**

Tabelle 1: Berechnung der Arbeitstage und produktiven Stunden pro Jahr und Mitarbeiter

Anzahl der Tage im Jahr	365
– arbeitsfreie Samstage und Sonntage	105
– unbezahlte Urlaubstage	2
– Feiertage	10
– durchschnittliche Krankheitstage	12
– Arbeitsbefreiung für besondere Anlässe	2
– Ausfallzeiten nach dem BetrVerG	0
– durchschnittliche Urlaubstage	30
Tatsächliche Arbeitstage im Jahr	**204**
Berechnung der direkt verrechenbaren Arbeitsstunden pro Jahr und Mitarbeiter 7,5 h/Tag	
Jährliche Arbeitszeit	1530 h
– unproduktive Zeiten (1,5 h/Tag)	306
Direkt verrechenbare Arbeitsstunden	**1224**

15.2.3.2 Einfache Zuschlagskalkulation

In der Regel bieten aber Abteilungen bzw. Unternehmen eine Vielzahl von Leistungen an und müssen damit differenziertere Kalkulationsverfahren, z. B. die Zuschlagskalkulation anwenden. In der Zuschlagskalkulation werden die für die einzelnen Kostenstellen ermittelten Gemeinkostenzuschlagssätze auf die Einzelkosten bzw. Herstellkosten aufgeschlagen (**Bild 1, folgende Seite**).

> Bei der Zuschlagskalkulation werden die im BAB ermittelten Zuschlagssätze auf die Einzelkosten aufgeschlagen.

Zur Selbstkostenermittlung müssen bei bekannten Gemeinkostenzuschlagssätzen nur die Einzelkosten des Auftrages ermittelt werden.

Einfache Zuschlagskalkulation als Vorkalkulation in der Produktion

Eine Vorkalkulation wird z. B. erstellt, wenn Kunden ein Angebot anfordern oder wenn betriebsinterne Entscheidungen getroffen werden müssen.

Die Vorkalkulation wird in sieben Schritten ausgeführt:

- Materialeinzelkosten, z. B. aus Stückliste, erfassen.
- Materialgemeinkosten entsprechend den Ergebnissen des BAB zuschlagen.
- Lohneinzelkosten, z. B. nach Arbeitsvorbereitung erfassen.
- Lohngemeinkosten entsprechend den Ergebnissen des BAB zuschlagen.

Tabelle 2: Ermittlung von Bruttolohn und Sozialbeiträgen in €/Jahr

Direkt verrechenbare Lohnkosten	€
Direkt verrechenbare Arbeitsstunden x durchschnittlichen Stundenlohn 18 €/h	22.032,00
Sonstige Lohnkosten	€
Unproduktive Zeiten	5.508,00
VWL gem. VWL-Tarifvertrag	624,00
Weihnachtszuwendung	1.200,00
Feiertagsentlohnung	1.350,00
Lohnfortzahlung im Krankheitsfall	1.620,00
Arbeitsbefreiung bes. Anlässe	270,00
Ausfallzeiten nach BetrVerfG	0,00
Freiwillige Sozialleistungen	800,00
Urlaubsentgelt	4.050,00
zusätzliches Urlaubsgeld 25 %	1.012,50
Summe sonstige Lohnkosten	**16.434,50**
Bemessungsgrundlage für Sozialbeiträge	**38.466,50**
Sozialbeiträge AG-Anteil (vereinfacht AG-Anteil 50 %)	
Rentenversicherung 19 % AG-Anteil	3.654,32
Krankenversicherung 13 % AG-Anteil	2.500,32
Arbeitslosenversich. 6,5 % AG-Anteil	1.250,16
Pflegeversicherung 1 %	365,43
Beiträge zur BG 1,5 %	577,00
Schwerbehindertenabgabe	0,00
Sozialbeiträge	**8.347,23**
Bruttolohn + Sozialbeiträge	**46.813,73**
Zusätzliche anteilige Lohnkosten (Vertrieb, Verwaltung)	**22.400,00**
Lohnkosten gesamt	**69.213,73**
10 % Gewinn auf Lohnkosten	**6.921,37**
Lohnkosten inkl. Gewinn	**76.135,10**

- Herstellkosten durch Addition ermitteln.
- Verwaltungsgemeinkosten und Vertriebsgemeinkosten laut den Ergebnissen BAB auf die Herstellkosten aufschlagen.
- Selbstkosten bestimmen.

Beispiel 1: Zuschlagskalkulation

Über eine Zuschlagskalkulation ist aufgrund der Zahlen aus der Vergangenheit (BAB Fa. Ziesel GbR, Abschnitt 14.2.2) zu bestimmen, wie die voraussichtlichen Selbstkosten für eine neue Druckerserie der Firma sein werden (= Vorkalkulation).

Die Kosten für die Komponenten betragen 62,20 €. Die Arbeitsvorbereitung hat ermittelt, dass die Arbeitszeit zum Zusammenbau der Komponenten 12 Minuten und der Stundenverrechnungssatz für die Montagemitarbeiter 62,56 €/h beträgt.

Die Selbstkosten sind zu bestimmen.

Lösung:

SK = **184,38 €, Tabelle 1.**

Tabelle 1: Zuschlagskalkulation Produktion

Materialeinzelkosten	**aus BAB**	62,20 €
Materialgemeinkosten	**66,1 %**	41,11 €
Lohneinzelkosten		12,51 €
Lohngemeinkosten	**220,2 %**	27,55 €
Herstellkosten		143,37 €
Verwaltungsgemeinkosten	**15,3 %**	21,94 €
Vertriebsgemeinkosten	**13,3 %**	19,07 €
Selbstkosten *SK*		**184,38 €**

Vorkalkulation im Handelsbetrieb

Durch die geringe Fertigungstiefe und die Notwendigkeit volle Sortimente anzubieten, treten heute nahezu alle Unternehmen auch als Händler auf.

Für die Warenkalkulation werden zwei Kalkulationsschemas nacheinander angewendet, die Einstandspreiskalkulation (Bezugspreiskalkulation) und die Verkaufspreiskalkulation.

In der Einstandspreiskalkulation werden vom Listen- oder Katalogpreis des Herstellers alle in Anspruch genommenen Rabatte z. B. Wiederverkäuferrabatt, Mengenrabatte, Saisonrabatte und Skonti abgezogen und alle durch die Lieferung entstandenen Bezugskosten z. B. Verpackungskosten, Rollgeld, Transportversicherung und Marketingkosten addiert **(Bild 1)**.

Der Handlungskostenzuschlag, Geschäftskostenzuschlag für die Verkaufspreiskalkulation wird bestimmt, indem alle Handlungskosten wie z. B. Personalkosten, Abschreibungen, Mieten, Fuhrparkkosten, Energiekosten, Kommunikationskosten eines Zeitraumes addiert und prozentual auf den Handelswarenumsatz bezogen werden.

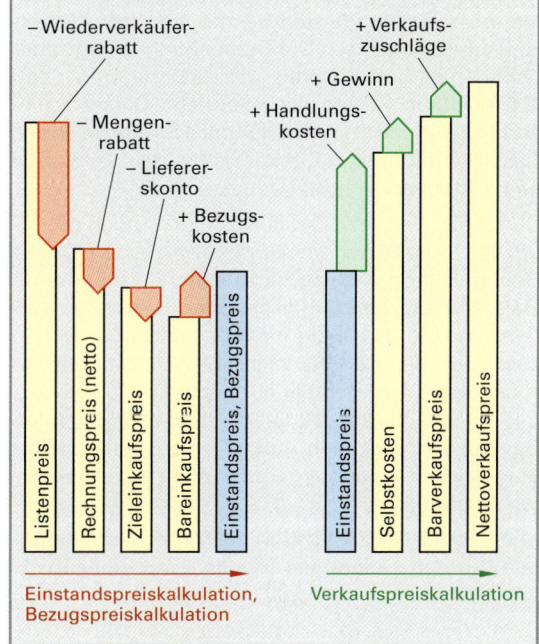

Bild 1: Einstandspreiskalkulation und Verkaufspreiskalkulation

$$HaKZ = \frac{HaK}{\Sigma WU_E}$$

HaKZ	Handlungskostenzuschlag in %
HaK	Handlungskosten
ΣWU_E	Summe Warenumsatz, bewertet zum Einstandspreis

Beispiel 2: Handlungskostenzuschlag

Ein Unternehmen setzt innerhalb eines Jahres Handelswaren mit einem Einstandspreis von 420.000 € um. Die gesamten Handlungskosten (Geschäftskosten) betragen 158.400 €. Wie hoch ist der Handlungskostenzuschlag in %?

Lösung:

$$HaKZ = \frac{HaK}{\Sigma WU_E} \cdot 100\,\% = \frac{158.000}{420.000} \cdot 100\,\%$$

HaKZ = **37,7 %**

Beispiel 3: Handelskalkulation

Ein Handelsbetrieb erweitert sein Angebot durch einen neuen Drucker.

a) Der Listenverkaufspreis des Großhändlers für den neuen Drucker beträgt 100 €, er gewährt 12 % Wiederverkäuferrabatt, 2 % Skonto und berechnet 20 € für die Lieferung. Der Bezugspreis für den Drucker ist zu bestimmen.

b) Der Barverkaufspreis ist so festzulegen, dass bei 37,7 % Handlungskosten ein Gewinn von 8 % der Selbstkosten erzielt wird.

Beispiel 3: Fortsetzung

c) Der Listenverkaufspreis bei 2 % Kundenskonto und 5 % Kundenrabatt ist festzulegen.

Lösung: **Bild 1, Spalte 1**

a) **106,24 €**
b) **158,00 €**
c) **169,71 €**

Beim Berechnen des Kundenskontos ist zu beachten, dass der Kunde sein Skonto aus dem Zielverkaufspreis bekommt. Die Berechnung erfolgt aber über den Barverkaufspreis, der als Bezugszahl dann 100 % minus Skontosatz entspricht. Dieser Sachverhalt ist durch i.H. (= im Hundert) gekennzeichnet. Dasselbe gilt für den Kundenrabatt, den der Kunde vom Listenverkaufspreis erhält.

Durch die Wettbewerbssituation ist es auch oft nötig, den Preis an den Marktpreis anzupassen. Da die Gemeinkostenzuschlagssätze durch die betrieblichen Abläufe und Organisationen bestimmt werden, sind sie kurzfristig nicht beeinflussbar. Wenn auch der Bezugspreis nicht beeinflusst werden kann, bleibt dem Händler nur noch die Möglichkeit, mit einer Differenzkalkulation den verbleibenden Gewinn zu berechnen und zu entscheiden, ob er unter diesen Bedingungen die Ware weiter anbieten möchte.

Mittel- oder langfristig sind auch Preisverhandlungen mit den Lieferanten möglich. Mit einer Rückwärtskalkulation (retrograden Kalkulation) kann der Händler z. B. im Vorfeld bestimmen, welchen Listenpreis er bei seinen Verhandlungen erzielen muss, damit seine Gewinnvorstellungen wieder realisierbar sind.

Beispiel 1: Gewinn

Ein Mitbewerber bietet den Drucker für einen Listenpreis von 149,99 € an. Welcher Gewinn ergibt sich bei diesem Listenverkaufspreis?

Lösung: In **Bild 1, Spalte 2** ist der Gewinn = **– 6,65 €** abzulesen (Verlust)

Bei der Berechnung des Gewinns muss beachtet werden, dass der Gewinn im Barverkaufspreis enthalten ist. Der Barverkaufspreis entspricht damit 100 % plus Gewinn in %. Dasselbe gilt für die Handlungskosten, bei denen die Selbstkosten (100 % plus dem Handlungskostenzuschlag in %) entsprechen. Dieser Sachverhalt ist durch a.H. (= auf Hundert) gekennzeichnet.

Beispiel 2: Listenpreis

Bei neuen Preisverhandlungen mit Lieferanten soll ein Listeneinkaufspreis erzielt werden, der die Gewinnerwartungen von 8 % der Selbstkosten wieder erzielt. Welcher Listenverkaufspreis muss ausgehandelt werden?

Lösung: **LVP = 144,99 €**
                abgelesen **Bild 1, Spalte 3**

Handelskalkulationen		Spalte 1		Spalte 2		Spalte 3	
Einstandspreiskalkulation und Verkaufspreiskalkulation	Zuschlagssätze in %	Handelskalkulation in €		Differenzkalkulation für Handel in €		Retrograde Kalkulation im Handel in €	
Listeneinkaufspreis			100,00		100,00		**85,69**
– Lieferer-Rabatt	12	v.H.	12,00	v.H.	12,00	i.H.	10,28
= Zieleinkaufspreis			88,00		88,00		75,41
– Lieferer-Skonto	2	v.H.	1,76	v.H.	1,76	i.H.	1,51
= Bareinkaufspreis			86,24		86,24		73,90
+ Bezugskosten			20,00		20,00		20,00
= Bezugspreis (BP)			**106,24**		106,24		93,90
+ Handlungskosten	37,7	v.H.	40,05	v.H.	40,05	a.H.	35,40
= Selbstkosten			146,29		146,29		129,30
+ Gewinn	8	v.H.	11,70	– 4,5 %	**– 6,65**	a.H.	10,34
= Barverkaufspreis			**158,00**		139,64		139,64
+ Kundenskonto	2	i.H.	3,22	v.H.	2,85	v.H.	2,85
= Zielverkaufspreis			161,22		142,49		142,49
+ Kundenrabatt	5	i.H.	8,49	v.H.	7,50	v.H.	7,50
= Listenverkaufspreis (LVP)			**169,71**		149,99		149,99
v.H. vom Hundert, Bezugszahl entspricht 100 %, i.H. im Hundert, Bezugszahl ist <100 %, a.H. auf Hundert, Bezugszahl ist >100 %							

Bild 1: Handelskalkulation

In der Praxis verwendet man bei Kalkulationen aus Vereinfachungsgründen häufig auch die Größen Rohgewinn, Kalkulationszuschlag, Handelsspanne und Kalkulationsfaktor **(Bild 1)**.

Beispiel 1: Handelskalkulation

Berechnen Sie a) den Rohgewinn, b) den Kalkulationszuschlag, c) die Handelsspanne und d) den Kalkulationsfaktor für die Handelskalkulation des Druckers, Bild 1, vorhergehende Seite, Spalte 1).

Lösung:

a) $RG = LVP - BP = 169,71 € - 106,24 €$

   RG = **63,47 €**

b) $KZ = \dfrac{RG \cdot 100\,\%}{BP} = \dfrac{63,47 \cdot 100\,\%}{106,24}$

   KZ = **59 %**

c) $HS = \dfrac{RG \cdot 100\,\%}{LVP} = \dfrac{63,47 \cdot 100\,\%}{169,71}$

   HS = **37,4 %**

d) $KF = \dfrac{LVP}{BP} = \dfrac{169,71}{106,24}$

   KF = **1,6**

Da aufgrund der Marktbedingungen für verschiedene Produkte und Produktgruppen unterschiedliche Handelsspannen möglich sind, wenden Händler zur schnellen und einfachen Kalkulation meistens mehrere Kalkulationsfaktoren an.

Produktionsbetrieb mit hohen Maschinenkosten oder Gerätekosten

In hochautomatisierten Produktionsbetrieben und bei teueren Einzelgeräten werden die Fertigungsgemeinkosten wesentlich durch die Kosten dieser Maschinen und Geräte beeinflusst. Da nicht alle hergestellten Leistungen diese Maschinen und Geräte beanspruchen, wird die Kalkulation genauer, wenn man diese Kosten aus den Gemeinkosten herausnimmt und direkt den jeweiligen Beanspruchern zuschlägt.

Beispiel 2: Gerätekosten

Ein Netzwerkmessgerät für CAT 6-Kabel verursacht Anschaffungskosten von 9.800,00 €. Eine Nutzungsdauer von 4 Jahren ist möglich und die Wiederbeschaffungskosten für ein neues Messgerät betragen 120 %. Es wird damit gerechnet, dass jährlich 4.200 Messungen durchgeführt werden und die jährlichen Instandhaltungskosten 5 % der Wiederbeschaffungskosten ausmachen.

Bestimmen Sie die Gerätekosten je Messung.

Lösung: **Bild 2, 1,51 €**

$$RG = LVP - BP$$

$$KZ = \frac{(LVP - BP) \cdot 100\,\%}{BP} = \frac{RG \cdot 100\,\%}{BP}$$

$$HS = \frac{(LVP - BP) \cdot 100\,\%}{LVP} = \frac{RG \cdot 100\,\%}{LVP}$$

$$HS = LVP - BP \qquad KF = \frac{LVP}{BP}$$

BP   Bezugspreis
HS   Handelsspanne in % oder €
KF   Kalkulationsfaktor
KZ   Kalkulationszuschlag
LVP Listenverkaufspreis
RG   Rohgewinn

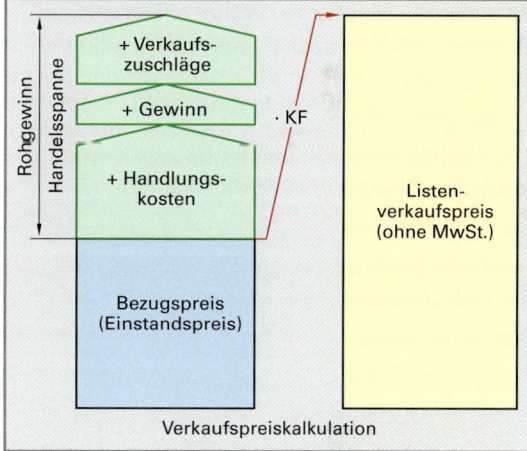

Bild 1: Zusammensetzung des Rohgewinns und Anwendung des Kalkulationsfaktors

Ziesel GbR	GS M342
Maschinen-Gerätesatz	GS M342
Kosten-Nr.	12 287
Kostenstelle	272
Bezeichnung	Cat6 Messgerät
Nutzungsdauer in Jahren	4
Messungen pro Jahr	4 200
Kostenart	M15
Beschaffungskosten	9 800,00 €
Wiederbeschaffungskosten WBK 120 %	11 760,00 €
Instandhaltung, Messleitungen 5 % WBK/a	2 352,00 €
Zinsen auf 50 % WBK 6 %/a	1 411,20 €
Gesamtkosten	25 323,20 €
kalk. Gerätekosten je Messung	1,51 €

Bild 2: Maschinen-Gerätesatz-Karte

15.2.3.3 Einzelpreiskalkulation für Ausschreibungen

Viele Ausschreibungen verlangen als zu erbringende Leistung eine Kombination aus Arbeitsleistung und Lieferung der benötigten Materialien. In diesen Ausschreibungen (Leistungsverzeichnissen) verlangt der Auftraggeber in aller Regel, dass für jede Leistungsposition ein Einzelpreis für die Arbeit, ein Einzelpreis für das Material und ein Gesamtpreis angegeben wird (**Bild 1**).

Der Anbieter der Leistungen muss damit alle seine Gemeinkosten auf die Einzelkosten Lohn und Material aufschlagen. Hierzu werden die Vertriebs- und Verwaltungsgemeinkosten z. B. im Verhältnis der Gemeinkosten in den Kostenstellen Material und Fertigung auf diese umgelegt (**Bild 1, folgende Seite**).

Auf die Summe der Materialeinzel- und Gemeinkosten bzw. der Lohneinzel- und Gemeinkosten wird dann der kalkulatorische Gewinn aufgeschlagen.

Für die Praxis berechnet man aus den Gemeinkos-tenzuschlagssätzen die Kalkulationsindizes für Material und Löhne, mit denen schnell und einfach aus den Einstandspreisen (Materialeinzelkosten) bzw. Bruttostundenlöhnen (Lohneinzelkosten) Angebotspreise berechnet werden können.

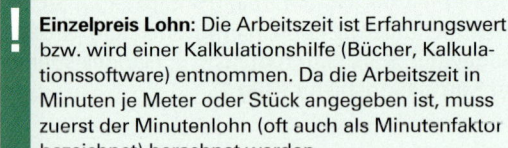

> **!** **Einzelpreis Lohn:** Die Arbeitszeit ist Erfahrungswert bzw. wird einer Kalkulationshilfe (Bücher, Kalkulationssoftware) entnommen. Da die Arbeitszeit in Minuten je Meter oder Stück angegeben ist, muss zuerst der Minutenlohn (oft auch als Minutenfaktor bezeichnet) berechnet werden.

Beispiel 1: Handelskalkulation

Der durchschnittliche Stundenlohn eines Teams für Netzwerkverkabelung der Fa. Elektro Metzger beträgt 17,40 €. Der Einstandspreis für 1 m Datenleitung 4 x 2 x 0,5 AWG 24 Cat 5 beträgt 0,50 €. Der einzukalkulierende Gewinn ist 10 % der Einzel- und Gemeinkosten. Die Angebotspreise sind mithilfe des BAB (**Bild 1, folgende Seite**) zu bestimmen.

Lösung:
Einzelpreis Lohn (Stundenverrechnungssatz)
= durchschnittlicher Stundenlohn · Lohnindex
= 17,40 €/h · 3,06 = **53,24 €/h**

Minutenfaktor
= Einzelpreis Lohn / 60min/h =
53,24 €/h/60 min/h = **0,89 €/min**

Lohneinzelpreis für Position 1.1
= 1,5min/m · 0,89 €/min = **1,34 €/m** (Bild 1)

Einzelpreis Material = Einstandspreis · Materialindex =
0,50 € · 1,41 = **0,71 €**

Gesamteinzelpreis der Position 1.1 (Bild 1)
= Einzelpreis Lohn + Einzelpreis Material
= 1,34 €/m + 0,71 € /m = **2,05 €/m**

Gesamtpreis der Position 1.1 (Bild 1)
= Menge · Gesamteinzelpreis
= 2,05 €/m · 420 m = **861,00 €.**

$$MI_{iG} = \frac{MGKZ_{iG}}{100\ \%} + 1 \qquad LI_{iG} = \frac{LGKZ_{iG}}{100\ \%} + 1$$

$MGKZ_{iG}$	Materialgemeinkostenzuschlag inkl. Gewinn in %
MI_{iG}	Materialindex inkl. Gewinn
$LGKZ_{iG}$	Lohngemeinkostenzuschlag inkl. Gewinn in %
LI_{iG}	Lohnindex inkl. Gewinn

Leistungsverzeichnis Seite 1 Ausschreibung-Nr.: 00-786		Menge	Arbeits-zeit	Einzelpreis Material	Einzelpreis Lohn	E.-Preis	G.-Preis
1.	Verkabelung	m St.	m/min St./min	€/m €/St.	€/m €/St.	€/m €/St.	€
1.1	Datenleitungen 4 × 2 × 0,5 AWG 24 Cat 5 in Fensterbank-Kanal in den dafür vorgesehenen Teilen nach EIA/TIA-568 liefern und einziehen. An den Auslässen ist jeweils eine Länge von 0,3 m zum Anschluss der Datenanschlussdosen vorzuhalten.	420	1,5	0,71	1,34	2,05	861,00
1.2	Datenleitungen, wie in 1.1 beschrieben, jedoch in Unterflurboden-System einziehen.	46	2,0	0,71	2,68	3,39	155,94

Bild 1: Auszug aus einem Leistungsverzeichnis

BAB ITA-Metzger für die Zeit vom 1.1.20xx bis 31.12.20xx							
			Materialeinzelkosten			2.516.920 €	
			Lohneinzelkosten		1.108.480 €		
Lfd.	Kostenart	Verteilungs-schlüssel			Gesamt-betrag	Fertigung/Produktion	Material	Verwaltung Vertrieb
1	*Lohnabhängige Kosten*							
2	Feiertagslöhne	95	5	0	92.465 €	87.842 €	4.623 €	0 €
3	Krankheitslöhne	95	5	0	84.040 €	79.838 €	4.202 €	0 €
4	Urlaubslöhne	95	5	0	265.542 €	252.265 €	13.277 €	0 €
5	Zusätzl. Urlaubsgeld	95	5	0	132.771 €	126.132 €	6.639 €	0 €
6	Tarifl. Ausfallzeit	95	5	0	14.286 €	13.572 €	714 €	0 €
7	sonst. nicht. verr. Stunden	95	5	0	25.658 €	24.375 €	1.283 €	0 €
8	Weihnachtsgeld	95	5	0	94.256 €	89.543 €	4.713 €	0 €
9	VWL	95	5	0	13.728 €	13.042 €	686 €	0 €
10	Auslösung	95	5	0	24.400 €	23.180 €	1.220 €	0 €
11	Sozialversicherungen AG-Anteil	95	5	0	624.880 €	593.636 €	31.244 €	0 €
12	Berufsgenossenschaft	95	5	0	6.400 €	6.080 €	320 €	0 €
13	Schwerbehindertenausgleich	95	5	0	5.400 €	5.130 €	270 €	0 €
14	Freiwillige Sozialleistungen	95	5	0	3.360 €	3.192 €	168 €	0 €
15		95	5	0		0 €	0 €	0 €
16		95	5	0		0 €	0 €	0 €
17		95	5	0		0 €	0 €	0 €
18	Zwischensumme 1-16				1.387.186 €	1.317.827 €	69.359 €	0 €
19								
20	*Lohnunabhängige Kosten*							
21	Löhne und Gehälter unproduktiv inkl. Sozialkosten	10	20	70	524.462 €	52.446 €	104.892 €	367.123 €
22	Hilfs- und Betriebsstoffe	70	10	20	4.660 €	3.262 €	466 €	932 €
23	Werkzeuge	70	10	20	32.860 €	23.002 €	3.286 €	6.572 €
24	Allgemeine Geschäftskosten	70	10	20	28.560 €	19.992 €	2.856 €	5.712 €
25	Reparatur und Instandhaltung	70	10	20	42.800 €	29.960 €	4.280 €	8.560 €
26	Versicherungen	70	10	20	62.850 €	43.995 €	6.285 €	12.570 €
27	Heizung und Beleuchtung	70	10	20	23.128 €	16.190 €	2.313 €	4.626 €
28	Gewerbesteuer	0	0	100	56.240 €	0 €	0 €	56.420 €
29	Rechts- und Beratungskosten	0	0	100	10.600 €	0 €	0 €	10.600 €
30	Marketingkosten	50	0	50	46.280 €	23.140 €	0 €	23.140 €
31	Kfz-Kosten	70	10	20	124.760 €	87.332 €	12.476 €	24.952 €
32	Haus- und Grundstücksaufwendungen	20	50	30	24.554 €	4.911 €	12.277 €	7.366 €
33	Zinsen	20	60	20	64.280 €	12.856 €	38.568 €	12.856 €
34								
35								
36	Zwischensumme 1-35				2.433.400 €	1.634.912 €	257.059 €	541.429 €
37	Gesamtsumme inkl. Einzelkosten				6.058.800 €	2.743.392 €	2.773.979 €	541.429 €
38								
39	*Zusatzkosten*							
40	Kalkulatorische Miete	20	40	20	144.000 €	36.000 €	72.000 €	36.000 €
41	Kalkulatorische Zinsen	30	65	5	42.000 €	12.600 €	27.300 €	2.100 €
42	Kalkulatorische Abschreibung	30	65	5	24.000 €	7.200 €	15.600 €	1.200 €
43	Kalkulatorischer Unternehmerlohn	25	50	25	124.000 €	31.000 €	62.000 €	31.000 €
44	Kalkulatorisches Wagnis	0	0	100	24.000 €	0 €	0 €	24.000 €
45								
46	Summe Gemeinkosten I				2.791.400 €	1.721.712 €	433.959 €	635.729 €
47	Gesamtkosten					2.830.192 €	2.950.879 €	635.729 €
48	Umlage, Verwaltungs- und Vertriebsgemeinkosten	Umlage im Verhältnis der Gesamtkosten				311.229 €	324.500 €	
49	Summe Gemeinkosten II					2.032.941 €	758.459 €	
50	Lohngemeinkostenzuschlag					183,40 %		
51	Materialgemeinkostenzuschlag						30,13 %	
52	Gewinnzuschlag Lohn	8 %				22,67 %		
53	Gewinnzuschlag Material	8 %					10,41 %	
54	Lohngemeinkostenzuschlag inkl. Gewinn					206,07 %		
55	Lohnindex					3,06		
56	Materialgemeinkostenzuschlag inkl. Gewinn in %						40,55 %	
57	Materialindex						1,41	

Bild 1: Betriebsabrechnungsbogen

15.2.3.4 Zuschlagskalkulation mit Sondereinzelkosten

In allen Kostenstellen treten in besonderen Fällen relevante Kosten auf, deren Verrechnung als Gemeinkostenzuschlag auf alle Leistungen zu falschen Ergebnissen führen würde.

Solche Sonderkosten sind z. B. im Vertrieb Expresszuschläge, Vertreterprovisionen, Überseeverpackungen. Sonderkosten der Fertigung sind z. B. Lizenz- und Patentgebühren, Sonderwerkzeuge.

Alle extra berücksichtigten Sonderkosten vermindern den jeweiligen Gemeinkostenzuschlagssatz und bewirken damit eine verursachungsgerechtere Kostenverteilung.

Fallen keine Sonderkosten an, so entfällt die jeweilige Sonderkostenzeile in nebenstehendem Berechnungsschema.

$$LK = LEK + LGK + LSK$$

$$MK = MEK + MGK + MSK \qquad HK = MK + LK$$

$$SK = HK + VerwGK + VerwSK + VertrGK + VertrSK$$

HK Herstellkosten;	MEK Materialeinzelkosten
LEK Lohneinzelkosten;	MGK Materialgemeinkosten
LGK Lohngemeinkosten;	MK Materialkosten
LSK Lohnsonderkosten;	MSK Materialsonderkosten
LK Lohnkosten;	SK Selbstkosten
VertrGK Vertriebsgemeinkosten	
VertrSK Vertriebssonderkosten	
VerwGK Verwaltungsgemeinkosten	
VerwSK Verwaltungssonderkosten	

Beispiel 1: Sondereinzelkosten

Ein Kunde fragt kurzfristig einen in den Unternehmensfarben lackierten Netzwerkschrank mit einem zweiten Lüfter an (Sonderausführung). Unsere Materialkosten betragen (laut Stückliste) 182,50 €, die Lohnkosten für den Umbau wurden von der Arbeitsvorbereitung auf 60 € geschätzt. Die Lackierung ist Fremdleistung und kostet 160 €. Wegen des Zeitdrucks erfolgen die Transporte per Botenfahrzeug. Der Transport zum Lackierbetrieb und zurück kostet 80 €, der Transport zum Kunden 65 €.
Der Materialgemeinkostenzuschlag im Betrieb beträgt 34 %, der Lohngemeinkostenzuschlag 165 %, der Verwaltungsgemeinkostenzuschlag 16 % und der Vertriebsgemeinkostenzuschlag 20 %.
a) Bestimmen Sie die Herstellkosten.
b) Bestimmen Sie die Selbstkosten.

Lösung: a), b) **Bild 1**
Die Lackierung des Netzwerkschranks und der Transport mit Botenfahrzeug zum Kunden sind untypisch für dieses Produkt. Die verursachten Kosten werden als Sonderkosten verrechnet.

Materialeinzelkosten		182,50 €
+ Materialgemeinkosten	MGK 34 %	62,05 €
+ Materialsonderkosten	MSK	240,00 €
+ Lohneinzelkosten	LEK	60,00 €
+ Lohngemeinkosten	LGK 165 %	99,00 €
= Herstellkosten	**HK**	**643,55 €**
+ Vertriebsgemeinkosten	VertrGK 20 %	128,71 €
+ Vertriebssonderkosten	VertrSK	65,00 €
+ Verwaltungsgemeinkosten	VerwGK 16 %	102,97 €
= Selbstkosten		**940,23 €**

Bild 1: Selbstkostenberechnung

Beispiel 2: Vollkostenrechnung

Auf einem Messestand sollen Refills für Druckerpatronen und Spiele-CDs verkauft werden. Die Tagesmiete für den Stand beträgt 600 €. Die Standgemeinkosten sind im Verhältnis der Stückzahlen zu verteilen. Die Lager- und Verkaufsfläche am Stand reicht für den täglichen Absatz von 100 Refills und 200 Spielen. Das Verkaufspersonal bekommt 10 % des Verkaufspreises als Provision. Der Einstandspreis der Refills beträgt 15 € und der Messeverkaufspreis 25 €. Der Einstandspreis der Spiele-CDs 7,50 € und der Messeverkaufspreis 12,50 €. Mithilfe eines Tabellenkalkulationsprogramms ist in einer Vollkostenkalkulation
a) das jeweilige Betriebsergebnis je Stück und
b) das Gesamtbetriebsergebnis je Artikelgruppe und für den Messestand
zu kalkulieren.

Lösung: a), b) **Tabelle 1, folgende Seite**

15.2.3.5 Vollkostenrechnung als Grundlage für betriebliche Entscheidungen

Die Kostenrechnung dient auch zur Vorbereitung betrieblicher Entscheidungen. Dabei ist es wichtig, beurteilen zu können, welche Aussagekraft die Ergebnisse eines bestimmten Kalkulationsverfahrens für die jeweilige Problemstellung haben.

Der Stückgewinn bei den Refills ist mit 8 € je Stück wesentlich höher als bei den Spielen. Es erscheint also sinnvoll, die Anzahl der Refills zu erhöhen und die Anzahl der Spiele entsprechend zu verringern.

Beispiel 1: Vollkostenkalkulation

Durch eine zweite Vollkostenkalkulation (Planrechnung) soll ermittelt werden, ob es rentabel ist, die Menge der Refills auf 140 zu erhöhen und die Anzahl der PC-Spiele entsprechend des höheren Platzbedarfes der Refills zu verringern. Die Refills benötigen je Stück den 4-fachen Verkaufs- bzw. Lagerplatz gegenüber einer Spiele-CD.

Lösung: **Tabelle 2**, das Gesamtergebnis verschlechtert sich.

Wegen des vierfachen Platzbedarfs der Refills gegenüber den Spielen muss bei einer Erhöhung der Refillstückzahl von 40 die Stückzahl der Spiele-CDs um 160 reduziert werden.

Warum ist die erwartete Erhöhung des Gewinns nicht eingetreten?

Die Vollkostenkalkulation geht von einzelkostenproportionalen Gemeinkosten aus. In Wirklichkeit sind die fixen Gemeinkosten für die Standmiete im Beispiel aber vom Volumen der Produkte abhängig.

Bei der Vollkostenrechnung werden den Kostenträgern Kosten zugerechnet, die sie in dieser Höhe nicht verursachen, z. B. fixe Gemeinkosten. Die Ergebnisse der Vollkostenrechnung sind für betriebliche Entscheidungen deshalb oft nicht geeignet, bzw. müssen genau überdacht werden.

15.2.3.6 Deckungsbeitragsrechnung

Die Deckungsbeitragrechnung (Direct Costing) der Teilkostenrechnung unterscheidet die durch die Bereitstellung von Gütern und Leistungen entstehenden Kosten in variable und fixe Kosten. Die produktionsmengenabhängigen variablen Kosten werden vom Umsatzerlös des Kostenträgers abgezogen. Die Differenz zeigt, ob dieses Produkt einen Beitrag zum Decken der fixen Kosten liefert.

> Kostenträger, die mehr Ertrag bringen, als sie variable Kosten verursachen, erwirtschaften einen Deckungsbeitrag.

Die Deckungsbeitragsrechnung liefert Anhaltspunkte für betriebliche Entscheidungen.

Alle Absatzmengen unterhalb der Gewinnschwelle (Nutzenschwelle, Break-even-Point) führen zu Verlusten, alle größeren Absatzmengen führen zu einem Gewinn **(Bild 1)**.

Solange der Marktpreis über den variablen Kosten liegt, wird durch den Weiterverkauf ein Deckungsbeitrag erwirtschaftet, der einen Teil der Fixkosten deckt.

Tabelle 1: Vollkostenrechnung Messeverkauf Ausgangssituation (alle Preise in €)

Produkt	Refills		CD	
Anzahl/Tag	100		200	
Einstandspreis/Stk	12,50		7,50	
Verkaufspreis/Stk	25,00		12,50	
Standmiete/Tag	600,00			
Vollkostenkalkulation 1				
	Refill/ Stk	Refill	CD/ Stk	CD
Barverkaufspreis	25,00	2500,00	12,50	2500,00
- Einstandspreis	12,50	1250,00	7,50	1500,00
- Verkaufsprovision	2,50	250,00	1,25	250,00
- Gemeink. Stand	2,00	200,00	2,00	400,00
Betriebsergebnis	8,00	800,00	1,75	350,00
Gesamtergebnis:				1150,00

Tabelle 2: Vollkostenrechnung Messeverkauf Planung (alle Preise in €)

Produkt Anzahl/Tag	Refills 140		CD 40	
Vollkostenkalkulation 1				
	Refill/ Stk	Refill	CD/ Stk	CD
Barverkaufspreis	25,00	3500,00	12,50	500,00
– Einstandspreis	12,50	1750,00	7,50	300,00
– Verkaufsprovision	2,50	350,00	1,25	50,00
– Gemeink. Stand	3,33	466,67	3,33	133,33
Betriebsergebnis	6,67	933,33	0,42	16,67
Gesamtergebnis:				950,00

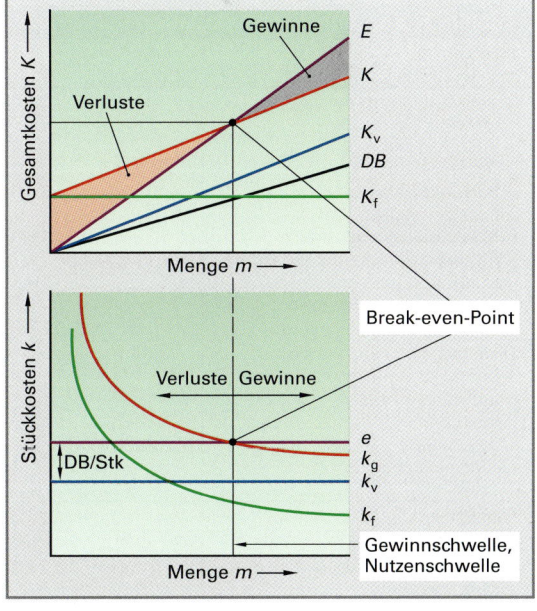

Bild 1: Break-even-Analyse

Die Deckungsbeitragsrechnung zeigt auch, dass notfalls Produkte und Leistungen auch dann weiter vertrieben werden, wenn der Marktpreis unter den in einer Zuschlagskalkulation ermittelten Preis sinkt.

Beispiel 1: Gewinnschwelle

Die Produktion des Switches SM47 verursacht monatliche Fixkosten in Höhe von 2.000 € und variable Kosten von 24 € pro Stück. Der Stückertrag beträgt 38 €. Durch den Vergleich der Erträge mit den Gesamtkosten ist
a) die Gewinnschwelle (Break-even-Point) und
b) der jeweilige Deckungsbeitrag für den Kostenträger zu ermitteln.

Lösung:

a) $\quad m_{BEP} = \dfrac{K_f}{e - k_v} = \dfrac{2000\ \text{€}}{38\ \text{€} - 24\ \text{€}} \qquad m_{BEP} = \mathbf{142{,}8}$

b) **Tabelle 1**, letzte Zeilen

15.2.3.7 Nachkalkulation

Die Zuschlagssätze für die Kalkulation werden aus den Durchschnittswerten eines Vorjahreszeitraumes ermittelt.

Für die betriebsinterne Kontrolle einzelner Aufträge und zur Kontrolle der Kalkulationsdaten ist es unerlässlich, möglichst häufig eine Nachkalkulation durchzuführen **(Tabelle 2)**.

> Mit der Nachkalkulation werden die Zuschlagssätze überprüft und der Istgewinn einzelner Aufträge bestimmt.

Formeln zur Deckungsbeitragsrechnung

$$K = K_f + K_v = K_f + m \cdot k_v$$

Erträge $\qquad E = m \cdot e$

Gewinnschwelle (Break-even-Point): E = K

$$m_{BEP} \cdot e = K_f + m_{BEP} \cdot k_v \qquad\qquad m_{BEP} = \frac{K_f}{e - k_v}$$

Deckungsbeitrag

$$DB = E - K_v \qquad\qquad DB = \frac{E - K_v}{K_f} \cdot 100\ \%$$

K	Gesamtkosten;	K_v	variable Gesamtkosten
K_f	fixe Gesamtkosten;	k_v	variable Stückkosten
k_f	fixe Kosten je Stück;	m	Menge
m_{BEP}	Menge beim Break-even-Point, Gewinnschwelle		
e	Stückertrag		
E	Gesamtertrag		
DB	Deckungsbeitrag in € oder %		

Tabelle 1: Break-even-Analyse

Kostenträger Switches SM47	Monat: Mai variable Stückkosten 24 €				
Absatzmenge	100	120	140	160	180
Fixkosten in €	2000	2000	2000	2000	2000
Variable Kosten in €	2400	2880	3360	3840	4320
Gesamtkosten in €	4400	4880	5360	5840	6320
Ertrag je Stück in €	38				
Erträge in €	3800	4560	5320	6080	6840
Deckungsbeitrag €	1400	1680	1960	2240	2520
Deckungsbeitrag in %	70	84	98	112	126

Tabelle 2: Vor- und Nachkalkulation (alle Preise ohne USt.)

Position	Vorkalkulation (Planung)		Nachkalkulation (Realität)		Kostenüber- bzw. unterdeckung
Material Listenpreis		23.456,00 €		23.456,00 €	
– Liefererrabatt in %	32 %	7.505,92 €	30 %	7.036,80 €	
= Zieleinkaufspreis		15.950,08 €		16.419,20 €	– 469,12 €
– Liefererskonto	2 %	319,00 €	2 %	328,38 €	– 9,38 €
= Bareinkaufspreis		15.631,08 €		16.090,82 €	– 459,74 €
+ Bezugskosten		245,06 €		234,24 €	10,82 €
= Materialeinstandspreis		15.876,14 €		16.325,06 €	– 448,92 €
· Materialgemeinkostenzuschlag	30,13 %	4.783,48 €	30,13 %	4.918,74 €	– 135,26 €
= Materialselbstkostenpreis		20.659,62 €		21.243,80 €	– 584,18 €
Gewinnzuschlag Material	8 %	1.652,77 €			
Materialpreis		**22.312,39 €**		**21.243,80 €**	
Durchschnittl. Stundenlohn	17,40 €		18,20 €		
+ Lohngemeinkostenzuschlag	183,4 %		183,4 %		
= Lohneinzelpreis		31,91 €		33,38 €	– 1,47 €
Arbeitszeit	62,0 h		60,0 h		
Lohnkosten		1.978,52 €		2.002,73 €	– 24,21 €
Gewinnzuschlag Lohn	8 %	158,28 €			
Σ Lohn		**2.136,80 €**		**2.002,73 €**	134,07 €
Barpreis		24.449,19 €	Selbstk.	23.246,52 €	
+ Kundenskonto	2 %	498,96 €	Kunde zahlt:		**24.449,19 €**
= Zielverkaufspreis		24.948,15 €	Istgewinn:		**1.202,67 €**
+ Kundenrabatt	5 %	1.313,06 €	Istgewinn in %:		**4,92 %**
Angebotspreis		**26.261,21 €**			

Kompetenzorientierung

1. **Warum wird der Switch Beispiel 1, vorhergehende Seite unter Umständen weiter angeboten, wenn der Absatz auf 120 Stück je Monat sinkt?**
2. **Erstellen Sie mit einem Tabellenkalkulationsprogramm eine Vorlage, die für beliebige Zahlenwerte eine Break-even-Analyse durchführt und den Deckungsbeitrag als Säulendiagramm darstellt.**

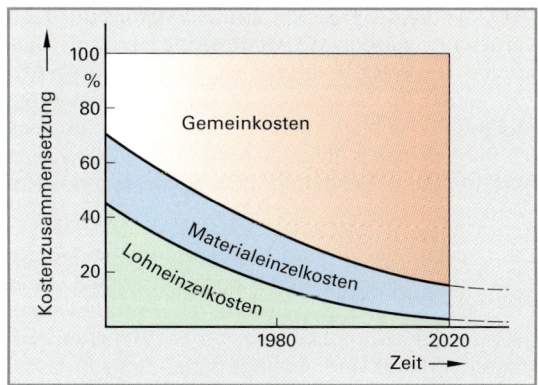

Bild 1: Typische Kostenzusammensetzung bei der Zuschlagskalkulation

14.2.3.8 Prozesskostenrechnung

Die traditionellen Kostenrechnungssysteme müssen für die heutigen Anforderungen oft durch zusätzliche Methoden und Verfahren ergänzt werden. Die wesentlichen Ursachen hierfür liegen in der Kostenzusammensetzung und bei der Aufgabenstellung der Kostenrechnung.

Bei der Kostenzusammensetzung fällt durch die verstärkte Automatisierung der Anteil der Lohneinzelkosten ständig. Die Lohngemeinkosten steigen durch mehr administrative und kontrollierende Tätigkeiten. Die Fertigungsgemeinkosten erhöhen sich durch teurere Produktionsanlagen **(Bild 1)**.

Bei der Zuschlagskalkulation muss mit immer höheren Zuschlagssätzen gearbeitet werden und die Kalkulation wird immer riskanter und ungenauer. Zu den neuen Anforderungen an die Kostenrechnung gehört auch, dass sie zunehmend Lieferant von quantitativen Kennzahlen für das Controlling und Monitoring ist.

Die folgende Beispielrechnung zeigt sich deutlich, zu welchen Fehlkalkulationen die unreflektierte Anwendung der einfachen Zuschlagskalkulation führen kann und welche Vorteile die Prozesskostenrechnung erbringt.

Fallbeispiel:

Ein IT-Unternehmen bietet unternehmensintern, für inländische Vertragspartner und Wiederverkäufer nach Kundenwunsch konfigurierte PCs an **(Tabelle 1)**. Trotz guter Umsätze verschlechtert sich die Gewinnlage des Unternehmens im Standard-PC-Bereich.

Eine Analyse der Unternehmensdaten **(Tabelle 1, folgende Seite)** zeigt:

Im Geschäftsjahr 1 stiegen die Fertigungslohngemeinkosten stark an (FLGKZ von 146,3 % auf 223,7 %). Wesentliche Ursache war, dass in diesem Geschäftsjahr ISO 9001 ff in der Fertigung eingeführt wurde.

Im Geschäftsjahr 2 musste das Unternehmen aus Wettbewerbsgründen individualkonfigurierte PCs in ihr Programm aufnehmen. Dadurch wurden die

Tabelle 1: Unternehmensdaten				
Jahr	1	2	3	4
Einzelkosten in der PC-Fertigung				
Materialeinzelkosten (lt. Konstruktionszeichnung, Stückliste) in €/Stk	210,50	189,80	192,50	190,20
Lohneinzelkosten Fertigung (Durchschnittslohn) in €/Stk	75,20	77,70	79,80	81,50
Kostenstellenrechnung				
Materialgemeinkosten für PC-Produktion (Kostenstelle 60 xx) in €/a	266.000	276.000	301.460	298.800
Fertigungslohngemeinkosten für PC-Produktion (Kostenstelle 62 xx) in €/a	110.000	165.100	167.400	174.240
Vertriebs- und Verwaltungsgemeinkosten für PC-Produktion (Kostenstelle 62 xx) in €/a	297.000	312.000	376.860	454.380
PPS-System				
Produktionsmenge	1.000	950	980	1.120
durchschnittl. netto VK in €/Stk	1048,00	1164,00	1176,00	1186,00

Kosten im Vertriebs- und Verwaltungsbereich und die Materialgemeinkosten in die Höhe getrieben.

Im Geschäftsjahr 3 beginnt das Unternehmen die PCs auch über das Internet zu vertreiben. Die notwendige Anpassung der Vertriebs- und Verwaltungsabläufe verursachte erhebliche Umstellkosten und höhere Vertriebsgemeinkosten, insbesondere bei Bestellungen aus dem Ausland.

Als Erkenntnis ergibt sich für das Unternehmen, dass in Zukunft keine einheitliche Zuschlagskalkulation mehr durchgeführt werden soll, da sonst z. B. im Inland bestellte PCs mit Standardkonfiguration mit Kosten belastet werden, die von aus dem Ausland bestellten PCs mit Individualkonfiguration verursacht werden (Quersubventionierung). Dies könnte zur Folge haben, dass das Unternehmen zum einen für Standard-PCs keine wettbewerbsfähigen Preise bieten kann und zum anderen, dass im Bereich der individualkonfigurierten bzw. aus dem Ausland bestellten PCs Verluste gemacht werden.

Die Ursache der großen Kostenunterschiede liegt also darin, dass bestimmte kostenintensive (Teil-) Prozesse, wie z. B. das Beschaffen von individuell gewünschten Komponenten, nur bei manchen Aufträgen verlangt sind. Es liegt nahe, diese Prozesskosten den Verursachern direkt zu berechnen. Für das Jahr 3 wird deshalb die Gemeinkostenstelle Material genauer analysiert und nach möglichen Kostentreibern durchsucht, die die Kosten wesentlich beeinflussen.

Beispiel 1: Kostentreiber

Eine Analyse der Materialgemeinkosten im Jahr 3 ist in **Tabelle 2** dargestellt. a) Welche Kosten können den Verursachern zugeordnet werden? b) Auf welchen Wert verringert sich der Materialgemeinkosten-Zuschlag durch die zusätzliche Erfassung der Prozesskosten?

Lösung:
a) Insbesondere der erhöhte Materialdispositionsaufwand wurde als Kostentreiber identifiziert **(Tabelle 2)**.

Tabelle 2 zeigt, dass durch die Erfassung von sich auftragsabhängig wiederholenden Teilprozessen, z. B. Serienmaterial über Rahmenliefervertrag abrufen, bisher als Gemeinkosten behandelte Kosten sich nun als Einzelkosten identifizieren lassen. Z. B. verursacht ein Serienmaterial- abruf über Rahmenliefervertrag Kosten von 30 € (Prozesskostensatz PKS). Die Kosten dieser Teilprozesse können verursachungsgerecht den Kostenträgern zugerechnet werden.

b) Der Materialgemeinkostenzuschlagssatz für alle Produkte verringert sich im Beispiel von 140,3 % auf 96,0 % **(Tabelle 3)**.

Die Wirkung des erweiterten Kalkulationsverfahrens zeigen die drei folgenden typischen Aufträge.

Auftrag 1:
10 Standard-PCs, dazu sind 4 Serienmaterialabrufe mit Rahmenliefervertrag (RLV) und ein Serienmaterialabruf ohne Serienmaterial-RLV notwendig.

Auftrag 2:
5 Standard-PCs mit spezieller Schnittstellenkarte, dazu sind 3 Serienmaterialabrufe mit RLV, ein Serienmaterialabruf ohne Serienmaterial-RLV und eine Sondermaterialbestellung notwendig.

Auftrag 3:
1 Standard-PC als Nachlieferung zu Auftrag 2.

Tabelle 1: Zuschlagskalkulationen

Jahr 1	Produktionsmenge: 1000			
	€/Stk	€/a	GKZ in %	€/Stk
Materialeinzelkosten	210,50	210.500		210,50
Materialgemeinkosten		266.000	126,4	266,07
Lohneinzelkosten	75,20	75.200		75,20
Lohngemeinkosten		110.000	146,3	110,02
Herstellkosten		661.700		661,79
Vertriebs-Verw.-GK		297.000	44,9	297,14
Selbstkosten		958.700		**958,93**
Jahr 2	**Produktionsmenge: 950**			
Materialeinzelkosten	189,80	180.310		210,50
Materialgemeinkosten		276.000	153,1	322,28
Lohneinzelkosten	77,70	73.815		75,20
Lohngemeinkosten		165.100	223,7	168,22
Herstellkosten		695.225		776,20
Vertriebs-Verw.-GK		297.000	42,7	331,44
Selbstkosten		992.225		**1107,63**
Jahr 3	**Produktionsmenge: 980**			
Materialeinzelkosten	192,50	188.650		210,50
Materialgemeinkosten		301.460	159,8	336,38
Lohneinzelkosten	79,80	78.204		75,20
Lohngemeinkosten		167.400	214,1	161,00
Herstellkosten		735.714		783,08
Vertriebs-Ver.-GK		376.860	51,2	400,94
Selbstkosten		1.112.574		**1184,02**
Jahr 4	**Produktionsmenge: 1120**			
Materialeinzelkosten	190,20	213.024		210,50
Materialgemeinkosten		298.800	140,3	295,33
Lohneinzelkosten	81,50	91.280		75,20
Lohngemeinkosten		174.240	190,9	143,56
Herstellkosten		777.344		724,59
Vertriebs-Verw.-GK		454.380	58,5	423,88
Selbstkosten		1.231.724		**1148,47**

Tabelle 2: Gemeinkostenstelle 6021 Material 00

Kostentreiberanalyse (Teil-)Prozess	Häufigkeit	Kosten in €	PKS in €
Abteilungsleitung und sonst. Gemeinkosten		131.680	
Beschaffungsanalysen	12	24.240	
Gemeinkostenmaterial bestellen	50	5.020	
Rahmenlieferverträge (RLV) abschließen	20	20.120	
Serienmaterial über RLV abrufen	1400	42.000	30,00
Serienmaterial ohne RLV bestellen	500	50.000	100,00
Sondermaterial bestellen	100	28.400	284,00
Summe Materialdispositions-GK		301.460	
Summe Prozesskosten		120.400	
Summe Material GK neu		181.060	

Tabelle 3: Neubestimmung der Zuschlagssätze aus dem 3. Jahr

	€/Stk	€/a	GKZ in %
MEK	192,50	188.650,00	
MGK		181.060,00	96,0
FLEK	79,80	78.204,00	
FLGK		167.400,00	214,1
Prozesskosten		120.400,00	
Herstellkosten		615.314,00	
Vertr.-Verw.-GK		376.860,00	61,2
Selbstkosten		992.174,00	

Bei der Kalkulation der Aufträge mit den Prozesskostensätzen und dem neuen Materialzuschlagssatz, zeigt sich, dass die Aufträge sehr unterschiedliche Selbstkosten verursachen (**Tabelle 1**). Aufträge, die teure Teilprozesse in Anspruch nehmen, die auf geringe Stückzahlen verteilt werden müssen, verursachen hohe Selbstkosten (siehe Auftrag 3, vorhergehende Seite).

Die zusätzliche Erfassung der Prozesskosten hat neben der genaueren Kalkulation weitere Vorteile für das Unternehmen (**Bild 1**):

- Verbesserungspotenziale von Prozessen können für die Prozessoptimierung besser erkannt und quantifiziert werden.

- Modellrechnungen erlauben verschiedene Prozessvarianten im Voraus zu berechnen.

- Für den Prozessverantwortlichen (Process Owner) und das Management steht ein zusätzliches Messinstrument zur Qualitätsüberwachung der Prozesse bereit.

In der Praxis verursachen 7 bis 10 Kostentreiber oft 80 % der Kosten. Man versucht alle wichtigen, leicht zu identifizierenden und kostenintensiven Prozesse über Prozesskosten abzurechnen und verwendet für die Restgemeinkostenverteilung weiterhin die Methoden der Zuschlagskalkulation (**Bild 2**).

Prozesskosten nennt man *„mengeninduziert"*, wenn sie bei jeder Inanspruchnahme des Prozesses erneut anfallen. Andernfalls bezeichnet man sie auch als *„nichtmengeninduziert"*.

K Kompetenzorientierung

Seit die Firma auch das Internet als Vertriebskanal nutzt, kommen auch Aufträge aus dem Ausland. Trotz Umsatzsteigerungen im PC-Bereich verschlechtert sich aber die Gewinnsituation.

1. **Forschen Sie nach möglichen Ursachen und machen Sie Verbesserungsvorschläge. Als Informationsquelle steht Ihnen eine Analyse der Vertriebs- und Verwaltungskostenstelle zur Verfügung (vereinfacht, in Auszügen, Tabelle 2).**

2. **Zeigen Sie die Auswirkungen an den Aufträgen aus dem Fallbeispiel (vorhergehende Seite). Auftraggeber von Auftrag 1 ist ein inländischer Vertragspartner, Auftrag 2 bzw. Auftrag 3 haben französische Vertragspartner.**

3. **In der Prozesskostenrechnung wird nach *„mengeninduzierten"* Prozesskosten und *„nichtmengeninduzierten"* Prozesskosten unterschieden. Warum ist es nur für die mengeninduzierten Prozesskosten sinnvoll, Prozesskostensätze zu ermitteln?**

Tabelle 1: Prozesskostenkalkulation

	Auftrag 1 Menge 10	Auftrag 2 Menge 5	Auftrag 3 Menge 1
	€	€	€
MEK	1.925,00	962,50	192,50
MGK	1.848,00	924,00	184,80
FLEK	798,00	399,00	79,80
FLGK	1.708,52	854,26	170,85
RLF abrufen	4x 120,00	3x 90,00	3x 90,00
RLF abrufen ohne RV	1x 100,00	1x 100,00	1x 100,00
Sondermaterialbest.	0x 0,00	1x 284,00	1x 284,00
Herstellkosten	6.499,52	3.613,76	1.101,95
Vertr.-Verw.-GK	3.977,71	2.211,62	674,39
Selbstkosten	10.477,22	5.825,38	1.776,35
Selbstkosten je Stk.	1.047,72	1.165,08	1.776,35

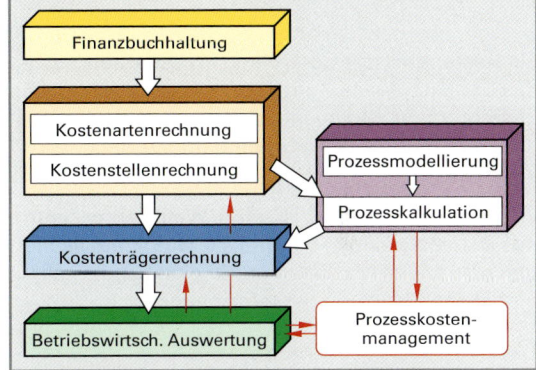

Bild 1: Ergänzung der traditionellen Kostenrechnung durch die Prozesskostenrechnung

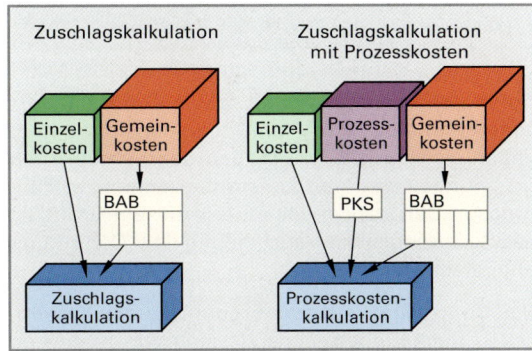

Bild 2: Erweiterung der Zuschlagskalkulation durch Prozesskostenkalkulation

Tabelle 2: Gemeinkostenstelle 62xx Vertriebs- und Verwaltungsgemeinkostenstelle

Teilprozess	Menge	Gesamt- kosten in €	PKS in €
Intercompany-Auftrag	200	8.520	42,60
Inland, Vertragspartner	610	36.780	60,30
Inland	68	8.800	129,40
EU	74	12.340	166,76
Drittländer	28	12.640	451,43
Sonst. Gemeinkosten		297.780	
Summe:	980	376.860	

15.3 Controlling

Controlling ist die Beschaffung, Aufbereitung und Analyse von Daten für die strategischen und operativen Entscheidungen im Unternehmen.

Das Controlling gibt messbare Zielwerte für wichtige Unternehmenskennwerte vor und überwacht sie ständig. Bei einer Differenz zwischen dem Sollwert und Istwert im Controllingregel-Kreis, müssen Maßnahmen ergriffen werden, die diese Differenz verringern **(Bild 1)**.

> Controlling ist ein Regelkreis für die Unternehmensteuerung.

Ein Bestandteil des Controlling im Unternehmen ist das Berichtswesen. Zum Berichtswesen zählen alle Einrichtungen, Mittel und Maßnahmen zur Erarbeitung, Weitergabe, Verarbeitung und Verteilung von Informationen.

Wissensmanagement ist eine Weiterentwicklung des Berichtswesens. Es umfasst alle strategischen und operativen Maßnahmen für eine bestmögliche betriebliche Nutzung der Informationen.

> Ein funktionierendes Berichtswesen und gutes Wissensmanagement ist wesentliche Voraussetzung für die erfolgreiche Zukunft eines Unternehmens.

Durch den verstärkten Einsatz von Controlling als Unternehmensanalyse- und Regelungsinstrument haben sich auch die Aufgaben des betrieblichen Rechnungswesens als Lieferant quantitativer Führungsgrößen stark erweitert. Aus diesem Grund ist das Rechnungswesen auch häufig dem Controlling unterstellt.

Das Controlling nutzt die Ergebnisse des betrieblichen Rechnungswesens als eine von mehreren Informationsquellen zur Ableitung von Entscheidungs- und Führungshilfen **(Bild 2)**.

Da die Zahlen des Rechnungswesens immer Vergangenheitswerte sind und nur einen Teil eines Unternehmens ausmachen, benötigt das Controlling zusätzlich Kennwerte aus anderen Bereichen.

Im Management von Unternehmen gibt es unterschiedliche Ansichten, was unter einem „optimalen Unternehmensergebnis" zu verstehen ist. Im Shareholder-Value-Ansatz werden z.B. andere Unternehmensergebnisse angestrebt, als im Stakeholder-Value-Ansatz **(Bild 3)**.

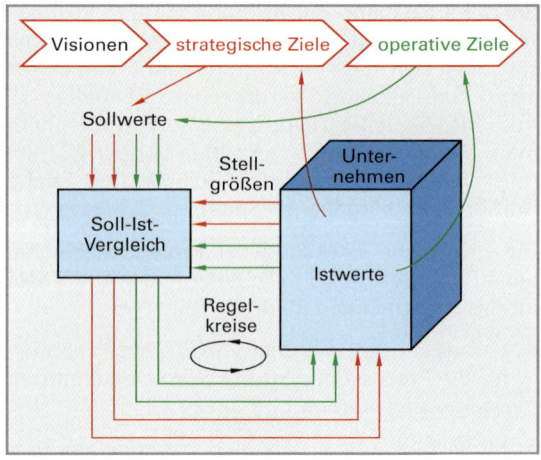

Bild 1: Controllingregelkreise

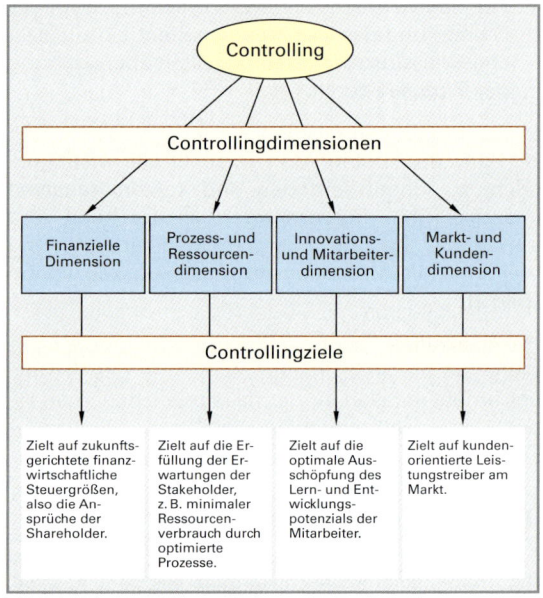

Bild 2: Controllingbereiche

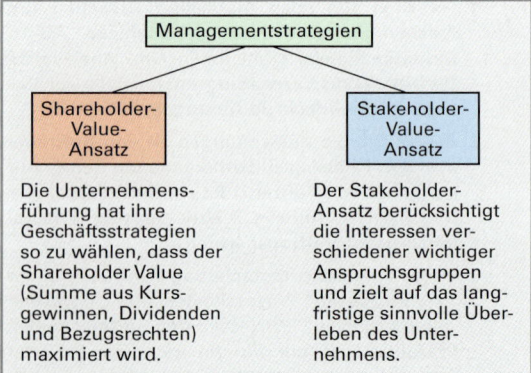

Bild 3: Ausrichtungen des Unternehmensmanagements

Shareholder-Value-Ansatz

Den Anhängern des Shareholder-Value-Ansatzes steht der finanzielle Aspekt für die Anteilseigner im Vordergrund. Es wird davon ausgegangen, dass Investoren nur dann Kapital in ein Unternehmen investieren, wenn die Rendite besser ist, als alternative Anlagemöglichkeiten.

Entsprechend müssen im Controlling dann die Zahlen des betrieblichen Rechnungswesens als Informationen für die Unternehmensleitung bereit gestellt werden.

Am Shareholder-Value-Ansatz wird vor allem bemängelt, dass er keine operativen Ziele beinhaltet und auch wesentliche Gesichtspunkte für die lang- und mittelfristige Entwicklung eines Unternehmens unbeachtet lässt.

> **!** Beim **Shareholder-Value-Ansatz** (Shareholder Value = Wertsteigerung für die Anteilseigner) werden die Interessen der Anteilseigner besonders berücksichtigt.
> Beim **Stakeholder-Value-Ansatz** (Stakeholder = Unparteiischer) werden alle Interessengruppen berücksichtigt.
> **BSC** = Balanced-Scorecard
> **KPI** = Key Performance Indicators

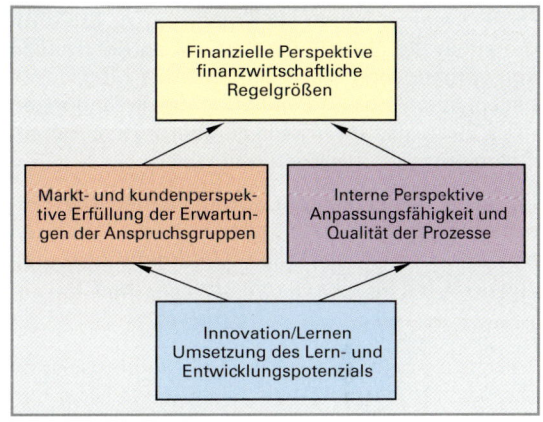

Bild 1: Balanced-Scorecard BSC

Stakeholder-Value-Ansatz

Im Stakeholder-Value-Ansatz geht man davon aus, dass dauerhafter Markterfolg nur bei der Berücksichtigung der Ansprüche aller beteiligten Gruppen möglich ist. Es werden z. B. die Ansprüche der Kapitalgeber, der Lieferanten, der Kunden, der Öffentlichkeit, der Mitarbeiter, des Managements und des Staates für die Entscheidungsfindungen berücksichtigt.

Eine mehrdimensionale Leistungsüberwachungsmethode und Leistungsregelungsmethode ist die Balanced-Scorecard (BSC, **Bild 1**). Eine ausführliche Beschreibung zu BSC findet man im Abschnitt 2.5.

Die BSC berücksichtigt die zentralen Leistungsindikatoren (Key Performance Indicators KPI) und bringt sie in einen Zusammenhang. Hierzu müssen strategische Ziele in operationale Ziele umgesetzt werden. Zur Erarbeitung entscheidungsrelevanter Daten aus den Abteilungen und deren Funktionen, ist eine team-orientierte Zusammenarbeit notwendig.

Ziel dieser Maßnahmen ist es, für den Erfolg wichtige Faktoren zu identifizieren, weiter zu entwickeln und das Wissen darüber gezielt zu nutzen **(Bild 2)**.

BSC lenkt die Aufmerksamkeit des Managements über die finanziellen Aspekte hinaus auf weitere Faktoren des mittel- und langfristigen Unternehmenserfolgs. Gelingt es, diese Faktoren auch den Kapitalanlegern verständlich zu machen, so profitiert auch der Unternehmenswert von der Neuorientierung der Managements.

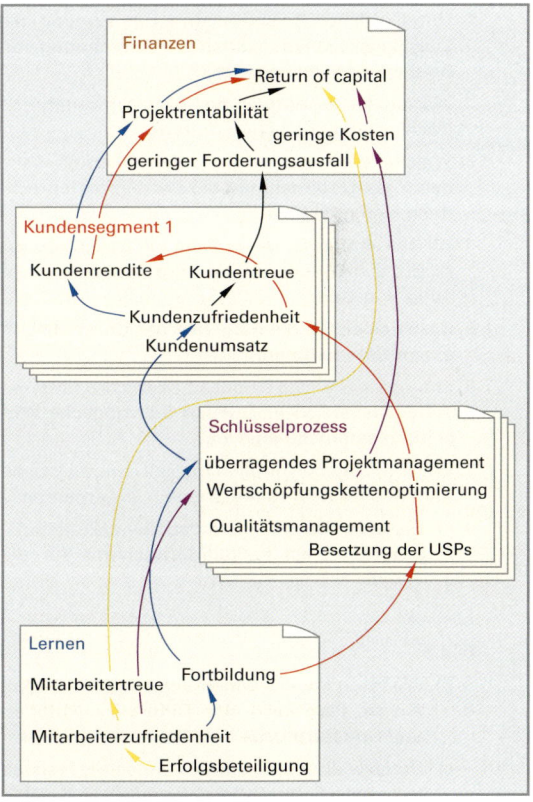

Bild 2: Kausalketten zur BSC

Das Ziel des Controlling ist es, durch die Koordination des Handelns aller Beteiligten ein optimales Ergebnis zu erzielen.

Die Softwareindustrie bietet dazu Analyse-Applikationen bzw. Enterprise Performance Measurement Systeme (= Unternehmensleistungs-Messsysteme) an.

Diese Systeme haben als Ergänzung zu ERP-Programmen den Vorteil, dass sie neben Kennzahlen von vorhandenen Prozessen auch die Möglichkeit bieten, durch prozessorientierte Modellrechnungen neue Strategien im Voraus zu überprüfen und auf Optimierungsmöglichkeiten zu testen.

In einem Management-Cockpit können die Entscheidungsträger als Ergebnis dieser Analysen BSC-Kennzahlen aus allen Unternehmensbereichen z. B. auf Monitoren mitverfolgen (**Bild 1**).

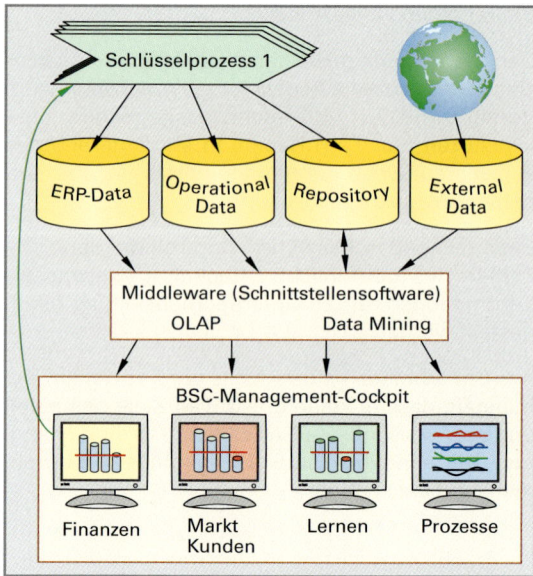

Bild 1: System zur Unternehmensleistungsmessung

K Kompetenzorientierung

1. Unter welchen Bedingungen ist es sinnvoll, die Zuschlagskalkulation durch die Verrechnung von Sonderkosten zu erweitern?

2. Warum ist es notwendig, dass Unternehmen Nachkalkulationen durchführen?

3. Welche Voraussetzungen müssen erfüllt sein, damit ein Unternehmen die Prozesskostenrechnung einführen kann?

4. Welche Verbesserungen kann ein Unternehmen durch die Einführung der Prozesskostenrechnung erwarten?

5. Beschreiben Sie die Aufgaben des Controlling in einem Unternehmen.

6. Entwerfen Sie eine Balanced-Scorecard für Ihren Tätigkeitsbereich und geben Sie mögliche Wirkungszusammenhänge an.

7. Welche Aufgaben erfüllen Measurementsysteme und Monitoringsysteme in einem Unternehmen?

8. a) Erstellen Sie mit einem Tabellenkalkulationsprogramm ein Kalkulationsschema für die Tabelle 1.

   Lösung:

   Bild 2

   b) Ergänzen Sie das Schema mit weiteren Spalten so, dass auch eine Differenzkalkulation und eine retrograde Kalkulation möglich ist.

   c) Durch welche Maßnahme können Sie feststellen, ob die Formeln bei den ergänzten Spalten stimmen?

Tabelle 1: Zuschlagskalkulation mit Sondereinzelkosten		
	%	€
Materialeinzelkosten		1.720,00
+ Materialgemeinkosten	9	154,80
+ Sondereinzelkosten Material		120,00
= **Materialkosten**		**1.994,80**
Fertigungslöhne		2.140,00
+ Fertigungslohngemeinkosten	110	2.354,00
+ Sondereinzelkosten d. Fert.		140,00
= **Herstellkosten**		**6.628,80**
+ Verwaltungsgemeinkosten	18	1.193,18
+ Vertriebsgemeinkosten	6	397,73
+ Sondereinzelkosten d. Vertriebs		60,00
= **Selbstkosten**		**8.279,71**
+ Gewinn	15	1.241,96
= **Barverkaufspreis**		**9.521,67**
+ Kundenskonto	2	209,27
+ Vertreterprovision (in % des Bar-VK!)	7	732,44
= **Zielverkaufspreis**		**10.463,37**
+ Kundenrabatt	10	1.162,60
= **Listenverkaufspreis (o. MwSt.)**		**11.625,97**

	A	B	C
1		%	€
2	Materialeinzelkosten		1.720,00
3	+ Materialgemeinkosten	9	=B3*C2
4	+ Sondereinzelkosten Mat.		120,00
5	= Materialkosten		=Summe(C2:C4)

Bild 2: Kalkulationsschema (Ausschnitt)

Testen Sie Ihre Fachkompetenz!

Aufgabe 1

Ihr PC-Händler hat einen Rahmenliefervertrag mit einem IT-Händler. Dieser beinhaltet

- pauschale Verpackungs-Lieferungskosten pro Monitor 10,00 €

- einen Staffelrabattsatz

Bestellmenge Stk.	bis 9	ab 10	ab 25
Rabattsatz auf Listenpreis	15 %	18 %	20 %

- bei Bezahlung innerhalb 10 Tage 2 % Skonto.

Für die Verkaufskalkulation des PC-Händlers werden folgende Größen verwendet:

- Handlungskostenzuschlag 20 %

- Kalkulatorischer Gewinn 10 %

- Kundenrabatt 3 %

- Bei Bezahlung innerhalb 10 Tage erhalten unsere Kunden 2 % Skonto.

a) Berechnen Sie den Einstandspreis je Monitor bei einer Bestellung von 12 Monitoren deren Listenpreis 260,00 € beträgt. Welchen Barverkaufspreis muss unser Kunde für einen solchen Monitor bezahlen?

b) Da es sich bei vielen Listenpreisen um Tagespreise handelt muss die Einkaufspreiskalkulation häufig durchgeführt werden und soll durch ein Tabellenkalkulationsprogramm erfolgen. Erstellen Sie ein entsprechendes Programm und berücksichtigen Sie folgende drei Bedingungen:

1. Nach Eingabe des aktuellen Listenpreises des Großhändlers und der gewünschten Stückzahl wird der Listenverkaufspreis je Stück, der Barverkaufspreis je Stück und der Barverkaufspreis gesamt ohne MwSt. angezeigt.

2. Es soll möglich sein, einen individuellen Sonderrabatt für den Kunden einzugeben.

3. Die Berechnung soll auf einem Tabellenblatt erfolgen und deutlich in Eingabebereich, Datenbereich und Ausgabebereich getrennt sein **(Bild 1)**.

EINGABEN	
Listenpreis	
Stückzahl	
Sonderrabatt	

DATEN	
Staffelrabatt	
Handlungskostenzuschlag	
kalkulatorischer Gewinn	
Kundenrabatt	
Kundenskonto	
Verpackungs- Lieferkosten	

Ausgabe	je Stk	gesamt
Listenverkaufspreis		
Barverkaufspreis		

Bild 1: Lösungsschema

Aufgabe 2

Die Firma Ensave erzielt im Vertriebsgebiet Süd bisher durchschnittlich einen monatlich Umsatz von 82.000 €.

Der zuständige Reisende erhält ein monatliches Fixum von 4.000 € und eine Umsatzprovision von 3 %.

Von einem erfolgreichen Handelsvertreter liegt ein Angebot vor, in den nächsten drei Jahren den Vertrieb gegen eine Umsatzprovision von 7,5 % zu übernehmen.

a) Wie ist die Kostensituation beider Vertriebsarten beim aktuellen Umsatz?

b) Berechnen Sie die Kostensituation für den Fall, dass der Monatsumsatz monatlich um 2.000 € bis 100.000 € steigt und stellen Sie die Situation grafisch dar.

Aufgabe 3

Ihr Unternehmen führt 5-tägige regionale Anwenderschulungen zu 1.600 € je Teilnehmer durch. Kunden, die ein Seminar komplett buchen, erhalten für jeden Teilnehmer 20 % Rabatt. Laut Vorgabe der Geschäftsleitung werden Seminare erst ab 5 Teilnehmern durchgeführt.

Daten Standort A

Miete Seminarraum bis 8 Personen 5 Tage	2.400 €
Verwaltungsaufwand je Seminar	400 €
Miete Seminarraum 8 bis 16 Personen 5 Tage	3.600 €
Seminarunterlagen je Teilnehmer	300 €
Trainer je Tag	500 €
Catering je Teilnehmer und Tag	40 €

a) Bestimmen Sie für die vorliegenden Daten am Standort A den Gewinn in Abhängigkeit von der Teilnehmerzahl.

b) Bei welcher Teilnehmerzahl wird jeweils die Gewinnschwelle überschritten?

c) Wie hoch ist der Deckungsbeitrag bei einem Seminar, das unser A-Kunde Firma X komplett für sich gebucht hat, wenn 6 Teilnehmer gemeldet sind? Sollte das Seminar stattfinden? Begründen Sie.

d) Stellen Sie die Größen in einem übersichtlichen Diagramm für 1 bis 10 Teilnehmer dar.

Aufgabe 4

Für die Kalkulation der Angebotspreise sollen die Zuschlagssätze neu bestimmt werden. Die vorhandenen Daten sind in **Bild 1** dargestellt. Ein Teil der Gemeinkosten ist bereits auf die Kostenstellen umgelegt.

a) Übertragen Sie die Daten in ein Tabellenkalkulationsprogramm und legen Sie die Kosten für kalkulatorische Abschreibungen, kalkulatorische Zinsen, Raumkosten und Schadensfälle nach den gegebenen Schlüsseln auf die Kostenstellen um. Die Materialeinzelkosten (Fertigungsmaterialkosten) betrugen 85.000 € und die Fertigungseinzelkosten (Fertigungsmaterialkosten) 74.000 €.

b) Bestimmen Sie die Zuschlagssätze für Material, Fertigungslöhne, Verwaltung und Vertrieb.

c) Welchen zusätzlichen Nutzen kann man aus den berechneten Zuschlagssätzen ziehen?

d) Wie werden Kostenstellen im Betrieb festgelegt?

Kostenstellen / Kostenarten	Zahlen der Buchhaltung	Verteilungsgrundlage	Material	Fertigung	Verwalt.	Vertrieb
Hilfsstoffe	80.000 €	Materialentnahmescheine	2.000 €	70.000 €	5.000 €	3.000 €
Betriebsstoffe	70.000 €	Materialentnahmescheine	2.000 €	60.000 €	5.000 €	3.000 €
Hilfslöhne	10.000 €	Lohnlisten	2.000 €	5.000 €	1.000 €	2.000 €
Gehälter	118.000 €	Gehaltslisten	8.000 €	50.000 €	40.000 €	20.000 €
Sozialkosten	8.500 €	Kostenstellen	3.000 €	4.000 €	1.000 €	500 €
Fortbildungskosten	2.200 €	Kostenstellen	300 €	1.000 €	400 €	500 €
Instandhaltung	7.500 €	Anlagedatei	1.000 €	4.000 €	2.000 €	500 €
Reparaturen	7.400 €	Anlagedatei	200 €	5.000 €	2.000 €	200 €
Steuern	5.100 €	Fläche in m²	600 €	3.000 €	1.000 €	500 €
Büromaterial	1.100 €	Einzelbelege	100 €	200 €	600 €	200 €
kalk. Abschreibungen	33.000 €	Anlagedatei in %	10	45	25	20
kalk. Zinsen	13.800 €	Fläche in m²	600	200	80	500
Raumkosten	42.500 €	Volumen in m³	2.000	800	200	1.250
Schadensfälle	8.000 €	Zahl der Beschäftigten	0,5	5,5	1.5	0,5

Bild 1: Unternehmensdaten und Verteilungsschlüssel für Gemeinkosten

Kurzformen von Fachbegriffen

Kurzform	Herkunft, Bedeutung	Kurzform	Herkunft, Bedeutung
.NET	Dot-Network	CI	Corporate Identity
AC	Alternating Current	CIDR	Classless Internet Domain Routing
ACR	Attenuation to Crosstalk Ratio	CIE	Commission Internationale
AD	Active Directory		d l'Eclairage
ADF	Automatic Document Feeder	CIL	Common Intermediate Language
ADSL	Asymmetric DSL	CIX	Commercial Internet Exchange
AIDA	Attention Interest Desire Action	CLR	Common Language Runtime
ALU	Arithmetic Logic Unit	CLV	Constant Linear Velocity
All-IP	All Internet Protocol	cmd.exe	Command Execution
AM	Additive Manufactoring	CML	Current Mode Logic
AMI	Alternate Mark Inversion (Code)	CPU	Central Processor Unit
AP	Access Point	CRC	Cyclic Redundancy Check
API	Application Programming Interface	CRM	Customer Relationship Management
APIC	Advanced Programmable Interrupt		
	Controller	CRM	Customer Relationship Management
App	Application	CSMA/CD	Carrier Sense Multiple Access/Colli-
APS	Advanced Planning and Scheduling		sion Detection
AR	Augmented Reality	CSS	Cascading Style Sheet
ARJ	Archivar Robert Jung	CMYK	Cyan Magenta Yellow Key
ARM	Advanced Risc Machine	Cobot	Collaborative Robot
AT	Attention	CPS	Cyber Physical System
ATM	Asynchronous Transfer Mode	CSM	Compatibility Support Module
ATX	Advanced Technology (e)Xtended		
AWT	Abstract Windows Toolkit	DAO	Disc-at-Once
		DAS	Direct Attached Storage
BAP	Bildschirm-Arbeitsplatz-Leuchte	DAT	Digital Audio Tape
BCD	Binary Coded Decimal	DBMS	Data Base Management System
BD	Blue Ray Disc	DC	Direct Current
BD-R	Blue Ray Disc Recordable	DC	Domain Controller
BD-RE	Blue Ray Disc Rewritable	DDE	Dynamic Data Exchange
BFWA	Broadband Fixed Wireless Access	DDN	Dotted Decimal Notation
BIOS	Basic Input Output System	DDR	Double Data Rate
BMP	Basic Multilingual Plane	DECIX	Deutscher CIX
BOT	BOT von Robot	DECT	Digital Enhanced Cordless Telecom-
BPR	Business Process Reengineering		munications
BSC	Basic Station Control	DENIC	Deutsches Network Information
BT	Bluetooth		Center
Btrfs	Bee tree file system	DHCP	Dynamic Host Configuration Protocol
BTS	Base Transceiver Station	DIMM	Dual Inline Memory
BWA	Broadband Wireless Access	DLT	Digital Linear Tape
		DLT	Distributed Ledger Technology
CAV	Constant Angular Velocity	DMS	Dehnmessstreifen
CCD	Charge Coupled Device	DMT	Discrete Multitone Transmission
CD	Compact Disk	DNF	Disjunktive Normalform
CDFS	CD-ROM File System	DNS	Domain Name System
CDMA	Code Division Multiplex Access	DOS	Disc Operation System
CD-R	Compact Disc Recordable	dpi	dots per inch
CD-ROM	Compact Disc Read Only Memory	DRAM	Dynamischer RAM
CD-RW	Compact Disc Read Write	DSA	Digital Signature Algorithm
CENELEC	European Committee for Electro-	DSL	Digital Subscriber Line
	technical Standardization	DTD	Document Type Definition
CF	Compact Flash	DVB	Digital Video Broadcasting

Kurzform	Herkunft, Bedeutung
DVD	Digital Versatile Disc
DVD-R	Digital Versatile Disc Recordable
DVD-RAM	Digital Versatile Disc Random Access Memory
DVI	Digital Video Interface
DVI-D	Digital Visual Interface Digital
DVI-I	Digital Visual Interface Integrated
EAN	European Article Number
EEG	Elektroenzephalografie
EEPROM	Electrically Erasable Programmable Read Only Memory
EIDE	Enhanced Integrated Drive Electronics
ELFEXT	Equal Level Far End Crosstalk
EMC	Electromagnetic Compatibility
eNodeB	evolved Node Base
EPA	Electrostatic Protected Area
EPROM	Erasable Read Only Memory
ERM	Entity Relationship Model
ERP	Earth Reference Plane
eSATA	External Serial Advanced Technology Attachment
ESD	Electro Static Discharge, Electrostatic Sensitive Device
ESDS	ESD Schutz
EULA	End User License Agreement
exFAT	extended File Allocation Table
EXT4	Extended File System
FAAST	Flexible Action and Articulated Skeleton Toolkit
Fabber	Digital Fabricator
FAQ	Frequently Asked Questions
FAT	File Allocation Table
FCS	Frame Check Sequence (Field)
FDDI	Fiber Distributed Data Interface
FDMA	Frequency Division Multiple Access
FELV	Functional Extra Low Voltage
FEXT	Far End Crosstalk
FSB	Frontside Bus
FTP	File Transfer Protocol
GAN	Global Area Network
GATT	General Attribute Profile
GbE	Gigabit Ethernet
GIMP	GNU Image Manipulation Program
GNOME	GNU Object Model Environment
GNU	GNU's Not Unix
GPU	Graphics Processing Unit
GSM	Global System for Mobile Communication
GUI	Graphic User Interface
GUID	Globally Unique Identifier

Kurzform	Herkunft, Bedeutung
HDA	High Definition Audio
HDMI	High Definition Multimedia Interface
HKEY	Hot Key
HMI	Human Machine Interface
HoQ	House of Quality
HP GL	Hewlett and Packard Graphic Language
HP PCL	Hewlett and Packard Printer Communication Language
HPFS	High Performance File System
HT	Hyper Transport
HTML	Hypertext Markup Language
HTTP	Hypertext Transfer Protocol
HUD	Head-up Display
IaaS	Infrastructure as a Service
IAE	Internet-Anschluss-Einheit
IANA	Internet Assigned Numbers Authentity
ICANN	Internet Cooperation for Assigned Numbers and Names
ICAS	iTernity Compliant Archive Software
ICQ	"I seek You", Homophon
IDE	Integrated Development Environment
IGBT	Insulated Gate Bipolar Transistor
IMAP	Internet Message Access Protocol
INCOTERMS	International Commercial Terms
IIoT	Industrial Internet of Things
IoT	Internet of Things
IP	Internet Protocol
IPTV	Internet Protocol Television
IPv6	Internet Protocol Version 6
IPW	Incremental Packet Writing
IrDA	Infrared Data Association
IRED	Infrared Diode
ISDN	Integrated Services Digital Network
ISM	Industrial-, Scientific-, Medical-Band
ISO	International Organization for Standardization
IT	Information Technology
ITU	International Telecommunication Union
JDK	Java Development Kit
JFS	Journaled File System
JIT	Just-in-Time
JS	JavaScript
KDE	K Desktop Environment
Kinect	Kinetic Connect
KNF	Konjunktive Normaform
KPI	Key Performance Indicator
LD	Laser Diode

Kurzform	Herkunft, Bedeutung
LED	Light Emitting Diode
LTE	Long Term Evolution
LTO	Linear Tape Open
M2M	Machine-to-Machine
MAC	Media Access Control Address
Mbed(ded) OS	Embedded OS
MES	Manufactoring Execution System
MIMO	Multiple Input Multiple Output
MIPS	Million Instructions per Second
MLC	Multi Level Cell
MMC	Multimedia Card
MO	Magneto-Optisch
MO-CD	Magneto-Optische CD
MR	Mixed Reality
MSC	Mobile Services Switching Center
MSR	Microsoft Reserved Partition
MSTSC	Microsoft Terminal Server Connection
MySQL	My (weibl. Vorname) SQL
NAS	Network Attached Storage
NDS	Netware Directory Services
NetBIOS	Network Basic Input/Output System
NEXT	Near End Crosstalk
NGN	Next Generation Network
NIC	Network Interface Card
NLM	Netware Loadable Module
NTBA	Network Termination for ISDN Basic rate Access
ntbtlog	NT Boot Log
NTFS	New Technology File System
ODBC	Open Data Base Connectivity
odp	Open Document Presentation
OEM	Original Equipment Manufacturer
OFDM	Orthogonal Frequency Division Multiplexing
OFDMA	OrtogonalFrequency Division Multiple Access
OLAP	Online Analytical Processing
OLE	Object Linking and Embedding
OS	Operating System
OSI	Open Systems Interconnection
OTDR	Optical Time Domain Reflectometer
OU	Organisation Unit
PaaS	Platform as a Service
PC	Personal Computer
PCH	Platform Controller Hub
PCI	Peripheral Component Interconnect
PCIE	Peripheral Component Interconnect Extended
PCMCIA	Personal Computer Memory Card International Association

Kurzform	Herkunft, Bedeutung
PD	Power Device
PDF	Portable Document Format
PDP	Plasma Display Panel
PEG	PCIe for Graphics
PELV	Protective Extra Low Voltage
PFC	Power Factor Correction
PFP	Power Factor Preregulator
PGU	Picture Generating Unit
PHP	Hypertext Processor, Personal Home Page (Tools)
PIC	Programmable Interrupt Controller
PIN	Personal Identification Number, Positiv-Intrinsic-Negativ
PKZIP	PK Phil Katz, ZIP Reissverschluss
PLS	Prozessleitsystem
PoE	Power over Ethernet
PoP	Point of Presence
POP	Post Office Protocol
POS	Point of Sale
POST	Power On Self Test
POTS	Plain Old Telephone Service
ppt	PowerPoint
pptx	PowerPoint extended
PR	Public relations
PROM	Programmable Read Only Memory
PSE	Power Sourcing Equipment
PSFEXT	Power Sum Far End Crosstalk
PSK	Phase Shift Keying
QAM	Quadrature Amplitude Modulation
QDR	Quadruple Data Rate
QoS	Quality of Service
QPI	Quick Path Interconnect
QPSQ	Quaternary Phase-Shift Keying
QR	Quick Response
RAD	Rapid Application Development
RAID	Redundant Array of Independent Disks
RAM	Random Access Memory
RCD	Residual Current protective Device
RDP	Remote Desktop Protocol
Res	Repository
RFC	Request for Comments
RFID	Radio Frequency Identification
RGB	Rot Grün Blau
RIMM	Rambus in Line Memory
RIP	Routing Information Protocol
RIPE	Reseaux IP Européens
RJ	Regular Jack
RJ45	Regular Jack 45
RL	Return Loss
RLE	Run Length Encoding

Kurzform	Herkunft, Bedeutung	Kurzform	Herkunft, Bedeutung
RLL	Run Length Limited	STUN	Session Traversal Utilities for NAT
RM	Rapid Manufacturing	SWAT	Samba Web Administration Tool
RNC	Radio Node Controller	SWT	Standard Widget Toolkit
ROM	Read Only Memor		
RP	Rapid Prototyping	TAO	Track-at-Once
RSA	Rivest Shamir Adleman	TAR	Tape Archive
RSI	Repetitive Strain Injury	TCP/IP	Transmission Control Protocol /
RSSI	Signal Strength Indication		Internet Protocol
RT	Rapid Tooling	Telnet	Telecommunication Network
RTDT	Round Trip Delay Time	TFT	Thin Film Transistor
RTOS	Real Time Operating System	TFT-LCD	Thin Film Transistor- Liquid
			Crystal Display
SaaS	Software as a Service	TIA/EIA	Telecommunications Industry
SAM	Security Accounts Manager		Association / Electronic Industries
SAO	Session-at-Once		Alliance
SAR	Specific Absorption Rate	TN	Twisted Nematik
SATA	Serial Advanced Technology Attach-ment	TO	Transistor Outlines
		TOC	Table of Contents
SBA	Strategy Business Area	TP	Twisted Pair
SC	Single Carrier	TPS	Triple-Play Services
SCADA	Supervisory Control and Date Acquisition	TQM	Total Quality Management
		TWAIN	Technology Without An Interesting Name
SCARA	Selective Compliance Assembly Robot Arm		
SCM	Supply Chain Management	UC	Universal Current
SCSI	Small Computer System Inter-face	UDF	Universal Disk Format
		UDP	User Datagram Protocol
SD	Secure Digital (Memory Card)	UEFI	Unified Extensible Firmware Inter-face
SDR	Single Data Rate		
SELV	Safety Extra Low Voltage	UML	Unified Modeling Language
SIP	Session Internet Protocol	UMTS	Universal Mobile Telecommuni-cation System
SIP	Supplementary Ideographic Plane		
SISO	Single Input Single Output	UPS	Uninterruptible Power Supply
SL	Stereolithografie	URAN	UMTS Radio Access Network
SLC	Single Level Cell	URL	Uniform Resource Locator
SLR	Scalable Linear Recording	USB	Universal Serial Bus
SLS	Selektives Lasersintern	UTF	Unicode Transmission Format
SM	Smart Media	UTP	Unshielded Twisted Pair
SMB	Server Message Block	UTRAN	UMTS Terrestrial Radio Access
SMP	Supplementary Multilingual Plane		Network
SMR	Shingled Magnetific Recording		
SMS	Short Message Service	VDSL	Very High Speed Digital Subscriber
SMTP	Simple Mail Transport Protocol		Line, Very High Data Rate DSL
SNR	Signal to Noise Ratio	VFAT	Virtual File Allocation Table
SO-DIMM	Small Outline Dual in Line Memory	VFD	Voltage and Frequency Dependent
		VFI	Voltage and Frequency Independent
S/PDIF	Sony/Philipps Digital Interface Format	VHDSL	Very High Bit rate DSL Line
		VI	Voltage Independent
SQL	Structured (Standard) Query Language	VIP	Very Important Person
		VLAN	Virtual Local Area Network
SRAM	Statischer RAM	VoD	Video On Demand
SSD	Solid State Disc	VoIP	Voice over IP
SSID	Service Set Identifier	VoLGA	Voice over LTE via GAN
STB	Set Top Box	VPN	Virtual Private Network
STP	Shielded Twisted Pair	VR	Virtual Reality

Kurzform	Herkunft, Bedeutung
VRS	Virtual Reality Sickness
WAN	Wide Area Network
Widget	Window Gadget
WiMAX	Worldwide Interoperability for Microwave Access
WLAN	Wireless Local Area Network
WPA	Wi-Fi Protected Access
WSUS	Windows Server Update Services
WYSIWYG	What You See Is What You Get
XAMPP	X für Betriebssystem, A Apache, M MySQL, P PHP, P Pearl

Kurzform	Herkunft, Bedeutung
xDSL	extended Digital Subscriber Line
xfs	Extent file system
XHTML	Extensible Hypertext Markup Language
XML	Extensible Markup Language
XMPP	Extensible Messaging and Presence Protocol
XSL	Extensible Stylesheet Language
YaST	Yet another Setup Tool
Yast	Yet another's tool

Internationales Einheitensystem

Internationales Einheitensystem (SI) ab 20.5.2019	
Me	Ein Meter ist gleich der Strecke, die Licht im Vakuum innerhalb des Bruchteils von 1/299 792 458 einer Sekunde zurücklegt.
Kg	Die Einheit kg wird mit der Wirkung (Einheit: $kg\ m^2\ s^{-1}$) verknüpft, einer physikalischen Größe in der theoretischen Physik. Zusammen mit der Definition für die Sekunde und den Meter ergibt sich die Definition für das Kilogramm als Funktion des Planck'schen Wirkungsquantums h[1].
Sek	Eine Sekunde ist gleich der Dauer von 9 192 631 770 Schwingungen der Strahlung, die der Energie des Übergangs zwischen den zwei Hyperfeinstrukturniveaus des ungestörten Grundzustands im Caesiumatom 133 entspricht.
Amp	Ein Ampere entspricht dem Stromfluss von 1/ (1,602 176 634 · 10^{-19}) Elementarladungen (Elektronen) pro Sekunde.
Kel	Ein Kelvin entspricht einer Änderung der thermodynamischen Temperatur, die mit einer Änderung der thermischen Energie (kT[2]) um 1,380 649 · 10^{-23} J einhergeht.
Mol	Ein Mol ist die Stoffmenge eines Systems, das 6,022 140 76 · 10^{23} eines bestimmten Einzelteilchens enthält.
Cand	Cand Eine Candela ist die Lichtstärke (in eine bestimmte Raumrichtung) einer Strahlquelle, die mit einer Frequenz von 540 · 10^{12} Hz emittiert und die eine Strahlungsintensität in dieser Richtung von 1/683 W sr^{-1} hat. sr von Steradiant.

[1] Planck-Konstante h ist mit Zahlenwert 6,626 070 15 · 10^{-34} festgelegt, mit der Einheit Js = $kg\ m^2\ s^{-1}$, der Meter ist mittels c und die Sekunde mittels Δv definiert,

[2] Boltzmann-Konstante k ist mit dem Zahlenwert 1,380 649 · 10^{-23} festgelegt, mit der Einheit J K^{-1}, die gleich $kg\ m^2\ s^{-2}\ K^{-1}$ ist, wobei Kilogramm, Meter und Sekunde mittels h, c und Δv definiert sind.

Verzeichnis der Firmen, Dienststellen und Bildungseinrichtungen

Die nachfolgend aufgeführten Firmen und Dienststellen haben die Bearbeiter durch Beratung, durch Zurverfügungstellen von Druckschriften, Fotos und Retuschen sowohl bei der Textbearbeitung als auch bei der bildlichen Ausgestaltung des Buches unterstützt. Es wird ihnen hierfür herzlich gedankt.

Agilent Technologies
71034 Böblingen

Agentur für erneuerbare Energien
10117 Berlin
www.unendlich-viel-energie.de

Apple Inc.
Kalifornien
www.apple.com

Avira GmbH
88069 Tettnang
www.avira.com

BASF AG
67056 Ludwigshafen
www.basf.com

Black Box Deutschland GmbH
85716 Unterschleißheim

Beuth Verlag GmbH
10787 Berlin
www.beuth.de

BMBF Bundesministerium für Bildung und Forschung
11055 Berlin
www.bmbf.de

Bundesanstalt für Arbeitsschutz
44149 Dortmund
www.baua.de

Bundesnetzagentur (BNetzA)
53113 Bonn
www.bnetza.de

Borland
63225 Langen
www.borland.com

Cherry Mikroschalter GmbH
91275 Auerbach
www.cherry.de

Dehn + Söhne GmbH & Co. KG
90489 Nürnberg
www.dehn.de

Deutsche Philips GmbH
20095 Hamburg
www.philips.de

Deutsche Telekom Medien GmbH
60329 Frankfurt
www.t-online.de

develo AG
52068 Aachen
www.develo.de

DIN, Deutsches Institut für Normung e.V.
10787 Berlin
www.din.de

Eaton Power Quality GmbH
77855 Achern
www.eaton.com

Elmo Europe SAS
40549 Düsseldorf
www.elmo.de

Fluke Deutschland GmbH
34123 Kassel
www.fluke.de

Fraunhofer Gesellschaft
80686 München
www.fraunhofer.de

Freescale
Austin, Texas (siehe NXP)

Fujitsu Technology Solutions GmbH
80807 München
www.fujitsu.com

Google
www.google.de

Gossen-Metrawatt, GMC-I Messtechnik GmbH
90449 Nürnberg
www.gossenmetrawatt.com

HAMEG (siehe Rohde & Schwarz)

Hartmann und Braun AG
60487 Frankfurt

Hewlett-Packard GmbH
71034 Böblingen
www.hp.com

Hirschmann, Belden Electronics GmbH
72654 Neckartenzlingen
www.hirschmann.com

IBM Deutschland Informationssysteme
70511 Stuttgart
www.ibm.de

iMatix Corp.
13-15 rue des Ateliers
1080 Bruxelles, Belge
www.irpa.net/

Intel Deutschland GmbH
85622 Feldkirchen
www.intel.de

IRPA Internationale Strahlenschutzvereinigung
www.ibm.de

Max Planck, Gesellschaft zur Förderung der Wissenschaft e.V.
80539 München
www.mpg.de

Metageek.com
1109 W. Main St, USA

Microsoft Deutschland GmbH
85716 Unterschleißheim
www.microsoft.de

Mitsubishi Electric Europe GmbH
40880 Ratingen
www.mitsubishi.de/

National Instruments Germany GmbH
80399 München
www.ni.com

NEC Electronics (Europe) GmbH
40472 Düsseldorf
www.nec.com/de/

NXP Semiconductors
Eindhoven,
Niederande

Osram GmbH
80807 München
www.osram.com

Panasonic Deutschland GmbH
22525 Hamburg
www.panasonic.de

PEARL Agency
Allgemeine Vermittlungsgesellschaft mbH
79426 Buggingen
www.pearl.com

Robert Bosch GmbH
70839 Gerlingen-Schillerhöhe
www.bosch.com

Rohde & Schwarz GmbH
81671 München
www.rohde-schwarz.com

RS Components GmbH
64546 Mörfelden-Walldorf
www.rs-components.de

Siemens AG
91050 Erlangen
www.siemens.com

SORCUS GmbH
69126 Heidelberg
www.sorcus.com

Spectra Computersysteme GmbH
70771 Leinfelden-Echterdingen

SSK Strahlenschutzkommission
53048 Bonn
www.ssk.de

Sun Microsystems, Inc.
Palo Alto
www.sun.com

Texas Instruments Deutschland GmbH
85350 Freising
www.ti.com/

Terratec Electronic GmbH
41334 Nettetal
www.terratec.net/

Toshiba Electronics Europe GmbH
40549 Düsseldorf
www.toshiba.de

TÜV Rheinland Holding AG
51105 Köln
www.tuv.com

Umweltbundesamt
06813 Dessau-Roßlau
www.umweltbundesamt.de

Vacuumschmelze
63412 Hanau
www.vacuumschmelze.de

VDE, Verband der Elektrotechnik, Elektronik, Informationstechnik e.V.
60596 Frankfurt am Main
www.vde.de

VDI, Verein Deutscher Ingenieure e.V.
40468 Düsseldorf
www.vdi.de

Vicor Europe
85748 Garching
www.vicorpower.com

Wichmann WorkX AG
franz.rosenberger@wichmann-ag.de

Yahoo! Deutschland
www.yahoo.de

Zeiss, Carl
73447 Oberkochen
www.zeiss.de

ZVEH Zentralverband der Dt. Elektro- und Informationstechnischen Handwerke
60487 Frankfurt am Main
www.zveh.de

ZVEI Zentralverband Elektrotechnik- und Elektroindustrie e.V.
60528 Frankfurt am Main
www.zvei.de

Bildquellenverzeichnis

74-2	75-1	intel
85-1		Transcend
91-2		Siemens
97-1		Vellemann
97-2		Conrad
100-1		Fujitsu
123-1		B. Eckholdt
124-1		Apple
208-5		GMC-Metrawatt
235-1		IMST-GmbH
403-2	409-1	Fluke
466-1		Cisco
503-3		T-Systems
530-3		Develo
551-2	591-3	Microsoft
553-5		Mobotix
587-3		Stanford Research Institute
590		NXP Freescale
592-2		Siemens
597-2		HTC Vive Enterprise
602-1		Asea-Roboter GmbH
602-3		NASA, JPL
605-1		BMW
610-2	612-1	ST(M) SGS-Thompson Microelectronics
613-1	613-1	ARDUINO

Softwareverzeichnis

Im Buch werden Programme und Software-Pakete folgender Firmen verwendet.

EAGLE
CadSoft Computer GmbH, 84568 Pleiskirchen
www.cadsoft.de

EASEUS
de.easeus.com
InSSIDer
Metageek, USA

Java Development Kit, My SQL
Sun Microsystems GmbH, 85630 Grasbrunn
www.sun.de

Mbed OS5
OS.mbed.com

Meybohms HTML-Editor (Freeware)
www.phase5.info

Micro Focus International
The Lawn 22 - 30 Old Bath Road
Newbury, Berkshire RG14 1QN
United Kingdom

**Microsoft Betriebssysteme Windows 10,
Windows-Server 2016 und 2019**
Microsoft GmbH, 85716 Unterschleißheim
www.microsoft.com/germany/office

Microsoft Office 2016
Microsoft GmbH, 85716 Unterschleißheim
www.microsoft.com/germany/office

Microsoft Visual Basic und Visual C++, Visual C#
Microsoft GmbH, 85716 Unterschleißheim
www.microsoft.com/germany/office

Mindjet LLC.
MindManager
www.mindjet.de

My SQL
Oracle Corporation
Redwood Shores, USA
www.mysql.com

Partition Magic
PowerQuest Corp.
www.powerquest.com

PHP
www.php.net

PSpice Schematic Student
Cadence PCB Systems Division,
Portland OR 97223
www.iee.et.tu-dresden.de

Turbo C++
Borland Inprise Corporation
www.borland.de

Scitor Project Scheduler
Scitor, 65232 Traunstein
www.scitor.com

Zone Alarm
CheckPoint Software Technologies LTD,
Redwood City, Ca 94065
www.zonealarm.de

Übliche Formelzeichen

Formelzeichen	Bedeutung	Formelzeichen	Bedeutung	Formelzeichen	Bedeutung
Kleinbuchstaben		**Großbuchstaben**		X	Blindwiderstand
				Y	Scheinleitwert
c	Lichtgeschwindigkeit	A	1. Fläche (Area), Querschnitt	Z	Scheinwiderstand
			2. Dämpfungsmaß		
d	Klirrfaktor (distortion)	B	1. Bandbreite		
f	Frequenz		2. Gleichstromverhältnis	**Griech. Kleinbuchstaben**	
g	Tastgrad		3. Blindleitwert		
			4. Bitrate	α	Temperaturkoeffizient
i	zeitabhängige Stromstärke	C	Kapazität (capacity)	γ	Leitfähigkeit
k	1. Kanalzahl	D	Dämpfungsfaktor	δ	Verlustwinkel
	2. Verkürzungsfaktor	E	elektr. Feldstärke	ε_0	elektr. Feldkonstante
l	Länge	F	Kraft (force)	ε	Permittivität
		G	1. Leitwert, Verstärkungsmaß	η	Wirkungsgrad
m	Masse		(gain)	ϑ	Temperatur
n	1. Umdrehungsfrequenz	I	Stromstärke	λ	Wellenlänge
	2. Anzahl	J	Stromdichte	μ_0	magnetische Feldkonstante
p	Druck (pressure)	K	Konstante	μ	Permeabilität
		L	1. Induktivität	ϱ	1. spezif. Widerstand
q	Querstromverhältnis		2. Pegel (level)		2. Dichte
r	1. Radius	M	1. Kraftmoment	τ	1. Impulsdauer
	2. Differenzieller Widerstand		2. Nachrichtenmenge		2. Zeitkonstante
s	1. Strecke, Dicke	N	Zahl, z. B. Windungszahl	φ	Winkel, insbesondere
	2. Siebfaktor	P	Leistung, Wirkleistung (power)		Phasenverschiebungswinkel
t	Zeit, Impulsdauer (time)	Q	1. Ladung	ω	1. Winkelgeschwindigkeit
			2. Wärme		2. Kreisfrequenz
u	zeitabhängige Spannung		3. Blindleistung		
$\ddot{u}$	Übersetzungsverhältnis	R	Wirkwiderstand (Resistanz)	**Griech. Großbuchstaben**	
v	Geschwindigkeit (vitesse)	S	1. Scheinleistung		
			2. Stabilisierungsfaktor	Δ	Differenz
		T	1. Periodendauer (time)	Φ	1. magn. Fluss
			2. Übertragungsfaktor		2. Lichtstrom
		U	Spannung		
		V	1. Verstärkungsfaktor		
			2. Volumen		
		W	Arbeit, Energie (work)		

Übliche Indizes und Zeichen

Index	Bedeutung	Index	Bedeutung	Index	Bedeutung
Ziffern, Zeichen		max	maximal	D	Drain
		min	minimal	E	Emitter
0	1. Leerlauf; 2. im Vakuum;	n	Nenn-, Bemessungs-, Rauschen	F	1. vorwärts; 2. Fehler
	3. Bei Resonanz	o	1. Oszillator; 2. oben	G	1. Gewicht; 2. Gate;
1	Eingang	p	1. potenziell; 2. parallel;		3. Glättung
2	Ausgang		3. Pause; 4. Puls	H	1. Hysterese
$\hat{}$, z.B. $\hat{\imath}$	Maximalwert, Scheitelwert	q	quer		2. Hall-
$\check{}$, z.B. $\check{u}$	Minimalwert, Tiefstwert	r	1. relativ; 2. Reihe; 3. Anstieg	K	1. Katode
$'$, z.B. a'	1. besonderer Hinweis	s	1. Sieb-; 2. Signal; 3. Serie;		2. Kopplung (Gegen-)
	2. Ableitung		4. Soll		3. Kühlkörper
Kleinbuchstaben		th	Wärme (von thermal)	L	1. induktiv
		tot	total, gesamt		2. Laden
a	1. Abfall; 2. Ausgang;	u	1. durch Spannung; 2. unten		3. Last
	3. Abschalten	v	1. Vor-		4. Berührung
ab	abgegeben		2. Verlust	M	Mitkopplung
auf	aufgenommen		3. visuell	N	1. Nenn-; 2. Nutz-
b	1. Betrieb; 2. Blindgröße	w	Wirk-	Q	Quer-, Ausgangs-
c	Grenzwert (cut)	x	unbekannte Größe	R	1. rückwärts
d	Gleichgröße, z.B. Gleichstrom				2. Rauschen
e	Eingang			S	Source
eff	Effektivwert			T	Transformator
f	Frequenz	**Großbuchstaben**		U	Umgebung, Spannung
g	Grenzwert			V	Spannungsmesser
h	hoch, oben	A	1. Strommesser; 2. Anode;	Z	Zener
i	1. innen; 2. induziert;		3. Anker		
	3. vom Strom; 4. ideell	B	Basis		
j	Sperrschicht	C	1. kapazitiv		
k	1. kinetisch		2. Kollektor		
	2. Kurzschluss				

Die Indizes können kombiniert werden, z.B. bei U_{bl} für die induktive Blindspannung. Indizes, die aus mehreren Buchstaben bestehen, können bis auf den Anfangsbuchstaben gekürzt werden, wenn keine Missverständnisse zu befürchten sind. Zur Kennzeichnung von Werkstoffen können die Symbole für das Material verwendet werden, z.B. P_{vCu} für Kupferverlustleistung.

Wichtige Normen

Inhalt, gekürzter Titel	Nummer	Inhalt, gekürzter Titel	Nummer
Aderkennzeichnung bei Nennspannungen bis 1000 V	DIN VDE 0293	Kennzeichnung von Widerständen und Kondensatoren	IEC 62
Akkumulatoren und Batterie-Anlagen	DIN VDE 0510	Kennzeichnungssystematik für technische Produkte	DIN 6779
Allgemeine mathematische Zeichen und Begriff	DIN 1302	Verkabelung	DIN EN 50173 50173-1
Anschlussbezeichnung für Befehlsgeräte	DIN EN 50013	Leitungen für Informationsverarbeitungsanlagen	DIN VDE 0815
Anzeigende Messgeräte	DIN 43780	Leitungsschutzschalter	DIN VDE 0641
Begriffe der Nachrichtenübertragung	DIN 40146	Magnetisches Feld	DIN 1325
Benennung und Einstellung von Reglern	DIN 19225	Maßnahmen zur Funkentstörung	DIN VDE 0875
Bildschirmarbeitsplätze	DIN 66234	Nennwert, Bemessungswert u.ä. (Begriffe)	DIN 40200
Bildzeichen	DIN 40101	Bemessungswerte von Widerständen und Kondensatoren	DIN 41426
Code zur Farbkennzeichnung	IEC 757	Niederspannungssicherungen	DIN VDE 0636
Datenübertragung	DIN 66021	Normspannungen	IEC 38
Dokumente der Elektrotechnik	DIN EN 61082	Optoelektronische Halbleiterbauelemente	DIN 41855
Eigenschaften von Oszilloskopen	IEC 351	PASCAL	DIN 66256
Einheiten elektrischer Größen	DIN 1357	Physikalische Größen und Gleichungen	DIN 1313
Einheiten magnetischer Größen	DIN 1339	Primärbatterien	IEC 86
Einheiten (Einheitenname, Einheitenzeichen)		Qualitätssicherung	DIN ISO 9000
Elektrisches Feld	DIN 1324	Regelungstechnik und Steuerungstechnik	DIN 19226
Elektromagnetische Beeinflussung	DIN EN 50310	Richtungssinn und Vorzeichen in der Elektrotechnik	DIN 5489
Errichten von Starkstromanlagen	DIN VDE 0100	Schallpegelmesser	IEC 651
Farbkennzeichnung von Widerständen und Kondensatoren	DIN 41429	Schnittstellen in Fernsprechnetzen	DIN 66020
Formelschreibweise	DIN 1338	Schutzmaßnahmen Teil 410	DIN VDE 0110
Formelzeichen	DIN 1304	Sicherungsverfahren mit dem 7-Bit-Code	DIN 66019
Funkentstörung von Hochfrequenzgeräten	DIN VDE 0871	Sinnbilder für Datenflusspläne und Programmablaufpläne	DIN 66001
Gehäuse für Halbleiterbauelemente	DIN 41868	Skalen von Messgeräten	DIN 43802
Gehäuse für Halbleiterbauelemente	DIN 41869	Spannungsmerkmale	DIN EN 50160
Gehäuse für Halbleiterbauelemente	DIN 41873	Speicherprogrammierbare Steuerungen	DIN EN 61131
Gehäuse für Halbleiterbauelemente	DIN 41876	Steuerungstechnik (Begriffe)	DIN 19237
Geräte zum Prüfen der Schutzmaßnahmen	DIN VDE 0413	Struktogramm nach Nassi-Shneiderman	DIN 66261
Geräte zur Messung von Funkstörungen	DIN VDE 0876	Temperaturabhängige Widerstände, Heißleiter	DIN 44070
Grafische Symbole der Prozessleittechnik	DIN 19277	Temperaturabhängige Widerstände, Kaltleiter	DIN 44080
Grafische Symbole für Schaltpläne	DIN EN 60617	Überspannungsschutzgeräte	DIN VDE 0675
Handhabungssysteme	DIN 2860	Übertragungsfaktor, Pegel	DIN 40148
HF-Leitungstechnik	DIN 47301	Umweltmanagement-Systeme	DIN ISO 14001
IEC-Bus	IEC 625	Varistoren	IEC 40
Informationsverarbeitung	DIN 44300	Vorsätze für Größen der Computertechnik	IEC 60027-2
Informationsverarbeitung, 7-Bit-Code	DIN 66003	Vorzugsreihen für die Bemessungswerte von R und C	IEC 63
Innenraumbeleuchtung	DIN 5035	Wechselstromgrößen	DIN 40110
IP-Schutzarten	DIN VDE 0470	Winkel	DIN 1315
Kennzeichnung der Anschlüsse	DIN EN 60445	Zeichen der Schaltalgebra	DIN 66000
Kennzeichnung Fernmeldeschnüre	DIN 47100		
Kennzeichnung für Signale und Verbindungen	DIN EN 61175		

Referenzkennzeichen (Betriebsmittelkennzeichen) in Schaltplänen der Elektrotechnik DIN EN 81 346-2 (Kennbuchstaben der Objekte)		
Prinzip		Jedes Objekt wird als Teil eines Prozesses mit einem Eingang und einem Ausgang gesehen. Eingang und Ausgang bilden die Schnittstellen zu weiteren Objekten. Damit ist es unwichtig, wie ein Objekt intern aufgebaut ist.
Kennbuchstabe	Zweck des Objektes	Beispiele, auch mit Unterklassen ( )
A	Zwei oder mehr Aufgaben. Nur für Objekte ohne identifizierbaren Hauptzweck verwenden.	Sensorbildschirm
B	Umwandlung einer Eingangsvariablen in ein zur Weiterverarbeitung bestimmtes Signal.	Sensor, Mikrofon, Messwandler, Fotozelle, Bewegungsmelder; Motorschutzrelais (BB).
C	Speichern von Information und Energie.	Kondensator (CA); Festplatte, Batterie, Akku (CC); RAM, EPROM, DVD (CF).
E	Bereitstellung von Strahlung oder Wärmeenergie.	Glühlampe, Leuchtstofflampe, UV-Strahler (EA); Heizkörper, Laser.
F	Direkter (selbsttätiger) Schutz eines Signal- oder Energieflusses vor unerwünschten Zuständen.	Sicherung, Leitungsschutzschalter, Überspannungsableiter, thermischer Überlastauslöser, Faraday'scher Käfig.
G	Erzeugen von Energieflüssen oder von Signalen als Informationsträger.	Generator, Batterie, Solarzelle, Brennstoffzelle, Stromversorgungseinheit.
K	Verarbeitung (Empfang, Verarbeitung, Bereitstellung) von Signalen oder Informationen, aber nicht für Schutzzwecke (→ Kennbuchstabe F).	Transistor, Relais, Binärelemente, Operationsverstärker, Mikroprozessor, Empfänger, Sender, Optokoppler, Regler, Zähler, Multiplexer, Computer (KF); Spiegel, Prüfgerät (KG).
M	Bereitstellung mechanischer Energie für Antriebszwecke	Elektromotor, Linearantrieb, Hubmagnet, Stellantrieb, Verbrennungsmotor, Turbine.
P	Darstellung von Informationen	Messinstrumente, Messgeräte, Klingel, Lautsprecher, Signallampe, LED, LCD, Drucker, Uhr, Manometer, Bildschirmgerät.
Q	Kontrolliertes Schalten von Energie- und Signalflüssen	Leistungsschalter, Leistungstransistor, IGBT, Thyristor, Schütz, Motoranlasser, Bremse, Kupplung (QA); Trennschalter (QB).
R	Begrenzung oder Stabilisierung von Energie- und Signalfluss	Widerstand, Drosselspule, Diode, Z-Diode, Konstanthalter (RA); Tiefpass, digitale oder analoge Filter (RF).
S	Umwandeln einer manuellen Betätigung in ein Signal zur Weiterverarbeitung.	Tastatur, Maus, Lichtgriffel, Steuerschalter (SF); Funkmaus (SG).
T	Umwandlung von Energie unter Beibehaltung der Energieart. Umwandlung von Signalen unter Beibehaltung des Informationsgehalts.	Transformator (Signale), DC/DC-Umsetzer, Frequenzumrichter (TA); Gleichrichter, AC/DC-Umsetzer (TB); Verstärker, Antenne, ADC, DAC (TF).
U	Halten von Objekten in einer definierten Lage.	Isolator, Mast, Kabelwanne.
V	Behandlung von Materialien oder Produkten.	Staubsauger, Waschmaschine, Drehmaschine, Rauchgasfilter.
W	Leiten von Energie oder Signalen.	Leiter, Leitung, Kabel, Bussysteme, Lichtwellenleiter (WH).
X	Verbinden von Objekten.	Steckverbinder, Klemme, Klemmleiste – el. Signale (XG); Steckverbinder – opt. Signale (XH).
D, J, H, L, Y, Z	Für spätere Normung vorgesehen.	Derzeit nicht verwendet.
I, O	Nicht für die Kennzeichnung verwendbar.	Wegen der Verwechslungsgefahr mit I für Input und O für Output oder 0 (Null).

Objekte mit demselben Kennbuchstaben werden durchnummeriert, z. B. R1, R2 usw.
Ein Transistor in der Signalverarbeitung wird z. B. mit K1, ein Schalttransistor z. B. mit Q1 bezeichnet.
Objekte können unterschiedlich mit Vorzeichen, z. B. bei dem Funktionsaspekt (=), bei dem Produktaspekt (–) oder bei dem Ortsaspekt (+) versehen werden.

Formelschreibweise und Formelsatz erfolgen nach DIN 1338, Darstellung allgemeiner mathematischer Zeichen und Begriffe nach DIN 1313.
Beispiele: Widerstände R, R_1, ..., R_n: Induktivitäten L, L_1, ... L_n: Kapazitäten C, C_1, ... C_n. Bei den Dioden und Z-Dioden verwenden wir zur Kennzeichnung R_D und R_Z.

Vorsätze, Größen und Einheiten der IT-Technik – Prefixes, Quantities and Units of IT-Technology

Vorsätze für physikalische Größen im SI-System

Vorsatzzeichen	Vorsatz	Bedeutung	Vorsatzzeichen	Vorsatz	Bedeutung
y	Yokto	10^{-24}	da	Deka	10^1
z	Zepto	10^{-21}	h	Hekto	10^2
a	Atto	10^{-18}	k	Kilo	10^3
f	Femto	10^{-15}	M	Mega	10^6
p	Piko	10^{-12}	G	Giga	10^9
n	Nano	10^{-9}	T	Tera	10^{12}
μ	Mikro	10^{-6}	P	Peta	10^{15}
m	Milli	10^{-3}	E	Exa	10^{18}
c	Zenti	10^{-2}	Z	Zelta	10^{21}
d	Dezi	10^{-1}	Y	Yotta	10^{24}

Vorsätze für Größen der Computertechnik (nach IEC 60027-2)

Faktor (binär)	IEC-Name	Vorsatzzeichen	Ursprung	SI-Herkunft	Vorsatzzeichen	Faktor (dezimal)
2^{10}	kibi	Ki	kilobinary	Kilo	k	$(10^3)^1$
2^{20}	mebi	Mi	megabinary	Mega	M	$(10^3)^2$
2^{30}	gibi	Gi	gigabinary	Giga	G	$(10^3)^3$
2^{40}	tebi	Ti	terabinary	Tera	T	$(10^3)^4$
2^{50}	pebi	Pi	petabinary	Peta	P	$(10^3)^5$
2^{60}	exbi	Ei	exabinary	Exa	E	$(10^3)^6$
2^{70}	zebi	Zi	zettabinary	Zetta	Z	$(10^3)^7$
2^{80}	yobi	Yi	yottabinary	Yotta	Y	$(10^3)^8$

Größen und Einheiten der Informationstechnik

Größe	Einheit	Einheitszeichen	Bemerkungen
Informationsgehalt	1 Shannon = 1 Bit	Sh, bit	Kleinste Informationsmenge. Ein Bit hat den Wert 0 oder 1.
	Dibit Tribit Quadbit (Nibble) Byte Oktett Wort		Informationsmenge 2 Bit mit 2^2 Zuständen (lat. di = 2). Informationsmenge 3 Bit mit 2^3 Zuständen (lat. tri = 3). Informationsmenge 4 Bit mit 2^4 Zuständen (lat. quattro = 4). 8 bit = 1B. Bytes weisen meist eine Stellenwertigkeit von 2^7 bis 2^0 auf. Ein Oktett umfasst 8 bit, ohne Stellenwertigkeit (lat octus = 8). Wortlänge = Anzahl der Bits, die der Maschinenzyklus verarbeitet.
Bitrate	Bit je Sekunde	bits/s	Auch als Übertragungsrate bezeichnet.
Digitrate	Digit je Sekunde	digits/s	Ziffer oder Ziffernschritt. Keine genormte Definition.
Leitungsdigitrate	Digit je Sekunde	digits/s	Veraltet. Bezeichnet die Schrittgeschwindigkeit mit der Einheit Baud.
Befehlsgeschwindigkeit	Befehle je Sekunde	MIPS MFLOPS	Millions instructions per second = Millionen Befehle pro Sekunde. Millions Floatingpoint-Operations per second = Millionen Gleitkommaoperationen je Sekunde
Länge	Inch, Zoll	"	1 inch oder 1" haben die Länge von 25,4 mm.
Zeichendichte	Zeichen je Zoll	cpi	Character per Inch = Zeichen je Zoll.
Spurendichte	Spuren je Zoll	tpi	Track per Inch.
Aufzeichnungsdichte	Bit je Zoll	bpi	Bit per Inch.
Punktdichte	Punkte je Zoll	dpi	Dots per Inch.
Bildpunkt	Pixel, Dot	–	Pixel von Picture Element, Dot = Bildpunkt.

ASCII-Code (dezimal)

0	26 →	52 4	78 N	104 h
1 ☺	27 ←	53 5	79 O	105 i
2 ☻	28 ∟	54 6	80 P	106 j
3 ♥	29 ↔	55 7	81 Q	107 k
4 ♦	30 ▲	56 8	82 R	108 l
5 ♣	31 ▼	57 9	83 S	109 m
6 ♠	32	58 :	84 T	110 n
7 •	33 !	59 ;	85 U	111 o
8 ◘	34 "	60 <	86 V	112 p
9 ○	35 #	61 =	87 W	113 q
10 ◙	36 $	62 >	88 X	114 r
11 ♂	37 %	63 ?	89 Y	115 s
12 ♀	38 &	64 @	90 Z	116 t
13 ♪	39 '	65 A	91 [	117 u
14 ♫	40 (	66 B	92 \	118 v
15 ☼	41)	67 C	93]	119 w
16 ►	42 *	68 D	94 ^	120 x
17 ◄	43 +	69 E	95 _	121 y
18 ↕	44 ,	70 F	96 `	122 z
19 ‼	45 –	71 G	97 a	123 {
20 ¶	46 .	72 H	98 b	124	
21 §	47 /	73 I	99 c	125 }
22 ▬	48 0	74 J	100 d	126 ~
23 ↨	49 1	75 K	101 e	127 ∆
24 ↑	50 2	76 L	102 f	
25 ↓	51 3	77 M	103 g	

Erweiterung (dezimal)

128 Ç	154 Ü	180 ┤	206 ╬	232 Þ
129 ü	155 ø	181 Á	207 ¤	233 Ú
130 é	156 £	182 Â	208 ð	234 Û
131 â	157 Ø	183 À	209 Đ	235 Ù
132 ä	158 ×	184 ©	210 Ê	236 ý
133 à	159 ƒ	185 ╣	211 Ë	237 Ý
134 å	160 á	186 ║	212 È	238 ¯
135 ç	161 í	187 ╗	213 ı	239 ´
136 ê	162 ó	188 ╝	214 Í	240 -
137 ë	163 ú	189 ¢	215 Î	241 ±
138 è	164 ñ	190 ¥	216 Ï	242 =
139 ï	165 Ñ	191 ┐	217 ┘	243 ¾
140 î	166 ª	192 └	218 ┌	244 ¶
141 ì	167 º	193 ┴	219 ■	245 §
142 Ä	168 ¿	194 ┬	220 ▄	246 ÷
143 å	169 ®	195 ├	221 ¦	247 ¸
144 É	170 ¬	196 ─	222 Ì	248 °
145 æ	171 ½	197 ┼	223 ▀	249 ¨
146 Æ	172 ¼	198 ã	224 Ó	250 ·
147 ô	173 ¡	199 Ã	225 ß	251 ¹
148 ö	174 «	200 ╚	226 Ô	252 ³
149 ò	175 »	201 ╔	227 Ò	253 ²
150 û	176 ░	202 ╩	228 õ	254 ■
151 ù	177 ▓	203 ╦	229 Õ	255
152 ÿ	178 █	204 ╠	230 µ	
153 Ö	179 │	205 =	231 þ	

Code page für Latin1 (1252)

Der entsprechende Uni-Code wird unter jedem Zeichen angezeigt.

	0	1	2	3	4	5	6	7	8	9	A	B	C	D	E	F
0	NUL 0000	STX 0001	SOT 0002	ETX 0003	EOT 0004	ENQ 0005	ACK 0006	BEL 0007	BS 0008	HT 0009	LF 000A	VT 000B	FF 000C	CR 000D	SO 000E	SI 000F
1	DLE 0010	DC1 0011	DC2 0012	DC3 0013	DC4 0014	NAK 0015	SYN 0016	ETB 0017	CAN 0018	EM 0019	SUB 001A	ESC 001B	FS 001C	GS 001D	RS 001E	US 001F
2	SP 0020	! 0021	" 0022	# 0023	$ 0024	% 0025	& 0026	' 0027	(0028	) 0029	* 002A	+ 002B	, 002C	– 002D	. 002E	/ 002F
3	0 0030	1 0031	2 0032	3 0033	4 0034	5 0035	6 0036	7 0037	8 0038	9 0039	: 003A	; 003B	< 003C	= 003D	> 003E	? 003F
4	@ 0040	A 0041	B 0042	C 0043	D 0044	E 0045	F 0046	G 0047	H 0048	I 0049	J 004A	K 004B	L 004C	M 004D	N 004E	O 004F
5	P 0050	Q 0051	R 0052	S 0053	T 0054	U 0055	V 0056	W 0057	X 0058	Y 0059	Z 005A	[005B	\ 005C	] 005D	^ 005E	_ 005F
6	` 0060	a 0061	b 0062	c 0063	d 0064	e 0065	f 0066	g 0067	h 0068	i 0069	j 006A	k 006B	l 006C	m 006D	n 006E	o 006F
7	p 0070	q 0071	r 0072	s 0073	t 0074	u 0075	v 0076	w 0077	x 0078	y 0079	z 007A	{ 007B		007C	} 007D	~ 007E	DEL 007F
8	€ 20AC		, 201A	ƒ 0192	„ 201E	… 2026	† 2020	‡ 2021	ˆ 20C6	‰ 2030	Š 0160	‹ 2039	Œ 0152		Ž 017D	
9		` 2018	' 2019	`` 201C	" 201D	• 2022	- 2013	— 2014	~ 02DC	™ 2122	š 0161	› 203A	œ 0153		ž 017E	Ÿ 0178
A	NBSP 00A0	¡ 00A1	¢ 00A2	£ 00A3	€ 00A4	¥ 00A5	¦ 00A6	§ 00A7	¨ 00A8	© 00A9	ª 00AA	« 00AB	¬ 00AC	00AD	® 00AE	¯ 00AF
B	° 00B0	± 00B1	² 00B2	³ 00B3	´ 00B4	µ 00B5	¶ 00B6	· 00B7	¸ 00B8	¹ 00B9	º 00BA	» 00BB	¼ 00BC	½ 00BD	¾ 00BE	¿ 00BF
C	À 00C0	Á 00C1	Â 00C2	Ã 00C3	Ä 00C4	Å 00C5	Æ 00C6	Ç 00C7	È 00C8	É 00C9	Ê 00CA	Ë 00CB	Ì 00CC	Í 00CD	Î 00CE	Ï 00CF
D	– 00D0	— 00D1	Ò 00D2	Ó 00D3	Ô 00D4	Õ 00D5	Ö 00D6	× 00D7	Ø 00D8	Ù 00D9	Ú 00DA	Û 00DB	Ü 00DC	Ý 00DD	Þ 00DE	ß 00DF
E0	à 00E0	á 00E1	â 00E2	ã 00E3	ä 00E4	å 00E5	æ 00E6	ç 00E7	è 00E8	é 00E9	ê 00EA	ë 00EB	ì 00EC	í 00ED	î 00EE	ï 00EF
F	ð 00F0	ñ 00F1	ò 00F2	ó 00F3	ô 00F4	õ 00F5	ö 00F6	÷ 00F7	ø 00F8	ù 00F9	ú 00FA	û 00FB	ü 00FC	ý 00FD	þ 00FE	ÿ 00FF

Literaturverzeichnis

CAD/CAE/CAM/CIM Lexikon
G. Klause
expert Verlag, Ehningen

Digitale Filter
W. Hess
B. G. Teubner, Stuttgart

Digitale Modulationsverfahren mit Sinusträgern
H. Weidenfeller u. a.
Springer-Verlag, Berlin

Digitale Übertragungstechnik
P. Gerdsen
B. G. Teubner, Stuttgart

Eclipse, Anwendungen und Plug-Ins mit Java entwickeln
Shavour, et alteri
Addison-Wesley

Einstieg in Visual C#
Volz
Gallileo Computing Verlag

Handbuch Elektromagnetische Verträglichkeit
E. Habiger u. a.
VDE-Verlag GmbH, Berlin, Offenbach

Informations- und Kommunikationstechnik
Dehler, et alteri
Verlag Europa-Lehrmittel

Der Brockhaus Computer und Informationstechnologie
Verlag F.A. Brockhaus/Wissenmedia, Gütersloh

Lehrbuch Grundlagen der Informatik
Helmut Balzert
Spektrum-Verlag

Lehrbuch der Software-Technik
Helmut Balzert
Spektrum-Verlag

Lexikon der Datenverarbeitung
Löbel-Müller-Schmid
Siemens AG, Berlin, München

Lexikon der Informatik und Datenverarbeitung
H.-J. Schneider
Oldenbourg Verlag, München

Messtechnik in der Nachrichtentechnik
U. Freyer
Carl Hanser Verlag, München

Nachrichtentechnik
H. Häberle u. a.
Verlag Europa-Lehrmittel, Haan-Gruiten

Objektorientierung in 7 Tagen
Heide Balzert
Spektrum-Verlag

Professionelle Stromversorgung
U. Freyer
Franzis-Verlag GmbH, München

IT-Tabellenbuch
B. Grimm u. a.
Verlag Europa-Lehrmittel, Haan-Gruiten

Taschenbuch Elektrotechnik
E. Philippow u. a.
Carl Hanser Verlag, München

Visual C# Kochbuch
Doberenz, Gewinnus
Hanser-Verlag

Sachwortverzeichnis, **Keyword index** (abweichende brit. Schreibweise in Klammern)